सिंहावलोकन

सम्पूर्ण

[खण्ड १ से ४]

यशपाल

लोकभारती पेपरबैक्स

पहला संस्करण विप्लव कार्यालय, लखनऊ
से 1951 में प्रकाशित

पहला पेपरबैक संस्करण : 2017
चौथा पेपरबैक संस्करण : 2025

लोकभारती पेपरबैक्स : उत्कृष्ट साहित्य के लोकप्रिय संस्करण

लोकभारती प्रकाशन
पहली मंजिल, दरबारी बिल्डिंग, महात्मा गांधी मार्ग,
प्रयागराज-211 001
द्वारा प्रकाशित

वेबसाइट : www.lokbhartiprakashan.com
ईमेल : info@lokbhartiprakashan.com

शाखाएँ : 1-बी, नेताजी सुभाष मार्ग, दरियागंज, नई दिल्ली-110 002
अशोक राजपथ, साइंस कॉलेज के सामने, पटना-800 006
1, अनमोल सोराबजी सन्तुक लेन, धोबी तलाव, मरीन लाइंस, मुम्बई-400 002

बी.के. ऑफसेट
नवीन शाहदरा, दिल्ली-110 032
द्वारा मुद्रित

मूल्य : ₹599

SINHAVLOKAN
by Yashpal

ISBN : 978-93-86863-31-7

यशपाल

यशपाल का जन्म 3 दिसम्बर, 1903 को फ़िरोजपुर छावनी, पंजाब में हुआ। उनकी प्रारम्भिक शिक्षा गुरुकुल कांगड़ी, डी.ए.वी. स्कूल, लाहौर और फिर मनोहर लाल हाईस्कूल में हुई। 1921 में वहीं से प्रथम श्रेणी में मैट्रिक की परीक्षा उत्तीर्ण की। प्रारम्भिक जीवन रोमांचक कथाओं के नायकों-सा रहा। भगत सिंह, सुखदेव, बोहरा और आजाद के साथ क्रान्तिकारी कार्यों में खुलकर भाग लिया। 1931 में हिन्दुस्तान समाजवादी प्रजातंत्र सेना के सेनापति चन्द्रशेखर आजाद के मारे जाने पर सेनापति नियुक्त। 1932 में पुलिस के साथ एक मुठभेड़ में गिरफ्तार। 1938 में जेल से छूटे। तब से जीवनपर्यन्त लेखन कार्य में संलग्न रहे।

उनकी प्रमुख कृतियाँ हैं—'झूठा सच : वतन और देश', 'झूठा सच : देश का भविष्य', 'मेरी तेरी उसकी बात', 'देशद्रोही', 'दादा कामरेड', 'मनुष्य के रूप', 'दिव्या', 'अमिता', 'बारह घंटे', 'अप्सरा का शाप' (उपन्यास); 'लैम्प शेड', 'धर्मयुद्ध', 'ओ भैरवी', 'उत्तराधिकारी', 'चित्र का शीर्षक', 'अभिशप्त', 'वो दुनिया', 'ज्ञानदान', 'पिंजरे की उड़ान', 'तर्क का तूफान', 'भस्माकृत चिंगारी', 'फूलो का कुर्ता', 'तुमने क्यों कहा था मैं सुन्दर हूँ', 'उत्तमी की माँ', 'खच्चर और आदमी', 'भूख के तीन दिन' (कहानी-संग्रह); 'यशपाल का यात्रा साहित्य और कथा नाटक', 'लोहे की दीवार के दोनों ओर', 'राह बीती', 'स्वर्गोद्यान बिना साँप' (यात्रा-वृत्तान्त); 'मेरी जेल डायरी' (डायरी); 'यशपाल के निबन्ध' (दो खंड), 'राम-राज्य की कथा', 'गांधीवाद की शव परीक्षा', 'मार्क्सवाद', 'देखा, सोचा, समझा', 'चक्कर क्लब', 'बात-बात में बात', 'न्याय का संघर्ष', 'बीबी जी कहती हैं मेरा चेहरा रौबीला है', 'जग का मुजरा', 'मैं और मेरा परिवेश', यशपाल का 'विप्लव' (राजनीति/निबन्ध/व्यंग्य); 'सिंहावलोकन' (सम्पूर्ण 1-4) (दस्तावेज); 'नशे नशे की बात' (संस्मरण); 'यशपाल रचनावली'।

उन्हें 'देव पुरस्कार', 'सोवियत लैंड नेहरू पुरस्कार', 'मंगला प्रसाद पारितोषिक', 'साहित्य अकादेमी पुरस्कार', 'साहित्य वारिधि', 'पद्मभूषण' आदि से सम्मानित किया गया।

निधन : 26 दिसम्बर, 1976

विषय-सूची

प्रथम भाग

द्वितीय भाग

तृतीय भाग

सिंहावलोकन

प्रथम भाग

- जोखिम की ओर प्रवृत्ति
- कांग्रेस के असहयोग आन्दोलन में भाग
- नेशनल कालिज
- दल का काम (क्रांतिकारी दल को सहयोग)
- हिन्दुस्तानी समाजवादी प्रजातंत्र संघ
- साण्डर्स वध
- असेम्बली बम कांड
- लाहौर बम फैक्टरी

जोखिम की ओर प्रवृत्ति

नया परिचय होने पर जब किसी सज्जन को पता चलता है कि मैं सशस्त्र क्रांति के आन्दोलन में भाग ले चुका हूँ, सरकार ने मुझ पर वाइसराय लार्ड इरविन की स्पेशल ट्रेन के नीचे बम विस्फोट करने का तथा दूसरे भी अनेक ऐसे अभियोग लगाये थे और ऐसे अपराधों के लिये मैं लम्बी जेल भी काट चुका हूँ, तो उनकी आँखों में कौतूहल चमक आता है। वे आश्चर्य से मेरे चेहरे की ओर देखते कुछ क्षण के लिये चुप रह जाते हैं और अनेक विचित्र प्रश्न कर बैठते हैं।

ऐसे प्रश्न भिन्न-भिन्न लोगों के चिंतन स्तर के अनुसार होते हैं। कुछ लोग तो सीधे यही पूछ बैठते हैं कि आप लोगों को बम, पिस्तौल, कारतूस, बन्दूकें और रुपया कहाँ से मिल जाता था? उनके इस प्रश्न में यह लालसा दबी जान पड़ती है कि मैं यह सब वस्तुएँ पाने का कोई सरल उपाय उन्हें भी बता सकूँ तो बहुत अच्छा हो। उन्हें कोई कड़ा उत्तर दे देना उचित नहीं जान पड़ता। घुमा-फिरा कर यही समझाना पड़ता है कि आवश्यकता होने पर मनुष्य कोई न कोई राह खोज ही लेता है।

कुछ लोग इससे भी बेढब सवाल पूछ बैठते हैं : क्या आप लोगों का क्रांतिकारी संगठन अब भी कायम है? ऐसे भले आदमियों की समझ की थाह पा लेना कठिन नहीं। ऐसे लोगों को सशस्त्र क्रांति की चेष्टा से कोई सैद्धान्तिक जिज्ञासा नहीं होती। उन्हें किसी भी आन्दोलन के रूप, व्यवहार और सामाजिक परिस्थितियों में कोई सम्पर्क नहीं जान पड़ता। उन्हें यह समझाना भी कठिन हो जाता है कि सशस्त्र क्रांति के आन्दोलन सभी देशों में कुछ खास परिस्थितियों के कारण ही होते रहे हैं। अमित शक्तिसम्पन्न ब्रिटिश साम्राज्यशाही की अति सतर्कता के बावजूद भी इस देश में ऐसा आन्दोलन पनप सका और देश की बदलती परिस्थितियों में विकास करता हुआ यह आन्दोलन दूसरे रूप लेता गया।

कुछ गम्भीर लोग प्रश्न करते हैं : आप लोगों की प्रवृत्ति इस प्रकार के जोखिम भरे कार्यक्रम की ओर कैसे हो गयी? यह प्रश्न संगत है। इस प्रश्न से मुझे कोई उलझन अनुभव नहीं होती, क्योंकि सशस्त्र क्रांति के आन्दोलन में हम लोगों ने किसी आवेश या अल्हड़पन की अवस्था में भाग नहीं लिया था जिसके लिये आज परिताप हो।

यह प्रश्न इतनी अधिक बार पूछा गया कि इसका एक व्यापक उत्तर मेरे मस्तिष्क में बन गया है; बल्कि वह उत्तर एक पूरी कहानी ही है। उसे दो शब्दों में कह देना सम्भव नहीं। इस कारण प्रायः प्रश्नकर्त्ताओं के कौतूहल को पूर्ण करने में असमर्थ रहा हूँ और उचित उत्तर न दे सकने के कारण प्रायः टाल देना पड़ा है। एक बार यह प्रश्न मुझसे एक बहुत ही जिम्मेदार व्यक्ति ने पूछा था। नाम बता देने में भी कोई हानि नहीं। यह व्यक्ति

था मिस्टर हालैण्ड्स, उस समय संयुक्त प्रान्त (उत्तर प्रदेश) के पुलिस विभाग के इन्स्पेक्टर जनरल।

यह बात २३ जनवरी १९३२ की है। मैं लाहौर और दिल्ली षड्यंत्रों के अभियोग में फरार था। पुलिस तीन वर्ष से मुझे सिरतोड़ यत्न से खोज रही थी। २२ जनवरी की रात या तेईस की बहुत सुबह पुलिस को इलाहाबाद में मेरे ठहरने के स्थान का सुराग मिल गया था। सशस्त्र पुलिस ने बड़ी संख्या में आकर मकान को घेर लिया। इस घटना का ब्योरेवार वर्णन तो यथा-प्रसंग करूँगा। यहाँ इतना ही पर्याप्त है कि पुलिस के साथ कुछ देर तक गोली चली। मेरे कारतूस समाप्त हो जाने पर मुझे गिरफ्तार करके इलाहाबाद के कैनिंग रोड पुलिस स्टेशन की हवालात में बन्द कर दिया गया।

मुझे हवालात में पहुँचे पौन या एक घंटे के लगभग ही हुआ होगा कि दो अंग्रेज सज्जन मुझसे भेंट करने वहाँ आये। इनमें से जो अधिक रोबीला था, उसने आगे बढ़कर मुझे सम्बोधन किया, "At last we have got you. (आखिर तुम हमारे हाथ पड़ ही गये)!"

यह सम्बोधन कुछ सहानुभूतिपूर्ण नहीं था। सम्भव है हम लोगों में इसके बाद होने वाली बातचीत पर हालैण्ड्स के इस व्यवहार का भी असर पड़ा हो। अस्तु, मैं उस व्यक्ति को पहचानता न था इसलिये अंग्रेजी में ही उससे प्रश्न किया, "मैं नहीं जानता कि किस सज्जन से मिलने का सौभाग्य मुझे प्राप्त हो रहा है।"

मेरे इस प्रश्न से साहब के चेहरे पर विस्मय दिखाई दिया। अपने रोब के ढंग को कुछ ढीला कर वह बोला, "आप मुझे नहीं पहचानते? मेरी खोपड़ी पिस्तौल से उड़ा देने के लिये आपने मेरे बँगले के बीसियों चक्कर लगाये होंगे!"

साहब की अहमन्यता से कुछ हँसी आई। उत्तर दिया, "सम्भव है, इस आशंका में आपकी बहुत सी रातें अनिद्रा में गुजरी हों या इस विचार से आपने गौरव अनुभव किया हो, परन्तु मेरा दुर्भाग्य है कि मैं आपको पहचानता भी नहीं।"

साहब कुछ ठंडे पड़कर बोले, "मेरा नाम हालैण्ड्स है। मैं यू० पी० पुलिस का इन्स्पेक्टर जनरल हूँ।" अपने साथी की ओर संकेत कर उसने बताया, "यह मिस्टर शा हैं, यू० पी० पुलिस के जासूसी विभाग के डिप्टी इन्स्पेक्टर जनरल।"

साहब रोब के घोड़े से उतर चुका था और शिष्टता से बात करने लगा। मैंने भी शिष्टता से पूछा, "मैं आपकी क्या सेवा कर सकता हूँ?"

छूटते ही उसने प्रश्न किया, "आपने इस मार्ग को क्यों अपनाया?"

"क्योंकि दूसरा कोई मार्ग था नहीं। दूसरे किसी तरीके से आप लोग सुनते ही नहीं।" उत्तर दिया।

सहनशीलता से साहब ने प्रश्न किया, "क्या मतलब है?"

उत्तर दिया, "मतलब आप खूब समझते हैं। आप भी जानते हैं कि इस देश के ९९ प्रतिशत आदमी भूखे, नंगे रहकर किस प्रकार निर्जीव और निरुत्साह हो रहे हैं और उन्हें अपनी अवस्था सुधारने का कोई अवसर नहीं। उनके प्रयत्नों पर आपके विदेशी शासन की गुलामी का शिकंजा कसा हुआ है। इस विदेशी शासन से मुक्ति के लिये ही हमारा यह प्रयत्न है।"

मिस्टर हालैण्ड्स ने स्वीकार किया कि भारत की जनता असंतुष्ट, दुखी और दुरावस्था में है और भारत की जनता को स्वतंत्रता प्राप्त करने के लिये यत्न करने का भी अधिकार है, परन्तु साथ ही उन्होंने यह भी सुझाया कि इस देश के लिये स्वतंत्रता प्राप्त करने का उचित रास्ता गांधी जी का सत्याग्रह आन्दोलन है।

उस समय हालैण्ड्स को उत्तर दिया था, "गांधी जी के आन्दोलन की आप परवाह ही क्या करते हैं? यदि गांधी जी के सत्याग्रह आन्दोलन को आप उचित समझते हैं तो आप उन आन्दोलनों पर लाठीचार्ज क्यों करते हैं? गोलियाँ क्यों चलाते हैं? और आपने गांधीवादी कांग्रेस को गैर-कानूनी संस्था क्यों करार दे रखा है?"[१]

एक विदेशी शासक को इसके अतिरिक्त और क्या उत्तर दिया जा सकता था, परन्तु स्वराज्य के लिये गांधीवादी आन्दोलन के प्रति क्रांतिकारियों की अश्रद्धा का कारण अंग्रेज सरकार द्वारा उस आन्दोलन की परवाह न करना ही नहीं था, बल्कि क्रांतिकारियों का स्वयं भी गांधीवादी स्वराज्य आन्दोलन की सार्थकता में अविश्वास था। गांधीवादी कांग्रेसी आन्दोलन में भरोसा न हो सकना ही क्रांतिकारियों की सशस्त्र क्रांति के प्रयत्नों की ओर ले जा रहा था।

हालैण्ड्स ने भारत में पुलिस की नौकरी के अनुभवों पर एक पुस्तक "नो टेन कमाण्डमेंट्स" लिखी है। अपने संस्मरणों में उसने क्रांतिकारियों का भी जिक्र किया है, परन्तु अनेक नामों और घटनाओं के सम्बन्ध में उस पुस्तक में भूलें हैं।

यहाँ कहानी के आरम्भ में ही मैंने इस प्रसंग की चर्चा केवल यह दिखाने के लिये की है कि क्रांतिकारियों को जोखिम के मार्ग की ओर कौन प्रवृत्ति खींच ले जाती थी। यह प्रश्न भारतीय स्वतंत्रता के समर्थक और विरोधी प्रायः सभी लोगों के मस्तिष्क में उठता रहा है। क्रांतिकारियों से जब भी यह प्रश्न पूछा जाता है कि जोखिम के मार्ग को उन्होंने क्यों चुना तो इस प्रश्न की पृष्ठभूमि में यह मूक प्रश्न भी उपस्थित रहता है कि कांग्रेस के गांधीवादी स्वराज्य आन्दोलन से तुम्हारा सन्तोष क्यों नहीं हो सकता था? अर्थात् गांधीवादी के अपेक्षाकृत कहीं अधिक निरापद मार्ग को छोड़कर, जिसमें अधिकतर छः महीने की जेल और उसके बदले में जनता का जय-जयकार मिल सकता था, तुमने हिंसक जन्तुओं की तरह पुलिस से छिप-छिप कर काम करने और पकड़े जाने पर उम्र कैद और फाँसी की सम्भावना के मार्ग को क्यों चुना? प्रश्न का तत्व है : क्रांतिकारियों को स्वराज्य के गांधीवादी आन्दोलन में विश्वास और श्रद्धा क्यों न थी?

संक्षेप में सशस्त्र क्रांति के आन्दोलन का कारण यही बताया जाता है कि राष्ट्रीय अपमान और भूख से सिसकती देश की जनता की निराश, कातर आँखें और उनका करुण क्रन्दन ही देश के उग्र स्वभाव नवयुवकों को आवेश में उन्मत्त बनाकर प्राणों की बाजी लगा देने के लिये विवश कर देता था। यह संक्षिप्त उत्तर पर्याप्त नहीं है। स्वराज्य के लिये गांधीवादी आन्दोलन में भाग लेने वाले नवयुवक भी राष्ट्रीय परतंत्रता के दुख और अपमान का प्रतिकार करने के लिये अपने विश्वास के अनुसार आगे बढ़े थे। प्रश्न तो है कि क्रांतिकारियों का सन्तोष उस मार्ग से क्यों नहीं होता था?

---

१. सन् १९३२ तक अंग्रेज सरकार कांग्रेस को कई बार गैर-कानूनी करार दे चुकी थी। मेरी गिरफ्तारी के समय भी यही स्थिति थी।

सशस्त्र क्रांति की चेष्टा में सम्मिलित होकर प्राणों की बाजी लगा देने वाले गिने-चुने युवकों के अलावा इस देश में और लाखों युवक भी थे जो अपने देश और जनता की दुर्दशा देख रहे थे। यह भी सम्भव है कि देश के लाखों युवकों में से खासी बड़ी संख्या ऐसे लोगों की निकल आती जो उस आन्दोलन के सम्पर्क में आ जाने पर उसमें योग देने के लिये तैयार हो जाते, परन्तु वैसे अधिकांश युवक स्वयं किसी ऐसे आन्दोलन को बना नहीं पाये और कुछ गिने-चुने युवकों ने स्वयं ही सशस्त्र क्रांति के आन्दोलन का संगठन कर लिया था। निश्चय ही इन युवकों में राष्ट्रीयता की भावना और राष्ट्रीय अपमान की अनुभूति दूसरों की ही तरह होने पर भी इनकी परिस्थितियों में कुछ भेद रहा होगा जिसके कारण स्वराज्य के गांधीवादी आन्दोलन का ढंग उन्हें भरोसे योग्य नहीं जान पड़ा और विदेशी गुलामी की परवशता उन्हें अधिक असहाय जान पड़ी। यह कैसे और क्यों कर हुआ—इसी प्रश्न का उत्तर मैं अपनी जानकारी के आधार पर देना चाहता हूँ।

कहा जाता है कि लाहौर के प्रथम तथा द्वितीय क्रांतिकारी षड्यंत्रों, वाइसराय की ट्रेन के नीचे बमकांड और देहली षड्यंत्र तथा इनसे सम्बन्धित कानपुर और देहरादून षड्यंत्रों का आरम्भ लाहौर में पुलिस के असिस्टेन्ट सुपरिन्टेन्डेन्ट जे० पी० साण्डर्स की हत्या से हुआ। साण्डर्स की हत्या का कारण बताया जाता है, लाहौर में साइमन कमीशन के आने के अवसर पर जनता द्वारा विरोध प्रदर्शन के समय साण्डर्स का पंजाब केसरी लाला लाजपतराय पर आघात करके इस राष्ट्र का अपमान करना था।

पंजाब केसरी लाला लाजपतराय पर आघात करके अंग्रेजी सरकार की नौकरशाही ने भारत का जो राष्ट्रीय अपमान किया, उसका प्रतिकार करने के लिये क्रांतिकारी दल (हिन्दुस्तान समाजवादी प्रजातंत्र सेना) के युवक अपने प्राणों की बाजी लगा देने के लिये तैयार हो गये। पंजाब में हिन्दुस्तान समाजवादी प्रजातंत्र सेना का काम आरम्भ करने वाले अधिकांश युवक लाला लाजपतराय द्वारा लाहौर में स्थापित पंजाब नेशनल कालिज के विद्यार्थी थे, यह बात भी ठीक है। परन्तु यह नवयुवक लाला जी के उस समय के राजनैतिक मार्ग और कार्यक्रम के प्रति अनुगत नहीं थे। सन् १९२६ में जब लाला जी ने—चाहे जो भी कारण रहे हों—केन्द्रीय असेम्बली के चुनावों के समय नेशनल स्वराज्य पार्टी बनाकर अपनी शक्ति कांग्रेस की अपेक्षा हिन्दू संगठन की ओर लगानी शुरू कर दी; नेशनल कालिज के अधिकांश विद्यार्थी राजनैतिक रूप से लाला जी से खिन्न हो गये थे। लाला लाजपतराय और पंडित मोतीलाल नेहरू के राजनैतिक विवाद में पंजाब नेशनल कालिज के विद्यार्थियों की सहानुभूति पं० मोतीलाल नेहरू के प्रति अधिक थी। पंजाब केसरी लाला लाजपतराय की राजनीति साम्प्रदायिकता के पक्ष में ढल जाने पर क्रांतिकारी दल के युवकों के हृदय में उनके प्रति कुछ विरक्ति हो गयी थी। लाला जी का अनुराग और आशा भी नेशनल कालिज के प्रति क्षीण हो गये थे। वे अपनी नयी स्थापित सर्वेन्ट्स ऑफ पीपल्स सोसाइटी पर ही ध्यान दे रहे थे।

राजनैतिक मतभेद के बावजूद लाला लाजपतराय देश के बहुत ही प्रतिष्ठित राजनैतिक नेता थे और एक समय लोकमान्य बालगंगाधर तिलक के सहयोगी और बहुत ही उग्र वामपक्षी नेता भी रह चुके थे। देशभक्ति के अपराध में उन्होंने जेल और देश से निर्वासन भी सहा था। ब्रिटिश नौकरशाही ने उन पर जो आघात किया उसे क्रांतिकारी युवकों ने देश के राष्ट्रीय सम्मान पर आघात समझा। क्रांतिकारियों ने राजनैतिक दलों के

पारस्परिक मतभेद को महत्व देने के बजाय विदेशी शासन विरोधी राष्ट्रीय भावना को ही महत्व दिया।

क्रांति के लिये आन्दोलन की एक घटना के रूप में उपरोक्त प्रकट परिस्थितियों का वर्णन ठीक है, परन्तु पंजाब केसरी लाला लाजपतराय पर आघात का बदला लेने का उद्देश्य केवल लाला जी के प्रति व्यक्तिगत श्रद्धा ही नहीं थी। इस अवसर और घटना से क्रांतिकारी दल जनता की ब्रिटिश राजविरोधी भावना को अपनी ओर आकर्षित कर लेना चाहते थे। लाला जी की हत्या का बदला स्वतः उद्देश्य नहीं, बल्कि एक व्यापक उद्देश्य की ओर बढ़ने का साधन मात्र था। लाला जी पर आघात द्वारा राष्ट्रीय अपमान की घटना को जादू का ऐसा मंत्र नहीं समझ लिया जा सकता जिसके बल से पंजाब और युक्त प्रान्त में क्रांतिकारी दल सहसा उठ खड़े हुए। कोई भी विवेकशील व्यक्ति ऐसी कल्पना पर विश्वास नहीं कर सकता।

साण्डर्स की हत्या का अभियोग मुख्यतः चन्द्रशेखर आज़ाद, भगतसिंह, राजगुरु और सुखदेव पर लगाया गया था। पुलिस ने अपनी गवाहियों से यह भी प्रमाणित कर दिया था कि इस हत्या के पीछे एक बड़े अन्तरप्रान्तीय दल की आयोजना थी। गौण रूप से दल के सभी सदस्य इस हत्या में मंत्रणा और सहयोग के अपराधी माने गये थे। आज़ाद मध्य भारत में दोहद के और राजगुरु बनारस निवासी महाराष्ट्रीय थे। भगतसिंह और सुखदेव पंजाबी थे। यह कहना कि लाला जी पर किये गये आक्रमण से कुछ ही मास के अन्दर महाराष्ट्र, युक्तप्रान्त और पंजाब के राष्ट्र अभिमानी युवक किसी चुंबक यंत्र की शक्ति से संगठित होकर दल के रूप में प्रकट हो गये, विश्वास करने योग्य बात नहीं।

यह स्पष्ट है कि आन्दोलन और उसका संगठन पहले से मौजूद थे और वे अपना कार्य करने के लिये उपयुक्त अवसर की प्रतीक्षा कर रहे थे। लाहौर षड्‌यंत्र या हिन्दुस्तान समाजवादी प्रजातंत्र सेना के संगठन से पूर्व भी देश में सशस्त्र क्रांति की चेष्टा के प्रयत्न **H. R. A. (Hindustan Republican Association)** के रूप में प्रकट हो चुके थे। इसका प्रमाण जनता के सामने काकोरी षड्‌यंत्र के रूप में १९२६ में आ चुका था। उससे भी पहले १९१४ में पंजाब और युक्त प्रान्त में बाबू रासबिहारी बोस के नेतृत्व में क्रांति की चेष्टाएँ हो चुकी थीं, जिनका वर्णन स्वर्गीय साथी शचीन्द्रनाथ सान्याल अपनी आत्मकथा में कर चुके हैं। इन प्रयत्नों का परिचय जनता को लाहौर में लारेंस गार्डन बमकाण्ड और देहली में लार्ड हार्डिंग पर फेंके गये बम के विस्फोट से मिल चुका था।

भारत की गुलामी के इतिहास में सशस्त्र क्रांति के प्रयत्न लगातार होते ही रहे हैं। पंजाब में गदर पार्टी, बंगाल में अनुशीलन और युगान्तर संगठनों, महाराष्ट्र में चापेकर बंधुओं और मद्रास में रामाराव के दलों द्वारा सशस्त्र क्रांति की चेष्टा किसी न किसी रूप में सदा ही जीवित रही है। देश के नवयुवकों के हृदय में विदेशी दासता से मुक्ति की इच्छा का सूत्र कभी भी निर्मूल नहीं हुआ, परन्तु इन प्रयत्नों के प्रकट विभ्राट निरन्तर शृंखला के रूप में न होकर देशकाल की परिस्थितियों के अनुसार जहाँ-तहाँ सीमित रूप में होते रहे।

सशस्त्र क्रांतिकारी आन्दोलन की विवेचना करते समय दो बातों की ओर ध्यान जाता है। पहली बात ऐसी क्रांति के लिये विद्रोह भावना और विचार उत्पन्न करने वाली देश की परिस्थितियाँ, और दूसरी बात नवयुवकों के ऐसे संगठन जिनके द्वारा यह विद्रोह प्रकट हो

सका। विद्रोह उत्पन्न करने वाली परिस्थितियाँ तो देश भर में सदा ही मौजूद रही हैं, परन्तु ऐसे विद्रोह के प्रयत्न करने वाले युवकों के संगठन कहीं-कहीं ही प्रकट हुए। इसलिए ऐसे युवकों को संगठन का अवसर और प्रोत्साहन देने वाली, ऐसे युवकों से सम्बन्ध रखने वाली विशेष परिस्थितियों और इन युवकों के व्यक्तिगत अनुभवों, आचार-व्यवहार और प्रवृत्तियों का परिचय और विश्लेषण सशस्त्र क्रांति के प्रयत्न की कहानी को सुलझाने में सहायक हो सकते हैं।

कह चुका हूँ, मैं यह कहानी मुख्यतः व्यक्तिगत अनुभवों के आधार पर लिख रहा हूँ। भगतसिंह, सुखदेव और मैं कालिज में सहपाठी थे। भगवतीचरण हम लोगों से दो बरस आगे थे। हम सहपाठी ही नहीं थे, हम लोगों में विशेष आन्तरिकता भी थी। इस आन्तरिकता के भी कुछ कारण रहे ही होंगे। इस आन्तरिकता द्वारा मैं उन लोगों की परिस्थितियों को भी जान सका था।

भगतसिंह का पुश्तैनी घर लाहौर से लगभग सात-आठ मील दूर सांडा गाँव में था। सुखदेव लायलपुर का रहने वाला था। भगवतीचरण वोहरा लाहौर के ही रहने वाले थे। मेरे परिवार का आदिम स्थान तो कांगड़े का पहाड़ी जिला है, परन्तु मैं पंजाब नेशनल कालिज में फिरोजपुर से आया था। लाहौर के पंजाब नेशनल कालिज में, जहाँ हि० स० प्र० स० की प्रथम धूनी सुलगी, हम लोगों का आकर मिल जाना कैसी परिस्थितियों में सम्भव हुआ और किन प्रवृत्तियों के कारण हम लोग एक-दूसरे की ओर आकर्षित हुए या हमने एक-दूसरे में कुछ ऐसी बात भरोसे के योग्य पायी जिसके कारण जिन्दगी-मौत के खेल में साथी बन गये, इस चर्चा के लिये उससे पहले की भी कुछ बातें अप्रासंगिक न होंगी। नेशनल कालिज के साथियों के अलावा दूसरे साथियों की भी चर्चा, जिस क्रम से उनसे परिचय हुआ उसी क्रम से करूँगा। यद्यपि मैं मुख्यतः अपनी ही कहानी लिख रहा हूँ, परन्तु हम सबका व्यवहार एक-दूसरे के प्रभाव पर निर्भर करता था, इसलिये मेरी कहानी साथियों की सम्मिलित कहानी होना भी अनिवार्य है।

प्रसिद्ध क्रांतिकारी शचीन्द्रनाथ सान्याल ने भी अपनी आपबीती पुस्तक 'बन्दी जीवन' में क्रांतिकारियों की जोखिम की ओर झुकने की विशेष मनोभावना का उल्लेख किया है। वे परिहास में कह गये हैं कि उनके विचार से क्रांतिकारियों के दिमाग में किसी हद तक पागलपन की छाया रहती है। अपने अनुमान के समर्थन में उन्होंने स्वयं अपने तथा कुछ दूसरे सहयोगियों के परिवारों में पैतृक प्रभाव के कारण पागलपन के उदाहरण भी दे दिये हैं। कुछ क्रांतिकारियों ने इस सहज और निरीह परिहास से अपमान अनुभव किया है। सान्याल दादा का प्रयोजन क्रांतिकारियों का या अपना अपमान करना नहीं था। विपरीत इसके व्यक्तिगत परिचय से जानता हूँ वे अपने आपको और दूसरे क्रांतिकारियों को भी किसी हद तक सर्वसाधारण की अपेक्षा अधिक आत्मिक शक्ति-सम्पन्न या असाधारण समझ कर गौरव अनुभव करते थे। यह उनकी कलात्मक विनोदवृत्ति की ही अभिव्यक्ति थी।

पागलपन से सान्याल दादा ने क्रांतिकारियों में जन्मगत असांसारिकता और त्याग की भावना की व्यंजना की है। जन्मजात असांसारिक भावना किसी समय लोगों में जन्म से ही वैराग्य के रूप में प्रकट होती थी। वे जन्म से ही भक्त ध्रुव और चैतन्य महाप्रभु की तरह माया से मुक्त हो जाते थे। वही असांसारिकता तथा माया से वैराग्य की भावना क्रांतिकारियों में सामूहिक जीवन के लिये प्रबल संघर्ष की प्रवृत्ति पैदा कर दे, यह दोनों

बातें परस्पर-विरोधी जान पड़ती हैं। मेरे विचार में क्रांतिकारियों के जोखिम से न डरने की प्रवृत्ति को अपने देश और समाज के प्रति अत्यन्त ममता, लिप्ति और अनुराग का ही परिणाम माना जाना चाहिये, वैराग्य का नहीं।

कुछ लोग क्रांतिकारियों के व्यवहार को आवेश और मूढ़तापूर्ण देशभक्ति का ही नाम देते रहे हैं। विदेशी सरकार इसे दुस्साहसी युवकों की अपराध की ओर प्रवृत्ति या मानसिक विकृति बताती थी। आज इस देश में कम्युनिस्टों या दूसरे आन्दोलनों के साथ भी कुछ ऐसा ही बर्ताव हो रहा है। आज जनता को सरकार की बात पर विश्वास हो जाता है, क्योंकि यह सरकार अपने आप को जनता की प्रतिनिधि और सेवक बता रही है। यदि लिप्ति और त्याग एक ही प्रवृत्ति या मूल भावना के दो भिन्न-भिन्न परिणाम हो सकते हैं तो इसमें जन्मजात प्रवृत्तियों से अधिक महत्व प्रवृत्तियों को भिन्न रूप दे सकने वाली परिस्थितियों का जान पड़ता है।

किसी वस्तु के लिये अपने आपको बलिदान कर देने की इर्च्छा त्याग नहीं है, बल्कि स्वयं उसमें डूब जाना या लिप्ति की पराकाष्ठा ही है। अन्यथा नितान्त भौतिकवादी (कम्युनिस्ट) लोग व्यक्तिगत रूप से निस्वार्थ होकर अपने उद्देश्य के लिये त्याग की भावना कैसे पाते?

क्रांतिकारी आन्दोलन को निर्मूल कर देने या उसे सफलतापूर्वक दबा देने के लिये ब्रिटिश सरकार ने जिन उपायों का उपयोग किया, उनमें क्रांतिकारियों की मानसिक प्रवृत्ति का विश्लेषण भी था। लगभग १९३५ में सरकार ने भारत की कई जेलों में बन्द क्रांतिकारियों को एक प्रश्नावली उत्तर देने के लिये दी थी। क्रांतिकारियों ने इस प्रश्नावली की उपेक्षा कर इसे मजाक में उड़ा दिया, क्योंकि उन्हें सरकार के प्रयोजन से सद्भावना की कोई आशा नहीं थी। इस प्रश्नावली में लगभग बीस प्रश्न थे जिनका सम्बन्ध क्रांतिकारियों की शिक्षा-दीक्षा, वैवाहिक जीवन, पारिवारिक आर्थिक स्थिति, बुजुर्गों के कारोबार और पारिवारिक वातावरण आदि से था। सरकार जिन मनोवैज्ञानिकों की सहायता से क्रांति की प्रवृत्ति की रोक-थाम करने का यत्न कर रही थी, उनके विचार में इस प्रवृत्ति की जड़ या इस ओर झुकाव के कारण क्रांतिकारियों की वैयक्तिक परिस्थितियों में ही थे। इस विचार को बिलकुल निर्मूल नहीं कह दिया जा सकता।

भगतसिंह

सशस्त्र क्रांतिकारी आन्दोलन के जिस काल से मेरा व्यक्तिगत सम्बन्ध रहा है उसमें भगतसिंह का स्थान बहुत महत्वपूर्ण था। क्रांति की चेष्टा या राजनैतिक बातों के अलावा भी सहपाठी और मित्र के रूप में भगतसिंह की संगति में बहुत बड़ा आकर्षण था। वह स्वयं विनोदप्रिय होने के साथ-साथ दूसरों के लिये विनोद का अच्छा खासा साधन भी बन सकता था। भगतसिंह के उस समय के रूप और उसके वर्तमान ऐतिहासिक महत्व और स्थान में बहुत अन्तर है।

भगतसिंह के जो सुघड़ और चुस्त चित्र हैट पहने और मूँछों पर मुर्री दिये आज जगह-जगह दिखाई देते हैं, उनसे भगतसिंह के उस समय के रूप और व्यवहार की कल्पना नहीं की जा सकती। कद लम्बा और चेहरे का रंग साफ होने पर भी हल्की-हल्की दाढ़ी-मूँछ से घिरा चेहरा, उभरी हुई परन्तु हल्की भौंवें और कुछ छोटी आँखें। सिर पर ढीले-ढाले बंधे केशों पर दोनों ओर लटकती छोटी-सी पगड़ी। खद्दर के मैले और प्रायः

शरीर के बेनाप कपड़े। कमर में अकसर पायजामे की जगह लुंगी पहन कर ही वह कालिज आ जाता। हम लोगों का सहपाठी झंडासिंह (अब सरदार जसवन्तसिंह) उसकी आँखों की उपमा लड्डू में चिपके बादामों से और उसके कद की उपमा जवान, अल्हड़ बोते (ऊँट) से दिया करता था।

दूसरी ओर समय आने पर उसी भगतसिंह का रूप और करनी दोनों ही ऐसे निखरे कि उसे फाँसी दी जाने के समाचार की पहली चोट जब हल्की पड़ गयी तो उस गहरी चोट को सह्य मजाक बना डालने के लिये पंजाब की एक प्रमुख कांग्रेसी महिला कह बैठी : "इस समाचार से जाने देश को कितनी महत्वाकांक्षी कुमारियों के हृदय विधवा हो गये होंगे।" भगतसिंह देश के युवक-युवतियों के स्वप्नों का आदर्श बन गया तो लोग उसके रूप को भी उसकी कीर्ति की छाया में ही देखने लगे। कालिज के दिनों में भगतसिंह को बुद्धू बनाने में मजा आता था। मैं स्वयं भी काफी बुद्धू बनता रहा हूँ। हम सभी को किसी न किसी समय बुद्धू बनना ही पड़ता था। एक समय खिलवाड़ का साधन भगतसिंह अपनी कर्मठता और निष्ठा से आज गौरव का प्रतीक बन गया है, इसके अतिरिक्त कितनी ही रहस्यमय दंतकथाओं ने भी भगतसिंह की स्मृति को लपेट लिया है। इन दंतकथाओं की तुलना में उन दिनों की वास्तविकता कह डालने में यह संकोच होता है कि कुछ पाठक यही न समझ लें कि मैं उसके महान व्यक्तित्व को अपने समतल खींचकर अपनी महत्ता बढ़ाने के लिये उसे नीचे गिरा रहा हूँ।

ऐसी एक दन्तकथा मैंने १९३५ में फतेहगढ़ सेन्ट्रल जेल में कानपुर के श्री शिवराम पांडे (अब विधानसभा के सदस्य) से भी सुनी थी। पांडे जी उस समय भी प्रमुख कांग्रेस कार्यकर्ता थे और असहयोग आन्दोलन में ६ मास के लिये जेल आये थे। पांडे जी उस कहानी की प्रामाणिकता के लिये मेरा समर्थन चाहते थे। कहानी यह थी : "सरदार भगतसिंह जी और बटुकेश्वरदत्त जी जब विलायत से लौट रहे थे, जहाज पर कुछ अंग्रेजों ने भारतमाता की शान के विरुद्ध कुछ अपशब्द कहे। भगतसिंह जी और दत्त जी ने उन लोगों को कान से उठाकर समुद्र में फेंक दिया...।"

मैं यह कहानी सुनकर जोर से हँस पड़ा। खासकर इसलिये कि पांडे जी प्रमुख राजनैतिक कार्यकर्ता होने के अलावा युनिवर्सिटी के ग्रेजुएट भी हैं। भगतसिंह को शहीद हुए उस समय तीन ही वर्ष हुए थे। इतने संक्षिप्त समय में ही इतनी काल्पनिक गाथाएँ प्रचलित हो गई थीं। सोचिये, कान से उठाकर आप कुत्ते के पिल्ले से बड़े किस जानवर को पानी में फेंक दे सकते हैं? यह कहानी सुनकर विश्वास कर लेने वालों की कल्पना में, किसी आदमी को कान से पकड़ कर और उठाकर फेंक देने के लिये, भगतसिंह या दत्त के शरीर में भीम के समान दो-चार हाथियों का बल तो रहा ही होगा। फिर दो-अढ़ाई हजार वर्ष पूर्व के योद्धाओं भीम, अर्जुन के शरीर में सौ-सौ हाथियों के बल की कल्पना कर लेना कौन अचरज की बात है!

भगतसिंह के विलायत जाने की बात निजी कपोल कल्पना है। उसके चाचा स्वर्गीय अजीतसिंह, जो राजनैतिक अभियोग में फरार होकर विदेश चले गये थे, उनके अतिरिक्त उसके वंश में भी कभी कोई विलायत नहीं गया था। पांडे जी ने यह भी बताया कि वे नौजवानों को स्वतंत्रता के संघर्ष में कष्ट सहने से न डरने का उदाहरण देने के लिये उपदेश देते फिरते थे कि भगतसिंह और दत्त से उनका अपराध कबूलवाने के लिये उनके

शरीर के पुर्जे-पुर्जे को हथौड़ियों से कुचल दिया गया और उन पर तूतिया रखा गया, लेकिन उन शहीदों ने उफ तक नहीं की। पांडे जी इन दंतकथाओं के लिये मेरा समर्थन चाहते थे। जब मैंने इन्हें निराधार बताया तो पांडे जी को दुख हुआ। उन्हें जान पड़ा, मैं भगतसिंह के प्रति उनकी अपरिमित श्रद्धा से ईर्ष्या कर रहा हूँ। वे भगतसिंह को सर्वसाधारण जैसा आदमी मान लेने के लिये तैयार नहीं थे। उसे अलौकिक मानते आये थे और उस धारणा को छोड़ने में उन्हें कुछ दुख अनुभव होता था।

आपबीती लिखने बैठा हूँ तो अपने बारे में भी फरारी के तीन वर्षों में प्रचलित हो गई एक दंतकथा का उदाहरण दे दूँ। यह बात जेल से छूटने के बाद अपने भाई और माता से सुनी थी। हमारे जिले कांगड़े में अफवाह थी कि मैं उन पहाड़ी इलाकों में भी घूमता-फिरता हूँ। कहानी थी कि एक रोज एक मोटर लारी वाले को अपना वास्तविक परिचय देकर मैंने अपने गाँव तक पहुँचा देने के लिये कहा। उसके इनकार करने पर मैंने पिस्तौल उसकी छाती पर रख दिया। भयभीत ड्राइवर मेरा हुक्म मानने के लिये मजबूर हो गया। मजबूर होकर मुझे अपनी लारी में मेरे गाँव तक ले गया। गाँव के सिरे पर पहुँचकर ड्राइवर ने ठहरने का हुक्म सुना। जब उसने घूमकर पीछे देखा तो गाड़ी में एक विकराल मनुष्य बैठा था जिसके दाँत गाजर जैसे लम्बे और सिर से बड़े वृक्ष जैसी जटायें लटक रही थीं। ड्राइवर बेहोश हो गया। जब उसे होश आया तो उसने देखा, सौ रुपये का एक नोट इनाम के तौर पर उसकी सीट के पास रखा था और सवारी गायब हो चुकी थी। उन दिनों पुलिस के हाथों पकड़े जाकर अपने अदृश्य हो जाने की तो अनेकों घटनायें मैंने अपने बारे में सुनीं। यहाँ तक कि फरारी की अवस्था में अखबारों में भी तीन-चार बार अपनी ही गिरफ्तारी का समाचार पढ़ने का सौभाग्य प्राप्त हुआ।

ऐसी बातें केवल अनजान लोगों में ही फैलती हों सो बात नहीं। कुछ समझदार लोगों ने पुस्तकों तक में ऐसी अनुत्तरदायित्वपूर्ण बातें लिख डाली हैं। अभिप्राय कुछ बुरा न होने पर भी उत्साह की अधिकता से ऐसी बातें लिखी जाती हैं। उदाहरणतः भगतसिंह पर लिखी एक पुस्तक में मैंने पढ़ा है कि भगतसिंह और भगवतीचरण दोनों लखपती घरानों की सन्तानें थीं। लखपतियों के प्रति आदर और श्रद्धा का संस्कार पीढ़ियों से हमारे मन में बैठा हुआ है। उसी भावना से प्रेरित होकर हम जिन लोगों का आदर करना चाहते हैं, उन्हें लखपती भी बना देते हैं। लाहौर षड्यंत्र से सम्बन्ध रखने वाले भगतसिंह और भगवतीचरण दोनों में से कोई भी लखपती घराने का नहीं था। हाँ उनके परिवार औसत खाते-पीते मध्यम श्रेणी के थे। भगवतीचरण की आर्थिक अवस्था जरूर सुरक्षित थी। भगतसिंह का परिवार तो आर्थिक कठिनाई के कारण सदा ही नये-नये उद्योगों और प्रयत्नों में लगा रहता था।

प्रायः यह भी प्रश्न पूछा जाता है कि हम लोगों में नेता कौन था? उस समय हम लोगों में नेता कौन था, यह हम स्वयं नहीं जानते थे। हमसे पहले के क्रांतिकारियों में भक्ति भावना का प्राधान्य था, खासकर बंगाल प्रान्त के युवकों में। इसलिये उनमें 'दादा' और 'गुरु' का विशेष स्थान रहता था। हम लोगों में ऐसी बात नहीं थी। कालिज के विद्यार्थी थे इसलिये जो भी प्रोफेसर हमारे विचारों को प्रोत्साहन देने में सहायक हुए हों हमारे पथ-निर्देशक कहलाने के अधिकारी हो सकते हैं। स्वयं हम लोगों में से जिस समय जिसने उत्साह की जितनी अधिकता दिखाई थी, उस समय वह उतना ही अग्रणी हो

गया। भगवतीचरण उत्साह में किसी से कम न होकर आयु में भी अधिक थे, परन्तु उन्हें एक कुचक्र के कारण खुफिया पुलिस का खिताब मिल गया था। इस अन्यायपूर्ण काण्ड की बात मैं कुछ आगे चलकर प्रसंग से ही करूँगा।

अपने विरुद्ध कुचक्र के कारण भगवतीचरण को हम लोगों के दल में बने रहने के लिये विशेष योग्यता और त्याग का भी परिचय देना पड़ा। आरम्भ में भगतसिंह ही उग्र था। बाद में कुछ समय तक हम लोगों को पंजाब में सुखदेव से बढ़कर कोई न जँचता था। समय आने पर भगवतीचरण ने जो किया शायद उसकी मिसाल न मिलेगी। मुझे आरम्भ के वे दिन भी याद हैं जब एक बार स्वयं खूब उग्र होकर बाद में साहित्यिक महत्वाकांक्षा के स्वप्न में डूब जाने से दल के कार्य के प्रति मैं शिथिल हो रहा था। भगतसिंह और सुखदेव 'साहित्यिक' कह कर मेरी खिल्ली उड़ाने लगे, परन्तु सन् १९३० में जब सुखदेव और भगतसिंह गिरफ्तार हो चुके थे और मैं फरार होकर एक के बाद एक दुस्साहस के काम में हाथ डालता जा रहा था, उस समय भगतसिंह ने जेल से मेरे लिये यह संदेश भेजा था : "....उसे कहो, कुछ दिन बैठकर पढ़े और कहानियाँ लिखे।" मेरे विचार में इस सबका कारण परिस्थितियाँ ही थीं।

आखिर भगतसिंह के हृदय में क्रांति की भावना और प्रवृत्ति इतनी उग्र क्यों थी? यहाँ क्रांति की भावना और शूरवीरता या साहस को अलग-अलग रखकर बात करना चाहता हूँ। भगतसिंह क्यों विशेष बेचैन और उग्र जान पड़ता था? मैं समझता हूँ इसके कारण उसकी परिस्थितियों में खोजे जा सकते हैं।

भगतसिंह के अधिकांश चित्रों में सिर पर केश और पगड़ी नहीं, हैट दिखायी देता है। नाम में 'सिंह' जुड़ा रहने से पंजाब से बाहर के लोग उसे प्रायः राजपूत ठाकुर समझ लेते हैं। भगतसिंह का जन्म सिख परिवार में हुआ था। अब तो उसके छोटे भाइयों में से किसी के भी सिर पर केश नहीं हैं। सिख सम्प्रदाय में भी हिन्दुओं की तरह ब्राह्मणों और खत्रियों की कई उपजातियाँ हैं। भगतसिंह का परिवार साधारण किसान था, जिसे जाट कहा जाता है। भगतसिंह और उनके पिता सरदार किशनसिंह के नाम के साथ सरदार की उपाधि जुड़ी देख कुछ लोग इस शब्द को उनके वंश की उपाधि ही समझ लेते हैं। ऐसी कोई बात नहीं है। पंजाब में सभी सिख आदर या रिवाज में सरदार पुकारे जाते हैं। भगतसिंह को कभी किसी ऐतिहासिक पुरातन महापुरुष से अपने वंश का सम्बन्ध जोड़ने का गर्व करते नहीं सुना।

भगतसिंह का परिवार सम्प्रदाय से सिख था, परन्तु सिख साम्प्रदायिकता के प्रति इस परिवार में कोई रूढ़िवादी कट्टर आस्था नहीं थी। भगतसिंह के पिता से मेरा घनिष्ठ परिचय रहा है। उसके दादा को भी जानता था। सिर पर केश होने के बावजूद यह लोग सिख की अपेक्षा आर्यसमाजी ही अधिक थे। भगतसिंह के पिता सरदार किशनसिंह तो सामाजिक प्रश्नों पर साम्प्रदायिकता की उपेक्षा कर उन्हें केवल राजनैतिक दृष्टि से ही देखते थे। कांग्रेस में वे रहे तो सदा ही परन्तु रहे असन्तुष्ट आलोचकों के रूप में वामपक्ष की ओर। सरदार किशनसिंह आर्यसमाज के समाज-सुधार के कार्यक्रमों में बहुत दिलचस्पी लेते थे। लाहौर में आर्यसमाज का वार्षिक उत्सव होने पर वहाँ अवश्य दिखाई दे जाते। यह शायद इसलिए कि पुराने सहयोग के कारण आर्यसमाज के कार्यकर्ताओं से उनके व्यक्तिगत सम्पर्क भी थे। किसी साम्प्रदायिक अनुष्ठान, पूजापाठ, हवन-सन्ध्या के प्रति उनमें

रुचि नहीं देखी। भगतसिंह के दादा अर्जुनसिंह जी जरूर धार्मिक अनुष्ठान के प्रति निष्ठा रखते थे, परन्तु किस अनुष्ठान के प्रति?

सन् १९२५ के जाड़ों की बात है। सरदार किशनसिंह जी एक इन्श्योरेंस कम्पनी की एजेन्सी कर रहे थे। उनका दफ्तर लाहौर में लुहारी दरवाजे के भीतर बाजार में दुमंजिले पर था। जब यह जगह मौजूद थी तो भगतसिंह के मित्रों को कोई दूसरा मकान किराये पर लेने की क्या जरूरत थी! उस समय जोरू-जाता किसी साथी के था ही नहीं। सरदार किशनसिंह जी एजेन्सी तो जरूर लिये थे, परन्तु उन दिनों अधिक धन कमा सकने की आशा में उनकी रुचि खेती और दूध विक्रय की ओर अधिक थी। वे प्रायः सांडा गाँव में रहते थे। एजेन्सी का यह दफ्तर हम लोगों के लिये डेरा बना हुआ था।

मैं उन दिनों लाहौर के नेशनल स्कूल में पढ़ा रहा था। नेशनल कालिज समाप्त होकर केवल नेशनल हाईस्कूल ही रह गया था। भगतसिंह अनिच्छा से थोड़ा-बहुत समय घर के कारोबार में लगाता, शेष समय पढ़ता और गुप्त संगठन के लिये भूमि तैयार करने में लगा रहता। सुखदेव कभी लायलपुर अपने घर चला जाता। वहाँ उसके परिवार ने उसके लिये आटे की एक चक्की लगवा दी थी। लाहौर आता तो भगतसिंह के साथ ही बना रहता। हमारे सहपाठी झंडासिंह और जयदेव गुप्त भी वहीं रहते थे। झंडासिंह 'गांधी खद्दर भंडार' में काम कर रहा था और उसी में जुटा रहा। जयदेव गुप्त सरदार जी के बीमे के काम में सहयोग दे रहा था। खाना हम लोग किसी तन्दूर पर खा लेते और दफ्तर में बिछी दरी पर बिस्तरा लगाकर काट देते। दफ्तर में मेज-कुर्सी मौजूद होने से पढ़ने-लिखने की भी सुविधा थी।

एक दिन स्कूल में छुट्टी थी। दूसरे लोग मकान पर मौजूद नहीं थे। मैं अपनी सनक में मेज पर बैठा कोई लेख या कहानी लिख रहा था। मेज के नीचे टीन की क्या चीज पड़ी है, यह ख्याल न कर उस पर जूते जमा कर रख लिये थे। अचेतन रूप से यही धारणा रही होगी कि रद्दी की टोकरी के तौर पर कोई डिब्बा है। लिखते समय विचारों को ठेलने के लिये मेज के नीचे उस टीन की चीज को जूते से एड़ दिये जा रहा था।

जीने से भारी कदमों से धम-धम करते हुए एक वृद्ध सज्जन अपने ग्रामीण वेश में ऊपर दफ्तर में आ गये। मैंने नजर उठाकर उनकी ओर देखा और लिखने में तन्मय रहा। सरदार जी के ऐसे अनेक सम्बन्धी गाँवों से आते-जाते रहते थे। इन सज्जन की दाढ़ी खूब प्रशस्त, बर्फ की तरह श्वेत और चेहरा खूब तेजोमय गुलाबी रंग का था। मैंने उसकी ओर कोई ध्यान नहीं दिया। आगंतुक भी मुझसे आदर की अपेक्षा न कर एक कुर्सी खींचकर चुपचाप दीवार के पास बैठ गये। मैं मालिक बना बैठा लिखता रहा और मेज के नीचे टीन की चीज पर जूते की ठोकरें भी जमाता रहा।

अचानक वजनी गालियों से भरी एक करारी डाँट सुनकर आँख उठाकर देखा कि वयोवृद्ध भव्य मूर्ति की आँखें लाल और चेहरा क्रोध से तमतमा उठा है और वे हाथ में थमी मोटी लाठी को फर्श पर ठोक रहे हैं, "गधा, उल्लू, नास्तिक, बदमाश, सिर तोड़ दूँगा...!" उसके हाथ की लाठी मेरे सर पर पड़ना ही चाहती थी। वृद्ध ने अपने आवेश को कठिनता से वश में करके मेज के नीचे संकेत करते हुए फटकारा, "उल्लू, यही तेरी तमीज है?"

मेज के नीचे झाँककर देखा तो अपने जूतों के बीच पाया एक औंधा पड़ा हवन कुण्ड। सब कुछ समझ में आ गया। उपेक्षा के कारण पहचानने में भूल हुई थी। भगतसिंह से सुन रक्खा था कि दादा जी नित्य हवन करते हैं। जहाँ जाते हैं, पोटली में हवनकुण्ड और हवन सामग्री साथ बाँधकर ले जाते हैं।

भगतसिंह के दादा सरदार अर्जुनसिंह की साम्प्रदायिक आस्था वैदिक धर्म की आर्यसमाजी प्रणाली में थी। सिख परिवार में पैदा होकर, भगवान द्वारा सिर पर लाद दिये गये सम्प्रदाय की अवहेलना करके जो व्यक्ति अपनी बुद्धि से किसी दूसरे सम्प्रदाय को तर्कसंगत समझ कर स्वीकार कर लेता है, वह प्रकृति से विचार स्वतंत्रता चाहने वाला और अपने ज्ञान की सीमा तक क्रांतिकारी ही होगा। भगतसिंह की इस पारिवारिक परिस्थिति का प्रभाव उसके मानसिक विकास पर पड़ना अनिवार्य था। सरदार अर्जुनसिंह न केवल व्यक्तिगत रूप से ही अपने धार्मिक विचारों के अनुसार आचरण करते थे, बल्कि अपने गाँव में भी बिरादरी और बस्ती के विरोध की परवाह न कर आर्यसमाज का जलसा और प्रचार करने के लिये लोहा लेते रहते थे।

भगतसिंह के परिवार का पुराना स्थान पंजाब के होशियारपुर जिले में था। चिनाब नदी की नहर बन जाने पर लायलपुर के रेतीले जिले में नई बस्ती बसने लगी। यह लोग अपने पैतृक स्थान में खेती की भूमि का अभाव अनुभव कर लायलपुर के एक गाँव में आ बसे।

भगतसिंह से इस गाँव की एक बड़ी विचित्र घटना सुनी। दादा अर्जुनसिंह जी के गाँव की भूमि तम्बाकू की उपज के लिये बहुत अनुकूल थी, परन्तु गाँव में पूरी आबादी सिक्खों की होने के कारण वहाँ तम्बाकू की खेती नहीं होती थी। सरदार अर्जुनसिंह इस रूढ़िवाद या कुसंस्कार को कब तक सहते जाते! उन्होंने अपने खेतों में तम्बाकू बो दिया। गाँव भर में पंचायतें हुईं पर वे डटे रहे। फसल तैयार हो जाने पर तम्बाकू घर में जमा भी कर लिया। तम्बाकू का खेतों तक रहना एक बात थी पर उसका एक सिख के घर में रख लिया जाना सिख बिरादरी किसी तरह न सह सकती थी। सरदार जी को बिरादरी से अलग कर दिया गया। सिख बिरादरी में हुक्के का तो प्रश्न ही नहीं उठता इसलिये सरदार अर्जुनसिंह जी का लोटा-पानी और उनसे व्यवहार बन्द हो गया। सरदार जी अपनी बिरादरी को तर्क द्वारा समझाने की विफल चेष्टा करते रहे।

एक दिन उस तम्बाकू का ग्राहक भी आ पहुँचा। तम्बाकू बिक गई। मुनाफा घर में आ गया। अब सरदार जी ने बिरादरी से कहा, "पंचों की राय सिर माथे, मैं अपना अपराध स्वीकार करता हूँ कि मैंने अति अपवित्र वस्तु को छुआ और अपने घर में रखा, परन्तु अब वह मेरे घर से निकल चुकी है। घृणित से घृणित वस्तु को छूकर भी सफाई कर लेने से मनुष्य पवित्र हो जाता है। गुरुओं की आज्ञा है कि कोई व्यक्ति, अछूत या मुसलमान भी अमृत छक कर[1] सिख धर्म में दीक्षित हो सकता है। आप जिस तरह कहें, मैं अपने मकान की शुद्धि करने को तैयार हूँ।" ग्रंथ साहब का अखण्ड पाठ हुआ, भोग लगाकर प्रसाद बाँटा गया। सरदार अर्जुनसिंह फिर बिरादरी में शामिल हो गये। अपने मित्रों को उन्होंने समझाया, "जहाँ तर्क नहीं चलता वहाँ उदाहरण काम देता है। मेरी

---

१. कृपाण के स्पर्श से पवित्र शर्बत का घूँट पीकर सिख सम्प्रदाय में दीक्षित होने की प्रथा।

बिरादरी के सामने यह उदाहरण तो हो गया कि तम्बाकू जैसे निषिद्ध पदार्थ को छू लेने वाला व्यक्ति भी गुरुओं के अनुसार फिर पवित्र हो सकता है। इतनी सी बात पर मैं आयु भर के लिये बिरादरी से अलग बना रहूँ, यही क्या तर्कसंगत है!"

उपरोक्त घटना से यह स्पष्ट है कि रूढ़िवाद से मुक्त पारिवारिक वातावरण में भगतसिंह ने तर्क, विद्रोह और साहस की दीक्षा पारिवारिक परम्परा से भी पाई थी। आर्यसमाज के प्रति भगतसिंह के परिवार का झुकाव विचार स्वतंत्रता और क्रांति की ओर प्रवृत्ति के कारण ही था। वर्तमान में स्वयं भगतसिंह या हम लोगों की नजर में आर्यसमाजी १९१४-१५ में ही प्रतिक्रियावादी हो गये थे। आर्यसमाज के आन्दोलन और संगठन ने मठ और रूढ़िवाद का जैसा रूप धारण कर लिया है, उनसे उन्नीसवीं शताब्दी के अन्त और बीसवीं शताब्दी के आरम्भिक काल के आर्यसमाजी की भावना का अनुमान ठीक-ठीक नहीं हो सकता; जैसे कि आज अमरीकन और ब्रिटिश साम्राज्यवादियों की ईसाईयत को देखकर रोमन साम्राज्य के समय ईसाई धर्म द्वारा दिये गये परलोक के विश्वास के सहारे नीरो के दमन और अत्याचार के विरुद्ध लड़ने वाले ईसाई दासों और गरीब ईसाई लोगों की मनोभावना का अनुमान नहीं किया जा सकता।

उस समय भी आर्यसमाजी आन्दोलन का रूप साम्प्रदायिक जरूर था। वह वैदिक धर्म की पुनः स्थापना की घोषणा करता था। वैदिक धर्म की पुनः स्थापना की पुकार का अर्थ मुख्यतः हिन्दू सम्प्रदाय को असंगतियों, रूढ़ियों, कुसंस्कारों और मिथ्याविश्वासों से मुक्त करना था। उसका कार्यक्षेत्र साम्प्रदायिक सीमाओं के भीतर प्रगतिवादी और क्रांतिकारी भी था। उस समय आर्यसमाज के आन्दोलन का विशेष रुझान सामाजिक समस्याओं की ओर था। शिक्षा प्रचार, विधवा विवाह, जन्म से वर्ण-व्यवस्था की धारणा को तोड़ना और अछूत समझी जाने वाली जातियों के लिये मनुष्यता के अधिकारों की माँग इस आन्दोलन के प्रमुख भाग थे। इन प्रगतिशील भावनाओं का स्वाभाविक परिणाम विदेशी दासता से असंतोष भी हुआ। सामाजिक प्रगति के पथ पर कदम रखने पर व्यक्ति राजनैतिक दृष्टि से भी सचेत हुए बिना नहीं रह सकता। यही कारण था कि पंजाब में आर्यसमाज द्वारा सामाजिक सुधार की चेतना फैलने के साथ-साथ ही विदेशी दासता के विरोध की चेतना भी फैलने लगी थी। उस समय पंजाब के प्रायः सभी राजनैतिक कार्यकर्त्ता—लाला हरदयाल, अम्बाप्रसाद सूफी, लाला लाजपतराय और अजीतसिंह आदि आर्यसमाजी विचार स्वतंत्रता द्वारा प्रभावित थे। १९१४-१५ के लाहौर षड्यंत्र के मामले में गिरफ्तार भाई परमानन्द जी आदि भी आर्यसमाज की प्रगतिशील चेतना की ही उपज थे।

आर्यसमाज के प्रवर्तक स्वामी दयानन्द ने यद्यपि विदेशी शासन से प्रकट विद्रोह की पुकार नहीं उठाई थी (अपने धर्मग्रन्थ 'सत्यार्थ प्रकाश' में उन्होंने सिद्धान्ततः राजभक्ति का भी उपदेश जरूर दिया है) परन्तु वे यह लिखे बिना भी नहीं रह सके कि "विदेशी शासन चाहे जितना भी सुखदायक और उन्नतिशील क्यों न हो, अपनी जाति के स्वतंत्र शासन से अच्छा नहीं हो सकता।" आर्यसमाज के आन्दोलन से प्रभावित होने वाले लोगों की भावना पर स्वामी जी के इस वाक्य का प्रभाव न पड़ा हो, यह नहीं हो सकता। यह सामाजिक चेतना का अनिवार्य परिणाम था। एक समय ऐसा था कि कोई भी व्यक्ति आर्यसमाजी बन जाने से ही सरकार की दृष्टि में राजनैतिक रूप से संदिग्ध हो जाता था।

उस समय किसी नवयुवक के आर्यसमाजी बन जाने पर परिवार के लोग ऐसे ही चेहरा लटका लेते थे जैसे कि आजकल (१९५०-५१) में घर के लड़के के कम्युनिस्ट बन जाने पर आशंका अनुभव की जाती है।

आर्यसमाज के प्रभाव की जागृति से देश की अधोगति के प्रति असन्तोष, समाज को पतन से बचाने की इच्छा और विदेशी शासन के प्रति मूक विरोध की भावना दो तरफ प्रकट हो रही थी। इस जागृति का एक रूप था—भारत की प्राचीन समृद्धि और शक्ति का अत्युक्तिपूर्ण प्रचार। इसका अभिप्राय था अपने देश और समाज को हीन न समझकर आत्मविश्वास का भाव पैदा करना। अपने समाज की श्रेष्ठता के विश्वास का अर्थ था अपने समाज में गिरी हुई अवस्था से उन्नति करने का साहस उत्पन्न करना, परन्तु जब अपनी श्रेष्ठता के विश्वास के कारण हमने संसार के दूसरे देशों में हुई प्रगति से आँखें मूँद लीं तो यह मिथ्याविश्वास हमें उन्नति से रोकने लगा।

आर्यसमाज द्वारा उत्पन्न की गई सुधार की भावना का दूसरा रूप था—विदेशी सरकार के नियंत्रण से मुक्त अपनी शिक्षण संस्थायें स्थापित करना। जनता में स्वतंत्र देश और समाज की उन्नति की आशा शिक्षा द्वारा ही जगाई जा सकती थी, परन्तु शनैः-शनैः आर्यसमाज का संगठन अपने उद्देश्यों के बजाय अपने संगठन के अस्तित्व को अधिक महत्व देने लगा। इन संस्थाओं की संख्या, आकार और सम्पत्ति बढ़ने लगी। सम्पत्ति की स्वामी श्रेणी के गुण या दोष आर्यसमाज में आने लगे। आर्यसमाज यह देख रहा था कि विदेशी सरकार सामाजिक और राजनैतिक चेतना से आशंकित होती है। अंग्रेज सरकार भारत की जनता को केवल साम्प्रदायिकता के क्षेत्र में ही स्वतंत्रता देने के लिये तैयार थी। आर्यसमाज विदेशी शासन के प्रति राजभक्ति का प्रचार करने लगा। उन्होंने विदेशी शासन के कोप से बचना आवश्यक समझा। आर्यसमाजी नेताओं की दृष्टि में देश और समाज की प्रगति की अपेक्षा अपनी बनी-बनाई फलती-फूलती संस्थाओं और उनके कोषों की रक्षा का महत्व अधिक हो गया। विदेशी शासन के प्रकोप से अपनी संस्थाओं और संगठन की रक्षा करने के लिये आर्यसमाज अपने कार्य को साम्प्रदायिकता का गहरा रंग देने लगा। आर्यसमाज का संगठन अपने आपको राजनैतिक भावनाओं और संघर्ष से अछूता घोषित करने में गर्व अनुभव करने लगा।

अपनी संस्थाओं और उनके कोषों के प्रति मोह ने आर्यसमाज का नैतिक और राजनैतिक पतन किस सीमा तक कर दिया, यह बात आर्यसमाज की एक प्रमुख संस्था डी० ए० वी० कालिज के संस्थापक महात्मा हंसराज के जीवन की एक घटना से स्पष्ट हो सकती है। महात्मा जी का पुत्र बलराज १९१४ के राजद्रोह के षड्यंत्र की लपेट में आकर काले पानी की सजा पा गया। उस समय आर्यसमाज के नेता इस भय से व्याकुल हो गये कि अंग्रेज सरकार कहीं पूरे आर्यसमाज और उसकी संस्थाओं को भी संदिग्ध न मान बैठे। कालिज पार्टी को यह भय सदा ही व्याकुल किये रहता था कि अंग्रेज सरकार उनकी शिक्षण संस्थाओं को संदिग्ध मानकर अपनी यूनिवर्सिटी से उनका सम्बन्ध न तोड़ दे। ऐसी अवस्था में विद्यार्थियों के लिये सरकारी नौकरी की आशा न रहती और जीविका के लिये ही शिक्षा पाने वाली जनता का आकर्षण इन संस्थाओं की ओर घट जाता। इसलिये आर्यसमाज के नेताओं ने राजभक्ति का प्रचार करना और राजनैतिक प्रश्नों से अलगाव का ऐलान करना आरम्भ कर दिया। महात्मा हंसराज ने भी स्वयं अपने पुत्र से

किसी प्रकार का सम्बन्ध और लगाव न होने की घोषणा कर दी थी। आर्यसमाजियों ने अपने नेता की इस कायरता को आर्यसमाज के लिये महान त्याग कहकर कायरता को बलिदान का रूप दे दिया। महात्मा हंसराज ने अपने पुत्र को स्वामी दयानन्द के राजनैतिक आदर्श पर चलने के कारण घृणित अपराधी की भाँति त्याग दिया। एक समय तो राजकीय कोप की आशंका से काँपकर सरकार के कृपाकांक्षी आर्यसमाजी यह भी प्रस्ताव करने लगे थे कि 'सत्यार्थ प्रकाश' में से स्वामी जी के अपनी जाति के स्वतंत्र राज्य की प्रशंसा करने वाले शब्द ही निकाल दिये जायें, परन्तु बहुमत ने इसे स्वीकार न किया।

आर्यसमाज में संगठनात्मक रूप से दो पार्टियाँ रही हैं: एक कालिज पार्टी और दूसरी गुरुकुल पार्टी। कालिज पार्टी में सरकारी नौकरों, वकीलों और सरकारी विश्वविद्यालयों से सम्बन्धित शिक्षण संस्थाओं के लोगों की अधिकता रही है। यह पार्टी राजभक्ति की दृष्टि से विदेशी सरकार के अधिक समीप थी। गुरुकुल पार्टी का मुख्य आधार प्राचीन शिक्षा प्रणाली और प्राचीन संस्कृति का पुनरुत्थान रहा है। गुरुकुल पार्टी की शिक्षण संस्थाओं का तत्कालीन सरकारी यूनिवर्सिटियों से कोई सम्बन्ध न था। इनके सामने सरकार द्वारा अस्वीकृत कर दिये जाने का भय नहीं था, इसलिये इस पार्टी से सम्बन्धित लोगों में विदेशी सरकार के प्रति घृणा और विरोध का भाव भी अपेक्षाकृत उग्र रहा है। परन्तु गुरुकुल पार्टी भी राजद्रोही समझ ली जाने के भय से सर्वथा मुक्त न थी और समय-समय पर उच्चपदस्थ अंग्रेज हाकिमों को अपनी संस्थाओं में निमंत्रण देकर यह विश्वास दिलाने का यत्न किया करती थी कि यह केवल धार्मिक संस्थां मात्र है, राजनीति से उसका कोई सम्बन्ध नहीं है। विदेशी शासन के प्रति इनके मन में घृणा और विरोध तो था, परन्तु उसे सार्वजनिक रूप से प्रकट करने का साहस न था।

बचपन में मैं स्वयं लगभग सात वर्ष गुरुकुल में रहा हूँ। मुझे याद है कि गुरुकुल कांगड़ी विश्वविद्यालय के संस्थापक महात्मा मुंशीराम जी, जो बाद में संन्यास ग्रहण करके स्वामी श्रद्धानन्द कहलाने लगे थे, प्रान्तीय गवर्नरों और वाइसराय को गुरुकुल में आमंत्रित करके उनका प्रेमपूर्वक सत्कार करने का पाखण्ड करते रहते थे। जब दिल्ली में लार्ड हार्डिंग पर बम फेंका गया और वाइसराय बाल-बाल बच गये तो गुरुकुल में ईश्वर की इस कृपा पर धन्यवाद देने के लिये एक सभा की गई थी। लार्ड और लेडी हार्डिंग के चित्र विद्यार्थियों को बाँटे गये थे। उनके दीर्घ जीवन के लिये ईश्वर से प्रार्थना की गई थी। पाखंड शब्द का उपयोग मैंने इसलिये किया है कि वास्तव में गुरुकुल कांगड़ी के वातावरण में अंग्रेज और विदेशी शासन के प्रति उत्कट घृणा थी। विदेशी शासन के प्रति वहाँ परवशता का भाव था, प्रेम का नहीं। इसका कुछ वर्णन मैं अपने राजनैतिक झुकाव के प्रसंग में करूँगा।

गुरुकुल पार्टी में राजनैतिक चेतना अधिक होने का प्रमाण कालिज पार्टी के प्रमुख नेता महात्मा हंसराज और गुरुकुल पार्टी के प्रमुख नेता स्वामी श्रद्धानन्द के व्यवहार से ही स्पष्ट हो जाता है। १६१९ में जब जालियांवाला बाग की घटना के कारण विदेशी शासन के विरुद्ध देश की जनता के आन्दोलन ने उग्र रूप धारण कर लिया तो स्वामी श्रद्धानन्द राजभक्ति के अपने पुरानें प्रदर्शनों के बावजूद राष्ट्रीय आन्दोलन के अगले मोर्चे पर आये बिना न रह सके और उनकी गणना कांग्रेस के उग्र राजनैतिक नेताओं में होने लगी।

दूसरी ओर कालिज पार्टी के अधिकारी, विद्यार्थियों के राजनैतिक दमन में सरकार का साथ दे रहे थे।

आर्यसमाजी भावना की यह चर्चा विषयान्तर नहीं, बल्कि प्रसंगवश ही करनी पड़ी है। भगतसिंह का पूरा परिवार ही आर्यसमाज की आरम्भिक प्रगतिवादी भावना से प्रभावित था। आर्यसमाज पत्थर की मूर्ति में ईश्वर की भावना का निराकरण करने के लिये तर्क को उत्साहित करता है, परन्तु जब तर्क की प्रवृत्ति या विचारों की प्रगति ईश्वर के अस्तित्व में शंका की सीमा तक पहुँचती है तो आर्यसमाज भयभीत हो जाता है और उसे नास्तिकता का अपराध पुकारने लगता है। आर्यसमाज के आन्दोलन के सार्वजनिक जीवन में भी यही लक्षण रहा है। अर्थात् सामाजिक कुसंस्कारों और रूढ़ियों से मुक्ति प्राप्त कर सामाजिक प्रगति स्वाभाविक रूप से राजनैतिक चेतना और प्रगति का रूप लेने लगती है तो आर्यसमाज भयभीत और व्याकुल हो उठता है। भगतसिंह के परिवार ने आर्यसमाज के प्रभाव से सामाजिक चेतना और प्रगति की भावना को अपनाया, परन्तु जब यह प्रगति राजनीति की सीमा में कदम रखने लगी तो वे रुक नहीं गये बल्कि देश की सामाजिक समस्याओं के हल का उन्हें एक ही उपाय दिखाई देने लगा—राजनैतिक चेतना द्वारा राजनैतिक शक्ति, आत्म-निर्णय का अवसर प्राप्त करना। उन समय की परिस्थितियों और प्रवृत्तियों के अनुसार यह परिवार उस मार्ग पर आगे बढ़ता गया और आर्यसमाज से निराश और विरक्त हो गया।

सरदार अजीतसिंह ने मुख्यतः और सरदार किशनसिंह ने भी विदेशी शासन विरोधी राजनैतिक आन्दोलन में भाग लिया था। उस समय अभी कृष्ण मन्दिर (जेल) में तपस्या करके आत्मिक शक्ति द्वारा स्वराज्य प्राप्त कर लेने के गांधीवादी सिद्धान्त का विकास नहीं हो पाया था। इसलिये सरदार अजीतसिंह पुलिस के हाथ पड़ कर जेल में सड़ते रहने के बजाय फरार होकर अपना काम करते रहे। गिरफ्तारी से बचने के लिये अम्बाप्रसाद सूफी के साथ वे भारत के अनेक भागों और नेपाल की तराई में फिरते रहे और फिर इस देश में कुछ कर पाने का अवसर न देखकर विदेश चले गये। विदेश में भी वे लाला हरदयाल, राजा महेन्द्रप्रताप और बरकतुल्ला आदि दूसरे प्रमुख क्रांतिकारियों के सहयोग से जैसे-तैसे भारत में राजनैतिक क्रांति की तैयारी के लिये प्रयत्न करते ही रहे। इटली से लौटे एक मित्र का कहना है कि दूसरे महायुद्ध के समय रोम से रेडियो पर जो ब्रिटिश विरोधी प्रचार हिन्दुस्तानी में होता था और जिसकी भाषा में ब्रिटिश साम्राज्यशाही और भारतीय ब्रिटिश सरकार के प्रति अनर्गल घृणा और विरोध उबल पड़ता था, वह सरदार अजीतसिंह के ब्रिटिश सरकार से आमरण टक्कर लेते रहने की भावना का ही परिणाम था।

सरदार अजीतसिंह के लिये १९४८ से पहले भारत लौट सकना सम्भव न हुआ। जिस समय वे लौटे, अत्यन्त वृद्ध और निरन्तर संघर्ष से जीर्ण हो चुके थे। शीघ्र ही उनका देहान्त हो गया। सरदार किशनसिंह भी कुछ हद तक अपने भाई का साथ देते रहे थे। अनेक दुस्साहसपूर्ण कहानियाँ हमने उनके मुख से सुनी थीं, परन्तु जब भगतसिंह उसी मार्ग पर चलने लगा तो सरदार जी को यह बातें मूर्खतापूर्ण जान पड़ने लगीं और वे इन बातों से क्षुब्ध होने लगे। सरदार किशनसिंह जी यह तो कभी न कह सके कि उनका पुत्र देश की स्वतंत्रता के लिये यत्न न करे, परन्तु उनका आग्रह था कि अपने घर-बार की

चिन्ता किये बिना केवल देश की मुक्ति के संघर्ष में कूद पड़ना मूर्खतापूर्ण और अव्यावहारिक है। भगतसिंह का निश्चय था कि आदमी दो नावों पर पाँव रखकर नहीं चल सकता। पिता-पुत्र के इस मतभेद से काफी झगड़े भी हुए। कई बार मैं भी उन झगड़ों में थोड़ा-बहुत फँस गया।

पिता के स्वतंत्र विचार होने के कारण बचपन में भगतसिंह के सिर पर लम्बे केश नहीं थे। बचपन में भगतसिंह की शिक्षा भी साम्प्रदायिक सिख स्कूल में कभी नहीं, डी० ए० वी० (दयानन्द ऐंग्लो वैदिक) स्कूल में ही हुई थी। किशनसिंह जी डी० ए० वी० स्कूल कालिज को राष्ट्रीय संस्था मानकर इन संस्थाओं के सहायक रहे थे। वहीं उन्होंने भगतसिंह को भरती करा दिया था और बाद में भगतसिंह के छोटे भाई को भी। मैं और भगतसिंह दोनों ही कुछ समय तक डी० ए० वी० स्कूल के विद्यार्थी थे। उस समय हमारा सम्पर्क नहीं था। एक तो लाहौर के डी० ए० वी० स्कूल में एक-एक श्रेणी में चार-चार, पाँच-पाँच तक विभाग होते थे और प्रत्येक विभाग में पचास-साठ विद्यार्थी थे, तिस पर भगतसिंह मुझसे एक श्रेणी नीचे था। उसकी आयु भी मुझसे एक या दो वर्ष कम थी। यह सन् १९१९ की बात है। इसके बाद मैं लाहौर से फिरोजपुर चला गया, क्योंकि मेरी माँ, जो लाहौर में एक आर्य कन्या पाठशाला के छात्रावास की सुपरिन्टेन्डेन्ट थीं, फिरोजपुर की एक आर्य कन्या पाठशाला की मुख्याध्यापिका होकर फिरोजपुर चली गई थीं।

सन् १९१९ में रौलेट बिल के विरुद्ध सार्वजनिक प्रदर्शनों से उग्र राजनैतिक आन्दोलन आरम्भ हो चुका था। इस आन्दोलन का आरम्भ महात्मा गांधी के नेतृत्व में 'सत्याग्रह लीग' द्वारा हुआ था। उन दिनों हम लोग डी० ए० वी० स्कूल के विद्यार्थी थे। हम लोगों ने यह पहला राजनैतिक आन्दोलन देखा, परन्तु वैसा सार्वजनिक उत्साह गांधीवादी कांग्रेसी आन्दोलनों में फिर कभी दिखाई नहीं दिया। रौलेट कानून के विरोध में जुलूस निकाला गया था। यह जुलूस दो-तीन मील लम्बा रहा होगा और ठसाठस। मातम का प्रदर्शन करने के लिये सभी लोग नंगे सिर थे और काले झण्डे के कारण काली आंधी सी आ गई मालूम होती थी। जनता उस समय तक शान्तिमय सत्याग्रह के दाँव-पेंच नहीं जानती थी। राजनीति में इन शब्दों का प्रयोग भी नहीं हुआ था। जनता सीधे-सीधे ढंग से विदेशी शासन के विरुद्ध असन्तोष और विरोध प्रकट कर रही थी।

जुलूस के साथ ही हड़ताल भी हुई। हड़ताल सात दिन तक जारी रही। गांधी जी की मृत्यु के शोक में स्वयं हड़ताल हो गई थी। कांग्रेस सरकार ने इस हड़ताल को तीन दिन जारी रखने की घोषणा की थी, परन्तु लोग दूसरे ही दिन दोपहर बाद हड़ताल से ऊबने लगे थे और तीसरे दिन सरकारी आतंक के बावजूद संध्या तक आवश्यक वस्तुओं की छोटी-मोटी दुकान प्रायः खुल ही गई थीं। सरदार पटेल की मृत्यु पर भी तीन दिन की हड़ताल सरकारी हुक्म से कराई गई थी। पुलिस ने धमका कर दुकानों को बन्द करवाया था। कांग्रेस भी अपनी पूरी शक्ति शोक का वातावरण बनाने में लगा रही थी। जनता ने उसे बेबसी में ही सहा, परन्तु लाहौर की वह हड़ताल सात दिन तक अपनी इच्छा से या जनमत के दबाव से मुकम्मिल हड़ताल रही। पुलिस की गारदें जगह-जगह जबर्दस्ती दुकानें खुलवा देतीं, परन्तु पुलिस के हटते ही जनता की सामूहिक भावना से दुकानें फिर बन्द हो जातीं।

लाहौर में सात दिन तक पूरी हड़ताल निबाह देना आसान बात न थी। इसके कई कारण थे। प्रथम तो वहाँ सैकड़ों तन्दूर और तवियाँ[1] थीं। हजारों ही व्यक्ति इन दुकानों पर पेट भरते थे। हड़ताल के उन दिनों में सब तवियाँ और तन्दूर बन्द थे, परन्तु बाजारों और गलियों में जगह-जगह बड़े-बड़े तवों पर रोटियाँ सेंकी जा रही थीं। रोटियाँ सेंकने का काम प्रायः अपने-अपने मुहल्लों की मध्यम वर्ग की स्त्रियाँ स्वेच्छा से कर रही थीं। जो चाहता मुफ्त में दाल-रोटी खा सकता था, लेकिन न कहीं बिक्री हो रही थी और न कोई मजदूरी। घर-गृहस्थी के लोगों की पारिवारिक आवश्यकताएँ कैसे पूरी हो रही थीं, इस बात की ओर उस समय मेरा ध्यान नहीं गया। जो भी उपाय किये गये हों, दुकानें जरूर बन्द थीं। विदेशी शासन द्वारा दमन के विरोध में हुई हड़ताल को सफल बनाना एक सामाजिक कर्तव्य बन गया था। जनता पूरी सहानुभूति से उसमें सहयोग दे रही थी।

भीड़ की टुकड़ियाँ जगह-जगह रौलेट कानून का सियापा[2] करती फिर रही थीं : हाय-हाय रौलेट बिल! हाय-हाय अंग्रेजी राज! हाय-हाय जार्ज पंचम! जगह-जगह तत्कालीन ब्रिटिश सम्राट जार्ज पंचम की अर्थियाँ जलाई जा रही थीं। पुलिस इन्हें तितर-बितर करने के लिये लाठी-चार्ज करती। भीड़ भागकर पुलिस पर ईंट-पत्थर की वर्षा करके उसका सामना करती। बीसियों जगह गोली चली, परन्तु हड़ताल जारी रही। लाहौर और अनेक दूसरे शहरों में फौजी कानून जारी कर दिया गया था। अंग्रेज सरकार को भारतीय पुलिस और फौज की राजभक्ति में सन्देह होने लगा था। इसलिये महत्वपूर्ण स्थानों पर प्रायः गोरी फौजी टुकड़ियाँ तैनात कर दी गईं। धड़ाधड़ गिरफ्तारियाँ हो रही थीं। सरकारी आज्ञा भंग करने पर चौराहों पर बेंत लगाये जा रहे थे। हड़ताल खोल देने और जुलूस आदि न निकालने के जो ऐलान स्थान-स्थान पर चिपकाये जाते, वह तुरन्त फट जाते। यह ऐलान जिन दुकानों और मकानों पर लगाये जाते, सरकार उनके मालिकों को ही इनकी रक्षा के लिये जिम्मेदार ठहरा देती। इनके फट जाने पर उन्हें राजद्रोही समझकर दण्ड दिया जाता। स्कूलों और कालिजों में संस्थाओं के अधिकारियों द्वारा विद्यार्थियों को जबर्दस्ती दण्ड दिलाया जा रहा था। बोर्डिंग के फाटक बन्द कर दिये गये थे कि विद्यार्थी बाहर निकलकर भीड़ का साथ न दे सकें।

रौलेट कानून विरोधी हड़ताल उसी समय टूटी जब गांधी जी ने अपनी भूल पर पश्चात्ताप करके हड़ताल को तुरन्त तोड़ देने की आज्ञा दे दी। यह हड़ताल केवल लाहौर में ही नहीं, भारत के सभी नगरों में और पंजाब के अमृतसर, गुजरांवाला आदि सभी शहरों में इसी रूप में हुई। इसी अवसर पर जालियांवाला बाग का हत्याकांड हुआ और गुजरांवाला में तो जनता को बेकाबू देखकर सरकार ने हवाई जहाज से शहर पर बम फेंककर स्थिति को वश में किया।

'सत्याग्रह लीग' की पुकार पर जनता ने रौलेट कानून के विरुद्ध प्रदर्शन इस रूप और परिमाण में किया कि न केवल ब्रिटिश सरकार ही बदहवास हो गई, बल्कि स्वयं गांधी जी और कांग्रेस के नेताओं के कलेजे भी दहल गये। सरकार की परेशानी और बदहवासी का अनुमान सर वेलेंटाइन शिरौल की पुस्तक 'इण्डिया' (१९२८) पृष्ठ २०७ से लग सकता है। गांधी जी को इस आन्दोलन से जो आशंका अनुभव हुई, वह उनके

---

१. बड़े-बड़े तवों पर रोटी सेंककर बेचने-खिलाने वाली दुकानें।
२. मृत्यु के पश्चात् सीना पीटकर मरे हुए व्यक्ति के नाम से विलाप करना।

प्रायश्चित से स्पष्ट है। उन्हें शायद १९१७ अक्टूबर में हुई रूसी क्रांति जैसी ही क्रांति की आशंका रौलेट बिल विरोधी प्रदर्शनों में भी दिखाई देने लगी। इसके बाद कोई भी आन्दोलन चलाने से पहले गांधी जी सदा शांतिपूर्ण तरीके (non-violence) को स्वयं आन्दोलन से भी अधिक महत्वपूर्ण करार देते रहे। इस समय मैं आठवीं कक्षा में पढ़ता था और मेरी माँ को लाहौर छोड़कर फिरोजपुर छावनी चले जाने से मुझे भी उनके साथ फिरोजपुर जाना पड़ा।

रौलेट कानून के विरुद्ध प्रदर्शनों और हड़तालों को रोककर गांधी जी और कांग्रेस ने सरकार द्वारा किये गये दमन की जाँच की जाने की माँग और प्रार्थना अंग्रेज सरकार से आरम्भ की। कांग्रेस की यह प्रार्थना सरकार द्वारा स्वीकार न की जाने पर असहयोग आन्दोलन आरम्भ हुआ। पंजाब केसरी लाला लाजपतराय कई वर्ष के देश निर्वासन के बाद उसी समय भारत लौटे थे। देश में राजनैतिक उत्साह देखकर उन्होंने पंजाब में असहयोग आन्दोलन का नेतृत्व आरम्भ किया। पंजाब में इस आन्दोलन ने खूब उग्र रूप ले लिया। कांग्रेस ने सरकारी खिताबों, नौकरियों, अदालतों और स्कूल-कालिजों से असहयोग की पुकार की। खिताब, नौकरियाँ और अदालतें तो कम ही लोगों ने छोड़ी होंगी, परन्तु विद्यार्थियों ने स्कूल-कालिज बड़ी संख्या में छोड़ दिये। इन्हीं असहयोगी विद्यार्थियों को योग्य राष्ट्रीय कार्यकर्ता बनाने के लिये लाला जी और पंजाब के कांग्रेस नेताओं ने लाहौर में पंजाब नेशनल कालिज की स्थापना की थी।

भगतसिंह ऐसे ही असहयोगी विद्यार्थियों में से था। राष्ट्र की पुकार पर उसने शायद नवीं कक्षा से स्कूल छोड़ दिया था और वह कांग्रेस के स्वयंसेवकों में भर्ती होकर राष्ट्रीय काम करने लगा था। सन् १९२२ में चौरीचौरा काण्ड के कारण गांधी जी के सत्याग्रह स्थगित कर देने पर राष्ट्रीय आन्दोलन फिर दब गया। जो विद्यार्थी राष्ट्र की पुकार पर स्कूल-कालिज छोड़कर आये थे, वे ठगे गये से अनुभव कर रहे थे। उनकी परिस्थिति कठिन हो गई। आन्दोलन स्थगित होने का प्रभाव केवल विद्यार्थियों पर ही नहीं, बल्कि आन्दोलन के लिये उत्साहित हो जाने वाली सम्पूर्ण जनता पर ही निराशाजनक पड़ा। गांधी जी की सन् १९२१ के ३१ दिसम्बर तक स्वराज्य प्राप्त कर लेने की प्रतिज्ञा पर विश्वास करके जनता बहुत उत्साहित और मरने-मारने के लिये तैयार हो चुकी थी। गांधी जी ने २२ फरवरी, १९२२ की घोषणा से स्वराज्य प्राप्त किये बिना ही आन्दोलन को पूर्णतः स्थगित कर दिया।

आन्दोलन के यों स्थगित हो जाने से जनता में जाग उठी संघर्ष की भावना को ऐसा धक्का लगा जैसे तेज चाल से चलती रेलगाड़ी को सहसा रोक देने से रेलगाड़ी के डिब्बे आपस में ही टकराने लगते हैं। जनता में जाग उठी उग्रता और संघर्ष की भावना कई लाभदायक और हानिकारक रूपों में परिणत हो गई। साम्प्रदायिक दंगे भी हुए, परन्तु उसके साथ ही साम्प्रदायिक सुधारवादी आन्दोलन, उदाहरणतः सिक्खों में गुरुद्वारा आन्दोलन भी, सत्याग्रह के मार्ग पर चल पड़ा।

इसमें सन्देह नहीं कि गुरुद्वारा आन्दोलन साम्प्रदायिक था और उसका उद्देश्य गुरुद्वारों (सिख मन्दिरों) से अनाचार दूर करना था, परन्तु इसकी भावना उग्र सुधारवादी और अपने सीमित क्षेत्र में क्रांतिकारी भी अवश्य थी। यह गुरुद्वारे कुछ महन्तों की पैतृक और वैयक्तिक सम्पत्ति के रूप में चले आ रहे थे। गुरुद्वारे में भेंट के रूप में आने वाली लाखों

की सम्पत्ति और गुरुद्वारों से जुड़ी हुई जागीरों से लाखों की आय इन महन्तों की व्यक्तिगत या पारिवारिक आमदनी समझी जाती थी। इन महन्तों के स्वामित्व में यह गुरुद्वारे प्रायः तमाशबीनी और व्यभिचार के अड्डे बन चुके थे। गुरुद्वारा आन्दोलन का उद्देश्य इन मन्दिरों को महन्तों की पैतृक और व्यक्तिगत सम्पत्ति न रहने देकर संगत (सम्प्रदाय) की सामाजिक सम्पत्ति बना देना और इन गुरुद्वारों का तथा उनकी आमदनी-खर्च का प्रबन्ध निर्वाचित पंचायतों द्वारा करना था। यह गुरुद्वारों के साम्प्रदायिक सीमा में समाजीकरण की माँग थी।

सरकार मन्दिरों की सम्पत्ति के समाजीकरण करने के विरुद्ध और मन्दिरों की सम्पत्ति पर महन्तों के पैतृक पारिवारिक स्वामित्व के अधिकार की रक्षा करने के पक्ष में थी। सुधार चाहने वाली सिख जनता ने यह आन्दोलन सत्याग्रह के रूप में चलाया। सिखों के निःशस्त्र जत्थे गुरुओं की वाणी का पाठ करते हुए इन मन्दिरों और मठों पर पंथ का सामाजिक अधिकार कायम करने के लिये जाते थे। महन्तों के पालतू गुंडे और पुलिस की बड़ी-बड़ी गारदें इन निःशस्त्र स्वयंसेवकों पर लाठियों की अंधाधुंध बौछार करते थे। कई जगह गोलियाँ भी चलीं। प्रायः गुरुद्वारों की जमीनें खून से रंग जाती थीं। मूर्च्छित हो गिर पड़े स्वयंसेवकों को ले जाकर जेलों में बन्द कर दिया जाता था। गुरुद्वारे आन्दोलन के संघर्ष का अनुमान 'ननकाना साहब गुरुद्वारे' के उदाहरण से किया जा सकता है। इस मन्दिर पर अधिकार करने के लिये लगभग दो सौ स्वयंसेवकों की जानें गई थीं।

सिखों के इस गुरुद्वारा सुधार आन्दोलन के सामने सरकार को परास्त हो जाना पड़ा, क्योंकि सिखों के सौभाग्य से इस आन्दोलन को स्थगित कर देने का अवसर गांधी जी को न था। गुरुद्वारा आन्दोलन से जमीन्दारी उन्मूलन की समस्या का बहुत कुछ साम्य था। कांग्रेस सदा से स्वीकार करती आई थी कि जमीन्दारी प्रथा किसानों की दुरवस्था का कारण थी। जमीन्दारी के उन्मूलन के लिये किसानों की बहुत पुरानी माँग चली आई थी। कांग्रेसी सरकारें इस माँग को पूरा करने की प्रतिज्ञा किये हुए थीं। कांग्रेसी सरकार की स्थापना के बाद भी यह प्रतिज्ञा तीन वर्ष तक स्थगित रही। उत्तर प्रदेश में जमीन्दारों को हर्जाना देने के लिये किसानों से ३२ करोड़ रुपया भी वसूल किया जा चुका है। आखिर जमीन्दारी उन्मूलन की प्रतिज्ञा के पूरे होने का दिन आया तो स्वतंत्र भारत की अदालतों ने भारत के नये विधान के अनुसार जमीन्दारी की सम्पत्ति पर से उनका स्वामित्व हटाया जाना अवैधानिक बता दिया। गुरुद्वारों के महन्तों की निजी सम्पत्ति के समाजीकरण की माँग का ठीक वही अर्थ था जो कि किसानों की माँग से जमीन्दारी की भूमि के पुनः वितरण का है! ब्रिटिश गवर्नमेंट के राज में जनता की ऐसी माँग पूरी हो सकती थी, परन्तु कांग्रेस के राज में वह अवैधानिक हो गई। ऐसी अवस्था में इस राज को कितना समाज हितकारी और जनतंत्रात्मक समझा जा सकता है?[१] जमीन्दारी का उन्मूलन कर सकने के लिये भारतीय विधान में परिवर्तन किया गया और जमीन्दारों से भूमि लेकर समृद्ध किसानों को देने के लिये बहुत बड़े-बड़े मुआवजे जमीन्दारों के शोषण के अधिकार की प्रतिष्ठा करने के लिये देना भी न्याय समझा गया।

---

१. प्रथम संस्करण में यह प्रसंग १९५२ में जमीन्दारी उन्मूलन विधान पारित होने से पूर्व लिखा गया था।

सन् १९२२ में राष्ट्रीय आन्दोलन के स्थगित हो जाने पर भगतसिंह गुरुद्वारा आन्दोलन में भाग लेने लगा था। इस आन्दोलन में भाग ले सकने का अवसर पाने के लिये भगत ने भी सिर पर केश बढ़ा लिये थे। वह अकाली बनकर काली पगड़ी पहनने और कृपाण भी रखने लगा था, परन्तु धार्मिक आस्था से नहीं, विदेशी सरकार विरोधी भावना और राजनीति के कारण। इन दिनों और भी अनेक हिन्दू युवक सिख और अकाली सज गये थे। काली पगड़ी युवकों में फैशन ही बन गई थी। कृपाण के प्रति भगतसिंह को आकर्षण इसलिये था कि कृपाण के आकार पर सरकार द्वारा लगाये हुए प्रतिबन्ध का विरोध करने के लिये सिखों ने 'कृपाण आन्दोलन' चलाया था और सिख तीन फुट लम्बी तलवारें हाथ में लिये कानून भंग करते थे।

जब भगतसिंह नेशनल कालिज में पहुँचा तब भी वह काली पगड़ी ही बाँधता था। गुरुद्वारा आन्दोलन समाप्त हो चुका था। अब काली पगड़ी साम्प्रदायिकता का ही चिह्न रह गई थी। भगतसिंह का काली पगड़ी बाँधने और कृपाण रखने का नियम धीरे-धीरे शिथिल हो गया था। गुरुद्वारा आन्दोलन में सिखों को सफलता मिल जाने पर उनमें साम्प्रदायिक संकीर्णता का अहंकार और रूढ़िवाद जोर पकड़ने लगे थे। नवयुवकों और भगतसिंह को अकाली संगठन से विरक्ति होने लगी थी। उन दिनों वह कभी भी गुरुद्वारे में नहीं जाता था।[१]

आन्दोलन से पूर्व प्रायः सभी गुरुद्वारों के महन्त हिन्दू साधू होते थे और भक्त जनता हिन्दू-सिख सभी लोग। गुरुद्वारों का प्रबन्ध मात्र सिख जनता के हाथ में चले जाने से गुरुद्वारा प्रबन्ध कमेटियों का व्यवहार हिन्दू जनता के प्रति हीनता का हो गया। वह भेद बढ़ते-बढ़ते भिन्न जातियों और राज्यों का रूप लेने लगा।[२]

यशपाल

मैं स्वयं नेशनल कालिज में कैसी मानसिक स्थिति में पहुँचा और किन परिस्थितियों में भगतसिंह, सुखदेव, भगवतीचरण तथा दूसरे साथियों से मेरा परिचय हुआ, वह प्रसंग भी आवश्यक है। सशस्त्र क्रांति के प्रयत्नों की ओर स्वयं मेरी प्रवृत्ति कैसे हुई, यह बात मेरे लिये जितनी स्पष्ट है, उतनी ही विस्तृत भी। मुझे इसमें अनेक कारणों और

---

१. सरदार किशनसिंह जी ने सिख सम्प्रदाय के 'पंज कक्कों' (पंच ककार — केश, कृपाण, कड़ा, कंघा, कच्छा) में श्रद्धा न होने के कारण भगतसिंह या उसके छोटे चारों भाइयों के केश न रखवाये थे। आज तक भी जब भगतसिंह के भाइयों से भेंट हुई, इन लोगों के सिरों पर केश और पगड़ी नहीं देखी। भगतसिंह ने दल के कार्य के लिये १९२८ में फरार होते ही केशों से मुक्ति ले ली थी। साण्डर्स वध और असेम्बली बमकाण्ड के समय उसके सिर पर केश न थे। असेम्बली बमकाण्ड के पश्चात् दल ने दल के वक्तव्य सहित भगत-दत्त का जो चित्र बाँटा था, उसमें भगत के सिर पर केश नहीं हैट था, ऐंठी हुई छोटी मूँछें, परन्तु दाढ़ी सफाचट, परन्तु अब अनेक हठधर्मी सिक्खों का आग्रह है कि भगतसिंह के चित्र बिना पगड़ी-केश के, हैट सहित देना सिख समाज के प्रति अन्याय है। 'इलस्ट्रेटेड वीकली' अंग्रेजी का सम्मानित साप्ताहिक है। इस पत्र के एक अंक में भगतसिंह की चर्चा में भगतसिंह का साण्डर्स को गोली मारने का काल्पनिक चित्र देखा था जिसमें उसके सिर पर पगड़ी और छोटी दाढ़ी भी थी। यह शायद इसलिये कि आजकल (१९७२) इस पत्र के सम्पादक खुशवन्त सिंह स्वयं को प्रगतिवादी सिख कहते हैं। इतिहास के साथ यह अन्याय है।

२. गुरुद्वारा सुधार आन्दोलन से गुरुद्वारों की आचार-पद्धति, नैतिकता में बहुत लाभ हुआ, परन्तु उससे साम्प्रदायिक संकीर्णता बढ़ने की हानि भी हुई।

परिस्थितियों का प्रभाव अनुभव होता है, जिनमें सामाजिक भावना, अपनी पारिवारिक और आर्थिक स्थिति और अपने चारों ओर के वातावरण से ली हुई प्रेरणायें सभी कुछ मिले-जुले हैं।

किसी वस्तु के विरोध और उस वस्तु के लिये घृणा और उसके प्रति विद्रोह को पृथक-पृथक कर देना मैं सम्भव नहीं समझता। विदेशी शासन से मुक्ति की इच्छा अपने मन में अनुभव होने की स्मृतियों को जब मैं कुरेदता हूँ तो मुझे वह सदा ही अंग्रेजों के प्रति अपनी घृणा, स्पर्धा और विरोध और द्वेष के रूप में याद आती हैं।

अंग्रेजों के प्रति घृणा और द्वेष का कोई निरा वैयक्तिक कारण तो हो नहीं सकता था। उनकी शक्ति और प्रभुता को देखकर अपनी हीनता और उन जैसा बन सकने की इच्छा अनुभव होती थी। अपने लिये वैसा अवसर न होने और अंग्रेजों का आतंक और प्रभुता अपने ऊपर अनुभव करने से यह घृणा और द्वेष जातीय रूप में अनुभव होते थे।

अंग्रेजों के प्रति बचपन से ही अपने मन में अनुभव होने वाली घृणा और द्वेष को मैं अपना वैयक्तिक या स्वभावगत दोष मानने के लिये तैयार नहीं हूँ। इसका कारण मेरे ख्याल में दैन्य को स्वेच्छा से स्वीकार न कर लेने की और उसके विरोध की प्रवृत्ति थी। मेरा विचार है कि जोर और जब्र के प्रति असन्तोष, घृणा और द्वेष अनुभव किये बिना इसका विरोध करने की इच्छा भी नहीं हो सकती। यह बात केवल मैंने ही अनुभव की हो सो बात नहीं। मेरी इस भावना का समर्थन वयोवृद्ध क्रांतिकारी डाक्टर भूपेन्द्रनाथ दत्त के संस्मरणों में भी मिलता है।

बंगाल में सशस्त्र क्रांति की चेष्टा के जन्म की कहानी बैजनाथसिंह जी 'विनोद' को सुनाते हुए डाक्टर दत्त ने करीब पचास वर्ष पहले की बात उन्हें सुनायी थी। डॉ० दत्त के यौवन के आरम्भिक काल में अंग्रेजों से घृणा करने वाले बंगाली युवक उस समय कलकत्ते में घोड़ों द्वारा खींची जाने वाली ट्राम गाड़ी पर कूदकर चढ़ जाते थे और ट्राम में सवार गोरों को पीट-पाटकर भाग जाते थे। कलकत्ता और बंगाल में अंग्रेजों के प्रति इस घृणा ने ही पनपकर राष्ट्रीय आत्मसम्मान की भावना का रूप ले लिया और यह भावना शनैः-शनैः सशस्त्र क्रांति द्वारा राष्ट्रीय मुक्ति के प्रयत्नों में परिणत होती गई।

भारत में आने और रहने वाले अंग्रेजों के व्यवहार में अपनी वैयक्तिक और सामाजिक स्थिति को ऊँचा दिखाने और इस देश के वासियों को नीचा समझने का भाव रहता था। प्रत्येक अंग्रेज अपने आप को इस देश पर अपने राष्ट्र के शासन का प्रतिनिधि समझता था। उनका यह अहंकार इस देश के प्रति घृणा के रूप में उनकी मुद्रा और व्यवहार से भारतीयों के अपमान के रूप में बरसता रहता था। यह बात सम्भवतः आज के नौजवान पाठकों को कुछ विचित्र सी लगेगी।

पहले महायुद्ध के समय अंग्रेज यद्यपि अमेरिका की सहायता से युद्ध जीत गये थे, परन्तु उस युद्ध के समय देश भर में ऐसे समाचार फैलते रहे थे कि यूरोप में जर्मन लोग अंग्रेजों को बुरी तरह पीट रहे हैं। अंग्रेजी सरकार को इस देश की जनता से युद्ध के लिये जन-धन की सहायता की अपीलें भी करनी पड़ी थीं और अपने सिर पर आये संकट को भी स्वीकार करना पड़ा था। इन बातों का प्रभाव देश की जनता पर कैसे न पड़ता? अंग्रेजों से परास्त होकर, कुचले जाकर और उनके दास बनकर इस देश की जनता के मस्तिष्क पर अंग्रेजों के अजेय होने और उनकी अलौकिक श्रेष्ठता की जो छाप पड़ गई

थी, वह उस युद्ध के समय कुछ फीकी पड़ने लगी थी। ऊपर जिस रौलेट कानून विरोधी आन्दोलन की चर्चा मैंने संक्षेप में की है, उस आन्दोलन से और उसके बाद विदेशी शासन से अधिकारों की माँग के अनेक आन्दोलनों से अंग्रेजों के आतंक और सम्मान में उत्तरोत्तर कमी आती गयी थी और भारत में आने और रहने वाले अंग्रेजों ने भी कुछ-कुछ शिष्टता और इन्सानियत का व्यवहार सीख लिया था। दूसरे महायुद्ध के बाद तो उनके व्यवहार में बहुत बड़ा परिवर्तन आ गया।

पचास वर्ष पहले प्रथम महायुद्ध से पूर्व अंग्रेजों का व्यवहार कुछ और ही था। उस समय सड़क पर चलने वाला प्रत्येक अंग्रेज, चाहे वह साधारण व्यापारी, रेलवे का नौकर या सेना का मामूली टामी ही हो, सभी हिन्दुस्तानियों से सलाम की आशा रखता था। कलकत्ता, लाहौर, दिल्ली, मंसूरी, शिमला और नैनीताल अंग्रेजों के अड्डे थे। इन स्थानों के वयोवृद्ध लोगों से आप आज भी अंग्रेजों के तत्कालीन व्यवहार की विचित्र कहानियाँ सुन सकते हैं। उन दिनों बरसात हो या धूप, कोई भी हिन्दुस्तानी किसी अंग्रेज के सामने छाता लगाकर चलने का साहस नहीं कर सकता था। नैनीताल में झील के किनारे माल रोड, जिसका नया नामकरण अब गांधी मार्ग कर दिया गया और आजकल कांग्रेसी मंत्री नोकीली गांधी टोपी लगाये मोटर पर फिसलता हुआ पैदल चलने वाले सर्वसाधारण लोगों को परेशान करता दिखाई देता है, एक समय उस सड़क पर केवल अंग्रेज ही चल सकते थे। हिन्दुस्तानियों को इस सड़क के नीचे कच्ची सड़क पर ही चलना पड़ता था। प्रसंगवश यह भी कह दूँ कि अंग्रेज साम्राज्यशाही के राज में इस सड़क पर केवल गवर्नर ही कभी-कभी मोटर पर आते-जाते थे, साम्राज्यशाही के मंत्री या शासन सभा के सदस्य जनता की तरह पैदल ही चलते थे, परन्तु अब 'जनता के सेवक' सभी कांग्रेसी मंत्री इस सड़क पर कार दौड़ाते हैं। पैदल जनता को इससे जो असुविधा और अपमान अनुभव होता है, वह भी राम-राज्य का एक वरदान है।

मैंने भी अपने होश में अंग्रेजों का वह व्यवहार नहीं देखा, क्योंकि मेरे होश में आने से पूर्व ही अंग्रेजों की प्रभुता को अस्वीकार करने वाले क्रांतिकारी आन्दोलनों की चिनगारियाँ फूटने लगी थीं और अंग्रेजों की निरंकुशता को चुनौती देने वाले कई आन्दोलन चल चुके थे। फिर भी मैंने अपने बचपन में बहुत कुछ देखा। मैंने अंग्रेजों को सड़क पर सर्वसाधारण जनता से सलामी लेते देखा है। हिन्दुस्तानियों को उनके सामने गिड़गिड़ाते देखा है, इससे अपना अपमान अनुभव किया है और उसके प्रति विरोध अनुभव किया है।

सबसे पुरानी स्मृति लगभग चार या पाँच वर्ष की आयु की है। मेरे कुछ सम्बन्धी उत्तर प्रदेश (तब युक्तप्रान्त) के गंज डडुआरा कस्बे में कपास ओटने के एक कारखाने के मैनेजर थे। न जाने किस प्रसंग में मैं अपनी माँ के साथ इनके यहाँ आकर ठहरा हुआ था। कारखाना स्टेशन के समीप ही था। उस जमाने में रेलवे में अंग्रेजों या यूरेशियनों का प्राचुर्य था। स्टेशन के समीप ही शायद रेलवे में काम करने वाले अंग्रेजों के दो-चार बँगले थे। आस-पास इन लोगों का खूब आतंक था। इनमें से एक बंगले में मुर्गियाँ पली हुई थीं जो बंगले के बाहर सड़क पर भी घूमती-फिरती थीं। एक संध्या मैं सड़क पर से गुजरते हुये इन मुर्गियों से छेड़खानी कर रहा था। बंगले में रहने वाली मेम ने मेरी इस हरकत पर मुझे फटकार दिया। शायद 'गधा' या 'उल्लू' ऐसी ही कोई गाली भी दी। मैंने मेम को

गाली से ही प्रत्युत्तर दिया। उसने मारने की धमकी दी तो मैंने भी धमकी से जवाब दिया और भागकर कारखाने में आ छिपा।

मेरी इस हरकत की शिकायत जाने किन शब्दों में हमारे सम्बन्धी मैनेजर साहब के यहाँ पहुँची। यह खूब याद है कि इन्होंने क्रोध और आशंका से नेत्र लाल करके वह शिकायत मेरी माँ से की। घर में ऐसा वातावरण छा गया कि मैंने कोई ऐसी हरकत कर दी है जिससे घर या कारखाने के लोगों पर भयंकर संकट पड़ सकता है। मेरी माँ ने एक छड़ी लेकर मुझे खूब पीटा। उस मार से मैं जमीन पर लोट-पोट गया। इस घटना के परिणाम से मेरे मन में अंग्रेजों के प्रति कैसी भावना उत्पन्न हुई होगी, यह अनुमान कठिन नहीं।

उसी उम्र की ऐसी ही एक घटना याद है। तब मैं लगभग छः साल का था। उन दिनों हमारे यह सम्बन्धी नैनीताल जिले की तराई के काशीपुर कस्बे में कपास ओटने के कारखाने के मैनेजर थे और मेरी माँ काशीपुर में आर्यकन्या पाठशाला में मुख्याध्यापिका थीं। हमारे ये सम्बन्धी वहाँ बड़े आदमी गिने जाते थे। हम लोग शहर से कुछ दूर कारखाने में ही रहते थे। मैंने उन्हीं दिनों पट्टी और खड़िया लेकर नया-नया पाठशाला जाना आरम्भ किया था। हमारे घर की स्त्रियाँ कभी-कभी दोपहर में आस-पास के बागों और तालाबों की ओर सैर के लिये भी चली जाती थीं। काशीपुर में कस्बे से कुछ ही दूर सुहावने जंगल में एक पक्का तालाब 'द्रोण-सागर' है। सागर के किनारे एक मन्दिर भी बना हुआ था, अब भी होगा। एक दिन दोपहर के समय हमारे घर की स्त्रियाँ सैर के लिये इस तालाब पर गई थीं। बिलकुल एकान्त देखकर उन्हें तालाब में नहा लेने की इच्छा हुई। वे नहा ही रही थीं कि तालाब के दूसरी ओर दो-तीन अंग्रेज, शायद फौजी गोरे, अचानक दिखाई दे गये।

उस स्थान पर वे अंग्रेज उस समय कैसे आ पहुँचे होंगे, यह मैं नहीं बता सकता। सम्भव है तराई की नाप-जोख करने वाले कोई लोग हों या पहाड़ की ओर रूट मार्च करती किसी गोरी पलटन का पड़ाव वहाँ पड़ गया हो। उन गोरों का दिखाई देना था कि स्त्रियाँ भय से चीख-चीख कर एक-दूसरे से लिपटने लगीं और उसी अवस्था में अपने कपड़े उठाकर भाग निकलीं। मैं भी उनके साथ-साथ भागा। अंग्रेज से वह भय ऐसा ही था जैसे बकरियों के झुंड को बाघ देख लेने से भय लगता होगा अर्थात् अंग्रेज कुछ भी कर सकता था, उससे डर कर रोने और चीखने के सिवाय दूसरा कोई उपाय नहीं था। इसके अतिरिक्त फिरोजपुर छावनी में स्कूल में पढ़ते समय रेलवे स्टेशन पर या कहीं बाजार में अंग्रेजों को इस देश के मालिकों की मुद्रा में सिर उठाकर चलते देखना, उनका सर्वसाधारण भारतीयों को गर्दन तिरछी कर घूरना मुझे सदा ही अपमान की चोट सा जान पड़ता था।

सात-आठ वर्ष की अवस्था में मेरी माता ने मुझे स्वामी दयानन्द के आदर्श के अनुकूल आर्य धर्म का तेजस्वी और ब्रह्मचारी प्रचारक बना सकने की आशा से गुरुकुल काँगड़ी में भरती कर दिया था। बचपन में माता-पिता से दूर, आर्यसमाजी अध्यापकों के नियंत्रण में कई बरस तक कष्ट, संयम निबाहने की सुख-दुखपूर्ण कई बातें याद हैं : नंगे पाँव या खड़ाऊँ पहनकर चलना, काठ के तख्त पर सोना, सख्त सर्दी में सूर्योदय से पहले ठंडे पानी से नहाना और भोजन के बाद अपना लोटा-थाली स्वयं माँजना। इसके अलावा

कभी कोई दुकान या स्त्री का मुख न देख पाना। सबसे उग्र स्मृति है, गुरुकुल के वातावरण में अंग्रेज तथा विदेश शासन से विरोधी भावना की। उस उम्र में ही जाने किस प्रेरणा से हम लोगों (गुरुकुल के विद्यार्थियों) को यह दृढ़ विश्वास था कि हम अंग्रेजों को अपने देश से मार भगायेंगे।

अंग्रेजों को मार भगाने के कार्यक्रम की कोई रूपरेखा हमारे दिमाग में नहीं थी। हमारी कल्पना में यह बात जीवन का वैसा ही निश्चित क्रम थी जैसे हमारी शरीर का बढ़कर युवा हो जाना। इतना ही नहीं, यह भी कल्पना थी कि भारतवासी एक दिन इंग्लैण्ड में जाकर शासन करेंगे। अल्हड़पन की ऐसी कल्पनाओं का आधार गुरुकुल में दी जाने वाली शिक्षा का यह तत्व था कि संसार के सम्पूर्ण ज्ञान का मूल वेद हैं। वेदों का गायन करने वाले भारत के आर्यों से श्रेष्ठ संसार के किसी देश की कोई जाति नहीं हो सकती। अतीत काल में सम्पूर्ण संसार पर आर्यों का राज्य था। वैदिक धर्म में शिथिलता आ जाने के कारण आर्यों का पतन हो गया। इसी कारण इस देश में मुसलमानों का और फिर अंग्रेजों का राज्य हो गया, परन्तु आर्य लोग शीघ्र ही उन्नति करके संसार पर फिर अपना साम्राज्य कायम करेंगे। हमारी दृष्टि में वेदों के उद्धार का उद्देश्य आध्यात्मिक उन्नति के साथ-साथ, अपनी सूझ-बूझ के अनुसार राजनैतिक भी था। उस आयु में आध्यात्मिक लक्ष्य क्या समझ में आता, अपने शत्रु अंग्रेजों से लड़ने की बात जरूर समझ में आती थी, और आध्यात्मिक भावना जीवन की परिस्थितियों से स्वतंत्र भी नहीं हो सकती है।

इस भावना की अंग बचकाने दिमाग की एक अत्यन्त अल्हड़पन और निरर्थक कल्पना की स्मृति अब तक खूब स्पष्ट है। हम लोगों को प्रातः सायं नियम से संध्या और हवन कराने के लिये पंक्तियों में या वृत्ताकार बैठा दिया जाता था। संध्या पालथी मारे, आँखें मूँदे, ऊँचे स्वर में मंत्रोच्चारण द्वारा होती थी। तब वैदिक मंत्रों का अर्थ तो जानते नहीं थे, केवल तोते की तरह रटने का ही पुण्य होता था। याद है, आयु कम होने के कारण कुछ लड़के मंत्रोच्चारण करते-करते सो जाते और अधिष्ठाता[1] का चपत गाल पर आ पड़ने से रोते-रोते मंत्रोच्चारण करने लगते थे। वह तोतारटंत संध्या करते समय मन बाल्यसुलभ कल्पनाओं में खेलता रहता। प्रायः अंग्रेजों के विरुद्ध बातें करते रहने के कारण मैं आँखें मूँदे-मूँदे कल्पना में देखा करता—इंग्लैण्ड में आर्यों का राज्य हो गया है। उस समय की कल्पना में इंग्लैण्ड कुछ-कुछ गुरुकुल के वातावरण जैसा ही दिखाई देता था। कल्पना में देखता कि अंग्रेजों को धोती-कुर्ता पहनना पड़ रहा है। अंग्रेज ब्रह्मचारी चुटिया में गाँठ लगाये, जनेऊ और खड़ाऊँ पहने घूम रहे हैं और मैं उनका अधिष्ठाता बन गया हूँ। इस कल्पना की विशेष असंगत बात यह थी कि अंग्रेजों को तो मैं कुर्ता-धोती में देखता और स्वयं को कोट-पतलून में। इस अद्‌भुत कल्पना का विश्लेषण यही हो सकता है कि प्रभुता और शक्ति-सम्पन्न अंग्रेजों की पोशाक के प्रति आदर होने से उसे अपनाने की इच्छा और साथ ही दासता की प्रतिहिंसा में अंग्रेजों से अपना अनुसरण कराने की भी इच्छा।

इस कम उम्र में हम विदेशी शासन के विरुद्ध किस प्रकार की राजनैतिक बातें किया करते थे, उसका भी एक उदाहरण याद है। प्रथम महायुद्ध के दिन थे। संध्या भोजन के

---

१. गुरुकुल में सुपरिन्टेन्डेन्ट को अधिष्ठाता पुकारा जाता था।

बाद कुछ दूर टहलने जाने का नियम था। गर्मियों या बरसात में रात के समय पठन-पाठन नहीं हो सकता था। इस मौसम में संध्या के भोजन के बाद की सैर काफी लम्बी हो जाती। एक दिन इस प्रकार की सैर के समय अपने किसी सहपाठी से बातचीत करता हुआ मैं युद्ध में जर्मनी से अंग्रेजों के पराजय की कामना कर रहा था। पीछे से सहसा कन्धे पर हाथ आ पड़ा। घूमकर देखा, आचार्य रामदेव थे। महात्मा मुंशीराम जी के संन्यास ले लेने के बाद रामदेव जी ही गुरुकुल विश्वविद्यालय के प्रिंसिपल या आचार्य बने थे। आर्यसमाज, गुरुकुल पार्टी के क्षेत्र में वे बहुत ही बड़े नेता रहे हैं। उनकी लिखी हुई पुस्तक 'आर्यसभ्यता का इतिहास' हमें गुरुकुल में पढ़ाई जाती थी। पाँचवी कक्षा में उस पुस्तक को समझ पाना कठिन था, परन्तु उससे इतना अवश्य समझ में आता था कि हमारे पूर्वज आर्य लोग दिग्विजयी थे, उनके पास हवाई जहाज आदि सभी वैज्ञानिक साधन थे। वेदों के अधिकारी समाज का दिग्विजयी होना अनिवार्य है।

आचार्य जी का हाथ अपने कन्धे पर देखकर मैं सकपका गया, परन्तु उन्होंने मेरा उत्साह बढ़ाते हुए प्रश्न किया, "क्यों, तुम क्यों चाहते हो कि जर्मनी जीत जाये?"

"अंग्रेजों के हार जाने पर हमारा देश स्वतंत्र हो जायेगा।"

"अंग्रेजों के हार जाने से ही हिन्दुस्तान का स्वतंत्र हो जाना आवश्यक नहीं। यहाँ जर्मनी का राज्य हो जायेगा। जर्मन लोग अंग्रेजों की अपेक्षा अधिक कड़ा और अनुदार शासन करेंगे।" आचार्य जी ने समझाया।

"यदि जर्मन लोग अधिक दमन करेंगे तो हमारा देश उनसे लड़ने के लिये तैयार हो जायेगा। अधिक दमन होने से क्रांति हो जायेगी।" मैंने उस समय के अपने ज्ञान के अनुसार कहा।

"नहीं, यह आवश्यक नहीं कि दमन से क्रांति हो जाये। नादिरशाह और औरंगजेब ने कितना दमन और अन्याय किये थे? उससे तो क्रांति नहीं हुई। बिना समझे-बूझे ऐसी बातें नहीं करना चाहिये। तुम्हें अभी पढ़ना-लिखना और समझना चाहिये।" आचार्य जी ने समझाया, परन्तु अंग्रेज-विरोधी भावना के लिये मुझे धमकाया नहीं। उस काल में इस प्रकार की बातचीत यदि लाहौर के किसी स्कूल अथवा सरकारी यूनिवर्सिटियों से सम्बद्ध किसी संस्था का कोई विद्यार्थी करता तो परिणाम काफी सख्त हो सकता था।

गुरुकुल में मैं प्रायः बीमार रहता था। सातवीं कक्षा में पहुँच कर मैं असाध्य रूप से बीमार हो गया। मुझे प्रबल संग्रहणी हो गई थी। चिकित्सा के सभी सम्भव उपाय किये गये। जलवायु परिवर्तन द्वारा चिकित्सा के लिये मुझे देहरादून भी भेजा गया, परन्तु इलाज न हो सका।

गुरुकुल में मैं निःशुल्क पढ़ता था। गुरुकुल में सब विद्यार्थियों के साथ समान व्यवहार का नियम था, परन्तु सम्पत्ति के आदर की भावना यहाँ भी पहुँच जाती थी। यह पता लग जाने पर कि मैं निःशुल्क पढ़ता और रहता हूँ, सहपाठी इस बात पर मेरा तिरस्कार करने लगे। यह अनुभूति उस आयु में भी असह्य जान पड़ती थी। बार-बार बीमार होने और बहुत कमजोर हो जाने पर जाड़ों में मुझे साधारण नियम के अतिरिक्त विशेष गरम कपड़े दिये जाते थे और पौष्टिक भोजन के रूप में मक्खन-मलाई आदि अधिक दिया जाता था। जब सहपाठी इस प्रकार के ताने कसते कि 'वाह, एक तो मुफ्त यहाँ रहता है दूसरे सब लोगों से अधिक मक्खन-मलाई खाता है,' तो इन चीजों का खा

सकना मेरे लिये असम्भव हो जाता। मैं यह चीजें लेने से इनकार कर कह देता, "यह चीजें मुझे अरुचिकर लगती हैं। मैं इन्हें नहीं खा सकता।" इस पर सुनना पड़ता, "अपने घर पर कभी खाया हो तो अच्छा लगे।"

घर से तो मैं गरीब था ही, क्योंकि हम दोनों भाइयों और माँ का निर्वाह माँ को मिलने वाले अध्यापिका के वेतन से ही चलता था। उन दिनों अध्यापिकाओं का वेतन बीस-पचीस रुपये ही होता था। सम्भव है; अपने घर में अपने साधनों से निर्वाह करने का अवसर होने पर मेरे निम्न-मध्य श्रेणी के आत्मसम्मान की भावना को उतनी ठेस न पहुँचती, परन्तु गुरुकुल में समता की भावना और अधिकार अनुभव हो चुके थे और अपनी गरीबी के लिये तिरस्कार पाने से मेरे मस्तिष्क पर खूब गहरा प्रभाव पड़ा होगा। गरीब होने के अपराध के प्रति मैं अपने आप को किसी प्रकार उत्तरदायी नहीं समझ सकता था। इसका कोई उपाय भी न कर सकता था। अमीर घर के लड़कों के प्रति आदर के उदाहरण भी सामने आते रहते थे। मन में सोचता था, मैं खूब अमीर घर की सन्तान होता तो कितना आदर और सुख मिलता! इस प्रभाव से गरीबी से अपमान के प्रति मैं कभी उदासीन न हो सका, न हो सकूँगा।

गुरुकुल में दुःसाध्य रूप से बीमार हो जाना मेरे भविष्य जीवन के लिये अच्छा ही हुआ। इस बीमारी के कारण मुझे सातवीं कक्षा से गुरुकुल छोड़ देना पड़ा। मुझे लाहौर के डी० ए० वी० स्कूल में भर्ती करा दिया गया। गुरुकुल में ही रहने पर मैं वहाँ चौदह वर्ष पूरे करके गुरुकुल का स्नातक बनता। मेरा अभिप्राय यह नहीं कि गुरुकुल में शिक्षा का स्तर नीचा था। मेरा ख्याल है कि जहाँ तक पठन-पाठन का सम्बन्ध था, गुरुकुल विश्वविद्यालय के ग्रेजुएट या स्नातक सरकारी यूनिवर्सिटियों के ग्रेजुएटों के स्तर से कुछ अधिक ही अध्ययन कर लेते थे, परन्तु चौदह वर्ष के बनवास के कारण वे समाज के वास्तविक रूप और व्यवहार से अपरिचित रह जाते थे। स्नातकों के व्यवहार में एक विचित्र सा अयुक्त या हीन समझे जाने के प्रति विरोध का भाव आ जाता था। वे आधुनिक समाज या संस्कृति के अंग नहीं जान पड़ते थे। वे किसी आधुनिक पुस्तकालय में रखी प्राचीन पांडुलिपि से लगते। कई स्नातकों को मैंने बिलकुल यूरोपियन लिबास में यूरोपियन व्यवहार अपनाने की चेष्टा करते भी देखा है, परन्तु उनसे दो बातें करते ही उनका गावदीपन झलक आता है। गुरुकुल की शिक्षा छोड़कर चले जाने के लिये मैं सुखी, परन्तु गुरुकुल के प्रबंध के प्रति कृतज्ञता भी अनुभव करता हूँ। उन्होंने मेरा इलाज कराने और मुझे वहीं बनाये रखने के प्रयत्न में कोई न्यूनता नहीं की; खासकर ऐसी अवस्था में जब कि मैं एक निःशुल्क विद्यार्थी था। सम्भवतः मुझ पर यह कृपा इसलिये भी थी कि मैं काफी मेधावी और होनहार समझा जाता था।

गुरुकुल की शिक्षा की चर्चा मैंने क्रांतिकारी भावना की ओर झुकाव के प्रसंग में आरम्भ की थी इसलिये एक-आध बात और इस सम्बन्ध में यहाँ कहूँगा। गुरुकुल में सरकारी यूनिवर्सिटियों और स्कूलों के लिये तैयार की गई पाठ्य-पुस्तकें नहीं पढ़ाई जाती थीं। तब गुरुकुल विश्वविद्यालय अपनी पाठ्य-पुस्तकें प्रायः स्वयं तैयार करता था; अब क्या तरीका है मालूम नहीं। इस बात का प्रभाव और विषयों की अपेक्षा इतिहास पर अधिक पड़ता था। इतिहास की पाठ्य-पुस्तकें तो शायद अंग्रेज सरकार के कोप की आशंका का ख्याल करके ही लिखी जाती थीं; परन्तु पढ़ाते समय मौखिक रूप से बहस

और चर्चा दूसरे ही ढंग से होती थी। उदाहरणतः कलकत्ते के ब्लैक होल की घटना पर वहाँ कोई विश्वास नहीं करता था और बताया जाता था कि यह प्रपंच भारत में रहने वाले अंग्रेजों ने अपनी सरकार को ब्रिटेन से यहाँ सेना भेजने के लिये प्रेरित करने के लिये गढ़ा था। इसी प्रकार बंगाल के जगतसेठ उत्तमचन्द के साथ धोखा, नन्दकुमार को फाँसी, चेतराम के साथ अन्याय और वारेन हेस्टिंग के अत्याचारों को सही-सही बताने का भी साहस गुरुकुल में किया जाता था। यह भावना गुरुकुल के वातावरण में सदा छायी रहती थी कि गुरुकुल विदेशी सरकार से स्वतंत्र शिक्षा देता है और अंग्रेज गुरुकुल को सदा शंका और सन्देह की दृष्टि से देखते हैं। कभी-कभी ऐसी सनसनी भी फैल जाती कि कोई जासूस भेद लेने के लिये वेश बदलकर आया था और अमुक जिम्मेदार व्यक्ति ने उसे मार-मार कर भगा दिया।

गुरुकुल के अधिकारी सरकार के सन्देह के विषय में जरूर सतर्क रहते थे। जैसा मैं ऊपर कह आया हूँ—सरकारी अफसरों, गवर्नरों और वाइसराय तक को निमंत्रित करके वे यह दिखाने की चेष्टा करते रहते थे कि वे राजद्रोही नहीं हैं। इन लोगों के आने पर काफी सजावट, सत्कार प्रकट करने के लिये विद्यार्थियों को पंक्तियों में मार्ग के दोनों ओर खड़ा कर दिया जाता था, परन्तु इससे भी विद्यार्थियों के मन में अंग्रेजों के प्रति आदर की कोई भावना कभी उत्पन्न नहीं होती थी। विद्यार्थी इसे अपने अधिकारियों की मजबूरी और नीति ही समझते थे।

ऊपर गुरुकुल काँगड़ी द्वारा अपनी पाठ्य-पुस्तकें स्वयं बनाने और छापने की चर्चा की है। उसके कई कारण थे। एक तो ब्रिटिश लेखकों द्वारा घृणित रूप में चित्रित अपने इतिहास को पढ़ाने से अरुचि; दूसरा भूगोल, गणित, रसायन आदि विषयों को हिन्दी के माध्यम द्वारा पढ़ाने का यत्न; तीसरा विशेष महत्वपूर्ण कारण था, ब्रह्मचारियों को शृंगार और कामुकता की भावना से अपरिचित रखते हुए साहित्य की शिक्षा देने की आवश्यकता।

गुरुकुल की पद्धति में ब्रह्मचर्य का महत्व सबसे अधिक है। आर्य संस्कृति के पुनरुत्थान की दृष्टि से संस्कृत साहित्य की पर्याप्त शिक्षा भी अनिवार्य है। तथ्य यह है कि संस्कृत साहित्य में शृंगार भरा हुआ है। इसलिये आवश्यक था कि ब्रह्मचारियों के लिये संस्कृत साहित्य की विशेष पाठ्य-पुस्तकें बनाई जायें। इसका उपाय यह किया गया कि आरम्भिक कक्षाओं के लिये 'हितोपदेश', 'पंचतंत्र' आदि में से वह सब प्रकरण निकालकर विशेष संस्करण छपवा लिये गये जिनमें स्त्रियों के चरित्र या यौन व्यवहारों का प्रसंग है। इसी प्रकार संस्कृत के काव्यों और नाटकों से भी शृंगार के वर्णन निकालकर उन्हें ब्रह्मचारियों के लिये उपयोगी पाठ्य-पुस्तकें बना लिया गया।

गुरुकुल में ब्रह्मचर्य रक्षा के उद्देश्य से शिक्षा और दिनचर्या को इस रूप में ढाला जाता था कि छात्रों को यथासम्भव स्त्री और शृंगार के सम्बन्ध में कोई परिचय न होने पाये। छात्रावास और विद्यालय की सीमाओं में किसी भी स्त्री का दिखाई दे जाना उतना ही अप्रत्याशित था जितना कि दिल्ली के कनाट सरकस या बम्बई के फोर्ट के इलाके में जंगली हिरनों अथवा नील-गायों के झुण्ड का कुलाचें मारते हुए दिखाई दे जाना। पूरे वर्ष में एक दिन भी ब्रह्मचारी स्त्री को नहीं देख सकते थे। गुरुकुल के वार्षिक उत्सव पर एक दिन स्त्रियाँ ब्रह्मचारियों के रहने की जगह देख सकती थीं। उस दिन ब्रह्मचारियों को

दोपहर का भोजन साथ बाँधकर बनवास के लिये भेज दिया जाता था। यदि स्त्री सामने आ ही जाये तो ब्रह्मचारी स्वयं छिप जाये। यों तो गुरुकुल में सांस्कृतिक विकास की दृष्टि से नाटक भी किये जाते थे, परन्तु इन नाटकों में भी स्त्री पात्र नहीं रहते थे। एक ऐसे समाज और कला की कल्पना की जाती थी जिसमें स्त्री की जरूरत ही न थी।

ब्रह्मचर्य की रक्षा के लिये स्त्री, शृंगार और यौन सम्बन्धी ज्ञान से ब्रह्मचारियों को पूर्ण रूप से अपरिचित रखने की पूरी चौकसी के बावजूद विद्यार्थियों में इन विषयों की जिज्ञासा कुछ अधिक विकृत रूप ले लेती। गुरुकुल के आठ-नौ से बारह-तेरह वर्ष के विद्यार्थियों में यह कौतूहल पैदा हुए बिना नहीं रह सकता था कि हमारा जन्म कैसे हुआ होगा। इस विषय पर प्रकाश डाल सकने वाले भी स्वयं उनमें से ही निकल आते थे। वास्तविकता मालूम होने पर उन्हें एक मानसिक चोट सी लगती थी। वे आपस में इस प्रकार के प्रश्न करते थे कि क्या स्वामी दयानन्द और भगवान रामचन्द्र जी जैसे महापुरुष भी यौन सम्बन्ध के घृणित पाप कर्म से पैदा हुए होंगे?

स्त्री-पुरुष के सम्बन्ध को पाप समझ लेने पर बचकाना मस्तिष्क यह कैसे विश्वास कर लेता कि पाप करने पर भगवान महापुरुषों को जन्म दे देगा! ऐसे धर्म संकट में पड़ जाने पर बचकाना मस्तिष्क (आयु चाहे जो हो) महापुरुषों को पवित्र मानने के लिये उनकी अमैथुनी सृष्टि की कल्पना करता है। पवित्र ईसामसीह को अक्षत् कुमारी का पुत्र मानने की कल्पना करने वाला कोई नौ-दस वर्ष की आयु का मस्तिष्क ही रहा होगा।

निरन्तर वर्जना के कारण ब्रह्मचारियों का कौतूहल यौन सम्बन्धी विचारों की ओर और भी अधिक उग्र हो जाता था। उनमें अप्राकृतिक यौन चेष्टायें भी प्रकट होने लगती थीं। यह ठीक है कि ऐसे उदाहरण शायद गुरुकुल में दूसरे स्कूलों की अपेक्षा बहुत कम होते होंगे। इस अन्तर के भी दो कारण हो सकते थे। एक तो गुरुकुल में ऐसे अपराधों को सबसे बड़ा अपराध मानकर इनके लिए कड़े से कड़ा दण्ड दिया जाना और दूसरा ऐसे अपराधों के प्रति बहुत ही उग्र दमन होने के कारण विद्यार्थियों में इस अपराध को प्रकट कर देने का साहस ही न होना।

समाज और व्यक्ति के शारीरिक और मानसिक स्वास्थ्य और विकास के लिये संयम और ब्रह्मचर्य के महत्व से इनकार नहीं किया जा सकता, परन्तु गुरुकुल में इसके लिये जो उपाय व्यवहार में लाये जा रहे थे मनोवैज्ञानिक या प्राकृतिक नहीं थे। उन्हें केवल दमन मात्र कहा जा सकता है। इसका परिणाम शायद इन प्रवृत्तियों को अस्वाभाविक रूप से उग्र बना देना ही होता था। गुरुकुल में अब इस विषय में क्या व्यवहार है, मैं कह नहीं सकता।

गुरुकुल से मैं लगभग चौदह वर्ष की आयु में लौटा था। लौटने के समय एक दुर्घटना हो गई। अब गुरुकुल गंगा के इस ओर ज्वालापुर (हरिद्वार) में ही बन गया है। उस समय गुरुकुल आने-जाने के लिये कनखल के रास्ते गंगा के पार तीन मील जाना पड़ता था। गंगा का विस्तार जाड़ों में सिकुड़कर सूख जाने पर तीन पृथक-पृथक धाराओं में बँट जाता था और इन धाराओं पर नावों के पुल बना दिये जाते थे। गर्मियों में पहाड़ों पर बर्फ पिघलने से यह धाराएँ वेगवान होकर फैल जाती हैं और आपस में मिल जातीं। उस समय यह अस्थायी पुल टूट जाते थे। बरसात का तो कहना ही क्या; भयंकर बाढ़ से तीन मील चौड़ा पाट।

गर्मियों और बरसात में गंगा का विस्तार और वेग बढ़ जाने के समय हरिद्वार और गुरुकुल के बीच यातायात का सम्बन्ध केवल तमेड़ों द्वारा होता था। तमेड़ भी एक विचित्र जलयान है। मिट्टी के तेल के खाली पीपों के मुँह मूँदकर उन्हें बाँसों की कमचियों और रस्सियों से समतल बाँध दिया जाता है। एक तमेड़ की लम्बाई-चौड़ाई प्रायः अच्छी बड़ी खाट के बराबर होती है। कनस्तरों के इस तख्त पर सामान या सवारियाँ बैठा दी जाती हैं। तमेड़ चलाने वाले तमेड़ के सहारे जल में तैरते हुए तमेड़ को ठेलते-ठेलते इस पार से उस पार पहुँचा देते हैं। कभी बहाव और हवा तेज और लहरें बड़ी-बड़ी होने पर यह तमेड़ लहरों से ऐसे उलट जाती है जैसे कढ़ाई में खलबलाते घी में फूली-फली पूरियाँ उलटती-पलटती रहती हैं। इन तमेड़ों को उलट जाने से बचाने के लिये तीन-तीन, चार-चार तमेड़ों को एक साथ बाँध दिया जाता है। मैं जब गुरुकुल से लौट रहा था, बरसात चोटी पर थी और गंगा में बाढ़ आई हुई थी।

मुझे गुरुकुल से लाने के लिये मेरी माँ लाहौर से गई थीं। एक तमेड़ हमारे लौटने के लिये दे दी गई। मैं क्योंकि बीमार था, मुझे भीगने से बचाने के लिये तमेड़ पर कैनवस की एक कुर्सी रख दी गई थी। हम लोग हरिद्वार पहुँचने के लिये तमेड़ पर गंगा पार कर रहे थे। हमारे साथ एक और व्यक्ति भी था जो किसी समय गुरुकुल का विद्यार्थी रह चुका था, परन्तु अपने पारिवारिक कारणों से गुरुकुल छोड़ गया था। तमेड़ आधा रास्ता तय करके गंगा के उद्दाम विस्तार में बीचोंबीच पहुँची थी कि सहसा उलट गई।

मैं एक गोता खाकर जब पानी के ऊपर उठा तो समीप ही अपनी माँ को डुबकियाँ लेते हुए देखा। गुरुकुल में ऐसा कोई विद्यार्थी न था जो तैरना न जानता हो। मैंने दो हाथ आगे बढ़कर माँ को बाँह से पकड़ लिया। उसी समय उलटी हुई तमेड़ मेरे शरीर से छू गई। दूसरे हाथ से मैंने तमेड़ का सहारा ले लिया। माँ की ऐनक पानी में बह गई थी। यह उनके लिये ऐसा ही था जैसे उनकी आँखों पर पट्टी बँध गई हो। पानी में गिर पड़ना उनके लिये कोई मामूली बात न थी। वे बदहवासी में चिल्ला रही थीं, "लड़के को बचाओ! लड़के को बचाओ!" हमारे साथी मुसाफिर ने भी तुरन्त ही माँ को दूसरी बाँह से पकड़कर तमेड़ का सहारा ले लिया था। तमेड़िये ने भी तमेड़ को संभालने में सहायता दी।

पानी में से उचक कर तमेड़ पर बैठ जाना या बैठा देना सम्भव नहीं था। हम लोग तमेड़ से लटके-लटके बहने लगे और तमेड़िया तमेड़ को ठेल-ठेल कर दूसरे किनारे की ओर बढ़ाने लगा। उसकी देखा-देखी हम लोग भी तैरते हुए तमेड़ को ठेल कर तेज बहाव को धीरे-धीरे काटने लगे। हम लोग लगभग चार मील तक बह और तैरकर कनखल के नीचे किनारे लग सके। सामान तो सब बह गया, परन्तु प्राण बच गये।

मैं बीमारी के कारण काफी कमजोर था इसलिये पानी से निकलने पर अपने पाँव पर खड़े रहना दूभर जान पड़ रहा था, फिर भी दो-तीन मील पैदल चलकर मायापुर पहुँचे बिना उपाय नहीं था। माँ का हृदय तो आशंका से दहल रहा था कि बीमारी की अवस्था में ऐसे भीगने और घोर परिश्रम का परिणाम जाने क्या होगा, परन्तु मुझे कुछ भी न हुआ। लाहौर पहुँचकर मामूली इलाज से या जलवायु परिवर्तन के प्रभाव से मैं जल्दी ही चंगा हो गया। मेदा कमजोर हो जाने का प्रभाव तो आयु भर के लिये रह गया है।

सात वर्ष के बनवास के बाद लाहौर पहुँचने पर मैंने अपरिचित सभाज का एक आतंक सा अनुभव किया। आचार-व्यवहार, बोलचाल सभी बातों में मैं स्वयं को स्थानभ्रष्ट और दबा हुआ अनुभव करता था। अनेक दूसरी विषमताओं के साथ-साथ यह भी अनुभव किया कि जैसे गुरुकुल में विदेशी शासन विरोधी राजनैतिक बातें उत्साह और स्वतंत्रता से की जा सकती थीं, लाहौर में वैसे बात कर सकने का अवसर नहीं था। कुछ ऐसी बातें मैंने अपनी माँ से कहीं होंगी, क्योंकि उन्होंने मुझे इस प्रकार की बातें न करने की सख्त ताकीद कर दी थी।

लाहौर में भाई परमानन्द जी, बालमुकुन्द, बलराज आदि की राजनैतिक गिरफ्तारियों के कारण घोर आतंक छाया हुआ था। मैं 'आनन्द मठ', 'अंडमन की गूँज' आदि पुस्तकें गुरुकुल में ही पढ़ आया था इसलिये लाहौर के वातावरण की घुटन को विशेष रूप से अनुभव कर रहा था। इसके साथ ही गुरुकुल में रहने के कारण उर्दू बिलकुल नहीं और अंग्रेजी भी कम ही जानने के कारण स्कूल में कठिनाई अनुभव करता था। डी० ए० वी० स्कूल में शिक्षा का माध्यम हिन्दी था, वहाँ उर्दू नहीं पढ़ाई जाती थी, परन्तु लाहौर में उर्दू न जानने से हर तरफ कठिनाई अनुभव होती थी। हिन्दी में तब वहाँ कोई भी अखबार प्रकाशित नहीं होता था और न किसी दुकान का साइनबोर्ड, दो-चार आर्यसमाजियों के अतिरिक्त, हिन्दी में था। मैंने शीघ्र ही कामचलाऊ उर्दू सीख ली। यह सन् १९१८ के अन्त की बातें हैं।

१९१९ में रौलेट-बिल के विरुद्ध आन्दोलन स्थगित हो जाने के कुछ दिन बाद मैं लाहौर से फिरोजपुर छावनी में चला गया। कारण, मेरी माँ फिरोजपुर छावनी की प्राइमरी आर्य कन्या पाठशाला में अध्यापिका बन गयी थीं। हम लोग छावनी में रहते थे। मैं छावनी के सरकारी मिडिल स्कूल में दाखिल हुआ था। छावनी का वातावरण राजनैतिक प्रभाव से बिलकुल अछूता था। सामाजिक और राजनैतिक निष्क्रियता और मौन छाया था। लोगों में ऐसा आतंक था कि मैजिस्ट्रेट जिसे चाहे चौबीस घंटे में 'बारह पत्थर' (छावनी की सीमा) से बाहर निकल जाने की आज्ञा दे सकता था।

सार्वजनिक कार्य की भावना से मैं छावनी के आर्यसमाज मन्दिर में जाने लगा। मुझे बहुत से मंत्र याद थे। आर्यकुमार सभा के लड़कों जैसा लेक्चर भी दे सकता था इसलिये उस क्षेत्र में जगह बना लेना कठिन न था। छावनी में पहले-पहल अपने से ऊपर की कक्षा के और फिरोजपुर शहर में आर्य हाईस्कूल में पढ़ने वाले एक विद्यार्थी लाजवन्तराय से परिचय और घनिष्ठता हुई।

लाजवन्तराय का परिवार आर्यसमाजी था। लाजवन्तराय के स्वर्गीय पिता सरकारी इंजीनियर और रायसाहब थे। बिरादरी के बाहर एक विवाह कर लेने के कारण उनकी प्रवृत्ति रूढ़िवाद के विरुद्ध सुधारवादी मार्ग की ओर हो गयी थी। रायसाहब का देहान्त कई वर्ष पूर्व हो चुका था। अब उनके परिवार में कोई आर्यसमाजी उत्साह दिखाई न देता था। परिवार की चेष्टा थी कि बिरादरी पिछली बातों को भुलाकर उन्हें अपने में मिला लें, परन्तु लाजवन्तराय की प्रवृत्ति सार्वजनिक जीवन की ओर थी। वह उत्साह से आर्यसमाज के काम में भाग लेता था।

लाजवन्तराय के घर में हिन्दी की पुस्तकें काफी बड़ी संख्या में थीं। चन्द्रकान्ता सन्तति, दूसरे जासूसी उपन्यास, रवि बाबू और शरत बाबू तथा दूसरे बंगाली उपन्यासों के

अनुवाद, कुछ बंगाली क्रांतिकारियों के चरित्र, प्रेमचंद और सुदर्शन की पुस्तकें, स्त्री सुबोधिनी से लेकर सत्यार्थ प्रकाश तक आर्यसमाजी साहित्य सभी मौजूद था। मेरा खयाल है कि मैंने इनमें से कोई भी पुस्तक बगैर पढ़े न छोड़ी होगी। इन उपन्यासों और कहानियों को पढ़ने का प्रभाव यह हुआ कि मैंने एक उपन्यास लिखना आरम्भ किया। एक दस्ता कागज के करीब लिख डाला, फिर वह कहाँ गया याद नहीं।

कई बार मुझसे यह प्रश्न पूछा जाता कि मैंने लिखना कब शुरू किया था या सबसे पहली कहानी कब लिखी थी? सबसे पहले कहानी मैंने दूसरे कई लोगों की तरह पाँचवीं या छठी कक्षा में, गुरुकुल में पढ़ते समय लिखी थी। उस समय भी मुझे पाठ्य-पुस्तकों के अतिरिक्त दूसरी पुस्तकें विशेषतः इतिहास, यात्रा और कहानी पढ़ने की ओर रुचि थी। गुरुकुल में लिखने-पढ़ने की प्रवृत्ति को प्रोत्साहित करने के लिये अच्छा वातावरण था। ऊँची श्रेणी के विद्यार्थी रंग-बिरंगी स्याहियों से लिखी और स्वयं बनाये चित्रों से सुसज्जित दो पत्रिकाएँ निकालते थे। उनमें से एक का नाम 'हंस' था। जयचन्द्र जी विद्यालंकार और सत्यव्रत जी विद्यालंकार उस समय दसवीं कक्षा में पढ़ते थे और हाथ का लिखा दैनिक पत्र 'अगुआ' प्रकाशित करते थे। उन्हें तभी से अपनी भविष्य की जिम्मेदारी का आभास था कि उन्हें अगुआ बनना है। इन लोगों की देखा-देखी छोटी श्रेणी के विद्यार्थी भी अपनी पत्रिकायें निकालने की चेष्टा करते थे।

हम लोगों ने पाँचवीं या छठी श्रेणी में हाथ से लिखी पत्रिका निकालने की चेष्टा की थी। उसका शायद एक ही अंक निकला था। मैंने इसमें एक कहानी 'अंगूठी' शीर्षक से लिखी थी। इस कहानी का भाव था कि एक व्यक्ति ने अपने मित्र को अंगूठी उपहार में दी थी। उपहार पाने वाले मित्र ने आर्थिक कठिनाई में उस अंगूठी को बेच दिया। यह देखकर उपहार देने वाला मित्र अपमान अनुभव कर नाराज हो गया। दोनों में भयंकर शत्रुता हो गई। हमसे ऊपर की कक्षा के विद्यार्थियों ने इस कहानी की तारीफ की और मुझे ऐसा भरोसा हो गया कि मैं कहानी लिख सकता हूँ। उस कहानी के बाद मैंने लिखने का दूसरा प्रयत्न १९२० में किया।

मैं लाजवन्तराय के साथ आर्यकुमार सभा और आर्यसमाज के कार्यक्रमों में भाग लेने लगा था। उन दिनों एक प्रश्न पर हम नौजवानों को बजुर्गों से लोहा लेना पड़ गया। वह रोचक कहानी है। आर्यसमाजों का यह फायदा है कि वर्ष में एक बार उत्सव करके आर्यसमाज का प्रचार किया जाता है। अन्य नगरों की तरह फिरोजपुर छावनी में भी दो आर्यसमाज मन्दिर थे : एक कालिज पार्टी का दूसरा गुरुकुल पार्टी का। कालिज पार्टी वाले आर्यसमाज मन्दिर में प्रति रविवार को दस या बारह व्यक्ति जमा हो जाते थे और गुरुकुल पार्टी के आर्यसमाज मन्दिर में पाँच या सात, परन्तु दोनों मन्दिर अलग-अलग कायम थे। इन दोनों का एक में मिल जाना सम्भव नहीं था। मैंने और लाजवन्तराय ने 'बुद्धिमानी' का यह प्रस्ताव किया भी, लेकिन जैसे किसी ने कुछ सुना ही नहीं। हम यह न सोच सके कि आर्यसमाज में कालिज पार्टी और गुरुकुल पार्टी का भेद केवल छावनी तक ही सीमित नहीं था। यह दो समाज मन्दिर एक देशव्यापी भेद के परिणाम थे। आर्यसमाज के दो भाग कर देने वाले महान नेता क्या हमसे कम समझदार थे।

दोनों आर्यसमाज के जलसे भी अलग-अलग होते थे। जलसे के मौके पर उपदेशक और भजनीक बाहर से बुलाये जाते थे। जलसे के समय दोनों ओर के पंडालों में पाँच-

सात सौ की भीड़ हो जाती थी। मैं फिरोजपुर छावनी में लाहौर के डी० ए० वी० स्कूल से आया था। मेरी माँ कालिज पार्टी की कन्या पाठशाला में नौकरी करती थीं इसलिए मैं कालिज पार्टी की आर्यसमाज और आर्यकुमार सभा में भाग लिया करता था। एक कारण लाजवन्तराय का कालिज पार्टी के समाज मन्दिर से सम्बद्ध होना भी था। उन दिनों इस आर्यसमाज के मंत्री लाला फतेहचन्द जी थे। लाला जी छावनी के किसी दफ्तर में बड़े बाबू थे।

आर्यसमाज के वार्षिक उत्सव का अवसर आया। भजनीकों और उपदेशकों को बुलाने के लिये बजट का सवाल उठा। आर्यसमाज के कुछ उपदेशक और भजनीक प्रान्तीय आर्य प्रतिनिधि सभा या आर्य प्रादेशिक सभा में नियमित रूप से वेतन पर काम करते थे; शायद अब भी करते होंगे। इन लोगों के दौरे के कार्यक्रम उसी प्रकार बनाये जाते थे जैसे कम्पनियाँ अपने सफरी एजेण्टों के कार्यक्रम बनाती हैं। यह लोग साबुन-तेल और दवाइयों के प्रचार न कर वैदिक धर्म का प्रचार करते थे। इनके आने-जाने के मार्ग व्यय और अतिथि सत्कार का खर्च स्थानीय आर्यसमाजों पर पड़ता था। कुछ उपदेशक और भजनीक free lance यानी अवैतनिक स्वतंत्र थे। इनका आदर अधिक था। सम्भव है, इन्हें बुलाने पर अधिक व्यय होता हो। अभिप्राय यह है कि उत्सव के लिये बजट का प्रश्न था जो मंत्री महोदय को दो दिन के शौक के लिये अपव्यय जान पड़ रहा था।

भजनीकों की आवश्यकता प्रधानतः नगर कीर्तन के समय होती थी। नगर कीर्तन पंजाब के नगरों में विशेष समारोह से होता था। नगर कीर्तन रामलीला की झाँकियों के जुलूस का सुसंस्कृत और आर्यसमाजी संस्करण था। बैलगाड़ियों पर तख्त बाँध दिये जाते थे। आर्यसमाजी भजनीक तख्तों पर बैठकर हारमोनियम, खड़तालें, तबला लेकर धर्म के प्रचार और समाजसुधार के उपदेशपूर्ण भजन गाते हुए बाजारों से गुजरते थे। लाहौर में नगर कीर्तन के अवसर पर ऐसी भीड़ हो जाती थी कि बाजारों में यातायात स्थगित हो जाता था। स्त्रियाँ बाजार किनारे के मकानों की छतों से इस समारोह को देखती थीं। शेष नगरों में भी नगर-नगर की सामर्थ्य के अनुसार यही सब कुछ होता था।

फिरोजपुर छावनी आर्यसमाज के मंत्री फतेहचन्द जी ने व्यय से बचने के लिये प्रस्ताव रखा कि केवल एक या दो उपदेशक बुला लिये जायें। नगर कीर्तन को सफल बनाने का उपाय उन्होंने बताया कि आर्यसमाजी भजनों की पुस्तकों 'आर्यगायन' और 'आर्यसंगीत रत्नप्रकाश' से अच्छे-अच्छे भजन लिखकर कुछ मीरासियों और भांड़ों को याद करा दिये जायें। जहाँ तक गाने का सवाल है, वे जनता को भजनीकों की अपेक्षा कहीं अधिक सन्तोष दे सकेंगे। इस तरीके से मामूली खर्च में सब काम हो जायेगा। अतिथि सत्कार की परेशानी भी न होगी। व्यावसायिक दृष्टि से तो यह चतुरता मालूम होनी चाहिये, परन्तु कुछ लोगों ने भाँड़ों से वैदिक धर्म के उपदेश के गीत गवाने में आर्यसमाज का अपमान समझा और इसका विरोध किया। हम नौजवानों ने भी आदर्श के दृष्टिकोण से इस प्रस्ताव का विरोध किया और मंत्री महोदय की मितव्यय की यह योजना सफल न हो सकी। उस समय मैं यह न सोच सका कि भजन तो वही हैं चाहे जो गाये।

मैं छावनी के मिडिल स्कूल से परीक्षा में प्रथम पास हुआ था। इस घटना से मेरी माता को प्रसन्नता हुई और उनकी आँखों में जो चमक आ गई, वह मुझे अब तक याद है। मेरा छोटा भाई इस समय दूसरी कक्षा में पढ़ता था। मेरा और उसका सब व्यय माँ के

ही कंधों पर था। हम दोनों को सफल और आदर्श बनाने के लिये माँ कांगड़े का पहाड़ी इलाका छोड़कर पंजाब के लू से तपने वाले मैदानों में आर्यकन्या पाठशालाओं की नौकरी करके निर्वाह कर रही थीं। इस नौकरी से माँ को कुछ उद्देश्य या परमार्थ के कर्तव्य की पूर्ति का भी संतोष होता था। उन्हें आर्यसमाज के वैदिक धर्म में अपार भक्ति थी जो मेरे विचारों में परिवर्तन आ जाने के बाद अब भी मौजूद है। इन दिनों ठीक याद नहीं कि आर्यकन्या पाठशाला में बजट की कमी हो जाने के कारण या आर्य अनाथालय के अधिकारियों के अनुरोध के कारण माताजी ने प्राइमरी पाठशाला छोड़कर आर्य अनाथालय की कन्या पाठशाला में काम कर लिया। हम लोग छावनी की मुख्य बस्ती से लगभग मील भर आर्य अनाथालय के हाते में आकर रहने लगे। सरकारी मिडिल स्कूल से पास हो जाने के बाद मैं मनोहरलाल मेमोरियल हाईस्कूल में नौवीं कक्षा में भर्ती हो गया।

इन दिनों छावनी में अछूत बालकों को पढ़ाने के लिये एक रात्रि पाठशाला आर्यसमाज की ओर से खोली गई थी। यहाँ पढ़ाने के लिये स्वयंसेवकों की आवश्यकता हुई। मैं तैयार हो गया। दो और भी लड़के तैयार हो गये। मुझे हेडमास्टर का पद दिया गया। प्रति संध्या दो मील चलकर मैं इस रात्रि पाठशाला में पढ़ाने के लिये पहुँचता था। उतना ही लौटना पड़ता। कुछ ही दिन बाद दूसरे स्वयंसेवकों में शिथिलता आ गई। रात्रि पाठशाला चलाने वालों ने निश्चय किया कि अवैतनिक लोगों से काम नहीं चलेगा इसलिये दो सहायक अध्यापकों की जगह किसी प्राइमरी स्कूल के एक मास्टर साहब को दो घंटे के लिये नियुक्त कर लिया गया। रात्रि पाठशाला दो ही घण्टे चलती थी। इन मास्टर साहब की ट्यूशन या वेतन पाँच रुपया मासिक तय किया गया था। मेरी निष्ठा से संतुष्ट होकर और शायद मेरी गरीबी में सहायता देने के लिये भी हेडमास्टर के पद पर मुझे ही रहने दिया। मेरा वेतन आठ रुपये मासिक लगा दिया। यह मेरी पहली कमाई थी। स्वयं स्कूल में पढ़ने के अतिरिक्त प्रायः साल भर यह नौकरी करता रहा।

इस नौकरी और स्कूल की पढ़ाई के अतिरिक्त मुझे घर का भी काम-काज थोड़ा बहुत करना ही पड़ता था। माँ की तनख्वाह उस समय तीस रुपये मासिक थी। उन्हें कन्या पाठशाला में सुबह सात-आठ बजे पढ़ाने चला जाना पड़ता था। मैं और मेरा भाई दस बजे स्कूल जाते थे। माँ हम लोगों के लिये और अपने लिये भी खाना बनाकर रख जाती थीं। मेरा भाई धर्मपाल अभी बहुत छोटा था। माँ स्कूल से थकी हुई लौटकर चौका-बरतन करें, यह मुझे अन्याय जाँचता था इसलिये मैं स्कूल जाने से पहले चौका-बरतन कर देता था। पानी प्रायः आधा फर्लांग से लाना होता था। मध्यम श्रेणी की मनोवृत्ति के कारण इज्जतदार घर की स्त्रियों का पानी भरकर लाना मैं उचित नहीं समझता था। पैसा नहीं था, परन्तु मैं स्वयं को इज्जतदार जरूर समझता था इसलिये पानी भी भरता था।

कांग्रेस के असहयोग आन्दोलन में भाग

असहयोग आन्दोलन सन् १९२१ में आरम्भ हुआ था। पहले ही कह चुका हूँ कि फिरोजपुर छावनी राजनैतिक प्रभाव से बिलकुल अछूती थी। छावनी से तीन मील दूर फिरोजपुर शहर में कांग्रेस के लेक्चर और जलसे होते रहते थे, खद्दर का प्रचार भी होता था। यही जमाना था कि जब पहले-पहल खद्दर का आदर्श देश के सामने आया। शहर की घटनाओं की अफवाहें छावनी तक पहुँचती रहती थीं। कभी-कभी शहर जाकर व्याख्यान सुनने या जुलूस देख आने का भी अवसर मिल जाता था। फिरोजपुर शहर में सविनय कानून-भंग करने वाले कांग्रेसी स्वयंसेवकों की गिरफ्तारियाँ भी होती रहती थीं। मैं और लाजवन्तराय चाहते थे कि छावनी में भी कुछ किया जाये। लाजवन्तराय एक वर्ष फेल होकर मनोहरलाल मेमोरियल हाईस्कूल में आ गया था। हम दोनों सहपाठी बन गये थे। हम लोग छावनी में विदेशी कपड़ों की होली जलाना चाहते थे, परन्तु अपने कपड़े दिये बिना दूसरों से कपड़े माँगना कैसे सम्भव होता! मेरी माँ को कांग्रेसी आन्दोलन से पूरी सहानुभूति थी, परन्तु घर के कपड़े जला देने का महत्व उन्हें समझ में न आता था। खासकर ऐसी अवस्था में जबकि नये कपड़े खरीद सकना हमारे लिये कठिन था।

उन दिनों मैं शहर के सर्वसाधारण जन की तरह मिल के ही कपड़े पहनता था। अब उन्हें जलाने की और खद्दर के कपड़े पहनने की इच्छा होती थी। उस समय खद्दर पहनने का अर्थ था, विदेशी शासन के विरुद्ध अपना रोष प्रकट करना। मुझे यह कर्तव्य जान पड़ता था, परन्तु व्यय का सवाल था। कर्तव्य पूरा कर सकने के लिये अवसर और सामर्थ्य भी तो चाहिये।

पंजाब में सभी घरों में शौकिया चरखा कातने का रिवाज रहा है। मेरी माँ काम के बोझ से इतनी दबी रहने पर भी रात को कभी-कभी चरखा कातती थीं। कातने के लिये रुई बाजार से नहीं खरीदती थीं। लिहाफ या तोषक कई वर्ष पुराना हो जाने पर उसमें गरमी नहीं रह जाती, नयी रुई भरनी ही पड़ती है। अबरा साबुत रहने पर पुराने लिहाफ के अबरे में ही नयी रुई भरवा ली जाती है। पुरानी रुई, जिसे पंजाबी में लुग्गड़ कहते हैं, चरखे पर कात ली जाती है। इस कताई से जो कपड़ा बनता था उसे घर के भीतर छोटे-मोटे कामों में इस्तेमाल किया जाता था या दरियाँ बनवा ली जाती थीं। पंजाब में मध्यम श्रेणी के परिवारों में बिस्तर की चादर के नीचे बिछाये जाने वाले खेस प्रायः लुग्गड़ के ही बनते थे। शायद ही कोई ऐसा फूहड़ या साहबी ढंग का परिवार होगा जो लुग्गड़ का उपयोग न करता हो। हमारे घर में भी लुग्गड़ का बना हुआ कुछ खद्दर रखा था। मैंने उसी का कुर्ता, पायजामा, गांधी टोपी और सर्दियों में एक कोट भी बनवा लिया। उस समय स्कूल भर में मैं और लाजवन्तराय दो ही लड़के खद्दर वाले थे।

आखिर हम लोगों ने हिम्मत की। माँ के पास एक विलायती रेशमी साड़ी थी, उसे ले जाने के लिये मैंने बहुत संघर्ष किया, परन्तु सफलता न प्राप्त हुई। इच्छा यह थी कि विदेशी कपड़े की होली बढ़िया चीज जनता को दिखाकर जलाई जाय तो जनता पर कुछ प्रभाव पड़े या जनता में विदेशी, यानी अंग्रेजों के विरुद्ध घृणा पैदा हो सके। मैं अपना एक कोट ले गया। यह कहना मुश्किल है कि वह विलायती ही था। हो सकता है, देसी मिल का ही हो। मतलब तो उसे विदेशी बताकर जलाने से था। घर से और कपड़ा ले जाने में कठिनाई यह भी थी कि कुछ दिन पहले हमारे यहाँ चोरी हो गई थी। हमारे घर के दोनों बक्स चोरी चले गये थे, केवल वही कपड़े शेष रह गये थे जो शरीर पर थे या खूँटी और अलगनी पर लटके हुए थे। उस गरीबी में भी हमारे यहाँ चोरी हो जाने का कारण यही जान पड़ता है कि मैं घर से बाहर निकलते समय हमेशा सुघड़ और साफ कपड़े पहनने की कोशिश करता था, चाहे घर में धोकर गरम थाली से ही उन पर इस्त्री क्यों न करनी पड़े। माँ को इस विषय में बहुत अधिक खयाल रहता था, क्योंकि वे स्वयं को विशेष कुलीन समझती थीं। निम्न मध्यम श्रेणी के सम्मान की रक्षक उनकी पोशाक ही होती है। हमारी माँ कपड़ों की चिन्ता अपने शरीर से कम नहीं करती थीं।

हम लोगों ने छावनी भर से लगभग आठ-दस कपड़े इकट्ठे कर लिये। इनमें दो-तीन लाजवन्तराय के ही घर के थे। पीतल का घण्टा बजा-बजाकर हम दोनों ने छावनी के बाजार में घोषणा कर दी कि विलायती कपड़े की होली जलायी जायेगी और कांग्रेस का लेक्चर होगा। साठ-सत्तर आदमी रामलीला के मैदान में इकट्ठे हो गये। लाजवन्तराय और मैंने भी लेक्चर दिया कि देश को स्वतंत्र कराने के लिये खद्दर पहनना चाहिये; विलायती कपड़ों और मिलों के कपड़ों में गाय की हड्डियों का चूरा और सुअर की चर्बी लगायी जाती है। ऐसा कपड़ा पहनना हिन्दू-मुसलमान धर्मों के विरुद्ध है। आजाद होने के लिये विदेशी कपड़े को छोड़कर खद्दर पहनना जरूरी है।

संध्या समय प्रदर्शन और जलसा करने के बाद जब मैं अँधेरे में दो मील दूर अनाथालय की ओर लौट रहा था तब बार-बार यह खयाल आता कि पुलिस अभी आकर मुझे गिरफ्तार कर सकती है, बल्कि बिलकुल अकेले अँधेरे में गिरफ्तार हो जाने की आशंका से बहुत भय भी मालूम होता था। चलता-चलता कई बार लौट-लौटकर देखता था कोई पीछे आ तो नहीं रहा। जब अनाथालय हाते के फाटक के भीतर कदम रख लिया तो जान पड़ा कि बच गया।

अँधेरे में छावनी से अकेले अनाथालय की ओर जाते हुए गिरफ्तार हो जाने की आशंका और भय कई बार अनुभव किया, क्योंकि विदेशी कपड़े की होली जला देने के बाद हमने कई राजद्रोही या कांग्रेसी जलसे रामलीला के मैदान में कर डाले थे। छावनी के आठ-दस दूसरे आदमी भी हम लोगों का साथ देने लगे थे। कभी-कभी हम फिरोजपुर शहर से भी स्वयंसेवकों को व्याख्यान देने के लिये बुला लेते थे। लाजवन्तराय मुझसे आयु में दो-तीन वर्ष बड़ा था और वह इन जलसों में जरूर लेक्चर देता था। कभी-कभी लेक्चर देने वाले दूसरे लोग भी मिल जाते थे। मुझे उनके व्याख्यानों से सन्तोष नहीं होता था। मैं स्वयं व्याख्यान देना आवश्यक समझता था और देता भी था। दूसरे साथियों के व्याख्यानों से मुझे सन्तोष इसलिये न हो पाता था कि लोग व्याख्यानों में केवल महात्मा गांधी, लाला लाजपतराय और बड़े पटेल की आज्ञाओं की घोषणा मात्र करके आजादी के

युद्ध की ललकार देते थे और अंग्रेजी शासन को गालियाँ भर देते थे। मैं 'देश दर्शन' नाम की पुस्तक पढ़ चुका था जिसमें भारत और विदेशों के व्यापार के आँकड़े दिये गये थे। कम्पनी के कारनामे और भारतीय व्यापार को नष्ट करने के षड्यंत्र का भी जिक्र था। मुगलों के समय के अनाज और घी के भाव भी मुझे याद थे। मैं इनकी तुलना उस समय के भावों से करके अंग्रेजी शासन के प्रति असन्तोष जगाना चाहता था। अब सोचता हूँ, अंग्रेजी राज के समय के भावों से आज के भावों की तुलना करें तो क्या कहेंगे? मैं अपने इस आर्थिक और राजनैतिक ज्ञान के आधार पर जनता को यह समझाने की चेष्टा करता था कि अंग्रेज भारत का शोषण किस तरह करते हैं। अंग्रेजी शासन से मुक्त हो जाने पर ही देश की अवस्था सुधारी जा सकती है। सुनने वालों को मेरी बातें काफी सार्थक मालूम होती थीं। प्रायः ही दूसरों के व्याख्यान देते समय श्रोता पुकार-पुकार कर कहते थे : लाल कोट वाले को बोलने दो।

लाल कोट का किस्सा यह था कि मेरे पास लुग्गड़ के खद्दर का जो सफेद कोट था वह बार-बार मैला हो जाता था। उसे मैंने सनप्रूफ के कीमती कपड़े का रंग दे देने की कलात्मक चेष्टा की थी। बाजार से हरा, लाल और पीला रंग लाकर उन्हें एक साथ पकाकर कोट को रंग लिया था। पहले तो कोट का रंग दालचीनी जैसा दिखाई दिया, लेकिन एक ही बार धोने पर हरा और पीला रंग छूट गये, रह गया केवल लाल रंग, ठीक वैसा जैसा कि बड़े-बड़े रेलवे स्टेशनों के कुलियों के कुर्ते का होता है। दूसरा कोट न होने के कारण उसे ही पहने रहता।

मैंने अँधेरे में अकेले गिरफ्तार हो जाने के भय की बात कही है। जब-जब भी मैं संध्या समय जलसे के बाद छावनी से अँधेरे में अनाथालय की ओर अकेला लौटता, गिरफ्तार हो जाने का भय अनुभव होता था, परन्तु जलसा करना और लेक्चर देना छोड़ा नहीं। भीड़--भड़क्के में जलसा करते समय गिरफ्तार हो जाने की कल्पना से भय नहीं मालूम होता था, परन्तु अकेले में गिरफ्तार होने की आशंका से दिल दहलता था। इसका मनोवैज्ञानिक कारण यह जान पड़ता है कि भीड़ के सामने गिरफ्तार होते समय जनता की सहानुभूति अपनी ओर होने के विश्वास से साहस मिलता रहता है, सुनसान अँधेरे में गिरफ्तार होते समय साहस बढ़ाने के लिये जनता की सहानुभूति नहीं रहती। गिरफ्तार होने की दोनों अवस्थाओं को ध्यान में रखने से कांग्रेसी भाइयों के फूल-माला पहनकर और तिलक लगवाकर भीड़ को पीछे-पीछे लिये थाने जाकर सहर्ष गिरफ्तार हो जाने के साहस में और क्रांतिकारियों या आजकल के कम्युनिस्टों के छिप-छिपकर अपना कार्य करने के साहस में अन्तर स्पष्ट हो सकता है। इस अन्तर को ध्यान में रखकर जब मैं आज कांग्रेसी सरकार के मंत्रियों को कम्युनिस्टों के गुप्त आन्दोलन को कायरतापूर्ण कहते सुनता हूँ तो हँसी ही आती है।[१]

इन दिनों स्कूलों में कैसा राजनैतिक वातावरण था, इसका भी एक उदाहरण दे दूँ। मनोहरलाल मेमोरियल हाईस्कूल में वार्षिक निरीक्षण के लिये इन्स्पेक्टर आने वाले थे। स्कूल को सजाने के लिये विद्यार्थियों से 'सूक्तियाँ' (Mottos) बनाने के लिये कहा गया। कुछ विद्यार्थियों ने God save the King, Health is Wealth, Knowledge is Virtue

१. यह प्रसंग १९५०-५२ की स्थिति में लिखा गया था।

इत्यादि-इत्यादि सूक्तियाँ बनाईं। मैंने लाल-नीली स्याही से 'जननी जन्मभूमिश्च स्वर्गादपि गरीयसी' बनाकर तैयार किया। स्कूल के सैकिंड मास्टर लाला मोहनलाल जी ने मुझसे इस सूक्ति का मतलब पूछा। वे अंग्रेजी के अध्यापक थे। मैंने अर्थ समझाया : माता और मातृभूमि स्वर्ग से भी बड़े हैं।

मास्टर साहब सोचते रहे कि इन्स्पेक्टर के आने पर स्कूल में ऐसी सूक्ति का होना संकट का कारण तो न हो जायेगा। कुछ देर चिन्ता कर उन्होंने साहस से गर्दन ऊँची कर उत्तर दिया, "कोई परवाह नहीं, इसे लगा दो। देखा जायेगा।"

स्वराज्य की बात तो दूर रही, मातृभूमि की प्रशंसा या देशभक्ति की बात भी उस समय स्कूलों में असाधारण साहस की बात थी। यह तब जब कि १९२१ का स्वराज्य आन्दोलन जोरों पर चल रहा था और गांधी जी जनता को ३१ दिसम्बर, १९२१ तक स्वराज्य ले लेने का विश्वास दिलाये हुए थे। गांधी जी को ईश्वर से प्राप्त प्रेरणा में और जनता की अनुभूति में क्या साम्य था, इसकी तुलना में याद कीजिये गुरुकुल काँगड़ी के वातावरण को।

१९२१ के आरम्भिक दिन थे। मैट्रिक की परीक्षा सामने थी। मैं फिरोजपुर छावनी की सीमा में राजनैतिक आन्दोलन में भाग ले रहा था, परन्तु मन में उत्कट इच्छा थी कि असहयोग की राष्ट्रीय पुकार में साथ देने के लिये स्कूल छोड़ दूँ और कांग्रेस का स्वयंसेवक बनकर सत्याग्रह करूँ। यह भी दिखाई देता था कि मैट्रिक परीक्षा में केवल कुछ ही महीने शेष हैं। माँ बार-बार समझातीं कि मैट्रिक की परीक्षा देनी ही होगी।

काँगड़े में उन दिनों अच्छे भरोसे योग्य हमारी पैतृक सम्पत्ति शेष न थी। कभी रही होगी, मेरे जीवनकाल में तो नहीं थी। हजार-डेढ़ हजार वर्ग गज जमीन का टुकड़ा और कच्चा मकान जो कुछ था, उसके लिये काँगड़े जाकर बसना न मेरी माँ को पसन्द था, न मुझे। पिता अभी जीवित थे और वे अपने पुराने कारोबार पर डटे हुए थे। उनका कारोबार था, बिना लिखे-पढ़े या प्रकट हिसाब रखे बिना रुपया सूद पर देना। रुपया वे भारी सूद पर देते थे। रकमें छोटी-छोटी होती थीं। इस व्यवसाय के बावजूद उनकी आर्थिक स्थिति गिरती ही जा रही थी। एक समय वे छोटी सी दुकान भी करते थे, परन्तु मेरे दोनों चाचाओं से सदा वैमनस्य रहने के कारण वे दुकान से अलग हो चुके थे। चाचा एक के बाद एक पागल हो गये। दुकान का न जाने क्या हुआ। चाचाओं और पिता में वैमनस्य का कारण यह था कि उनकी मातायें सौतेली थीं। मेरे दादा का देहान्त मेरे जन्म से पहले हो चुका था।

मेरी माँ का विवाह पिता की पक्की अवस्था में हुआ था। इस विवाह की जड़ में कोई पारिवारिक षड्यंत्र था। मेरी माँ एक ऊँचे समझे जाने वाले परिवार की थीं। यह लोग अपने पूर्वजों को शामचौरासी के राजाओं के राजमंत्री बताते थे। अपने पिता के परिवार के बारे में गर्व की ऐसी कोई बात नहीं सुनी। यह परिवार आपसी झगड़ों के कारण प्रायः उजड़ ही चुका था। मेरे पिता का भी स्वभाव ऐसा था कि जड़ जमाकर घर बसाने के बजाय इधर-उधर छोटी-मोटी नौकरी करके गुजारा करना ही पसन्द करते और अपने सूद के व्यापार को बहुत गुप्त रखते थे। कुछ लोगों का ख्याल था—लाला हीरालाल (मेरे पिता) के पास काफी रुपया है, लेकिन वह बहुत कंजूस हैं। मैंने इस रुपये का कोई प्रमाण कभी नहीं देखा। रुपया सूद पर देते समय वे किसी को बताते नहीं थे। रुपया

मारा जाने या न मिलने की अवस्था में उनका क्षोभ देखकर ही लोगों को दिये उधार का भेद पता चलता था। मैं जब भी काँगड़े गया, अपने पिता की स्थिति मुझे असम्मानजनक ही अनुभव हुई, परन्तु जाने क्यों लोग उन्हें 'लाला' के सम्मानजनक नाम से ही सम्बोधन करते थे, चाहे वे कैसी भी नौकरी क्यों न कर रहे हों। काँगड़े से पंजाब में आ बसने वाले हमारे कुछ सम्बन्धी यदि आर्यसमाज के प्रभाव में न आ गये होते और उनकी कृपा से मेरी माँ को अक्षर-ज्ञान नसीब न हो गया होता तो मैं सम्भवतः काँगड़े के दूसरे गरीब खत्री नौजवानों की तरह पीठ पर गठड़ी में दुकान बाँधे कुछ कारोबार करता या लाहौर, अमृतसर में बर्तन माँजने की ही नौकरी करता।

मैट्रिक की परीक्षा निकट थी और मेरे सामने समस्या यह थी कि मैं यदि यह परीक्षा पास नहीं करता तो समाज में मेरे लिये क्या स्थान होगा? मेरी माता और मेरे छोटे भाई का क्या बनेगा? ऐसा ख्याल था कि मैट्रिक पास कर लेने पर समाज के बाजार में मेरा कुछ तो मूल्य हो ही जायेगा। कांग्रेस स्वयंसेवक बनने पर भी मैं पढ़ा-लिखा स्वयंसेवक बनूँगा।

यह धारणा ठीक न होगी कि मेरे मन या कल्पना में कोई महत्वाकांक्षा न थी। मेरी कल्पना में सदा ही सम्मानित और सम्पन्न जीवन का आदर्श रहता था। मेरी महत्वाकांक्षा थी कि मैं जैसे-तैसे वकालत पास कर चोटी का वकील बनूँगा। हमारे सम्बन्धियों में कुछ लोग बहुत अच्छी आर्थिक स्थिति में थे और हैं। मैं उनसे किसी भी प्रकार कम रहने की कल्पना नहीं कर सकता था। कल्पना में यह योजना थी कि व्यवसाय कर सकने योग्य शिक्षा पा लेने पर जीवन का मार्ग मेरे लिये खुल जायेगा। मैट्रिक की परीक्षा महत्वाकांक्षाओं के मार्ग पर पहला फाटक था जिसे पार कर लेना मैंने आवश्यक ही समझा और असहयोग में कूद पड़ने के आवेश को दमित रखा। परीक्षा की तैयारी परिश्रम से की। परीक्षा दे देने के बाद परिणाम की प्रतीक्षा नहीं की। मैट्रिक का परिणाम प्रकाशित होने में प्रायः दो-ढाई मास लग ही जाते हैं। निश्चय किया कि तीन मास तो पूर्णरूप से देशसेवा में लगाने ही चाहिए। मैं परीक्षा समाप्त होते ही तुरन्त कांग्रेस के स्वयंसेवकों में सम्मिलित होने के लिये छावनी से फिरोजपुर शहर चला गया।

कांग्रेस आश्रम

फिरोजपुर शहर में जिला कांग्रेस कमेटी का दफ्तर और कार्यकर्ताओं के रहने का आश्रम गोबरमंडी में था। गोबरमंडी में एक बहुत बड़े चौकोर मैदान के चारों ओर गल्ले की आढ़त और थोकफरोशी की दुकानें थीं। बीच के बड़े मैदान में बड़ी से बड़ी सभा का आयोजन हो सकता है। एक ओर दुकानों के ऊपर दूसरी मंजिल में कांग्रेस का दफ्तर और कार्यकर्ताओं का आश्रम था। मैं दरी-कम्बल, चादर और बदलने के लिये एक जोड़ा खद्दर के कपड़े लेकर कांग्रेस के दफ्तर में आ पहुँचा। आने पर मालूम हुआ कि कांग्रेस के कार्यकर्ताओं और प्रचारकों में कुछ लोग वेतन पर और कुछ अवैतनिक काम करते थे। वेतन लेने वाले तीस से पचास रुपया माहवार तक पाते थे। इन्हें कांग्रेस दफ्तर के लंगर में अपने भोजन का व्यय देना पड़ता था। अवैतनिक कार्यकर्ता भोजन दफ्तर के लंगर में कर लेते और कांग्रेस के काम पर आने-जाने का किराया भर ले लेते थे। मैं अवैतनिक काम करने के लिये ही आया था।

आश्रम और दफ्तर में कांग्रेस का संचालन महात्मा नन्दगोपाल जी करते थे। नन्दगोपाल जी बहुत साधु स्वभाव और आध्यात्मिक प्रवृत्ति के आदमी थे। इनकी आध्यात्मिकता राधास्वामी सम्प्रदाय की थी। वे कांग्रेस के कार्यकर्ताओं को राजनैतिक अध्ययन और अनुशीलन के लिये प्रेरित करते रहते थे और साथ ही आचार-व्यवहार में संयम और निष्ठा की भी शिक्षा देते रहते थे। कुछ राजनैतिक पुस्तकें दफ्तर में इकट्ठी हो गई थीं। इनमें से 'देश दर्शन' को मैंने दुबारा बहुत ध्यान से पढ़ा। देश की आर्थिक स्थिति पर जो भी पुस्तकें मिलीं उन्हें समझने में उस समय कुछ दिक्कत भी हुई इसलिये उन्हें बार-बार पढ़ा। अंग्रेजी साम्राज्यशाही द्वारा भारत के शोषण के विरोध की मेरी निष्ठा गहरी होती गयी। नन्दगोपाल जी स्वयं भी कार्यकर्ताओं को सुबह-शाम राजनैतिक और आर्थिक समस्याओं पर व्याख्यान और आचार-व्यवहार के सम्बन्ध में भी उपदेश देते थे। ईश्वर भक्ति की ओर उनकी विशेष प्रेरणा रहती थी। कार्यकर्ता मुसलमान, हिन्दू और सिख भी थे। नन्दगोपाल जी तीनों सम्प्रदायों के लोगों को अपने-अपने साम्प्रदायिक माध्यम से ईश्वरभक्ति द्वारा आत्मिक शक्ति पाने का परामर्श देते थे। अभिप्राय यह था कि सम्प्रदायों में भक्ति का माध्यम और प्रकट रूप अलग-अलग होने पर भी लक्ष्य एक ही है। यह गांधीवादी आध्यात्मिकता का व्यावहारिक रूप है और इसका सूत्र है—'ईश्वर अल्ला तेरे नाम, सबको सुमति दे भगवान'—चाहे जिस रूप में हो, भगवान में विश्वास अवश्य करो।

नन्दगोपाल जी हमें चरित्र के सम्बन्ध में बहुत सतर्क रहने का उपदेश देते थे; क्योंकि कांग्रेस के कार्यक्रम में स्त्रियों ने भी भाग लेना आरम्भ किया था। कांग्रेस कार्यकर्ताओं और स्वयंसेवकों को स्त्रियों और लड़कियों के सम्पर्क में आने का कुछ न कुछ अवसर रहता ही था। वे हमें समझाते कि मन में स्त्री के प्रति आकर्षण और वासना उत्पन्न हो जाना स्वाभाविक है, परन्तु हमारा कर्तव्य है कि उस आकर्षण और वासना को मनोबल से दबा दें। उन्होंने इसका उपाय भी बताया था : आप आँखें मूँदकर एकाग्रचित्त हो जाइये। जिस स्त्री के प्रति आकर्षण या वासना अनुभव होती है, उसे कल्पना में देखने का यत्न कीजिये। उसके सबसे मोहक रूप की कल्पना करते हुए सम्बोधन कीजिये—'तू मेरी माँ है, तू मेरी बहन है।' ऐसा सम्बोधन एक बार नहीं, सौ बार नहीं, हजार बार और दस हजार बार दोहराइये। इस क्रिया को सुबह, दोपहर और शाम को कीजिये, रात में सोते समय भी कीजिये। एक दिन उस नारी की ओर आपका मनोभाव वैसा ही निर्विकार हो जायेगा जैसा कि माता या बहिन की ओर होता है।

नन्दगोपाल जी को सभी लोग 'महात्मा जी' कहकर सम्बोधन करते थे। वे अपने कर्तव्य के प्रति बहुत निष्ठावान तो थे ही, इसके अतिरिक्त घण्टों आँखें मूँदे ध्यान भी लगाते थे। सत्य की ओर उनकी विशेष निष्ठा थी और वे सत्य को शब्दशः पूर्ण चाहते थे। एक दिन महात्मा जी और मैं लंगर में भोजन कर रहे थे। हम लोग ऐसे बैठे थे कि मैं दरवाजे से बाहर देख सकता था। महात्मा जी की उस ओर पीठ थी। बाहर से किसी आगन्तुक ने पुकारा, "कोई है?"

महात्मा जी ने मुझसे प्रश्न किया, "कौन है?"

मैंने उत्तर दिया, "कोई लड़की जान पड़ती है।"

महात्मा जी ने मुस्कराकर मुझे टोक दिया, "जान पड़ती है क्यों कहते हो? तुमने तो पुकारने वाली को देख लिया है। सत्य को छिपाना नहीं चाहिये। छिपाने की आवश्यकता तभी होती है जब मन में विकार हो।"

उनका यह टोकना मुझे खटका तो जरूर, परन्तु मैंने स्वीकार किया कि मेरी बात शब्दशः सत्य नहीं थी। उनकी यह बात मुझे खूब याद है और मैं कई बार यह सोच चुका हूँ कि मैंने वह उत्तर इस तरह लपेटकर क्यों दिया था। कारण यही जान पड़ता है कि लड़की की ओर न देखने के उनके निरन्तर उपदेश के कारण मैं उनके सम्मुख यही दिखाना चाहता था कि मैंने लड़की को नहीं देखा।

नन्दगोपाल जी के राजनैतिक और आर्थिक व्याख्यानों का आधार प्रायः गोपालकृष्ण गोखले और महामना मालवीय जी के लेख और व्याख्यानों की पुस्तकें होती थीं। मुझे स्वयं भी इन दोनों महापुरुषों के लेखों और व्याख्यानों में बहुत रुचि थी, क्योंकि इनमें वस्तु तत्व यथेष्ट रहता था। इसके अलावा स्वामी विवेकानन्द और अरविन्द की पुस्तकें भी मैंने वहाँ पढ़ीं। इन पुस्तकों को पढ़कर अपने राष्ट्र की बौद्धिक श्रेष्ठता का विश्वास पाया।

कांग्रेस के राजनैतिक कार्यक्रम में आध्यात्मिकता का पुट रहा है। कुछ साथी गीता का पाठ भी किया करते थे। गीता के अधिकांश श्लोक मुझे गुरुकुल से याद थे। यहाँ लोकमान्य बालगंगाधर तिलक का 'गीता रहस्य' पढ़ा। यह सब तैयारी राजनैतिक कार्य को उचित रूप से कर सकने की थी और इसमें नन्दगोपाल जी की प्रेरणा सहायक थी। कांग्रेस के प्रचार के लिये वहाँ इकट्ठे हुए कार्यकर्ताओं में केवल नन्दगोपाल जी ही यूनिवर्सिटी शिक्षा प्राप्त थे। अधिकांश लोग मैट्रिक भी न थे। नन्दगोपाल जी ने परामर्श दिया कि मैं प्रचार का काम आरम्भ करने से पहले अध्ययन कर लूँ तो उचित होगा। मैं उनके आदेशानुसार दिन भर यही करता था। स्थानीय स्वयंसेवकों के योग्य जो काम होते, उन्हें भी उनके आदेश से पूरा करता था। १९२१ के अंतिम मासों में मैं प्रचारार्थ देहात में जाने लगा था।

गांधी जी ने जनता को सन् १९२१ के ३१ दिसम्बर तक स्वराज्य ले लेने का पूर्ण आश्वासन दिया था। यह सन् १९२२ जनवरी-फरवरी की बात कर रहा हूँ। गांधी जी की प्रतिज्ञा पूर्ण न हुई थी। विदेशी शासन विरोधी आन्दोलन सब ओर से उग्र रूप लेने की प्रवृत्ति दिखा रहा था। देहातों में आन्दोलन की पुकार पहुँच चुकी थी। देहातों की जनता लगानबन्दी की माँग कर रही थी। किसानों की इस माँग का अर्थ था कि वह अपनी जोत की जमीन के मालिक बन जायें। देहात की जनता के लिये आन्दोलन का और कोई रूप हो भी क्या सकता था। जनता की माँगों, भावना और व्यवहार में गांधी जी को फिर १९१९ की उग्रता के लक्षण दिखाई दे रहे थे। उस समय युक्त प्रान्त से चौरीचौरा की तहसील में पुलिस और जनता में भयंकर संघर्ष के समाचार आये। जनता में युद्ध तत्परता की लहर फैल गयी थी, परन्तु चौरीचौरा की घटना के कारण गांधी जी ने २१ फरवरी, १९२२ को आन्दोलन को पूर्ण रूप से स्थगित की आज्ञा दे दी।

उत्साह के मार्ग में अड़चन आ जाने से सब ओर बेचैनी और निराशा फैल गयी। कार्यकर्ता संघर्ष के जिस रूप से आकर्षित होकर घर-बार छोड़कर एकत्र हुए थे, वह उनसे छीन लिया गया। ऐसी व्यवस्था में कांग्रेस आन्दोलन को खद्दर और अहिंसा के प्रचार का

ही विस्तृत रूप दिया जा रहा था। कार्यकर्ताओं को निर्देश दिया जा रहा था कि वे जनता में घूम-घूमकर कांग्रेस के उद्देश्य का प्रचार करें, जनता को खद्दर पहनने, कांग्रेस और गांधी जी में पूर्ण विश्वास रखने की शिक्षा दें, हिन्दू-मुस्लिम एकता को दृढ़ बनाएँ। सच्चे हिन्दू, सच्चे मुसलमान और सच्चे सिख बनें। जब जनता कांग्रेस की इन आज्ञाओं को पूर्ण कर देगी तो स्वराज्य अनायास ही हो जायेगा।

कांग्रेस कार्यकर्ता आपस में बैठकर निराशा और क्षोभ प्रकट करते कि हमने अपना घर-बार सम्प्रदाय और धर्म का प्रचार करने के लिये नहीं छोड़ा है। हम तो विदेशी सरकार से लड़कर उसे अपने देश से निकालने के लिये यहाँ आये हैं। फिरोजपुर जिले के देहात से आये एक अवैतनिक सिख़ कार्यकर्ता की बातें मुझे खूब याद हैं। कार्यक्रम का रूप बदल जाने के कारण वह खिन्न होकर दिन भर पड़ा-पड़ा सोचा करता और जब आपस में बात करता तो कहता, "क्या एकता का झूठ-मूठ-प्रचार करें।''' कौन लड़ा रहा है? खामुखा हिन्दू, सिख, मुसलमान की एकता का शोर करने से क्या लाभ? अंग्रेज से लड़ने-लड़ाने की बात तो करते नहीं। कहते हैं, जाकर केश, कृपाण, कड़ा, कच्छा, कंघी का प्रचार करो। सिखों को इसकी चिन्ता होगी, वे करते रहेंगे। हमें क्या मतलब कि झाँक-झाँककर देखें कि लोगों ने पायजामे के भीतर कच्छा पहना है या नहीं! हमें क्या मतलब कि पगड़ी के भीतर किसके केश कितने लम्बे हैं और उनमें कितनी जुएँ हैं! हम लोगों से जाकर कहें कि कंधे से छुरा (कृपाण) लटका लो, लेकिन उसे इस्तेमाल कभी न करो। आखिर लोग इससे आलू और प्याज ही तो काटेंगे।" आखिर यह साथी एक रोज दफ्तर छोड़कर अपने गाँव को लौट गया कि घर लौटकर खेती-बारी ही करे।

ऐसे साथियों से बातचीत करते और उनके साथ हँसते समय मुझे यह अनुभव होता था कि उनके स्वभाव की अस्थिरता और चंचलता का कारण उनकी शिक्षा की कमी है। राष्ट्रीय संघर्ष के नेता गांधी जी शीघ्र ही संघर्ष का उचित निर्देशन करेंगे इसलिये हमें संगठनात्मक रूप से आन्दोलन के लिये तैयार हो जाना चाहिये। कार्यकर्ताओं को काम छोड़-छोड़कर जाते देखकर मुझे दुख भी होता। मैं चाहता था कि कार्यकर्ता बढ़ें। एक दिन मैंने अपनी माँ को ही समझाया कि अनाथों की सेवा और आर्यसमाज के उद्देश्यों की पूर्ति वास्तव में तभी हो सकेगी जब हमारे हाथ में देश के शासन की शक्ति होगी। तुम निर्वाह के लिये कांग्रेस से उतना ही वेतन ले सकती हो जितना तुम आर्यसमाज से ले रही हो। आर्यसमाज की अपेक्षा कांग्रेस का कार्य ज्यादा महत्वपूर्ण है। माँ को कांग्रेस के काम से तो पूरी सहानुभूति थी, वह मेरी बात को तर्क-संगत भी समझती थीं, परन्तु अपनी जीविका का एकमात्र साधन अपनी नौकरी को जोखिम में न डालना चाहती थीं। मैंने जिद्द की तो उन्होंने अनाथालय से अवैतनिक छुट्टी ले ली और उतनी ही तनखा पर कांग्रेस का प्रचार करने के लिये तैयार हो गईं। मैं स्वयं अवैतनिक ही काम करता रहा।

इस बीच महात्मा नन्दगोपाल जी गिरफ्तार हो गये। उनकी गिरफ्तारी का कारण उनके कुछ राजद्रोही व्याख्यान थे। इस समय आन्दोलन दबा हुआ था तो भी सरकार संगठन करने वाले कार्यकर्ताओं को चुन-चुन कर गिरफ्तार करके आन्दोलन को निर्मूल करने में लगी हुई थी। जिस समय महात्मा जी गिरफ्तार हुए, मैं हफ्ते भर के लिये प्रचार के दौरे पर देहात में गया हुआ था।

महात्मा नन्दगोपाल जी के गिरफ्तार हो जाने के बाद जिले के मंत्री का काम जालंधर के कृष्णदास भल्ला जी करने लगे। वे पहले कमसरिएट में सरकारी नौकर थे। ठीक-ठीक याद नहीं कि असहयोग की पुकार सुनकर नौकरी छोड़ आये थे या उससे पहले ही किसी कारण छोड़ चुके थे। कृष्णादास जी भी मंत्री का काम बहुत मुस्तैदी से कर रहे थे। अवैतनिक कार्यकर्ताओं की संख्या घटती ही जा रही थी। उस समय मैं अकेला ही अवैतनिक कार्यकर्ता था। कृष्णदास जी के काम सम्भाल लेने पर मैं फिर प्रचार के लिये दौरे पर देहात चला गया। प्रचारक प्रायः तीन-तीन की टोली बनाकर जाते थे। इस बार की टोली में मैं, पंडित तोताराम और मोहम्मददीन मिरासी के साथ गया।

इस दौरे में भी पहले जैसे ही अनुभव हुए, परन्तु इस बार मुझ पर प्रभाव अधिक गहरा पड़ा। सम्भव है, दूसरे साथियों की निराशा के कारण मैं स्वयं भी आलोचक बनने लगा था। हम लोग सुबह ही अपना-अपना बिस्तरा-पोटली उठाकर एक गाँव से दूसरे गाँव को चल देते। इक्का मिल जाता तो सवारी कर लेते। कहीं सहानुभूति रखने वाले लोग बैलगाड़ी का प्रबन्ध कर देते वरना यात्रा पैदल ही होती। छोटे-छोटे गाँव को छोड़कर हम ऐसे गाँवों में ही जाते जिनकी आबादी पाँच सौ या हजार हो। प्रचार संध्या समय होता था।

प्रचार का कार्यक्रम यों था—गाँव की किसी खुली जगह में कोई बड़ी दरी या टाट बिछा दिया जाता। कभी श्रद्धालु लोग एक खाट डाल देते। गाँव के सम्मानित लोगों के साथ हम खाट पर बैठ जाते। इन लोगों से बातचीत प्रायः पण्डित तोताराम ही करता था। हमें बीच में बोलने पर चुप करा देता, "हम जो कह रहे हैं, सुनो! जरा चेहरे पर दाढ़ी-मूँछ तो उग लेने दो!"

सभा का आरम्भ मोहम्मददीन सारंगी पर कोई कौमी ग़ज़ल गाकर करता था। सारंगी और ग़ज़ल के स्वर से आकर्षित होकर लोग सभा में जुटने लगते। कुछ लोगों के आ जाने पर पहले मुझे व्याख्यान देने के लिये कहा जाता। मेरे व्याख्यानों का आधार 'देश दर्शन' और ऐसी ही दूसरी किताबों से संचित ज्ञान था। मैं जनता को बताने की चेष्टा करता कि कितने करोड़ रुपये का कपड़ा विदेश से भारत में आता है और उसके बदले भारत का कितना धन विदेश चला जाता है। मैं स्वयं भी उस समय यह विश्वास करता था कि अंग्रेज के राज से पहले भारत में सभी लोग सम्पन्न और समृद्ध थे। गाँव के लोगों को यह भी बताने का यत्न करता कि देश का खून चूसने वाले विदेशियों से आजाद हो जाने पर हमारी अवस्था सुधर जायेगी।

व्याख्यान देते समय मुझे सुनने वालों के चेहरों पर पूर्ण उपेक्षा देखकर बड़ी निराशा होती। उनके चेहरों से यह तो प्रकट होता कि वे कोई नई बात सुन रहे हैं, परन्तु उस बात का सम्बन्ध उनके अपने जीवन से नहीं है। मेरे बाद पंडित तोताराम का व्याख्यान होता था। पंडित तोताराम प्रायः रामायण और महाभारत की कथाएँ सुनाता। सुनने वालों को यह कथायें मेरे व्याख्यान की अपेक्षा अधिक समझ में आतीं। वह लोगों को ईश्वर भक्ति का उपदेश और आपस में प्रेम से रहने की शिक्षा देता। इसके बाद मोहम्मददीन की बारी आती। वह सारंगी बजाकर कोई कौमी ग़ज़ल या महात्मा गांधी की स्तुति का गाना सुनाता, उदाहरणतः 'कौम की आँखों का सितारा गांधी, चर्ख पै पुरनूर सितारा गांधी।'

फिर मजाकिया चुटकुले सुनाता। उसके लेक्चर को सुनकर लोग खूब हँसते और मोहम्मददीन देर तक सारंगी पर गाता रहता।

प्रति संध्या इस प्रकार के अनुभव से प्रचार के प्रति मेरा उत्साह घटता जा रहा था। खास बात यह थी कि हम लोग स्वराज्य द्वारा किसानों के उद्धार के वायदे तो करते थे, परन्तु स्वराज्य का कोई रूप न बता पाते थे। कभी कई लोग बात करने वाले मिल जाते तो पूछ बैठते कि स्वराज्य से किसानों की अवस्था में क्या अन्तर आ जायेगा? यह हमें स्वयं मालूम न था। उस समय स्वराज्य के रूप का अपरिचय केवल मेरा ही अज्ञान नहीं था। इसे पट्टाभि सीतारमैया भी स्वीकार करते हैं। कांग्रेस के इतिहास में उन्होंने लिखा है : "गांधी जी ने कभी स्वराज्य की व्याख्या नहीं की थी। जनता विदेशी शासन से संघर्ष करने के लिये उतावली थी। स्वराज्य कैसे और क्या होगा यह व्याख्या गांधी जी ने भी नहीं दी।"[१]

उस समय सुभाषचन्द्र बोस जैसे समझदार नेता तक परेशान थे। उन्होंने अपनी पुस्तक (Indian Struggle पृष्ठ ६८) में स्वीकार किया है : "गांधी जी क्या आशा रखते थे यह मैं समझ न सका। या तो वे रहस्य को समय से पूर्व प्रकट नहीं करना चाहते थे या वे स्वयं ही नहीं जानते थे कि सरकार को किस तरह से परास्त कर लेंगे।"

स्वयं पंडित नेहरू ने अपनी आत्मकथा में पृष्ठ ७६ में लिखा है : "यह स्पष्ट है कि हमारे अधिकांश नेता स्वराज्य का मतलब विदेशी राज्य से स्वतंत्रता नहीं समझते थे। गांधी जी स्वयं इस विषय पर भोले बने हुए थे और इस बात को स्पष्ट करने की आवश्यकता भी नहीं समझते थे।" पृष्ठ ७३ पर नेहरू जी ने स्वीकार किया है : "जो भी हो, हम गांधी जी को अद्वितीय चामत्कारिक नेता मानते थे। उनमें पूर्ण विश्वास कर, आँख मूँदकर उनके पीछे चलने के लिये तैयार थे।" पण्डित नेहरू की इस उदारता का अनुकरण करना सर्वसाधारण जनता के लिये सम्भव नहीं था। पण्डित नेहरू जैसे सचेत और सतर्क मस्तिष्क के लिये भी सम्भव न होता यदि उन्हें यह आश्वासन न रहता कि वे या उनकी श्रेणी भारतीय समाज की मालिक श्रेणी है और अंग्रेजी शासन के हाथों से शक्ति ले लेने का अर्थ उनका अपना राज्य ही होगा। ऐसा आश्वासन किसानों, मजदूरों या मुझ जैसे लोगों को तो नहीं था।

कभी दिन में बातचीत होने पर किसान बेदखली, लगान आदि की अपनी जिन समस्याओं का जिक्र करते उनसे हमारा कोई परिचय न था। किसानों को अंग्रेजों से घृणा तो थी, उन्हें स्वराज्य से सहानुभूति भी अवश्य थी, परन्तु कांग्रेस का कार्यक्रम उन्हें अनुभव होने वाली कठिनाइयों से दूर था। वे अपनी जिन कठिनाइयों और समस्याओं का बातचीत में जिक्र करते वह हम कार्यकर्ताओं को छोटी और ओछी जान पड़ती थीं। कांग्रेस के महान उद्देश्य से उनका कोई सम्बन्ध न मालूम होता था। किसान इस देश की जनता के ८७ प्रतिशत थे। कांग्रेस की नीति निश्चय करने वाले नेताओं और किसानों के दृष्टिकोण दूर-दूर रहे हैं। इसी अन्तर के कारण किसानों की समस्याओं को वास्तविक रूप में समझने वालों ने किसान सभाओं को जन्म दिया और किसान सभा की सदस्यता लाखों तक पहुँच गई। कांग्रेस किसान सभाओं को अपना हिंसात्मक प्रतिद्वंद्वी समझने लगी।

---

१. History of the National Congress (1936) p. 376.

किसानों के सम्बन्ध में कांग्रेस का दृष्टिकोण गांधी जी ने दो मुख्य बातों से निश्चित कर दिया था। एक तो लगानबन्दी का आन्दोलन कभी नहीं होना चाहिये और दूसरा भूमि के स्वामित्व की परम्परागत व्यवस्था में परिवर्तन से जमींदारों की मिल्कीयत पर आँच नहीं आनी चाहिये। इसका अर्थ था कि किसान को अपने भाग्य का निर्णायक कभी नहीं बननाँ चाहिये। इसके विपरीत किसान सभाओं का मुख्य लक्ष्य था कि किसान अपने भाग्य का निर्णायक स्वयं बने। किसान के श्रम से जो पैदावार हो उस पर किसान का अधिकार हो और भिन्न-भिन्न करों और लगानों के रूप में वह किसानों से छीन न ली जाये। किसानों को अपने परिवार का पालन करने योग्य भूमि खेती के लिये मिले और वह उस भूमि का पूरा स्वामी हो। कांग्रेस ने किसानों के दृष्टिकोण को भी नहीं अपनाया इसीलिये कांग्रेस का राज्य हो जाने पर भी साधारण किसान वैसा ही निराश्रय बना हुआ है।

प्रचार के इस दौरे में नित्य यही सब अनुभव करते-करते हम पैदल यात्रा करते मुक्तसर पहुँच गये। मुक्तसर फिरोजपुर जिले की तहसील है। यह तहसील राजपूताने की सीमा से लगी हुई है। तहसील की सीमा के कुछ प्रदेश तो बिलकुल रेगिस्तान हैं, कहीं-कहीं अच्छी खेती भी होती है, परन्तु केवल वर्षा के सहारे। इस भाग में जल की काफी कठिनाई है। कुएँ कम और बहुत गहरे हैं। कुओं से डोल द्वारा पानी खींचना असाधारण कठिन काम है। इतनी लम्बी रस्सी कुएँ में पड़ती है कि उसे घर से कुएँ तक ले जाना और लौटाना ही एक समस्या है। मनुष्य के सामर्थ्य के लिये यह बहुत बड़ा श्रम है। जल प्रायः बैलों द्वारा चमड़े के चरसों से ही खींचा जाता है। सभी लोग यही जल नहाने-धोने और पीने के लिये व्यवहार में लाते हैं। मुक्तसर व्यापारी कस्बा है। पंजाब की एक मशहूर अनाज मंडी है और इस भाग के व्यापार का केन्द्र है।

तब कस्बे का पूरा व्यापार हिन्दू क्षत्रियों और मारवाड़ियों के हाथ में था। कठिन परिश्रम के सब काम निम्न श्रेणी के मुसलमान करते थे। उदाहरणतः हिन्दुओं के घर में पानी भी मुसलमान भिश्ती ही चमड़े की मशकों से भरते थे। इतना होने पर भी हिन्दू अपना छुआछूत का गर्व सुरक्षित रखे हुए थे। हिन्दू के घर में पानी भरते समय भिश्ती कमर में लाल कपड़ा बाँध लेता था, मुसलमानों के घरों में पानी भरने वाले भिश्तियों को कमर पर हरा या नीला कपड़ा बाँधना होता था। हिन्दू जल की कमी होने पर भी स्नान का नित्य नियम निबाहते थे, परन्तु इस स्नान के लिये दो-चार लोटे से अधिक जल न लगता था। मुक्तसर की तहसील के हिन्दुओं और दिल्ली, लखनऊ, बनारस के हिन्दुओं में जनेऊ, ब्राह्मण और गाय के प्रति श्रद्धा की मान्यता के अतिरिक्त कोई समता नहीं पायी जा सकती थी। आचार-व्यवहार, भोजन और बोलचाल में कोई भी साम्य नहीं था। साम्प्रदायिक विश्वासों की समता को ही यदि राष्ट्रीयता और जाति की कसौटी माना जाय तो लखनऊ, ढाका और कुस्तुन्तुनिया के सब मुसलमानों को एक ही जाति का मानना होगा, किन्तु कोई भी विवेकशील व्यक्ति इससे सहमत न होगा।

मुक्तसर अच्छा-खासा बड़ा कस्बा था इसलिये वहाँ प्रचार भी अधिक धूमधाम से हुआ। कस्बे के छोटे से चौक में कुछ तख्त डालकर मंच बनाया गया और आसपास तिरपाल या बोरियाँ भी बिछा दी गईं। गैस की रोशनी का प्रबन्ध भी था। रेल की लाइन पर होने के कारण मुक्तसर में बहुत सी आधुनिक सुविधायें पहुँच चुकी थीं। वहाँ हाईस्कूल

भी था। लगभग पाँच सौ की भीड़ हो गई थी। यह सोचकर कि मुक्तसर में शिक्षित लोगों की बस्ती है और मेरी किताबी बातों की यहाँ कद्र हो सकेगी, मैंने अपने व्याख्यान में 'देश दर्शन' के आँकड़े खूब उद्धृत किये। तिलक, मालवीय जी और पटेल की बातें भी समझाने की चेष्टा की। पण्डित तोताराम ने भी बड़े कस्बे के विचार से कुछ बड़ा ही व्याख्यान दिया और अपने व्याख्यान में ईश्वरभक्ति, धार्मिक जीवन पर और स्त्रियों के लिये पतिव्रत धर्म पर विशेष बल दिया। उसने हिन्दुओं के लिये हर-हर महादेव और वन्दे मातरम् के नारे लगाये, मुसलमानों के लिये नारा-ए तकबीर, अल्लाहो अकबर और सिखों के लिये जो बोले सो निहाल, सत सिरी अकाल के नारे लगाये।

मोहम्मददीन मिरासी ने भी कद्रदानों का मजमा देखकर उस दिन दिल खोलकर चुटकुले सुनाये। मोहम्मददीन प्रायः पंजाबी में ही बोलता था। जनता को उसमें अधिक रस आता था। एकता से देश में कितनी बड़ी शक्ति पैदा हो सकती है, इस बात का उदाहरण देने के लिये उसने जनता को बताया कि हिन्दुस्तान के बत्तीस करोड़ लोग (उस समय अविभाजित पूरे हिन्दुस्तान की आबादी इतनी ही बताई जाती थी) अगर एक साथ मिलकर पेशाब कर दें तो सब अंग्रेज उसमें बह जायें। इस बात पर खूब तालियाँ पिटीं। यह मोहम्मददीन के चुटकुलों का मामूली नमूना है। ओजपूर्ण पंजाबी भाषा के उसके शेष चुटकुलों का अनुवाद कर देना मामूली साहस का काम नहीं। वह अपनी भाषा को स्वाभाविक और सबल बनाने के लिये माँ-बहन की गालियों का उदार प्रयोग करता रहता था।

अपनी बातचीत में मोहम्मददीन क्रांति का यह स्वप्न देखता था कि क्रांति होने पर फिरोजपुर छावनी की सब मेमों को हम लोग एक बारिक में बन्द कर लेंगे और प्रतिदिन नयी मेम के साथ सोया करेंगे। कांग्रेस के इन वैतनिक प्रचारकों का कांग्रेस के अहिंसात्मक कार्यक्रम में कितना विश्वास था, इसका अनुमान इस एक उदाहरण से किया जा सकता है। उसके व्याख्यानों में प्रायः अंग्रेजों और उनके शासन की हँसी-ठिठोली ही अधिक होती थी। उनकी बातें सुन-सुनकर श्रोताओं के पेट में बल पड़ जाते थे।

मुक्तसर में सभा समाप्त हो जाने पर हम लोग मंच पर ही बैठे हुए थे। कुछ श्रोता व्याख्याताओं के लिये दूध-मिठाई ले आये और सभा में पाये आनन्द के प्रति कृतज्ञता प्रकट करने लगे। एक व्यक्ति ने बड़ी गहरी बात कही, "भई, हमने बहुत लेक्चर सुने हैं। कुछ महीने पहले लाला लाजपतराय जैसे बड़े लीडर भी मुक्तसर आये थे, परन्तु मोहम्मददीन के लेक्चर से बढ़कर लेक्चर अभी तक नहीं सुना।" यह सम्मति सुनकर पहले तो मन को धक्का लगा, परन्तु फिर मन को सान्त्वना हुई कि यदि यहाँ मेरे लेक्चर की कुछ कद्र नहीं होती तो उसका कारण स्पष्ट है: मेरा लेक्चर लाला लाजपतराय के लेक्चर के ढंग का, पढ़े-लिखे विद्वान लोगों के लिये है।

मैं इस दौरे से हतोत्साह होकर लौटा। हतोत्साह से अभिप्राय यह नहीं कि उद्देश्य के प्रति मेरी अनुरक्ति कम हो गई थी बल्कि मुझे अपना श्रम और प्रयत्न व्यर्थ जाता जान पड़ रहा था। मैं इस दुविधा में ही था कि मैट्रिक की परीक्षा का परिणाम प्रकाशित हो गया। मेरे लिये इस परिणाम की खास बात यह थी कि मैं फर्स्ट डिवीजन में पास हुआ था और अपने स्कूल में प्रथम आया था।

मेरी माता की बहुत ही उग्र इच्छा थी कि मैं कालिज में भर्ती हो जाऊँ, क्योंकि स्कूल में प्रथम आने वाले विद्यार्थी के लिये स्कूल की ओर से दो वर्ष के लिये छात्रवृत्ति मंजूर की गई थी। फिरोजपुर में लगभग उसी समय एक कालिज खुला था जिसका नाम शायद रामसुखदास कालिज था। अपने कालिज का आदर बढ़ाने के लिये वे होनहार विद्यार्थियों का स्वागत करते थे। मेरी माँ का फिरोजपुर के आर्यसमाजी क्षेत्र में काफी लिहाज था। उन्होंने बहुत वर्षों तक आर्यसमाज की संस्थाओं में लगन से काम किया था। विकट अकाल के समय उन्होंने अनाथालय में बच्चों और लड़कियों के विभाग को जिस लगन से संभाला था, उसकी स्मृति आर्यसमाजी बुजुर्गों में शेष थी। वे उनका और उनके लड़के का भला चाहते थे। उन्होंने परामर्श दिया कि स्कूल की तरफ से लड़के को छात्रवृत्ति मिलेगी ही, कालिज की ओर से भी दिलाई जा सकती है। ऐसी अवस्था में लड़के की शिक्षा का तुम पर कोई बोझ नहीं पड़ेगा। कालिज में दाखिल न होना सौभाग्य पर लात मार देना है। पढ़ाई तो मुफ्त में होगी। केवल मैट्रिक पास आदमी की क्या कदर होती है।

माँ ने एक प्रकार से सत्याग्रह आरम्भ कर दिया। वह मेरा जीवन बरबाद होता नहीं देखना चाहती थीं। मुझे कुछ बना सकना ही उनके जीवन की महत्वाकांक्षा थी। समझाने वालों ने यह भी समझाया कि शिक्षा से असहयोग करना बुद्धिमानी नहीं है। जिन हजारों विद्यार्थियों ने कांग्रेस की पुकार पर असहयोग किया था, उनमें से अधिकांश अपनी भूल समझकर अपना भविष्य बरबाद होने से बचाने के लिये शिक्षा संस्थाओं में लौट चुके थे। मुझे भी समझाया जा रहा था कि आज नहीं तो कल तुम अपनी भूल समझोगे, लेकिन छात्रवृत्ति की जो सुविधा आज है, उस समय नहीं रहेगी।

हजारों विद्यार्थियों के वापस कालेजों में लौट जाने की घटना का भी मुझ पर बहुत प्रभाव पड़ा, परन्तु दूसरे ही रूप में। विद्यार्थियों के अपनी असहयोग की प्रतिज्ञा पर जमे न रहने को मैंने अपना राष्ट्रीय अपमान समझा। मैं असहयोग करके तो नहीं आया था, परन्तु विदेशी शासन से सहयोग करने के लिये तैयार नहीं था, भविष्य चाहे बने या बिगड़े।

कांग्रेस के काम में दो महीने रहकर ही मेरी माँ उससे विरक्त हो गई थीं। उन्हें उसमें कुछ सार नहीं दिखाई दे रहा था और बिना कुछ किये तनखा लेते रहने में उन्हें ग्लानि होती थी। कांग्रेस के लोगों की संगति और उस काम की परिस्थिति भी उन्हें रुचिकर नहीं थी। वे पुरानी नौकरी पर लौट गईं।

गांधी जी की आज्ञा से आन्दोलन स्थगित हो जाने के कारण कांग्रेस के दफ्तर में कुछ हो भी न रहा था। कांग्रेस का जो कुछ संगठन शेष था, सरकार उसे भी निर्मूल कर देने पर तुली हुई थी। कृष्णदास जी भल्ला भी गिरफ्तार हो गये। उनके स्थान पर आ गये थे एक दूसरे सज्जन रामकृष्ण। मैं निरन्तर सोच रहा था कि क्या करूँ? बहुत सोच-सोचकर निश्चय किया कि अपनी जिम्मेदारी पर कुछ कर सकने की योग्यता मुझमें नहीं है।

मैंने अपनी माता के सम्मुख प्रस्ताव रखा कि मैं सरकारी कालिज में तो किसी हालत में आने को तैयार नहीं; यदि मुझे पढ़ाना चाहती हो तो लाहौर के नेशनल कालिज में भर्ती हो सकता हूँ।

नेशनल कालिज की शिक्षा व्यावसायिक दृष्टि से उपयोगी नहीं थी। माँ को उसके तिये अधिक उत्साह भी नहीं था। उनकी इच्छा थी कि मैं वकील ही बनूँ। नेशनल कालिज की शिक्षा पाने के लिये किसी प्रकार की छात्रवृत्ति या आर्थिक सहायता की आशा भी नहीं की जा सकती थी। माँ ने अपनी पिछले तीस वर्ष की नौकरी में कुछ न कुछ बचा ही रखा था। जब उन्होंने देखा कि मैं और कहीं पढ़ने के लिये तैयार नहीं तो उन्होंने मुझे इस शर्त पर नेशनल कालिज मे भर्ती हो जाने की अनुमति दे दी कि जितने दिन वे खर्च दे सकेंगी; देंगी; शेष मैं जानूँ। मन में भरोसा था कि परिश्रम के लिये तैयार हूँ तो कोई उपाय निकल ही आयेगा।

नेशनल कालिज

पंजाब नेशनल कालिज के वातावरण में राजनैतिक प्रवृत्तियों को छिपाने की आवश्यकता नहीं थी। इस कालिज की स्थापना का उद्देश्य ही कांग्रेस के कार्यक्रम द्वारा स्वराज्य प्राप्ति के लिये काम करने वाले योग्य कार्यकर्ता तैयार करना था। सभी विद्यार्थियों ने कांग्रेस के कार्य में जीवन उत्सर्ग करने की प्रतिज्ञा कर ली हो, यह बात भी नहीं थी। वातावरण सरकारी यूनिवर्सिटी के कालिजों से भिन्न था। दूसरे कालिजों में साधारणतः शिक्षा पाने और परीक्षा पास करने का उद्देश्य अपनी कल्पना में निश्चित कोई नौकरी पाना रहता है। नेशनल कालिज में यह बात नहीं थी। वहाँ शिक्षा का उद्देश्य साधारणतः अध्ययन ही था। शौक और फैशन की वैसी लगन और प्रतिद्वंद्विता भी नहीं थी जैसी कि दूसरे कालिजों के विद्यार्थियों में रहती है। इस विषय में दृष्टिकोण सामान्य था। विद्यार्थी प्रायः बिना टीमटाम के ही रहते थे। खद्दर की ओर प्रवृत्ति जरूर थी, परन्तु मशीन का कपड़ा भी चल जाता। 'गांधी आश्रम' जैसी प्रवृत्ति नहीं थी अर्थात कम से कम कपड़ों से निर्वाह करने या सब काम अपने हाथ से करने अथवा भोजन में बगैर पके शाक खाने को महत्व नहीं दिया जाता था। 'प्रार्थना' और 'संध्या' के लिये कोई अनुशासन नहीं था।

कालिज के अधिकांश विद्यार्थी पंजाब के भिन्न-भिन्न जिलों से आये हुए थे और कालिज के बोर्डिंग में ही रहते थे। कुछ विद्यार्थी युक्तप्रान्त से भी आये थे। आरम्भ में विद्यार्थियों की संख्या तीन सौ तक थी। कक्षायें केवल मैट्रिक से ऊपर बी० ए० तक ही थीं। रोहतक-हिसार के विद्यार्थियों का एक दल अलग था। अनुपात के खयाल से रोहतक-हिसार दल के विद्यार्थियों की संख्या काफी अधिक थी। यह दल अपनी वेश-भूषा और रहन-सहन के ढंग के कारण दूसरे विद्यार्थियों से मेल न खाकर अलग दिखाई देता था। इन लोगों के कपड़े अधिकांश में घर के मोटे खद्दर के थे। ढीला-ढाला कुर्ता, अढ़ाई गजी धोती और सिर पर छोटी सी खद्दर की पगड़ी या गांधी टोपी, पाँवों में प्रायः देशी जूता। इनके कपड़े प्रायः धोबी के यहाँ नहीं जाते थे। कपड़ों को धोकर सफेदी लाने के लिये भी विशेष सतर्कता नहीं थी। भोजन के लिये इन लोगों ने अपना लंगर भी अलग बना लिया था और मितव्ययता के विचार से केवल दाल-रोटी या रोटी और एक ही तरकारी इनके लंगर में बनती थी। घी यह लोग घर-गाँव से एक-एक कनस्तर ले आते थे। खूब घी खाते थे और कसरत करते थे। रोहतक-हिसार दल कालिज के बोर्डिंग शीशमहल में नहीं रहता था। शीशमहल का बंगला बोर्डिंग के लिये किराये पर लिया गया था। विद्यार्थियों को बोर्डिंग की फीस देनी पड़ती थी। रोहतक-हिसार दल शीशमहल बोर्डिंग में न रहकर ब्रैडला हाल के नीचे बने हुए गोदामों में, बिना फीस या किराया दिये रहता था। इन सब लोगों की फीस भी माफ थी।

नेशनल कालिज में रोहतक-हिसार के विद्यार्थियों का दल भाई परमानन्द जी की प्रेरणा से इकट्ठा हुआ था। भाई जी का देहान्त अभी कुछ वर्ष पूर्व हिन्दू महासभा के प्रमुख नेता के रूप में हो गया है। एक समय वे उग्र राजनैतिक क्रांतिकारी होने के कारण काले पानी गये थे। तब उन्हें काले पानी से लौटे दो-एक वर्ष ही बीते थे। भाई जी उस समय क्रियात्मक राजनीति में कोई भाग न लेकर पढ़ने-लिखने में ही लगे रहते। हमारा अनुमान था कि वे उपयुक्त राजनैतिक अवसर की प्रतीक्षा में हैं। एक प्रकार से भाई परमानन्द ही लाला लाजपतराय जी की ओर से नेशनल कालिज के व्यवस्थापक थे।

भाई जी स्वयं बहुत सादा जीवन व्यतीत करते थे। साधारणतः उनकी पोशाक कुर्ता और धोती थी। कुर्ता-धोती कह देने से बात स्पष्ट नहीं हो जाती। पंजाब से बाहर के प्रान्तों में बड़े-बड़े रईसों और जमीन्दारों की पोशाक कुर्ता-धोती ही है, परन्तु कुर्ता-धोती के अलग्-अलग रूप हैं। कुर्ता-धोती पहनने का ऐसा भी ढंग है जो साधारण कोट-पतलून पहनने के ढंग से खर्चीला और रोब-दाब का होता है। पंजाब से बाहर के प्रान्तों में कुर्ता-धोती पर निर्भर करने वाले व्यक्ति की सादगी की ओर ध्यान नहीं जाता, परन्तु पंजाब में, खासकर लाहौर में केवल कुर्ता-धोती पहनने वाले व्यक्ति की ओर ध्यान आकर्षित होना आवश्यक था। पंजाब में साधारणतः शिक्षित मध्य वर्ग के लोग कमीज, पायजामा, कोट, पगड़ी या टोपी और जूता आवश्यक समझते थे। कालिजों में धोती पहनकर या बिना कोट पहने आने से अनुशासन भंग समझा जाता था। भाई परमानन्द जी की स्थिति के व्यक्ति का केवल.कुर्ता-धोती पहनना और वह भी मोटे कपड़े का और घर में धुले, बिना इस्त्री किये, विशेष ध्यान आकर्षित करता था। उन्हें साधारणतः लोग त्यागमूर्ति भाई परमानन्द जी कहते थे। रोहतक-हिसार के विद्यार्थियों की सादगी के कारण भाई परमानन्द जी को उनसे बहुत आशाएँ थीं। भाई जी की धारणा थी कि अपनी आवश्यकताओं को सीमित रखने वाले और बाबूपने के शौक से दूर विद्यार्थी ही देश के लिये कुछ कर सकेंगे। भाई जी की वह आशा फलवती होने का कोई प्रमाण नहीं मिला। इनमें से किसी भी विद्यार्थी ने बाद में न तो कांग्रेस के ही आन्दोलन में और न क्रांतिकारी आन्दोलन में विशेष भाग लिया। वह सब लोग अपने गाँवों में लौटकर या तो स्कूल मास्टरी करने लगे या व्यापारिक धन्धों में लग गये। इनमें से दो-तीन विद्यार्थी आरम्भ में हमारे दल में आये जरूर थे, परन्तु शीघ्र ही अलग हो गये।

भाई परमानन्द जी को पायजामा और कोट पहनने वाले विद्यार्थियों के प्रति खासी वितृष्णा थी। जो विद्यार्थी जुल्फें रखकर तेल और कंघी का व्यवहार करते थे, उन्हें तो वे बिलकुल जनखा ही समझते थे। वे कालिज में इतिहास पढ़ाते थे और साधारणतः विद्यार्थियों में राष्ट्रसेवा की भावना को उत्साहित भी करते। इस प्रसंग में यदि किसी ऐसे विद्यार्थी का नाम उन्हें सुझाया जाता जो धोबी के धुले साफ कपड़े पहनने का शौक रखता हो तो वे उसकी ओर से तुरन्त ही निराशा प्रकट कर देते।

मैं इस बात का उल्लेख इसलिये कर रहा हूँ कि मैं कुछ समय तक उनकी इस विरक्ति का शिकार रह चुका हूँ। उस समय नेशनल कालिज के प्रिंसिपल, १९५१ में उत्तर प्रदेश कांग्रेस के प्रधान तथा बाद में लखनऊ विश्वविद्यालय के वाइस चान्सलर, आचार्य जुगलकिशोर जी थे। आचार्य जी कुछ ही समय पहले इंग्लैंड में शिक्षा के लिये कई बरस रहकर लौटे थे। उस समय उन्हें हिन्दुस्तानी की अपेक्षा अंग्रेजी बोलने में ही अधिक

सुविधा होती थी। कालिज में शिक्षा का माध्यम हिन्दुस्तानी हिन्दी और अंग्रेजी था। पुस्तकें सब अंग्रेजी में ही थीं, परन्तु अध्यापक लोग हिन्दुस्तानी में भी समझाने की चेष्टा करते थे। केवल आचार्य जी, प्रोफेसर पी० सी० मेहता और डी० आर० गुप्ता हिन्दुस्तानी नहीं बोल पाते थे। आचार्य जी का दृष्टिकोण मुख्यतः अध्ययन को प्रोत्साहन देने का ही था। उन्होंने कालिज में गांधी आश्रम की पद्धति को लागू करने का यत्न नहीं किया। वे प्रायः कालिज की वाद-विवाद सभाओं में उपस्थित रहते और ऐसे अवसर पर विद्यार्थियों के अध्ययन को उचित धाराओं की ओर प्रेरित करने की चेष्टा भी करते थे।

कालिज के प्रोफेसरों की विचारधारा का प्रभाव विद्यार्थियों के विचारों पर जरूर पड़ा। इनमें प्रो० जयचन्द्र विद्यालंकार का नाम विशेषतः उल्लेखनीय है। जयचन्द्र जी प्रायः विद्यार्थियों की तर्क और जिज्ञासा की प्रवृत्ति को उकसाते रहते थे। वे भारतीय इतिहास और राजनीति के अध्यापक थे। उनकी चेष्टा रहती थी कि विद्यार्थी इतिहास को श्रुति और स्मृति मानकर केवल विश्वास द्वारा ही न अपनाते चले जाएँ बल्कि तर्क और खोज के दृष्टिकोण से उसका अध्ययन करें। उनकी कक्षा में अनेक प्रकार के विषयान्तरों पर भी वाद-विवाद हो जाता था, जैसे आस्तिकता-नास्तिकता, आत्मावाद और भौतिकवाद। उनका दृष्टिकोण विद्यार्थियों को बहुत ही सुलझा हुआ जान पड़ता था। इसलिये जिज्ञासु और अध्ययनशील विद्यार्थियों का एक गिरोह उनके चारों ओर इकट्ठा हो गया था जिसे आगे चलकर बन गये क्रांतिकारी दल की पृष्ठभूमि कहा जा सकता है। उस गिरोह में से अधिकांश विद्यार्थी छँट गये और कुछ नये भी आ मिले।

नेशनल कालिज में अधिकांश विद्यार्थी राजनीति, अर्थशास्त्र और इतिहास की शिक्षा ले रहे थे। यों फारसी और संस्कृत भी पढ़ाई जाती थी। फारसी पढ़ने वाले केवल दो या तीन विद्यार्थी थे और संस्कृत पढ़ने वाले पाँच या छः। कुछ पाठकों को यह जानकर आश्चर्य होगा कि भगतसिंह संस्कृत पढ़ता था। संस्कृत में भगतसिंह की रुचि का कारण उस समय बहुत हद तक उसके परिवार की आर्यसमाजी रुचि समझी जा सकती थी। डी० ए० वी० स्कूल में संस्कृत अनिवार्य होने के कारण उसने कुछ संस्कृत वहाँ पढ़ी थी। साहित्य की ओर उसकी प्रवृत्ति तो थी ही। भगतसिंह शहर में अपने पिता के साथ ही रहता था। मैं, सुखदेव, झंडासिंह आदि शीशमहल बोर्डिंग हाउस में थे। पढ़ने-लिखने के सिवाय उस उम्र के कालिज के लड़कों में दंगे और शरारत की ओर जो प्रवृत्ति होती है उसकी हम लोगों में भी कमी नहीं थी।

सुखदेव

सुखदेव, मैं और सुखदेव का भाई जयदेव शीशमहल बोर्डिंग के एक ही कमरे में रहते थे। मैं और जयदेव प्रायः बहुत रात गये तक पढ़ते रहते थे। केवल कालिज की पाठ्य-पुस्तकों का ही नहीं, दूसरी पुस्तकों का भी हमें चाव था। सुखदेव को शौक से बहुत देर तक पढ़ते कभी नहीं देखा। पढ़ लिया, पढ़ लिया; न पढ़ा, न सही।

सुखदेव लायलपुर से आया था। लायलपुर में उसके घर आढ़त का कारोबार था। सुखदेव के बचपन में ही उसके पिता का देहान्त हो चुका था। उसके ताऊ लाला अचिंतराम जी थापर कांग्रेस के स्थानीय उग्र नेताओं मे से थे। वे १९२० के असहयोग आन्दोलन में जेल भी गये थे। अचिंतराम जी की उस समय की एक फोटो, जिसमें वे कैदी की वर्दी और हथकड़ी पहने हुए थे, सुखदेव की मेज पर रखी रहती थी। सुखदेव

और जयदेव चचेरे भाई थे। दोनों ही मैट्रिक पास करने के बाद १९२२ में असहयोग आन्दोलन की गर्मी निकल जाने पर नेशनल कालिज में आये थे।

मैं ऊपर ही कह आया हूँ कि सुखदेव को पढ़ने का व्यसन नहीं था। चुपचाप सोचते रहना उसकी आदत थी। एक ही कमरे में साथ-साथ रहने के कारण मैं उसकी और वह मेरी प्रवृत्तियों से खूब परिचित था। उसके स्वभाव का विशेष लक्षण 'सनक' था; जब जिस बात की सनक आ जाय। कुछ दिन स्वास्थ्य सुधारने और शरीर मजबूत बनाने की सनक आ गई तो पढ़ने-वढ़ने का सब खयाल छोड़कर वह नित्य मालिश और कसरत करने लगा। एक कुर्ता भी पहलवानी ढंग का सिला लिया और कमर में पहलवानों की तरह तहमत या लुंगी बाँधनी शुरू कर दी। शरीर मामूली, मेरे ही जैसा इकहरा होने पर भी बाँहों को पहलवानों की तरह ऐसे अकड़ा कर चलता कि मानो पुट्ठों के बहुत उभरे होने के कारण बाँहें पसलियों से दूर-दूर रहती हों।

शारीरिक कमजोरी से सुखदेव को विशेष घृणा थी। कभी-कभी स्वयं अपनी ही कमजोरी का उपहास करने के लिये कहानी सुनाने लगता, 'हमारे पिता, चाचा और ताऊ सब मिलाकर नौ भाई-बहिन थे। उनमें से एक को पालने में सोये-सोये ही चूहे खा गये...।' इतना सुनकर कहकहा लगाकर अपने पुट्ठों को सहलाते हुए वह कहता, 'जिसे चूहे खा जायें, वह चूहों से कुछ निर्बल ही तो होगा!' और अन्त में वह इस परिणाम पर पहुँचता, 'हम चूहों से निर्बल की औलाद हैं तो चूहों से बढ़कर क्या होंगे?' जिन दिनों उसे कसरत और पहलवानी का शौक चढ़ा उसने सिर पर उस्तरा फिरवा लिया। कुछ दिन बाद शौक बदला तो फिर लट्ठे का सफेद पायजामा, रंगीन कमीज पहननी शुरू कर दी। सिर पर घुँघराले बालों में कंघी भी होने लगी और खूब पालिश किया ग्लेज्ड किड का जूता पाँवों में चमकने लगा।

प्रायः हम सनक की प्रवृत्ति को ही विचारों की स्वतंत्रता समझ बैठते हैं। सुखदेव इस बात का अच्छा-खासा उदाहरण था। उसकी यह प्रवृत्ति फाँसी के समय तक प्रकट होती रही। विचार स्वतंत्रता का अर्थ है अनुभव और जानकारी के आधार पर पूर्वाग्रह छोड़कर तर्क करना और विचारों को विकसित होने देना और उससे कर्तव्य का मार्ग निश्चय करना। विचार और तर्क के आधार के लिये अनुभव और जानकारी आवश्यक है। मनुष्य के अपने अनुभवों का क्षेत्र सीमित ही रहता है। अध्ययन के साधन से हम दूसरों के अनुभवों को अपना कर अपनी जानकारी बढ़ा सकते हैं। दूसरे लोगों द्वारा किये गये तर्क का सहारा लेकर अपने तर्क और विवेक को आगे बढ़ा सकते हैं। भौतिक और सामाजिक वास्तविकताओं के ज्ञान के बिना तर्क और विचार के लिये कोई आधार नहीं हो सकता।

व्यक्ति या तो देख-सुनकर या पढ़कर ही अपने ज्ञान की सीमाओं को विस्तृत कर सकता है, तभी उसका विचार और तर्क उपयोगी हो सकता है। जब व्यक्ति वास्तविकता और यथार्थ के आधार के बिना विचार और तर्क करने की चेष्टा करता है तो उसका विचार केवल उच्छृंखल कल्पना ही बन जाता है। जब हम अपने तर्क को अनुभव और परिस्थितियों की कसौटी से आंके बिना और उन्हें परिस्थितियों के अनुकूल तर्कसंगत बनाये बिना, निराधार तर्क से चलने की जिद्द करते हैं तो वह सनक या झोंक बन जाती है। ऐसे उदाहरण सुखदेव के रोजमर्रा के जीवन में बीसियों रहते थे।

उदाहरणतः कभी संध्या समय बाजार जाते हुए वह कुर्ता-लुंगी के पहलवानी वेश में ही चल पड़ता। साथी अनुरोध करते कि भले आदमियों की तरह कपड़े पहन लो। यह अनुरोध मान लेने के बजाय वह उनके साथ से हटकर अलग-अलग चलने के लिये तैयार हो जाता। इस व्यवहार को वह अपनी विचार और व्यवहार स्वतंत्रता समझता था।

एक उदाहरण मुझे याद है। हम लोग अनारकली बाजार से चले जा रहे थे। समीप से फूल-गजरे बेचने वाला आदमी पुकार लगाता हुआ गुजरा। बेला के फूलों की महक आई। सुखदेव ने रुककर एक गजरा ले लिया। यही क्या कम था। जगह-जगह का रिवाज होता है। उन दिनों लाहौर के समाज में किसी भले व्यक्ति का हाथ में गजरा लटकाये चलना गुंडापन ही समझा जाता था। सुखदेव ने वह गजरा गले में पहन भी लिया। इतना ही नहीं, कुछ और कदम चलकर गजरे के लटकते छोर को उठाकर नाक पर रख लिया ताकि उसकी पूरी सुगंध का आनन्द ले सके।

इस नाटक के साथ चलते साथियों को संकोच होना स्वाभाविक था। उसकी ओर देखकर मुस्कराने वाले हमें भी तो लक्ष्य करते थे। धीमे स्वर में उसे समझाया, ''कुछ खयाल करो; जरा भले आदमियों की तरह चलो!''

''मैं जैसे चाहूँगा, चलूँगा। तुम्हें अच्छा न लगता हो तो मुझसे परे हट जाओ।'' सुखदेव ने जवाब दिया। चुप रह जाने के सिवा चारा क्या था। व्यक्तिगत स्वतंत्रता की बात करते समय यह बात प्रायः भुला दी जाती है कि हमारी या आपकी व्यक्तिगत स्वतंत्रता दूसरों के भावों और हित पर तो आघात नहीं कर रही। हमारा अस्तित्व समाज के बिना सम्भव नहीं तो हमारी व्यक्तिगत स्वतंत्रता भी दूसरों के हित और सन्तोष से अवश्य सम्बद्ध होगी।

सुखदेव दूसरों के उदाहरण से कुछ सीखने में कम ही विश्वास रखता था। यह बात उसके जीवन की एक मामूली घटना से बहुत स्पष्ट हो जाती है। पहलवानी की झोंक के दिनों में सुखदेव ने 'जुजुत्सु' की किसी किताब में पढ़ा था कि झगड़े या मारपीट के समय अपने से बहुत अधिक बलवान व्यक्ति से मुकाबला पड़ जाने पर आत्मरक्षा और प्रतिद्वंद्वी को परास्त कर देने का उपाय उसकी नाक पर जोर से घूँसा मार देना है। ऐसे आघात से कोई भी व्यक्ति सुधबुध खोकर बेकाम हो जायेगा। साधारणतः यह गुण पढ़कर विश्वास कर लेना काफी होना चाहिये, परन्तु सुखदेव ने उसे परखना आवश्यक समझा।

उन दिनों गांधी जी ने प्रत्येक मास की अठारह तारीख उपवास के लिये निश्चित की हुई थी। सुखदेव यह उपवास रखता था। उपवास किये हुए वह अकेला ही किसी काम से सड़क पर चला जा रहा था। 'जुजुत्सु' की किताब में पढ़ी हुई बात उसे याद आ गई। वह किसी कद्दावर, बलवान दिखाई देने वाले व्यक्ति को खोजने लगा। ऐसा एक आदमी दिखाई भी दे गया। उसके समीप पहुँचकर सुखदेव ने उसकी बेखबरी में उसकी नाक पर एक घूँसा जमा दिया और चोट का प्रभाव देखने के लिये समीप ही खड़ा भी रहा।

चोट खाने वाला आदमी सचमुच अपने चेहरे को दोनों हाथों में सम्भालकर सड़क पर बैठ गया और कुछ क्षण बैठा रहा। इस बीच सुखदेव फरलांग-दो फरलांग दूर दौड़ जा सकता था, परन्तु वह तो अपने परीक्षण का प्रभाव देखने पर तुला था इसलिये वह समीप ही खड़ा रहा। कुछ देर बाद उस व्यक्ति ने होश सम्भाला और अपने ऊपर अकारण आघात करने वाले व्यक्ति को अपनी अवस्था पर गौर करते पाया।

ऐसी अवस्था में चोट खाने वाले ने वही किया जिसकी किसी भी सामान्य व्यक्ति से आशा की जानी चाहिये थी। उसे अपनी ओर लपकते देखकर सुखदेव बचने के लिये भागा। एक तो सुखदेव उपवास के कारण सुबह से भूखा और कमजोर था, तिस पर उसके इस परीक्षण का पात्र उससे अढ़ाई-गुना बलवान। सुखदेव काबू में आ गया और उस पर मार पड़ने लगी। वह असहाय हो मार खाने के लिये बैठ गया। आते-जाते आदमियों ने बीच-बचाव कर उसे छुड़ाया। पूछा गया कि आखिर तुमने पहले मारा क्यों? सुखदेव का उत्तर था, "मैंने मारा था, अब तुम मार लो।" अस्तु इस परीक्षा से सुखदेव को नाक पर घूँसे के फल का उचित अन्दाज तो हो गया।

एक बार सुखदेव को अपनी सहनशक्ति आजमाने का ही खयाल आ गया। वह लायलपुर से लाहौर लौट रहा था। तीसरे दर्जे का टिकट था। गाड़ी के एक डिब्बे में सिपाही भरे थे; किसी दूसरे मुसाफिर को घुसने न देते थे। सुखदेव जबर्दस्ती उस डिब्बे में घुस गया। सिपाहियों ने धमकाया। सुखदेव ने धमकी का जवाब अपने बैठने के अधिकार पर जोर देकर दिया और चुनौती दे दी, "मैं बैठता हूँ; हिम्मत है तो मुझे निकालो!"

जिस साम्राज्यशाही का विस्तार सूर्य की दौड़ से भी अधिक फैला हुआ था, उसके सिपाही अपनी हिम्मत को चुनौती कैसे सह सकते। सिपाहियों ने सुखदेव को अपने फौजी बूटों और घूँसों से खूब पीटा। सुखदेव मार खाता रहा। न उसने प्रतिकार में हाथ उठाया, न किसी को पुकारा। सिपाहियों ने उसे उठाकर प्लेटफार्म पर पटक दिया। वह उस गाड़ी से रह गया।

सुखदेव दूसरी गाड़ी से लाहौर पहुँचा तो उसका शरीर खूब सूजा हुआ था। उसने अपना यह अनुभव हमें सुनाया और फिर इस बात की विवेचना करता रहा कि उद्देश्य की पूर्ति में सत्याग्रह का मार्ग कैसे सफल हो सकता है। हम इस दार्शनिक तत्व पर पहुँचे कि यदि भय और आत्मरक्षा की प्रवृत्ति मनुष्य में स्वाभाविक है तो आत्महनन को सत्याग्रह का नाम देकर लक्ष्य बना लेना जरूर अस्वाभाविक है। कुछ गिने-चुने आदमियों से ही अस्वाभाविक और असाधारण मार्ग पर निष्ठा से चल सकने की आशा की जा सकती है। वह भी तब जब कि उन्हें जनता से आदर और सहानुभूति का बल प्राप्त हो! मेरा विचार है कि स्वयं गांधी जी का यही मत था; जब-जब भी उन्होंने सामूहिक सत्याग्रह आरम्भ किया उसे अव्यावहारिक देखकर सत्याग्रह के आन्दोलन को वैयक्तिक अर्थात् केवल कुछ चुने लोगों का आन्दोलन बना देना पड़ा।

इस समय तक हम लोगों के दल के संगठन की कोई रूपरेखा निश्चित नहीं हो पायी थी इसलिये सुखदेव के दल सम्बन्धी किसी काम का जिक्र प्रासंगिक नहीं। अलबत्ता इतना जरूर कहा जा सकता है कि सुखदेव की उपरोक्त मनोवृत्तियाँ बिना किसी परिमार्जन के ही दल के कार्यों में प्रतिबिम्बित होती रहीं जिसके कारण वह कई असंगत बातें कर बैठा और दूसरों के लिये विकट असंतोष का कारण भी बन गया। सुखदेव के सम्बन्ध में यह बात कहते-लिखते समय बड़प्पन नहीं व्यथा अनुभव होती है। जान पड़ता है अपनी लज्जा की बात कह रहा हूँ।

सुखदेव से मुझे बहुत आत्मीयता थी। उसमें कुछ अपने ही ढंग की तटस्थता और सहिष्णुता के साथ ही सनक भी थी। मुझे ही क्या दूसरे साथियों को भी उसके प्रति आकर्षण था। उसे किसी से लगाव था या नहीं; वही जाने। और वह भी समय आया कि

मैंने ही उसे पार्टी की ओर से गोली मार देने का भी निश्चय कर लिया था। यह समाचार पाकर सुखदेव ने बहुत तटस्थ उत्तर मुझे लिखा था। इसका ब्योरा यथास्थान लिखकर उत्तर भी उद्धृत करूँगा। यहाँ सुखदेव की चर्चा ऐसे कर रहा हूँ जैसे इलाज के लिये अपनी बीमारी बता देना उचित होता है।

इन दिनों भगतसिंह का व्यवहार कैसा था, यह मैं भगतसिंह के आरम्भिक परिचय में ही कह चुका हूँ। वह मैट्रिक पास किये बिना और कुछ समय गुरुद्वारा आन्दोलन वगैरह में लगाकर हमारा सहपाठी बना था। इस कारण वह पढ़ाई में, खासकर पाठ्यक्रम में दूसरे साथियों से अपने आपको कुछ पिछड़ा हुआ अनुभव कर रहा था। कक्षा में प्रोफेसरों से उसे डाँट-फटकार भी काफी सुननी पड़ती थी। भगतसिंह के स्वभाव में सबसे बड़ी बात समय और परिस्थिति के अनुकूल सट जाने की थी। पढ़ाई की अपनी कमी को पूरा करने के लिये वह विशेष यत्न कर रहा था, परन्तु कक्षा में हम लोग यदि गुट बाँधकर कोई शरारत करते तो वह पीछे नहीं रहता था। यह शरारतें अधिकतर होती थीं हमें मुगल इतिहास पढ़ाने वाले प्रोफेसर सोंधी और प्रोफेसर मेहता की अंग्रेजी की कक्षा में। प्रोफेसर सोंधी कुछ औंघाते-औंघाते अपना लेक्चर देते थे। कोई भी सवाल कर देने पर उलझ बैठते, "तुम लिंक आफ थॉट को डिस्टर्ब कर देते हो।" उनका एक बार यह कहना था कि हम लोग अप्रासंगिक प्रश्नों की झड़ी लगा देते थे। परिणाम होता कि सोंधी साहब कक्षा छोड़ देते और हम लोग दंगे के लिये बाहर निकल जाते।

प्रोफेसर मेहता पढ़ाते बहुत लगन से थे, परन्तु उनका हिन्दुस्तानी का ज्ञान बहुत परिमित था, हिन्दुस्तानी शब्दों का उच्चारण और भी विचित्र। किसी भी शब्द का हिन्दुस्तानी पर्यायवाची शब्द उनसे पूछ लेना मजाक आरम्भ करने के लिये काफी था और फिर ठेठ पंजाबी का कोई ऊटपटांग शब्द उन्हें सुझा देना। दूसरे विद्यार्थियों के खिलखिला पड़ने पर मेहता साहब परेशान हो जाते और सबसे पहले झंडासिंह की ओर संकेत कर हुक्म दे देते, "गेट आउट आफ दि क्लास।" उसके बाद मेरी बारी आती, फिर सुखदेव की, फिर भगतसिंह की और दूसरे दो-एक साथियों की।

पंडित चेतराम जी शर्मा हिन्दी के हमारे पहले अध्यापक थे और संगीत के विशेष अनुरागी। पंडित जी बहुत ही गम्भीर थे और छन्दों की व्याख्या करते समय उनके मात्रा और अनुपात इत्यादि को प्रायः संगीत के क्रियात्मक प्रदर्शन से समझाने की चेष्टा करते। पंडित जी का संगीत ज्ञान गहरा होने पर भी कण्ठ काफी बोझल था। हम लोग संगीत की शुद्धता क्या जानें! हँसी रोकना कठिन हो जाता, परन्तु पंडित जी की शिष्टता का लिहाज इतना था कि अपने ऊपर जब्र करना पड़ता। हमारी मुस्कानों और आँखों में भरी शरारत की पंडित जी विशेष चिन्ता भी न करते थे।

प्रोफेसर जयचन्द्र जी विद्यालंकार की कक्षा में किसी शरारत के लिये अवसर नहीं रहता था। उनकी बात की उपेक्षा करने में अपना ही नुकसान था। कोई भी बेतुका प्रश्न सुनकर जयचन्द्र जी एक क्षण के लिये चुप हो जाते और फिर प्रश्नकर्ता से आँखें मिला पूछ लेते, "प्रस्तुत विषय से तुम्हारे प्रश्न का क्या सम्बन्ध है?" इसलिये कोई वास्तविक समस्या होने पर ही प्रश्न किये जाते थे। जयचन्द्र जी का पाठ्य विषय तो राजनैतिक सिद्धान्त, शासन व्यवस्था सम्बन्धी ऐतिहासिक विश्लेषण और प्राचीन भारतीय इतिहास था, परन्तु बातचीत प्रायः १९२०-२१ के सत्याग्रह आन्दोलन पर भी चल जाती थी और

विद्यार्थी उसकी विफलता पर मनन किये बिना न रह सकते थे। अपने देश के लिये स्वतंत्रता प्राप्ति की लगन मन में रखने वाले विद्यार्थियों के लिये इस मनन का एक ही परिणाम हो सकता था कि वे अपने राष्ट्र की राजनैतिक समस्या के समाधान का कोई दूसरा मार्ग सोचें।

सत्याग्रह आन्दोलन की विफलता के अनुभवों और दूसरे मार्ग की खोज की इच्छा के समय हम लोगों के हाथ कौन सा साहित्य पड़ा? डैनब्रीन की 'माई फाइट फार आइरिश फ्रीडम,' मैजिनी और गैरीबाल्डी की जीवनियाँ, फ्रांसीसी राज्यक्रांति का इतिहास, वोल्तेयर और रूसो के रूढ़िवाद विरोधी क्रांतिकारी विचार, वीरा फिगनर, क्रौपोटकिन आदि रूसी क्रांतिकारियों की जीवनियाँ और तालस्ताय और तुर्गनेव के उपन्यास तथा इसके साथ-साथ भारत में देश की स्वतंत्रता के लिये किये गये सत्याग्रह से विभिन्न प्रयत्नों का परिचय जिनमें सान्याल दादा की 'बन्दी जीवन' (आपबीती) प्राथमिक पुस्तक के रूप में थी और फिर 'रौलेट कमेटी की रिपोर्ट'।

रौलेट कमेटी ने अपनी रिपोर्ट, रौलेट बिल बनाया जाने की आवश्यकता प्रमाणित करने के लिये लिखी थी। इसमें भारत में हुए सशस्त्र क्रांति की चेष्टा के प्रयत्नों का काफी ब्योरेवार वर्णन है। रिपोर्ट इन प्रयत्नों को अपराध प्रमाणित करने के लिये लिखी गई थी, परन्तु लेखकों का दृष्टिकोण ऐतिहासिक या वास्तविकता का यथासम्भव यथार्थ (objective) चित्रण करना था। इस पुस्तक को पढ़कर हम लोगों पर यह प्रभाव नहीं पड़ा कि भारतीय क्रांतिकारी अपराधी थे। हम इस परिणाम पर पहुँचे कि उन्होंने अपनी परिस्थितियों में एक स्वाभाविक मार्ग का अवलम्बन किया था और उस प्रयत्न के लिये सम्भावना का बहुत विस्तृत क्षेत्र है। हमें उनके कार्यों और मार्ग का भी कुछ परिचय मिल गया।

यह याद नहीं कि किस साथी ने इन पुस्तकों को पढ़ने की बात मुझे सुझाई। इनमें से अधिकांश पुस्तकें तो कालिज के छोटे से पुस्तकालय में ही थीं। शेष कहाँ से कैसे आ जाती थीं, यह अब याद नहीं। उस समय उसकी खोज करने की आवश्यकता भी अनुभव न हुई थी। यह भी नहीं कहा जा सकता कि इन पुस्तकों को हम कुछ लोग ही, भगतसिंह, भगवतीचरण और सुखदेव जैसे ही पढ़ते हों। सभी विद्यार्थी इन पुस्तकों को पढ़ते थे।

उन दिनों की एक छोटी सी बात याद है। मेरे किसी सहपाठी ने, शायद सुखदेव ने ही संदेश दिया कि जयचन्द्र जी ने मुझे अपने मकान पर मिलने के लिये याद किया है। जयचन्द्र जी ने मुझसे प्रश्न किया, "तुम्हारे जीवन का भावी कार्यक्रम क्या है?"

सम्भवतः उत्तर दिया था, "अभी क्या कह सकता हूँ? अभी तो मैं अध्ययन ही कर रहा हूँ।"

पंडित जी ने फिर प्रश्न किया, "अध्ययन करने के लिये तो तुम सरकारी यूनिवर्सिटी के कालिज में भी जा सकते थे। इस कालिज में आने का खास प्रयोजन क्या है? इस कालिज से डिग्री पा लेने पर साधारणतः जीविका के सम्बन्ध में कोई सुविधा नहीं हो सकती। हाँ, सरकारी नौकरी के लिये मार्ग बन्द जरूर हो जायेगा। तुम्हारे अध्ययन का प्रयोजन क्या है?"

"सरकारी नौकरी का द्वार बन्द हो जायेगा यह तो मैं जानता हूँ। सरकारी नौकरी का सीधा अर्थ है अपनी जीविका के लिये विदेशी सरकार को सहयोग देना। मेरा निश्चय है कि मैं विदेशी सरकार को किसी भी प्रकार का सहयोग नहीं दूँगा, क्योंकि मैं अपने देश में विदेशी शासन जमाये रखने के पक्ष में नहीं हूँ।" मैंने उत्तर दिया।

इसके बाद शायद पंडित जी ने पूछा कि तुम विदेशी सरकार को अपने देश से हटा देना चाहते हो तो उसके लिये क्या करना चाहते हो? या इससे मिलती-जुलती दूसरी बातें।

मेरे उत्तर का अभिप्राय था, "मैं क्या करूँगा, यह मैं अभी नहीं जानता इसलिये कुछ नहीं सकता। जैसी परिस्थितियाँ होंगी उसके अनुसार कुछ कर सकता हूँ और नहीं भी कर सकता हूँ।"

उपरोक्त उत्तर देते समय मैंने सतर्कता से काम लिया था; कुछ करने की इच्छा तो जरूर थी। इस सतर्कता के दो कारण थे। एक कारण था, क्रांतिकारी प्रयत्नों का इतिहास पढ़कर यह समझ लिया कि अपनी क्रांतिकारी इच्छा का ढिंढोरा पीटते फिरना बुद्धिमानी नहीं है। नेशनल कालिज के वातावरण में खुफिया पुलिस से बचे रहने की सतर्कता भी मौजूद थी। जयचन्द्र जी विद्यालंकार को खुफिया पुलिस का आदमी समझ लेने का कोई कारण नहीं था। मेरी वह सतर्कता एक प्रकार से अत्यधिक सतर्कता ही थी जिसका अर्थ जयचन्द्र जी यही समझ सकते थे कि मैं अभी कुछ भी करने के लिये तैयार नहीं हूँ।

इससे कुछ पहले की बात है कि एक दिन अवसर से मैं और भगतसिंह रावी नदी में नौका खेने का अभ्यास करने गये थे। हम दोनों ही थे, तीसरा कोई नहीं था। यह तो याद नहीं कि प्रसंग कैसे चला, परन्तु एकान्त देखकर मैंने भगतसिंह से एक बात पूर्ण विश्वास से कह डाली, "Let us pledge our lives to our country" (आओ हम लोग अपना जीवन देश के लिये अर्पण करने की प्रतिज्ञा करें)।

भगतसिंह ने सहसा बहुत गम्भीर होकर अपना हाथ मेरी ओर बढ़ा दिया—"I do pledge" (मैं प्रतिज्ञा करता हूँ)।

हाथ मिलाने के बाद हम दोनों ही कुछ देर तक चप्पू चलाना छोड़ निश्चल बैठे रहे। उस समय सूर्यास्त हुआ ही था, आकाश पर लाली थी। अंधेरा होता देखकर हम लोगों ने नाव किनारे लगाकर माँझी को सौंप दी। लौटते समय भी हम लोग चुप ही रहे, बोले नहीं। यह बात इतनी भावुकता से हुई थी कि उसकी याद बनी है।

बहुत सम्भव है जयचन्द्र जी ने मुझसे जो बातचीत की थी, उसकी जड़ में उन्हें भगतसिंह द्वारा दिया गया हमारी इस बातचीत का या मेरी भावना का कोई संकेत रहा हो। उन दिनों भगत का जयचन्द्र जी से सम्पर्क था। मैंने भगतसिंह से इस विषय में कोई पूछताछ नहीं की। भगतसिंह के सामने वह इच्छा प्रकट करने और जयचन्द्र जी के प्रति शंका का कोई कारण न होने पर भी मैंने अत्यधिक सतर्कता क्यों दिखाई, इस बात को समझने के लिये मुझे अपनी उस समय की मानसिक स्थिति बतानी होगी।

मुझे नेशनल कालिज में आये लगभग छः-सात महीने हो चुके थे। दूसरी सब बातें सोचते-विचारते समय मेरे मस्तिष्क मे यह बात भी मौजूद रहती थी कि कालिज की चार वर्ष की शिक्षा पूरी कर सकने योग्य साधन मेरी माँ के पास नहीं हैं। मैं शिक्षा अवश्य पूरी

कर लेना चाहता था। उसका एक ही उपाय हो सकता था कि मैं अधिक परिश्रम करके कम समय में पहले और दूसरे वर्ष की पाठ्य-पुस्तकों को पढ़कर एक वर्ष बचा लूँ। मैंने अपनी इच्छा कालिज के प्रिंसिपल आचार्य जुगलकिशोर जी के सामने प्रकट की। हमारी श्रेणी का विद्यार्थी रामकृष्ण भी सम्भवतः मेरी ही जैसी परिस्थिति में था। इस माँग में उसने भी मेरा साथ दिया। रामकृष्ण बहुत ही गम्भीर स्वभाव और हृष्ट-पुष्ट व्यक्ति था। वह भी सरकारी स्कूल से फर्स्ट डिवीज़न में मैट्रिक पास करके आया था।

हम लोगों के सामने शर्त रखी गयी कि कालिज के पहले सेशन अर्थात् छमाही परीक्षा में यदि हम अस्सी प्रतिशत या अधिक नम्बर ले लें तो अगले सेशन में हमें इण्टर के दूसरे वर्ष की कक्षा में बैठने की आज्ञा मिल जायेगी। हम दोनों उस प्रयत्न में बहुत दत्तचित्त होकर लग गये। पूर्ण निश्चय से तो नहीं कह सकता, परन्तु सम्भवतः जयचन्द्र जी को अत्यधिक सतर्कतापूर्ण उत्तर देने और दूसरे झंझटों में न फँसने की सुषुप्त इच्छा इस कारण भी रही होगी। इस प्रयत्न में दत्तचित्त हो जाने के कारण साथियों के साथ शरारत में भाग लेना भी कम कर दिया। मैं और रामकृष्ण दोनों ही इस परीक्षा में अस्सी प्रतिशत से अधिक नम्बर लेकर पास हुए और दोनों एक कक्षा कूद गये। हम लोगों को अगले छः मास में भी बहुत अधिक परिश्रम पाठ्यक्रम पूरा करने के लिये करना पड़ा।

कालिज में डेढ़ वर्ष बीतते-बीतते भगतसिंह और सुखदेव निश्चित रूप से दूसरी ओर बह चुके थे, परन्तु अभी कालिज में ही बने थे। मैं अपने साथियों में इस समय कहानी और लेख लिखने की प्रवृत्ति के लिए जाना जाने लगा था। हमारे हिन्दी के अध्यापक पंडित चेतराम जी चले गये थे और इस समय हिन्दी के जाने-माने कवि, नाटककार और उपन्यास लेखक पण्डित उदयशंकर जी भट्ट उनकी जगह आ गये थे। भट्ट जी की रुचि आधुनिक हिन्दी की ओर अधिक थी। उन्होंने मुझे कहानी लिखकर दिखाने के लिये उत्साहित किया और यह भी आश्वासन दिया कि छपने के लायक होगी तो वे किसी मासिक पत्रिका में सिफारिश भी कर देंगे।

एक कहानी लिखकर उदयशंकर जी भट्ट को दिखाई। यह कहानी उन दिनों बरेली से प्रकाशित होने वाले मासिक पत्र 'भ्रमर' में प्रकाशित हुई थी। इस कहानी के सम्बन्ध में कोई बात याद नहीं, अलबत्ता मेरा उत्साह जरूर बढ़ गया। मैं छोटे-छोटे गद्य-काव्य लिख-लिखकर कानपुर से प्रकाशित होने वाली 'प्रभा' और साप्ताहिक 'प्रताप' को भेजने लगा। शायद 'प्रभा' और 'प्रताप' को पहले भेजे जाने वाले लेखों के साथ भी भट्ट जी ने अपनी सिफारिश भेजी थी। स्वर्गीय गणेशशंकर जी विद्यार्थी के जीवनकाल में 'प्रभा' और 'प्रताप' हिन्दी जगत में क्रांति के अग्रदूत थे। आज कानपुर के 'प्रताप' का रंग दूसरा है। उस समय नये लेखक उससे प्रोत्साहन की आशा रख भी सकते थे। प्रोत्साहन से मेरा अभिप्राय पारिश्रमिक से नहीं, लेख प्रकाशित कर देने से ही है। तब लेख भेजते समय पारिश्रमिक की तो बात भी न सोच सकता था।

'प्रताप' और 'प्रभा' में उन दिनों एक छोटा-सा कालम 'नहीं छापेंगे' शीर्षक से रहता था। इस शीर्षक के नीचे उन रचनाओं के नाम रहते थे जिन्हें सम्पादक स्थानाभाव या निस्सार समझने अथवा अपनी नीति के विरुद्ध होने के कारण प्रकाशित न कर सकते थे। 'प्रताप' और 'प्रभा' हमारे कालिज के पुस्तकालय में आते थे। कोई भी रचना भेजने के बाद कई सप्ताह तक 'प्रताप' या 'प्रभा' का नया अंक आते ही धड़कते दिल से पहले इसी

कालम को देखता था। अपनी रचना का नाम उस कालम में न पाकर उस अंक की लेख सूची देखता। वहाँ भी अपनी रचना का नाम न देखकर अगले अंक तक प्रतीक्षा करने का साहस हो जाता।

अपनी रचना के अस्वीकृत हो जाने की आशंका इतनी उग्र और कटु थी कि मैं उसे लगभग २५ वर्ष बाद भी अनुभव कर सकता हूँ। जहाँ तक उगते लेखकों की अनुभूति का प्रश्न है, यह चोट बहुत ही गहरी समझी जानी चाहिये। अब मैं कुछ समय सम्पादन कार्य कर चुकने के बाद यह भी अनुभव करता हूँ कि रचनायें पाठकों के लिये प्रकाशित की जाती हैं और रचनाओं को आँकते समय पाठकों की दृष्टि से उपयोगिता और संतोष का ध्यान रखा जाना आवश्यक है। लेखक बन सकने के प्रयत्न में सफलता और असफलता की अनुभूतियों से लेखक का सामना होगा ही। किसी भी लेखक के सभी प्रयत्न समान रूप से सफल नहीं हो सकते। मेरे छोटे-छोटे लेख या गद्य-काव्य 'प्रताप' और 'प्रभा' से कभी लौटाये नहीं गये। इसका एक कारण यह भी था कि मेरी वे रचनायें 'प्रभा' और 'प्रताप' की भावना के बहुत अनुकूल थीं अर्थात् उनमें व्यंजना और संकेत से रक्त का मूल्य देकर देश की स्वतंत्रता प्राप्त करने की पुकार रहती थी।

ऊपर कह चुका हूँ कि मेरे साथी लिखने की मेरी प्रवृत्ति से परिचित हो चुके थे और मजाक में मुझे कभी-कभी 'साहित्यिक' सम्बोधन भी करने लगे थे। भगतसिंह में भी ऐसी प्रवृत्ति है, यह सन्देह किसी को नहीं हो पाया था। भगतसिंह ने एक-दो बार कोई चीज लिखकर मुझे सुनायी और परामर्श भी लिया था, परन्तु उसे प्रकाशित होने के लिये कहीं भेजा नहीं था। सन् १९२५ की एक घटना याद है। पंजाब में हिन्दी साहित्य सम्मेलन की नयी-नयी स्थापना हुई थी। इसके सर्वेसर्वा जयचन्द्र जी और उन दिनों लाहौर में मौजूद पुत्तूलाल जी विद्यार्थी थे। उर्दू प्रधान लाहौर में हिन्दी सम्मेलन की ओर बहुत कम लोगों की रुचि थी। नेशनल कालिज के कुछ विद्यार्थी और संस्थाओं के हिन्दी अध्यापक ही प्रायः उसमें योग देते थे। सम्मेलन ने किसी एक विषय पर सर्वोत्तम निबन्ध लिखने के लिये पचास रुपये के पुरस्कार की घोषणा की थी। मैंने भी निबन्ध लिखा था। कई महीने तक परिणाम की प्रतीक्षा करने पर पता लगा कि पुरस्कार किसी व्यक्ति को नहीं दिया जा सकता, क्योंकि निर्णायकों ने तीन निबन्धों को एक ही कोटि का ठहराया था। यह भी मालूम हो गया कि उन तीनों में से एक निबन्ध मेरा था। दूसरे दो निबन्ध लेखकों के नाम जानने के लिये खोज की तो पता लगा कि दूसरा निबन्ध भगतसिंह का था और तीसरा जयचन्द्र जी की भांजी का था।

लिखने की ओर भगतसिंह की प्रबल रुचि थी। मैं केवल हिन्दी में लिखता था। भगतसिंह उर्दू में भी लिखता था। कुछ दिन बाद स्थानीय उर्दू पत्रों में उसकी लिखी छोटी-छोटी चीजें प्रकाशित भी होने लगी थीं। अपने विचारों के प्रचार के लिये अथवा सन् १९२४-२५ में प्रायः सो गयी राष्ट्रीय भावना को जगाने के लिये नेशनल कालिज के विद्यार्थियों ने नाटकों का माध्यम भी अपनाया था। इस चेष्टा के दोनों ही कारण थे, नाटक खेलने की इच्छा और नाटक को अपने विचारों का साधन बनाना भी। किसी उर्दू लेखक का 'महाभारत' नाटक था। उसके वार्तालापों में जगह-जगह परिवर्तन करके हम लोगों ने अपने लिये उपयोगी बना लिया था। इस नाटक का नाम रखा गया 'कृष्ण विजय'। व्यंजना से अंग्रेजों को कौरव और देशभक्तों को पाण्डव बना लिया था। इसमें

कुछ गाने, विशेषकर प्रहसन भाग में, सम्मिलित कर लिये थे। इनमें से एक गाना था—'कदे तूं वी हिन्दिया होश सम्भाल ओ' (ऐ हिन्दुस्तानी कभी तू भी होश सम्भाल! तेरा घर-बार विदेशी लूट ले गया और तू बेखबर सो रहा है। ओ लूटने वाले, हमारे साथ ज्यादतियाँ न कर। हम तेरी सब चालाकियाँ समझ चुके हैं···) इत्यादि।

यह गाना सरदार अजीतसिंह के एक पुराने गीत—'पगड़ी सम्भाल ओ जट्टा' (अरे बेखबर किसान, तेरे सिर की पगड़ी उतारी जा रही है···) के भाव को लेकर बनाया गया था। सरदार अजीतसिंह के उस गीत को सरकार ने गैरकानूनी घोषित कर दिया था। हमारे नाटकों के ऐसे विदेशी सरकार-द्रोही भागों को भी गैर-कानूनी करार दे दिया गया था। कुछ दिन हम लोगों को नाटक खेलने का खूब शौक रहा। दो नाटक हम लोगों ने लाहौर में खेले। फिर गुजरांवाला में प्रान्तीय कांग्रेस की कांफ्रेंस के अवसर पर भी 'भारत दुर्दशा' नाटक खेला।

नाटकों का आरम्भ किया गया था १९२४ में, देहरादून में अखिल भारतीय हिन्दी साहित्य सम्मेलन के मौके पर राजा भोज के कवि दरबार का नाटक खेलने से। राजा भोज के दरबार में आधुनिक हिन्दी कवियों की उपस्थिति की कल्पना जयचन्द्र जी के मस्तिष्क की उपज थी। इसमें मैंने राजा भोज की भूमिका की थी। भगतसिंह भी 'भारत दुर्दशा' आदि कई नाटकों में अभिनय करता रहा। नाटकों के कार्यक्रम में साथी झंडासिंह (अब सरदार जसवंतसिंह), धर्माभिलाषी हुण्डू और बलदेव जो अब रिजर्व बैंक आफ इण्डिया में बहुत जिम्मेदार पद पर है, बहुत अग्रणी भाग लिया करते थे।

नाटकों का जिक्र करते-करते नवयुवकों के मूँछ मुँड़ाकर स्त्रियों का अभिनय करने के सम्बन्ध में एक बात याद आ गई। हमारे 'कृष्ण विजय' नाटक में रुक्मणी की भूमिका बलदेव और सत्यभामा की भूमिका धर्माभिलाषी—जिनकी मृत्यु रावी में डूब जाने के कारण हो गई—किया करते थे। इन साथियों को स्त्रियों की भूमिका के लिये चुनने का कारण यह था कि वे दोनों 'गन्धर्व महाविद्यालय' में संगीत की शिक्षा पाते थे और दोनों के गले भी बहुत अच्छे थे।

बलदेव गाने के शौक के साथ-साथ कसरत भी करता था। घर से एक कनस्तर घी ले आता था और सुबह-शाम पाँच सौ डंड-सपाटे लगाता था, कभी-कभी अखाड़ा भी लड़ लेता था। सामने आदमकद आईना रखकर अपने भुजदंडों के पुट्ठे फुला-फुलाकर देखने का उसे बड़ा शौक था। जब वह अपनी बाँह सैन्डो की तरह मोड़ता तो ऊपर पुट्ठे अच्छे बड़े लड्डू की तरह उभर आते थे।

नाटक के लिये बढ़िया कपड़े खासकर साड़ियों और ब्लाउजं वगैरह की जरूरत होती थी। रानियों की भूमिका में तो बढ़िया रेशमी जरीदार चीजें होनी ही चाहिए थीं। ये चीजें हम लोग सहानुभूति रखने वाले परिचित परिवारों से माँग लाते थे। रुक्मणी की भूमिका के लिये बहुत बढ़िया साड़ी और ब्लाउज लाहौर के प्रसिद्ध कश्मीरी परिवार की श्रीमती लाड्डो रानी जुत्शी से माँग लाये थे। उनका लिहाज भी था और शायद उन्होंने सबसे आगे बैठने का टिकट भी खरीदा था। वे रंगमंच के बिलकुल सामने बैठी हुई थीं। जिस समय रुक्मणी की भूमिका में बलदेव चेहरे पर सफेदी और लाली पोते अत्यन्त सुन्दर रमणी बनकर मंच पर आया, श्रीमती जुत्शी ने अपनी साड़ी और ब्लाउज पहचान लिया। जब बलदेव ने 'हाय मेरे प्रीतम प्यारे' कहने के लिये बाँह आकाश की ओर उठाकर

हावभाव से अपने हृदय को छुआ तो उसकी बाँह के पुट्ठे फूलने से जनानी बाँह की नाप से बना ब्लाउज चर्राकर फट गया। सामने बैठी श्रीमती जुत्शी के मुख से निकल गया, "हाय मेरा ब्लाउज!" इससे जो कुछ रस भंग हुआ हो, बलदेव अपने कसरती शरीर को ललना की तरह इठलाते और बल खाते हुए कृष्ण के विरह में आलाप करता ही रहा।

सन् २४-२५ में लाहौर अथवा पंजाब के किसी भाग में, सम्भव है भारतवर्ष के किसी भी प्रान्त में, कला के प्रति रुचि के कारण नाटक करने वाले लोगों में भले घर की लड़कियों के सहयोग देने की कल्पना नहीं की जा सकती थी। भले घर के लड़के तो रंगमंच पर आ सकते थे, परन्तु उनकी बहनों के लिये यह बात कल्पनातीत थी। स्त्री-पुरुषों के लिये आचार की मर्यादा भिन्न-भिन्न थी। इस सम्बन्ध में एक घटना अलमोड़े में सुनी है। वहाँ रैमजे हाईस्कूल के हाल में किसी नाटक का आयोजन किया गया था। नाटक के स्त्री पात्रों की भूमिका के लिये जब कुछ लड़के चुने जाने का प्रश्न आया तो अलमोड़ा के प्रसिद्ध देवदा (देवीदत्त पन्त, एम० पी०, जो लाल काका के नाम से भी प्रसिद्ध थे) ने इस बात को अस्वाभाविक और पाखंडपूर्ण बताकर आग्रह किया कि नाटक करना है तो स्त्रियों की भूमिका स्त्रियाँ ही करें।

अलमोड़ा में न तो भले घर की किसी स्त्री को मंच पर आने का साहस हो सकता था, न कोई भला परिवार अपनी बहन, बेटी या बहू को इसके लिये अनुमति दे सकता था। परन्तु देवदा भी बीहड़ व्यक्ति थे। उन्होंने गाने-बजाने वाली तीन-चार वेश्याओं को अवैतनिक सहयोग देने के लिये तैयार कर लिया। इस अनाचार से अलमोड़ा में कोहराम मच गया। भले लोगों ने इसका विरोध किया, परन्तु देवदा भी अपने सिद्धान्त के लिये लड़ रहे थे। वेश्याओं के नाटक में सम्मिलित होने का विरोध करने वाले लोगों ने रैमजे हाईस्कूल के प्रबन्धक पादरियों से अनुरोध किया कि वे अपने हाल में ऐसा नाटक करने की आज्ञा ही न दें।

देवदा वकील भी थे। उन्होंने रैमजे हाईस्कूल के अधिकारियों को कानूनी धौंस दे दी कि यदि उन्होंने अब हाल देने से इनकार किया तो कंट्रैक्ट तोड़ने के लिये उन पर दावा कर देंगे। लोगों ने देवदा को समझाया कि वेश्याओं को बीच में लाकर अपने नवयुवकों का चरित्र क्यों खराब करना चाहते हैं? देवदा ने दूसरी कानूनी धौंस दी—नाटक में भाग लेने के लिये तैयार वेश्याओं के चरित्र पर आक्षेप करने वाले लोगों के विरुद्ध वे कानूनी कार्रवाई करेंगे, क्योंकि वे वेश्याएँ झूठे मुकदमे करने वाले वकीलों और इन्कम टैक्स के बारे में सरकार को धोखा देने वाले व्यापारियों से कहीं सच्चरित्र और ईमानदार हैं। वेश्याएँ समाज द्वारा स्वीकृत पेशे को सरकार से लाइसेंस लेकर करती हैं। उनका कहना था कि अगर आपके नवयुवक सच्चरित्र हैं तो उनकी संगति में इन वेश्याओं का चरित्र भी अधिक सुधर जायेगा। इतनी बात सुनकर ही मुझे इतनी हँसी आ गई कि यह पूछना ही भूल गया कि फिर वह नाटक हुआ या नहीं और हुआ तो किस रूप में।

आज बड़े नगरों के सभ्य समाज में किये जाने वाले नाटकों में भले घर की बहू-बेटियों के रंगमंच पर आ जाने से लोगों का माथा गरम नहीं होता। कई नाटकों में नवयुवतियों ने स्वाभाविक तौर पर स्त्री-पुरुषों की भूमिकाओं को पूरा किया है। इस पर कोई दंगा-फसाद भी नहीं हुआ। नगरों में भले घर की लड़कियाँ रंगमंच पर नृत्य प्रदर्शन तो आये दिन करती रहती हैं। क्या यह समझा जाय कि पच्चीस वर्ष में हमारे समाज की

स्त्रियों का चरित्र गिर गया है? इसके विपरीत इस बात से इनकार नहीं किया जा सकता कि पच्चीस वर्ष पूर्व भले घर की बहू-बेटियों का अकेले कहीं आना-जाना निरापद न था। आज वे आवश्यकता पड़ने पर शहरों में आधी रात में तो क्या विदेश तक भी अकेली आ-जा सकती हैं।

भारद्वाज

हमारा बोर्डिंग शीशमहल से बदलकर गोलबाग के सामने एक बड़े बँगले में आ गया था। इन्हीं दिनों कम्युनिस्ट शहीद रुद्रदत्त भारद्वाज मैट्रिक पास करके नेशनल कालिज में आकर भर्ती हुआ था। भारद्वाज, मैं और आजकल बिहार सरकार के डिप्टी डाइरेक्टर आफ पब्लिक रिलेशन्स नन्दकिशोर जी तिवारी एक ही कमरे में रहते थे। ये दोनों ही व्यक्ति बहुत अध्ययनशील थे, परन्तु दोनों की अध्ययनशीलता में अन्तर था। तिवारी जी झुंझला-झुंझला कर एक ही पुस्तक को बार-बार पढ़ते थे कि याद क्यों नहीं होता। भारद्वाज की बात दूसरी थी। वह कुछ न कुछ पढ़ता ही रहता। विद्यार्थियों के खेल-कूद से बिल्कुल निरपेक्ष, जब देखो किसी न किसी पुस्तक में सिर गड़ाये रहता। झंडासिंह और मैं उससे छेड़खानी करके उसे मजाक का साधन बनाने की कोशिश करते रहते। वह मौन सत्याग्रह कर बैठ जाता। हमें कुछ सफलता न होती। तिवारी जी छेड़खानी से झुंझला उठते इसलिये थोड़ा-बहुत समय उनके साथ कट जाता।

इसके बाद सन् १९३१ में फरारी के समय इलाहाबाद में भारद्वाज से मुलाकात हुई। इस समय वह इलाहाबाद यूनिवर्सिटी के खास योग्य विद्यार्थियों में गिना जा रहा था। उस समय तक भी उसका व्यक्तिगत राजनैतिक महत्व सामने नहीं आया था। मिलने पर मैंने उससे पूछा कि वह हम लोगों की क्या सहायता कर सकेगा? उसने उत्तर दिया कि वह अपने भाई के मेहमान के तौर पर इलाहाबाद में है, आर्थिक रूप से बिलकुल पराधीन है। शेष जो बात उसकी समझ में आयेगी, उसमें वह परिस्थिति के अनुसार सहयोग भी दे सकेगा। उस समय मैं इलाहाबाद से कानपुर चला गया और फिर फरारी की अवस्था में उससे मुलाकात नहीं हुई।

रुद्रदत्त भारद्वाज नेशनल कालिज में थोड़े ही दिन रहा था। वहाँ कालिज में उसका मन नहीं लगा। कालिज इस समय अच्छी अवस्था में न था। बहुत से विद्यार्थी कालिज को छोड़कर चले गये थे। नेशनल स्कूल की स्थापना हो चुकी थी। नेशनल स्कूल में हिन्दी के अध्यापक की जगह खाली हो जाने पर मुझे अवसर मिल गया। मैं वहाँ पढ़ाकर निजी तौर पर बी० ए० की परीक्षा की तैयारी करने लगा।

इन दिनों भगतसिंह और सुखदेव प्रायः कालिज से गायब रहने लगे थे। भगतसिंह का व्यवहार मजाक के अलावा कामकाज के बारे में कुछ सख्त हो गया था, जिसका मतलब यह था कि कुछ करते हो तो साफ-साफ बता दो। स्कूल में अध्यापक का काम करते हुए परीक्षा की तैयारी करने का कारण यह था कि मैं अब अपनी शिक्षा के व्यय के लिये माँ से आशा नहीं कर सकता था। उनके पास जो कुछ पुरानी पूँजी थी, वह लगभग खर्च हो चुकी थी। जो कुछ शेष था, वह कुछ ऐसे सम्बन्धियों के हाथों में फँस गया था कि निकट भविष्य में पा लेने की कोई आशा नहीं थी।

इस समय दल के संगठन की बात कुछ-कुछ स्पष्ट होने लगी थी। हिन्दुस्तानी प्रजातंत्र दल (हिन्दुस्तान रिपब्लिकन एसोसिएशन) का एक परचा लाहौर में मुख्य सेनापति बलराज

के दस्तखत से बाँटा गया था। इस खतरनाक परचे का सफल बंटवारा संगठन और आयोजन के बिना नहीं हो सकता था। मैं सहयोग तो दे रहा था, परन्तु स्कूल में अपनी नौकरी और परीक्षा की तैयारी छोड़ने के लिये तैयार न था।

सत्याग्रह के मार्ग की विफलताओं पर हम लोगों की बहस उन दिनों बहुत चलती थी और प्रजातंत्र और समाजवादी पद्धति की चर्चा भी जोर से होती थी। समाजवाद की ओर ध्यान जाने का सीधा-सादा कारण था, रूस के सम्बन्ध में साहित्य हाथ आना। 'तिलक स्कूल आफ पालिटिक्स' और 'सरवेंट्स आफ पीपल्स सोसाइटी' के अतिरिक्त लाला लाजपतराय जी ने अपने पिता के नाम पर 'द्वारकादास पुस्तकालय' की भी स्थापना की थी। इस पुस्तकालय में राजनैतिक पत्र-पत्रिकाएँ और सामयिक साहित्य अच्छी मात्रा में आता था।

कानपुर के प्रसिद्ध समाजवादी राजाराम शास्त्री, आजकल एम० एल० ए०, इस पुस्तकालय के पुस्तकाध्यक्ष थे। हम लोग प्रायः समवयस्क थे और शास्त्री जी को हमारे विचारों से भी सहानुभूति थी इसलिये 'द्वारकादास पुस्तकालय' हम लोगों का अच्छा-खासा अड्डा बन गया था। इस पुस्तकालय में सुविधा यह थी—आस-पास अनेक कालिजों के बोर्डिंग होने के कारण यहाँ विद्यार्थी बड़ी मात्रा में आते थे। हमें शास्त्री जी यह बता सकते थे कि कौन विद्यार्थी राजनैतिक अथवा क्रांतिकारी साहित्य में रुचि रखते हैं।

शास्त्री जी स्वभाव से विनोदी, मिलनसार और कद में काफी छोटे हैं इसलिये प्रायः उनके 'ना-ना' करते रहने पर भी लाइब्रेरी से जरूरत के मुताबिक पुस्तकें झपट ली जा सकती थीं। कभी रात-बिरात घूम-घाम कर आने पर उनकी खाट या कमरे पर भी जबर्दस्ती दखल दिया जा सकता था। हिन्दुस्तान रिपब्लिकन एसोसियेशे का पर्चा बांटने में शास्त्री जी का पूरा सहयोग था।

भगवतीचरण

भगवतीचरण वोहरा नेशनल कालिज में हम लोगों से दो वर्ष ऊपर थे। कालिज में उन्हें देखते तो थे ही, परन्तु अधिक आत्मीयता नहीं थी। वे बोर्डिंग में नहीं, शहर में अपने घर पर रहते थे। उन्होंने यूनिवर्सिटी से साइन्स में इण्टर पास कर लेने के बाद असहयोग किया था। उनसे आन्तरिकता कुछ तो १९२४ में देहरादून हिन्दी साहित्य सम्मेलन के अवसर पर और फिर १९२५ में एच० आर० ए० (हिन्दुस्तान रिपब्लिकन आर्मी) का परचा बाँटने के सिलसिले में हुई थी। किसी भी व्यक्ति के सम्बन्ध में यह मालूम हो जाना कि वह सशस्त्र क्रांति के काम में साथ है, आत्मीयता बढ़ाने के लिये यथेष्ट था। इसका मतलब था कि वह हमारे जीवन-मरण के खेल का साथी है।

यों तो भगतसिंह का डीलडौल भी दो-तीन वर्ष में काफी पनप आया था, परन्तु भगवतीचरण की बराबरी वह भी न कर सकता था। कद छः फुट से कुछ ही कम, दोहरा, कसरती, चुस्त बदन। गोल सा गम्भीर चेहरा, गहरा गंदुमी रंग, जरा भारी होंठ, आँखें चश्मे के शीशों के पीछे छिपी हुईं। उनका जन्म लाहौर में हुआ था, परन्तु वंशक्रम से वे गुजराती ब्राह्मण थे।

उत्तर प्रदेश और बिहार में ऐसे लाखों बंगाली मिलते हैं जिनके प्रपितामह बंगाल से क्लर्की करने यहाँ आये थे और यहीं बस गये। उनमें से अधिकांश ने बंगाल को नक्शे के अलावा अपनी आँखों से नहीं देखा है, परन्तु बंगाली होने का दम सबसे अधिक यही

लोग भरते हैं। तीन पीढ़ी तक बिहार और उत्तर प्रदेश में रह चुकने के बाद भी यह लोग कठिनाई से बंगला उच्चारण में हिन्दी बोल पाते हैं। ऐसे ही लोगों की वजह से बंगाल प्रान्तीय संकीर्णता के लिये बदनाम है। भगवतीचरण अपने आपको पंजाबी ही कहते थे और इतना शुद्ध पंजाबी उच्चारण करते थे कि उनके बहुत अन्तरंग लोगों के सिवा दूसरे शायद ही जानते हों कि उनके पूर्वज गुजरात से आगरा और आगरे से लाहौर में आकर बसे थे।

भगवतीचरण के पिता पण्डित शिवचरण वोहरा आगरा से लाहौर में आये थे। रेलवे के दफ्तर में अच्छे ऊँचे पद पर थे। अंग्रेज सरकार ने उन्हें रायसाहब का खिताब दिया था। भगवतीचरण के दादा आगरे में, उस समय तक हिन्दी के छापे का टाइप न बनने के कारण, जीविका के लिये हिन्दी की किताबत करते थे। उनका जिक्र करते हुए भगवती भाई ने बताया था कि दादा एक रुपया रोज कमाते थे। जब एक रुपये के मूल्य का काम हो जाता, दिन का काम बन्द कर देते थे। आज से प्रायः सौ वर्ष पूर्व एक रुपया ऐसा ही रहा होगा जैसे आज के पन्द्रह-बीस रुपये, क्योंकि भाव आजकल की अपेक्षा १५-१६ गुने सस्ते रहे होंगे और खर्च के अवसर भी कहीं कम थे। यह लोग जाति के ब्राह्मण थे, परन्तु पेशा ब्राह्मण का न होने के कारण उपजाति वोहरा थी।

इन दिनों गुप्त संगठन के कार्य का क्षेत्र तैयार करने के लिये पंजाब में एच० आर० ए० का परचा आया तो जयचन्द्र जी के सूत्रों से था, परन्तु रखा गया था ग्वालमंडी में भगवतीचरण के मकान पर ही। इसे बाँटने के आयोजन में भी भगवतीचरण ने पूरा सहयोग दिया था। एक बार आन्तरिकता हो जाने पर भगवतीचरण से निकटता बढ़ते जाना बहुत स्वाभाविक था। इन्हीं दिनों गुप्त संगठन के कार्य का क्षेत्र तैयार करने और जनता में उग्र राष्ट्रीय भावना जगाने के लिये नौजवान भारत सभा की स्थापना भी कर ली गई थी।

नौजवान भारत सभा की स्थापना के लिये विचार और सूत्रपात से ही हम सबने सहयोग दिया। उसके मुख्य सूत्रधार भगतसिंह, भगवतीचरण और नेशनल कालिज के रामचन्द्र कपूर थे। सभा का कार्य प्रकट था और सार्वजनिक जीवन से सम्पर्क रखने वाले विश्वस्त कार्यकर्ताओं को उसमें सुविधा से लपेटा जा सकता था। वह हमारे गुप्त संगठन का सार्वजनिक आधार था। भगतसिंह जनरल सेक्रेटरी और भगवतीचरण प्रोपेगण्डा सेक्रेटरी थे। इनके साथ सार्वजनिक क्षेत्र में प्रमुख सहयोग देने वाले लोग थे साथी धन्वन्तरी, एहसान इलाही, पिण्डीदास सोढ़ी आदि। कुछ दिनों में कांग्रेस में समाजवादी प्रवृत्ति रखने वाले सभी नौजवान, नौजवान भारत सभा के सहयोगी बन गये। यह संगठन भारतवर्ष के भिन्न-भिन्न प्रान्तों में किस प्रकार फैल गया था, यह सभी लोग जानते हैं।

नौजवान भारत सभा का कार्यक्रम गांधीवादी कांग्रेस की समझौतावादी नीति की आलोचना करके जनता को क्रांतिकारी राजनैतिक कार्यक्रम की प्रेरणा देना और जनता में उस आन्दोलन के लिये सहानुभूति उत्पन्न करना था। सभा को उस समय के पंजाब कांग्रेस के वामपक्षी नेताओं उदाहरणतः डाक्टर सत्यपाल, डाक्टर किचलू, केदारनाथ जी सहगल, पिंडीदास जी आदि का भी सहयोग मिल रहा था। लाला लाजपतराय जी इस समय पूर्ण रूप से हिन्दू महासभाई हो चुके थे और डाक्टर गोपीचन्द भार्गव उनके अनन्य समर्थक

बनकर राजनैतिक महत्व प्राप्त कर रहे थे। भगवतीचरण, भगतसिंह, सुखदेव, पिंडीदास सोढ़ी और मैं सभा का कार्यक्रम निश्चित करने से लेकर जलसा करने के लिये दरियाँ ढोने और बिछाने तक का कार्य करते थे। हम लोगों के फरार हो जाने के बाद हमारे कालिज के विद्यार्थी रामचन्द्र कपूर, रामकृष्ण, धन्वन्तरी और एहसानइलाही सभा को चलाते रहे। बाद में रामकृष्ण और धन्वन्तरी के भी गुप्त कार्य के लिये फरार हो जाने पर सभा जाने किन लोगों के हाथ जा पड़ी, परन्तु उसकी परम्परा बहुत कुछ वैसी ही बनी रही।

प्रकट आन्दोलन से क्रांति का जितना प्रचार सम्भव था, नौजवान भारत सभा कर रही थी। यह सभा की ही हिम्मत थी कि १९१४ के लाहौर षड्यंत्र के मुकदमे में हँसते-हँसते फाँसी चढ़ जाने वाले १८ वर्ष के नवयुवक कर्तारसिंह की बरसी ब्रैडला हाल में सार्वजनिक रूप से मनाकर उसके चित्र का उद्‌घाटन किया गया था। यह उत्सव एक प्रकार से नौजवानों को सशस्त्र क्रांति की चेष्टा में सम्मिलित होने का निमंत्रण ही था। उत्सव का अनुष्ठान भी बड़े हृदयस्पर्शी ढंग से किया गया। भगतसिंह ने शहीद कर्तारसिंह का एक छोटा सा चित्र खोज निकाला था। उस चित्र के आधार पर कर्तारसिंह का एक बहुत बड़ा चित्र भगवती भाई ने अपने खर्च पर बनवाया था। चित्र पर खूब श्वेत खद्दर का एक पर्दा लटका दिया गया था। दुर्गा भाभी और सुशीला दीदी ने अपनी उँगलियों से रक्त निकालकर इस पर्दे को छीटों से रंग दिया था। इस अवसर पर मुख्य भाषण भी भगवतीचरण ने ही दिया था।

नौजवान भारत सभा का क्रांतिकारी रूप उसके सामाजिक प्रयत्नों से भी प्रकट था। उग्र राजनैतिक व्याख्यानों के अतिरिक्त हम लोग सामाजिक और साम्प्रदायिक एकता के लिये भोजों का भी आयोजन करते थे। इन भोजों की विशेषता बहुमूल्य और स्वादु व्यंजन नहीं थी। इन भोजों में टाट बिछा लिये जाते। पत्तलों और सकोरों में खिचड़ी या चने का पुलाव और मट्ठा ही परोसा जाता था। सभी सम्प्रदायों, वर्णों और जातियों के लोगों को इसमें सम्मिलित किया जाता था और सब एक साथ बैठकर एक-दूसरे के हाथ से परोसा हुआ भोजन करते थे। एक अवसर पर तो कुछ दुस्साहसी नवयुवकों ने हलाल (मुसलमानों की साम्प्रदायिक रूढ़ि के अनुसार काटे हुये पशु) और झटके (सिखों की साम्प्रदायिक रूढ़ि द्वारा काटे हुये पशु) का मांस एक ही देग में पकाकर गोश्त-रोटी का भोज कर डाला जिसमें मुसलमान, हिन्दू और सिख नौजवान काफी संख्या में सम्मिलित थे। यही गनीमत रही कि रूढ़िवाद से परेशान यह नवयुवक उस समय गाय और सुअर तक नहीं पहुँच गये।

नौजवान भारत सभा सामप्रदायिक एकता को राजनैतिक कार्यक्रम का बहुत ही महत्वपूर्ण अंग समझती थी, परन्तु इसकी दृष्टि में साम्प्रदायिक एकता का मार्ग कांग्रेस के कार्यक्रम की तरह सभी साम्प्रदायिक धारणाओं को फुसलाना नहीं था। अर्थात् हम लोग 'अल्लाहो अकबर', 'सत श्री अकाल' और 'हर हर महादेव' के नारे एक साथ नहीं लगाते थे। हमारे केवल तीन नारे थे—इन्कलाब जिन्दाबाद, वन्दे मातरम् और हिन्दुस्तान जिन्दाबाद। इसके अतिरिक्त सभा रूढ़िवाद और साम्प्रदायिकता के अंधविश्वास को दूर करना भी आवश्यक समझती थी। सभा की ओर से सार्वजनिक व्याख्यानों का भी प्रवन्ध किया जाता था जिनमें अंधविश्वास और शब्द प्रमाण (dogmatism) के आधार पर

साम्प्रदायिक आदर्शवाद का निराकरण करके वैज्ञानिक भौतिकवाद का परिचय लोगों को दिया जा सके। 'सर्वेण्ट्स आफ पीपल्स सोसायटी' के प्रिन्सिपल छबीलदास जी का इस विषय में काफी सहयोग रहता था। अनेक मुसलमान साथी—फजल, मन्सूर और एहसानइलाही भी इनमें खूब सरगर्मी से भाग लेते थे।

एक दिन ऐसे ही व्याख्यान में छबीलदास जी के बाद मन्सूर या एहसानइलाही इस्लाम की अंधविश्वास की अतार्किक बातों का जिक्र कर रहे थे। हम उचित समझते थे कि प्रत्येक सम्प्रदाय की आलोचना यथासम्भव उसी सम्प्रदाय के व्यक्ति से कराई जाये। उस समय श्रोताओं में से एक मुसलमान छुरा खींच बैठा कि वह वक्ता का कतल करेगा। इस धर्मांध भलेमानुस को पकड़कर एक ओर ले जाकर समझाया गया कि इससे पहले वक्ता ने भी तो यही सब कहा था, तब आप कैसे चुप बैठे थे? उसने आवेश में उत्तर दिया कि अगर कोई हिन्दू या ईसाई इस्लाम की आलोचना करता है तो मैं साम्प्रदायिक सहिष्णुता के नाते सहने के लिये तैयार हूँ, परन्तु मुसलमान के मुख से इस्लाम की आलोचना सुनने के लिये तैयार नहीं हूँ। उस समय व्याख्यान को समाप्त कर देना उचित न जँचा। इसका अर्थ होता, भविष्य में हिन्दू धर्मांध लोगों को भी इस प्रकार का फसाद खड़ा करने के लिये प्रोत्साहन देना। खैर, जैसे-तैसे व्याख्यान पूरा हुआ। गड़बड़ की रिपोर्ट पुलिस में करने का परिणाम हमारे जलसों पर रोक लग जाना होता इसलिये उन्हें चुनौती दी, "तुम्हें जो करना है, कर लो। अगर तुम अपने विश्वास के लिये मरने-मारने के लिये तैयार हो तो हम लोगों के भी दो-दो हाथ हैं और हमारी रोटी कौआ छीनकर नहीं ले जाता।" सभा की चर्चा गुप्त क्रांतिकारी आन्दोलन के प्रकट रूप की ओर ध्यान दिलाने के लिये ही की गई थी। सभा के आन्दोलन का लक्ष्य गुप्त क्रांतिकारी आन्दोलन की भूमि तैयार करना ही था। दल सभा द्वारा ही अपने ध्येय को एक सीमा तक जनता के सामने रख सकता था।

सन् १९२६-२७ की बात है। हम लोगों का जो कुछ थोड़ा-बहुत संगठन उस समय तक बन पाया था उसके सब सूत्र जयचन्द्र जी ही संभाले हुए थे। दल नौजवान भारत सभा बनाने के अतिरिक्त और कुछ नहीं कर सका था। हम लोगों को उससे कोई सन्तोष नहीं था। भगवतीचरण कुछ समय सभा के काम में लगाते, कुछ समय हिन्दी साहित्य सम्मेलन में सहायता देते। इन कामों से सन्तोष न होता तो खीझकर नौकरी तलाश करने की चेष्टा भी करते। भगतसिंह, सुखदेव और भगवती भाई भी बेचैनी अनुभव कर रहे थे। यह लोग क्रियात्मक कदम उठाना चाहते थे, परन्तु जयचन्द्र जी व्यापक भौगोलिक और ऐतिहासिक शिक्षा और संगठन बढ़ाने और उसे फिर से छाँट देने से आगे काम नहीं बढ़ा रहे थे।

भगतसिंह ने पंजाब से दिल्ली और कानपुर जाकर दूसरे प्रान्त के लोगों से सम्पर्क बनाने का निश्चय किया। भगतसिंह की लाहौर से बाहर जाने की इच्छा का एक कारण सरदार किशनसिंह जी की नाराजगी भी था। भगतसिंह घर के काम-काज की उपेक्षा कर केवल राजनैतिक कार्य में लगा रहता था। इस कारण उसके पिता उससे चिढ़े रहते और उस पर अपना अंकुश बढ़ा रहे थे।

भगतसिंह पिता को कोई सूचना दिये बिना लाहौर से दिल्ली पहुँच गया। दिल्ली से प्रकाशित पत्र 'अर्जुन' में पाँव जमाने के लिये वह जयचन्द्र जी का सिफारिश पत्र लेता

गया था। सिफारिश भी कैसी? कोई आदमी लगभग मुफ्त काम करने के लिये तैयार हो तो उसका स्वागत कौन नहीं करेगा। भगत कुछ दिन 'अर्जुन' अखबार में काम करता रहा। अपनी निष्ठा और कठिन परिश्रम से उसने पण्डित इन्द्र जी विद्यावाचस्पति का विश्वास शीघ्र प्राप्त कर लिया था। 'अर्जुन' में काम करते समय एक रोज भगतसिंह को अनुवाद करने के लिये एक तार दिया गया। तार था—'चमनलाल, एडिटर डिफंक्ट नेशन, अराइव्ड एट लाहौर।' भगतसिंह ने उसका अनुवाद किया—'डिफंक्ट नेशन के सम्पादक मिस्टर चमनलाल लाहौर पहुँच गये।' यह अनुवाद 'अर्जुन' में छप भी गया।

इन्द्र जी ने अनुवाद की ओर भगतसिंह का ध्यान दिलाया, परन्तु भगतसिंह को इसमें कोई भूल दिखाई न दी। उसका खयाल था चमनलाल 'डिफंक्ट नेशन' नामक पत्र के सम्पादक हैं। इन्द्र जी उसे डिफंक्ट शब्द का अर्थ डिक्शनरी में देखने का सुझाव दिया और भगतसिंह को मालूम हुआ कि डिफंक्ट का अर्थ 'बन्द हो चुका' है। ऐसी ही एक और मजेदार बात भगतसिंह के उस समय के अंग्रेजी ज्ञान के बारे में याद है। सिनेमा देखने का शौक भगतसिंह को काफी था, परन्तु टिकट के लिये दामों की कठिनाई रहती थी। पिता से सिनेमा के लिये तो क्या जूता तक खरीदने के लिये दाम माँगना उसे स्वीकार न था। घर के काम-काज के बारे में जब वह उनकी बात मानने को तैयार नहीं था तो खर्चा कैसे माँगता। समस्या का एक ही हल था कि जरूरतों की परवाह न करना और कभी साथियों की जेब में पैसा देख लेने पर उसका उपयोग कर लेता। एक दिन जयदेव गुप्त ने उसे सिनेमा दिखाने का वायदा कर लिया था। तब लोग सिनेमा चवन्नी के टिकट में ही देखते थे, परन्तु चवन्नी का ही काफी मूल्य था। दो आने में तो घी चुपड़ी हुई तन्दूर की दो बड़ी-बड़ी रोटियाँ और मामूली छुँकी हुई दाल-तरकारी का भोजन हो जाता था।

भगतसिंह को घी-दूध का शौक भी कम न था। अनारकली में कालू दूध-दही वाले के यहाँ सरदार किशनसिंह जी का उधार हिसाब चलता था। भगतसिंह जब चाहता वहाँ से दही-दूध खा पी सकता था और उसके साथ जो कोई हो, उसे भी खिला-पिला सकता था, परन्तु किसी तन्दूर या तवे पर उधार नहीं था। भगतसिंह सांडा (घर) जाने से कतराता था। रामकृष्ण ने ग्रेजुएट होकर मोहनलाल रोड पर एक सुथरा सा होटल खोल लिया था। हम सब लोग खाने के लिये वहीं पहुँचने लगे थे। अपने लोगों में से कोई किसी समय खाना खा रहा हो और भगतसिंह पगड़ी के दोनों छोर दोनों कंधों पर लटकाये सामने से गुजर जाये तो वह होटल में चला आता। बिना किसी भूमिका के एक कुर्सी उठाकर वह साथ बैठ जाता और चपाती के बड़े टुकड़े का दोना बनाकर दाल के ऊपर तैरता हुआ घी एक ही बार में समेटकर मुँह मे रख लेता। अगर राजाराम शास्त्री होटल में दिखाई दे जायें तो भगतसिंह जरूरी काम छोड़कर, भूख न होने पर भी उनकी कटोरी में से सब घी जरूर पी जाता। "देखो, अरे देखो, क्या कर रहा है। अरे देखो तो इस जाट को!" शास्त्री जी हाथ फैलाये सहायता के लिये दुहाई देते रह जाते।

पंजाब में घी कुछ अधिक मात्रा में खाने का चलन था। उन लोगों को वह पच भी जाता था। एक दिन भगतसिंह से कुछ आवश्यक बात करते-करते मैं उसके गाँव सांडा पहुँच गया। भोजन का समय था। उसकी माँ ने कहा, पहले खा लो। एक बड़ी सी

कटोरी में लौकी की तरकारी और थाली में बहुत सी बड़ी-बड़ी रोटियाँ उन्होंने हम दोनों के बीच रख दीं। तरकारी में घी इतना था कि भगतसिंह भी घबरा गया। वह झुंझला उठा, "माँ, इतना घी भी कोई खा सकता है! तुम तो तरकारी को बरबाद कर देती हो।"

भगतसिंह की माँ ने गाल पर उँगली रख मुझसे शिकायत की, "देख तो इस लड़के को, कुछ खाता ही नहीं। जरा सा घी इसे नहीं भाता। तभी तो सूखकर काँटा हो रहा है।"

भगतसिंह के लम्बतड़ंग, हृष्ट-पुष्ट शरीर की ओर संकेत कर मैंने कहा, "अगर यह काँटा है तो फिर मैं हूँ ही नहीं।"

माँ को हँसी आई, परन्तु स्नेह की गाली दे मुझे डाँट भी दिया, "धत् नालायक, बात कहनी भी नहीं आती। बच्चों को ऐसे नजर लग जाती है।"

मैं भगतसिंह के उस समय के अंग्रेजी ज्ञान का उदाहरण दे रहा था। जयदेव गुप्त ने संध्या समय भगतसिंह को साथ सिनेमा ले चलने का वायदा किया था। भगतसिंह जहाँ भी था, सिनेमा न चूकने के लिए भागा हुआ मकान पर लौट आया। देखा कि जयदेव निश्चिंत लेटा कोई उपन्यास पढ़ रहा है। भगतसिंह ने अपने पाँव से जयदेव के पाँव पर ठोकर देकर चेतावनी दी, "अबे उठ, सिनेमा का वायदा भूल गया?"

जयदेव ने लेटे ही लेटे चिढ़कर कड़े स्वर में डाँट दिया, "अजीब जाहिल आदमी है, मेरी तबीयत खराब है इसे सिनेमा की पड़ी है। अभी डाक्टर के यहाँ से लौट रहा हूँ। वह देख दवाई!" उसने मेज पर पड़ी बोतल की ओर संकेत कर दिया।

भगतसिंह ने नरमी से पूछा, "क्या हो गया तुझे?"

जयदेव ने गम्भीर मुद्रा में उत्तर दिया, "डाक्टर ने डिस्पेप्सिया बताया है।"

अंग्रेजी का यह शब्द सुनकर भगतसिंह चुप रह गया। सिनेमा न जा सकने की कलख तो मन में थी ही। चुपचाप डिक्शनरी उठाकर एक कुर्सी पर बैठ गया और डिस्पेप्सिया शब्द का अर्थ ढूँढ़ने लगा। अर्थ देखकर उसने डिक्शनरी मेज पर पटक दी। उठकर एक लात और जयदेव की कमर पर जमायी और बाँह से खींच उसे खड़ा कर दिया, "बदमाश! खा-खाकर बदहजमी कर ली है। काहिल पड़ा सो रहा है, और ऊपर से दवाई ठूँसेगा? डिस्पेप्सिया कहकर डराना चाहता है!"

जयदेव उलझता रहा कि उसका मन ठीक नहीं है, परन्तु भगतसिंह की दलील थी, "तुझे बदहजमी है। शाम को तुझे खाना नहीं चाहिये इसलिये तेरे पास जो पैसे हैं वह मुझे सिनेमा देखने के लिये दे दे। तुझे न जाना हो, मत जा।"

भगतसिंह के तत्कालीन अंग्रेजी ज्ञान की चर्चा इसलिये की है कि अपने ही स्वाध्याय से उसने अंग्रेजी पर इतना अधिकार कर लिया था कि असेम्बली बमकाण्ड के समय उसने जो पर्चे फेंके थे और ट्रिब्यूनल के सामने अंग्रेजी में जो लिखित बयान उसने दिये थे, उनकी भाषा की प्रशंसा प्रायः सभी लोगों ने की थी। कुछ लोगों ने कल्पना कर ली थी कि वे बयान भगतसिंह के नहीं वकीलों के लिखे हुए थे। इस कल्पना में कोई तथ्य नहीं है। अध्ययन भगतसिंह का स्वभाव था। जब भी देखो, उसके लम्बे बेडौल कोट की जेब में कोई न कोई पुस्तक रखी ही रहती थी। निराली सड़क पर चलता हो तो चलते-चलते भी पढ़ता रहता था।

दिल्ली और कानपुर में भगतसिंह ने कैसे दिन बिताये होंगे, यह अनुमान उसके लाहौर लौटने पर उसकी सूरत देखने से ही हो जाता था। सिर के केश पगड़ी की जगह एक मामूली से अँगौछे में ही लिपटे हुए थे। शरीर पर केवल खद्दर का बन्द गले का कोट। वही कोट जो लाहौर से जाते समय वह कमीज के ऊपर पहने था। अब कमीज नदारद थी। पायजामे की जगह लुंगी थी। पायजामे का आसन और कोट की आस्तीनें फट जाने पर पायज़ामे की टाँगें कोट की आस्तीनों की जगह जोड़ ली थीं। किसी तरह शरीर ढँका हुआ था, परन्तु कोट की जेब में कोई पुस्तक जरूर थी। कानपुर में भगतसिंह ने पहले कुछ दिन अखबार बेचकर ही निर्वाह किया, फिर स्वर्गीय गणेशशंकर जी विद्यार्थी का विश्वास पाकर वह 'प्रताप' में काम करने लगा। कानपुर में रहते समय वह युक्तप्रान्त के तत्कालीन क्रांतिकारी विद्यार्थियों—शिव वर्मा, जयदेव कपूर और विजय कुमार आदि के सम्पर्क में आ गया, परन्तु क्रांतिकारी नेताओं तक उसकी पहुँच न हो पायी थी।

युक्तप्रान्त में क्रांति के काम को विस्तार से चलाने की योजना बनाई जा रही थी, परन्तु प्रश्न था साधनों का। गुप्त कार्यक्रम के लिये सार्वजनिक रूप से धन एकत्र नहीं किया जा सकता था। प्रभावशाली लोगों को विश्वास में लेकर बात की भी जाती तो उन्हें यह केवल लड़कपन जँचता था कि पन्द्रह-बीस पिस्तौल लेकर ब्रिटिश साम्राज्यशाही से लड़ा जाय। धन की समस्या हल करने के लिए युक्तप्रान्त के क्रांतिकारी दल 'हिन्दुस्तान रिपब्लिकन सेना' (एच० आर० ए०) ने लखनऊ जिले में काकोरी के समीप राजनैतिक डकैती करके रेलवे का सरकारी खजाना लूट लिया था। इस प्रयत्न के दो प्रयोजन थे: एक तो दल के आर्थिक संकट का उपाय करना, दूसरा विदेशी सरकार की शक्ति को चुनौती देकर उसकी प्रतिष्ठा पर चोट करना।

क्रांतिकारी दल ने चलती गाड़ी को रोककर जब खजाना लूटा था तो मुसाफिरों से कह दिया गया था—'हम जनता के जानोमाल पर हाथ नहीं डालेंगे, केवल सरकारी खजाना लेंगे।' काकोरी में डकैती तो हो गई, परन्तु उसका परिणाम अच्छा नहीं हुआ। कुछ दिन ही बाद पुलिस को कुछ सुराग मिल जाने से गिरफ्तारियाँ भी शुरू हो गईं। कानपुर में भगतसिंह से सम्पर्क रखने वाले लोगों ने उसे परामर्श दिया कि तुम संदिग्ध अवस्था में हो। पुलिस अन्धाधुन्ध गिरफ्तारियाँ कर रही है। इस लपेट में तुम्हारा भी आ जाना सम्भव है। तुम कानपुर से खिसक जाओ।

भगतसिंह कानपुर से दिल्ली लौट गया। कानपुर में पाये हुए सूत्रों के आधार पर वह दिल्ली में संगठन जमाने की चेष्टा करने लगा। पंजाब में दल पर जयचन्द्र जी अपना कब्जा जमाये हुए थे, परन्तु हो कुछ न रहा था। भगतसिंह पंजाब से बाहर था। सुखदेव खिन्न होकर लायलपुर चला गया था। भगवतीचरण भारतवर्ष के क्रांतिकारी आन्दोलनों का एक शृंखलाबद्ध इतिहास लिखने की चेष्टा करने लगे थे। भगवतीचरण के व्यक्तिगत आकर्षण के कारण हम लोग प्रायः ग्वालमंडी में उनके अपने मकान 'शिव निवास' में आते-जाते रहते थे। भगवतीचरण का मकान सुघड़ गृहस्थ का घर था। बेमतलब शोर-शराबा उन्हें पसन्द नहीं था। कभी कह देने पर या स्वयं उनके निमन्त्रण दे देने पर वहाँ बढ़िया खाना मिल जाता था, परन्तु वहाँ उस समय तक भगतसिंह के मकान की तरह धर्मशाला न बन पाई थी।

भगवतीचरण और दुर्गा भाभी का विवाह कम उम्र में ही हो गया था। विवाह के समय भगवती भाई की उम्र तेरह-चौदह की और भाभी की दस-ग्यारह की रही होगी। दोनों ही परिवारों के बुजुर्ग पुरानी परिपाटी के थे। उन्होंने अपनी सन्तानों का विवाह करके अपना सन्तोष कर लिया था, जैसे छोटे लड़के-लड़कियाँ गुड्डे-गुड़िया का विवाह कर लेते हैं। यह भाग्य की बात थी कि दोनों ही ढंग के इंसान निकले। भाभी जब ससुराल आईं तो शायद रामायण और प्रेमसागर बाँच लेती होंगी। भगवती भाई ने कभी स्वयं ही पढ़ाकर और कभी ट्यूटर रखकर उनकी पढ़ाई का क्रम सदा जारी रखा। उनके पुत्र शची का जन्म १९२५ में हुआ था। इसके बाद भी भाभी किसी न किसी रूप में पढ़ाई-लिखाई में लगी ही रहीं।

दुर्गा भाभी उस समय तक प्रकट रूप से सार्वजनिक कार्य में नहीं आई थीं। शायद अपने पति के लक्षण देखकर समझ चुकी थीं क्रि अपने जीवन निर्वाह के लिये वे पति और पैतृक जायदाद किसी भी चीज पर भरोसा नहीं कर सकेंगी। वे पंजाब यूनिवर्सिटी की हिन्दी की परीक्षायें एक के बाद एक पास करती रहीं। १९२६ मे पंजाब यूनिवर्सिटी की 'प्रभाकर' की परीक्षा हम दोनों ने साथ-साथ ही दी थी। यह परीक्षा पास करके वे लाहौर के महिला कालिज में हिन्दी की लेक्चरार बन गई थीं। सार्वजनिक आन्दोलन में सामने कभी न आने पर भी राजनैतिक कार्य और विशेषकर क्रांतिकारी गुप्त संगठन के प्रति उनका अनुराग गूँगे के गुड़ जैसा था; अर्थात् मुँह से कुछ बोले बिना सब कुछ करने को तैयार रहती थीं। वास्तविकता यह थी कि वे मन ही मन ईर्ष्या से चुप रह जातीं; क्योंकि भगवती भाई सुशीला दीदी को कवि, त्यागी और प्रतिभा सम्पन्न समझकर उनसे तो क्रांति की बातें करते, परन्तु भाभी को 'देहाती बहू' समझकर उनसे इन बातों की चर्चा न करते थे। भाभी होंठ दबाये सिर खुजाकर रह जातीं, देखा जायेगा!

दल का काम

सन् १९२६ के आरम्भिक दिनों में सुखदेव ने कई बार मुझसे बात साफ कर लेनी चाही कि मेरा विचार क्या है?

मेरा जवाब था, "मैं तैयार हूँ, जो तुम कहो।" सुखदेव खूब समझता था कि दूसरे के कहने पर सब कुछ करने के लिये तैयार होने का अर्थ बहुत अधिक नहीं हो सकता। जरूरत तो इस बात की थी कि मैं दल के अंग के रूप में स्वयं सोचूँ कि क्या करना चाहिए, और सोची हुई बात को क्रियात्मक रूप देने की चेष्टा करूँ।

'जो तुम कहो, मैं तैयार हूँ' का अर्थ सुखदेव ने यही समझा कि मैं स्कूल में काम करते हुए अथवा दूसरी तरह लिखने-पढ़ने में लगे रहकर केवल दल का सहायक ही बना रहना चाहता हूँ, अपनी ओर से जिम्मेवारी लेकर कदम आगे नहीं बढ़ाना चाहता। उसका अनुमान ठीक ही था। मुझे उस समय भी यह विश्वास हो रहा था कि मैं अपनी व्यक्तिगत शक्ति को आन्दोलन के क्रियात्मक काम में लगाने की अपेक्षा लेखक के तौर पर इस काम के लिये भावना क्षेत्र और पृष्ठभूमि तैयार करने में अधिक उपयोगी हो सकता हूँ। मेरे इस अहंकार में अपने परिवार के प्रति अपना कर्तव्य पूरा करते रहने के अवसर के लोभ की भावना भी छिपी रही होगी, या मैं संकट से बचा रहना चाहता होऊँगा; इस बात से भी सर्वथा इनकार नहीं किया जा सकता।

सुखदेव और भगतसिंह को मेरा यह ढंग पसन्द नहीं था। चिढ़ाने के लिये उन्होंने मुझे 'कहानी लेखक', 'कलाकार' कहना शुरू कर दिया था। सुखदेव ने कहा कि और कुछ नहीं तो मैं संगठन के लिये कुछ आदमी ही बटोरूँ। नेशनल स्कूल के दो-तीन विद्यार्थी और अध्यापक मुझे दल के काम के योग्य जँचे। मैंने सुखदेव से इनका परिचय करा दिया। गुप्त संगठन के काम में तर्क द्वारा प्रत्येक बात का महत्व समझा देने का अवसर प्रायः नहीं रहता। उदाहरणतः सुखदेव ने कोई पत्र लिख, उस पर टिकट लगाकर किसी नये साथी को देकर आदेश दिया कि साइकिल से लाहौर के स्टेशन पर जाओ और इस पत्र को लाहौर की ओर आने वाली किसी ट्रेन के डाक के डिब्बे में डाल दो। साधारणतः पढ़ा-लिखा आदमी लिफाफे पर लिखे पते को पढ़ेगा। यह देखकर कि पत्र लाहौर के ही किसी मुहल्लले में किसी व्यक्ति के नाम है, पत्र को इतनी दूर जाकर डाक में छोड़ने की उपयोगिता पर तर्क करने लगेगा। ऐसे आदमी सुखदेव को नापसंद थे। वह उन्हें नामंजूर कर देता था। अपने संगठन के सैद्धान्तिक पहलू से सहानुभूति पैदा किये बिना किसी को इस प्रकार या इससे बहुत अधिक कष्ट सहने के लिये तैयार कर लेना कैसे सम्भव होता?

कई छोटी-छोटी बातों के परिणाम बहुत बड़े हो जाते हैं। उपरोक्त उदाहरण भी वैसा ही है। कई बार सोचा है कि हमारे सशस्त्र क्रांति के आन्दोलन में, प्रत्येक मुकदमे में बहुत

से व्यक्ति मुखबिर बन जाते थे। उसकी तुलना में देखा जाय भारतीय कम्युनिस्ट पार्टी के उदाहरण को। पिछले वर्षों में पार्टी के बहुत से लोगों पर कई ऐसे मुकदमे चलाये गये। कैय्यूर, तैलंगाना, मालाबार आदि में बहुत से लोगों को फाँसी की सजायें भी हो गईं। कम्युनिस्ट फरारों की संख्या तो देश भर में हजारों तक पहुँची थी। इन मुकदमों में फाँसी और कालापानी सामने देखकर भी कम्युनिस्ट मुखबिर नहीं बना, न उन्होंने अपने फरार साथियों का भेद पुलिस को दिया। इस तुलना में कांग्रेस के सत्याग्रहियों और रा० स० स० के कार्यकर्ताओं का तो जिक्र ही व्यर्थ है। इन लोगों में जेल से माफी माँगकर लौट आने वालों की संख्या तो हजारों तक पहुँची है।

प्राणों की बाजी लगाकर आन्दोलन में सम्मिलित होने वाले शिक्षित मध्यम वर्ग के क्रांतिकारियों की अपेक्षा कम्युनिस्ट पार्टी के निम्न आर्थिक वर्ग के किसान-मजदूरों में इतनी अधिक दृढ़ता पाई जाने का कारण क्या है? इस भेद का रहस्य इस बात में है कि हमारे अधिकांश क्रांतिकारी साथी एक रहस्यमय आदर्श की प्रेरणा से चलते थे। वे अपने आदर्श को अपने जीवन की भौतिक आवश्यकता नहीं समझ पाते थे। दूसरी ओर कम्युनिस्ट कार्यकर्ताओं के सामने आदर्श त्याग के रूप में नहीं, बल्कि जीवन की ठोस भौतिक आवश्यकता के रूप में रहता है। वे आदर्श को केवल विश्वास के आधार पर नहीं, बल्कि निजी समझ से अपनाते हैं। कर्तव्य को त्याग द्वारा आज्ञा पालन के लिये नहीं बल्कि स्वयं अपनी आवश्यकता मानकर पूरा करते हैं। पीछे हट जाने का कोई बहाना उनके पास नहीं रहता। विपरीत इसके क्रांतिकारी जब भी मुखबिर बनते थे, अपनी कायरता को छिपाने के लिये उनके सामने बहाना बना रहता था कि देशभक्ति के आवेश में उन्हें गलत रास्ते पर बहका लिया गया था। सुबुद्धि आने पर अपनी भूल पहचान ली है। ऐसे लोग अपने व्यवहार के लिये जनता के सामने अपना कोई उत्तरदायित्व नहीं समझते थे।

सुखदेव को सिद्धान्तों की लम्बी-लम्बी बहसें पसन्द नहीं थीं। उसकी और दूसरे क्रांतिकारियों की दृष्टि में सिद्धान्त स्पष्ट था—देश की आजादी। हमारे राजनैतिक आन्दोलनों के अनुभव ने यह बात स्पष्ट कर दी है कि देश की आजादी कोई स्वतः स्पष्ट वस्तु नहीं थी, न है। आज भी 'देश की आजादी' की भावना गीली मिट्टी का एक लौंदा बना हुआ है। जो जैसे चाहता है अपनी इच्छा और भावना से इसे मनमाना रूप देने की चेष्टा कर सकता है।

सुखदेव के ऐसे व्यवहार का एक कारण यह भी हो सकता था कि उस समय तुरन्त ही एक बहुत बड़ा काम हाथ में लेने की तैयारी की जा रही थी। उस काम को पहले से बता देना और उसकी रूपरेखा सभी लोगों पर प्रकट कर देना खतरे से खाली नहीं था। जरूरत ऐसे आदमियों की थी जो दल के नेता के हुक्म से यह पूछे बिना कि क्यों कहाँ भेजे जा रहे हैं, बम और पिस्तौल लेकर चलने को तैयार हों और घटना के समय और स्थल पर आदेश का अक्षरशः पालन कर सके। सुखदेव में इस प्रकार की मनोवृत्ति शायद जयचन्द्र जी के उदाहरण से आ गई थी या यह उसकी अपनी सनक थी। जयचन्द्र जी ने जोखिम के किसी काम में स्वयं कभी हाथ नहीं डाला, परन्तु उनसे किसी भी काम का आदेश मिलने पर यदि कार्यकर्ता आदेश का कारण और महत्व समझना चाहता तो वह उन्हें गवारा न था। वे इसे क्रांतिकारी अनुशासन की कमी समझते थे।

अवसर पड़े बिना यह जान लेना बहुत कठिन था कि कौन व्यक्ति समय पर कितना साहस दिखायेगा और कौन कायरता। क्रांतिकारी कामों (एक्शन)[1] में सबसे अधिक महत्व इसी बात का था कि साथी ऐक्शन के समय बिदक न जायें। बाद में ऐसे कामों की जिम्मेदारी अपने कंधों पर आने पर ऐसे साथियों के व्यवहार से स्वयं मैंने ही बहुत कठिनाई अनुभव की है। नेशनल स्कूल के बोर्डिंग से जिन व्यक्तियों के नाम मैंने सुखदेव को दिये थे उनके साहस की परीक्षा भी कर लेनी चाही। इसके लिये मैंने एक प्रपंच रचा। उन दिनों मैं स्कूल के बोर्डिंग हाउस में ही रहता था। एक रात सोने से पहले बोर्डिंग की दो मंजिली इमारतों के बीच की एकमंजिली इमारत के साथ एक मजबूत सी बल्ली टिकाकर रख दी। सोते समय सफेद कुर्ता, पायजामा पहना हुआ था। आधी रात में उठकर मैंने खाकी कुर्ता और नेकर पहन लिये। कपड़े बदलकर मैं दोमंजिली इमारत की पहली मंजिल के बरामदे से इकमंजिली की छत पर उतर गया। यहाँ पहुँच जाना कुछ कठिन न था। सब लोग इसी छत के सामने नीचे सोये हुए थे। इस छत से मैंने नीचे सोये हुए विद्यार्थियों और अध्यापकों पर कंकर फेंकने शुरू किये।

'चोर! चोर!' का शोर मच गया। कुछ लड़के भय से चिल्लाने लगे। कुछ ने धमकाया, "ठहर, अभी आते हैं।"

नीचे जाग पड़े लोग मुझे देखकर भी अँधेरे और दूरी के कारण पहचान न सकते थे। मैं दूसरी ओर लगी बल्ली के सहारे नीचे उतर गया और बल्ली खींच ली। ऊपर चढ़ गये लोग टँगे रह गये। बल्ली के सहारे बिना उतर आना कठिन था। नीचे से मैंने उन पर फिर पत्थर फेंकने के लिये हाथ हिलाया।

ऊपर चढ़ने वाले आदमियों में से तीन व्यक्ति साहस करके मुझे पकड़ने के लिये छत से कूद पड़े और मेरी ओर दौड़े। यह देख मैं बोल पड़ा और उन लोगों ने मुझे पहचान लिया। कूद पड़ने वालों में से एक जयगोपाल था। दूसरे दो अध्यापक थे—एक मास्टर मेहरचन्द और दूसरे चिरंजीलाल। मास्टर चिरंजीलाल क्योंकि साइन्स मास्टर थे, इसलिए साहसी होने पर भी हर बात को तर्क से समझना चाहते थे। सुखदेव की अनुशासन की कसौटी पर वे पूरे नहीं उतरे। मास्टर मेहरचन्द में भी साहस की कमी न थी, परन्तु वे आवश्यकता से अधिक गम्भीर और अपनी दूसरी जिम्मेदारियाँ भुला देने के लिये तैयार न थे। रह गया केवल जयगोपाल।

जयगोपाल ने ढाई वर्ष तक़ जिस कठिनाई से बिना तर्क किये सैनिक प्रवृत्ति से दल का अनुशासन निभाया, वैसा कम ही लोग कर सकेंगे। सुखदेव और भगतसिंह दोनों ही मुझसे उसका जिक्र करते समय उसे 'सच्चा मोती' बताते थे। गिरफ्तारी के बाद जयगोपाल मुखबिर बन गया तो मुझे गहरी व्यथा अनुभव हुई। खासतौर पर इसलिये कि उसे मेरा चेला कहा जाता था। उस समय हम लोग जयगोपाल को गोली मार देने का अवसर खोज रहे थे। भुसावल जेल में उस पर गोली चलाई भी गई, लेकिन मुझे विश्वास था और है कि सुखदेव स्वयं बयान न देता तो जयगोपाल भी बयान न देता। सुखदेव ने बयान देकर भी मुआफी न माँगी, यह उसकी सनक थी। जयगोपाल ने मूल्य में मुआफी ले ली, यह उनकी सामान्य बुद्धि का परिणाम था।

---

१. राजनैतिक डकैती या कत्ल।

लगभग इन्हीं दिनों अपने दूसरे चेले से मेरा पहला परिचय हुआ; वह था इन्द्रपाल। इन्द्रपाल के कारनामे बहुत विचित्र रहे हैं। उससे परिचय की कहानी भी कम विचित्र नहीं। भगतसिंह के बहुत दिन तक लाहौर से बाहर रहने के कारण मैं उसका मकान छोड़कर परीमहल में नये चालू हुए 'हिन्दू संगठन' के दफ्तर में आ टिका था। 'हिन्दू संगठन' उर्दू का साप्ताहिक पत्र था। भाई परमानन्द जी की संरक्षता में चल रहा था। भाई परमानन्द जी की राजनीति शनैः-शनैः साम्प्रदायिकता की ओर बढ़ रही थी। 'हिन्दू संगठन' के सम्पादक थे कृष्णदास भल्ला। कृष्णदास जी से पहले ही परिचय था। वे कुछ दिन तक फिरोजपुर जिला कांग्रेस कमेटी के सेक्रेटरी थे। दो बरस पहले वे भी नेशनल कालिज में ही आ गये तो और फिर हिन्दू राष्ट्रीयता की ओर आकर्षित हो चुके थे। कृष्णदास जी का मुझ पर बहुत विश्वास था।

'हिन्दू संगठन' के दफ्तर में आकर रहने का अभिप्राय रहने के लिये मुफ्त जगह पा लेना और संगठन में अपनी पहुँच बना लेना था। इस समय 'हिन्दू संगठन' की नीति कांग्रेस द्वारा मुसलमानों को फुसलाने की नीति के विरोध की थी। इस हिन्दू नीति का तत्व था कि अंग्रेज से भयानक शत्रु मुसलमान हैं; हिन्दुओं को अंग्रेजों का पक्षपात पाना चाहिये वर्ना अंग्रेज हिन्दू की अपेक्षा मुसलमान को अपना लेगा। परिणाम में व्यवसाय और नौकरी के क्षेत्रों में हिन्दू मध्यवर्ग की भयंकर आर्थिक हानि होगी।

संगठन का क्रियात्मक रूप हिन्दू युवकों में स्वास्थ्य सुधार की प्रवृत्ति और साहस पैदा करना था। परीमहल में प्रातः ही सैनिक व्यायाम (ड्रिल) सिखाया जाता। गतका-फरी, बाना और लाठी आदि की शिक्षा भी दी जाती थी। मैंने नेशनल कालिज में इन चीजों का काफी अभ्यास कर लिया था। मैं संगठन के अखाड़ों में ऐसी शिक्षा देने में सहायता देता था। इसके अतिरिक्त अपने लेख 'हिन्दू संगठन' साप्ताहिक में भी देता रहता था। कुछ लेख अपने नाम से देता और कुछ नाम बदलकर भी। मैं हिन्दी लिपि में लिखता था; मुहावरे और शब्द प्रायः उर्दू के इस्तेमाल करता था। मेरे लिखे को उर्दू लिपि में उल्था कर देना कठिन नहीं था। मेरे लेखों का लक्ष्य होता था, हिन्दू राष्ट्रीयता की प्रधान शत्रु विदेशी सरकार है। मुझे यह सुविधा कृष्णदास जी के कारण ही मिली थी। इन दिनों वे 'कृष्ण जी' पुकारे जाने लगे थे।

इन्द्रपाल

साप्ताहिक 'हिन्दू संगठन' उर्दू में प्रकाशित होता था। उसकी किताबत के लिये हिन्दू कातिब ही अधिक उपयोगी समझा जाना चाहिये था। यह कातिब था मंगतराम, दुबला पतला नौजवान, छरहरा बदन, साँवला-सा रंग और ऊँचा माथा। तीखी आँखें, कमर में एक लुंगी, कन्धों पर कमीज और सिर पर छोटी-सी पगड़ी बाँधे वह किताबत करने दफ्तर में आता था।

यह मालूम होने पर कि मंगतराम काँगड़े जिले का है, मेरा उससे परिचय और बातचीत बढ़ गई। वह वरनाक्यूलर (उर्दू) मिडिल पास था। जन्म से ब्राह्मण। उसे केवल मिडिलची समझकर मैंने आरम्भ में उससे कोई राजनैतिक बात नहीं की। मेरी और कृष्ण जी की बहस में वह मेरी बातों का समर्थन करने लगा तो अनुमान हुआ कि वह साम्प्रदायिक संकीर्णता से मुक्त है।

मंगतराम किताबत करते समय रोशनी के लिये खुले में बैठना पसन्द करता था। उसने दूसरी मंजिल पर सेहन में बने बेंचनुमा चबूतरे पर अपने बैठने की जगह बना ली थी। क्वार के दिन थे। धूप कड़ी हो जाने पर वह भीतर आ जाता था। यथासम्भव वह लैम्प या बिजली के प्रकाश में किताबत न करता था। अँधेरा हो जाने पर घर लौट जाता, सुबह चाहे जल्दी ही आना पड़े। एक दिन संध्या समय मैं बहुत देर से दफ्तर में लौटा, रात के दस बज गये होंगे। देखा कि मंगतराम अँधेरे और ओस में अपनी किताबत की जगह यों ही जमा बैठा है।

"अबे मंगतू, अभी तक बैठा है?" मैंने पुकारा, "अँधेरे में कैसी किताबत हो रही है? अन्दर रोशनी में आ जाओ। बाहर सर्दी और ओस है।"

"यों ही बैठा हूँ।" उसने टाल दिया। मैं भी भूल गया। किसी काम से फिर बाहर चला गया। रात ग्यारह-साढ़े बारह बजे लौटा तो देखा कि मंगतराम फिर वैसे ही बैठा है। इस बार जरा विस्मय से प्रश्न किया, "अरे तुम्हें हो क्या गया? कैसे बैठे हो?"

"अच्छा लग रहा है खुले आसमान के नीचे।" मंगतराम ने टाल दिया।

मैंने मजाक किया, "अरे हंदे (भिक्षा) खाने वाले, क्या तपस्या कर रहा है? क्या वरदान चाहता है?"

मैं उसे हंदे खाने वाला या मंगतू कहकर पुकारता था। वह मुझे तम्बाकू बेचने वाले का बेटा कहता था, क्योंकि काँगड़े में साधारण स्थिति के खत्री छांटी सी दुकान पीठ पर बाँधे फेरी किया करते हैं। तम्बाकू उनकी गठरी में जरूर रहता है।

बाहर जाकर उसकी बाँह पर हाथ रखने से मालूम हुआ उसे बुखार था। उसे मैं जबर्दस्ती भीतर पकड़ लाया और बिस्तर पर लिटा दिया। बाजार से गरम दूध लाकर पीने को दिया और अपनी पहाड़ी बोली में समझाया, "तुम्हें बुखार था तो पहले कहा होता। यों खुले आसमान के नीचे बैठे हत्या क्यों ले रहे हो? आखिर तुम्हें क्या दुःख है? मैं तेरा और कुछ नहीं तो तेरे जिले का तो हूँ।"

"नहीं कुछ नहीं।" उसने टाल दिया। कृष्ण जी से एक कम्बल माँगकर मैं फर्शी दरी पर ही सो गया। दूसरे दिन सुबह फिर उसकी कुछ तीमारदारी की। डाक्टर के यहाँ दिखा देने की सलाह दी। उसने कुछ करना आवश्यक न समझा। बुखार उसका उतर गया, परन्तु वह बहुत चुपचाप बना रहा। मैंने भी इस बारे में कोई जिज्ञासा नहीं की।

कुछ दिन बाद स्वयं ही उसने बात की, "मैं तुम्हें पढ़ा-लिखा बी० ए० पास आदमी समझता था। यह बताओ, तुम बेवकूफ हो या जोगी?"

उसका अभिप्राय न समझकर पूछा, "क्यों?"

"वह बात याद है?" उसने पूछा। तब याद आया—आठ-दस दिन पहले उसे कड़ी दोपहर में धूप से जलते चबूतरे पर किताबत करते देखकर मुझे विस्मय हुआ था। गौर किया तो अनुमान हुआ, वह बगल के ऊँचे मकान की खिड़की में बैठी किसी लड़की से ताक-झाँककर रहा था। मैंने उसे मजाक में डाँट दिया था, "साले, क्या हड्डियों में दर्द होने लगा है?...कुछ सेंक-सांक चाहता है?"

इस घटना की याद दिलाकर उसने बात सुनाई कि वह बहुत दिन उस लड़की से ताक-झाँक करता रहा। पहले तो लड़की ने 'थू-थू' करने के संकेत से मंगतराम का अपमान कर छुट्टी लेनी चाही। मंगतराम ने लड़की के हृदय परिवर्तन की, अर्थात् उसकी

घृणा को प्रेम में बदल देने की तपस्या आरम्भ कर दी। वह प्रणय के मोर्चे पर डटा रहा। लड़की ने एक पत्र में कंकर लपेटकर हमारी छत पर फेंका। मंगतराम ने धड़कते हुए हृदय से वह पत्र उठाकर देखा तो लिखा था, "लानत है। फिटेमूं (फटकार)। मुझे मत घूरा करो। मैं तुमसे परेशान हूँ। क्या घर में माँ-बहिन नहीं हैं?"

उत्तर देना मंगतराम के लिये काफी जोखिम का काम था। उत्तर ऐसे ही समय फेंका जाना चाहिये था जब लड़की छत पर हो, परन्तु उसके घर का दूसरा आदमी साथ न हो। मंगतराम का उत्तर था, "मैं शौक नहीं, मुहब्बत कर रहा हूँ।" और साथ में एक पुराना शेर :

ज़ेरे दीवार पड़े हैं तेरा क्या लेते हैं।
देख लेते हैं दिल की तपिश बुझा लेते हैं।

मंगतराम ने एक ही प्रार्थना की थी, दिन भर में एक बार दीदार हो जाना चाहिये। वह नित्य दर्शन न पा लेगा तो अपनी जगह से उठेगा नहीं। नाम की जगह उसने लिखा था—'तुम्हारा आशिक सादिक' (सच्चा प्रेमी)।

कुछ दिन की खींचातानी के बाद दोनों में समझौता हो गया कि एक-दूसरे को देख लेने की 'पाक मुहब्बत' चलती रहे। इस मुस्लिम लड़की का नाम विलायत था। प्रेम के आवेश में लड़की ने अपना नाम भी बता दिया था।

जिस दिन मंगतराम ने धूप और ओस में बैठकर ज्वर चढ़ा लिया था, उससे पहली शाम उसे परेशानी से भरा विलायत का पत्र मिला था। विलायत ने अपनी परेशानी बताई थी कि उसकी माँ और भाई-बहनों को सन्देह हो गया है। "...अब मैं सामने आकर अपनी आँखें ठंडी न कर सकूँगी।" इश्क सादिक (सच्चे प्रेम) के नाम पर विलायत ने दुहाई दी थी कि मुझे देखने के लिये अब ऐसे मत बैठना। आखिर में लिखा कि वह उसे भाई समझती रही है और बताया कि उसने सुना और पढ़ा है कि हिन्दू लोग भाई पुकार लेने वाली औरत की इज्जत के लिये जान देते हैं। वह भी अपने आशिक सादिक से ऐसे ही उम्मीद करती है। मंगतराम विलायत के पत्र का उत्तर देने के लिये अगले दिन सुबह ही आ बैठा था। वह दिन भर कार्तिक की धूप में, बिना खाये-पिये सामने छत की ओर देखता बैठा रहा। विलायत न छत पर आई, न खिड़की से दिखाई दी। उस दिन रविवार था; सम्भव है, पिता और भाइयों के घर पर रहने से डर रही हो या कहीं नाते-रिश्ते में चली गई हो।

मंगतराम उसे यही बताना चाहता था कि तुमने मुझे भाई पुकारा है तो मैं बहिन के लिये सब कुछ करने के लिये तैयार हूँ। वह इस पाप की लज्जा से मरा जा रहा था कि जो लड़की उसे भाई समझ रही थी, उससे वह इश्क कर रहा था। उसकी यह कहानी सुनकर मैंने समझाया, "तुम इतने ईमानदार और लगन के आदमी हो। तुम्हारी जिन्दगी क्या तमाशीबीनी पर कुर्बान हो जाने के लिये है? कौन जाने विलायत भोलेपन में बहिन बन रही थी या स्वयं ही इश्क कर रही थी! जो भी हो तुम बेवकूफ तो बने!"

वह चुप सुनता रहा। उसे इस बात का कुछ-कुछ आभास हो चुका था कि मैं किस सनक में लगा हुआ हूँ। उसे मेरे प्रति आदर मिला विश्वास हो गया था। अपने प्रति वह ग्लानि अनुभव कर रहा था। मन की ग्लानि का बोझ हलका करने के लिये और भविष्य

में जीवन का मार्ग बदलने का निश्चय ले वह प्रायश्चित के तौर पर मुझे अपनी बातें सुनाने लगा।

वह बहुत ही खुशखत कातिब था। अखबारी काम के साथ-साथ बड़े-बड़े पोस्टर भी लिखता था। परिचय होते ही उसे मैंने हिन्दी के अक्षर ड्राइंग से लिखने सिखा दिये थे। हिन्दू संगठन सम्बन्धी बड़े-बड़े इश्तहार भी हिन्दी में लिखे जाने लगे थे। मेरे प्रति उसका आदर और भी बढ़ गया था। उस समय के निरख और उसकी आवश्यकताओं के विचार से उसकी आमदनी बहुत काफी थी। घर से वह अकेला आया था। विवाह उसका अभी हुआ नहीं था। उसे हर सप्ताह २०-२५ रुपये मिल जाते थे। कारीगरपेशा लोगों की संगत के कारण वह उनकी सभी लतें भी सीख चुका था अर्थात् मौके-मौके खूब शराब पी लेना, कभी चकले (वेश्या गली) का भी चक्कर लगा लेना।

हम लोग आपस में अधिक मिलने-जुलने लगे। मैंने उससे शायद ऐसी बातें कीं कि जीवन का ऐसा भी मार्ग हो सकता है कि आदमी कष्ट उठाता हुआ भी संतोष अनुभव करे। वह मेरा बहुत ही अंतरंग मित्र या भक्त बन गया। भक्ति के योग्य मुझमें कोई बात नहीं थी, परन्तु अपने प्रति घृणा अनुभव होने से वह मुझे बहुत भला आदमी समझ रहा था। मैंने उससे शायद ऐसी बातें भी कहीं कि उद्देश्य के लिये कष्ट उठाने का सन्तोष मामूली सन्तोष से कहीं ऊँची चीज है। उसे मैंने क्रांतिकारियों के हँसते-हँसते बड़े-बड़े संकट सहने और फाँसी पा जाने की कहानियाँ भी सुनाईं।

मंगतराम का जीवन बिलकुल बदल गया। यों हँसी और मजाक वह अब भी करता था, परन्तु पुरानी लतें एकदम छोड़ दी थीं। उस समय तक मैंने सिगरेट भी कभी न पिया था। मंगतराम ने भी शराब और सिगरेट बिलकुल छोड़ दिये। बेमतलब बकवास भी न करता। उसे यशपाल नाम पसन्द था। उसने भी अपना नाम बदल डाला। मंगतराम की जगह इन्द्रपाल बन गया।

एक रोज उसने अपने कष्ट सहन की परीक्षा करनी चाही। कार्तिक के दिन थे, जब मच्छरों की भरमार रहती है। वह सन्ध्या समय रावी के किनारे जंगल में जा बैठा। जगह-जगह पानी सड़ रहा था और कमर तक ऊँचा-ऊँचा घास खड़ा था। मच्छर और डांस घटाओं के रूप में उड़ रहे थे। ऐसे डांस, जिनके काटने से जानवर भी तड़प उठे। इन्द्रपाल कपड़े उतारकर एक लंगोट बाँधकर पालथी मारे घास में बैठ गया कि कितने डांस और मच्छर काट सकते हैं! उसने अपनी परीक्षा की कसौटी यह तय की थी कि अपने शरीर को मच्छरों से बचाने के लिये हाथ न हिलायेगा और न ही सूर्योदय से पहले पालथी से उठेगा। वह इस परीक्षा में पूरा उतर गया।

मैंने उसे समझाने की बहुत कोशिश की कि इन बातों से कोई लाभ नहीं, परन्तु उसे सनक सवार थी। वह कष्ट-सहकर आत्मविश्वास प्राप्त करना चाहता था। मैंने उसे हिन्दी पढ़ानी शुरू की। मैं चाहता था कि वह अंग्रेजी भी पढ़े, परन्तु उसने इनकार कर दिया, "समय बरबाद करने की जरूरत नहीं।" मैंने उसे क्रांतिकारी पुस्तकों के अतिरिक्त कुछ पुस्तकें स्वामी विवेकानन्द और स्वामी रामतीर्थ की भी दीं। वह विवेकानन्द और रामतीर्थ की पुस्तकें अधिक पढ़ने लगा। उससे दल के संगठन को बढ़ाने की बात की तो उसने साफ-साफ जवाब दे दिया, "अपनी जिम्मेदारी मैं ले सकता हूँ, किसी दूसरे की नहीं।"

एक दिन उसे फिर अपनी परीक्षा लेने की सूझी। देशी शराब की चौथाई बोतल लाकर पी ली। जेब में रुपये डालकर टिब्बी बाजार जा पहुँचा। वहाँ ऊँचे दरजे की, अपने खयाल में बहुत खूबसूरत वेश्या के यहाँ गया। उसने तय किया कि सारी रात वहीं रहेगा। वेश्या ने इन्द्रपाल के मोटे मैले कुर्ते-लुंगी की ओर विस्मय से देखा और दस रुपये माँगे (उस जमाने में दस १९५१ के सौ)। इन्द्रपाल ने दस रुपये दे दिये। रात भर का सौदा कर इन्द्रपाल वेश्या के पलंग पर लेट गया। बेचारी वेश्या ने मुँहमाँगी रकम हलाल करने के लिये अपना कर्तव्य निभाने की सभी चेष्टायें कीं, परन्तु इन्द्रपाल समाधिस्थ पड़े रहे। नींद आ जाने पर वेश्या भी सो गयी। जागने पर उसे फिर अपने कर्तव्य का खयाल आया, पर इन्द्रपाल अप्सराओं से पराजित हो जाने वाला ऋषि न था। आखिर वेश्या को पूछना ही पड़ा, "तो फिर तुम आये किसलिये थे?"

इन्द्रपाल ने ईमानदारी से आने का कारण भी बता दिया।

इन्द्रपाल ने मुझे बताया कि वेश्या भी चुप रह गई। कुछ देर गरदन झुकाये सोचती रही और फिर बोली, "तुम तो वली फकीर हो। तुम जब चाहो आ सकते हो। लेने-देने की कोई बात नहीं होगी। चाहो तो अपने रुपये भी वापस ले लो।"

जब इन्द्रपाल सुबह वेश्या के यहाँ से चलने लगा तो वेश्या ने घुटने टेककर उससे प्रार्थना की, "मेरे लिये अल्ला से दुआ करना।"

यह बात सुनाकर इन्द्रपाल स्वयं ही हँस पड़ा, "उस साली ने मुझे कोई फकीर या औलिया समझ लिया था।"

फकीर या औलिया समझ लिये जाने पर इन्द्रपाल को हँसी भी आई और करतूत उसकी मैं कह ही चुका हूँ। दूसरे के अंध-विश्वास पर हँसी आना और स्वयं व्यर्थ कष्ट सहन कर आत्मिक उद्धार का यत्न करना! मेरा खयाल है, शिक्षा के अभाव में प्रवृत्ति तर्क की ओर हो जाने और अपने तर्क को अपनी अटूट लगन के साथ सटा लेने के कारण उसका व्यवहार सनकियों जैसा हो जाता था।

कृष्ण जी को 'हिन्दू संगठन' के कार्य से सन्तोष नहीं रहा था। वे हिन्दू जाति और मानवता का उद्धार उससे बड़े परिणाम में करना चाहते थे। इसलिये वे 'हिन्दू संगठन' पत्र को छोड़ गये और संन्यासी बन गये। उनके चले जाने पर मैंने और इन्द्रपाल ने भी वहाँ से डेरा उठा लिया।

उस समय इन्द्रपाल को रावलपिंडी में किताबत का काम मिल सकने की सूचना मिली। मैंने उसे सलाह दी कि तुम रावलपिंडी चले जाओ। मैं भी वहाँ कभी-कभी आया करूँगा। रावलपिंडी सरहद के समीप है, वहाँ हथियारों की खरीद-फरोख्त में कुछ सुविधा रहेगी।

इन्द्रपाल रावलपिंडी में बहुत दिन रहा। रावलपिंडी में सुखदेव ने जयगोपाल और हंसराज वोहरा को भेजकर अलग से वहाँ संगठन का प्रयत्न आरम्भ किया था। इन्द्रपाल का उनसे कोई सम्बन्ध नहीं कराया गया था। इन्द्रपाल के सम्पर्क में जो लोग आये, उनका पहिले षड्यंत्र केस में कहीं जिक्र नहीं आया, परन्तु दूसरे लाहौर षड्यंत्र केस में रावलपिंडी के कितने ही आदमी इन्द्रपाल की बदौलत शामिल थे।

इस समय लाहौर के हमारे संगठन में सनसनी मालूम हो रही थी। भगतसिंह ने कानपुर और दिल्ली में सम्पर्क स्थापित कर लिये थे। दल एक बड़े काम की तैयारी में

था। यह काम था, काकोरी षड्यंत्र के मामले में गिरफ्तार क्रांतिकारी बन्दियों को जेल से छुड़ाने की योजना। उसके लिये कुछ आदमी पंजाब से भी जाने वाले थे, परन्तु सबसे बड़ी जरूरत थी पंजाब से रुपया भेजने की। युक्तप्रान्त में काकोरी के मामले की गिरफ्तारियों के कारण दल काफी कमजोर हो चुका था। पंजाब में दल के सूत्र मुख्यतः जयचन्द्र जी के हाथ में थे। भगतसिंह अधिकांश में दिल्ली और कानपुर आता-जाता रहता। लाहौर में सनसनी तो बहुत थी, परन्तु हम सबको यह पता न चलता था कि क्या हो रहा है?

भगवती भाई इस विलम्ब से बहुत परेशान हो रहे थे। वह चाहते थे कि जल्दी ही कुछ हो। खास-खास अवसरों पर वे दल के काम के लिये अपने पास से काफी रुपया भी दे चुके थे। भगवती भाई का आग्रह था कि क्या हो रहा है, अड़चनें क्या हैं, यह काम करने वालों को पता लगाना चाहिये। जयचन्द्र जी ऐसी नोक-झोंक पसन्द नहीं करते थे। भगवती भाई निष्क्रियता के अनुशासन से ऊब गये थे। उन्होंने खुल्लमखुल्ला कह दिया कि अगर जयचन्द्र जी कुछ नहीं करते हैं तो हम जो करना होगा अलग से करेंगे। बिना कुछ जाने केवल प्रतीक्षा ही करते रहने के लिये हम तैयार नहीं हैं।

जयचन्द्र जी को भगवती भाई से आशंका होने लगी। आशंका के कारण स्पष्ट थे। भगवती भाई का प्रभाव राजनैतिक क्षेत्र में बढ़ रहा था। पंजाब के पुराने क्रांतिकारियों से भी उनके सम्बन्ध थे। वे सन् १९२२ में सत्याग्रह आन्दोलन की व्यर्थता देखकर उस समय पंजाब में गुप्त रूप से स्थापित हुई कम्युनिस्ट पार्टी से अपना सम्पर्क जोड़ चुके थे। 'कम्युनिस्ट पार्टी' कहने से गलतफहमी की बहुत बड़ी गुंजाइश है। आजकल की 'हिन्दुस्तानी कम्युनिस्ट पार्टी' से जो लगभग १९२८ में 'मेरठ षड्यंत्र' के समय से जनता के सामने आई है और जिसकी स्थापना १९२४ में कानपुर में हुई थी, उस पार्टी का कोई सम्बन्ध नहीं था। न ही १९२४ के 'कानपुर बोलशेविक षड्यंत्र' के मामले से उस दल का कोई सम्बन्ध था।

पंजाब के कुछ साहसी लोग थे जो रूसी क्रांति के कुछ दिन बाद ही अफगानिस्तान के रास्ते रूस पहुँचे थे। उनमें से कुछ ने लौटकर 'कम्युनिस्ट पार्टी' बना ली थी। यह लोग रूस से कुछ साहित्य और थोड़ा बहुत धन भी मँगाकर भारत में समाजवादी क्रांति कर देने की बात सोचते थे। मजदूरों और किसानों के संगठित आन्दोलनों से इनका कोई सम्बन्ध नहीं हो पाया था। उस समय तक वैसे आन्दोलन भी कहाँ थे। यह लोग सोवियत या योरोप से आये साहित्य को गुप्त रूप से बाँटते रहते थे। आन्दोलन में कोई क्रम न होने के कारण उनके हाथ पड़ने वाला रुपया भी प्रायः इधर-उधर बरबाद हो जाता था। भगवतीचरण पहले इन्हीं लोगों के सम्पर्क में थे। पेशावर से लाहौर में डाक और रुपया भगवती भाई के ही पते पर आता था। इन लोगों के प्रयत्नों में कोई व्यवस्था न समझकर भगवती भाई ने अपने आपको व्यर्थ में फँसा देना उचित नहीं समझा और इन लोगों से सम्पर्क विच्छेद कर लिया था। अपने पते पर इनकी डाक और रुपया माँगने से भी इनकार कर दिया था। ये कम्युनिस्ट कहे जाने वाले लोग भगवती भाई से नाराज थे।

काकोरी षड्यंत्र के क्रांतिकारी बन्दियों को जेल से छुड़ाने की आयोजना के लिये जयचन्द्र जी लाहौर में रुपया इकट्ठा कर रहे थे। सुशीला दीदी उस समय कन्या महाविद्यालय, जालंधर की स्नातिका बनकर वहीं पढ़ा रही थीं। वे लाहौर में भगवती भाई के यहाँ ठहरी हुई थीं। जयचन्द्र जी ने सुशीला दीदी से भी इस काम की सहायता के लिये

रुपया देने का अनुरोध किया। सुशीला दीदी के पास रुपये नहीं थे, परन्तु इस महत्वपूर्ण काम में वे यथाशक्ति सहायता भी देना चाहती थीं। उन्होंने अपनी चूड़ियाँ दिखाकर उत्तर दिया, "मेरे पास यह सोना है, इन्हें दे सकती हूँ। आप इन्हें बेच डालिये।" सुशीला जी ने सोने की चूड़ियाँ उतारकर जयचन्द्र जी को सौंप दीं। इनकी कीमत उस समय लगभग दो सौ होनी चाहिये थी।

निश्चय हुआ कि भगवती भाई चूड़ियाँ बेचकर रुपया पार्टी को दे दें। भगवती भाई चूड़ियाँ बेचने में हिचक रहे थे। उन्हें सुशीला दीदी के प्रति बहुत श्रद्धा और अनुराग था। वे सोच रहे थे, दीदी की चूड़ियाँ क्यों बिकें? न हो चूड़ियों के दाम अपने से ही दे दूँ। इसके साथ ही यह भी खयाल था कि क्या इतने रुपये से काम पूरा हो जायेगा? शेष कहाँ से आयेगा? यदि आवश्यक रकम पूरी न हुई तो इस रुपये का क्या होगा? और रकम हो जाय तो कमी पूरी करने के लिये चूड़ियाँ बेंची जायें। इसी झिझक में दो-तीन दिन निकल गये।

जयचन्द्र जी के यहाँ से रुपये के लिये दो-तीन बार तकादा आ चुका था। अन्त में यह सन्देश पहुँचा कि चूड़ियाँ अभी बिकी न हों तो बेची न जायें, केवल तुलवाकर उनके सोने के दाम मालूम कर लिये जायें।

भगवती भाई ने प्रश्न किया, "वह क्यों?"

उत्तर मिला, "जयचन्द्र जी की भांजी का विवाह होने वाला है। यह चूड़ियाँ उनकी भांजी के विवाह के लिये काम आ जायेंगी। वे लोग सोने का दाम दे देंगे। इससे दल को जो रुपया चूड़ियों के दाम में मिलना है, मिल जायेगा और भांजी के लिये चूड़ियाँ गढ़ाने की लागत की बचत भी हो जायेगी।"

भगवती भाई ने कहा कि यह नहीं होगा। सुशीला दीदी की चूड़ियाँ बेचकर दल को रुपया दिया जायेगा। इसके साथ ही जयचन्द्र जी की भांजी की चूड़ियों के लिये जो रकम खर्च की जाने वाली है, वह भी दल को दी जानी चाहिये। सुशीला दीदी चूड़ियों के बगैर रह सकती हैं तो जयचन्द्र जी की भांजी को भी चूड़ियों के बगैर गुजारा कर सकना चाहिये। दल के प्रति जितना कर्तव्य सुशीला दीदी का है उससे अधिक जयचन्द्र जी का है।

भगवती भाई के इस सुझाव से न केवल जयचन्द्र जी की जेब पर चोट आती थी, बल्कि दल के प्रति उनकी निष्ठा के बारे में भी प्रश्न उठता था। उनका सम्मान तभी बच सकता था जब इस सुझाव की बदनीयती प्रमाणित हो जाती। जयचन्द्र जी ने ऐलान कर दिया कि भगवती खुफिया पुलिस का आदमी है। पहले वह कम्युनिस्टों को धोखा दे चुका है। जयचन्द्र जी ने चूड़ियों की घटना तो किसी को न बताई; सबसे यही कहते रहे कि उन्हें बहुत ही विश्वस्त सूत्र से पता चला है कि भगवतीचरण खुफिया पुलिस का आदमी है।

यहाँ तक कि जब भगवती भाई और मैं गिरफ्तारी के वारण्टों के कारण फरारी में दिन बिता रहे थे और साथ-साथ ही रहते थे, मुझसे मुलाकात होने पर भी जयचन्द्र जी ने दल का संचालन करने की इच्छा प्रकट करते हुये मुझे भगवतीचरण को अपना पता न लगने देने की खास ताकीद कर दी। उस समय जयचन्द्र जी की और मेरी जो बात हुई, उससे यह मैं स्पष्ट समझ गया कि जयचन्द्र जी यह जानते हुए भी कि भगवतीचरण

वारण्टों के कारण फरार हैं, उनके विरुद्ध विष भरा प्रचार किये ही जा रहे थे। जयचन्द्र जी जैसे चतुर व्यक्ति से इतनी मूर्खता की आशा नहीं की जा सकती कि वे खुफिया पुलिस के व्यक्ति के फरार हो जाने की बात सोचें। बम विस्फोट से भगवती भाई का देहान्त हो जाने पर भी जयचन्द्र जी यही कहते रहे कि भगवतीचरण कहीं छिप गया है, उसने अपने मरने की झूठी खबर फैला दी है।

गुप्त आन्दोलन में जाँच-पड़ताल का अवसर होता ही कहाँ है। काम विश्वास पर ही चलता है। यह पूछना कि प्रमाण क्या है, पता कैसे चला, कठिन था। बात फैल गई। लोग विश्वास करने लगे। इस प्रकार के तर्क भी किये जाने लगे कि रायसाहब की औलाद से और आशा ही क्या की जा सकती है। किसी ने कहा कि भगवतीचरण चाहता तो उसे बीस जगह नौकरियाँ मिल सकती थीं। उसके पास रुपया काफी है, वह चाहता तो कोई कारोबार ही कर लेता, लेकिन उसे जरूरत क्या! वह तो सी० आई० डी० की नौकरी कर ही रहा है।

यदि भगवती भाई का स्वभाव खाने-पीने और उजाड़ने का होता, कुछ ऐय्याशी और तमाशबीनी करते दिखाई देते, तब भी लोगों को समझ आ जाता कि यह आदमी कोई रोजगार या नौकरी क्यों नहीं करता। विपरीत इसके वे एक पैसा भी फिजूल खर्च न करने वाले, तमाशबीनी से बहुत दूर, जब देखो कमरे का दरवाजा उढ़काये कुछ लिख-पढ़ रहे होते। यह सब गुण अब उनके खतरनाक खुफिया होने का प्रमाण बनने लगे। यही कहा जाने लगा कि इस आदमी ने राजनैतिक काम में आगे बढ़कर इसलिये जाल फैलाया है कि सब उत्साही कार्यकर्ताओं को एक साथ फँसा सके। लोग उनसे और आपस में भी कतराने और भागने लगे।

गर्मियों की छुट्टियाँ समाप्त होने पर मैं लाहौर में स्कूल की नौकरी पर लौटा तो नेशनल स्कूल भी समाप्त कर दिया गया। मैं बेकार हो गया। भगतसिंह और सुखदेव ने फिर मुझे दल के काम की याद दिलाई, परन्तु वे स्वयं भी कुछ कर नहीं पा रहे थे। भगवती भाई के खुफिया समझ लिये जाने के कारण पुराने आधार पर आगे बढ़ पाना उचित न जान पड़ता था या सम्भव नहीं था। जरूरत थी नये संगठन के लिये यत्न करने की। अब मुझे यह संकोच अनुभव हो रहा था कि जब तक नौकरी थी, मैं क्रांति के काम के लिये तैयार न हो सका। बेकार होते ही क्रांतिकारी बन जाऊँ तो इसमें त्याग की बात क्या है। उस समय मैं राजनीतिक कार्य के लिये त्याग का अहंकार पूरा करने का संतोष चाहता था। राजनैतिक कार्य को अपने व्यक्तिगत और सामाजिक सम्बन्धों के रूप में अनुभव नहीं करता था। निजी समस्याओं को सामाजिक रूप में नहीं, व्यक्तिगत दृष्टिकोण से ही देखता था। राजनैतिक कार्य को अपना उद्धार नहीं देश का उद्धार या परोपकार समझता था।

स्कूल में नौकरी करते समय जब मैंने माँ की नौकरी फिरोजपुर अनाथालय से छुड़ा दी थी तो वे लायलपुर चली गई थीं। कांगड़े न जाकर लायलपुर आने का कारण था कि छोटे भाई को स्कूल में पढ़ाने की कोई व्यवस्था कांगड़े के देहात में नहीं हो सकती थी। पिता का देहान्त मेरे कालिज में पढ़ते समय ही हो गया था। हमीरपुर तहसील में हमारा कच्चा-सा मकान भी गिर गया था। अब कांगड़े जाने से अपने सम्बन्धियों के यहाँ टिकने के अलावा और कोई चारा न था। किराये के मकान उस देहात में कहाँ मिल सकते थे।

लायलपुर में हमारे सम्बन्धी कुछ कारोबार कर रहे थे इसलिये माँ भी लायलपुर जाकर उनके मकान का एक हिस्सा किराये पर ले रहने लगीं। मेरा भाई धर्मपाल कहीं स्कूल में पढ़ रहा था। बेकार होकर मैं भी लायलपुर चला गया।

नेशनल कालिज का ग्रेजुएट होने के कारण सरकारी नौकरी की आशा नहीं थी। कारोबारी नौकरी वैसे काम का अनुभव हुए बिना कैसे मिलती? कोशिश की, परन्तु मिली नहीं। हमारे एक सम्बन्धी पत्थर के कोयले की एजेन्सी का कारोबार कर रहे थे। उन्होंने मुझे अपने साथ काम करने के लिये कहा। कुछ दिन इस चक्कर में घूमा-फिरा, परन्तु कुछ बना नहीं। माँ ने मेरी बेकारी के कारण फिर कन्या पाठशाला में नौकरी कर ली। लायलपुर में खिन्नता में गुजरे उन दिनों में भी दल के काम के प्रति बिलकुल उपेक्षा नहीं थी। यहाँ मैंने कुछ सम्पर्क स्थापित किये जिनमें से एक दूसरे लाहौर षड्यंत्र केस का धर्मवीर था। कुछ सम्पर्क ऐसे थे जो बाद में हमारा काम बढ़ने पर शरणस्थान बनते रहे। यहाँ रहते समय बहिन प्रेमवती को दल का सक्रिय कार्यकर्ता बना लिया। वे सम्बन्ध में तो मेरी भांजी ही थीं, परन्तु उम्र में बराबर होने के कारण हम लोग आपस में बहिन-भाई पुकारते थे। प्रेमवती जी को पार्टी में सब लोग बेबे (दीदी) पुकारते थे।

मैं लायलपुर में समय व्यर्थ देखकर लाहौर लौट आया। लाहौर में मेरे लिये अखबारों में ही काम सम्भव हो सकता था, परन्तु उर्दू लिपि का अच्छा अभ्यास नहीं था। उस समय उर्दू के दैनिक लाहौर से पाँच या छः निकलते थे, वहीं गुंजाइश भी हो सकती थी। हिन्दी साप्ताहिक उस समय एक निकलने लगा था—'आकाशवाणी'। यह भाई परमानन्द जी की संरक्षता में था। उसकी साम्प्रदायिक नीति में समा सकना मेरे लिये सम्भव नहीं था। अंग्रेजी दैनिक दो-तीन थे, परन्तु उनमें मुझसे पहले के कई लोग अवैतनिक अप्रेंटिसी मुद्दत से करते चले आ रहे थे।

उस समय कांग्रेस की राजनीति पण्डित मोतीलाल नेहरू की स्वराज्य पार्टी और लाला लाजपतराय जी की नेशनलिस्ट पार्टियों की प्रतिद्वंद्विता थी। लाहौर में लाला लाजपतराय के मुख्य अनुयायी डॉक्टर गोपीचन्द भार्गव थे। प्रान्तीय कांग्रेस कमेटी में वामपक्षी समझे जाने वाले डॉक्टर सत्यपाल के दल का भी काफी प्रभाव था। लाहौर के हिन्दू व्यापारी वर्ग का समर्थन डाक्टर गोपीचन्द की ओर था। वे यों तो शुद्ध कांग्रेसी थे, पंजाब की लेजिस्लेटिव असेम्बली में कांग्रेस के प्रतिनिधि सदस्य थे, परन्तु उनका विश्वास हिन्दुओं को राजनैतिक रूप से संगठित करने में अधिक था। इस काम के लिये लाला लाजपतराय जी की संरक्षता थी। डॉक्टर गोपीचन्द का दूसरा काम था गांधी खद्दर भण्डार को सफल बनाना। कांग्रेस के वामपक्ष का कार्यक्रम केवल लाजपतराय-गोपीचन्द दल का विरोध करना था। विदेशी शासन के विरुद्ध यदि कोई पुकार थी तो केवल नौजवान भारत सभा की। मैं रोजगार और राजनैतिक काम में सामंजस्य जमा सकने के यत्न में परेशान था।

नेशनल स्कूल में काम करते समय सान्त्वना थी कि राष्ट्र की स्वतंत्रता के लिये काम कर रहा हूँ! डेरा भगतसिंह के मकान पर ही था। डॉक्टर गोपीचन्द भार्गव के सामने अपनी बेकारी की समस्या रखी। डाक्टर साहब एक सेवा समिति और व्यायाम समिति के रूप में राजनैतिक हिन्दू संगठन का काम बढ़ाना चाहते थे। उन्होंने मुझे वेतन पर यह काम सम्भालने के लिये कहा। इसके साथ ही मैं डॉक्टर साहब का विधानसभा सम्बन्धी

काम भी उनके सेक्रेटरी के तौर करने लगा। यह काम सम्भालने से पहले भगतसिंह और भगवतीचरण से बातचीत भी कर ली थी। कांग्रेस के वामपक्ष के लोग, खासकर लाला केदारनाथ सहगल मुझे डॉक्टर गोपीचन्द के साथ आन्तरिकता बढ़ाते देखकर नाक सिकोड़ने लगे, परन्तु दल के साथियों ने उसका अनुमोदन ही किया।

मेरा काम था हिन्दू नौजवानों को हिन्दू व्यायामशाला में एकत्रित करके गतका-फरी, बाना, लाठी और सैनिक व्यायाम सिखाना। गतका-फरी सिखाने वाले एक उस्ताद भी रख लिये गये थे। अवसरवश एक चतुर हिन्दू बिन्नौटिया भी बरेली से आ गया था। इसके अतिरिक्त सेवा-समिति का संगठन भी था जो न केवल उत्सवों और मेलों पर व्यवस्था रखने के लिये बनाया गया था, बल्कि साम्प्रदायिक दंगे के संकट में हिन्दुओं की रक्षा कर सकने के लिये था। लाहौर के सब गली-मुहल्लों के नक्शे म्युनिसिपैलिटी से लेकर मुझे उनकी भौगोलिक स्थिति की जाँच करके यह बताना था कि किस-किस हिन्दू मुहल्ले को पड़ोसी मुस्लिम से आक्रमण की आशंका हो सकती है और इस आशंका के लिये क्या प्रबन्ध सम्भव है। उदाहरणतः हिन्दू गलियों की किलाबन्दी के लिये मोहारों पर लोहे के दरवाजे आदि लगवाना, यह देखना कि पानी का नल कट जाने पर उन गलियों में जल का क्या प्रबन्ध हो सकता है; कभी आग लग जाने पर उसे तुरन्त बुझाने का क्या प्रबन्ध हो सकता है।

यह स्पष्ट है कि इस सतर्कता और संगठन की जड़ में हिन्दू-मुसलमानों का पारस्परिक अविश्वास और दंगे में मार न खाने की तैयारी ही थी। लाहौर में हिन्दुओं की संख्या प्रतिशत अपेक्षाकृत कुछ कम थी; पैंतालीस-पचपन का अनुपात रहा होगा, परन्तु सम्पत्ति पचासी प्रतिशत हिन्दुओं के ही हाथ में थी। पारस्परिक आतंक इतना था कि न गोमांस और न सुअर का मांस ही खुलेआम बिक सकता था। उन्हीं दिनों एक बार मुझे दिल्ली जाना पड़ा था जहाँ हिन्दुओं की जनसंख्या निश्चय ही अधिक होने पर भी गोमांस निधड़क बिक रहा था।

इस काम के लिये डॉक्टर गोपीचन्द के मकान के पास ही बाजार में एक जगह किराये पर मुझे ले दी गयी थी। डाक्टर साहब वच्छोवाली में रहते थे। यह जगह समीप मच्छीहट्टा में थी। फासला लगभग सौ कदम का होगा। मकान पुराने ढंग का था। एक बड़ा कमरा और एक छोटी कोठरी दुमंजिले पर और तीसरी मंजिल पर भी एक छोटा सा कमरा और सेहन था। बड़े कमरे में फर्शी दरियाँ बिछा दी गई थीं ताकि राजनैतिक हिन्दू संगठन से सम्पर्क रखने वाले लोगों को यहाँ बैठकर बातचीत करने की सुविधा रहे। दो-एक दैनिक पत्र लगवा लिये गये थे। आरम्भ में हफ्ता-दस दिन कुछ बुजुर्ग लोगों ने यहाँ बैठकें लगाईं, परन्तु मामला जमा नहीं। डाक्टर साहब संध्या समय बहुत व्यस्त रहते थे। उनके अपने यहाँ ही प्रायः दरबार लगा रहता था। इस मकान में एक दोष यह था कि नीचे तेल में पकौड़े और दूसरी ही चीजें तलकर बेचने की दुकान थी। उसका धुआँ समय-समय पर ऊपर आता रहता और बैठे लोगों को खाँसी आने लगती थी। भद्र पुरुषों ने यहाँ आना छोड़ दिया। मुझे धुएँ की कुछ परवाह न थी। यह अड्डा बन जाने पर भगतसिंह और सुखदेव भी वहाँ बसेरा करने लगे।

भगतसिंह इन दिनों बहुत विक्षिप्त था। उसके क्षोभ के राजनैतिक और पारिवारिक दोनों ही तरह के कारण थे। राजनैतिक कारण था भगवती भाई के खुफिया घोषित कर

दिये जाने के कारण बने-बनाये दल का शिथिल हो जाना। दल के लिये यह मामूली धक्का नहीं था। इस अफवाह से संगठन का तितर-बितर हो जाना स्वाभाविक ही था। भगवतीचरण जैसे महत्वपूर्ण आदमी को खुफिया पुलिस का आदमी मान लेने का अर्थ था कि हम सब लोग अब तक सरकार के खुफिया कारिन्दों की कठपुतलि बनकर नाच रहे थे। ऐसी बात पर विश्वास कर लेना भी कोई बड़ी बात नहीं, क्योंकि रूसी क्रांति के आतंकवादी काल के वर्णनों में हम ऐसे कई जिक्र पढ़ चुके थे जिनमें ज़ार की पुलिस के आदमियों ने क्रांतिकारियों को बीन-बीन कर पकड़ लेने के लिये स्वयं ही ज़ार विरोधी क्रांतिकारी षड्यंत्र रचे थे। भगवती भाई के खुफिया पुलिस के आदमी होने की अफवाह गुप्त दल, नौजवान भारत सभा और कांग्रेस में सभी जगह फैल गयी थी। सभी जगह सुनाई पड़ता—"बहुत ही विश्वस्त सूत्र से इस आदमी के जासूस होने की बात पता चली है।"

युक्तप्रान्त में काकोरी के क्रांतिकारी बन्दियों को जेल से निकाल लेने की आयोजना के लिये यत्न नहीं किया जा सका। उसका एक कारण पंजाब से समय पर कोई सहायता न पहुँच सकना भी था। इस योजना के स्थगित रह जाने से जो असंतोष दल के सदस्यों ने अनुभव किया उसका बोझ भी भगवती भाई के ही कन्धों पर डाल दिया गया। भगवती भाई के खुफिया कारिन्दा होने का प्रचार जयचन्द्र जी की मार्फत युक्तप्रान्त तक पहुँच चुका था। उन लोगों के विश्वास में जयचन्द्र ही पंजाब के क्रांतिकारी मुखिया थे। इसलिये इस प्रचार पर पूरा विश्वास भी कर लिया गया था।

अब लाहौर में दल का संगठन ऐसे आधार पर करने की चेष्टा की जा रही थी जिसका कोई सुराग भगवती भाई को न लग सके। कठिनाई यह थी कि भगवती भाई बहुत कुछ जानते थे। जयचन्द्र जी का रवैया यह था कि इस आदमी के रहते कुछ करना सम्भव नहीं। यह बहुत धूर्त और काइयाँ है।

भगतसिंह की परेशानी यह थी कि एक ओर तो उसे भगवती भाई पर पूरा विश्वास था, दूसरी ओर उन्हीं के कारण उसे दल के सब कामों में रुकावट मालूम हो रही थी। काम को बढ़ाने के लिये किसी भी व्यक्ति या योजना की चर्चा चलते ही जयचन्द्र जी अपने होंठ पर उँगली फेरते हुए चेतावनी दे देते, "भगवती को मालूम हो जायेगा!"और बात रह जाती। भगतसिंह दल के हित में व्यक्तिगत मित्रता को रुकावट मानने के लिये तैयार नहीं था। वह इस बात के लिये तुला बैठा था कि यदि भगवतीचरण को मार देने से ही दल के मार्ग की रुकावट दूर हो सकती है तो वही सही। वह जब कभी मुझसे मिलता प्रायः यही चर्चा करता। कहता, एक आदमी की वजह से सब कुछ बरबाद हो रहा है, परन्तु साथ ही विवशता के स्वर में यह भी कह देता, "वह कमबख्त सचमुच खुफिया का है भी? दिल नहीं मानता।"

मैंने दुर्गा भाभी के साथ ही प्रभाकर की परीक्षा दी थी इसलिये मेरा उनके यहाँ आना-जाना बढ़ चुका था। भगतसिंह खीझकर कहता, "तू वहाँ जाकर मजे में खा-पी आता है, हा-हा, ही-ही कर आता है, लेकिन उसका असली भेद नहीं पा सकता?" मानना पड़ता कि कोशिश करने पर भी मुझे ऐसा कोई प्रमाण नहीं मिला।

भगतसिंह मेरी आँखों में घूर कर पूछता, "तो वह सी० आई० डी० में नहीं है?"

मैं उलझन में उत्तर देता, "सभी लोग कहते हैं। मैं कैसे इनकार कर दूँ। शायद उनके पास कोई प्रमाण हो!" क्योंकि प्रमाण कोई नहीं था और कहते सब ही थे; मैं स्वयं भगवती भाई को बहुत ही चालाक समझ रहा था।

एक दिन भगतसिंह का चेहरा बहुत ही गम्भीर था। उसने एक छोटा-सा रिवाल्वर मुझे दिखाकर कहा, "मैं उसे गोली मार दूँगा।"

झुंझलाहट में मैंने उत्तर दिया, "जिम्मेवारी तुम्हारी होगी।"

भगतसिंह एक दीर्घ श्वास ले चुप रह गया। इस घटना के एक दो-दिन के भीतर ही मैंने भगतसिंह को भगवती भाई के मकान में तख्त पर एक साथ ही तकिये का सहारा लगाये बैठे देखा। भगवती बिलकुल निःशंक, बनियान से कसे अपने पेट पर हाथ फेर रहे थे और भगतसिंह का चेहरा अन्तर्द्वन्द से जलता सा मालूम हो रहा था। वह भगवतीचरण पर अपने विश्वास, भगवतीचरण की निश्छलता, चतुरता और दल के हित में कोई सामंजस्य नहीं बना पा रहा था।

उन लोगों का कहना था कि मैं भगवती भाई से आन्तरिकता होने के कारण समय-असमय वहाँ जा सकता हूँ इसलिये उन्हें गोली मारने का निश्चय हो जाने पर यह काम मेरे ही जिम्मे होना चाहिये। मैं इससे इनकार न कर सकता था, बल्कि कर्तव्य ही समझ रहा था।

कुछ दिन बाद सुखदेव मेरे यहाँ आया और बहुत ही गम्भीर मुद्रा में बोला, "भगवती के इस झगड़े का फैसला करना ही होगा।"

"क्या मतलब?" मैंने चिन्ता से पूछा।

उसका चेहरा बहुत विक्षिप्त था। मेरे मस्तिष्क में आशंका कौंध गई कि यह शायद कुछ करने के लिये तैयार, रिवाल्वर लेकर आया है।

"भगतसिंह भगवतीचरण को सांडा ले गया है। तुम उसके घर जाओ। चाहे जैसे हो, उसके निजी कागजों की तलाशी लेकर जितना भी देख सकते हो देखो या और जिस तरह भी पता लग सकता है, लगाओ। यह नहीं हो सकता कि रुपये में पैसा भर सन्देह के लिये कारण न मिले।" सुखदेव ने कहा।

दो-एक दिन से मुझे जुकाम था। परेशानी में एक हकीम-अत्तार की दुकान पर गया था। उसने एक पुड़िया दे दी थी कि इसे कूट और उबाल कर पी लो। पुड़िया मेरी कोट की जेब में ही थी। ग्वालमंडी की ओर जाता हुआ चिन्ता से जेब में हाथ डाले सोचता जा रहा था कि कैसे क्या कुछ कर सकूँगा। मकान पर पहुँचा तो दरवाजा भीतर से बन्द था। दरवाजा खटखटाया। भाभी ने ऊपर से झाँका। मैंने पूछा, "भगवतीचरण कहाँ है?"

उन्होंने ऊपर से उत्तर दिया, "कुछ कह कर नहीं गये। खाने के लिये वे आते होंगे, बैठो।" और ऊपर से आकर दरवाजा खोल दिया। आते ही उन्होंने पूछा, "क्या जुकाम है? तुम जुशांदे की पुड़िया ले आओ, मैं खाना बना रही हूँ। पिछले चूल्हे पर रख दूँगी, अभी तैयार हो जायेगा।"

जेब से पुड़िया निकाल कर दिखाई, "उसे कूटना भी पड़ेगा।" भाभी ने पुड़िया ले ली और ऊपर चली गयी। जाते हुए कह गयी, "फुलके सेंक रही हूँ। तवा उतारकर इसे कूटूँगी।"

दुर्गा भाभी जेल से छूटने के बाद देहली कांग्रेस की प्रधान बनीं, तब से स्वभाव कुछ बदल गया है। लीडरानी बन कर बहुत बातूनी भी हो गई हैं। तब वह बहुओं की तरह चुप ही रहती थीं। दो बार पूछने पर एक जवाब देती थीं। उन्हें मालूम नहीं था कि भगवतीचरण बाहर ही बाहर सांडा चले गये हैं।

मैंने जीने के किवाड़ों में चिटखनी लगा दी और जीने की ओर आहट के लिये कान लगाये रहा। कुछ देर बाद ऊपर से दवाई के कूटे जाने की आहट आने लगी। मैं और भी निश्चिंत हो तलाशी में लगा रहा। नीचे कमरों में एक-एक आलमारी की एक-एक चीज की जाँच-पड़ताल करने लगा। प्रत्येक कागज को ध्यान से देखता गया। चलते समय चाभियों का एक गुच्छा भी लेता आया था कि जरूरत होने पर तालों में लगाकर देख लूँगा। लेकिन ताला कहीं था ही नहीं; एक-दो जगह ताले थे तो खुले लटके हुए। जगह-जगह बहुत से कागज मिले। कुछ लिखी हुई कापियाँ मिलीं। इसमें भारत के क्रांतिकारी आन्दोलन की इतिहास की भूमिका के तौर पर लिखे कुछ पृष्ठ थे, जिसकी पहली लाइन थी—Rebellion is the birth right of every slave nation. कुछ पृष्ठ पंजाब की 'गदरपार्टी' के बारे में लिखे हुए मिले। यह पुराने आन्दोलन के प्रशंसात्मक वर्णन थे। साथ के कमरे में कपड़ों के ट्रंक और बक्स थे, प्रायः बिना ताले की ही। ईंधन रखने की कोठरी तक में झाँका। मैं जितनी भी तलाशी ले सकता था ली, परन्तु कोई सन्देहजनक चीज न मिली। जिन चीजों का मैंने वर्णन किया है, उनमें से बहुत सी तो मुझे भगवती पहले स्वयं भी दिखा चुके थे। अपनी लिखी चीज पढ़कर सुनाने का उन्हें भी शौक था। प्रायः एक घंटे के बाद जीने में आहट सुनाई दी। मैंने तलाशी बन्द कर चुपके से चिटखनी खोल दी। भाभी जुशांदे का गरम गिलास आँचल में थामे हुए उतरीं। मैंने विस्मय दिखाकर पूछा, "भगवती भाई तो नहीं आये!"

"अब तो आते होंगे।" कहकर वह फिर ऊपर चली गयीं। कुछ देर और निरर्थक जगहों में भी ताक-झाँक की और फिर भाभी को ऊपर से बुलाने के लिये पुकारा, "...तो अब जा रहा हूँ।"

"अच्छा।" भाभी ने हामी भर ली और मेरे घर से निकल जाने पर दरवाजा बन्द कर ऊपर चली गयीं।

लौटकर सुखदेव को अपने निष्फल प्रयास की बात सुनाई। "अब भी हम शक करते रहेंगे!" सुखदेव का स्वर खिन्न हो गया। तब उसे याद आया, भगवती से कम्युनिस्ट नाराज तो हैं, परन्तु उस पर किसी को गिरफ्तार करवाने का दोष तो नहीं लगाया। उनका साहित्य और पैसा तो भगवती के पास ही रहता था।

गनीमत यह थी कि भगवतीचरण को गोली मार देने का निश्चित फैसला नहीं कर लिया गया था। वह भी शायद इसलिये कि जयचन्द्र जी चतुर होते हुए भी बहुत डरपोक स्वभाव के आदमी थे। उन दिनों कभी रिवाल्वर और पिस्तौल एक जगह से दूसरी जगह पहुँचाने होते तो ऐसा काम भी वे स्वयं नहीं करना चाहते थे। एक रोज भगतसिंह ने मुझे तीन या चार रिवाल्वर रख लेने के लिये दिये। वे बक्से में बन्द थे। रिवाल्वर हैं, सिर्फ इसलिये बता दिया था कि बेपरवाही से न रखूँ। हँसते-हँसते लोटपोट होते हुए उसने बताया, जयचन्द्र जी एक खतरे के काम पर गये थे। उन्हें रिवाल्वर साथ दे दिया गया था कि गिरफ्तारी का संकट आने पर अपने आपको बचा सके। उन्होंने खाली रिवाल्वर एक

जेब में और कारतूस रूमाल में बाँधकर दूसरे जेब में रख लिये थे। वह सतर्कता इसलिये थी कि रिवाल्वर उनसे बिना पूछे ही न चल जाय।

इन दिनों भी मैं दल का विशेष काम नहीं कर रहा था। केवल हथियार सम्भालकर रखना, बाहर से आये आदमियों के लिये जगह करना या किसी आवश्यक सूचना का प्रबन्ध करना ही मेरा काम था। यह निश्चित था कि यदि अनिवार्य रूप से मेरी आवश्यकता होती तो मैं तैयार था। मैं बेमतलब अपनी नौकरी नहीं छोड़ देना चाहता था। यह नौकरी पार्टी के लिये भी उपयोगी थी।

भगतसिंह के विक्षिप्त रहने का दूसरा कारण सरदार किशनसिंह जी का व्यवहार था। भगतसिंह काफी समय दिल्ली और कानपुर रह आया था। उसका यह प्रवास गुप्त ही था। पिता के बार-बार पूछने पर भी उसने उस प्रवास के रहस्य उन्हें नहीं बताये थे, परन्तु उसके लक्षणों से इस फरारी का कारण भाँप लेना कठिन नहीं था। सरदार जी को यह आशंका बनी हुई थी कि लड़का फिर किसी समय भी अन्तर्धान हो सकता है। बीच-बीच में दो-चार दिन के लिये वह उड़ भी जाता था। सी० आई० डी० उसका पीछा करती थी। यह देखकर सरदार जी और भी चिन्तित थे। वे सोचते ही नहीं बल्कि भगतसिंह को समझाते भी थे कि सी० आई० डी० का सन्देह दूर करने के लिये उसे घर पर जमकर रहना चाहिए। देशभक्ति यों लौंडेपन से नहीं हुआ करती। अक्ल से काम लेना चाहिये।

भगतसिंह को घर पर बाँध लेने का उपाय जो सरदार जी ने सोचा सो कोई नया नहीं था; वही पुराना तरीका कि लड़के का विवाह कर दिया जाय। एक अच्छे अमीर देहाती सिख परिवार में उन्होंने लड़की भी निश्चित कर ली थी। विवाह के लिये भगतसिंह को तैयार न देखकर सरदार जी और भी क्रुद्ध और चिन्तित रहने लगे।

सरदार जी ने भगतसिंह से विवाह के प्रति आपत्ति का कारण पूछा। भगतसिंह ने उत्तर दिया कि वह जब तक आर्थिक रूप से अपने पाँव पर खड़ा न हो जाय शादी करना ठीक नहीं समझता। सरदार किशनसिंह जी ने उत्तर दिया, "तू हमें रास्ता बताना चाहता है? घर की जमीन क्या निर्वाह का साधन नहीं है? विवाह कर ले और अपने पाँव खड़े होने की कोशिश भी कर। हम मना करते हैं!...विवाह हो जाने से तुझे कौन झंझट हो जायेगा?"

भगतसिंह ने अपनी उम्र कम होने का भी एतराज किया। सरदार जी ने उत्तर दिया, "और सब बातों के लिये तो बुजुर्ग बनता है; बस शादी के लिये ही कमसिन है? शादी हो जाने दो। बहू को घर तभी बुलाना जब जरूरत जान पड़े।" सरदार जी को इस विवाह से काफी बड़े दहेज की भी आशा थी। लड़की वाले बात पक्की कर लेना चाहते थे इसलिये सरदार जी भगतसिंह के इनकार के कारण मानसिक ज्वर की सी अवस्था में दिखाई देने लगे।

बहुत दबाव पड़ता देखकर भगतसिंह ने एतराज किया कि वह शादी करेगा तो पढ़ी-लिखी लड़की से करेगा। उसे यह मालूम हो चुका था कि सरदार जी ने जो लड़की तलाश की है, वह एक गाँव के अच्छे बड़े किसान जमींदार की बेटी है। गाँव में लड़कियों का स्कूल कहाँ था। बहुत होगा, लड़की कुछ गुरुमुखी जानती होगी। भगतसिंह ने जिद्द की कि वह कम से कम मैट्रिक पास से शादी करेगा। इस उत्तर से सरदार जी और भी

बौखला उठे। क्रोध में जो कह बैठे, याद तो है, परन्तु उसे शिष्ट भाषा में उल्था कर देना शायद ही सम्भव हो।

भगतसिंह को कभी-कभी दल के काम-काज से भी घर से बाहर रह जाना पड़ता था और कभी पिता के सदा बिगड़ते ही रहने के कारण भी वह घर न जाता। मेरे यहाँ या भगवतीचरण के यहाँ टिक जाता और कभी कहीं और। इस बात से सरदार जी और भी अधिक विक्षिप्त हो जाते। हम सरदार जी के निरन्तर क्रोध के कारण उनसे डरने लगे। कभी हम लोग आपस में मजाक ही कर रहे होते और वे अचानक आ जाते तो चुप हो जाते। बुजुर्गों के सामने सभी तरह की बातें भी तो नहीं की जा सकतीं। सरदार जी अनुमान कर लेते कि यह लोग राजनैतिक षड्यंत्र की बातें कर रहे थे, मुझे देखकर चुप हो गये हैं। उनका क्षोभ और क्रोध और भी बढ़ जाता।

सरदार जी मच्छीहट्टा में मेरी जगह पर कभी नहीं आये थे। एक दिन पूछते-ताछते हाथ में लाठी लिये वे मेरे यहाँ आ पहुँचे। उनका चेहरा देखकर ही भाँप गया कि वे बहुत ही नाराज और बिगड़े हुए थे। आते ही क्रोध भरी आत्मीयता में उन्होंने मुझे सम्बोधन किया, 'तू भगतसिंह को समझाता क्यों नहीं? आखिर वह शादी क्यों नहीं करता? अभी तुम लोग बड़े भारी क्रांतिकारी ब्रह्मचारी बने फिरते हो, चार दिन बाद गलियों में लहंगे सूँघते फिरोगे।'' उन्होंने कुछ ऐसे विकट शब्दों और उपमाओं का प्रयोग किया कि उन्हें दोहराया नहीं जा सकता।

मैंने भगतसिंह की ओर से सफाई दी कि शादी करने से तो वह इनकार नहीं करता। उसे पढ़ने-लिखने का शौक है। वह चाहता है कि लड़की पढ़ी-लिखी हो।

सरदार जी उबल पड़े, "पढ़ी-लिखी लड़की क्या ज्यादा काम देती है?…पढ़ी-लिखी औरत से क्या पढ़े-पढ़ाये बच्चे पैदा होते हैं?"

उनका क्रोध बढ़ता ही गया, वे साफ-साफ गालियाँ देने लगे, "तू और जयचन्द्र दोनों बहुत कमीने हो।…अपने आपको बहुत चालाक समझते हो। खुद तो तुम लोग नौकरी कर रहे हो, दूसरों को बिगाड़ते फिरते हो…तू उसका यार बनता है, उसे समझा नहीं सकता?"

उस समय यदि मैं उनसे यह कह देता कि मैं उसे क्या समझाऊँ, वही मुझे समझा रहा है तो जाने वे मुझे क्या-क्या सुना देते। इसलिये मैं यही कहता रहा कि मैं तो उसे हमेशा समझाता रहता हूँ कि घर का काम देख, "देखिये मैं तो नौकरी कर ही रहा हूँ।"

सरदार जी ने पैंतरा बदलकर पूछा, "वह कहाँ गया है?"

मेरे अज्ञान प्रकट करने पर सरदार जी बिगड़ उठे, "उसने तो मुझसे यही कहा था कि तेरे यहाँ रह जाता है।" एक जिम्मेदार व्यक्ति का नाम लेकर वे बोले, "…ने भी भगत को आज सुबह तेरे साथ देखा था। तुझे पता नहीं तो किसे पता है?" उन्होंने एक अच्छी जोरदार गाली देकर कहा, "मैं तेरे बाप की जगह हूँ। तू मुझे चराता है बदजात!"

कसम खाकर विश्वास दिलाया कि भगत मेरे यहाँ आज नहीं आया, बाजार में मिला था। इस पर उन्होंने पूछा, "सुखदेव कहाँ रहता है?"

यह बताना मुश्किल था, क्योंकि सुखदेव उन दिनों कन्हैयालाल बिल्डिंग में जयगोपाल के साथ एक कमरा लेकर गुप्त रूप से रह रहा था। मैंने सरदार जी को टालने के लिये दो-चार जगहों के नाम बता दिये कि हो सकता है वहाँ कहीं हो। सरदार जी ने

उस सभी जगहों का चक्कर लगाया। बदकिस्मती से इन्हीं में से एक जगह भगतसिंह मिल गया।

भगतसिंह ने मेरे यहाँ आकर क्रोध में इस मुलाकात का जो हाल सुनाया तो मेरी ग्लानि का अन्त न रहा। सौ कसमें खाकर उसे यकीन दिलाया कि मुझे विश्वास था कि तुम आजकल वहाँ नहीं जाते होगे, इसलिये मैंने उन जगहों का नाम ले दिया था। भगतसिंह ने घुटनों, कोहनियों और कन्धों पर लाठी की मार के चिह्न दिखाये और फिर हँस-हँस कर उन मौलिक गालियों के नये-नये समास बताये जिनका आविष्कार सरदार जी ने उस पर अपना क्षोभ प्रकट करने के लिये किया था।

१९२७ में लाहौर में दशहरे के अवसर पर एक बम विस्फोट हुआ था। यह किसी विकृत मस्तिष्क की करतूत थी। घनी भीड़ में बम विस्फोट होने से बहुत लोग जख्मी होकर अस्पताल में भर्ती हुए थे। मैं सेवा समिति की ओर से इन लोगों की सेवा-सुश्रुषा के लिये अस्पताल जाता रहता था। दशहरे की भीड़ में हिन्दुओं की संख्या तो ज्यादा थी ही, इसीलिये हिन्दू भाइयों ने कल्पना कर ली कि यह बम विस्फोट मुसलमानों की शरारत थी।

पुलिस ने सन्देह में कुछ आदमियों को गिरफ्तार कर लिया। इनमें लपेटने के लिये भगतसिंह तथा हमारे कालिज का विद्यार्थी बाबूसिंह भी गिरफ्तार कर लिये गये। पुलिस ने भगतसिंह को प्रायः दो सप्ताह हवालात में रखा। वकीलों की ओर से उसे अदालत में पेश किये जाने की माँग की जा रही थी। पुलिस कोई मामला न गढ़ पाई थी। उसे अदालत में पेश किये बिना ही जमानत पर छोड़ दिया गया। जमानत की रकम थी चालीस हजार रुपये। इस भारी जमानत पर होने के कारण, जामिनों को संकट में न डालने के लिये भगतसिंह को अपने घर में कैद हो जाना पड़ा। वह कहीं भी आता-जाता तो पुलिस के खुफिया उसके पीछे छाया की तरह लगे रहते। खुफिया पुलिस को चकमा दे देना तो मामूली बात थी किन्तु चकमा देने का अर्थ होता, इस विषय में पुलिस के सन्देह को मजबूत कर देना।

मैंने डाक्टर गोपीचन्द भार्गव की मार्फत पंजाब असेम्बली में भगतसिंह को बिना कारण बताये जमानत पर रखकर परेशान करने के सम्बन्ध में प्रश्न का नोटिस दिला दिया। डाक्टर साहब को मुझ पर पूरा विश्वास था ही। उनके प्रश्न वगैरह मैं ही बना दिया करता था। चिकित्सा और कांग्रेस के दूसरे कामों से उन्हें रात के एक-एक बजे तक फुर्सत न मिल पाती थी। असेम्बली में प्रश्न का नोटिस देने पर भगतसिंह की जमानत वापस कर दी गई। कुछ दिन तो भगतसिंह साधु बन घर पर टिका रहा, परन्तु फिर ऐसा अन्तर्धान हुआ कि १९२९ मार्च में केन्द्रीय असेम्बली में बम फेंकने और परचा बाँटने के बाद ही गिरफ्तार होकर प्रकट हुआ।

हिन्दू संगठन के कार्यक्रम में नौजवानों को आत्मरक्षा की शिक्षा देने के प्रयोजन से इन दिनों बरेली के एक हिन्दू हकीम साहब को बिन्नौट, बांक (छुरी) और जुजुत्सु की शिक्षा के लिये नियुक्त कर लिया गया था। हकीम साहब बहुत लहीम-शहीम और भारी-भरकम शरीर थे। यों वे व्यायामशाला में नित्य ही आते थे, परन्तु बिन्नौट और बांक की विद्या के गुप्त गुर सभी लोगों को बताते फिरना उन्हें पसन्द न था। उस्ताद लोग अपनी विद्या गुप्त रखने में ही उसका महत्व समझते हैं। वे अपनी विद्या बेचने के अपमान की

कलख भी अनुभव करते थे। उस समय के निरखों के लिहाज से उन्हें अच्छी तनखाह दी जा रही थी, इसलिये मजबूर थे। आखिर उनसे यह निश्चय पाया कि मुझे अपने पट्ट शिष्य के रूप में स्वीकार करें। मुझे विशेष शिक्षा देने के लिये वे दोपहर बाद मेरे स्थान पर आते थे और खास-खास दाँव सिखा कर अभ्यास कराते रहते थे। भगतसिंह और सुखदेव जो हथियार समय-समय पर मेरे पास जमा कराते रहते थे, उनमें रिवाल्वर, पिस्तौल, माउजर के अलावा बड़े-बड़े छुरे भी थे। मैं जो दाँव हकीम साहब से छुरे या जुजुत्सु के सीखता, इन लोगों को भी सिखा देता। हम उन दाँवों का मजाक भी करते। लाठी, छुरी, तलवार के द्वन्द्व युद्ध में वे दाँव बहुत सहायक हो सकते हैं, परन्तु रिवाल्वर या पिस्तौल लिये शत्रु के सामने इन दाँवों का क्या उपयोग हो सकता है!

छुरी चलाने के अभ्यास में एक रोज अच्छा-खासा मजाक हो गया। इस अभ्यास में कड़ी मेहनत पड़ने से शरीर पसीना-पसीना हो जाता था इसलिये कमरे में न बैठकर हम लोग अकसर ऊपर खुले सहन में अभ्यास करते थे। बाजार और गली के उस पार दायें सामने दोमंजिले मकान थे। सामने के मकान से एक लड़की छुरियाँ चलने का यह तमाशा विस्मय से देखा करती थी। कभी-कभी गली की ओर से भी खिड़की में ऐसे दर्शक दिखाई दे जाते थे। छुरियाँ हम लोग बहुत तेजी से चलाते थे। कभी-कभी एक-आध खरोंच भी लग जाती। देखने वालों को क्या मालूम था कि यह उस्ताद-शागिर्द का मामला है। उनके खयाल में यह लड़ाई या छुरेबाजी का मुकाबला था। उस्ताद थे लहीम-शहीम और भारी भरकम। मेरा शरीर और आयु कम होने के कारण इन दर्शकों की सहानुभूति मेरी ओर ही रहती थी।

एक रोज उस्ताद ने वार किया। मैं बचा न पाया। छुरी की नोंक मेरे गाल में घुस गयी। काफी खून बह गया। सहसा पीतल की एक कड़छी हम लोगों के बीचोंबीच खन्न से आकर गिरी। गनीमत थी कि दोनों में से किसी के सिर पर नहीं पड़ी। गरदन घुमाकर देखा कि बाजार पार के मकान की खिड़की में खड़ी लड़की गुस्से में उस्ताद को मारने के संकेत से धमकी दे रही थी और उसके छोटे भाई भी चिमटा, बेलन और रसोई का चाकू दिखा-दिखाकर युद्ध की चुनौती दे रहे थे।

चोट ऐसी नहीं थी कि लेट जाना पड़ता। मैं एहतियात में मर्क्योक्रोम और स्टिकिंग टेप घर में रखता था। उस्ताद को अच्छी दिल्लगी सूझी। मौज में आकर बोले, "यह लौंडिया तुम्हें चाहती है, चूको मत।"

उस्ताद के सामने तो मुस्कराकर रह गया, परन्तु उनकी बात अच्छी नहीं लगी। मन में नवयुवतियों के कोमल भावों और सहृदयता के प्रति आदर की धारणा थी। यह घटना तो निर्विवाद रूप ही से सहृदयता का प्रदर्शन थी। जीवन में रोमांस की छाया आती जान पड़ी। यह मानते हुए भी कि पास-पड़ोस की लड़कियों की ओर ताक-झाँक करना भलमनसाहत नहीं है, इस मामले को एक खास घटना मान लिया। अपने से सम्बन्ध रखने वाली घटनाओं को सदा ही खास मान लिया जाता है।

स्वयं ही नजरें बार-बार उस ओर उठ जातीं। वह चेहरा मुझे बहुत ही सहृदयता और ममतापूर्ण जान पड़ता था। अच्छे समझे जाने या प्यार पाने के विश्वास से मस्तिष्क पर एक सरूर सा छा जाता है। आदमी इस अनुभूति को अपना गोपनीय धन बना लेता है।

मन में ख्याल आया कि वासनापूर्ति की परिस्थितियाँ न होने के कारण यह मानसिक भावों का आदान-प्रदान और पवित्र आकर्षण ही है। मिठास भरी परेशानी अनुभव होने लगी।

एक दिन भगतसिंह और सुखदेव को मेरे इस प्रणय की छाया मिल गई। मुझे बैठा देखकर ध्यान खींचने के लिये वह लड़की आहट से खिड़की बन्द करके या खोलकर संकेत करती थी। मेरी जगह सुखदेव के बैठे रहने पर भी वह ऐसा कर बैठी। सुखदेव ने उसे बार-बार इधर घूरते भी देखा। पहले तो मैंने छिपाया, परन्तु मेरे अनजाने में सुखदेव ने मुझे भी उस ओर घूरते देख लिया था। मैंने साहस से अपना पवित्र प्रणय स्वीकार कर लिया। सुखदेव ने वह बात बता दी भगतसिंह को। दोनों ने मुझे कोंचना शुरू किया, "हमें भी दिखा कैसी है।" यह बात मुझे बहुत अभद्रता मालूम हुई। वे लोग बार-बार छेड़ते, "क्या चमगादड़ की सी शक्ल की छोकरी है?···वाह रे कलाकार!" झगड़ा होते-होते बचता।

एकान्त मिलते ही मैं बड़ी सद्‌भावना से परन्तु रक्त में प्रणय का उबाल अनुभव करते हुए उस लड़की से आँखें मिलाने लगता और बार-बार महात्मा नन्दगोपाल जी के नुसखे के अनुसार अपने आपको विश्वास दिलाता रहता कि यह पवित्र प्रणय है। उस ओर न देखना कठिन जान पड़ता था। दूसरे लोग साथ हों तो चिढ़ आने लगती थी। स्वयं कहीं बाहर होने पर घर लौटने की जल्दी रहती थी।

उस लड़की का साहस बढ़ चुका था। वह प्रायः खिड़की में आकर बैठ जाती थी। किसी दूसरे को मेरे यहाँ देखती तो खिड़की बन्द कर लेती। हम लोग एक दूसरे को देख-देखकर सांत्वना अनुभव करते थे। उसने कुछ संकेत भी करने आरम्भ कर दिये थे।

सौभाग्य या दुर्भाग्य से मुझे शहर की गलियों में रहने का अवसर प्राप्त नहीं हुआ था। बचपन से शहरों से बाहर या बोर्डिंगों में ही रहा था। बीच में बाजार होने के कारण दोनों खिड़कियों में काफी अन्तर था। इन संकेतों का एक ही अर्थ समझ में आता था, आत्मीयता का प्रकाशन, जिसका मूल था समवेदना। मुझे उस लड़की का चेहरा बहुत ही करुण, शान्त और भावपूर्ण जान पड़ता था; जैसे करुण कातर मरियम का ही चित्र हो।

एक दिन उसने दुस्साहस से बहुत स्पष्ट ऐसा व्यभिचारी संकेत कर दिया कि इच्छा होने पर भी उस संकेत को भोलापन या सादगी समझ लेने का अवसर नहीं था। यह कुत्सित संकेत देखकर मेरी सद्‌भावानाओं, आदर और मानसिक आकर्षण की मीनार एक ही धक्के से नींव तक गिर पड़ी। मैंने अपनी खिड़की धमाके से बन्द कर ली।

शायद राजा भर्तृहरि ने भी उस समय ऐसा ही अनुभव किया होगा जब चाँदनी रात में धूल में पड़ा लाल देखकर उठाने के लिये झुकी उनकी उँगलियाँ पान की पीक में लिपट गयी थीं।

मुझे न केवल उस लड़की के प्रति ऐसी घृणा और भय अनुभव हुए जैसे गन्दी नाली में बहता बिच्छू देखकर होता है, अपनी मूर्खता पर ग्लानि भी कि मैंने नाली में पड़े काँच को आकाश का तारा समझ लिया था। यह धक्का इतना प्रबल इसलिये जान पड़ा कि उस समय नारी मेरे लिये केवल कल्पना की वस्तु थी; जिसे मैं संसार से अछूती हृदय मन्दिर में स्थापित पूजा मात्र की ही वस्तु समझता था। वह कल्पना मेरी कामनाओं के

विश्वास (subjective) के आधार पर थी न कि वास्तविकता (objective) के आधार पर। मेरी कल्पना में प्रेयसी संसार के पार्थिव जीव से उत्कृष्ट केवल कविता की वस्तु थी।

इस स्मृति की खास बात यह थी कि इस घटना के एक-दो दिन बाद ही घर लौटते समय मैंने इस लड़की को उसके जीने से उतरकर बाजार में आते देखा। मुझे उसका शरीर और चेहरे का भाव सब इतने घृणित और कुत्सित जान पड़े जैसे काले, दुर्गन्धित कीचड़ में लिपटा हुआ कोई मेंढक उछल कर मेरे शरीर पर चढ़ आना चाहता हो। मैंने घिनाकर मुँह फेर लिया और तेजी से अपने जीने पर चढ़ गया कि गन्दगी के छींटे मेरे कपड़ों पर न पड़ जायें। एक शब्द का भी विनिमय किये बिना मेरा यह प्रणय समाप्त हो गया।

अपने साथियों में से केवल मैंने ही ऐसी प्रणयलीला की हो, सो बात नहीं। ऐसी ठोकर किसी को भी लग सकती है। भगतसिंह भी एक दुबली-पतली, पीली-पीली-सी लड़की को जो उन दिनों एक कालिज में पढ़ रही थी, अपनी कल्पना में 'मेवाड़पतन' की मानसी बनाये बैठा था। मुझे अब 'मेवाड़पतन' की कहानी तो याद नहीं पर भगतसिंह की मानसी याद है। इस मानसी ने भी भगतसिंह से कोई प्रतिज्ञा नहीं की थी। यह केवल भगतसिंह के मन का पढ़ी-लिखी, सुसंस्कृत दिखाई देने वाली लड़की के प्रति स्वतः आकर्षण मात्र था। अस्तु, जब मानसी ने देश के प्रति उत्सर्ग को अपने मतलब की बात न समझकर एक समृद्ध नौजवान के शिष्ट वेश और व्यवहार के प्रति आकर्षित होकर उससे सगाई कर ली तो भगतसिंह की कल्पना के आदर्शों की मीनार भी ठसक कई। वह भी दो-चार दिन लम्बी-लम्बी साँसें लेता अपने घर के इक्के में, घोड़ों के बीमार हो जाने के कारण ऊँट जोतकर दूध के कलसे शहर में पहुँचाता हुआ क्रांति की बात सोचने लगा।

सुखदेव बहुत ही व्यावहारिक और रूखा हो गया था। वह ऐसे किसी जाल में नहीं फँसा। सबसे मजेदार मामला तो रहा झंडासिंह का। वह एक जलसे में खद्दर पहनने और नंगे पाँव चलने वाली एक खूब शिक्षित लड़की को हृदय की देवी मान बैठा। झंडासिंह और उस लड़की के बीच केवल चर्खे के कच्चे सूत का ही आकर्षण और बन्धन सम्भव हो सकता था। निहायत खस्ता हालत में भी वह उधार माँग-माँग जालंधर पहुँचता और लड़कियों के स्कूल की बोर्डिंग की चारदीवारी के चक्कर लगाकर लौट आता। जब इस 'सत्य स्नेह' का कोई भी आत्मिक प्रभाव उसकी प्रेमिका पर नहीं दिखाई दिया तो बेचारा कई दिन तक एक लाल-सी दवाई की बोतल जेब में रखकर नियमपूर्वक दवाई पीने के बाद—क्योंकि प्रेम के दबाव से उसका हृदय और मेदा दोनों ही कमजोर हो गये थे—फिर खद्दर की पैदावार और बिक्री बढ़ाने के काम में लग गया।

लाहौर से फरार हो जाने पर भगतसिंह ने दिल्ली, आगरा, कानपुर, पटना और कलकत्ते तक बार-बार चक्कर लगाकर भिन्न-भिन्न प्रान्तों के क्रांतिकारियों को एक सूत्र में बाँधने की चेष्टा की। स्थिति सभी प्रान्तों में खराब ही थी। स्थिति खराब होने का मुख्य कारण था, साधनों और संगठन की कमी। गुप्त क्रांतिकारी आन्दोलन की सबसे बड़ी कठिनाई यह थी कि उसका उद्देश्य तो सार्वजनिक था, परन्तु उसे जनता से दूर रहकर जनता की सहायता के बिना चलना पड़ रहा था। अपने दल के लोगों अथवा सहानुभूति रखने वाले उँगलियों पर गिने जा सकने योग्य व्यक्तियों को छोड़कर क्रांतिकारी अपनी

आवश्यकता और स्थिति का भेद किसी को नहीं दे सकते थे। काकोरी की डकैती का भेद खुल जाने और इस मामले में बहुत से लोगों के मुखबिर हो जाने के कारण भी इस समय क्रांतिकारी सर्वसाधारण लोगों से सहानुभूति की आशा कम ही रख सकते थे।

क्रांतिकारी प्रायः आर्थिक स्थिति से निम्न श्रेणी के लोग थे। विदेशी शासन की पराधीनता में जीविका के सम्मानजनक साधनों तक उनकी पहुँच नहीं थी। अपने जीवन में अवसर की कमी का कारण वे अपने देश की दुरावस्था समझते थे। इसके लिये विदेशी शासन को जिम्मेवार मानकर वे इसके प्रति घृणा और विरोध अनुभव करते थे। उनके पास जो कुछ था पीछे छोड़ आये थे। उन्हें पेट में अन्न और शरीर पर वस्त्र के लिये थोड़े बहुत पैसे की आवश्यकता ही थी। तिस पर लम्बे-लम्बे सफर करने और हथियार खरीद सकने के लिये रुपये की जरूरत थी। जनता से माँग न सकने की अवस्था में धन पाने का एक ही उपाय था, राजनैतिक डकैती करना। इसलिये क्रांति के जितने भी प्रयत्न हुए, उनका आरम्भ प्रायः राजनैतिक डकैतियों से हुआ। उस समय हमारे दल के सामने भी यही समस्या थी, परन्तु अब दल के लोग डकैती को अपने और जनता के बीच घृणा की खाई पैदा करने वाली चीज समझ रहे थे। इस समय क्रांतिकारियों ने छात्रवृत्ति या पढ़ा-पढ़ाकर स्वयं थोड़ा बहुत कमाकर जैसे-तैसे काम चलाया। कानपुर में विजय इस समय अंग्रेजी पत्रों के संवाददाता के रूप में अच्छी कमाई कर रहा था और प्रति मास कुछ पैसा दल के काम के लिये देता था।

इन दिनों बनारस में केवल एक ही साहसपूर्ण काण्ड मणीन्द्रनाथ बैनर्जी ने किया था। मणी को रायबहादुर जे० बैनर्जी को गोली मारने का काम सौंपा गया था। रायबहादुर बैनर्जी राजनैतिक षड्यंत्रों की तहकीकात करने में बहुत प्रसिद्धि पाये हुए थे। काकोरी के मामले में भी उन्होंने खास काम किया था। अंग्रेजी सरकार ने उनकी सेवाओं से सन्तुष्ट होकर ही उन्हें रायबहादुर के पद से सुशोभित किया था।

रायबहादुर बैनर्जी मणीन्द्र के मामा थे। मणी ने कर्तव्य के आगे सम्बन्ध की ममता की उपेक्षा की। बाजार में रायबहादुर के मिलने पर मणी ने उन पर गोली चला दी और औसान भी इतने कायम रखे कि पिस्तौल साथ के आदमी के हाथ में खिसका दिया। मणीन्द्रनाथ कितने असाधारण जीवट का आदमी था, यह बात फतेहगढ़ केन्द्रीय जेल में उसकी मृत्यु के प्रसंग में कहूँगा। गोली तो रायबहादुर के लग गई थी, परन्तु वे रहे जिन्दा ही। बाद में स्वस्थ होकर राजभक्ति का धर्म पूरा करते हुए पुलिस के काम पर भी डटे रहे। वे लाहौर षड्यंत्र केस में तहकीकात करने भी पहुँचे थे और बाद में भी उनसे सम्पर्क पड़ा। मेरी उनकी जैसी पटी, वह अपने मुकदमे के जिक्र में कहूँगा।

युक्तप्रान्त में उन दिनों बहुत निरुत्साह था। सशस्त्र क्रांति के बढ़ने की कोई आशा थी तो केवल काकोरी के बन्दियों को छुड़ा सकने से। इसलिये अनेक योजनायें बार-बार बनतीं और प्रयोग में आये बिना ही रह जातीं। इस अवस्था से ऊबकर काकोरी दल नेता शहीद रामप्रसाद 'बिस्मिल' ने अपनी प्रसिद्ध ग़ज़ल द्वारा जेल से संदेश भेजा था :

"मिट गया जब मिटने वाला फिर सलाम आया तो क्या,
दिल की बरबादी के बाद उनका पयाम आया तो क्या।"

बिस्मिल की बड़ी इच्छा थी कि एक बार किसी तरह जेल से निकलकर विदेशी सरकार से दो-दो हाथ कर पाते, परन्तु दल में इतनी शक्ति नहीं थी। यह योजनायें कपोल कल्पनायें ही रह गईं।

युक्तप्रान्त के दादाओं से निराश होकर शिव वर्मा ने शहीद बिस्मिल से जेल में भेंट कर परामर्श लेना चाहा। खास तौर पर दल के शस्त्रों के सम्बन्ध में पता लेने की जरूरत थी। बिस्मिल गोरखपुर जेल मे थे। उनकी फाँसी के लिये १७ दिसम्बर की तारीख निश्चित हो चुकी थी।

फाँसी पाने वाले व्यक्ति को फाँसी से एक दिन पहले उसके सगे सम्बन्धियों से भेंट का अवसर दिया जाता है। शिव इसी आशा से गोरखपुर पहुँचा था कि सम्बन्धी बन बिस्मिल के पिता के साथ जाकर जेल में भेंट कर सकेंगे। बिस्मिल के पिता ने शिव को साथ ले जाने से इनकार कर दिया, परन्तु शिव फिर भी जेल के फाटक पर जा ही पहुँचे।

बिस्मिल के पिता शाहजहाँपुर से बिस्मिल की माँ को साथ नै लाये थे। डरते थे कि माँ बहुत रोये-धोयेगी। वह लोग जेल के फाटक पर पहुँचे तो माँ वहाँ पहले से मौजूद थीं। शिव ने साहस कर माँ से बात की, "मैं पार्टी की ओर से बिस्मिल से भेंट करना चाहता हूँ। पिता जी मुझे साथ ले चलने के लिये तैयार नहीं। आप ले चलें तो बहुत कृपा होगी।"

माँ ने आश्वासन दिया, "तुम बिस्मिल की पार्टी के आदमी हो तो तुम भी मेरे बेटे हो, मैं तुम्हें साथ ले जाऊँगी। तुमसे कोई पूछे तो कह देना मेरे भतीजे हो, शेष मैं समझ लूँगी।"

माँ शिव को ले गई और बातचीत भी करा दी। 'चाँद' के फाँसी-अंक में बिस्मिल और उनकी माता की अन्तिम भेंट का जो मार्मिक वर्णन प्रकाशित हुआ था, वह छद्म नाम से शिव वर्मा ने ही लिखा था। माँ जब बिस्मिल के सामने पहुँची, बिस्मिल रो पड़े।

माँ ने कड़ाई से डाँट दिया, "यह क्या कायरता दिखा रहे हो! मैं तो बड़े अभिमान से सिर ऊँचा करके आई थी कि मेरी कोख से ऐसे बहादुर ने जन्म लिया है जो अपने देश की आजादी के लिये विदेशी सरकार से लड़ रहा है। मुझे गर्व था कि मेरा बेटा उस सरकार से भी नहीं डरता जिसके राज में सूर्य अस्त नहीं हो सकता और तुम रो रहे हो? यदि फाँसी से डर था तो इस मार्ग पर कदम ही क्यों रखा था!"

बिस्मिल ने आँखे पोंछकर माँ को विश्वास दिलाया कि उसके आँसू मौत के भय से नहीं माता के प्रति ममता के थे। बिस्मिल ने अपने रोते हुए पिता को भी सान्त्वना दी, "आप मर्द होकर रोते हैं। आपसे तो आशा थी कि माँ को सान्त्वना देंगे।"

उस समय शिव फाँसी की कोठरी के द्वार पर हुई इस भेंट के वर्णन में यह नहीं लिख सकते थे कि बिस्मिल ने आन्दोलन को बढ़ाने के लिये क्या सलाह दी थी। सलाह यही थी कि बाहर अब भरोसे लायक आदमी नहीं हैं। पार्टी के हथियारों के दो पते उन्होंने बता दिये थे जिनमें एक तो था दूर देहात में और दूसरा शाहजहाँपुर के एक कायस्थ वकील साहब के यहाँ।

शिव दूर देहात तक तो पहुँच न सके। वकील साहब के यहाँ गये। वकील साहब को पहले तो सन्देह हुआ कि उनके साथ चाल चली जा रही है, परन्तु जब उन्हें पार्टी के साथ

बेईमानी करने के दण्ड की बात बताई तो उन्होंने चार रिवाल्वर और काफी कारतूसों की एक गठड़ी शिव को सौंप दी।

काकोरी के अभियुक्तों को छुड़ाने की योजना में सहयोग देने के लिये जयचन्द्र जी ने लाहौर से भगतसिंह, सुखदेव और शायद बलदेव को भी कानपुर भेजा था। यह योजना तो अनेक दुविधाओं के कारण आजमाई न जा सकी, परन्तु इन लोगों के कानपुर आने-जाने से युक्तप्रान्त और पंजाब के सक्रिय लोगों के पारस्परिक सम्पर्क का अवसर बन गया। दूसरी बार फिर कुछ ऐसी ही बात हुई। जोगेशचन्द्र चैटर्जी (काकोरी के बन्दी) फतेहगढ़ जेल में थे। उनका तबादला आगरा केन्द्रीय जेल में होने वाला था। विचार हुआ कि इस अवसर पर उन्हें छुड़ा लेने का यत्न किया जाये। योजना को भरोसे लायक बनाने के लिये कानपुर से शिव और विजय फतेहगढ़ गये कि जेल में चैटर्जी से भेंटकर बात पक्की कर लें, परन्तु फतेहगढ़ जेल में कुछ और ही गुल खिल चुका था। जेल का एक वार्डर चैटर्जी का सहायक और भरोसे का था। इस वार्डर से एक दूसरे कैदी की लाग-डाँट थी। इस कैदी ने वार्डर को चोट पहुँचाने के लिये जेल के अधिकारियों से झूठ-मूठ शिकायत कर दी कि इस वार्डर ने चैटर्जी को पिस्तौल लाकर दिया है। जेल के अधिकारी चैटर्जी से शंकित हो रहे थे। इसी समय विजय और शिव ने चैटर्जी से भेंट करने के लिये दर्खास्त दे दी।

जेल के अधिकारियों ने शिव और विजय के पीछे खुफिया पुलिस लगा दी। चैटर्जी से भेंट तो न हो सकी अलबत्ता पुलिस इनके पीछे पड़ गई। यह लोग जब निष्फल लौट रहे थे, फतेहगढ़ स्टेशन पर इन दोनों ने अपने को पुलिस से घिरा हुआ पाया। इनके टिकटों के नम्बर और स्थान नोट कर लिये गये थे। दोनों को सन्देह हुआ कि हमें बीच के किसी स्टेशन पर गिरफ्तार कर लिया जायेगा। फतेहगढ़ से अगले स्टेशन जलालाबाद पर जब गाड़ी रुकने के बाद तेजी पकड़ रही थी, शिव कूद गया। उसके बाद एक सिपाही भी कूदा, परन्तु शिव पहले से तैयार था और सिपाही बिना तैयारी के कूदा था। सिपाही चोट खाकर गिर पड़ा और शिव भाग गया। जलालाबाद से अगले स्टेशन पर विजय भी कूद गया। उसके पीछे कूदने का साहस किसी दूसरे सिपाही ने नहीं किया।

शिव और विजय गाड़ी से कूदकर तो भाग गये, परन्तु फतेहगढ़ से आई पुलिस ने इन्हें कानपुर में फिर पहचान लिया और प्रतिक्षण इनका पीछा करने लगे। पुलिस दफ्तर के अपने सूत्र से भी पता लगा कि इन लोगों के नाम गिरफ्तारी के वारंट जारी करवाये जा रहे हैं। वह दोनों फरार हो गये।

जिस समय भगतसिंह ने लाहौर छोड़ा, पंजाब, दिल्ली, युक्तप्रान्त, राजपूताना, बिहार और बंगाल में पारस्परिक सम्बन्ध शिव वर्मा, सुरेन्द्र पांडे और विजय की मार्फत नाममात्र को ही थे। पंजाब और युक्तप्रान्त का सम्बन्ध लाहौर में जयचन्द्र जी और इलाहाबाद में सान्याल परिवार के ही हाथों में था। इन दोनों में ही अपना स्थान छोड़कर संकट झेलने की प्रवृत्ति नहीं थी। युक्तप्रान्त के साथी जे० एन० सान्याल की शिथिलता से ऊब रहे थे और लाहौर के साथी जयचन्द्र जी की सतर्कता से। इसलिये शिव वर्मा और भगतसिंह ने अपने स्वतंत्र सूत्र बना लिये थे। अब सुखदेव, भगतसिंह, विजय और शिव वर्मा मिलकर क्रांति का ताना-बाना बुनने लगे थे।

हिन्दुस्तान समाजवादी प्रजातंत्र संघ
(H. S. R. A./हि० स० प्र० स०)

भगतसिंह, सुखदेव, विजय और शिव वर्मा के प्रयत्नों से उत्तर भारत के प्रान्तों के क्रांतिकारी प्रतिनिधियों की एक बैठक की योजना दिल्ली में की गई थी। यह बैठक ८ और ९ सितम्बर, १९२८ को फिरोजशाह किले के खण्डहरों में हुई थी। अब इस किले के खण्डहर बहादुरशाह ज़फर मार्ग की आलीशान इमारतों के पीछे अदृश्य हो गये हैं। इस बैठक में पंजाब से सुखदेव और भगतसिंह, राजपूताना से कुन्दनलाल, युक्तप्रान्त से शिव वर्मा, ब्रह्मदत्त मिश्र, जयदेव कपूर, विजयकुमार सिन्हा, सुरेन्द्रनाथ पाण्डेय और बिहार से फणीन्द्रनाथ घोष और मनमोहन बैनर्जी आये थे। आज़ाद इस बैठक में नहीं आ पाये थे। भगतसिंह और शिव उनसे मिल चुके थे। आज़ाद ने आश्वासन दे दिया था कि बहुमत से जो कुछ निश्चय होगा, उसे वे स्वीकार कर लेंगे। बंगाल के प्रतिनिधि भी इस बैठक में शामिल नहीं थे। शिव वर्मा कलकत्ते जाकर बंगाल के लोगों से सम्बन्ध स्थापित करने की चेष्टा कर आया था। उस समय बंगाल के क्रांतिकारी नेताओं ने सहयोग देने के लिये विकट शर्तें रखी थीं। उनकी पहली शर्त थी कि सभी प्रान्तों का क्रांतिकारी आन्दोलन 'अनुशीलन' दल के तत्कालीन नेता के एकमात्र व्यक्तिगत अनुशासन में रहेगा। दूसरी शर्त थी कि अभी केवल साथी भर्ती करने, रुपया और हथियार इकट्ठा करने का ही काम किया जाये। किसी ऐसे काम में हाथ न डाला जाये जिससे सरकार के चौंकने की आशंका हो।

नये उठते संगठन को 'अनुशीलन' की पहली ही शर्त मंजूर नहीं थी। यह ठीक है कि इससे पहले क्रांतिकारी दलों में 'दादा' लोगों का वैयक्तिक अनुशासन ही चलता आया था। पंजाब में जयचन्द्र जी और युक्तप्रान्त के जे० एन० सान्याल का निष्क्रिय, परन्तु निरंकुश नेतृत्व उसी 'दादाडम' की परम्परा का परिणाम था और हम लोग इससे ऊब चुके थे। हम लोगों में प्रजातंत्र की भावना जाग चुकी थी। हम प्रान्तीय दलों का केन्द्रीयकरण करना चाहते थे, परन्तु व्यक्तिगत तानाशाही के अधीन नहीं, संयुक्त उत्तरदायित्व और नेतृत्व द्वारा। 'अनुशीलन' के नेता ने निरंकुश नेतृत्व की माँग तो की, परन्तु उनका प्रबन्ध और सामर्थ्य ऐसा था कि शिव वर्मा को कलकत्ते में एक रात टिकाने के लिये वे उसे प्रतिदिन अपने चार-पाँच गुप्त स्थान दिखा देते थे और जगह न पा सकते थे। शिव वर्मा के अनुभव और परामर्श के आधार पर बंगाल से सहयोग की आशा छोड़ दी गई थी।

पहले पहल दिल्ली की बैठक में ही सशस्त्र क्रांतिकारी प्रयत्न के लिये अन्तर प्रान्तीय आधार बनाया गया। जयचन्द्र जी और जे० एन० सान्याल दोनों को ही इस बैठक से अलग रखा गया था, क्योंकि साथी पुरानी रूढ़ि को छोड़कर आन्दोलन के लक्ष्य और संगठन के लिये नया मार्ग अपनाना चाहते थे। अब तक भिन्न-भिन्न प्रान्तों में क्रांतिकारी

दलों के अपने-अपने पृथक नाम थे। बंगाल-बिहार में 'अनुशीलन' और 'युगान्तर' समितियाँ, युक्तप्रान्त में 'हिन्दुस्तान प्रजातंत्र सेना' और 'बनारस रेवोल्यूशनरी पार्टी'। पंजाब में भी युक्तप्रान्त की ही शाखा जयचन्द्र जी की मार्फत बनाई जा रही थी। दिल्ली की बैठक में भगतसिंह और सुखदेव ने सभी प्रान्तों से प्रतिनिधि लेकर एक केन्द्रीय समिति (सेन्ट्रल कमेटी) बनाई जाने और पूरे संगठन का नाम 'हिन्दुस्तान सोशलिस्ट रिपब्लिकन आर्मी' (हिन्दुस्तानी समाजवादी प्रजातंत्र सेना) रखे जाने का प्रस्ताव रखा।

अपने संगठन के नाम में 'सोशलिस्ट' या 'समाजवादी' शब्द जोड़ने की इच्छा को इस बात का प्रमाण नहीं बता दिया जा सकता कि हमने मार्क्सवाद का वैज्ञानिक सिद्धान्त और आन्दोलन का ढंग गहराई से समझ लिया था, लेकिन इसमें भी सन्देह नहीं कि अपनी समझ और ज्ञान की सीमा के अनुसार हम उस ओर बढ़ रहे थे। मुख्य बात यह थी कि हम शोषण के श्रेणी आधार को समझ चुके थे, किसान-मजदूरों का राज हमारा लक्ष्य बन चुका था, परन्तु किसान-मजदूर श्रेणी की शक्ति को संगठित करने और इस श्रेणी के अपने प्रयत्न से आत्मोद्धार करने के वैज्ञानिक ढंग तक हम नहीं पहुँच पाये थे। हम लोग मार्क्स, लेनिन और माओ के इस वैज्ञानिक सत्य को नहीं अपना पाये थे कि जनता के बन्धनों को तोड़ना, उन्हें स्वतंत्रता और आत्मनिर्णय का अधिकार देना स्वयं जनता के अतिरिक्त किसी दूसरी शक्ति या महापुरुष के वश की बात नहीं है। यह काम जनता अपनी संगठित शक्ति से ही कर सकती है। जनता के सचेतन अंगों का काम जनता में इसी शक्ति का जागृत केन्द्र बनाना होना चाहिये। हम लोग मूक, शोषित जनता के लिये बलिदान हो जाना चाहते थे, परन्तु उसमें मिल नहीं पाये थे, ठीक वैसे ही जैसे गांधी जी अपने या अपने जैसे दो-चार लोगों के वैयक्तिक आत्मिक बल से जनता का उद्धार कर देना चाहते थे।

यह भी नहीं कहा जा सकता कि निष्क्रिय होते जाते पुराने क्रांतिकारी ढंग से ऊब जाने वाले सभी साथी समान रूप से मार्क्सवाद की ओर झुके हुए थे। आज़ाद, राजगुरु आदि को पुराने ढंग की निष्क्रियता में कायरता देखकर ही घृणा हो रही थी। शोषित जनता के प्रति उनकी सहानुभूति केवल भावात्मक ही थी। इस दृष्टि से दल के भीतर पंजाब सबसे आगे था। उसके दो कारण थे। एक तो उस समय से पहले के पंजाबी कम्युनिस्टों द्वारा लाया गया समाजवादी गुप्त साहित्य वहाँ कुछ फैल चुका था। 'कीर्ति-किसान'[1] पार्टी का भी कुछ प्रभाव था और लाला लाजपतराय जी के द्वारकादास पुस्तकालय में नवीनतम समाजवादी साहित्य मिल सकता था।

सोशलिस्ट शब्द जोड़े जाने का सुझाव भगतसिंह और सुखदेव ने ही दिया था, परन्तु युक्तप्रान्त के शिव वर्मा, सुरेन्द्र पांडे और विजयकुमार सिन्हा का भी सबल अनुमोदन इनके साथ था। यह लोग कानपुर के संगठित मजदूर आन्दोलन द्वारा प्रभावित हो चुके थे और कानपुर की मजदूर सभा से भी अपना सम्पर्क बना चुके थे। उन लोगों पर सन् १९२४ के 'कानपुर बोल्शेविक षड्यंत्र' का प्रभाव जरूर पड़ा होगा। सबसे बड़ी बात तो थी सन् १९२८ में जगह-जगह हड़ताल द्वारा मजदूरों की चेतना और शक्ति का प्रदर्शन। हि० स० प्र० स० के साथी मजदूर श्रेणी की क्रांतिकारी शक्ति से परिचित होने लगे थे।

---

१. [illegible] दूर-किसान पार्टी।

क्रांति और आतंकवाद में भेद है। ब्रिटिश सरकार जान-बूझकर इस भेद की उपेक्षा करती थी। कांग्रेस जन शायद भेद को समझते ही नहीं थे। भारतीय क्रांतिकारियों की भावना और नीति कोई सदा एक रूप और परिमित पदार्थ नहीं था। वह एक उठती और पनपती चीज थी। उसमें प्रतिदिन विकास और अन्तर आ रहा था। भगतसिंह ने अदालत के सम्मुख अपने बयानों में स्पष्ट रूप से 'मनुष्य द्वारा मनुष्य के शोषण का अन्त करना' अपना लक्ष्य बताया था। सन् १९३१ में 'हि० स० प्र० स०' के घोषणा पत्र जो तत्कालीन कमाण्डर-इन-चीफ यशपाल के नाम से प्रकाशित हुए थे, उनमें हम लोगों का ध्येय स्पष्ट रूप से किसान-मजदूर के प्रजातंत्र की स्थापना बताया गया था। यह बात पहले ही स्वीकार कर चुका हूँ कि श्रेणी संघर्ष के वैज्ञानिक ढंग को हम नहीं अपना पाये थे। सन् १९२८ में हम लोग क्या और कितना समझते थे, हम लोग जनता से कितनी दूर थे या पास आ रहे थे, यह बात हमारे उस समय के व्यवहार से ही अधिक स्पष्ट हो जाती है।

दिल्ली में फिरोजशाह के खण्डहर में क्रांतिकारियों के प्रतिनिधियों की अन्तरप्रान्तीय सभा में कुछ खास बातें तय हुई थीं। सशस्त्र क्रांति के काम को आगे बढ़ाने के लिये धन की अनिवार्य जरूरत होगी। गुप्त आन्दोलन चन्दे से धन इकट्ठा नहीं कर सकता। इसके लिये डकैतियाँ करनी होंगी, परन्तु जहाँ तक सम्भव हो, डकैतियाँ सरकारी बैंकों, खजानों या डाकखानों में ही की जायें। देहात के अमीर लोगों के यहाँ डकैती करने से जनता में हमारे प्रति घृणा पैदा हो सकती थी। इस बात को दल अपने उद्देश्य के लिये हानिकारक समझता था।

क्रांतिकारियों की बहुत सी शक्ति मुकदमों में बन गये मुखबिरों और पुलिस के मामूली अफसरों के वध में नष्ट होती रही थी। दिल्ली में निश्चय किया गया कि अब केवल ऐसे ही मामलों को हाथ में लिया जायेगा जिनका सार्वजनिक राजनीतिक महत्व हो सके। इस उद्देश्य से सबसे पहले चुना गया साइमन कमीशन को। ब्रिटिश सरकार ने भारतीय जनता की आत्मनिर्णय की माँग की अवहेलना कर देश पर एक नया विधान लादने के लिये साइमन कमीशन को भारत में भेजा था। साइमन कमीशन के प्रति जनता में प्रबल असंतोष उबल रहा था। इस कमीशन के आने पर बम्बई में मजदूरों की जो व्यापक हड़ताल हुई थी, उससे अपना सहयोग प्रकट करना दल आवश्यक समझता था।

दिल्ली की बैठक में यह भी स्पष्ट रूप से निश्चित कर लिया गया कि भविष्य में हमारा कार्यक्रम किसी एक व्यक्तिगत नेतृत्व में नहीं चलेगा। दल के सब हथियार और प्राप्त होने वाला धन केन्द्रीय समिति के हाथ में रहेंगे। कोई भी कार्य करने से पहले सात आदमियों की केन्द्रीय समिति में उस पर विचार किया जायेगा।

इस बैठक में विजयकुमार सिन्हा और भगतसिंह पर अन्तरप्रान्तीय सम्बन्ध बनाये रखने का उत्तरदायित्व दिया गया। सुखदेव को पंजाब, शिव वर्मा को युक्तप्रान्त, कुन्दनलाल को राजपूताना, फणीन्द्र को बिहार का प्रतिनिधि संगठनकर्ता स्वीकार किया गया। हथियारों और कोष की कमी के कारण यह निश्चय किया गया कि हथियार और कोष पूर्णतः केन्द्रीय समिति के हाथ में रहें। कोष वास्तव में कुछ था ही नहीं। हथियार भी कम ही थे इसलिये यह तय पाया कि जिस प्रान्त में जब आवश्यकता हो, हथियार भेज दिये जायें और फिर लौटाकर केन्द्रीय समिति में दे दिये जायें।

इससे पूर्व के दल में से चन्द्रशेखर आज़ाद ही ऐसे व्यक्ति थे जो ज्येष्ठ (senior) होने का दम्भ छोड़कर नये लोगों के साथ नये ढंग से कार्य करने के लिये तैयार थे। आज़ाद के अतिरिक्त इस समय नये लोगों में से शस्त्रों का उपयोग और कोई दूसरा व्यक्ति ठीक से नहीं जानता था इसलिये सशस्त्र या सैनिक कार्य का नेता उन्हीं को बनाकर 'हिसप्रस' का 'कमाण्डर-इन-चीफ' निश्चित किया गया था।

चन्द्रशेखर आज़ाद

श्री मन्मथनाथ गुप्त की पुस्तक से ध्वनि निकलती है कि काकोरी के दल में भी आज़ाद बहुत साहसी और भरोसे लायक नवयुवक माने जाते थे, परन्तु उस समय दल में उनका खास महत्व नहीं था। जो भी हो, हि० स० प्र० स० में आज़ाद का स्थान बहुत महत्वपूर्ण था, लेकिन इसका यह अर्थ भी नहीं कि वे हि० स० प्र० स० के एकमात्र डिक्टेटर थे। 'हिसप्रसे' में एकमात्र नेता का सिद्धान्त ही न था। आज़ाद की सैद्धान्तिक स्थिति के बारे में बहुत विवाद चलता रहा है। मन्मथनाथ गुप्त ने उन्हें कम्युनिस्ट बता दिया है। सुखदेवराज ने कह डाला कि आज़ाद सिद्धान्तों से कोई मतलब ही नहीं रखते थे।[१] आज़ाद से मेरा परिचय इतने निकट का था और जैसे पहनने के कपड़ों से होता है; झगड़ा और अनुमति दोनों ही चलती थी। आज़ाद की सैद्धान्तिक स्थिति हिसप्रसे की भावना और नीति के साथ-साथ चलती थी। वे दल की नीति और सिद्धान्तों के नेता नहीं थे पर सिद्धान्तों से न बेखबर थे न बेपरवाह!

आज़ाद के बारे में यह भी कौतूहल पाया जाता है कि वह बहुत विद्वान थे या निरे अपढ़। आज़ाद ने स्कूल-कालिज की शिक्षा नहीं पायी थी, परन्तु यह विश्वास नहीं किया जा सकता कि ग्रेजुएट तैयार करने वाले कारखानों (यूनिवर्सिटियों) से सम्बन्ध न रख सकने वाले सभी लोग मूर्ख और अपढ़ होते हैं। इस लिहाज से अकबर, रणजीतसिंह और शिवाजी को क्या कहियेगा? यह लोग हजरत मुहम्मद की तरह अक्षर ज्ञान के दोष से सर्वथा मुक्त थे। इन लोगों को अपढ़ या मूर्ख नहीं माना गया। आज़ाद बहुत कुछ उसी ढंग के इन्सान थे। जगह-जगह दल के डेरे बन जाने और साथियों के एक साथ रहने की सुविधा होने पर आज़ाद, सामयिक समस्याओं अथवा सिद्धान्त के सम्बन्ध में जिस पुस्तक की प्रशंसा सुनते उसे जरूर मँगवा लेते या ले आते। उसे पढ़वा कर अनुवाद सुनते और तर्क में भाग लेने का भी यत्न करते।

इस समय आर्थिक कठिनाई का यह हाल था कि दिल्ली की केन्द्रीय सभा में आने वाले प्रान्तीय प्रतिनिधि दोनों तरफ का किराया भी न जुटा पा रहे थे। केन्द्रीय समिति की वैठक होते समय जब आठ-दस रुपये की आवश्यकता हुई तो विजयकुमार ने बिहार से आये फणीन्द्र घोष का वापसी टिकट बेचकर काम चला लिया। ऐसी अवस्था में सबसे पहले आर्थिक समस्या हल करने की चिन्ता करना आवश्यक था। फणीन्द्रनाथ घोष ने, जो कि प्रथम लाहौर षड्यंत्र केस के मामले में मुखबिर बन गया था, बेतिया में डकैती का आयोजन करने का आश्वासन दिया था। भगतसिंह और आज़ाद हथियार लेकर बेतिया पहुँचे। कई दिन उन्होंने बेतिया के मारवाड़ियों की दुकानों को जाँचा और परखा, परन्तु

---

१. *विप्लव* के 'आज़ाद अंक' १९३९ में सुखदेवराज का लेख।

सफलतापूर्वक अच्छी मात्रा में डकैती कर लेने की सुविधा उन्हें कहीं दिखाई न दी। वे निराश होकर लौट आये।

योजनायें तो बहुत सी सामने थीं। साइमन कमीशन भारत में आया हुआ था। इस कमीशन पर बम फेंककर भारतीय प्रजा का असन्तोष प्रकट करने के लिये भगतसिंह का प्रस्ताव दिल्ली की केन्द्रीय समिति की बैठक में स्वीकार किया जा चुका था, परन्तु रुपये के अभाव में यह हो कैसे सकता था। इस बीच दल की अनुमति से कैलाशपति गोरखपुर जिले के बरहेलगंज के डाकखाने से लगभग एक हजार आठ सौ रुपया उठाकर भाग आया था। उन दिनों कैलाशपति डाकखाने में काम कर रहा था। यह डकैती करके वह भी फरार हो गया। इस छोटी सी रकम के आधार पर ही काम चल रहा था।

लाहौर में नौजवान भारत सभा को यह निर्देश दिया गया था कि नगर में साइमन कमीशन के आने पर जहाँ तक हो सके सभी राजनैतिक दलों को मिलकर विराट से विराट प्रदर्शन किया जाये। कांग्रेस को तो साइमन कमीशन के विरुद्ध यही शिकायत थी कि सरकार की सौ खुशामदें करने पर भी कमीशन में कांग्रेस का कोई प्रतिनिधि नहीं रखा गया था। नौजवान भारत सभा की पुकार थी कि 'अंग्रेज सरकार को हमारे भाग्य निर्णय का अधिकार नहीं है। वे कमीशन भेजने वाले कौन होते हैं?' इस सम्बन्ध में नौजवान भारत सभा को बम्बई के मजदूरों की 'साइमन कमीशन लौट जाओ' हड़ताल और विराट प्रदर्शन का उदाहरण मिल चुका था। लाहौर में साइमन कमीशन के बहिष्कार के प्रदर्शन का आयोजन वास्तव में नौजवान सभा ही कर रही थी। सब ओर मुकम्मिल हड़ताल, काले झण्डे और शोक में नंगे सिरों की बाढ़ सी नजर आती थी। आजकल सिर पर टोपी-पगड़ी न होना पढ़े-लोगों का फैशन है, तब यह अभद्रता या शोक का चिह्न माना जाता था। इतने बड़े प्रदर्शन से प्रभावित होकर कांग्रेस के नेताओं को प्रदर्शन में आगे होना ही पड़ा।

नौजवान पंजाब केसरी वृद्ध लाला लाजपतराय को भीड़ के धक्कों से बचाये और धूप में उनके सिर पर छतरी संभाले उन्हें स्टेशन तक ले गये। भीड़ के आगे नौजवान भारत सभा के लोग थे। उन्होंने पुलिस की धमकियों के बावजूद कमीशन के लिये रास्ता देने से इनकार कर दिया। वे कमीशन को काले झण्डे दिखा देने और 'साइमन ग़ो बैक' की पुकार कमीशन के कानों तक पहुँचा देने पर तुले हुए थे। पुलिस ने लाठीचार्ज किया। सभा के लोगों से जहाँ तक बन पड़ा जनता को पीछे हटने से रोके रहे। मार खाकर भी जनता के हृदय में अंग्रेजी सरकार के प्रति प्रबल घृणा उत्पन्न कर सकने का यह अच्छा अवसर था।

लाला लाजपतराय जी के पीछे भीड़ इतनी थी कि उनके पीछे हट सकने का कोई अवसर न था। सामने से पुलिस लाठीचार्ज कर रही थी। नवयुवक लाला जी को चारों ओर से घेरकर चोट से बचाये थे। पुलिस की मार के बावजूद यह मोर्चा टूट नहीं पा रहा था। भगवतीचरण, सुखदेव और मैं वहीं एक ओर मौजूद थे। साथी धन्वन्तरी और एहसानइलाही आदि मोर्चे में शामिल थे। लाला जी को घेरे हुए इस मोर्चे को टूटते न देखकर समीप खड़े पुलिस सुपरिन्टेन्डेन्ट स्काट ने इस टोली पर हमला करने की आज्ञा दी। डी० एस० पी० साण्डर्स स्वयं छोटी लाठी हाथ में लेकर सिपाहियों के साथ इस टोली

पर टूट पड़ा। उसकी एक लाठी से लाला जी के सिर पर तनी हुई छतरी टूट गयी और उनके कन्धे पर भी चोट आ गयी।

नौजवान साथी अब भी लाला लाजपतराय जी को घेरकर जमे रहने के लिये तैयार थे, परन्तु चोट खाने के बाद लाला जी ने हुक्म दे दिया, "पुलिस की इस जालिमाना हरकत की मुखालफत में मुजाहिरे को मुअत्तल कर दिया जाये" (पुलिस के इस अमानुषिक व्यवहार के विरोध में प्रदर्शन स्थगित कर दिया जायें)। हतोत्साह होकर नौजवानों को प्रदर्शन स्थगित कर देना पड़ा।

उस दिन हम लोगों ने 'पापड़ मण्डी' बाजार में भी बहुत मार खाई। लाला लाजपतराय जी की आज्ञा से प्रदर्शन स्थगित हो जाने पर भीड़ के दल काले झण्डे लिये 'साइमन गो बैक' नारे लगाते हुए बाजारों में घूमने लगे। कहीं किसी बहुत ही राजभक्त की दुकान खुली दिखाई दे जाने पर प्रदर्शन करके उसे बन्द करा दिया जाता था। भगवतीचरण और मैं, 'पापड़ मण्डी' से गुजरने वाली टोली के पीछे-पीछे थे। इस टोली के आगे-आगे उस समय के राष्ट्रवादी मुसलमान नेता मौलाना जफरअली थे। इस बाजार में केवल एक दुकान रायबहादुर लक्ष्मणदास की आढ़त गद्दी खुली हुई थी। उनकी आढ़त की कोठी का बड़ा फाटक बन्द नहीं था। भीड़ ने आग्रह किया कि वह फाटक बन्द होना चाहिये।

रायबहादुर हिन्दू सभा के नेता और विशेष राजभक्त थे। अब वे कांग्रेस सरकार के भक्त हैं। लखनऊ में उनके यहाँ विवाह-शादी हो तो कांग्रेस मंत्रियों को आमंत्रित कर हार पहनाये जाते हैं। कांग्रेसी मंत्री उनका बहुत आदर करते हैं। लाहौर भर में मशहूर उनका अपना एक दल था। इस दल का नाम और दबदबा भी कम नहीं था। उनकी हवेली की चारदीवारी के भीतर ही अखाड़ा था, जहाँ उनका दल कुश्ती और लठैती के करतब सीखता था।

रायबहादुर ने भीड़ के आग्रह से दुकान बन्द कर देना या परास्त होना स्वीकार न किया। भीड़ में चालीस-पचास आदमी होंगे। यह लोग आवेश में हवेली के फाटक में धँसने लगे। फाटक के तंग मोहरे में अटी भीड़ पर भीतर से पन्द्रह-बीस आदमी लाठी और बाने लेकर पिल पड़े। इस भीड़ में अधिकांश तमाशबीन ही थे। मार पड़ती देखकर वे लोग भागे। भगवतीचरण और मैं भीड़ से जरा अलग-अलग चल रहे थे। मौलाना जफरअली भी फाटक के भीतर नहीं गये थे। मार पड़ती देखकर मौलाना सबसे आगे-आगे भागे।

भगवती भाई ने आवाज दी, "मौलाना ठहरिये, इन लोगों को समझाइये!"

मौलाना ने पीछे देखे बिना तेजी से आगे बढ़ते हुए हाथ उठाकर उत्तर दिया, "इन बेरहमों से कहो, बच्चों को क्यों मारते हैं, मारना हो तो आकर मुझे मारें।" और वे तेजी से लोहारी दरवाजे की ओर बढ़ते चले गये।

भीड़ के यों भागने से हमें लज्जा अनुभव हुई। हम लोगों ने आगे होकर भीड़ का साहस बढ़ाने की चेष्टा की, 'भागिये नहीं!'

रायबहादुर के आदमियों ने हमीं लोगों को लाठी का निशाना बनाया। एक लाठी पूरे जोर से मेरे सिर पर आकर पड़ी। गनीमत यह थी कि मैं कुलहे पर पगड़ी बाँधे था फिर भी चकराकर गिर पड़ा। शायद पाँच या दस सेकेण्ड के बाद होश में आकर उठा। कुलहे

पर बँधी पगड़ी बाजार के दूसरी तरफ पड़ी हुई दिखाई दी। कुछ कदम पर भगवतीचरण एक दुकान के खम्भे का सहारा लिये खड़े थे। उनके माथे से खून बह रहा था।

भगवती भाई के समीप जाकर देखा, चोट ज्यादा मालूम नहीं दी, परन्तु उनकी ऐनक गिर गई थी। बिना ऐनक के कोई चीज ढूँढ़ लेना उनके लिए सम्भव नहीं था। मैंने आस-पास नजर दौड़ाई। ऐनक दिखाई नहीं दी। इस बीच बाजार में भी भीड़ का कोई भी आदमी शेष नहीं रह गया था। पहले ही कह चुका हूँ कि यह भीड़ बाजारी जनता की थी जो मुख्य प्रदर्शन के पचासों टुकड़ियों में बँट जाने पर इस ओर से गुजर रही थी।

उस संध्या कांग्रेस की ओर से 'मोरी दरवाजे' के बाहर मैदान में कमीशन के विरोध में एक सार्वजनिक सभा की गई थी। लाला लाजपतराय जी सभा में भाषण दे रहे थे। आज कांग्रेसी राज में पाठकों को यह सुनकर विस्मय होगा कि सुबह जिस आन्दोलन पर भयंकर लाठी-चार्ज हुआ हो, संध्या समय वही आन्दोलन सार्वजनिक सभा कर सके, परन्तु वह विदेशी राज था, जिस राज को दूर करने के लिये हम लोग प्राणों की बाजी लगाकर लड़ रहे थे। अब है रामराज। आज मामूली नाटक भी आप करना चाहें तो सरकार से लिखित अनुमति लेना आवश्यक है और अनुमति पाने से पहले नाटक की प्रति पुलिस को दिखा देना जरूरी है![१] अस्तु

'मोरी दरवाजे' की विकट सार्वजनिक सभा में सुखदेव और मैं भीड़ के पीछे खड़े थे। हम लोगों से कुछ ही कदम पर पुलिस सुपरिन्टेन्डेन्ट नील खड़ा था। लाला जी ने अपनी ओजपूर्ण वक्तृता में सुबह की घटना की निन्दा करते हुए कहा, "जो सरकार निहत्थी रियाया पर इस तरह जालिमाना हमले करती है, उसे तहजीबयाफ्ता (सभ्य) सरकार नहीं कहा जा सकता और ऐसी सरकार कायम नहीं रह सकती। मैं आज चैलेंज देता हूँ कि इस सरकार की पुलिस ने मुझ पर जो वार किया है वह एक दिन इस सरकार को ले डूबेगा।"

अंग्रेज अफसरों को लक्ष्य कर लाला जी ने अपनी बात अंग्रेजी में दोहराई, **"I declare that the blows struck at me will be the last nails in the coffin of the British rule in India."**

नील लाला जी की इस घोषणा पर दाँत निकालकर हँस दिया। उसका वह हँसना मेरे कलेजे में कील की तरह उतर गया। मैंने सुखदेव की ओर देखा **'This is intolerable'** (यह असह्य है)।

सुखदेव मुस्कराया, "लाला जी धमकी तो दे रहे हैं, करेंगे क्या? विरोध में प्रदर्शन स्थगित कर दिया, अब और नाराज होंगे तो रूठकर चुप हो जायेंगे?"

बात यहीं समाप्त नहीं हो गयी। हम लोग आपस में बात करते रहे कि इस घटना को यों ही नहीं जाने देना चाहिये।

•

१७ नवम्बर, १९२८ को लाला जी का देहान्त हो गया। जनता में विदेशी शासन विरोधी भावना और लाला जी के लिये आदर का प्रवाह उमड़ रहा था। लाला जी की

---

१. १९५२-५३ में ऐसी ही स्थिति थी और १९७५-७६ में भी है, यद्यपि इसका उल्लंघन भी होता रहता है।

अर्थी के जुलूस में लाख-डेढ़ लाख आदमी रहे होंगे। डॉक्टर गोपीचन्द जी भार्गव बिलख-बिलख कर रोये। लाहौर में ऐसा कोई भी हिन्दू-मुसलमान न होगा जिसने मातम न मनाया हो। लाहौर के सभी स्वयंसेवक दलों ने शव-यात्रा के प्रबन्ध में साथ दिया था, परन्तु हम लोगों की हिन्दू सेवा समिति पर बोझ अधिक था। प्रायः दस बजे सुबह अर्थी की यात्रा लाला जी के बँगले से आरम्भ हुई और चार मील दूर रावी नदी के तट पर पहुँचते-पहुँचते संध्या के पाँच बज गये। अर्थी पर फूलों का बोझ इतना था कि बीसियों आदमी उसे उठाकर चल रहे थे और दस-पाँच कदम पर आदमी बदलते जाते थे।

संध्या का अँधेरा हो गया था, परन्तु विराट् चिता के समाप्त होने में अभी घण्टों की देर थी। भीड़ प्रायः छँट चुकी थी। डाक्टर भार्गव आँसू बहाते हुए बोले कि वे चिता को अकेला नहीं छोड़ना चाहते। उन्हें आशंका थी, रात में कोई चिता का अपमान न कर जाय। मैंने उन्हें सान्त्वना दी कि मैं रात यहीं रह जाऊँगा।

भगवती भाई ने मुझसे पूछा, ''यहाँ सख्त सर्दी में गीली रेत पर कैसे रह जाओगे?'' वे यह भी देख रहे थे कि मैं कितना थका हुआ था।

''अब तो कह चुका हूँ।'' लाचारी दिखाई।

''अच्छा।'' कहकर वे भी चले गये। मैं अकेला ही चिता से कुछ दूर बैठा रहा। हल्की-हल्की चाँदनी फैल रही थी। रावी तट की तीखी ठंडी हवा चलने लगी थी। चिता से सेंक भी आ रहा था। आँखों में नींद भर रही थी।

प्रायः एक घण्टे के बाद अचानक अपने नाम की पुकार सुनी। आवाज पहिचानी, भगवती भाई थे। वे दूर रेती के पार खड़े पुकार रहे थे। पास जाकर देखा कि वे ताँगे पर एक खाट और बिस्तर ले आये हैं और एक कटोरदान में कुछ खाने के लिये भी।

हम लोगों ने चिता से कुछ दूर खाट पर बिस्तरा लगाया और दोनों एक साथ सो गये। सुबह सूर्य की किरणों से नींद खुली, नींद ऐसी आई थी कि करवट भी नहीं बदली। भगवती भाई के साथ खाट पर सोने से करवट लेने की गुंजाइश भी नहीं थी। फरारी के दिनों में हम लोगों को हफ्तों जाड़ों में एक कम्बल लेकर इसी प्रकार सोना पड़ा, परन्तु तब खाट भी न थी।

राजनैतिक हिन्दू संगठन की सेवा समिति और डाक्टर गोपीचन्द भार्गव के काम की देखभाल के साथ-साथ ही क्रांतिकारी दल में पिछवाड़े के मोर्चे का काम मैं मजे में निबाहता चला जा रहा था। अब पंजाब में क्रांतिकारी काम का नेता सुखदेव नियुक्त हो गया था। जयचन्द्र जी से हम लोगों का कोई सम्पर्क नहीं रहा था। भगवती भाई के प्रति सन्देह दूर हो चुका था। नौजवान भारत सभा का काम मुख्यतः भगवती भाई, साथी रामचन्द्र कपूर, धन्वन्तरी, एहसानइलाही के ही कंधों पर था। इसी समय 'मेरठ कम्युनिस्ट षड्यंत्र' की गिरफ्तारियाँ शुरू हो गईं। कम्युनिस्टों से भगवती भाई के पुराने सम्बन्धों के कारण उनके यहाँ भी एक तलाशी हो चुकी थी। उनके गिरफ्तार हो जाने की आशंका थी इसलिये वे प्रायः घर से बाहर ही रहते।

पंजाब, युक्तप्रान्त, राजपूताना और बिहार का सम्बन्ध कायम हो जाने से काम तेजी से बढ़ रहा था। लाहौर में जब-तब नये-नये लोग दिखाई देते थे। ये लोग पंजाबी पोशाक पहने रहते थे, परन्तु इनके व्यवहार और उच्चारण से मालूम हो जाता था कि वे लोग पंजाबी नहीं हैं। इनमें से कुछ लोग मेरे ही अतिथि होते थे। सबसे पहले आने वालों में से

कैलाशपति और साथी महावीरसिंह थे। महावीरसिंह का तो अण्डमान द्वीप के कारावास में देहान्त हो गया था, कैलाशपति देहली षड्यंत्र के मामले में गिरफ्तार होकर मुखबिर या सरकारी गवाह बन गया था।

कैलाशपति परिस्थितियों के प्रभाव का बहुत ही स्पष्ट उदाहरण है। मैंने उसे भिन्न-भिन्न मानसिक अवस्थाओं में बहुत निकट से देखा है। अपने यहाँ आने वाले इन अतिथियों के उद्देश्य मैं खूब समझता था। वे भी यह जानते थे कि मैं उनकी वास्तविकता जानता हूँ, परन्तु दल के कार्यक्रम के सम्बन्ध में उनसे कभी कोई बात नहीं होती थी। गुप्त आन्दोलन के अनुशासन की रक्षा के लिये यह एक आवश्यक नियम था।

युक्तप्रान्त से कई साथी आये थे। उन्हें एक दूसरे से अलग-अलग और सुरक्षित स्थानों पर टिकाना आवश्यक था। एक बड़ा विचित्र काम सुखदेव ने सौंप दिया था जिसका मैं स्वयं कोई अर्थ उस समय समझ नहीं सका। उसने कहा कि मैं दो-चार ऐसी जगहों का पता लूँ जहाँ से हजार-हजार रुपये के नोट आसानी से भुनाये जा सकें। समझा कि दल के पास कहीं से ऐसे नोट आये हैं और उन्हें भुनाना आवश्यक है। अपना असामर्थ्य प्रकट कर दिया कि बाजार और व्यापार में मेरा दखल कहाँ। हजार-हजार रुपये के नोटों के तुड़ाने की आवश्यकता से कुछ विस्मय भी हुआ। इन दिनों आर्थिक स्थिति बहुत खराब थी। सुखदेव दो-दो, तीन-तीन रुपये मुझसे नोचता रहता था। सबसे बड़ा सहारा था भगवती भाई का। वे स्वयं तो 'मेरठ केस' के कारण आधे फरार थे, परन्तु भाभी उनसे भी अधिक कृपालु थीं। सुखदेव जो माँगता वे बिना तर्क के चुपके से देतीं। रहस्य मुझे कुछ दिन बाद पता लगा। आर्थिक संकट से परेशान होकर लाहौर के पंजाब नेशनल बैंक में डकैती करने की योजना बनाई गई थी। बैंक में डकैती करने के बाद नोट तुड़ाने की समस्या भी सामने अवश्य आती। सुखदेव उसी उपाय की चिन्ता पहले से कर रहा था।

दिसम्बर के आरम्भ में एक दिन सुखदेव ने मुझे पंजाब नेशनल बैंक जाकर स्थिति देख आने के लिये कहा। देखना यह था कि बैंक में डकैती की जाय तो मेरी कल्पना के अनुसार उसकी क्या योजना होनी चाहिये और डकैती के समय किन-किन बातों से असफलता या संकट हो सकते हैं। मैं दस रुपये का नोट तुड़ाने के लिये बैंक में गया और आकर अपनी रिपोर्ट दी। मेरी रिपोर्ट थी कि बैंक में डकैती आसान नहीं, क्योंकि खजाने और क्लर्कों के बैठने की जगह प्रायः मिली-जुली है। ऐसी अवस्था में बहुत अधिक आदमियों को डकैती में ले जाना होगा। मेरे खयाल से कम से कम तीस सशस्त्र आदमी जरूरी थे और सभी के बैंक से लौटने का प्रबन्ध मोटरों पर होना चाहिये था। इतनी मोटरें कहाँ मिल सकती थीं? सुखदेव ने तर्क किया कि लाहौर में टैक्सी मिल सकती है और ड्राइवर को टैक्सी से अलग किया जा सकता है। मैंने आपत्ति की कि टैक्सी का ठीक समय पर मिलना मौके की बात है। यदि न मिली तो क्या होगा? सुखदेव ने कोई उत्तर नहीं दिया।

बाद में मुझे पता लगा कि सुखदेव ने बैंक में डकैती की योजना के सम्बन्ध में भगवती भाई से भी राय ली थी। हम दोनों को आपस में यह बात मालूम नहीं थी। सुखदेव का यह कायदा था कि भिन्न-भिन्न आदमियों की कल्पना और समझ से फायदा भी उठा लेना और उन पर रहस्य भी प्रकट न करना। भगवती भाई ने तो इस योजना

का विरोध नीति की दृष्टि से किया था। पंजाब नेशनल बैंक को लाहौर के लोग, खासकर आर्यसमाजी जगत, नेशनल शब्द के कारण राष्ट्रीय संस्था मान बैठे थे। भगवती भाई का कहना था कि डकैती करनी है तो किसी दूसरे बैंक में की जानी चाहिये।

इस डकैती के लिये आज़ाद, कैलाशपति, भगतसिंह, महावीर, कुन्दनलाल और राजगुरु लाहौर में आये हुए थे। भगतसिंह ने इस समय केशों से छुट्टी लेकर हैट-टोपी पहनना शुरू कर दिया था। भगतसिंह और महावीरसिंह दोनों भले आदमियों के से कपड़े पहनकर टैक्सी किराये पर लेने स्टेशन गये। योजना थी कि सुखदेव फाटक पर खड़े सन्तरी को रिवाल्वर से धमकाकर उसकी बन्दूक छीन लेगा। कैलाशपति टेलीफोन के तार काटने के लिए एक छुरा भी लिये था। भगतसिंह और महावीर बैंक के दूसरे आदमियों को दूर रोके रहने पर तैनात थे। हंसराज और कैलाशपति खजांचियों को काबू करने पर तैनात थे। जयगोपाल और किशोरीलाल को नोट थैलों में भर लेने का काम सौंपा गया था। खयाल था कि सिक्का न बटोरा जायेगा। आज़ाद इस पूरी योजना के संचालक थे और माल लेकर लौटते समय, ड्राइवर को गाड़ी के भीतर ही एक ओर ढकेलकर मोटर चलाकर लौटने का काम भी आज़ाद के ही जिम्मे था। आज़ाद सन् १९२६ में फरार होने के बाद झाँसी और बम्बई में मोटर क्लीनरी और ड्राइवरी सीख चुके थे।

बैंक में पहुँचे हुए लोग पसीना-पसीना हो रहे थे, परन्तु भगतसिंह और महावीरसिंह टैक्सी लेकर न पहुँच सके। बैंक का खजाना बन्द होने का समय निकट आ रहा था। आखिर महावीरसिंह एक ताँगे पर बैंक पहुँचा और आज़ाद को सूचना दी कि टैक्सी नहीं मिल सकी। आज़ाद के इशारे पर सब लोग बैंक से बाहर निकल आये। यह असफलता कोई बड़ी बात नहीं थी। साधनों के अभाव में ऐसी असफलतायें तो बहुत बार हुआ करती थीं।

सुखदेव रो बात करते समय जिस आपत्ति की कल्पना मैंने की थी अवसरवश वही हुई। भगतसिंह और महावीर को स्टेशन पर कोई टैक्सी ही नहीं मिली। उन दिनों लाहौर में टैक्सियाँ गिनी-चुनी थीं। खासतौर पर जिस समय ये लोग टैक्सी लेने गये, स्टेशन पर किसी गाड़ी के आने का समय नहीं था। डकैती का समय तीन बजे निश्चित किया गया था। जैसे आजकल बैंक डेढ़-दो बजे लेन-देन बन्द करते हैं, उन दिनों तीन-साढ़े तीन बजे बंद करते थे। बैंक में अधिक रुपया इसी समय होता था और ग्राहक बहुत कम।

टैक्सी उस दिन नहीं मिली तो बाद में मिल सकती थी। एहतियातन टैक्सी दो-तीन घंटे पहले से ही भाड़े पर रखी जा सकती थी। कोई आदमी सैलानी यात्री बनकर टैक्सी पर 'शालीमार' और 'जहाँगीर का मकबरा' आदि देखने के बहाने टैक्सी सम्भाले रह सकता था, परन्तु बैंक के भीतर की स्थिति स्वयं देख लेने के बाद आज़ाद ने इस प्रयत्न को व्यावहारिक नहीं समझा।

आज़ाद दुस्साहसी सैनिक के तौर पर बहुत प्रसिद्ध हैं। व्यक्तिगत रूप से वे दुस्साहसी थे भी, परन्तु जब किसी योजना का संचालन करते थे तो उनका व्यवहार बहुत ही सतर्क हो जाता था और वे बहुत अधिक फूँक-फूँककर कदम रखते थे। वे नाप-तोल कर यह निश्चय कर लेते थे कि मरने-मारने की परवाह न करने पर भी सफलता के लिये कितना अवसर है। उस समय उनका आवेश संयत होकर सतर्कता उभर आती थी। इस बारे में साथियों को मुझ पर भी बहुत भरोसा था, लेकिन आज़ाद के बराबर नहीं।

जिस दिन हम लोग बोर्स्टल जेल के फाटक से भगतसिंह को छुड़ाने के लिये हमला करने के लिये गये थे मैं आवेश में बावला-सा हो गया था और कूद पड़ने के लिये बार-बार आग्रह कर रहा था, परन्तु आज़ाद ने दाँत दबाकर डपट दिया—'स्टाप!' दस ही मिनट बाद दिमाग ठंडा होने पर मैंने अपनी भूल समझ ली। मेरे आवेश के परिणाम में भगतसिंह और दत्त समेत हम पाँच-सात आदमियों की मृत्यु तो वहाँ जरूर हो गयी होती, परन्तु भगतसिंह को छुड़ा लेना सम्भव न होता। आज़ाद का हम में सबसे पुराना साथी होना और यही गुण भी था जिसके कारण उनके अंग्रेजी न बोल सकने पर भी उन्हें हिसप्रस का कमांडर-इन-चीफ बनाया गया था।

●

साण्डर्स वध

आज़ाद का यह विचार था कि जब लाहौर में इतना प्रबन्ध किया गया है तो कुछ न कुछ करके ही टलें। लाला लाजपतराय का देहान्त हुए महीना भी नहीं बीता था। भगतसिंह ने सुझाया कि लाला जी पर आघात किया जाने के राष्ट्रीय अपमान का बदला लिया जाये। दिसम्बर के पहले सप्ताह में लाहौर के 'मजंग' मोहल्ले के मकान में इस बात का फैसला केन्द्रीय समिति ने कर लिया। केन्द्रीय समिति के अधिकांश लोग लाहौर में मौजूद थे। शिव वर्मा और फणीन्द्र बहुत दूर थे। उन्हे बुलाने मैं समय बहुत लग जाता।

पहले लाहौर षड्यंत्र केस के मुखबिर जयगोपाल के बयान से यह भ्रम फैला हुआ था कि हि० स० प्र० स० ने स्काट को गोली मारने का फैसला किया था, परन्तु भूल से गोली साण्डर्स को मार दी गयी थी। बात यह न थी। मैं साइमन कमीशन विरोधी प्रदर्शन प्रसंग में कह चुका हूँ कि लाला जी पर लाठी चलाने का हुक्म स्काट ने दिया था, लाठी साण्डर्स ने मारी थी। हि० स० प्र० स० को इनमें से किसी के प्रति व्यक्तिगत पक्षपात नहीं था। गोली मारने का प्रयोजन एक ही था और दोनों ही इसके अधिकारी थे। दोनों में भ्रम होने का कोई अवसर नहीं था। स्काट अपनी छोटी सी नीली मोटर में आता-जाता था और साण्डर्स अपनी लाल मोटर साइकिल पर। स्काट का दफ्तर जाना बहुत नियमित नहीं था इसलिये उसे गोली मारने की तजवीज उसके बँगले पर ही थी और साण्डर्स को डी० ए० वी० कालिज के सामने 'टिब्बा फरीद' के पुलिस दफ्तर में गोली मारने का निश्चय था।

कई दिन तक साण्डर्स और स्काट के आने-जाने के रास्ते की देख-भाल की गयी। साण्डर्स कभी गोलबाग के बीच की सड़क से गुजरता था और कभी टाउन हाल के सामने से होकर गोलबाग की बगल की सड़क से आता-जाता था। दफ्तर के सामने मोटर साइकिल खड़े करने की जगह उसकी निश्चित थी। खासतौर पर उस समय स्काट दो-तीन दिन से लाहौर में था ही नहीं। भूल की कोई गुंजाइश नहीं थी।

१७ दिसम्बर, १९२८ दोपहर बाद पहले मजंग से जयगोपाल को पुलिस के दफ्तर के सामने यह देखने के लिये भेज दिया गया कि साण्डर्स दफ्तर में है या नहीं। जयगोपाल कई दिन से साण्डर्स के आने-जाने पर नजर रख रहा था। वह साण्डर्स को स्काट समझे हुये थे। उसने शायद स्काट को देखा ही नहीं था। राजगुरु भी जगह देख चुका था। उसे साइकिल का अभ्यास नहीं था इसलिये वह एक रिवाल्वर लेकर बहुत शान्ति से मजे-मजे पुलिस दफ्तर की ओर चला कि ठीक समय जगह पर पहुँच जाय। इसके बाद आज़ाद और भगतसिंह साइकिलों पर आये। दो दिन पहले ही जगह का निरीक्षण कर लिया गया था कि कौन कहाँ खड़ा होगा, मुकाबला पड़ने पर क्या किया जायेगा और पीछा करने वालों से बचकर किस रास्ते निकला जायेगा।

यह निश्चित था कि भगतसिंह और राजगुरु साण्डर्स पर ठीक उस समय गोली चलायेंगे जब वह मोटर साइकिल पर पुलिस दफ्तर से बाहर सामने की सड़क पर निकलेगा। वहाँ समीप ही जयगोपाल एक साइकिल लिये खड़ा था मानो किसी कारण बिगड़ गयी साइकिल को देख रहा हो। यहाँ साइकिल रखने का प्रयोजन यह था कि यदि राजगुरु और भगतसिंह की गोली चुक जाय तो भगतसिंह तुरन्त यह साइकिल लेकर साण्डर्स का पीछा कर उसे गोली मार सके।

आज़ाद स्वयं दफ्तर के सामने डी० ए० वी० कालिज के जंगले के भीतर उस ओर खड़े थे जहाँ से गोली चलाने के बाद भगतसिंह और राजगुरु के लिये डी० ए० वी० कालिज का हाता पार कर बोर्डिंग के भीतर चले जाने का मार्ग निश्चय था। मतलब था कि यदि पुलिस के दूसरे आदमी उनका पीछा करें तो आज़ाद पीछा करने वालों का रास्ता रोककर भगतसिंह और राजगुरु को भागने का अवसर देंगे। आज़ाद के हाथ में माउजर पिस्तौल थी जिसके पीछे इस पिस्तौल के रखने का खाना राइफल के कुंदे की तरह जुड़ जाता है और माउजर को राइफल की तरह कन्धे से टिकाकर निशाना लिया जा सकता है। माउजर पिस्तौल साधारण बन्दूक से भी अधिक दूर तक मार लेता है। माउजर में दस गोलियाँ एक साथ मैगजीन में भरी जाती हैं। आज़ाद दो भरी हुई मैगजीन जेब में और भी रखे हुए थे।

घटना से पहले सन्देह न होने देने के लिये भगतसिंह और राजगुरु पुलिस दफ्तर की सड़क पर खुलने वाले फाटक से जरा हटकर खड़े थे। उन्हें जयगोपाल के इशारे पर आगे बढ़ना था। साण्डर्स के मोटर साइकिल चालू कर आहिस्ता-आहिस्ता फाटक की ओर बढ़ते ही जयगोपाल ने आड़ में खड़े हुए भगतसिंह और राजगुरु को संकेत किया। साण्डर्स धीमी चाल से फाटक तक पहुँचा ही था कि राजगुरु ने लपककर एक गोली उनकी गरदन के ऊपर सिर में दाग दी। साण्डर्स उसी गोली से मोटर साइकिल समेत गिर पड़ा। उसके मुँह से मामूली सी ही चीख निकल पाई। भगतसिंह ने शंका का कोई अवसर न रहने देने के लिये साण्डर्स के सिर और कन्धों पर चार-पाँच गोलियाँ और दाग दीं। यह लोग कालिज के हाते की ओर बढ़ गये।

साण्डर्स के गिरते ही दफ्तर के बरामदे में खड़ा एक सिपाही चिल्ला उठा था। ट्रैफिक इन्स्पेक्टर फर्न और दो दूसरे सिपाही भगतसिंह और राजगुरु के पीछे दौड़ पड़े। भगतसिंह ने घूमकर फर्न पर गोली चलायी। फर्न झुककर बचने के प्रयत्न में गिर पड़ा। गोली उसे न लगी। दूसरे सिपाही झिझक गये।

आज़ाद ने अपने स्थान से चेतावनी दी, "चलो!"

भगतसिंह और राजगुरु आगे निकल गये। आज़ाद उनके पीछे रास्ता रोककर खड़े हो गये। इतने में हेड कान्स्टेबल चन्दनसिंह गाली देता हुआ दो सिपाहियों के साथ उनके पीछे भागा।

आज़ाद ने अपना माउजर राइफल की तरह उठाकर चन्दनसिंह को धमकाया "खबरदार! पीछे हटो!"

दो सिपाही तो रुक गये, परन्तु चन्दनसिंह नहीं रुका। आज़ाद ने गोली चला दी। चन्दनसिंह एक ही गोली में बाँहें फैलाये मुँह के बल गिर पड़ा। दूसरे किसी ने पीछा नहीं किया। आज़ाद भी भगतसिंह और राजगुरु के पीछे-पीछे कालिज का हाता पार कर

बोर्डिंग में चले गये। यहाँ आकर आज़ाद ने राजगुरु को अपनी साइकिल पर बैठा लिया और बोर्डिंग से निकलकर गोलबाग में होते हुए मजंग की ओर चले गये। उनके कुछ पीछे-पीछे भगतसिंह था।

अंग्रेज डिप्टी सुपरिन्टेन्डेन्ट पुलिस के मार दिये जाने से लाहौर में सनसनी फैल गयी, परन्तु घटना का रहस्य लोग समझ नहीं पा रहे थे। अनेक प्रकार के अनुमान लगाये जा रहे थे। कुछ लोगों का अनुमान था कि डाकुओं के दल ने पुलिस से बदला लिया है। दूसरे दिन कुछ लाल पर्चे अंग्रेजी में बाँटे गये और जगह-जगह चिपके मिले। वह पर्चे इस प्रकार थे :

हिन्दुस्तान समाजवादी प्रजातंत्र सेना
नोटिस
नौकरशाही, सावधान!

जे० पी० साण्डर्स की मृत्यु में लाला लाजपतराय जी की हत्या का बदला ले लिया गया।

यह सोचकर कितना दुख होता है कि जे० पी० साण्डर्स जैसे एक मामूली पुलिस अफसर के कमीने हाथों ने देश के तीस करोड़ जनता द्वारा सम्मानित एक नेता पर हमला करके उनके प्राण ले लिए। राष्ट्र का यह अपमान हिन्दुस्तानी नवयुवकों और मर्दों को चुनौती थी।

आज संसार ने देख लिया कि हिन्दुस्तान की जनता निष्प्राण नहीं हो गयी है, उनका खून जम नहीं गया। वे अपने राष्ट्र के सम्मान के लिये प्राणों की बाजी लगा सकते हैं और यह प्रमाण देश के उन युवकों ने दिया है जिनकी स्वयं इस देश के नेता निन्दा और अपमान करते हैं।

अत्याचारी सरकार सावधान!

इस देश की दलित और पीड़ित जनता की भावनाओं को ठेस मत लगाओ! अपनी शैतानी हरकतें बन्द करो! हमें हथियार न रखने देने के लिये बनाये तुम्हारे सब कानूनों और चौकसी के बावजूद पिस्तौल और रिवाल्वर इस देश की जनता के हाथ में आते ही रहेंगे। यदि हथियार सशस्त्र क्रांति के लिये पर्याप्त न हुए तो भी राष्ट्रीय अपमान का बदला लेते रहने के लिये तो काफी रहेंगे ही। हमारे अपने लोग हमारी निन्दा और अपमान करें, विदेशी सरकार चाहे हमारा कितना ही दमन कर ले, परन्तु हम राष्ट्रीय सम्मान की रक्षा करने और विदेशी अत्याचारियों को सबक सिखाने के लिये सदा तत्पर रहेंगे। हम सब विरोध और दमन के बावजूद क्रांति की पुकार को बुलन्द रखेंगे और फाँसी के तख्तों से भी पुकारते रहेंगे :

इन्कलाब ज़िन्दाबाद!

हमें एक आदमी की हत्या करने का खेद है, परन्तु यह आदमी निर्दयी, नीच और अन्यायपूर्ण व्यवस्था का अंग था जिसे समाप्त कर देना आवश्यक था। इस आदमी का वध हिन्दुस्तान में ब्रिटिश शासन के कारिन्दे के रूप में किया गया है। यह सरकार संसार की सबसे अत्याचारी सरकार है।

मनुष्य का रक्त बहाने के लिये हमें खेद है, परन्तु क्रांति की बलिवेदी पर रक्त बहाना अनिवार्य हो जाता है। हमारा उद्देश्य ऐसी क्रांति से है जो मनुष्य द्वारा मनुष्य के शोषण का अन्त कर देगी।

इन्कलाब ज़िन्दाबाद!

ह० बलराज

१८ दिसम्बर, १९२८ सेनापति, पंजाब हि० स० प्र० स०[१]

'क्रांति' और 'आतंकवाद' के विषय में पहले भी कुछ कह आया हूँ। यहाँ यह कहना अप्रासंगिक न होगा कि हि० स० प्र० स० की उपरोक्त घोषणा स्पष्ट कर देती है कि आतंकवाद और क्रांति के प्रति हम लोगों का दृष्टिकोण क्या था। इक्के-दुक्के सरकारी अफसर पर हमला किया जाता था तो किस अभिप्राय से! लक्ष हमारा सामूहिक सशस्त्र क्रांति ही था और उद्देश्य था, मनुष्य द्वारा मनुष्य के शोषण का अन्त कर देना।

ऊपर उद्धृत इश्तहारों से साण्डर्स की हत्या का राजनैतिक अथवा क्रांतिकारी रूप प्रकट हो गया। लोगों के चेहरों पर एक गर्व भरी मुस्कान दिखाई देने लगी। पुलिस बौखलाकर इधर-उधर हाथ मारने लगी। नौजवान भारत सभा और विद्यार्थी संघ के बहुत से कार्यकर्ताओं को एकदम गिरफ्तार कर लिया गया। इनमें से प्रायः वे ही कार्यकर्ता थे जो प्रकट राजनैतिक आन्दोलन में भाग ले रहे थे। इनमें से कोई भी रहस्य के विषय में कुछ जानता भी नहीं था। उन सबके मकानों की तलाशियाँ भी ली गईं। वहाँ भी पुलिस को कोई सुराग न मिल सका। इस प्रकार पकड़े जाने वालों में केवल हंसराज वोहरा ही ऐसा व्यक्ति था जो 'साण्डर्स कांड' के रहस्य से परिचित था।

हंसराज वोहरा इससे पहले से हि० स० प्र० स० में था और विद्यार्थी संघ में भी काम कर रहा था। उसे विद्यार्थी संघ का कार्यकर्ता होने के कारण गिरफ्तार कर लिया गया था। उसे सात दिन हवालात में रखकर, उसके विरुद्ध कोई प्रमाण न मिल सकने के कारण छोड़ दिया गया था। उस समय उसने कोई कायरता न दिखाई थी। दूसरी बार गिरफ्तार होने पर वह मुखबिर बन गया। इस बार सुखदेव के बयान दे देने का उदाहरण उसके सामने था। हंसराज वोहरा सम्बन्ध में सुखदेव का भांजा लगता था। उसके पिता लाहौर के गवर्नमेंट मॉडल स्कूल के हेडमास्टर थे। सुखदेव और भगतसिंह का भी वह विशेष विश्वासपात्र था। उसे भी सुखदेव पर बहुत श्रद्धा थी इसलिये सुखदेव के आचरण का प्रभाव उसके मस्तिष्क पर पड़ना अनिवार्य था। दूसरी बार गिरफ्तारी पर हंसराज का व्यवहार बदल जाने का कारण पहले स्वयं दूसरों का मुखबिर बन जाना था।

साण्डर्स की घटना के दूसरे दिन सुखदेव सुबह ही आकर मुझसे मिला। एक दूसरे की आँखों में देखकर हम लोग समझ गये।

''अब रुपया चाहिये।'' सुखदेव ने कहा और खुद ही सुझाव दिया, ''अब तो डाक्टर गोपीचन्द सन्तुष्ट हो गये होंगे। उनके गुरु के अपमान का बदला ले लिया गया है···उनसे बात क्यों नहीं करते!''

---

१. यह नोटिस हिसप्रसे (HSRA) के अंग्रेजी नोटिस का अनुवाद है। लाहौर षड्यंत्र के मुकदमे में अंग्रेजी नोटिस अदालत में पेश किया गया था और इसका अदालती नम्बर EX.PAX था।

रुपये की एकदम जरूरत थी। उस समय मजंग के मकान में कितनी आर्थिक कठिनाई थी, यह अनुमान मुखबिर जयगोपाल के अदालत में दिये बयान से भी हो सकता है। उसने अदालत में कहा था कि साण्डर्स को गोली मार देने के बाद जब सब लोग संध्या मकान पर लौटे तो पंडित जी (आज़ाद) के कहने से वह अपने मित्र बंसीलाल के यहाँ गया और सब लोगों का खाना-पीना निबाहने के लिये दस रुपया माँग कर लाया।

मैं डाक्टर गोपीचन्द के पास पहुँचा और एकान्त में उनसे बात की। परम गांधीवादी होने के बावजूद लाला जी के अपमान का बदला ले लिये जाने की खबर से डाक्टर साहब के चेहरे पर सन्तोष झलक आया था।

डाक्टर साहब ने आग्रह से पूछा, "यह काम किसने किया है?"

मैंने निधड़क उत्तर दिया, "नाम नहीं बता सकता। काम क्रांतिकारी लोगों ने किया है जो देश के सम्मान और स्वतंत्रता के लिये जान दे देने के लिये तैयार हैं।"

डाक्टर साहब ने दो-तीन घण्टे बाद मिलने के लिये कहा। एकान्त में मिलने पर उन्होंने मुझे दो सौ रुपये थमा दिये। उस समय डाक्टर साहब ने सहायता दे दी, परन्तु ऐसे कामों से मेरा सम्बन्ध मालूम हो जाने पर वे मुझसे बहुत कतराने लगे। यह कतराना यहाँ तक बढ़ा कि अन्त में मुझे उनका सहयोग छोड़कर 'लक्ष्मी इंश्योरेन्स कम्पनी' में नौकरी करनी पड़ गयी।

दो सौ रुपये से क्या होता? अब आया दुर्गा भाभी की परीक्षा का समय। कह ही चुका हूँ, भगवती भाई घर पर नहीं थे। कुछ दिन पहले आकर भाभी को आदेश दे गये थे—बैंक से पाँच सौ रुपये निकलवा कर रख लो। किसी भी समय जरूरत हो सकती है।

भाभी ने घर की मालकिन के अधिकार से पूछा—"क्या होगा इतने रुपये का?"

भगवती भाई तो भाभी को देहातिन बहू ही समझते थे उत्तर दिया, "जो कहा है, करो!"

सुखदेव ने आकर पूछा, "घर में रुपया है?"

"क्यों?...हो जायेगा...कितना चाहिये?" भाभी ने संकोच से पूछा।

"इस समय कितना है?"

"क्या करोगे? कितना चाहिये?"

"पाँच सौ!"

भाभी ने रुपये निकालकर दे दिये। लाहौर में इकट्ठे हुए दल के लोग एक-एक करके दो दिन में फिरोजपुर, अमृतसर आदि चले गये थे।

सबसे कठिन समस्या थी भगतसिंह को लाहौर से बाहर निकालने की। यह कल्पना कर लेना कठिन नहीं था कि जिस भगतसिंह के विषय में पुलिस को यों ही सदा सन्देह बना रहता था, उसकी लम्बी फरारी और साण्डर्स-वध की घटना के बाद पुलिस उसकी खोज में कितनी परेशान होगी! भगतसिंह केश कटाकर वेश तो बदल चुका था, लेकिन इससे चेहरे में कितना परिवर्तन आ सकता था? फर्न पर गोली चलाते समय उसे तीन-चार सिपाहियों ने देखा भी था। भगतसिंह के पुराने रूप से लाहौर की खुफिया पुलिस खूब परिचित ही थी। केश-दाढ़ी उसने जरूर साफ करा दिये तो, परन्तु उसकी दाढ़ी बहुत घनी तो कभी थी भी नहीं।

भगवती भाई 'मेरठ केस' में वारण्ट होने की आशंका के कारण फरार थे। उस वर्ष कांग्रेस का अधिवेशन कलकत्ते में हो रहा था। भगवती भाई कांग्रेस में जाना चाहते थे। एक दिन अवसर से आकर भाभी से पूछ गये थे, "कांग्रेस देखने कलकत्ते चलोगी?"

"क्या करूँगी जाकर?" भाभी ने उत्साह नहीं दिखाया।

"मैं जाऊँगा।" भगवती भाई कह गये थे।

सुखदेव लगभग रात के आठ बजे आया। उन दिनों भाभी संस्कृत पढ़ा करती थीं। पड़ोस की एक और महिला के साथ मिलकर उन्होंने एक अध्यापक नियुक्त कर लिया था। भाभी को एक ओर बुलाकर सुखदेव ने प्रश्न किया, "कहीं बाहर जा सकती हो?"

"क्यों? कहाँ? ···क्या काम है?"

"इस घटना के एक आदमी को बचाकर लाहौर से निकालना है। उसकी मेम या बीबी बनकर साथ जाना होगा···खतरा है, सोच लो, गोली चल सकती है।' सुखदेव भाभी की ओर घूरता रहा।

"कौन आदमी है?" भाभी ने जानना चाहा।

"कोई भी हो।" जैसी सुखदेव की आदत थी।

"चली जाऊँगी।"

"वह आज रात में यहाँ ही रहेगा।···इस पढ़ाई को समाप्त कर दो।"

"अच्छा।"

कुछ देर बाद सुखदेव के साथ एक लम्बा सा जवान ओवरकोट-हैट पहने एक नौकर के साथ आ गया। भाभी ने उन्हें कमरे में बैठा दिया, स्वयं भी बैठीं और सुखदेव की ओर देखती रहीं। अपरिचित आदमी की ओर क्या देखतीं।

सुखदेव ने उस आदमी की ओर संकेत कर भाभी से पूछा, "इसे पहचानती हो?"

भाभी ने देखा, फिर जरा ध्यान से देखा, "भगत!"

भगतसिंह और सुखदेव हँस पड़े।

सुबह तड़के पाँच-छः बजे कलकत्ता मेल से चलने की बात थी। भगतसिंह ओवरकोट का कालर उठाये, हैट माथे पर खींचे और अपना चेहरा गोद में लिये शची के सिर की आड़ में किये रेलवे प्लेटफार्म पर पहुँचा। भगवती भाई का लड़का शचीन्द्र कुमार वोहरा, जो अब इंजीनियर है, उस समय तीन बरस का था। भाभी भी चेहरे पर पाउडर मले और अपने सबसे ऊँची एड़ी के जूते से खट-खट करती साथ थीं। भगतसिंह की जेब में भरा हुआ पिस्तौल। राजगुरु नौकर के वेश में साथ था। उसकी कमर पर भी भरा हुआ पिस्तौल बँधा था। पुलिस को संदेह हो जाता तो गोली जरूर चलती···शची और भाभी दोनों का क्या होता?

लखनऊ स्टेशन पर यह लोग कुछ घण्टे के लिये वेटिंग रूम में ठहर गये। राजगुरु यहाँ से खिसक गया।

भगवती भाई कलकत्ते में सुशीला दीदी के यहाँ ठहरे हुए थे। उचित समझा गया कि उन्हें भाभी के पहुँचने की सूचना दे दी जाये। भगतसिंह ने भाभी के नाम से दीदी को

तार दे दिया, 'भाई के साथ आ रही हूँ।' नीचे नाम दुर्गा देवी न लिख भूल से दुर्गावती लिख दिया।

भगवती भाई और सुशीला दीदी दोनों हैरान थे, कौन दुर्गावती और कौन भाई। दुर्गा ने तो कांग्रेस पर आने से इन्कार कर दिया था पर वे स्टेशन पर देखने गये।

स्टेशन पर बात समझी। भगवती भाई स्तब्ध रह गये। वहीं प्लेटफार्म पर ही भाभी के कन्धे पर हाथ रखकर कहे बिना न रह सके, "तुम्हें आज समझा!"

भगतसिंह कांग्रेस के अधिवेशन के समय ही कलकत्ता पहुँचा था। कलकत्ते में लाहौर की अपेक्षा पहचाने जाने की आशंका कम थी, परन्तु कांग्रेस के अधिवेशन के उपलक्ष में, जहाँ सभी प्रान्तों के राजनैतिक लोग कलकत्ता में इकट्ठे हुए थे, वहाँ साथ ही सभी प्रान्तों की खुफिया पुलिस का जमघट भी लग गया था। इसलिये भगतसिंह प्रायः दिन भर पड़ा-पड़ा सोया करता। इस समय कलकत्ते में इकट्ठे हुए क्रांतिकारियों से मिलने के लिये वह बंगाली ढंग की धोती पहन और शाल ओढ़कर रात में ही बाहर निकलता।

तब सुशीला दीदी कन्या महाविद्यालय, जालंधर की नौकरी छोड़कर कलकत्ते के एक करोड़पति सेठ छाजूराम की पुत्री को पढ़ाने की नौकरी कर रही थीं। इस लड़की की अध्यापिका के तौर पर सेठ के परिवार के साथ ही सेंट्रल ऐवेन्यू में रहती थीं। उनका अपना कमरा अलग था। दुर्गा भाभी और भगतसिंह यहीं आकर टिके थे।

भगतसिंह के दिनभर घर में बने रहने से सेठ के लम्बे-चौड़े परिवार के लोगों को कुछ शंका न हो इसलिये सुशीला जी ने कह दिया था कि हमारा भांजा सफर में बीमार हो गया है। दवाई की लेबिल लगी एक शीशी भी भगतसिंह की खाट के समीप पड़ी रहती थी, जिसमें से कुछ पानी समय-समय पर बहा दिया जाता था। भगतसिंह दिन में खूब खाता और खूब सोता था। रात में निशाचरों की तरह घूमता-फिरता था। चार-पाँच दिन में दूसरी जगह प्रबन्ध हो जाने पर उसने सेठ छाजूराम का मकान छोड़ दिया।

कलकत्ता में पहले या दूसरे दिन ही रात में लोगों से मिलने के लिये निकलने पर भगतसिंह की मुलाकात जयचन्द्र जी से हो गई। वे भी कांग्रेस के समय कलकत्ता पहुँचे हुए थे और अब भी क्रांतिकारी संगठन में अपनी जगह बनाने की कोशिश कर रहे थे। भगतसिंह को पहचान कर उन्होंने उसे शाबाशी और बधाई तो दी, परन्तु सतर्कता का उपदेश देते हुए उसे भयंकर संकट से सावधान भी कर दिया, "सुनो भगवतीचरण भी यहाँ आया हुआ है। उससे बचकर रहना!"

भगतसिंह का कहना था कि सावधानी के इस परामर्श से वह मन ही मन जल गया। मन में तो आया कि जवाब में एक चाँटा दे दे, परन्तु जयचन्द्र जी एक तो आयु में बड़े थे, तिस पर एक समय के गुरु थे। भगतसिंह मन मारकर रह गया। जो आदमी स्वयं एक राजनैतिक षड्यंत्र के मामले में फरार हो और जिसकी पत्नी अपने और बेटे के सिर जोखिम लेकर संकट में फँसे क्रांतिकारी को बचाने का साहस करे, उस आदमी को भी खुफिया बताया जाय और फिर उसी आदमी से जो कि अपनी जान बचाने के लिये उनके प्रति कृतज्ञ हो; उसे गुस्सा नहीं आयेगा तो और क्या!

लाला लाजपतराय की हत्या का बदला सफलतापूर्वक लेकर भी पुलिस के हाथ न पड़ने से क्रांतिकारियों के क्षेत्र में हि० स० प्र० स० की प्रतिष्ठा बढ़ गई थी। इसके

अतिरिक्त बंगाल के नवयुवक क्रांतिकारियों का एक दल उसी दिसम्बर में जेलों से छूटकर आया। यह दल अपने 'दादा' नेताओं से उसी प्रकार परेशान था जैसे कि हि० स० प्र० स० के नवयुवक जयचन्द्र जी और जे० एन० सान्याल से ऊबे हुए थे। परस्पर सम्पर्क हो जाने पर यह लोग हि० स० प्र० स० के साथ काम करने के लिये तैयार हो गये। हि० स० प्र० स० को इस समय बम बनाना सिखा सकने वाले एक आदमी की बहुत जरूरत थी। कलकत्ते में भगतसिंह का यतीन्द्रनाथ दास से परिचय हो जाने पर यह समस्या हल हो गयी।

केन्द्रीय समिति की दिल्ली बैठक में हि० स० प्र० स० का केन्द्रीय स्थान आगरा में निश्चित किया गया। बम बनाने की विद्या सिखाने वाला व्यक्ति मिल जाने पर भगतसिंह की इच्छा थी कि यह प्रयोग आगरे में ही किया जाये और सब प्रान्तों का एक-एक प्रतिनिधि यह शिक्षा पा सके ताकि भविष्य में बम बनाने वाले व्यक्ति दुर्लभ न रहें।

यतीन्द्रनाथ दास पूर्णतः सहयोग देने के लिये तैयार था। उसने सुझाया कि जाड़े के दिन हैं। आगरे में बरफ शायद पर्याप्त मात्रा में न मिल सके। तब आगरा इतना बड़ा न था या यतीन्द्र उसे छोटा कसबा समझता था। हम लोग बम में पलीता 'गनकाटन' का लगाते थे। गनकाटन बहुत ही जल्दी आग पकड़ लेती है। बुझी दियासलाई में यदि कुछ भी चमक शेष हो तो छुआते ही गनकाटन फक से जल जायेगी। अच्छी बनी गनकाटन का फाहा हथेली पर रखकर जलाइये तो इतनी जल्दी जलकर समाप्त हो जायेगा कि हथेली पर अधिक सेंक भी न लग पायेगा। हम लोगों को गनकाटन बनाने के लिये रासायनिक उपकरणों को बरफ के बीच में रखकर काम करना पड़ता था।

गनकाटन बनाने के लिये उपकरणों को बरफ में रखकर काम करने की बात पाठकों को कुछ जादूगरी के खेल सी मालूम होगी। सामरिक सामान (war material) तैयार करने वाले बड़े-बड़े कारखानों में क्या लाखों मन बरफ ढोयी जाती होगी? इसका उत्तर यह है कि जहाँ गनकाटन बनाने का काम पूर्ण वैज्ञानिक साधनों और सुविधा से किया जायेगा, वहाँ यह रासायनिक क्रिया बड़े परिमाण में तैयार किये गये ईथर से घिरे आयतनों (टैंक्स) में हो सकती है। दूसरे वैज्ञानिक साधनों द्वारा भी रासायनिक पदार्थों का मिश्रण करते समय उनका तापमान घटा दिया जा सकता है। उन कारखानों के बनाने में करोड़ों रुपये खर्च होते हैं। उन्हें छिपकर काम नहीं करना पड़ता, परन्तु हि० स० प्र० स० के साथी अथवा दूसरे क्रांतिकारी चालीस-पचास रुपये की पूँजी लेकर बम बनाने का कारखाना आरम्भ करते थे। वे एक समय कई टन सामान नहीं बल्कि कुछ तोले मसाला बनाने की बात सोचते थे। उनके हाथ में एक ही उपाय था कि गनकाटन बनाने के लिये पात्रों को बरफ में दबाकर उनमें रासायनिक पदार्थों का मिश्रण करते समय उनमें थर्मामीटर डुबोये रखें और प्रतिक्षण तापमान पर दृष्टि गड़ाये रहें, वर्ना पदार्थ बनाने से पूर्व स्वयं उनका शरीर ही शव बन जाता।

यतीन्द्रनाथ दास के सुझाव पर यह तय हुआ कि कलकते में बरफ सभी महीनों में यथेष्ट मिल सकती है इसलिये गनकाटन कलकत्ते में ही बनायी जाये। 'पिक्रिक एसिड' बनाने का सामान कलकत्ते से खरीदकर आगरे पहुँचा दिया जाये ताकि वहाँ दूसरे लोग भी मसाला बनाना सीख सकें। कलकत्ते में गनकाटन बनाने का आयोजन कार्नवालिस स्ट्रीट में आर्यसमाज मन्दिर की सबसे ऊपर की कोठरी में किया गया था। उस समय सीखने

वालों में फणीन्द्र घोष, कमलनाथ तिवारी, विजय और भगतसिंह मौजूद थे। गनकाटन कलकत्ते में बना ली गयी और शेष सामान लेकर यह लोग दो-दो की टोलियों में आगरा के लिये चल दिये।

आगरे में केन्द्रीय आयोजन कुछ बड़े परिमाण में हो रहा था। लाहौर में साण्डर्स कांड सफलतापूर्वक कर लेने से बिना डकैती किये ही कुछ रुपया मिलने लगा था। आगरे में ठहरने और काम का प्रबन्ध दो मकानों में किया गया था। एक मकान था हींग की मंडी में और दूसरा नाई की मंडी में।

नाई की मंडी में बम बनाने का तरीका सीखने के लिये पंजाब से सुखदेव को और राजपूताने से कुन्दनलाल को भी बुला लिया गया था। यहाँ रासायनिक पदार्थों से पिक्रिक एसिड बनाकर उसका 'क्लोरीपिक्रेट' बनाने की प्रक्रिया चल रही थी। पहली बार तो सब सामान टूट गया और कुछ सफलता भी न मिली, परन्तु दूसरे प्रयत्न में काफी सफलता मिल सकी। असेम्बली बम काण्ड में जो बम इस्तेमाल किये गये थे, उनका मसाला इसी समय आगरा में जनवरी, १९२९ में तैयार किया गया था।

आगरा केन्द्र में अनेक प्रान्तों से आये हुए हि० स० प्र० स० के साथी बहुत दिन तक एक साथ रहे थे। इन लोगों ने जहाँ बम का मसाला बनाने के प्रयोग किये वहाँ आपस में विचार विनिमय का अवसर भी इन्हें मिला। प्रायः ही बात में बात निकल आती है और दूसरों को समझाने के साथ-साथ साथियों के अपने विचार भी निखर जाते हैं। यहाँ इकट्ठे हुए साथी किस प्रकार के तर्क-वितर्क करते थे इसका कुछ अनुमान आगरा केन्द्र में जमा हो गयी पुस्तकों से किया जा सकता है। प्रथम लाहौर षड्यंत्र केस के मुखबिर फणीन्द्रनाथ घोष ने अपने बयान में इन पुस्तकों के आगरा केन्द्र में रहने और पढ़े जाने की चर्चा की थी। इन पुस्तकों में से कुछ के नाम यह थे—(१) ब्रिटिश भारत में क्रांति के लिये गुप्त और प्रकट संघर्षों का इतिहास (२) जनतंत्र के आदर्श (३) १९१४-१९१५ का विद्रोह (४) समता, स्वतंत्रता और भ्रातृत्व के आदर्श (५) भारतीय राजा और क्रांतिकारी (६) भारतीय मुसलमानों के नाम तुर्की का सन्देश (७) बर्लिन समिति और जर्मन षड्यंत्र (८) असहयोग (९) स्वराज्य का अस्पष्ट आदर्श (१०) असहयोग आन्दोलन की असफलता और क्रांतिकारी दल (११) कम्युनिज़्म के विचार (१२) अध्यात्मवाद (१३) समाजवादी विचारों का उत्कर्ष (१४) कम्युनिस्ट विचारधारा (१५) नेहरू रिपोर्ट (१६) आतंकवाद और सामूहिक क्रांति (१७) अराजकतावाद बनाम समाजवाद (१८) कम्युनिज़्म (१९) औद्योगिक बिरादरी और सामूहिक उत्पादन (२०) क्रांति और विश्व क्रांति (२१) आधुनिक बन्दूकें (२२) विस्फोटकों का उपयोग (२३) व्यावसायिक एकाधिकार और श्रम का शोषण।[१]

---

१. (1) The History of the Revolutionary Struggle in British India : Open & Secret; (2) The Ideal of Republic; (3) 1914-15 Rising; (4) Ideal of Equality, Liberty & Fratermity; (5) Indian Princes and Revolutionaries (Sarkar's pamphlet); (6) Turkey's Messages to India's Muslims; (7) Berlin Committee and the German Plot; (8) Non-cooperation; (9) Indistinct Ideal of Independence (10) Failure of the Non-cooperation moveiment and the Revolutionary Parties; (11) Communist Thought; (12) Spiritualism; (13) Advanced Socialist Thought; (14) Communist School of Thought; (15)

इसके अतिरिक्त भारतीय इतिहास का भौगोलिक आधार, मखज़ने-उल-अदवियात, भारतीय सड़कों के नक्शे, विवाह और प्रेम, Eternal City, Studies in the Psychology of Sex, What Never Happended, Les Miserables आदि-आदि। राजनैतिक पुस्तकों के साथ-साथ साथी उपन्यासों के भी कम शौकीन नहीं थे। अधिकांश पुस्तकों के नाम इस बात का संकेत है कि साथियों की अध्ययन की रुचि किस ओर जा रही थी।

यह मैं पहले ही कह चुका हूँ कि आज़ाद को अच्छी विचारपूर्ण पुस्तकें लाकर साथियों को पढ़ाने का बहुत शौक था, परन्तु उपन्यास या यौन विषय (सेक्स) सम्बन्धी पुस्तकें देखकर उन्हें बहुत चिढ़ उठती थी। ब्रह्मचर्य का एक बहुत ही रूढ़िवादी आदर्श उस समय तक आज़ाद के मस्तिष्क में था। उससे पहले दो-एक दफे दल में ऐसे कांड हो चुके थे कि साथियों ने नारी के आकर्षण के कारण अपने कर्तव्य में निर्बलता दिखाई थी। आज़ाद को नारी, प्रेम और सौन्दर्य की चर्चा से ही चिढ़ हो गई थी। स्वयं कसरत करने और दूसरों को कराने का भी उन्हें शौक था। यदि कोई और काम न हो तो आज़ाद का मन लगातार बातचीत करने से या हवाई पिस्तौल लेकर किसी बारीक चीज पर निशाने का अभ्यास करते रहने से बहल सकता था।

उस समय आज़ाद और दूसरे साथियों की ब्रह्मचर्य, नारी और सौन्दर्य के बारे में कैसी धारणायें थीं, यह दो-एक बहुत छोटे-छोटे उदाहरणों से स्पष्ट हो जायेगा। प्रत्यक्ष-अप्रत्यक्ष रूप में स्त्री की प्रसंग चलते ही आज़ाद एतराज किये बिना न रह सकते थे, "फिर 'चुम्बक' की बात। यह साला 'चुम्बक' जिसे लगा ले डूबा।... सिपाही को औरत से क्या मतलब!" उस समय ऐसी धारणा केवल आज़ाद की थी, अन्य साथियों को स्त्री और प्रेम की चर्चा से कोई परहेज नहीं था। हाँ, सुखदेव भी इस प्रसंग में कम ही रस लेता था, परन्तु उसे आदर्श की दृष्टि से कोई विरोध न था। उसका कहना था, "जब औरत है नहीं तो उसकी चर्चा से फायदा।"

आज़ाद का सबसे प्रिय गाना था, "माँ हमें बिदा दो, जाते हैं हम विजय केतु फहराने आज।" वे प्रायः ही भगतसिंह या राजगुरु और बाद में बच्चन (वैशम्पायन) से यह गाना सुनाने के लिये अनुरोध करते। राजगुरु यों तो धीर स्वभाव था, परन्तु चुटकियाँ लेने में उसे बहुत मजा आता था। जब आज़ाद उसे गाने के लिये कहें तो वह जरूर ही कोई इश्किया गज़ल गुनगुनाने की चेष्टा करने लगाता। यह गज़लें वह प्रायः भगतसिंह से सुनकर याद कर लेता था। भगतसिंह को शेरो-शायरी का भी शौक था। महाराष्ट्रीय होने के कारण राजगुरु का उर्दू उच्चारण विचित्र था। गज़ल में यह आशिक और माशूक को प्रायः ही 'आशुक' और 'माशिक' कह जाता और खूब हँसता। यदि आजाद विजयकेतु वाला गाना सुनने पर जिद्द ही करें तो वह हँसकर उत्तर देता, "अभी पुलिस आता है विजयकेतु लेकर।"

Nehru Report; (16) Terrorists and Mass Revolutionaries; (17) Anarchism and Socialism; (18) Communism; (19) Syndicalism and Collectivism; (20) The Revolution and the World Revolution; (21) Modern Breach Loaders; (22) Use of Explosives; (23) Monopoly or How Labour is Robbed.

एक रोज राजगुरु कहीं से बहुत सुन्दर स्त्री की तस्वीर का एक कैलेण्डर ले आया और लाकर नाई की मंडी वाले मकान में दीवार पर लटका दिया। आज़ाद कहीं बाहर से लौटे। बच्चन (वैशम्पायन) ने उस कैलेण्डर की ओर संकेत किया, "भैया, देखो! यह कौन ले आया है?"

आज़ाद ने कैलेण्डर की ओर देखा। माथे पर बल पड़ गये। कैलेंण्डर को कील समेत दीवार से खींच लिया और फाड़कर फेंक दिया।

कुछ देर बाद राजगुरु लौटा। दीवार से अपना कैलेण्डर गायब देखकर वह ऊँचे स्वर में पुकार उठा, "अरे, हमारे कैलेण्डर का क्या हुआ?"

बच्चन ने ओंठ दबाकर फर्श पर पड़े कैलेण्डर के टुकड़ों की ओर संकेत किया। राजगुरु ने झुंझलाहट और क्रोध के स्वर में प्रश्न किया, "यह किसने किया?"

"हमने किया।" आज़ाद भला किसी से डरते थे।

आज़ाद के प्रति आदर से स्वर को कुछ धीमा कर राजगुरु ने विरोध किया, "आपने क्यों फाड़ डाला? हम इतने शौक से तस्वीर लाये थे।"

"हमें-तुम्हें ऐसी तस्वीरों से क्या मतलब?" आज़ाद ने डपट दिया।

"वाह, इतनी खूबसूरत तस्वीर थी।"

"हमें-तुम्हें खूबसूरत से मतलब? नाराजगी से ऊँचे स्वर में आज़ाद ने डाँटा।

"तो जो कुछ खूबसूरत होगा उसे फाड़ डालोगे, तोड़ डालोगे?" राजगुरु भी अड़ गया।

"हाँ तोड़ डालेंगे!" आज़ाद ने सीना तान लिया।

"तो जाकर ताजमहल को भी तोड़ डालो।" राजगुरु ने चुनौती दी।

"हाँ तोड़ डालेंगे, जब हमारा बस चलेगा।" आज़ाद की आँखों में सुर्ख डोरे उभर आये।

दूसरे साथियों को होंठ दबाये, आँखें चुराते देखकर राजगुरु की झल्लाहट भी मुस्कराहट में बदल गई।

ब्रह्मचर्य के विषय में १९२९ के आरम्भ में आज़ाद की ऐसी ही धारणा थी, परन्तु एक ही वर्ष में उनका दृष्टिकोण बहुत ही स्वाभाविक और यथार्थवादी हो गया था। अनाचार और उच्छृंखलता से तो आज़ाद को सदा ही घृणा रही, परन्तु १९३० के जाड़ों की बात मुझे याद है। कानपुर के चुन्नीगंज मुहल्ले में आज़ाद मुझसे बात किया करते थे कि क्रांति को जीवन भर का क़ाम बना लेने वाले आदमी को क्रांतिकारी स्त्री से विवाह कर लेना चाहिये। कभी मजे में आकर अपनी सम्भावित पत्नी का जिक्र करते हुए कल्पना किया करते थे, "....पहाड़-पहाड़ घूम रहे हों, एक राइफल उसके कन्धे पर हो और एक हमारे कन्धे पर। कारतूसों की बोरी साथ हो। दुश्मन से घिर जायें। वह राइफलें भरती जाये और हम दनादन-दनादन गोली चलाते जायें।"

आगरा में रहते समय साथियों को बन्दूक और पिस्तौल का निशाना सिखाने के लिये वे उन्हें आगरा से बुन्देलखण्ड के जंगलों में दो-दो, तीन-तीन करके साथ ले जाते थे। इस काम में आज़ाद को जो सुख मिलता था उसे शब्दों से प्रकट नहीं किया जा सकता। दूर किसी महीन चीज पर सही निशाना मार लेने से उन्हें कम से कम उतना संतोष होता था

जितना कोई बहुत ऊँची उक्ति कह देने पर किसी कवि को हो सकता है या लाख दो-लाख का सट्टा जीत लेने पर किसी सटोरिये को हो सकता है। जिन दिनों मैं आज़ाद के साथ रहा, निशाना सिखाने के उनके शौक के कारण मुझे भी काफी जहमत झेलनी पड़ती थी। लक्षबेध में अनुपम दक्षता प्राप्त करने के शौक से निरुत्साहित करने की कोशिश करता रहता था। आज़ाद धमकाते थे, "अब बांगडूस, पिटपिटिया कोट की जेब में लिये फिरते रहोगो! प्रैक्टिस न होगी तो वक्त पर गोली निशाने से दो हाथ दूर जायेगी और दाँत निपोरे रह जाओगे।"[1]

मैं उत्तर देता, "पिस्तौल साथ रखता हूँ आत्मरक्षा के लिये; मुझे सरकस में निशाना मारकर इनाम नहीं लेना है। वक्त आने पर भी उड़ती चिड़िया का तो निशाना लेना नहीं होगा, न आँख की सीध में हथियार रखने और निशाना बाँधने की फुर्सत होगी। हमें जब गोली चलानी होगी तो किसी आदमी पर ही और सहसा। उसमें दो-चार इंच इधर-उधर कहीं भी गोली लग जाय, काफी है। औसान कायम रहने चाहिये···इतनी कठिनाई से तो कारतूस मिलते हैं। उन्हें प्रैक्टिस में ही उड़ा देना कौन समझदारी है!" परन्तु आज़ाद को मेरा यह तर्क जँचा नहीं। कारण यह है कि निशानेबाजी आज़ाद की दृष्टि में हमारी सैनिक-शिक्षा का आवश्यक अंग ही नहीं, बल्कि उनका अपना चस्का भी तो था।

जैसे बम का मसाला बनाना विकट समस्या थी वैसे ही बम के लिये उपयुक्त खोल बना लेना भी आसान काम नहीं था। इससे पूर्व बंगाली दादा लोग सिगरेट के टीनों और कीलों का ही व्यवहार इस काम के लिये करते आये थे। सिगरेट के टीन का बम बनाने में बम बनाने वाला तो अधिक खतरे में नहीं रहता, परन्तु बम की चोट बहुत कम होती है। सुखदेव ने बम के खोल ढलवा लेने की जिम्मेदारी अपने सिर ली। अपनी बुद्धि से उसने इसका एक नमूना भी तैयार किया। इस खोल को भट्ठी में ढलवाने और खराद पर कटवाने की भी आवश्यकता पड़ती थी।

सुखदेव की योजनायें बहुत फैली हुई हुआ करती थीं। वह बहुत दिन से बम के अच्छे खोल बनाने की चिन्ता में था। इसी योजना के अन्तर्गत उसने जयगोपाल को लुहारी का काम सीखने के लिये लाहौर के 'जुबली टेकनिकल स्कूल' में भर्ती करवा दिया था। उसने लाहौर में ब्रांडरथ रोड पर ढलाई के और खराद का काम करने वाले कारखानों को अपने नमूने के अनुसार चीज बना देने के लिये कहा। कारखाना वालों ने स्वाभाविक कौतूहल से पूछा कि यह क्या चीज है? उन्हें समझाया गया कि हम लोग गैस का नया इंजन बनाने का यत्न कर रहे हैं, यह उसी का हिस्सा है। बम की ढलाई ब्रांडरथ रोड के मिस्त्री सिराजदीन की भट्ठी पर कराई जाती थी और खराद का काम गुलाम रसूल की खराद पर करा लेते थे। गुलाम रसूल के पिता के एक बूढ़े मित्र को इस विचित्र औजार पर कुछ संदेह हुआ और उन्होंने यह भेद एक सिपाही को दे दिया।

आगरे में भिन्न-भिन्न प्रान्तों के लोगों को बम का मसाला बनाने की प्रक्रिया की शिक्षा दे दी जाने के बाद आगरा का केन्द्र समाप्त कर दिया गया था। अब दिल्ली में केन्द्र बना।

---

१. आज़ाद मुझे कभी सोहनसिंह और कभी बांगडूस (अक्खड़) कहकर पुकारते थे। स्नेह से वे पिस्तौल को पिटपिटिया कहा करते थे।

युक्तप्रान्त के लिये शिव वर्मा और जयदेव कपूर ने सहारनपुर में और पंजाब के लिये सुखदेव ने लाहौर में बम फैक्टरी कायम करने का काम आरम्भ किया था। आगरा बम फैक्टरी में तैयार किये मसाले का परीक्षण लाहौर में सुखदेव द्वारा तैयार कराये खोल में भरकर झाँसी में किया गया था। इस परीक्षण को आज़ाद, शिव वर्मा और फणीन्द्र ने देखा। इन लोगों ने रिपोर्ट दी थी कि यह बम सन्तोषजनक है। आगरे के मसाले से आठ-दस बम तैयार हो गये थे। इन बमों के प्रयोग के अवसर भी निश्चित कर लिये गये थे। बहुत दिनों से एक निश्चित काम तो था साइमन कमीशन पर आक्रमण करने का जो कि समय पर आवश्यक रुपया न मिलने के कारण न हो सका था। साइमन कमीशन भी अपनी यात्रा कुछ जल्दी समाप्त कर लौट गया था। दूसरा प्रस्ताव था दिल्ली असेम्बली में बम फेंकने का।

असेम्बली बम कांड

लोकसभा को १९४९ से पूर्व केन्द्रीय असेम्बली पुकारा जाता था। केन्द्रीय असेम्बली भवन में बम फेंकने का विचार किसी बहुत बड़ी सनक या पिनक का परिणाम नहीं था। यह योजना हि० स० प्र० स० की नीति और कार्यक्रम का मुँह-बोलता उदाहरण था। अंग्रेज सरकार उस समय की केन्द्रीय विधानसभा में दो नये दमनकारी कानून बनाने की चेष्टा कर रही थी। इनमें से एक था 'सार्वजनिक सुरक्षा कानून' (Public Safety Bill) और दूसरा मजदूरों की माँगें और उनकी हड़तालों से सम्बन्ध रखने वाला 'औद्योगिक विवाद कानून' (Traders Dispute Bill) था। हि० स० प्र० स० के साथी यह जानते थे कि विधानसभा में कांग्रेस और उदार दल के सदस्यों को मिलाकर बहुमत इन कानूनों के विरोध में होगा। सरकार साधारण तरीके या बहुमत से इन कानूनों को पास नहीं करा सकेगी। यह भी मालूम हो गया था विधानसभा द्वारा कानूनों को अस्वीकार कर दिये जाने पर भी सरकार इन कानूनों को वाइसराय की विशेष स्वीकृति से कानून बना देगी। ब्रिटिश सरकार प्रायः ही ऐसा करती थी। यह दोनों कानून जनता में बढ़ते जाते असन्तोष और स्वतंत्रता की भावना कुचलने के प्रयोजन से बनाये जा रहे थे।

हि० स० प्र० स० की केन्द्रीय समिति ने निश्चय किया था कि जिस समय इन कानूनों के बहुमत द्वारा अस्वीकार कर दिये जाने पर इन्हें भी वाइसराय की आज्ञा से कानून बना दिये जाने की घोषणा विधानसभा में की जाये, हि० स० प्र० स० की ओर से बम फेंककर सरकार के दमनकारी व्यवहार के प्रति विरोध प्रकट किया जाये। बम फेंककर विरोध करने के दो पहलू थे: एक पहलू में विदेशी सरकार को यह चुनौती थी कि तुम प्रजा के प्रतिनिधियों के निर्णय के विरुद्ध शस्त्र-शक्ति से शासन कर रहे हो तो उसका उत्तर हम भी शस्त्र-शक्ति से देने के लिये तैयार हैं। दूसरे पहलू में वैधानिक आन्दोलन द्वारा विदेशी सरकार का विरोध करने वाले राष्ट्रीय प्रतिनिधियों को चेतावनी थी कि आप लोगों का वैधानिक विरोध निष्फल है। आपके वैधानिक विरोध के बावजूद दमनकारी कानून बनाये जा सकते हैं। इस विधानसभा के पाखंड से क्या लाभ! विदेशी सरकार के दमनकारी शासन पर से वैधानिकता का नकाब हटा देना आवश्यक है। विदेशी सरकार के विरोध का वास्तविक मार्ग उससे युद्ध करना है। हि० स० प्र० स० ने अपनी नीति का स्पष्टीकरण बम के साथ फेंके हुये घोषणा-पत्र में कर दिया था। इस घोषणा-पत्र को भी आगे उद्धृत करूँगा।

इस काम की योजना को सफल बनाने के लिये हि० स० प्र० स० का केन्द्र भी अब दिल्ली में ही कायम किया गया और साथी जयदेव कपूर को विधानसभा की परिस्थितियों की जाँच-पड़ताल करने के लिये नियुक्त कर दिया गया। तब भी विधानसभा में प्रवेश पास द्वारा ही होता था। ऐसा प्रबन्ध कर लेना आवश्यक था कि जब चाहें दो-तीन पास

सुविधा से मिल सकें। जयदेव ने विधानसभा की चौकसी करने और पास देने वाले दफ्तर (वाच एण्ड वार्ड) में अपना परिचय दिल्ली के हिन्दू कालिज में अर्थशास्त्र पढ़ने वाले विद्यार्थी के रूप में दिया था ताकि वह सुविधा से असेम्बली के पुस्तकालय में आ-जा सके। दफ्तर के आदमियों पर विश्वास जमा लेने के बाद वह विधानसभा के अधिवेशन के समय दर्शकों की गैलरी में बैठकर सभा की कार्यवाही भी देखता रहता था। चौकसी दफ्तर के अधिकारी से काफी परिचय हो जाने पर जब चाहे दो या तीन पास बनवा लेने में भी जयदेव को कुछ कठिनाई न होती थी। साधारणतः पास की आवश्यकता होने पर कांग्रेसी सदस्यों से पत्र लेकर भी पास ले लिये जाते थे। जब-तब दूसरे साथी भी विधानसभा में आते-जाते रहते थे ताकि स्थान की परख अच्छी तरह से हो जाय।

भगतसिंह भी जयदेव के साथ एक-दो बार विधानसभा में हो आया था। ऐसे ही एक मौके पर गैलरी में भगतसिंह की डाक्टर किचलू से आँखें चार हो गयी थीं। डाक्टर किचलू पंजाब में कांग्रेस के प्रमुख नेताओं में थे। भगत की दाढ़ी-मूँछ सफाचट देखकर डाक्टर साहब कुछ विस्मित से रह गये। साण्डर्स कांड अभी ताजा ही था। पहले तो भगतसिंह ने अपना चेहरा अखबार की आड़ में बचाने की कोशिश की, परन्तु जब डाक्टर साहब ने पहिचान ही लिया तो बाहर आने पर भगतसिंह ने उनसे निःशंक मुलाकात की। डाक्टर किचलू ने बड़े सौहार्द से यथासंभव सहायता देने का भी विश्वास दिलाया। देहली में जब-जब भगतसिंह उनसे मिलता, वे सहायता देते भी रहते।

विधानसभा में बम फेंकने की योजना के सम्बन्ध में ब्योरे की कई बातों पर विचार होता रहा। पहला प्रश्न था कि बम फेंकने वाले साथियों को घटना के पश्चात सभा भवन से बचकर निकाल लाने का यत्न किया जाये या नहीं। आज़ाद भी एक दिन विधानसभा की गैलरी में कार्यवाही देखने गये और स्थिति का निरीक्षण कर इस परिणाम पर पहुँचे कि बम फेंकने वाले साथियों को सुरक्षित निकाल लाना कठिन नहीं। अलबत्ता वहाँ से उन्हें सुरक्षित स्थान पर पहुँचाने के लिये एक मोटर गाड़ी की जरूरत होगी। समय पर एक मोटर मिल सकने का भी प्रबन्ध कर लिया गया। यह निश्चय हो गया कि कौन-कौन साथी इस काम में भाग लेंगे।

भगतसिंह और विजयकुमार सिन्हा ने आग्रह किया कि विधानसभा में बम फेंककर केवल परचे बाँट देने से हम जनता के सम्मुख अपने उद्देश्य को पर्याप्त रूप से स्पष्ट नहीं कर सकेंगे। जनता हि० स० प्र० स० को कुछ बिगड़े दिमाग खूनी नौजवानों की टोली समझ बैठेगी। आवश्यक यह है कि बम फेंकने वाले साथी बचने की कोशिश न करें। बम फेंकने के साथ वे साम्राज्यवाद विरोधी प्रदर्शन भी करें और बाद में मुकदमा चलने पर अदालत में अपनी नीति का स्पष्टीकरण करें। इस प्रकार हमारा कार्यक्रम और उद्देश्य जनता के सामने आ सकेंगे। साथियों ने इस मुकदमे की कल्पना हि० स० प्र० स० के सैद्धान्तिक प्रचार के मोर्चे के रूप में की थी।

साधारणतः हम जो बातें कहना या जनता को सुनाना चाहते थे, वे राजद्रोही समझी जाती थीं। उन्हें कोई पत्र प्रकाशित करने का साहस नहीं कर सकता था न सभा के मंच से ही वे बातें कही जा सकती थीं, परन्तु यह बातें अभियुक्तों के बयान के रूप में या अभियुक्तों पर लगाये गये अपराध के वर्णन के रूप में प्रकाशित हो सकती थीं। असेम्बली बम काण्ड और लाहौर षड्यंत्र के मुकदमे से यह उद्देश्य एक सीमा तक पूरा होता रहा।

बाद में सरकार भाँप गयी कि क्रांतिकारी राजद्रोह के प्रचार के लिये सरकार की अदालतों का ही उपयोग कर रहे हैं और हि० स० प्र० स० के अभियुक्तों के बयानों का पत्रों में प्रकाशन भी गैर-कानूनी करार दे दिया गया।

यहाँ यह बात ध्यान देने योग्य है कि उस समय हि० स० प्र० स० ने विधानसभा में बम फेंक लेना ही अपना लक्ष्य नहीं समझा, बल्कि बम फेंकने को अपनी बात कह सकने का अवसर बनाने का उपाय समझा था। यदि फेंकना ही लक्ष्य होता तो बम फेंकने के बाद अपने आदमियों को निकाल सकने का अवसर होते हुए भी उन्हें कुर्बान कर देने का कोई अर्थ न होता। बम फेंकने मात्र के लिये दल के विशेष योग्य व्यक्तियों को कुर्बान करने का प्रयोजन केवल यही था कि बम फेंक कर पैदा किये गये वातावरण में अपना उद्देश्य और नीति जनता के सामने रखी जाये। हि० स० प्र० स० के इस व्यवहार से स्पष्ट हो जाता है कि इस समय सशस्त्र क्रांति की चेष्टा करने वाले लोग आतंक की अपेक्षा जनमत और जनशक्ति के संगठन को अधिक महत्व दे रहे थे।

यहाँ यह याद दिलाना भी अप्रासंगिक न होगा कि दल के सामने काकोरी के बन्दियों को जेल से छुड़ाने का एक पुराना कार्यक्रम तो मौजूद था, परन्तु राजनैतिक दृष्टि से सार्वजनिक महत्व का नया कार्यक्रम सामने आ जाने पर उसे ही अधिक महत्व दिया गया। विधानसभा में बम फेंकने को अपना सैद्धान्तिक मोर्चा बनाने का निश्चय कर लेने पर यह समस्या सामने आई कि इस काम के लिये ऐसे कौन साथी नियुक्त किये जायें जो हि० स० प्र० स० के उद्देश्य को जनता के सामने स्पष्ट रूप से रखने में विशेष समर्थ हों। इसके लिये कई बार कई नामों पर विचार किया गया।

'सार्वजनिक सुरक्षा' और 'औद्योगिक विवाद' बिलों पर विधानसभा में बहस बढ़ती ही जा रही थीं। अवसर पर हि० स० प्र० स० की केन्द्रीय समिति में भी इस बारे में बार-बार प्रश्न उठते रहते थे। भगतसिंह के साथ कभी जयदेव कपूर का नाम रखा जाता, कभी राजगुरु का। विजयकुमार और शिव वर्मा, भगतसिंह को असेम्बली में भेजने का विरोध कर रहे थे। उनका कहना था कि आज़ाद और भगतसिंह में से किसी को भी इस काम के लिये नहीं जाना चाहिए, क्योंकि संगठन के भविष्य के लिये इन दोनों की आवश्यकता अनिवार्य है।

बटुकेश्वर दत्त यों तो काकोरी के समय से दल के साथ थे, परन्तु दल की निष्क्रियता के समय वे कानपुर छोड़कर बिहार चले गये थे। दल के सक्रिय काम से उसका सम्बन्ध बार-बार बनता टूटता रहता था। विधानसभा में बम फेंके जाने के प्रस्ताव की सूचना मिलने पर दत्त ने शिकायत की कि दल के साथ उनका इतना पुराना सम्बन्ध होते हुए भी उन्हें अभी तक किसी काम में भाग लेने का अवसर क्यों नहीं दिया गया। खिन्न होकर दत्त ने विरोध किया, 'यदि शीघ्र ही किसी काण्ड में सक्रिय भाग लेने का अवसर न दिया जायेगा तो हम संगठन से कोई सम्बन्ध ही नहीं रखेंगे।' एक बार तय हो गया कि दत्त और विजयकुमार सिनहा असेम्बली में बम फेंकेंगे।

विधानसभा में 'सार्वजनिक सुरक्षा' और 'औद्योगिक विवाद' सम्बन्धी बिल बहुमत से अस्वीकार हो चुके थे। अब प्रतीक्षा यही थी कि इन बिलों पर वाइसराय की स्वीकृति दे दी जाने की घोषणा असेम्बली में किस दिन जायेगी।

देहली में इकट्ठे हुये साथी कुछ न होता देखकर बहुत उकता रहे थे। एक दिन समाचार मिला कि होली के अवसर पर नयी दिल्ली में बड़े-बड़े हिन्दुस्तानी अफसरों और विधानसभा के सदस्यों ने एक दावत की योजना बनाकर वाइसराय को निमंत्रण दिया है। समाचार मिलते ही तुरन्त तय हो गया कि इस बीच वाइसराय पर ही आक्रमण किया जाय। इस काम के लिये नियुक्त किये गये शिव वर्मा, राजगुरु और जयदेव कपूर।

वाइसराय की सवारी के आगे-आगे एक पाइलट मोटर साइकिल पर चलता था जैसे आजकल राज्यपालों या राष्ट्रपति की सवारी के आगे चलते हैं। इससे लोग सावधान हो जाते हैं। वाइसराय की मोटर को पहचानना भी कठिन नहीं था। उस पर ताज का चिह्न बना रहता था। यह सब होने पर भी चलती मोटर पर बम सफलता से तभी फेंका जा सकता था जब कि मोटर सामने आ जाने के कुछ क्षण पहले ही बम फेंकने वाला तैयार हो जाय। मोटर के आने के रास्ते पर पहले राजगुरु संकेत करने के लिये खड़ा था। उससे कुछ दूर आगे जयदेव कपूर और बीस कदम आगे शिव वर्मा दो-दो बम लिये तैनात थे।

यदि जयदेव का बम चूक जाता तो शिव वर्मा बम फेंकता, इतने में जयदेव दूसरा बम लेकर बढ़ आता। जयदेव का बम सफल होने पर भी शिव वर्मा का अपने बम से रही सही कमी पूरी कर देने का आदेश था। इस बात का खास खयाल रखा गया था कि भूल से वाइसराय की जगह किसी दूसरे पर बम न फेंक दिया जाये। इसलिए तय था कि राजगुरु पाइलट के पीछे आने वाली मोटर में, जिस पर ताज का चिह्न बना रहता है, वाइसराय को पहचान कर संकेत कर देगा। दोनों ही के पास भरे हुए पिस्तौल भी थे। यदि दो बम मोटर पर फेंकने से भी वाइसराय बच जाता तो उस पर गोली चलायी जाती। इन्हें आदेश था कि आक्रमण करने के बाद वे गिरफ्तार करने वालों से लड़ते हुये वहीं समाप्त हो जायेंगे।

पाइलट दिखायी देते ही वर्मा और कपूर दोनों ही अपने बमों के घोड़े (स्ट्राइकर) खींचने के लिये तैयार हो गये और राजगुरु की ओर देखा। राजगुरु ने निश्चित संकेत नहीं किया। वे दोनों विस्मय से हाँफते रह गये। जब मोटर इनके सामने से गुजरी तो इन लोगों ने भी देखा कि मोटर में ड्राइवर के सिवा कोई भी मर्द नहीं था; केवल तीन महिलायें बैठी हुईं थीं। यह बहुत अच्छा हुआ कि राजगुरु को संकेत के लिये दूर खड़ा कर दिया गया था, वर्ना वर्मा और कपूर मोटर का ताज पहचानते ही उस पर आक्रमण कर देते और हि० स० प्र० स० के विरुद्ध निन्दा के प्रस्ताव पास करने और वाइसराय के प्रति सहानुभूति प्रकट करने का अवसर गांधी जी और कांग्रेस को मिल जाता। ताज वाली मोटर के पीछे और भी दो मोटरें थीं। इनमें भी वाइसराय दिखाई नहीं दिया। बाद में पता लगा कि वाइसराय साहब दावत से पहले मछली का शिकार खेलने के लिये गये हुये थे और वहाँ से किसी दूसरे ही रास्ते पार्टी में पहुँचे थे।

हि० स० प्र० स० की केन्द्रीय समिति की जिस बैठक में विधानसभा में बम फेंकने के लिये भगतसिंह को न भेजकर दूसरे दो साथियों को भेजने का निश्चय किया गया था उस बैठक में सुखदेव न पहुँच सका था। इस निश्चय की सूचना सुखदेव को भी तुरन्त भेज दी गयी थी। सूचना मिलते ही सुखदेव सीधा दिल्ली पहुँचा। अगली बात कहने से

पहले यह कह दूँ कि भगतसिंह और सुखदेव में बहुत ही गहरी घनिष्ठता थी। वे एक-दूसरे के लिये जान दे सकते थे।

सुखदेव ने भगतसिंह को एकान्त में ले जाकर बात की, "विधानसभा में बम फेंकने के लिये तो तुम्हें जाना था, दूसरे साथियों को भेजने का निश्चय कैसे हो गया?"

सम्भवतः भगतसिंह ने उत्तर दिया कि समिति का निर्णय है कि संगठन के भविष्य के लिये उसे पीछे रखने की जरूरत है।

सुखदेव ने अपने रूखे और कड़े ढंग से विरोध किया, "यह सब बकवास है। तुम्हारे व्यक्तिगत मित्र की स्थिति से मैं देख रहा हूँ कि तुम अपने पाँव पर किस रास्ते पर चल रहे हो? तुम्हारा अहंकार बहुत बढ़ गया है। तुम अपने आपको दल का एकमात्र सहारा समझने लगे हो। तुम सान्याल दादा और जयचन्द्र बनते जा रहे हो। जानते हो, तुम्हारा क्या अन्त होगा? तुम एक रोज भाई परमानन्द बन जाओगे…।"

सुखदेव ने १९१४-१५ के लाहौर षड्यंत्र के मुकदमे में दिया गया हाईकोर्ट के जज का निर्णय बताया। जज ने भाई परमानन्द जी के लिये कहा था, "भाई परमानन्द इस क्रांतिकारी संगठन का मस्तिष्क और सूत्रधार है, परन्तु व्यक्तिगत रूप से यह आदमी कायर है। यह संकट के काम में दूसरे को आगे झोंककर अपने प्राण बचाने की चेष्टा करता रहा है।"

सुखदेव ने कहा, "तुम सदा तो यों बच नहीं सकते। एक दिन तुम्हें भी अदालत के सामने आना ही पड़ेगा। उस दिन तुम्हारे लिये भी वैसा फैसला लिखा जायेगा जैसा भाई परमानन्द के लिये लिखा गया था।"

भगतसिंह के स्वभाव में ओज या उत्तेजना की कमी न थी। वह चुपचाप सुखदेव की ओर देखता रहा। सुखदेव ने यहीं बस नहीं की। वह और आगे बढ़ा, "तुम कहना चाहते हो कि तुम संगठन के हित के लिये शहीद बनने के सम्मान को बलिदान कर रहे हो। ईमानदारी से अपने गिरेबान में झाँककर देखो! इस समय तुम मौत का सामना नहीं करना चाहते क्योंकि तुम्हें जिन्दगी इस समय बहुत लुभावनी लग रही है। तुम 'उस औरत' (जिन्दगी) के स्नेह की आँच सेंकना चाहते हो और इसे दल के प्रति उत्तरदायित्व का बहाना बना रहे हो! तुम दूसरों से जो चाहे कहो, लेकिन मैं तुमसे और तुम मुझसे नहीं छिप सकते। तुम फिसल रहे हो।"

भगतसिंह बहुत देर तक कुछ बोल न सका। केवल सुखदेव की ओर घूरता रह गया जैसे पिंजरे में बन्द शेर चोट करने वाले की ओर देखता रह जाय; फिर बोला, "असेम्बली में बम फेंकने मैं ही जाऊँगा। केन्द्रीय समिति को मेरी बात माननी पड़ेगी। तुमने मेरा जो अपमान किया है उसका उत्तर मैं न दूँगा। इसके बाद अब तुम मुझसे कभी बात न करना।"

सुखदेव ने रूखे ही स्वर में उत्तर दिया, "I have done my duty towards my friend." (मैंने अपने मित्र के प्रति अपना कर्तव्य पूरा कर दिया)। इस बातचीत के बाद दोनों अलग-अलग दल के केन्द्रीय स्थान पर पहुँचे।

सुखदेव जब दिल्ली से लाहौर पहुँचा उस समय भी उसकी आँखें सूजी हुई थीं। जान पड़ता था कि बहुत रोया है! वह किसी से बात न कर रहा था।

१९२९ के अप्रैल की सात तारीख, दोपहर बाद सुखदेव ने भगवती भाई को ढूँढ़कर कहा, "भगतसिंह से अन्तिम बार मिल लेना चाहते हो तो आज रात की गाड़ी से दिल्ली चलो!...भाभी को भी ले लो।"

सुशीला जी उस समय छुट्टी लेकर लाहौर में भगवती भाई के यहाँ ही ठहरी हुई थीं। वे भी साथ गयीं। शची लाहौर से कलकत्ते तक और लौटते समय दिल्ली की यात्रा में 'लम्बे चाचा जी' (भगतसिंह) से बहुत हिल गया था, इसलिए उसे भी साथ ले लिया गया। ८ अप्रैल प्रातः दिल्ली स्टेशन पर पहुँचकर सुखदेव, भगवती भाई, दुर्गा भाभी और सुशीला जी को कुदसियाबाग में जाकर प्रतीक्षा करने के लिये कहा और स्वयं दूसरी ओर चला गया।

इन लोगों के कुछ समय प्रतीक्षा करने के बाद सुखदेव भगतसिंह के साथ वहाँ आया। क्या होने जा रहा है, इस विषय में कोई चर्चा नहीं हुई। भगतसिंह को रसगुल्ले और सन्तरे बहुत पसन्द थे। भाभी और सुशीला जी में चीजें यथेष्ट मात्रा में साथ लेती आई थीं। भगतसिंह को दोनों ने लाड़ से खूब खिलाया। साढ़े दस बजे के लगभग भगतसिंह विदा लेकर चला गया। भाभी और सुशीला जी इतना तो जानती थीं कि भगतसिंह को अन्तिम विदाई दे रही हैं, परन्तु उन्हें यह मालूम न था कि क्या होने जा रहा है। यह दल का अनुशासन था। दोनों ने भगतसिंह को रोली और अक्षत से टीके लगा दिये थे।

८ अप्रैल, १९२९ के दिन विधानसभा में हिन्दुस्तानी जनमत के विरोध के बावजूद 'सार्वजनिक सुरक्षा' और 'औद्योगिक विवाद' बिलों को वाइसराय की विशेष स्वीकृति से कानून बना देने की घोषणा की जाने वाली थी। विधानसभा की कार्यवाही आरम्भ होने पर पहले प्रश्न और उत्तर होते हैं, तब भी यही क्रम था। भगतसिंह और बटुकेश्वर दत्त, जयदेव कपूर के साथ असेम्बली में ऐसी जगह जाकर बैठ गये जहाँ से नीचे फर्श पर सरकार के सदस्यों की जगह बिलकुल सामने पड़ती थी।

इस बात पर भी बहुत काफी विचार किया जा चुका था कि बम नीचे बैठी हुई विधानसभा के किस भाग में फेंके जायेंगे। अंग्रेज सरकार के गृह सदस्य और उस समय के सरकारी दल के नेता गृहमंत्री (होम मेम्बर) सर जान शुस्टर और विरोधी दल के नेता पंडित मोतीलाल नेहरू और इनके साथी आमने-सामने समीप ही बैठते थे। बम ठीक जान शुस्टर पर फेंकने से सरकारी सदस्यों के साथ ही कांग्रेस के सदस्यों के भी चोट खा जाने और विधानसभा के प्रधान की कुर्सी पर बैठे विट्ठलभाई पटेल के भी बहुत चोट खा जाने की आशंका थी इसलिये यह निश्चय किया गया कि बम सर जान शुस्टर के कोच की काठ की दीवार के पीछे फेंका जाये ताकि उसकी चोट कांग्रेसी सदस्यों की बेंचों की ओर न जा सके।

बम ऐसी जगह फेंकने से उसकी अधिकांश शक्ति जरूर ही काठ के भारी फर्नीचर से दब जाती और सरकारी सदस्यों को भी कम ही चोट आने की सम्भावना रहती, परन्तु इससे कांग्रेस प्रतिनिधियों के लिये आशंका का कोई अवसर नहीं रहता। यह भी सोचा गया था कि कांग्रेस सदस्यों को उस दिन विधानसभा में न जाने की चेतावनी दे दी जाये, परन्तु ऐसा करने पर सन्देह हो जाने से बात समय से पूर्व फूट जाने की आशंका थी इसलिये वैसा नहीं किया गया।

ज्यों ही सर जान शुस्टर उपरोक्त बिलों पर वाइसराय की विशेष स्वीकृति की घोषणा करने के लिये खड़े हुए, विधानसभा में उपस्थित हि० स० प्र० स० के दूसरे साथी सभा भवन से बाहर निकल गये। भगतसिंह और दत्त के सभा भवन में जाने के पास इन लोगों ने पहले ही उनसे ले लिये थे। यह सावधानी आवश्यक थी, क्योंकि भगतसिंह और दत्त के गिरफ्तार हो जाने के बाद उनकी तलाशी ली जाने पर उनकी जेब में मिले पास से यह मालूम हो जाता कि उन्होंने किस सदस्य की मार्फत ये पास लिये थे। उस सदस्य से अभियुक्तों का सम्बन्ध मान लिया जाता और पुलिस उसे परेशान करती।

ज्यों ही सर शुस्टर ने यह घोषणा की कि 'सार्वजनिक सुरक्षा' और 'औद्योगिक विवाद' बिल विधानसभा में बहुमत से अस्वीकार कर दिये जाने पर भी वाइसराय के विशेष अधिकार से कानून बना दिये गये हैं, भगतसिंह और दत्त अपनी जगह पर उठ खड़े हुए। भगतसिंह ने पहले से निश्चित स्थान पर एक बम सर शुस्टर के काउच की दीवार के पीछे फेंक दिया। विस्फोट के भयंकर शब्द से सभा भवन में बैठे लोग बहरे से होकर स्तब्ध रह गये। इसके बाद दूसरा बम दत्त ने लगभग उसी स्थान पर फेंका। सभा भवन में भगदड़ मच गयी। हाल नीचे धुयें से भर गया। सब सदस्य और दर्शक आतंक में भागने लगे। भवन में उस समय केवल तीन-चार व्यक्तियों के होश-हवास दुरुस्त जान पड़े। विट्ठल भाई पटेल, पण्डित मोतीलाल नेहरू और मुहम्मदअली जिन्ना अपनी कुर्सियों पर जैसे बैठे थे, बैठे रहे। सर जान शुस्टर घोषणा करते समय खड़ा था, वह वैसे ही खड़ा रह गया। भगतसिंह ने सर जान शुस्टर पर दो गोलियाँ चलायीं। यह गोलियाँ शुस्टर के शरीर पर न लगकर उसके डेस्क पर लगीं। शुस्टर अपने पर वार होता समझकर आत्मरक्षा के लिये अपनी डेस्क के नीचे हो गया। शुस्टर के दुबक जाने के बाद भगतसिंह के पिस्तौल में छः गोलियाँ और जेब में आठ गोलियाँ शेष थीं, परन्तु उसने किसी दूसरे व्यक्ति पर गोली नहीं चलायी।

भगतसिंह और दत्त ने बहुत ऊँचे स्वर में नारे लगाए :

इन्कलाब जिन्दाबाद!

साम्राज्यवाद का नाश हो!

दुनिया के मजदूरों एक हो!

नारे लगाते हुये उन दोनों ने हि० स० प्र० स० के लाल रंग के घोषणापत्र हाल में फेंक दिये। यह पत्र अंग्रेजी में था। उसका हिन्दी रूपान्तर इस प्रकार है :

हिन्दुस्तान समाजवादी प्रजातंत्र सेना
सूचना

'बहरों को सुनाने के लिये विस्फोट के बहुत ऊँचे शब्द की आवश्यकता होती है।' प्रसिद्ध फ्रांसीसी क्रांतिकारी शहीद वैलियाँ के यह अमर शब्द हमारे काम के औचित्य के साक्षी हैं।

पिछले दस वर्षों में ब्रिटिश सरकार द्वारा शासन सुधार के नाम पर इस देश का अपमान करने की कहानी दोहराने की आवश्यकता नहीं है और न ही हिन्दुस्तानी पार्लियामेन्ट पुकारी जाने वाली इस सभा द्वारा हिन्दुस्तानी राष्ट्र के सिर पर पत्थर फेंक-फेंक

कर हमारा अपमान करने के उदाहरणों को याद दिलाने की आवश्यकता है। यह सब सुपरिचित और स्पष्ट है। आज फिर जब कि जनता साइमन कमीशन से कुछ सुधारों के टुकड़ों की आशा में आँखें फैलाये है और इन टुकड़ों के लोभ में आपस में झगड़ रही है, विदेशी सरकार 'सार्वजनिक सुरक्षा' और 'औद्योगिक विवाद' कानूनों के रूप में अपने दमन को और भी कड़ा कर लेने का यत्न कर रही है। इसके साथ ही आने वाले अधिवेशन में 'अखबारों द्वारा राजद्रोह रोकने के कानून' (Press Sedition Act) जनता पर कस दिये जाने की भी धमकी दी जा रही है। सार्वजनिक काम करने वाले मजदूर नेताओं की अंधाधुंध गिरफ्तारियाँ यह स्पष्ट कर देती हैं कि सरकार किस रवैये पर चल रही है।

राष्ट्रीय दमन और अपमान की इस उत्तेजनापूर्ण परिस्थिति में अपने उत्तरदायित्व की गम्भीरता अनुभव करके 'हिन्दुस्तान समाजवादी प्रजातंत्र संघ' ने अपनी सेना को यह कदम उठाने की आज्ञा दी है। इस कार्य का प्रयोजन है कि कानून का यह अपमानजनक प्रहसन समाप्त कर दिया जाये। विदेशी शोषक नौकरशाही जो चाहे करे, परन्तु उसकी वैधानिकता की नकाब फाड़ देना आवश्यक है।

जनता के प्रतिनिधियों से हमारा आग्रह है कि वे इस पार्लियामेन्ट के पाखंड को छोड़कर अपने-अपने निर्वाचन क्षेत्रों में लौट जायें और जनता को विदेशी दमन और शोषण के विरुद्ध क्रांति के लिये तैयार करें। हम विदेशी सरकार को यह बता देना चाहते हैं कि हम देश की जनता की ओर से 'सार्वजनिक सुरक्षा' और 'औद्योगिक विवाद' के दमनकारी कानूनों और लाला लाजपतराय की हत्या के विरोध में यह कदम उठा रहे हैं।

हम मनुष्य के जीवन को पवित्र समझते हैं। हम ऐसे उज्ज्वल भविष्य में विश्वास रखते हैं जिसमें प्रत्येक व्यक्ति को पूर्ण शान्ति और स्वतंत्रता का अवसर मिल सके। हम मानव रक्त बहाने के लिये अपनी विवशता के लिये दुखी हैं, परन्तु क्रांति द्वारा सबको समान स्वतंत्रता देने और मनुष्य द्वारा मनुष्य के शोषण को समाप्त कर देने के लिये क्रांति में कुछ न कुछ रक्तपात अनिवार्य है।

इन्कलाब ज़िन्दाबाद!

ह० बलराज
कमान्डर-इन-चीफ

बम के धड़ाके से विधानसभा के सभी लोग और चौकसी के लिये तैनात सभा भवन की पुलिस भी इतनी घबरा गयी थी कि दर्शकों की गैलरी पूरी खाली हो जाने के बाद भी कुछ देर तक किसी ने भी भगतसिंह और दत्त के समीप आने का साहस नहीं किया। भगतसिंह और दत्त अव्वल तो दर्शकों की भीड़ के साथ ही बाहर निकल जा सकते थे और उसके बाद भी निकल जाने का काफी समय था। पिस्तौल और चौदह कारतूस तब भी इन लोगों के पास मौजूद थे। इन पर चलाये गये मुकदमे में पुलिस के गवाहों के बयान के आधार पर जज ने अपने फैसले में भी यह कहा था कि यदि अभियुक्त चाहते तो उन्हें बचकर भाग जाने के लिये काफी अवसर था।

यह तो निश्चित था कि उन्हें भागकर बचना नहीं था बल्कि अपनी बात कह सकने का अवसर बनाना था। यह बात भी अप्रासंगिक नहीं होगी कि भगतसिंह और दत्त ने

नारे लगाते समय 'ब्रिटिश राज मुर्दाबाद' न कहकर 'साम्राज्यवाद का नाश हो' (Down with Imperialism) का नारा लगाया और संसार के मजदूरों के एक होने की पुकार की। यह दोनों नारे हि० स० प्र० स० के तत्कालीन राजनैतिक दृष्टिकोण को स्पष्ट करने के लिये महत्वपूर्ण हैं।

भगतसिंह और दत्त ने काफी देर तक गैलरी में निश्चल खड़े रहने पर सार्जेन्ट टेरी ने आकर उनसे प्रश्न किया, "क्या यह तुम्हीं ने किया था?"

भगतसिंह ने हामी भरी। गोली भरा पिस्तौल अब भी उसके हाथ में था। वह चाहता तो उस गोरे सार्जेन्ट को वहीं ठंडा कर देता, परन्तु हि० स० प्र० स० की युद्ध घोषणा अंग्रेज व्यक्तियों के विरुद्ध नहीं, बल्कि अंग्रेज साम्राज्यशाही व्यवस्था के विरुद्ध थी। भगतसिंह उस समय के लिये निश्चित अपना काम कर चुका था। अलबत्ता सर जान शुस्टर डेस्क के नीचे न छिप जाता तो वह उस पर और गोली जरूर चलाता। सर शुस्टर पर गोली चलाने का कारण यह था कि वह विधानसभा में ब्रिटिश शासन व्यवस्था के मुख्य प्रतिनिधि के रूप में था। उस समय भगतसिंह और दत्त खाकी निकर और कमीज पहने हुये थे। दोनों के शरीर पर ऊनी कोट भी थे। भगतसिंह हाथ में फैल्ट हैट भी लिये था।

भगतसिंह और दत्त के आत्म-समर्पण कर देने पर सशस्त्र पुलिस ने उन्हें बड़े साज-बाज से गिरफ्तार कर लिया और खूब चौकसी से घेरकर उन्हें अलग-अलग मोटरों में बैठाकर नयी दिल्ली के थाने की ओर ले गयी।

भगतसिंह और दत्त को लिये मोटरें सड़क पर एक ताँगे के पास से गुजरीं। इस ताँगे में भगवतीचरण, भाभी और सुशीला दीदी मौजूद थे। सुखदेव ताँगे का सहारा लिये साइकिल पर साथ-साथ चल रहा था। ताँगे के पास से भगत और दत्त को लिये पुलिस से भरी मोटरें गुजरने पर इन लोगों ने एक-दूसरे को पहचाना, परन्तु व्यवहार न पहचानने का ही किया। यह मन का कितना बड़ा संयम था! भगतसिंह को उस समय मृत्यु के हाथों से लौटा देने के लिये अपने प्राण दे देना इन लोगों के लिये अधिक आसान होता। संयम और अनुशासन का ऐसा उदाहरण विकृत मस्तिष्क या कायर के लिये कभी सम्भव नहीं हो सकता। वयस्क और समझदार लोग तो वैसे ही चुप रहे जैसे पन्ना दाई कर्तव्यरक्षा में अपनी सन्तान को टुकड़े-टुकड़े होते देखकर चुप रह गई थी, परन्तु भाभी की गोद में बैठा शची भगतसिंह को लिये समीप से गुजरती मोटर की तरफ बाँह उठाकर जोर से चिल्ला उठा, "लम्बे चाचा जी!"

भाभी ने तुरन्त शची का मुँह गोद में दबाकर उसे चुप करा दिया। यह क्या पीड़ा से उठती रुलाई निकलने न देने के लिए अपना गला घोंट लेने से कम था!

विधानसभा में बम विस्फोट की घटना के समाचार ने देश भर को हिला दिया। अंग्रेजी सरकार की पुलिस घबरा गयी थी। दिल्ली में से तुरन्त कलकत्ते की 'विशेष क्रांतिकारी पुलिस' (Special Anti-terrorist Police) को बुलाया गया। दिल्ली से सभी दूसरे प्रान्तों की राजधानियों तक टेलीफोन और दूसरे तार सरकारी सन्देशों के लिये रिजर्व कर लिये गये

उन दिनों दिल्ली में 'स्टेट्समैन' के संवाददाता लाला दुर्गादास थे। उन्होंने उसी समय विधानसभा बमकाण्ड का समाचार टेलीफोन या तार द्वारा कलकत्ते भेजना चाहा, परन्तु

समाचार भेजने के सभी साधन सरकारी काम के लिये रिजर्व थे। लाला दुर्गादास ने इस समय पत्रकार की विशेष सूझ दिखाई। उन्होंने वह समाचार 'स्टेट्समैन' के लन्दन दफ्तर को भेज दिया और लन्दन से यह समाचार वायरलेस से कलकत्ते भेज दिया गया। जिस समय 'एसोसियेटेड प्रेस आफ इण्डिया' द्वारा इस घटना का समाचार कलकत्ते के दूसरे पत्रों को मिला, 'स्टेट्समैन' का बम घटना का समाचार लिये विशेषांक बाजार में पहुँच चुका था।

पुलिस ने इस कांड के पीछे षड्यंत्र का पता लगाने की सिरतोड़ कोशिश की, परन्तु कहीं कोई सूत्र न मिल सका। इस समय तक साण्डर्स काण्ड का भी कोई सुराग न मिल सका था। लाहौर-षड्यंत्र और साण्डर्स-वध से इस घटना का सम्बन्ध असेम्बली में बाँटे गये घोषणा पत्र से मालूम हो गया था, परन्तु सम्बन्ध का सूत्र लाहौर बम फैक्टरी में गिरफ्तार किये गये जयगोपाल के मुखबिर बन जाने के बाद बयान से ही मिला था।

अदालत के मंच से अपनी बात कह सकने के लिये हि० स० प्र० स० ने भगतसिंह और दत्त को विधानसभा भवन में बलिदान किया था कि वे अदालत में अपनी बात कह सकें। उन पर असेम्बली में बम फेंककर नरहत्या करने की चेष्टा का अभियोग लगाया गया था और सेशन जज ने भारत दण्ड विधान की धारा ३०७ और विस्फोटक पदार्थ रखने के अपराध में उन्हें उम्र कैद का दण्ड दिया था।

भगतसिंह और दत्त ने अदालत में बम फेंकने से इन्कार नहीं किया, परन्तु नरहत्या के लिये प्रयत्न के अभियोग से इन्कार करते हुए सफाई दी कि हमने बम नरहत्या के अभिप्राय से नहीं फेंका, बल्कि देश में वर्तमान संकटापन्न परिस्थिति के प्रति चेतावनी के लिये फेंका है। उन्होंने इस बात पर जोर दिया कि असेम्बली में बम फेंकने के उनके काम को उनके उद्देश्यों और अभिप्राय से पृथक करके नहीं समझा जा सकता इसलिये अदालत और जनता को हमारे उद्देश्य और अभिप्राय पर ध्यान देना चाहिये।

सेशन जज ने अपने फैसले में उद्देश्य की बात को गौण बताते हुए लिखा था, "साधारणतः उद्देश्य से अपराध की कानूनी स्थिति पर कोई प्रभाव नहीं पड़ता। अदालत के सामने जो अपराध आया है उसी पर हमें विचार करना है।" जज के इस निष्कर्ष के विरोध में भगतसिंह ने जो युक्तियाँ लाहौर हाईकोर्ट में दी थीं वे उसकी तीक्ष्ण प्रतिभा और सूझ का बहुत अच्छा उदाहरण है। उद्देश्य को कार्य से पृथक न कर सकने के पक्ष में उसने उदाहरण दिया था, 'जहाँ तक मनुष्य के प्राण लेने का प्रश्न है किसी व्यक्ति को कत्ल कर देने अथवा युद्ध में हजारों आदमियों को मशीनगनों और तोपों से मार डालने का परिणाम एक सा ही होता है, परन्तु समाज और संसार सेनापतियों और युद्ध करने वाले राष्ट्रों को कातिल नहीं कहता। किसी आदमी को धमकाकर उसकी जेब खाली कर लेने और राज्य कर वसूल करने वाले सरकारी आदमी को एक ही कोटि में नहीं रखा जाता, हालाँकि परिणाम दोनों के कामों का एक ही होता है, अर्थात् दूसरे से धन वसूल कर लेना!' भगतसिंह ने सालोमन का उद्धरण याद दिलाया कि "आटे में संखिया समाज को चूहों से छुटकारा दिलाने के लिये भी मिलाया जा सकता है और किसी आदमी की हत्या करने के लिये भी। आटे में संखिया मिलाने के काम को उद्देश्य और अभिप्राय की दृष्टि से ही अच्छा या बुरा बताया जा सकता है।" भगतसिंह ने हाईकोर्ट को सुझाया कि

सेशन जज ने स्वयं इस बात को स्वीकार किया है कि यदि अभियुक्त चाहते तो वे बमकांड के बाद साफ निकल जाते। हम लोग भागे नहीं। इसका एक ही अर्थ है कि हम सरकार और देश का ध्यान देश में मौजूद संकट की ओर आकर्षित करना चाहते हैं। किसी व्यक्ति की हत्या करना हमारा लक्ष्य नहीं था, यह बात बम को खास बन्द जगह में फेंकने से प्रमाणित हो जाती है। बम फेंकना ही हमारा लक्ष्य होता तो बम फेंककर हम भाग जाते और अदालत में पेश किये जाने के लिये खड़े न रहते।"

भगतसिंह ने हाईकोर्ट के सामने कहा था, "हमें जो दण्ड दिया गया है उसके प्रति हमें कोई एतराज नहीं है। हमें एतराज है केवल कातिल कहे जाने पर और हमारा उद्देश्य गलत समझे जाने पर।"

क्रांति की परिभाषा करते हुए भगतसिंह ने कहा था, "क्रांति का विरोध करने वाले लोग केवल पिस्तौल, बम, तलवार और रक्तपात को ही क्रांति का नाम दे देते हैं, परन्तु क्रांति इन चीजों में ही सीमित नहीं है। यह चीजें क्रांति के उपकरण हो सकती हैं, परन्तु इन उपकरणों के उपयोग के पीछे क्रांति की वास्तविक शक्ति जनता द्वारा समाज की आर्थिक और राजनैतिक व्यवस्था में परिवर्तन करने की इच्छा ही होती है। हमारी आधुनिक परिस्थितियों में क्रांति का उद्देश्य कुछ व्यक्तियों का रक्तपात करना नहीं है, बल्कि मनुष्य द्वारा मनुष्य के शोषण की प्रथा को समाप्त करके इस देश की जनता के लिये आत्मनिर्णय और समान अवसर का अधिकार प्राप्त करना है।"

लाहौर बम फैक्टरी

जिस समय दिल्ली के बाजार सीताराम में जयदेव कपूर द्वारा किराये पर लिये मकान में केन्द्र बनाकर विधानसभा बमकांड की योजना बनायी जा रही थी, लाहौर में भी हि० स० प्र० स० का संगठन जनता में उत्पन्न हो गयी सहानुभूति के सहारे जड़ें पकड़ कर फैल रहा था।

नौकरी करते मुझे लगभग एक वर्ष हो गया था। मैंने माँ की नौकरी लायलपुर में आर्य कन्या पाठशाला से छुड़वा दी थी। सुखदेव ने सहायता के लिये बहिन प्रेमवती को लायलपुर से लाहौर बुलवा लेने के लिये कहा। डाक्टर गोपीचन्द से कहकर मैंने लाहौर की वच्छोवाली आर्य कन्या पाठशाला में उनके लिये अध्यापिका की नौकरी का प्रबन्ध करा दिया था।

लायलपुर में बहिन प्रेमवती के पिता का देहान्त हो चुका था। उनके लाहौर आने पर उनकी माँ भी साथ ही आ गयीं। लाहौर की वच्छोवाली गली में हम लोगों ने एक मकान किराये पर ले लिया था। बहिन प्रेमवती को लायलपुर से बुला लिया जाना भी बहुत उपयोगी हुआ। वे पाँच-छः वर्ष पूर्व विधवा हो चुकी थीं। स्वभाव से वे जिस ओर लग जातीं, पुरी लग जातीं। विधवा होने के समय उन्होंने आत्महत्या कर लेने की चेष्टा की थी, परन्तु लोगों ने समय पर उन्हें बचा लिया। अलग कमरे में जाकर वे सिर और कपड़ों पर मिट्टी का तेल डाल चुकी थीं। एकदम दुर्गन्ध पाकर लोग उस ओर चले गये। दियासलाई जलाते समय उनके जेठ ने उनके दोनों हाथ पकड़ लिये। लगभग तीन वर्ष तक वह बिलकुल मौन रहीं। उनकी इस मानसिक अवस्था का उपाय करने के लिये उनके पिता ने उन्हें कन्या पाठशाला में अवैतनिक अध्यापिका का काम दिला दिया था। पिता के देहान्त के बाद वे परिवार की सहायता के लिये वेतन पर काम करने लगी थीं।

उन्हें जीवन की ओर अधिक उत्साहित करने के लिये मैंने सुझाया कि पंजाब यूनिवर्सिटी की हिन्दी की परीक्षाएँ दे डालो तो अध्यापिका के तौर पर तुम्हारी स्थिति अच्छी हो जायेगी। मैं जिन दिनों लायलपुर में था, इन्हें हिन्दी भूषण की परीक्षा की तैयारी करा रहा था। उसी पढ़ाई-लिखाई के सिलसिले में देश और क्रांति की भी बातें होती रहती थीं और बहिन प्रेमवती को यह अनुभव हुआ कि उनके निरुद्देश्य जीवन में भी एक बड़ा उद्देश्य हो सकता है।

बहिन प्रेमवती वच्छोवाली कन्या पाठशाला में हिन्दी की विशेष अध्यापिका के तौर पर आयी थीं। उन्होंने दो महीने में लड़कियों और स्त्रियों में संगठन का अच्छा-खासा जाल फैला लिया। हर महीने वे अपने क्षेत्र में से सौ-डेढ़ सौ रुपया संगठन के लिये इकट्ठा कर देतीं। इससे लड़कियों और स्त्रियों में प्रचार के लिये कुछ साहित्य हिन्दी-उर्दू में खरीद लेने के बाद शेष रुपया सुखदेव को दे देतीं। विशेष अवसर पर कुछ अधिक रुपया जमा

कर लेना भी उनके लिये कठिन काम न था। लड़कियों को उन पर इतना भरोसा था कि उनके इशारे पर अपना कोई छोटा-मोटा जेवर दे डालना भी लड़कियों के लिये बड़ी बात नहीं थी। अनेक बार उनके रुपये के लिये आग्रह करने पर लड़कियाँ अपने घर से चोरी करके भी रुपया ला देती थीं। लड़कियाँ भी खूब समझती थीं कि वे क्या और किसलिये कर रही हैं। आठ-दस लड़कियों का तो उनका खासा विश्वासपात्र दल था जो बाद में लाहौर षड्यंत्र केस आरम्भ हो जाने पर अभियुक्तों की बहिन-भतीजी बन-बनकर जेल में उनसे भेंटकर आतीं और सन्देश लाने ले जाने का काम नियमित रूप से करती रहती थीं।

बहिन प्रेमवती की खास चेलियाँ थीं प्रकाशवती और पंजाब के पुराने क्रांतिकारी नेता लाला पिण्डीदास जी की लड़की स्वदेश कुमारी। प्रकाशवती तो बाद में घर-बार छोड़कर हि० स० प्र० स० में आ मिली थीं। दिल्ली-षड्यंत्र केस के मुखबिरों के बयान थे कि दिल्ली में बम फैक्टरी बनायी जाने पर वे इस फैक्टरी की प्रबन्धकर्ता बनायी गयी थीं। दुर्गा भाभी, सुशीला दीदी और प्रकाशवती तीनों की गिरफ्तारी के लिये सरकार ने इनामों की घोषणा भी की थी। प्रकाशवती इन षड्यंत्रों के सभी फरारों के गिरफ्तार हो जाने के बाद सन् १९३४ में गिरफ्तार हुई थीं।

इन दिनों भगवती भाई के घर पर उनके मेरठ-षड्यंत्र से सम्बद्ध होने के सन्देह के कारण बार-बार तलाशियाँ हो रही थीं। एक बार सुखदेव बम के कुछ खोल तैयार करवाकर साथ लिये था। वह किसी काम से भाभी से मिलने आया और दूसरी जगह जाते समय खोल भाभी के यहाँ ही छोड़ गया। अवसरवश दोपहर बाद, चार बजे पुलिस ने आकर तलाशी का वारण्ट दिखा दिया। भाभी मन ही मन चाहे जितना घबराई हों, परन्तु पुलिस को धैर्य से जवाब दिया, "मेरे पति घर पर नहीं हैं, कोई मर्द भी यहाँ नहीं है। जब तक कोई भरोसे का आदमी यहाँ न हो, मैं आपको तलाशी नहीं लेने दूँगी। तलाशी के मेरे गवाह भी तो होने चाहिये। आप साथ कुछ लिये हों और कह दें मेरे घर से यह चीज निकली।"

पुलिस उनके यहाँ गैर कानूनी कम्युनिस्ट साहित्य ढूँढ़ने आयी थी। पुलिस के मन में अभियुक्त के बारे में जैसी धारणा होती है, वैसा ही व्यवहार किया जाता है। पुलिस इस बात के लिये तैयार हो गयी कि देखे बिना मकान के बाहर कोई चीज नहीं ले जाने दी जायेगी। भाभी अपने भरोसे के जिस आदमी को चाहे बुला लायें, तब तक पुलिस घेरा डाले बैठी रहेगी।

सुशीला दीदी की बहिन को घर छोड़कर भाभी परेशानी में हमारे यहाँ पहुँचीं और बहिन प्रेमवती को और मुझे स्थिति बतायी। हम लोग भाभी को लेकर तुरन्त स्वदेश कुमारी के घर पहुँचे। स्वदेश का घर ग्वालमंडी में भाभी के घर से दो सौ कदम पर था। हमने भाभी को अपने साथ रोककर स्वदेश को उनके घर भेज दिया।

स्वदेश ने जाकर पुलिस से कहा कि वह सुशीला दीदी के गोद लिये बीमार बच्चे को देखने आयी है। वह भीतर चली गयी। उसे बता दिया गया था कि बम के खोल कहाँ रखे हैं। स्वदेश ने उन्हें अपने शरीर पर कपड़ों में छिपा लिया और पुलिस के सामने घर में मौजूद सुशीला दीदी की छोटी बहिन से बच्चे के लिये दवाई लेकर फिर जल्दी लौटने की बात कहकर, बमों के खोल अपने कपड़ों में छिपाये लौट आयी।

हम लोग स्वदेश के घर पर प्रतीक्षा कर रहे थे। भय का कारण दूर हो जाने पर भाभी मुझे लिये घर पहुँचीं। मैंने भगवती भाई की ओर से बहुत उदासीनता से तलाशी का वारण्ट देखा और पुलिस को अपने सामने तलाशी लेने का निमंत्रण दे दिया।

साण्डर्स-वध के दूसरे दिन डाक्टर गोपीचन्द भार्गव से साफ-साफ बात करने पर उन्होंने बिना किसी तर्क के दो सौ रुपये मुझे थमा दिये तो बहुत उत्साह बढ़ा था कि दल को एक प्रभावशाली सहायक और समर्थक मिल गया। इसके बाद मैंने यह अनुभव किया कि डाक्टर साहब ने अपने विधानसभा के काम और दूसरे कामों के बारे में भी मुझसे बातचीत करना कम कर दिया। उत्साह की अधिकता में उस समय इसका अर्थ मैंने यही लगाया कि वे मुझे अपने काम के लिये पूरा अवसर दे देना चाहते हैं। शीघ्र ही मालूम हो गया कि डाक्टर साहब का यह व्यवहार मेरा उत्साह बढ़ाने के लिये नहीं बल्कि मुझे आपत्तिजनक आदमी समझकर दूर रखने के लिये ही था। ऐसी अवस्था में मैं उनकी नौकरी कैसे निबाहता। मच्छीहट्टा में हिन्दू-संगठन के दफ्तर के लिये जो जगह उन्होंने लेकर दी थी वह भी मुझे छोड़नी पड़ी।

डाक्टर साहब की तरफ मेरी तीन महीने की तनखाह बकाया थी। एक-दो बार बात-बात में उसके लिये याद दिलायी। उन्होंने अपने सदा मुस्कान भरे चेहरे से कह दिया, ''अरे भाई हो जायेगा।'' इस पर और क्या कहा जा सकता था? अलबत्ता उन्होंने नौकरी के लिये लक्ष्मी इन्श्योरेन्स कम्पनी में मेरी सिफारिश जरूर कर दी।

इस सिफारिश के लिये मुझे डाक्टर साहब के प्रति कृतज्ञ ही रहना चाहिये, परन्तु सम्भव है मुझसे पीछा छुड़ाने के लिये उन्होंने यही रास्ता समझा हो। लक्ष्मी इन्श्योरेंस कम्पनी में तनखाह काफी कम थी। मैं उस तनखाह पर काम करने के लिये कभी तैयार न होता, परन्तु मजबूरी यह थी कि माँ लायलपुर से नौकरी छोड़कर लाहौर में आ गयी थीं। निर्वाह के लिये कुछ न कुछ तो करना ही था। सबसे कड़वी स्मृति लक्ष्मी इन्श्योरेंस कम्पनी में क्लर्क के काम की है। इससे पहले मैंने जहाँ जो काम किया, किसी को असन्तोष नहीं हुआ बल्कि मैंने परिश्रम और योग्यता के लिये प्रशंसा पायी थी। क्लर्क के काम के लिये मैं सर्वथा अयोग्य प्रमाणित हुआ। स्वयं मुझे ही वह काम इतना अरुचिकर जान पड़ता था कि मन उसमें पैठ ही न पाता। बात-बात में मैं गलती करता और नुक्ताचीनी सुनता। कहाँ मेरी महत्वाकांक्षा सफ़ल वकील, प्रोफेसर या जिम्मेदार राजनैतिक कार्यकर्ता बनने की थी कि और कहाँ क्लर्क की कुर्सी पर बैठा दिन भर बीमों की 'इण्टेरिम रिसीट्स' काटा करता या ग्राहकों को बीमे की किश्त भेजने के लिये चेतावनी के पत्र लिखता रहता था।

सबसे बड़ी उलझन तब होती थी जब सुखदेव किसी काम की ड्यूटी लगा देता। दफ्तर से छुट्टी माँगने पर हेडक्लर्क बाबू घूरकर डाँटते, ''छुट्टी!...रोज छुट्टी! अगर तुम्हारे जिम्मे इतने जरूरी काम हैं तो हमें ही छुट्टी दे दो। कम्पनी को आदमियों की कमी नहीं है। कम्पनी के लिये कम्पनी का काम जरूरी है।''

मैं मन ही मन घुटन अनुभव करता, क्या मेरे लिये क्लर्क का ही काम रह गया है? ऐसा अनुभव होता कि कागज के बने डिब्बे में बन्द हो गया हूँ पर विवशता में उसे तोड़ भी नहीं सकता। मैं इसे अपना व्यक्तिगत दुर्भाग्य नहीं बल्कि अपने समाज की व्यवस्था में अवसर की कमी अनुभव करने लगा। इसका उपाय भी मुझे देश और समाज की व्यवस्था

में परिवर्तन ही दीखता। इस समय मैं क्रांति को परोपकार की वस्तु नहीं बल्कि अपने जीवन की माँग समझने लगा था।

आगरा से केन्द्र दिल्ली में बदल दिये जाने पर युक्तप्रान्त की ओर से सहारनपुर की लकड़मंडी में और लाहौर में किला गुज्जरसिंह के पास कश्मीरी बिल्डिंग में बम फैक्टरी जमाने की योजनायें चल रही थीं। कश्मीरी बिल्डिंग का एक हिस्सा भगवती भाई ने तीन-चार महीने पहले से ही किराये पर ले रखा था। जाने क्यों यह कमरा उन्होंने अपने असली नाम से ही लिया था। आवश्यकता होने पर सुखदेव दिल्ली और युक्तप्रान्त से आये लोगों को भी वहीं टिका देता था। बम फैक्टरी पकड़ी जाने के बाद मैंने भगवती भाई से पूछा भी कि अपने असली नाम से मकान किराये पर लेने के सत्य का पालन करने की क्या जरूरत थी? उन्होंने उत्तर दिया, "असल में यह जगह ली थी घर से दूर रहकर कुछ लिखने-पढ़ने का काम करने के लिये।"

भगवती भाई का ऐसा करना अस्वाभाविक भी न था। उन दिनों उनका मकान लाहौर में सशस्त्र क्रांति की चेष्टा और नौजवान भारत सभा के काम का प्रधान अड्डा बना हुआ था। दुर्गा भाभी इतने आदमियों को चले आते देखकर मन में चाहे जितना परेशान होती हों, परन्तु मुख से तो केवल निकलता था, "आओ!" नौकर न होने पर आटे की एक परात समाप्त हो जाने पर वे दूसरी गूँधने बैठ जातीं। संगीत-गोष्ठी के लिये आने वाले भी काफी थे। भगवती भाई कुछ दिन संगीत का भी शौक कर चुके थे। इन लोगों का आना-जाना इसलिये अच्छा था कि उनके मकान पर नजर रखने के लिये तैनात खुफिया पुलिस यह न समझे कि केवल राजनैतिक रूप से संदिग्ध लोग ही यहाँ आते हैं। दो-चार भले आदमी शची की वजह से भी आते रहते। शची उन दिनों सबका लाड़ला और जगत-भतीजा हो रहा था। उसके ढंग भी कुछ ऐसे थे कि सबको प्यारा लगता था। वह सभी से इतना हिल-मिल जाता था कि जिस किसी के साथ चल देता। कभी कोई भले लोग भाभी से कहे बिना ही उसे लेकर चल देते और भाभी घण्टों दुविधा में व्याकुल रहतीं।

एक दिन यह परिहास दूर तक पहुँच गया। मैं दिन डूबे कुछ देर से भगवती भाई के यहाँ गया तो भाभी को बहुत परेशान पाया। कई घण्टों से शची का पता न था। यों भाभी चाहे जितना धैर्य दिखा रही हों, परन्तु माँ का हृदय···इकलौता बेटा! गली में खड़े रहने वाले खुफिया पुलिस को ढूँढ़ा कि उसी ने किसी के साथ शची को जाते देखा हो। उस समय पुलिस वाला भी नदारद था।

भाभी ने दो-एक नाम लेकर सुझाया कि वे न साथ लेते गये हों, लेकिन कह तो जाते। मुझे उन लोगों के घर मालूम न थे। मैंने पूछा धन्वन्तरी तो नहीं ले गये, शची उनसे बहुत हिला था। धन्वन्तरी कभी-कभी शची के लिये जेब में जलेबी लिये आते थे। उन्हें शची 'जलेबी चाचा' पुकारता था। शची ने सब चाचाओं के अपने अलग नाम रख लिये थे। भगतसिंह 'लम्बे चाचा जी' था, सुखदेव को वह 'बाजा चाचा जी' कहता था। सुखदेव उसे एकान्त में जेब से पिस्तौल निकालकर दिखाया करता और शची के पूछने पर "यह क्या है" उत्तर देता, "बाजा है, बजता है।" मुझे बच्चों से अनुराग कम ही था, परन्तु कभी शची से छेड़खानी करने लगता था। मुझे वह 'गन्दे चाचा जी' पुकारता था।

मैं साइकिल पर धन्वन्तरी के यहाँ गया। वहाँ शची को न पाकर दो-चार जगह और देखा। चिन्ता में चार-छः आदमी भी इकट्ठे हो गये। आखिर पुलिस थानों में लड़के का हुलिया बताकर फोन से पता लिया। कहीं से भी समाधान न हुआ। भाभी बड़े यत्न से आँखों को डबडबाने से रोके हुये थीं। इतने में देखा, शची साहब खुफिया पुलिस वाले की साइकिल पर आगे बैठे चले आ रहे हैं।

"कहाँ था यह?" मैंने गुस्से में पूछा।

"अपनी घरवाली को दिखाने ले गया था।…बड़ा प्यारा बच्चा है जी।" पुलिस वाले ने दाँत दिखा दिये।

भाभी क्रोध में शची को बाँह से खींचकर भीतर ले गईं, "चल तेरी चमड़ी उधेड़ूँ। नालायक जिसके साथ देखता है, चल देता है।" एक चाँटा लगा ही दिया, "क्यों गया था? फिर जायेगा?"

"रचगुल्ला काने गया ता।" आँसू छलकी आँखों से शची ने उत्तर दिया। इसके आगे क्या किया जा सकता था।

घर में बनी रहने वाली उपरोक्त भीड़ की अवस्था में भगवती भाई 'भारतीय क्रांति का इतिहास' या कविता कैसे लिख पाते! एक एकान्त जगह की आवश्यकता तो जरूर थी, परन्तु सुखदेव को वहाँ जाने से कौन रोक सकता था। क्रांति की आवश्यकता सब आवश्यकताओं से बड़ी थी। यह बात पहले कहना याद नहीं रहा था कि भगवती भाई कभी-कभी कविता भी करते थे।

इस समय भगवतीचरण मेरठ केस के वारंटों की आशंका में प्रायः लाहौर से बाहर कभी आगरा और कभी इलाहाबाद रहते थे। सुखदेव ने कश्मीरी बिल्डिंग के मकान में ही बम फैक्टरी का सरंजाम जमाना शुरू कर दिया। मैं इस मकान में पहले तो दो-तीन बार केवल किसी साथी को पहुँचाने ही गया था। सुखदेव की आज्ञा के बिना मैं वहाँ जाता भी न था। सुखदेव के कहने से कुछ रासायनिक उपकरण (scientific apparatus) खरीदकर वहाँ पहुँचाने के लिये गया तो शिव वर्मा को वहाँ पहली बार देखा। कुछ रासायनिक चीजें वहाँ पहले से भी मौजूद थीं। इतना भोला तो मैं नहीं था कि रासायनिक चीजें खरीदने का अर्थ न समझ पाता। समझ गया कि विस्फोटक पदार्थ (बम का मसाला) बनाने की तैयारी है। उसके लिये कौतूहल और उत्साह भी खूब था।

सुखदेव के आने पर बातचीत आरम्भ हुई कि प्रयोग के समय किस-किस साथी को बुलाना चाहिए। शिव वर्मा की राय थी कि इस काम में अधिक भीड़ करना ठीक नहीं। वही साथी ज्यादा उपयोगी हो सकते हैं जिन्होंने कालिज में रसायन की थोड़ी-बहुत शिक्षा पाई हो। रसायन की शिक्षा हममें से पायी थी केवल भगवती भाई ने। मैं तो कालिज में अर्थशास्त्र और राजनीति का विद्यार्थी था। भगवती उस समय लाहौर में थे। सुखदेव ने मुझे भी वह काम सिखाना चाहा। निश्चय हुआ कि पहले बम के तोड़े के लिये 'मर्करी फलमिनेट' बनाया जाय। वजह शायद यह थी कि पिकरिक एसिड और गनकाटन तो आगरा से बने-बनाये आ गये थे, या यह कि मर्करी फलमिनेट बनाना ही सबसे सहल था। पिकरिक एसिड बनाने के लिए दूसरे रासायनिक उपकरणों की भी आवश्यकता थी जो अभी खरीदे नहीं गये थे।

दोपहर बीत चुकी थी। चीनी की एक बड़ी तश्तरी में कुछ पारा डालकर सुखदेव ने उसमें आहिस्ता-आहिस्ता एक तेजाब मिलाना शुरू किया। तश्तरी में से धुयें के हल्के-हल्के बादल उठने लगे और हम लोगों को खाँसी आनी शुरू हुई। तौलिये और रूमाल नाक और मुँह पर रखकर हम लोग जुटे ही रहे। पारे में तेजाब मिलाते समय शीशे की एक छड़ से उसे लगातार हिलाते रहना भी आवश्यक था इसलिये दूर भी न हटा जा सकता था। जब एक तेजाब पारे में मिलाया जा चुका तो नुस्खा देखकर दूसरा तेजाब उसमें मिलाना शुरू किया गया। इस तेजाब की कुछ बूँदें पड़ते हीं पूरा कमरा गहरे नीले धुएँ से भर गया। तश्तरी में पड़े पारे और तेजाब को देख सकना भी कठिन। इस समय भी मिश्रण में दूसरे तेजाब की पूरी मात्रा मिला सकने तक उसे हिलाते रहना आवश्यक था। खाँसी और दम घुटने का यह हाल कि आपस में भी यह नहीं कह सकते थे कि हम लोगों में से दो बाहर चले जायँ और बारी-बारी से एक-एक आदमी आकर इस काम को करे। जब दम घुटने की छटपटाहट अनुभव होने लगी तो पहले सुखदेव उठकर सहन में गया। उसके बाद हम दोनों भी चले गये। बाहर आकर यही तय किया कि हम लोग बारी-बारी से जायँ और जितनी देर तक बिना श्वास लिये भीतर रह सकते हैं, ठहरकर तेजाब की थोड़ी-थोड़ी मात्रा मिलाते हुए उसे शीशे की छड़ से हिलाते रहें। ऐसे ही किया गया।

बाहर आने पर मैंने सुखदेव से कहा, हम लोग यह काम बहुत मूर्खतापूर्ण कर रहे हैं। दो मंजिले पर उस समय दायें-बायें घर खाली थे, परन्तु यह दुर्गन्ध तो दो सौ गज से भी दूर तक जा रही होगी।

सुखदेव ने उपेक्षा से उत्तर दिया, "जो काम जरूरी है किया जायेगा।" मैंने फिर भी आग्रह किया कि तुम अपने कष्ट की परवाह बेशक न करो, किन्तु दूसरों का ध्यान भी तो आकर्षित नहीं होना चाहिये।

प्रायः दो घंटे की इस सिरदर्दी के बाद सुरमे जैसे रंग का पदार्थ मर्करी फलमिनेट बन गया जिसकी मात्रा एक अठन्नी के ऊपर रखी जा सकती थी। इसे पानी भरी बोतल में डालकर रख लिया गया। तेजाबों के नाम मैंने जानबूझ कर नहीं लिखे हैं ताकि कोई दुस्साहसी युवक ऐसी चेष्टा करने की बात न सोचे। बाद में इस विषय में लगातार खोज करने पर मैं इस परिणाम पर पहुँचा कि बम में तोड़ा लगाने के लिये मर्करी फलमिनेट अनिवार्य नहीं है। बम के तोड़े या डिटोनेटर का काम दूसरी बहुत ही मामूली चीजों से भी लिया जा सकता था।

उस रात मैं फैक्टरी में ही सोया। इसके बाद भी कई दिन वहाँ सोना पड़ा। हम लोग पड़ोस से तन्दूर की रोटी और दाल ले आते थे। एक बड़ी भारी चूक इस फैक्टरी के सम्बन्ध में मुझसे यह हुई कि यहाँ उपयोग के लिये कुछ आवश्यक कपड़े और बर्तन मैं अपने घर से ही ले आया था जिन पर मेरा नाम था। फैक्टरी पकड़े जाने पर यह चीजें फैक्टरी से मेरे सम्बन्ध की साक्षी दोनों बन गयीं।

अप्रैल, १९२९ की ४ या ५ तारीख को सुखदेव ने मुझे भगतसिंह और दत्त के फोटो के नेगेटिव दिये। उस समय मैं दत्त से परिचित नहीं था। उसने कहा, "एक ऐसा चित्र बनाना चाहिये कि बम विस्फोट की पृष्ठभूमि में यह तस्वीरें एक साथ दिखाई दें।"

कोई सवाल-जवाब किये बिना मैंने उसकी आज्ञा पूरी करने की योजना बनायी। विस्फोट का एक काल्पनिक चित्र बनाकर उसमें भगतसिंह और दत्त के नेगेटिव से बने चित्र चिपका दिये और फिर उसी फोटोग्राफर से कहा कि अब इसका एक फोटो लेकर छः कापियाँ बना दो।

इस बीच असेम्बली बमकाण्ड हो चुका था। फोटोग्राफर आज-कल कहकर विलम्ब करता जा रहा था। लगभग ११ अप्रैल को जब मैं फोटोग्राफर से यह लेने गया तो वहाँ कुल्ले पर तुर्रेदार पगड़ी बाँधे एक व्यक्ति को बैठे देखा। वह व्यक्ति मेरी ओर बहुत ध्यान से देख रहा था। बात समझते देर न लगी। इससे पूर्व लाहौर के समाचार पत्रों में असेम्बली बमकांड की घटना और भगतसिंह और दत्त के चित्र प्रकाशित हो चुके थे। यदि फोटोग्राफर ने काम समय पर कर दिया होता तो इसमें फँसने की कोई बात नहीं थी, परन्तु अखबारों में भगतसिंह और दत्त के चित्र प्रकाशित हो जाने के बाद उनके चित्रों को इस रूप में तैयार करवाने वाले व्यक्ति की ओर पुलिस का ध्यान आकर्षित होना स्वाभाविक था। अब उचित यही होता कि मैं वह तस्वीरें लेने न जाता, परन्तु अनुभव जो न था।

गनीमत यही थी कि फोटो लेने मैं साइकिल पर गया था। ज्यों ही दाम चुकाकर और तस्वीरें लेकर मैं बाहर निकला, मुझे ध्यान से देखने वाला आदमी भी, जो पहरावे से ही पंजाब खुफिया-पुलिस का सब-इन्स्पेक्टर जैसा मालूम हो रहा था, अपनी साइकिल का ताला खोलने लगा। अवसर की बात, मैंने साइकिल में ताला न लगाया था। मौका पाकर मैं जितना तेज हो सकता था, भाग निकला। कुछ दूर जाकर मैंने घूमकर देखा तो उसे बाजार की दुपहर बाद की मामूली सी भीड़ में काफी दूर साइकिल पर पीछा करते पाया। अगर वह आदमी 'पकड़ो-पकड़ो' चिल्ला देता तो मैं जरूर पकड़ा जा सकता था, लेकिन वह साइकिल तेज चला सकने के अभिमान में चिल्लाया नहीं; या वह चुपचाप मेरे पीछे जाकर मेरा स्थान और मुझसे सम्बन्ध रखने वाले आदमियों का भी पता लेने की दूरदर्शिता करना चाहता था। मैं गलियों में घुसकर जितना तेज सम्भव था साइकिल चलाता निकल गया। दो जगह ठहरकर यह भी निश्चय कर लिया कि कोई पीछा तो नहीं कर रहा है।

बम फैक्टरी में पहुँचकर सुखदेव को इस घटना का समाचार सुनाया। उसने मुझे दो दिन बिलकुल बाहर न निकलने का आदेश दे दिया ताकि मेरा पीछा करता हुआ कोई आदमी बम फैक्टरी तक न पहुँच जाये। मैं दिन भर बैठा-बैठा पढ़ता रहा। मन में बार-बार विचार उठता कि कम से कम लक्ष्मी इंश्योरेन्स कम्पनी में कोई झूठी-सच्ची छुट्टी की अर्जी तो दे ही आऊँ।

सुखदेव स्वयं बाहर चला गया था और कोई दूसरा आदमी फैक्टरी में था नहीं। ऊबकर मैं खिड़की से नीचे चौड़ी गली में देखने लगा। कुछ देर कमरे में चहलकदमी रहा और फिर नीचे देखा। कई बार देखने पर मुझे वहाँ एक आदमी बार-बार दिखाई दिया। उसे अपने खिड़की की ओर भी देखते पाया। सुखदेव के आने पर मैंने उससे यह चर्चा की और अपना सन्देह प्रकट किया कि इस मकान पर खुफिया-पुलिस को सन्देह हो गया जान पड़ता है। खुफिया-पुलिस के लोगों के रंग-ढंग से हम लोग काफी परिचित हो चुके थे। भगवती भाई, धन्वन्तरी और भगतसिंह के मकान पर उन्हें चौकसी करते और उनका पीछा करते प्रायः देखते ही थे।

"यह तुम्हारी कल्पना है," सुखदेव ने टाल दिया। मैंने तर्क किया कि मर्करी फलमिनेट बनाने के प्रयत्न में जो धुआँ और दुर्गन्ध यहाँ से उड़ी थी, उसके कारण लोगों को जरूर इस मकान के बारे में सन्देह हो गया होगा। उस समय मुझे यह मालूम नहीं था कि सन्देह गुलामरसूल खरादिये के यहाँ से हुआ था। वहाँ से बम का खोल लाते समय किशोरीलाल का पीछा करके खुफिया-पुलिस ने इस मकान पर सन्देह किया था।

यह बात जहाँ तक मुझे याद है, १३ अप्रैल, १९२९ की थी। रात भी मैं बम फैक्टरी में ही सोया। १४ अप्रैल सुबह मुँह-अँधेरे ही उठकर अपने घर पहुँचा कि वहाँ का भी कुछ हाल देखूँ और लक्ष्मी इंश्योरेन्स कम्पनी में जाकर अपनी गैरहाजिरी की सफाई दूँ। तस्वीरें लाते समय मेरा पीछा पुलिस के एक आदमी ने जरूर किया था, परन्तु लाहौर जैसे बड़े शहर में केवल एक आदमी से पहचाने जाने का क्या डर होता। उस रोज मैं दफ्तर भी गया और संध्या समय सुखदेव से भी मुलाकात हुई।

मर्करी फलमिनेट बना लेने के बाद हम बम के मसाले की मुख्य वस्तु पिकरिक एसिड बनाने की तैयारी कर रहे थे, इसलिये सुखदेव से पूछा, आज रात फैक्टरी में मेरी जरूरत तो नहीं?

"आज बाहर से दूसरे आदमी आ रहे हैं। पिकरिक एसिड दो-तीन दिन बाद बनायेंगे।" सुखदेव ने उत्तर दिया।

उस रात जयगोपाल और किशोरीलाल बम फैक्टरी में आये हुए थे। इन लोगों को अभी मेरे सक्रिय सहयोग देने की बात मालूम न थी। बेमतलब बताने से लाभ भी न था। दूसरे दिन सुबह साढ़े-आठ के लगभग मैं साइकिल पर भगवती भाई के मकान पर भाभी से मिलने गया, शायद सुखदेव मेरे लिये कोई सन्देश दे गया हो। ग्वालमण्डी, किला गुज्जरसिंह और वच्छोवाली के रास्ते में पड़ती थी। सुखदेव मेरे लिये वहीं सन्देश दे जाता था।

भगवती भाई का मकान पुलिस से घिरा हुआ था, परन्तु तलाशी अभी नहीं हो रही थी। पुलिस वाले कुछ ज्यादा सख्ती दिखला रहे थे। वे घर के आदमियों को बाहर नहीं जाने दे रहे थे। पुलिस का सब-इन्स्पेक्टर मकान के सामने कुर्सी डाले बैठा। मैंने उससे धौंस से बात की, "आपको तलाशी लेनी हो तो तलाशी लीजिये। इन लोगों को परेशान क्यों कर रहे हैं? घर में बच्चा बीमार है, यह लोग उसे डाक्टर के यहाँ ले जाना चाहती हैं।" उस समय सुशीला जी का गोद लिया बंगाली लड़का सतीश कुछ बीमार था।

सब-इन्स्पेक्टर ने जवाब दिया, "तलाशी मैं खुद नहीं ले सकता। खानबहादुर साहब का इन्तजार है। तलाशी उनके आने पर ही होगी।"

सब-इन्स्पेक्टर स्वयं भी बैठा-बैठा ऊब रहा था। उसी समय एक कांस्टेबल साइकिल पर आ पहुँचा था। इस कांस्टेबल से उसने पूछा, "खानबहादुर साहब को इतनी देर क्यों लग रही है? वहाँ आखिर कितनी देर तक तलाशी होती रहेगी?"

इस बात से मेरा माथा ठनका। समझा कि तलाशी और जगह भी हो रही है। खयाल आया कि नौजवान भारत सभा के साथियों धन्वन्तरी, एहसानइलाही वगैरह के यहाँ भी तलाशी हो रही होगी।

भीतर जाकर भाभी से पूछा कि कोई खतरे की चीज तो नहीं है?

"मुझे तो मालूम नहीं," उन्होंने उत्तर दिया। "कल शाम सुखदेव आया जरूर था, कह नहीं सकती। उसका क्या ठिकाना... कह भी तो नहीं जाता।"

सोचा, जाकर सुखदेव को ही खबर दूँ।

ग्वालमण्डी से साइकिल पर कश्मीरी बिल्डिंग की ओर चला। कश्मीरी बिल्डिंग किला गुज्जरसिंह की मुख्य सड़क से फटती एक छोटी सड़क से अन्दर जाने वाली गली में थी। ज्यों ही मैंने इस छोटी सड़क से साइकिल गली में मोड़ी, फैक्टरी के नीचे जीने के सामने पुलिस का खासा झुंड दिखाई दिया। अब घबराकर पीछे लौटता तो मुझ पर सन्देह होता। पुलिस के झुंड के बीच से गुजरने में भी झिझक हो रही थी, परन्तु उतावली और घबराहट न दिखाकर मैं पुलिस के लोगों के बीच से निकलकर गली के पार हो गया। दूसरी ओर से ग्वालमण्डी की ओर लौटा। रास्ते में देखता गया कि मेरा पीछा तो नहीं किया जा रहा है। भाभी और सुशीला जी को एक ओर ले जाकर बताया, "सर्वनाश! बम फैक्टरी में पुलिस पहुँची हुई है। तलाशी हो रही है। मैं नीचे से ही बचकर आ गया हूँ।"

"सुखदेव कहाँ होगा?" उन लोगों ने पूछा।

"ठीक नहीं कह सकता," उत्तर दिया। "रात उसके फैक्टरी में ही रहने की बात थी। अगर वहाँ होगा तो पकड़ा गया होगा।"

"जैसे भी हो, तुम अपने आपको बचाओ!" दोनों ने आग्रह किया।

"ये (भगवती) जाने कहाँ होंगे?" भाभी ने चिन्ता से कहा, "कहीं बेखबरी में वहाँ जाकर फँस न जायें!"

"अगर आज वहाँ नहीं गये तो नहीं फँसेंगे।" आश्वासन दिया, "कल सुबह तो यह बात अखबार में छप ही जायेगी।"

ग्वालमण्डी से मैं सीधा अपने मकान वच्छोवाली में पहुँचा। माँ और बहिन प्रेमवती को सब बात साफ-साफ कह दी, "मैं इसी समय जा रहा हूँ। सम्भव है कुछ महीनों बाद लौटूँ; हो सकता है कभी न लौटूँ।"

घर की आर्थिक स्थिति अच्छी नहीं थी, यह पहले ही कह चुका हूँ। उस समय जो थोड़े बहुत रुपये थे, उसमें से मैंने कुछ ले लिये। माँ को यह कह दिया कि डाक्टर गोपीचन्द के यहाँ मेरी तीन महीने की तनख्वाह के दो सौ चालीस रुपये बकाया है, आप वहाँ से ले लीजियेगा। बाद में मालूम हुआ कि माँ के तकाजा करने पर डाक्टर साहब ने चालीस रुपये देकर कह दिया कि दो सौ रुपये यशपाल मुझसे पहले ही ले जा चुका है। आपको विश्वास नहीं होता तो यशपाल के आने पर ही बात कीजियेगा। यह तो डाक्टर साहब को मालूम ही था कि यशपाल फरार है और फरारी का कारण भी वे जानते ही थे।

डाक्टर साहब ने जिस परिस्थिति में रुपया मुझे दिया था, मेरा यह समझना स्वाभाविक था कि लाला लाजपतराय जी के ऊपर आक्रमण का बदला ले लिये जाने के संतोष में यह सहायता दे रहे हैं। बाद में समझ में आया कि डाक्टर साहब ने तो ईमानदारी से मेरी तनखाह ही दी थी। लाला जी के अपमान का बदला लेना केवल हमीं लोगों की जिम्मेदारी थी। नेताओं की बातें सर्वसाधारण से कुछ भिन्न होती हैं। दो सौ रुपये डाक्टर गोपीचन्द के लिये कोई बड़ी बात नहीं समझी जा सकती थी। लाला जी के

लिये उनकी श्रद्धा भी अपार थी। हो सकता है, मन ही मन उन्होंने यह दूरदर्शिता की हो कि यशपाल कभी गिरफ्तार होने पर पुलिस को यह बयान न दे दे कि डाक्टर गोपीचन्द ने आतंकवादियों को आर्थिक सहायता दी थी। यह अनुमान इसलिये है कि उस समय के पंजाब के सबसे बड़े वामपंथी नेता डाक्टर सत्यपाल ने ऐसी परिस्थिति में इससे भी विचित्र व्यवहार किया था। एक साथी उनके पास भी पहुँचा और साण्डर्स कांड जैसे कार्यों में आर्थिक सहायता के लिये अनुरोध किया।

डाक्टर साहब ने घबराहट में उत्तर दिया, "मैं खूब समझता हूँ, तुम खुफिया पुलिस के आदमी हो। तुम अभी मेरे बँगले से बाहर निकल जाओ, नहीं तो मैं पुलिस को फोन करके तुम्हें गिरफ्तार करवा दूँगा।"

डाक्टर सत्यपाल का अनुमान इतनी दूर तक गया तो उन्हें यह भी सोचना चाहिये था कि खुफिया पुलिस वाले को पुलिस गिरफ्तार करेगी क्यों और सजा क्या देगी? उनकी इस चौकसी का अर्थ पुलिस को यह विश्वास दिलाने की इच्छा ही थी कि क्रांतिकारियों से उनका कोई सम्बन्ध नहीं था।

यह तो हुई प्रान्तीय नेताओं की बात। स्वयं गांधी जी ने धन्वन्तरी को खुफिया पुलिस का आदमी समझ लिया था। धन्वन्तरी आर्थिक सहायता माँगने भी नहीं गया था। वह साबरमती केवल यह प्रार्थना करने पहुँचा था कि गांधी जी हम लोगों के कामों की सार्वजनिक रूप से निन्दा न किया करें तो बहुत कृपा होगी। उन्हें हमारे मार्ग से सहानुभूति नहीं तो चुप ही रह जायें।

गांधी जी बोले, "मुझे तो यह आदमी खुफिया पुलिस का जान पड़ता है।" उन्होंने बात करने से ही इन्कार कर दिया। ढंग से बात कर लेने का साहस देखा केवल आचार्य गिडवानी, आचार्य जुगलकिशोर, पण्डित नेहरू, आचार्य कृपलानी और सुभाषचन्द्र बोस में। मैं स्वयं ही इन लोगों से मिला था। इसकी चर्चा प्रसंग आने पर ही करूँगा। हाँ नेताजी सुभाष बोस का तो चेहरा हम लोगों से मिलकर खिल उठता था।

दोपहर बीतने से पहले ही मैं लाहौर से चल दिया। उस समय अमृतसर की ओर एक गाड़ी जा रही थी। यही काँगड़े का रास्ता था। आत्मरक्षा की भावना में पहली सूझ यही थी कि किसी तरह लाहौर से बचकर निकल जाऊँ। जाने से पहले पोशाक बदल ली थी। लाहौर में मैं साधारण विद्यार्थियों की पोशाक में रहता था। उस समय स्टेशन जाते हुए एक सोला हैट खरीद लिया और मूँछें साफ कर लीं।

फरारी की उस पहली यात्रा में कलेजा कैसे धक-धक कर रहा था! जान पड़ता था, बड़े भारी संकट से गुजर रहा हूँ। सभी की आँखें सन्देह से मुझे ही खोजती जान पड़ती थीं। बाद में फरारी के सबसे बड़े गुर आत्मविश्वास का रहस्य समझ लेने पर उसी लाहौर में, जब सभी जगह बड़े-बड़े इश्तहार मेरी गिरफ्तारी के लिये इनाम की घोषणा के लगे हुए थे, मामूली सी सावधानी से निधड़क घूम लेता था। उसी लाहौर स्टेशन पर जेब में रखा पिस्तौल भूल से दिखाई दे जाने पर भी बेपरवाही दिखाकर मुख से सीटी बजाते हुए हाथ में कारतूस उछालते हुए गाड़ी पर चढ़ सकता था। सन्देह से बचने का इससे सरल उपाय और क्या हो सकता था!

आरम्भ में फरारी का कोई अनुभव न होने से वैसा ही व्यवहार किया जैसे शिकारी से भागा हुआ जंगली जानवर करता है। जंगली जानवर आतंक अनुभव करने पर

आत्मरक्षा के लिये प्रायः अपने भिटे या अड्डे की ओर ही भागता है और शिकारी उसे सुविधा से पकड़ सकता है। मैं भी काँगड़ा जा पहुँचा। जाकर टिका अपने सम्बन्धी और विश्वस्त मित्र वकील दीवान मानचन्द्र के यहाँ। उन्हें धोखे में न रहने के लिये यह भी बता दिया कि मैं किस अवस्था में कैसे फरार होकर आया हूँ।

एक बात लगातार मेरे मस्तिष्क को व्याकुल किये थी, बम फैक्टरी को पुलिस जैसे घेरे हुए थी, मैं अपनी आँखों से देख आया था। पुलिस के चेहरों पर मुझे कोई आतंक या घबराहट न दिखाई पड़ी थी! मुझे मालूम था कि आगरे में तैयार किये गये मसाले से बना एक बम फैक्टरी की अलमारी के ऊपर के खाने में मौजूद था। यह मालूम था कि सुखदेव के पास रिवाल्वर और कारतूस भी थे। सुखदेव ने पुलिस के आने पर कैसा व्यवहार किया, कैसे पुलिस का सामना किया, यह जानने के लिये मैं बिलकुल उत्सुकता से अखबारों की प्रतीक्षा कर रहा था।

काँगड़ा में अखबार एक दिन विलम्ब से मिला। यह पढ़कर कि सुखदेव ने पुलिस का कुछ भी सामना न कर, काँपते हुए हाथों से सब चीजें पुलिस को सौंप दीं, मैं विश्वास न कर पा रहा था। वास्तव में क्या और कैसे हुआ, यह जानने के लिये मन बेचैन था। बाद में जब यह विश्वास करना ही पड़ा, मेरा मन ग्लानि से भर गया। कुछ और भी बातें मालूम हुईं। यों यह ग्लानि सुखदेव को गोली मार देने के निश्चय तक पहुँच गयी। यह निर्णय उचित था या अनुचित, यह बात यथास्थान और प्रसंग से कहना ही ठीक होगा। यह सच है कि सुखदेव ने पुलिस को बयान अपने प्राण बचाने के लिये नहीं दिया था। बयान देने का कारण उसकी अति अहमन्यता या सनक ही थी।

लाहौर बम फैक्टरी के पकड़े जाने के अवसर पर यद्यपि कोई विशेष घटना न हो पाई, परन्तु हमारे इतिहास में उसका बहुत महत्व है। इस फैक्टरी के पकड़े जाने से ही असेम्बली बमकांड, साण्डर्स-कांड तथा दूसरी घटनाओं का पारस्परिक सम्बन्ध पुलिस को मिल सका और इसके बाद हमारे आन्दोलन ने भी अगला कदम उठाया। मेरी फरारी का तुरन्त कारण भी इस फैक्टरी का पकड़ा जाना ही था।

''फरारी में जिन्दगी नहीं निभ सकती!'' वकील मानचन्द्र जी ने समझाया, ''फरार हो जाने से तो केवल पुलिस का सन्देह बढ़ेगा और तुम्हारी फरारी अदालत की दृष्टि में तुम्हारे अपराध का प्रमाण बन जायेगी। बेहतर यह है, पुलिस के हाथ आत्मसमर्पण कर दो। कानूनी चाराजोई जो भी होगी, हम लोग करेंगे।···यदि विचार दूसरा है, फरार रहकर अपना काम जारी रखना चाहते हो, तो तुम जानो, परन्तु उसके लिये काँगड़ा उचित जगह नहीं है। यहाँ के छोटे-छोटे बीस-पच्चीस घरों के गाँवों में सभी आदमी एक-दूसरे को पहचानते हैं, यहाँ नया आदमी छिप नहीं सकता। अपरिचित आदमी यहाँ कभी ही दिखाई देते हैं। इनके लिये कौतूहल भी बहुत अधिक होता है। फरार होकर इस पहाड़ में छिपने वाला आदमी तो ऐसे पकड़ा जाता है जैसे घड़े में बन्द मछली।···और-यहाँ के लोगों में राजनैतिक चेतना या वैसा दृष्टिकोण भी नहीं। यहाँ के लोगों का एक ही पेशा है, फौज की या घरेलू नौकरी···।''

काँगड़ा के पुराने किले के खण्डहरों में, जो परिवर्तन के विराट साक्षी हैं, बैठकर बहुत सोचा और निर्जन पहाड़ों में छिपकर अकेले बम बनाने और क्रांति की कल्पना की मूर्खता को समझा। ऐसी कल्पना केवल अनुभवहीन कर सकता है जिसका अच्छा

उदाहरण शरत बाबू का 'पथेरदावी' उपन्यास है। क्रांति तो जनसमूह में हो सकती है, निर्जन प्रदेशों में नहीं। कोई आत्मचिन्तन द्वारा आत्मिक शक्ति की ज्वाला को जागरित करना ही लक्ष्य समझे तो दूसरी बात है। वह अरविन्द बाबू की भाँति आश्रम खोल सकता है।

अगले ही दिन मैं मनुष्यों के जंगल, किसी बड़े नगर में अपने आपको छिपाये रखकर, अपने साथियों से सम्बन्ध जोड़ने या अपने ही बूते पर क्रांति के लिये कुछ प्रयत्न कर सकने के लिये पंजाब की ओर लौट गया।

सिंहावलोकन

द्वितीय भाग

- छिन्न सूत्रों की खोज
- सहारनपुर बम-फैक्टरी
- कलकत्ता और नये बम की विफलता
- बम के नुस्खे की खोज में कश्मीर यात्रा
- दिल्ली और रोहतक में बम बने
- तेहखण्ड में लाइन के नीचे बम
- सूत्रों का विस्तार
- वाइसराय की गाड़ी के नीचे विस्फोट
- बम का दर्शन
- भगतसिंह और दत्त को जेल से निकालने की योजना
- भगवती भाई की शहादत
- जेल पर आक्रमण और बहावलपुर रोड विस्फोट
- जलगाँव अदालत में मुखबिर पर गोली
- दिल्ली की बड़ी बम फैक्टरी
- यशपाल को प्राणदण्ड का निर्णय
- आतिशीचक्कर
- दल भंग

भूमिका

पुस्तक के परिचय के सम्बन्ध में प्रायः सभी आवश्यक बातें 'सिंहावलोकन' के पहले भाग के आरम्भ में लिखी जा चुकी हैं। अब फिर पुस्तक का परिचय देने की आवश्यकता नहीं है।

पहले भाग के प्रकाशन के बाद पाठकों की प्रतिक्रिया-रूप कुछ विचार या आलोचनायें सुनने को मिली हैं। हि० स० प्र० स० के अधिकांश साथियों ने उस भाग में तथ्यों को बहुत निष्पक्ष और तटस्थ रूप में लिखा गया समझा है। दूसरा भाग प्रकाशित करते समय उन्हें विश्वास दिलाना चाहता हूँ कि मैंने इस भाग में भी अपनी चेतना में वैसा ही व्यवहार और दृष्टिकोण बनाये रखने का यत्न किया है।

एक दो-साथियों से मुझे ऐसे भी सुझाव मिले हैं कि मेरी पुस्तक में कुछ साथियों या प्रकरणों की चर्चा छूट गई है। ऐसा हुआ है और इसका कारण है कि मैं पुस्तक को इतिहास के रूप में नहीं, अपनी स्मृतियों के रूप में लिख रहा हूँ। यह स्मृतियाँ इतिहास का अंश जरूर हैं, परन्तु पूर्ण इतिहास नहीं। जिन व्यक्तियों या घटनाओं से मेरा पर्याप्त आधिकारिक परिचय नहीं था, उनके विषय में चुप रहना ही मैंने उचित समझा है। जिन घटनाओं और व्यक्तियों की चर्चा मैं आलोचनात्मक ढंग से न कर सकता था, उन्हें भी छोड़ दिया है।

एक-आध जगह से दबे-दबे स्वर में यह भी सुनने को मिला है कि मुझे जो बातें अपने अनुकूल जान पड़ीं, मैंने अपनी स्मृतियों में उन्हें ही स्थान दिया है और जो मेरे प्रतिकूल जा सकती थीं, उन्हें छोड़ गया हूँ। इस प्रकार की आलोचना का उत्तर यही दे सकता हूँ कि अतीत की उन घटनाओं के विषय में लिखने का अधिकार और अवसर सभी को है। जो साथी अपनी स्मृति द्वारा उन घटनाओं या उस समय पर अधिक प्रकाश डालकर वास्तविकता के विश्लेषण में सहायता दे सकते हैं, उन्हें ऐसा अवश्य करना चाहिये।

दूसरी ओर बहुत अधिक मुखों से सुना है कि मैंने अपनी अपेक्षा दूसरों की ही चर्चा और श्लाघा अधिक की है, मैं केवल पृष्ठभूमि में सहायक-पात्र के रूप में ही दिखाई देता हूँ। प्रथम भाग में वर्णित घटनाओं में मेरा जितना भाग था, उससे अधिक अपनी बात कैसे कह सकता था! मैंने उस भाग में भी अपने आपको विनय से या संकोच से छिपाया नहीं है। मुझे समझने या आन्दोलन में मेरा भाग जानने की इच्छा इस भाग में अपेक्षाकृत अधिक पूरी हो सकेगी।

इस भाग में अपनी समझ से आन्दोलन को बढ़ाने और हानि पहुँचाने वाली दोनों ही तरह की प्रवृत्तियों, घटनाओं और उनसे सम्बन्धित साथियों का भी वर्णन मैंने किया है।

उन घटनाओं पर लीपा-पोती कर भड़कीले आवरण चढ़ा देने से कोई लाभ न हो सकता था। 'सिंहावलोकन' की उपयोगिता उन सफलताओं और असफलताओं का विश्लेषण कर उनसे कुछ निष्कर्ष निकाल सकने में ही है। अनेक भूलों में मैंने भी भाग लिया है। अपनी आलोचना करने में मैंने ममता या संकोच नहीं किया है। भूलों का ठेका मैंने ही नहीं ले लिया था। जिन दूसरे साथियों से भूलें हुईं, उनकी चर्चा भी मैंने उसी स्पष्टवादिता से करना उचित समझा है, जैसे अपनी भूलों की।

आज मैं और मेरे समय के दूसरे साथी अपनी उन दिनों की सफलताओं और विफलताओं की पूँजी पर निर्भर नहीं कर रहे हैं। उस समय हमने जो कुछ भी किया था आज छोटे-मोटे इतिहास का अंग बनकर समाज के लिये विश्लेषण की चीजें बन चुकी हैं। हम उस समय स्वयं उन घटनाओं के पात्र होने के कारण उन घटनाओं का विश्लेषण करके उनके कार्य-कारण के सम्बन्ध नहीं जोड़ सकते थे। उस समय हमारे उद्देश्य और भावनायें ही हमारे दृष्टिकोण और परख को निश्चित कर सकती थीं। आज हम उन घटनाओं के परिणामों को कसौटी बनाकर अपने तत्कालीन दृष्टिकोण और भावनाओं के औचित्यानौचित्य की जाँच कर सकते हैं। उन घटनाओं से व्यक्तिगत नाते का मोह छोड़कर हम आलोचक बन सकें, यही हम लोगों को अब शोभा देता है।

प्रथम संस्करण
होली
१२ मार्च, १९५२ — **यशपाल**

छिन्न सूत्रों की खोज

कांगड़ा पहाड़ी नदियों की लम्बी-लम्बी गोरी बाँहों के आलिंगन में लिपटी हरी-हरी पहाड़ियों पर छिटकी संक्षिप्त-सी बस्ती है। सबसे ऊँची पहाड़ी की चोटी पर एक बहुत बड़े किले के भग्नावशेष नीले आकाश की ओर सिर उठाये खड़े हैं। उत्तर-पश्चिम की ओर बहुत समीप ही सदा बर्फ से ढकी पहाड़ियाँ चाँदी के उजले ढेरों की तरह आँखों को चकाचौंध करती रहती हैं। मेरे मन में कांगड़ा की घाटी के लिये सदा ही प्रबल आकर्षण रहा है, अब भी है। अनेक पहाड़ों में घूम-फिरकर भी मन सदा कांगड़ा की ओर उड़ जाने के लिये छटपटाता रहता है।

फरारी की उस अवस्था में कांगड़ा की प्राकृतिक शोभा मुझे कुछ भी संतोष न दे रही थी। मैं उसे देख ही न पा रहा था। प्रतिक्षण यही चिन्ता थी कि इस छोटी-सी बस्ती में ऐसे बहुत से लोग मुझे पहचानते हैं, जिन्हें मैं अपनी फरारी का कारण और उद्देश्य नहीं बता सकता। मेरा यहाँ बने रहना निरापद नहीं। कांगड़ा में अपने सम्बन्धी वकील साहब के घर में शरण लेना मेरे लिये ही आशंका का कारण न था बल्कि वकील साहब के लिये भी।

मेरे सामने एक ही मार्ग था कि किसी ऐसे बड़े नगर में जाकर टिकूँ जहाँ हजारों-लाखों आदमी एक-दूसरे को जाने-पहचाने बिना अपने-अपने काम-काज में लगे, आस-पास बने रहते हैं। ऐसी जगह जाकर अपने दल के शेष रह गये साथियों का पता लगाऊँ और कुछ नये लोगों को अपने विचारों के प्रति आकर्षित करके अपने दल का साथी और सहायक बनाऊँ। विदेशी सरकार पर चोट करने के लिये फिर हथियारों का संग्रह किया जाय। उस समय तक ऐसे एक ही नगर लाहौर से मैं परिचित था, परन्तु वहाँ परिचितों की संख्या बहुत अधिक थी। लाहौर की पुलिस भी मुझे थोड़ा-बहुत पहचानती ही थी। मैंने जम्मू जाने का निश्चय किया।

कांगड़ा की अपेक्षा जम्मू उस समय भी बहुत बड़ा नगर था। सन् १९२६-२७ में दो-अढ़ाई महीने वहाँ रह चुका था। फिरोजपुर में कांग्रेस का कार्य करते समय और नेशनल कालेज में तथा हिन्दू-संघ के दफ्तर में रहते समय कृष्णजी से खूब घनिष्ठता हो चुकी थी। वे उन दिनों संन्यास लेकर आनन्द स्वामी बन चुके थे। उन्होंने जम्मू के 'वेद-आश्रम' में राष्ट्रीय भावना से हिन्दू संगठन का एक केन्द्र बनाया था! उन्होंने इस केन्द्र में सहायता देने के लिये मुझे भी बुला लिया था। नेशनल कालेज में गर्मी की छुट्टियाँ थीं इसलिये मैं जम्मू चला गया था।

स्वामी जी गीता का उपदेश देकर भीम, अर्जुन और कृष्ण के आदर्श नौजवानों के सामने रखते थे। मैं नौजवानों को लाठी, गतका, बिन्नौट, जुजुत्सू, छुरी से लड़ने और आत्मरक्षा का तरीका सिखाता था और निजी तौर पर उनसे खुदीराम बोस और लाला

हरदयाल जैसे क्रांतिकारी लोगों की बातें करता था। कुछ नौजवान मेरी बातों की ओर आकर्षित भी होने लगे थे। गर्मी की छुट्टी समाप्त होने पर कालेज की नौकरी के कारण वह सम्बन्ध छोड़कर लौट गया था। अब पुराने सम्बन्धों से लाभ उठा सकने की इच्छा और आशा थी। वहाँ साधारणतः परिचितों की संख्या भी कम थी।

जम्मू में मेरे एक सम्बन्धी चिरंजीलाल रियासत की नौकरी में थे, उन्हीं के यहाँ पहुँचा। मेरे राजनैतिक दृष्टिकोण या विचारों से तो उन्हें क्या सहानुभूति होती, परन्तु मेरे साहस के प्रति जरूर थी। उन्हे धोखे में न रखकर अपनी फरारी की बात कह दी। वे डरे नहीं। उन्हीं के यहाँ ठहरा। फरारी का अनुभव नहीं था इसलिये आरम्भ में दिन में बाहर बिल्कुल न निकलता। अवसरवश उनकी स्त्री और बाल-बच्चे उस समय जम्मू से बाहर अपने सम्बन्धियों के यहाँ गये हुए थे। मैं दिन भर लेटा कोई पुस्तक पढ़ा करता और रात में निकलकर पुराने साथियों से सम्पर्क स्थापित करने की चेष्टा करता।

जम्मू के पुराने साथियों में से केवल तीन-चार से सम्पर्क स्थापित किया। इनमें से एक थे मास्टर साहब, दुबला-पतला लम्बा शरीर, साँवला-सा रंग। चौबीस वर्ष बीत चुके हैं, नाम याद नहीं आ रहा। इनकी मार्फत एक नये साथी भागराम से परिचय हुआ। साथी भागराम और मेरा साथ बहुत दिन तक निभा। कई बार दोनों ने एक साथ जोखिमें झेलीं और मौत का सामना साथ-साथ किया। आखिर वह मुझसे पहले ही गिरफ्तार हो गया। परिचितों में जो काफी शिक्षित थे, उनसे प्रायः सैद्धान्तिक बातचीत करता रहता। अभिप्राय था कि ऐसे लोग अपने परिचय के क्षेत्र में विदेशी सरकार से मुक्ति के लिये संघर्ष और एक नयी आर्थिक और राजनैतिक व्यवस्था के लिये इच्छा और यत्न की चेतना जगा सकें। इस प्रयोजन से कुछ पुस्तकों की भी आवश्यकता हुई।

इन्द्रपाल लाहौर की पुरानी अनारकली में ही जमा हुआ था। अभी तक उस पर पुलिस के संदेह का कोई कारण नहीं था। उसे पत्र लिखा कि बहिन प्रेमवती और दुर्गा भाभी से कुछ ऐसी पुस्तकें लेकर भेज दें। इन पुस्तकों में से एक पुस्तक पामदत्त की लिखी हुई 'मार्डन इण्डिया' थी। यह पुस्तक उस समय सरकार द्वारा जब्त थी। 'मार्डन इण्डिया' को मैंने बहुत ध्यान से पढ़ा। इस पुस्तक से मुझे अंग्रेजी शासन के शोषक के रूप को समझने में विशेष सहायता मिली। दिन के समय घर में निष्क्रिय बैठा रहता था। मैंने 'मार्डन इण्डिया' का अनुवाद सरल हिन्दी में कर डाला। एक-दो वर्ष बाद लाहौर के किसी प्रकाशक ने 'वर्तमान भारत' नाम से प्रकाशित कर दिया था, परन्तु उस पर न मेरा नाम था न पामदत्त का, परन्तु उससे हमारे उद्देश्य में कुछ सहायता मिली ही होगी।

'मार्डन इण्डिया' का अनुवाद कर देने और परिचितों के सीमित क्षेत्र द्वारा विदेशी सरकार से संघर्ष की भावना का प्रचार आरम्भ कर देने से ही मैं संतुष्ट नहीं हो सका। इस विचार से कि रियासत में ब्रिटिश भारत की अपेक्षा हथियारों पर रोक के कानून शिथिल हैं, यहाँ हथियार पा लेना सुविधाजनक होगा, परिचितों द्वारा हथियार खरीदने की चेष्टा भी आरम्भ की। हथियार मिलें तो परन्तु प्रायः देशी बने हुए और पुराने ढंग के। उदाहरणतः गज से भरे जाने वाले या टोपी लगाकर चलाये जाने वाले पिस्तौल या रिवाल्वर। यह हमारे लिए बेकार थे। बम बनाने की धुन भी लगी हुई थी। लाहौर की बम फैक्टरी में सुखदेव के साथ बम का मसाला बनाने का जो प्रयत्न किया था, उसका अनुभव याद था। मैं निरन्तर अनुमान कर रहा था कि मसाला बनाने मे जो भयंकर धुआँ और गन्ध उठती

थी उसी के कारण पड़ोसियों को हम पर सन्देह हुआ होगा या हमारे रासायनिक पदार्थ खरीदने अथवा बम के खोल ढलवाने की जगह से ही हमारी फैक्टरी के सूत्र पुलिस को मिले होंगे।

अपनी पूरी बुद्धि, कल्पना और इस काम के अति सीमित अनुभव के आधार पर मैं बम बनाने का ऐसा तरीका सोच रहा था जिससे कोई सन्देह के कारण पैदा किये बिना, कोई बाहरी सहायता लिये बिना बम बनाया जा सके। बम बनाना और हथियार इकट्ठे करना ही मुझे उस समय क्रांति के लिये सबसे प्रमुख और आवश्यक बात जान पड़ रही थी। इस क्रांति को आरम्भ करने का साधन अपने अन्य साथियों की भाँति मेरी कल्पना में भी मुट्ठी भर सचेत, साहसी और आत्मत्यागी नौजवान और शस्त्रास्त्र ही थे।

अनेक वर्ष बाद अर्थात् स्वयं जेल से मुक्त हो जाने के बाद कई दूसरे साथियों, आधुनिक क्रांतिकारियों को भी क्रांति के उद्देश्य से फरारी की अवस्था में देखा है। यह लोग क्रांति के लिये हथियार इकट्ठे करने और बम बनाने की बात नहीं सोचते थे और न मध्यम श्रेणी में क्रांति की भावना उत्पन्न कर देने से संतुष्ट थे। इन लोगों के लिये भी हम लोगों की भाँति गिरफ्तारी का भय था। समाजवादी क्रांति में विश्वास रखने वाले ऐसे मजदूर कार्यकर्ता भी घरबार छोड़कर क्रांति को ही जीवन का लक्ष्य बनाये थे। भारद्वाज, संतसिंह यूसुफ और शिवसिंह आदि अनेक कार्यकर्ताओं को मैंने ऐसी अवस्था में देखा है। इन लोगों ने पुलिस पर कभी गोली नहीं चलाई। वे गिरफ्तारी का भय सिर पर होते हुए भी निहत्थे, साधारण भेष बदले, रात-बिरात मजदूरों की बस्तियों में क्रांति के संगठन जमाते फिरते थे। हम लोगों ने भी, विशेषकर मैं हिन्दुस्तान समाजवादी प्रजातंत्र संघ की बात कह रहा हूँ, अपना लक्ष्य तो समाजवादी क्रांति ही माना था, परन्तु उस क्रांति का साधन मध्यम और निम्न-मध्यम वर्ग के गिने-चुने नौजवानों द्वारा क्रांति की विदेशी शासन विरोधी चेतना जगाना ही समझा था। उसी के साधन स्वरूप मैं एक नये बम का आविष्कार करने और शस्त्र जुटाने की चेष्टा जम्मू में कर रहा था।

मेरी कल्पना में एक नये बम की योजना तैयार थी। जम्मू में इस प्रकार के कामों के सहयोगी साथी भागराम और मास्टर साहब ही थे। बम का निर्माण कर सकने के लिये विस्फोटक पदार्थों के सम्बन्ध में जो कुछ साहित्य मिल सका, वह पढ़ डाला था। अपनी योजना साथी भागराम और मास्टर साहब को समझायी। उन्हें भी विश्वास हो गया कि इस नये तरीके से, बिना विशेष जोखिम के आवश्यक संख्या में बम तैयार किये जा सकेंगे। मेरी उस कल्पना या योजना का तत्व समझने के लिये सेना में व्यवहार किये जाने वाले साधारण बम (हैण्ड ग्रेनेड) का कुछ परिचय आवश्यक है।

बम लोहे का एक अण्डाकार खोखला गोला होता है। इस गोले पर कुछ आड़े और पड़े कटाव बने रहते हैं। भीतर विस्फोटक पदार्थ भरा रहता है। बम के ऊपर तमंचे के ढंग का एक घोड़ा या खटका (स्ट्राइकर) लगा रहता है। बम के खोल के मुँह पर स्पर्श-मात्र से आग पकड़ लेने वाला कोई पदार्थ टोपी में भरा रहता है। बम गिरने पर घोड़ा बम के मुँह पर लगी विस्फोटक पदार्थ की टोपी पर चोट लगाकर चिंगारी पैदा कर देता है। यह आग तोड़े के सूत्र से खोल के भीतर भरे विस्फोटक पदार्थ में पहुँच जाती है। लोहे का गोला फटकर छोटे-छोटे टुकड़ों में छितरा जाता है और यह टुकड़े दूर-दूर तक सब ओर घातक मार सकते हैं।

इस प्रक्रिया के आधार पर मैंने नये बम की योजना तैयार की थी। जम्मू रियासत में तोड़ेदार बन्दूकों पर कोई लाइसेंस न होने के कारण बारूद अनायास मिल सकता था। बारूद से कारतूस भर लेना कोई कठिन बात नहीं है। शिकारी लोग प्रायः कारतूस के खोलों को स्वयं भर लेते हैं। विलायती कारतूसों पर निर्भर न करने के लिये हम लोगों ने आध इंच व्यास की पीतल की नली लेकर एक-एक इंच के टुकड़े काट लिये। इन टुकड़ों का एक सिरा महीन छेद की हुई टिकिया से मूँदकर कारतूस बना लेने का स्वतंत्र उपाय भी कर लिया। ऐसे दो कारतूस बनाये गये। एक कारतूस को जंगल में जाकर, उसमें तोड़ा लगाकर आजमा भी लिया। अगला कदम था, खोल तैयार करने का। उसके लिये मेरी तजवीज थी कि खोल 'प्लास्टर आफ पेरिस' का ढाल लिया जाय और उसमें शरीफे के दानों की तरह सब ओर कारतूस जड़ दिये जायें।

उपरोक्त बम के आविष्कार की सफलता में हम तीनों को पूरा विश्वास था, परन्तु पर्याप्त संख्या में कारतूस बना सकने और दूसरे विस्फोटक पदार्थ खरीदकर नये बम का परीक्षण कर सकने योग्य सामान खरीदने के लिये दाम नहीं थे। दो कारतूस बनाने के लिये पीतल की नली बाजार में एक लोहार से ही कटवा ली थी और उसके एक सिरे पर टाँका भी उसी से लगवा लिया था। ऐसे अधिक खोल दुकान से बनवाने पर लोहार को संदेह हो जाने की आशंका थी। अपने आविष्कार के प्रति भरोसा कर मैंने बम के सम्बन्ध में सब काम स्वयं ही कर सकने के लिये आवश्यक औजार खरीद लेने का निश्चय किया, परन्तु पैसे की कमी के कारण इस योजना को तुरन्त व्यवहार में लाने की सुविधा नहीं थी।

पैसे की कमी के अतिरिक्त दूसरे साथियों से अलगाव भी मुझे खल रहा था। सुखदेव कुछ दूसरे साथियों सहित गिरफ्तार हो चुका था; जो शेष थे उनमें से भगवती भाई को छोड़कर कोई मुझसे अधिक जानने वाला न था। मुझे फरार हुए लगभग एक मास होने को आ रहा था। इस बीच मैं भगवती भाई के बारे में कुछ भी न जान सका था। मैं जानता था कि दिल्ली तथा युक्तप्रान्त और देश के दूसरे भागों में हमारे दल का संगठन मौजूद था। लाहौर में समय-समय पर दिल्ली अथवा युक्तप्रान्त से आये अनेक साथियों को सुखदेव के साथ देखा भी था, परन्तु उनके वास्तविक नाम-धाम मालूम न थे। जो मालूम थे वे उपनाम या अस्थायी पते थे।

जम्मू में मिले पत्रों से मुझे यह मालूम हो गया था कि बहिन प्रेमवती घूँघट निकाल सुखदेव के सम्बन्धियों के साथ जेल में जाकर उससे मिल आई हैं। मैंने इन्द्रपाल की मार्फत उन्हें सुखदेव से दल के कुछ सूत्रों का पता ले लेने के लिये लिखा।

इसी समय समाचार-पत्रों में पढ़ा कि सुखदेव ने लाहौर जेल में अनशन व्रत कर दिया है। मेरे पत्र के उत्तर में, लाहौर से इन्द्रपाल ने भी समाचार का समर्थन किया और लिखा कि सुखदेव सात दिन से अनशन किये हुए है। उसके निकट सम्बन्धी ही, और वे भी केवल जेल अफसरों की उपस्थिति में ही उससे मिल सकते हैं। ऐसी अवस्था मे कोई बात कैसे पूछी जा सकती थी!

सुखदेव की प्रकृति से मुझे आशंका हुई कि शायद इस आदमी ने बिना विरोध गिरफ्तार हो जाने की ग्लानि में अनशन कर दिया है। यदि इसने जिद्द में प्राण दे दिये तो साथियों से सम्बन्ध जोड़ सकने की कोई भी सम्भावना शेष न रह जायेगी। दल के दूसरे

लोगों से सम्बन्ध जोड़ने के लिये मैंने लाहौर जाकर जेल में बन्द सुखदेव से मिलने का निश्चय कर लिया। मैं चाहता था कि अन्य साथियों को अपना आविष्कार बताकर काम को आगे बढ़ाऊँ। इस उत्साह में चुपचाप जम्मू में बैठे रहना सम्भव न रहा।

जम्मू से मैं सुबह की गाड़ी से चला और रात नौ-दस बजे लाहौर पहुँच गया। एक मास पश्चात लाहौर आया था। मन में आशंका तो जरूर थी, परन्तु लाहौर छोड़ते समय जैसी धुक-धुक और घबराहट अनुभव की थी, उतनी अब नहीं थी। अभी तक रिवाल्वर या पिस्तौल भी पास नहीं था। यह भी विचार था कि यों चुपचाप छिपे रहने से भी क्या फायदा? जम्मू से चलते समय सावधानी के लिये ग्रामीण पंजाबी की सी वेष-भूषा में हो गया था कि मेरी ओर ध्यान आकर्षित न हो। सस्ते कपड़े की मैली-ढीली लम्बी-सी कमीज, तहमत और सिर पर ढीली-ढाली पगड़ी। ऐसी अवस्था में पुरानी अनारकली मुहल्ले में इन्द्रपाल की बैठक में पहुँचा।

इन्द्रपाल पुरानी अनारकली में एक मैली-कुचैली भोजनशाला के ऊपर दूसरी और तीसरी मंजिल की कोठरियाँ किराये पर लिये था। बैठक पर 'कातिब बिरादरान' (कातिब-बन्धु) का बोर्ड लगा था। उसके दो शिष्य और मित्र भी इन कोठरियों में रहते थे। इन्द्रपाल को विस्मय तो अवश्य हुआ, परन्तु उसने अपने समीप बैठे साथियों के सम्मुख अपना विस्मय प्रकट न किया। इन्द्रपाल से एकान्त में अनुरोध किया कि शीघ्र ही दुर्गा भाभी या बहिन प्रेमवती को बुला लाये। दुर्गा भाभी के लिए काफी समय इधर-उधर घूमे बिना पीछा करने वाली खुफिया पुलिस से पीछा छुड़ाना कठिन था।

प्रेमवती लायलपुर से आयी हुई सुखदेव की सम्बन्धी स्त्रियों के साथ जेल जाकर उससे मिल आई थीं। उन्होंने बताया कि सुखदेव से कुछ पता ले लेना सम्भव नहीं, क्योंकि बात करते समय जेल के अधिकारी समीप बैठे रहते हैं।

मैंने कहा, मैं स्वयं जेल में जाकर सुखदेव से मिलूँगा। मेरी बात से प्रेमवती को आश्चर्य हुआ, परन्तु मेरे आग्रह पर वे मान गयीं। मैंने उन्हें अपने नाप का एक सूट, जूते, हैट और एक अदालती वकालतनामे के कागज का प्रबन्ध साथी धन्वन्तरी या एहसानइलाही की मारफत कर देने के लिये कहा।

दूसरे दिन दोपहर तक ये सब सब चीजें मिल गईं। मैं वकील बनकर जेल में सुखदेव से मिलने जा रहा हूँ, यह बात दुर्गा भाभी को भी मालूम थी। उन्होंने कभी किसी दुस्साहस से बचने की सलाह किसी को नहीं दी। वे लोगों से घिरी रहने के कारण स्वयं मुझसे मिलने न आ सकी थीं, परन्तु सलाह दी कि जेल वालों का सन्देह बचाने के लिये मैं सुशीला दीदी की सबसे छोटी बहिन शकुन्तला को सुखदेव की बहिन के रूप में साथ ले जाऊँ।

शकुन्तला उस समय लाहौर कालेज में पढ़ रही थी। एक-डेढ़ बरस से भाभी के यहाँ ही थी। उनके घर की बार-बार तलाशियों के कारण वह जब्त साहित्य छिपाने और पुलिस का सामना करने में खूब चतुर हो चुकी थी। स्वभाव से प्रायः चुपचाप भाभी के मकान में इकट्ठी हुई क्रांतिकारी बन्दियों के सम्बन्धियों की भीड़ के भोजन आदि का प्रबन्ध वही संभाले थी। मेरे फरार होने की अवस्था में मेरे साथ झूठमूठ सुखदेव की बहिन बनकर सुखदेव से मिलने के लिये जेल जाने में उसके लिए भी कम आशंका न थी, परन्तु उन दिनों हम लोगों में भय और झिझक किसी को छू नहीं गयी थी।

मैं कालर, टाई और सूट से दुरुस्त, ऐनक लगाकर (जो नम्बर ठीक न होने के कारण मुझे बार-बार उतारकर हाथ में लेनी पड़ती थी) शकुन्तला के साथ जेल पहुँचा। जेल के अधिकारियों को अपना परिचय इंग्लैण्ड से ताजा लौटे लायलपुर के बैरिस्टर के रूप में दिया। जबान घुमा-घुमाकर विलायत से आये नौजवान की तरह अंग्रेजी में जेलर से बहुत सौजन्य से बात की। कानून के प्रति अपना आदर प्रकट करने के लिये जेब से सिगरेट निकाल पहले पूछ लिया—यहाँ सिगरेट पीना नियम विरुद्ध तो नहीं है? और फिर कहा :

"अभियुक्त सुखदेव के ताऊ लाला अचिंतराम को यह समाचार पाकर बहुत दुःख और चिन्ता हुई है कि उनका भतीजा एक हफ्ते से अनशन किये है। मैं उनकी ओर से अभियुक्त को यह समझाना चाहता हूँ कि उसके ऐसे व्यवहार से उनके सम्बन्धी बहुत दुखी और नाराज हैं। यह समाचार सुनकर सुखदेव की माँ भी अनशन करने पर तुली हुई हैं। यह अवस्था बहुत चिन्ताजनक है। इसके अतिरिक्त मैं अभियुक्त से उनकी सफाई के बारे में भी परामर्श करना चाहता हूँ।"

शकुन्तला अपने भाई की चिन्ताजनक अवस्था के प्रति दुख प्रकट करने के लिये आँसू बहाने लगी। वह लायलपुर से आई आधी देहातिन गृहस्थिन की सी पोशाक पहने वैसा ही व्यवहार भी कर रही थी। मैंने जेलर के सामने शकुन्तला को सम्बोधन किया—"रोने से क्या फायदा? तुम अपने भाई को समझाओ कि यह मूर्खता छोड़े।"

जेलर को विश्वास हो गया। सुखदेव को उसकी कोठरी से जेल के दफ्तर में बुलवाया गया। वह मैले से कपड़े पहिने था और अनशन के कारण बीमार जान पड़ रहा था।

सुखदेव की ओर संकेत कर मैंने शकुन्तला से प्रश्न किया—"क्या यही तुम्हारा भाई है?"

शकुन्तला भाई के स्नेह में रो पड़ी।

सुखदेव परिस्थिति समझ गया और अपरिचित की तरह मुझसे मेरा परिचय पूछने लगा। मैंने जेलर की उपस्थिति में सुखदेव को उसकी मूर्खता के लिये फटकारा और कानून के महत्व और आदर की बात समझाई और उसके गिरफ्तार होने की परिस्थिति के बारे में प्रश्न किये और सहसा जेलर की ओर घूम, मुस्कराकर शंका की—"ऐसे प्रश्नों का उत्तर अभियुक्त अपनी सफाई के विचार से सरकारी अफसर की उपस्थिति में कैसे दे सकता है?"

जेलर कुछ दूर हट गया। सुखदेव के और समीप होकर मैं धीमे स्वर में बात करने लगा। उसके बिना विरोध गिरफ्तार हो जाने का कारण पूछा।

सुखदेव ने उत्तर दिया, "जो होना था, हो गया। संक्षेप में क्या बता सकता हूँ। समय आने पर पता लग ही जायेगा।"

मैंने सुखदेव को साथियों से अपना सम्बन्ध विच्छेद हो जाने की कठिनाई बताई और प्रभात (शिववर्मा), कालीचरण (कैलाशपति), ठाकुर भाई (महावीरसिंह) आदि से सम्बन्ध जोड़ने का सूत्र पूछा। मैं इन लोगों के वास्तविक नाम उस समय नहीं जानता था, परन्तु लाहौर में दल के कार्यकर्ता के रूप में इन लोगों से परिचय हो चुका था। यह भी मालूम था कि वे लोग पंजाबी नहीं, युक्तप्रान्त के हैं।

भगवतीचरण को खोज लेने का कोई सूत्र सुखदेव को मालूम न था। यू० पी० दल के शेष लोगों से सम्पर्क जोड़ने के लिये उसने मुझे सहारनपुर में प्रभात का पता दे दिया। पंजाब में पुनः सम्पर्क स्थापित करने के लिये पंडित जयचन्द्र जी विद्यालंकार और लाला रामशरणदास जी से मिलने की सलाह दी। बातचीत के अन्त में मैंने सुखदेव को फिर ऊँचे स्वर में तुरन्त अनशन छोड़ देने की सलाह दी और वकालतनामे पर उसके हस्ताक्षर कराकर शकुन्तला को साथ लेकर जेल से लौट आया।

फरारी की अवस्था में यह दुस्साहसपूर्ण काम करने की बात जो भी सुनता, मेरे साहस और चतुराई की सराहना करने लगता था, परन्तु मैं जानता हूँ कि आशंका से मेरा हृदय धुक-धुककर रहा था। जेल के फाटक के भीतर रहते समय तो यही आशंका हो रही थी कि 'चूहेदानी' के भीतर चले जाना कठिन नहीं है, निकल भी जाऊँ तभी गनीमत है, परन्तु दल से सम्पर्क जोड़ना अत्यन्त आवश्यक था और उसके लिये सुखदेव से मिलने के सिवा कोई उपाय मुझे सूझ नहीं रहा था।

सहारनपुर बम-फैक्टरी

सुखदेव के बताये तीन सूत्रों में से एक सहारनपुर की लकड़मंडी में डाक्टर निगम की डाक्टरी की दुकान थी। सुखदेव ने बताया था कि यदि उसकी गिरफ्तारी के समाचार से मकान बदल न लिया गया होगा तो प्रभात वहाँ मिल जायेगा।

दूसरा पता लाला रामशरणदास जी का था। रामशरणदास जी १९१४-१८ के अंग्रेजी सरकार-विरोधी षड्यंत्र में लम्बी सजा काटकर दो एक वर्ष पूर्व ही काला पानी से लौटे थे। भगतसिंह और सुखदेव उन्हें अनुभवी मानकर उनकी उनकी मारफत पुराने क्रांतिकारियों से सम्बन्ध जोड़ने के लिये उन्हें घेरे रहते थे। रामशरणदास जी से मेरा अपना भी कुछ परिचय था ही। उस समय रामशरणदास जी अमृतसर में थे। भाग्य की बात, उसी संध्या इन्द्रपाल की बैठक में ही मुझे उनकी गिरफ्तारी का भी समाचार मिल गया।

सुखदेव ने तीसरा पता जयचन्द्र जी विद्यालंकार का दिया था। जयचन्द्र जी भी पुलिस की नजरों में चढ़े हुए संदिग्ध थे। वे गिरफ्तार नहीं हुए थे। फरार न होकर अब भी खुलेआम ग्वालमंडी में रह रहे थे। संदिग्ध होकर भी इनके गिरफ्तार न किये जाने का एक कारण यह भी हो सकता था कि पुलिस उनसे मिलने-जुलने वाले व्यक्तियों को पहचानकर क्रांतिकारियों के सूत्रों का पता लगाना चाहती हो। उनके मकान पर जाना उचित न था और उन्हें बुला भेजना वे अपने महत्व और प्रतिष्ठा के अनुकूल न समझते। भगवती भाई के विरुद्ध जयचन्द्र जी के षड्यंत्र की याद ने भी उनसे मिलने के लिये उत्साहित न किया। मैंने सहारनपुर जाकर प्रभात यानी शिव वर्मा से ही मिलने का निश्चय किया।

शिव वर्मा से लाहौर बम-फैक्टरी में परिचय हो चुका था। मैं उसके संयत व्यवहार और बोलचाल से प्रभावित भी था। सबसे बड़ा आकर्षण सुखदेव द्वारा दिलाई आशा थी कि शिव वर्मा की मार्फत आज़ाद से सम्पर्क हो सके।

सहारनपुर जाने से पहले भगवती भाई का पता लगाने के लिये दुर्गा भाभी से मिलकर परामर्श करना चाहता था। उनके मकान पर जाना उचित न था। वहाँ जेल में बन्द क्रांतिकारियों के सम्बन्धियों की भीड़ थी और उनसे मिलने-जुलने वालों पर नजर रखने के लिए खुफिया पुलिस भी पहरा लगाये रहती थी। इन्द्रपाल ने भाभी को एकान्त में बुला लाने का यत्न किया पर भाभी को एकान्त की फुर्सत मिलती कैसे? घर पर जमा भीड़ और जेल में बन्द सभी साथी उसके भाई और देवर बन गये थे। उन सबके लिये बढ़िया-बढ़िया खाने बनाकर जेल भिजवाते रहना उन्होंने क्रांतिकारी कर्तव्य मान लिया था। कर्तव्य और उत्तरदायित्व कन्धों पर आ पड़ने पर दुर्गा भाभी का 'दुर्गा' रूप प्रकट हो रहा था।

बहिन प्रेमवती की मार्फत भाभी का संदेश मिला। भाभी का अनुमान था कि लाहौर में धड़-पकड़ आरम्भ हो जाने पर भगवती भाई न तो जल्दी लाहौर आने की और न घर के पते पर पत्र लिखने की ही मूर्खता करेंगे। वे सम्भवतः कलकत्ते में सुशीला दीदी के सुरक्षित और असन्दिग्ध स्थान से हम लोगों से सम्पर्क जोड़ने का यत्न कर रहे होंगे। मैंने निश्चय किया, सहारनपुर में शिव वर्मा से मिलकर भगवती भाई की खोज में कलकत्ता जाना ठीक होगा। कलकत्ते जाने के लिये आवश्यक व्यय जुटाने की प्रतीक्षा में दो दिन लाहौर में ही ठहरना पड़ा।

जेल में सुखदेव से मिलने के लिए खूब साफ सूट पहनकर गया था, लेकिन इस बैठक में इन्द्रपाल का मैला कुरता पहने और तहमत बाँधे पड़ा रहता। मेरे आने पर इन्द्रपाल ने पूछा था, "अपने साथियों को तुम्हारा क्या परिचय दूँ?"

मैंने इन्द्रपाल को सलाह दी थी—मुझे अपने गाँव का पड़ोसी और बचपन का साथी बता दो। गाली देकर मेरी कुछ निन्दा भी कर देना। उन्हें मुझसे मिलने की भी इच्छा न होगी। मेरे दिन भर घर में रहने के कारण इन्द्रपाल के साथियों को सन्देह न हो इसलिये इन्द्रपाल ने कह दिया, इसकी आँखों में कष्ट है इसलिए धूप में नहीं निकलता है। एक सस्ती हरी ऐनक भी लगा ली थी।

१४ मई को सुबह ही इन्द्रपाल ने अपने साथियों की आँख बचाकर मुझे खबर दी—सहारनपुर में एक डाक्टर की दुकान में बम-फैक्टरी पकड़ी गयी है और प्रभात और हरीश दो क्रांतिकारी गिरफ्तार हो गये हैं।

मैं अंग्रेजी का समाचार पत्र पढ़कर घटना का अधिक ब्योरा जानना चाहता था, परन्तु इन्द्रपाल के साथियों को सन्देह न होने देने के लिये मन मारे रहा। जरूरत भी क्या थी? मंडी-चोबफरोशां (लकड़मंडी) में डाक्टर की दुकान में बम-फैक्टरी और प्रभात नाम सुन लेने पर सन्देह का अवसर ही क्या था? यदि एक दिन पहले चल दिया होता तो वहाँ मैं भी फँस जाता। यह बचाव भी उतना ही आकस्मिक था जितना कि लाहौर की बम फैक्टरी पकड़ी जाने वाली रात मेरा फैक्टरी में न रहना। अब कलकत्ते जाने के सिवा उपाय न था।

सहारनपुर की बम-फैक्टरी का पकड़ा जाना हमारे दल के लिए बड़ी भारी चोट थी। उस समय हि० स० प्र०-स० का केन्द्र सहारनपुर में ही था।

अवसर की बात थी कि केन्द्र में उस समय अधिक आदमी मौजूद नहीं थे। आज़ाद का व्यक्तिगत परिचय और प्रभाव झाँसी और ग्वालियर में अधिक होने के कारण वे वहाँ ही रहते थे। उन दिनों हि० स० प्र०-स० का फैलाव प्रायः उत्तर प्रदेश, देहली और पंजाब में ही था। भौगोलिक दृष्टि से आगरा की अपेक्षा सहारनपुर अधिक सुविधाजनक तो था ही, परन्तु आगरा से केन्द्र बदल देने का एक और भी कारण हो गया था।

असेम्बली-बमकाण्ड से पहले भगतसिंह कामकाज के सिलसिले में इलाहाबाद भी जाता रहता था। इलाहाबाद के स्थानीय नेता यतीन सान्याल ने भगतसिंह का परिचय ललितमोहन बनर्जी से भी करा दिया था। ललित दल के कार्य में दूसरे साथियों की शिथिलता की शिकायत कर काम को आगे बढ़ाने और फैलाने की उत्सुकता प्रकट करता रहता था। भगतसिंह ने उसे विशेष रूप से उत्साही और लगन का साथी समझा था।

ललित इलाहाबाद यूनिवर्सिटी में एम० एस-सी० में पढ़ रहा था। जिस समय यतीन्द्र दास बम बनाने की शिक्षा देने के लिये कलकत्ते से आगरे आया था, दूसरे अनेक चतुर और महत्वपूर्ण साथियों के साथ भगतसिंह ने ललित को भी इस शिक्षा के लिए उपयोगी समझ आगरा बुलवा लिया था।

ललित ने आगरा आकर जब तीन मकानों में कई साथियों का जमघट, बम बनाने का विराट आयोजन और शस्त्रों का जमाव देखा तो उत्साहित होने के बजाय उसके हाथ-पाँव फूल गये। उसने तुरन्त इलाहाबाद लौट जाना चाहा। उसकी घबराहट और कँपकँपी इतनी स्पष्ट थी कि इसकी ओर आज़ाद, सुखदेव, शिव और यतीन्द्र कई साथियों का ध्यान गया। ऐसे आदमी को केन्द्र में बुला लेने की भगतसिंह की नादानी पर सब लोगों ने एतराज किया।

यतीन्द्र ने सावधान किया, "इस आदमी की कायरता दल को ले डूबेगी। इसे इलाहाबाद न जाने देकर यहाँ ही, यमुना किनारे किसी सुनसान जगह ले जाकर गोली मारकर यमुना में ही ढकेल देना चाहिये!"

भगतसिंह ने यतीन्द्र की बात का विरोध किया। दूसरे साथियों को भी इतनी उग्रता उचित न जँची। ललित को इलाहाबद लौट जाने दिया गया, लेकिन इस बात पर सभी साथी सहमत थे कि ललित के पहचाने स्थान को तुरन्त बदल देना चाहिये। यतीन्द्र की आशंका ठीक ही प्रमाणित हुई। ललित इलाहाबाद में गिरफ्तार होते ही, क्षमा मिल जाने की आशा से सरकारी गवाह बन गया।

दल के अनुशासन के अनुसार उस समय आगरा और दिल्ली के मकानों को बदल देना तो यों भी आवश्यक हो गया था, क्योंकि भगत और दत्त जल्दी ही असेम्बली में बम फेंककर गिरफ्तार होने वाले थे। नियमानुसार उनकी जानी हुई जगह बदल दी जानी चाहिये।

डाक्टर गयाप्रसाद को सहारनपुर में एक मकान किराये पर ले लेने का आदेश दिया जा चुका था, परन्तु वे अभी सुविधाजनक जगह ले नहीं पाये थे। घटना की आशंका से आगरा का वह मकान, जहाँ ललित गया था, तुरन्त छोड़ दिया गया और वहाँ का सामान अस्थायी रूप से दिल्ली में बाजार सीताराम के एक मकान में पहुँचा दिया गया था।

अवसरवश सीताराम बाजार के मकान को भी जल्दी ही बदल लेना आवश्यक हो गया था। यहाँ किराये पर लिये हुए कमरे तिमंजिले पर थे। सबसे नीचे की मंजिल पर रहने वाले लोग 'झापड़ मार देने' या 'उठाकर फेंक देने' की धमकी दिये बिना बात करना भी अपनी हेठी समझते थे। इनके इस व्यवहार के कारण ही बाजार में इनका दबदबा भी था। वे लोग अपने दबदबे के प्रदर्शन के किसी भी अवसर से चूकना नहीं चाहते थे। इन्हें 'गुरु' या 'उस्ताद' सम्बोधन किया जाता था और पीठ पीछे कुछ और।

एक दिन नीचे गली में दरवाजे के सामने साइकिल रख दी जाने के कारण इनसे जयदेव कपूर का झगड़ा हो गया। साधारणतः दल के लोग अपनी ओर किसी प्रकार से ध्यान आकर्षित न करने के लिये झगड़े-फसाद से बचकर विनय से ही रहते थे। कहावत तो है कि ताली एक हाथ से नहीं बजती, परन्तु कभी निश्चल हाथ पर ही दूसरा हाथ इतने जोर से आ पड़ता है कि बचाने पर भी ताली बज ही जाती है। ऐसी ही बात यहाँ

भी हो गयी और जगह बदल लेनी पड़ी। इतनी सी बात का कोई महत्व न होता पर हुआ क्या? वह आगे पता चलेगा।

सहारनपुर में डाक्टर गयाप्रसाद ने दल के काम के बहुत अनुकूल एक मकान मुहल्ला 'चोबफरोशां' या लकड़मण्डी में किराये पर ले लिया था। मकान तो ले लिया, परन्तु पैसे की कमी के कारण उसमें डाक्टर की बैठक और डिस्पेंसरी का सरंजाम न जमा सके थे। इससे पूर्व डाक्टर फिरोजपुर में दल के लिये ऐसा बहुत अच्छा अड्डा रख चुके थे। वहाँ वे तुरन्त ही विश्वस्त और सम्मानित नागरिक बनकर कायस्थ बिरादरी के सेक्रेटरी भी हो गये थे।

फिरोजपुर में गयाप्रसाद की होमियोपैथी, एलोपैथी और हकीमी की मिली-जुली प्रैक्टिस से निर्वाह लायक आमदनी भी होने लगी थी, लेकिन सहारनपुर में पैसे की कमी के कारण जुगाड़ न जम सका था।

शिव वर्मा और जयदेव कपूर देहली से आगरा का सामान तो लाकर सहारनपुर के मकान में भरने लगे, परन्तु बहुत यत्न करने पर भी पैसा न ला सके। डाक्टर कुछ रुपया आने की प्रतीक्षा में बैठक में पड़े तख्त पर बैठे या लेटे कोई पुस्तक पढ़ते रहते या औंघाते रहते। डिस्पेंसरी के नाम पर एक स्टैथिस्कोप और एनीमाकैन दीवार पर कीलों से लटके रहते।

शिव वर्मा आगरे में बम बनाने में सिद्धहस्त यतीन्द्र से शिक्षा पा चुके थे। आगरे में बनाया गया बम का मसाला और लाहौर में सुखदेव द्वारा ढलवाये गये बम के खोल भी इस मकान में मौजूद थे। शिव और कपूर ने इन बमों को भरकर उपयोग के योग्य बना लेना उचित समझा। इन बमों के उपयोग का अवसर भी शिव और कपूर की कल्पना में आ गया था। उन दिनों वाइसराय देहरादून के जंगलों में शिकार के लिए गये हुए थे। शिव ने झाँसी जाकर आज़ाद से वाइसराय पर आक्रमण करने की आज्ञा माँगी। आज़ाद ने पहले परिस्थिति का ब्योरा अच्छी तरह जानने के लिए कहा। वह दोनों खुफिया-पुलिस वालों जैसे कपड़े और व्यवहार अपना कर उन्हीं से वाइसराय की सवारी के आने-जाने का स्थान और समय का पता रखने लगे थे।

साण्डर्स-वध, असेम्बली-बमकांड और लाहौर में बम-फैक्टरी पकड़ी जाने की घटनायें ऊपर-तले जल्दी-जल्दी हो चुकी थीं। जगह-जगह क्रांतिकारियों की गिरफ्तारियाँ भी हो रही थीं। लाहौर में सुखदेव की गिरफ्तारी का समाचार इन्हें मिल चुका था। वह इस मकान को जानता था इसलिए सुखदेव के बयान दे देने का विश्वास न होने पर भी इस मकान को नियमानुसार बदल लेना आवश्यक हो गया था, परन्तु कठिनाई थी पैसे की।

वातावरण में राजनीति के क्रांतिकारी रंग की सनसनी थी। पैसा न होने के कारण शिव और कपूर स्थानीय ढंग के कपड़े नहीं बनवा पाये थे। कानपुर, इलाहाबाद के विद्यार्थियों जैसे ही कपड़े पहनते थे। इन लोगों के कपड़े और डाक्टर गयाप्रसाद की सामान से शून्य दुकान लोगों का ध्यान आकर्षित करने लगी। यह लोग समीप के वाचनालय में अखबार पढ़ने के लिए जाते तो लोग इनसे राजनैतिक बातचीत करने लगते। तीनों ने इस स्थिति को भाँपा और सहारनपुर से डेरा हटा लेने की आवश्यकता अनुभव करने लगे।

१० या ११ मई के दिन एक खद्दरधारी सज्जन ने डाक्टर से एकान्त में मिलकर चेतावनी दी, "आपका क्रांतिकारियों से तो कोई सम्बन्ध नहीं? सुना है, पुलिस इस शहर में क्रांतिकारिबों का अड्डा खोज रही है।"

डाक्टर ने राजनीति से अपना वैराग्य बताकर उन्हें निश्चिन्त कर दिया, परन्तु सहारनपुर से तुरन्त उठ चलने के लिए छटपटाने भी लगे। यह हो न पाया। तीनों के निकल चलने लायक पैसा न था। तीनों की जेबों से मिलाकर कानपुर तक का एक ही टिकट का दाम निकला। डाक्टर अपने किसी सम्बन्धी से रुपया उधार लाने के लिये कानपुर चले गये तब शिव और कपूर के पास केवल दस आने रह गये थे। आशा थी डाक्टर १२ तारीख की सुबह तक लौट आयेंगे, दो दिन तो चना-चबेना से काटे जा सकते थे।

दल के इस मकान का पता पुलिस को कैसे लगा, यह बात ध्यान देने योग्य है। गयाप्रसाद, शिव और कपूर को बहुत दिन तक यही कलख रहा कि साधन न होने के कारण डाक्टरी की दुकान का पर्दा न बन सका और पुलिस भीतर की असलियत जान गई। खुफिया-पुलिस में इतनी चातुरी कम ही देखी है। इससे पूर्व इस मकान को जानने वाले दो व्यक्ति गिरफ्तार हो चुके थे, एक सुखदेव और दूसरा फणीन्द्रनाथ घोष। सुखदेव ने इस मकान का पता पुलिस को दिया होता तो यह मकान दो-तीन सप्ताह पहले ही पकड़ा जाता; दूसरी बात, वह मुझे यहाँ जाने के लिए न कहता।

सुखदेव ने बयान तो जरूर दिया था, लेकिन कुछ दूसरे ढंग से। उसके बयान से कोई भी गिरफ्तारी नहीं हुई थी। सुखदेव ने आगरा के उसी मकान का पता पुलिस को दिया था जिसे दल उसकी गिरफ्तारी से पहले ही बदल चुका था।

फणीन्द्र घोष सहारनपुर का मकान पकड़ा जाने से दो-तीन दिन पहले ही कलकत्ते में गिरफ्तार हुआ था और गिरफ्तार होते ही क्षमा की आशा में मुखबिर भी बन गया था।

फणीन्द्रनाथ घोष १९१४-१९१८ के क्रांतिकारी आन्दोलन में भी भाग ले चुका पुराना विश्वस्त क्रांतिकारी था। वह नजरबन्दी भी काट चुका था। हि० स० प्र० स० में भी उसका स्थान महत्वपूर्ण था। बिहार के संगठन का पूरा उत्तरदायित्व उसी पर था। काकोरी-काण्ड के बाद दल के छिन्न-भिन्न हो जाने पर संगठन फिर से जमाने में उसने आज़ाद और भगतसिंह को बहुत सहायता दी थी, परन्तु इस समय उसमें कुछ शैथिल्य आ रहा था। इसका कारण उसके अपने मन का चोर ही था। हिसप्रसे के नियमों के अनुसार दल में विवाहित लोगों के सम्मिलित होने की मनाही नहीं थी, परन्तु दल के अविवाहित लोगों को विवाह करने से पहले दल की अनुमति ले लेना आवश्यक था। साधारणतः इस नियम का अधिक महत्व न था, क्योंकि विवाह का प्रश्न उठता न था। दूसरी ओर इस नियम की ओर साथियों का ध्यान दिलाये बिना नियम भंग हो जाने पर कड़ाई दिखाई गई। परिणाम में दो-तीन विकट घटनायें हो गईं। फणीन्द्र के सम्बन्ध में ऐसा अवसर भी न आया। अपने विवाह की बात वह साथियों से छिपाये था, परन्तु अब जोखिम से कतराने भी लगा। उनके जाने-माने पुराने क्रांतिकारी होने के कारण असेम्बली बम-काण्ड और लाहौर बम-फैक्टरी पकड़ी जाने के बाद पुलिस उसे भी खोज रही थी। बचने के लिये वह घर से तो फरार हो गया, परन्तु अपनी नव-वधू का आकर्षण दमन न कर सका। वह फरारी की हालत में कलकत्ता, अपनी ससुराल में ही जा पहुँचा।

फणीन्द्र के विवाह की बात साथियों को मालूम न थी, परन्तु पुलिस तो जानती थी और उसकी खोज में उसकी ससुराल पर भी आँख रखे थी। ससुराल आने पर वह गिरफ्तार हो गया और गिरफ्तार होते ही क्षमा के मोल में दल का भेद देकर साथियों की गिरफ्तारी कराने लगा। यतीन्द्रनाथ दास, कमलनाथ तिवारी, बैजनाथसिंह विनोद, केदारमणि शुक्ल, सुरेन्द्र पाण्डे और ललित आदि उसी की दी हुई खबरों से गिरफ्तार हुए। सहारनपुर के मकान का पता भी उसी ने दिया था। मुकदमा चलने पर यह बात स्पष्ट हो गई। इसीलिए आज़ाद का उसे दण्ड देने का विशेष आग्रह था। जलगाँव अदालत में उस पर गोली चलाई गई और एक बार १९३० में इलाहाबाद में भी उस पर चोट की गई, लेकिन वह बच ही गया। अस्तु

जब खुफिया पुलिस किसी मकान पर नजर रखती है तो अनुभवी लोग तुरन्त ताड़ जाते हैं। शिव और कपूर को अपने मकान के प्रति पुलिस का सन्देह होने का लक्षण दिखाई नहीं दिया था। १२ तारीख दोपहर से कपूर को मन ही मन एक धुकधुकी या अनिष्ट की आशंका अनुभव हो रही थी। उसने अपने मन की बात शिव से कही। दोनों ने बारी-बारी से आधी-आधी रात पहरा देने का निश्चय कर लिया। उस रात गरमी बहुत थी। हवा बिलकुल बन्द थी इसलिये दोनों ही छत पर जाकर पास-पड़ोस में नजर दौड़ाते रहे।

यह क्रांतिकारियों का पुराना अनुभव था कि पुलिस प्रायः प्रातः चार या पाँच बजे ही छापा मारने आती थी। जब सुबह लगभग छः-साढ़े छः बज गये तो दोनों नीचे उतर आये। पौ फटने के समय ठण्डी हवा चलने लगी थी। रात भर के जगे शिव और कपूर सुबह डाक्टर के रुपया लेकर लौट आने की आशा में आँगन में पड़ी खाटों पर लेट गये और गहरी नींद सो गये।

सहारनपुर बम-फैक्टरी के मकान में सामने सड़क पर तीन दरों का एक लम्बा कमरा था। यही कमरा डाक्टर की बैठक या डिस्पेंसरी था। इस कमरे की बगल में एक दरवाजे से बरोठे या घर के भीतर के आँगन के लिए रास्ता था। आँगन के पार फिर वैसे ही लम्बा कमरा और बरोठे के दाहिनी ओर भी लम्बा-सा कमरा था। इन कमरों के दरवाजे आँगन में और एक-दूसरे में भी खुलते थे। सुबह-सात-साढ़े सात बजे के लगभग, जब गर्मियों का सूर्य अच्छा खासा चढ़ चुका था, बरोठे के किवाड़ों के बहुत जोर से खटखटाने की आहट हुई। इतनी आहट पर भी कपूर की नींद न टूटी।

शिव जोर की आहट से हड़बड़ाकर, "ठहरो! ठहरो!" पुकारता हुआ उठा और उसने डाक्टर के लिये दरवाजा खोल दिया। देखा तो पुलिस! सिपाहियों ने उसे घेर लिया।

शिव डाक्टर के लिये दरवाजा खोलने आया था इसलिये खाट पर सिरहाने रखा पिस्तौल हाथ में न लिया था।

पुलिरा ने प्रश्न किया, "आप ही डाक्टर हैं?"

शिव ने इन्कार किया, "नहीं, मैं उनका रिश्तेदार हूँ। बनारस हिन्दू विश्वविद्यालय में पढ़ता हूँ। गरमी की छुट्टी में एक मित्र के साथ मंसूरी गया था। लौटते हुए यहाँ परसों आया हूँ। डाक्टर साहब घर में किसी जरूरत के कारण कानपुर गये हैं।

शिव ने अनुमान किया, पुलिस सन्देह कर यहाँ आई है। चतुरता से बातचीत करके यदि उनका सन्देह दूर कर दिया जाये तो लौट जायेगी, परन्तु पुलिस निश्चित जानकारी के आधार पर आयी थी। डिप्टी सुपरिन्टेंन्डेन्ट पुलिस मथुरादत्त जोशी, कोतवाल और पुलिस के सशस्त्र दस्ते के साथ स्वयं आया था। बरोठे से भी एक दरवाजा बैठक में था।

जोशी शिव को बैठक में ले गया। पूछा, "क्या पढ़ते हो? बनारस में कौन-कौन प्रोफेसर हैं?" तहकीकात करते हुए जोशी बैठक में आलमारियों में रखी पुस्तकों की पड़ताल करने लगा और कुछ पुस्तकों को जब्त साहित्य बता दिया। इसी समय भीतर से पुकार आई, "हुजूर इधर आइये, यहाँ बहुत कुछ है।"

कोतवाल आँगन और दूसरी कोठरियों की ओर चला गया था। कपूर अभी गाढ़ी नींद में ही सो रहा था। कोतवाल ने उसे हाथ पकड़कर उठाया और तीन सिपाहियों के बीच एक ओर खड़ा कर दिया था।

जोशी कोतवाल की पुकार सुनकर शिव को साथ लिये भीतर की कोठरियों की ओर गया। आँगन में शिव ने कपूर को घिरा हुआ देखा।

भीतर के कमरे की आलमारियों में बम बनाने के रासायनिक बर्तन और सामान रखे हुए थे। एक सन्दूक में तैयार बम और छोटे बैग में तो पिस्तौल तथा कारतूस भी थे। जोशी इस सामान के सम्बन्ध में पूछताछ करने लगा। चतुरता से बात बना कर बच जाने की सम्भावना अब नहीं रही थी, लेकिन चारों ओर से पुलिस से घिर जाने के कारण झपट कर हथियार उठा लेने का भी अवसर न था। बात-चीत में ऐसा कोई अवसर आ सकता था। जोशी शिव से ही आलमारियाँ खुलवाकर पूछताछ कर रहा था, "यह क्या है, वह क्या है?"

"मुझे क्या मालूम! डाक्टर साहब का सामान है। वह हकीमी भी करते हैं। दवाइयाँ बनाने और कुश्ते फूँकने का सामान होगा।" शिव ने अनुमान प्रकट किया। जोशी और शिव दोनों पैंतरेबाजी से बात कर रहे थे।

एक बक्स की ओर संकेत करके जोशी ने शिव को हुक्म दिया, "उसे खोलिये!"

"सब कुछ मैं ही खोलूँ? तलाशी आप ले रहे हैं, आप स्वयं खोलिये!" शिव जरा अकड़ा।

"नहीं, आपको खोलना होगा।" जोशी ने जिद्द की।

"अच्छा!" शिव ने बक्स का ढक्कन उठाकर भीतर हाथ डालकर ललकारा, "अब मरो तुम सब! यह बम है!" सन्दूक से एक बम निकालकर उसने ऊपर उठाया।

जोशी ने चिल्लाकर हुक्म दिया, "पकड़ो! भागो!" और सबसे आगे स्वयं ही भागा। दूसरे लोगों ने भी 'पकड़ने' के बजाय 'भागने' की ही आज्ञा का पालन किया।

शिव दूसरी ओर की आलमारी की तरफ लपका। भरा हुआ बम उसके हाथ आ गया था, परन्तु आकस्मिक विस्फोट की दुर्घटना के बचाव के लिये बमों के तोड़े इस आलमारी में रखे हुए थे। वहीं दो पिस्तौल भी एक छोटे बैग में थे। शिव के इस आलमारी की ओर घूमते ही उसकी पीठ अपनी ओर होती देखकर कोतवाल लौट पड़ा और प्रत्युत्तर में ललकारकर बोला, "रेवोल्यूशनरियों को पकड़ने आये तो मौत का क्या डर!"

कोतवाल ने झपटकर शिव को कमर से उठाकर फर्श पर पटक दिया और उसके दोनों कंधों को अपने घुटनों से दबा लिया। कोतवाल शरीर का लहीम-शहीम, दिल और जाति से राजपूत था।

शिव का हाथ तोड़े या पिस्तौल तक न पहुँच पाया। सिपाही भी लौट पड़े। शिव की खूब पिटाई हुई और उसके दोनों हाथ पीठ के पीछे बाँध दिये गये। कपूर को भी हथकड़ी पहना दी गयी।

डिप्टी सुपरिन्टेन्डेंट जोशी भय से चिल्लाता हुआ भागकर मकान के बाहर पहुँच गया था। शत्रु के काबू कर लिये जाने की खबर पाकर पिस्तौल से धमकाता हुआ लौट आया। बदहवासी में आँगन में खड़े, पुलिस से घिरे कपूर को ही पिस्तौल दिखाकर धमकाने लगे, "बम को रखो नीचे!"' नहीं तो अभी गोली मारता हूँ।"

नींद की बेखबरी में गिरफ्तार हो जाने और अप्रत्याशित हो-हल्ले से कपूर औसान खो बैठा होगा, नहीं तो उस भगदड़ में कुछ न कुछ करने का यत्न करता, परन्तु जोशी को स्वयं से भी अधिक घबराया देखकर उसे मजाक सूझा, "होश कीजिये जनाब, मेरे हाथ बँधे हुए नहीं दीखते? देखिये, आपके पिस्तौल की नली कहाँ जा रही है!"

वास्तव में ही जोशी के हाथ हवा में हिलते पत्तों की तरह काँप रहे थे और पिस्तौल की नली जमीन की ओर थी।

इन लोगों के बाँध-बूँध लिये जाने पर डिप्टी सुपरिन्टेन्डेंट जोशी अभियुक्तों और सामान को कोतवाली पहुँचाने का हुक्म देकर इस घटना का वृतान्त डिप्टी कमिश्नर को स्वयं सुनाने के लिये उसके बंगले की ओर चला गया। उसके चले जाने के बाद कोतवाल पराजित शत्रु के प्रति राजपूती उदारता से बोला, "इतने पिस्तौल-कारतूस और बम होते हुए भी आप लोग बिना कुछ करे-धरे गिरफ्तार हो गये? आप लोग चाहते तो हम सबको मारकर मजे में भाग जाते!"

"आप लोगों को मारने से हमें क्या मिलता! हिन्दुस्तानियों का राज कायम करने के लिये तो हम लड़ रहे हैं; उन्हीं को मारने लगें? गोरी चमड़ी वाले आते तो आप लोग देखते!" इस उत्तर के सिवा और हो ही क्या सकता था, परन्तु यह उत्तर केवल सिपाहियों की व्यक्तिगत सहानुभूति के लिये बहका लेने का प्रयत्न ही नहीं समझ लिया जा सकता। हि० स० प्र० स० की भावना क्रांति को सर्वसाधारण के सहयोग से फैलाने की थी। निरन्तर उसी दृष्टिकोण से सोचते रहने के कारण या उस विचार को बिलकुल जड़ता से अपना लेने के कारण कपूर और वर्मा शत्रु सरकार के हाथ-पाँव (पुलिस) को भी सर्वसाधारण जनता का अंग और अपना देशवासी मानकर आक्रमण करने से चूक गये। यह कायरता नहीं, भावना को जड़ता से अपना लेना ही था।

सिपाहियों पर इस बात का असर भी हुआ, "अरे बाबू, हम लोगों का क्या; टुकड़ाखोर कुत्ते हैं। मर ही जाते तो क्या था! यों भी हम जैसे सैकड़ों रोज मरते हैं। आप लोगों की ही जिन्दगी की कीमत है जो दूसरों के लिये कुछ कर रहे हैं।" सिपाहियों ने उत्तर दिया और दो-तीन की तो सचमुच आँखें छलक आयीं।

एक सिपाही खिन्न स्वर में बोला, "हम लोग क्या जानते थे कि आप लोग कौन हैं। हमसे कहा गया था : कोकीन फरोशों को पकड़ने जा रहे हैं।"

दोनों ओर की बातों में कितनी सच्चाई थी, वह जाने दीजिए, परन्तु शिव और कपूर के संयत व्यवहार से कोतवाल और सिपाहियों को इनके खानदानी, शरीफ और ईमानदार होने में सन्देह न रहा। बाद में वे इन्हें सभी प्रकार की कानूनी सुविधा देते रहे। कोतवाल तो प्रायः देश के लिये इनके त्याग की प्रशंसा और अपनी गद्दारी के प्रति ग्लानि भी प्रकट करता रहता। अपनी स्पष्टवादिता में कोतवाल ने अपने इस व्यवहार का रहस्य भी प्रकट कर दिया। शिव को गिरफ्तार किया था कोतवाल ने अपनी जान पर खेलकर। उसे इस बहादुरी के लिये बहुत प्रशंसा और पदोन्नति की आशा थी, लेकिन डिप्टी सुपरिन्टेन्डेंट जोशी ने कलक्टर को दी रिपोर्ट में बहादुरी और चतुरता का सब श्रेय स्वयं ही समेट लिया। कोतवाल को जब 'न माया मिली न राम' तो वह विदेशी सरकार के टुकड़ाखोर कुत्ते बनने की ग्लानि और भी अधिक अनुभव करने लगा या वैसी बात करने लगा।

डाक्टर गयाप्रसाद रुपये के लिये सभी सम्भव उपाय करके तीन दिन बाद खाली हाथ ही लौटे। यदि अखबार पढ़ लिया होता तो उन्हें सहारनपुर लौटना ही न चाहिए था। साधारणतः फरार क्रांतिकारी देश के भिन्न-भिन्न भागों में होने वाली घटनाओं के प्रति चौकस रहने के लिये सुबह ही अखबार पढ़ लेते थे। डाक्टर ने रास्ते में अखबार नहीं पढ़ा। पढ़ा इसलिये नहीं कि कानपुर में लौटने भर का किराया भी मुश्किल से मिला था। सोचा कि सहारनपुर में तो अखबार खरीदा ही गया होगा, पहुँचकर पढ़ लेंगे। सहारनपुर के स्टेशन पर ही पुलिस उनकी प्रतीक्षा में चौकस थी, परन्तु डाक्टर अपनी स्वाभाविक शान्त और निश्चिन्त मुद्रा के कारण भीड़ मे उलझकर मकान तक निरापद पहुँच गये।

डाक्टर की प्रतीक्षा में पुलिस के सिपाही मकान के भीतर ही ठहरा दिये गये थे। किवाड़ खटखटाने पर उनमें से एक ने दरवाजा खोला और झपट कर गयाप्रसाद को कड़े आलिंगन में बाँध लिया। सिपाही का गला डाक्टर के गले से सटकर, चेहरे एक-दूसरे के कंधे पर नजर से बाहर हो गये थे। डाक्टर ने भी उसे उतने ही गहरे आलिंगन में कस लिया। दोनों ही स्नेह प्रदर्शन की होड़ में आलिंगन का जोर एक-दूसरे से अधिक बढ़ाये जा रहे थे। आखिर इस प्रेम से ऊब कर गयाप्रसाद बोले, "बस-बस, बहुत हो गया, यार अब छोड़ो! बात भी तो सुनो!"

दल के लोगों में काशीराम को भी ऐसा ही गूढ़ आलिंगन करने की आदत थी। वह बहुत समय से डाक्टर से मिला न था। दिल्ली से काशी के आने की प्रतीक्षा भी थी। गूढ़ आलिंगन में बँधकर और चेहरा न देख पाकर डाक्टर ने अनुमान कर लिया था कि उनकी अनुपस्थिति में काशीराम आ गया है और प्रेमविह्वल हो रहा है।

डाक्टर को आलिंगन में बाँधने वाले ने बात सुनने की नसीहत के उत्तर में अपने साथियों को पुकारा, "दौड़ो, दौड़ो! तीसरा भी आ गया!"

गयाप्रसाद जब तक परिस्थिति समझे, भीतर से तीन और सिपाहियों ने आकर उन्हें धर दबाया और हाथों में हथकड़ियाँ पहना दीं।

कोतवाली की ओर ले जाते समय डाक्टर को अपनी जेब का खयाल आया। कानपुर से लौटते समय वह लखनऊ होकर आये थे। उस समय काकोरी-षड्यंत्र के बन्दी जोगेश चटर्जी के सन्देश, काकोरी-षड्यंत्र के वकील श्री चन्द्रभानु गुप्त और

मोहनलाल जी सक्सेना की मार्फत आते-जाते थे। गयाप्रसाद की जेब में इसी सम्बन्ध के कागज थे जिनमें चन्द्रभानु गुप्त और मोहनलाल सक्सेना के नाम भी थे। यह नाम बहुत जाने-पहचाने हैं। यही चन्द्रभानु गुप्त (सी० बी० गुप्ता) आजकल उत्तर प्रदेश की सरकार के मंत्री हैं। मोहनलाल सक्सेना केन्द्रीय सरकार में शरणार्थियों के पुनर्वास विभाग के मंत्री रह चुके हैं।

डाक्टर को अपनी जेब के कागजों की याद आयी और ख्याल आया कि यह कागज पुलिस के हाथ पड़ जाने से क्रांतिकारियों से सहानुभूति रखने वाले कांग्रेसी वकील संकट में पड़ जायेंगे। वे चलते-चलते थम गये, "हम पेशाब करना चाहते हैं।"

"कोतवाली पहुँचकर कर लेना।" सिपाहियों ने उत्तर दिया।

"जब हमें हाजत होगी तब करेंगे या जब तुम्हें होगी?" डाक्टर सड़क पर अड़ गये।

सिपाहियों ने मजबूर होकर उनके एक हाथ से हथकड़ी निकाल दी और हथकड़ी की रस्सी थामे खड़े हो गये। सड़क किनारे बैठते ही गयाप्रसाद ने खुला हाथ भीतर की जेब में डाल वह कागज निकालकर मुँह में भर लिये और जैसे-तैसे चबाकर निगल लेना चाहा। कागज गले में अड़ गये। उनका दम घुटकर आँखें बाहर निकलने लगीं। मुँह से शब्द निकालना कठिन हो गया। वे सड़क पर बैठ गये और अंजली से पानी के लिये संकेत किया। सिपाही डाक्टर के कष्ट का कारण तो न समझे पर एक सिपाही समीप की दुकान से पानी ले आया। जल का घूँट भरकर डाक्टर ने गला साफ किया और प्राण बचे।

श्री चन्द्रभानु गुप्त और मोहनलाल सक्सेना जैसे प्रसिद्ध व्यक्तियों को फँसा सकने वाले कागजों को गयाप्रसाद ने एक तरह प्राणों पर संकट झेलकर निगल लिया, यह बहुत समझदारी का काम था। उन दिनों लाहौर बम फैक्टरी में तथा इधर-उधर गिरफ्तार होने वाले दल के कुछ सदस्यों द्वारा पुलिस के भय से दल और दल से सहानुभूति रखने वालों के भेद खोल देने के कारण क्रांतिकारियों के प्रति जनता का विश्वास और आदर घट रहा था। क्रांतिकारियों की असावधानी के कारण कांग्रेस के प्रसिद्ध व्यक्तियों के संकट में फँस जाने से तो दल की बदनामी की आँधी आ जाती। जनता क्रांतिकारियों से तो वीरता, साहस और दृढ़ता की आशा रखती थी, परन्तु अपने लिये भीरुता को स्वाभाविक सतर्कता समझती थी।

जब क्रांतिकारी पुलिस को मार-पीट कर भाग निकलते या पकड़े जाने पर यंत्रणा सहकर भी भेद खोले बिना फाँसी और जेल भुगत लेते तो क्रांतिकारियों को गांधी जी द्वारा हिंसक और सहायता के अयोग्य बताने पर जनता किसी कदर उदारता से सहायता देती रहती थी। किसी क्रांतिकारी के गिरफ्तार होकर भेद खोल देने पर फरार साथियों को जनता से रूखा व्यवहार मिलने लगता था। साधारण सी सहायता का अनुरोध करने पर उत्तर मिलता—तुम लोगों को सहायता देना अपना गला फाँसी में फँसा लेना है। तुममें से कोई गिरफ्तार होकर इतना भी कह देगा कि हमने तुम्हें प्यास में एक गिलास पानी पिला दिया था तो हमारी मौत के लिये यह काफी है। ऐसी अवस्था में डाक्टर के कागज निगल जाने का महत्व कम न था।

उपरोक्त घटना गयाप्रसाद के स्वभाव और व्यवहार का बहुत अच्छा नमूना भी है। बिना होहल्ला और बहस किये, अपने विचार में उचित काम किये जाना, उसके लिये

जान पर खेल जाना। बात करने में तो जान पड़ता है डाक्टर बड़ी कठिनाई से होंठ हिला पा रहे हैं। चलते हैं तो जैसे थकावट के कारण अनिच्छा से कदम उठा रहे हों, लेकिन बिना रुके चलते जायेंगे; सफर चाहे जितना लम्बा हो।

जनता द्वारा अहिंसा की ओट में भीरु व्यवहार और साथ ही दूसरे प्रकार के उदाहरण भी देखने में आते थे। पुलिस सहारनपुर बम-फैक्टरी के साथ साण्डर्स-वध, असेम्बली बमकाण्ड और लाहौर बम-फैक्टरी का सम्बन्ध जोड़ने के लिये प्रमाण जुटा रही थी। दल सीताराम बाजार का मकान तो छोड़ चुका था, परन्तु मुखबिर जयगोपाल और हंसराज वोहरा ने उस मकान का पता बता दिया था। पुलिस इस मकान के नीचे रहने वाले 'गुरु' लोगों को ले जाकर जगह-जगह से गिरफ्तार क्रांतिकारियों को दिखाकर पूछती थी, "क्या यह लोग तुम्हारे मकान के ऊपर वाले अड्डे में कभी आते-जाते थे?"

उन लोगों को सहारनपुर में लाकर डाक्टर, शिव और कपूर को दिखाकर वही प्रश्न पूछा गया। आँखों ही आँखों में 'गुरु' लोगों ने शिव, कपूर को और इन्होंने उन्हें पहचाना, परन्तु 'गुरु' लोग पहचान से इन्कार कर गये। बाद में उन लोगों ने किसी सिपाही की मार्फत शिव और कपूर को सन्देश भी भिजवाया—दिल्ली में आप लोगों की असलियत न जानने के कारण आपकी कद्र नहीं की। भरोसा रखिए, हम लोगों की जात से आपको कोई नुकसान न पहुँचेगा बल्कि हम लोगों के लायक कोई खिदमत हो तो बिना तकल्लुफ हुक्म कीजियेगा।

सहारनपुर लकड़मण्डी में डाक्टर की दुकान के पड़ोस में रहने वाले निम्नस्थिति के कई लोगों को भी इन्हें पहचानने के लिये लाया गया। कपूर अपने बयान पर डटा हुआ था कि वह इस घर के सामान और मामले की बाबत कुछ नहीं जानता। अपने मित्र के साथ एक दिन पहले ही वहाँ आया था। पुलिस उसे पड़ोसियों से पहचनवाकर सिद्ध करना चाहती थी कि कपूर यहाँ ही रहता रहा है और उसका मकान तथा मकान के सामान से सम्बन्ध है। इस समय तक इन लोगों के क्रांतिकारी होने की बात फैल चुकी थी और लकड़मंडी के पड़ोसी अधिकांश लोगों ने इन्हें पहचानने से इन्कार कर दिया।

इस प्रकरण में यह भी अप्रासंगिक न होगा कि श्री चन्द्रभानु गुप्त और श्री मोहनलाल सक्सेना जेल में बन्द क्रांतिकारियों के गुप्त और जोखिम भरे सन्देश ले कैसे आते थे! अंग्रेज सरकार अपने न्याय की प्रतिष्ठा बनाये रखने के लिये हवालात में बन्द अभियुक्तों का अधिकार स्वीकार करती थी कि अभियुक्त अपनी सफाई के बारे में अपने वकीलों से गुप्त परामर्श कर सकते हैं। काकोरी के क्रांतिकारी अभियुक्त जेल और पुलिस के अफसरों की देखरेख में, परन्तु वकीलों से अपनी बातचीत पुलिस द्वारा सुनी न जा सकने की दूरी पर परामर्श कर सकते थे। लाहौर षड्यंत्र के मामले में भी ऐसा ही नियम था।

अदालती न्याय की दृष्टि से अभियुक्तों का ऐसा अधिकार तर्कसंगत भी है। यदि अभियोग लगाने वाली पुलिस यह जान जाय कि अभियोग के विरुद्ध क्या सफाई या गवाही दी जा सकती है तो इस सफाई और गवाही की काट भी पुलिस तैयार कर सकेगी और अभियुक्त कभी कानूनी सफाई नहीं दे सकेगा। इसी अधिकार के आधार पर चन्द्रभानु गुप्त और मोहनलाल सक्सेना काकोरी के अभियुक्तों के गुप्त संदेश उनके क्रांतिकारी साथियों तक पहुँचा सकते थे।

गुप्त सन्देश आने-जाने का सन्देह पुलिस करती थी और पुलिस ने कई बार अभियुक्तों के इस अधिकार पर रोक लगानी चाही थी। ऐसी अवस्था में क्रांतिकारी अभियुक्तों और उनके कांग्रेसी वकीलों ने प्रबल विरोध किया था। अंग्रेजी सरकार अपने न्याय की स्वयं इतनी प्रतिष्ठा करती थी कि सन्देह के बावजूद उन्होंने अभियुक्तों का यह अधिकार न छीना। कांग्रेसी सरकार के 'रामराज्य' में अभियुक्तों का आत्मरक्षा का यह अधिकार भी 'सत्य-अहिंसा' की लपेट में आ चुका है।

फरवरी, १९४९ में देशव्यापी रेल-हड़ताल की रोक-थाम करने के लिये कांग्रेसी सरकारों ने देश भर में मजदूर कम्युनिस्ट कार्यकर्ताओं को समेटकर जेलों में डाल दिया था। मैं कम्युनिस्ट पार्टी का मेम्बर या किसी भी मजदूर संगठन का सदस्य न होने पर भी इस लपेट में आकर लखनऊ जिला जेल में बन्द हो गया था। कुछ कम्युनिस्ट और मजदूर साथियों ने गोल-मोल अभियोगों के आधार पर गिरफ्तार कर लिये जाने के विरुद्ध अदालती कार्यवाही करनी चाही। उन्होंने अपने वकीलों को मुलाकात के लिये जेल में बुलाया। वकीलों को मुलाकात का अवसर बड़ी कठिनाई से मिला। खुफिया पुलिस के अफसरों का आग्रह था कि वे अभियुक्तों और वकीलों की बातचीत का प्रत्येक शब्द सुनना चाहते हैं। इस अन्याय के विरोध में अभियुक्तों और वकीलों ने मुलाकात करने से इनकार कर दिया।

एक साहित्यिक के नाते मेरी गिरफ्तारी का विरोध बहुत से पत्र-पत्रिकाओं और प्रभावशाली कांग्रेसी लोगों ने किया। मेरा स्वास्थ्य भी खराब था। मुझे नाम-मात्र की जमानत और सार्वजनिक भाषण और लेखन से दूर रहने की शर्त पर छूट जाने का अवसर दिया गया। मैंने रिहाई की यह शर्त स्वीकार न की। कुछ ही दिन पूर्व शहीद रुद्रदत्त भारद्वाज के बीमारी की हालत में गिरफ्तार होकर अगले ही दिन जेल में मृत्यु हो जाने की घटना ताजी थी। तब इस घटना के कारण जनता में कांग्रेसी सरकार की आलोचना भी बहुत हुई। शर्त अस्वीकार कर देने पर भी मुझे स्वास्थ्य के विचार से छोड़ दिया गया।

जेल से छूटने पर मैं उत्तर प्रदेश के तत्कालीन पुलिस मंत्री श्री लालबहादुर शास्त्री से मिला और जेल में बन्द अभियुक्तों के अपने वकीलों से पुलिस के सुन सके बिना बातचीत करने के अधिकार छीन लिये जाने के अन्याय की शिकायत की।

शास्त्री जी से भेंट करने गया तो वे चर्खा कात रहे थे। उन्होंने अपनी नजर तकले से निकलते हुए सूत पर लगाये उत्तर दिया, "आप नहीं जानते इन कम्युनिस्टों को। यह लोग बड़े धूर्त होते हैं। हिंसा में विश्वास रखते हैं। इन्हें गिरफ्तार करने का यत्न किया जाता है तो फरार होकर छिप जाते हैं।"

शास्त्री जी को याद दिलाया कि सन् १९३१ में अंग्रेज सरकार द्वारा कांग्रेस के गैरकानूनी घोषित कर दिये जाने पर और १९४२ में भी अहिंसावादी कांग्रेसी फरार होकर अपना राजनैतिक काम कर रहे थे। कम्युनिस्टों को आप प्रकट आन्दोलन चलाने ही नहीं दें तो वे गुप्त आन्दोलन चलाने के लिये मजबूर हैं। मुझे शास्त्री जी की खिसियाहट वैसी ही जान पड़ी जैसे कुत्ता अपनी झपट से भाग गयी बिल्ली पर खौंखिया रहा हो।

शास्त्री जी से आग्रह किया कि यह अभियुक्तों का कानूनी अधिकार है कि वह अपने वकील से गुप्त परामर्श कर सकें। अंग्रेज सरकार क्रांतिकारियों को कम धूर्त और हिंसक

नहीं समझती थी, परन्तु उन्होंने क्रांतिकारी अभियुक्तों का यह कानूनी अधिकार कभी नहीं छीना था।

शास्त्री जी ने हाँ-हूँ कर अधिकार की बात तो स्वीकार की। इस बात की ओर ध्यान देने का विश्वास भी दिलाया, परन्तु बाद में उनके आश्वासन का कुछ असर न हुआ। ऐसी घटनाओं से जनता कांग्रेसी 'रामराज्य' की नैतिकता और अंग्रेजों के 'रावण राज्य' की नैतिकता की तुलना करके खिन्न हुये बिना नहीं रह सकती।

परिस्थितियों के आधार पर आज़ाद और दल के साथियों को निश्चय था कि अनेक साथियों की गिरफ्तारी के सुराग पुलिस को फणीन्द्र घोष ने ही दिये थे। फणीन्द्र ने लाहौर षड्यंत्र के मामले में भी सरकार की ओर से गवाही दी थी। उसने पटना षड्यंत्र में भी सरकारी गवाह के रूप में बयान दिया था।

कह चुका हूँ कि १९२९ में जलगाँव जेल में और १९३० में इलाहाबाद में भी फणीन्द्र को दण्ड देने के असफल प्रयत्न किये जा चुके थे। इन असफलताओं के बावजूद बिहार के क्रांतिकारी साथी फणीन्द्र का अपराध भूल नहीं गये थे।

सम्भवतः १९३२ के अन्त या १९३३ के आरम्भ में हजारीबाग जेल में बन्द योगेन्द्र शुक्ल आदि क्रांतिकारियों ने फणीन्द्र को पुनः दण्ड देने के लिये प्रयत्न का निश्चय किया और जेल से बाहर एक क्रांतिकारी साथी बैकुंठ शुक्ल को इस कार्य का उत्तरदायित्व सौंप दिया।

क्रांतिकारी साथियों के प्रति विश्वासघात करने के पश्चात फणीन्द्र ने प्रतिकार की आशंका में पटना या भागलपुर रहना छोड़ दिया था। उसने जिला चम्पारन के एक छोटे से कस्बे बेतिया में निर्वाह के लिये एक परचून की दुकान खोल ली थी। यहाँ भी यह सर्वथा निःशंक न रहता था। उसने आत्मरक्षा के लिये रिवाल्वर का लाइसेंस ले लिया था। वह सदा रिवाल्वर साथ रखता था। सरकार की ओर से भी दो सिपाही उसकी रक्षा के लिये उसकी दुकान और मकान पर तैनात रहते थे।

घटना १९३३ के मार्च या अप्रैल की है। बैकुंठ शक्ल एक साथी के साथ फणीन्द्र की परचून की दुकान पर पहुँचा। उन लोगों ने दुकान के सामने एक बहुत जबर्दस्त पटाखा चला दिया। विस्फोट का शब्द बहुत भयानक था। उस शब्द को बम विस्फोट समझकर फणीन्द्र के रक्षक दोनों सिपाही भाग गये। बैकुंठ शुक्ल और उसका साथी फणीन्द्र की दुकान पर चढ़ गये। उन लोगों ने भुजाली से फणीन्द्र के सिर पर वार किया। चोट गहरी बैठी। फणीन्द्र फर्श पर गिर पड़ा। बैकुंठ शुक्ल और उसका साथी दुकान से उतर रहे थे तो एक व्यक्ति उन्हें पकड़ने के लिये आगे बढ़ गया। दोनों ने ही उस व्यक्ति को बीच में पड़ने से रोका, परन्तु वह पीछे न हटा और भुजाली के वार से कटकर वहीं गिर पड़ा। बैकुंठ शुक्ल और उनका साथी रक्त टपकती भुजालियाँ लिये साइकिलों पर बाजार में सब लोगों के सामने से निकल गये। उस समय उन्हें किसी ने रोकने का साहस न किया।

भुजाली के वार से तुरन्त ही फणीन्द्र की मृत्यु नहीं हो गयी थी। हस्पताल पहुँचाये जाने के बाद भी वह डेढ़-दो घंटे होश में था और कुछ बोल भी सकता था। पुलिस के प्रश्न पर उसने स्वीकार किया कि आक्रमणकारियों को पहचानता था, परन्तु उनका नाम-

धाम पूछा जाने पर बताने से इनकार कर दिया, "बस, कोई लाभ नहीं!" नहीं कहा जा सकता कि यह इन्कार अपने विश्वासघात की ग्लानि के कारण था या यह आशंका कि प्रतिकार की शृंखला कहाँ तक बढ़ती जायेगी!

कुछ मास बाद किसी व्यक्ति से प्राप्त सूचना के आधार पर बैकुंठ शुक्ल गिरफ्तार कर लिया गया। मई, १९३४ में उसे गया जेल में फाँसी दे दी गयी। बैकुंठ शुक्ल किस व्यक्ति द्वारा दी गयी सूचना के आधार पर गिरफ्तार किया गया, इस सम्बन्ध में क्रांतिकारी आन्दोलन से सम्बद्ध बिहार के लोगों का ख्याल है कि वह मुखबिर आजकल कांग्रेस में दूसरी कोटि का नेता बनकर स्वार्थ सिद्ध कर रहा है और बैकुंठ शुक्ल के परिवार के लोग विकट आर्थिक कठिनाई झेल रहे हैं।

सहारनपुर की बम-फैक्टरी पकड़ ली जाने का परिणाम मेरे लिये व्यक्तिगत रूप से यह हुआ कि दल के मूल संगठन से सम्बन्ध की आशा टूट गयी। अब कलकत्ते जाकर भगवती भाई को ढूँढ़ने के सिवा और राह नहीं थी।

कलकत्ता और नये बम की विफलता

उस समय तक कलकत्ते से मेरा परिचय हिन्दी में अनुवादित बंगाली उपन्यासों में वर्णित पात्रों, स्थलों और 'रौलट-कमेटी' की रिपोर्ट में दी गयी क्रांतिकारी घटनाओं तक ही सीमित था। इस महानगरी में केवल एक व्यक्ति से भगवती भाई का सूत्र पा सकने की आशा थी। यह थीं, सुशीला दीदी।

दुर्गा भाभी से मालूम हो गया था कि कलकत्ता के सेन्ट्रल एवेन्यू में एक करोड़पति सेठ छाजूराम की हवेली थी। सुशीला दीदी इन्हीं सेठ की कुमारी बेटी की अध्यापिका थीं और उन्हीं की हवेली के एक कमरे में रहती भी थीं। लाहौर से कलकत्ते तक रास्ते में दो बार टिकट खरीदा। प्रयोजन था, इतनी लम्बी यात्रा करने वाले टिकट की ओर ध्यान आकर्षित न हो। साथ सामान कुछ भी न था। एक छोटे से बैग में लाहौर सेंट्रल जेल जाते समय पहना अच्छा सूट साथ ले लिया था। सेठ के मकान पर जाने से पहले स्टेशन पर ही वेटिंगरूम में कपड़े बदल लिये और सेठ जी के मकान पर सम्मानित वेश-भूषा में पहुँचा।

अप्रत्याशित रूप से मुझे अपने सामने खड़ा देखकर सुशीला दीदी को उत्साह और चिन्ता दोनों ही हुए। उत्साह इसलिये कि लाहौर की बम-फैक्टरी पर पुलिस के धावे में सुखदेव और दूसरे साथियों के गिरफ्तार हो जाने और सहारनपुर में भी दल की बम-फैक्टरी पकड़ ली जाने के बाद उन्हें दल के नष्ट-भ्रष्ट हो जाने की आशंका हुई थी। कलकत्ते में भी यतीन्द्रनाथ दास, फणीन्द्रनाथ घोष आदि दल के कई लोग गिरफ्तार हो चुके थे। सब ओर आतंक और निरुत्साह छाया हुआ था। दल के प्रति और दल के विशेष लोगों के प्रति सुशीला दीदी की सहानुभूति का अनुमान इसी बात से लगाया जा सकता है कि लाहौर में साण्डर्स को गोली मारकर भागने के बाद भगतसिंह को दीदी ने कलकत्ता में निःशंक अपने यहाँ शरण दी थी। मुझे देखकर उन्हें आश्वासन हो सकता था कि दल बिलकुल ही समाप्त नहीं हो गया है।

मुझे अपने यहाँ आ पहुँचा देखकर चिन्ता का कारण भी स्पष्ट था कि मैं पूर्व सूचना या प्रबन्ध का अवसर दिये बिना फरारी की अवस्था में उनके यहाँ जा धमका था। सेठ के परिवार के लोगों को मेरा क्या परिचय देती! दीदी को इस बात से भी उत्साह हुआ कि गिरफ्तारी का भय होने पर भी मैं केवल छिपने की ही बात नहीं सोच रहा था बल्कि भगवती भाई को ढूँढ़कर काम में सहयोग देना चाहता था।

मेरे आने से सुशीला दीदी को सान्त्वना मिलने का एक और भी कारण था—लाहौर बम-फैक्टरी पकड़ी जाने के बाद एक मास बीत चुका था। यह बात फैल चुकी थी कि बम-फैक्टरी का मकान भगवती भाई के नाम से किराये पर लिया गया था। जयचन्द्र जी भगवतीचरण के विरुद्ध अपने प्रचार में इस घटना को भगवतीचरण के सी० आई० डी०

का आदमी होने का प्रमाण बता रहे थे। सुशीला दीदी को भगवती भाई के प्रति दल के साथी के रूप में नहीं बल्कि व्यक्तिगत आदर भी था। वे उन्हें भाई मानती थीं, कविता लिखकर राखी बाँधती थीं। भगवती भाई भी सुशीला दीदी को एक अति असाधारण व्यक्ति समझते थे। भगवती भाई के प्रति मेरा दृढ़ विश्वास देखकर भी दीदी को भरोसा हुआ।

सुशीला जी से मालूम हुआ कि भगवती भाई थे तो कलकत्ते में ही, परन्तु उन्हें सहसा खोजकर मिल लेना सम्भव नहीं था। उनका स्थान सुशीला जी को मालूम नहीं था। मालूम होने का कुछ लाभ भी न था। भगवती भाई अति निम्न श्रेणी के एक 'बासे' में रहते थे। ऐसी जगह सुशीला दीदी जैसी गोरी चिट्टी, सम्भ्रांत रूपरेखा और सम्मानित वेश-भूषा की महिला का पहुँचना संदेह का ही कारण होता।

भगवती भाई तीसरे या चौथे दिन मैदान में या चौरंगी पर दीदी से मिल लेते थे। सुशीला जी से मालूम हुआ कि भगवती भाई दल का काम करने के लिये दृढ़ता से अड़े हुए थे, परन्तु जयचन्द्र जी के दुष्प्रचार के कारण अत्यन्त दुखी थे। परेशान थे कि लोगों को अपनी ईमानदारी का विश्वास कैसे दिलायें। खासकर कलकत्ता क्षेत्र में क्रांतिकारियों को जयचन्द्र जी पर ही विश्वास था।

तीसरे या चौथे दिन संध्या समय सुशीला दीदी के साथ भगवती भाई से मिलने की आशा में चौरंगी की तरफ गया। हम लोग सड़क के साथ, ट्राम की लाइन के पार मैदान के किनारे-किनारे विक्टोरिया स्मारक की ओर चले जा रहे थे। एक व्यक्ति मोटा मैला कुरता, घुटनों तक ऊँची धोती पहिरे, दरबानों की सी दाढ़ी बढ़ाये, काली टोपी पहिने, नमस्कार के संकेत से माथे को छूकर हम लोगों के सामने खड़ा हो गया।

भगवती भाई को मिलने के प्रयोजन से वहाँ गये थे इसलिये तुरन्त पहचान लिया। साधारण तौर पर पहचान लेना कठिन होता। मन उछल पड़ा कि पंजाबी ढंग से गूढ़ आलिंगन में मिलें, परन्तु मन मारकर रह गये। मैं कलकत्ता के भद्र लोग की भाँति खूब साफ कमीज और धोती पहिने था। वैसी ही पोशाक में सुशीला दीदी थीं। एक साधारण दरबान से आत्मीयता प्रकट करके लोगों को विस्मित करना उचित न था।

भगवती भाई ने अपने रहने की जगह बाँसतल्ला का सस्ता मारवाड़ी बासा मुझे दिखा दिया। एक तंग गली में से बासे का सुरंगनुमा अँधेरा दरवाजा आँगन तक जाता था। आँगन के चारों ओर चौमंजिली कोठरियाँ थीं। प्रत्येक कोठरी में एक या दो परिवार समाये हुए थे। अधिकतर गरीब जान पड़ने वाले मारवाड़ी और कुछ कोठरियों में बिना परिवार अकेले लोग भी थे। सभी परिवार अपने घर की जूठन, कूड़ा, पत्तल, दोना, कुल्हड़ आदि आँगन में फेंकते रहते थे। मारवाड़ी स्त्रियाँ माथे पर जड़ाऊ 'बीरला' बाँधे, शरीर को अपर्याप्त रूप से ढँके, परन्तु घूँघट खींचे खिड़कियों में बैठी आमने-सामने की कोठरियों की स्त्रियों से बातचीत करती रहतीं। तीन-चार करोड़पति के मकान की भव्यता में गुजार कर मैं भगवती भाई की कोठरी में आ गया और उन्हीं की भाँति उत्तर प्रदेश के 'भैयों' (दरबान, गरीब मुनीम) की पोशाक में घूमने-फिरने लगा।

मैंने भगवती भाई को अपने जम्मू में किये बम के नये आविष्कार की बात बतायी। उन्होंने कालिज में साइन्स पढ़ी थी। इस विषय में मेरी अपेक्षा उनकी समझ का भरोसा अधिक था। पूरा विवरण सुनकर वे भी फड़क उठे, "अरे यार, बह यह हो जाय तो बात

ही क्या?" उन्होंने उस विधि पर तर्क और विवेचना भी की। अन्त में सन्तुष्ट होकर बहुत प्रसन्न हुए और मेरी प्रशंसा में बोले, "तू तो भैया रत्न है (यू आर ए ज्यूएल)।" भगवती जब किसी से प्रसन्न हो जाते तो इसी उद्‌गार से सम्बोधन किया करते थे।

इस समय तक हम दोनों बेहथियार ही थे। भगवती भाई ने कलकत्ते में अपना समय व्यर्थ नहीं गँवाया था। मेरे पहुँचने से पूर्व ही उन्होंने लाहौर षड्यंत्र के सम्बन्ध में गिरफ्तार यतीन्द्रनाथ दास के मकान का भवानीपुर में पता लगा लिया था। हम दोनों यतीन्द्रनाथ दास के भाई किरन दास से मिले।

किरण दास जेल में बन्द अपने भाई यतीन्द्र से मिलने लाहौर गया था तो दुर्गा भाभी के यहाँ ही ठहरा था। वह क्रांतिकारी बन्दियों के और उनके सम्बन्धियों के प्रति दुर्गा भाभी के आदर और बलिदान हो जाने का व्यवहार अपनी आँखों देख आया था। हम लोगों ने किरण से स्पष्ट बात की। कलकत्ता के क्रांतिकारियों से परिचय करा देने और कम से कम दो पिस्तौल खरीदवा देने का अनुरोध किया। अपना विश्वास किरण के प्रति प्रकट करने के लिये दो पिस्तौलों के मुँहमाँगे दाम भी पेशगी दे दिये।

यह बात अप्रासंगिक न होगी कि मेरी जेब में शायद पन्द्रह-बीस रुपये से अधिक नहीं थे। जेब में जो कुछ था, वह लाहौर में बहिन प्रेमवती और दुर्गा भाभी द्वारा इकट्ठा किया दल का ही पैसा था। भगवती भाई के पास अपना निजी लगभग पाँच सौ रुपया था। पिस्तौल के लिये लगभग तीन सौ इसी रुपये में से दिये गये थे।

किरण ने रुपया लेते समय पूर्ण आत्म-विश्वास से दो दिन में पिस्तौल ला देने का वायदा किया था। दिन पर दिन बीतने लगे। सप्ताह से अधिक बीत गया, परन्तु पिस्तौल न मिले। हम लोग किरण के बताये स्थान पर जाते और वह न मिलता। अपने घर आने के लिये उसने मना कर दिया था कि उसके सम्बन्धियों को सन्देह न हो जाये और उसके घर पर पहरा देने वाले खुफिया पुलिस के लोग हमारा पीछा न करने लगें। यह संगत ही था।

हमारे अनुरोध पर किरण ने रात्रि के अन्धकार में दो बार हमें 'दादा' लोगों से भी मिलाया। इन नेताओं ने हमारे संगठन की व्यापकता के बारे में प्रश्न किये। हमें स्वीकार करना पड़ा कि अपने साथियों की गिरफ्तारी के कारण हमारा सम्बन्ध उस समय दल से टूटा हुआ था। इन लोगों ने हमारे तरीकों के प्रति निराशा प्रकट की और समझाया कि क्रांति ऐसे छुट-पुट कामों से नहीं हो सकेगी, "...आप लोग पहले अपना संगठन कायम कर लीजिये। उसके बाद हम परिस्थिति देखकर आपका मार्ग दर्शन कर सकेंगे।"

किरण के रंग-ढंग से हमें अनुत्साह होने लगा। उसके पीछे घूमने और बंगाली दादाओं से मिलने के लिये एक ही आदमी पर्याप्त था। नीति और चातुर्य से बात करने में और भारी भरकम शरीर से भी भगवती भाई मेरी अपेक्षा अधिक प्रभावोत्पादक थे। उन्होंने सौ रुपया अपने पास से मुझे देकर कहा, "तुम जम्मू लौट जाओ। आवश्यक औजार खरीदकर नये ढंग से बम तैयार करो। मैं सप्ताह-दस दिन में यहाँ का काम निबटाकर जम्मू पहुँच जाऊँगा। बम तैयार हो जाय तो उसके परीक्षण के लिये प्रतीक्षा करना।"

मेरे जम्मू पहुँचने पर भागराम लोहा काटने की आरी, छेनी, हथौड़ी और एक छोटी बाँक खरीद लाया। पीतल की आध इंच व्यास की नली से टुकड़े काट और सीसा

गलाकर गोलियाँ ढालीं और हम लोगों ने कारतूस बना लिये। कारतूसों की टोपी में इग्नीशन तोड़े या चिनगारी उत्पन्न करने के लिये विस्फोटक पदार्थों को स्पिरिट में गूँधकर बत्तियाँ बनाकर लगा दीं। यही काम अधिक कठिन था। इसके बाद रेत की एक गोल पोटली में अपने बनाये कारतूसों को उचित स्थानों पर जमाकर, उस पोटली पर 'प्लास्टर आफ पेरिस' थापकर भीतर से खोखला गोला बना लिया। प्लास्टर का गोला सूख जाने पर पोटली के मुँह पर बँधा धागा खोल देने से रेत बाहर निकल गयी और महीन कपड़ा भी खींच लिया।

गोले के भीतर के खोल में आतिशबाजी के प्रयोग में आने वाले विस्फोटक पदार्थों का मिश्रण भर दिया। गोले के मुँह पर एक कई गज लम्बी तोड़े की रस्सी लगा दी। इस बम के फेंके जाने पर उसे सुलगाने वाला घोड़ा (ट्रिगर) और घोड़े की चोट से आग पैदा करने वाला द्रव्य नहीं लगाया गया था। विचार था, यदि हमारा यह बम पूरी शक्ति से फटकर गोलियों को घातक रूप से फेंकने में सफल हो जायेगा तो शेष न्यूनता भी शीघ्र ही पूरी कर ली जायेगी। मुझे अपनी सूझ और भागराम के हाथ की दस्तकारी पर बहुत भरोसा था। लगभग बम तैयार होते ही भगवती भाई जम्मू आ पहुँचे।

भगवती भाई को किरण से केवल एक पिस्तौल, बीस कारतूस और अनेक कसमों के साथ दूसरा पिस्तौल एक मास के भीतर दे देने का वायदा मिला था। यह पिस्तौल मिल जाने पर हम लोग अपने आपको सशस्त्र अनुभव करने लगे। मन में उल्लास और उत्साह अनुभव होने लगा कि अब हम व्यर्थ में नहीं मारे जायेंगे। यह ठीक है कि हम इतने भोले नहीं थे कि एक ही पिस्तौल से ब्रिटिश सरकार को उखाड़ फेंकने का स्वप्न देखने लगते, परन्तु हमारे लिये एक पिस्तौल का भी बहुत मूल्य था। पहली बात तो यह कि पुलिस से सामना होने पर पुलिस का मुकाबला और आत्मरक्षा का प्रयत्न कर सकते थे। हमारा ऐसा प्रयत्न दूसरों के लिये साहस का उदाहरण होता। इससे अधिक, पिस्तौल का राजनैतिक उपयोग था। क्रांति और विद्रोह की निरी सैद्धान्तिक बात करने से लोगों पर ऐसा-वैसा ही प्रभाव पड़ता था, परन्तु अपने उद्देश्यों के प्रमाण स्वरूप प्रत्यक्ष हथियार दिखा देने पर लोगों में सहसा उत्साह और विश्वास उत्पन्न हो जाता था।

ब्रिटिश सरकार के हथियारों पर प्रतिबन्ध कानून और पुलिस की हजार सतर्कता के बावजूद हम हथियार रख सकते हैं, यह हमारे सम्पर्क में आने वालों की दृष्टि में हमारी क्षमता और सरकार की पराजय का प्रमाण था। नौजवानों को रिवाल्वर, पिस्तौल और बम दिखाकर प्रभावित करने का तरीका केवल उस समय ही रहा हो सो बात नहीं। १९४२-४४ में सशस्त्र क्रांति का प्रयत्न करने वाले लोग भी ऐसा ही करते रहे हैं। मेरी अपेक्षा भारी-भरकम डील-डौल, गम्भीर चेहरे के भगवती भाई के सशस्त्र प्रकट होने का प्रभाव जम्मू के साथियों पर बहुत पड़ा।

दूसरे ही दिन नये तैयार किये बम को अजमाने के लिये हम लोग नगर से लगभग चार मील दूर ऊबड़-खाबड़ पहाड़ी जंगल में गये। अपने आविष्कार की सफलता देखने के लिये मेरा मन उमंग रहा था। हममें से किसी को भी सफलता में सन्देह नहीं था, परन्तु उसे प्रत्यक्ष कर लेना चाहते थे। बम को एक छोटे गढ़े में रखकर मन-मन, डेढ़-डेढ़ मन भारी पत्थरों से ढँक दिया। बम रखने की जगह से लगभग पचीस-तीस फुट की दूरी पर

एक बड़ी चट्टान दीवार की तरह खड़ी थी। बम की गोलियों के निकास के लिये जगहें छोड़ दी थीं। ख्याल था, बम की कोई न कोई गोली इस चट्टान पर लगेगी ही। इससे बम के प्रभाव क्षेत्र की सीमा का अनुमान हो सकेगा। मैं और भगवती भाई इस चट्टान से परे एक ऊँची जगह जा खड़े हुए। भागराम ने बम के तोड़े में आग लगा दी और समीप एक गहरे गढ़े में कूद गया।

बम के विस्फोट का शब्द काफी जोर से हुआ, परन्तु एक भी पत्थर न हिला। चट्टान पर एक भी गोली लगने का कोई निशान न बना। समीप जाकर देखा तो कारतूस प्लास्टर आफ पेरिस का गोला फट जाने के कारण आसपास बिखरे हुए थे। बहुत निराशा हुई। मेरा मुँह लटक गया। भगवती भाई ने मुझे तसल्ली दी। उस समय तो मैं न समझ सका कि हमारे कारतूसों ने दूर तक मार क्यों नहीं की। यह बात कुछ दिन बाद विस्फोट की क्रिया जान लेने पर ही समझ में आयी।

हम दोनों बम की असफलता से खिन्न चित्त होकर जम्मू नगर के नीचे तवी नदी की ओर घूमने चले गये। चाँदनी रात थी। नदी किनारे बैठकर हम लोगों ने निश्चय किया कि बम बनाने के तिलस्मी आविष्कारों से काम नहीं चलेगा। लोहे के खोल बनाये बिना चारा नहीं। दूसरे लोगों से खोल ढलवाने और कटवाने में सदा आशंका रहेगी। इस काम को कर सकने वाला आदमी भागराम तो हमारे साथ था, परन्तु ऐसा कारखाना जमाने के लिये काफी रुपये और समय की आवश्यकता थी। इस समय बहुत-सी गिरफ्तारियाँ हो जाने के कारण जनता में हमारे प्रति सहानुभूति और उत्साह घट गया था। आर्थिक सहायता बहुत कम ही मिलती थी। मिलती थी तो लक्ष के प्रति या सैद्धान्तिक सहानुभूति से नहीं, व्यक्तिगत सम्पर्क से। अधिकांश काम भगवती भाई के ही पैसे से चल रहा था। बहुत मामूली सी सहायता बहिन प्रेमवती के इधर-उधर से माँग-ताँगकर इकट्ठे किये रुपये से मिल जाती थी। जनता की सहानुभूति पाने और उसे उत्साहित करने के लिये तुरन्त ही कुछ करना आवश्यक था। बम के खोल बन भी जाते तो विस्फोटक पदार्थ के बिना उनका कोई उपयोग नहीं हो सकता था। अलबत्ता विस्फोटक पदार्थ बना सकने पर अच्छे खोलों के बिना भी उसका उपयोग हो सकता था।

तवी के किनारे चाँदनी रात में बैठकर टिटिहरी की पुकारें सुनते हुए हम लोगों ने निश्चय किया, यदि हम खूब सशक्त विस्फोटक पदार्थ काफी मात्रा में बना सकें तो अधिक लोगों की सहायता और बम के खोलों के बिना भी विस्फोटक मसाले को रेलगाड़ी की पटरी के नीचे दबाकर वाइसराय की ट्रेन उड़ा सकते हैं। यदि हम दोनों में से एक व्यक्ति जान देकर भी यह काम कर सके तो जनता को हमारे दल की शक्ति का विश्वास हो सकेगा, जनता की भावना हमारे पक्ष में बदल जायेगी और भविष्य में काम अधिक व्यापक रूप में और तेजी से हो सकेगा।

दल के विस्फोटक पदार्थ बनाने वाले विशेषज्ञ यतीन्द्रनाथ दास, सुखदेव और शिव वर्मा गिरफ्तार हो चुके थे। कलकत्ते में भगवती भाई ने किरण दास की मार्फत बम का मसाला बनाने वाले व्यक्ति का परिचय पाने की बहुत कोशिश की थी, परन्तु असफल रहे।

भगवतीचरण ने सोचकर बताया, एक आदमी ऐसा है जो प्रयत्न करने पर निश्चय ही बम बना सकने का नुस्खा खोज सकता है। उन्होंने कहा कि जयचन्द्र के वैमनस्यपूर्ण

प्रचार के बावजूद वह व्यक्ति उनका विश्वास कर लेगा। उस व्यक्ति का नाम उन्होंने बताया—देवदत्त शर्मा।

देवदत्त शर्मा वसुदेव गवर्नमेण्ट कालेज, लाहौर में रसायन के अंध्यापक थे। उनकी भगवती भाई से पुरानी मित्रता थी। शायद एक समय दोनों सहपाठी भी रह चुके थे। देवदत्त शर्मा से मेरा भी परिचय था। इस समय लाहौर के कालेजों में ग्रीष्मावकाश होने के कारण देवदत्त अपने घर श्रीनगर, कश्मीर में थे। भगवती भाई ने उनसे मिलने के लिये कश्मीर जाने का विचार प्रकट किया।

मैंने भगवती भाई के कश्मीर जाने पर आपत्ति की, "देवदत्त को तुम पर विश्वास है, परन्तु इस समय लाहौर के सैकड़ों आदमी श्रीनगर में होंगे। तुम इसके पूर्व श्रीनगर जा चुके हो। तुम्हें बहुत से लोग पहचानते होंगे। जयचन्द्र जी के दुष्प्रचार के कारण लोग तुम्हें पहचान कर व्यर्थ में उँगली उठाने लगेंगे। यह भी असम्भव नहीं कि लाहौर की बम फैक्टरी पकड़ी जाने के बाद जयचन्द्र ने जो प्रचार किया है, उसका प्रभाव देवदत्त पर भी पड़ा हो। उनसे मेरा भी परिचय है। मुझे भरोसा है कि मैं तुम्हारा नाम लेकर या स्वतंत्र रूप से ही अपना अनुरोध शर्मा से मनवा सकूँगा। कश्मीर जाना मेरी अपेक्षा तुम्हारे लिये अधिक आशंकाजनक है। यदि आशंका दोनों के लिये बराबर हो तो भी दल के लिये तुम्हारा बचे रहना अधिक उपयोगी होगा।"

मेरा कश्मीर जाना तय हो गया। भगवती भाई ने निश्चय किया कि वे दिल्ली में जाकर डेरा जमायेंगे और मैं कश्मीर से वहीं लौटूँ। दिल्ली में अपने एक विश्वासी परिचित का पता उन्होंने मुझे दे दिया।

दूसरे-तीसरे दिन मैं एक आधुनिक शौकीन सैलानी के वेश में कन्धे से कैमरा और बरसाती कोट लटकाये कश्मीर की ओर चल दिया। हम लोगों की साझी सम्पत्ति, एकमात्र पिस्तौल भगवती भाई ने आत्म-रक्षा के लिये मुझे सौंप देनी चाही।

मैंने उसे फिलहाल अनावश्यक समझकर कहा, "उस अपरिचित जगह में सन्देह हो जाने पर मैं भागकर निकल तो सकूँगा नहीं, बहुत होगा तो रियासती पुलिस का एकाध आदमी मार डालूँगा। उससे लाभ क्या! जब तक दूसरी पिस्तौल न मिल जाय, इसे तुम्हीं रक्खो। तुम पंजाब के रास्ते दिल्ली जा रहे हो। तुम मेरी अपेक्षा अधिक खतरे में हो।"

मुझे इतने दिन में यह भी भरोसा हो गया था कि अपने व्यवहार से ही मैं सन्देह का अवसर न आने दूँगा। सन्देह होगा भी तो कुछ न कुछ कर ही लूँगा। कश्मीर जाने के लिये रुपया भगवती भाई ने ही दिया। यह भी समझाया कि इतनी दूर जा रहे हो तो रुपये की कंजूसी से दर्शनीय स्थानों तक जाने में संकोच न करूँ। रुपया कम पड़ जाने पर उन्हें देहली में तार दे दूँगा।

बम के नुस्खे की खोज में कश्मीर यात्रा

कई घटनायें और दृश्य मस्तिष्क पर गहरा प्रभाव छोड़ जाते हैं। दृश्यों का प्रभाव समय-समय पर मस्तिष्क की ग्रहण योग्यता पर भी निर्भर करता है। लगभग दो ही मास पूर्व बरफानी चोटियों की छाया में बसे, हरे-भरे कांगड़ा में गया था तो मन आतंकित और चिन्तित होने के कारण उस अनुपम सौन्दर्य की ओर ध्यान ही न जाता था। अब मानसिक अवस्था बदल चुकी थी। तब मैं गिरफ्तारी से भाग रहा था। इस समय अपने विश्वास में, दल की ओर से एक उत्तरदायी व्यक्ति के रूप में महत्वपूर्ण काम के लिये जा रहा था। अपने साथियों या लोगों का विश्वास पा लेने से व्यक्ति में आत्म-विश्वास पैदा हो जाता है। सतर्क तो अब भी अवश्य था, परन्तु भयभीत नहीं था।

जम्मू से कश्मीर का अन्तर लगभग २०५ मील है। यात्रा मोटर बस में की थी। बस सन्ध्या समय बटोट से गुजरी। बटोट की उपत्यका में धीमि-धीमे उठती ढलवानों पर फैले देवदार के जंगलों के पीछे सूर्यास्त हो रहा था। सड़क किनारे एक बड़ी चट्टान पर खड़े एक यूरोपियन दम्पति अत्यन्त तन्मयता से उस दृश्य को देख रहे थे। दम्पति सन्ध्या समय भोज में सम्मिलित होने की भली पोशाक पहने थे। सूर्यास्त के सिन्दूरी क्षितिज पर देवदार की फैली हुई पंक्तियाँ और उन्हें देखने वाले ये दम्पति एक ही दृश्य के अंग जान पड़ रहे थे। आज तेईस वर्ष बाद भी मैं अपनी कल्पना में उस दृश्य को हूबहू देख पाता हूँ और खूब याद है कि देखने में भले लगने पर भी मैंने उनसे घृणा करने का यत्न किया था। घृणा इसलिये कि जिनका देश है, जो श्रम कर रहे हैं वे तो धूल में मिल रहे हैं और ये उस सम्पदा का रस ले रहे हैं। उनकी जगह मैं स्वयं ले लेना चाहता था। उनका साफ-सुथरा और सुखी होना ही मुझे बुरा लग रहा था। उनका सुख मेरे देश के दुख से था। अपने सुधार के लिये उनसे घृणा स्वाभाविक थी।

दूसरे दिन प्रायः दोपहर के समय मोटर बस बनिहाल पहाड़ पर चढ़ती जा रही थी। बनिहाल बहुत ऊँचा पहाड़ है। सड़क अंग्रेजी वर्णमाला के अक्षर Z की तरह या मुड़ी हुई कोहनियों की तरह बार-बार बायें और दायें मुड़ती हुई ऊपर ही ऊपर जा रही थी। जून के महीने में यह पहाड़ बिलकुल रूखा और खुश्क था। शायद ही कहीं कोई वृक्ष, घास या हरियावल दिखाई देती थी। गरमी बहुत अधिक, चढ़ाई भी बहुत कड़ी और सीधी थी।

गाड़ी पहाड़ी की रीढ़ से कुछ नीचे एक सुरंग के सामने पहुँच कर जरा देर के लिए थम गयी मानो इस कड़ी चढ़ाई से मोटर के लोहे के फेफड़े भी थक गये हों। कड़ी चढ़ाई के कारण एक बार आधे रास्ते में भी इंजन गरम हो जाने से पानी बदलने के लिए गाड़ी को रोकना पड़ा था। वहाँ पहुँचते-पहुँचते इंजन फिर बहुत गरम हो गया था। पहाड़ पर वनस्पति की आड़ न होने के कारण सुरंग से नीचे घाटी की बस्ती आँखों के सामने नक्शे

की तरह फैली हुई थी। बहुत ऊँचाई के कारण जान पड़ रहा था कि नीचे बालिश्त-बालिश्त भर की गुड़ियों की बस्ती के खिलौने सजे हुए हैं।

मोटर ने सुरंग में प्रवेश किया। सुरंग छोटी ही थी। दूसरी ओर निकलते ही मानो रंगमंच पर परदा बदल गया। सब ओर हरियावल, फूलों से लदे वृक्ष। हवा में ठण्डक। आकाश भी खूब नीला। जान पड़ा, जादू की छड़ी के स्पर्श ने सब कुछ बदल दिया हो। बनिहाल पहाड़ नौ हजार फुट से अधिक ऊँची गगनचुम्बी दीवार है। दीवार के इस ओर जम्मू प्रान्त और सुरंगपार कश्मीर। जैसी सीधी चढ़ाई चढ़कर आये थे दूसरी ओर उतराई उतनी आड़ी नहीं थी।

उतराई समाप्त होने पर बेरीनाग से सड़क प्रायः समतल हो जाती है। सड़क के दोनों ओर मीलों तक 'सफेदा' के वृक्षों के सफेद तनों और हरी चोटियों की अटूट पंक्तियाँ। बस्तियों की झोपड़ियाँ कुछ दूसरे ढंग की। स्त्री-पुरुष और बच्चे दूसरे रूप-रंग के। गोरे रंग, मैले-कुचैले हाथ-पाँव, चिपकी हुई गोल टोपियाँ, 'फिरन' (लबादों) के चीथड़े ओढ़े हुए। झोपड़ियों के आस-पास फलों से लदे वृक्ष। बेरीनाग से श्रीनगर केवल चालीस मील ही है, शीघ्र ही पहुँच गये।

मोटर के अड्डे पर होटलों और हाउसबोटों के दलालों की भीड़ थी। उतनी ही संख्या में पंजाब खुफिया पुलिस के सिपाही भी थे। पंजाबी ही अधिक संख्या में दिखाई दे रहे थे। मैंने ऐसा व्यवहार किया कि पंजाबी नहीं समझता हूँ। सीधा नीडोज़ होटल में पहुँचा। इस होटल में अधिकांश यूरोपियन या साहब मिजाज हिन्दुस्तानी ही ठहरते थे। श्रीनगर की बाबत ऐसी सब बातें जम्मू के परिचितों से जान चुका था।

नीडोज़ होटल बहुत अच्छा और उतना ही महँगा था। उस समय भी उसका खर्च सात-आठ रुपये प्रतिदिन रहा होगा। तब से कीमतें और दर चार-पाँच गुना बढ़ चुके हैं। मेरे लिये यह दाम बहुत अधिक थे, परन्तु सुरक्षा के विचार से यही उचित समझा।

होटल में भोजन के बाद सुखदेव से मुलाकात करने के लिये लाहौर जेल में जाते समय पहने सूट में सजकर देवदत्त शर्मा का मकान ढूँढ़ने निकला। यह मालूम था कि उनके बड़े भाई भीमसेन शर्मा वासुदेव डिप्टी मैजिस्ट्रेट थे। शर्मा जी के छोटे भाइयों से लाहौर से परिचित था। उन लोगों से मुझे भय भी न था। भीमसेन जी मुझे पहिचानते न थे। फिर भी चाहता था कि मैजिस्ट्रेट से भेंट न होना ही अच्छा।

भाग्य की बात, भीमसेन ही मिले। मेरे नाम-धाम और आने का प्रयोजन पंजाबी में पूछे जाने पर मैंने अंग्रेजी में बातचीत की, मानो पंजाबी समझता नहीं। उत्तर दिया कि देवदत्त शर्मा को लाहौर से जानता हूँ। उन्होंने कहा था, यदि कभी श्रीनगर आऊँ तो उनसे अवश्य मिलूँ।

मैजिस्ट्रेट साहब ने जानना चाहा मैं श्रीनगर में कहाँ ठहरा हूँ। उत्तर में नीडोज़ होटल का नाम सुनकर उनके चेहरे पर प्रभाव स्पष्ट दिखायी दिया। उनके स्वर से अफसराना ढंग दूर होकर आत्मीयता आ गयी। उन्हें मेरे सम्भ्रान्त होने का विश्वास हो गया।

देवदत्त सैर के लिये श्रीनगर से बाहर मटन या पहलगाँव गये हुए थे। दो-तीन दिन में लौटने की आशा थी। भीमसेन जी ने आश्वासन दिया कि वे एक पोस्टकार्ड लिखकर मेरे आने की सूचना तुरन्त भाई को दे देंगे। मैंने अपना परिचय काल्पनिक नाम से और

देहली निवासी के रूप में दिया था। संध्या तक मैं श्रीनगर के बाजारों और जेहलम के किनारे घूम-फिरकर स्थान का परिचय पाने की चेष्टा करता रहा।

श्रीनगर जेहलम नदी पर बसा हुआ है। नदी के दोनों किनारों पर बस्ती जल को छूती है। किनारों पर खुला स्थान या रेती नहीं है। कुछ-कुछ अन्तर पर पुल है। सवारी के लिये ताँगे और मोटरें भी चलती हैं, परन्तु मुख्यतः शिकारों (छोटी नावों) पर ही आना-जाना होता है। जेहलम से छोटे-छोटे नदी-नाले प्रायः सभी स्थानों तक पहुँचते हैं। नदी की लहरों पर डोलती रंग-बिरंगी छतरियों से ढँकी छोटी-छोटी नावें तितलियों के झुंडों जैसी जान पड़ती हैं।

श्रीनगर के मुख्य पुल का नाम मीराकदल है। मीराकदल के इस पार प्रायः साहब लोगों की खूब साफ-सुथरी बस्ती है। दूसरी ओर कश्मीरियों की बहुत गन्दी बस्ती। यहाँ यूरोपियन ही सब ओर दिखाई देते थे। संख्या में चाहे वे आटे में नमक के बराबर ही रहे हों, परन्तु प्राधान्य उन्हीं का था जैसे ढेर से आटे में चुटकी भर नमक मिला देने से नमक का ही स्वाद जान पड़ता है। जान पड़ता था, कश्मीरियों के जीवन का उपयोग सैलानी साहब लोगों, मुख्यतः यूरोपियनों को सुविधा पहुँचाना ही था। सैलानी मालिक जान पड़ते थे और स्थानीय लोग उनके दास।

तीन-चार दिन तक नीडोज़ होटल का खर्चा भरने से कोई लाभ न था। चौबीस घण्टे का किराया तो देना ही था इसलिये रात वहीं रहा। अगले दिन दोपहर बाद गुलमर्ग चला गया। देश के बड़े लोगों को गर्मी मालूम होती है तो वे कश्मीर में श्रीनगर चले जाते हैं। श्रीनगर जाने वाले बड़े लोगों में भी कुछ बहुत बड़े लोग जून के महीने में श्रीनगर से गुलमर्ग चले जाते हैं।

गुलमर्ग में साधारणतः बहुत सर्दी पड़ती है। अधिकांश में बड़े साहब लोग ही वहाँ जाते थे। समुद्र दल से असाधारण ऊँचाई पर एक खूब बड़ा समतल, घनी परंन्तु छोटी-छोटी घास से ढका हुआ मैदान है जैसे हरा गलीचा बिछा हो। इस मैदान के चारों ओर यूरोपियन ढंग की छोटी-छोटी, दो-दो, चार-चार कमरे की कुटियाँ बनी हुई थीं। इनका किराया बहुत अधिक था। साहब लोग दिन भर मैदान में गोल्फ खेलते थे। गोल्फ खेलने के लिये गुलमर्ग जाना बहुत बड़ी साहबियत समझी जाती थी। एक बहुत महँगा होटल और शायद नीडोज़ होटल की शाखा भी थी। मध्यम या निम्न-मध्यम वर्ग के हिन्दुस्तानी दो-तीन दिन के लिये ही गुलमर्ग जा पाते थे। उनके लिये दो छोटे-छोटे, मैले से काठ के तख्तों की इमारत के होटल थे। मैं इन्हीं में से एक में ठहर गया।

उस होटल में पश्चिमी पंजाब के झंग जिले से आये हुए तीन नौजवान भी दो-तीन दिन के लिये ठहरे हुए थे। उन्हें अपना परिचय जालंधर के स्कूल मास्टर के रूप में दिया और इनके साथ सैर-सपाटे में घूमता रहा। उस समय गुलमर्ग में अंग्रेजों के रोबदाब की सीमा न थी। जान पड़ता था, खास उनका ही निजी स्थान हो। हिन्दुस्तानी बड़े मैदान में से आते-जाते सहमते रहते थे। लोगों के आने-जाने से साहब लोगों के खेल में यदि विघ्न पड़ता तो वे माथे पर त्योरियाँ चढ़ाकर चाहे जिसे फटकार देते या मार बैठते। गोल्फ की गेंद को कड़ी या धीमी चोट लगाने के लिये तरह-तरह की छड़ियों की जरूरत पड़ती हैं। यह छड़ियाँ उठाकर साहबों के पीछे-पीछे घूमना कश्मीरी लड़कों का व्यवसाय था। छोटे-

छोटे कश्मीरी लड़के मैले-कुचैले लबादे पहने साहब लोगों की गोल्फ की छड़ियों के थैले पीठ पर लादे उनके पीछे-पीछे भागते रहते थे।

झंगी नौजवानों के साथ मैं हरे मैदान में घूम रहा था। नौजवान साहब लोगों की डाँट से अपमानित होने की आशंका में, पंजाबी में अंग्रेजों को माँ-बहिन की गालियाँ देकर उन्हें जूते मारने की महत्वाकांक्षा प्रकट कर रहे थे। जिस किसी भी अंग्रेज बच्ची, नवयुवती या बुढ़िया को देखते उससे व्यभिचार करने के इरादे की घोषणा कर देते। इसे अभद्रता ही कहा जायेगा। आज ऐसा देखकर जरूर आपत्ति करूँगा, परन्तु तब यह बुरा नहीं लग रहा था। स्वभाव से इस प्रकार की अभद्रता मुझे पसन्द नहीं है। लाहौर की गलियों में इस प्रकार की अभद्रता के विरोध में मार-पीट भी कर चुका था, परन्तु उस समय उन नौजवानों के व्यवहार पर क्रोध नहीं आया।...क्यों? इसलिये कि गुलमर्ग पर छाये अंग्रेजों के आतंक की उपेक्षा करने और उसके विरुद्ध अपना अस्तित्व अनुभव करने के लिये ही वे लोग ऐसी बक-बक कर रहे थे। यह एक प्रकार से अंग्रेजों द्वारा भारत के राष्ट्रीय दमन के प्रति असन्तोष की अभिव्यक्ति और अपने दैन्य की अस्वीकृति थी। इसे अनुकरणीय वीरता नहीं कहा जायेगा, परन्तु आतंक के विरोध की इच्छा तो मानना ही होगा। उस समय राष्ट्रीय रूप में वीरता प्रकट करने व अंग्रेजों के सामने सिर ऊँचा कर सकने का अवसर भारतीय नौजवानों को था ही कहाँ।

उस संध्या गुलमर्ग में बादल छा गये और मैदान में भी धुनी हुई रुई जैसा धुन्ध भर गया था। सख्त सर्दी हो गई थी। रात बरसाती कोट और कम्बल में लिपट कर काटी। दूसरे दिन भी रिम-झिम वर्षा होती रही। आकाश घने बादलों से ढका हुआ था। बादल बहुत नीचे, पेड़ों की शाखाओं में उलझ-उलझकर टप-टप कर रहे थे। होटल के नौजवान साथियों को ऐसी सर्दी में बाहर जाकर भीगने का शौक नहीं था। उन्हें एक और साथी मिल गया था और वे कम्बल ओढ़कर ताश खेलने बैठ गये। मैंने सुना कि गुलमर्ग से कुछ ही ऊपर अलपत्तर में तब भी बरफ जमी हुई थी। मैं उसी ओर चल दिया। कुछ दूर चढ़ाई चढ़ने के बाद बिल्कुल सुनसान था। रास्ता बताने वाला भी कोई नहीं।

जंगल में एक कश्मीरी छोकरा छोटे कद की पहाड़ी गौएँ चराता दिखाई दिया। गोरा-लाल चेहरा, बारिश में धुला हुआ, बीचोंबीच से कटे नारियल के खोल जैसी टोपी सिर पर कसी हुई, चीथड़ा-सा लबादा घुटनों तक और भीगा हुआ। पाँव में रस्सी की बनी हुई चप्पल। हाथों में छोटी-सी लाठी। मुझे देखते ही उसने मुस्कराकर सलाम सम्बोधन किया, "साहब सलाम, पैसा।"

उस समय ऐसा व्यवहार गरीब कश्मीरी छोकरों का साधारण अभ्यास था, सलाम करके बख्शीश माँग लेना। साहब लोग अपना अहंकार पूरा करने के लिये व्यवहार को उत्साहित करते थे।

"हम अलपत्तर जायेगा। रास्ता दिखाओ!" मैंने लड़के से कहा।

वह उत्साह से तैयार हो गया। कुछ दूर ऊपर पहाड़ के समतल से भाग पर बरफ का छोटा-सा मैदान था। सर्दी बहुत थी, परन्तु चढ़ाई चढ़ने और रबड़ के बरसाती कोट में लिपटे रहने के कारण पसीना भी आ रहा था। कौतूहल हुआ कि बरफ पर चलकर देखें। एक ही कदम बरफ पर गया था कि पाँव फिसलकर गिर पड़ा। उठने के लिये दूसरे पाँव पर जोर दिया तो वह भी फिसल गया। जितनी बार कोशिश की पाँव रपटता ही गया।

बरफ सीमेंट के घुटे हुए फर्श की तरह सख्त और चिकनी हो चुकी थी। मेरे जूते का तला 'क्रेप' का था। आखिर उस लड़के को सहायता के लिये पुकारा। उसने लाठी दी और स्वयं बरफ से परे कंकरीली जगह खड़े हो मेरा हाथ पकड़कर खींचा। इस उपाय से बाहर निकला। दम फूल गया था।

बरफ के किनारे कंकरीली जगह बैठकर उस छोकरे से बात करने लगा। नीचे कंकरों में काँच की चूड़ियों के कुछ टुकड़े देखकर विस्मय हुआ। चूड़ी का टुकड़ा उस छोकरे को दिखाकर पूछा, "यह क्या है?"

छोकरे ने अपनी उँगलियों में कलाई को लेकर बताया, गहना है और हाथों के इशारे और टूटी-फूटी हिन्दुस्तानी में समझाया कि एक सेठ-सेठानी और उनकी लड़की यहाँ तम्बू लगाकर एक रात रहे थे। लड़की की चूड़ी टूट गयी थी। सेठ का परिवार डोलियों में कुलियों के कन्धों पर चढ़कर यहाँ आया था। हाथ की चार उँगलियाँ दिखाकर छोकरे ने बताया कि हमको भी चार आना दिया था। इन लोगों के मन में उन्हीं लोगों के लिये आदर था जो इनके कन्धों पर सवार होकर चलते थे। यही उनकी उदरपूर्ति का साधन था।

कश्मीरी लोगों को हिन्दुस्तानियों की अपेक्षा अंग्रेजों के प्रति अधिक आकर्षण था, क्योंकि उनसे बखशीश की, अधिक पैसे की आशा रहती थी। अंग्रेजों के प्रति उनका आदर वैसा ही था जैसे कुत्ते का मालिक के प्रति होता है। उस समय यदि कश्मीर से अंग्रेजों को निकाल देने का आन्दोलन चलाया जाता तो गरीब मजदूरीपेशा और दुकानदार कश्मीरी सम्भवतः उसका विरोध ही करते, परन्तु ऐसा भी समय आया कि रोज़ी-नौकरी के लिये यही कश्मीरी आन्दोलन कर रहे थे—'कश्मीर कश्मीरियों के लिये!' जीवन के अवसर के लिये संघर्ष के यह दो दृष्टिकोण जितने भिन्न हैं, उतने ही सत्य भी।

मैंने भी आदर पाने की इच्छा से उस लड़के को चार आने दे दिये। उसने बताया कि जाड़े में यहाँ सब ओर बरफ ही बरफ हो जाता है।

पूछा, "जाड़ों में क्या पहनते हो?"

लड़के ने अपने लबादे पर हाथ रखकर उत्तर दिया, "बस यही। हम लोग नीचे चला जाता है। जाड़े में गोरा साहब लोग नीचे चला जाता है, तब यहाँ क्या करेगा? साहब लोग कभी-कभी बरफ में नाचने आता है।"

गुलमर्ग में अगले दिन भी वर्षा और धुन्ध बना रहा। गुलमर्ग के उस पंजाबी होटल में लाहौर से उर्दू अखबार आता था। लाहौर षड्यंत्र अर्थात् हमारे साथियों के मुकदमे आरम्भ हो गये थे। अखबारों में भगतसिंह के ब्रिटिश सरकार के विरुद्ध क्रांति की घोषणा के साहसपूर्ण बयान छप रहे थे। इन पर बहस तो न होती, परन्तु लोग दूसरों को सुना-सुनाकर पढ़ते। पाठकों के स्वर और ढंग से उत्साह प्रकट होता था। अगले दिन सुबह भी झड़ी न थमी। तीनों झंगी नौजवान वर्षा और सर्दी से तंग आगर अपेक्षाकृत गरम जगह, श्रीनगर चले जाने के लिए तैयार हो गये। मैं भी उनके साथ हो लिया। इस समय देवदत्त शर्मा के लौट आने की आशा थी।

गुलमर्ग से चलते समय एक झंगी नौजवान ने गुलमर्ग की हरियावल और मैदान में लौटते बादलों की ओर संकेत कर विरक्ति से कहा, "लानत है इस खूबसूरती

और स्वर्ग की शोभा की धूम पर। मैं न्योछावर हूँ अपने वतन की रेत, लू और आँधी पर।''

इन नौजवानों ने श्रीनगर में मुझसे अपने साथ ही रहने के लिए अनुरोध किया था। इन लोगों ने एक कोठरी किराये पर ली हुई थी। खाना कभी खुद बना लेते थे, कभी तन्दूर पर खा लेते थे। श्रीनगर लौटकर अपना संक्षिप्त-सा सामान इन्हीं लोगों के साथ छोड़कर देवदत्त शर्मा के मकान पर ऐसे समय पहुँचा कि मजिस्ट्रेट साहब से भेंट न हो।

मुझे देखकर देवदत्त को विस्मय तो हुआ, परन्तु सम्भल गये। दूसरों पर विस्मय प्रकट नहीं किया। वहाँ बातचीत न कर हम लोग जेहलम की ओर जाकर एक शिकारा लेकर ऐसे सूने स्थान की ओर चले जहाँ हमारी बात सुनी जाने की आशंका न थी। हम लोग चिनारनाला से होते हुए डल झील में चले गये। बातचीत अंग्रेजी में ही की ताकि शिकारा चलाने वाला हाँजी (मल्लाह) कुछ समझ न सके।

देवदत्त को विश्वास दिलाया कि मेरे उनसे मिलने की बात भगवती भाई के अतिरिक्त दल का कोई आदमी नहीं जानता, न किसी को बतायी ही जायेगी। हम दोनों का विश्वास कर सकते हो तो हम प्राणों का संकट आने पर भी आपसे विश्वासघात नहीं करेंगे।

शिकारा लगभग एक घण्टे तक झील में घूमता रहा। देवदत्त झलमलाती लहरों की ओर दृष्टि किये चुपचाप सोचते रहे। अन्त में स्वीकृति दी, ''मैंने पिक्रिक एसिड पर लेबोरेटरी में रिसर्च तो की थी, परन्तु अब जबानी याद नहीं है। मैं अपनी पुस्तकों में देखूँगा। स्थानीय कालेज के पुस्तकालय में भी कोशिश करूँगा। यदि भरोसे लायक नुस्खा ढूँढ़ पाया तो जरूर बता दूँगा। इसमें तीन-चार दिन तो लग जायेंगे।''

देवदत्त ने मेरा ठिकाना पूछा। उत्तर पाकर उन्होंने समझाया, ''वह जगह ठीक नहीं। मैं तो तुमसे कहीं भी किसी के सामने नहीं मिलूँगा। न तुम्हारे साथ दिखायी देना चाहता हूँ। यहाँ मुझे पुलिस और सब लोग जानते हैं।''

घूम-फिरकर एक छोटा 'हाउसबोट' (नाव में बना मकान) खोज लिया। उस हाउसबोट को किराये पर लेने वाले अंग्रेज साहब पन्द्रह दिन के लिए कश्मीर के किसी दूसरे भाग में शिकार खेलने चले गये। हाउसबोट का हाँजी किरायेदार की अनुपस्थिति का लाभ उठाना चाहता था। उससे सस्ते में सौदा हो गया। मैं जान चुका था कि कश्मीरी ७० दाम माँगकर ७ में सौदा कर लेता है। इस हाउसबोट में साहबी ठाठ से आ टिका। देवदत्त को चिनारनाले में अपना हाउसबोट का पता और नम्बर बताकर उनके आने की प्रतीक्षा करने लगा।

हाउसबोट नाव में मकान होता है। बड़े-बड़े हाउसबोट दोमंजिले भी होते हैं। छोटे हाउसबोट में प्रायः दो कमरे, एक गुसलखाना, सामने छोटा सा बरामदा रहता है; मेज, कुर्सी, पलंग इत्यादि से लैस। अधिकांश हाउसबोटों में बिजली का प्रबन्ध भी रहा है। झील, नदी या नाले के किनारे एक खम्भे से हाउसबोट तक बिजली का तार प्लग में लगा लिया जाता है और जब चाहें हटा दिया जाता है।

[illegible]उसबोट पानी में लंगर डाले खड़े रहते हैं, परन्तु जब चाहें पूरा मकान का मकान तैरत[illegible]आ, जहाँ भी पानी कुछ गहरा हो, घूम-फिर सकता है। अनेक हाउसबोट जेहलम नदी, [illegible]नारनाला और डल झील के क्षेत्र में घूमते हैं।

मकान ही क्या, कश्मीर में खेत भी तैरते हैं। लकड़ियों और बाँसों की पैड़ सी बाँध उस पर सूखे घास-फूस की तह जमाकर मिट्टी और खाद फैला दी जाती है। ऐसे खेतों में खीरा, ककड़ी, टमाटर और दूसरी तरकारियाँ खूब उगती हैं। सिंचाई की कोई जरूरत नहीं रहती। इन खेतों को भी एक स्थान से दूसरे स्थान पर ले जाया जा सकता है। कभी-कभी खेतों की चोरी हो जाने की घटनायें भी हो जाती हैं।

देवदत्त की प्रतीक्षा में मैं मजबूरन छुट्टी पर विहार कर रहा था। हाउसबोट के साथ एक शिकारा भी (बहुत छोटी नाव) भी रहता है। यह शिकारा हाउसबोट से किनारे तक आने-जाने के लिए होता है। जब किरायेदार चाहें हाँजी शिकारे से सैर-सपाटे के लिए भी तैयार रहता है। मैं हाउसबोट में लेट-लेटा कोई उपन्यास पढ़ता रहता या ऊबकर सैर करने चला जाता था। बाजार में लाहौर के आदमियों के मिलने की आशंका रहती थी इसलिये प्रायः मैं शिकारे में डल झील, हारबन, शंकाराचार्य इत्यादि की ओर ही जाता।

डल झील खूब गहरी है, पानी काँच की तरह साफ और पारदर्शी। तीन-तीन, चार-चार आदमी की गहराई तक भी तल पर पड़े रंग-बिरंगे पत्थर साफ दिखायी देते हैं। किनारों पर दस-बीस हाथ की चौड़ाई तक घने कमल छाये थे। कमल इतने थे कि किनारों पर जल दिखायी ही नहीं देता था। किनारों पर खड़े मजनू के घने पेड़ झील पर झुके हुए थे। ऐसी जगहों में नाव कमल के फूलों के ऊपर से फिसलती चली जाती है। किनारों पर झुके मजनू की कोमल शाखायें नाव में बैठे लोगों को सहलाती रहती हैं। शिकारा आने पर कमल दब जाते हैं। जान पड़ता है, नाव कमलों पर ही टिकी है। नाव के आगे निकल जाने पर कमल फिर सिर उठा लेते हैं। डल का विस्तार छः मील लम्बा और प्रायः दो मील चौड़ा है। हवा चलने पर ऊँची-ऊँची लहरें भी उठने लगती हैं। क्षितिज पर चारों ओर दूर-दूर नीली पहाड़ियाँ घिरी हुई हैं और उनके पीछे से बरफानी चोटियाँ झाँकती दिखाई देती हैं।

झील को शीतल लहरों पर धूप बड़ी सुहावनी लगती थी। यूरोपियन स्त्री-पुरुष दिन भर उस स्वच्छ जल में किल्लोल करते दिखाई देते थे। मैं घंटों शिकारे में बैठा कमल के फूलों और लहराते हुए नीले जल पर फिसलता था।

बम के मसाले का नुस्खा मिल सकने का विश्वास हो गया था। वापस लौटकर मुझे उसी काम में लगना था। बम का मसाला बना लेने के बाद उसका उपयोग भी निश्चित था, वाइसराय की स्पेशल ट्रेन के नीचे विस्फोट करके ट्रेन उड़ा देना। अनुमान था, यह घटना दिल्ली के आस-पास ही करनी होगी। यह मालूम था गवर्नरों या वाइसराय की स्पेशल ट्रेन गुजरते समय लाइन के दोनों ओर जबर्दस्त पहरा रहता है।

मन ही मन निश्चय कर लिया कि वाइसराय की ट्रेन के नीचे बम-विस्फोट के लिये मैं स्वयं जाऊँगा। भगवती भाई पीछे रहेंगे। बम-विस्फोट करने के बाद या तो मुझे पकड़ने का यत्न करने वाले लोगों से लड़ता हुआ मारा जाऊँगा या गिरफ्तार हो जाने पर फाँसी पर चढ़ाया जाऊँगा। मैं आराम से शिकारे की कुर्सी पर पसरा हुआ हाथ में कोई पुस्तक लिये आँखें नीले जल या कमलों की ओर लगाये उन परिस्थितियों की कल्पना करता रहता। हर हालत में मृत्यु निश्चित थी, पुलिस की गोली से या फाँसी के तख्ते पर। बम का मसाला बना लेने की विधि आ जाने पर इस काम में देर न लगेगी। अनुमान था बहुत विलम्ब हो जायेगा तो तीन मास।

मेरी कल्पना में तीन मास से अभिप्राय था—वाइसराय के शिमला से दिल्ली लौटते समय ही हम यह घटना कर डालेंगे। मेरी वे कल्पनायें अभी तक स्मृति में सजीव हैं। मन ही मन सोचता··· संसार के स्वर्ग कश्मीर के सुन्दरतम स्थान में, कमल के फूलों पर नाव में विहार करता हुआ मैं अपने ही गले के लिये फाँसी की रस्सी बट रहा हूँ··· कल्पना से मेरे ओठों पर मुस्कराहट आ जाती।

ऐसा सुख और विश्राम और विलास मैंने उस समय तक के अपने छोटे से जीवन में कभी अनुभव नहीं किया था। उस समय भी मैं ऐसी स्थिति को अपना अधिकार या भोग नहीं मान रहा था। स्वयं अपनी मृत्यु की तैयारी के मार्ग पर मैं सुख और विलास को ऐसे ही अनुभव कर रहा था जैसे कुछ वर्ष पूर्व रंगमंच पर राजा भोज की भूमिका करने के लिये, राजा जैसा वेश और मुद्रा धारण करके और वैसा ही व्यवहार करके भी मैं भूल नहीं गया था कि मैं राजा नहीं हूँ या अब १९५२ में गत मास अपने लिखे नाटक 'नशे-नशे की बात' की भूमिका में शराबी का अभिनय करने पर मुझे नशा अनुभव नहीं हुआ था। वैसा ही वह विचार और विश्वास था। हमारे अध्यात्मवादी विचारकों ने संसार में इसी प्रकार 'पद्मपत्रमिवाम्भसी'[1] रहकर संसार को माया समझने का उपदेश दिया है। मैं उस समय भी संसार को माया नहीं समझ रहा था। अपने देश की माया को जिसे अंग्रेज हमसे छीने हुए थे, वापस लौटाने के लिए ही लड़ रहा था, परन्तु मेरा विश्वास है मैं निर्लिप्त था।

देवदत्त जी एक दिन दोपहर बाद आये। उनकी जेब में एक कागज पर कुछ नोट अंग्रेज़ी में लिखे हुए थे। उन्होंने पहले मुझे विस्फोट का सिद्धान्त समझाया, उसके बाद पिक्रिक एसिड बनाने की रासायनिक प्रक्रिया मौखिक समझायी और फिर अपने हाथ से वह वह सब लिख लेने के लिए कहा। सावधानी के लिये उन्होंने मुझे आवश्यक पुस्तकों के नाम और पृष्ठ भी लिखा दिये। इस काम में दो ही दिन लगे।

अगले ही दिन मैं दोपहर के समय श्रीनगर से रावलपिंडी के लिए रवाना हो गया। कश्मीर के अनुपम सौन्दर्य का अनुभव तो कर रहा था, परन्तु वह मुझे रोक न सका। कह चुका हूँ, श्रीनगर में मोटर के अड्डे पर पंजाब खुफिया-पुलिस की काफी भीड़ रहती थी इसलिये चाहता था कि अड्डे पर प्रतीक्षा न करनी पड़े। अवसरवश मेरे अड्डे पर पहुँचते ही एक ड्राइवर ने बात की, "मुझे अभी रावलपिंडी जाना है। गाड़ी खाली है। चलते हो तो चलो। रुकूँगा नहीं। कोई सवारी रास्ते में मिल गयी तो ले लूँगा।"

मैं उसकी गाड़ी में बैठ गया। वह तुरन्त ही चल भी पड़ा। नगर के अन्तिम भाग में एक मकान के सामने गाड़ी रोक वह दो सवारियों को समीप के मुहल्ले से बुला लाया। इनमें से एक काले बुरके में लिपटी बहुत सुडौल नवयुवती थी और दूसरी बड़ी सी चादर में लिपटी हुई प्रौढ़ा।

इन सवारियों के बैठते ही गाड़ी की चाल बहुत तेज हो गयी। बुरके में लिपटी नवयुवती की जो कुछ झलक तिरछी नजर से मिल सकती थी, मुझे असाधारण रूप से आकर्षक जान पड़ी। ड्राइवर भी जब-तब अवसर पाकर, घूमकर उसकी एक झलक ले लेने के लिये उत्सुक था। ड्राइवर पर एक नशा-सा सवार था। सन्देह हुआ खाली गाड़ी को

---

१. कमल के पत्ते की तरह जल में रहकर भी न भीगना।

इस चाल से रावलपिंडी की ओर ले जाने का प्रयोजन इस नवयुवती को भगा ले जाना ही है। गाड़ी की चाल इतनी तेज थी कि मोड़ों पर सड़क से नीचे गिर जाने की आशंका होती थी।

मुझे टोकना पड़ा, "इतना तेज क्यों चलाते हो! एक्सीडेंट करोगे!"

"देर हो जाने से 'दोमेल' में सड़क का फाटक बन्द हो जायेगा।" ड्राइवर ने उत्तर दिया।

श्रीनगर से रावलपिंडी जाने वाली गाड़ियाँ प्रायः दोमेल या कोहाला में रात काटती थीं। रात में पहाड़ी सड़कों पर गाड़ी चलाने की इजाजत नहीं थी। दोमेल लाँघकर ड्राइवर ने रावलपिंडी की पक्की सड़क छोड़कर कच्ची पहाड़ी सड़क पकड़ ली। मैंने टोका, "कहाँ जा रहे हो?"

"फिक्र न कीजिये। एबटाबाद के रास्ते आपको रावलपिंडी समय से बहुत पहले ही पहुँचा दूँगा।"

अब गाड़ी पश्चिमोत्तर प्रान्त की सीमा पर चली जा रही थी। सड़क कच्ची और खतरनाक, परन्तु गाड़ी की चाल उतनी ही तेज। आकाश में बादल थे इसलिये जल्दी ही अँधेरा हो गया। ड्राइवर ने मोटर की तेज रोशनी कर ली, परन्तु चाल में कोई कमी नहीं की। चलते-चलते प्रायः आधी रात हो गई थी।

सड़क पर सवारी के लिये प्रतीक्षा में खड़े एक पठान ने हाथ उठा गाड़ी रोकने का इशारा किया। उसके समीप कुछ गठड़ी-मुठड़ी भी दिखायी दी।

गाड़ी झटके से और तेज हो गयी।

"यह क्या कर रहे हो...? सवारी को बैठा क्यों नहीं लेते?" मैंने टोका।

"यह सरहद्दी डाकू है।" ड्राइवर ने उत्तर दिया, "सवारी के बहाने गाड़ी रुकवाकर लूट लेते हैं। गाड़ी की चाल धीमी हो तो पहिये में गोली मारकर गाड़ी गिरा लेते हैं।"

चुप रह जाना पड़ा। इस खतरे में पड़ने का कारण वह औरत ही थी।

गाड़ी चली जा रही थी। वर्षा होने लगी और वर्षा तेज भी हो गयी। उस वर्षा में भी कच्ची सड़क पर वह उसी चाल से गाड़ी चला रहा था। गाड़ी के भीतर के मन्द प्रकाश में नवयुवती की ओर देखकर उसकी आँखें चमक उठीं। उन आँखों में नशे की सुर्खी थी।

एक नाला सामने आ गया। नाले पर पुल नहीं था। पानी गहरा और तेज घुटनों से ऊपर तो होगा ही। ड्राइवर पल भर को रुका।

"बारिश में देर तक ठहरने से तो नाले का पानी और बढ़ जायेगा।" ड्राइवर ने चिन्ता प्रकट की और उसने गाड़ी नाले में धँसा दी। पानी गहरा और तेज था। मोटर के पानी काटने पर पानी पहियों के ऊपर आ रहा था।

मैंने उसके दुस्साहस का विरोध किया, "क्या कर रहे हो जी! इंजन में पानी चला जायेगा तो गाड़ी यहाँ ही रह जायेगी! देखते नहीं हो, खाली गाड़ी है। वजन कुछ है नहीं, पानी तेज है। अगर गाड़ी उलट गयी?"

ड्राइवर ने गाड़ी को पीछे लौटा लिया। कुछ पल वह तेज पानी की ओर घूरता रहा और व्याकुलता से बोला, "बारिश बढ़ रही है, पानी और गहरा और तेज हो जायेगा तो जाने कब तक ठहरना पड़े! मैं अभी पार जाऊँगा।"

"क्या कह रहे हो!" मैंने फिर विरोध किया।

"इतना क्यों डरते हो साहब!" उपेक्षा से ड्राइवर ने उत्तर दिया। डरपोक समझे जाने की ग्लानि ने मुझे चुप करा दिया।

ड्राइवर ने गाड़ी को तेजी से पीछे ले जाकर घुमाया। गाड़ी की पीठ नाले की ओर कर वह खूब तेज चाल से 'बैक' करता हुआ नाले में धँस गया और पार भी हो गया। गाड़ी के उलट जाने में कुछ ही कसर रह गयी थी। मानना पड़ा, साहसी आदमी है। फिर वितृष्णा अनुभव की—सब साहस इस स्त्री के मोह का नशा है।

स्वयं ही तर्क किया—इतनी मामूली चीज के प्रति अनुराग से मृत्यु के भय की उपेक्षा की जा सकती है। मेरे सामने तो कितनी बड़ी चीज, पूरे देश की स्वतंत्रता का आकर्षण और कर्तव्य है। उन दिनों मैं प्रत्येक प्रश्न पर इसी तरह तर्क और कल्पना करता रहता था। सम्भवतः अचेतन रूप में यह साहस बटोरने का उपाय था। मन में सोचने लगा, कश्मीर से देहली की ओर बढ़ते समय मैं प्रत्येक कदम पर अपनी मृत्यु या फाँसी की रस्सी की ओर बढ़ रहा हूँ।

दिन निकलने पर मोटर रावलपिण्डी से पेशावर जाने वाली रेल-लाइन के समानान्तर चली जा रही थी। ड्राइवर ने गाड़ी एक स्टेशन की ओर घुमा दी। पेशावर जाने वाली गाड़ी रावलपिंडी की ओर से धुआँ छोड़ती हुई आ रही थी। नवयुवती और प्रौढ़ा उतर गयीं। ड्राइवर एक हसरत भरा साँस खींचकर लौट पड़ा। अब मोटर के स्टियर पर उसके हाथ ऐसे शिथिल हो रहे थे मानो कलाइयों की हड्डियाँ टूट गई हों।

रावलपिंडी से दिल्ली जाते समय एक रात के लिये लाहौर में भी ठहरा। अपने मन में वाइसराय की ट्रेन के नीचे बम-विस्फोट कर सकने की जो आयोजना मैंने तैयार की थी उसमें इन्द्रपाल से सहायता लेने का विचार था। उससे मिलकर बात पक्की कर लेना चाहता था। इन्द्रपाल से पूछा, "तुम्हारी जरूरत दल को होगी तो तुम घर-बार छोड़कर आ सकोगे?"

इन्द्रपाल ने कहा, "मेरे दो छोटे भाई मेरे साथ हैं। जब भी जरूरत हो, मुझे आठ-दस दिन का मौका दे देना ताकि कहीं उनका प्रबन्ध कर सकूँ।"

बम बनाने की विधि पाकर तो उत्साह बढ़ा ही था, इन्द्रपाल के आश्वासन ने और भी अधिक उत्साह दिया।

दिल्ली और रोहतक में बम बने

भगवती भाई ने मेरे देहली पहुँचने से पूर्व ही ठहरने की जगह का प्रबन्ध कर लिया था। यह जगह नया बाजार या श्रद्धानन्द बाजार के बगल की गली में थी। नीचे गोदाम, ऊपर रहने के कमरे। गली में जीना चढ़कर छोटे से आँगन में खुलता था। आँगन के एक सिरे पर रसोई, दूसरे सिरे पर गुसलखाना और पाखाना था। आँगन के दोनों ओर गली की ओर तथा पिछवाड़े एक-एक कमरा था। हम लोगों का कमरा गली की ओर होने से हवादार था। कमरे के बगल में एक छोटी-सी वर्गाकार कोठरी भी थी। इतनी छोटी थी कि कोने से कोने तक लेटने पर भी पाँव नहीं पसारे जा सकते थे।

आँगन की दूसरी ओर के कमरे में एक मास्टर साहब, हिन्दू कालेज में पढ़ने वाला एक विद्यार्थी और देहली सेक्रेटेरियट में काम करने वाले दो बाबू रहते थे। मास्टर साहब का नाम शायद सुन्दरलाल था। स्वभाव और शरीर दोनों से ही गम्भीर। सेक्रेटेरियट के बाबू गिरधारीलाल देहली के समीप फरीदाबाद के रहने वाले थे। इन लोगों ने भोजन पकाने के लिये एक ब्राह्मण, नाम 'परसादी' रखा हुआ था। भगवती भाई ने इन्हीं से साझा कर लिया था। भोजन अच्छा मिल जाता और बहुत सस्ता।

मैं बम बनाने की विधि का विश्वस्त ब्योरा ले आया हूँ, यह जान भगवती भाई उत्साह से उछल पड़े। हम लोग उमंग से कल्पना में योजना बनाने लगे कि वाइसराय के आने-जाने की तारीख और समय का पता कैसे लगाया जाये। ऐसे समय रेल-लाइन पर चौकसी का क्या प्रबन्ध होता है, विस्फोटक पदार्थ लाइन के नीचे दबाने की सुविधा कैसे होगी? हम दोनों में से कौन, किस रूप में बम चलायेगा? बम कौन चलायेगा, इस प्रश्न पर हम दोनों में उसी समय खींचातानी शुरू हो गयी। आखिर तय पाया. पहले बम तो बन जाय; यह बातें पीछे देखी जायेंगी।

देवदत्त से पाई शिक्षा का ब्योरेवार विवरण मैंने भगवती भाई को समझाया। विवरण सुनकर उन्होंने आत्मविश्वास से कहा, "मैं रसायन का विद्यार्थी था और इस काम को खूब अच्छी तरह कर लूँगा।" मैंने कहा देखा जायेगा; पहले सामान और उपकरण इकट्ठे किये जायें। हम लोग यह भी चिन्ता करने लगे कि मसाला बनाने की रासायनिक क्रिया के लिये ऐसा स्थान चुना जाय जहाँ धुएँ और गन्ध के कारण पड़ोसियों का ध्यान आकर्षित होने की आशंका न हो।

भगवती भाई ने सुझाया, बड़े शहरों के शंकालु आदमियों के पड़ोस की अपेक्षा किसी छोटे कस्बे में ही ऐसा काम करने की व्यवस्था करना उचित होगा। देहली के समीप रोहतक में उनका एक परिचित नवयुवक वैद्य था। वह लाहौर में वैद्यक सीखते समय नौजवान-भारत सभा के कार्य में सहयोग देता था। भगवती भाई ने कहा, "यदि यह

आदमी तैयार हो जाय तो वैद्यक दवाइयों के लिए गन्धक, पारा फूँकने के बहाने जो चाहे किया जाये, किसी को सन्देह न होगा।''

भगवती भाई रोहतक जाकर अपने पुराने परिचित वैद्य लेखराम को इस काम के लिए तैयार कर आये तो और अड़चन दूर हो गयी। हम लोग देहली में सामान जुटाने लगे। सीधे दुकान पर जाकर एक ही दिन में सब कुछ खरीदा जा सकता था, परन्तु यह उचित न जँचा। शनैः-शनैः आवश्यक वस्तुयें परिचितों द्वारा और कुछ स्वयं खरीदने में दिन लग गये। समय मिलने पर हम लोग दिल्ली-मथुरा, शाहदरा-गाजियाबाद, गाजियाबाद-हापुड़, दिल्ली-अम्बाला या दिल्ली-भटिण्डा लाइनों पर घूमकर देखने का यत्न करते रहते कि गाड़ी के नीचे बम-विस्फोट के लिये कौन स्थान सुविधाजनक होगा।

इसी बीच हम लोगों ने पुराने परिचय के आधार पर दल से सहानुभूति रखने वाले कुछ व्यक्ति ढूँढ़ लिये थे। कुछ पैसा भी मिलने लगा था। इस समय अदालत में भगतसिंह के तर्कपूर्ण, ओजस्वी और सजीव बयानों के कारण जनता में दल के प्रति फिर सहानुभूति और आदर उत्पन्न होने लगा था। मुख्य दल से हम दोनों का अब भी सम्पर्क नहीं हो पाया था, परन्तु स्वतंत्र सम्बन्ध जमते जा रहे थे। आवश्यकता के समय दस-पाँच रुपये मिल जाते थे और अवसर पड़ने पर रात बिताने की जगह भी हो जाती थी। ऐसे स्थानों को हम लोग शेल्टर (शरण-स्थान) या सोर्स (स्रोत) कहते थे। शेल्टर का बहुत महत्व था। किसी कारण सन्दिग्ध हो जाने पर शहर बदले या छोड़े बिना इन जगहों में छिपा जा सकता था या बाहर से किसी कार्यकर्ता को बुलाने पर अपना स्थायी स्थान उसे दिखाये बिना साथी को वहाँ टिकाया जा सकता था।

हमें लोग अपने प्रति सन्देह न होने देने या अपनी ओर ध्यान न आकर्षित होने देने के लिये बहुत सतर्क थे। इस मकान में भगवती भाई ने अपना परिचय अलीगढ़ के निवासी डिप्टी-सुपरिन्टेन्डेन्ट पुलिस के भतीजे के रूप में दिया था। अपना व्यवसाय उन्होंने 'आग के बीमे की एजेन्सी' बताया था।

भगवती भाई के साथ मैं भी आ टिका तो मेरा परिचय उनके चचेरे भाई के रूप में दिया गया। उनका नाम हरीश्वरसिंह और मेरा नाम जगदीश्वरसिंह था। पड़ोसियों को बताया गया कि मैं एजेन्सी का व्यवसाय सीखने बम्बई गया था, परन्तु कम्पनी से झगड़ा करके लौट आया हूँ और अब किसी सरकारी नौकरी की प्रतीक्षा में हूँ।

भगवती भाई बाहर आते-आते समय सूट पहनते थे, मकान में रहते समय कुर्ता-धोती। यहाँ हम लोगों की जात ठाकुर या राजपूत थी। हमारे पड़ोसी भगवती भाई को गम्भीर आदमी और मुझे सम्पन्न परिवार का उड़ाऊ-खाऊ लड़का समझते थे। पुलिस से सम्बन्ध रखने वाले परिवार के लोग समझे जाने के लिये हम कांग्रेस और कांग्रेसी नेताओं की कटु आलोचना करते रहते थे। इसके दो अभिप्राय थे। एक तो बहस से इन लोगों में राजनैतिक चेतना पैदा करके गांधीवादी राजनीति के प्रति उनका अन्ध-विश्वास तोड़ना, दूसरा अपने आपको सन्देह से बचाये रखना।

हमारे पड़ोसी पुलिस के कामों की आलोचना करते तो हमारा उत्तर होता, 'सरकार और शासन ऐसे ही चलता है। ब्रिटिश गवर्नमेंट कोई बनिये-बक्काल का कारोबार नहीं है। जनाब, वह साम्राज्य का अनुशासन है।' ब्रिटिश सरकार के दमन और अन्यायों का वर्णन हम गर्व के स्वर में करके कहते, 'यही है तरीका सरकार चलाने का।'

उन्हीं दिनों संध्या समय मैं अपनी जगह लौट रहा था। श्रद्धानन्द बाजार में 'अर्जुन' पत्र के कार्यालय के जीने में घुसते हुए जयचन्द्र जी विद्यालंकार पर नजर पड़ गयी। मैंने भगवती भाई को सावधान कर दिया ख्याल रखना, जयचन्द्र जी तुम्हें देख पायेंगे तो जरूर डोंडी पीट देंगे कि सी० आई० डी० का आदमी फरार बना हुआ घूम रहा है।

बातचीत में जयचन्द्र जी से मिलने के लिये सुखदेव की सलाह का प्रसंग आया। भगवती भाई ने कहा—अब मौका है, सुविधा से मिल लो। शायद कुछ सूत्र मिल ही जायें। यह भगवती भाई के स्वभाव की उदारता का अच्छा उदाहरण है। यदि उन्हें बदनाम करने वाले से भी दल को सहायता मिलने की आशा होती तो वे सहने के लिये तैयार थे।

मैं श्रद्धानन्द बाजार में इस ढंग से घूमता रहा कि 'अर्जुन' कार्यालय के जीने से उतरने वाले आदमी पर नजर रहे। जयचन्द्र जी जीना उतरकर फतेहपुरी की ओर चले। मैं उनके पीछे-पीछे हो लिया। अँधेरा हो गया था। सूना स्थान देखकर उन्हें सम्बोधन किया। जयचन्द्र जी जरा चौंके, पूछा, "तुम कहाँ से आ रहे हो; कोई तुम्हारे पीछे तो नहीं?···कोई मेरा पीछा तो नहीं कर रहा है?"

उन्हें विश्वास दिलाया कि वे 'अर्जुन' कार्यालय से आ रहे हैं। मैंने उन्हें जाते भी देखा था और आते भी देखा है। उनका पीछा कोई नहीं कर रहा था। ऐसा होता तो मैं उनसे बात न करता। बताया, मेरा भी पीछा कोई नहीं कर रहा है। जयचन्द्र जी को सुखदेव का संदेश देकर सहायता के लिए अनुरोध किया।

"भगवतीचरण कहाँ है तुम्हें कुछ मालूम है?" जयचन्द्र जी ने प्रश्न किया।

"सुना था कि दस दिन पहले झाँसी में था। शायद वहीं हो।"उत्तर दिया।

"तुम तो जानते हो न वह कैसा आदमी है। बहुत चालाक है! वह फरार बनकर दूसरे फरारों को खोज रहा है। उनसे सम्बन्ध स्थापित करके गिरफ्तार करा देगा। उससे बहुत सावधान रहना।"

जयचन्द्र जी को विश्वास दिलाना पड़ा कि मैं भगवतीचरण से बहुत सावधान हूँ। उपयुक्त अवसर मिलने पर उसे ठिकाने लगा दिया जायेगा। मैं दल के पुराने संगठन से सम्बन्ध स्थापित नहीं कर पाया हूँ। अलग-अलग कई दल बनाना उचित नहीं जान पड़ता। मेरे स्रोत और साधन बहुत ही परिमित हैं।

जयचन्द्र जी ने समझाया, "तुम्हें पहिले अपना एक स्वतंत्र संगठन बनाना चाहिए। तभी मुख्य दल से सम्बन्ध जोड़ना उपयोगी होगा। तुम कहाँ रहते हो, तुम्हारा अपना कैसा संगठन है?" उन्होंने पूछा।

जयचन्द्र जी का ढंग मुझे उचित न लगा। सम्बन्ध का कोई सूत्र मुझे न बताकर वे मेरा ही भेद लेना चाहते थे। हम लोगों में इस प्रकार की पूछ-ताछ का कायदा नहीं था। यदि वे बताना नहीं चाहते थे तो उन्हें पूछना भी नहीं चाहिए था। खैर, उत्तर दिया, "मैं आजकल अम्बाला में हूँ। संगठन तो नाम-मात्र ही है।"

"अम्बाला में तुम्हारे साथ कितने आदमी हैं?" उन्होंने फिर पूछा। मैंने सम्भवतः उत्तर दिया था कि अम्बाला में हम चार आदमी हैं। इस पर उन्होंने चारों के नाम और काम भी पूछे। मैंने चार काल्पनिक नाम और उनके काल्पनिक काम भी बता दिए। वे पूछते ही गये और मैं भी बताता गया कि तीन जालंधर में हैं, उनके भी कुछ नाम और

काम बताने पड़े। उन्होंने फिर पूछा। इस पर मैंने चार आदमी रावलपिंडी में बता दिए और उनके भी काल्पनिक नाम और काम बता दिए।

जयचन्द्र जी ने पूछा, "हथियार भी हैं?"

"केवल तीन रिवाल्वर हैं।" उत्तर दिया।

मैं यह सब सन्तोषजनक वृतान्त उन्हें इसलिए सुना रहा था कि वे मुझे दल से सम्पर्क का सूत्र बताने योग्य समझ लें। अगर बेईमानी कहा जाय तो मैं उतना अपराध स्वीकार करता हूँ।

जयचन्द्र जी ने अपने प्रश्न दोहराने शुरू किए। उन्होंने अम्बाला, जालंधर और रावलपिंडी के सभी आदमियों के नाम और काम दोबारा पूछे। मैं उनका अभिप्राय समझ गया कि यदि मैंने झूठ बोला हो तो दुबारा बताने में उखड़ जाऊँगा। मैं उनका पैंतरा समझ रहा था। जयचन्द्र जी ने अपनी जिरह और विश्लेषण में मुझे उखड़ता न देखकर परामर्श दिया कि मैं अपने सदस्यों की संख्या और हथियारों का संग्रह बढ़ाता जाऊँ। सदस्यों का परिचय एक-दूसरे से न होने दूँ। स्वयं भारत के भूगोल और धरातल (टोपोग्राफी) का गहरा अध्ययन करूँ। जब वे उचित समझेंगे, मुझसे सम्पर्क करके भविष्य के बारे में परामर्श दे देंगे। उन्होंने मेरा अम्बाले का पता भी याद कर लिया। उन्हें एक पता बताकर मैंने सुझाया कि पता तो मुझे किसी भी समय बदल देना पड़ सकता है।

जयचन्द्र जी से बात समाप्त करके लौटने को ही था कि अचानक सामने से आते पत्रकार चमनलाल ने हमें बात करते हुए देख लिया। चमनलाल उस समय 'हिन्दुस्तान टाइम्स' या 'नेशनल काल' में संवाददाता का काम कर रहा था। आजकल भी वह देश-विदेश घूमकर यहीं काम कर रहा है।[1] मकान पर लौटकर भगवती भाई को जयचन्द्र जी से बातचीत की कहानी सुनायी और हम लोग उनकी चतुरता पर हँस-हँसकर लोट-पोट होते रहे। भगवती भाई से मैंने यह भी चर्चा कर दी कि जयचन्द्र जी से बात करते समय मुझे चमनलाल ने देख लिया था।

जयचन्द्र जी से इस मुलाकात का और उनकी बुद्धिमानी या सज्जनता का फल अगले दिन ही भुगतना पड़ा।

चमनलाल का स्वभाव अब बदल गया होगा, परन्तु उस समय वह बहुत चुलबुला और छछून्दर की तरह सूँघते फिरने वाला था। चमनलाल भगवतीचरण को पहले से ही वास्तविक नाम और रूप में जानता था। मेरा परिचय उसे एक फरार, महाराष्ट्र के क्रांतिकारी 'दांडेकर' के नाम से दिया गया था।

मैं चमनलाल से जब भी मिलता था अंग्रेजी में बात करता था। बीच-बीच में हिन्दुस्तानी भी बोलता तो टूटी-फूटी मराठी ढंग की। वह मुझे महाराष्ट्र का ही समझता था। हमारे उद्देश्य के प्रति सहानुभूति के कारण वह हम लोगों को अपने सामर्थ्य के अनुसार आर्थिक सहायता भी देता रहा। बम बनाने का सामान खरीदने और संगठन जमाने के लिए दिल्ली में हम लोगों ने जो रुपया इकट्ठा किया था, उसमें सौ-डेढ़ सौ चमनलाल से भी लिया था। एक-दो दिन में कुछ और देने का भी वायदा था।

---

१. यह चमनलाल अब वैराग्य लेकर बौद्ध संन्यासी बन गया है। (१९६६ संस्करण)।

अगले दिन ही मैं वायदे का रुपया लेने चमनलाल के यहाँ पहुँचा। उसके क्रोध का ठिकाना न था। चेहरा और आँखें लाल कर उसने मुझे फटकार दिया, "तुम्हारे जैसे धोखेबाजों से मैं बात नहीं करूँगा। भगवतीचरण से भी वह कह देना कि मुझसे कभी न मिले। मैं तुम लोगों का विश्वास करूँ और तुम मुझी को धोखा दो!"

बहुत शान्ति से बार-बार समझाया और पूछा कि हमने क्या धोखा दिया है?

चमनलाल ने बताया, "कल तुम जयचन्द्र से बात कर रहे थे न? मैंने उससे पूछा, तुम इस दांडेकर को कैसे जानते हो?"

"कौन दांडेकर? मैं तो किसी दांडेकर को नहीं जानता!" जयचन्द्र जी ने विस्मय प्रकट किया।

"अरे, मुझसे क्या छिपाते हो? मैं सब जानता हूँ।" चमनलाल ने जयचन्द्र जी से आग्रह किया।

"क्या पागल बनाते हो!" जयचन्द्र जी ने उत्तर दिया, "यह तो यशपाल था, लाहौर-षड्यंत्र का फरार। तुम मुझे बनाना चाहते हो। मैंने तो उसे कालेज में पढ़ाया है।" दोनों ही बहकाये न जा सकने का दावा करने लगे। अन्त में चमनलाल को हार माननी पड़ी।

चमनलाल को क्रोध आना स्वाभाविक था। मेरे दांडेकर होने की धारणा चमनलाल के मस्तिष्क पर बहुत जोर-जबर से बैठायी गयी थी। देहली में मुझे भगवती भाई के साथ पहली बार देखकर और मेरा नाम दांडेकर बताया जाने पर उसने माथे पर तेवर चढ़ाकर, अपनी स्मृति पर बल डाल सन्देह प्रकट किया था—"दांडेकर?...मेरा तो ख्याल है कि मैंने पहले तुम्हें कहीं देखा है।"

चमनलाल का अनुमान ठीक था। उसने मुझे तब से सात वर्ष पूर्व १९२२ में फिरोजपुर जिला कांग्रेस कमेटी के दफ्तर में देखा था। उन दिनों वह भी कांग्रेस का काम कर रहा था। वह किसी प्रयोजन से दफ्तर में आकर टिका था और उसे बहुत तेज बुखार हो गया था। उस बुखार में मैंने उसकी सेवा-शुश्रूषा की थी। उसके सिर में बहुत जोर का दर्द हुआ था। मुझे भी याद था कि बहुत हाय-तोबा उसने मचाई थी। मैं कभी उसका सिर दबाकर और कभी उसके सिर पर बर्फ रखकर उसकी सहायता कर रहा था। दिल्ली में सामना होते ही मैं उसे पहचान गया था, परन्तु उसे झिझकता देखकर अपना वास्तविक परिचय न देना ही उचित समझा। बकते फिरने की उसकी आदत से मैं परिचित था।

चमनलाल को क्रोध था कि उसे जबर्दस्ती बहकाया गया। हम लोगों को उसकी बहुत खुशामद करनी पड़ी। समझाया, "धोखा इसमें क्या है। तुमसे लिए हुए रुपये का अपव्यय तो किया नहीं। अपना असली नाम इसलिए छिपाया कि बातचीत में कहीं तुम चर्चा कर बैठते तो स्वयं भी फँसते और हमें भी फँसाते।"

जो भी हो, जयचन्द्र जी की बुद्धिमानी को समझाना कठिन था। वे जानते थे कि मैं फरार था। फरार लोग नाम बदलकर ही रहते थे। चमनलाल जब मुझे 'दांडेकर' मान रहा था तो मेरे असली नाम पर जिद्द करने की क्या आवश्यकता थी? और यह मालूम हो जाने पर कि मैंने उसे अपना नाम दांडेकर बताया है, मेरा भेद खोल देने के लिए जिद्द करने की क्या जरूरत थी? चमनलाल ने हमें यह भी बता दिया कि उसने जयचन्द्र जी

को भगवती भाई के विरुद्ध खुफिया पुलिस का आदमी होने का प्रचार करने के लिए बहुत फटकारा और भगवती भाई के सच्चे होने का प्रमाण दिया है कि भगवती और यशपाल साथ-साथ रहते हैं। यदि भगवती सी० आई० डी० का आदमी होता तो यशपाल गिरफ्तार हो गया होता। चमनलाल की बात सुनकर हम लोग और भी हँसे कि जयचन्द्र जी को भी मुझ पर कितना क्रोध आया होगा।

मुझे अपने इस व्यवहार के लिए कोई ग्लानि अनुभव न हुई, क्योंकि जयचन्द्र जी की धूर्तता का उपाय करने के लिए ही मुझे ऐसा व्यवहार करना पड़ा था।

बम का मसाला बनाने के रासायनिक उपकरण और सामग्री जमा हो जाने पर प्रश्न उठा कि मसाला बनाने के लिए रोहतक कौन जायेगा? भगवती भाई यह काम स्वयं करना चाहते थे। उनकी इच्छा का कारण बहुत सीधा था। देवदत्त जी ने यह भी स्पष्ट बता दिया कि बड़े पैमाने पर कई दिन तक यह काम करना स्वास्थ्य के लिए बहुत हानिकारक होगा। कुछ क्रियात्मक अनुभव हम लोगों को लाहौर में हो ही चुका था। बड़े-बड़े कारखानों में जहाँ यह पदार्थ टनों के परिमाण में बनते हैं, काम करने वाले लोग इन पदार्थों के वाष्प से सुरक्षित रहते हैं। स्वास्थ्य की हानि के अतिरिक्त पकड़े जाने पर सीधे जेल पहुँचने में या पुलिस के पकड़ने आने पर लड़ाई में मारे जाने में तो कोई सन्देह था ही नहीं।

भगवती इस बीच कलकत्ते जाकर किरण से दूसरी पिस्तौल भी ले आये थे। अब हम दोनों सशस्त्र रहते थे। मेरी जिद्द थी कि मसाला बनाने का काम मैं करूँ। सम्भव है, इसमें अपनी चतुरता का अभिमान रहा हो, परन्तु मेरा तर्क था—जो भी आदमी मसाला बनाने जायेगा, उसे तीन हफ्ते या महीना भर वहीं जमे रहना होगा। भगवती भाई उस समय भी कानपुर में स्वर्गीय गणेशशंकर जी विद्यार्थी की मार्फत चन्द्रशेखर आज़ाद और दल के पुराने साथियों से सम्बन्ध जोड़ने के प्रयत्न में लगे हुए थे।

मैंने कहा, "तुम्हारा यह आवश्यक काम रुक जायेगा; दूसरी बात यह कि बम का मसाला बनाने के लिये रोहतक में मुझे या तुमको वैद्य जी के नौकर के रूप में काम करना होगा। तुम्हारा रूप-रंग नौकर जैसा नहीं जँचेगा। चश्मा उतारकर तुम चल भी नहीं पाओगे।" और आखिर में वही तर्क कि मेरी अपेक्षा तुम्हारे पकड़े जाने से दल की अधिक हानि होगी।

आखिर भगवती मान गये। वे एक दिन रोहतक जाकर वैद्य लेखराम को दिल्ली बुला लाये ताकि मेरा और लेखराम का परिचय तथा रोहतक में काम करने का ढंग निश्चित हो जाय।

लेखराम को जब बताया गया कि मैं रोहतक में उसके नौकर के रूप में काम करूँगा तो उसे विस्मय हुआ। साथी लेखराम, गोरे रंग का लम्ब-तड़ंग, इकहरे पुष्ट शरीर का नौजवान था। रोहतक जैसे देहाती नगर के ख्याल से वह अच्छे भद्र-नागरिक वेश—महीन धोती, रेशमी कमीज, कोट और साफा पहिनता था। दिल्ली में उसने मुझे देखा था—सूट, कालर, टाई, चश्मा और हैट पहिने, छोटी-छोटी तितलीनुमा मूँछें रखे। उसने आपत्ति की, "तुम नौकर कैसे लगोगे?"

भगवती भाई के कहने के अनुसार लेखराम ने रोहतक में एक कच्चा मकान अपने मकान और दुकान से अलग दवाई बनाने के काम के लिये ले लिया था। उसने पास-पड़ोस और परिचितों में कह दिया था कि वह शीघ्र ही बहुत बढ़िया-बढ़िया दवाइयाँ तथा पारे, लोहे, चाँदी, सोने और मूँगे की भस्म आदि बनाने का काम शुरू करेगा। लेखराम को आधा सामान लेकर रोहतक लौट जाने और तीन-चार दिन बाद आकर मुझे साथ ले जाने की सलाह दी गयी। कुछ दिन मैंने हजामत न बनायी और जब बनायी तो लम्बी-लम्बी मूँछें रहने दीं। भगवती भाई लाहौर में छँटी हुई आधी-आधी मूँछें रखते थे। दिल्ली में वे मूँछों को बढ़ाकर और चढ़ाकर रखने लगे थे।

पड़ोसियों का ध्यान मेरे मूँछ परिवर्तन की ओर कैसे न जाता!

मेरी मूँछों के परिवर्तन के सम्बन्ध में उत्सुकता प्रकट करने पर भगवती भाई ने कह दिया, "जनखों की तरह मूँछ-मुड़े रहना ठाकुरों को शोभा नहीं देता।"

चार-पाँच दिन बाद लेखराम रोहतक से मुझे लिवाने के लिए आया तो एक मोटी-मैली धोती, मोटे कपड़े का कुरता और हरे रंग की लम्बी पगड़ी साथ लेता आया था। पड़ोसियों का ध्यान आकर्षित न करने के लिये हम लोगों ने रात के समय चलने का निश्चय किया। रात नौ-साढ़े नौ बजे मैंने कुर्ता-धोती पहनकर हरियाणा के जाटों के ढंग से पगड़ी सिर पर बाँध ली और चश्मा उतार दिया।

"अब तो तुम बिलकुल देहाती जँचते हो यार!" लेखराम ने हँसकर स्वीकार किया।

मेरा नाम 'किसना' तय हो गया।

साथी लेखराम की वैद्यक की दुकान रोहतक के मुख्य बाजार के बीचों-बीच थी। मैं इस दुकान पर सुबह-सुबह झाड़ू लगाता, टाट-फट्टा झाड़कर दुकान के नीचे सड़क पर बोरी बिछाकर बैठ जाता और हमामदस्ते में कोई जड़ी-बूटी कूटता या खरल में दवाई घोटता रहता। गर्मी का मौसम, जुलाई-अगस्त के दिन थे। कोई मरीज या मित्र आकर लेखराम से बात करने लगता तो वह मुझे पुकार लेता, "अबे किसनू, बहुत पसीना आ रहा है, जरा पंखा कर!" मैं दवाई कूटना छोड़कर उसे पंखा करने लगता। इस बीच हम लोग नया मकान ढूँढ़ते रहे। लेखराम ने जो मकान तय किया था, वह हमारे काम के योग्य न था।

मकान ठीक हो जाने पर मैं नयी जगह में दवाइयाँ फूँकने अर्थात बम का मसाला बनाने का काम करने लगा। मैं देवदत्त की बतायी विधि के अनुसार काम कर रहा था। एक तेजाब में शनैः-शनै दूसरा तेजाब मिलाते समय उसे हिलाते रहकर मिश्रण को स्टोव पर उबालना और उसमें रासायनिक विधि से तीसरा तेजाब बूँद-बूँद डालते जाना। उबलते तेजाब के बर्तन से पीला-पीला धुआँ अधिक परिमाण में उठता था। बर्तन को छोड़कर दूर नहीं बैठा जा सकता था, क्योंकि मिश्रण को हिलाते रहना आवश्यक था। तेजाब के इस पीले धुएँ के प्रभाव से मेरे कुरता-धोती दो दिन में ऐसे हो गये कि उन्हें जहाँ से पकड़ता, टुकड़ा हाथ में रह जाता। हर दो दिन बाद नया कुरता-धोती लाते रहना सम्भव न था, इसलिये मैंने काम करते समय कुरता-धोती छोड़कर लंगोट बाँधना शुरू कर दिया। बाहर आने-जाने के लिये लेखराम ने दूसरा फटा-पुराना कपड़ा पहनने के लिये मुझे दे दिया था।

कपड़ा न पहिनने से इस धुएँ का असर मेरी त्वचा पर होने लगा। सारे शरीर का रंग हल्दी जैसा पीला पड़ गया। चार-पाँच दिन बाद नहाते समय त्वचा से महीन झिल्ली-सी

उतरने लगी, जैसी चौमासे में शरीर पर फूली हुई घाम फूटकर झड़ने पर उतरती है। इससे कोई कष्ट अनुभव न होता था। हाँ, धुएँ के कारण खाँसी और सिरदर्द की परेशानी बहुत होती थी। तेजाबों के रासायनिक मिश्रण से पिक्रिक एसिड के स्फटिक (क्रिस्टल) बन जाने के बाद उसे धोना पड़ता था। इस काम के लिये रबड़ के दस्ताने, जैसे कि डाक्टर लोग आपरेशन करते समय पहिनते हैं, पहिने रहता था। इस पर भी हथेलियों पर रंग पहुँच जाता। दस्ताने भी चौथे-पाँचवें दिन गल जाते। मेरे हाथों का रंग पहिले पीला पड़ा और फिर कुछ लाल-सा हो गया जैसा कि मेंहदी का ताजा रंग हो या सुलफे के दाग से हो जाता है।

मैं प्रतिदिन सुबह मसाले का एक घान या चढ़ाव पकाने के लिये चढ़ाता था। इसमें लगभग चार घण्टे लगते थे। इसके बाद रासायनिक द्रव पदार्थ को ठण्डा होने के लिये रख देना पड़ता था ताकि उसके मिश्री की तरह स्फटिक बन जायं। इस बीच मैं कुछ देर के लिये दुकान पर काम करने चला जाता। दुकान पर काम था, दवाई कूटना, वैद्य जी को पंखा करना या उनके मित्रों के आने पर ठण्डे कुएँ से ताजा जल भरकर लाना। दुकान पर कुछ लोगों ने मेरे हाथों की लाली देखकर टोका।

मैंने दीनता से उत्तर दे दिया, "सरकार, जरा मेंहदी लगा ली थी।"

ऐसे अवसर पर लेखराम कब चूकने वाला था, बोल उठता, "देखो साले जनखे को, औरतों की तरह मेंहदी लगाता है। बड़ा शौकीन है। शरम नहीं आती।"

वैद्य जी के लिये जिस ठण्डे कुएँ से ताजा पानी लेने जाना पड़ता था, वह रोहतक के आर्यसमाज मन्दिर में था। मन्दिर में उन दिनों एक स्वामी ठहरे हुए थे और नित्य संध्या रामायण की कथा करते थे। मुझे देख पुकार लेते, "कहो किसना, कैसे आये?"

"वैद्य जी के लिये ठण्डा पानी लेने आया हूँ महाराज!" उत्तर पाने पर वे एक डोल अपने लिये भी निकाल लेने का अनुरोध कर देते। उनका अनुरोध भी पूरा करता। बाजार में समझा जाता था कि वैद्य जी का नौकर किसना बहुत भला आदमी है पर जरा सीधा अधिक है।

पानी लेने आर्यसमाज मन्दिर जाता तो यह सोचकर कि लौटने पर या तो दवा कूटनी पड़ेगी या लेखराम को पंखा झलना पड़ेगा, स्वामी जी के पास ही पाँच-सात मिनट बैठकर बात करता रहता, "बड़े-बड़े तीरथ करे होंगे महाराज तुमने?"

एकान्त से उकताये हुए स्वामी जी कोई बात सुनाने लगते। एक दिन स्वामी जी के अनुरोध पर निकाले हुए डोल का पानी उन्हें देने गया तो देखा कि वे मोटे अक्षरों में पत्थर की छपाई की एक पुस्तक पढ़ रहे थे। मैं पुस्तक के उल्टी ओर खड़ा था, परन्तु पुस्तक के पृष्ठ पर छपा पुस्तक का नाम तो पढ़ा ही जा सकता था। वह पुस्तक थी 'छिनाल-पच्चीसी।'

"स्वामी जी, क्या रामायण बाँच रहे हो?" डोल से स्वामी जी के कमण्डल में जल देते हुए उनसे प्रश्न किया।

स्वामी जी ने उत्तर दिया, "हाँ, ऐसे ही एक शास्त्र की पुस्तक है, तू रामायण ही समझ ले।" और पूछा, "कुछ पढ़ा-वढ़ा नहीं है किसना तूने?"

"नहीं महाराज, ऐसे करम कहाँ हैं।" मेरा उत्तर पाकर स्वामी जी ने दयापूर्वक मुझे पढ़ा देना स्वीकार कर लिया।

साथी लेखराम दुकान से घर की ओर जाते समय या दुकान पर आते समय कोई बक्सा, बोरी या कनस्तर मेरे सिर पर उठवा देता था। यह आवश्यकता के कारण नहीं था बल्कि इसलिये कि पड़ोसियों को विश्वास रहे कि मैं निश्चय ही उसका नौकर हूँ। ऐसे ही एक दिन मैं उसके पीछे-पीछे चला जा रहा था। बाजार में उसके एक मित्र से उसकी भेंट हो गयी। वह मित्र पान, सोडा, शरबत की दुकान के सामने लोहे की कुर्सी पर बैठा कुछ पी रहा था।

लेखराम के मित्र ने उसे भी साथ की कुर्सी पर बैठा लिया और एक लेमोनेड या सोडा उसे भी देने के लिये दुकानदार को आदेश दिया।

मैं सिर पर कनस्तर उठाये खड़ा था। लेखराम ने मेरी ओर घूमकर पूछा, "क्यो बे किसना, तू भी पीयेगा सोडावाटर?"

"पी लूँगा महाराज।" उत्तर दिया।

"ऐ है, सोडा पियेगा! बड़ा शौकीन है। साले कभी तेरे बाप ने भी पिया है सोडा!" लेखराम बोला और दुकानदार को आदेश दिया, "अच्छा भाई, इसे भी पिलाओ सोडा। चल, एक अद्धा दे दे इसे।"

दुकानदार ने उन दोनों मित्रों को तो सोडा-लेमोनेड की बोतलें कायदे से गिलास में उड़ेलकर बरफ छोड़कर दी और एक आधी बोतल खोलकर मुझे बोतल ही थमा दी।

मैं कनस्तर सड़क पर रखकर खड़ा-खड़ा मुँह उठाकर बोतल पीने लगा। इस पर लेखराम ने मेरी ओर घूमकर फटकार दिया, "देखो तो, बैल की तरह खड़ा डकार रहा है। बैठकर क्यों नहीं पीता!" मुझे सड़क पर ही बैठ जाना पड़ा।

अपने कारखाने में पहुँचकर मैंने किवाड़ भीतर से बन्द करके लेखराम को दस-पाँच घूँसे और लातें लगाकर उसकी शरारत का बदला दिया। बाजार में वह मालिक और मैं नौकर था। कारखाने में मैं उस्ताद और वह चेला था। प्रायः ही ऐसा होता था कि घर आकर वह वायदा करता कि बाजार और दुकान पर तंग नहीं करेगा, लेकिन बाहर निकलने पर फिर वही हरकत दोहराता। घर के भीतर वह मेरे साथ दूसरा ही व्यवहार करता और मजाक से खुशामद में 'बड़े भाई' कहने लगता।

लेखराम प्रायः ही दोपहर का खाना खाने घर जाता। अब छोटे भाई से कारखाने में ही खाना मँगवा लेता। लेखराम की बहू एक थाली में अपने पति के लिये परौंठे, घी में छौंकी हुई दाल, तरकारी भेज देती और मेरे लिये प्रायः खुश्क रोटियाँ और कटोरी में दाल। मकान की साँकल भीतर से बन्द करके हम खाने को आधा-आधा बाँटकर खा लेते। लेखराम को इस बात का बहुत खयाल रहता था कि तेजाबों की विषैली गैस का बुरा प्रभाव मेरे स्वास्थ्य पर न पड़े। वह प्रायः नित्य ही सुबह कारखाने का चक्कर लगाने आता तो एक कुल्हड़ में आधा सेर दही या दूध मेरे लिए ले आता और साथ ही ताजा 'हिन्दुस्तान टाइम्स' अखबार भी।

उन दिनों लाहौर में हमारे साथियों भगतसिंह आदि के मुकदमे चल रहे थे। क्रांतिकारी बन्दियों के अनशन के कारण मुकदमा स्थगित था। अनशन उचित सम्मानजनक व्यवहार की माँग के लिए किया गया था। इससे पूर्व जेलों में राजनैतिक और साधारण कैदियों की श्रेणियाँ अलग-अलग स्वीकार की जा चुकी थीं। ब्रिटिश सरकार

सम्पन्न लोगों और नेताओं के साथ तो जेल में अच्छा व्यवहार करती थी, उन्हें मनमाना खाने-पहिनने की सुविधा देती थी और निम्न वर्ग के कैदियों को अनादर का व्यवहार और बहुत खराब खाना-कपड़ा दिया जाता था।

राजनैतिक बन्दियों में से सम्पन्न लोगों के साथ और निम्न-आर्थिक वर्ग के लोगों के साथ व्यवहार में कितना बड़ा भेद था, इसका अनुमान पंडित नेहरू की आत्मकथा में उनके पिता मोतीलाल जी के साथ पूना जेल में किए जाने वाले व्यवहार के वर्णन से हो सकता है। नेहरू जी ने बड़े गर्व से लिखा है कि मोतीलाल जी को बड़ा आदमी मानकर उन्हें अपने भोजन के लिए आवश्यक पदार्थों की सूची बना देने के लिए कहा गया था। बहुत साधारण रूप में मोतीलाल जी ने जो चीजें अपने व्यवहार के लिए बतायीं, उनके व्यय के अनुमान से जेल के सुपरिन्टेन्डेन्ट अंग्रेज मेजर या कर्नल साहब अवाक मुँह खोले रह गये। पंडित मोतीलाल जी या पंडित नेहरू जी ने इस भेद का विरोध किया हो, याद नहीं पड़ता।

ब्रिटिश सरकार केवल कांग्रेसी लोगों को ही राजनैतिक कैदी मानना चाहती थी, सशस्त्र क्रांति का प्रयत्न करने वाले लोगों को नहीं। क्रांतिकारियों को गांधी जी भी हिंसक कहते थे। क्रांतिकारी बन्दियों की माँग थी कि हम लोग अनाचारी अपराधी नहीं हैं, हम लोग राजनैतिक बन्दी हैं, एक प्रकार से युद्धबन्दी हैं। हमारे साथ भद्र-जनोचित व्यवहार होना चाहिए। हमें वैसा ही खाना-कपड़ा मिलना चाहिए जैसा कि भद्र-समाज के लोग व्यवहार करते हैं। सरकार इस माँग को स्वीकार नहीं कर रही थी इसलिए क्रांतिकारी बन्दी अनशन कर रहे थे।

अनशन को सब क्रांतिकारी बन्दी समान दृढ़ता से निभा नहीं पा रहे थे। हम लोगों के विचार में अनशन आध्यात्मिक शक्ति पाने का या हृदय परिवर्तन का साधन न था। हम अनशन को सर्वसाधारण की सहानुभूति द्वारा सरकार पर दबाव डालने का ही साधन मानते थे, इसलिए निश्चय किया गया कि पहले दो बंदी सब लोगों के प्रतिनिधि के रूप में आमरण अनशन करें। इनकी मृत्यु हो जाने पर दूसरे दो साथी अनशन आरम्भ कर दें। इस प्रकार अनशन के कारण जनता में होने वाला आन्दोलन भी जारी रहेगा और अभियुक्तों में से दो के अदालत में उपस्थिति न होने के कारण मुकदमा भी महीनों स्थगित रहेगा।

यह अनशन हमारे दल के प्रचार-क्रम का एक महत्वपूर्ण अंग भी था। यह बात हमने गांधी जी के अनशनों के प्रभावों और परिणामों से सीखी थी। मैं यह नहीं कह रहा हूँ कि गांधी जी के अनशन का उद्देश्य आध्यात्मिक लक्ष्य के अतिरिक्त कुछ और रहता था। सबसे चिन्ताजनक बात थी हमारे साथी यतीन्द्रनाथ दास का बीमारी की अवस्था में लम्बा अनशन।

क्रांतिकारियों के अनशन के समय रबड़ की नलियों से उनकी नाक की राह पेट में दूध पहुँचाया जाता था। क्रांतिकारी-बन्दी इसका विरोध करते थे। जेल के चार-चार, पाँच-पाँच आदमी उनका शरीर दबा लेते थे और नाक के रास्ते पेट में दूध पहुँचा दिया जाता था, लेकिन इस झटका-पटकी में रबड़ की नली शरीर के भीतर गलत जगह भी पहुँच जाती थी और उससे भयंकर यातना और रोग हो जाता था। ऐसे ही यतीन्द्रनाथ के फेफड़े में दूध चला गया था और उसे निमोनिया हो गया था। उसकी अवस्था चिन्ताजनक थी।

जनता में क्रांतिकारियों की माँगें पूरी की जाने के लिए जोर-शोर से आन्दोलन चल रहा था और ब्रिटिश सरकार के अत्याचार के विरुद्ध खूब घृणा फैल रही थी।

एक दिन पत्र में समाचार आया कि यतीन्द्रनाथ की मृत्यु हो गयी। अभियुक्तों की 'डिफेन्स कमेटी' की माँग पर यतीन्द्रनाथ दास का शव लाहौर में उपस्थित उसके भाई किरण दास को सौंप दिया गया। इस शव का जुलूस निकाला गया। अखबारों में छपे वर्णन के अनुसार लाहौर में इस जुलूस में लाखों की भीड़ सम्मिलित हुयी थी और यतीन्द्रनाथ की अर्थी पर फेंके गए फूलों के सड़कों पर कुचले जाने से कीचड़ हो गया था। यतीन्द्रनाथ का यह जुलूस लाहौर से कलकत्ते तक पहुँचा। दुर्गा भाभी, भगतसिंह के पिता और किरण शव के साथ कलकत्ता गए थे। रास्ते भर प्रत्येक स्टेशन पर अर्थी के दर्शन के लिए बहुत बड़ी भीड़ जमा हो जाती थी।

रोहतक के बम के कारखाने में जनता द्वारा यतीन्द्रनाथ की अर्थी के अनुपम उत्साहपूर्ण सत्कार का समाचार पढ़कर मेरे मन में विचित्र, परस्पर-विरोधी अनुभूतियाँ हुईं। यतीन्द्रनाथ के बलिदान पर मैंने दल के एक साथी के रूप मे गर्व अनुभव किया। जनता का यह आदर हमारे दल की नैतिक विजय और ब्रिटिश सरकार की निन्दा थी, परन्तु इसके साथ ही मुझे ऐसा अनुभव हुआ कि यतीन्द्रनाथ का सत्कार करके जनता ने उसके बलिदान का मूल्य चुका दिया। हम लोग जनता का ध्यान आकर्षित किये बिना, अपने को मिटाकर गुप्त रूप से अपने कर्तव्य के लिये बलिदान हो रहे थे। मन में भावना थी कि हम अपने बलिदान का कोई मूल्य नहीं चाहते। उस बलिदान का मूल्य जनता द्वारा जबर्दस्ती दे दिये जाने पर मुझे चोट-सी लगी। जान पड़ा कि बिना मूल्य पाये बलिदान होने की हमारी प्रतिज्ञा को जनता ने बलात् तोड़ दिया। मैं स्वयं और यतीन्द्रनाथ तथा अन्य साथियों को एक ही संगठित अस्तित्व के अंग समझता था।

मैं रोहतक में अपढ़ समझा जाता था इसलिये अखबार छिपाकर ही पढ़ता था। एक रोज मैं अखबार पढ़ रहा था कि लेखराम का छोटा भाई खाना लेकर आ गया। जीने पर उसके कदमों की आहट मैं सुन न सका। सामने आ जाने पर ही उसे देख पाया। उसने मुझे अखबार लिये देखा तो बहुत कौतूहल से पुकार उठा, "वाह! किसना अखबार पढ़ रहा है!"

"भैया देखूँ सूं।" मैंने मूर्खतापूर्ण मुस्कराहट से उसकी ओर देखकर उत्तर दिया और अखबार में छपे एक चित्र की ओर संकेत करके पूछा, "जे महातिमा गांधी, भैया?"

"धत्त पागल! महात्मा गांधी ऐसे होते हैं?" उत्तर मिला।

उस मकान में लेखराम, उसके छोटे भाई और लेखराम के नौकर के अतिरिक्त एक ही व्यक्ति और आता था, एक पनिहारिन। खूब जवान और हृष्ट-पुष्ट। बहुत बड़ा घड़ा सिर उठाये धम-धम करती चली जाती थी। बम का मसाला धोने के काम में पानी बहुत व्यय होता था इसलिए एक बड़ा मटका और दो-तीन घड़े पानी के लिये रखे हुए थे। पनिहारिन घड़े लाकर मटके में उड़ेल देती थी और खाली घड़े भी भरकर रख जाती थी। पनिहारिन शायद प्रति बड़े घड़े का एक पैसा के हिसाब से मजदूरी लेती थी।

किसना के भले और बुद्धू होने की प्रसिद्धि पनिहारिन भी सुन चुकी थी। पानी का भारी घड़ा लेकर पहुँचती तो आते ही आवाज देती, "अबे किसना, जल्दी उतरवा घड़ा।"

मसाला बनाते समय मैं केवल लंगोट बाँधे रहता था। मध्यम श्रेणी के संस्कारों के कारण उचित कपड़े पहिने बिना स्त्री के सामने और इतने समीप जाने में संकोच होता, परन्तु वह झुंझलाकर चिल्लाती, "मर गया तू, जल्दी दौड़ मेरी गर्दन टूट रही है।" उसकी सहायता के लिये जाना ही पड़ता।

पनिहारिन बड़े मटके में दो घड़े उड़ेलकर तीन घड़े गिनना चाहती थी। यदि मैं दो पर जिद्द करता तो हाथ मटकाकर आत्मीयता में गाली देती, "मुए, गिन्ना भी जाणै सै!"

गिनती पनिहारिन खुद नहीं जानती थी। घड़े रखने की जगह के समीप कच्ची दीवार पर कोयले के टुकड़े से घड़ों की संख्या के हिसाब से चिह्न बनाती जाती थी। जब मैं देखता कि उसने तीन की जगह चार चिह्न बना दिये हैं तो गीली मिट्टी ले उसके फालतू चिह्न मिटा देता। पनिहारिन भारी घड़ा लाने के बाद कुछ देर सुस्ताने के लिये बैठ भी जाती और मेरे बाल-बच्चों और घरवाली के बारे में पूछती रहती। मैं जान-बूझकर मूर्खतापूर्ण उत्तर देता और वह हँस-हँसकर लोट-पोट हो जाती।

'क्लोरोपिकरेट' और 'गनकाटन' काफी मात्रा में बना लिया था। दिल्ली लौटने की तैयारी ही थी। उस दिन आखिरी धान धोकर सूखने के लिए रक्खा था। संध्या समय लेखराम की दुकान पर उसका एक परिचित व्यक्ति आया। जिस मुहल्ले में हमारा कारखाना था, उसी मुहल्ले का नाम लेकर बोला, "वहाँ पुलिस वाले आज जाने क्या सूँघते फिर रहे हैं?"

खबर सुनकर मेरे और लेखराम दोनों के रोंगटे खड़े हो गये, परन्तु उस व्यक्ति के सम्मुख कोई चिन्ता प्रकट न की। इस व्यक्ति का नाम था लक्ष्मणदास। वह रोहतक की कांग्रेस कमेटी का सेक्रेटरी था। लक्ष्मणदास के जाते ही लेखराम ने परेशानी से मुझसे पूछा, "अब?"

उत्तर दिया, "तैयार मसाले को गीला-सूखा बाँधकर एकदम भाग चलो। शेष सामान पर ताला लगा दिया जाये। यदि रात में कुछ होगा तो कम से कम मसाला और हम लोग तो बच जायेंगे।"

मैं मसाला समेटने और बाँधने गया। लेखराम से कहा, "तुम लक्ष्मणदास को समझा दो कि बहुत जरूरी काम से अचानक मथुरा जा रहे हो। वह तुम्हारी घरवाली को चिन्ता न करने और रोहतक से बाहर जाने की बात किसी से न कहने के लिये समझा दे। लक्ष्मणदास को यह भी कह दो कि दो दिन बाद देहली क्लाथ-मारकेट में खयालीराम गुप्त के मकान पर आकर शाम को तीन बजे मिले। वह कारण पूछे तो कह देना कि वहीं बताऊँगा।"

लगभग सूर्यास्त का समय था। हम लोग गीला-सूखा मसाला बाँधकर और शेष सामान पर ताला लगाकर देहली जाने वाली सड़क पर चल दिये। लेखराम ने भी रोहतक के देहाती जैसा वेष बना लिया था। सामान की गठरियाँ दोनों के सिरों पर थीं। एक बस दिल्ली की ओर जाती दिखायी दी। उसे रुकने के लिए इशारा किया। गाड़ी खड़ी होने पर देखा उसमें तीन पुलिस सिपाही बैठे हुए थे। बम का मसाला लेकर उनके साथ बैठते कुछ संकोच हुआ, परन्तु बस को पुकार चुके थे। दामों के बारे में झगड़ा किया कि बसवाला बैठाने से इन्कार कर दे। बसवाला हमारी मूर्खता पर कुछ गालियाँ देकर उतने ही दामों में बैठाने पर तैयार हो गया। बैठना पड़ा। सिपाहियों का ध्यान हमारी ओर गया ही नहीं।

बस में एक खूब जवान स्त्री बैठी थी। सिपाही उसें देखकर गा रहे थे—"हौले-हौले चाल डिरेबर मेरा जोबन हाले रे! (यौवन हिलता है)।"

सिपाहियों की बात में सहयोग देकर उन्हें प्रसन्न करने के लिए मैंने बड़े भोलेपन से सुझाव दिया, "जोबन हाले है तो हल्लण दियो जमादारजी, कौन घी है के डुल जायगो। गाड्डी क्यों हौली करो सो!"

"वाह रे चौधरी! वाह पट्ठे!" सिपाही ने बड़े उत्साह से मेरी पीठ ठोंक दी। हँसते-बोलते रात के लगभग साढ़े नौ बजे दिल्ली में अपनी जगह आ पहुँचे।

भगवती भाई ने हमारे रोहतक से निकल आने का समर्थन किया। रोहतक में क्या बीती, यह जानने की चिन्ता तो मन में लगी ही थी। दो दिन बाद लक्ष्मणदास को दिये पते पर मिलने के लिये पहुँचे। लक्ष्मणदास ने बताया कि उस संध्या उस मोहल्ले में पुलिस के सूँघते फिरने का कारण एक भागी हुई जाटनी की तलाश थी। इस बात से तो निश्चिन्त हुए, परन्तु चिन्ता का एक और कारण लक्ष्मणदास ने बता दिया।

लेखराम के अचानक घर में खबर दिये बिना भाग जाने से उसकी स्त्री बेहोश हो गयी थी। अब पति न लौटने तक अनशन व्रत किये बैठी थी।

बम के मसाले के लिये रासायनिक सामग्री खरीदने के लिये तथा दल के दूसरे कामों में सहायता के लिये लेखराम ने घरवाली से लेकर दो-ढाई सौ रुपया हमें दिया था। रुपये की जरूरत का कोई कारण वह बहू को बतला न सका था। इसके अतिरिक्त उसे कई बार अचानक दिल्ली आना-जाना पड़ जाता था। पिछले मास रात में घर न जाकर कभी-कभी मेरे साथ कारखाने में ही रह जाता था। अपनी कमायी भी अब वह प्यार से बहू के हाथ न सौंपकर हम लोगों के ही हवाले कर देता था। बहू को संदेह हो गया था कि अब तक उस पर जान देने वाला उसका पति किसी डायन के फरेब में फँस गया है।

खयालीराम गुप्त के मकान पर हम लोग लक्ष्मणदास से मिलने गये तो वह लेखराम को पहचान कर मुस्कराया तो अवश्य, परन्तु कुछ कह न पाया।

लेखराम उसके संकोच का कारण समझकर बोला, "अरे, डरते क्यों हो, यह किसना ही तो है।"

लक्ष्मणदास लेखराम की बात न समझकर चुप ही रहा।

लेखराम ने फिर अपनी बात दोहरायी। लक्ष्मणदास ने मेरी ओर देखा, पर देख न सका। साफ-सुंथरा सूट, चुस्त कालर-टाई, चश्मा, खूब ढंग से सँवारे हुए बाल और सफाचट दाढ़ी-मूँछ। लेखराम की बात उसकी कल्पना में ही नहीं समा रही थी।

लेखराम मुझे बता चुका था कि लक्ष्मणदास बहुत भरोसे का आदमी है और उपयोगी हो सकेगा। हम लोगों ने उसे भरोसे में ले लेने का निश्चय कर लिया था। उसकी हिचकिचाहट देखकर मैंने किसना के रूप में व्यवहार करने वाली बोली और स्वर में ही उत्तर दिया, "थारा (तुम्हारा) किसना ही तो हूँ महाराज!"

लक्ष्मणदास ने तीन-चार बार मुझे ऊपर से नीचे और नीचे से ऊपर तक देखा। लेखराम ने उसे समझाया, मेरा नाम जगदीश है। दल का बहुत महत्वपूर्ण आदमी हूँ। भविष्य में जब कभी उसे बुलाऊँ या जो आदेश दूँ, पूरा करना होगा। लक्ष्मणदास भी हमारे भरोसे का साथी बन गया।

बम का मसाला तैयार हो जाने पर बम के बड़े-बड़े खोल बनाने का प्रश्न आया। ऐसे खोलों की आवश्यकता थी जिनमें डेढ़ दो सेर मसाला समा सके। यह निश्चित था कि दूसरों से खोल ढलवाकर संदेह का अवसर न दिया जाय। उपाय भी सरल ही था। पीतल के तीन बड़े-बड़े भारी लोटे खरीद लिये। उनके मुँह के नाप की लोहे की गोल पटियाँ कटवा लीं और उनमें बिजली के तार जाने के लिये सूराख करवा लिए। पटियों को लोटों के मुँह पर लोहे की कड़ियों से कस दिया गया। यह सब काम श्रद्धानन्द बाजार के पिछवाड़े की गली में ही किया गया। अपने पड़ोसियों से तो हम ब्रिटिश सरकार के शासन और सुप्रबन्ध की प्रशंसा करते थे और भीतर की छोटी कोठरी में वाइसराय की गाड़ी के नीचे विस्फोट के लिए बम तैयार कर रहे थे।

तेहखंड में लाइन के नीचे बम

बम तैयार हो जाने पर समस्या थी, वाइसराय की गाड़ी के नीचे बम लगाने के लिये जगह के चुनाव की। पहले विचार था कि वाइसराय के शिमला से दिल्ली लौटते समय कालका-दिल्ली लाइन के नीचे बम विस्फोट किया जाये। उस लाइन का निरीक्षण करने पर उसमें कई असुविधायें दिखायी दीं। अपना काम सफलतापूर्वक कर सकने के लिये हम लोग एक या दो जानों का मूल्य देने के लिये तैयार थे, परन्तु यदि सफलतापूर्वक काम करके जान भी बचायी जा सकती तो और भी अच्छा था। इस विचार से हमें दिल्ली के आस-पास मथुरा लाइन ही सबसे उपयुक्त जँची, क्योंकि इस रेल लाइन के सामानान्तर मोटर की सड़क भी है। बम विस्फोट करने वाला साथी यदि घटना के समय ही मारा न जाता तो इस सड़क से दिल्ली लौटने का यत्न कर सकता था। हमने इसी लाइन को चुना और विस्फोट की योजना के ब्योरे की कल्पना कर ली।

बम ठीक अवसर से पहले लाइन पर से गुजरने वाली गाड़ियों की धमक से न फट जाये, इसलिये धमाके से स्वयं आग पकड़ने वाली कोई चीज उसमें नहीं रखी जा सकती थी। वाइसराय की गाड़ी आने से कई घंटे पहले लाइन के दोनों ओर पहरा लग जाता था। इस बीच में दसियों गाड़ियाँ उस लाइन पर से गुजरती रहती थीं। बमों में आग देने का ऐसा प्रबन्ध करना आवश्यक था कि बम रेल की लाइन के नीचे कुछ दिन पहले से दबे रहे और साधारण सवारी गाड़ियाँ बमों पर से बिना खतरे के गुजरती रहें। वाइसराय की गाड़ी आने पर, लाइन के दोनों ओर पहरा होते हुए भी बमों को उसी गाड़ी के नीचे चला दिया जा सके।

इसके लिये उपाय सोचा कि रेल लाइन से कुछ दूरी पर बिजली की बैटरी रहे। बैटरी से बम तक बिजली के तार गाड़ दिये जायें। वाइसराय की गाड़ी गुजरते समय एक आदमी बैटरी के पास झाड़ियों में छिपा रहे। जिस समय गाड़ी का इंजन बमों के ऊपर पहुँचे नियुक्त आदमी बैटरी का बटन दबाकर बमों में चिनगारी दे दे। हमारी कल्पना के अनुसार इंजन के उलटने से गाड़ी अवश्य गिर जानी चाहिये थी। ऐसी अवस्था में बौंखलाहट पैदा हो जाने पर बम का विस्फोट करने वाला व्यक्ति दिल्ली की ओर भाग जा सकता था।

यह बात हमारे ध्यान से नहीं चूकी थी कि लाइन के समानान्तर जाने वाली सड़क दिल्ली के समीप ओखला में रेल लाइन को लाँघती है। यहाँ सड़क पर रेल का फाटक है। गाड़ी गुजरने से पहिले यह फाटक बन्द हो जाता है और गाड़ी निकल जाने के बाद ही खुलता है। यह आवश्यक था कि बम-विस्फोट करके लौटते हुए आदमी को यह फाटक बन्द मिलता। इस फाटक को लड़कर खुलवाना पड़ता। उस लड़ाई में हमारा साथी मारा

भी जा सकता था और बच भी सकता था। हम लोगों ने यह निश्चय किया कि बम-विस्फोट करने के बाद दिल्ली की ओर लौटने वाला हमारा साथी फौजी अफसर की पोशाक में रहे ताकि घटनास्थल से कुछ ही कदम सुरक्षित निकल जाने पर उसे रोका न जाये और रेल का फाटक खुलवाने में उसका फौजी रोबदाब भी काम आ सके। यह भी आवश्यक था कि घटनास्थल से दिल्ली तक पहुँचने में कम से कम समय लगे। इसके लिये साइकिल के बजाय मोटरसाइकिल अधिक उपयुक्त थी। फौजी अफसर का साइकिल के बजाय मोटरसाइकिल पर सवार होना ही अधिक जँचता था।

रेल लाइन के नीचे बम रात के समय ही दबाये जा सकते थे। रात में सवारी गाड़ियाँ लगभग किस-किस समय उस स्थान से गुजरती हैं, यह तो रेलवे टाइमटेबुल देखकर ही मालूम हो गया, परन्तु मालगाड़ियों के गुजरने का समय कैसे पता लगता? इसके लिये हमारे विचार में आवश्यक था कि कोई व्यक्ति कुछ दिनों तक चौबीसों घण्टे रेलवे लाइन के समीप रहकर परिस्थिति का निरीक्षण करे। इस काम के लिये नियत आदमी के ठहरने के लिये हमने दिल्ली से मथुरा जाती सड़क के किनारे, रेल लाइन के बिलकुल पास मुगलों के समय की एक आधी गिरी हुई सराय या पड़ाव खोज लिया। इस सराय के सामने लगभग बीस कदम पर एक छोटा कुआँ भी है।

अब ऐसे आदमी की जरूरत हुई जो साधु का वेष धरकर इस खंडहर सराय में धूनी रमा ले और चौबीसों घण्टे इस स्थान की परिस्थितियों का निरीक्षण करे। मैं और भगवती भाई दोनों ही इस काम के लिये तैयार थे, परन्तु हम दोनों को और भी बीसियों काम थे, मोटरसाइकिल खरीदना, उसे खूब तेज चला सकने का अभ्यास करना, तारों और बैटरी का प्रबन्ध करना, नये स्थापित सम्बन्धों को कायम रखना, रुपया इकट्ठा करना आदि-आदि।

अभी तक भगवती भाई का ख्याल था कि बम-विस्फोट वे अपने हाथों करेंगे और मेरा ख्याल था कि मैं करूँगा। जो कोई भी इस काम को करता, साधु बनकर यहाँ नहीं बैठ सकता था। मूँड़-मुड़ाये साधु का तुरन्त फौजी अफसर के रूप में बदल जाना कैसे सम्भव होता! मैंने काम के लिये लाहौर से इन्द्रपाल को बुलाना निश्चय किया।

इन्द्रपाल पत्र पाते ही आ गया। पत्र में अपने रहने की जगह का पता लिख देना उचित न था। उसे फ्रन्टियर मेल से आने के लिये लिखा था और समझा दिया था कि गाड़ी दिल्ली स्टेशन पर सुबह साढ़े सात बजे पहुँचेगी। वह साढ़े आठ तक दिल्ली जेल के सामने, किला फिरोजशाह तुगलक में पहुँच जाये। तुगलक का किला दिल्ली के ऐतिहासिक दर्शनीय स्थानों में से है। वहाँ अनेक सैलानी दर्शक आते-जाते रहते हैं। मैं कुछ मिनट पहले ही वहाँ पहुँच गया था।

इन्द्रपाल समय पर आया। हम दोनों घूम-फिरकर किला देखते हुए बातचीत करने लगे! किले के एक आकर्षक स्थान पर पहुँचकर उसने कहा, "यहाँ मेरी एक फोटो तो ले!"

"जब समय आयेगा फोटो भी ले लेंगे!" उत्तर दिया।

उसने आग्रह किया, "नहीं, अभी लो!"

मैंने कैमरे का केस खोलकर उसे दिखाया। कैमरा नहीं था। किसी परिचित के यहाँ से कैमरे का खाली केस उठा लिया था कि ऐसी जगह में शौकीन सैलानी दर्शक समझा

जाऊँ। इन्द्रपाल से मैंने कहा, "अब तुम्हारे लिये घर छोड़कर फरार हो जाने का समय आ गया है।"

"तुम मेरी परिस्थिति समझ लो और जैसा कहो।" इन्द्रपाल ने उत्तर दिया, "मेरे दोनों भाइयों का मेरे सिवा और कोई नहीं है। वे बारह और आठ बरस के हैं। अभी सप्ताह भर पहिले मेरी सगाई भी हो गयी है।"

"खैर, एक या दो महीने के लिये तो आ सकते हो?" मैंने पूछा। अगस्त का महीना था। विचार था कि अक्टूबर के अन्त से पहिले हम काम पूरा कर लेंगे।

"आ जाऊँगा। तुम मेरे दोनों भाइयों के लिये दो महीने के गुजारे का प्रबन्ध कर दो। पिछले दिनों मुझ पर बहुत खर्च पड़ते रहे हैं। इस समय मेरे पास पैसा नहीं है। आने-जाने में भी खर्च होता है।"

"कितना रुपया तुम्हें चाहिये?" मैंने पूछा।

इन्द्रपाल ने हिसाब लगाकर बीस रुपये माँगे। तब रुपये का मूल्य अब से बहुत था।

मैंने दस रुपये इन्द्रपाल को उसी समय दे दिये और एक पुरजा लिख दिया—इसे बीस रुपये दे दिये जायँ। दस्तखत कर दिये 'प्राणनाथ'। उसे समझा दिया—जब मैं तुम्हें दिल्ली आने के लिये लिखूँ, दुर्गा भाभी या बहिन प्रेमवती से रुपये ले लेना। तुम्हें लगभग सितम्बर में आना पड़ेगा।

इन्द्रपाल को मैंने यह नहीं बताया कि उसे आकर करना क्या होगा, न उसने पूछा। इस प्रकार की पूछताछ हम लोग उचित नहीं समझते थे। इन्द्रपाल अनुशासन का पक्का था। उसे मैं अपनी दिल्ली की जगह पर भी नहीं ले गया, क्योंकि आवश्यक न था। इन्द्रपाल लाहौर से चमड़े का एक छोटा सूटकेस साथ लाया था। यह सूटकेस देखने में छोटा, परन्तु बहुत भारी था इसमें सुखदेव के ढलवाये हुए बमों के खोल थे। सूटकेस मैंने अपने हाथ में ले लिया और इन्द्रपाल को स्टेशन पर पहुँचाकर दोपहर की गाड़ी से लाहौर लौटा दिया।

ऊपर 'प्राणनाथ' के नाम से हस्ताक्षर करने की बात आयी है। यह भी रोचक कहानी है। लाहौर से पहिली बार फरार होते समय इन्द्रपाल के पते पर पत्र-व्यवहार का प्रबन्ध कर गया था कि 'प्राणनाथ' के नाम से पत्र लिखूँगा। यह नाम सोचकर नहीं चुना गया था।

एक दिन सुशीला जी ने पूछ लिया, "यह क्या ऊटपटांग नाम तुमने चुना है। पुकारने में झेंप मालूम होती है।"

मज़ाक में उत्तर दिया, "क्या करूँ। ऐसी आशा नहीं कि जिन्दगी में मुझे कोई 'प्राणनाथ' कहेगा इसलिये मैंने नाम ही रख लिया है कि सभी को कहना पड़े।"

"धत्त, असभ्य आदमी।" कहकर सुशीला जी ने फटकार दिया।

उनकी धारणा बन गयी कि मैं 'सभ्य आदमी' नहीं हूँ और जब कभी मेरे नाम की आवश्यकता होती तो वे 'असभ्य आदमी' या 'सभ्यता की पहली पुस्तक' नाम का ही व्यवहार करतीं। देहली में मेरा नाम प्राणनाथ नहीं जगदीश ही चलता था।

सितम्बर में मैंने इन्द्रपाल को देहली आ जाने के लिये लिखा। इस बार उसे दिल्ली पहुँचने के एक घण्टे बाद चाँदनी चौक में एक आधुनिक ढंग के रेस्तराँ 'मानसरोवर' में

मिलने के लिये लिखा था। मैं उससे कुछ मिनट पहले ही पहुँच गया ताकि उसे परेशानी न हो। चाय पीकर हम लोग फतेहपुरी बाजार की एक धर्मशाला में गये। उसके साथ घूमते-घूमते मैंने उसे बताया कि तुम्हें डेढ़ या दो महीने तक साधु के रूप में रहना होगा। वहाँ रहकर जैसे मैं कहूँ, परिस्थिति का निरीक्षण कर खबर देनी होगी। मैं या भगवतीचरण समय-समय पर आकर तुमसे मिलते रहेंगे।

इन्द्रपाल के प्रस्ताव स्वीकार कर लेने पर हम दोनों बाइसिकलों पर दिल्ली से मथुरा जाने वाली सड़क पर गये। दिल्ली से नौ मील दूर सड़क के किनारे रेल लाइन के समीप इन्द्रपाल को मुगलों के समय की टूटी-फूटी सराय दिखाकर बताया, यहाँ तुम रह सकते हो। यहाँ दोनों तरफ समीप गाँव भी हैं। गाँव वालों का विश्वास पाने के लिये तुम्हें भिक्षा माँगकर निर्वाह करना होगा। मैं या भगवतीचरण आकर कुछ न कुछ पहुँचा ही दिया करेंगे।

इन्द्रपाल उस बियावन में अकेला रहने के लिये तैयार हो गया। अब भी उसे वहाँ रहने का प्रयोजन नहीं बताया गया। अगले दिन उसके साधु बन जाने की बात तय हुई। दोपहर बाद मैं और भगवती भाई मथुरा की सड़क पर कौरवों-पाण्डवों के किले में पहुँचे। इन्द्रपाल वहाँ पहिले से मौजूद था। वह सिर और दाढ़ी-मूँछ मुड़ा आया था। हम लोग साधु की आवश्यक साज-सज्जा, भगवे रंग में रंगी पुरानी धोती, एक काला कम्बल, कमण्डल, चिमटा, चिलम और पाव भर तम्बाकू लेते गये थे। इन्द्रपाल ने किले के खण्डहरों में एक सूने स्थान में वेष बदल लिया और तेहखंड की ओर सड़क के किनारे टूटी सराय में धूनी रमाने के लिये चल दिया। हमने उसे दो रोज में आकर खबर लेने का आश्वासन दिया और उसके कपड़ों की पोटली अपने साथ लेकर लौट गये।

तीन दिन बाद मैं साइकिल पर इन्द्रपाल से मिलने गया। सूर्यास्त में कुछ समय शेष था। वह सराय के सामने कुएँ की जगत पर केवल कोपीन-मात्र बाँधे बैठा था। उसका चेहरा उतरा हुआ जान पड़ा। कुएँ की जगत के नीचे आस-पास के गाँवों के दो-तीन आदमी बैठे चिलम पी रहे थे। उन लोगों के सामने मैंने इन्द्रपाल को 'बाबा जी' सम्बोधन कर उसके चरण छूकर प्रणाम किया।

"खुश रहो बच्चा।" इन्द्रपाल ने मुझे आशीर्वाद दिया और प्रश्न किया, "कहो सेठ, कैसे आये?"

साधु के दर्शनों के लिये मैं साधारण स्थिति के दुकानदार की-सी पोशाक में बन्द गले का कोट, धोती और काली किश्तीनुमा टोपी पहिनकर गया था। समीप बैठे लोगों को दिखाने के लिये मैं श्रद्धा से इन्द्रपाल के सामने भूमि पर बैठ गया और बोला, "कल बड़े मुनीम जी मथुरा से बस में लौटे तो उन्होंने बताया कि महाराज यहाँ दिखायी दिये थे, सो दर्शन करने के लिये चला आया हूँ। महाराज की कृपा से अब घर में तबीयत बहुत अच्छी है। महाराज कभी फिर हमारी झोपड़ी पवित्र करें।"

समीप बैठे लोगों से मैं बोला, "महाराज शहर के भीड़-भड़ाके में नहीं रहते। जोगी-तपसी हैं। दिल्ली में तो बड़े-बड़े लोग महाराज के चरणों की धूलि के लिए तरसते हैं। चढ़ती जवानी में संसार की माया छोड़ बैठे हैं पर भगवान ने ऐसी सिद्धी दी है कि जो मुँह से निकल जाय, पूरा हो जाता है। इनकी चुटकी में बड़ी करामात है। हमारी घरवाली चार बरस से माँदी थी, पानी भी नहीं पचता था। महाराज की भभूत की तीन चुटकी में

ठीक हो गयी।'' फिर हाथ जोड़कर इन्द्रपाल से विनय की, ''महाराज, एक चुटकी और दे देते तो घरवाली की काया में जरा बल आ जाता।''

इन्द्रपाल ने गम्भीरता से उत्तर दिया, ''दस-पाँच दिन और देखो, अपने आप ठीक हो जायेगी।''

बैठा-बैठा मैं इन्द्रपाल से बात करता रहा—''महाराज, बाजार बड़ा मन्दा जा रहा है। कारोबार कुछ रह नहीं गया। कभी कुछ बता देते तो भला हो जाता गरीब का।''

मैं प्रतीक्षा कर रहा था कि समीप बैठे लोग उठें तो कुछ काम-काज की बात करूँ। वे लोग सूर्यास्त हो जाने पर ही गये। उन लोगों के जाने पर इन्द्रपाल ने बताया कि वह बड़ी मुसीबत में है। जब से यहाँ आया है, भूखा है। समीप के गाँव में भिक्षा के लिये गया तो अवश्य था, परन्तु संकोच से माँग नहीं सका। केवल एक ही घर के दरवाजे पर पुकार लगायी। किसी और ने ध्यान नहीं दिया। जिस घर पर पुकार लगायी, घर वाली ने सिर्फ एक मुट्ठी आटा लाकर कमंडल में डाल दिया था। वह आटा उसने उसी गाँव के लोगों के सामने चींटियों के भिटे पर डाल दिया था। दूसरे दिन दूसरे घर पर पुकार लगायी। फिर एक ही मुट्ठी आटा भिक्षा में मिला। वह भी उसने चींटियों को ही चरा दिया। बस पानी पर ही निर्वाह था। भूख मारने के लिये बार-बार चिलम पीने से उसके सिर में दर्द हो गया था। चला-फिरा नहीं जा रहा था।

सुनकर बहुत दुख हुआ। तेजी से साइकिल पर लौटा और भगवती भाई को परिस्थिति बतायी। उसी समय परौंठे वाली गली से दस-बारह परौंठे, साग-सब्जी, एक कुल्हड़ में कुछ दही और खुश्क मिठाई, जो जल्दी खराब न हो जाये, लेकर भगवती भाई साइकिल पर तेहखंड में इन्द्रपाल की कुटिया पर पहुँचे और इन्द्रपाल को भोजन कराया। दो-तीन दिन अपनी भिक्षा के आटे से इन्द्रपाल चींटियों को ही भोजन कराता रहा था।

गाँव वालों ने विस्मय प्रकट किया, ''महाराज, क्या आप कुछ नहीं खायेंगे?''

इन्द्रपाल ने उदारता से उत्तर दिया, ''बच्चा, यह भी शिव जी की सृष्टि है। इसका भी पेट भरना चाहिये। जब थोड़ा भोजन हो तो छोटे जीव का पेट भरता है, अधिक भोजन हो तो बड़े जीव का।''

समीपी गाँवों के लोगों पर उसके व्यवहार का बहुत प्रभाव पड़ा। वह एक ही घर से भिक्षा माँगने के व्रत पर दृढ़ रहा, परन्तु अब वह जिस द्वार पर पुकार लगाता, यथेष्ट भिक्षा मिल जाती। कभी-कभी लोग स्वयं ही कुटिया पर भोजन पहुँचा देते।

कुएँ से पानी निकालने के लिये एक रस्सी, कुछ गोलियाँ एस्प्रीन की, एक शीशी अमृतधारा, हिन्दी रामायण, एक पुस्तक हिन्दी हस्तरेखा और एक व्याघ्र चर्म हम लोगों ने इन्द्रपाल को पहुँचा दिया। मैं और भगवती भाई प्रायः ही दिल्ली के लाला लोगों के वेष में जाकर देहातियों के सामने 'बाबा जी' के प्रति श्रद्धा प्रकट करते रहते थे।

इन्द्रपाल समीप के गाँव मदनपुर और तेहखंड में रामायण की कथा भी बाँचने लगा। लोग उससे दवा-दारू भी लेने लगे। कोई अपने भाग्य की बात भी पूछने आ जाता। वह कभी किसी से कुछ न माँगता। उसके कहने से गाँव वालों ने कुछ घड़े पेड़ के नीचे कुएँ पर लाकर रख दिए थे। वह स्वयं या गाँव वाले कुएँ से पानी खींचकर इन घड़ों को भर देते और 'बाबा जी' आते-जातों को जल पिलाते रहते।

बाबा जी के डेरे टूटी सराय के समीप ही रेल लाइन के फाटक के चौकीदार चेतराम की गफलत से दो जानवर रेल से कट गये थे। वह आकर इन्द्रपाल के सामने रोया—अब क्या होगा!

इन्द्रपाल ने एक मिनट आँख मूँदकर आदेश दिया, "प्याऊ पर बैठकर राम-नाम जपते रहो। दस प्यासों को पानी पिलाये बिना मत उठना। तेरा कुछ नहीं बिगड़ेगा।"

चौकीदार ने आदेश पूरा किया। अवसर की बात वह केवल आठ आने जुरमाना देकर छूट भी गया। कान, दाँत, सिर या कमर की दरद की शिकायत करने वाले आते तो इन्द्रपाल एस्प्रीन की पिसी हुई गोलियाँ अपनी धूनी की भस्म में मिलाकर दे देता। यह दवाइयाँ देते समय थोड़ा बहुत पाखण्ड भी अवश्य करता, उदाहरणतः आँख मूँदकर बीमार के सिर को झटका दे देना या आकाश की ओर देखकर चुटकी बजाकर 'जा' कह देना।

आरम्भ में तेहखंड के प्याऊ पर इन्द्रपाल को काफी असुविधा हुई। भूखा रहा, मच्छरों ने तंग किया। सबसे बढ़कर उस बियाबान और खंडहर में साँपों का भय था। एक बार तो साँप पर उसका पाँव ही पड़ गया था। अपने परिचित एक डाक्टर से हमने साँप काटने की जो दवाई मिल सकी, वह भी उसे पहुँचा दी थी। सब कष्ट सहकर भी इन्द्रपाल ने कोई शिकायत न की, न यह जिज्ञासा की कि उसे वहाँ व्यर्थ में कष्ट झेलने के लिए क्यों रखा गया है! पास-पड़ोस के गाँवों के लोगों को उसके प्रति श्रद्धा हो गयी। लोगों ने प्याऊ के आस-पास की जगह खूब साफ कर दी। गाँव-देहात में जिस प्रकार का भोजन मिल सकता था, उसकी भी उसे कमी न रही।

हम लोगों ने अपनी योजना अनुसार एक पुरानी फौजी मोटरसाइकिल लगभग सवा तीन सौ रुपये में खरीद ली थी। इस मोटरसाइकिल पर अभ्यास करने के लिए मैं तेहखंड के प्याऊ के समीप सड़क पर से मथुरा की ओर आता-जाता रहता था। मोटरसाइकिल पर इन्द्रपाल के समीप से गुजरता तो साहबी ढंग के कपड़े पहिने रहता था, इसलिए उससे बात करने के लिए खड़ा न होता; केवल देख भर लेता कि वह मजे में है। दो अवसरों पर कुछ जरूरी सन्देश देने के लिए ही वहाँ खड़ा भी हुआ। खड़ा होने का बहाना यह किया कि मोटरसाइकिल के इंजन में पानी भरना आवश्यक है। देहाती बेचारे यह नहीं जानते थे कि मोटरकार के इंजन की तरह मोटरसाइकिल के इंजन में पानी नहीं भरा जाता। उसमें पानी के लिए कोई स्थान ही नहीं होता। मैं मोटरसाइकिल के आगे 'कारबाइड' लैम्प में पानी भरवा लेता था।

साधारणतः मैं इन्द्रपाल के यहाँ लाला लोगों जैसी पोशाक में ही जाता था। मुझे साहब की पोशाक में देखकर इन्द्रपाल के भक्तों ने कभी पहिचानने की चेष्टा नहीं की। साधारणतः लोग शायद कपड़े और व्यवहार ही देखते हैं चेहरे नहीं। हमारा अपना भाव ही हमें सतर्क किए रहता है।

इन्द्रपाल को लगभग कोई तीन सप्ताह तेहखंड की प्याऊ में सब कष्टों के बीच रखकर भी यह न बताया गया था कि उसे वहाँ क्या करना था। यह सावधानी इसलिए थी कि इन्द्रपाल स्थानीय संकटों से ऊबकर चल दे तो रहस्य बताना व्यर्थ होगा। इन्द्रपाल ने क्रांतिकारियों के योग्य दृढ़ता और निष्ठा का परिचय दिया। सब योजना तैयार थी। हमारे सूत्रों से यह भी पता लग चुका था कि वाइसराय अक्टूबर के दूसरे हफ्ते में बम्बई जा रहे

थे। चार-पाँच दिन बाद वहाँ से चौबीस अक्टूबर को लौटेंगे। सब संयोग जुट जाने पर काम कर डालने का निश्चय कर लिया था।

वाइसराय की गाड़ी के नीचे बम विस्फोट कौन करेगा, यह निश्चय करने में अब विलम्ब नहीं किया जा सकता था। उस आदमी के नाप की फौजी वर्दी तुरन्त बनवा लेनी चाहिए थी। विस्फोट स्वयं करने के लिए जितने तर्क मैंने दिए, उनका सार यही था कि मेरी अपेक्षा दल के लिए भगवती भाई का अधिक दिन बचे रहना उपयोगी होगा। उन्होंने एक नया तर्क पेश किया, "मेरे लिए काम कर सकने में सबसे बड़ी अड़चन जयचन्द्र द्वारा मेरे विरुद्ध किया गया प्रचार है। यदि तुम वह काम करते हुए मारे गए, जिसकी पूरी आशा है, तो मेरे लिए यह एक कलंक बन जायेगा कि मैंने तुम्हें भेजकर मरवा दिया है।"

एक रोज बहस में जरा गरमा-गरमी हो गयी। कुछ झुंझलाकर मैंने उत्तर दिया, "क्या बचकानी दलीलें देते हो! कौन ऐसा मूर्ख है जो यह विश्वास कर लेगा कि सी० आई० डी० के आदमी ने वाइसराय की ट्रेन के नीचे बम चलवा दिया। सी० आई० डी० का काम बम चलवाना नहीं, ऐसी घटना के पूर्व ही घटना की योजना को पकड़वा देना है।"

भगवती भाई मुस्करा दिए और मुझे बाँहों में लेकर बोले, "यार, तुझसे पार पाना मुश्किल है!" उसी समय हम लोग नयी दिल्ली कनाट-सरकस में गये। मेरे लिए खाकी जीन की फौजी अफसर की वर्दी का नाप दे दिया गया। सब तैयारी हो चुकी थी। हम लोगों ने निश्चय किया था कि भगवती भाई एक बार फिर कानपुर जाकर गणेशशंकर विद्यार्थी द्वारा आज़ाद से सम्पर्क स्थापित करने की चेष्टा करें।

अभिप्राय था कि हमारी योजना या प्रयत्न को एक व्यक्तिगत चीज न समझ लिया जाये। इस घटना को हिसप्रसे की ओर से सरकारी दमन का विरोध माना जाये। हिसप्रसे के कमाण्डर-इन-चीफ (आज़ाद) के नाम से इस अवसर पर घोषणा प्रकाशित हो। कानपुर से भगवती भाई को झाँसी में आज़ाद के सूत्र साथी सदाशिवराव के भाई शंकरराव का पता मिल गया। वे झाँसी पहुँचे। वहाँ पता लगा कि आज़ाद ग्वालियर में थे और दल के साथी और आज़ाद आर्थिक कठिनाई के कारण बहुत परेशान थे।

भगवती भाई ने आज़ाद को सन्देश भिजवाया कि पंजाब और दिल्ली में स्थिति उतनी खराब नहीं है। वहाँ साथियों के लिये शरण का और कुछ रुपये का भी प्रबन्ध हो सकता है। हम लोग आज़ाद से आवश्यक परामर्श के लिये मिलना चाहते हैं और फिलहाल सहायता के लिये पाँच सौ रुपया तुरन्त ही दे सकेंगे। उत्तर आने में कुछ समय लगना आवश्यक था। चार दिन बाद फिर कानपुर आकर पता लेने की बात कहकर वे दिल्ली लौट आये। दल और आज़ाद से सम्बन्ध हो जाने की हमें पूरी आशा हो गयी।

कुछ दिन पहले मैं इन्द्रपाल से कह आया था कि विशेष रूप से सतर्क रहकर, रात में दस बजे से पाँच बजे तक जागकर यह पता ले कि दिल्ली या मथुरा से किस-किस समय सवारी या माल की गाड़ियाँ आती-जाती हैं। वह उस स्थान पर कई दिन रह चुका था। रेल-लाइन की देख-भाल और मरम्मत के सम्बन्ध में सभी बातें जान गया था। उन दिनों रात में ग्यारह बजे के बाद सुबह पाँच बजे तक उस लाइन पर सवारी गाड़ियाँ न गुजरती थीं। वह समय माल गाड़ियों के आने-जाने का था। एक दिन इन्द्रपाल को सावधान कर दिया कि वह आने वाली रात किसी मुसाफिर को अपने पास टिक जाने के लिये उत्साहित

न करे। उससे पूर्व एक-दो बार कुछ मुसाफिर उसके यहाँ टिक चुके थे। उसे बताया कि आज रात मैं देहली से बम लाऊँगा। हम दोनों मिलकर उन्हें रेलवे लाइन के नीचे दबा देंगे। यह जानकर कि हम लोग वाइसराय की गाड़ी के नीचे बम विस्फोट कर रहे हैं, इन्द्रपाल को बहुत उत्साह हुआ। प्रसन्नता से चमकती आँखों और गद्‌गद् स्वर से बोला, "यार, यह काम हो जाय तो मैंने जो कष्ट सहा है, उसे कुछ भी न समझूँगा।"

उसी रात साढ़े नौ बजे के लगभग पीतल के बड़े-बड़े लोटों में बने दो बम और रेल लाइन के नीचे कंकड़-पत्थर कूटकर कड़ी बना दी गयी जमीन खोद सकने के लिये खुरपी, एक बड़ा ड्रिल (लोहे में छेद करने का बरमा), एक छोटा सम्बल आदि सामान साइकिल के पीछे बाँधकर मैं दिल्ली से तेहखंड पहुँचा। क्वार की रातें थीं। पूर्णिमा ही रही हो या उससे एक दो दिन आगे-पीछे। इन्द्रपाल टूटी हुई सराय के सामने कुएँ की जगत पर चाँदनी में बैठा मेरी प्रतीक्षा कर रहा था। उसे बम दिखलाकर कहा, "इन्हें लाइन के नीचे गाड़ना है।"

बम देखकर इन्द्रपाल के नेत्र उत्साह से चमक उठे। तुरन्त लाइन पर जाकर काम आरम्भ कर देना उचित न था। ग्यारह बजे तक दो गाड़ियाँ लाइन पर गुजरने वाली थीं। उसके बाद चार घण्टे तक हम निर्विघ्न लाइन के नीचे गढ़े खोदकर उनमें बमों को दबाकर गढ़े पाट देने और लाइन के नीचे बिछी रोड़ी को फिर जैसा का तैसा बना देने का काम कर सकते थे। रात में तीन बजे के बाद पहिले दो मालगाड़ियाँ ही गुजरती थीं। यह भी ख्याल था कि यदि मसाले को शान्त बनाने में कोई भूल-चूक रह गयी हो तो सवारियों की जान का नुकसान न होकर मालगाड़ी पर ही चोट पड़े, व्यर्थ की नर-हत्या न हो।

लगभग सवा या डेढ़ घण्टे प्रतीक्षा का समय काटने के लिये हम दोनों ने खण्डहर सराय की छत पर आकर बैठने का निश्चय किया। साइकिल को सराय के भीतर के घने अँधेरे में छिपा दिया। छत पर बैठने के लिये इन्द्रपाल का कम्बल और बाघ-चर्म ले लिया। बमों की गठरी को भी साथ ऊपर लेते गये। सराय के कोने पर दीवार गिरी हुई थी इसलिये ऊपर चढ़ जाने में कोई कठिनाई न हुई।

खरीफ की फसल कट चुकी थी। सराय के चारों ओर दूर-दूर तक सब ओर सूखे खेत खाली पड़े थे। आस-पास की रेतीली जमीन चाँदनी में खूब चमक रही थी। सूखी घास या छोटी-मोटी झाड़ियाँ धरती के रंग में ही मिल गयी थीं। सड़क के किनारे के बड़े-बड़े वृक्ष भी सराय की छत पर से चाँदनी में चमचमाते पौधे से ही जान पड़ रहे थे। वृक्षों की छाया उनके नीचे ही सिमटी हुयी थी। सराय के एक ओर समीप तारकोल बिछी काली सड़क और दूसरी ओर लगभग तीन सौ क़दम पर रेल लाइन की फौलादी लकीर भी चाँदनी में चमचमा रही थी। शीतल उज्ज्वल चाँदनी भरपूर बरस रही थी। केवल टिटिहरी की आवाज ही कभी-कभी सुनसान रात की चुप्पी को भंग कर जाती थी।

मैं और इन्द्रपाल छत पर बैठकर समय बिताने के लिये बेतकल्लुफी में गप्प लड़ाने लगे। ख्याल था कि यहाँ कोई हमारी बात नहीं सुन सकता। बातें भी-क्या थीं, लाहौर की घटनाओं को याद कर बड़े जोर-शोर से दोनों कहकहे लगा रहे थे। हँसी में लोट-पोट होकर दोनों की आँखों में पानी भर-भर आता था।

"कौन है? खबरदार! हाथ न हिलाना!" कड़े और ऊँचे स्वर में डपट सुनायी दी। आवाज टूटी हुई दीवार से सराय की छत पर चढ़ने के रास्ते से सुनायी दी थी। उस ओर

दृष्टि गयी तो देखा, मुंडेर से ऊपर वर्दी पहिने पुलिस के दो सिपाही सिर उठाये हम लोगों को अपनी बन्दूकों का निशाना बनाये हैं।

ऐसी हालत में घबराहट कैसे न होती। मेरी कमर में पिस्तौल तो जरूर था, लेकिन हाथ हिलाने का अवसर तो चाहिये था।

इन्द्रपाल मुझे कोहनी से संकेत कर धीमे से बोला, "पिस्तौल!"

चुप रहने का इशारा कर मैंने बहुत भोले ढंग से सिपाहियों को सम्बोधन किया, "आप कौन लोग हो हुजूर?"

"तुम कौन हो?" सिपाहियों ने और कड़े स्वर में डाँटा। उनका उत्तर इन्द्रपाल ने बहुत धैर्य से दिया, "हम साधु महात्मा हैं। महीना दिन से यहाँ धूनी लगा रहे हैं। तुम लोग किसे ढूँढ़ रहे हो?"

सिपाहियों ने मेरी ओर संकेत किया, "यह कौन है?"

"एक भगत है।" इन्द्रपाल ने उत्तर दिया।

मैं हाथ जोड़, गिड़गिड़ाकर कोहनियाँ और कन्धे जनखों की तरह हिलाते हुये बोला, "हुजूर माई-बाप हो। हम तो मथुरा जी के बनिये हैं।" बात करते-करते मैं खड़ा भी हो गया और कूद सकने का अवसर देखने के लिये सराय के नीचे आस-पास जमीन पर नजर डाली। देखा, नीचे दस-बारह आदमी लाठियाँ लिये प्याऊ को घेरे खड़े थे। अब पिस्तौल की अपेक्षा पहले बात बना सकने के चातुर्य पर ही भरोसा उचित था।

इन्द्रपाल ने सिपाहियों को फिर सम्बोधन किया, "हम साधु-महात्मा हैं। आप लोग सरकार हैं। आपको साधु-महात्मा को सताना नहीं चाहिये। आप लोगों का काम हमारी रक्षा करना है।"

सिपाहियों ने उसे उत्तर दिया, "बाबा जी, हम तुम्हें कुछ नहीं कहते। तुम राम का नाम जपो, धूनी रमाओ, लेकिन चोर-डाकू तुम्हारे यहाँ आयेंगे तो उन्हें तो पकड़ना ही पड़ेगा।"

"यह चोर-डाकू है!" इन्द्रपाल ने बहुत विस्मय प्रकट किया और फिर मुझे सम्बोधन किया, "क्यों बे, तू चोर-डाकू है?"

मैं फिर हाथ जोड़कर गिड़गिड़ाया, "नहीं बाबा जी, हम तो मथुरा जी के बनिये हैं। सच्ची जानो, बाबा जी जमुना मैया की सौगन्ध, चलकर मथुरा जी में हमारे मुहल्ले में पूछ लो। सब लोग जानते हैं कि हम बड़े गरीब बनिये हैं।"

इन्द्रपाल ने करुणा प्रकट कर मेरी सिफारिश की, "यह साला क्या चोर-डाकू होगा!"

आगे बढ़ आये सिपाहियों में से एक ने उसे उत्तर दिया, "बाबा जी, तुम क्या जानो! यह बम का गोला फेंकने वाला बदमाश है। बन रहा है। आजकल ऐसे बहुत से बदमाश फरार हैं।"

"अपने हाथ तो दिखा बे!" सिपाही ने हुक्म दिया।

रोहतक में बम का मसाला बनाते समय पिक्रिक एसिड के स्पर्श से हाथों पर जो लाली चढ़ गयी थी, वह अभी तक शेष थी। सिपाही छत की मुंडेर लाँघकर हम लोगों के बिलकुल समीप आ गये थे। बार-बार हाथ जोड़ते समय मेरे हाथों की लाली आगे बढ़े

सिपाही को दिखायी दे गयी होगी। उनमें से एक अब भी बन्दूक की नली हमारी ओर किये बगल में थामे था, परन्तु दूसरे ने बन्दूक का कुन्दा छत पर टेक दिया था।

सिपाही ने प्रश्न किया, "तू बम का गोला नहीं फेंकता तो हाथ लाल कैसे हैं?"

सिपाही के उस ज्ञान का आधार या स्रोत क्या था, मैं नहीं समझ सका। उन दिनों कुछ समय पूर्व बहुत जगह क्रांतिकारी लोग गिरफ्तार हुए। सम्भव है उनमें से किसी के हाथ पिक्रिक एसिड के प्रभाव से लाल रहे हों या किसी मुखबिर ने यह भेद दे दिया हो। फरारों को पकड़ने के लिये ऐसी पहिचानें पुलिस के अधिकारी साधारण सिपाहियों को बताते रहते होंगे। हाथों की लाली के कारण ही किसी व्यक्ति का सम्बन्ध बम बनाने के काम से समझ लेना चाहे न्यायसंगत न रहा हो, परन्तु मेरे बारे में तो यह अनुमान ठीक ही था। सिपाही के ऐसा ठीक अनुमान कर लेने पर मुझे घबराहट भी अवश्य हुई, परन्तु अवसर पिस्तौल पर भरोसा करने का न था इसलिए और भी अधिक गिड़गिड़ाहट से हाथ जोड़ बिनती की, "हुजूर, भौजाई ने मेंहदी पिसवाई थी, मैंने भी तनिक सी लगा ली। तिससे हाथ लाल हो रहे हैं।"

इन्द्रपाल ने क्रोध में फटकारा, "अबे हीजड़े, सरम नहीं आती; मर्द होके बयरबानी (औरत) के लिए मेंहदी पीसता है!"

मैंने रुआँसे हो उत्तर दिया, "महाराज, क्या करें गरीब आदमी हैं। भौजाई का कहना नहीं करूँ तो भैया मारकर घर से निकाल देते हैं। एक बार तो उठाकर मूसल मार दिया था।" मैंने सिर आगे बढ़ाकर दिखाया, "यह देखो!"

सिपाहियों को मेरे व्यवहार से मेरे निकम्मे और कमजोर आदमी होने का विश्वास हो गया। उन्होंने डाँटा, "साले मेंहदी लगायी है कि सुलफा भी पीता है?" उसने मेरा हाथ सूँघकर देखा।

गिड़गिड़ाकर मैंने स्वीकार किया, "महाराज, कभी-कभी ऐसे ही साधु-सन्त मन्दिरों में आकर बैठते हैं तो साधु-संगत में पी लेता हूँ।"

सिपाहियों ने वास्तविकता भाँपने के लिए मेरे घर-बार, कारोबार और माँ-बाप का ब्योरा पूछना शुरू किया। मैंने गिड़गिड़ाते और आँखें पोंछते-पोंछते बहुत ब्योरे से अपनी करुण कथा सुना दी कि रंग जी के मन्दिर से आगे नीचे वाली गली में सिद्धे साहू की लाल हवेली के पास मकान है। माँ-बाप दोनों ही बचपन में मर गये थे। दो बड़े भाई हैं। मुझे कुछ हिस्सा नहीं देते। बड़ी भौजाई बहुत तंग करती है सो मैं कारोबार ढूँढ़ने दिल्ली जा रहा था। इन बाबा जी का बड़ा जस सुना था कि बड़ा अच्छा सट्टा बता देते हैं सो दरसन के तई ठहर गया।

सिपाही भारतीय-दण्ड विधान की सभी धारायें रटे हुए था। बोला, "तुझे तो थाने ले जाना ही पड़ेगा। कैसे छोड़ सकते हैं! सुलफा तू पीता है, सट्टा तू करता है और फिर तू बिना कारोबार के घूम रहा है। दफा १०९ में भी तेरा चालान करना ही पड़ेगा। तू हमारे साथ बदरपुर के थाने में चल। कोई तेरा जमानत देने वाला होगा तो छुड़ा ले जायेगा।"

एक सिपाही ने अपनी कमर में लिपटी हथकड़ी और जंजीर खोलकर मेरी ओर बढ़ायी, "चल, हाथ बढ़ा!"

मैं छिटककर, भय दिखाते हुए उससे दूर हट गया। सिपाही की इस दृढ़ता से मेरा धैर्य हिलने लगा था। आँसू पोछने के लिए धोती का छोर उठाने के बहाने एक बार पिस्तौल को छू भी चुका था, परन्तु एक बार फिर यत्न किया और गिड़गिड़ाकर बोला, "हुजूर, थाने में जाने से मेरी जात बिगड़ जायेगी। फिर भौजाई घर में नहीं रखेगी। बिरादरी बाहर कर देगी। मेरी सगाई टूट जायेगी।"

सिपाही मुझसे भद्दे मजाक करने लगे। मेरे बयान की सच्चाई जाँचने के लिये उन्होंने मेरे घर-बार और कारोबार के सम्बन्ध में दुबारा प्रश्न किये कि मैं कहीं उखड़ता तो नहीं। भला इस कसौटी पर क्या उखड़ता! अक्षरशः पहिले ही बयानों को दुहराता गया और अपनी जात बिगड़ जाने और सगाई टूट जाने के प्रति भय, कातरता प्रकट करता रहा।

सिपाहियों को मजाक करते देखकर इन्द्रपाल ने एक सिपाही को सम्बोधन किया, "जमादार जी जरा सुनो तो!" और सिपाही के कन्धे पर हाथ रखकर उसे टूटी मुंडेर की तरफ ले गया।

मैंने समझा कि इन्द्रपाल ने दोनों सिपाहियों को अलग-अलग कर दिया है और वह उस सिपाही को मुंडेर के पास ले जाकर, नीचे धकेलकर बन्दूक छीन लेगा। उसी समय मैं अपने समीप खड़े सिपाही की बन्दूक एक हाथ से थामकर, पिस्तौल दिखाकर बन्दूक उससे छीन लूँगा।

मैं साँस रोके इन्द्रपाल के पहल करने की प्रतीक्षा में था। उसकी ओर से ऐसा संकेत न मिला बल्कि मेरे समीप लौट वह बोला, 'निकाल बे, क्या है तेरे पास? जमादार साहब के हवाले कर, नहीं तो साले थाने में जाकर कोड़े लगेंगे। जेल में मर जायेगा।"

मैंने अपनी जेब से दस रुपये का एक नोट, एक रुपया और चवन्नी निकालकर इन्द्रपाल को दे दिया।

इसी समय सिपाही की दृष्टि मेरी जेब पर पड़ी। उस ओर संकेत कर उसने पूछा, "तू तो बड़ा गँवार बनता है, यह कलम कहाँ से लिया?"

सिपाही के इस प्रश्न से मैं जरूर सशंक हुआ, क्योंकि मेरे अब तक के बयान में और फाउन्टेनपेन में कुछ सामंजस्य नहीं हो सकता था। यह कलम किसी परिचित से झटका हुआ वाटरमैन फाउन्टेनपेन था, परन्तु मैं 'बना' ही रहा और उत्तर दिया, "यह तो हुजूर हिंडोलों के मेले में साढ़े नौ आने में लिया था।"

कलम वास्तव में उस समय भी दस-बारह रुपये का रहा होगा।

यही अच्छा हुआ कि सिपाही का ख्याल बदल गया था। विद्रूप से मुस्कराकर उसने कहा, "साला पढ़ना-लिखना जानता नहीं, कलम लगाकर बड़ा मुंशी बना हुआ है।"

इन्द्रपाल ने सिपाहियों से सौदा कर लिया। ग्यारह रुपये उन्हें देकर चवन्नी यह कहकर स्वयं रख ली कि इससे बाबा जी दम लगायेंगे। सहसा मुझे ख्याल आया कि कुछ भी पास न रह जाने पर भी मुझे घबराते न देखकर, कहीं सिपाहियों को फिर संदेह न हो इसलिये हाथ जोड़ विनय की, "महाराज, दिल्ली तो अभी बीस कोस है। मोटर के किराये के ताईं एक रुपया लौटा दो। सुबह दो पैसे का चबेना ही ले लूँगा, पानी पीने के लिये।"

सिपाहियों ने विश्वास में एक रुपया तो लौटा ही दिया और साथ ही नसीहत भी कर दी कि अगर फिर कोई सिपाही रास्ते में टोके तो न रात की घटना उससे कहूँ और न यह

बताऊँ कि मथुरा से आ रहा हूँ बल्कि यह कहूँ कि देवी के मेले से लौट रहा हूँ। समीप ही कहीं देवी के स्थान पर मेला था, उसका पता भी उन्होंने बता दिया। सिपाही संतुष्ट होकर प्याऊ को घेरे हुए लट्ठबंद देहातियों को लेकर चले गये।

इन लोगों के चले जाने पर हमने आश्वासन का साँस लिया और फिर हँसने लगे— अच्छे फँस गये थे, बचे भी खूब! समझा कि सिपाहियों का ध्यान हमारी ओर आकर्षित होने का कारण रात के सन्नाटे में छत पर बैठकर जोर से हो-हो करके हँसना था। उन दिनों दिल्ली से मथुरा की सड़क पर कई डकैतियाँ हो चुकी थीं इसलिये बदरपुर के थाने से दो सशस्त्र सिपाही दिल्ली के समीप निजामुद्दीन चौकी की ओर रौंद लगाने आते थे और दो सिपाही निजामुद्दीन से बदरपुर की ओर जाते थे। सड़क पर जहाँ इन लोगों का मेल हो जाता, वहाँ से अपने-अपने थानों की ओर लौट जाते। इन्द्रपाल ने और सब बातें, रेल लाइन के समीप कुत्तों के भौंकने की जगहें या खेतों में रखवाली के लिए जगह-जगह किसानों के सोने के स्थान तो मुझे बता दिए थे, परन्तु सिपाहियों की रौंद की चर्चा करना भूल गया था। सड़क पर डाकुओं की सम्भावना मालूम हो जाने पर भी साइकिल पर अकेले आने-जाने में मुझे कभी हिचक नहीं हुई।

सिपाहियों के साथ इस झगड़े में लाइन पर से गुजरने वाली दोनों गाड़ियाँ निकल गयी थीं। हम लोग जमीन खोदने का सामान और बम कन्धों पर लादकर लाइन पर पहुँचे। यहाँ लाइन के नीचे एक छोटे से नाले पर पुल है। बम दबाने के लिए हमने पुल का सिरा ही चुना। अभिप्राय था कि लाइन टूटने पर इंजन नाले की गहराई में गिरे और अधिक से अधिक नुकसान हो।

लाइन के नीचे रोड़ी कुटी जमीन में गढ़े खोदने में काफी परिश्रम पड़ा, लेकिन हम लोगों ने बम दबा दिए और सराय में लौटकर बमों पर से पहली गाड़ी के गुजरने की प्रतीक्षा करने लगे। कह ही चुका हूँ कि तीन बजे एक मालगाड़ी गुजरती थी। जब मालगाड़ी बमों पर से धड़धड़ाती हुई गुजर गयी तो हम लोगों को अच्छा मसाला बना लेने की अपनी सफलता पर पूरा विश्वास हो गया।

वह रात मैंने इन्द्रपाल के साथ ही कम्बल में काटी, क्योंकि उस समय दिल्ली की ओर जाने से रौंद के सिपाहियों या डाकुओं से सामना करने का कोई लाभ न था। पहले रात में तो उजली चाँदनी बड़ी प्यारी लग रही थी, परन्तु फिर खूब जाड़ा लगने लगा था। प्रातःकाल मुँह-अँधेरे ही साइकिल पर दिल्ली की ओर लौटा। उस समय बदरपुर, मदनपुरा और तेहखंड के बहुत से दूध बेचने वाले साइकिलों पर दूध लेकर दिल्ली की ओर जाते हुए सड़क पर मिलते थे।

मकान पर लौटकर रात की घटना भगवती भाई को सुनायी। उन्होंने मेरी चतुराई की प्रशंसा करने के बजाय बेपरवाही में जोर-जोर से हँसकर ध्यान आकर्षित करने के लिए फटकार दिया और बोले कि अब मुझे रात में अकेले तेहखंड नहीं जाने देंगे। वहाँ अभी काफी काम शेष था। एक बड़ा बम और गाड़ना था और लाइन से सड़क से समीप किसी झाड़ी तक बिजली का तार लगाना भी शेष था। अगले दिन हमने तीसरा बम भी तैयार कर लिया और बिजली के तार भी लगभग अढ़ाई सौ गज खरीद लिए।

भगवती भाई को मैंने समझाने की बहुत कोशिश की कि हम लोग अब असावधानी न करेंगे। तुम साथ न चलो, कोई भी आकस्मिक बात हो सकती है। कम से कम एक

आदमी का सुरक्षित बचे रहना आवश्यक है। साथ चलने के लिए उन्हें अनुत्साहित करने का एक कारण यह भी था कि उनके नाक या गले में कुछ कष्ट था। शायद एडीनाइड्स में कुछ खराबी थी। इस कारण वे खूँ-खूँ करते रहते थे और उनके साँस लेने का शब्द भी दूर तक सुनायी पड़ता था।

रात दस और बारह के बीच सराय के पास से रौंद के गुजरने का पता लग चुका था। रौंद वालों के कुछ देर तक इन्द्रपाल के समीप आ बैठने की सम्भावना भी थी। ऐसे समय प्याऊ में चुपचाप दुबक कर छिपना पड़ता और भगवती की खूँ-खूँ और साँस की आवाज संकट का कारण बन सकती थी।

हम लोग रात दस बजे इन्द्रपाल के पास पहुँच गये। कुछ सर्दी होने के कारण इन्द्रपाल धूनी के समीप ही बैठा था। उसने बताया कि रौंद करने वाले सिपाही साढ़े दस के करीब सराय के पास से निजामुद्दीन की तरफ जाते हैं और साढ़े ग्यारह बजे बदरपुर की ओर लौटते हैं। प्रायः लौटते समय ही वे इन्द्रपाल के पास चिलम पीने के लिए कुछ मिनट के लिए बैठते हैं।

सराय की एक कोठरी साबित थी। इसी में इन्द्रपाल की धूनी थी। साथ की कोठरी प्रायः गिरी हुई और मलबे से भरी हुई थी। सिपाहियों के आने के पहिले ही हम लोगों ने टार्च लेकर उस कोठरी में बैठने की जगह देख ली थी। सड़क पर बदरपुर की ओर से आने वाली रौंद के जूतों की आहट की प्रतीक्षा करने लगे। कुछ देर में आहट सुनायी दी। मैं और भगवती टूटी हुई कोठरी के कोने में जाकर दुबक गये। साइकिलें भी यहीं छिपाकर रख ली थीं। दोनों के बायें हाथों में टार्च और दायें हाथों में पिस्तौल तैयार थे। रौंद की आहट समीप आती जा रही थी। सिपाहियों के बिलकुल समीप आ जाने पर उनकी पुकार सुनायी दी, "जय हो बाबा जी, बम भोलेनाथ, मजे में हो!"

"आओ-आओ, जमादार बैठो, एक चिलम हो जाये।" इन्द्रपाल ने पुकारकर उत्तर स्वागत भरे स्वर में दिया।

"लौटते हुए बैठेंगे बाबा जी।" उत्तर देकर सिपाही चले गये।

जान में जान आयी। सोचा, अभी तो बला टली, परन्तु लौटते समय तो सिपाहियों को वहाँ बैठना था। सोच रहा था, कहीं भगवती भाई की 'सूँ-सूँ' और 'खूँ-खूँ' कोई रंग न लाये। सिपाहियों के कुछ दूर चले जाने पर इन्द्रपाल धीमे से बोला, "दम साधे रहो बेटा!"

क्रोध दिखा मैंने उसे फटकारा, "कमबख्त, अपने ताऊ को चिलम पिलाने के लिए क्यों बुला लिया?"

"तुम चण्डालों ने मुझे बहुत दुख दिया है।" इन्द्रपाल ने उत्तर दिया, "दस-पन्द्रह मिनट तुम भी तो मजा देखो!"

हम लोग बाहर आकर धूनी के पास बैठ गये और सिपाहियों के लौटने की आहट की प्रतीक्षा करने लगे। आहट पाकर फिर दुबक गए।

लौटते समय सिपाही इन्द्रपाल के पास आ बैठे। आवाज से मैं पहचान गया कि उनमें से एक वही सिपाही था जिसने मुझसे दस रुपये झटक लिए थे। इस सिपाही का नाम भी इन्द्रपाल ने मालूम कर लिया था और अपने बयान में इसका नाम, नम्बर अदालत में बता दिया था। सिपाही साहब अदालत में पेश भी किये गये थे और बाद में रिश्वतखोरी के

अपराध में बरखास्त भी हो गये थे। यह सिपाही बदरपुर थाने का था और इसका नम्बर ग्यारह था।

इन्द्रपाल की गिरफ्तारी के बाद उसके सरकारी गवाह बनकर बयान देने पर तेहखंड के इलाके के बहुत से आदमी, जिनका इन्द्रपाल ने अपने बयान में जिक्र किया था, उसके बयानों की सच्चाई के प्रमाण-स्वरूप अदालत में पेश किये गये थे।[1] इनमें से तेहखंड के रेल फाटक का चौकीदार चेतराम भी था जो इन्द्रपाल के आशीर्वाद से गाड़ी के नीचे जानवर कट जाने के अपराध में केवल आठ आने जुर्माना देकर छूट गया था।

अदालत में भी इन्द्रपाल को देखकर इन लोगों ने उसे 'बाबा जी' कहकर ही सम्बोधन किया और उसके चरणस्पर्श कर यह शिकायत भी कर दी कि बाबा जी बहुत पिटवाया तुमने पुलिस से।

पुलिस ने इन्द्रपाल के बयानों के अतिरिक्त और भेद जानने के लिये इन सभी लोगों की खूब पिटाई की थी। यह जान लेने पर भी कि इन्द्रपाल केवल बना हुआ 'बाबा जी' था, इन लोगों का विश्वास उस पर से कम न हुआ। वे उसे करामाती बाबा जी ही समझते रहे। विश्वास के प्रभाव का इससे अधिक विकट उदाहरण और क्या हो सकता है!

हाँ, रौंद के सिपाही लौटकर इन्द्रपाल की धूनी पर आ बैठे। चिलम भरते हुए बात होने लगी। ग्यारह नम्बर का सिपाही बोला, "उस रोज तो बाबा जी तुम्हारी किरपा हो गयी। दस रुपल्ली जेब में पड़ गये। देखते हो जाड़ा सिर पर आ रहा है। बाल-बच्चों के लिये रजाई-दुलाई का इन्तजाम करना ही होगा। ख्याल रखियेगा, आपके आशीर्वाद से कोई और शिकार वैसा ही मिल जाय तो भगवान की दया हो। नहीं तो अब की जाड़ा कटना मुश्किल है। बाबा जी, ख्याल रखियो, बस किसी आते-जाते को टिका लीजियो। आपके दम लगाने का भी इन्तजाम हो जायेगा।"

इन्द्रपाल ने उसे सान्त्वना दी, "बहुत अच्छा, ख्याल रखेंगे। भगवान ऐसे ही सबको पालते हैं!"

"तुम्हारे चरणों की किरपा है।" सिपाही ने इन्द्रपाल को धन्यवाद दिया। सिपाही उठकर चले गये।

भगवती भाई पन्द्रह-बीस मिनट ऐसे दम साधे बैठे रहे मानो साँस ही न ले रहे हों; सूँ-सूँ, खूँ-खूँ सब बन्द। साढ़े ग्यारह बजे के बाद हम लोगों ने तीसरा बम भी रेल की लाइन के नीचे दबा दिया और ढाई सौ गज तार लाइन से लेकर सड़क के समीप झाड़ियों तक दबा दिया। रात सराय में बैठकर बितायी। अब तीन-चार दिन की ही बात थी, परन्तु यह तीन-चार दिन इन्द्रपाल के लिये बहुत सतर्कता के थे। उसे यह देखते रहना था कि लाइन पर से गाड़ियों के गुजरते समय धमक के कारण पत्थरों के टुकड़े खिसककर पीतल के बम दिखायी न देने लगें। २४ तारीख सुबह छः बजे ही वाइसराय की गाड़ी दिल्ली लौटने वाली थी। उसी समय विस्फोट करने का निश्चय था। इन्द्रपाल को संकट में न डालने के लिये २३ तारीख की संध्या ही उसे दिल्ली लिवा ले जाने का निश्चय कर लिया गया था।

---

१. इन्द्रपाल के सरकारी गवाह बन जाने के रहस्य का प्रसंग तीसरे भाग में।

सब तैयारी होने पर भगवती भाई दूसरी बार कानपुर २१ अक्टूबर को गये थे। हृदय में बहुत उत्साह था। रेल लाइन के नीचे बम दब चुके थे। भैया आज़ाद से सम्पर्क हो जाने की पूरी आशा थी। विचार था कि बड़े उत्साह से व्यापक रूप में काम शुरू होगा। वाइसराय की गाड़ी के नीचे बम-विस्फोट-होने के बाद दिल्ली में पुलिस की चौकसी बहुत बढ़ जाने की आशंका थी इसलिये हम लोगों ने दिल्ली में एक मकान पुल बंगस के पास भी ले लिया था। सोचा था, आवश्यकता होने पर नया बाजार की अपनी विश्वास जमायी हुई जगह आज़ाद को अपना गाँव का सम्बन्धी बताकर दे देंगे और हम दोनों में से एक किराये पर नये लिये मकान में आ टिकेगा। कानपुर जाते समय भगवती भाई वाइसराय की घटना के लिये पहिले से जमा करके रखे हुए रुपये में से पाँच सौ भैया आज़ाद के लिये लेते गये।

कानपुर में गणेशशंकर जी विद्यार्थी से स्पष्ट उत्तर मिला कि, "आज़ाद का मन तुम्हारी ओर साफ नहीं है। वह न सम्पर्क चाहता है, न सहायता।"

भगवती भाई का ही दिल था जो इस पर भी मुस्करा दिये और बोले, "सन्देह किसी दिन स्वयं ही दूर हो जायेगा। भैया (आज़ाद) तक यह सन्देश पहुँचा दीजिये कि वे अभी से निरापद स्थान का प्रबन्ध कर लें। चौबीस तारीख की सुबह हम लोग वाइसराय की गाड़ी के नीचे बम-विस्फोट करेंगे। इसके बाद पुलिस मामूली सन्देह पर भी तलाशियाँ और गिरफ्तारियाँ शुरू कर देगी। वे असावधानी में न रहें।"

स्वर्गीय विद्यार्थी जी वाइसराय पर आक्रमण की बात सुन चौंक उठे। उन्होंने यह काम स्थगित रखने का अनुरोध किया। भगवती भाई ने स्थिति बतायी कि हमारी सब तैयारी हो चुकी है। घटना स्थगित कर देने से हमारी बहुत हानि होगी।

विद्यार्थी जी ने आग्रह किया, "तुम्हारा जो भी क्षति हो, हमारा विचार है कि इस समय तुम्हारा यह काम देश-हित के विरुद्ध होगा। वाइसराय १४ अक्टूबर को देहली पहुँचकर उपनिवेशों के सम्बन्ध में ब्रिटिश सरकार की नीति में सुधार की घोषणा करने वाले हैं। यह घोषणा भारत के लिये महत्वपूर्ण होगी। वाइसराय पर आक्रमण हो जाने से भारत में यह घोषणा न हो सकेगी। तुम्हारे इस काम से कांग्रेस के प्रयत्नों पर पानी फिर जायेगा और तुम जनता की सहानुभूति खो बैठोगे।"

भगवती भाई के अनेक तर्क करने पर भी विद्यार्थी जी अपने अनुरोध पर अटल रहे। विद्यार्थी जी की सम्मति की अवहेलना नहीं की जा सकती थी। अपने व्यक्तिगत जीवन में अहिंसावादी होकर भी वे राजनैतिक दृष्टिकोण से क्रांतिकारी थे। क्रांतिकारियों को उनसे सदा ही सहायता और सहानुभूति मिलती रहती थी।

२२ अक्टूबर संध्या समय कानपुर से लौटकर भगवती भाई ने बताया कि वाइसराय पर आक्रमण स्थगित कर देना होगा। उनकी बात से मैं बहुत झुंझलाया। यह भी कहा कि विद्यार्थी जी की बात मानने के लिये हम बाध्य नहीं हैं। वे कांग्रेस के दृष्टिकोण से बात सोचते हैं और हमारे मार्ग में रोड़ा अटका रहे हैं, परन्तु लाचारी थी। भगवती भाई घटना स्थगित कर देने का वचन विद्यार्थी जी को दे आये थे।

२२ अक्टूबर की संध्या में अँधेरा हो जाने के काफी देर बाद साइकिल पर इन्द्रपाल के यहाँ पहुँचा और घटना के स्थगित कर देने का समाचार सुनाया। इन्द्रपाल को भी यह

अच्छा न लगा। उसने पूछा, घटना कब तक के लिये स्थगित की गयी है? उसे बताया कि अब नवम्बर के चौथे सप्ताह में ही अवसर हो सकता है।

उस सर्दी में वहाँ निष्प्रयोजन पड़े रहना इन्द्रपाल को व्यर्थ जँचा। उसकी बात ठीक ही थी। इन्द्रपाल की अनुपस्थिति में लाइन के नीचे बमों के उपेक्षित पड़े रहने से, गाड़ी गुजरते समय पत्थर के टुकड़ों के हिल-मिलकर बमों के उघड़ जाने की आशंका थी। यही उचित जान पड़ा कि बम और बिजली के तार निकाल लिये जायें, समय आने पर उन्हें फिर जमा दिया जायेगा। आधी रात में हम दोनों ने मिलकर बम और तार उखाड़ लिये और जमीन बराबर कर दी। मैं सुबह कुछ सामान लेकर दिल्ली लौट गया। उसी संध्या भगवती भाई एक ताँगे पर तेहखंड गये। वे खाकी जीन का एक कोट-पायजामा और तुर्की टोपी साथ लेते गये थे। इन्द्रपाल को सामान सहित उन्होंने पुल बंगस पर पहुँचा दिया। मैं वहाँ उसकी प्रतीक्षा कर रहा था।

भगवती भाई ने मकान मालिक को अपना परिचय पारसी के रूप में देकर यह मकान 'जमशेद जी रुस्तम' के नाम से किराये पर लिया था। इस मकान में इन्द्रपाल ने हमारे मुसलमान खानसामा के रूप में प्रवेश किया। मुसलमानों का ही मुहल्ला था। इन्द्रपाल ने अपना नाम अब्दुला बताया। लोग हमारी बाबत उससे पूछ-ताछ करते तो वह उत्तर दे देता—पारसी लोग हैं इनका दीन-मजहब क्या? होटल में सब कुछ खाते हैं। मेमसाहब अभी मंसूरी में ही हैं। जब तक वे न आ जायं, घर कैसे बस सकता है।

वहाँ रात बिताने पर इन्द्रपाल को कई दिन बाद हम लोगों से खुलकर बातचीत करने का मौका मिला और वह हम लोगों को अपना तेहखंड का अनुभव सुनाने लगा। भिक्षाटन के सिलसिले में तेहखंड और मदनपुरा आदि गाँवों में घूमते समय इन्द्रपाल को पता लगा कि उस इलाके में दो फसलें लगातार खराब हो जाने के कारण किसानों की दशा बहुत शोचनीय थी। वे लोग लगान तो क्या दे पाते, उन्हें कई-कई दिन के फाके लग रहे थे। इलाके के लोगों ने जिला-अधिकारियों के पास सहायता के लिये प्रार्थनापत्र भेजे। कई अफसर बड़े-बड़े खेमे और अर्दली लेकर जाँच-पड़ताल के लिये आये। परिणामस्वरूप गरीब किसानों की सहायता के लिये सरकार ने एक योजना स्वीकार कर ली। यह योजना थी, लोग उस इलाके के एक पुराने टूट चुके बाँध की मरम्मत कराने की। किसान लोग लगभग सूर्योदय से सूर्यास्त तक वहाँ मिट्टी खोदने और ढोने का काम करते थे। इसके लिये उन्हें दो आना मजदूरी मिल जाती थी।

यह बात सुनाते समय इन्द्रपाल की आँखें लाल हो गयीं। गाली देकर वह बोला, "....दुअन्नी-दुअन्नी मजदूरी में किसानों को जितनी रकम बाँटी जायेगी, उससे कहीं ज्यादा तो उन गाँवों में जाँच-पड़ताल करने के लिये जाने वाले अफसरों के दौरों पर खर्च हो गयी होगी! यह अफसर स्वयं दो हजार रुपये माहवार पाकर भी रिश्वत लेकर पेट भरते हैं और अपनी तनख्वाह जुटाने के लिये लगान देने वाले किसानों के लिये दो आना मजदूरी ही काफी समझते हैं। सरकार की नजर में उनकी हुकूमत चलाकर सरकार की रक्षा करने वाले ऐसे अफसरों की ही कीमत है। ऐसी व्यवस्था में गरीबों का क्या भला हो सकता है।"

इन्द्रपाल का आवेश बढ़ता ही गया, वह बोला, "मेरा ख्याल है कि पार्टी को बाबू भाई (भगवतीचरण) और तुम्हारी बहुत जरूरत है इसीलिये पार्टी ने वाइसराय पर

आक्रमण करना स्थगित कर दिया है। यह काम तुम मुझे करने दो। यही ज्यादा अच्छा भी होगा। मुझे बचाने के लिये इन्तजाम करने की भी जरूरत नहीं। मैं बम चलाकर वहीं गिरफ्तार हो जाऊँगा। अदालत में भगतसिंह की तरह बयान दूँगा कि मैंने यह काम तेहखंड के और देश भर के किसानों पर किये जाने वाले अन्याय के विरोध में किया है।''

इन्द्रपाल अब बेकार था। उसने आश्वासन दिया कि वह आवश्यकता होने पर लौट आयेगा और अपने भाइयों की सुध लेने के लिये लाहौर चला गया।

ईसाइयों और गरीब एंग्लो-इंडियन लोगों का पड़ोस होने के कारण उस मकान में हम लोग कुछ आधुनिक रईस ढंग से रहते थे। बाहर तो सूट पहिनकर आते-जाते थे ही, घर के भीतर भी स्लीपिंग सूट (साहब लोगों के रात में पहिनने के धारीदार कपड़े) पहने रहते थे। दो चारपाइयाँ, दो मूढ़े, बाँस की बनी हुई मेज और उन दिनों एक रुपया दस आने में मिलने वाला चाय पीने का जापानी सेट भी आँगन में दिखायी देता था। इस ढंग को रईसी इसलिये कह रहा हूँ कि नया बाजार के मकान में भी हम प्रकट में सूट और साफ कपड़े दिखाते रहते थे, परन्तु भीतर एक ही चटाई थी।

गर्मियों में मैं और भगवती भाई अपनी-अपनी चादर या धोती ओढ़कर एक ही चटाई पर सो जाते थे। जाड़ा आने पर एक कम्बल में निर्वाह कठिन हो गया। आरम्भ में तो दोनों बिलकुल सीधे लेटकर न्यायपूर्वक आधा-आधा कम्बल ले लेते, परन्तु किसी एक के करवट लेते ही दूसरा उघड़ जाता। दूसरा कम्बल लाना फिजूलखर्ची जान पड़ रही थी, क्योंकि हमारे विचार में घटना में अधिक विलम्ब न था। उसके बाद तो एक ही आदमी के शेष रह जाने की आशा थी।

एक दिन उपाय सूझ गया। एक आदमी ने कम्बल ले लिया और दूसरे ने दो चादरों के बीच में अखबार के कागज की तह जमाकर ओढ़ ली। कागज की इस रजाई में सर्दी बिलकुल मालूम न होती थी। भगवती भाई छः रुपये में एक वायलिन भी खरीद लाये थे। उनके मितव्ययी स्वभाव के विचार से यह अच्छी-खासी विलासिता समझी जा सकती थी। वे प्रायः ही मोढ़े पर बैठकर और बाँस की मेज पर पाँव टिकाकर वायलिन पर 'चीं-चीं, चूँ-चूँ' करते रहते। मैं कोई बात कहता तो सुन न पाते। मैं खीझ उठता तो उनका ध्यान टूटता और बताने लगते कि फलानी रागिनी की लय निकालने की चेष्टा कर रहे थे।

मैं संगीत की सूक्ष्मता न तब समझता था, न अब तक ही समझ पाया हूँ। भगवती भाई अधमुँदी आँखों से मुझे समझाने की चेष्टा करने लगते कि स्वरों के प्रभाव में मस्तिष्क में सुख का संवेदन उत्पन्न कर सकने की अपरिमित सम्भावना होती है...। वे स्वभाव से ही कला के इन तत्वों, कविता-संगीत की ओर बहुत अनुरक्त थे। यों बहुत व्यावहारिक प्रकृति होते हुए भी कुछ पहलुओं पर उनकी भावुकता बेहिसाब लुढ़क पड़ती थी। सभी व्यक्तियों के मानसिक तराजू में कहीं न कहीं कुछ पासंग रहता ही है।

तेहखंड में रेल-लाइन के नीचे से बम उखाड़कर इन्द्रपाल को लाहौर लौटा दिया गया था। वाइसराय पर आक्रमण का अवसर फिर आने में लगभग एक मास की प्रतीक्षा करना आवश्यक था। हम लोगों की पूरी शक्ति संगठन के सूत्र बढ़ाने में लगी हुई थी, परन्तु वाइसराय की गाड़ी पर आक्रमण में पूर्ण सफलता पा सकने की बात हमारे ध्यान से हट नहीं गयी थी। इस सम्बन्ध में दो बातें सदा ही मेरे ध्यान में घूमती रहती थीं। एक थी, घटनास्थल से लौटते समय रेल-फाटक के बन्द पाने की कठिनाई; दूसरी बात थी कि गाड़ी

के नीचे बमों में बिजली के तार से आँच देने के लिये हमने मोटरकार में प्रयोग होने वाली जो बैटरी खरीदी थी, उसके पड़े-पड़े कमजोर हो जाने की आशंका।

घटनास्थल से लौटते समय बन्द रेल-फाटक से बचने के लिये यह यह ख्याल आया कि दिल्ली की ओर न लौटकर बदरपुर या मथुरा की तरफ भी जाया जा सकता है। यह देखने के लिये कि उस ओर कितनी दूर तक सड़क पर जाने के बाद किसी छोटे-मोटे शहर में छिप जाने का अवसर हो सकेगा, मैं एक संध्या घटना के लिये निश्चित स्थान से चौदह-पन्द्रह मील मथुरा की ओर आगे चला गया। सड़क तो मथुरा तक चली जा रही थी, परन्तु गाँव या कस्बे सभी बहुत छोटे थे। कोई ऐसी जगह न थी जहाँ छिपा जा सकता था। सोचा, यदि घटना के बाद दिल्ली न लौटना हो तो मोटरसाइकिल पर सीधे मथुरा तक जाने की हिम्मत होनी चाहिये। उस समय मोटरसाइकिल में इतना पेट्रोल नहीं था कि मथुरा पहुँच जाता। भगवती भाई से कहकर भी नहीं आया था, इसलिये लौट पड़ा।

लौटते समय सूर्यास्त के पश्चात थोड़ी देर अँधेरा रहकर चन्द्रमा निकल आया और फीकी-फीकी चाँदनी फैल गयी। सड़क बिलकुल सुनसान थी। प्रकाश इतना काफी था कि मोटरसाइकिल पर लैम्प जलाये बिना सड़क दूर तक साफ दिखाई दे रही थी। बीच-बीच में केवल सड़क के किनारे वृक्षों की छाया के काले धब्बे सड़क पर बिछे थे जिन्हें मैं चाल की तेज उड़ान में पार करता जा रहा था।

सहसा मैंने अपने आपको सड़क के किनारे धूल में पड़ा पाया। मोटरसाइकिल कुछ दूर पड़ी अब भी तेजी से फट-फट कर रही थी। समझ में आया कि मैं मोटरसाइकिल से गिर पड़ा हूँ। मेरे समीप ही वृक्ष की अँधेरी छाया में ईंटों से भरी एक बैलगाड़ी उल्टी हुई खड़ी थी। छाया के अँधेरे में यह बैलगाड़ी मुझे दिखायी न दी थी। खूब तेज चाल में मोटरसाइकिल इस ढेर से टकरा गयी थी। मैं उछलकर एक ओर जा पड़ा था और मोटरसाइकिल दूसरी तरफ। जोर के झटके से मेरा मस्तिष्क कुछ पल के लिये बेकाम हो गया होगा इसलिये घटना को समझ न सका था।

सुध आने पर उठा। मोटरसाइकिल का पेट्रोल रोक कर इंजन बन्द किया। यत्न किया कि फिर मोटरसाइकिल को सीधा कर उस पर चढ़कर दिल्ली की तरफ चल दूँ। मोटरसाइकिल का अगला पहिया चोट से बहुत टेढ़ा हो गया था और टायर-ट्यूब फट गये थे। उसे ढकेला भी नहीं जा सकता था। अवसर की बात इसी समय मथुरा की ओर से एक ट्रक आ गयी। इस मोटर-लारी को मैं कुछ ही देर पहिले अपनी तेज चाल में पीछे छोड़ आया था। अब उसे इशारे से खड़ा किया। मोटरसाइकिल ट्रक पर लादी गयी और मैं भी सवार हो गया।

चोट काफी आयी थी। रगड़ से पतलून फटकर बायां घुटना छिल गया था। कोट की बाईं आस्तीन भी रगड़ से उड़कर हथेली की पीठ, कलाई और कोहनी तक जगह-जगह चमड़ी उतरकर खून बह रहा था। मैंने रूमाल और कमीज का कपड़ा फाड़-फाड़कर इन घावों को बाँधकर खून रोकने की चेष्टा की। रात अधिक नहीं हुई थी। दिल्ली में मोटरसाइकिल को मरम्मत करने वाले की एक दुकान पर छोड़कर पुल बंगस के मकान पर पहुँचा। भगवती भाई घर पर थे। किसी डाक्टर के यहाँ जाकर कोई भी काल्पनिक नाम बताकर मरहम पट्टी करायी जा सकती थी, परन्तु उस दिन हम लोगों की जेबों में बहुत

ही कम पैसे थे। भय यह था कि घाव पक न जाय। स्टोव जलाने के लिए स्पिरिट मौजूद थी। सोचा कि फिलहाल घावों को स्पिरिट लगाकर साफ कर दिया जाय; वैसा ही किया भी। चमड़ी उतरे हुए बड़े-बड़े कई घावों में एक साथ स्पिरिट लगा देने से कैसा लगेगा, यह अनुभव की ही बात है। भगवती भाई रुई से स्पिरिट लगाते जा रहे थे और मैं आँखें बन्द किए, दाँत भींचे पड़ा था कि मुँह से आवाज न निकले। मुँह से आवाज तो न निकली, परन्तु इस पीड़ा से या घावों से तेज बुखार हो गया। सोचा कि कुछ न कुछ इलाज होना ही चाहिए। बुखार के कारण सन्देह हुआ कि जख्मों की राह खून में कोई विष न चला गया हो। सड़क पर लगे घावों से 'टिटनेस' हो जाने की बात कहीं पढ़ी हुई थी।

दिल्ली के हमारे सूत्रों में से एक थे, अजमेरी दरवाजे पर महाशय कृष्ण जी। कृष्ण जी पत्थर के कोयले के व्यापारी थे। उनसे पुराना परिचय था। सन् १९२१-२२ में बहिन प्रेमवती के पिता लायलपुर में रुई धुनने के एक कारखाने (जिनिंग फैक्टरी) में मैनेजर थे। उस समय कृष्ण जी ने वहाँ कुछ दिन क्लर्क की नौकरी की थी। वहीं उनसे परिचय हुआ था। इस परिचय का आधार कृष्ण जी की आर्यसमाज के सुधारवादी कार्य के प्रति सहानुभूति थी। दिल्ली में वे स्वतंत्र व्यापारी थे। यहाँ पहुँचने पर मैंने कृष्ण जी से परिचय प्राप्त कर लिया और भगवती भाई का परिचय भी करा दिया था।

कृष्ण जी और उनकी पत्नी दोनों को ही हम लोगों से सहानुभूति थी। उनके यहाँ जब चाहे भोजन या रात बिता लेने की सुविधा हो सकती थी। आवश्यकता पड़ने पर दस-पन्द्रह रुपये भी मिल जाते थे। कृष्ण जी राजनैतिक विचार से परम गांधीवादी कांग्रेसी, खद्दरधारी थे और हिंसात्मक क्रांति को देश के लिए हानिकारक समझते थे। मित्रता के कारण वे हम लोगों को व्यक्तिगत सहायता देते थे, परन्तु अपने विश्वास के कारण हमारे उद्देश्य में सहायता नहीं देना चाहते थे। रुपया माँगने पर जिरह करके जान लेना चाहते थे कि उनका पैसा हमारी व्यक्तिगत आवश्यकता पूर्ति में ही लगेगा, हिंसा में नहीं।

कृष्ण जी से एक आशंका सदा बनी रहती थी। उनसे झूठ बोलना पड़ता था। वे हर एक बात के बारे में प्रश्न और जिरह करके अपना कौतूहल पूर्ण करना चाहते थे। उन पर पूरा विश्वास होते हुए भी अपने कार्यक्रम के भेद बताते फिरना हम लोगों को पसन्द न था। 'नहीं बतायेंगे' कह देना भी सम्भव न था इसलिए झूठ बोलने की लाचारी हो जाती थी। कई बार झूठ पकड़ा भी जाता था, तब हँसकर टाल देते। एक दिन कृष्ण जी पूछ बैठे, "तुम कभी सच भी बोलते हो?"

"हाँ", मैंने उत्तर दिया, "जब झूठ बोलने से काम न चले!"

जख्मी हालत में कृष्ण जी के यहाँ पहुँचने पर यही कठिनाई थी कि वे घटना का पूरा ब्योरा पूछेंगे कि मोटरसाइकिल कहाँ से ली, कहाँ गये थे, उस जगह जाने की आवश्यकता और कारण क्या था? लेकिन किसी दूसरी जगह इलाज की वैसी व्यवस्था हो नहीं सकती थी। भगवती भाई ने मुझे उन्हीं के यहाँ पहुँचा दिया।

कृष्ण जी अपने अत्यन्त विश्वस्त मित्र होमियोपैथी डाक्टर युद्धवीरसिंह जी को बुला लाये। डाक्टर साहब उन दिनों एक धर्मार्थ औषधालय में काफी समय देते थे। उस समय उनकी अपनी प्रैक्टिस बहुत अधिक न थी। आजकल डाक्टर युद्धवीरसिंह दिल्ली कांग्रेस

कमेटी के प्रधान हैं। डाक्टर साहब ने ज्वर के उपचार के लिए खाने की दवाई दी। जख्मों का इलाज भी दवाई के पानी से धोकर और मलहम लगाकर कायदे से होने लगा। यह काम श्रीमती कृष्ण जी के भाई ध्रुव जी करते थे। वह उन दिनों नयी दिल्ली में फोटोग्राफी की दुकान करते थे। ध्रुव जी से हम लोगों को मित्रता हुई, उसका परिणाम उन्हें बाद में पुलिस के हाथों पड़ी मारपीट के रूप में काफी भुगतना पड़ा।

इन चोटों के कारण आठ-दस दिन खाट पर पड़े-पड़े बार-बार ख्याल आता था कि लाइन के नीचे दबे बमों को बिजली के तार द्वारा आँच पहुँचाने का हमारा इन्तजाम बहुत सन्तोषजनक नहीं है। हो सकता है कि हमारी बैटरी पुरानी होकर कमजोर पड़ जाय। हमें मालूम भी न हो और घटना के अवसर पर उसमें से उचित चिनगारी न निकल सके। बार-बार यही चिन्ता करने से जो उपाय सूझा उसके लिए बाद में मुझे और दल को खूब परेशानी भुगतनी पड़ी।

सूत्रों का विस्तार

बैटरी और बिजली के सम्बन्ध में मैं अपने छोटे भाई धर्मपाल से सलाह लेना चाहता था। इसके लिये एक पत्र इन्द्रपाल की मारफत लिखा गया। धर्मपाल ने सन् १९२८ में मैट्रिक की परीक्षा पास की थी। उस समय क्रांति और दल के काम में उलझ जाने के कारण मैं स्थायी रूप से पारिवारिक खर्च और भाई की कालेज की शिक्षा का खर्च चलाने की स्थिति में नहीं था, इसलिए भाई को बिजली का काम सीखकर उसी समय स्वावलम्बी बन जाने के लिये कह दिया था। धर्मपाल ने लाहौर में बिजली का काम सिखाने वाले एक स्कूल से बिजली के काम का सर्टिफिकेट भी ले लिया था और लाहौर के बिजलीघर में अप्रेन्टिसी शुरू कर दी थी। मुझे यह आशा थी कि मेरे घर छोड़ देने पर वह अपना और माँ का निर्वाह कर लेगा, परन्तु उसने भी मेरा ही उदाहरण अपनाया। बिजली का काम करके पेट पालने के बजाय वह लाहौर षड्यंत्र केस के बन्दियों की डिफेन्स-कमेटी का काम करने लगा। लाहौर में हम लोगों के सन्देशों और सुझाव से चलने वाले गुप्त क्रांतिकारी काम में वह धन्वन्तरी, एहसानइलाही और सुखदेवराज आदि का साथी बन गया और बहिन प्रेमवती और दुर्गा भाभी के सेक्रेटरी का काम भी करने लगा।

हंसराज 'वायरलेस'

धर्मपाल ने इन्द्रपाल की मारफत सलाह दी कि उसे लाहौर की खुफिया पुलिस हरदम घेरे रहती है। लाहौर के कामों में उलझे रहने के कारण उसका निकलना भी कठिन है। यह आशंका भी थी कि लम्बी यात्रा में पुलिस उसे पहचानकर पीछा कर ले तो हम लोग भी खतरे में पड़ जायें। धर्मपाल ने सलाह दी कि बिजली के बारे में हंसराज वायरलेस से सहायता लेना ज्यादा उपयोगी होगा। हंसराज पर पुलिस को सन्देह नहीं था। धर्मपाल ने सुझाया, हंसराज शायद कोई ऐसा प्रबन्ध कर दे कि बिना बिजली के तार लगाये ही काम हो जाये।

हंसराज वायरलेस को मैं सन् १९२४-२५ या उससे भी पूर्व से जानता था। वह धर्मपाल का समवयस्क और सहपाठी था। उसकी माता और हमारी माता भी सहेलियाँ थीं। लायलपुर के डिगलिसपुरा मुहल्ले की एक ही गली में आमने-सामने हम लोग रहते थे। धर्मपाल ने इन्द्रपाल को हंसराज का पता दे दिया। इन्द्रपाल उसे दिल्ली में हमारे मकान पर ले आया।

हंसराज ने हमें समझाया कि हम तारों और बैटरियों के चक्कर में व्यर्थ उलझे हैं। वह छोटे-छोटे ऐसे यंत्र बना देगा जो बमों में जोड दिये जा सकेंगे। बैटरी के साथ भी वैसा ही यंत्र लगा रहेगा। बैटरी और बमों का सम्बन्ध बिजली के तारों से जोड़ने की जरूरत न रहेगी। इस प्रकार बम दबे हुए स्थान और बैटरी की दूरी कम-ज्यादा होने से

भी कोई अन्तर न पड़ेगा। बैटरी के कमजोर हो जाने की भी कोई चिन्ता नहीं रहेगी। वह चार-पाँच आने की लागत में ही चाहे जितनी बैटरियाँ बना सकता था।

हंसराज की बात से इन्द्रपाल, भगवती भाई और मैं फूले न समाये। इस यंत्र की आशा में हमने अपनी पूरी योजना ही बदल डाली। अब किसी भी साथी की जान खतरे में डालने की जरूरत न जान पड़ रही थी। तेहखंड में रेल लाइन के बायीं ओर मथुरा जाने वाली सड़क है और दाहिनी ओर कुछ खेतों और छोटे से गाँव के परे ऊँचा पठार दूर तक चला गया है। पठार पर से रेल की लाइन स्पष्ट दिखायी देती है। हम लोगों ने कल्पना कर ली कि कोई आदमी दूरबीन लेकर उस पठार पर बैठ जायेगा और वाइसराय की गाड़ी बम लगे स्थान पर पहुँचती देखकर दो मील दूर ही से बटन दबाकर बम-विस्फोट कर गाड़ी को उड़ा देगा। सिर पर आशंका लिये बिना इतना बड़ा काम कर सकने की सम्भावना से तो उत्साह बढ़ा ही, लेकिन उससे अधिक उत्साह इस बात से हुआ कि ब्रिटिश सरकार बम-विस्फोट का रहस्य किसी तरह न जानकर चकरा जायेगी। हम घटना के बाद ब्रिटिश सरकार को यह धमकी दे सकेंगे कि हमारे पास इतनी शक्ति और सामर्थ्य है कि तुम्हारी सम्पूर्ण सैन्य-शक्ति को मिट्टी में मिला सकते हैं। देश की जनता जो केवल निशस्त्र होने के कारण ही अनुत्साहित थी, विदेशी सरकार का विरोध करने का उत्साह अनुभव करेगी। यह प्रयत्न सार्वजनिक सशस्त्र क्रांति की पहली मंजिल होगी। हम आतंकवादी अवस्था से सार्वजनिक क्रांति की ओर बढ़ जायेंगे।

हंसराज ने हमारा उत्साह और भी बढ़ाया। उसने समझाया कि पठार पर भी किसी आदमी के जाने की जरूरत नहीं होगी। वह ऐसा यंत्र बना देगा कि घटना के लिये निश्चित स्थान के आस-पास यंत्र को रख देना ही पर्याप्त होगा। इस यंत्र में एक शीशा रहेगा जिसमें रेलवे लाइन का प्रतिबिम्ब पड़ता रहेगा। इस यंत्र से बेतार की बिजली (वायरलेस) द्वारा सम्बन्ध रखने वाला दूसरा यंत्र हमारे दिल्ली के मकान में रहेगा। हम दिल्ली में बैठे-बैठे घटना के लिये निश्चित स्थान पर पहुँचती वाइसराय की गाड़ी का प्रतिबिम्ब अपने यंत्र में देख सकेंगे और वहीं से बटन दबाकर गाड़ी को उड़ा दिया जा सकेगा।

उन दिनों एक स्थान से दूसरे स्थान पर (टेलीविजन) द्वारा चित्र भेजने के यंत्रों के आविष्कार की खबरें हम पत्रों में पढ़ा करते थे। हंसराज ने हमें विश्वास दिलाया कि उसने वायरलेस द्वारा टेलीविजन का आविष्कार भी अपने स्वतंत्र तरीके से कर लिया है। उसने इस प्रकार के परीक्षणों के कई प्रदर्शन भी जगह-जगह किये थे। इन्द्रपाल उसका ऐसा एक प्रदर्शन लाहौर 'एस० पी० एस० के०' हाल में देख चुका था। मैंने स्वयं अपने भाई धर्मपाल से उसके ऐसे चमत्कारपूर्ण आविष्कारों की अनेक कहानियाँ सुनी थीं इसलिए अविश्वास का कोई कारण न था। हंसराज के आविष्कारों के कुछ परीक्षण हमें बेहूदा भी जँचते थे, उदाहरणतः मृतात्माओं को बुलाकर बात करना, बिजली की सुई से व्यक्तियों की प्रेम-भावना भाँप लेना, बिजली, वायरलेस और मैस्मरेज़िम को एक साथ मिला देना आदि, परन्तु बिजली से सम्बन्ध रखने वाले कुछ ऐसे परीक्षण थे जिन्हें देखकर हम अपनी सफलता की आशा से मुग्ध हो गये थे। यह न सोचा कि यह जादूगरी है या विज्ञान का आविष्कार।

हंसराज ने कुछ परीक्षण हमारे सामने भी किये। उसने एक छोटी शीशी में ऐसा श्वेत द्रव पदार्थ बनाया जिसे जेबी बैटरी पर लगे छोटे बल्ब से एक गज की दूरी पर रखने से

ही बल्ब स्वयं प्रकाशित हो जाता था या बल्ब को सावधानी से तोड़ उसके ऐलेमेण्ट पर गनकाटन रख देने से उसमें आग लग जाती थी। अर्थात्, बिजली के दोनों तारों का सम्बन्ध हाथ से छुए बिना, द्रव पदार्थ के वातावरण में हो जाने वाले प्रभाव से ही हो जाता था। हम लोगों ने इन वैज्ञानिक परीक्षणों के आधार सिद्धान्तों के सम्बन्ध में बातचीत कर उन्हें समझना चाहा। हंसराज इसके लिये तैयार न था।

हंसराज ने साफ कह दिया कि वह अपने आविष्कार का रहस्य अभी हमें बताने के लिये तैयार नहीं था। हम लोगों ने उसकी शर्त स्वीकार कर ली कि सिद्धान्त और रहस्य की हमें आवश्यकता नहीं; वह आवश्यकतानुसार समय-समय पर इस प्रकार के यंत्र बनाकर देता रहे। हम उसके आविष्कार का रहस्य जानने की चेष्टा नहीं करेंगे और न उसे किसी प्रकार के खतरे में डालने की बात सोचेंगे। इन चमत्कारों की वास्तविकता समझने में हमें काफी समय लगा। मजा यह है कि हंसराज वही परीक्षण दिखाकर तीस बरस से 'वायरलेस' आविष्कार बना रहा है। उसने चर्खे, रेडियो आदि के जाने कितने आविष्कार किये। एक बार उसने हाथ का ऐसा चर्खा बना लेने की घोषणा की थी कि दस तकले एक साथ सूत कातते थे। उसने हमें बताया कि चर्खा गांधी जी को दिखाने के लिये ले जा रहा था। रेल में सामान के साथ चोरी हो गया और फिर उसने वैसा चरखा कभी न बनाया।

हंसराज के दिये हुए आश्वासनों के आधार पर हमारी कल्पना शेखचिल्ली की सी उड़ानें भरने लगी। हमने देहली सेक्रेटेरियट और पुलिस के दफ्तरों में आग लगाकर सरकार का काम चलाना असम्भव कर देने का विचार कर लिया। हंसराज ने कहा—"वाइसराय की गाड़ी उड़ाने की घटना के लिये आवश्यक यंत्र वह दिल्ली में नहीं बना सकेगा। उसके सब औजार और सामान लायलपुर में हैं। हम लोग उसके लिये अलग मकान किराये पर ले देने और सब सुविधायें दिल्ली में ही पहुँचाने के लिये तैयार थे, परन्तु उसने लायलपुर जाकर ही यंत्र बना सकना सम्भव बताया। उसने हमें पूरा आश्वासन और वचन दिया कि दस दिन के भीतर पूरा सामान तैयार हो जायेगा। या तो वह स्वयं दिल्ली पहुँचा देगा या इन्द्रपाल जाकर ले आयेगा।

भैया (आज़ाद) और दल से सर्म्पक

भगवती भाई ने कानपुर से भैया आज़ाद के पास उनकी आर्थिक कठिनाई में सहायता दे सकने और दल से सम्बन्ध का प्रस्ताव भिजवाया था। उनके विरुद्ध जयचन्द्र जी के दुष्प्रचार के कारण भैया का स्पष्ट उत्तर हमें मिल गया था कि वे हमसे सम्बन्ध नहीं चाहते। भैया के इन्कार का अर्थ था, दल का इनकार। हमें भरोसा था, वाइसराय की ट्रेन के नीचे विस्फोट की घटना हो जाने पर भगवती भाई के प्रति अविश्वास स्वयं दूर हो जायेगा।

इस बीच हम लोग अपने सूत्र फैलाकर पाँव जमाते रहे। विचार था, अपना पूरा संगठन और शक्ति लेकर दल में जा मिलेंगे। हम अपने आपको दल का ही अंग मानते थे। हमें इस बात का पूरा विश्वास था कि दिल्ली में मुख्य दल के सूत्र भी वर्तमान हैं। कुछ ऐसे साझे सूत्र थे जिनके द्वारा दिल्ली में दल के लोगों का पता लगाने का यत्न किया जा सकता था, परन्तु हमने सोच-समझकर ऐसा न किया ताकि दल के लोगों को हम

दोनों की नीयत के प्रति सन्देह न हो जाये। उस अवस्था में ऐसे यत्न का वैसा अभिप्राय समझा जाना सम्भव न था।

सहारनपुर में गिरफ्तार जयदेव कपूर का दिल्ली शाखा से सम्बन्ध था। दिल्ली शाखा के साथियों—काशीराम और जयदेव कपूर में पुराना पारिवारिक और भाई-चारे का सम्बन्ध भी था। दोनों ही हरदोई के निवासी थे और कालेज में पढ़ते समय दिल्ली में यमुना किनारे रामस्वरूप की धर्मशाला के एक ही कमरे में रहते थे। काशीराम के प्रति पुलिस को अभी कोई सन्देह न था। वह कपूर की सफाई की व्यवस्था जानने और जेल में उससे मुलाकात करने के लिये लाहौर गया था। वहाँ उसे जयदेव कपूर से भगवतीचरण के सम्बन्ध में भगतसिंह के विचार मालूम हो गए थे। लाहौर में उसने दुर्गा भाभी का व्यवहार देखा था और परिचय भी पाया था। एक आवश्यक संदेश हम लोगों तक पहुँचाने के लिए उसे दिल्ली में लोगों से मिल सकने का सूत्र भी बता दिया गया था।

उस समय दिल्ली क्षेत्र के संगठन का उत्तरदायित्व कैलाशपति पर था। कैलाशपति लाहौर में मेरे मकान पर ठहर चुका था। काशीराम से उसे यह भी विश्वास हो गया था कि भगवतीचरण के विरुद्ध सी० आई० डी० होने का प्रचार झूठा और जयचन्द्र जी के वैमनस्य के ही कारण था। काशीराम और हमारे दिल्ली के सूत्र द्वारा हमारा सम्बन्ध कैलाशपति से हो गया।

भैया आज़ाद ने लाहौर जेल की बातें ठीक-ठीक जानने के लिए अपने भरोसे के साथी विश्वनाथ वैशम्पायन 'बच्चन' को ग्वालियर से लाहौर भेजा था। लौटते समय वह भी दिल्ली में कैलाशपति से मिला था। बच्चन ने भी कैलाशपति का सन्देह दूर कर दिया। हम लोगों ने आज़ाद से मिलने की इच्छा प्रकट की और उसने मिला देने का आश्वासन दिया।

कैलाशपति का नाम क्रांतिकारी मुकदमों के खास बदनाम मुखबिरों में से है। मुझे कैलाशपति को बहुत निकट से देखने-जानने का अवसर मिला था। मैंने उसके दोनों ही रूप देखे थे, इसलिए उसके चरित्र की चर्चा में कुछ विस्तार क्षम्य होगा। यह कहना अत्युक्ति न होगी कि काकोरी-षड्यंत्र के बाद दल के पुनः संगठन में कैलाशपति ने खास सहायता दी थी। कैलाशपति में राजनैतिक भावना और दल के प्रति सहानुभूति स्कूल में पढ़ते समय से ही थी। १९२७-२८ में भगतसिंह, सुखदेव, विजयकुमार सिनहा और आज़ाद द्वारा आरम्भ किए गए संगठन में भी वह सम्मिलित था। १९२८ में वह दल का सदस्य होते हुए गोरखपुर जिले में बरहेलगंज के डाकखाने में रिजर्व क्लर्क की नौकरी कर रहा था। दल उस समय विकट आर्थिक कठिनाई में था। डकैती कर सकने योग्य शक्ति न थी। उससे डाकखाने का रुपया लेकर भाग आने को कहा गया। कैलाशपति के परिवार की आर्थिक अवस्था को देखते हुए डाकखाने की सुनिश्चित नौकरी काफी बड़ी चीज थी, परन्तु उसने दल की आज्ञा पूरी करने के लिए नौकरी छूट जाने और अपने आपको जोखिम में डालने की चिन्ता न की। वह डाकखाने का तीन हजार दो सौ रुपया लेकर कानपुर भाग आया। यह रुपया दल को सौंपने से पूर्व उसमें से पाँच सौ रुपये साथी हलधर बाजपेयी की मारफत अपने घर पिता के पास भिजवा देने में भी उसे संकोच न हुआ। कर्तव्य पूरा करने की जोखिम झेलते-झेलते बीच में चोरी भी कर जाने की घटना कैलाशपति का चरित्र समझने में काफी सहायक होगी।

गोरखपुर की इस चोरी के कुछ दिन बाद ही कैलाशपति लाहौर में मेरे साथ मच्छीहटे में रहा था। उसका कद काफी छोटा था, लगभग पाँच फुट ही रहा होगा। रंग काला, हालाँकि वह अपने को साँवला ही कहता था। शरीर बहुत सूखा था, कुछ लम्बा सा चेहरा, गाल धँसे हुए और चेहरे की हड्डियाँ उभरी हुईं। उसका नाम 'कालीचरण' पड़ गया था। लाहौर में और उस समय तक दिल्ली में भी उसके रहने-सहने का ढंग अपने प्रति बहुत बेपरवाही का था। भगतसिंह और सुखदेव उसकी ओर कुछ उपेक्षा का-सा व्यवहार करते थे। उनकी रुखाई और उपेक्षा की शिकायत भी उसने दल में की थी। भगतसिंह का सौन्दर्य के प्रति आकर्षण और असुन्दर के प्रति विरक्ति इतनी प्रबल थी कि उसकी यह प्रवृत्ति दल के साथियों में असन्तोष का कारण बन जाता था। कैलाशपति के प्रायः चुप रहने और अपने प्रति निरपेक्ष रहने से मेरे मन में उसके लिए सहानुभूति और आदर था, खासकर इसलिए कि जब मैं लाहौर में मजे से घर पर रह कर दल का केवल थोड़ा-बहुत काम ही कर रहा था, वह दल के लिए घर-बार छोड़ फरार हो चुका था।

दिल्ली में कैलाशपति से हमारा परिचय नवम्बर १९२९ में हुआ था। पहली मुलाकात के समय उसने मेरी बाँह गले से लटकी देखकर चोट का कारण पूछा था। उन दिनों सुबह काफी सर्दी हो जाती थी। खासकर सुबह की ठण्डक में बाइसिकिल चलाने पर काफी जाड़ा लगता था। वह दिल्ली में यमुना किनारे 'न्यू हिन्दू होस्टल' से बाइसिकिल पर ठिठुरता हुआ सुबह ही हमारे यहाँ पहुँचता था। हम लोगों ने लाहौर से अपने गर्म कपड़े मँगवा लिए थे और देहली में भी हमारा सम्पर्क अच्छे खाते-पीते परिवारों से था, इसलिए पहिनने के लिए आवश्यक कपड़ों की तंगी न रहती थी।

एक दिन कैलाशपति को गर्म कपड़े के बिना ठिठुरते देखकर मैंने अपना स्वेटर उसे दे दिया। दूसरे दिन उसे फिर बिना स्वेटर के देखा। मालूम हुआ कि स्वेटर उसने दूसरे साथी को दे दिया था। इस बार भगवती भाई ने अपना स्वेटर उतारकर उसे दे दिया। वह कैलाशपति को काफी ढीला होने के कारण बेतुका दीखता था। हम लोगों ने पूछा, "यदि यह पसन्द न हो तो कहीं से दूसरा ला दें?"

कैलाशपति ने उपेक्षा प्रकट की, "जाड़ा ढकने से मतलब है।"

दो-चार दिन बाद वह स्वेटर भी कैलाशपति के पास से गायब था और वह जाड़े में ठिठुर रहा था। मालूम हुआ कि उसने वह स्वेटर भी किसी दूसरे जरूरतमन्द साथी को दे दिया था। यह था कैलाशपति का एक रूप। यथाप्रसंग दूसरे रूप का वर्णन करूँगा।

नवम्बर का शायद दूसरा सप्ताह था। कैलाशपति हम लोगों से तीस रुपये लेकर भैया (आज़ाद) से हम लोगों का सम्बन्ध जोड़ने की व्यवस्था करने के लिये कानपुर गया। भैया को अपने विश्वस्त सूत्र बच्चन से भी हम लोगों की बाबत सब कुछ मालूम हो हो चुका था। कैलाशपति लौटकर हमें संध्या समय कुदसिया बाग में लिवा ले गया। यह मेरा और भगवती भाई का भैया से पहला साक्षात्कार था। आज़ाद ने कैलाशपति से हम दोनों का परिचय पाकर हमें बहुत साफ शब्दों में सम्बोधन किया, "देखो भाई, तुमसे मिलने से मैंने इन्कार किया था, यह सच है, लेकिन बुरा मानने की बात नहीं। सब बातों का ठीक-ठीक पता तो मैं अपने आप लगा नहीं सकता। जैसा मुझे समझा दिया गया, मैंने मान लिया। अब अविश्वास दूर हो गया तो जी-जान से हाजिर हूँ। पिछली बातें जाने दो।"

आज़ाद भैया के साथ एक आदमी और था। खुला गेहुँआ रंग, नाटा कद, चंचल आँखें। वे इसे 'बच्चन' कहकर पुकारते थे। यही था विश्वनाथ वैशम्पायन। भैया को शायद ही कभी बच्चन के बिना देखा हो। बच्चन भी बड़ी तन्मयता और तत्परता से उनकी प्रत्येक बात पूरी करता था। इसी मुलाकात में हम लोगों ने वाइसराय की गाड़ी के नीचे बम-विस्फोट की योजना उन्हें बतायी और कहा कि हम यह कर चुके होते, केवल गणेशशंकर जी विद्यार्थी के अनुरोध से स्थगित कर देनी पड़ी।

भैया ने बताया कि वे लाहौर षड्यंत्र का मुकदमा चलाने वाले खानबहादुर अब्दुल अजीज, मिस्टर हार्टन और खैरातनबी को गोली मारने की योजना बना रहे हैं। हम लोगों ने अपना मत दिया कि एक-एक पुलिस वाले या बड़े अफसरों के पीछे अपनी शक्ति व्यय करना उचित नहीं। यह लोग रोटी के लिये सरकार की नमकहलाली कर रहे हैं। सरकार को कमजोर होता देखेंगे तो स्वयं उसका साथ छोड़ देंगे। हम वाइसराय या पुलिस सुपरिन्टेन्डेन्ट पर एक ही मूल्य में चोट कर सकते हैं तो फिर अंग्रेजी सरकार के सबसे बड़े प्रतिनिधि पर ही क्यों न हमला करें? जनता की दृष्टि में उसका मूल्य कहीं अधिक होगा। भैया हम लोगों से सहमत हो गये। उन्होंने दल की आर्थिक कठिनाई दूर करने के लिए 'मनी ऐक्शन' (डकैती) की तजवीज की और खेद प्रकट किया, "इस समय कहीं से भी कुछ मिल नहीं रहा है। मैंने जिन लोगों से उधार लेकर दल का काम चलाया है, उनका रुपया लौटा न सकने के कारण शर्मिन्दा हूँ।"

हम मनी ऐक्शन के बारे में उनसे सहमत थे। वे भी हमसे सहमत हो गए कि वाइसराय का काम पहिले हो जाये तब एक अच्छी बड़ी डकैती की बात सोची जाये। यह डकैती का चाव नहीं, मजबूरी थी। भैया से पहली मुलाकात कुदसिया बाग में होने के बाद हमें दिल्ली में उनके ठहरने की जगह दिखा दी गयी। हम लोगों ने भी नया बाजार के बगल की गली में अपना स्थान उन्हें दिखा दिया ताकि किसी भी समय आवश्यकता होने पर मिलने-जुलने के लिये सूत्रों द्वारा समाचार पहुँचाने में प्रतीक्षा न करनी पड़े।

भैया दिल्ली में यमुना किनारे 'न्यू हिन्दू होस्टल' के सुपरिन्टेन्डेन्ट साथी नन्दकिशोर निगम के यहाँ ठहरे हुए थे। कैलाशपति स्थायी तौर पर निगम के यहाँ ही टिका हुआ था। निगम हिन्दू कालेज में लेक्चरार और बोर्डिंग के सुपरिन्टेन्डेन्ट भी थे। उस समय दिल्ली में कैलाशपति के साथियों का मुख्य आर्थिक आधार भी वही थे।

दल की ओर से भैया ने वाइसराय की गाड़ी के नीचे विस्फोट करने की अनुमति हमें दे दी थी। नवम्बर के अन्त में वाइसराय दिल्ली से गये और लौट भी आये, परन्तु हम कुछ न कर सके। हंसराज के दिलाये आश्वासन के अनुसार जब इन्द्रपाल उससे यंत्र लेने लायलपुर पहुँचा तो कुछ न मिला।

हंसराज ने असमर्थता प्रकट की, "सभी लोग और सरकार भी जानती है कि वायरलेस के यंत्र केवल मैं ही बना सकता हूँ। यदि इस काम में इन यंत्रों का उपयोग किया जायेगा तो मुझ पर सन्देह हो जायेगा।" हंसराज ने वायरलेस का यंत्र बना देने से इन्कार कर हमारे लिये एक और चीज बना देने का वायदा किया। उसने कहा, वह हमारे लिए गैस का ऐसा बल्ब बना देगा जिसके प्रभाव से पाँच सौ गज क्षेत्र में सभी लोग बेहोश हो जायेंगे। गैस द्रव पदार्थ के रूप में बल्बों में बन्द रहेगी। बल्ब टूटते ही वह पलमात्र में वाष्प बनकर पाँच सौ गज तक फैल जायेगी। वह इस गैस की अवरोधक

(एन्टीडोट) दवाई थी बना देगा। गैस चलाने वाले व्यक्ति की जेब में अवरोधक रहेगा तो उस पर गैस का प्रभाव न होगा।

हंसराज के इस मूर्छा-गैस के नुसखे पर हम लोग शंका किये बिना न रह सके। भगवती बोले, "कोई गैस पल भर में पाँच सौ गज दूर कैसे जा सकता है?"

मैंने हंसराज को गैस और लहर (वेव) में अन्तर समझाना आरम्भ किया; अर्थात सुगन्ध, शब्द और बिजली की चाल में क्या अन्तर होता है।

"नहीं-नहीं, तुम नहीं समझते।" उसने सुनने से इन्कार कर कहा, "मेरा मतलब गैस या हवा से नहीं, वेव से है।" उसने इन्द्रपाल की ओर संकेत किया, "इससे बात करते समय गैस कह दिया; यह वेव क्या समझता! समझ लो वैसी ही वेव जैसे डेढ़ गज से बिजली की लहर बैटरी तक पहुँच जाती है।" यह करतब वह हमें दिखा चुका था।

गैस की यह बात कितनी शेखचिल्लीपने की थी, रसायन का थोड़ा बहुत ज्ञान रखने वाला कोई भी व्यक्ति समझ सकता है, परन्तु विश्वास करना पड़ा क्योंकि हमने अपनी आँखों एक गज तक बिना तार के बिजली पहुँचा देने की करामात देखी ही थी और फिर हम जरूरत से पागल थे। सम्भव है इस मूढ़ता का कारण अपनी जान खतरे में डालकर आसानी से वाइसराय की जान लेकर बहादुर बन जाने की इच्छा ही रही हो। यह सोचकर कि सर्दियों के दो-तीन महीने में वाइसराय का आना-जाना कई बार होगा, हमने हंसराज की गैस या वेव के लिए प्रतीक्षा कर लेना ही उचित समझा।

बाबा सावरकर और जिन्ना साहब

उन दिनों प्रसिद्ध क्रांतिकारी बैरिस्टर सावरकर के बड़े भाई बाबा दिल्ली आकर 'वीर अर्जुन' पत्र के कार्यालय में ठहरे हुए थे। एक समय सावरकर बन्धु देश की स्वतंत्रता के लिए क्रांति के आन्दोलन के नेता ही नहीं बल्कि प्रवर्तक थे, परन्तु जिस समय की चर्चा कर रहा हूँ, उन दिनों उनका कार्य-क्षेत्र हिन्दू महासभा बन चुका था। वे हिन्दू महासभा के काम के प्रसंग में ही दिल्ली आये थे। लड़कपन में सावरकर बन्धुओं के कार्य और साहित्य का प्रभाव मुझ पर कितना गहरा था, अनुमान कर सकने के लिए एक ही बात काफी है कि पचीस वर्ष पूर्व पढ़ी उनकी लिखी पुस्तक 'अन्दमान की गूँज' के अनेक भावपूर्ण वाक्य मुझे आज भी याद आते रहते हैं। हम लोगों को सावरकर बन्धुओं के प्रति इतनी श्रद्धा थी कि उनका दर्शन कर लेने का अवसर चूकना न चाहते थे।

सावरकर हिन्दू महासभा का कार्य अपना चुके थे, परन्तु हमें विश्वास था कि हमारे उद्देश्य में उनसे सहायता अवश्य मिलेगी। मैं और भगवती भाई एक साथ उसने मिलने गए। साधारणतः मुझे किसी भी महापुरुष के चरण छूने की इच्छा नहीं होती। गांधी जी से भेंट होने पर भी मुझे ऐसी इच्छा नहीं हुई, परन्तु याद है कि हम दोनों ने ही बाबा के चरण छूकर अभिवादन किया था और निःशंक अपना वास्तविक परिचय देकर अपने उद्देश्य में सहायता माँगी थी। बाबा ने हमें निराश भी नहीं किया। उन्होंने हम लोगों को कुछ दिन बाद, उनके दक्षिण में रहने पर वहाँ मिलने का परामर्श दिया।

बाबा के परामर्श के अनुसार मैं बम्बई गया। उनके बताये पते पर धोबीतालाब में सावरकर बन्धुओं में सबसे छोटे, डाक्टर बाल डेन्टिस्ट को खोजकर बाबा का सन्देश देकर

उनका पता पूछा। प्रसिद्ध क्रांतिकारी नेता बैरिस्टर सावरकर तब रत्नागिरि में नजरबन्द थे। जाँच-पड़ताल हुए बिना उनसे मिलने की आज्ञा न मिल सकती थी। सबसे बड़े भाई बाबा अकोला में थे। सावरकर बन्धुओं के राजनैतिक कार्यक्रम का नेतृत्व वे ही कर रहे थे।

अकोला में बाबा एक छोटे मकान की दूसरी मंजिल में, किनारे की छोटी सी कोठरी में थे। कोठरी में मेज, कुर्सी या खाट नहीं थी। फर्श पर एक होल्डाल में उनका काले कम्बल का बिस्तरा लगा हुआ था, जैसे रेल के प्लेटफार्म पर कुछ समय आराम कर रहे हों। बिस्तर के समीप बिना ढक्कन का एक पैकिंग का खाली बक्सा आड़ा रक्खा हुआ था। कुछ पुस्तकों और संक्षिप्त से सामान के लिए यह बक्सा शेल्फ का काम दे रहा था। इसी कोठरी में दूसरी ओर खूब उजले मंजे हुअ पीतल के बर्तन में जल रक्खा था।

दिसम्बर का आरम्भ था, आकाश में कुछ बदली भी थी। मैं रात ट्रेन में बिताकर लगभग सात बजे सुबह बाबा के यहाँ पहुँचा था। कुछ सर्दी मालूम हो रही थी। बाबा एक रुईदार मिर्जई पहने थे। मिर्जई का रंग कत्थई था और बटनों की जगह तनियाँ लगी हुई थीं। बाबा बिस्तर पर धोती पहने बैठे थे। उनके बिस्तरे के ऊपर दीवार पर कील से उनकी विचित्र पोशाक लटकी हुई थी। यह थी, एक जोधपुरी बिरचिस और काली टोपी। बिस्तर के पैताने कुछ अन्तर से झड़ा-पुछा, खूब मोटा और भारी देसी चमरौधे जूते का जोड़ा पड़ा था। तनीदार मिर्जई, खाकी जीन की चुस्त बिरबिस, चमरौधे जूते और काली टोपी के पंचमेल की ओर ध्यान जाये बिना न रहा।

बाबा ने बहुत वत्सल भाव से मेरा स्वागत किया। अपने बिस्तर के समीप ही मेरे बैठने के लिए बिस्तर लगा दिया। पहुँचते ही गरम पानी से हाथ-मुँह धुलवाकर गरम चाय पिलायी और बैठने पर कम्बल ओढ़ा दिया। वे स्वयं केवल रुईदार मिर्जई पहने बिना कुछ ओढ़े, मेरुदण्ड को सीधा किए बैठे थे। उस समय भी उनकी आयु, मेरा अनुमान है, पचास से कम क्या रही होगी। सर्दी कुछ जरूर थी, परन्तु बाबा के कम्बल न लिये रहने पर मुझे कम्बल ओढ़ने में संकोच हुआ। बाबा ने आग्रह किया, "नहीं-नहीं! तुम सफर से आये हो, सर्दी ज्यादा है, ढक-ओढ़ कर बैठना चाहिए। मैं तो ऐसे ही रहता हूँ।" भोजन के समय भी उन्होंने वैसे ही आग्रह और ध्यान से भोजन कराया जैसे परदेस से लौटे छोटे भाई या लड़के को कराया जाता है।

उस दिन बदली और सर्दी तो थी ही, बाबा को जुकाम भी था। घर की महिला प्रति दो-ढाई घण्टे के बाद काँसे या पीतल की कटोरी में रक्खे वैसे ही गिलास में उनके लिए चाय ले आती थी। बाबा कटोरी-गिलास मेरी ओर बढ़ा देते। मेरे ना-ना करने पर भी यह पेय मुझे पीना ही पड़ता। बाबा अपने लिए और मँगवा लेते। इस चाय का स्वाद चाय का न था। पूछने पर बाबा ने स्वीकार किया—यह चाय तुलसी की पत्ती और अदरक की है, चाय पत्ती की नहीं।

मेरा अनुमान था कि बाबा जुकाम के उपचार के लिए ऐसी चाय पी रहे हैं, परन्तु उन्होंने बताया—वे सदा वैसी ही चाय पीते थे और वही गुणकारी भी होती है।

[illegible] संकोच से पूछा—"गुण और उपयोगिता के विचार से ही आप ऐसी चाय पीते हैं या [illegible] को विदेशी रिवाज मानकर भी उसके प्रति विरक्ति है?"

मेरे इस प्रश्न का कारण बाबा की विचित्र पोशाक भी थी। मुझे ऐसा जान पड़ रहा था कि सैनिक चुस्ती-मुस्तैदी के साथ-साथ इस देश का पुराना रंग-रूप बनाये रखने के लिये भी बाबा का विशेष आग्रह था। इस बात का एक और प्रमाण देखा—

दोपहर के समय उनके उत्साही नवयुवक शिष्यों की एक मंडली अपनी व्यायामशाला की बातें उन्हें सुना रही थी। बात मराठी में होने पर भी मैं समझ पा रहा था कि किसी फुटबाल के मैच का जिक्र है। फुटबाल, क्रिकेट, हाकी आदि खेलों को हम लोगों ने अंग्रेजों से सीखा है इसलिये इन खेलों के प्रसंग में अंग्रेजी पारिभाषिक शब्दों—सेन्टर फारवर्ड, बैक, हाफबैक, गोल, आउट, पेनाल्टी आदि-आदि का ही उपयोग भी होता रहता है। यह यह लोग इन शब्दों से परहेज कर, इनके संस्कृत पर्यायवाची ही उपयोग कर रहे थे। विदेशी भाषा पर निर्भर न कर अपनी भाषा को पूर्ण बनाने का प्रयत्न मुझे भला तो लगा, परन्तु कुछ विचित्र भी।

चाय को विदेशी पेय या विदेशी संस्कृति का अंग समझने के मेरे प्रश्न के उत्तर में बाबा ने निस्संकोच स्वीकार किया—चाय से विरक्ति का एक कारण उसका विदेशी रिवाज होना भी है। बाबा की निष्ठा और उनके त्याग के प्रति अत्यन्त श्रद्धा होने पर भी उनके सांस्कृतिक दृष्टिकोण में मुझे अपने विचार से व्यावहारिकता और संतुलन का अभाव जान पड़ा।

बाबा की सहृदयता और स्पष्टवादिता के सन्मुख किसी पैंतरेबाजी का अवसर न था। उन्हें कांग्रेसी-असहयोग और अहिंसात्मक नीति की व्यर्थता और क्रांति के सिद्धान्तों का पाठ पढ़ाने की भी जरूरत न थी। विदेशी दासता विरोधी क्रांति की चेतना में वे हमारे अगुआ थे इसलिये एकान्त पाते ही शस्त्रों, धन और सम्बन्धों के लिये सहायता का अनुरोध उनसे किया। दिल्ली में हुई बातचीत के आधार पर बाबा मेरे आने का कारण जानते ही थे।

मेरे अनुरोध से असम्मति प्रकट न कर उन्होंने अपने कार्यक्रम या दृष्टिकोण की व्याख्या करते हुए समझाया, "विदेशी दासता से राष्ट्र को मुक्त करना हमारा उद्देश्य है। राष्ट्र को मुक्ति का उद्देश्य अपनी राष्ट्रीयता की उन्नति और रक्षा करनी ही है। अंग्रेजी शासन के अतिरिक्त देश में दूसरा भी एक हमारा राष्ट्रीय शत्रु है जो हमारी राष्ट्रीय एकता का विरोधी है और अंग्रेजों के पक्ष में होकर हमारे स्वतंत्रता के प्रयत्नों को विफल कर देता है। यह है मुसलमानों की अपने आपको देश के हिन्दू जन समुदाय और देश की परम्परागत संस्कृति से पृथक समझने की भावना। प्रत्येक राष्ट्र की संस्कृति ही उसका प्राण और शक्ति होती है। सांस्कृतिक एकता ही राष्ट्रीय एकता का आधार होती है। विदेशी दासता के विरुद्ध हम अपनी सांस्कृतिक एकता और शक्ति के बल से ही लड़कर स्वतंत्र हो सकते हैं। हमें पहले सांस्कृतिक शक्ति और एकता स्थापित करने के लिये इसके विरोधी शत्रुओं से स्वतन्त्र होना है। इसके बिना अंग्रेजों से लड़ना ऐसे ही है जैसे दासता के वृक्ष की जड़ को छोड़कर पत्तों को छाँटते रहना। हमें तुम्हारे उद्देश्य से पूरी सहानुभूति है, परन्तु सहयोग तो तभी हो सकता है जब कार्यक्रम में एकता हो।"

मेरे मौन को बाबा ने सम्भवतः सम्मति का ही संकेत समझा। वे बोले, "इस समय राष्ट्र के लिये सबसे अधिक घातक है जिन्ना (स्वर्गीय मुहम्मदअली जिन्ना) के नेतृत्व में मुसलमानों की भारतीय राष्ट्रीयता का विरोध करना तथा राष्ट्र में दूसरा राष्ट्र बनाने की

नीति। जिन्ना इस नीति के प्रतीक और प्रतिनिधि हैं। यदि आप लोग इस व्यक्ति को समाप्त कर देने की जिम्मेदारी लें तो स्वतंत्रता प्राप्ति के मार्ग की सबसे बड़ी बाधा दूर करने का प्रयत्न होगा। इसके लिये हम पचास हजार रुपये तक का प्रबन्ध करने की जिम्मेदारी ले सकते हैं।''

मैंने विनीत मुस्कराहट से बाबा के प्रस्ताव के प्रति असमर्थता प्रकट कर दी। हमारी उस समय की कठिन आर्थिक परिस्थिति में और रुपये के तत्कालीन क्रय सामर्थ्य के विचार से पचास हजार रुपये की आशा मामूली बात न थी। मिस्टर जिन्ना पर आक्रमण को केवल आर्थिक समस्या हल करने का उपाय भी समझ लिया जा सकता था। अपने राजनैतिक उद्देश्य के लिये राजनैतिक डकैती से अथवा जाली सिक्का बना लेने में भी हमें संकोच न था। डकैती में एकाध हत्या हो जाने की सम्भावना रहती थी। मिस्टर जिन्ना की राजनीति से हमें सहानुभूति नहीं विरोध ही था, परन्तु साम्प्रदायिक मतभेद से हत्या करना हम लोग देशहित या सर्वसाधारण जनता के हित और एकता के विरुद्ध समझते थे। मुझे ऐसा विचार स्वयं अन्ध साम्प्रदायिकता ही जँची।

मैं उस दिन संध्या दिल्ली लौटने के लिये तैयार हो गया। मेरे चलने से कुछ ही समय पूर्व एक व्यक्ति कपड़े में बँधा लम्बा-सा बण्डल बाबा के पास छोड़ गया। उसके चले जाने पर बाबा बोले, ''तुम इतनी दूर से आये हो, जल्दी में एक ही चीज तुम्हें दे सकता हूँ।''

हाल ही में लाया गया बण्डल खोलकर उन्होंने हाथ भर लम्बा एक पिस्तौल निकाला। हथियार की गढ़न और रूप देखकर मैं समझ गया कि देहाती लोहार की बनायी चीज है। इसमें कारतूस के बजाय नाली के छेद में, गज की सहायता से बारूद और गोली-गट्टा भरना पड़ता होगा। फिर भी बाबा की ओर देखकर पूछा, ''इसके कारतूस?''

''यही तो इसकी विशेषता है।'' मुस्कराते हुए बाबा ने समझाया, ''कारतूसों के लिये भटकना नहीं पड़ेगा। इसे जब चाहे भरा जा सकता है।'' बाबा को धन्यवाद देकर वह बोझ उठाने से इन्कार कर दिया और अपनी कमर से 'कोल्ट' पिस्तौल निकालकर दिखाया कि हमें तो ऐसी चीजों की आवश्यकता है जिन्हें सुविधा से शरीर पर छिपाया जा सके।

''जैसी तुम्हारी इच्छा।'' कुछ निराश से बाबा बोले, ''पर ऐसी विदेशी चीजें कितनी मात्रा में जुटायी जा सकेंगी?''

विदाई के समय बाबा दस रुपये का एक नोट मेरे हाथ में थमाते हुए बोले, ''तुम्हारा आना व्यर्थ ही हुआ। इस समय मेरे पास यही है। तुम्हारे रेल के किराये या रास्ते के भोजन-छावन में कुछ काम आयेगा।''

राजनैतिक कार्यक्रम में मतभेद होते हुए भी यह बाबा की व्यक्तिगत वत्सलता और महत्ता का चिह्न था और मैंने वह नोट आशीर्वाद के रूप में ग्रहण कर लिया।

मिस्टर जिन्ना के सम्बन्ध में बाबा का प्रस्ताव ऐसी मामूली बात नहीं थी कि एक बार मुस्कराकर या उस पर त्योरियाँ चढ़ाकर टाल दिया जाता। वह सम्पूर्ण राष्ट्र की राजनीति पर बहुत गहरा प्रभाव डालने वाली बात थी। उसका मतलब शायद सैकड़ों-हजारों हिन्दू-मुसलमानों का पारस्परिक कत्ल होता। मैं ट्रेन में रात भर इसी बात पर विचार करता रहा। देश की राष्ट्रीय एकता की उपेक्षा नहीं की जा सकती थी। विशेष चिन्ता की बात यह थी कि हिन्दू-मुसलमान का वैमनस्य बढ़ता ही जा रहा था। मैं और मेरे जैसे लोग जो

साम्प्रदायिक दृष्टिकोण को छोड़ चुके थे, इस समस्या को केवल मूर्खता ही समझ रहे थे, परन्तु यह समस्या निश्चय हमारे देश की सबसे बड़ी समस्या थी। मुझे यह आवश्यक नहीं जान पड़ रहा था कि धार्मिक विश्वास भेद के कारण वैमनस्य भी अवश्य हो। नौजवान भारत सभा के प्रसंग में मैं कह ही चुका हूँ कि हम लोग साम्प्रदायिक वैमनस्य को मिटाने के लिये लाहौर में मुसलमानों और हिन्दुओं की सभी जातियों के संयुक्त भोजों का आयोजन किया करते थे।

इसी बात पर विचार करते हुए मुझे याद आया कि हम लोगों के बचपन में पंजाब के बड़े-बड़े शहरों में भी खाने-पीने की वस्तुओं या हलवाइयों की मुस्लिम दुकानें कहीं नजर न आती थीं। सभी मुसलमान निस्संकोच हिन्दुओं की दुकानों से ही अपनी आवश्यकता पूरी करते थे। इसी प्रकार अनेक व्यवसाय ऐसे थे जिन्हें हिन्दू करते ही न थे। ऐसी वस्तुओं के लिये वे मुस्लिम दुकानों पर निर्भर करते थे। मुझे यह भी याद आया कि १९१९ में उसी वर्ष, लाहौर छोड़ने के पहिले मैंने लाहौर में ग्वालमण्डी की एक गली के कोने पर लगे म्युनिसिपैलिटी के नल पर हिन्दू-मुसलमान पड़ोसियों में झगड़ा होते देखा था। झगड़े का कारण यह था कि एक हिन्दू अपना घड़ा भरने से पहले घड़े को नल पर धो रहा था। उसके घड़े से कुछ छींटे समीप खड़े हुए एक मुसलमान के घड़े पर पड़ गये थे। मुसलमान ने अपना घड़ा नापाक हो गया कहकर क्रोध में पटक दिया और हिन्दू का घड़ा भी तोड़ दिया। इसके बाद हिन्दू-मुसलमान पड़ोसी एक-दूसरे का सिर तोड़ने लगे। यह हिन्दुओं और मुसलमानों के व्यापक वैमनस्य का प्रतीक था या दोनों सम्प्रदायों के दिलों में एक-दूसरे के प्रति बैठ चुकी घृणा और ईर्ष्या को सन्तुष्ट करने का बहाना था।

एक समय था जब मुसलमान हिन्दू से छूत नहीं मानते थे या घृणा नहीं करते थे। हिन्दुओं की घृणा से अपने आत्माभिमान की रक्षा करने के लिए मुसलमानों ने भी बदले में हिन्दुओं से घृणा करना आवश्यक समझा। हिन्दू-मुसलमानों की इस आपसी घृणा में पहल हिन्दू ने की। हिन्दू-मुसलमान के आपसी द्वेष की जिम्मेवारी जिन्ना या मुस्लिम-लीग पर है या हिन्दू-समाज के ऊँचे वर्ण के समझे जाने वाले लोगों पर? हिन्दू केवल विधर्मी मुसलमान से ही घृणा नहीं करते, वे अपने सहधर्मी अधिकांश हिन्दुओं को भी अछूत मानकर उनसे घृणा करते हैं। हिन्दू समाज में ऊँचे वर्ण के लोगों की अपेक्षा अछूत समझे जाने वाले लोगों की संख्या बहुत अधिक है। हिन्दुओं की इस छुआछूत (अस्पृश्यता) में हिन्दू धार्मिक दर्शन या आध्यात्मिक सिद्धान्त काम नहीं करते। यह हिन्दू समाज की सामन्तवादी आर्थिक पद्धति या वर्ण-व्यवस्था का अंग है। हिन्दू समाज या भारतीय समाज के निर्वाह के ढंग के बदल जाने या आर्थिक व्यवस्था में परिवर्तन आ जाने से छुआछूत की व्यवस्था स्वयं ही शिथिल होती जा रही है, परन्तु लोप होने से पूर्व देश की बहुत हानि भी कर रही है।

हिन्दुत्व का धार्मिक दर्शन अध्यात्मवाद जीव मात्र में, मनुष्य और कुत्ते तक में एक ही आत्मा और समान जीव होने की बात कहता है, परन्तु इस समाज की नैतिकता ने ऊँचे वर्णों के शासन में बँधे समाज को वर्ण-व्यवस्था या अस्पृश्यता के चौखटों में जकड़कर अपने शासन को मजबूत बनाये रखने में कसर नहीं छोड़ी। इस बात की उपेक्षा नहीं की जा सकती कि हिन्दू समाज में अस्पृश्यता और साधनहीनता या गरीबी साथ-साथ रही है। अस्पृश्यता अथवा वर्ण की हीनता साधनहीनों को शिक्षा और आर्थिक उन्नति का

अवसर न देने की व्यवस्था (कानून) का ही नाम था। अर्थ की प्राप्ति और स्वामित्व के अवसर और अधिकारों को अपनी श्रेणी तक सीमित रखने के लिये ऊँचे वर्ण के लोग अपने मुख से प्राणिमात्र की समानता के ज्ञान की बात तो कहते थे, परन्तु यह ज्ञान शूद्र के कानों तक जाने देना अनुचित और पाप समझते थे। शूद्र या अछूत के कान में ज्ञान पहुँच जाने पर उन्होंने ज्ञान की बात कहने वाले ब्राह्मण की जीभ काट लेने का नियम नहीं, शूद्र के कान में गला हुआ सीसा डालकर उसे समाप्त कर देने का विधान बनाया था। अस्पृश्यता का आधार साम्प्रदायिक या धार्मिक विश्वास नहीं बल्कि श्रेणियों का आर्थिक विभाजन ही था। इस देश में अस्पृश्यता मुसलमानों के आने से पूर्व मौजूद थी और सम्पूर्ण शोषित वर्ग अपनी आर्थिक विवशता के अनुपात में अस्पृश्य था। जिस वर्ग को जितना अप्रिय और कठिन कार्य करना पड़ता था, वह वर्ग उतना ही अधिक हीन और अस्पृश्य समझा जाता था। हिन्दू समाज की अस्पृश्यता सामन्ती युग की क्रूर, शोषक व्यवस्था ही है, जिसमें आर्थिक अवसर और अधिकारों को वंश-क्रम में बाँध दिया गया था।

हिन्दुओं से मुसलमानों के विरोध, वैमनस्य और प्रतिद्वन्द्विता का व्यावहारिक रूप भी मुख्यतः आर्थिक संघर्ष रहा है। अंग्रेजी सरकार के शासनकाल में इस संघर्ष का क्षेत्र नौकरियों और व्यवसाय के लिये अवसर की माँग थी। मुझे याद है कि बचपन में हमने दफ्तरों, सरकारी नौकरियों और व्यवसाय के क्षेत्र में ऊँचे वर्ग के हिन्दुओं की ही प्रधानता देखी थी। इसका कारण था इन वर्णों की बेहतर आर्थिक अवस्था और उनके लिये शिक्षा का परम्परागत अवसर। भारत के दस करोड़ मुसलमान विदेश से नहीं आये हैं। वे इसी देश के वासी और हिन्दू समाज का अंग हैं जिन्हें हिन्दू समाज की आर्थिक व्यवस्था (वर्ण-व्यवस्था) ने अवसरहीन और विवश बनाये रखने के लिये अछूत और दलित बना दिया था। इस व्यवस्था का प्रयोजन अधिकांश श्रमिक वर्ग को मानवी अधिकारों से वंचित रखकर, अवसर और साधनों की मालिक श्रेणी के उपयोग के लिये पशु बनाये रखना ही था। इस्लाम ने इन्हें अछूत अवस्था से उठाकर मानवी समता की भावना दी जिसे हिन्दू वर्ण-व्यवस्था ने स्वीकार न किया बल्कि मुसलमान-मात्र को ही अछूत बना दिया। हिन्दू वर्ण-व्यवस्था से पीड़ित और शोषित भारत का साधनहीन समाज ही आज इस्लाम और ईसाइयत के दायरों में है। हिन्दुओं के प्रति उनकी प्रतिद्वन्द्विता की जड़ जीवन के लिये अधिकार और अवसर की माँग में ही है। जिस आर्थिक व्यवस्था ने धर्म के नाम पर इस शोषित वर्ग के प्रति हिंसा, अन्याय और अत्याचार किया है, उसके प्रति शोषित वर्गों की घृणा 'हिंसा' नहीं बल्कि 'प्रतिहिंसा' ही है।

यह ठीक है कि जिन्ना साहब और उनके आन्दोलन को चलाने वाले मुस्लिम पूँजीपति और सामन्ती लोगों को साधनहीन नहीं समझा जा सकता था। वह लोग साधन-सम्पन्न हिन्दुओं से होड़ में अपने सम्प्रदाय की जनशक्ति का लाभ उठा रहे थे। साधन-सम्पन्न और साधनहीन लोगों का संघर्ष श्रेणी संघर्ष के रूप में ही होना चाहिये था। इस संघर्ष को साम्प्रदायिक रूप दे देने की जिम्मेवारी ऊँचे वर्ण के हिन्दुओं की स्वार्थपरता में ही रही है। ऊँचे वर्ण के हिन्दुओं के आर्थिक एकाधिकार के प्रति शिकायत केवल उसके साम्प्रदायिक प्रतिद्वन्द्वी मुसलमानों को ही नहीं; शनैः-शनैः यह प्रतिद्वन्द्विता सभी बहुसंख्यक हिन्दू शोषित वर्गों में भी फैलती जा रही है। बीस वर्ष पूर्व अधिकारों और शिक्षा के अवसरों के

लिये जैसे आन्दोलन मुसलमान उठाते थे, वही आज हिन्दू कहे जाने वाले परिगणित श्रेणियों के शोषित लोग भी उठा रहे हैं। देश में एकता स्थापित करने का मार्ग क्या इन सबका दमन कर देना है? और क्या भारतीय संस्कृति का अर्थ वर्णाश्रम की पुनःस्थापना ही है? क्या वह आज मानव न्याय माना जा सकता है? क्या सभी के लिये बटन सुलभ हो जाने पर भी मिर्जई में तनियाँ लगाये रहने के आग्रह से ही हम भी भारतीय संस्कृति की रक्षा कर सकते हैं? अलबत्ता तनियों को बटनों से अधिक सुविधाजनक मान लिया जाये तो दूसरी बात है।

साम्प्रदायिक विश्वासों का प्रभाव समाज की संस्कृति पर अवश्य पड़ता है, परन्तु उससे अधिक सम्प्रदाय के आधार पर समाज विशेष की संस्कृति और परिस्थितियों का पड़ता है। उत्तर प्रदेश, बंगाल और अफगानिस्तान के मुसलमानों के और भारत, बर्मा और जापान के बौद्धों का आचार और संस्कृति एक से नहीं हैं। इसके विपरीत किसी भी देश के एक ही गाँव के परम्परागत निवासियों की संस्कृति और भाषा एक सी ही होती है।

बाबा सावरकर या प्राचीन आर्य संस्कृति की पुनः स्थापना के समर्थक लोगों को आधुनिक भारतीय संस्कृति पर केवल मुस्लिम प्रभाव से ही आपत्ति नहीं, वे पश्चिम की औद्योगिक सभ्यता के प्रभाव से भी खिन्न हैं। खिन्नता प्रकट करते हुए उसे अजाने में स्वीकार भी करते जा रहे हैं। संस्कृति को भौगोलिक सीमाओं से बाँधकर रखना असम्भव है और भौगोलिक परिस्थितियों और जलवायु का प्रभाव हमारे जीवन निर्वाह के ढंग पर अनिवार्य है।

समाज के जीवन निर्वाह का ढंग ही उसकी संस्कृति है। जैसे भौगोलिक स्थितियों का प्रभाव हमारे जीवन निर्वाह के ढंग पर पड़ता है, वैसे ही मनुष्य द्वारा आविष्कृत पैदावार और निर्वाह के साधनों का प्रभाव भी समाज के जीवन निर्वाह के ढंग और संस्कृति पर पड़ता है। औद्योगिक संस्कृति द्वारा उत्पन्न भौतिक साधनों को अपनाना जरूरी है तो उस संस्कृति के दूसरे प्रभाव भी हमारे जीवन निर्वाह के ढंग पर पड़े बिना न रह सकेंगे। हम यदि बिरचिस के साथ चमरौधा जूता पहनने की जिद्द करेंगे तो ऐसी जिद्द केवल विरूपता और उलझन ही पैदा करेगी। पुरातन भारतीय संस्कृति में औद्योगीकरण और उसके प्रभावों का संतुलन और सामंजस्य करने से ही हमारी आधुनिक भारतीय संस्कृति का रूप निश्चित होगा।

दिल्ली लौटकर मैंने भगवती भाई और आज़ाद को बाबा सावरकर से भेंट के लिये यात्रा का परिणाम सुनाया। जिन्ना साहब के सम्बन्ध में बाबा का प्रस्ताव सुनकर आज़ाद झुंझला उठे—यह लोग क्या हमें पेशेवर हत्यारा समझते हैं! बाद में हम लोग हाथ भर लम्बे देशी पिस्तौल की बात यादकर खूब हँसते रहे। यह बात केवल हँसी की ही नहीं थी। उस देशी पिस्तौल के प्रति बाबा के अनुराग, उनके विचार में भारतीय संस्कृति के प्रति अनुराग का प्रतीक था। अपने विश्वास के प्रति बाबा की निष्ठा और त्याग के सम्बन्ध में सन्देह का अवसर कतई नहीं था, परन्तु सावरकर बन्धुओं और हम लोगों के राष्ट्रीय दृष्टिकोण में उतना ही अन्तर आ चुका था जितना कि देहाती लोहार के बनाये, गज से भरे जाने वाले पिस्तौल में और मैगजीन में एक साथ आठ गोली भरकर चलाये जाने वाले

पिस्तौल में होता है। हम विलायत में बने पिस्तौल को छोड़कर भारतीय देहाती पिस्तौल पर भरोसा करने के लिए तैयार न थे, केवल इसलिए कि वह स्वदेशी है। हाँ, विदेशी पिस्तौल जैसा कारगर—बल्कि उससे अच्छा भारतोय पिस्तौल बना लेना चाहते थे।

सावरकर बन्धुओं ने विदेशी दासता विरोधी राष्ट्रीयता की भावना को हिन्दू संस्कृति की रक्षा की जिस नींव पर खड़ा किया था, वे अब भी उसी पर बैठे हुए थे। केवल सावरकर बन्धु ही नहीं, सशस्त्र क्रांति की चेष्टा के प्रारम्भिक युग में दूसरे नवयुवक भी विदेशी दासता-विरोधी राष्ट्रीयता को अपने साम्प्रदायिक और धार्मिक विश्वासों से अनुप्राणित कर रहे थे। खुदीराम बोस और कन्हाईलाल दत्त फाँसी के तख्ते पर चढ़ते समय भारत माता और माता राधा के चरणों को एक साथ मानकर दोनों पर बलिदान होने का विश्वास लिए थे। यही बात अंग्रेजों के विरुद्ध 'कूका विद्रोह' या 'वहाबी बगावत' करने वाले सिख और मुस्लिम क्रांतिकारियों में भी थी। हि० स० प्र० स० के लोग अपने अग्रगामी विदेशी सरकार विरोधी क्रांति की चेष्टा करने वालों का गौरव और उनके प्रति कृतज्ञता स्वीकार करके भी साम्प्रदायिकता और राष्ट्रीयता को अलग-अलग समझकर, साम्प्रदायिक दृष्टिकोण छोड़ चुके थे। इसका कारण था, इस बीच भारतीय विचारधारा का पश्चिमी औद्योगिक और अधिक विकसित विचारधारा के निकट सम्पर्क में आ जाना और हमारा आयरलैंड, इटली, टर्की के विकास और १९१७ की सोवियत समाजवादी क्रांति से प्रभावित हो जाना।

हम लोग साम्प्रदायिक आदर्शवाद की जगह मार्क्सवादी वैज्ञानिक भौतिक दर्शन की ओर आकर्षित हो चुके थे, इसलिए हम लोगों में से किसी को जेल की कोठरी या फाँसी के तख्ते पर 'राम नाम' की सहायता की आवश्यकता अनुभव नहीं हुई। भगतसिंह ने फाँसी के तख्ते से भी 'इन्कलाब जिन्दाबाद!' और 'साम्राज्यवाद मुर्दाबाद!' के ही नारे लगाये, जो नितान्त भौतिक लक्ष्य है। वैज्ञानिक भौतिकवादी दर्शन से आत्मविश्वास का बल पा लेने का सबसे अच्छा उदाहरण मैंने मणीन्द्रनाथ बनर्जी को मृत्यु के समय फतेहगढ़ जेल में देखा।

१९३४ का जून मास था। फतेहगढ़ सेन्ट्रल जेल की बात है। 'सी' क्लास (तीसरे दर्जे) के क्रांतिकारी बन्दी रमेश गुप्त के साथ जेल अफसरों के दुर्व्यवहार का समाचार पाकर हम लोगों ने विरोध में भूख हड़ताल कर दी थी; कुछ अपनी भी शिकायतें थीं। प्रायः दो सप्ताह यह अनशन रहा। 'बी' क्लास बैरक में काकोरी षड्यंत्र के श्री मन्मथनाथ गुप्त, बनारस गोली काण्ड के मणीन्द्रनाथ बनर्जी और मैं ही थे।

मणी बैनर्जी का स्वास्थ्य यों भी अच्छा न था, पन्द्रह दिन के निरन्तर अनशन से बहुत बिगड़ गया। हृदय रोग ने भीषण रूप ले लिया। हाथ-पाँव सूज गए, आँखों से दिखायी न दे रहा था। मणी को जेल के हस्पताल में रख दिया गया। जेल के सुपरिन्टेन्डेन्ट मेजर रामनारायण भण्डारी थे।

मेजर भण्डारी ने जब उपचार से मणी के बच सकने की सम्भावना न देखी तो इस विचार से कि हम लोग उनके उपेक्षा और दुर्व्यवहार की शिकायत का चिट्ठा गवर्नर तक न लिख भेजें, मणी की मृत्यु से कुछ घण्टे पूर्व हमें उसके समीप रहने की इजाजत दे दी। जिस समय हम लोग मणी की कोठरी में पहुँचे, उसे बिलकुल दिखायी नहीं दे रहा था। साँस लेने में बहुत कष्ट हो रहा था। उसे ऑक्सीजन गैस दी जा रही थी, परन्तु उसके

लिए श्वास ले पाना ही कठिन हो रहा था। श्वास ले पाने के लिए उसका सम्पूर्ण शरीर बल खा-खाकर छटपटा रहा था। इस छटपटाहट में दो-तीन श्वास सुविधा से आ जाते तो वह ढंग से बात का उत्तर दे देता था। इस भयंकर शारीरिक कष्ट में भी मणी का मस्तिष्क बहुत साफ था।

मणी की यह अवस्था देखकर हम दोनों का हृदय दहल गया था। मन्मथ ने प्रार्थना के ढंग से हाथ जोड़कर द्रवित स्वर में मणी को सुनाकर कहा, "मैं अपनी तार्किक प्रवृत्ति के कारण नास्तिक हूँ। मुझे ईश्वर के अस्तित्व में विश्वास नहीं है, परन्तु जो लोग ईश्वर के अस्तित्व में विश्वास रखते हैं, वे उसे सर्वशक्तिमान और चामत्कारिक शक्ति-सम्पन्न मानते हैं। सम्भव है, मेरा तर्क गलत रहा हो इसलिए मैं प्रार्थना करता हूँ कि यदि सचमुच भगवान का कोई अस्तित्व है तो वह इस समय तुम्हारा दुख दूर करें। मैं उनमें विश्वास कर लेने के लिए तैयार हूँ!"

मन्मथ के यह प्रार्थना करते समय मणी का शरीर बल खा-खाकर श्वास के लिए अत्यन्त कष्टपूर्ण संघर्ष कर रहा था। इसके बाद उसकी श्वास की नली एक मिनट के लिए काम करने लगी। मणी खिन्नता से बोला, "डैम योर गॉड एण्ड डैम हिज मर्सी (भाड़ में जाय तुम्हारा भगवान और भाड़ में जाय उसकी दया)। लोग बकते हैं कि अन्तिम समय भगवान दिखायी देता है। मुझे तो कुछ दिखायी नहीं दे रहा। मेरे अन्तिम श्वासों के समय मेरा मस्तिष्क धुंधला मत करो। मुझे कायर और कातर बनाने की चेष्टा मत करो।"

मणी का श्वास-कष्ट फिर बढ़ गया। एक जबर्दस्त हिचकी उसे आयी और उसका शरीर निष्प्राण होकर ढीला पड़ गया।

हि० स० प्र० स० के लोगों के उदाहरण स्वरूप मणी की मृत्यु एक दृष्टान्त है। ऐसा ही व्यवहार मृत्यु के समय भगवती भाई का भी था। यह बात प्रसंग आने पर ही कहूँगा।

साम्प्रदायिकता के सम्बन्ध में अपने साथियों के विचारों या व्यवहार के सम्बन्ध में यहाँ इतना ही कहना पर्याप्त है कि हम लोग हिन्दू-मुसलमान का भेद स्वीकार नहीं करते थे। भैया आज़ाद ब्राह्मण सन्तान थे। दल में उनका एक उपनाम 'पंडित जी' भी था। आवश्यकता पड़ने पर पूजा-आचमन का अनुष्ठान वे बहुत शुद्धता और पूर्णता से निभा सकते थे, परन्तु उन्हें जनेऊ, पूजा और संध्या से चिढ़ हो गयी थी। इसे वे आत्मविश्वास की कमी और बुद्धि की परवशता और कुछ अवस्थाओं में ढोंग भी समझते थे। पूजा-संध्या करने वाले व्यक्ति की ईमानदारी में उन्हें सन्देह ही रहता था।

भगवती भाई पूजा-पाठ से चिढ़ते तो नहीं थे, लेकिन ऐसी चर्चा को व्यर्थ समझते थे। मांस न आज़ाद खाते थे न भगवती भाई, परन्तु मांस और सब्जी एक साथ मिलाकर पकाने से मांस को छोड़कर सब्जी मजे में खा लेते थे।

वाइसराय की गाड़ी के नीचे विस्फोट

दल की ओर से अनुमति मिल जाने पर भी हम नवम्बर के अन्त में वाइसराय की गाड़ी के नीचे विस्फोट न कर सके थे, इस बात के लिये मन में बहुत ग्लानि थी। अब फिर अवसर आ रहा था। वाइसराय सितम्बर (१९२९) के तीसरे सप्ताह में कोल्हापुर जा रहा था और दिसम्बर २३ को दिल्ली लौटने का कार्यक्रम था। उसी दिन दिल्ली में गांधी जी वाइसराय से भेंट करने वाले थे। राजनैतिक दृष्टि से वाइसराय पर इसी समय आक्रमण करने का विशेष महत्व था और हम चूकना नहीं चाहते थे।

इन्द्रपाल को सन्देश भेजा कि हंसराज को उसकी मूर्छा गैस या मूर्छा वेव सहित १८-१९ दिसम्बर तक अवश्य पहुँचा दे। इन्द्रपाल और हंसराज २० तारीख को दिल्ली पहुँचे। उनके आ जाने से हमें सान्त्वना हुई, परन्तु हंसराज की बात ने सब उत्साह समाप्त कर दिया। उसने बताया कि गैस के बल्ब बिलकुल ठीक बन गये थे। लाहौर तक वह बल्बों को सुरक्षित ले आया था, परन्तु लाहौर से दिल्ली के लिये चलते समय वह स्टेशन तक जिस ताँगे में गया, उसमें उसका बक्स हिलता रहा और गैस के बल्ब टूट गये। इस समय इन्द्रपाल उसके साथ न था। हंसराज ने बताया कि गैस बहुत अच्छी बनी थी। बक्स के भीतर गैस का बल्ब टूट जाने का प्रभाव यह हुआ कि ताँगे में बैठी सवारियाँ, ताँगे वाला और घोड़ा सब बेहोश हो गये। उसके पास गैस की अवरोधक औषध जेब में मौजूद थी इसलिए वह बचकर भाग गया।

हंसराज की गैस लाहौर में ही नष्ट हो जाने के कारण वह लायलपुर लौट जाना चाहता था, परन्तु इन्द्रपाल हमारे आदेशानुसार उसे दिल्ली ले ही आया कि वह शायद कोई अन्य उपाय बता सके। हम लोगों के बहुत चिन्तित और गम्भीर हो जाने पर हंसराज ने आश्वासन दिया—गैस न सही, उसके पास एक तीसरा आविष्कार था, शायद उससे काम बन जाये। पिछली बार दिल्ली में उसने हमें एक गज की दूरी से, बिना तार के बैटरी से बिजली चालू कर देने का चमत्कार दिखाया था। अपने इस आविष्कार को वह 'एकगजी' कहता था। हंसराज ने हमें तसल्ली दी। एकगजी का प्रभाव अब पाँच सौ गज दूर तक हो सकेगा।

हम लोग इस आविष्कार से काम करने के लिये तैयार हो गये।

हंसराज ने हम लोगों से दो या तीन रुपये लिये और आवश्यक पदार्थ बाजार से ले आया। ऐसे चामत्कारिक पदार्थ खरीदने के समय वह हम लोगों को साथ न ले जाता था। उसने दोपहर तक कुछ गोलियाँ और दूसरी चीजें पीसकर और पानी में घोल एक छोटी बोतल तैयार कर ली और बोला कि पाँच सौ गजी तैयार है।

हम लोगों ने इस आविष्कार का प्रभाव पाँच सौ गज तक आजमा लेना चाहा। इस वस्तु से जहाँ काम लेना था, उसी स्थान पर परीक्षण करना उचित समझा। अब कई दिन

पूर्व लाइन के नीचे बम गाड़ देने और फिर निश्चित तारीख तक बमों के ठीक दबे रहने की रखवाली करते रहने का न तो समय था और न जरूरत, इसलिये सोचा कि तेहखंड क्यों जायें।

उस दिन दिसम्बर की २१ तारीख थी। २३ तारीख सुबह छः बजे ही वाइसराय की गाड़ी दिल्ली लौटने वाली थी। बीच में केवल एक रात और एक दिन ही शेष थे। नयी दिल्ली और निजामुद्दीन स्टेशनों के बीच, नयी दिल्ली से केवल चार मील दूर, कौरव-पाण्डवों के किले के खण्डहर के समीप हमने लाइन के नीचे बम दबाने का निश्चय कर लिया। यहाँ भी लाइन के नीचे एक पुल और लाइन पर घुमाव है। खूब गहरी ढलवान भी है। यहाँ गाड़ी के गिरने पर तेहखंड की जगह की अपेक्षा भी गाड़ी पर बहुत अधिक चोट पड़ती।[१]

इन्द्रपाल को लाइन पर बम दबाने के लिये चुनी हुई जगह पर जेबी बैटरी में एक छोटा बल्ब लगाकर बैठा दिया कि जब बल्ब जले तो हमें संकेत कर दे। मैं और हंसराज इन्द्रपाल को केन्द्र मानकर पाँच सौ गजी लिये लाइन से लगभग चार सौ गज की दूरी पर चक्कर लगाने लगे कि आविष्कार का प्रभाव देखा जा सके। आविष्कार की शीशी हंसराज के ही हाथ में थी। हंसराज ने बताया कि उसके आविष्कार का प्रभाव केन्द्र से पाँच सौ गज के वृत्त में सभी जगह नहीं होगा। इस सम्पूर्ण जगह में उसके आविष्कार से बिजली की केवल एक ही सूक्ष्म वेवधारा बनेगी। यह बात मुझे कुछ विचित्र लगी।

मैंने सुझाव दिया कि पाँच सौ गजी को लिये घूमने के बजाय उसे सड़क के पास एक जगह जमा दिया जाय जहाँ से इन्द्रपाल का इशारा देखा जा सके। पाँच सौ गजी और बैटरी की विद्युतधारायें यदि अलग-अलग हैं तो दोनों चीजों को अपनी-अपनी जगह एक दूसरे से विपरीत दिशाओं में लट्टुओं की तरह घुमाकर देख लेने से किसी न किसी बिन्दु पर वे मिल ही जायेंगी।

हंसराज ने मेरे सुझाव को गलत बताया और बोला, "नहीं, तुम इस बात को नहीं समझते। मैं स्वयं रात भर में इसे इस प्रकार सुधार दूँगा कि विद्युतधारा की दिशा खोजने का झंझट न करना पड़े।"

सूर्यास्त हो गया था इसलिये हम लौट आये। लौटकर मैंने भगवती भाई से सलाह कर निश्चय किया कि जैसे भी हो २३ तारीख को सुबह बम-विस्फोट अवश्य किया जायेगा इसलिये बम आज ही रात कौरव-पाण्डवों के किले के पास गाड़ दिये जायें। अवसरवश साथी लेखराम और भागराम भी दिल्ली में ही थे। लेखराम को तो इसलिये बुलाया था कि विस्फोट से पूर्व हमारा सामान, साइकिलें आदि रोहतक ले जाये और हम घटना से पहिली रात मकान छोड़ दें। भागराम को कुछ दिन पूर्व ही जम्मू से बुला लिया था कि बम डालने के काम में सहयोग देने के लिये भैया के साथ कर दें।

भगवती भाई और मैं दोनों ही इस समय मृत्यु या गिरफ्तारी की सम्भावना का सामना कर रहे थे इसलिए हमारे साथियों का सम्पर्क मुख्य दल से हो जाना उचित था।

---

१. दिल्ली नगर बहुत फैल जाने से यह स्थान बस्ती के भीतर आ गया है। रेल लाइन अब भी आस-पास की धरती से ऊँची है।

हम चार आदमी रात साढ़े ग्यारह बजे बम लेकर पैदल कौरव-पांडवों के किले के पीछे निश्चित स्थान पर पहुँचे और डेढ़-दो घण्टे में बम दबाकर लौट आये।

दूसरे दिन सुबह हंसराज ने फिर अपने आविष्कार के परीक्षण शुरू किये। उसने बिना तार के डेढ़ गज की दूरी से बैटरी पर लगा बल्ब जलाकर दिखाया। आविष्कार की शीशी उसके हाथ में होने से तो बल्ब जल जाता था, परन्तु आविष्कार की शीशी किसी दूसरे के हाथ में होने से नहीं जलता था।

हंसराज ने ही फैसला कर दिया, "इस बार तुम लोग तार गाड़कर बैटरी से विस्फोट कर लो। भविष्य के लिये मैं गैस और दूसरी चीजें अच्छी मात्रा में ऐसी बना दूँगा कि उनका उपयोग जो चाहे कर सकेगा।" हम लोग हंसराज के छल पर दाँत पीसकर रह गये। हंसराज दल का साथी तो था नहीं कि दल की आज्ञा न मानने पर उसे दण्ड देने की बात सोची जाती। अब चिन्ता हुई कि शीघ्र ही बैटरी और तारों का प्रबन्ध किया जाये। हंसराज ने एक महत्वपूर्ण सहायता दी कि ढाई-ढाई आने में मिलने वाले जेबी बैटरी के दो चपटे सेल एक डिब्बे में जोड़कर उसमें एक स्विच लगा दिया और डिब्बे में तार को जोड़ने के लिये दो जगहें बना दीं। पाँच आने में ऐसी बढ़िया बैटरी बना लेना जो ढाई-तीन सौ गज तक काम दे सके, स्वयं हमारे लिये सम्भव न था। हमें विश्वास था कि हंसराज सब कुछ कर सकता है। वह भय के कारण हमारी सहायता नहीं कर रहा था। एक बार हमारी सफलता देखकर उसका साहस बढ़ जायेगा।

हम लोग बाजार से तार लाने जा रहे थे। उसी समय कैलाशपति ने आकर समाचार दिया कि भैया ने हमें आवश्यक बात के लिये बुलाया है। मैं और भगवती उसके साथ कुदसिया बाग पहुँचे। भैया के साथ एक और भी व्यक्ति था, लम्बा-चौड़ा शरीर, गेहुँआ रंग, तीखी आँखें।

भैया ने बात शुरू की, "मैंने दल की ओर से २३ तारीख की घटना के लिये अनुमति दे दी थी, लेकिन कई ऐसी समस्यायें आ पड़ी हैं कि इस बात पर दुबारा विचार कर लेना आवश्यक है...।" वे लगभग पाँच-छः मिनट बोले। अभिप्राय वही था कि गणेश शंकर जी विद्यार्थी से उन्होंने फिर परामर्श किया है और उनका कहना है कि लाहौर में २४ तारीख से कांग्रेस अधिवेशन होने जा रहा है। यह कांग्रेस के इतिहास में बहुत महत्वपूर्ण अधिवेशन होगा। पिछले वर्ष कलकत्ते के अधिवेशन में यह प्रस्ताव पास हुआ था कि यदि सरकार एक वर्ष में कांग्रेस की माँगों को पूरा न कर दे तो कांग्रेस १९२९ के अधिवेशन से व्यापक सार्वजनिक आन्दोलन आरम्भ कर देगी। १९२८ में गांधी जी ने इस बात की प्रतिज्ञा कर ली थी। अब यह उनके आन्दोलन आरम्भ करने का समय है इसलिये गांधी जी लाहौर अधिवेशन में आते समय कल यहाँ दिल्ली में वाइसराय से आखिरी बात करके जायेंगे।

मैंने और भगवती भाई ने सुझाया कि कांग्रेस ने १९२८ में जो चेतावनी ब्रिटिश सरकार को एक वर्ष में अपनी शर्तें पूरी करने के लिए दी थीं, उनकी सरकार ने उपेक्षा कर दी है। यह बात हमने अपनी घोषणा में, जो कि विस्फोट के बाद प्रकाशित की जायेगी, स्पष्ट कर दी है। सरकार ने देश की माँग की उपेक्षा करके राष्ट्र का अपमान किया है। उसी के प्रति हम लोग इस घटना द्वारा विरोध प्रकट कर रहे हैं। यदि कांग्रेस सचमुच आन्दोलन आरम्भ करना चाहती है तो इस घटना से जनता का उत्साह कम न

होकर बढ़ेगा ही। सरकार द्वारा देश की माँग की उपेक्षा किये जाने पर भी गांधी जी का वाइसराय से फिर मुलाकात के लिये प्रार्थना करना देश और कांग्रेस दोनों का अपमान है, इसलिए हम मुलाकात की तारीख के दिन सुबह ही वाइसराय को समाप्त कर देना चाहते हैं। यह हमारी ओर से कांग्रेस की समझौतावादी नीति का विरोध है। कांग्रेस तो युद्ध घोषणा से सदा ही कतराती रहेगी। जब हम जनता की ओर से सरकार के साथ समझौता असम्भव कर देंगे, तभी संघर्ष शुरू होगा।

भैया के साथ नये आये व्यक्ति का परिचय हमें युक्तप्रान्त के बहुत महत्वपूर्ण संगठनकर्ता वी० (वीरभद्र तिवारी) के नाम से दिया गया था। पैनी दृष्टि से देखकर आँखें झुकाये, घास में उँगली चलाते हुए बात करने का उसका तरीका मुझे बहुत विचारपूर्ण और प्रभावोत्पादक मालूम हुआ था।

वीरभद्र ने समस्या की बहुत लम्बी-चौड़ी व्याख्या की जिसका अभिप्राय था कि वह हम लोगों से पूर्णतया सहमत है, परन्तु विद्यार्थी जी और दूसरे कांग्रेसी नेताओं की सहानुभूति खो बैठना दल के लिये उचित नहीं होगा, इसलिये घटना को सप्ताह भर के लिये स्थगित कर दिया जाये। गांधी जी और वाइसराय की भेंट का परिणाम देख लेने से कांग्रेसी नेताओं को सन्तोष हो जायेगा। उसने यह भी कहा कि यह विश्वस्त सूत्र से मालूम हुआ है कि पण्डित जवाहरलाल के नेतृत्व में इस बार संघर्ष अवश्य ही आरम्भ हो जायेगा। गांधी जी भी इसके लिए तैयार हैं इसीलिये पण्डित नेहरू के उग्र पक्ष के प्रतिनिधि के रूप में कांग्रेस का मूल्य भी अधिक होगा।

दिल्ली में दल के प्रतिनिधि कैलाशपति ने भी घटना स्थगित कर देने का ही अनुमोदन किया। उसका तर्क था कि अभी दल की शक्ति सरकार पर इतनी बड़ी चोट करने योग्य नहीं है। इस घटना के बाद सरकार जैसी प्रतिहिंसा से क्रांतिकारियों की छानबीन करेगी, उससे दल को बहुत नुकसान पहुँचेगा। बहस उपरोक्त युक्तियों और तर्क अनेक प्रकार से दोहरा-दोहरा कर प्रायः चार घण्टे तक चलती रही। न मैं और न भगवती भाई वीरभद्र और कैलाशपति की बात मानने को तैयार हुए और न वे दोनों हम लोगों से सहमत।

आज़ाद का मत था कि हमें दूसरे लोगों के हाथ की कठपुतली नहीं बनना चाहिए। एक बार तो उनके कहने से घटना स्थगित की जा चुकी है, परन्तु बिना सोचे कदम उठाना भी ठीक नहीं है। यह केवल हमारा शौक ही तो नहीं है। कांग्रेस की अहिंसात्मक, समझौतावादी नीति और हमारी नीति अलग-अलग हैं। आप लोग सोच-समझ कर निश्चय कीजिये। काम सर्वसम्मति से होना चाहिए।

बहस समाप्त ही नहीं हो रही थी। मेरे मन में बिजली के तार खरीद लाने की खलबली मची हुई थी। बहस का अन्त होता न देखकर मैं कुछ देर में लौट आने की बात कह कर उठ गया। बाजार से ढाई सौ गज बिजली का साधारण, फ्लेक्सिबल तार खरीद कर नया बाजार की जगह में पहुँचा और हंसराज की सहायता से तारों में जोड़ लगा कर उन्हें बैटरी में जोड़ कर तारों के दूसरे सिरे पर बल्ब लगा कर तारों के ठीक होने का परीक्षण करने लगा।

लगभग छः बजे भगवती भाई भी लौट आये। उनका चेहरा उदास था। मुझे एक ओर बुलाकर उन्होंने बताया कि फैसला विस्फोट स्थगित कर देने का हुआ है।

"नहीं, अब स्थगित नहीं होगा।" मैंने दृढ़ता से कहा।

"यह कैसे हो सकता है!" उन्होंने विरोध किया।

"उन लोगों की बातों से न मेरा समाधान हुआ है न तुम्हारा, इसलिए इस निर्णय का विरोध करना नैतिक कर्तव्य है; चाहे जो मूल्य देना पड़े।"

"यह बात ठीक नहीं है।" भगवती ने मेरी बात अस्वीकार कर दी।

"मैं तो इसी रात विस्फोट करूँगा।" मैं अड़ गया, "न मैं जिन्दा लौटूँगा, न मुझे जवाबदेही करनी पड़ेगी। मेरे बाद तुम दल को उत्तर दे सकते हो कि यशपाल नहीं माना। यदि मैं घटनास्थल से जीवित लौट आया तो घटना के प्रभाव से जनता की दृष्टि में दल का बढ़ा हुआ आदर हम लोगों की सफाई होगी। इस पर भी यदि दल मुझे अपराधी ठहरायेगा तो जो दण्ड होगा, मैं झेल लूँगा। यदि दल चाहे तो आज्ञाभंग के अपराध में मुझे गोली मार दे!"

भगवती भाई कुछ देर मौन रहे और फिर निश्चय से बोले, "हम दोनों एक साथ हैं। जो होगा देखा जायेगा। विस्फोट स्थगित नहीं करेंगे।"

दल ने विस्फोट स्थगित करने का फैसला कर लिया था, इसलिए हम लोगों ने दल की ओर से इस अवसर पर जो घोषणा 'कमाण्डर-इन-चीफ करतारसिंह' अर्थात् भैया के नाम से लिखी थी, उसका उपयोग न हो सकता था। इससे पूर्व कमाण्डर-इन-चीफ के स्थान पर कल्पित नाम बलराज दिया जाता था। इस घोषणा पत्र पर लगाने के लिये भैया ने हमें दल की मोहर दे दी थी। घटना स्थगित कर दी जाने के कारण भैया ने भगवती भाई से मोहर लगे घोषणा पत्र और मोहर लौटा देने के लिए कहा था। इस मोहर में तोरण या मेहराब की तरह बनी हुई दो तलवारों के साथ H. S. R. A. अक्षर बने हुए थे और नीचे दो हाथ एक-दूसरे से मित्रता में बंधे अंकित थे। यह मोहर विदेशी सरकार से युद्ध और देश की सम्पूर्ण जनता की एकता के चिह्न स्वरूप थी।

वीरभद्र तिवारी का सुझाव घटना को सप्ताह भर के लिए स्थगित कर देने का था। दिसम्बर के अन्त में वाइसराय प्रायः ही नये वर्ष का त्योहार मनाने कलकत्ते जाया करते थे। उस समय भी उनकी गाड़ी के नीचे विस्फोट किया जा सकता था, परन्तु हम लोगों को घटना स्थगित करना मंजूर न था। हमारे विचार में राजनैतिक दृष्टि से घटना का कांग्रेस अधिवेशन से पहले होना अधिक उपयोगी था, क्योंकि इससे कांग्रेस के निर्णयों पर प्रभाव पड़ने की सम्भावना थी। दूसरी ओर कांग्रेस की समझौतावादी नीति अपना लेने पर यदि हम उस नीति के विरुद्ध प्रदर्शन करते तो यह कांग्रेस से विरोध प्रकट करना ही होता। हम जनता के सामने कांग्रेस के विरोधी के रूप में नहीं, बल्कि स्वयं विदेशी सरकार का उग्र विरोध करने वाले एक संगठन के रूप में आना चाहते थे।

उपरोक्त बात केवल तटस्थ राजनीति जान पड़ेगी, परन्तु उस समय मैं केवल तटस्थ दृष्टि से ही समस्या पर विचार नहीं कर रहा था। इस घटना के तुरन्त किये जाने से मेरा व्यक्तिगत लगाव भी था। अक्टूबर में जब घटना की पूरी तैयारी हो चुकी थी, भगवती भाई ने ध्रुव जी से मेरा एक फोटो फौजी अफसर की पोशाक में (सिर पर हैलमेट, फौजी वर्दी पर आड़ी पेटी कसे, बिरचिस और घुटनों तक बूट पहने, घुड़सवार पल्टन के मेजर की पोशाक में) इस विचार से बनवा लिया था कि मेरी लगभग निश्चित मृत्यु के बाद स्मृति के रूप में रह सकेगा। हम लोग किसी भी साथी के निश्चित मृत्यु की ओर जाते

समय प्रायः उसका एक फोटो बनवा लिया करते थे। इन्द्रपाल जब सिर मुँड़ाकर तेहखंड में साधु बनने गया था तो उसका भी एक फोटो साधारण वेश में बनवा लिया गया था। यह फोटो खिंच जाने के बाद से मैं अपने आपको बलिदान हो चुका ही समझने लगा था। अब जीता-जागता बने रहने में, अपनी दृष्टि में ही अपमान और लज्जा अनुभव हो रही थी। यदि २३ दिसम्बर को ही विस्फोट कर देने का निश्चय जिद्द कहा जाय तो इस जिद्द का कारण मेरी आत्मसम्मान की भावना या अहंकार भी समझा जा सकता है।

भगवती भाई घोषणा के कागज और मोहर इत्यादि भैया को लौटाकर प्रायः साढ़े आठ-नौ तक लौट आये। साइकिलें और दूसरा सामान जो सुविधा से लेखराम और इन्द्रपाल रोहतक या लाहौर न ले जा सकते थे, खयालीराम जी गुप्त के मकान पर पहुँचा दिया गया। साढ़े नौ बज गये थे। विलम्ब न करने के विचार से भोजन किये बिना ही बैटरी, तारों के गुच्छे और जमीन खोदने के औजार लेकर हम लोग कौरव-पाण्डवों के किले की ओर पैदल चल दिये।

लेखराम, भागराम, इन्द्रपाल, हंसराज सभी लोगों के हमारे यहाँ होने के कारण अच्छी-खासी भीड़ थी। हमारे पड़ोसियों ने मुझसे पूछा, "ठाकुर साहब, क्या बात है; बहुत मेला लग रहा है?"

"आज मेला समाप्त हो जायेगा।" मैंने मुस्कराकर उत्तर दिया और फिर उनका समाधान किया, "आज रात विलायत जा रहा हूँ। घर-गाँव के लोग हैं। मिलने के लिये आ गये हैं, मानो फाँसी पर चढ़ रहा हूँ।"

साथियों को भूख लगी थी। रास्ते में खारीबावली से कुछ पूरियाँ और मिठाई ले ली। हम लोग तार गाड़ने के स्थान पर समय से कुछ पहिले ही पहुँच गये थे। लाइन पर से सवारी गाड़ी गुजर जाने की प्रतीक्षा में खंडहर के एक भाग पर बैठकर भूख मिटाने लगे। भूख मालूम होने पर भी मैं मानसिक तनाव के कारण कुछ खा न पा रहा था। दिन भर और उससे पहली रात भी कुछ खा न सकने से मुँह कड़वा और अरुचि हो रही थी।

मुझे कुछ खाते न देखकर इन्द्रपाल ने टोका, "अरे, इस बलि के बकरे को अच्छी तरह ठूँस-ठूँसकर खिलाओ। बकरे को खूब खिला-पिलाकर मन्दिर में ले आया जाता है। भूखा रहेगा तो इसकी आत्मा तड़पती रहेगी।" और मुझे दिखाकर खुद खाता जा रहा था।

"तू क्या समझता है, यहीं पीछा छोड़ दूँगा? भूत बनकर आऊँगा और तेरी खोपड़ी पर सवार रहूँगा।" मैंने हँसी से उत्तर दिया। तब क्या मालूम था, हमारी उस मण्डली के अधिकांश साथी—भगवती भाई, भागराम और इन्द्रपाल मुझसे पहले ही चल देंगे। गाड़ी गुजर जाने पर हम लोगों ने तार गाड़ना शुरू कर दिया। पिछले दो दिन की हल्की बारिश से जमीन नम और नरम थी। दो ही घण्टे में ढाई सौ गज तार गाड़कर हम लोग लौट चले।

लाइन के नीचे बमों से जाता हुआ तार जहाँ समाप्त होता था वहाँ से सड़क लगभग दो सौ गज दूर थी। सड़क की जगह रेतीली और भुरभुरी थी। मोटरसाइकिल को सड़क पर छोड़ देना आवश्यक था। भगवती भाई ने शंका की, तुम मोटरसाइकिल सड़क पर छोड़कर बैटरी का स्विच दबाने यहाँ तक आओगे तो कुछ देर पहले ही आना पड़ेगा। घण्टे-डेढ़-घण्टे की प्रतीक्षा करनी पड़ सकती है। इस बीच में सड़क पर अकेली खड़ी

गाड़ी पर किसी का भी ध्यान जायेगा। हो सकता है उस समय कोई रौंद इधर से गुजरे। ऐसे समय कोई आदमी साइकिल के समीप होना आवश्यक है जो कुछ जवाब दे सके। कह सके कि दिल्ली आते समय गाड़ी बिगड़ जाने के कारण या तेल समाप्त हो जाने के कारण रुकना पड़ गया है। अकेली पड़ी गाड़ी की चोरी भी हो सकती है। मोटरसाइकिल चोरी हो गयी तो तुम बच सकने का अवसर होने पर भी न बच सकोगे।

रेल लाइन से हम लोग लगभग दो बजे नया बाजार की जगह में लौट आये। थोड़ा-बहुत शेष बचा सामान समेटा गया। मैंने फौजी अफसर की वर्दी पहन ली और अपने दूसरे कपड़े भगवती भाई को सौंप दिये। पहले यह निश्चय था कि इन्द्रपाल, हंसराज और भागराम चार बजे की गाड़ी से लाहौर लौट जायेंगे, लेखराम रोहतक लौट जायेगा और भगवती भाई गाजियाबाद स्टेशन पर जाकर मेरी प्रतीक्षा करेंगे।

वाइसराय की गाड़ी के नयी दिल्ली पहुँचने का समय प्रातः छः बजे था। उससे छः-सात मिनट पहले गाड़ी को कौरव-पाण्डवों के किले के पीछे से गुजरना चाहिये था। घटना के बाद यदि मैं बिना बाधा पाये निकल सकता तो मोटरसाइकिल पर सीधा गाजियाबाद चला जाता। साइकिल को गाजियाबाद स्टेशन पर छोड़कर मैं और भगवती भाई कलकत्ता के गुंजान शहर में जा छिपते। उन दिनों कलकत्ता में बड़े दिन की घुड़दौड़ के कारण बहुत भीड़ भी रहती थी। सब लोगों के अपनी-अपनी दिशा में चल पड़ने से पहले भगवती बोले, "साइकिल की रखवाली के लिये मैं तुम्हारे साथ जाऊँगा।"

सिर्फ साइकिल की रखवाली के लिये भगवती भाई को खतरे में डालना मुझे उचित न जँचा। मैंने उन्हें साथ ले जाने का विरोध करके कहा, "अच्छा हो यदि भागराम मेरे साथ जाये। लड़ाई में कोई गोली मेरे हाथ या बाँह में लग जाने पर भी मैं बचा रहा तो मैं पीछे बैठ जाऊँगा और वह तेज साइकिल चलाकर मुझे गाजियाबाद पहुँचा देगा।"

भागराम तुरन्त तैयार हो गया। वाइसराय की गाड़ी के नीचे विस्फोट करने के कारण मुझे प्रायः साहसी समझा गया है, क्योंकि मैं निश्चित मृत्यु का सामना करने गया था। इस दृष्टि से भागराम का साहस मेरी अपेक्षा अधिक सराहनीय माना जाना चाहिये। मैं तो कई दिन से इस बात के लिये तैयारी ही नहीं कर रहा था बल्कि जूझ रहा था। भागराम इशारा पाते ही, एक क्षण में मेरा साथ देने के लिये तैयार हो गया। भागराम साधारण वेश में था। साधारणतः उसका स्वास्थ्य ठीक न रहने के कारण जाड़े में उसने एक पुराना फौजी ओवरकोट कबाड़ी के यहाँ से खरीद लिया था। वह इस समय बहुत काम आया। एक पिस्तौल उसे भी दे दिया गया कि मेरे सड़क से आगे चले जाने पर अपने ऊपर आये संकट का सामना कर सके और दोनों के संकट में पड़ने पर दोनों लड़ सकें। खैर, भगवती भाई को गाजियाबाद जाना पड़ा।

सब लोगों के चले जाने के बाद हम लोग लगभग प्रातः साढ़े चार बजे चुपचाप मकान के जीने से उतर गये। मोटरसाइकिल नीचे गली में थी। उसे सड़क पर धकेलकर ले गये ताकि गली का सन्नाटा भंग न हो। सड़क पर गाड़ी को चालू किया। भागराम मेरे पीछे अर्दली के रूप में बैठ गया और हम लोग घटनास्थल के लिये चल दिये। पहले दो दिन वर्षा होती रहने के कारण उस रात सर्दी और कोहरा बहुत था। घने कोहरे में सड़क किनारे बिजली के लैम्प प्रकाश के धुंधले बिन्दु मात्र जान पड़ते थे। मोटरसाइकिल के लैम्प का तीव्र प्रकाश भी कोहरे को बहुत दूर तक न बेध पा रहा था। शहर के बाहर

कोहरा और भी घना था। कौरव-पाण्डवों के किले के समीप पहुँचकर गाड़ी सड़क पर खड़ी कर दी।

सड़क के परे तार गड़े स्थान की ओर जाने से पहले मैंने भागराम को समझा दिया कि वाइसराय की गाड़ी आने से पहले पाइलट इंजन गुजरेगा। वाइसराय की गाड़ी से कुछ मील आगे पाइलट इंजन लाइन की देखभाल के लिये चलता था ताकि लाइन पर कोई गड़बड़ या आशंका हो तो वाइसराय की गाड़ी खतरे से पहले ही रोक ली जा सके। लाइन पर से अकेले इंजन और पूरी गाड़ी के गुजरने की आहट में काफी फरक रहता है। भागराम को बता दिया कि इस इंजन को मैं यों ही निकल जाने दूँगा। पाइलट के लगभग दस-पन्द्रह मिनट बाद वाइसराय की गाड़ी आयेगी तभी मैं बम चलाऊँगा। विस्फोट का शब्द होने के बाद यदि लड़ाई-झगड़े और गोलियाँ चलने की आहट मिले और मेरे आने में विलम्ब हो तो वह मोटरसाइकिल चालू करके लौट जाये। यदि विस्फोट से पहले ही पुलिस की रौंद करती गारद इधर आने पर प्रश्न किया जाये तो बात बना दे कि कप्तान साहब रौंद करने आये थे। साइकिल बिगड़ गयी है। वे आगे चले गये हैं और मोटर भेजने के लिए कह गये हैं।

सूखे कुएँ के समीप बिजली के दबे तारों का सिरा मैंने खोज लिया और अपने साथ लायी हुई हल्की बैटरी उसमें लगा दी। गाड़ी आने की प्रतीक्षा करने लगा। प्रतीक्षा में समय बिताने का एक साधन घड़ी देखकर मिनट गिनना भी होता है। सन्तोष होता है, इतना समय बीत गया, इतना शेष है पर मैं अपनी घड़ी भगवती भाई को सौंप आया था। सर्दी बहुत कड़ी और कोहरा भी बहुत ही घना था। चुस्ती बनाये रखने के लिए मैं बैटरी के चारों ओर चहलकदमी करने लगा। ज्यों-ज्यों समय बीत रहा था, पौ फटने के प्रकाश के बजाय धुन्ध से अन्धेरा और घना होता जा रहा था। वर्षा से भीगी जमीन से उठा वाष्प वायु में जमता जा रहा था।

लम्बी प्रतीक्षा के बाद मथुरा की ओर लाइन पर गाड़ी की आहट जान पड़ी। आहट समीप आ रही थी। याद था, पहले पाइलट इंजन आयेगा। आहट घटनास्थल पर पहुँच गयी, परन्तु पाइलट इंजन के माथे पर लगा प्रकाश न दिखायी दिया। आहट नयी दिल्ली की ओर गुजर गयी। सोचा, शायद पाइलट इंजन के सामने प्रकाश (सर्चलाइट) न होता हो या कोहरा और धुन्ध इतना घना है कि प्रकाश दिखायी नहीं दे सका।

अब वाइसराय की गाड़ी के आने में पन्द्रह मिनट से अधिक समय न हो सकता था। कोहरा भरी वायु में अंधकार का कालापन कुछ कम होकर सफेदी बढ़ गयी थी, परन्तु ऐसे जैसे धुनी हुई रुई हवा में भर गयी हो। दस कदम दूर की झाड़ियाँ भी दिखायी न दे रही थीं। सोचा, यदि वाइसराय की गाड़ी के सामने लगा तीव्र प्रकाश भी दिखायी न दिया तो निश्चित स्थान पर गाड़ी का पहुँचना कैसे पता लगेगा? निश्चय किया, जैसे भी हो आहट से अनुमान लगाना होगा कि गाड़ी का इंजन निश्चित स्थल पर पहुँच रहा है।

हमारी योजना थी कि इंजन के निश्चित स्थल पर पहुँचते-पहुँचते इंजन के मुँह पर धक्के के रूप में विस्फोट किया जाये। इससे इंजन पटरी से नीचे गिर जायेगा; जैसे दो गाड़ियों के आमने-सामने भिड़ जाने पर हो सकता है। मथुरा की ओर से फिर लाइन पर आहट सुनायी दी। आहट नयी दिल्ली की ओर बढ़ती आ रही थी। कोहरे में आँखें फाड़-

फाड़कर मैंने इंजन के सामने लगा प्रकाश देखने का यत्न किया। कुछ न दिखायी दिया। अब आहट के आधार पर ठीक समय पर बैटरी का बटन दबाना आवश्यक था। गाड़ी की आहट बिलकुल पास आ गयी है। मैं साँस रोके, बटन पर हाथ रखे अपनी सम्पूर्ण चेतना को कानों में समेटे, आहट ठीक स्थान पर पहचानने की प्रतीक्षा कर रहा था। मेरी समझ के अनुसार वह पल आया और मैंने स्विच दबा दिया।

स्विच के दबते ही विस्फोट का भयंकर धड़ाका हुआ। मेरी कल्पना थी कि विस्फोट के शब्द के साथ ही गाड़ियों के आपस में भिड़ने और गड़गड़ाहट से ढलवान पर लुढ़कने का शब्द होगा। मेरी आशा और कल्पना के प्रतिकूल गाड़ी के नियमित रूप से, खूब तेज चाल से दौड़ते चले जाने की आहट नयी दिल्ली की ओर बढ़ गयी।

असफलता और निराशा से मेरा हृदय बैठ सा गया। मेरा अनुमान है, निराशा के ऐसे ही धक्के से लोगों के हृदयों की गति बन्द हो जाती होगी। मैं असफल, निराश, असहाय और भौंचक खड़ा रह गया।

विस्फोट में से गाड़ी के सही सलामत गुजर जाने पर यही आशा थी कि लाइन के दोनों ओर कुछ-कुछ अन्तर पर पहरे के लिए खड़े पुलिस के आदमी मेरी ओर दौड़ पड़ेंगे। मैंने कन्धे से लटकती पेटी से पिस्तौल निकालकर हाथ में साध लिया। दोनों पाँवों के पंजे पर शरीर को तौला, आँखें फाड़-फाड़कर अपनी ओर आने वालों को देखने की चेष्टा करने लगा।

लगभग एक मिनट इसी प्रकार गुजर गया। मन में विचार आया, मैं व्यर्थ ही पकड़े जाने की प्रतीक्षा कर रहा हूँ। चलना चाहिये।

मोटरसाइकिल की ओर चलते ही ख्याल आया, यह असम्भव है कि पकड़ने वाले न आयें। भागने का अर्थ होगा कि मेरी पीठ पर गोली लगे। मरना था तो पीठ पर गोली खाकर मरना अपमानजनक जान पड़ा। फिर खड़ा हो गया, बल्कि खूब याद है कि साहस से मुस्कराने की चेष्टा करके मन ही मन ललकारा—आओ, जिसे आना हो! डेढ़-दो मिनट इसी अवस्था में बीत गये। न किसी के आने की आहट मिली, न कोई आता दिखायी दिया।

मैं मोटरसाइकिल की ओर चल पड़ा, परन्तु दो कदम उस ओर उठाकर पीठ पीछे देख लेता कि कोई पीछा तो नहीं कर रहा। ऐसे ही पीछे देखता, आगे बढ़ता सड़क पर पहुँच गया।

मुझे देखते ही भागराम बोला, "कुछ नहीं हुआ?"

हाथ हिलाकर अपनी असफलता और निराशा प्रकट की।

"मसाला कम होगा।" भागराम ने अनुमान प्रकट किया।

"हो सकता है।" उत्तर दे दिया।

"लौटने में बहुत देर लगा दी, मैं परेशान था।" भागराम ने कहा, "न गोली चलने की आवाज आ रही थी न तुम्हीं आ रहे थे।"

मैं कुछ बोल नहीं पा रहा था इसलिए टाल दिया, "देख रहा था शायद कोई आता हो।"

मोटरसाइकिल चालू करने के लिए उसके स्टार्टर पर पाँव मारा। एक बार, दो बार, दस बार, बीस बार स्टार्टर पर पूरी शक्ति से पाँव मारा। मैं हाफ गया। इंजन नहीं चला। मैं एक ओर हट गया और भागराम ने चलाने की कोशिश की, परन्तु मोटरसाइकिल न चली।

भागराम ने विचार प्रकट किया कि सर्दी से इंजन जाम हो रहा है, ढकेलने से ठीक हो जायेगा। इंजन को गेयर लगाकर दोनों ने मिलकर मोटरसाइकिल को कुछ दूर तक ढकेला। इस पर भी गाड़ी न चली। हम लोग गाड़ी को लगभग दो फर्लांग ढकेलकर ले गये, परन्तु वह न चली।

गाड़ी के मडगार्ड और तेल टैंक पर बहती हुई ओस की धारायें दिखाकर भागराम ने अनुमान प्रकट किया, "ओस की बूँदें प्लग में चली गई हैं। प्लग को खोलकर साफ किये बिना मोटरसाइकिल नहीं चलेगी।" इस झुंझलाहट और छटपटाहट में लगभग पन्द्रह-बीस मिनट गुजर गये। दोनों में से किसी को भी यह न सूझा कि साइकिल को कुछ कदम सड़क से परे ढकेलकर झाड़ियों में छिपा दें और अपनी जान बचाने के लिए भाग निकलें। विलम्ब का प्रत्येक पल हमें निश्चित गिरफ्तारी या पुलिस से मुठभेड़ की ओर ढकेल रहा था।

वाइसराय की गाड़ी को घटनास्थल से नयी दिल्ली पहुँचने में छः-सात मिनट से अधिक न लगने चाहिये थे और गाड़ी के स्टेशन पर पहुँचते ही पुलिस का तहकीकात के लिए घटनास्थल की ओर दौड़ पड़ना अत्यन्त आवश्यक था। वही हुआ भी।

सड़क पर मोटरसाइकिल को ढकेलते समय घने कोहरे में से बहुत से सिपाहियों के एक साथ कदम मिलाकर चलने की आहट आयी।

"बस अब, रहने दो!" मैंने भागराम से कहा, "पुलिस या फौज आ रही है। तुम गाड़ी के उस तरफ हो जाओ। गोली चलने पर तुम बैठ जाना और साइकिल की आड़ लेकर अपने आपको बचाते हुए अधिक से अधिक आदमियों को गिराने की कोशिश करना। पहले मैं सामने से गोली चलाऊँगा।"

सिपाहियों के कदमों की आहट तेजी से हमारी ओर बढ़ रही थी। कोहरे और धुंध में से हमारी ओर आती गारद की धुंधली-धुंधली झलक भी दिखायी दी। उनका अफसर गारद से दो कदम आगे चल रहा था। गारद के कन्धों पर राइफलें थीं।

मैं तनकर सड़क पर एक ओर खड़ा हो गया कि गारद के बिलकुल समीप आ जाने पर गोली चलाऊँगा ताकि निशाना चूके नहीं और पहल करके फटाफट दो-तीन को गिरा दूँ।

आज उस बात को सोचने पर समझ आता है कि पुलिस से बचने का बहुत सीधा ढंग उस समय चुपचाप झाड़ियों में छिप जाना और गारद के गुजर जाने पर दिल्ली की ओर चल पड़ना होता, परन्तु उस समय समझ की अपेक्षा उत्तेजना का ही प्राबल्य था। खैर हुआ यह :

गारद आठ ही दस कदम पर थी। आगे चलते हुए अफसर की नजर मुझ पर पड़ चुकी थी। मैंने जेब में पड़े पिस्तौल को मजबूती से थाम लिया। गारद दो कदम और आगे बढ़ी। सहसा अफसर ने ऊँचे और कड़े स्वर में हुक्म दिया, "आइज़ राइट!"

पिस्तौल थामे मेरा हाथ जेब से बाहर निकलता-निकलता ठिठक गया।

मैं समझ गया कि हुक्म गोली चलाने का नहीं बल्कि मुझे सलाम करने का है। पल भर में मैं स्थिति भाँप गया; अफसर ने मुझे संदिग्ध या अपराधी नहीं बल्कि अपने से बड़ा अफसर और भागराम को मेरा अर्दली समझ लिया है। उसका ऐसा समझ लेना अस्वाभाविक भी नहीं था, क्योंकि मेरी वर्दी के कन्धों पर 'मेजर' के पद के चिह्न लगे हुए थे। शायद उसने समझा है कि मैं उससे पहिले ही मोटरसाइकिल पर घटनास्थल की ओर आ गया हूँ। मैंने अफसराना गम्भीरता और कायदे से ठोढ़ी झुकाकर गारद की सलामी स्वीकार कर ली। गारद मार्च करते हुए आगे बढ़ गयी।

"खूब रहा" मैंने भागराम को सम्बोधन किया, "फिर मोटरसाइकिल ढकेलो। देखें, आगे क्या होता हैं।"

हम लोग बारी-बारी से गाड़ी को दिल्ली की ओर ढकेलते गये। जेल के सामने पहुँचकर मैंने गाड़ी ढकेलने के लिए भागराम को ही दे दी, क्योंकि सड़क पर आते-आते लोग दिखायी देने लगे थे। हम लोग फैजबाजार में पहुँच गये। यहाँ कोतवाली के समीप ही एक मोटर और मोटरसाइकिल ठीक करने का कारखाना था। एक व्यक्ति रजाई में सिकुड़ा कारखाने के बरामदे में पड़ा था।

भागराम ने उसे कड़े स्वर में पुकारकर जगाया और बोला, "कप्तान साहब का मोटरसाइकिल खराब हो गया है, इसे चालू करके रक्खो। आदमी आकर ले जायेगा।"

सूर्य उदय हो चुका था, परन्तु बाजार में भीड़ न थी। हम दोनों चाँदनी चौक की ओर चले गये। अब मुझे और भागराम को भी बहुत थकावट अनुभव हो रही थी। चार मील मोटरसाइकिल ढकेली थी। रात सो नहीं पाये थे। मैं तो अड़तालीस घण्टे से अधिक समय से न सोया थां, न कुछ खा सका था। अब पाँव उठाना दूभर जान पड़ रहा था। कुछ खाकर शरीर में सामर्थ्य लाना आवश्यक समझा।

हम दोनों उस समय चाँदनी चौक के बहुत फैशनेबुल रेस्तोराँ 'मानसरोवर' में गये। भाग्य की बात, भगवती भाई ने मेरी जेब में दस-पन्द्रह रुपये जबर्दस्ती छोड़ दिये थे। भागराम ने सलाह दी—कच्चे अण्डे खाकर खूब गरम दूध ठीक होगा। हम दोनों अलग-अलग मेजों पर बैठे, क्योंकि अर्दली और साहब का एक जगह बैठना उचित न था।

मुझे भूख तो तब भी मालूम नहीं हो रही थी। सिर चकरा रहा था और मुँह ऐसे कड़वा था मानो चिरायता पिया हो। मैंने जबर्दस्ती छः कच्चे अण्डे तोड़कर निगल लिये और गरम-गरम दूध पिया। कुछ देर होटल में विश्राम करते रहे, परन्तु वहाँ कितनी देर बैठा जा सकता था।

हम लोग बाजार में आकर स्टेशन की ओर चलने लगे। देहली में अब हम लोगों का कोई स्थान न था। फौजी अफसर की वर्दी में जाता भी तो किसके यहाँ। जिसके यहाँ जाता वह स्थिति भाँपकर घबरा जाता। भगवती भाई गाजियाबाद स्टेशन के वेटिंग रूम में हमारी प्रतीक्षा कर रहे थे, परन्तु वहाँ पहुँचने का साधन, मोटरसाइकिल धोखा दे गयी थी। गाड़ी में गाजियाबाद जाने का मतलब था, मेजर की वर्दी पहने जिस पर H.S.R.A. के बिल्ले लगे थे, दिल्ली स्टेशन से ट्रेन पर सवार होना।

मेरे शरीर पर 'मेजर' की वर्दी तो थी, परन्तु इस वर्दी और फौजी टोपी पर लगे हुए पीतल के चिह्न मुसीबत में डाल सकते थे। यह चिह्न 'हिन्दुस्तान सोशलिस्ट रिपब्लिकन आर्मी' की मोहर के आकार के थे और इनमें H.S.R.A. अक्षर स्पष्ट पढ़े जा सकते थे। वर्दी पर यह चिह्न लगाने का अभिप्राय ही यह था कि हम आतंकवादी अपराधी के रूप में छिपकर काम नहीं कर रहे थे, बल्कि स्वतंत्रता के युद्ध में विदेशी सरकार से लड़ रहे थे। अब संकट-स्थल से बचकर निकल आने पर यह चिह्न ही आशंका का कारण था। दूसरा उपाय भी नहीं था। इसी हालत में दिल्ली स्टेशन पर पहुँचा। मैं रोब और उपेक्षा का निश्शंक व्यवहार कर रहा था।

भागराम ने मेरे लिये फर्स्टक्लास का और अपने लिये थर्डक्लास का टिकट खरीदा। मैं कदम-कदम पर सन्देह किया जाने और पुलिस से गोली चलने की आशंका अनुभव कर रहा था, परन्तु व्यवहार यथाशक्ति नितान्त स्वाभाविक बनाये था।

आखिरी अड़चन गाजियाबाद जाने वाली गाड़ी के कम्पार्टमेंट में कदम रखने पर आयी। एक गोरा सिपाही फर्स्टक्लास के बर्थ पर मजे में लेटा अखबार पढ़ रहा था। आशंका हुई, यह मेरी वर्दी के विचित्र बिल्लों से कैसे न चौंकेगा? गाड़ी में मेरे कदम रखते ही उसने मेरी ओर तिरछी आँखों से देखा और कूदकर एकदम खड़ा हो गया। सैल्यूट किया और फर्स्टक्लास कम्पार्टमेंट में लेटे हुए पकड़े जाने के भय और संकोच में सिर झुकाकर बाहर चला गया।

गाड़ी दिल्ली स्टेशन से बाहर निकल जाने पर आश्वासन पाया कि फिलहाल तो बचे। गाजियाबाद स्टेशन पर गाड़ी लगभग दस बजे पहुँची। मुझे देखकर भगवती भाई विस्मय से अवाक रह गये। मुझे सात बजे से बहुत पहले ही पहुँच जाना चाहिये था। रास्ते भर मेरे मन में यही आशंका थी कि भगवती भाई ने सात के बजाय आठ तक प्रतीक्षा की होगी। इसके बाद उन्हें चले ही जाना चाहिये था, परन्तु वे वेटिंगरूम में कुरसी पर बैठे अखबार पढ़ रहे थे। मुझे देखकर आँखों ही आँखों में उन्होंने प्रश्न किया, कैसे···क्या?

मैंने हाथ के नकारात्मक संकेत से उत्तर दिया—कुछ भी नहीं।

भगवती भाई को सन्देह हुआ था कि शायद हंसराज की बैटरी ने धोखा दिया। मैंने बताया कि विस्फोट तो बहुत जोर से हुआ, परन्तु गाड़ी को शायद कुछ भी नुकसान नहीं पहुँचा बल्कि मोटरसाइकिल ही फेल हो गयी। वहाँ से पैदल लौटना पड़ा और दिल्ली से गाड़ी से आये। मुझे मर गया समझकर भगवती भाई के चेहरे पर मातम की जो मुर्दनी छा गयी थी, वह मुझे देखकर और वास्तविकता जानकर तुरन्त दूर हो गयी। मेरी पीठ पर हाथ मार मुस्कराकर उन्होंने कहा, "Never mind, we will try again. (चिन्ता मत करो, फिर कोशिश करेंगे)।"

भागराम सुबह सर्दी लग जाने से बहुत असुविधा अनुभव कर रहा था। उसे सीधे लाहौर भेज दिया कि इन्द्रपाल के यहाँ जाकर आराम कर सके। मैं और भगवती भाई फिर उसी पैसेंजर गाड़ी में जा बैठे। गाड़ी हर स्टेशन पर ठहरती, धीमी चाल से मुरादाबाद की ओर जा रही थी। भगवती भाई सूट पहने हुए थे। मैंने फौजी वर्दी उतारकर अपने साधारण कपड़े पहन लिये थे। हम दोनों का मन बहुत ही बुझा हुआ था। दोनों गाड़ी में चुपचाप लेटे रहे। हमारी गाड़ी के मुरादाबाद स्टेशन पर पहुँचते ही अखबार बेचने वाले की ऊँची पुकारें सुनायी दीं।

"ताजा परचा! बड़े लाट की गाड़ी के नीचे बम चल गया! रेल की पटरी टूट गयी! स्पेशल ट्रेन का डिब्बा उड़ गया! एक आदमी मारा गया!"

हमें विस्मयपूर्ण उत्साह हुआ। हमारी पैसेंजर से एक या डेढ़ घण्टे बाद दिल्ली से चलने वाली एक्सप्रेस गाड़ी से घटना के बाद तुरन्त छपे अखबारों के विशेषांक हमसे पहले ही मुरादाबाद पहुँच गये। एक एक्सप्रेस गाड़ी हमारी पैसेंजर को पीछे छोड़ आयी थी।

विशेषांक पढ़कर मालूम हुआ कि बम-विस्फोट वाइसराय की स्पेशल ट्रेन के खाना खाने के कम्पार्टमेंट के नीचे हुआ था। इस कम्पार्टमेंट में केवल नीचे का लोहे का ढाँचा ही बच रहा था शेष सब टुकड़े-टुकड़े होकर हवा में उड़ गया था। रेल की पटरी का छः फुट के लगभग टुकड़ा भी टूटकर दूर जा पड़ा था। गाड़ी बहुत तेज चाल में होने के कारण उरा टूटी जगह के ऊपर से खिंचती चली गयी थी। वाइसराय का सेक्रेटरी खाने के कम्पार्टमेंट के साथ के ही कमरे में था। वह धमाके से बेहोश हो गया था। एक बैरा दिल्ली समीप आती जानकर खिड़की खोलकर बाहर झाँक रहा था। उसका मुँह जल गया था। वाइसराय का कम्पार्टमेंट विस्फोट की जगह से आगे निकल चुका था। वह धमाके से अपने बिस्तर में उछल पड़ा था। ट्रेन नयी दिल्ली स्टेशन पर रुकते ही ट्रेन को त्रिपालों से ढाँक दिया गया ताकि ट्रेन को ध्वस्त हालत में देखने से जनता पर बुरा प्रभाव न पड़े।

वाइसराय गाड़ी से उतर कर अपने महल (गवर्नमेंट हाउस) में जाने से पहले, अपनी प्राण-रक्षा के लिये भगवान को धन्यवाद देने के लिये गिरजाघर पहुँचा था।

घटना की वास्तविकता जानकर हम लोगों की जान में जान आयी। आपस में बात कर सन्तोष अनुभव किया कि यदि कोहरे के कारण इंजन दिखायी देना असम्भव न होता तो विस्फोट ठीक इंजन के सामने हो सकता और पूरी गाड़ी तहस-नहस हो जाती। हम लोग मुरादाबाद में उतर गये और उसके बाद आने वाली देहरा-एक्सप्रेस में कलकत्ते के लिये रवाना हो गये।

घटना का समाचार हमसे पहले कलकत्ते में पहुँच चुका था। सुशीला जी से मिले। यह जानकर कि हम लोग थोड़ा-बहुत काम कर आये हैं, उनकी आँखें प्रसन्नता से चमक उठीं। कलकत्ते में लाहौर से कांग्रेस अधिवेशन के समाचार आ रहे थे। वाइसराय की गाड़ी पर आक्रमण के समाचार से कांग्रेस के अधिवेशन में इकट्ठा हुआ जनसमुदाय प्रसन्नता और उत्साह से बावला हो उठा था।

गांधी जी ने कांग्रेस के अधिवेशन के आरम्भ में ही एक प्रस्ताव वाइसराय पर आक्रमण करने वाले लोगों की निन्दा, वाइसराय के प्रति सहानुभूति और उसकी प्राण-रक्षा के लिये भगवान को धन्यवाद देने का स्वयं उपस्थित किया था। गांधी जी के इस प्रस्ताव में वाइसराय पर आक्रमण करने वाले लोगों को कायर और उनके काम को जघन्य कहा गया था। हम लोगों को गालियाँ देकर गांधी जी ने बहुत करुण शब्दों में अधिवेशन में उपस्थित सदस्यों से प्रार्थना और अनुरोध किया कि वे उनके प्रस्ताव पर विवाद किये बिना उसे सर्वसम्मति से स्वीकार कर लें।

गांधी जी के प्रति जनता की अन्ध श्रद्धा, उनके व्यक्तित्व के प्रति असीम आदर और कांग्रेस नेताओं द्वारा गांधी जी की मान रक्षा की अनेक अपीलों के बावजूद जनता इस

प्रस्ताव पर बौखला उठी। अधिवेशन में उपस्थित १७१३ प्रतिनिधियों में यह प्रस्ताव केवल ८१ के बहुमत से ही पास हो सका। इस ८१ के बहुमत में भी कितने आदमियों को वास्तव में क्रांतिकारियों के काम से विरोध था, यह अनुमान कर लेना कठिन नहीं। उस समय पंजाब में कांग्रेस की एक प्रमुख नेता श्रीमती सरलादेवी चौधरानी ने सार्वजनिक रूप से स्वीकार किया था कि ऐसे बीसियों आदमियों को जानती हैं, जिन्होंने गांधी जी के नाराज हो जाने की आशंका से ही प्रस्ताव के पक्ष में अपना मत दिया था।

हम लोगों के सामने अब फिर दल से सम्बन्ध जोड़ने और अपने लिये एक नया स्थान जमाने का प्रश्न आया। इस बार मैं कलकत्ते के सेन्ट्रल-एवेन्यू में श्री सुरेन्द्र विद्यालंकार के यहाँ ठहराया गया था। मैं सुरेन्द्र जी को देखते ही पहचान गया। वे गुरुकुल कांगड़ी में मुझसे दो-तीन कक्षा ऊपर विद्यार्थी थे। मैंने अपना वास्तविक नाम-परिचय देना आवश्यक न समझा। उन्हें केवल इतना बता दिया कि मैं क्रांतिकारी हूँ और दिल्ली की घटना के कारण मुझे फरार हो जाना पड़ा है। भगवती भाई तीन-चार दिन बाद कलकत्ते से लखनऊ के लिये चल दिये। अब हमारा विचार लखनऊ में अड्डा जमाने का था। वाइसराय की गाड़ी के विस्फोट की आयोजना में मेरे स्वास्थ्य पर काफी तनाव पड़ा था, इसलिये उन्होंने मुझे चार-पाँच दिन सुरेन्द्र जी के गृहस्थ में विश्राम के लिये छोड़ दिया।

निश्चित दिन पूर्व निश्चित गाड़ी से मैं लखनऊ पहुँचा। भगवती भाई स्टेशन पर मिल गये। उन्होंने लखनऊ के अमीनाबाद पार्क में, जहाँ अब सालोमन कम्पनी की दवा की दुकान है, ऊपर की मंजिल में एक कमरा किराये पर ले लिया था। उस समय लखनऊ की बस्ती आज जैसी घनी न थी। हमने कमरा दस-ग्यारह रुपये माहवार पर लिया था। आज वह शायद दो सौ में भी कठिनाई से मिलेगा।

मैंने लखनऊ आते ही एक साइनबोर्ड बनवा लिया : 'सैनिटरी सप्लायर्स।' साइनबोर्ड दो मंजिले पर अपने कमरे के सामने लटका दिया। उस समय (१९३० में) पड़ोसियों ने और नीचे के दुकानदारों ने इस साइनबोर्ड का कुछ अर्थ न समझा। उन्हें कौतूहल था, हम लोग क्या काम करते हैं। उन्हें बताया कि हमारा सामान प्रायः अस्पतालों, कारखानों, स्कूल-कालेजों और रईसों की कोठियों में ही लग सकता है। उन्हें सेनिटरी के सामान के सचित्र सूचीपत्र भी दिखा दिये। उन दिनों 'फ्लशसिस्टम' और 'वाशबेसिन' आदि लखनऊ-अमीनाबाद के लोगों के लिये भी अपरिचित वस्तुएँ थीं। मैं कलकत्ते से चलते समय सेनिटरी का सामान बेचने वाली कम्पनियों से ऐसे सामान के सूचीपत्र लेता आया था।

निवास के लिये नयी जगह तो हम लोगों ने बना ली। अब प्रश्न था, दल और भैया का निर्णय न मानने के बाद उसके सामने जवाबदेही का। अपनी दृष्टि में हम लोग दल का निर्णय न मानने के लिये लज्जित नहीं थे। पिछले दो महीने के अनुभव से यह भी जान चुके थे कि आज़ाद भैया का मिजाज काफी गरम है। प्रश्न यही था कि बदमजगी का अवसर आये बिना मामला सुलझ जाये और भविष्य में सहयोग से काम हो सके। इतना तो निश्चित ही था कि पहली मुलाकात में भैया एकदम बिगड़ उठेंगे। मैं और भगवती भाई एक साथ ही जाकर मिलते तो वह दोनों से बिगड़ते। इसलिये उचित जँचा कि पहले मैं जाकर मिलूँ और परिस्थिति भगवती भाई को बता दूँ।

मैं दो जनवरी के दिन दिल्ली पहुँचा और न्यू हिन्दू होटल में साथी प्रोफेसर नन्दकिशोर निगम के यहाँ कैलाशपति का पता लेने गया। अवसरवश आज़ाद वहाँ ही मिल गये। दूसरे साथियों के सामने उन्होंने मुझसे साधारण गम्भीरता से बात की। इसी से समझ गया कि उनके मन में नाराजगी है। साधारणतः मुलाकात के समय वे मुस्कराहट और आत्मीयता से ही सम्बोधन करते थे। बात करने के लिये वे मुझे यमुना किनारे एकान्त में ले गये और पूछा, "निणर्य के विरुद्ध तुम लोगों ने विस्फोट क्यों किया?"

मैंने बहुत स्पष्ट बात की, "···जहाँ तक निर्णय के विरुद्ध काम करने का प्रश्न है, मैं अपराधी हूँ। इस विषय में दल जो कुछ फैसला करेगा, मुझे शिरोधार्य होगा। भगवती भाई ने मेरे इस कार्य का विरोध किया था, परन्तु मैंने उनकी भी बात नहीं मानी, क्योंकि मेरे विचार में इस घटना का राजनैतिक महत्व, विस्फोट कांग्रेस अधिवेशन से पहले करने में ही था। लाहौर कांग्रेस में जनता पर इस घटना का जो प्रभाव पड़ा है, उससे मेरा विचार ठीक ही प्रमाणित हुआ है।"

"तुम्हारे विचार का क्या मतलब?" आज़ाद अपना क्रोध सम्भालने के लिये ओंठ काटते हुए बोले, "तुम्हारा विचार क्या दल के निर्णय से भी बड़ा हो गया? अगर तुम्हें ऐसी ही करना है तो दल में तुम्हारा क्या काम? जाओ, जो करना है करो! यह तुम्हारी बेजा हरकत थी कि जब इस प्रश्न पर विचार हो रहा था तुम बहाना बनाकर उठ गये। जैसे हम सब लोग मूर्ख हों और व्यर्थ बकवास कर रहे हों···।" उनकी आँखें क्रोध में लाल हो गयीं।

मैंने विनय से कहा, "मीटिंग से उठ जाने का कारण विचार में भाग लेने के प्रति उपेक्षा नहीं थी। असली बात यह थी कि बिजली का तार खरीदना था। देर होने से दुकानें बन्द हो जातीं।" मैंने यह भी कहा, "एक कारण यह भी था कि घटना दो बार स्थगित हो चुकी थी। मुझे आशंका थी कि भगवती भाई को छोड़कर हमारे दूसरे साथी यह न समझने लगें कि मैं जान बचाने के लिये बहाना कर रहा हूँ। मैंने दल के निर्णय के विरुद्ध काम किया है। यदि आप भविष्य में मेरा विश्वास करके क्षमा कर सकते हैं तो क्षमा कर दीजिये वरना आप या दल जैसा उचित समझें।" मैंने जेब से पिस्तौल निकालकर आज़ाद के सामने रख दिया, "मैं दल के सामने आत्मसमर्पण करता हूँ।"

भैया ने क्रोध में ओंठ काटकर आँखों में छलक आये आँसू रूमाल से पोंछ लिये। मेरा पिस्तौल मुझे लौटाते हुये बोले, "रखो-रखो इसे।" आज़ाद का यह स्वभाव ही था कि अपने आदमियों पर आया क्रोध दबाने से उनकी आँखों में आँसू आ जाते थे। क्रोध में उनकी आँखें लाल तो जरूर हो जाती थीं, परन्तु वह आपे से बाहर न हो जाते थे। मैंने विचार प्रकट किया कि गांधी जी और कांग्रेस ने वाइसराय पर आक्रमण की जो निन्दा और आलोचना की है, उसका उत्तर देना आवश्यक है। जनता के सामने अपने विचारों और कार्यक्रम को रखने का यह बहुत अनुकूल अवसर है। कांग्रेस ने २६ जनवरी का दिन पूर्ण स्वराज्य की घोषणा के लिये निश्चित किया है। हमें भी उसी दिन अपनी घोषणा प्रकाशित करके उसे देश भर में बाँटने की योजना करनी चाहिये। भगवती भाई से मैं इस बारे में बात कर चुका हूँ। मैंने यह भी कहा कि वे उचित समझें तो मैं और

भगवती भाई एक विस्तृत वक्तव्य इस बारे में लिख डालें। आप और दूसरे साथी उसे स्वीकार कर लें तो उसे छपवा लिया जाये। भैया ने इस बात का अनुमोदन बहुत उत्साह से किया और मेरे साथ ही लखनऊ चलने के लिये तैयार हो गये।

अमीनाबाद के मकान में हम लोगों ने इस घोषणा के बारे में खूब विचार करके मूल विषय निश्चित कर लिये। उन्हीं दिनों गांधी जी ने अपने साप्ताहिक पत्र 'यंग इण्डिया' में एक लेख **'Cult of the Bomb'** (बम का मार्ग) लिखा था। हम लोगों ने अपनी घोषणा का शीर्षक रखा, **'Philosophy of the Bomb'** (बम का दर्शन)। यह घोषणा वाइसराय की स्पेशल ट्रेन पर आक्रमण के बाद अपने दल का दृष्टिकोण जनता के सम्मुख रखने के लिये और गांधी जी के लेख का उत्तर देने के लिये भैया आज़ाद (हि० स० प्र० स०) के कमाण्डर-इन-चीफ) की ओर से अंग्रेजी में प्रकाशित की गयी थी। इस घोषणा के मसविदे को यहाँ उद्धृत कर देना अप्रासंगिक न होगा।

बम का दर्शन

(PHILOSOPHY OF THE BOMB)

"वाइसराय पर आक्रमण की घटना के बाद कांग्रेस और गांधी जी ने क्रांतिकारियों की आलोचना और निन्दा का एक बवंडर खड़ा कर दिया है। क्रांतिकारी अपने विचारों की आलोचना और विचार-विनिमय से नहीं कतराये, परन्तु हमारे विरुद्ध दुष्प्रचार द्वारा जो लांछन लगाये जा रहे हैं, उनका निराकरण करना और जनता के निर्णय के लिये वास्तविक स्थिति प्रकट करना आवश्यक है।

"क्रांतिकारियों पर हिंसात्मक होने का लांछन लगाया जाता है। हिंसा और अहिंसा का अर्थ क्या है? हिंसा का अर्थ है, शारीरिक बल द्वारा अन्याय करना। क्रांतिकारी ऐसा नहीं कर रहे हैं। साधारणतः अहिंसा का अभिप्राय समझा जाता है, स्वयं कष्ट उठाकर अपने प्रतिद्वन्द्वी का हृदय आत्मिक शक्ति द्वारा बदलकर वैयक्तिक अथवा राष्ट्रीय उद्देश्य को पूरा करना। क्रांतिकारी भी अपने विश्वास के अनुसार न्याय की माँग करते हैं, उसके लिए अनुरोध और तर्क करते हैं। वे उद्देश्य के लिये अपनी मानसिक और शारीरिक शक्ति का पूर्ण उपयोग करते हैं और अपने उद्देश्य के लिये कष्ट उठाने या बलिदान हो जाने में किसी से पीछे नहीं हैं।

"क्रांतिकारियों को विचार और व्यवहार से आप सहमत हों या असहमत, परन्तु उनके व्यवहार को हिंसा कह देना अनुचित है। सत्याग्रह का अर्थ है, सत्य के लिये आग्रह करना। सत्य के लिये आग्रह केवल आत्मिक बल से ही क्यों किया जाय? शारीरिक शक्ति का भी उपयोग क्यों न किया जाये? क्रांतिकारी अपने विश्वास के अनुसार सत्य, न्याय और देश की स्वतंत्रता के लिये किसी भी उपाय की उपेक्षा करना उचित नहीं समझते। वे अपनी सम्पूर्ण आत्मिक, नैतिक और शारीरिक शक्ति को उद्देश्यपूर्ति में लगा देना चाहते हैं।

"गांधी जी तथा कांग्रेस और क्रांतिकारियों के मार्ग में हिंसा और अहिंसा का भेद नहीं, भेद इस बात का है कि गांधीवादी उद्देश्य की पूर्ति के लिये केवल आत्मिक शक्ति का ही प्रयोग करना चाहते हैं और क्रांतिकारी अपनी सभी प्रकार की शक्ति और सम्भव उपायों का उपयोग अपने लक्ष्य के लिये करना आवश्यक समझते हैं।

"क्रांतिकारियों का विश्वास है कि देश की जनता की मुक्ति केवल क्रांति द्वारा ही सम्भव है। क्रांति से हमारा अभिप्राय केवल जनता और विदेशी सरकार में सशस्त्र संघर्ष ही नहीं है। हमारी क्रांति का लक्ष्य एक नवीन न्यायपूर्ण सामाजिक व्यवस्था है। इस क्रांति का उद्देश्य पूँजीवाद को समाप्त करके श्रेणीहीन समाज की स्थापना करना और विदेशी और देशी शोषण से जनता को मुक्त करके आत्मनिर्णय द्वारा जीवन को अवसर देना है।

इसका उपाय शोषकों के हाथ से शासन शक्ति लेकर मजदूर तथा श्रम करने वालों के शासन की स्थापना करना है।

"देश का युवक वर्ग आज क्रांति के द्वार पर खड़ा है। वह मानसिक दासता और साम्प्रदायिक रूढ़िवाद की कड़ियों को तोड़कर फेंक देना चाहता है। यह क्रांति के 'दर्शन' की ओर बढ़ रहा है। उसकी यह प्रवृत्ति उसमें विदेशी दासता के प्रति घृणा और संघर्ष की आग पैदा कर रही है। वह अपनी इस आग में अन्यायी और शोषक व्यवस्था को भस्म कर देना चाहता है। अन्याय और शोषण के प्रति युवकों का विद्रोह ही आतंकवाद का रूप ले रहा है। आतंकवाद सार्वजनिक क्रांति का पहला कदम मात्र है। इसे पूर्ण क्रांति नहीं कहा जा सकता, परन्तु इसके बिना क्रांति आरम्भ भी नहीं हो सकेगी। संसार भर की क्रांतियों का इतिहास इसी मार्ग पर चला है। आतंकवाद अन्यायी शोषक के हृदय को दहलाता है और पीड़ित तथा दलित जनता को प्रतिकार द्वारा आत्मविश्वास, उत्साह और साहस देता है। हमारा लक्ष्य आतंकवाद नहीं है। आतंक का मार्ग क्रांति में परिणत होगा और क्रांति सर्वसाधारण जनता की सामाजिक, राजनैतिक और आर्थिक स्वतंत्रता में परिणत होगी।

'क्रांतिकारी, क्रांति के मार्ग में ही विश्वास करते हैं। वे देश की जनता को इसी मार्ग पर ले जाना चाहते हैं और इसी के लिये प्रकट और गुप्त रूप से प्रयत्न कर रहे हैं। क्रांतिकारियों के सामने संसार भर की दलित और शोषित जातियों की मुक्ति के संघर्ष मार्गदर्शक के रूप में मौजूद हैं। शोषितों और दलितों ने निरन्तर संघर्ष से ही सदा शोषकों को पराजित किया है। भारत के क्रांतिकारी भी अपने लक्ष्य में अवश्य सफल होंगे।

"कांग्रेस का मार्ग क्या रहा है? आज कांग्रेस अपना लक्ष्य 'स्वराज्य' से बदलकर 'पूर्ण स्वतंत्रता' घोषित कर रही है। ऐसे समय कांग्रेस से यही आशा की जानी चाहिये कि वह विदेशी सरकार से युद्ध की घोषणा करती, परन्तु कांग्रेस विदेशी सरकार से लड़ने वाले क्रांतिकारियों पर चोट कर रही है। क्रांतिकारियों पर कांग्रेस की पहली चोट क्रांतिकारियों द्वारा २३ दिसम्बर, १९२९ को वाइसराय पर आक्रमण की निन्दा है। यह प्रस्ताव स्वयं गांधी जी ने पेश किया और इसे पास कराने के लिये उन्होंने अपनी पूरी शक्ति लगा दी थी। दस वर्ष से गांधी जी कांग्रेस और जनता को प्रेम और सद्भावना द्वारा विदेशी सरकार के हृदय परिवर्तन का उपदेश देते आ रहे हैं। गांधी जी देश की शत्रु विदेशी सरकार के प्रतिनिधियों को तो मित्र कहकर सम्बोधन करते हैं, परन्तु देश की स्वतंत्रता के लिये अपनी जान पर खेल जाने वाले क्रांतिकारियों को 'कायर' और उनके काम को 'जघन्य' कहकर गालियाँ देते हैं।

गांधी जी का यह प्रस्ताव कांग्रेस में किस प्रकार पास कराया गया, यह किसी से छिपा नहीं है। जनता को गांधी जी के रूठ जाने और कांग्रेस छोड़ देने की धमकियाँ दी गयीं। तिस पर भी १७१३ प्रतिनिधियों की उपस्थिति में से गांधी जी के प्रस्ताव को केवल ८१ का ही बहुमत मिल सका। यह घटना इस बात का स्पष्ट प्रमाण है कि जनता किसके साथ है। गांधी जी के प्रस्ताव की यह दशा उस कांग्रेस के अधिवेशन में हुई जो अहिंसा को सिद्धान्त रूप से माने हुए है। देश की विराट जनता का विचार क्या है? यह समझ लेना कठिन नहीं है।

''गांधी जी ने कांग्रेस में दिये अपने भाषण को 'दी कल्ट आफ बम' के नाम से अपने पत्र 'यंग इण्डिया' में प्रकाशित किया है। यह लेख तीन अंशों में है। एक अंश में—उनका विश्वास, दूसरे में—उनकी राय और तीसरा—उनके तर्क हैं। गांधी जी के विश्वास के विषय में हमें कुछ नहीं कहना, क्योंकि विश्वास का सम्बन्ध युक्ति से नहीं होता। हम उनकी राय और तर्कों पर ही विचार कर सकते हैं। गांधी जी का कहना है कि उनके दस वर्ष के राजनैतिक नेतृत्व में देश की जनता ने अहिंसा के सिद्धान्त को अपना लिया है। देश की जनता गांधी जी के प्रति श्रद्धा और भक्ति प्रकट करती है, इसमें सन्देह नहीं है, परन्तु इसका अर्थ यह नहीं कि जनता उनके राजनैतिक विचारों की अनुगामी है। जनता अधिकांश में अशिक्षित है और राजनैतिक दृष्टिकोण से विचार ही नहीं करती। वह गांधी जी को एक आध्यात्मिक और धार्मिक महापुरुष के रूप में देखती है और गांधी जी के विचारों को समझने की चिन्ता ही नहीं करती। गांधी जी न जनता की अवस्था और न उसके विचार ही जानते हैं। गांधी जी का सम्बन्ध जनता से समूह के रूप में, व्याख्यानों की वेदी से दर्शन देकर होता है। कितने वर्षों से उन्होंने कभी पीड़ित किसानों-मजदूरों और भूखे मरते सफेदपोशों के बीच बैठकर न बात की है और न उनकी भावना को समझा है। हमारे देश की जनता संसार के दूसरे मनुष्यों के समान ही है। अपने शत्रु से प्रेम करने के जादू को वह नहीं समझती। जनता जिससे प्रेम करेगी, उनका साथ भी देगी। जिससे दुख पायेगी उससे घृणा करेगी और लड़ेगी। लड़ाई प्रेम से नहीं, घृणा से होती है। अन्याय और पाप से लड़ने के लिए उससे प्रेम नहीं, घृणा करना आवश्यक है। हमारे देश की जनता इसी स्वाभाविक नियम को मानती है।

''गांधी जी का दावा है कि प्रेम द्वारा शत्रु को जीतने के सिद्धान्त में उनका विश्वास प्रतिदिन बढ़ता जा रहा है। हम पूछना चाहते हैं, अब तक उन्होंने प्रेम से देश के कितने शत्रुओं का हृदय परिवर्तन कर लिया है? क्या उन्होंने ओडायर, डायर, रीडिंग या इरविंग किसी का भी हृदय जीतकर उन्हें भारत का मित्र बना लिया है? उनका दावा तो पूरे ब्रिटिश राष्ट्र का हृदय जीत लेने का है।

''यदि वाइसराय की गाड़ी के नीचे बम का विस्फोट ठीक ढंग से हो जाता तो गांधी जी की आशंका अनुसार क्या अनर्थ हो जाता? वाइसराय जख्मी हो जाते या मर जाते और वाइसराय से भारत के राजनैतिक नेताओं की मुलाकात न हो पाती? इस मुलाकात में हुआ क्या? देश के राजनैतिक नेता औपनिवेशिक स्वराज्य के लिये वाइसराय के सामने जाकर एक बार और गिड़गिड़ाये। पिछले वर्ष कलकत्ता में विदेशी सरकार को संघर्ष की चुनौती दे देने के बाद हमारे नेताओं का विदेशी सरकार के सामने गिड़गिड़ाना क्या उचित था? यदि यह न हो सकता तभी अच्छा होता।

''यदि इस विस्फोट से लाहौर और मेरठ षड्यंत्रों के मामलों और भुसावल के दमन के लिये जिम्मेवार भारत का शत्रु मर जाता तो अच्छा ही था। गांधी जी और पंडित नेहरू अपने आपको चतुर राजनीतिज्ञ समझते हैं, परन्तु कूटनीति में उन्हें वाइसराय से मुँह की ही खानी पड़ी है। साइमन कमीशन के विरोध में जो राजनैतिक एकता भारत के सब दलों में हो गयी थी, वह इस वाइसराय ने कायम न रहने दी। स्वयं कांग्रेस ही आज दो दलों में बँटी हुई है। भारत के इस दुर्भाग्य के लिये मौजूदा वाइसराय की कूटनीति ही जिम्मेवार है, लेकिन गांधी जी इस आदमी को 'भारत का मित्र' बताते हैं।

"यदि गांधी जी समझते हैं कि क्रांतिकारियों को कांग्रेस से कोई आशा और सम्बन्ध नहीं तो यह हमारे साथ अन्याय है। हम स्वीकार करते हैं कि कांग्रेस ने देश की अचेतन जनता में स्वतंत्रता की इच्छा जगायी है, परन्तु कांग्रेस का इतना ही काम नहीं है। हमें उससे बड़ी-बड़ी आशाएँ हैं, लेकिन कांग्रेस पर समझौतावादी नेताओं का आधिपत्य कांग्रेस की शक्ति को व्यर्थ कर रहा है। अहिंसा की नीति विदेशी शत्रु से समझौता करने का बहाना बन रही है। कांग्रेस ने पूर्ण स्वराज्य के लक्ष्य को इस वर्ष स्वीकार किया है। क्रांतिकारी पच्चीस वर्ष से इसी लक्ष्य के लिये संघर्ष करते चले आ रहे हैं। हमें आशा है कि कांग्रेस मुक्ति के सच्चे मार्ग को अपनायेगी।

"क्रांतिकारियों को सुधारों के लिये लालायित बताना उनके साथ सबसे बड़ा अन्याय है। हम सुधारों के नहीं बल्कि व्यवस्था बदल देने की माँग करते हैं। ब्रिटिश गवर्नमेंट ने सुधारों के खिलौने क्रांतिकारियों की माँगों से नहीं दिये। यह खिलौने ब्रिटिश सरकार ने अपने उन पिट्ठुओं को रिझाने के लिए दिये हैं जो जनता का दमन करने में सरकार का साथ देते रहे हैं। कांग्रेस के होमरूल, स्वायत्त शासन, उत्तरदायी स्वायत्त शासन, पूर्ण उत्तरदायी शासन और औपनिवेशिक स्वराज्य की माँगें विदेशी दासता के ही नाम हैं। क्रांतिकारी इन्हें अपना लक्ष्य नहीं मानते। वे केवल पूर्ण स्वाधीनता में विश्वास रखते हैं और उसी के लिए बलिदान होते आये हैं।

"गांधी जी का दावा है कि जनता में दिखायी देने वाली जागृति का श्रेय कांग्रेस के असहयोग के कार्यक्रम के साथ-साथ अहिंसात्मक नीति को है। यह धोखा है। जनता में जागृति सदा संघर्ष से आती है। रूस की जनता जागृति के मार्ग पर संघर्ष द्वारा ही आगे बढ़ी, अहिंसा की नीति से नहीं। सच्चाई तो यह है कि अहिंसा के बहाने समझौतावादी नीति ने कांग्रेस के असहयोग कार्यक्रम को भी असफल कर दिया है। अहिंसात्मक संघर्ष की नीति एक नया आविष्कार है जिसकी सफलता कभी प्रमाणित नहीं हुई। दक्षिणी अफ्रीका में अहिंसात्मक संघर्ष असफल रहा और भारतवर्ष में भी इस नीति द्वारा एक वर्ष में स्वराज्य पा लेने की प्रतिज्ञा मजाक ही बनी। बारदौली में इस नीति ने किसानों के आंदोलन को असफल कर दिया। सब जगह असफल होने वाली इस नीति ने देश के भाग्य को बलिदान कर देश के साथ विश्वासघात किया है।

"गांधी जी ने देश की जनता को समझाया है कि क्रांतिकारियों के साथ किसी प्रकार की सहानुभूति न प्रकट की जाये और न उन्हें कोई सहायता दी जाये ताकि क्रांतिकारियों का 'भ्रम' दूर हो। गांधी जी जनता की भावना को समझने का दावा करते हैं, परन्तु क्रांतिकारियों की भावना को नहीं समझते। क्रांतिकारी जान की बाजी लगाकर अपने उद्देश्य के लिए आगे बढ़ते हैं। वह 'शाबास' और 'जय-जयकार' के नारों की परवाह नहीं करते। वह अपने देश की जनता और अपने उद्देश्य के प्रति अपना कर्तव्य पूरा करने के लिए निन्दा और कठिनाइयों की भी चिन्ता नहीं करते। क्रांतिकारियों को अपने कार्यक्रम की ठोस सच्चाई पर भरोसा है। वह बलिदान और सफलता की कसौटी पर पूरे उतरते हैं और यह असम्भव है कि जनता उनकी सच्चाई को न पहचाने।

"हम अपने देश के नवयुवकों, श्रमिक वर्ग, किसानों और बुद्धिजीवियों से अनुरोध करते हैं कि वे देश की आजादी के झण्डे के नीचे इकट्ठे होकर हमारा साथ दें। देश में ऐसी व्यवस्था लाने का प्रयत्न करें जिसमें राजनैतिक और सामाजिक दासता और आर्थिक शोषण असम्भव हो जाये।

"अहिंसा के नाम पर खड़ी की गयी समझौतावादी नीति को ठोकर मार दीजिये! हमारी संस्कृति और गौरव का कोई अर्थ उस समय तक नहीं होगा जब तक हम अहिंसा के नाम पर विदेशी दासता के सम्मुख सिर झुकाये रहेंगे!

क्रांति चिरंजीवी हो!

करतारसिंह
प्रधान
हिन्दुस्तान सोशलिस्ट रिपब्लिकन एसोसियेशन"

यहाँ 'दि फिलासफी आफ बम' का कुछ संक्षिप्त अनुवाद दिया गया है। यह घोषणा अंग्रेजी के महीन अक्षरों के फुलस्केप कागज के चार पृष्ठों में थी। इसे तैयार करने में और छपवाने में कई दिन लग गये। छपाई का प्रबन्ध आज़ाद ने किया था। अपने क्रांतिकारी काम के विस्तार के लिये प्रेस का महत्व भैया खूब समझते थे। आवश्यक साहित्य यथेष्ट मात्रा में गुप्त रूप से छपवा लेने का प्रबन्ध उन्होंने काफी अच्छा किया हुआ था। जैसे उन्हें बम ढालने के लिये अपना कारखाना बना लेने की धुन सवार थी, वैसे ही अपना गुप्त प्रेस बना लेने की लगन भी थी। उस समय हमारा छपाई का काम कानपुर में ही होता था।

इन दिनों हम लखनऊ में अमीनाबाद के मकान में ही थे। भोजन बनाने का प्रबन्ध नहीं था। भैया और भगवती भाई दोनों प्रायः गुईन रोड पर 'शुद्ध महावीर हिन्दू होटल' में भोजन कर आते थे। एक तो मेरा पेट खराब था, दूसरे महावीर हिन्दू होटल के रिवाज के अनुसार पटरे पर पालथी मारकर भोजन करने में मुझे विशेष आनन्द न आता था। पतलून पहनकर पालथी से बैठने में असुविधा भी होती है। धोती मेरे पास थी नहीं। मैं अमीनाबाद में एक छोटे से मुस्लिम होटल से डबल रोटी, मक्खन और पाव भर टमाटर ले आता था। उन दिनों लखनऊ में टमाटर शायद चार पैसे में सेर भर मिलते थे। एक छोटा स्टोव चाय बनाने के लिए ले लिया था। जमे हुए विलायती दूध के डिब्बे भी उन दिनों बहुत सस्ते थे, शायद तीन आने में एक डिब्बा मिलता था जो चार-पाँच दिन चल जाता था। मैं डिब्बे में से जमा हुआ दूध निकालने लगता तो उसकी तारें सी बँध जाती थीं।

डिब्बों से निकलते दूध के तारों को देखकर आज़ाद नाक सिकोड़ कहते, "छी-छी! यह क्या खाता है?" एक बार मैंने जमा हुआ दूध डबल रोटी पर लगाकर एक टुकड़ा खाने का आग्रह आज़ाद से किया। बहुत 'ना-ना' करके उन्होंने अनिच्छा से टुकड़ा खाया और फिर माथे पर त्योरियाँ चढ़ाकर बोले, "वाह पट्ठे, यह मजे हैं!" और उन्होंने डिब्बा ही खत्म कर दिया। इसके बाद जब भी मैं नया डिब्बा लाता, भैया उसे झपटकर भगवती भाई को पुकारते, "आओ, बाबू भाई आओ, रबड़ी खिलायें।" और दोनों ब्राह्मण पूरा डिब्बा चाट जाते। दोनों को ही मीठे का बहुत शौक था।

जनवरी, १९३० के तीसरे सप्ताह में आज़ाद ने दल के खास कार्यकर्ताओं की एक बैठक कानपुर में बुलायी थी। प्रयोजन था, नयी केन्द्रीय समिति बनाकर संगठन के लिये क्षेत्र और काम बाँट दिये जायें। यह बैठक शायद 'रामनारायण के बाजार' के एक मकान की ऊपर की मंजिल में हुई थी। मकान पुराने ढंग का था। बिजली नहीं थी। भैया हमें

लखनऊ से संध्या की गाड़ी से लिवा ले गये थे। तंग जीने में उनके दो विश्वस्त साथी रिवाल्वर लिये पहरा दे रहे थे। इस सभा में आज़ाद, भगवतीचरण, वीरभद्र, कैलाशपति और मेरे अतिरिक्त एक और भी सज्जन थे जिन्हें मैं देखते ही पहचान गया और आश्चर्य भी हुआ। यह थे, आजकल (१९५२) उत्तर प्रदेश समाजवादी दल के एक प्रमुख नेता सेठ दामोदरस्वरूप। सेठ जी ने भी मुझे पहचान लिया।

सेठ जी से मेरे पूर्व परिचय की कहानी भी अद्‌भुत है। सम्भवतः १९२६ या २७ की बात है। आनन्द स्वामी (कृष्णलाल जी) ने देहरादून और मंसूरी के बीच राजपुर में डाक्टर केशवचन्द्र शास्त्री के बँगले और औषधालय के साथ खाली पड़ी बारकों में 'शक्ति आश्रम' चालू किया था। प्रयोजन था, नौजवानों को शरीर सुधार और राष्ट्रीय भावना की शिक्षा देना। स्वामी जी ने मुझे भी बुला लिया था। प्रकट में मैं नवयुवकों को लाठी, गतका बिन्नौट और जुजुत्सु की शिक्षा देता था और बातचीत में उन्हें क्रांतिकारी कार्यक्रम की ओर आकर्षित करने की चेष्टा करता था।

डाक्टर शास्त्री प्राकृतिक चिकित्सा करते थे। उनके रोगी प्रायः बड़ी-बड़ी फीसें दे सकने वाले अमीर आदमी ही होते थे, परन्तु एक रोगी ऐसा था जिसे उन्होंने सहानुभूति के कारण ही अपने यहाँ रख लिया था। यह थे सेठ दामोदरस्वरूप। सेठ जी काकोरी-षड्यंत्र के मामले में गिरफ्तार होकर मुकदमे की हालत में जेल में बहुत बीमार हो गये। उनका रोग डाक्टरों की राय में असाध्य था। इसलिये सरकार ने उन्हें रिहा कर दिया था। रोगी की उस अवस्था में सेठ जी को शास्त्री जी ने चिकित्सा और उपचार के लिये अपने यहाँ आश्रय दिया था।

शास्त्री जी के औषधालय में क्रांतिकारी रोगी के होने की बात सुनकर मैं सेठ जी को देखने के लिये गया था। बिस्तर पर उनका शरीर चमड़ी से मढ़े नरकंकाल जैसा ही था। उठने-बैठने की बात क्या, बिना सहायता वे करवट भी न ले सकते थे। उन्हें कुछ भी पचता न था। कभी किसी फल का रस निचोड़कर, कभी दूध फाड़कर उसका पानी उन्हें दिया जाता था। वह भी प्रायः उनके पेट में न टिक पाता था। सेठ जी के क्रांतिकारी उद्देश्य के प्रति आदर और उनके दारुण कष्ट के प्रति सहानुभूति के कारण मैं अपने सन्तोष के लिये उनकी सेवा करता था।

मुझसे पहले भी एक व्यक्ति सेठ जी की काफी सेवा कर रहा था। यह थीं, एक अमेरिकन महिला मिसेज फ्रेडा दास, डाक्टर शास्त्री की मित्र और मेहमान और उड़ीसा के एक बड़े ताल्लुकदार श्रीयुत दास की धर्मपत्नी। सेठ जी का दारुण कष्ट देखकर फ्रेडा की आँखों में आँसू आ जाते थे। यह जानकर कि सेठ जी के इस रोग का कारण राजनैतिक बन्दी के रूप में जेल काटना था, फ्रेडा उनका आदर भी करने लगी थी। फ्रेडा जिस निस्संकोच और आत्मीयभाव से सेठ जी के पूरे शरीर को नित्य गर्म पानी से धो-पोंछकर, बिस्तर की रगड़ से जख्मी हो गयी उनकी पीठ पर पाउडर आदि लगा उनके कपड़े बदलकर बिस्तर सँवार देती थीं, उससे सभी लोग उन्हें करुणामयी देवी समझकर श्रद्धा करने लगे थे।

एक दिन 'शक्ति आश्रम' की ओर से की गयी सार्वजनिक सभा में कुछ वक्ताओं ने फ्रेडा की मानवीय करुणा और भारत के प्रति सहानुभूति की प्रशंसात्मक चर्चा भी कर दी।

दूसरे दिन से डाक्टर शास्त्री की अमेरिकन धर्मपत्नी और उनकी साली मेबेल ने भी सेठ जी की सेवा में हाथ बटाना आरम्भ कर दिया। सेवा के लिये नये उत्साह में इन दोनों महिलाओं ने फ्रेडा को अपना प्रतिद्वन्द्वी मान लिया। फ्रेडा की इच्छा थी कि रोगी की सेवा का काम आरम्भ किया है तो निबाहती रहे। उसे शायद रोगी से कुछ ममता भी हो गयी थी। मिसेज शास्त्री और उनकी बहन चाहती थीं कि इस पुण्य कार्य को वे ही करें। तीनों की प्रतिद्वन्द्विता बढ़कर विकट झगड़े का रूप ले बैठी। इस झगड़े की लपेट में थोड़ा बहुत मैं भी फँस गया।

मिसेज शास्त्री और मेबेल, फ्रेडा की अपेक्षा भी अधिक ममता से सेठ जी के पास घण्टों बैठी रहने लगीं और उन्हें समझातीं, "तुम हमारे मेहमान हो, मेरा पति तुम्हारी चिकित्सा कर रहा है इसलिये तुम्हें किसी दूसरे से सेवा नहीं करनी चाहिये।"

मैं प्रायः सेठ जी के समीप रहता था इसलिए श्रीमती शास्त्री और मेबेल ने मुझे भी शिकायत सुनाने के विश्वास में ले लिया और मुझसे भी फ्रेडा की शिकायत शुरू की, "यह कैसी कृतघ्न औरत है! हमारे घर में पड़ी है और हमें अपने मेहमान की सेवा करने का अवसर नहीं देती और इस मौके से अपनी प्रशंसा और यश कमाती है। यह हमारा अधिकार है, इसका नहीं। तुम हमारे और सेठ जी के मित्र हो। तुम्हारा यह कर्तव्य है कि फ्रेडा को सेठ जी की सेवा न करने दो।"

दूसरी ओर फ्रेडा अपना दुख सुनाती, "इन औरतों को बीमार से कोई सहानुभूति नहीं है। ये रोगी की सुश्रूषा और परिचर्या का ढंग भी नहीं जानतीं। मैंने तो नर्स का काम सीखा हुआ है। मेरे पास इस ट्रेनिंग का सर्टिफिकेट भी है। इन औरतों को केवल मेरी प्रशंसा से ईर्ष्या है। मुझे प्रशंसा की आवश्यकता नहीं है। मैं तो रोगी, विशेषकर अपने देश के लिए त्याग करने वाले रोगी या व्यक्ति का यथासम्भव आदर और सहायता करना अपनी मानवीय कर्तव्य समझती हूँ। तुम सेठ जी के मित्र हो, तुम्हारा यह कर्तव्य है कि उन औरतों को समझाओ कि इस मामले में व्यर्थ झगड़ा न करें।"

सेठ जी इस झगड़े से व्याकुल होने लगे। किसी समय पीड़ा रुकने पर जो थोड़ी-बहुत नींद आ जाती थी, वह सेवा-तत्पर देवियों से समीप बैठकर बात करते रहने के कारण दुर्लभ हो गयी। मैं किसी भी पक्ष की बात दूसरे पक्ष को समझा सकने में असमर्थ था और बिगाड़ भी किसी से नहीं करना चाहता था। रोगी की सेवा के लिए होड़ बढ़ती ही जा रही थी। सेठ जी भी उन दोनों पक्षों से तो कुछ कह नहीं पाते, यूँ भी उनका स्वर रोग के कारण इतना क्षीण हो गया था कि उनकी बात सुन पाने के लिए कान को उनके मुँह तक झुकाना पड़ता था। झगड़े से खिन्न होकर सेठ जी अपनी मानसिक यातना की बात मुझसे ही कहते, "...मैं तो घड़ियाँ गिन रहा हूँ कि कब प्राण निकलें। मेबेल मुझसे प्रणयलीला कर रही है। कहती है, मेरा सेवा करने का अधिकार उसी को है, क्योंकि वह मुझे प्राणों से अधिक प्यार करती है। इसी प्रतीक्षा में है कि मैं ठीक हो जाऊँ तो मुझसे विवाह कर ले। फ्रेडा तो बेचारी मुझे बच्चे की तरह सम्भालकर कभी एक-आध बार माथा चूम लेती थी। यह चुड़ैल तो दिन भर पुच-पुच किया करती है। सिर भन्ना जाता है। एक ओर तो रोग का कष्ट, तिस पर यह व्याधि लग गयी।"

सेवा की होड़ का झगड़ा बहुत अधिक बढ़ गया और उसमें फ्रेडा हार गयी। मिसेज शास्त्री का आखिरी पैंतरा बहुत जबर्दस्त था। उन्होंने प्रचार शुरू कर दिया कि उनके पति

तो बीमार का बहुत अच्छा इलाज कर रहे हैं, परन्तु फ्रेडा जान-बूझकर वैमनस्य से रोगी को कुपथ्य खिला देती है इसलिये रोगी अच्छा नहीं हो रहा, बल्कि उसकी अवस्था गिरती जा रही है। फ्रेडा ने आँसू बहाये और हार मान ली।

फ्रेडा ने दिल पर पत्थर रखकर प्रतिज्ञा कर ली कि अब वह रोगी के कमरे में ही नहीं जायेगी। हार जाने पर भी वह अपनी ममता के पात्र रोगी का हाल जाने बिना न रह पाती थी। फ्रेडा शास्त्री जी का मकान छोड़कर होटल में चली गयी थी। मुझे बुलाकर सेठ जी का हाल पूछती रहती थी। रोगी की सेवा के लिए अमेरिकन महिलाओं की यह प्रतिद्वन्द्विता कुछ लोगों को पहेली-सी जान पड़ती थी, परन्तु इसका आधार जनता की नजरों में ऊँचा उठने की वही प्रवृत्ति थी जिसके कारण कांग्रेस के नेतृत्व का परिणाम जेल जाना होने के युग में भी नेतृत्व के लिए भीषण प्रतिद्वन्द्विता और षड्यंत्र चलते रहते थे।

फ्रेडा की अनुपस्थिति सेठ जी को भी खलती थी। वे मुझे उसे बुला लाने के लिए कह देते या उसका हाल-चाल पुछवाते रहते। एक दिन मेबेल ने शिकायत की कि मैं फ्रेडा का साथ दे रहा हूँ। शिकायत करने का ढंग जरा परेशानी पैदा करने वाला था। मेबेल की आयु क्या थी, यह तो मैं जान न सका था, जिज्ञासा भी न थी। देखने में वह बिलकुल नवयुवती लड़की ही जान पड़ती थी। शरीर की गठन और नखशिख अच्छे थे। चेहरे पर चेचक के हलके दाग तो थे, परन्तु पाउडर की तह के नीचे छिप जाते थे। कभी-कभी वह सैर के लिए मुझे साथ ले जाती थी। मुझे भी उसके साथ घूमना-फिरना, हँसना-बोलना अच्छा लगता था। फ्रेडा का साथ देने की शिकायत करते समय उसने कहा, "मैं तो तुमसे इतना प्यार करती हूँ और तुम मेरे विरुद्ध मेरे शत्रु को सहायता देते हो। अगर ऐसा करोगे तो तुम्हारे साथ घूमना-फिरना और बोलना बन्द कर दूँगी।"

मेबेल का यह ढंग मुझे अच्छा न लगा। उसे फ्रेडा ने मिलना-जुलना छोड़ देने का वचन देना उचित न लगा। यह कहना भी अच्छा न लगा कि मुझे उसकी कोई परवाह नहीं थी। बड़ी दुविधा थी। दुविधा स्वयं ही सुलझ गयी। जाने किस कारण फ्रेडा अगले ही दिन राजपुर छोड़कर चली गयी। लगभग तभी मुझे लायलपुर से तार द्वारा बहिन प्रेमवती के पिता की मृत्यु का समाचार मिला। मैं भी राजपुर से चल दिया और फिर वहाँ न लौटा। एक-आध बार आनन्दस्वामी को पत्र लिखकर सेठ जी के स्वास्थ्य की बाबत जिज्ञासा की, फिर भूल गया था। उसके लगभग चार वर्ष बाद सेठ जी को उस बैठक में ही देखा। वह मृत्यु से संघर्ष में जीतकर चलने-फिरने योग्य हो गये थे।

उस सभा में सेठ जी के आने का अर्थ था कि फिर जेल और फाँसी की ओर कदम बढ़ा रहे थे। बाद में मालूम हुआ कि भैया उन्हें काकोरी का अनुभवी साथी समझकर नये संगठन में सुझाव और सहायता की आशा से खींच लाये थे, परन्तु इसके बाद दल के काम में सेठ जी को फिर कभी नहीं देखा।

केन्द्रीय समिति की कानपुर की बैठक में कई महत्वपूर्ण सुझावों पर विचार हुआ। हम लोगों ने बैठक से पूर्व भैया से बात की थी कि हमारे सशस्त्र संगठन और काम के पीछे सैद्धान्तिक रूप से सुलझे हुए, दृढ़ और विश्वस्त लोगों का एक संगठन रहना आवश्यक है। यह संगठन दल को आवश्यक संख्या में साथी दे सके और दल के सशस्त्र कामों का पूरा प्रभाव जनता पर डालने का प्रयत्न करे। हमारा अभिप्राय मजदूरों, सरकारी

नौकरों, सिपाहियों और विद्यार्थियों में ऐसी विचार-गोष्ठियाँ (स्टडी सर्कल) बनाने का था जहाँ युवक वर्ग क्रांति से मूल प्रयोजन और मार्ग पर स्पष्ट विचार और भावना ग्रहण कर सके।

सेठ दामोदरस्वरूप को पुलिस खूब जानती थी। उनका स्वास्थ्य भी फरारी का कठिन जीवन निबाहने योग्य न था। इस कठिनाई के प्रतिफल में सेठ जी राजनैतिक रूप से सचेत जनता में विश्वस्त क्रांतिकारी के रूप में परिचित हो चुके थे। उदाहरणतः दल के लिये धन संचय करने या नेताओं से कोई बात करने अथवा नवयुवकों को उग्र राजनीति की ओर आकर्षित करने की कोई बात कहने पर उन्हें कोई संदिग्ध व्यक्ति या क्रांतिकारियों के नाम पर ठगी करने वाला नहीं मान सकता था।

सेठ जी को केन्द्रीय समिति में बुलाने का अभिप्राय उन्हें दल की ओर से ऐसे संगठन का काम सौंपना था जो कांग्रेस और नौजवान भारत सभा की अपेक्षा गुप्त हो, परन्तु हिसप्रसे के सशस्त्र दल की अपेक्षा प्रकट हो। इस संगठन का काम शस्त्रों का प्रयोग छोड़कर गुप्त साहित्य का प्रचार, धनसंचय और ऐसे साथी तैयार करना हो जो किसी भी समय सशस्त्र संघर्ष के लिये बुलाये जा सकें। भैया का यह सुझाव था कि दल के आशंकापूर्ण रहस्यों की रक्षा के लिये यह काम सेठ जी को सौंपकर बिलकुल अलग कर दिया जाये। सेठ जी को आशंका और संकट में न डाला जाये। वे संकट का सामना करने वाले नवयुवक तैयार करें।

सेठ जी के वय और उनके झेले हुए कष्टों का विचार करके भैया ने उन्हें हिसप्रसे का प्रधान बना देने का प्रस्ताव किया। सन् १९२८ से भैया आज़ाद ही दल के प्रधान और कमाण्डर-इन-चीफ दोनों ही माने जाते थे। इन दोनों पदों में व्यक्तिगत लाभ चाहे कुछ न रहा हो, परन्तु दल के सीमित क्षेत्र में एकाधिपत्य और सम्मान का एकाधिकार तो था ही। भैया ने स्वयं ही सेठ जी को प्रधान का पद देने का प्रस्ताव किया और स्पष्ट कहा कि सिद्धान्तों के स्पष्टीकरण और लोगों के विचार परिवर्तन का काम वे स्वयं ठीक-ठीक नहीं निबाह सकते। आज़ाद का यह निस्पृहता का व्यवहार इस बात का प्रमाण था कि वे दल के उद्देश्य को अपने व्यक्तित्व से अधिक महत्व देते थे।

दल के अनुशासन और रहस्य की रक्षा के लिये, प्रचार और सशस्त्र संगठन को अलग-अलग करके भी उनका मूल सम्बन्ध एक जगह रखने के लिये, दोनों क्षेत्रों का सेक्रेटरी या संयोजक भगवती भाई को ही बनाया गया। वे प्रधान (सेठ दामोदरस्वरूप) और कमाण्डर-इन-चीफ (भैया आज़ाद) दोनों में सम्बन्ध सूत्र रूप दोनों के मंत्री निश्चित किये गये। आज़ाद, सेठ जी और भगवती भाई को स्थायी केन्द्र बनाकर इस सूत्र द्वारा प्रान्तों का पारस्परिक सम्बन्ध कायम रखना निश्चित हुआ। यू० पी० के संगठन का काम वीरभद्र तिवारी को, दिल्ली का कैलाशपति को और पंजाब का मुझे सौंपा गया।

वीरभद्र तिवारी ने विश्वास दिलाया कि लाहौर कांग्रेस में उसकी मुलाकात बंगाल के प्रसिद्ध क्रांतिकारी प्रमुतुल गांगोली से हुई थी और उन्होंने हमारे दल से अपने दल का सम्पर्क स्थापित कर लेने के लिये इच्छा प्रकट की थी। महाराष्ट्र के लिये भी आज़ाद ने एक आदमी का नाम सुझाया था, परन्तु वे लोग समय पर आ नहीं सके।

सशस्त्र काम को प्रोत्साहन देने और अपना एक प्रेस जमाने का निश्चय किया गया। धन का प्रश्न महत्व का था। निश्चय किया गया कि धन यथासम्भव सहानुभूति रखने

वाले लोगों से ही लिया जाये और डकैती से बचा जाये, परन्तु संगठन और सहानुभूति रखने वाले लोगों की संख्या पर्याप्त रूप से बढ़ाये बिना प्रश्न सुलझ नहीं सकता था। उसमें समय लगना आवश्यक था। आरम्भिक अवस्था में डकैती करके काम चलाना ही अनिवार्य समझा गया। इसके लिये उचित अवसर और आयोजन की जिम्मेवारी आज़ाद पर छोड़ दी गयी।

वीरभद्र तिवारी ने सुझाया कि सशस्त्र संघर्षों और डकैती में भाग लेने वाले व्यक्तियों के घटनास्थल पर मारे जाने या गिरफ्तार हो जाने की सम्भावना रहेगी, इसलिये संगठन की परम्परा बनाये रखने के लिये प्रान्तीय संगठनकर्ता सशस्त्र संघर्षों का संगठन और निर्देश तो करे, परन्तु उनमें सक्रिय भाग न ले।

मैंने इस सुझाव का विरोध किया था। मेरी आपत्ति यह थी कि काम आरम्भ करते समय यदि दल के मुख्य संगठनकर्ता उसमें भाग न लेंगे तो नये साथियों में भी आत्मरक्षा की चिन्ता की कमजोरी अनिवार्य रूप से घर कर जायेगी। दल की परम्परा और संगठन का आधार बनाये रखने के लिये केन्द्र का तिगड्ड आज़ाद, सेठ और भगवती भाई काफी हैं।

कैलाशपति ने भी वीरभद्र के सुझाव का समर्थन किया। मैं, भगवती भाई और आज़ाद तीनों इस सुझाव के विरुद्ध थे। समझौता इस बात पर हुआ कि सेठ जी को छोड़कर आरम्भ में सभी साथी कम से कम तीन बार सशस्त्र काम में सहयोग दें। कोई भी साथी अदालत से फाँसी का दण्ड पाने योग्य काम कर चुकने के बाद और केन्द्रीय समिति के लिये अनिवार्य रूप से आवश्यक समझा जाने पर सशस्त्र काम में भाग लेने से रोक दिया जा सकता है। सशस्त्र काम में भाग न लेना अपनी इच्छा पर नहीं, बल्कि दल के निर्णय पर रखा गया। इसी बैठक में 'फिलासफी आफ दी बम' को पूरे उत्तर भारत, बंगाल, महाराष्ट्र और मध्य प्रदेश तक बाँटने का निश्चय किया गया। अपने-अपने प्रान्तों में पर्चे के ठीक बँटवारे की जिम्मेदारी प्रान्तीय संगठनकर्ताओं को दे दी गयी।

इस बैठक के बाद दल के काम के लिये मेरा लाहौर में रहना ही अधिक उपयोगी था। इन्द्रपाल को लखनऊ बुलाया। लाहौर में एक ऐसा मकान किराये पर लेने के लिये समझाया जो शहर से बाहर एक ओर हो। मैं लाहौर में लगभग बीस वर्ष रह चुका था, वहाँ जान-पहचान खूब थी। इन्द्रपाल के हाथ ही पंजाब के लिये 'फिलासफी आफ दी बम' के पर्चे का बण्डल भी पहले से लाहौर भेज दिया। अभिप्राय यह था कि अपने साथ ले जाने पर यदि पहचानकर पकड़ा जाऊँ तो इतने परिश्रम से तैयार की गयी चीज व्यर्थ नष्ट न हो जाये।

इन्द्रपाल इस बार लखनऊ आया तो नया गरम सूट पहने था। उससे पूछा, ऐसा बढ़िया नया सूट कहाँ से मिल गया? मालूम हुआ कि इसी बीच उसका विवाह हो गया है। हम लोगों ने विस्मय प्रकट किया, " जब तुम सदा खतरे और संकट में सिर दिये हो तो इस शादी का क्या मतलब? यदि लड़की से तुम्हारा प्रेम होता, उसे जानते-पहचानते, उसके संकट से न घबराने और साथ देने का भरोसा होता तो भी एक बात थी।"

इन्द्रपाल ने उत्तर दिया, "लड़की से तो शादी के बाद अभी अच्छी तरह बात भी नहीं हुई है। सगाई पहले ही हो चुकी थी। विवाह में टालमटोल से लोगों को सन्देह हो रहा था और घर में खामुखाह झगड़ा-झंझट चल रहा था। रोज ही लोग मुझे घेरकर

समझाने के लिये बैठ जाते थे। ब्याह हो भी गया तो क्या। दल का काम अपनी जगह, ब्याह अपनी जगह। सभी सिपाहियों का विवाह होता है और सभी लड़ाई पर भी जाते हैं। विवाह क्या हमारे ही लिये कमजोरी बन जायेगा! हम तो तीस रुपये माहवार के लिये सिपाही बनकर तोपों के आगे सीना करने वाले सिपाहियों की अपेक्षा अधिक समझदार हैं।''

इन्द्रपाल के इस तर्क के आगे चुप हो जाना पड़ा। उसके व्यवहार पर मुग्ध होकर भगवती भाई गद्गद स्वर में बोले, "He is a jewel. (यह आदमी रत्न है।)''

इन्द्रपाल ने बताया कि वह ट्रेन में अच्छा नया सूट पहने यात्रा कर रहा था। रास्ते में एक भलेमानस मुसाफिर ने उससे अंग्रेजी में बात शुरू कर दी।

इन्द्रपाल ने उत्तर दिया कि वह अंग्रेजी नहीं जानता। मुसाफिर ने कुछ विस्मय से प्रश्न किया कि वह किस महकमे में नौकर है।

इन्द्रपाल ने बहुत स्पष्टवादिता से उत्तर दिया कि वह कलम की मजदूरी करने वाला कातिब है।

यह सुनकर मुसाफिर मुस्कराकर चुप रह गया।

हम लोगों ने उसे समझाना चाहा कि उसका सूट पहनकर यात्रा करना ठीक न था। यह बात उसे भली न लगी। उसने एतराज किया, क्या अंग्रेजी न जानने वालों और मजदूरी से पेट भरने वालों को सूट नहीं पहनना चाहिए? यह अंग्रेजी पढ़े-लिखे लोगों का ही अधिकार है? क्या यह अंग्रेजों की दिमागी गुलामी नहीं है?

हमने समझाया कि अधिकार और सिद्धान्त से तो सभी लोगों को सभी कुछ पहनने-ओढ़ने का अधिकार है, परन्तु यदि तुम्हारे इस प्रकार के व्यवहार और बातों से किसी को तुम्हारे प्रति सन्देह हो जाये तो यह ठीक नहीं। ऐसे प्रश्न पूछने वाला सी० आई० डी० का आदमी भी हो सकता था। यदि वह तुम्हें असाधारण व्यक्ति समझकर तुम्हारे आने-जाने की जगह के बारे में जानने का यत्न करता? जब हमने एक असाधारण काम हाथ में लिया है, जिसे गुप्त रखना आवश्यक है तो हमें ऐसा व्यवहार अपनाना आवश्यक है कि वह चाहे हमें स्वयं असाधारण और अनुचित जँचे, परन्तु सर्वसाधारण और हमें खोजने वालों की दृष्टि में इतना साधारण हो कि वे हम पर ध्यान ही न दें।

इन्द्रपाल को यह बात जँच न रही थी। उसे याद दिलाया, तेहखंड में बदरपुर की पुलिस के हाथ पड़कर यदि मैं दीन बनिये का सा व्यवहार न करता और आत्मसम्मान दिखाने की चेष्टा करता तो क्या होता? हम लोगों को जिन्दगी भर ऐसा अनुशासन निबाहना होगा।

इन्द्रपाल को यह तर्क समझ में आ गया। हाथ मिलाकर बोला, ''अब आया समझ में!''

फरारी के दिनों में भी अनेक परिचित पूछा करते थे और अब भी पुरानी बातों को याद कर कई लोग पूछ बैठते हैं—पुलिस तुम पर सन्देह क्यों नहीं करती थी? सन्देह न होने देने का एक ही उपाय था, खूब सोच-समझकर प्रकट में ऐसा स्वाभाविक व्यवहार करना कि असाधारण वास्तविकता बिलकुल छिप जाये।

लाहौर में इन्द्रपाल ने हमारे प्रयोजन के लिये एक मकान पुराने गवर्नमेंट प्रेस के आगे कृष्णनगर की ओर ले लिया था। तब कृष्णनगर की बस्ती घनी नहीं थी। उस समय

कहीं-कहीं मकान बन रहे थे। उस अहाते में दो ही मकान थे। एक में मकान मालिक की विधवा रहती थी, दूसरा इन्द्रपाल ने किराये पर ले लिया था। इन्द्रपाल ने इस जगह को एकान्त होने और वहाँ अधिक लोगों के आने-जाने की सम्भावना न होने के कारण पसन्द किया था।

मैं उस मकान में रात के समय पहुँचा था। सुबह उठकर आस-पास देख रहा था। पड़ोसिन विधवा अपनी गाय या भैंस को सानी दे रही थी। उसे देखते ही पहचान लिया। वह थीं श्रीमती धनदेवी, स्वर्गीय लाला भगतराम पुरी की धर्मपत्नी। भगतराम जी पहले सूत्तरमण्डी में रहते थे। वे आर्यसमाज के जाने-माने उत्साही कार्यकर्ता थे। हमारे परिवार का उनसे बहुत घनिष्ठ परिचय था। मैं उन्हें मामा और धनदेवी जी को मामी कहता था।

धनदेवी जी मेरे फरार हो जाने की बात जानती थीं। आशंका थी कि मुझे पहचानकर वे माँ को खबर देने जायेंगी और बात फैल जायेगी। मैं बहुत सावधानी से रहने लगा कि वे मुझे देख न पायें। दिन में तो प्रातः मकान के बाहर जाता ही न था। सुबह तड़के या संध्या समय बाहर जाता तो उनके दरवाजे के सामने से गुजरना पड़ता था। तब प्रायः साथ चलते इन्द्रपाल की ओर मुँह मोड़े रहता या दूसरी ओर देखते रहता। पोशाक लाहौर में ऐसी ही पहनता था जैसी वहाँ पहले रहते समय न पहनी थी।

पंजाब के अधिकांश स्थानों में तो 'फिलासफी आफ दी बम' के पर्चे अच्छी तरह बँटवा देने में कोई उलझन न हुई थी। यह काम धन्वन्तरी, एहसानइलाही और फजल कुर्बान ने नौजवान सभा के चुने हुए साथियों द्वारा कराने का प्रबन्ध कर लिया था। प्रश्न था, पश्चिमोत्तर सीमान्त प्रदेश में पर्चा बाँटने का। सीमान्त प्रदेश में भारतीय ब्रिटिश राज की सीमा होने के कारण राजनैतिक सतर्कता, दमन और पुलिस की कड़ाई अधिक थी। हम लोग भी सीमान्त में अपने सूत्र जमाने का यत्न करते ही रहते थे। कानपुर की बैठक में सीमान्त से सम्पर्क जोड़ने का काम भी मुझे सौंपा गया था।

सुखदेव ने रावलपिंडी में हंसराज वोहरा को निश्चित तौर पर बैठा दिया था। जयगोपाल तो कोहाट के समीप बिलकुल सीमा के एक छोटे कस्बे में रहने लगा था, जहाँ से आवश्यकता होने पर सीमा लाँघ जाने में सुविधा हो सकती थी, लेकिन वे दोनों गिरफ्तार होकर मुखबिर बन चुके थे। यहाँ नये सूत्र जमाने की जरूरत थी। पहले ही कह चुका हूँ कि इन्द्रपाल भी रावलपिंडी कुछ दिन रह आया था। मैंने इन्द्रपाल को साथ लेकर स्वयं रावलपिंडी जाने का निश्चय किया।

रावलपिंडी में इन्द्रपाल के १९२७ के परिचितों में से विश्वस्त साथियों से मिलकर बात की। वाइसराय की घटना के प्रभाव से इन लोगों में हमारे प्रति अगाध विश्वास उत्पन्न हो चुका था। पर्चे बाँटने के प्रबन्ध में कोई कठिनाई नहीं हुई और जिन लोगों ने इस काम में उत्साह से सहयोग दिया था, उन्हीं को लेकर भविष्य में एक स्थानीय संगठन की नींव डाल दी गयी। क्रांतिकारी कार्य के जोखिम के लिये नौजवानों को उत्साहित करना एक समस्या रहती थी, परन्तु ऐसे भी लोगों से सम्पर्क पड़ता था जिनके उत्साह को सीमा में रखना समस्या हो जाती थी। दोनों ही प्रकार के लोग आशंका का कारण थे। भीरु लोगों से तो ठीक समय पर कायरता के कारण काम पूरा किये बिना पीछे हट जाने या पुलिस के हाथ पड़ने पर दूसरों को भी फँसा देने का डर था। उच्छृंखल लोगों से

आशंका रहती थी कि अकारण आपत्ति बटोरने की उमंग में कुछ किये बिना ही स्वयं फँस जाने के साथ दूसरों को ले डूबेंगे। रावलपिंडी में ऐसे ही नवयुवकों से सम्पर्क पड़ा। उत्साह प्रकट करने के अवसरों के अभाव के कारण वे कुछ कर डालने की उमंग में उच्छृंखलता की ओर बढ़ जाना चाहते थे।

'फिलासफी आफ दी बम' के बहुत अच्छे ढंग से देश भर में बँट जाने और इस सम्बन्ध में कोई गिरफ्तारी न हो सकने से जनता में हमारे दल की शक्ति के प्रति आस्था बढ़ गयी। शिक्षित और सचेत लोगों को पर्चे में प्रकट किये गये विचार और तर्क तो पसन्द आये ही, इसके साथ ही पर्चे के एक ही दिन, एक ही समय (२६ जनवरी सूर्योदय के समय) सभी जगह मिलने का प्रभाव भी बहुत हुआ। यही समझा गया कि हमारी शाखायें, सूत्र और अनुशासन सभी जगह मौजूद हैं। जनता राजनैतिक दलों के सिद्धान्तों और कार्यक्रम से सहानुभूति रखने पर भी उनका भरोसा तभी करती है जब उनमें कुछ कर सकने की शक्ति भी देख पाती है। अब यह बता देने में आपत्ति नहीं है कि पर्चों को बाँटने के लिये कई जगह अपने कोई निजी मित्र ढूँढ़कर पर्चे बँटवा दिये गये, कहीं साथियों ने स्वयं ही बाँट दिये। दो-दो, तीन-तीन शहर एक ही आदमी ने सम्भाल लिए और सूर्योदय से पहले ही उस स्थान से रवाना हो गया था। जनता ने अधिकांश में इस पर्चे को क्रांतिकारी कामों के आरम्भ की घोषणा समझा और उत्सुकता से विदेशी सरकार पर नवीन आक्रमणों की प्रतीक्षा करने लगी।

भगतसिंह और दत्त को जेल से निकालने की योजना

कानपुर की बैठक में तय हुआ था कि सबसे पहला काम लाहौर षड्यंत्र के बन्दियों को जेल से छुड़ाने के लिये प्रयत्न किया जाये। भैया को हम हंसराज की चामत्कारिक मूर्छा गैस और अवरोधक औषधि का रहस्य और यह चीजें यथेष्ट मात्रा में मिल सकने के आश्वासन का समाचार दे चुके थे। स्वाभाविक ही हमारी तरह ही उन्हें भी इससे बहुत उत्साह हुआ था और सभी कैदियों को जैल या अदालत से छीन लाने की योजना सरल जान पड़ने लगी थी। मुझे पहला काम यही सौंपा गया था कि हंसराज से गैस या वेव तैयार करवाकर साथियों को जेल से छुड़ाने की योजना बनाऊँ।

इन्द्रपाल गैस के सम्बन्ध में समाचार लेने लायलपुर गया था। लौटकर उसने बताया कि आवश्यक चीजें न मिल सकने के कारण गैस नहीं बन सकी थी। हंसराज का कहना था कि गैस बनाने के लिये कोकीन चाहिये। उसके पास जितनी थी, समाप्त हो गयी है।

मैं कोकीन का गैस से कोई सम्बन्ध न समझ सकता था, परन्तु हंसराज की तो कोई भी बात समझ में न आती थी। तर्क छोड़कर विश्वास ही करना पड़ता था। मैं स्वयं बाहर कम ही निकलता था। लाहौर में अपने सूत्रों की कमी न थी। दुर्गा भाभी, धन्वन्तरी, अहसानइलाही थे ही। अब धर्मपाल, प्रेम, विशम्भर और सुखदेवराज भी हो गए थे। मैंने धन्वन्तरी को बुलाकर कहा, ''हमारे साइन्टिस्ट (वैज्ञानिक) को दल के आवश्यक काम के लिये कुछ कोकीन चाहिये।''

धन्वन्तरी के साथ एक दूसरा साथी सुखदेवराज भी आया था। दोनों बहुत हँसे और सन्देह प्रकट किया, ''तुम्हारा साइन्टिस्ट कोकीन खाता है?''

धन्वन्तरी और सुखदेवराज उस समय तक न तो यह जानते थे कि हमारा साइन्टिस्ट कौन है और न यह कि कोकीन से क्या बनाया जा रहा है। हंसराज का परिचय दूसरों को न देने के लिये हम लोग आपस में उसका नाम लेकर उपनाम साइन्टिस्ट ही पुकारते थे।

धन्वन्तरी और सुखदेव को विश्वास दिलाने का यत्न किया कि साइन्टिस्ट को कोकीन दल के काम के लिये ही चाहिये। खाता भी हो तो हमारी बला से। हमें उससे काम लेना है। वह यदि हमारा काम कर दे तो उसके कोकीन खाने के 'अपराध' की चिन्ता नहीं, चाहे जितनी खाये। धन्वन्तरी ने कोकीनखोरों से परिचय की बदनामी की चिन्ता न करके जैसे-तैसे दो ही दिन में कोकीन की एक मोटी पुड़िया मुझे सौंप दी।

इन्द्रपाल यह पुड़िया लेकर लायलपुर गया और आकर हंसराज की ओर से आश्वासन दिया कि सात दिन में सब कुछ तैयार मिलेगा। सात दिन बाद इन्द्रपाल फिर लायलपुर

गया तो खबर लाया कि वह कोकीन ठीक न थी। जैसी कोकीन चोरी में बिकती है, उससे काम नहीं चलेगा। प्रयोगशालाओं में वैज्ञानिक परीक्षणों के लिये जो कोकीन उपयोग की जाती है, वैसी 'प्योर' (शुद्ध) वस्तु चाहिये। इस कोकीन से तो बेचारे साइन्टिस्ट की दूसरी चीजों, जो गैस बनाने के लिये साथ मिलानी पड़ीं, की ही हानि हुई।

हंसराज ने इन्द्रपाल को यह भी बताया था कि वैसी कोकीन लायलपुर के एग्रीकल्चर कालेज की लेबोरेटरी में है। वह वहाँ से कोकीन चुरा लेने की कोशिश कर रहा है, हम लोग भरोसा रखें। बड़ी व्याकुलता से हम लोग गैस तैयार होने की प्रतीक्षा कर रहे थे।

लाहौर में हमारा खर्च दुर्गा भाभी और धन्वन्तरी के इकट्ठे किये पैसे से ही चल रहा था। बहिन प्रेमवती पिछले अक्टूबर-नवम्बर में ही बहुत बीमार हो जाने के कारण कांगड़ा चली गयी थीं। बुखार उन्हें पहले ही रहता था। उसकी चिन्ता न करने के कारण बिकट क्षय रोग हो गया था। परिवार के लोग उन्हें कांगड़ा ले गये कि पहाड़ में चीड़ों के वृक्षों की हवा से रोग के इलाज में सहायता मिलेगी। वे बड़ी अनिच्छा से गयीं और रोग शय्या पर पड़े-पड़े, मन सदा लाहौर पहुँचने की बेचैनी में छटपटाते रहने के कारण शीघ्र ही उनका शरीर प्राणों को सम्भाल सकने में असमर्थ हो गया।

धर्मपाल उनकी रोगी अवस्था में एक बार उन्हें देख आया था। उसके शायद सप्ताह भर बाद ही उनकी मृत्यु हो गयी थी। उस समय भी बहिन प्रेमवती ने धर्मपाल से लाहौर में रहने वाले सगे सम्बन्धियों के बारे में जिज्ञासा न कर हम लोगों और दल के सम्बन्ध में ही अधिक बातचीत की थी। कांगड़ा जाने से पूर्व वे अपनी तीन विशेष शिष्यों प्रकाशवती कपूर, प्रेमनाथ और विमला का परिचय दुर्गा भाभी से करा गयी थीं। प्रेम और विमला भाई-बहिन थे। प्रकाशवती कपूर दल के लिये प्रेमवती को निरन्तर कुछ आर्थिक सहायता देती रहती थीं। प्रकाशवती की सहायता का स्रोत घर से चोरी करना था। घर की बड़ी लड़की होने के कारण माँ प्रायः ही चाबियाँ उन्हें सौंप देती थीं। प्रकाशवती कभी माँ की सन्दूकची में से नोट खिसका लेतीं, कभी छोटा-मोटा जेवर निकाल लेतीं। प्रकाशवती की यह सहायता पहले प्रेमवती द्वारा ही हम लोगों तक पहुँचती थी, अब वह विमला के भाई द्वारा सीधे मेरे पास भेजने लगी थीं। प्रकाशवती और विमला कौन हैं, यह मैं जानता था, परन्तु उनसे कभी साक्षात्कार न हुआ था।

आर्थिक कठिनाई तो थी। माँग-ताँग कर अब पहले से कुछ अधिक ही मिल सकता था, परन्तु अब खर्च भी बढ़ गया था। मैं डकैती की मजबूरी से बचना चाहता था। इन्द्रपाल से प्रायः इन कठिनाइयों की चर्चा होती रहती थी। इन्द्रपाल ने सुझाव दिया, जाली रुपया क्यों न बनाया जाय। उसका एक परिचित यह काम जानता था। सोचा, यदि यह काम हो सके तो बड़ी भारी समस्या सुलझ जाये अर्थात डकैती न करनी पड़े। डकैती से मुझे और भगवती भाई दोनों को बहुत विरक्ति थी। विरक्ति का मुख कारण था कि हम जनता की दृष्टि में क्रांतिकारियों का डकैती में सम्बन्ध होना पसन्द नहीं करते थे।

इन्द्रपाल गुलाबसिंह को मुझसे मिलाने के लिए लाया। गुलाबसिंह ने समझाया कि सिक्का बनाने का साँचा बना लिया जायेगा और उसमें तीन धातुओं के मेल को डालकर रुपया बन जायेगा। उसने अपना ढाला हुआ एक सिक्का दिखाया, जिसकी खनक उस

समय के अच्छे रुपये जैसी थी। किनारे जरूर साफ न थे और देखने से ही सन्देह हो जाता था। ख्याल किया कि किनारे ठीककर सकना बहुत कठिन न होगा। मुझे भागराम की दस्तकारी पर बहुत भरोसा था। मैंने उसे भी सहायता के लिए गुलाबसिंह के साथ कर दिया। इस काम में काफी समय, परिश्रम और पैसा भी नष्ट हुआ, परन्तु बन कुछ न सका।

इन्द्रपाल ने मुखबिर बनने का जो नाटक किया था, उसमें जाली सिक्के बनाने की बात भी पुलिस को बता दी थी। परिणामस्वरूप मेरी फरारी के समय अपराधों की जो धारायें मेरे विरुद्ध लगायी गयी थीं, उनमें जाली सिक्का बनाने की भी धारा थी। जाली सिक्के बनाने का अपराध सजा की दृष्टि से हत्यापूर्ण डकैती के समान ही संगीन है। सरकार की सुरक्षा के विचार से उसका यह दृष्टिकोण ठीक है। क्योंकि जाली सिक्का बनाना सरकार के सिक्का बनाने के एकाधिकार पर चोट है और उसकी आर्थिक सत्ता की जड़ काटना है। हम लोगों की दृष्टि में वह हत्यापूर्ण डकैती से अच्छा ही था। रहा सरकारी सजा का डर; पकड़े जाने पर हमें सरकार से किसी प्रकार की दया या लिहाज की इच्छा न थी।

हंसराज की मूर्छा गैस की प्रतीक्षा में लगभग दो मास बीत चुके थे। इन्द्रपाल और सुखदेवराज को फिर लायलपुर भेजा। उन्हें कहा गया था कि हंसराज के साथ जाकर देख लें कि कालिज की प्रयोगशाला में कोकीन कहाँ रखी है। यदि दिन के समय किसी तरह वह कोकीन न ला सकें तो रात में खिड़कियों और आलमारियों के शीशे काटकर कोकीन निकाल लायें। इन्द्रपाल और सुखदेवराज हंसराज के साथ दिन में कालिज जाकर जगह देख आये और रात में कोकीन चुराने गये। यह कोकीन हमारे लिए उस समय वैसी ही बहुमूल्य थी जैसी कि मेघनाद का बाण लगने से लक्ष्मण के मूर्छित हो जाने पर रामचन्द्र जी के लिए द्रोणागिरि पर्वत की अमोघ बूटी आवश्यक हो गयी होगी। यह कोकीन रूपी बूटी पाकर हम लोग अपने साथियों को जेल से निकाल लाने और ब्रिटिश सरकार की शक्ति पर बहुत बड़ी चोट करने की आशा कर रहे थे। उस समय तक हंसराज की मूर्छा गैस पर हमें अन्धविश्वास था।

इन्द्रपाल और सुखदेवराज अपने शीशा काटने की कलमें लेते गये थे। कालिज प्रयोगशाला के बरामदे में खिड़की का शीशा काटकर, चिटखनी खोलकर वे भीतर चले गये। भीतर पहुँचकर अपने आपको निर्भय समझकर सुखदेवराज ने आवश्यकता से अधिक बहादुरी दिखायी। आलमारी का शीशा काटने की घिसघिस करने की अपेक्षा कोई चीज उठाकर शीशा तोड़ दिया और हंसराज द्वारा दिखायी हुई बोतल जेब में रखकर चल दिए। वे लोग खिड़की से वापस ही निकले थे कि खतरे की घंटी बज उठी। शीशा गिरने की आहट से चौकीदार चौंक उठा था। इन्द्रपाल और सुखदेवराज कालिज के बाग से अंधेरे में काँटों और काँटेदार तारों को लाँघते हुए किसी तरह पकड़े जाने से बचकर वापस लौटे। सुखदेवराज का यह व्यवहार दल में उसके भावी व्यवहार की बहुत अच्छी भूमिका थी और उसके लिये हम लोगों को या सुखदेवराज के सम्पर्क में आने वाले लोगों को खूब भुगतना पड़ा था।

संकट सिर पर लेकर चुराई हुई कोकीन की शीशी हंसराज को दी गयी तो उसने होंठ सिकोड़कर कह दिया कि यह गलत शीशी है। हंसराज ने अपने मतलब की शीशी

आलमारी में जिस जगह दिखायी थी वहाँ एक सी कई शीशियाँ श्वेत पदार्थ की पड़ी हुई थीं। इन पर पदार्थों के नाम के चिट नहीं, केवल नम्बर थे। अब क्या किया जा सकता था? हंसराज की खुशामद की गई कि तुम अपने रासायनिक पदार्थ का नाम बता दो या कोकीन की वह खास किस्म बता दो। लाहौर में न मिलेगी तो कलकत्ता, बम्बई से मँगाने की कोशिश करेंगे। आखिर हंसराज ने आवश्यक दवाई का नाम बताया, "लिकोरिस पाउडर!"

बड़े उत्साह से मैंने धन्वन्तरी से कुछ पाउडर ला देने के लिए अनुरोध किया और बताया कि इस वस्तु से मूर्छा गैस बन जायेगी। धन्वन्तरी लाहौर के आयुर्वेदिक कालेज में आयुर्वेदाचार्य की परीक्षा पास कर चुका था। उसे एलोपैथिक चिकित्सा की दवाइयों का भी कुछ ज्ञान था। वह बहुत हँसा, "वाह भाई', वाह! इससे मूर्छा गैस बनेगी! यह तो बहुत मामूली चीज है। कितना चाहिये? कहो तो एक पसेरी इकट्ठा कर दें!" अस्तु, हंसराज को लिकोरिस पाउडर भी पहुँचाया गया। इन्द्रपाल फिर लायलपुर गया। उसने लौटकर निश्चित बात कह दी कि हंसराज कुछ नहीं बनायेगा।

इन्द्रपाल हंसराज के व्यवहार से बहुत खीझ गया था। उसने मुझसे कई बार कहा, "इस आदमी से जैसे हो काम निकालो। यदि हजार दो हजार मूल्य माँगता है, तो वह भी दो। मेरे बीबी के जो कुछ जेवर हैं, बेच दूँगा। कुछ तुम लोग जमा करो। यदि ऐसे नहीं मानता तो इसे मैं फुसलाकर बुला लाऊँ और किसी कमरे में कैदकर पिस्तौल का पहरा बैठा दिया जाये। कह दिया जाये कि ठीक चीज जब तक न बना दोगे, बाहर नहीं जा सकोगे। यहाँ ही समाप्त कर दिये जाओगे।"

इन्द्रपाल के प्रस्ताव से मैं सहमत न हुआ। किसी आदमी से ऐसा व्यवहार कर उसे शत्रु बनाकर दल को हानि पहुँचा सकने के लिये छोड़ देना उचित न था। अब मुझे सन्देह हो गया कि हंसराज वास्तव में कुछ कर सकता है या केवल हम लोगों से प्रतिष्ठा पाने और खुशामद कराने के लिये हमें बहलाता है।

इन्द्रपाल ने हंसराज से बहुत भक्ति और प्रेम से बातें कर उसका वास्तविक विचार जानना चाहा। हंसराज ने उसे दूसरा ही मंत्र पढ़ाया, "यह लोग ऐसी छोटी-छोटी बातों के लिये मुझे खतरे में डाल रहे हैं। मैं दुनिया को हैरान कर देने वाली चीजें बना रहा हूँ। अपनी जिन्दगी ऐसे कामों में क्यों बरबाद करूँ? मैं अगर इनकी सहायता करूँगा तो किसी दिन बात अवश्य प्रकट हो जायेगी।"

इन्द्रपाल को हंसराज की इस दगाबाजी पर तो क्रोध आया, लेकिन हंसराज की चामत्कारिक वैज्ञानिक शक्ति पर और भी अधिक विश्वास हो गया। इन्द्रपाल ने अपने विश्वास और समझ के अनुसार इस दगाबाजी का हंसराज से बहुत गहरा बदला लेने की चेष्टा भी की।

इन्हीं दिनों बंगाल में क्रांतिकारियों द्वारा चटगाँव के शस्त्रागार पर आक्रमण करके शस्त्र लूट लेने का समाचार आया। क्रांति के सशस्त्र प्रयत्नों में यह घटना वाइसराय की ट्रेन के नीचे विस्फोट की भाँति अपूर्व थी। लाहौर में भी बहुत सनसनी थी। लाहौर में मालरोड पर लाई लारेंस की एक बड़ी भारी मूर्ति थी। इस मूर्ति के एक हाथ में तलवार और दूसरे हाथ में कलम थमी थी। मूर्ति के नीचे लिखा था—"Will you be governed by pen or sword ?" (तुम कलम का राज चाहते हो या तलवार का?)। यह मूर्ति सन्

१८५७ के गदर की स्मृति रूप थी और पंजाब के लिये बहुत कलंक की बात थी। स्कूल-कालिज में पढ़ते समय भी इस मूर्ति के समीप गुजरते समय हम लोगों का खून खौल उठता था। १९१९ के रौलेट बिल विरोधी आन्दोलन में जब अभी गांधी जी की अहिंसात्मक नीति कांग्रेस पर अपनी समझौतावादी नीति की लगाम पूरी तरह नहीं कस पायी थी, जनता ने इस मूर्ति पर आक्रमण कर इसकी तलवार और कलम तोड़ दी थी। मूर्ति ही गिरा दी जाती, परन्तु पुलिस ने पहुँचकर, गोली चलाकर देश के कलंक के इस चिह्न को बचा लिया था।

जनता के उग्र विरोध के कारण सरकार का कुछ 'हृदय परिवर्तन' हो गया था। पंजाब के अपमान के प्रतीक इस मूर्ति के नीचे लिखे शब्द सरकार ने बदल दिये थे, "I served you with sword and pen." (मैंने कलम और तलवार से तुम्हारी सेवा की है)। लाहौर में नौजवान भारत सभा ने इस मूर्ति के विरुद्ध आन्दोलन आरम्भ किया था और अब जनता फिर इसे तोड़ने के लिये सत्याग्रह कर रही थी। इस आन्दोलन का नेतृत्व कांग्रेस के सम्मानित नेता नहीं नौजवान ही कर रहे थे। मालरोड पर शेरदिल सिपाही (सशस्त्र राजनैतिक पुलिस) हर समय घूमते रहते थे। सत्याग्रह करने वाली टुकड़ियों को मालरोड पर आता देखकर मार-पीट कर उन्हें तितर-बितर कर दिया जाता था। पुलिस की मार से जनता का सत्याग्रह आन्दोलन दबने लगा था।

इन दिनों सुखदेवराज लाहौर की गली चिड़िमारां में अपना मकान छोड़कर हमारे साथ इन्द्रपाल के मकान में आ गया था। उसकी गिरफ्तारी के वारन्ट न थे इसलिये उसे घर छोड़ने की जरूरत न होनी चाहिये थी, लेकिन वह आ गया था। उसने अपनी इच्छा से जोखिम सिर ली तो उसे क्या कहा जाता। धन्वन्तरी के साथ आकर वह हमारी जगह देख गया था। असलियत यह थी कि उसका मन पढ़ाई में और अपने घर के कृच्छ, अनाकर्षक वातावरण में न लगता था। कुछ बिगड़ैल लड़के होते हैं जो स्कूल से भागकर केवल माली की चिड़चिड़ाहट और परेशानी देखने के लिये ही बागों में अनुपयोगी कच्चे फल झाड़कर फेंक देते हैं। वैसी ही प्रकृति सुखदेवराज की भी थी। जब देखो वह टोकता रहता—कुछ हो ही नहीं रहा। यह किया जा सकता है, वह किया जा सकता है।

उस समय मैं सुखदेवराज को उत्साह में उतावला साथी समझ रहा था। वह अच्छा पढ़ा-लिखा भी था, एम० ए० का विद्यार्थी। उसे संतुष्ट करने के लिये मैंने शेरदिल सिपाहियों से हथियार छीनकर दल को फायदा पहुँचाने के साथ-साथ सरकार की प्रतिष्ठा पर चोट करने की योजना बना ली। सुखदेव से इस योजना के लिये आवश्यक तैयारी में सहयोग देने के लिये कहा। पंजाब सरकार ने राजनैतिक आन्दोलन, विशेषकर क्रांतिकारी आन्दोलन के दमन के लिए पुलिस का एक विभाग 'शेरदिल' बनाया था। इस विभाग में अच्छे कद्दावर, अपढ़ और क्रूर आदमी भरती किये जाते थे। उन्हें राजभक्त बनाये रखने के लिये अच्छा खाना और वर्दी दी जाती थी। वे सदा रिवाल्वर बाँधे रहते थे। मेरा विचार था कि एक-एक शेरदिल पर दो-दो साथी आक्रमण करें। एक साथी अपनी साइकिल शेरदिल की साइकिल से भिड़ाकर उसे गिरा दे। उसी समय दूसरा साथी गिरे हुए शेरदिल के माथे पर पिस्तौल रख गोली मार दे। शेरदिलों पर ऐसा आक्रमण एक ही समय लाहौर की भिन्न-भिन्न एकान्त जगहों में एक साथ करने का विचार था। पुलिस

के पाँच आदमी मारने का प्रयोजन पुलिस को जनता के राजनैतिक दमन से रोकना भी था।

सुखदेवराज प्रतिदिन दो या तीन बार कहता, "तैयारी में समय बरबाद करने से क्या फायदा? मुझे एक पिस्तौल दे दो। मैं अकेला ही एक शेरदिल को मारकर उसका पिस्तौल छीन लाता हूँ।"

मैं उसे समझाता, "तुम एक से छीन लाओगे तो पुलिस अफसर तुरन्त शेरदिलों को दो-दो या तीन-तीन साथ रहने का हुक्म दे देंगे। हमारी असली योजना विफल हो जायेगी। पूरी तैयारी हो लेने दो।" मैंने सुझाया, "तुम्हारे हाथ बहुत खुजाते हैं, तो पहले साइकिलें ही इकट्ठी करो!" मैं केन्द्र से कुछ और पिस्तौलों के आने की प्रतीक्षा कर रहा था। साइकिलें लाहौर में ही इकट्ठी की जा सकती थीं। इन्द्रपाल के मकान में इस समय दल के काम के लिये तीन साइकिलें माँग-ताँगकर और पुर्जे, नम्बर बदलकर इकट्ठी कर ली गयी थीं।

दोपहर का समय था। सुखदेवराज ने चुनौती दी, "आओ मेरे साथ गवर्नमेंट कालिज तक चलो।" मैं उसके साथ चल दिया। उसने मुझे कालिज के सामने जिला कचहरी के कोने पर खड़ा रहने के लिये कहा। वह स्वयं कालिज के भीतर पैदल गया और एक नयी साइकिल पर चढ़कर चला आया। साइकिल उसने मुझे दे दी और पैदल कालिज लौट गया। मुझे साइकिल सौंपकर उसने मुझे फिर लौटकर कालिज के दूसरे दरवाजे—यूनिवर्सिटी की ओर जाने वाले दरवाजे पर आ जाने को कहा। मैं चोरी की साइकिल मकान पर छोड़कर एक पुरानी साइकिल पर निश्चित जगह पर पहुँचा।

मैं कालिज के दरवाजे के सामने से कुछ दूर आगे जाकर लौट रहा था कि सुखदेवराज दूसरी नयी साइकिल लिये आता दिखायी दिया। फाटक से कुछ दूर जाकर वह साइकिल उसने मुझे थमा दी। मैं दोनों साइकिलें लिये लौट गया। मैं दूसरी बार लौटा तो इन्द्रपाल को अपनी साइकिल के पीछे बैठा लाया था। सुखदेव इन्द्रपाल को लेकर फिर कालिज के भीतर चला गया और कुछ देर बाद दोनों साइकिलों पर लौट आये। सुखदेवराज के ऐसे साहस को तो स्वीकार करना पड़ा, लेकिन फिर भी उसकी जल्दबाजी मुझे जरूर अखर रही थी। हाँ, भगवती भाई ने लाहौर आकर जब राज की यह बहादुरी मुझसे सुनी तो उन्होंने भी गद्‌गद स्वर में कहा, "He is a jewel." (रत्न आदमी है)। किस काम में वास्तव में खतरा है और कौन काम चुस्ती और चातुर्य के साहस से बन सकता है, इस विषय में राज की सूझ पैनी थी।

एक दिन प्रेम बहुत घबराया हुआ आया। उसकी आँखों में आँसू थे। उसने बताया, "प्रकाशवती ने आपको देने के लिये एक लिफाफा दिया था। वह मुझसे कहीं गिर गया है। वह कहती है, लिफाफे में एक हजार रुपये का नोट था।"

मुझे सुनकर बहुत विस्मय और दुख हुआ। प्रेम को भय था कि दल उसे इस बेपरवाही के लिये कठोर दण्ड देगा। मैंने उसे आश्वासन दिया, "तुम उसे ढूँढ़ने का यत्न करो। सजा बेईमानी की होती है। गलती के लिये तो दुख ही होता है। क्या किया जा सकता है, परन्तु बेईमानी होगी तो छिप न सकेगी।"

इस घटना के दो-तीन दिन के भीतर ही प्रेम ने सन्देश दिया कि प्रकाशवती मुझसे मिलना चाहती है। मेरे अनुमति देने पर प्रेम उन्हें बुला लाया। यह मेरा प्रकाशवती को

देखने का पहला अवसर था। बहुत दुबली-पतली और छोटे कद की लड़की थी। प्रकाशवती ने प्रेम के एक हजार रुपया खो देने की शिकायत कर खेद प्रकट किया, "इतना रुपया मुझे भाग्यवश घर में रखा हुआ मिल गया था। ऐसा अवसर तो रोज नहीं होगा।"

प्रकाशवती ने दूसरी बात कही—"बेबे (बहिन प्रेमवती) ने कहा था, यदि मुझे घर में रहकर काम करने में कठिनाई होगी तो मेरे घर छोड़कर दल में आ मिलने का इन्तजाम कर दिया जायेगा। अब मेरे लिये घर में रहकर काम करना कठिन हो गया है। घर के लोग मेरा विवाह कर देने पर उतारू हैं। सगाई कर ही दी है।"

प्रकाशवती से पहली बार बात करते समय मैंने प्रेम को समीप बुला लिया था। कारण वही मध्यमवर्गीय पारिवारिक संस्कार था कि लड़की से अकेले में बात न करनी चाहिये। उसके घर छोड़ सकने के बारे में मैंने सोचकर प्रेम द्वारा सन्देश भिजवाने का आश्वासन दिया। प्रकाशवती के मिलने आने और हजार रुपया खोये जाने की बात मैंने दुर्गा भाभी और धन्वन्तरी आदि को भी बता दी ताकि इस बात की जिम्मेवारी मुझ अकेले पर न रहे। फिर भी इस बात ने बाद में बड़ा विकृत रूप धारण किया। यहाँ यह बात विशेष महत्वपूर्ण न जान पड़ने पर भी उसका उल्लेख कर रहा हूँ ताकि यथा-प्रसंग इसका महत्व समझ में आ सके।

लगभग उन्हीं दिनों की बात है। मैं दोपहर के समय मकान के पिछले कमरे में बिलकुल अकेला बैठा पढ़ रहा था। इन्द्रपाल की प्रतीक्षा में सामने बरौठे का दरवाजा खुला था। आँगन के पार बरौठे के खुले दरवाजे से नजर बाहर दूर तक जा सकती थी। दरवाजा खुला होने पर पड़ोसिन धनदेवी जी की मुर्गियाँ इस मकान में घुस आती थीं। मुर्गियाँ आँगन गन्दा कर जाती थीं, इसलिये मैं खटका करके या कोई चीज उनकी ओर फेंक उन्हें भगा देता था।

आँख पुस्तक या अखबार पर टिकने पर मिनट-दो-मिनट में फिर मुर्गियों के कुड़-कुड़ करने की आवाज आने लगती थी। मुर्गियों को कई बार भगा-भगाकर चिढ़ गया था। इस बार समीप कोई ऐसी चीज न थी जिसे मुर्गियों को डराने के लिये उनकी ओर फेंक सकता। एक बड़ी-सी, मोटे माथे की कील पास पड़ी थी। एक खूब बड़ा मुर्गा सीना फुलाये चला आ रहा था। मुर्गा लगभग बीस फुट दूर होगा। मैंने कील उठाकर उसके सिर का निशाना साधा। निशाना खूब साधकर मैंने कील चला दी। कील मुर्गे के माथे पर ठीक सामने लगी और वह कोई शब्द किये बिना या छटपटाये बिना गिर गया।

उसी समय इन्द्रपाल आ गया। वह बहुत घबराया। धनदेवी जी ऐसी महिला नहीं थीं कि उनका कोई नुकसान करके निश्चिंत रहा जा सकता। वे घर में बच्चों या नौकर को डाँटती थीं तो आवाज हमारे यहाँ तक आती थी।

इन्द्रपाल ने कहा, "इस औरत से बिगाड़ करके गुजारा न चलेगा।" वह मुर्गे को टाँग से उठाये उनके यहाँ पहुँचा और मुर्गा उनके सामने रखकर बोला, "घण्टे भर से बार-बार आँगन में घुस आता था। कई बार डराकर भगाया। इस बार एक जरा-सी कील इसकी ओर फेंक दी तो यह लेट गया। बताइये मेरा क्या कसूर है? आप कहें तो इसके दाम दे दूँ और इसका भोजन कर लूँ!"

"चल झूठा!" उसे उत्तर मिला, "अभी एक मिनट हुआ तू यहाँ सामने से गया है। मुर्गा तुझे एक घण्टे से परेशान कैसे कर रहा था···तेरे घर में कौन है?"

"कोई नहीं, मेरा भाई गाँव से आया है।"

"दिन में कभी घर से नहीं निकलता?"

"उसकी आँखें दुखनी आयी हुई हैं।"

"चल झूठा! मैं तो उसकी चाल पहचानती हूँ। मेरा क्या है, पर उसकी माँ की आँतें तो अपने लड़के को देखने के लिये कलपती होंगी। एक बरस हो गया बेचारी को लड़के को देखे। उसकी माँ यहाँ दो बार मुझसे मिलने आयी पर मैंने कोई बात नहीं की। दिल पर पत्थर रख लिया। तुम लोग माँ का दरद क्या जानो? नालायक आदमी हो। प्रेमदेवी (मेरी माँ) बेचारी बड़ी परेशान है। दोनों लड़के एक जैसे हैं। पुलिस उस बेचारी के ही पीछे पड़ी रहती है। मैं तो उसे यहाँ ही लाकर अपने साथ रख लेती, पर सोचती हूँ उसे यहाँ ले आऊँ तो पुलिस घर के सामने बैठने लगेगी और तुम्हारे दरवाजे पर भी उनकी नजर पड़ेगी। मैं क्या समझती नहीं? लेकिन एक दिन मैं उसे ले आऊँगी। लड़के को देख तो जाये!"

इन्द्रपाल ने आगे बात बनाना व्यर्थ समझा और मुझसे पूछकर जवाब देने का आश्वासन दे आया। मुझे विश्वास था कि बड़ी चतुरता का व्यवहार कर रहा हूँ, धनदेवी मुझे पहचान ही नहीं सकीं। यह जानकर कि चतुरता उन्हीं ने अधिक दिखायी, झेंप अनुभव हुई। वह मुर्गा तो हमें मिल ही गया, साथ में उसे पकाने के लिये घी, मसाला वगैरा भी उन्होंने ही दिया।

हम लोग दिन में प्रायः रोज खिचड़ी ही पका लेते थे। संध्या समय बाहर जाकर किसी तन्दूर पर रोटी खा आते थे। मैंने इन्द्रपाल को अनुमति दे दी कि माँ आकर मिल जाये, लेकिन तुम स्वयं जाकर देखते रहना कि कोई सी० आई० डी० उनके पीछे-पीछे न आ रहा हो।

माँ मिलने आयीं। एक बरस में वे बहुत दुबली हो गयी थीं। उन्होंने बताया कि धर्मपाल घर में बहुत कम आता है। बिजली का काम छोड़कर लाहौर षड्यंत्र के बन्दियों की डिफेंस कमेटी का काम करता है। कभी कोई अच्छी मजदूरी मिल जाती है तो दो-तीन दिन काम करके पाँच-सात रुपये दे जाता है। लाहौर में अपने जिन सम्बन्धियों के साथ साझा मकान लेकर हम रहते थे, वे दरवाजे पर खुफिया पुलिस वालों के हरदम बैठे रहने के कारण घबराकर मकान छोड़ गये थे। पूरे मकान का किराया माँ कैसे देतीं! वे वहाँ से स्त्रियों की 'बुद्धसभा'[१] के मकान में चली गयी हैं।···वहाँ भी जाने कितने दिन टिकना मिलेगा। कहीं मुफ्त रहने में बुरा भी लगता है।···वे आँखों में आते आँसुओं को रोके मुस्कराने का यत्न करती रहीं।

मैंने भी कोई उदासी न दिखायी। हँसकर कहा, "मैं कोई बुरा काम तो कर नहीं रहा हूँ। अपने देश से विदेशी गुलामी दूर करना तो कर्तव्य है। आप तो मुझे बचपन से ही

---

१. कुरीतियों के निवारण के लिये आर्यसमाज की ही तरह बनायी गयी स्त्रियों की एक सभा। इस सभा का सम्मेलन प्रति बुद्धवार होने के कारण इसे बुद्ध सभा कहा जाता था। ऐसे ही एक मंगल सभा थी।

सच्चाई और वीरता का उपदेश दिया करती थीं, वही काम मैं कर रहा हूँ। आप जो चाहती थीं, वही हो रहा है। अपनी माँ की तो सभी चिन्ता करते हैं; भारतमाता की भी तो चिन्ता किसी को करनी चाहिये। भगतसिंह, सुखदेव भी तो जेल में बैठे हैं…!"

माँ ने साहस प्रकट किया, "मुझे कोई चिन्ता नहीं है। कोई नौकरी ढूँढ़ रही हूँ। सारी उम्र परिश्रम किया है, अब भी कर लूँगी। बस कलंक की कोई भी बात न करना। मैं समझूँगी, मेरी कोख सफल हो गयी।" इसके बाद फरारी की अवस्था में माँ से मुलाकात नहीं हुई। जब धर्मपाल भी गिरफ्तार हो गया तो उन्हें नौकरी मिलने में भी बहुत कठिनाई होने लगी।

मुर्गे के हत्याकाण्ड के बाद से धनदेवी जी प्रायः नित्य ही छाछ या मट्ठे का एक लोटा इन्द्रपाल को दे देती थीं। कभी पूछतीं, चाहो तो दूध ले जाओ। इन्द्रपाल की गिरफ्तारी के अवसर पर पुलिस ने धनदेवी जी से, इन्द्रपाल की मकान मालिक और पड़ोसी होने के कारण, इन्द्रपाल के घर आने-जाने वालों के बारे में पूछताछ करनी चाही। धनदेवी जी बहुत ऊँचे स्वर में बिगड़ उठीं, "मैं क्या पड़ोसियों के घरों में झाँकती-फिरती हूँ?" पुलिस ने उनके घर की तलाशी फर्श खोद-खोद कर ली। धनदेवी जी ने किसी प्रकार की कातरता प्रकट न की।

मूर्छा गैस पाने पाने की आशा न रही थी। साथियों को छुड़ाने के लिये पाँच-सात आदमियों को लेकर जेल पर धावा बोल देना मुझे कुछ जँच न रहा था। जेल के दरवाजे पर सशस्त्र गारद रहती। उन दिनों लाहौर सेन्ट्रल जेल में क्रांतिकारियों का मुकदमा चालू होने के कारण जेल के फाटक के सामने छोलदारी गाड़कर शेरदिल पुलिस की एक गारद भी तैनात कर दी गयी थी। मैं स्वयं जेल के फाटक के सामने से कई बार गुजर कर स्थिति देख आया था। मैं चाहता था पहले शेरदिलों से हथियार छीनने का काम किया जाये और फिर हथियारों की संख्या बढ़ाकर जेल पर अधिक साथियों को लेकर आक्रमण किया जाये। कार्यक्रम में परिवर्तन कर सकने के लिये मैं भगवती भाई का समर्थन चाहता था, इसलिये उन्हें लाहौर बुला लिया था। कार्यक्रम में परिवर्तन उन्हें मंजूर न हुआ। उनके विचार में यह भगतसिंह के प्रति उपेक्षा का व्यवहार था।

वाइसराय की गाड़ी के नीचे विस्फोट स्थगित करने के सम्बन्ध में बहस की चर्चा करते समय एक बात याद न रही थी। आज़ाद ने विस्फोट स्थगित करने के पक्ष में एक तर्क भगतसिंह की राय के रूप में भी दिया था। विद्यार्थी जी कांग्रेसी दृष्टिकोण के कारण तुरन्त विस्फोट के विरुद्ध थे। भैया स्वयं विस्फोट स्थगित करना चाहते थे। उन्होंने बच्चन को लाहौर भेजकर इस सम्बन्ध में भगतसिंह की भी राय ली थी। जेल में बन्द भगतसिंह से हम लोग गुप्त रूप से पत्र-व्यवहार भी करते रहते थे।

भगतसिंह ने राय दी थी—"इस घटना से कांग्रेसी नेताओं की नाराजगी का भय है तो उसे स्थगित कर पहले हम लोगों को ही छुड़ाने का यत्न किया जाये। इससे कांग्रेसी नेता भी नाराज न होंगे और दल की प्रतिष्ठा और शक्ति भी बढ़ेगी।" उस समय भगवती भाई यह बात न माने थे, परन्तु बाद में भगतसिंह को सन्देश भेजा गया था कि अब सब काम छोड़कर तुम्हें छुड़ाने का ही यत्न किया जायेगा। उसे यह भी बता दिया था कि यशपाल इसी प्रयोजन से लाहौर में व्यवस्था कर रहा है।

भगतसिंह इस आश्वासन में प्रतीक्षा कर रहा था और अपनी ओर से इस काम की एक योजना भी इस सम्बन्ध में हमें भेज चुका था। भगवती भाई उस वचन पर दृढ़ रहना चाहते थे। मैंने अपनी बात पर बहुत जिद्द की और कुछ कड़वी बातें भी कह गया; उदाहरणतः—"...तुम मोह में फँसे हो। भगतसिंह चल चुका कारतूस (स्पेंट कार्टरिज) है। यह लड़ाई का समय है, मोह का नहीं। चल चुके कारतूस की गोली ढूँढ़ने के लिये अपने दूसरे कारतूसों (अर्थात साथियों) को नष्ट करने से क्या लाभ? किसी एक आदमी के लिये दल की शक्ति न्योछावर करना मूर्खता है। बीसियों भगतसिंह दल में निकल आयेंगे। पहले शेरदिल काण्ड करके अपनी शक्ति बढ़ानी चाहिये। उसके बाद यदि युक्तिसंगत जँचे तो इस काम में हाथ डालना चाहिए।"

भगवती भाई को मेरी बात बहुत खल गयी। उदास होकर गम्भीरता से बोले, "तुमसे ऐसी बात की आशा नहीं थी। मैं अब कुछ नहीं कहूँगा। आज़ाद को फैसला करने दो।"

मैं और भी चिढ़ गया, "आज़ाद क्या करेगा? जो तुम समझा दोगे, वह कह देगा। पूरी स्थिति भगतसिंह को ही लिखकर भेजी जाय। वह जो कहेगा मैं मान लूँगा।"

भगतसिंह की बहन के हाथ गुप्त पत्र जेल में भेजा। तुरन्त उत्तर भी आ गया। भगतसिंह को क्या मालूम था कि बाहर झगड़ा हो रहा है। उसने मजाक में मेरे प्रति संकेत कर उत्तर दिया, "...उस कलाकार से कहो नित्य नयी कल्पना (अर्थात शेरदिल काण्ड) न गढ़ा करे। जो पहले सोचा है, वह पहले होना चाहिये। उसे समझाओ कि परिस्थिति और नीति निश्चित करने में 'मोटा' (भगवतीचरण) ज्यादा योग्य है। एक्शन (सशस्त्र संघर्ष) में 'मोटे' को बचाकर 'पण्डित' (आज़ाद) को आगे रखो। कलाकार से कहो वह मेनीफेस्टो (घोषणा-पत्र) लिखे।"

भगतसिंह के पास 'फिलासफी आफ दी बम' की प्रति पहुँच गयी थी। उसे पसन्द भी बहुत आयी थी। उसका अनुमान था कि वह मेरी लिखी चीज थी, परन्तु वास्तव में वह घोषणा रुपये में बारह आने भगवती भाई की ही लिखी थी। भगतसिंह ने मेरे विषय में कहा, "जब तक उसकी (अर्थात मेरी) भावुकता पूरी नहीं होगी, वह हर बात में आगे सिर निकालेगा। वह एक काम (अर्थात गाड़ी के नीचे विस्फोट) तो कर चुका है; कुछ दिन संतोष करे। फिलहाल एक्शन (घटना) से अधिक उपयोग लगातार घोषणायें निकालने का है।" उत्तर आ जाने पर मैं दाँत किटकिटाकर चुप रह गया।

हंसराज की मूर्छा गैस से निराश होकर गैस बनाने का एक और प्रयत्न हम लोगों ने कर डाला। गैस की समस्या पर धन्वन्तरी से विचार करने पर उसने सुझाया, "विज्ञान के नियम और प्रक्रिया किसी आदमी की बपौती नहीं है। हंसराज न सही, दूसरा भी कोई आदमी जो विषैली गैस का सिद्धान्त समझता है, यह काम कर सकेगा। आदमी ही तो गैस बनाते हैं। हंसराज क्या खुदा है!"

भगवती भाई और मुझे दोनों को ही यह बात सही जँची। धन्वन्तरी का एक मित्र केवल उन्हीं दिनों जर्मनी से रसायन में इंजीनियरिंग (कैमिकल इंजीनियरिंग) सीखकर आया था।

केवल साधारणतः यूरोपियन पोशाक में रहता था। हमारे अड्डे पर वह भेष बदलकर पठान की पोशाक में आया था। केवल ने पुस्तकों की सहायता और अनुमान से विषैली

गैस उत्पन्न कर सकने वाले पदार्थों का अनुमान कर लिया। गैस बनाने का यत्न करने से पहले उसने चेतावनी दी, गैस बनेगी तो पहले हमी लोगों की साँस में जायेगी। उसकी अवरोधक चीज पहले होनी चाहिए। हंसराज की तरह केवल चामत्कारिक चीज नहीं, प्रथम युद्ध में उपयोग की गयी गैस बनाने का यत्न कर रहा था। इसलिये उसका अवरोधक भी वैसा ही बनाना आवश्यक था, अर्थात पहले गैस का प्रभाव रोकने वाला तोबड़ा (गैसमास्क) लकड़ी का कोयला और कुछ दूसरी चीजें भरकर बना लिया गया।

गैस बनाने के लिए केवल के साथ मैं और भगवती भाई भी बैठे। जहाँ तक मुझे याद है, केवल ने पोटाशियम परमेंगनीज को गन्धक के तेजाब में मिलाने का प्रस्ताव किया। यदि मैं यह काम करता तो देवदत्त शर्मा से पायी शिक्षा के अनुसार पहले तोला भर तेजाब में पोटाशियम के दो-चार कतरे डालकर देख लेता। पिक्रिक एसिड बनाने के प्रयोग में मैंने यही ढंग अपनाया था। केवल ने दोनों चीजों को अच्छी खासी मात्रा में लिया। तेजाब में पोटाशियम पड़ते ही भयंकर परिमाण में जामनी रंग का धुआँ उठा जैसे रेलवे इंजन ने खूब तेजी से धुआँ छोड़ दिया हो। गैस से रक्षा के लिए बनाये हमारे तोबड़े कुछ न कर सके। एकदम कमरे से बाहर भागना पड़ा। भगवती भाई झुंझला उठे, "No more this nonsense." (यह वाहियाती बन्द करो!)

एक दिन सुबह घर पर मैं और भगवती भाई ही थे। प्रेम दस-साढ़े दस बजे प्रकाशवती को साथ लिए आया और बोला, "भाभी जी (दुर्गा) ने इन्हें यहाँ भेजा है। घर से आ गयी हैं। भाभी जी कहती हैं, हमारे यहाँ तो सबसे पहले सन्देह होगा। जब तक कोई दूसरा प्रबन्ध न हो, उन्हें अपने यहाँ ही रखो।"

उस मकान में तब तक कोई लड़की या स्त्री न थी। दुर्गा भाभी कभी-कभी आती थीं पर उनकी बात दूसरी थी। उनका आत्मविश्वास का व्यवहार ऐसा था कि उनकी चिन्ता करने का सवाल क्या, वे ही दूसरों की चिन्ता करती थीं। प्रकाशवती को मैंने स्वयं लिखा था कि क्रांतिकारी काम में सहयोग देने के लिए वे घर छोड़ देंगी तो उनके लिए दल की ओर से प्रबन्ध हो जायेगा। यह आशा न थी कि वे इतनी जल्दी आ जायेंगी और बिना एक-दो दिन पहले खबर दिए। उनके सहसा सामने आ जाने पर कुछ परेशानी हुई। दल में प्रकाशवती को मेरे और प्रेमनाथ के सिवा कोई साथी जानता भी न था।

भगवती भाई ने मुझे ही उनसे बात कर स्थिति समझने के लिए कहा। प्रकाशवती को एक ओर ले जाकर मैंने पूछा, "बिना पहले कोई सूचना दिये आप कैसे आ गयीं? हमने तो कोई प्रबन्ध अभी नहीं किया है।"

प्रकाशवती ने उत्तर दिया कि उस सुबह उनके नाम लिखा मेरा पत्र उनके भाई के हाथ पड़ गया था। उस पत्र में उनके घर छोड़ जाने की बात थी। स्थिति पिता को भी मालूम हुई। उन्होंने अपमान और क्रोध से बावले होकर धमकाया, "जो जेवर तुम्हारे शरीर पर है, सब उतार दो और अभी निकल जाओ!"

पिता यह कह कर नीचे के कमरे में जा बैठे थे। प्रकाशवती ने सब जेवर उतारकर वहीं डाल दिया और मकान की छत पर जाकर साथ के मकान में चली गयीं लाहौर में प्रायः ही पड़ोसी मकानों की दीवारें साझी होती थीं और छतों की मुंडेरें छोटी-छोटी। साथ के मकान से वे नीचे गली में उतर गयीं और दुर्गा भाभी के यहाँ पहुँच गयीं।

"घर में रहने में अड़चन क्या है?" मैंने पूछा।

"पिता जी विवाह कर देना चाहते हैं।...मैं विवाह नहीं करूँगी। उन्होंने आपका पत्र देख लिया है इसलिए भी वे बहुत नाराज हैं।"

"विवाह न करने के लिए ही आपको घर छोड़ना पड़ा है?"

उन्होंने सिर झुकाकर स्वीकार किया।

चुपचाप सोचकर मैंने पूछा, "आप कितना पढ़ी-लिखी हैं?"

"मिडिल पास करने के बाद हिन्दीरत्न की परीक्षा पास की है। घर वालों ने ज्यादा पढ़ाना स्वीकार नहीं किया।"

"कुछ भूगोल, इतिहास पढ़ा है?"

"हाँ।"

"कहाँ का भूगोल पढ़ा है?"

"सारी दुनिया का।"

इस भोले उत्तर से मुझे हँसी आ गयी, बोला, "सारी दुनिया से क्या मतलब, अपने देश का ही ठीक से आ जाये तो बहुत है।"

मेरी हँसी उन्हें बुरी लगी।

"और क्या पढ़ा है?" मैंने पूछा।

"बेबे (प्रेमवती जी) ने जो पुस्तकें दी थीं, सब पढ़ी हैं।"

मैं यह जाँचने की चेष्टा कर रहा था कि वे दल के लिए कितनी उपयोगी हो सकेंगी। उत्साह और लगन के सम्बन्ध में सन्देह न था, परन्तु उत्साह के साथ ज्ञान भी तो चाहिए।

"देखिये," मैंने बेलाग और कुछ कड़े स्वर में कहा, "आप यदि अपनी इच्छा के विरुद्ध विवाह का विरोध कर रही हैं तो हमें आपसे सहानुभूति जरूर है, परन्तु इस काम में हम आपकी सहायता नहीं कर सकते। हमारा काम केवल राजनैतिक संघर्ष है।"

"आपका क्या मतलब है?" प्रकाशवती ने घबराहट से पूछा।

"मतलब है कि विवाह के विरोध में आप घर छोड़कर आयी हैं तो हम आपके लिए कोई इन्तजाम नहीं कर सकेंगे। हमारा यह काम नहीं है।"

प्रकाशवती की गर्दन झुक गयी। निराशा से बोलीं, "अच्छा, मैं चली जाऊँगी।"

"कहाँ जायेंगी? घर लौट जाइये और पिता के अन्याय का विरोध कीजिए!" मैंने सलाह दी।

"नहीं, घर नहीं जाऊँगी। एक बार आ गयी हूँ तो घर नहीं लौटूँगी, और चाहे कहीं चली जाऊँ।"

"कहाँ जायेंगी?"

"कहीं चली जाऊँ, चाहे रावी (नदी) में।"

मेरा हृदय दहल गया। मैंने समझाना चाहा, यह बुद्धिमानी नहीं है।

"बेबे (प्रेमवती जी) ने तो कहा था कि जब तक स्वयं इच्छा न हो, विवाह न करना। घर के लोग दल का काम न करने दें तो घर छोड़ देना। आपने भी तो ऐसा ही लिखा था।" प्रकाशवती ने आँखों में आते आँसू रोकने के लिए दाँत दबाकर याद दिलाया।

"आप तो कहती हैं, घर विवाह के विरोध में छोड़ रही हैं। दल के काम के लिए तो आपने घर नहीं छोड़ा।"

"विवाह कर लूँ तो दल का काम कौन करने देगा?"

"तो फिर कहिए कि दल के लिए ही घर छोड़ा है। ऐसी हालत में आप हम लोगों के सिर-आँखों पर हैं। मेरी बात का बुरा न मानिये। मैं असलियत जान लेना चाहता था। मेरी बातें जरा कड़ी थीं, इसके लिए क्षमा कीजिए।"

जब तक मैं कड़ाई से बात कर रहा था, प्रकाशवती भी गम्भीरता से जवाब दे रही थीं। मैं झेंपकर क्षमा माँगने लगा तो वे आँचल में मुख छिपाकर आँसू पोंछने लगीं। सहसा ख्याल आया, दल के दूसरे साथी इन्हें रोते देखेंगे तो क्या प्रभाव पड़ेगा इसलिए चुप कराने के लिए समझाने का यत्न किया, परन्तु बात करते न बनती थी। अपनी आरम्भिक ढिठाई और कड़ाई के कारण एक झेंप-सी अनुभव होने लगी और वह कुछ दिन बाद मेरी 'कमजोरी' बन गयी।

प्रकाश जी को उसी दिन संध्या मैंने एक पत्र उनके पिता के नाम लिख देने के लिए कहा। पत्र का अभिप्राय पिता को यह बता देना था कि उनकी लड़की किसी लज्जाजनक कारण से घर छोड़कर नहीं गयी है। घर छोड़ने का प्रयोजन विवाह न कर देश का काम करना है। वे इस विषय में शिकायत और शोर न करें। उससे लाभ के बजाय हानि ही होगी।

शेरदिलों पर आक्रमण और साथी बन्दियों को छुड़ाने की तैयारी के समय सुखदेवराज ने एक और बहादुरी कर दिखायी थी। लारेंस की मूर्ति को तोड़ने कें सत्याग्रह के प्रसंग में मालरोड पर जनता और पुलिस में रोज कुछ धक्कम-धक्का होता ही रहता था। सुखदेवराज उस ओर से घूमता हुआ आया और बोला, "नील (लाहौर का सुपरिन्टेन्डेन्ट पुलिस) सत्याग्रहियों को रोकने के लिए डाकखाने के सामने खड़ा है। बड़ा अच्छा अवसर है। एक रिवाल्वर दे दो। अभी साइकिल पर जाकर उसे मार आता हूँ। खूब भीड़ जमा है। मैं पीछे से जाऊँगा और उसे गोली मारकर साफ निकल आऊँगा।"

उसके ऐसे अनुरोधों को पूरा न कर सकने से मैं कुछ झेंप अनुभव करने लगा था। उस समय मकान पर मेरे और प्रकाशवती के अतिरिक्त दूसरा कोई न था। पूछा—यदि तुम्हारा पीछा किया गया? कोई तुम्हें बचाने वाला भी चाहिए। इस समय यहाँ कोई भी आदमी नहीं। मुझे तो वहाँ कई आदमी पहचानने वाले मिल जायेंगे। मैं फरार हूँ। मुझे देखकर, तुम्हारे नील को गोली मार सकने से पहले ही कोई पुकार बैठा तो बात बिगड़ जायेगी।"

"मुझे बचाने वाले रक्षक (कवर) की कोई जरूरत नहीं।" उसने आग्रह किया। हार माननी पड़ी। उसे एक रिवाल्वर दे दिया, परन्तु उसके मकान से निकलते ही मैंने झटपट एक पगड़ी सिर पर लपेटी और पगड़ी का पीठ पर लटकता छोर सामने दाँत से ऐसे थाम लिया कि नाक और ठोढ़ी दिखायी न दे और जेब में पिस्तौल डालकर खूब तेजी से साइकिल पर सुखदेवराज के बताये स्थान की ओर उसके पीछे गया। किसी साथी को अरक्षित अवस्था में खतरे का सामना करने के लिए अकेले भेज देना मुझे सह्य न हुआ। सुखदेवराज साइकिल को धीमे-धीमे चला रहा था इसलिए वह डाकखाने तक पहुँचने से

पहले ही मुझे दिखायी दे गया। वह भीड़ और पुलिस के मोर्चे की ओर न जाकर भीड़ के पीछे से ग्वालमण्डी की ओर चला गया।

अनुमान किया कि वह लोअर मालरोड से घूमकर दूसरी तरफ से पुलिस के पीछे आयेगा। मैं उसकी प्रतीक्षा में पुलिस के पिछवाड़े जाकर टहलता रहा। नील भीड़ को रोकने वाली पुलिस से काफी दूर पीछे खड़ा सिगरेट सुलगाये स्थिति देख रहा था। फुटपाथ के समीप उसकी मोटरसाइकिल खड़ी थी। उसके समीप ही दूसरा सशस्त्र सार्जेण्ट मोटरसाइकिल सहित खड़ा था। मैं सोच रहा था, ऐसे समय सुखदेव क्या करना चाहता है? प्रतीक्षा में मालरोड पर कुछ दूर आगे जाकर पीछे लौटा। एक छोटी दुकान से एक बोतल लेमन पीकर समय काटा। मेरे देखते-देखते नील और गोरा सर्जेण्ट अपनी मोटरसाइकिलों पर बैठकर पीछे की ओर लौट गये। मैं भी मकान पर लौट आया।

एक घण्टे बाद सुखदेवराज आया। मुझे रिवाल्वर लौटाते हुए बोला, "स्थिति ठीक नहीं थी। मैं बहुत देर तक उसके चारों ओर घूमता रहा। नील के चारों ओर आदमी खड़े थे। गोली किसी दूसरे को लग जाती।" इस समय इन्द्रपाल भी लौट आया था। उसके सामने वास्तविकता पर जिरह कर राज को झूठा प्रमाणित करना ठीक न लगा। इन्द्रपाल पहले ही उससे खिन्न हो चुका था।

यही उचित समझा गया कि प्रकाशवती अभी कुछ दिन केवल अध्ययन करें। फरारी की अवस्था में असंदिग्ध ढंग से रहने और दल के साथियों के साथ निःसंकोच व्यवहार का अभ्यास कर लें। दल में उनका नाम कमला रख दिया गया। उन्होंने आते ही दूसरे दिन से इन्द्रपाल के मकान को साफ रखना और अंग्रेजी पढ़ना शुरू कर दिया। इस मकान में दिल्ली से बच्चन भी आ गया था। कभी-कभी सम्पूर्णसिंह भी आ टिकता था। भीड़ अधिक हो गयी थी। 'किला गुज्जरसिंह' में भी दल ने एक छोटा-सा मकान लिया हुआ था। सुखदेवराज, विश्वेश्वर और लाहौर आने पर भगवती भाई भी वहाँ रहते थे। सुखदेवराज ने राय दी, "यहाँ बहुत भीड़ हो गयी है। कमला लिख-पढ़ नहीं पायेगी। उसे हमारे मकान किला गुज्जरसिंह में भेज दो। वहाँ जगह है। मैं नियम से पढ़ा भी दिया करूँगा।"

दुर्गा भाभी ने राय दी, "अच्छा हो कमला इनके (भगवतीचरण) या तुम्हारे साथ ही रहे या इसे दिल्ली में महाशय कृष्ण के यहाँ भेज दो।"

सुखदेवराज का प्रस्ताव अच्छा न लगने पर भी मैंने भाभी की बात का ही विरोध किया, "इन बातों में क्या रखा है; वहीं (किला गुज्जरसिंह) जाने दो।" इसमें अपनी इच्छा और रूढ़िगत संस्कार दोनों से लड़ने का प्रयत्न था।

जाने क्या सोचकर भाभी बोली, "हटाओ सब झगड़ा। तुम उससे शादी कर लो।"

उस समय मुझे यह बात अभद्र लगी, क्योंकि शायद यह मेरी उस अचेतन इच्छा की ओर संकेत था जिसे मैं स्वीकार करना नहीं चाहता था। मैंने उत्तर दिया, "बड़ी बदतमीज हो तुम।"

भाभी मेरी इस धृष्टता को पी गयी और चुप रही।

नये सूत्रों से सम्बन्ध बनाये रखने के लिये मैं रावलपिंडी और लायलपुर आता-जाता रहता था। भगवती भाई भी दिल्ली चले गये थे। शायद सप्ताह भर बाद मैं किला गुज्जरसिंह के मकान में प्रकाशवती से मिला तो उन्होंने पूछा, "क्या उस मकान में जगह नहीं है?"

"क्यों, यहाँ कुछ तकलीफ है?" मैंने पूछा।

"नहीं।"

"तो फिर?"

"वहाँ ही बुला लीजिये।" संकोच से उन्होंने कहा।

"वहाँ भीड़ है, तुम्हें तकलीफ होगी।"

"आप भी तो रहते हैं, वैसे ही मैं भी रह लूँगी।"

"क्यों बात क्या है?"

'वहाँ आपके पास रहूँगी तो जल्दी कुछ सीख जाऊँगी।"

"पढ़ती तो यहाँ भी हो। तुम्हें तकलीफ न हो इसलिये यहाँ रखा गया है।"

"आपको क्या मेरी वजह से तकलीफ होगी?"

"वाह, मुझे तो अच्छा ही लगेगा।"

"तो मुझे भी अच्छा ही लगेगा।" उत्तर मिला।

मैंने कई बार पूछा और कहा, "तुम्हें तकलीफ देकर अपने पास रखना क्या उचित है?"

"तकलीफ नहीं होगी।"

शब्द तो शायद इतने ही थे, परन्तु जब भाव प्रबल होते हैं तो अधिक शब्दों की जरूरत नहीं होती। मैंने चेतावनी दी, "इस तरह सोचने से क्या फायदा? इस मार्ग में कितने दिन की जिन्दगी है!"

"वाह, जैसे आपके लिये वैसे मेरे लिये।" उत्तर मिला। उन्होंने यह भी शिकायत की कि हरी भाई (भगवतीचरण) भी यहाँ से चले गये। वहाँ उन लोगों की छिछोरी बातें अच्छी नहीं लगतीं।

दो-एक दिन बाद दुर्गा भाभी से मिलने पर मैंने झिझकते हुए कहा डाला, "भाभी तुमने जो कहा था वही ठीक है।"

"क्या?" उन्होंने पूछा।

"कमला से शादी की बाबत...समझो, हो गयी।"

"अच्छा बच्चू, तब कैसे बने थे! बहुत अच्छा हुआ।" उन्होंने मेरी पीठ थपथपा दी। भाभी को इतना कह देने से मुझे सन्तोष हो गया कि कोई बात छिपाकर अनुचित ढंग से नहीं कर रहा हूँ।

मुझे आज़ाद भैया ने दिल्ली बुलाया था। मतलब था कि मैं जेल पर बिना गैस के आक्रमण की योजना उन्हें ठीक से समझा सकूँ और आक्रमण के समय मेरे अधिक उपयोगी हो सकने के लिये मुझे पिस्तौल के अलावा राइफल का भी अभ्यास करा दिया जावे। भैया ने एक राइफल भी खरीद ली थी। मैं प्रकाशवती को दिल्ली साथ ले गया था। हम सब लोग तो जेल पर आक्रमण में जूझने वाले थे। विचार था, ऐसे समय उनका

दिल्ली में रहना ही अधिक अच्छा होगा। उनका परिचय दल से सहानुभूति रखने वाले कुछ लोगों से करा देने का विचार था ताकि हम लोगों के बिना वे बिलकुल निस्सहाय न हो जायें। दिल्ली में उन्हें खयालीराम गुप्त, महाशय कृष्ण और ध्रुवदेव आदि से परिचित करा दिया। वैयक्तिक रूप से उन पर भरोसे की कमी का प्रश्न नहीं था, लेकिन तब तक भी मैंने उन्हें जेल पर आक्रमण की योजना के सम्बन्ध में कुछ न बताया था।

दिल्ली आने पर राइफल के व्यवहार की शिक्षा के लिए भैया ने मुझे एक दिन के लिये मेरठ जिले में नलगड़ा चलने के लिये कहा। कैलाशपति, लेखराम और शायद भवानीसिंह भी साथ थे। मुझे निशानाबाजी सीखने में विशेष उत्साह नहीं रहता था, परन्तु भैया इस विषय में बहुत ध्यान देते थे। दृष्टिकोण के इस भेद का कारण यह था कि मैं तत्कालीन आतंकवादी कामों की आवश्यकता के विचार से ही सोचता था और वे हमारी व्यापक योजना के अनुसार 'गोरिल्ला युद्ध' के लिये लोगों को तैयार करना चाहते थे। अस्तु, शस्त्र शिक्षा के लिये नलगड़ा जाते समय दो छोटे सूटकेसों में हथियार रख लिये गए और एक बड़े से होल्डाल में पाँचों आदमियों के कपड़े तथा रात को सोने के लिये कम्बल आदि का बिस्तर बाँध लिया गया। चलते समय एक सूटकेस भैया ने अपने हाथ में लिया और शेष सामान मेरे हवाले कर दिया, "सोहन, ख्याल रखना।"

मैं निकर, कोट और हैट पहने था। भैया निकर, कोट और बाबू लोगों जैसी गोल (क्रिस्टी) टोपी। लेखराम, कैलाशपति और भवानीसिंह धोती, पायजामा, कोट आदि। मेरी पोशाक और व्यवहार के कारण बस के ड्राइवर ने मुझे अपने साथ आगे की जगह दे दी। आज़ाद और सब लोग पीछे की सीट पर बैठ गये। बैठते समय मैंने कैलाशपति को बिस्तर का ख्याल रखने के लिये कह दिया। नलगड़ा जाने के लिये दिल्ली और मेरठ के बीच सड़क पर एक थाने के सामने उतरे। थाने के दरवाजे के दोनों खम्भों पर हम लोगों की गिरफ्तारी के लिये इनाम के इश्तहार लगे हुए थे। एक ओर लाहौर षड्यंत्र केस के फरारी के इनाम का इश्तहार था जिसमें आज़ाद और मेरा नाम था, दूसरी ओर वाइसराय की गाड़ी के नीचे विस्फोट के सुराग के लिये इनाम का इश्तहार था।

मैं अपने हाथ की अटैची को लिये उतर गया था। बिस्तर बस में ही चला गया था। भैया ने मुझे डाँटा, "बिस्तर क्यों नहीं उतारा गया?"

मैंने सफाई दी, "मैं आगे था, कैलाशपति को कह दिया था। वह पीछे बैठा था।"

आज़ाद बिगड़े, "जिम्मेवारी तुम्हें दी थी। बिस्तर में लोगों से माँगी हुई चीजें हैं। बिस्तर जब पकड़ा जायेगा कपड़ों पर से निशान देखकर तहकीकात होगी। वह सब लोग फँसेंगे या नहीं? लाहौर में पकड़े गये कपड़ों से क्या हुआ था?"

"अब बिगड़ने से क्या फायदा?" मैंने कहा, "मेरे पीछे आओ!" मैं थाने के भीतर चल दिया। भैया मेरे पीछे-पीछे चले। थाने का स्टेशन इन्चार्ज और शायद हेड कांस्टेबिल बरामदे में कुर्सी और स्टूल पर बैठे काम कर रहे थे। मैंने जाकर रोब से पूछा, "थाने का इन्चार्ज कौन है?"

थाने के लोग घबराहट में सलाम करके खड़े हो गये। मैंने कुर्सी खींच ली और बैठकर आधी अंग्रेजी और टूटी हिन्दुस्तानी में भैया को सम्बोधन किया, "मुंशी, बिस्टर गुम का रिपोर्ट दो!" और स्वयं सिगरेट जलाते हुए इन्चार्ज को सम्बोधन किया, "आगे

स्टेशन पर अभी फोन करो, बिस्टर पीचे बेजेगा। हम कल शिकार से आयेगा।" और फिर भैया को सम्बोधन किया, "मुंशी तुम समझाओ। तुंम कल इदर पूचेगा।"

"हुजूर," भैया ने हुकुम स्वीकार किया और थानेदार और मुंशी को बस में भूल से बिस्तर आगे चले जाने की बात समझाने लगे। मैंने फिर स्टेशन इन्चार्ज की ओर देखा, "बिस्टर अभी नई आता है तो उसे डेली स्टेशन पर बेजेगा। समजा! ऐड्रेस देता है।" एक कागज पर मैंने पता लिख दिया—आर० के० मुडालियर, इंजीनियर, सेन्ट्रल पी० डब्ल्यू० डी०, केयर आफ स्टेशन मास्टर, दिल्ली।

थाने से लौटने पर भैया का क्रोध बुझ चुका था, मुस्कराकर बोले, "साले, बनता तो ऐसा है पर बिस्तर न मिला तो सिर तोड़ दूँगा।"

मैंने आश्वासन दिया, "मिलेगा। न मिला तो उस पर क्रांतिकारियों की मोहर नहीं लगी है। सन्देह की आशंका न होने पर भी क्यों घबराया जाये।" दिल्ली लौटने पर बिस्तर मौजूद था।

गैस के अभाव में अदालत पर आक्रमण नहीं हो सकता था। हमने अपने साधनों के विचार से केवल भगतसिंह और दत्त को ही छुड़ाना तय किया। जेल पर या जेल फाटक पर आक्रमण उस समय करना था जब भगतसिंह और दत्त सेन्ट्रल जेल में अदालत से लौट रहे हों। इस काम के लिये बुलाए गए साथियों के लिये स्थान और फिर भगत और दत्त को यदि उन्हें सफलतापूर्वक छुड़ाकर लाया जा सकता तो उन्हें छिपा लेने के लिये इन्द्रपाल की छोटी जगह और किला गुज्जरसिंह का मकान काफी न थे। इस काम के लिये एक बंगला ले लेने का निश्चय किया गया था। बंगले का बाह्य रंग-ढंग ऐसा होना आवश्यक था कि किसी प्रकार के सन्देह के लिये गुंजाइश न हो। बंगले को सन्देह से परे रखने और बहुत सम्मानित गृहस्थ के निवास का रूप दे सकने के लिये इस बंगले में 'मेमसाहब लोग' का दिखायी देना भी आवश्यक था। वे मेमसाहब लोग कौन हों, इस विषय पर भी विचार हुआ।

इस समय दुर्गा भाभी बहुत उलझन की परिस्थिति में थीं। खुफिया पुलिस छाया की तरह उनका पीछा करती रहती। हम लोगों से मिलना-जुलना तक कठिन हो रहा था। दूसरी ओर लाहौर में जयचन्द्र जी के दुष्प्रचार के कारण भी वे संकट में थीं। दुर्गा भाभी को खुफिया पुलिस के आदमी की पत्नी समझने वाले लोग और उनसे प्रभावित पड़ोसी भी इनके इधर-उधर जाने पर नजर रखना चाहते थे। कुछ लोगों ने खुफिया पुलिस के आदमी की बीबी को परेशान करना और चिढ़ाना भी देशभक्ति का कर्तव्य समझ लिया था। भाभी हम लोगों से मिलने या हमारे सन्देश आवश्यक स्थानों पर पहुँचाने के लिये प्रायः घर से गायब रहती थीं। समय-असमय, बल्कि अधिकांश में रात के समय पड़ोसियों के लिये अपरिचित लोग भी उनके यहाँ आते थे। यह बात भाभी को खुफिया पुलिस वाले की बीबी विश्वास करने वाले लोगों की दृष्टि में भाभी के उच्छृंखल और आवारागर्द होने के लक्षण थे। इन लक्षणों का जबर्दस्त प्रमाण यह था कि पति के घर से लापता होने पर भी वे कभी दुखी और रोती-कलपती नहीं दिखायी देती थीं। ऐसी धारणाओं के कारण लोग उनकी सहायता करने के बजाय उन्हें परेशान करने में ही संतोष पाते थे। ऐसे

व्यवहार की शिकायत भी किससे की जाती! पास-पड़ोस के लोगों की दृष्टि में वे देशभक्तों की शत्रु थीं और पुलिस की दृष्टि में सरकार की शत्रु थीं।

इस विचित्र परिस्थिति के कारण दुर्गा भाभी बहुत परेशानी में थीं। जो लोग भगवती भाई को खुफिया का आदमी नहीं समझते थे, उन्हें भी आने-जाने के स्थान, प्रयोजन या मिलने वालों के नाम और दूसरे रहस्य नहीं बताये जा सकते थे इसलिये ऐसे लोग भी उन्हें उच्छृंखल समझ बैठते थे। उन्हें भाभी पर दूसरे ढंग से क्रोध आता था, अर्थात भगवती बेचारा तो देश के लिये घरबार छोड़कर मारा-मारा फिर रहा है, इस औरत को पति का जरा गम नहीं, मजे में नये-नये मित्रों के साथ रंगरेलियाँ मना रही है। इन्द्रपाल १९२९ के सितम्बर मास में जब पहली बार दिल्ली आया था, भाभी से बहुत कम परिचित था। लाहौर में उसने उनके सम्बन्ध में इतनी अफवाहें सुनी थीं कि उसका माथा गरम हो रहा था। उसने भगवती भाई के सामने स्पष्टवादिता से काम लिया, "एक क्रांतिकारी की पत्नी को ऐसा व्यवहार नहीं करना चाहिये कि सभी लोग निन्दा करने लगें।"

भगवती भाई ने उसकी भावना जानकर उसे समझाने का यत्न किया, "तुमने सुना ही है या कुछ देखा भी है? जब सुनकर ही विश्वास करना है तो मैं दूसरे लोगों की बातों की अपेक्षा अपनी पत्नी की बात पर ही विश्वास क्यों न करूँ? उसे असाधारण ढंग से रहना पड़ता है और लोग उसे साधारण व्यवहार की कसौटी पर जाँचते हैं।"

दुर्गा भाभी ने उस समय भी अपनी कठिन परिस्थिति के बारे में भगवती भाई को सन्देश भेजकर फरार हो जाने की अनुमति माँगी थी। भगवती भाई ने उन्हें मिलने के लिये दिल्ली बुलवाया था। अजमेरी दरवाजे पर महाशय कृष्ण जी के मकान पर मेरे सामने ही बातचीत हुई थी। उनका लड़का शची भी, जो अब इंजीनियर साहब है पर तब साढ़े चार बरस का रहा होगा, माँ के साथ आया था। उसने पिता को छः मास से अधिक दिन बाद देखा था। शची पहले तो उन्हें देखकर अपनी मोटी-मोटी, नीली सी आँखें फैलाकर हैरान रह गया। फूले-फूले गालों में होंठ विस्मय से खुल गये, "पापा!" लेकिन शायद उस अवस्था में भी वह समझने लगा था कि चुप रहना चाहिये। वह झपटकर चुपचाप पापा के गले से लिपट गया। पापा से विदा होते समय भी उसने रोने-धोने का कोई उत्पात नहीं किया।

उस समय भगवती भाई ने भाभी को समझाया था, "घर छोड़कर फरार होने की जल्दी मत करो। हम दोनों के फरार हो जाने से सरकार घर-जायदाद और बैंक के हिसाब पर कब्जा कर लेगी। अवसर आने पर तुम्हें बुला लेंगे। यह लड़ाई काफी लम्बी है।"

जब भाभी को मालूम हुआ कि दल के काम में, विशेषकर भगतसिंह को जेल से छुड़ाने के लिये स्त्री पात्र की आवश्यकता है तो उन्होंने अवसर दिया जाने का तकाजा किया। इस बार भगवती भाई इन्कार न कर सके। तय हो गया कि मैं जल्दी बंगले का प्रबन्ध कर लूँ तो भाभी और प्रकाशवती उस गृहस्थ की गृहस्थिनें बनकर उसमें टिक जायें।

सब काम बहुत जल्दी में किया जा रहा था। मई की दोपहर की कड़कती धूप और सन्नाटे में घूम-फिरकर मैंने जेल के कुछ समीप ही, बहावलपुर रोड की एकान्त और असंदिग्ध जगह में एक बड़े बंगले का आधा भाग किराये पर ले लिया। बंगले के दूसरे

भाग में एक मद्रासी इंजीनियर और पड़ोस में एक अवकाशप्राप्त जज मिस्टर खोसला रहते थे।

बंगला किराये पर ले लिया था, परन्तु फर्नीचर या चारपाई आदि कुछ न था। बंगले में पहुँचने से पहले दुर्गा भाभी इन्द्रपाल के मकान पर आ गयी थीं। शची साथ न था। दुर्गा भाभी संकट का सामना करने आयी थीं और शची को सम्भवतः धन्वन्तरी के बड़े भाई विद्यारत्न जी को सौंप आयी थीं। विद्यारत्न जी उस समय भी एक अच्छी नौकरी पर थे। दुर्गा भाभी के साथ एक सूटकेस ही था। मैं इन्हें ताँगे में बैठाकर स्वयं साइकिल पर सवार होकर बंगले में पहुँचाने गया। बंगले की मेहतरानी और मालिन नये किरायेदारों के आने की प्रतीक्षा बहुत कौतूहल और उत्सुकता से कर रही थीं। नवआगंतुक मेमसाहिबा को देखकर मेहतरानी ने मालिन को पुकारा, "आ गये, नये मेमसाहब लोग आ गये!"

मालिन उत्सुकता से अपनी कोठरी से बाहर निकली, परन्तु निराशा के स्वर में बोल उठी, "अरे, ताँगे पर आयी हैं!"

मालिन की बात मेरे कान में पड़ी। मस्तिष्क में खटका। हमें अपने उपयोग के लिये मोटर और फर्नीचर की आवश्यकता न सही, परन्तु सन्देह से परे, सम्भ्रांत साहब लोग समझे जाने का आडम्बर निबाहने के लिये मोटर और फर्नीचर आवश्यक है।

जेल पर आक्रमण करने और भगतसिंह और दत्त को छुड़ाकर लाने के लिये एक मोटर की व्यवस्था तो की ही गयी थी। धन्वन्तरी को सन्देश भेजा कि उस मोटर को यथा-सम्भव अधिक से अधिक समय इस बँगले में खड़ा रहने दिया जाये।

मैं मालरोड पर लाहौर के सबसे बड़े फर्नीचर के व्यापारी 'हयात ब्रदर्स' के यहाँ पहुँचा। एक बड़ा सोफासेट, तीन-चार कुर्सियाँ, चाय पीने और खाना खाने की मेजें, दो लोहे के और दो निवारी पलंग किराये पर लेकर दस्तखत कर दिये। अनुरोध कर दिया कि सामान बंगले पर पहुँचा दिया जाये। किराया तो महीना समाप्त होने पर दिया जाना था जो बेचारे को आज तक भी न पहुँचा सका। दुकानदार के बढ़िया नये ट्रक में यह सब सामान बंगले पर पहुँच गया। उसी संध्या दरवाजों पर चिकें भी लग गयीं। एक भिश्ती सुबह-शाम छिड़काव भी कर जाने लगा। बंगले के स्थायी नौकरों और पड़ोसियों को हमारे सम्भ्रांत होने का विश्वास हो गया।

भगवती भाई दिल्ली गये कि प्रकाशवती को ले आवें और आज़ाद तथा दूसरे दो और साथियों के आवश्यक शस्त्रों सहित लाहौर पहुँचने की व्यवस्था पर आवें। लौटकर भगवती भाई ने असंतोष प्रकट किया, "यह तुमने क्या अकलमंदी की है कि इस लड़की को (उनका अभिप्राय प्रकाशवती से था) सम्भालने का बोझ दल के सिर सहेड़ लिया। उसकी न कुछ अभी उम्र है, न अध्ययन और न व्यावहारिक अनुभव। एक अजीब फूहड़पन है उसमें। घूँघट निकालकर चलते भी नहीं बनता। वह बंगले की व्यवस्था के लिये बिलकुल उपयोगी नहीं हो सकती, बल्कि बेतुकी लगेगी। मैं उसे साथ लिवा तो लाया हूँ, लेकिन सुरक्षा के लिये फिर दिल्ली लौटा देना ही ठीक होगा।"

घर से ताजा-ताजा आने पर प्रकाशवती के आधुनिक व्यावहारिक ज्ञान का उदाहरण यह था कि उन्होंने कभी चाय की पत्ती न देखी थी, न चाय बनाना जानती थीं और न उसका स्वाद। उनके घर में केवल दूध का ही रिवाज था। उनके घर से आने के ही दिन पिता को पत्र लिखने के लिये मैंने अपना 'वाटरमैन' फाउन्टेनपेन दे दिया था। यह कलम

पुराने ढंग का था। कलम की टोपी खोलकर पेंदी में लगाकर पेंच की तरह घुमाने से निब बाहर निकल आता था और बन्द करते समय नीचे से टोपी उल्टी घुमाकर खोलने से निब भीतर चला जाता था।

प्रकाश जी ने पत्र लिखने के बाद पत्र को पढ़ते-पढ़ते कलम के नीचे से टोपी खोल ली थी। मुँह पर टोपी लगाने के लिये नजर ऊपर की तो निब गायब देखा। उन्होंने समझा, निब कहीं गिर गया है। वे निब को फर्श पर ढूँढ़ने लगीं तो कलम टेढ़ा हो जाने से स्याही धोती पर फैल गयी।

प्रकाश जी को परेशान देखकर पूछा, "क्या हुआ?"

"कुछ नहीं," कह कर उन्होंने टाल दिया और निब ढूँढ़ती रहीं। जब निब नीचे फर्श पर कहीं न मिला तो उन्होंने कलम के भीतर झाँका। कलम में धँसा हुआ निब चमक रहा था। एक सींक लेकर निब को ऊपर उठाने की चेष्टा करने लगीं। आखिर मैंने कलम उनके हाथ से लेकर नीचे का सिरा घुमाकर निब को ऊपर निकालकर दिखाया, यह है तरीका। मारे लज्जा के उनका चेहरा सुर्ख हो गया।

प्रकाशवती के सम्बन्ध में भगवती भाई की वह धारणा उस समय मुझे अनुचित न लगी। प्रकाश जी जैसे रूढ़िग्रस्त परिवार और समाज के अंग से आयी थीं, वहाँ उस युग में आधुनिक वस्तुओं के व्यवहार के ज्ञान की आशा की ही नहीं जा सकती थी। यह दूसरी बात थी कि उन्होंने शीघ्र ही असाधारण ग्राह्यता का परिचय दिया। केवल दो मास बाद ही वे दिल्ली की नयी बम फैक्टरी में न केवल बम का मसाला बनाने के काम में सहयोग देने लगीं, फैक्टरी का भीतरी प्रबन्ध भी उन्हीं के हाथ में था और साथी उन्हें मजाक में 'कामरेड सुपरिन्टेन्डेन्ट' पुकारते थे।

उसी संध्या या अगले दिन भगवती भाई ने किला गुज्जरसिंह के मकान से आकर बात की, "भई, दुर्गा के साथ बंगले में दीदी भी रहेंगी। वह नहीं मानतीं। चलो जी, एक के बजाय दो होने से बंगला अधिक भरा-पूरा भी लगेगा। बाद में साथियों को इधर-उधर करते समय वे उनके लिये परदे का काम भी दे सकेंगी।"

दीदी का तकाजा था कि घटना के बाद भगतसिंह को बचाकर ले जाने का काम भाभी एक बार पहले कर चुकी हैं। उन्हें भी तो कुछ करने का अवसर मिलना चाहिये।

भगवती भाई ने दीदी के बंगले में आकर सहयोग देने के बारे में जो उपयोगिता बतायी, वह तो ठीक थी, परन्तु दीदी की लगन और सादगी का जो वर्णन उन्होंने किया, वह मुझे अवश्य कुछ अद्भुत लगा। दीदी लाहौर में कुछ दिन रह चुकी थीं, इसलिये बंगले में आते समय रास्ते में पहिचाने जाने की आशंका से उन्होंने घूँघट निकाल लिया था। अभ्यास न होने के कारण घूँघट निकालकर चलने में जो असुविधा उन्हें हुई, उसका वर्णन करते हुए भगवती भाई ने गद्गद स्वर में कहा, "She is no simple. (कितनी भोली है) घूँघट निकालकर उनसे चलते ही नहीं बनता।"

प्रकट में तो भगवती भाई के विचार से सुशीला जी की सादगी और भोलेपन के अनुमोदन में मुस्कराया, परन्तु उसमें विद्रूप था; एक ही व्यवहार को दो भिन्न-भिन्न मानसिक अवस्थाओं में, दो भिन्न व्यक्तियों द्वारा देखकर परस्पर-विरोधी परिणामों पर पहुँचना। प्रकाशवती से सुशीला जी की उम्र लगभग नौ-दस वर्ष अधिक रही होगी। उनकी शिक्षा और जीवन का अनुभव भी कहीं अधिक व्यापक था। उनका घूँघट न

सम्भाल सकना भगवती भाई को विश्वास और आदर उत्पन्न करने वाली सरलता और भोलापन जान पड़ा और अनुभवहीन प्रकाशवती का घूँघट ठीक से न निकाल सकना केवल फूहड़पन। अस्तु, सुशीला जी भी बंगले में आ गयीं।

उस दिन या अगले दिन मैं फिर दिल्ली गया। इस बार प्रयोजन था भगवती भाई के निर्णय के अनुसार प्रकाशवती को दिल्ली लौटाकर शस्त्रों और साथियों सहित आज़ाद के लाहौर पहुँचने का समय और ढंग निश्चित करना। इस बार प्रकाशवती को दिल्ली में महाशय कृष्ण जी के मकान पर पहुँचा कर लौटने से पहिले मैंने बता देना आवश्यक समझा, "तुम मुझसे आखिरी बार मिल रही हो। हम लोग जेल पर आक्रमण करने जा रहे हैं। मेरा विश्वास है, हममें से कोई भी बचकर न लौटेगा। शायद भगवती भाई को पीछे छोड़ दिया जाये। उस अवस्था में वे जैसा कहें, करना। शायद वे भी न बचें। हम लोगों के मारे जाने का समाचार तुम्हें दो या तीन जून को अखबारों से मिल जायेगा। उस हालत में तुम ख्यालीराम गुप्ता से दिल्ली दल के नेता कैलाशपति का पता ले लेना।"

प्रकाशवती मेरी बात सुनकर सुन्न रह गयीं। कुछ बोल न सकीं।

मैंने पूछा, "घबरा गयीं?"

वह बोल तो न सकीं, परन्तु सिर हिलाकर इनकार किया।

मैंने समझाना चाहा, "इस मार्ग में तो यही होना है। सम्भव है, महीने-दो महीने में तुम्हारे मर जाने का भी दिन आ जाय। पकड़ी मत जाना।" मैंने एक बहुत छोटा पिस्तौल उन्हें आशंका का सामना करने के लिये दे दिया। यह बात दोपहर के समय हुई थी। सोचा, हम लोगों की उदासी या चुप्पी देखकर कृष्ण जी या उनकी पत्नी को कुछ सन्देह न हो, इसलिये हम दोनों किसी बहाने से बाहर चले गये।

मैं निश्चित मृत्यु के लिये तैयार था, परन्तु नये 'प्रेम' को छोड़कर लौटना अच्छा न लग रहा था। उसी भावना में मैंने बिदा होते समय पूछ लिया, "क्या तुम मेरी याद रखोगी?" प्रकाश जी ने गर्दन झुकाकर हामी से उत्तर दिया, "मैं भी जल्दी ही आ मिलूँगी।"

कुछ कह न सका। उत्तर से मुझे सन्तोष तो हुआ, परन्तु कुछ दूर जाकर पश्चाताप होने लगा कि स्वयं मरने जाने से पहले दूसरे के लिये दुख का कारण बन जाने से क्या लाभ? इसमें मैं क्या पा लूँगा! मेरी यह भावना बहुत कुछ वैसी ही थी जैसे किसी युग में लोग मरते समय इस आश्वासन से सन्तोष पाते थे कि उनकी मृत्यु के बाद उनकी पत्नी भी उनकी चिता पर सती हो जायेगी; या मिस्र के राजाओं की कब्र में उनकी अनेक जीवित पत्नियों को भी दफना दिया जाना उनके गौरव का चिह्न माना जाता था। यह पत्नी को सम्पत्ति के रूप में प्यार करने की भावना का क्रियात्मक रूप है।

बंगले में दुर्गा भाभी, सुशीला जी, बच्चन, मैं और आक्रमण में भाग लेने के लिये भैया द्वारा भेजे हुए एक साथी मिस्टर छैलबिहारी थे। भगवती भाई और सुखदेवराज किला गुज्जरसिंह के मकान में थे। छैलबिहारी हमारे बैरे के रूप में काम कर रहा था, अर्थात् बंगले के बावर्चीखाने से खाना उठाकर ले आना या बरामदे में घूमकर जब-तब मेज-कुर्सियों को झाड़-पोंछ देना। यह तो तय हो चुका था कि जेल पर बम, राइफल और पिस्तौल से आक्रमण किया जायेगा, लेकिन अब भी दो महत्वपूर्ण बातें निश्चय न हो पायी थीं।

मेरी बनायी योजना के अनुसार आक्रमण भगतसिंह के बोर्स्टल जेल के लिये सेन्ट्रल जेल के फाटक से निकलते समय किया जाना चाहिए था। सेन्ट्रल जेल का फाटक मुख्य सड़क पर, सड़क से केवल अठारह-बीस गज एक ओर था। दूसरी योजना भगतसिंह की थी। इसके अनुसार उनके बोर्स्टल जेल से लौटने के लिए निकलते समय आक्रमण होना चाहिए था। बोर्स्टल जेल का फाटक मुख्य सड़क से लगभग सौ कदम पर था। दोनों में से कौन-सी योजना काम. में लायी जाय, यह बात आज़ाद पर छोड़ दी गयी थी।

दूसरा प्रश्न था, आज़ाद द्वारा साथ लाये हुए तीन आदमियों के अतिरिक्त लाहौर से कौन चार व्यक्ति आक्रमण में भाग लेंगे। मुख्य प्रश्न भगवती भाई के बारे में ही था। वे इस काम में भाग लेने के लिए जिद्द कर रहे थे। मेरा आग्रह था कि जब आज़ाद और मैं दोनों भाग ले रहे हैं तो उन्हें पीछे रहना चाहिए।

सुखदेवराज के बारे में भी प्रश्न था। भगवती भाई उसे खूब साहसी और चतुर समझकर आक्रमण में रखना चाहते थे। मुझे इस विषय में शंका थी। मेरा आग्रह था कि इस काम में केवल उन्हीं लोगों को भेजा जाय जो किसी भी हालत में पीठ न दिखायें। मैंने उन्हें सुखदेवराज के नील को मारने के लिये जाकर यों ही लौटकर झूठ बोल देने की बात कही थी। इन्द्रपाल का अनुभव भी बताया कि यदि चालाकी से भय से बच सकने की आशा हो तो सुखदेवराज खूब साहस दिखायेगा और जब खतरे से बचने का रास्ता न होगा तो पीठ दिखा देगा। उसका साहस चोर का है, सैनिक का नहीं। यह शिकायत भी की कि वह दल के दूसरे लोगों से ऐसी बातें करता है जिनका परिणाम दल में फूट और खासकर मेरे प्रति अविश्वास पैदा करना होगा।

भगवती भाई को मेरी बात से बहुत दुख हुआ। कुछ सोचकर बोले, "आपस में ऐसा सन्देह अनुचित है।" और झिझकते हुए बताया, "तुम्हें मालूम है, तुम्हारे बारे में उसका क्या ख्याल है?" उन्होंने सुखदेवराज की शिकायत बतायी कि उस समय नील को मार सकने का बहुत अच्छा मौका था, लेकिन उसके सुझाव देने पर मैं उसकी सहायता के लिए नहीं गया, बल्कि प्रकाशवती के साथ पीछे बैठा रहा। मैंने केवल अपने शौक के लिए ही प्रकाशवती का घर छुड़वा दिया है। उसने यह भी शिकायत की कि प्रकाशवती को किला गुज्जरसिंह के मकान में रहने के लिए भेज दिया गया था और मैं बिना किसी से पूछे उसे दिल्ली ले गया।

मुझे क्रोध आ गया। मैंने कहा, "उसकी यह शिकायतें चुपचाप सुनकर तुमने उसे अनुशासन की अवहेलना के लिए उत्साहित किया है। यहाँ इन्चार्ज मैं हूँ। उसे यदि मेरे व्यवहार के लिए शिकायत थी तो पहले मुझसे कहना चाहिए था। क्या तुमने उससे पूछा है कि मेरा इन बातों के लिए क्या उत्तर है?" यह बात लगभग २७ मई को हुई थी।

भगवती बोले, "इस नाजुक समय में मुकदमेबाजी का अवसर नहीं है। मैंने उसे कुछ उत्तर नहीं दिया है, केवल सुन भर लिया है। एक सप्ताह की ही तो बात है। इसके बाद सब कुछ देख लिया जायेगा।"

मैंने उन्हें सुखदेवराज के नील को न मारने जाकर यों ही लौट आने और आकर झूठ बोलने का प्रमाण देना चाहा, "प्रकाशवती को मैंने यह तो नहीं बताया कि सुखदेवराज कहाँ गया था, परन्तु उसके जाते ही मैं उसे यह कहकर गया था, मेरे आने में बहुत देर हो जाये तो भी घबराना नहीं। इन्द्रपाल लौट आये तो उसे संध्या तक कहीं न जाने के

लिए कह देना। मैं यहाँ हूँ। तुम अभी दिल्ली किसी को भेजकर सच्ची बात जान सकते हो। सुखदेवराज, इन्द्रपाल और दूसरे लोगों से मेरे विषय में क्या कहता फिरता है, इसकी चिन्ता मैंने केवल इसलिए नहीं कि कि मुझे तुम पर और भैया आज़ाद पर भरोसा था। प्रकाशवती के घर से आने के विषय में तुम भाभी और प्रेम से पूछ सकते हो कि उसके घर छोड़ने से पहले मैंने उससे केवल एक आध घण्टे बात की थी और वह भी प्रेम के सामने। उसके आने के दिन जो बात हुई थी, मैंने तुम्हें तभी बता दी ती और जो कुछ किया तुम्हारी राय से किया था। उसके आ जाने के बाद दूसरी बात है। भाभी से कह चुका हूँ कि मैं उससे विवाह कर लूँगा, बल्कि भाभी ने स्वयं ही यह सुझाव दिया था। मैंने पंजाब के इन्चार्ज की हैसियत से उसे दिल्ली पहुँचा दिया था। इसका खास कारण सुखदेवराज के व्यवहार के लिए प्रकाशवती की शिकायत थी।''

''खैर, यह तो हुआ, लेकिन हम लोगों के जीवन की अस्मिता और जिम्मेवारी में ऐसे झगड़ों के लिए जगह नहीं है। तुम प्रेम के बात सोचोगे या दल के काम की?'' भगवती भाई ने अंग्रेजी में प्रश्न किया।

''सोचने की बात ही क्या हैं? यह तो बिना सोचे, दमन करने पर भी हो गया। बाकी रही निर्बलता आने की बात। उसके लिए तुम्हें इन्द्रपाल का लखनऊ में दिया उत्तर याद होगा। उसके साफ बात मैं और क्या कह सकता हूँ। १८ या २० रुपया माहवार के लिए सेना में भरती होने वाला सिपाही घर में स्त्री, बाल-बच्चे होते हुए भी तोपों के सामने सीना तानने का कर्तव्य पूरा करते नहीं झिझकते तो क्या सब कमजोरी हमीं लोगों के लिए है? हममें तो कर्तव्य की भावना उससे बहुत अधिक होनी चाहिए⋯।''

भगवती भाई ने मेरा हाथ पकड़ मुस्कराकर कहा, ''लेकिन यह बात तुमने मुझसे क्यों नहीं कही?''

मैंने उस समय जिद्द की कि यह बात अभी आज़ाद भैया के सामने साफ हो जानी चाहिए। मैं तो आक्रमण में मर जाऊँगा और यह कलंक मेरे सिर रह जायेगा।

भगवती बहुत गम्भीर होकर बोले, ''मेरा विश्वास करो, सुखदेव ऐसा आदमी नहीं है। आज़ाद से इस बारे में कुछ मत कहना, खबरदार! राज कुछ न कर सकने से खिन्न है, ऊटपटांग हरकतें उससे हो रही हैं। दिल का बुरा नहीं है। एक घटना में भाग लेकर वह स्थिर हो जायेगा।''

आज़ाद, भगवती भाई और मुझे बैठाकर बहुत देर तक विचार करते रहे कि जेल पर आक्रमण भगतसिंह की योजना से किया जाये या मेरी योजना से किया जाये। मेरी योजना सेन्ट्रल जेल के फाटक पर उस समय आक्रमण करने की थी जब भगतसिंह और दत्त को कचहरी में या रविवार के दिन बोर्स्टल जेल में बन्द साथियों से मुकदमे के सम्बन्ध में कानूनी सलाह के लिये ले जाया जा रहा हो। भगतसिंह की योजना थी कि आक्रमण उनके बोर्स्टल जेल से निकलते समय, जब वे फाटक से निकलकर लारी में बैठाये जा रहे हों, किया जाये। भैया ने मेरी योजना की भूल सुझाई—सेन्ट्रल जेल के फाटक पर जेल की गारद अधिक है और शेरदिल पुलिस की एक छोलदारी भी है। बोर्स्टल जेल के दरवाजे पर केवल छः सशस्त्र सिपाही रहते हैं।

मुझे बोर्स्टल जेल के विषय में यह आपत्ति थी कि जेल का फाटक सड़क से लगभग सौ गज दूर है। हमारी मोटर जेल के फाटक की ओर घूमते ही पहरे के सिपाही सतर्क हो

जायेंगे। भगतसिंह और दत्त को जिस समय जेल में ले जाया या लाया जायेगा, पुलिस के छः सशस्त्र सिपाही साथ होंगे। भगत और दत्त को घेरे हुए सिपाहियों पर हमें दूर से गोली चलानी पड़ेगी। गोली भगत और दत्त को भी लग सकती है। बोर्स्टल जेल पर पिस्तौल या बम की आहट होते ही सेन्ट्रल जेल के फाटक पर तैनात शेरदिल पुलिस की गारद हमारी ओर दौड़ पड़ेगी।

सेन्ट्रल जेल के फाटक पर आक्रमण करते समय भगत और दत्त के जेल फाटक से निकलते ही एक बम जेल गारद पर और दूसरा बम शेरदिलों की छोलदारी पर फेंक दिया जायेगा। भगतसिंह और दत्त हमारी कार की ओर दौड़ जायेंगे। बमों के एक साथ चलने से भगदड़ मच जायेगी। यदि कोई सिपाही भगत और दत्त का पीछा करेगा तो हमारे पाँच आदमी उन्हें पिस्तौलों से रोक सकेंगे। शायद हमें सफलता हो जाये। सेन्ट्रल जेल बिलकुल सड़क पर है, वहाँ से दिन भर में सैकड़ों मोटरें और सवारियाँ गुजरती हैं। हमें फाटक की ओर घूमना न पड़ेगा। हमारे समीप आने से भी जेल वाले सतर्क न होंगे।

भगवती भाई का विचार था कि मैं सेन्ट्रल और बोर्स्टल जेलों की स्थिति को दूर से देखकर योजना बना रहा हूँ। भगतसिंह उस अवस्था में से प्रतिदिन गुजरता है, इसलिये उसका विचार अधिक भरोसे के योग्य है। भगतसिंह की योजनानुसार चलना ही तय हुआ। फिर भगवती भाई के घटना में भाग लेने का प्रश्न आया। उन्होंने द्रवित स्वर में कहा, "मैं कोई तर्क नहीं दे सकता, लेकिन चाहता हूँ कि इस घटना में अवश्य भाग लूँ। यदि मैं मर भी गया तो पंजाब में धन्वन्तरी, सुखदेवराज आदि कई योग्य साथी यहाँ का काम सम्भालने के लिये हैं। सोहन (यशपाल) घटना के बाद भैया के साथ रह सकता है। वह केन्द्र के आदमियों से भी परिचित है। मैं चाहता हूँ सोहन इस बार घटना में न आये।"

उस समय मैंने अनुरोध किया कि फैसला अगले दिन प्रातः तक स्थगित रखा जाय। जेल पर आक्रमण की तारीख १ जून, रविवार निश्चित थी। एकान्त में मैंने भगवती को समझाना चाहा, "इस अवसर पर मेरे आक्रमण में साथ न जाने का प्रभाव अच्छा नहीं होगा। तुमने कमला (प्रकाश) के सम्बन्ध में जैसी बातें सुनी हैं, वे सुखदेव ने दूसरों से भी कही हैं। यही समझा जायेगा कि मैं जान बचाकर पीछे रह गया हूँ। दूसरा मतलब यह भी निकल सकता है कि मेरी योजना मानी न जाने के कारण मैंने सहयोग नहीं दिया।"

"What nonsense (क्या बकवास है)!" उन्होंने कहा और मेरे कन्धे पर हाथ रखकर उत्तर दिया, "इस प्रकार की बातों का उत्तर नहीं दिया जाता। मेरे लिये क्या नहीं कहा गया! मैं हर बार तुम्हारी बात मानता रहा हूँ, इस बार मेरी बात मान जाओ!"

मैं कुछ कह न सका।

२८ मई सुबह ही भगवती भाई ने मुझे कहा, "बमों को भरकर तैयार कर दो ताकि एक को आजमा लिया जाये।"

रोहतक में तैयार किए मसाले में से अभी कुछ मसाला शेष था। भैया ने कानपुर में खोल ढलवा लिये थे और इस अवसर के लिये तीन खोल लेते आये तो। मैंने खोलों को जाँचकर कहा, "इनमें से एक का ट्रिगर (खटका) ढीला है। पेचकस लाकर ठीक करना होगा।"

बम के खोल में मसाला भरने से पहले उसे भीतर से साफ करके कोई गहरा रोगन लगा दिया जाता था ताकि पिक्रिक एसिड और लोहे का परस्पर स्पर्श होने से रासायनिक क्रिया न आरम्भ हो जाये। ऐसी रासायनिक क्रिया से उत्पन्न गरमी का परिणाम काफी देर बाद, चार-पाँच या दस दिन बाद भी जब गरमी शनैः-शनैः काफी बढ़ जाये, प्रकट हो सकता है। मैंने 'जापानब्लैक' रोगन खोलों के छेद से भरकर खोलों को सूख जाने के लिये रख दिया था। मेरे विचार में खोलों को आठ-दस घण्टे में सूखना चाहिये था। तब तक पेचकस भी आ जाता। आठ-नौ बजे मैं साइकिल पर बहावलपुर रोड के बंगले से बाहर चला गया था। अब सब काम दो-तीन दिन में ही पूरा करना और जाँच लेना आवश्यक था। साथियों को छिपाने की जगहें, मोटर की आजमाइश, लेखराम और धन्वन्तरी द्वारा लाये गए दोनों ड्राइवरों में से कौन ठीक रहेगा, आदि-आदि।

मैं दोपहर बाद तीन बजे, मई की कड़ी धूप में जगह-जगह घूम फिरकर लौटा था। अपने लिये रखी ठंडी हो गयी खिचड़ी खा रहा था। उस समय बंगले में भाभी, सुशीला जी, छैलबिहारी और मदनगोपाल ही थे। भैया धन्वन्तरी के साथ मोटर को स्वयं देख लेने के लिये गये हुए थे। भगवती भाई, बच्चन और सुखदेवराज एक बम लेकर उसका परीक्षण करने रावी के किनारे चले गये थे।

"बम भरा किसने?...वह भीतर से सूख भी गया था?" मैंने शंका से पूछा। पता लगा कि बम को धूप में रखकर सूख गया समझ लिया गया था। भगवती और सुखदेवराज ने मिलकर बम भर लिया था और ट्रिगर भी ठीक कर लिया था।

हम लोग बात कर ही रहे थे कि एक ताँगा बंगले में आया। उसमें सुखदेवराज दिखायी दिया।

"मुझे ताँगे से उतार लो।" राज ने पीड़ा से विकृत स्वर में पुकारा।

छैलबिहारी, मदनगोपाल और मैंने उसे सवारी से उतार लिया। उसके पाँव में लिपटे कपड़े में से खून फट रहा था। हम लोगों ने आशंका से चोट का कारण पूछा। पीड़ा से होंठ दबाकर उसने बताया, "बम को आजमाइश के लिये फेंकते समय बम हरी (भगवती) के हाथ में फट गया। वे बहुत जख्मी होकर गिर पड़े हैं। मेरे पाँव में सख्त चोट आयी है। बच्चन पीछे था। उसे चोट नहीं आयी। वह उनके पास है।"

मैंने मास्टर छैलबिहारी को साथ लिया और तुरन्त मालरोड पर चारिंगक्रास की ओर दौड़ चले। हम लोग सड़क पर सचमुच दौड़ लगा रहे थे। वहाँ से एक टैक्सी किराये पर लेकर रावी किनारे के जंगल के जितना समीप पहुँच सकते थे गये, और फिर रेतीले मैदान को पार कर घने जंगल में धँसे। भटक-भटकर बच्चन को पुकारा। उसके उत्तर की पुकार के सहारे स्थान ढूँढ़ लिया। देखा:

भगवती भाई घुटने उठाये चित्त पड़े थे। उनकी दोनों बाँहें कोहनियों से उठी हुई थीं। एक हाथ कलाई से उड़ गया था, दूसरे की पूरी उँगलियाँ कट गयी थीं। चेहरे पर कई जगह गहरे घावों से खून बह रहा था। पेट में दाईं ओर बड़े-बड़े छेद होकर खून बह रहा था और बायीं ओर से पेट फटकर कुछ आँतें बाहर आ गयी थीं। बच्चन नदी के जल से एक कपड़ा भिगो लाया था और उनके मुँह में पानी की बूँदें निचोड़ रहा था।

हमें देखकर पहले वे ही बोले, "तुम आ गये, अच्छा हुआ। आज़ाद भी आ जाते तो देख लेता।"

मैंने कहा, "भैया इस समय घर पर न थे, वर्ना जरूर आते।"

"कोई बात नहीं।" भगवती भाई ने हमें चिन्ता न करने के लिये कहा।

हम सभी लोग स्काउटिंग की शिक्षा पाये हुए थे। आमने-सामने से अपनी बाँहों को जोड़कर उन्हें उठाकर जंगल से बाहर गाड़ी तक ले जाने का यत्न किया। शरीर हिलते ही उनके मुख से चीख निकल गयी। उन्हें फिर लिटा दिया। सोचा, एक खाट या स्ट्रेचर के बिना उनका शरीर नहीं उठाया जा सकेगा।

रुँधे हुए गले को वश में कर मैंने आश्वासन दिया, "हम अभी जाकर खाट लाते हैं। घबराना नहीं।"

"तुम समझते हो मैं डर रहा हूँ? यही दुख है कि मैं भगतसिंह को छुड़ाने में सहयोग न दे सकूँगा। यह मृत्यु दो दिन बाद होती!"

उन्हें उठाकर ले जा सकने के लिये आवश्यक सामान लेकर मेरे लौटने की बात के उत्तर में उन्होंने कहा, "व्यर्थ है, ऐसा न करो। बम का धड़ाका बहुत जोर का हुआ था। यदि उसकी आहट के सन्देह में पुलिस खोज करती आ जाये तो क्या फायदा? यदि हाथ रह जाते तो तुम एक रिवाल्वर दे जाते और पुलिस को मेरे यहाँ जख्मी होने की खबर दे दी जाती। भगतसिंह को छुड़ाने का यत्न नहीं रुकना चाहिए।"

भगवती रुक-रुककर अंग्रेजी में बात कर रहे थे। दिमाग उनका इतना साफ था कि उन्होंने अपने बच सकने की निराशा के सम्बन्ध में यह अनुमान बताया कि पेशाब की हाजत होने पर भी पेशाब नहीं आ रहा है। बम का कोई टुकड़ा गुर्दे में चला गया है। मृत्यु का यों साक्षात्कार करके भी भय को अस्वीकार करने वाले ऐसे क्रांतिकारियों को ही गांधी जी ने वाइसराय इरविन के प्रति सहानुभूति के आमने प्रस्ताव में 'कायर' और 'जघन्य' काम करने वाला बताया था।

छैलबिहारी को उनके पास छोड़कर मैं बच्चन के साथ लौटा। आवश्यक चीजें समेटने के लिये हम क्रिश्चियन कालेज के बोर्डिंग में पहुँचे। देवराज सेठी और सच्चिदानन्द हीरानन्द वात्स्यायन (अब अज्ञेय के नाम से प्रसिद्ध) से उन्हीं दिनों परिचय हुआ था। दोनों ही हृष्ट-पुष्ट बलिष्ठ शरीर थे। भगवती भाई को सुविधा से उठा सकने के लिये वे सहायक हो सकते थे। उनके यहाँ से ही दो चादरें और खाट भी ले ली। रास्ते में बरफ ले ली कि घावों पर लगा सकेंगे और चुसाते रहेंगे। इन्द्रपाल को भी साथ ले लिया और तुरन्त फिर उसी स्थान की ओर लौटे।

अँधेरा घना हो चुका था। हम लोग टार्चें जलाकर घने जंगल में उन्हें खोज रहे थे। छैलबिहारी का नाम लेकर पुकारना शुरू किया। कोई उत्तर न मिला। हमारी टार्चों के प्रकाश में और चिल्लाहट से पेड़ों पर बसेरा करते पंछी डर-डर उड़ रहे थे, परन्तु हमारी पुकार का कोई उत्तर न था।

टहनियों से लटकती सफेद कपड़े की धज्जियाँ दिखायी दीं। इन धज्जियों की दिशा में बढ़ते गये।

टार्चों के प्रकाश में भगवती भाई का निष्प्राण शरीर हम लोगों के सामने पड़ा था। छैलबिहारी उनकी मृत्यु हो जाने के बाद, शायद भयभीत होकर उन्हें अकेला छोड़कर चला गया था।

हृदय उमड़कर मुँह को आ गया। होंठ काटकर अपने आपको वश किया। बच्चन विह्वल होकर फूट-फूटकर रो रहा था। अब क्या हो सकता था? शव को उठाकर ले जाने से उसे फिर बंगले से बाहर निकालने की समस्या पेश आती। दूसरे सब साथी खतरे में पड़ जाते। साथ लाई हुई एक चादर से हमने भगवती भाई का शरीर ढक दिया।

रुँधे हुए गले से मैंने आदेश दिया—"We must honour our brave leader and give him last salute (अपने बहादुर नेता के सम्मान में अन्तिम सलामी दी जानी चाहिए)।'' मेरे 'सैल्यूट!' कहने पर सब लोग शव के चारों ओर एक मिनट तक सलामी में माथे पर हाथ छुआये खड़े रहे।

हम चारों लौट आये। लौटते समय मेरे घुटने और पूरा शरीर जर्जर हो रहा था। कदम न उठता था। मैं एक बार सुबह से रात एक बजे तक चौंसठ मील चलता रहा था, परन्तु वैसी थकावट तब भी न हुई थी।

बच्चन और मैं बंगले पर लौटे। सब लोग बीच के बड़े कमरे में इकट्ठे होकर प्रतीक्षा कर रहे थे; जैसे संकट के समय मनुष्य और जीव सिमिट जाते हैं। हम लोगों को देखकर सब लोगों ने धड़कते हृदय से लम्बा साँस लिया। उनकी आशंका और जिज्ञासा से फैली हुई आँखें पूछ रही थीं, क्या हुआ?

कुछ कहने का सामर्थ्य न था। दोनों हाथ हिलाकर संकेत किया—सर्वनाश!

बच्चन फिर रो पड़ा।

भाभी जैसे ही बैठी थीं, वैसे ही आँखें मूँदकर रह गयीं। सुशीला जी ने सिर झुकाकर दोनों हाथों से थाम लिया। भैया निश्चल फर्श की ओर देखते रह गये। मदनगोपाल भी पत्थर की मूर्ति की तरह सुन्न खड़ा था। उसी समय छैलबिहारी पहुँचा। वह पैदल आया था, इसलिये पीछे रह गया था। छैलबिहारी पर आँख पड़ते ही मुझे क्रोध आ गया। धीमे स्वर में परन्तु क्रोध से फटकारा, ''तुम उन्हें छोड़कर कैसे आ गये?''

उसने विवशता प्रकट की, ''मृत्यु हो जाने के बाद मैं आ गया।''

''तुम्हें वहाँ रहने के लिये कहा था। हम लोग स्थान खोजने के लिये आवाजें लगाते रहे।''

''रास्ता दिखाने के लिए टहनियों से धज्जियाँ लटका दी थीं।''

''छोड़ आने के लिये तुम्हें किसने कहा था?'' क्रोध से थिरकते होंठों से भैया ने पूछा, परन्तु क्रोध व्यर्थ समझकर चुप रह गये।

बहुत देर तक कोई भी कुछ न बोल सका। आज़ाद सबसे पहिले बोले, ''अब कुछ नहीं हो सकता। आप लोग उठिये।''

कठिनाई से निकलते शब्दों में उन्होंने भाभी को सम्बोधन किया, ''तुम हम सबकी माँ-बहिन हो। तुमने पार्टी के लिये सर्वस्व न्योछावर किया है। हम सब तुम्हारे ऋणी हैं। तुम्हारे प्रति अपने कर्तव्य को कभी नहीं भूलेंगे।''

भैया और बच्चन भाभी को दोनों ओर से थाम कर एक पलंग की ओर ले गये और लिटा दिया। भाभी में स्वयं कोई संज्ञा नहीं जान पड़ रही थी। न आँखों में आँसू, न होंठों पर शब्द। हृदय फाड़ देने वाली चोट को सह सकने के लिए चीख या आँसू बहा देने का भी अवसर न था। उनके आत्मदमन पर ही बंगले में इकट्ठे सब फरारों और दल के नेता की सुरक्षा निर्भर थी। जैसे लिटा दिया, लेट गयीं।

भैया ने सुशीला दीदी को भी धैर्य रखने के लिये समझाकर दूसरे पलंग पर लिटा दिया। लगभग रात के ग्यारह बज चुके थे। मैं अपने दुख में सबका दुख भूल, एक सोफे पर निश्चेष्ट आँखें मूँदे पड़ा था।

आज़ाद ने बंगले की बिजली बुझा दी और मुझे बाहर से जाकर पूछा, "शरीर किस अवस्था में छोड़ आये?"

उन्हें बताया कि अँधेरा घना होने और आस-पास की जगह ठीक से मालूम न होने के कारण केवल एक चादर से ढाँक आये हैं।

भैया ने सुझाया, "जंगली जानवर गीदड़, लोमड़ी या लकड़बग्घा शरीर को खराब न करें। मैं भी एक बार देख आऊँ। सुबह अँधेरा रहते चलेंगे और कुछ प्रबन्ध कर आयेंगे।" वे मुझसे भगवती भाई को लगे घावों की बाबत पूछते रहे। मैं यथा-शक्ति बताता रहा।

"अब क्या करना होगा?" उन्होंने पूछा, 'ऐक्शन किया जा सकेगा? दो आदमी कम हो गये हैं।"

"ऐक्शन जरूर हो, यह उनका अन्तिम अनुरोध था। अब तो करना ही होगा जरूर।" मैंने उत्तर दिया।

सुबह अँधेरा रहते भैया ने पुकारा, "उठो, चलना है।"

मैंने साइकिल निकाली। भैया, भाभी और सुशीला जी को कहते गये कि हम लोग शव का प्रबन्ध करने जा रहे हैं। सुशीला जी ने आग्रह किया कि वे भी अन्तिम दर्शन के लिए साथ चलेंगी।

भैया ने मुझसे पूछा, "ले चलें?"

मैंने इनकार कर दिया।

सुशीला जी ने बहुत अनुनय किया। भैया ने मेरी ओर देखा, "क्या हर्ज है?"

मैंने समझाया, "अभी सड़कों पर बिजली जल रही है। जगह-जगह पुलिस के रौंद करते सिपाही मिलेंगे। इस अँधेरे में किसी स्त्री को साइकिल के पीछे बैठाकर ले जाना ही सन्देह का कारण होगा।" उन दिनों लाहौर में किसी स्त्री का साइकिल पर पीछे बैठकर आना-जाना लोगों की निगाह खींचता था। भाभी हम लोगों से मिलने के लिए कभी धर्मपाल या धन्वन्तरी के साथ साइकिल पर पीछे बैठकर रात में ही आती थीं। पड़ोसियों ने देख लिया था। यह भाभी के उच्छृंखल समझ लिए जाने का प्रमाण मान लिया गया था।

भाभी अब भी वैसे ही निश्चल पड़ी थीं। मैं, भैया और बच्चन तीनों रावी किनारे जंगल में पहुँचे। पौ फटने का समय था। कहीं-कहीं कोई कौवे बोलने लगे थे। उस जंगल में लाहौर भर के कौवे बसेरा लेते थे। हमारी आहट से ही कौवों की नींद खुली होगी। भगवती भाई का शरीर श्वेत चादर से ढँका पड़ा था। किसी जानवर ने उसे छेड़ा न था। चादर के कोनों और किनारों को हम पत्थरों से जैसे दबा गए तो, वे वैसे ही दबे थे। केवल खूब बड़े-बड़े चीटें, शायद रक्त की गन्ध से आकर्षित होकर चादर के ऊपर काफी संख्या में घूम रहे थे।

हम दोनों ने आस-पास जगह की जाँच-पड़ताल की। साथ फावड़ा ले गए होते तो वहीं कब्र या समाधि के लिए जगह खोद सकते थे। घूम-फिरकर चारों ओर देखा।

लगभग पचास-साठ गज पर रावी नदी की एक शाखा थी। जल अच्छा गहरा था। हम लोग निरुपाय थे। रात जो चादर शव पर ओढ़ा आये थे, उसी में शरीर को उकडूँ बैठाकर अच्छी तरह बाँधा। इस समय तक शरीर बिलकुल ऐंठ गया था। बच्चन जेब में एक कैंची ले गया था। उसने शव के माथे पर से कुछ बाल काट लिए जो हम लोगों ने स्मृति-चिह्न रूप रख लिए। तीनों साथी मिलकर शव को उठाकर जल तक ले गए। शरीर की गठरी में कुछ बड़े-बड़े पत्थर भी डाल दिए थे ताकि ऊपर तैर न आये और शरीर को जल-समाधि दे दी।

बंगले में बिलकुल मातम था। कोई किसी से बोल न पाता था, न खाने पीने की किसी को सुध थी। आज़ाद कभी-कभी १ जून के ऐक्शन के बारे में बात करने लगते। मुझसे बोलते न बनता। मैं एक ही उत्तर देता, "ऐक्शन जरूर करना है। जैसे होगा, करेंगे।"

सुशीला जी अपनी आँखें पोंछती हुई भाभी को सांत्वना देने की चेष्टा करतीं, परन्तु भाभी बिलकुल निश्चल और निष्पलक, लकड़ी की तरह सीधी पड़ी रहतीं। भैया भी बार-बार उनके पास बैठकर दल पर उनके ऋण और उनके प्रति दल के कर्तव्य की बात कहकर सांत्वना देते। तब भी वे निरुतर और निश्चल रहतीं। अलबत्ता जब बच्चन उन्हें सान्त्वना देने के लिए उनके समीप जाकर फूट-फूटकर रोने लगता तो वे उसे सहारा देने के लिए उसके सिर पर हाथ रख देतीं। बच्चन को भैया आज़ाद और भगवती भाई दोनों के प्रति ही अगाध अनुरक्ति थी। रोते-रोते उसने कहा, "भैया आज़ाद ने क्रांति की भावना की चिनगारी मेरे हृदय में जगायी थी, भगवती भाई उसे अमर ज्वाला बना गये।"

हम लोगों ने बच्चन से घटना का ब्योरा पूछा। मालूम हुआ, मैं जब बम के खोलों के भीतर रोगन लगाकर उन्हें सूखने के लिए रख गया था तो सुखदेवराज ने जल्दी मचायी कि इन्हें धूप में रखकर सुखा लिया जाये। वैसा ही किया गया। धूप में रखने से खोलों का रोगन दो-तीन घण्टे में (उनके विचार से) सूख गया। उसके बाद उसने बम भरने का आग्रह किया। भगवती भाई ने बम भर दिया।

मैंने याद दिलाया, "मैंने पहले ही कहा था कि एक बम का ट्रिगर ढीला है।"

बच्चन ने बताया, "हम लोगों को उस समय ढीला नहीं मालूम हुआ।"

बम भर लिए जाने पर वे तीनों एक बम की आजमाइश के लिए साइकिलों पर रावी की ओर चले गए। साइकिलें घाट पर छोड़कर उन लोगों ने सनातन धर्म कालेज के बोट क्लब के मल्लाह से एक नाव ली और नाव पर चढ़कर सूने जंगल की ओर चले गए। जंगल में पहुँचकर एक स्थान चुनकर भगवती भाई बम को फेंकने के लिए तैयार हुए। बच्चन और राज के पीछे हट जाने पर बम का घोड़ा चढ़ाने से पहले भगवती भाई ने कहा, "इस बम का ट्रिगर तो ढीला है, उसे रहने दिया जाये।"

सुखदेवराज उनकी ओर बढ़ गया और बोला, "तुम्हें डर लगता हो तो लाओ मुझे दो!"

"ऐसी क्या बात है!" भगवती भाई ने हँसकर कहा, "जो मेरे लिए है, वही तुम्हारे लिए भी। तुम पीछे हट जाओ।" उन्होंने हाथ फैलाकर बम फेंका। बम उनके हाथ से छूटते-छूटते फट गया।

भगवती भाई बम के टुकड़ों की चोट और विस्फोट के धक्के से गिर पड़े। यदि बम का ट्रिगर ठीक होता तो फेंक दिए जाने के बाद बम को जमीन पर गिरने की चोट से ही फटना चाहिए था।

भगवती भाई के इस प्रकार असह्य पीड़ा में शहीद होने से मुझे ऐसा अनुभव हो रहा था जैसे इसके लिए अपराधी मैं ही हूँ। जब मैंने देख लिया था कि ट्रिगर ढीला है तो मुझे उसी समय ठीक कर देना चाहिए था और बम को आजमाने के लिए वे गए ही क्यों। लेकिन यह मेरे लौट आने से पहले ही हो चुका था।

मैं भाभी को सान्त्वना देने का भी साहस न कर सका। मुझे यह ख्याल भी न आया कि उनकी एक विपत्ति में हम लोग यही एक चीज, सान्त्वना देना ही उनके लिये कर सकते हैं और दल के सब लोगों में उनका सबसे पुराना परिचित मैं ही था। मैंने भगवती भाई की मृत्यु से अपनी चोट को भाभी के दुख से भी बड़ा समझ लिया, जैसे कि मेरे अवसाद में मुझे उनसे भी अधिक सान्त्वना की आवश्यकता थी। एक बार भी उनके पास जाकर सान्त्वना का कोई शब्द न कह सका। बहुत दिन बाद मैं अपनी भूल समझा और बहुत ग्लानि भी अनुभव हुई। अपने सुख-दुख और दृष्टिकोण की तुलना में दूसरों की अनुभूति को भूल जाना ही स्वार्थपरता का मूल है।

●

भगवती भाई की शहादत

३० या ३१ मई के दिन सोचा कि एक पत्र लिखकर प्रकाशवती को भगवती भाई की शहादत की सूचना दे दूँ। बंगले के डाइनिंग रूम में कोई न था। वहीं बैठकर पत्र लिखने लगा। पत्र आरम्भ करने से पहले सोचा कि पत्र किस पते पर भेजा जाय? प्रकाशवती कृष्ण जी के यहाँ थीं। उनके पते पर लिखते संकोच हुआ। कृष्ण जी की अदमनीय कौतूहल की प्रवृत्ति से परिचित था और शंका थी कि वे पत्र को पहले स्वयं पढ़े बिना न रह सकेंगे, इसलिये श्रीमती कृष्ण के भाई ध्रुवदेव जी के पते पर भेजना निश्चय किया। लिफाफे पर पहले ही पता लिख लिया था।

पत्र का भाव लगभग ऐसा था—बहुत ही अप्रत्याशित विस्फोट में भगवती भाई शहीद हो गये हैं। अपने बाद जिसके भरोसे तुम्हें छोड़ जाने का विश्वास था, वह मुझसे पहले ही चल दिया। भगवती भाई के बिना दल का एक हाथ टूट गया। भाभी की अवस्था समझ सकती हो। उन्होंने सर्वस्व दल को दे दिया था। अप्रत्याशित घटना ने उससे भी बड़ी चीज उनसे छीन ली। आँख उठाकर उनकी ओर देखने का साहस नहीं होता, न कुछ कहने का ही। सान्त्वना का एक शब्द भी मैं उन्हें नहीं कह पाया हूँ। मेरे बाद भाभी के प्रति तुम जितना भी ऋण मानो, कम होगा। उनके लिये सभी प्रकार का सहारा बनना तुम्हारा कर्तव्य होगा…। पत्र समाप्त नहीं कर पाया था कि जेल के सामने चक्कर लगा आने के लिये भैया ने पुकार लिया।

अधलिखा पत्र और पता लिखा लिफाफा जेब में लिये चलना उचित न था। किसी समय भी सड़क पर पकड़ा या मारा जाना असम्भव न था। मेरी जेब में जिस व्यक्ति के पते पर लिखा पत्र मिलता, उसकी खैर न थी। पत्र और लिफाफा फाड़ दिये। ठीक याद नहीं, छैलबिहारी या मदनगोपाल जो सामने दिखायी दिया, उसे पुकारकर कागज के टुकड़े उसके हाथ में दे दिये और कह दिया, इसे जला दो।

कागज के वे टुकड़े जलाये न गये बल्कि उपेक्षा से बंगले या रसोई में किसी स्थान पर फेंक दिये गये। जिस अवस्था में हमें बंगले से भाग जाना पड़ा, पुलिस ने सुराग ढूँढ़ने के लिये बंगले के कोने-कोने की तलाशी ली। वे कागज उनके हाथ पड़ गये। ध्रुवदेव तुरन्त गिरफ्तार कर लिये गये। पुलिस ने उनसे भेद निकालने के लिये उन्हें खूब यातना दी। अपनी इस भूल के लिये मेरे मन में सदा ही कलख और घोर पछतावा बना रहा, लेकिन ध्रुव जी शरीर से जितने संक्षिप्त हैं, हृदय से उतने ही विशाल। छूटकर आये तो मेरी फरारी की अवस्था में फिर सहायता करते रहे। उन्हें मेरी नीयत पर इतना विश्वास था कि आज भी वह मित्रता कायम है।

ध्रुव जी पुलिस को बताते भी क्या? उन्हें यह मालूम ही न था कि हम लोग लाहौर में या बहावलपुर रोड पर थे। उनसे केवल 'कमला' के बारे में पूछा जा सकता था, क्योंकि उनकी मार्फत 'कमला' के लिये पत्र लिखा गया था। पुलिस ने ध्रुव जी के मकान के साथ ही उनके सम्बन्धी कृष्ण जी के मकान की भी तलाशी, मकान को घेरकर सरगर्मी से ली। प्रकाशवती पकड़ी नहीं गयीं, क्योंकि तलाशी से कुछ देर पहले जब खुफिया पुलिस अभी उस मकान की देखरेख कर रही थी, उन्हें शंका हो गयी। आशंका अनुभव कर कृष्ण जी से कुछ कहे बिना ख्यालीराम जी गुप्त के यहाँ चली गयी थीं।

रावी के किनारे मल्लाह के पास छोड़ी हुई साइकिलों को वापस लाना और सुखदेवराज के पाँव के इलाज की व्यवस्था आदि कई काम थे। १ जून को जेल पर आक्रमण करना ही था इसलिये हम लोग दिल पर पत्थर रखकर उस व्यवस्था में व्यस्त हो गये। मैं और आज़ाद दोनों बार-बार बोर्स्टल जेल और सेन्ट्रल जेल के सामने से जगह का निरीक्षण करते हुए गुजर जाते। भैया बार-बार पूछते, "सोहन, कहाँ ठीक रहेगा, सेन्ट्रल पर या बोर्स्टल पर?"

बहुमत से निर्णय हो चुका था। मेरा एक ही उत्तर था, "फैसला तो हो चुका, बोर्स्टल पर।"

१ जून को सुबह ही भैया ने कहा, "आज शाम पाँच बजे एक्शन करना है। बाबू भाई और राज की जगह किन दो को लिया जाय? दो आदमी हैं, छैलबिहारी और मदन। इनमें से जिसे चाहो, एक को चुन लो।"

उन दोनों को यह तो मालूम था कि किसी बहुत बड़े एक्शन की तैयारी है, परन्तु एक्शन कहाँ और कैसे होगा, कौन लोग इसमें भाग लेंगे, यह बातें उन्हें मालूम न थीं। भैया ने मुझसे ही कहा, "तुम उनमें से जिसे उचित समझो, उसे तुम अलग ले जाकर बात कर लो और साइकिल पर ले जाकर स्थान दिखाकर समझा आओ।"

भैया की यह बात भाभी के कान में पड़ी। उन्होंने आग्रह किया, "आक्रमण में 'उनकी' (भगवती भाई) जगह जाने का अवसर मुझे दीजिये। सबसे पहले यह मेरा अधिकार है।"

भैया ने मेरी ओर देखा। हम दोनों ने समझाया, "इस समय आप रहने दीजिये!"

"क्यों?" भाभी ने जिद्द की।

भैया ने आँसू पोंछकर कहा, "ऐसा कोई भी कदम सोच-विचार कर उठाना ठीक होगा। लड़के का भी प्रश्न है।"

"लड़का अब आप लोगों का है, आपके जिम्मे है।"

"भाभी, अभी मान जाओ!" भैया ने समझाया।

भाभी से हमारी बात सुनकर सुशीला जी ने भी आक्रमण में भाग लेने के लिए आग्रह किया, परन्तु उन्हें भी इनकार कर दिया गया।

मुझे छैलबिहारी जँचा। उसे एक ओर ले जाकर बात की, "हम भगतसिंह और दत्त को जेल से छुड़ाने के लिये आज जेल के फाटक पर आक्रमण करेंगे। यह निश्चय समझ लो कि वहाँ मारे जाने की ही अधिक सम्भावना है। गोली चलने पर भागने का कोई

सवाल न होगा। ऐसी व्यवस्था में मैं या भैया भागने वाले को स्वयं ही गोली मार देंगे। यदि साहस नहीं है तो पहले ही इनकार कर सकते हो।"

छैलबिहारी ने उत्तर देने से पहले विचार करने के लिये समय चाहा। प्रायः आध घण्टे बाद आकर उसने उत्तर दिया, "मुझसे न हो सकेगा।"

अब मदनगोपाल को बुलाकर बात की। उसे भी पूरी स्थिति समझाकर पूछा कि साथ चलने को तैयार है या नहीं?

मदनगोपाल कुछ देर खड़ा सोचता रहा और फिर उसने हामी भर ली।

मैंने उसे तैयार रहने के लिये कहा। कुछ मिनट बाद भैया ने मुझे दिखलाया कि मदनगोपाल एक सूने कमरे में कोने में आसन बिछाकर गीता का पाठ कर रहा था। भैया ने संकेत से उसके प्रति अपनी विरक्ति और निराशा प्रकट की, "यह गीता से पाया साहस कहीं ऐन वक्त पर ठसक न जाये!"

यह गीता पढ़ने वाला मदनगोपाल गिरफ्तारी के बाद मुखबिर बन गया। मदन ने अपने बयान में पुलिस के सन्तोष के लिये बीसियों बेसिर-पैर के झूठ बक डाले। आदमी मुखबिर संकट और प्राणों के लिये भय से बनता है! जो एक बार डरा, पुलिस उससे जो चाहे कहलवा या करा सकती है। मदनगोपाल ने अपने बयान में अपनी वीरता प्रकट करने के लिये यह भी कहा कि छैलबिहारी के भय दिखाने पर आज़ाद ने क्रोध में कहा—यदि ऐक्शन का सवाल सामने न होता तो उसे गोली मार देते। उसकी यह बात झूठ थी। किसी आदमी के अपने साहस की सीमा प्रकट कर देने पर गोली मार देने की बात हम लोग न करते थे। अलबत्ता मदनगोपाल के मुखबिर बन जाने की बात मालूम होने पर उसे गोली मार देने की इच्छा भैया क्या हम सभी लोगों की थी।

मदनगोपाल रिवाल्वर या पिस्तौल का उपयोग न जानता था। आज़ाद ने एक खाली रिवाल्वर उसके हाथ में थमाकर निशाना साधना और रिवाल्वर चलाना सिखा दिया और गोलियाँ भरने का ढंग भी बता दिया। भैया ने सबको ड्यूटियाँ बाँटकर समझा दिया कि आक्रमण के समय किसे क्या करना होगा। हथियार बाँटते समय मेरी और भैया की जेबों का सब रुपया सुशीला जी को सौंप दिया गया, लेकिन कुछ सोचकर भैया ने पन्द्रह-पन्द्रह रुपये फिर सबको बाँट दिये, यदि किसी हालत में जख्मी होकर बिखर ही जायें तो निरूपाय न रहें।

बोर्स्टल जेल के फाटक पर पुलिस की बन्द बस के घूमने के लिये जगह तंग थी इसलिए गाड़ी फाटक से पन्द्रह-बीस कदम दूर खड़ी की जाती थी। भगतसिंह की योजना थी कि हम लोग ठीक ऐसे समय बोर्स्टल जेल के फाटक की ओर मोटर से आयें जब उन लोगों को बस में बैठाने के लिये फाटक से निकाला जा रहा हो। हमें देखकर और हमारा संकेत पाकर भगत और दत्त फाटक से निकलकर पुलिस की लारी की ओर बढ़ते हुए हम लोगों की ओर दौड़ पड़ेंगे। उस समय ही उनके साथ की गारद पर और बस पर आक्रमण करना होगा।

आज़ाद ने ड्यूटियाँ बाँट दी। जगदीश और बच्चन एक बजे ही जेल के सामने की सड़क पर घूमते हुए भगतसिंह और दत्त के बोर्स्टल जेल की ओर जाने की सूचना के लिए वहाँ चले गये। बच्चन ने ढाई बजे बंगले पर आकर खबर दी कि पुलिस की बस भगतसिंह और दत्त को सवा दो बजे बोर्स्टल जेल पहुँचाकर लौट गयी है। भगतसिंह और

दत्त के पाँच बजे सेन्ट्रल जेल वापस लौटने की आशा थी। चार बजे हम लोग जेल की ओर जाने के लिये कार में अपने-अपने निश्चित स्थानों पर बैठे ही थे कि सुशीला जी ने पुकारा, "ठहरिये!" वे कमरे से निकलीं। उनकी बाँह से कुछ खून बह रहा था। खून में उँगली भरकर उन्होंने सबके माथे पर टीके लगा दिये। भाभी पत्थर की मूर्ति की तरह बरामदे में सुन्न खड़ी देख रही थीं।

हम लोग बोर्स्टल और सेन्ट्रल जेल के सामने से सड़क पर कुछ दूर नहर की ओर चले गये। इस समय बच्चन हमारे साथ कार में आ गया था। अब जगदीश का काम था कि भगतसिंह और दत्त को वापस लाने के लिये लारी के बोर्स्टल जेल की ओर चलते ही हमें संकेत दे दे। हम कार का मुख जेल की ओर मोड़कर प्रतीक्षा कर रहे थे। इंजन चालू था। ड्राइवर सरदार पुलिस के सड़क पर अकारण रुकने पर ध्यान आकर्षित न होने देने के लिये इंजन का हुड उठाये भीतर देख रहा था। जगदीश का संकेत मिलते ही हम लोग चल पड़े। हम बहुत तेजी से आ गये थे। पुलिस की गाड़ी अभी बोर्स्टल जेल के फाटक पर पहुँच ही रही थी। हम बोर्स्टल जेल के सामने मुख्य सड़क से फाटक की ओर जाने वाली सड़क के मोड़ पर रुक गये। पुलिस बस आहिस्ता-आहिस्ता फाटक पर पहुँची। कुछ देर जेल के फाटक की ओर मुँह किये रुकी, जैसे सदा रुकती होगी, परन्तु जाने क्यों, फाटक को तुरन्त खुलता न देखकर मुड़ जाने के लिये लौट पड़ी। बस में कैदियों के भीतर जाने का रास्ता पीछे से था। बस अपनी पिछाड़ी जेल फाटक से लगाकर खड़ी हो गयी। बस के यों पहले ही मुड़कर फाटक से लग जाने का अर्थ हुआ कि अब भगतसिंह और दत्त को फाटक से निकलते ही गाड़ी में बैठा दिया जायेगा। गाड़ी फाटक से सटकर खड़ी हुई थी, जैसे पक्षी को एक पिंजरे से दूसरे पिंजरे में बदलने के लिये पिंजरों के मुँह सटा दिये जायें। भगतसिंह और दत्त को बस की ओर पन्द्रह-बीस कदम जाते समय भाग सकने का अवसर न रहा।

हमारी कार मोड़ पर खड़ी थी। गाड़ी का इंजन चालू था। भैया ने जेल के फाटक की ओर देखते हुए मुझे सम्बोधन किया, "सोहन, अब ?"

"बढ़िये!"

"कैसे ?" विस्मय से भैया ने पूछा।

"जो भी हो!"

"हूँ!"

भगतसिंह और दत्त जेल के बन्द फाटक की सीखों के बीच से आते दिखाई दिये। योजना के अनुसार पिछली सीट पर मैं बायीं ओर, बीच में मदनगोपाल और बच्चन दायीं ओर बैठा था।

भैया ने धीमे से निर्देश दिया, "सिगनल!"

बच्चन ने बाँसुरी बजाना शुरू किया कि भगतसिंह और दत्त हमें देखकर सावधान हो जायें। यह सिगनल पूर्व निश्चित था। जेल के फाटक की खिड़की खुली। हमारी मोटर धीमी चाल से जेल की ओर बढ़ी।

भगतसिंह से इशारा मिलते ही हमें फाटक पर आक्रमण कर देना था। मेरा काम था कि फाटक के बायीं ओर बेंच पर सदा तैयार बैठे रहने वाले जेल के छः सशस्त्र सिपाहियों पर पहले बम फेंक देना और उन पर गोली चलाकर उन्हें दूर रोके रहना।

बच्चन को निर्देश था, बस पर बम फेंककर उसमें बैठे पुलिस के सिपाहियों को रोके रहे। इस अवस्था में मदनगोपाल को दौड़कर अपनी ओर आते भगतसिंह और दत्त को एक-एक रिवाल्वर दे देना था। आज़ाद के पाँव के पास बड़ा माउजर पिस्तौल, जिसे राइफल की तरह कंधे से टिकाकर गोली चलायी जा सकती थी, रखा था। वे जिस किसी को आगे बढ़ता देखते, गोली मार देते।

भगतसिंह और दत्त बाहर निकले। भगत ने माथा खुजाने का इशारा न किया।

भैया ने मुझसे पूछा, "कहो!"

"बढ़ो!" मैंने भगतसिंह की ओर देखते हुए भैया को उत्तर दिया।

ड्राइवर ने इंजन तेज किया, परन्तु भैया ने उसके हाथ पर हाथ रखकर रोक दिया, "ठहरो!"

भगतसिंह और दत्त ने हमारी ओर कदम न उठाकर बस के दरवाजे की ओर ही चले।

आज़ाद ने धीमे से कहा, "बस को आने दो!" उनका अभिप्राय था, हम आ तो गये ही हैं, ऐसे नहीं तो दूसरे ढंग से सही। इस समय तक हमारी मोटर पर सन्देह हो जाना चाहिए। बचकर बिना सन्देह पैदा किये लौट जाने की बात हमारे अनुमान में खतम हो चुकी थी। भगतसिंह और दत्त को लिये पुलिस की बस हमारी बगल से गुजरी। उन दोनों ने हम लोगों की ओर देखा। आँखें मिलीं और बिछुड़ गयीं। कोई संकेत न मिला। हम लोग निश्चल रहे।

भैया ने ड्राइवर को तुरन्त लौट चलने के लिये कहा। गाड़ी तेजी से लौट चली। हम लोगों ने दो-तीन सड़कों पर घूम-घूमकर पीछे देखा कि हमारा पीछा तो नहीं किया जा रहा है। एक सूनी जगह में फुरती से कार का नम्बर बदलकर बंगले पर लौट आये। गाड़ी की आहट पाकर भाभी और सुशीला जी बरामदे में निकल आयीं। उन दोनों को देखकर मेरी आँखें झुक गयीं। दूसरों पर क्या बीती, वे जानें। हम खून का टीका लगवाकर गये थे।

भैया ने मुझे सम्बोधन किया, "बताओ, क्या कर सकते थे। खामुखा बढ़ो...बढ़ो कहे जा रहे थे तुम! आज नहीं तो कल सही।"

मैंने स्वीकार किया, "तुमने बुद्धि से काम लिया। मैं भावुकता में बह गया था। उत्तरदायित्व तुम पर ही था।"

जेल पर आक्रमण और बहावलपुर रोड विस्फोट :

रात काफी देर तक बात होती रही। भैया ने कहा, "भगत और दत्त को छुड़ाने का काम जरूर करना है, परन्तु ऐसे नहीं। पच्चीस-तीस आदमियों को लेकर जैसे चटगाँव में शस्त्रागार पर आक्रमण किया गया है…।"

यह कहना व्यर्थ था कि मैं तो दो मास से यही बात कर रहा था। शरीर और मन बहुत शिथिल जान पड़ रहे थे, जैसे खूब जोर का ज्वर उतर गया हो। हम दोनों बरामदे में लेटे थे। भैया काफी रात तक बात करते रहे। कुछ नींद ले सकने के लिए मैं भीतर चला गया।

ड्राइंगरूम के पिछवाड़े के बड़े कमरे में दायीं-बायीं दीवारों के साथ लोहे के स्प्रिंगदार पलंग लगे हुए थे। छत से बिजली का बड़ा पंखा लटका था। भाभी एक पलंग पर सोयी हुई थीं। पंखा चल रहा था। मैं दूसरे पलंग पर बिना कुछ बिछाये जा लेटा। तुरन्त नींद आ गयी।

आहट से नींद खुली। देखा, भाभी उठकर बाहर जा रही हैं। उनके उठने से लोहे के पलंग के स्प्रिंग चर्राने की आहट हुई थी। पौ फटने का समय था। मैं भी उठ गया। बाहर जाने से पहले पंखा बन्द कर दिया। ड्राइंगरूम लाँघकर मैं बरामदे में ही पहुँच पाया था कि भयंकर धड़ाके से बंगला हिल गया। भैया ने पुकारा, "क्या बम फट गया?"

"हूँ।" कहकर मैं स्तब्ध-सा रह गया था।

"एकदम बंगला खाली कर दो।" आज़ाद ने कहा। हम लोग झपककर हथियारों को छोटे बैगों में सम्भालने लगे। इसी समय दूसरी बार धड़ाका हुआ। धड़ाके उसी कमरे में हुए थे जिसमें दो मिनट पहले मैं और भाभी सो रहे थे। वहाँ आलमारी में वे दोनों बम रखे थे जो पिछली संध्या जेल पर आक्रमण करने के लिये जाते समय मेरे और बच्चन के हाथ में थे।

तीन-चार मिनट में हथियार और महत्वपूर्ण कागज समेट लिये गये। मोटर बंगले पर न थी। वह रात लौटा दी गयी थी। मदनगोपाल और छैलबिहारी को एक-एक रिवाल्वर देकर यूनिवर्सिटी ग्राउण्ड के मैदान में जाकर प्रतीक्षा करने के लिये कह दिया गया। भैया ने हथियार से भरे बैग उठाये। बच्चन और मैंने अपनी साइकिलों के पीछे दुर्गा भाभी और सुशीला जी को बैठाया। सूनी सड़कों का चक्कर लगाकर देखा कि कोई पीछा नहीं कर रहा है और हम लोग इन्द्रपाल के मकान पर पहुँच गये।

इन्द्रपाल ने बंगले में बम फट जाने और हमारे भाग आने की बात सुनकर चिन्ता प्रकट की, "वहाँ तो मेरे घर का सभी सामान मौजूद है। अगर सामान पकड़ा गया?"

इन्द्रपाल की आशंका ठीक थी! कुछ ही दिन पहले उसका विवाह हुआ था। उसे दहेज में जो सामान मिला था, हम लोग उठाकर ले गए थे। इनमें से कई चीजों पर उसका नाम और उपहार मिलने की तिथि भी लिखी हुई थी।

उसे आश्वासन दिया, "इतनी जल्दी पुलिस नहीं पहुँची होगी। देख आऊँ, अवसर हुआ तो सामान उठा लायेंगे।"

भैया ने ताकीद की, "सम्भल कर ···बचपना न करना!"

मैं बहावलपुर रोड पर पहुँचा और बंगले के सामने से घूमकर देखा, अभी बिलकुल सुनसान था। भीतर गया और एक पर्दा उतारकर उसमें जितना सामान समेट सका, एक गठरी बाँधकर इन्द्रपाल के यहाँ लौट आया और बताया कि अभी तो वहाँ बहुत कुछ है।

भाभी और सुशीला जी को बच्चन के साथ सुरक्षित स्थान पर पहुँचाकर मैं, भैया और इन्द्रपाल फिर साइकिलों पर बंगले में लौटे। चौकस होकर बंगले के भीतर झाँककर देख लिया।

भैया ने टोका, "हम लोग बचपना कर रहे हैं। पड़ोसी इंजीनियर के यहाँ टेलीफोन है। वह ऊँचा सरकारी नौकर है। उसने अगर पुलिस को फोन कर दिया हो तो?"

मैंने पड़ोसी इंजीनियर का दरवाजा खटखटाया। वे बाहर निकले। मैंने अंग्रेजी में बात की, "कोठी में विस्फोट हो गया है।"

"हाँ।" घबराकर उन्होंने स्वीकार किया।

"आपने पुलिस को फोन तो नहीं किया?"

"अभी तो नहीं किया पर कर देना चाहिए।"

"अभी न कीजिये।"

"क्यों?"

"हम क्रांतिकारी लोग हैं। विस्फोट आकस्मिक रूप से हो गया है। आप आध घंटे बाद फोन कीजिये। इससे सरकार के प्रति कर्तव्य पालन भी हो जायेगा और इतने समय में हम अपना प्रबन्ध भी कर लेंगे।" उन्होंने सज्जनता से मेरी बात स्वीकार कर ली और वैसा ही किया भी। हम लोगों ने केवल निरर्थक चीजें छोड़कर बंगले से सब कुछ हटा लिया।

बहावलपुर रोड के बंगले में विस्फोट के परिणामस्वरूप ध्रुव जी के संकट में फँसने के अतिरिक्त हम लोगों के कारण इन इंजीनियर साहब पर जो बीती, उसके लिये भी दुख है। जब मैं इंजीनियर से बात करने गया तो इन्द्रपाल मेरे साथ था। यह ठीक है कि इन्द्रपाल जान बचाने के लिये मुखबिर न बना था बल्कि मुखबिर बन जाने के लिये तैयार दूसरे लोगों से अपने साथियों को बचाने के लिये ही मुखबिर बना था। उसने बहुत से लोगों को पुलिस की लपेट में आने से बचाया भी, परन्तु जाने क्यों इन इंजीनियर साहब की बात उसने पुलिस से कह दी। इंजीनियर को खूब परेशान किया गया और उनका ओहदा गिराकर सरकार ने उनसे बदला भी लिया। इंजीनियर साहब ने हम लोगों के प्रति जिस सद्‌भावना और सहानुभूति का परिचय दिया, उसके लिये वातावरण पैदा करने वाली कुछ घटनायें पिछले दिनों हो चुकी थीं।

●

जलगाँव अदालत में मुखबिर पर गोली

फरवरी १९३० में एक और घटना से जनता में हमारे दल के प्रति आस्था बढ़ने में सहायता मिली थी। जलगाँव अदालत में साथी भगवानदास ने लाहौर षड्यंत्र के मुखबिर जयगोपाल पर गोली चला दी थी और जयगोपाल जख्मी हो गया था। साथी भगवानदास लगभग अक्टूबर १९२९ में साथी सदाशिवराव मल्कापुर के साथ गिरफ्तार हो गए थे। भगवानदास और सदाशिव के गिरफ्तार होने के समय जनता का व्यवहार कैसा था और भगवानदास के अदालत में मुखबिर पर गोली चला देने पर जनता में क्या प्रतिक्रिया हुई, इस वर्णन से क्रांतिकारियों के प्रयत्नों से जनता की भावना पर पड़े प्रभाव का बहुत अच्छा उदाहरण मिलता है।

अक्टूबर १९२९ में जब भैया आज़ाद ने भगवती भाई के प्रति अविश्वास के कारण हम लोगों से सम्पर्क अस्वीकार कर दिया था, वे ग्वालियर में कठिन अवस्था में थे। वहाँ किसी प्रकार पाँव जमते न देखकर उन्होंने भगवानदास और सदाशिवराव को बम बनाने का सामान और यंत्र लेकर पूना जाने के लिये कह दिया था। पूना में राजगुरु का जमाया हुआ दल का एक अड्डा था। पूना जाते समय भुसावल में गाड़ी बदलनी पड़ती है। भुसावल में मादक द्रव्य नियंत्रक (एक्साइज़) पुलिस की बहुत चौकसी रहती थी। प्रायः ही मुसाफिरों के सामान की जाँच कर ली जाती थी।

पुलिस ने भगवानदास और सदाशिवराव की गठरी और बक्से की भी जाँच करनी चाही। सदाशिव के समझाने-बुझाने का कोई प्रभाव पुलिस पर न हुआ। उन लोगों को अपना बक्सा खोलकर दिखाना ही पड़ा। बक्से में तेजाब आदि की बोतलें देखकर पुलिस को सन्देह हुआ। भगवानदास ने इन बोतलों को अमूल्य औषधियाँ बताकर पुलिस को बहलाना चाहा, परन्तु तलाशी में कारतूसों की एक बड़ी पुड़िया भी निकल आयी थी। कपड़े में लिपटा एक पिस्तौल भी बक्स में था जिसे भगवानदास ने चतुराई से उठाकर पहले बाहर रख दिया था।

पुलिस के बहकने की सम्भावना न देख भगवानदास ने सदाशिव को संकेत किया, उठाओ और भागो!

सदाशिव ने केवल पिस्तौल न उठाकर पूरा बक्सा ही उठाकर भागना शुरू किया। दोनों प्लेटफार्म से सिगनल की ओर भाग चले। पुलिस के सिपाही उनके पीछे दौड़े। सिपाहियों ने भीड़ को सहायता के लिये पुकारा, "दौड़ो, दौड़ो! बम मारने वाले भागे जा रहे हैं!" भीड़ सिपाहियों की सहायता के लिये दौड़ पड़ी।"

बक्सा उठाये सदाशिव का पाँव सिनगल की एक तार में उलझ गया और वह गिर पड़ा। उसे पुलिस के हाथ पड़ता देखकर भगवानदास ने जेब से पिस्तौल निकालकर भीड़

की ओर हवा में गोली चला दी। इस पर भी भीड़ ने उन लोगों का पीछा न छोड़ा। वे दोनों रास्ता बदलकर स्टेशन का जंगला कूदकर सड़क पर बस्ती की ओर दौड़े। स्थान से अपरिचित थे। दुभाग्य से पुलिस चौकी में ही पहुँच गए और गिरफ्तार हो गए।

भगवानदास और सदाशिव को बिना कुछ कर पाये गिरफ्तार हो जाने और दल का बहुमूल्य सामान खो देने की बहुत ग्लानि थी। मुखबिरों के बयानों से इन दोनों का सम्बन्ध लाहौर षड्यंत्र से मालूम हो ही चुका था। दोनों को लाहौर लाकर पुलिस ने मुखबिर जयगोपाल और फणीन्द्र से पहचनवा लिया था, परन्तु उनका मुकदमा जलगाँव में ही हो रहा था और वे धूलिया जेल में बन्द थे। इन लोगों ने अपने विश्वस्त, झाँसी के प्रसिद्ध वकील रा० वी० दुलेकर को परामर्श के लिये धूलिया बुलवाकर आज़ाद को संदेश भेजा कि उनके मुकदमे में दुबारा गवाही देने के लिये जयगोपाल और फणीन्द्र जलगाँव अदालत में आयेंगे। यदि उन्हें एक पिस्तौल पहुँचा दिया जाय तो वे मुखबिरों को मार सकेंगे।

जनवरी, १९३० में संदेश मिलने पर भैया ने भगवती भाई को उन दोनों की योजना समझाने और परिस्थिति देखने के लिये भेज दिया। भगवती भाई झाँसी के एक वकील की हैसियत से इन दोनों से जेल में मिले और भैया को काम हो सकने की सहमति दे दी। २७ फरवरी, १९३० को सदाशिव के भाई शंकरराव मल्कापुर दोनों अभियुक्तों के लिए भोजन लेकर जेल में गए तो भैया का दिया हुआ एक भरा हुआ पिस्तौल कटोरदान में साथ लेते गए।

भगवानदास और सदाशिव ने अपनी योजना पूर्ण कर सकने के लिये जेल वालों पर अपनी सज्जनता और नियमानुकूल रहने का विश्वास पहिले ही जमा लिया था। कभी-कभी सिपाहियों को गीत सुनाकर उनका मनोरंजन भी करते रहते थे। २७ फरवरी को उन लोगों की जलगाँव की सेशन अदालत में पेशी थी। उसी दिन दोनों मुखबिर जयगोपाल और फणीन्द्र गवाही देने के लिये आने वाले थे। भगवानदास जेल से अदालत जाते समय पिस्तौल जेब में लेते गये। अदालत में दोपहर के विश्राम के समय भगवानदास और सदाशिव के लिये शंकरराव खाना लेकर गये थे। दोनों अभियुक्तों के लिये बरामदे के नीचे दो कुर्सियाँ डाल दी गयी थीं। शंकरराव बरामदे में उनके सामने उकड़ूँ बैठ उन्हें भोजन करा रहे थे। अभियुक्तों के पीछे अदालत के अहाते में एक छोलदारी में दोनों मुखबिरों और उनकी रक्षा के लिये तैनात पुलिस अफसरों के लिये मेज कुर्सियों पर भोजन की व्यवस्था की गयी थी।

भगवानदास और सदाशिव की हथकड़ियाँ, भोजन कर सकने के लिये दायें हाथों से खोलकर केवल एक हाथ, बायें हाथ में ही लगा दी गयी थीं। शंकरराव ने उन्हें बताया, "तुम्हारी पीठ पीछे छोलदारी में दोनों मुखबिर पुलिस वालों के साथ खाना खा रहे हैं।"

भगवानदास ने छोलदारी का पर्दा उठाया। फणीन्द्र गोली की आहट सुनकर पहले ही कुर्सी से खिसककर मेज के नीचे घुस गया था। जयगोपाल हिम्मत करके भगवानदास की ओर झपटा। भगवानदास ने उस पर गोली चलायी। गोली जयगोपाल के कन्धे पर लगी और वह चिल्लाकर अदालत की ओर भागा। मुखबिरों के भोजन के लिये बैठा पुलिस का इंचार्ज अफसर भी मेज के नीचे घुस गया था। भगवानदास ने झुककर गोली चलाने का यत्न किया, परन्तु पिस्तौल अड़ गया था।

भगवानदास छोलदारी से अदालत के कमरे की ओर भागा ताकि उनके पास पकड़ा गया जो पिस्तौल उनके विरुद्ध गवाही के लिये अदालत में रक्खा हुआ था, उठा ले। सदाशिव उससे पहले ही उस ओर दौड़ने के कारण पकड़ लिया गया था।

नानकशाह चोट खाकर अदालत की ओर भाग गया था। भगवानदास को अपनी ओर आते देखकर 'मरता क्या न करता' की अवस्था में वह भगवानदास पर टूट पड़ा और अपने बोझ से भगवानदास को नीचे गिराकर दबा लिया। पुलिस के दूसरे आदमियों ने भी दौड़कर भगवानदास को काबू कर लिया। इस अवसर पर जलगाँव की बहुत सी जनता क्रांतिकारियों का मुकदमा देखने के लिये अदालत में घिर आयी थी। क्रांतिकारियों और पुलिस की इस लड़ाई में जनता ने पुलिस का साथ न दिया, बल्कि क्रांतिकारियों के समर्थन में 'क्रांति जिन्दाबाद' के नारे लगाने लगी।

अदालत की कार्रवाई स्थगित कर दी गई। मुखबिरों के लिये भीड़ 'गद्दार मुर्दाबाद!' के नारे लगा रही थी और बस पर पत्थर फेंके जा रहे थे। नौ या दस आदमी गिरफ्तार कर लिये गये और जलगाँव में दफा १४४ लग गयी। चार महीनों में क्रांतिकारियों के प्रति जनता की भावना में इतना परिवर्तन आ गया था, क्योंकि इस बीच वाइसराय की गाड़ी के नीचे बम-विस्फोट, चटगाँव में शस्त्रागार पर हमला और 'फिलासफी आफ दी बम' के वितरण की घटनायें हो चुकी थीं। जनता जान चुकी थी, क्रांतिकारी कौन हैं और उनका प्रयोजन क्या है।

जनता ही नहीं पुलिस भी इस प्रभाव से न बची थी। हवालात में पिस्तौल पहुँच जाने और अदालत में गोली चल जाने के कारण क्रांतिकारी अभियुक्तों पर चौकसी रखने वाले देसी सिपाहियों को अयोग्य समझा गया। उसी समय गोरे सार्जेण्ट बुलाकर पुराने सिपाहियों की बदली कर दी गयी। इन देसी सिपाहियों में से कुछ अपनी शिथिलता के कारण सजा पाने की आशंका से घबरा रहे थे। इन्हीं सिपाहियों में से कुछ ने अपने साथियों को फटकार दिया, "क्यों मरे जा रहे हो, नौकरी चली जायेगी? बहुत होगा चार-छः महीने की जेल हो जायेगी। माँ के इन लालों को देखो; देश और कौम के लिये जान दे रहे हैं!"

वाइसराय की गाड़ी के नीचे विस्फोट हुए दो मास हो चुके थे। उस घटना की तहकीकात करने के लिये लन्दन से खास स्काटलैंडयार्ड के चतुर जासूस बुलाये गये थे। वे भी कुछ पता न लगा पाये थे। अब अदालत में ही मुखबिरों पर गोली चल गयी थी इसलिये जनता क्रांतिकारियों को सहानुभूति के योग्य समझने लगी थी। हम अनुभव कर रहे थे कि जनता का साहस और चरित्र बढ़ रहा था, लेकिन साहस और चरित्र के लिये घटनायें और परिस्थितियाँ ही थीं।

मैं जिन चीजों को कम महत्वपूर्ण समझकर बहावलपुर रोड के बंगले में छोड़ आया था, उनमें मेरे हाथ के हिन्दी में लिखे बहुत से कागज थे। इन्द्रपाल के मकान पर या बंगले में जब भी मुझे कुछ समय मिल जाता था, मैं आस्कर वाइल्ड के प्रसिद्ध नाटक 'वीरा दी निहिलिस्ट' (अराजक वीरा) का अनुवाद किया करता था। इन कागजों को कहाँ संभालता फिरूँगा, यह सोचकर वहाँ ही छोड़ दिये थे। यह कागज पुलिस के हाथ पड़ने पर उन्हें मालूम हो गया कि यशपाल बंगले में जरूर था। मेरे पुलिस को बार-बार चकमा दे देने के कारण पुलिस मुझसे बहुत नाराज थी।

जनता से क्रांतिकारियों को जो सहानुभूति मिलती थी, उसी के बल पर हम पुलिस के हाथ न पड़कर उससे लड़ सकते थे। पुलिस जनता में क्रांतिकारियों के विरुद्ध घृणा फैलाने की तिकड़म करती रहती थी इसलिये मुखबिरों से क्रांतिकारियों के चरित्र पर भी लांछन लगवाये जाते थे। मुखबिर बन जाने पर मदनगोपाल ने बयान दिया था कि बहावलपुर रोड के बंगले में बम-विस्फोट हो जाने के कारण भगतसिंह को छुड़ाने की योजना पूरी न हो सकी। विस्फोट का कारण यह था कि जिस आलमारी में बम रखे थे उसके पास खड़ा होकर यशपाल भाभी से छेड़खानी कर रहा था। आलमारी हिल जाने से बम फट गया। यशपाल सुशीला दीदी से भी छेड़खानी किया करता था। इससे आज़ाद नाराज रहते थे। इस कमरे में आलमारियाँ दीवार में बनी हुई थीं।

उपरोक्त बयान दिलाते समय पुलिस ने या मदनगोपाल ने यह न सोचा कि उस बम विस्फोट से आलमारी के किवाड़ उड़ गये थे और बम के टुकड़ों की चोट से सामने की दीवार पर बहुत से छेद हो गये थे, दीवार का अधिकांश पलस्तर उड़ गया था। ऐसी अवस्था में आलमारी के समीप खड़े यशपाल की क्या हालत होनी चाहिये थी। छेड़खानी भी उस स्त्री से, जिसका पति तीन दिन पूर्व ही बम से घायल होकर मर गया था, जिसे घायल अवस्था में यशपाल ने स्वयं देखा था।

सुशीला जी और भाभी को धन्वन्तरी ने सुरक्षित स्थानों में पहुँचा दिया था। मदनगोपाल को मैंने उसी रोज दल से सहानुभूति रखने वाले साथी केवलकृष्ण के एक मित्र के साथ लाहौर से निरापद बाहर भिजवा दिया। केवल का एक मित्र निजी कार में पालमपुर (कांगड़ा) जा रहा था। मदन को उसकी गाड़ी में बैठा दिया गया। गरमी का मौसम था। एक परिचित परिवार शिमला जा रहा था। उनके साथ छैलबिहारी को भिजवा दिया था।

उन दिनों बचपन में बहुत समय तक रही संग्रहणी के प्रभाव से मेरा पेट बार-बार खराब हो जाता था। भगवती भाई की मृत्यु और दूसरी घटनाओं का तनाव भी मुझ पर काफी पड़ा था। भैया से मैंने कहा, मैं दो-तीन सप्ताह विश्राम चाहता हूँ। वे मान गये और तय हुआ कि मैं जुलाई के पहले सप्ताह में दिल्ली पहुँच जाऊँ।

मैंने हाकी का मैच खेलने वाले खिलाड़ी की पोशाक पहनी। केवलकृष्ण ने भी वैसी ही पोशाक पहनी। मैं और केवल मोटरसाइकिल पर अमृतसर पहुँच गये। विचार था दिल्ली में काम आरम्भ करने से पूर्व कुछ दिन पहाड़ी स्थान में विश्राम कर लूँ। देवराज और वात्स्यायन डलहौजी जा रहे थे। उन्हीं के साथ जाना तय कर लिया। पहाड़ जाते समय दिल्ली जाकर प्रकाशवती को भी साथ ले लिया था। समय आने पर मेरा यह आचरण भी मेरे अपराधों की सूची में गिना गया।

दिल्ली की बड़ी बम फैक्टरी

भगतसिंह और दत्त को जेल से छुड़ाने के लिये विराट आयोजन और उससे पूर्व के काम मुख्यतः भगवती भाई द्वारा दुर्गा भाभी से दिलाये पाँच-छः हजार और सुशीला जी द्वारा अपनी कलकत्ते की नौकरी की कमाई से दिये दो-ढाई हजार रुपये से हो ही सके थे। इसके बाद आर्थिक कठिनाई बहुत बढ़ गयी थी। भैया आज़ाद ने मजबूर होकर जुलाई १९३० के पहले सप्ताह में चाँदनी चौक दिल्ली में दोपहर के समय गड़ोदिया स्टोर में डाका डाल दिया था।

आज़ाद, विद्याभूषण और काशीराम पिस्तौल लिये दुकान की ऊपर की मंजिल में गड़ोदिया की गद्दी पर पहुँचे। इस स्टोर में काम करने वाला हमारा साथी विश्वम्भरदयाल यहाँ पहले से मौजूद था। विश्वम्भर ने आज़ाद को आने के लिये ठीक समय पहले से बता दिया था। धन्वन्तरी और भवानीसिंह गली में दुकान के जीने के सामने पिस्तौल लिये खड़े रहे ताकि चीख-पुकार होने पर कोई ऊपर न जा सके और ऊपर गये साथी घिर न जायें। गद्दी पर केवल पिस्तौल दिखाकर ही काम चल गया। साथी लगभग १७,३०० रुपये तीन-चार मिनट में ही लेकर नीचे उतर आये।

हमारे साथियों के जीने से बाहर निकल आने पर कुछ आदमियों ने शोर मचाना चाहा। उस समय एक गोली भैया को और एक गोली विद्याभूषण को चलानी पड़ी। कुछ ही कदम पर टाउन हाल के हाते में लेखराम कार लिये खड़ा था। इन लोगों के कार में बैठते ही गाड़ी चल दी। रुपया न्यू हिन्दू होस्टल में प्रोफेसर निगम के पास रख दिया गया और फिर शनैः-शनैः जगह-जगह बाँट दिया गया। यह डकैती मेरे दिल्ली पहुँचने से पहले ही हो चुकी थी। उसका वृत्तान्त मैंने कैलाशपति और आज़ाद से सुना था। मैं और कुछ साथी पहाड़ पर थे।

डकैती में प्राप्त रकम का अच्छा बड़ा भाग दिल्ली में कैलाशपति और कानपुर में वीरभद्र तिवारी को इस उद्देश्य से सौंप दिया कि दिल्ली में बम का मसाला बनाने का और कानपुर में बम के खोल ढालने और खरादने के लिये कारखाने बनाये जायें। अभिप्राय था, बम इतनी संख्या में बन सकें कि हमारे प्रयत्न इक्के-दुक्के आतंकवादी कार्यों तक ही सीमित न रहें, बल्कि गोरिल्ला दलों के आक्रमण का रूप ले सकें। प्रत्येक प्रान्त के संगठनकर्ता को प्रचार द्वारा सार्वजनिक सम्पर्क बढ़ाने के लिये एक-एक साइक्लोस्टाइल मशीन खरीदने का भी निर्देश दिया गया। पंजाब के भाग में दो हजार रुपये विशेषकर इस प्रयोजन से रखे गये थे कि सीमान्त प्रदेश में ब्रिटिश विरोधी नेता बादशाह गुल से सम्पर्क स्थापित करके उस प्रदेश में अपने दृष्टिकोण से राजनैतिक प्रचार किया जाये।

मैं दिल्ली आकर आज़ाद से मिला। लाहौर लौटकर अपने काम में लग जाना चाहता था, परन्तु भैया ने पहले दिल्ली में बम का मसाला बनाने का कारखाना जमा देने के लिये कहा। उस समय दल में मेरे अतिरिक्त कोई व्यक्ति यह काम न जानता था। मुझे कहा गया—यह काम सभी प्रान्तों की दृष्टि से आवश्यक है। पंजाब में धन्वन्तरी घर छोड़कर मेरी जगह काम सम्भाल रहा है।

विमलप्रसाद जैन ने झण्डेवाला में एक खूब बड़ा मकान इस प्रयोजन के लिये खोजकर मुझे दिखाया। मकान हमारे प्रयोजन के बहुत अनुकूल था। उसमें खूबी यह थी कि मकान के चारों ओर खुली जगह थी। पड़ोसियों के भीतर झाँकने या गन्ध सूँघने की आशंका न थी। हवादार कमरे, खुली छतें। मकान ले लिया गया। दल की ओर से आदेश था कि इस बार फैक्टरी ऐसे पर्दे और ढंग से जमायी जाय कि स्थायी रूप से चलती रहे। भीतर बम का मसाला निरापद रूप से बनाने के लिये बाहरी रूप रंग भी कुछ होना चाहिये था। यह सोचकर कि पिक्रिक एसिड धोने के कारण निरन्तर तेजाबी पानी बहेगा, हम लोगों ने फैक्टरी को साबुन के कारखाने का आवरण देना निश्चय किया। ऊपर के सब इन्तजाम विमल के सुपुर्द थे। उसने एक अच्छा साइनबोर्ड 'हिमालयन टायलेट्स' के नाम से बनवा लिया था।

हमारे इन कामों में और पिक्रिक एसिड आदि बनाने में भी रसायन (कैमिस्ट्री) पढ़ा आदमी बहुत सहायक हो सकता था, इसलिये लाहौर से सच्चिदानन्द हीरानन्द वात्स्यायन को बुला लिया गया। वात्स्यायन ने पिछले मार्च-अप्रैल में ही कालिज छोड़कर दल का काम आरम्भ कर दिया था।

कैलाशपति को मैंने आवश्यक सामान की सूचियाँ बना दी थीं। सामान आ गया। हमने जीने से ऊपर पहुँचते ही सामने पड़ने वाले कमरे में फैक्टरी का दफ्तर या 'शो रूम' बना लिया था। वात्स्यायन ने प्रसाधन के पदार्थों के नुस्खों की किताबों की सहायता से मुँह पर मलने की क्रीम और कुछ सुगन्धित तेल बना लिये। इन सब पर हमने अपने कारखाने के नाम के लेबल छपवाकर लगा लिये। कला की ओर प्रवृत्ति रखने वाले दो आदमी यानी वात्स्यायन (अज्ञेय) और मैं मिल गये थे। हमारे कारखाने की चीजों के नाम कलापूर्ण ही रखे गये अर्थात् 'बसन्तपराग हेयर आइल', 'बसन्तपराग क्रीम', 'बसन्तपराग सोप'। साबुन हम लोग न बना सके, परन्तु शो-रूम में तो साबुन होना ही चाहिये था। विमल साबुन के साँचे बनवा लाया था और हमने कुछ टिकियाँ बाजार से बने बनाये साबुन की लेकर उन पर बसन्तपराग सोप के साँचे से नये नाम दे दिये। तेल, साबुन, क्रीम बनाने में तो वात्स्यायन ने मुख्य सहायता दी, परन्तु पिक्रिक एसिड का कोई पूर्व अनुभव उसे न होने और पिक्रिक का विषाक्त वाष्प उसके कोमल शरीर और स्वभाव को सह्य न होने से वह इस काम का बोझ न सम्भाल सका। मुझे आशा थी कि वह उस काम को सम्भाल लेगा तो मुझे लाहौर जाने का अवकाश शीघ्र ही मिल जायेगा।

पिक्रिक एसिड बनाने के काम में मेरे साथ वात्स्यायन, विमलप्रसाद जैन, प्रकाशवती और गिरिवरसिंह सहयोग दे रहे थे। कैलाशपति ने भी आरम्भ में यह काम सीख लेने की उमंग प्रकट की थी, परन्तु वह तेजाबों के दम घोंट वाष्प से घबराकर यह काम छोड़ बैठा। पिक्रिक एसिड की धोवन का पीला पानी मकान से लगातार बहने से पड़ोसियों का सन्देह न हो इसलिये उसमें कुछ सोडा मिलाकर कोई दूसरा रंग छोड़ दिया जाता था।

पिछले छः मास में कैलाशपति के व्यवहार और वेश-भूषा में काफी परिवर्तन आ गया था। इससे पहले के रूप-व्यवहार का वर्णन अपने दिल्ली के आरम्भिक दिनों की चर्चा में कर चुका हूँ। अब उसके बाल और चेहरा सदा चिकनाई से चमकते रहते थे। बाल खूब ढंग से कढ़े हुये और चेहरे से क्रीम की सुगन्ध आती रहती। खूब इस्त्री किया हुआ कमीज, बुर्राक महीन धोती और नयी चप्पल। चाल ऐसी कि सभी लोगों की निगाहें उसकी ओर लगी होने की चेतना हो। बंगाली बाबुओं की तरह धोती का छोर हाथ में थामे रहता। उसके प्रति आरम्भिक सहानुभूति गायब होकर कुछ दूसरी तरह की भावना होने लगी थी। अब चौथे संस्करण के लिये पुस्तक दोहराते समय सोचता हूँ, मेरी भावना की प्रतिक्रिया उस पर भी आवश्यक थी।

कैलाशपति के व्यवहार में इस परिवर्तन की ओर मैंने कई बार भैया का ध्यान दिलाया, ''ठंडी को जवानी चढ़ रही है।''

कैलाशपति का उपनाम 'ठंडीप्रसाद' भी था। यह परिवर्तन भैया को भी दीखता था, परन्तु उतना न खटकता जितना मुझे। कैलाशपति के व्यवहार में ऐसे परिवर्तन के कारण के प्रति मेरा अनुमान था कि अब उसके हाथों में दल का हजारों रुपया था और सैकड़ों उसके हाथ से खर्च होता था। दल के लिये पचास या सौ रुपये का तेजाब खरीदते समय आठ आने की फेस क्रीम की शीशी अपने चेहरे के लिये खरीदते उसे झिझक न होती होगी। कैलाशपति की इस आत्मरति और अपने आपको आकर्षक बनाने के प्रयत्नों का वास्तविक कारण हमें उसकी गिरफ्तारी के बाद ही पता लग सका।

दिल्ली बम-फैक्टरी में रोहतक के कच्चे मकान की बम फैक्टरी की सी अवस्था न थी। मकान तो बढ़िया हवादार था ही; इसके अतिरिक्त काम करते समय तेजाब के वाष्प का असर शरीर पर न हो, इस विचार से मसाला बनाने वाले लोगों के लिये खास वर्दियाँ बनवा ली गयी थीं। यह वर्दी खूब मोटी जीन की थी। वर्दी का नमूना शायद मैंने और वात्स्यायन ने सोचा था। उस समय 'बुशशर्ट' का रिवाज न था। यह भारत को दूसरे महायुद्ध में यहाँ आये अमरीकनों की ही देन है, परन्तु हम लोगों ने अपनी सुविधा के विचार से तभी अपनी वर्दी बुशशर्ट और पतलून बनायी थी। विमल, वात्स्यायन, प्रकाशवती और मैं इसी पोशाक में दिन भर काम करते थे।

दिल्ली में हम लोगों ने रोहतक से दूने परिणाम पर काम शुरू किया अर्थात् एक साथ दो-दो स्टोव जलाते थे। मकान तो अच्छा था, परन्तु वाष्प भी दूनी मात्रा में उठते थे। संध्या तक हम लोगों का हाल बहुत खस्ता हो जाता था। पिक्रिक एसिड और गनकाटन बनाने के बाद हम लोगों ने डाइनामाइट का मसाला और नाइट्रोग्लीसरीन भी बनायी। यह बहुत ही भयंकर विस्फोटक पदार्थ थे। एक दिन तेजाब की बोतल में, जिसमें शायद बूँद भर तेजाब रह गया था, वात्स्यायन ने लगभग आधा औंस नाइट्रोग्लीसरीन डाल दी। गनीमत यह थी कि कार्क ढीला था। कार्क जाकर छत से टकराया। कार्क सख्त होता तो बोतल फटकर हम लोग जख्मी हो जाते।

कैलाशपति ताँगों और ठेलों पर तेजाब लाता रहता था और हम लोग मसाला बनाते रहते थे। प्रायः ही संध्या यह हाल हो जाता कि सिर दर्द के कारण हममें से कोई भी खिचड़ी बना लेने योग्य भी न रहता। हाथों में पिक्रिक एसिड इतना रच गया था, जिस चीज को हाथ लग जाते कड़वी हो जाती। ऐसी अवस्था में हम लोग कभी 'मानसरोवर'

या दूसरे होटल में जाकर कुछ खा-पी लेने के लिये मजबूर हो जाते। कभी सिर दरद के कारण ताजी हवा में जाने की इच्छा होती। विमल का एक बढ़िया ताँगे वाले से परिचय था। उसके ताँगे पर चार-पाँच मील घूम लेते। तब मुझे यह मालूम न था कि जैसे मुझे कैलाशपति का नया व्यवहार अखर रहा था, उसे भी वैसे हम लोगों का यह व्यवहार अखर रहा था। हमारा होटल में खाना और ताँगे की सैर उसे जघन्य ऐय्याशी जान पड़ती थी। वह भैया से जाकर शिकायत करता कि मैं दल का रुपया बरबाद कर रहा हूँ। फैक्टरी में ऐसा कोई खर्च न था जो मुझे अकेले के लिये ही होता हो, परन्तु फैक्टरी की मुख्य जिम्मेवारी मुझ पर थी और समझा जाता था कि मैं ही अपने निर्देश से मजे के लिये रुपया बरबाद कर रहा हूँ।

यशपाल को प्राणदण्ड का निर्णय

तीस-चालीस पौंड पिक्रिक एसिड, काफी गनकाटन, नाइट्रोग्लीसरीन आदि तैयार हो गये थे। साधारणतः इतने मसाले से पाँच-छः सौ बम बन सकते थे। मसाला बनाने वालों का स्वास्थ्य भी काफी खराब हो चुका था इसलिए ये कुछ दिन के लिये काम बन्द कर दिया गया।

एक दिन दोपहर के समय कैलाशपति ने मुझे सूचना दी, "कल कानपुर में केन्द्रीय समिति की बैठक है। आज रात की गाड़ी से चले जाओ। शहर में जगह बताने वाला साथी कानपुर स्टेशन पर मिल जायेगा।"

"क्यों, तुम नहीं जाओगे?" मैंने सुझाया, "जब जाओ, मुझे भी साथ लेकर चलना!"

"मैं भी चलूँगा।" कैलाशपति ने स्वीकार किया, "परन्तु मुझे जरूरी काम है। यदि पहली गाड़ी से न चल सका तो दूसरी से आ जाऊँगा। तुम पहली गाड़ी से ही जाना। आदमी स्टेशन पर प्रतीक्षा कर रहा होगा।"

उन दिनों मैं कैलाशपति की हर बात काट देता था।

"यदि तुम दूसरी ट्रेन से जाओगे तो उस ट्रेन में क्या मेरे लिये जगह नहीं होगी?" मैंने उसे चिढ़ाने के लिये पूछा।

"तुम्हारे पहुँच जाने से भैया निश्चिंत हो जायेंगे। मैं तो वहाँ से ही आ रहा हूँ। तुमसे कुछ बातचीत बैठक से पहले करना आवश्यक होगा। हो सकेगा तो मैं भी उस गाड़ी से चलूँगा पर मेरी प्रतीक्षा में रह न जाना।" कैलाशपति ने समझाया।

स्टेशन पर तैनात खुफिया पुलिस के लोगों की दृष्टि में न पड़ने के लिये मैं स्टेशन पर प्रायः ट्रेन चलने के समय ही पहुँचता था। दिल्ली स्टेशन पर मैंने कैलाशपति को खोजने का यत्न न किया। कानपुर पहुँचकर स्वयं भीड़ में घिरकर आँख दौड़ा-दौड़ाकर प्लेटफार्म पर देखा। वह दिखायी न दिया। मेरे लिये स्टेशन पर प्रतीक्षा करने वाले दल के साथी मुझे पहचानते तो अवश्य थे, परन्तु मैं जान-बूझकर भीड़ में घिर गया था। मैं यहाँ उन्हें इसलिये न पहचान सका कि मेरी आँखें तो कैलाशपति को खोज रही थीं या केवल अवसर की बात थी कि मुझे लेने आने वाले साथी मुझे स्टेशन पर न देख सके।

केन्द्रीय समिति की बैठक के लिये या आज़ाद से मिलने के लिये कहाँ जाना होगा, यह मुझे मालूम न था। मुझे कैलाशपति पर खीझ आ रही थी। वह नालायक बाल काढ़ने या धोती में चुन्नट डालने में रह गया होगा, गाड़ी पर न पहुँच सका। भैया का पता लगाने के लिए स्थिर पते पर अर्थात् वीरभद्र तिवारी के मकान पर पहुँचा। वीरभद्र का मकान मुझे और भगवती भाई को आज़ाद ने ही दिखाया था।

वीरभद्र तिवारी तब कानपुर के श्रद्धानन्द पार्क में कांग्रेस दफ्तर के समीप ही रहता था। मैं उसके घर का जीना चढ़कर ऊपर पहुँचा तो सामने वहीं फर्श पर पालथी मारे बैठा दिखायी दिया। मुझे देखकर तिवारी की आँखें फैल गयीं। मैं समझ गया कि मुझे देखकर वह चौंक गया है। मेरे सहसा घर पहुँच जाने की उसे आशा न थी। एक फरार को सहसा अपने जीने पर धड़धड़ाते चढ़ आया देखकर घबराहट और विस्मय से वीरभद्र की आँखें फैल जाना स्वाभाविक ही था; विशेषकर इसलिये कि उसके साथ के मकान में क्रांतिकारी फरारों की खोज के लिये तैनात खुफिया पुलिस के इंस्पेक्टर शम्भूनाथ रहते थे जो बाद में पदोन्नति पाकर रायबहादुर बन गये और कांग्रेसी सरकार के समय कार्यदक्षता से सीनियर सुपरिन्टेन्डेन्ट पुलिस बनकर रिटायर हो गये।

मैंने बिना सूचना दिये वीरभद्र के मकान पर पहुँच जाने की सफाई में विवशता प्रकट की, "केन्द्रीय समिति की बैठक के लिये मुझे बुलाया गया है। कैलाशपति वायदा करके भी न आया और उसके आश्वासन के अनुसार मुझे स्टेशन पर भी कोई साथी राह दिखाने वाला न मिला। मुझे कोई दूसरा स्थान मालूम न था, इसलिये यहाँ आने के लिये विवश हो गया।"

तिवारी ने फर्श पर बिछे बिस्तर पर हाथ रखकर मुझे समीप बैठने का संकेत किया। मैं बैठ गया।

शरत बाबू का एक उपन्यास 'अरक्षणीया' मेरे हाथ में था। वीरभद्र ने पुस्तक मेरे हाथ से ले ली और पुस्तक के शीर्षक का 'अ' अक्षर उँगली से छिपाकर मुझे दिखाया। उसका कुछ अभिप्राय न समझकर मैं बोला, "रास्ते में पढ़कर समय काट रहा था।"

"हाँ, 'अरक्षणीया' नहीं 'रक्षणीया' होना चाहिये!" बहुत गम्भीरता से वीरभद्र बोला।

इतने वर्ष बाद मुझे उस उपन्यास की कहानी और विषय याद नहीं है। उस समय भी मैं पुस्तक पूरी नहीं पढ़ पाया था। समझा कि बात उपन्यास के नाम की सार्थकता के सम्बन्ध में हो रही है। उत्तर दिया, "कह नहीं सकता। पूरी पुस्तक पढ़कर ही कुछ कहा जा सकता है।"

"लेकिन मैं सब कुछ समझकर ही कह रहा हूँ।" वीरभद्र ने उसी गम्भीरता से उत्तर दिया।

"हो सकता है।" मैंने मुस्कराकर उत्तर दिया, "मैं भी पूरी पुस्तक पढ़ लूँ।" मेरी कल्पना साहित्यिक प्रसंग में ही उलझी हुई थी।

"यह अच्छा हुआ कि तुम्हें रिसीव करने (लेने) के लिए स्टेशन पर भेजा गया साथी तुम्हें देख न सका और तुम यहाँ आ गये!"

मैंने अनुमान किया, तिवारी केन्द्रीय समिति से पहले मुझसे कुछ बात कर लेना चाहता है। सम्भव है, भैया से इसका कुछ मतभेद हो। मैंने प्रश्न किया, "अच्छा ही संयोग हुआ। कहिये, बात क्या है?"

"बहुत ही अच्छा संयोग हुआ।" वीरभद्र ने मेरी आँखों में निगाह डालकर संतोष का लम्बा श्वास लिया।

मैं उसकी बातों की प्रतीक्षा उत्सुकता से कर रहा था। वह बोला—"आज दिन भर यहाँ ही रहो, बाहर न जाना। रात की गाड़ी से लौट जाओ!" वह मुझसे आँखें मिलाये था।

"मैं तो केन्द्रीय समिति की बैठक के लिए आया हूँ।"

"केन्द्रीय समिति की बैठक हो चुकी।"

"क्या मतलब?" अत्यन्त विस्मय से मैंने पूछा।

वीरभद्र ने प्रश्न किया कि मेरे लिये सबसे सुरक्षित स्थान कौन है? मैंने उत्तर दिया, "सभी स्थान एक जैसे हैं। जहाँ भी काम करना हो। दिल्ली में मेरा काम समाप्त हो चुका है। पंजाब ही लौटना होगा!"

वीरभद्र ने बताया कि पंजाब मेरे लिये सुरक्षित नहीं होगा।

मेरा विस्मय बढ़ा। अनुमान किया शायद वहाँ कुछ गिरफ्तारियाँ हो गयी हों जिनका पता मुझे समाचारपत्रों से न लगा हो और वीरभद्र ने अपने विशेष सूत्र से जान लिया हो। "पंजाब में क्या हुआ?" मैंने उत्सुकता से प्रश्न किया।

वीरभद्र ने समझा कि मैं उसकी बात समझ नहीं पा रहा हूँ। मेरे दोनों हाथ अपने हाथों में लेकर निगाह मिलाये वह बोला, "वचन दो जो मैं कह रहा हूँ, किसी से न कहोगे।"

"पार्टी सीक्रेट (दल का रहस्य) किसी से कहने का प्रश्न ही क्या है? तुम्हें ऐसी आशंका मुझसे हो कैसे सकती है?" असुविधा अनुभव कर मैंने प्रश्न किया।

"यह बात पार्टी सीक्रेट से भी अधिक सीक्रेट है!" वीरभद्र ने आग्रह किया, "जो मैं कह रहा हूँ, वह पार्टी के भी किसी आदमी को न बताने का वचन दो, आज़ाद को भी नहीं।"

"मैं पार्टी के हित के विरुद्ध कोई बात नहीं करूँगा।" मैंने दृढ़ता से कहा।

"मैं भी पार्टी के हित की ही बात कह रहा हूँ। मेरी-तुम्हारी कोई विशेष मित्रता नहीं है। तीन-चार बार ही तुम्हें मिला हूँ, लेकिन तुम्हारे विषय में जो पहले सुना था और अब सुना है उसके आधार पर ही पार्टी के हित में यह वचन चाहता हूँ।"

वीरभद्र की बात ठीक थी। वाइसराय की ट्रेन के नीचे विस्फोट से पूर्व और पश्चात कानपुर में केन्द्रीय कमेटी की बैठकों में मेरा उसका स्पष्ट मतभेद था।

"यदि पार्टी के हित में यह सीक्रेट रखना आवश्यक है तो मैं वचन देता हूँ कि कभी किसी से यह बात न कहूँगा।" मैंने हाथ मिलाकर आश्वासन दिया।

"केन्द्रीय समिति की बैठक हो चुकी है।" वीरभद्र ने बताया, "और उसमें निर्णय हुआ है कि तुम्हें वहाँ बुलाकर शूट कर दिया जाये!"

"क्यों, किस बात के लिये?" मुझ पर मानो नीले आकाश से बिजली गिर पड़ी।

"तुम्हारे साथियों का अनुमान है कि तुममें कायरता और विलासिता आ गयी है और तुम काम और खतरे से बचना चाहते हो। तुम किसी भी समय दल के साथ विश्वासघात कर सकते हो!"

घोर अपमान अनुभव हुआ। मैंने पूछा, "इस सन्देह का कारण और प्रमाण? मेरा ऐसा क्या व्यवहार देखा गया है? कौन यह बात कहता है?"

"वह बात जाने दो।" वीरभद्र ने मेरा हाथ थामे समझाया, "मैं तुम्हें गोली मार देना पार्टी के हित में नहीं समझता। तभी तुम्हारे हाथ में 'अरक्षणीया' का 'अ' दबाकर मैंने कहा था, 'रक्षणीया' होना चाहिए। इसीलिए मैंने कहा था, अच्छा हुआ तुम यहाँ आ गये और खरबदार हो गये। किसी को यह पता लगने का अर्थ होगा कि मैंने केन्द्रीय समिति का निर्णय पूर्ण नहीं होने दिया, होगा यह कि मुझे भी गोली मार दी जाय।"

मैं बहुत विक्षिप्त हो गया। बार-बार आग्रह किया कि मुझे गोली मार दी जाने के निर्णय का कारण मुझे बताया जाये। यदि मेरा अपराध प्रमाणित होता है तो मुझे गोली मार दी जाये, मैं आपत्ति न करूँगा।

वीरभद्र ने समझाया, "यह नहीं हो सकता। किसी भी आदमी को यह पता लग जाने पर कि उसे किसी कारण से गोली मार देने का विचार है, वह व्यक्ति पुलिस को सूचना देकर खुद बच सकता है और दूसरे सब साथियों को फँसा सकता है।"

"इसका मतलब यह है कि मुझ पर यह संदेह किया जा रहा है कि मैं अब पुलिस के पास ज़ाकर अपनी रक्षा करूँगा और दूसरों को फँसा दूँगा?"

"मुझे न ऐसा सन्देह है और न यह मेरा अनुमान है।" वीरभद्र ने मुस्कराकर उत्तर दिया, "परन्तु दूसरों का ऐसा अनुमान है। मुझे ऐसा सन्देह होता तो मैं यह बात तुमसे कहता ही क्यों? मुझे तो पूरा विश्वास है कि तुम ऐसा नहीं कर सकते इसलिए मैंने तुमसे यह बात कह दी और अपने आपको तुम्हारे हाथों में, दो तरफ से खतरे में दे दिया है। जिस रोज भी तुम रहस्य खोल दोगे सबसे अधिक खतरा मुझ पर होगा, लेकिन मेरा यह विश्वास है कि यह पार्टी की भूल है इसलिये मैं पार्टी के हित के लिये यह खतरा सिर ले रहा हूँ।"

अपने प्रति ऐसे अपमानजनक संदेह की घृणा से मेरा मन जल उठा। बहुत देर अवाक् ही बैठा रहा। अपना अपराध जानने के लिये कई बार फिर वीरभद्र से अनुरोध किया और कहा, "मुझे आज़ाद से मिला दो। मैं उन लोगों से बात करना चाहता हूँ। वह मेरा अपराध बतायें और प्रमाणित करें। किसी को अपराध बताये बिना या अपराध प्रमाणित किये बिना सजा दे देना क्या न्याय है?"

वीरभद्र ने समझाया, "केन्द्रीय समिति तो निश्चय कर चुकी है कि तुमसे कोई बात किये बिना तुम्हें गोली मार दी जाये। अब यदि तुम जाकर आज़ाद से इस विषय में बात करोगे तो पहला प्रश्न यही होगा कि तुम्हें रहस्य का पता कैसे लगा? इसका मतलब होगा मुझे गोली मार दिया जाना।"

चुप रह ज़ाना पड़ा। कुछ देर सोचकर मैंने फिर प्रश्न किया, "ऐसी अवस्था में मैं कर क्या सकता हूँ?"

वीरभद्र ने समझाया, "कम से कम अपनी और प्रकाशवती की रक्षा कर सकते हो। तुम्हें गोली मार देने के बाद दल उसे भी गोली मार देगा। यदि तुम अपनी रक्षा करते हुए अपने सूत्रों से कोई ऐसा एक्शन कर सको जिससे दल को यह मान लेना पड़े कि तुम विलासिता में फँसकर केवल अपनी जान ही नहीं बचाते फिर रहे हो या तुमसे विश्वासघात की आशंका नहीं की जानी चाहिए तो मुझे पूरा दिश्वास है कि दल को अपना निर्णय बदल देना पड़ेगा और तुम पर अपराध लगाने वाले झूठे प्रमाणित हो

जावेंगे। मुझे भरोसा है कि तुम दोनों में से एक या दोनों ही बातें कर सकते हो इसलिये मैं दल के हित में खतरा सिर ले रहा हूँ।"

मैंने जानना चाहा कि केन्द्रीय समिति में कौन लोग मौजूद थे, पंजाब का प्रतिनिधि कौन था? पूर्व निश्चय से तो मैं ही पंजाब का प्रतिनिधि था। वीरभद्र ने और कुछ बताने से इनकार कर दिया।

मैं मन और मस्तिष्क की विकट परेशानी में दिन भर गुम-सुम पड़ा सोचता रहा कि मैं क्या कर सकता हूँ? अब तक केवल पुलिस का ही भय था। इन दिनों सब स्टेशनों, डाकखानों और सार्वजनिक स्थानों में बहुत बड़े-बड़े इश्तहार लाहौर षड्यंत्र और वाइसराय की गाड़ी के नीचे विस्फोट करने वाले क्रांतिकारी फरारों की गिरफ्तारी के लिये लगे हुए थे। इन लोगों को गिरफ्तार करा देने के लिये बड़े-बड़े इनामों की घोषणा थी। इन इश्तहारों में मेरा चित्र प्रायः सबसे ऊपर रहता था और इनाम भी आज़ाद और मेरे लिये ही सबसे अधिक था। इस आशंका के ऊपर दूसरी आशंका उससे भी बड़ी आ पड़ी कि मेरे क्रांतिकारी साथी मुझे जहाँ भी देखेंगे, गोली मार देंगे।

पुलिस मेरे नये स्थान और रंग-ढंग नहीं जानती थी, परन्तु क्रांतिकारी साथी तो यह सब भी जानते थे। अब तक विदेशी सरकार और उसकी पुलिस के हाथों, जिन्हें मैं शत्रु समझता था, प्राणों की आशंका थी। इसके लिये मैं गौरव अनुभव करता था। अब अपने साथियों की दृष्टि में अपमानित होकर प्राण-रक्षा के लिये और अपने आपको निर्दोष प्रमाणित करने के लिये भागते फिरने की मेरी स्थिति थी। यह परिस्थिति मुझे बहुत ही अपमान की जान पड़ी। अब प्रश्न प्राणरक्षा का नहीं बल्कि अपने सम्मान की रक्षा का था।

साथियों की दृष्टि में पुनः सम्मान और विश्वास प्राप्त कर लेने के बहुत सीधे से तरीके की कल्पना की कि मैं अभी उठकर सीधा डिप्टी कमिश्नर की कचहरी में या पुलिस सुपरिन्टेन्डेन्ट के दफ्तर में चला जाऊँ। हो सके तो डिप्टी कमिश्नर या पुलिस सुपरिन्टेन्डेन्ट को या दूसरे किसी बड़े अफसर को गोली मारकर लड़ता हुआ मारा जाऊँ। और चिल्लाकर यह कह दूँ कि मेरे साथियों ने मुझे कायर और विश्वास के अयोग्य समझ लिया है। मैं अपनी जान देकर उनका भ्रम दूर कर रहा हूँ; मैं न कायर हूँ न अविश्वसनीय! इस प्रकार की दुस्साहसपूर्ण और बावली कल्पनाओं में मैंने जबर्दस्ती छीन लिये गये सम्मान को पुनः पा लेने की कई कल्पनायें सोच डालीं।

बहुत सम्भव है कि आत्महत्या से मिलता-जुलता कोई ऐसा काम मैं कर ही डालता, परन्तु प्रकाशवती के प्रति अपनी जिम्मेदारी का ध्यान आया कि इस प्रकार की आत्महत्या उनके प्रति अनुत्तरदायित्वपूर्ण व्यवहार होगा। दूसरा ढंग सोचना शुरू किया। अपना एक स्वतंत्र छोटा सा संगठन बनाकर कोई ऐसा एक्शन कर दिखाऊँ जिससे दल को मेरे प्रति अविश्वास का दृष्टिकोण बदल देना पड़े। निश्चय किया कि पंजाब जाकर अच्छी तरह जाने-पहचाने साथियों से मिलूँ और उनहें साथ लेकर कम से कम तीन शेरदिलों से हथियार छीनने का एक्शन कर दल को वह हथियार सौंपकर उन्हें अपने निर्णय पर दुबारा विचार करने के लिये मजबूर करूँ। उस समय मेरे हाथ में दो ही रिवाल्वर या पिस्तौल थे। सोचा, एक-एक शेरदिल को दो-दो हथियारों से विवश करने के बजाय एक पिस्तौल से काम लिया जाये या इस तरह का कोई दूसरा एक्शन लाहौर की स्थिति देखकर कर सकूँ। मैं केवल लाहौर के साथियों पर ही भरोसा कर सकता था।

रात की गाड़ी से मैं देहली लौट गया। अब स्टेशन पर मैं न केवल पुलिस से बल्कि अपने साथियों से भी सतर्क था। दिल्ली में सीधा बम-फैक्टरी में गया, क्योंकि प्रकाशवती को वहीं छोड़ गया था। अभी सूर्योदय न हुआ था। यह निश्चय न था कि केन्द्रीय समिति का निर्णय अभी तक फैक्टरी के लोगों को मालूम हुआ है या नहीं। फैक्टरी से प्रकाशवती को ले जाना आवश्यक था। मैं दोनों ही तरह की परिस्थिति के लिये तैयार था। यदि साथी मेरा विरोध किये बिना प्रकाशवती को ले जाने दें या मेरा अपराध बताकर बात करना चाहें तो बिना झगड़े-झंझट के बात करके प्रकाशवती को संकट से बाहर ले जाऊँ और यदि कोई मुझ पर हथियार चला दे तो हथियार का इस्तेमाल करना ही होगा। कैलाशपति का उस फैक्टरी में होना निश्चित था।

किवाड़ खटखटाने पर दरवाजा गिरिवरसिंह ने खोला। उसने जैसे मुस्कराकर बात की उससे अनुमान हुआ कि फैक्टरी में आशंकित होने की आवश्यकता नहीं। विमल और वात्स्यायन फैक्टरी में ही थे। मुझे याद है कि वात्स्यायन मुझे देखकर मौन रह गया था। उस मौन का विशेष अर्थ मैं न समझा। उसका कभी-कभी मौन रहना साधारण बात थी। भीतर जाकर प्रकाशवती को तुरन्त अपना कपड़ा-लत्ता और तैयार पिक्रिक एसिड आदि सम्भालकर साथ चलने के लिये कहा।

प्रकाशवती ने मेरी बात पर विस्मय प्रकट न किया, क्योंकि उस समय के जीवन में इस तरह स्थान बदल लेना साधारण सी बात थी। मैंने आशंका या घबड़ाहट पैदा करने वाली कोई बात या व्यवहार भी न किया।

विमल ने आकर पूछा, 'क्यों? कहाँ जा रहे हो, क्या बात है?''

विमल को उत्तर दिया, 'जान पड़ता है फैक्टरी पर पुलिस को संदेह हो गया है। तुम लोगों ने कोई बेपरवाही की होगी। मैं कमला को तुरन्त दूसरी जगह पहुँचा रहा हूँ। तुम लोग भी प्रबन्ध करो।''

इसी समय कैलाशपति आ पहुँचा। उसके चेहरे पर विस्मय स्पष्ट था। उसे मैंने फटकारकर प्रश्न किया, ''यह है तुम्हारे कानपुर पहुँचने के वायदे का हाल?''

वह मुझे जीता-जागता सामने देखकर घबराहट में कुछ उत्तर न दे सका। मैंने उसके उत्तर की प्रतीक्षा भी न की।

बाद में मुझे विमल से मालूम हुआ कि उसने तुरन्त कैलाशपति से फैक्टरी पर हो गये सन्देह की बात कहकर आशंका प्रकट की तो कैलाशपति ने उसे उत्तर दिया था, ''वह बात बना रहा है। केन्द्रीय समिति ने इसे शूट कर देने का निश्चय किया है, उसी के लिये उसे कानपुर बुलाया गया था। वह किसी तरह बचकर दिल्ली भाग आया है। अब कमला को लेकर भागा जा रहा है।''

विमल ने कैलाशपति से कहा, ''अगर दल का ऐसा निर्णय है तो तुम यहाँ के इंचार्ज हो, मुझे आर्डर और रिवाल्वर दो। मैं इसे अभी शूट कर देता हूँ।''

कैलाशपति ने साहस की कमी से या अवसर ठीक न समझकर विमल को मेरा पीछा करके यह पता लेने का ही आर्डर दिया कि मैं कहाँ जा रहा हूँ। विमल को अपना पीछा करते हुए मैं न देख पाया। प्रकाशवती को मैंने जामा मस्जिद के समीप अपने एक पुराने सहपाठी और केवल मुझसे ही सम्बन्धित व्यक्ति वेदराज भल्ला के मकान पर पहुँचा दिया।

इस समय भी मैंने प्रकाशवती को उन्हें फैक्टरी से इस प्रकार लाकर नयी जगह रख देने का कारण या अपने विरुद्ध दल के निर्णय की बात न बतायी। मेरा अभिप्राय उन्हें घबड़ाहट और परेशानी से बचाये रखकर परिस्थिति का उपाय करना था। उस समय जैसे एक्शन की योजना मैंने सोची थी, वह ऐसी न थी कि वे उसमें भाग ले सकतीं। मैं उसी दिन संध्या लाहौर के लिये चल दिया।

बहुत सा पिक्रिक एसिड, नाइट्रोग्लीसरीन आदि चीजें सुरक्षित रूप से लाहौर ले जाने के लिये मैंने वात्स्यायन को भी साथ चलने के लिये कहा। उस समय मुझे मालूम न था कि मुझे शूट कर देने का निर्णय उसे मेरे कानपुर से लौटने के पहले ही कैलाशपति द्वारा मालूम हो चुका था। यह मालूम हो जाने पर भी वात्स्यायन ने कैलाशपति के बजाय मेरा ही हाथ दिया। या वह दल के लिये मेरा भेद जाने रहना चाहता था। वात्स्यायन को सन्देह से परे रखने के लिये उसे साहब का वेश पहना कर उसके लिये सेकण्ड क्लास (आधुनिक फर्स्ट क्लास) का टिकट ले लिया। उसके सूटकेस में सब सामान रख दिया। मैं स्वयं उसका चपरासी बनकर साथ की सर्वेण्ट्स की गाड़ी में बैठा। भयंकर विस्फोटक पदार्थों से भरे सूटकेस को स्टेशन पर मैंने स्वयं ही उठाया और झटके-धक्के से सुरक्षित जगह सेकण्ड क्लास की गाड़ी में रख दिया। लाहौर पहुँचकर वात्स्यायन के मन में जो रहा हो, परन्तु उसने सब सामान मुझे सौंप दिया। इसी सामान के भरोसे मैं कुछ न कुछ कर सकने की आशा बाँधे था।

लाहौर पहुँचकर मैंने विश्वस्त साथियों से मिलकर तुरन्त ही किसी एक्शन की योजना को पूर्ण कर सकने का प्रयत्न आरम्भ किया। लाहौर आकर देखा कि साथी दो उपदलों में बँट चुके थे। यह बँटवारा किसी राजनैतिक सिद्धान्त, कार्यक्रम अथवा संगठन के रूप में नहीं था, केवल साथियों की शिक्षा, आर्थिक स्थिति और सामाजिक परिस्थितियों से स्वाभाविक रूप में हो गया था। उदाहरणार्थ इन्द्रपाल और भागराम द्वारा मुझसे परिचित गुलाबसिंह, जहाँगीरीलाल आदि साथी, स्वयं अपनी जीविका कमाने वाले निम्न-मध्यम श्रेणी के और साधारण शिक्षा (केवल हिन्दी-उर्दू) पाये हुए लोग थे। दूसरी ओर वात्स्यायन, देवराज सेठी, केवलकृष्ण, सुखदेवराज, दुर्गादास खन्ना और धन्वन्तरी आदि मध्यम श्रेणी के यूनिवर्सिटी में ऊँची कक्षाओं से आये हुए विद्यार्थी थे जो प्रायः अपने निर्वाह के लिये अपने परिवारों पर निर्भर करते थे। इस प्रकार के अधिकांश साथियों का परिचय दल से धन्वन्तरी और सुखदेवराज द्वारा हुआ था। मेरे लाहौर से बाहर रहते समय यह लोग संगठनात्मक रूप से भी धन्वन्तरी और सुखदेवराज को ही दल का स्थानीय नेता या उत्तरदायी व्यक्ति मान चुके थे।

कानपुर में मुझे यह आभास मिल चुका था कि मेरे विरुद्ध निर्णय करने वाली केन्द्रीय समिति में पंजाब के प्रतिनिधि के रूप में धन्वन्तरी या सुखदेवराज रहे होंगे। लाहौर छोड़ने से पूर्व, बहावलपुर रोड के बंगले में विस्फोट होने के समय तक लाहौर में दल के काम के लिये मैं मुख्यतः धन्वन्तरी पर निर्भर करता था। नौजवान सभा के संगठनकर्ता के रूप में काम करते रहने के कारण धन्वन्तरी के परिचय और प्रभाव का क्षेत्र विस्तृत था और उसमें संगठन की योग्यता भी थी। सुखदेवराज का तो मैं किसी प्रकार विश्वास करने के लिये तैयार न था, परन्तु धन्वन्तरी के व्यवहार के पुराने अनुभव के आधार पर यह अनुमान और धारणा थी कि यदि मैं दल का प्रभाव बढ़ाने वाला कोई एक्शन करने की चेष्टा करूँगा तो वह नैतिक रूप से मेरी सहायता करने के लिये बाध्य हो जायेगा।

विद्यार्थियों के क्षेत्र में वात्स्यायन का प्रभाव और प्रतिष्ठा थी। वह उस समय भी अंग्रेजी और हिन्दी में कविता-कहानी आदि लिखा करता था और बौद्धिक व्यक्ति या कलाकार माना जाता था। कोई भी काम कर सकने के लिये रुपये और साथियों की आवश्यकता थी ही। गड़ोदिया स्टोर की डकैती के बाद दल आर्थिक कठिनाई में न था, परन्तु स्वतंत्र रूप से काम कर सकने के लिये मैं दल से धन न पा सकता था। आवश्यक धन अच्छी पारिवारिक स्थिति के साथियों से ही मिल सकता था। बौद्धिक और सैद्धान्तिक रूप से भी यही लोग अधिक सचेत थे या स्वयं भी किसी सीमा तक इसी क्षेत्र का जीव होने के कारण मेरा आकर्षण उसी ओर हुआ।

मैंने वात्स्यायन की मार्फत इस क्षेत्र के साथियों से सम्पर्क और सहायता का यत्न किया। वात्स्यायन मेरी योजना सुनकर चुप रह गया। उसने न विरोध किया, न सहायता का उत्साह प्रकट किया। जिन दूसरे साथियों से मैं मिला उनका भी प्रायः यही व्यवहार रहा। इस पर भी मैं यह न समझा कि मुझे शूट कर दिये जाने का निर्णय यहाँ पहुँच चुका है। यही अनुमान किया कि मेरी अनुपस्थिति में पंजाब का नेता और उत्तरदायी व्यक्ति धन्वन्तरी और सुखदेवराज को मानकर यह लोग मेरी योजनानुसार चलने में झिझक रहे हैं। मैंने धन्वन्तरी को साथियों के सामने बुलवाकर बात करने का यत्न किया, परन्तु उसका कुछ परिणाम न हुआ।

विद्यार्थियों के क्षेत्र से निराश होकर मैंने दूसरे क्षेत्र अर्थात् इन्द्रपाल, भागराम, जहाँगीरीलाल आदि के क्षेत्र में यत्न आरम्भ किया। दिल्ली से लाया हुआ पिक्रिक एसिड इन्द्रपाल को सौंपकर यह बता दिया कि पंजाब का नेता अब मैं नहीं बल्कि सुखदेवराज और धन्वन्तरी हैं। मैंने इन्द्रपाल को शेरदिलों पर आक्रमण करके उनसे हथियार छीन लेने और दल का प्रभाव बढ़ाने की योजना समझाकर उसे धन्वन्तरी को इस काम में सहायता देने के लिये प्रेरित करने के लिये समझाया। अपने विरुद्ध निर्णय की बात उसे न बताकर कहा कि प्रायः तीन महीने मेरे लाहौर से बाहर रहने के कारण मेरे सम्बन्ध यहाँ टूट चुके हैं। मेरी अनुपस्थिति में धन्वन्तरी और सुखदेवराज यहाँ काम करते रहे हैं इसलिये उनका सहयोग आवश्यक है। अपने विरुद्ध निर्णय की बात न बताने का कारण था कि मैं अपने साथियों की दृष्टि में अपना सम्मान खो देना और दल में फूट की बात बताकर उनमें दल के प्रति अश्रद्धा नहीं पैदा कर देना चाहता था।

इन्द्रपाल द्वारा धन्वन्तरी को भेजे गये सन्देशों के उत्तर में मुझे एक सुनसान स्थान में मिलने का आदेश मिलता। मैं आग्रह करता कि बातचीत दो-चार ऐसे साथियों के सामने हो जिन्हें मैं भी जानता हूँ। मैं कहता कि वे लोग या तो इन्द्रपाल के मकान पर आ जायें या किसी और साथी के मकान पर आ मिलें जहाँ हम लोग पहले मिलते रहते थे। ऐसा अनुरोध न माना गया।

यह समझ लेना मेरे लिये कुछ भी कठिन न था कि मुझे एकान्त में अकेले बुलाने का प्रयोजन, दूर से छिपकर मुझे गोली मार देना ही था।

एकान्त स्थान में अकेले जाने से मैंने इनकार किया तो इन्द्रपाल को विस्मय हुआ। उसके कारण पूछने पर मैंने बता दिया कि सुखदेवराज और धन्वन्तरी मुझे चुपचाप शूट कर देना चाहते हैं। मुझे मेरा अपराध भी नहीं बताया गया और न सफाई देने का कोई अवसर दिया गया है।

इन्द्रपाल विस्मय और क्रोध से स्तब्ध रह गया। उसने आज़ाद के सामने मामला रखने का परामर्श दिया।

मैंने उसे ठीक स्थिति बता दी, "यह लोग मुझे आज़ाद का पता नहीं बता रहे हैं। मेरे विरुद्ध उन्हें जाने क्या-क्या कहा गया है। यह लोग अपने साथियों से कह रहे हैं कि आज़ाद ने और केन्द्रीय समिति ने मुझे शूट करने का फैसला किया है। मैं चाहता हूँ, मुझे मेरा अपराध बताया जाये और केन्द्रीय समिति और आज़ाद के सामने मेरी बात सुनी जाये। यदि बहुमत को मेरी बात पर विश्वास न हो तो बेशक गोली मार दी जाये, लेकिन यह लोग अपना झूठ प्रकट होने के भय से ऐसा अवसर नहीं आने देना चाहते।"

इन्द्रपाल का क्रोध और बढ़ा। वह धन्वन्तरी द्वारा निर्दिष्ट एकान्त स्थान में मेरे साथ पिस्तौल लेकर चलने के लिये तैयार हो गया और भगतराम को साथ ले चलने के लिये बुला लाया।

धन्वन्तरी ने मुझे इन्द्रपाल की मार्फत पौ फटने के समय डी० ए० वी० कालिज बोर्डिंग हाउस में बुलाया था। पंजाब में गरमी की छुट्टियाँ यू० पी० की अपेक्षा पिछड़कर होती हैं और स्कूल-कालिज विलम्ब से ही खुलते भी हैं। इस बोर्डिंग में प्रायः ऐसे विद्यार्थी रहते जिन्हें कालिजों के बोर्डिंग में स्थान न मिलता था या जो किफायत से रहना चाहते थे या निजी तौर पर परीक्षाओं की तैयारी कर रहे थे। यह मकान चारों ओर कमरों से घिरा, बड़ा पर्देदार मकान था, जिसे बोर्डिंग बना लिया गया था। छुट्टियों के कारण यह मकान और पास-पड़ोस भी बिलकुल सूना पड़ा था। जब हम लोग इस मकान में पहुँचे, धन्वन्तरी आँगन के बीचोबीच खाट पर बैठा था। चारों ओर के कमरे सूने थे, परन्तु दरवाजों की आड़ में दो-तीन व्यक्तियों के होने की पूरी आशंका थी। मुझे दो साथियों के साथ आता देखकर धन्वन्तरी की साधारणतः बनी रहने वाली मुस्कान लोप होकर चेहरा क्रोध से गम्भीर हो गया। उसके क्रोध का कारण समझकर भी मैंने मुस्कराकर आत्मीयता के स्वर में पूछा, "कहो भई, तुमसे मिलने के लिये कब से परेशान हूँ।"

"मैंने तुम्हें अकेले बुलाया था," सख्त अफसराना ढंग से वह बोला, "यह लोग क्यों आये हैं?"

"हम लोग शहर से एक साथ आ रहे थे। ऐसी क्या बात है; आओ हम दोनों उधर बात कर लें।"

धन्वन्तरी इसके लिये तैयार न हुआ। जो वह चाहता था उसके लिये मैं कैसे तैयार हो जाता?

अब तक मुझे भरोसा था कि सुखदेवराज को छोड़कर जिस किसी से भी मुझे बात करने का अवसर मिलेगा, मैं अपनी बात समझकर आज़ाद तक अपना सन्देश पहुँचा सकूँगा। सबसे अधिक आशा धन्वन्तरी से ही थी, परन्तु यह बात सुनने के लिये भी तैयार न हुआ। इस घटना से मैं निराश हो गया। अब तक मैंने दिल्ली और लाहौर में इन्द्रपाल के अतिरिक्त अपने विरुद्ध निर्णय की बात किसी को न बतायी थी। दल के साथियों का विचार था कि कानपुर स्टेशन पर मुझे लेने के लिये भेजे गये साथियों की बेपरवाही के कारण मैं झुंझलाकर दिल्ली लौट गया और अनुशासन की चिन्ता न कर आवारागर्दी कर रहा हूँ।

धन्वन्तरी के मुझे अकेला बुलाने पर भी मैं दो आदमी साथ ले गया, इसे धन्वन्तरी ने मेरी ओर से अनुशासन की अवज्ञा समझा या खतरा भाँप जाना, इस विषय में उससे कभी बात नहीं हुई। उस समय दल से प्राप्त निर्णय के अनुसार मुझे गोली न मार सकने की विफलता उन लोगों के लिये अपमान का कारण बनी हुई थी और वे लोग अपने विचार में, मुझे दल को हानि पहुँचा सकने का अवसर देने से पहले ही, जल्दी ही गोली मार देना अपना कर्तव्य समझे हुए थे।

धन्वन्तरी अथवा दल से सहयोग और सहायता मिलना सम्भव न देखकर मैं पर्याप्त रिवाल्वर-पिस्तौलों और बम के खोलों के बिना ही इन्द्रपाल, भागराम के साथ कोई बड़ा एक्शन कर डालने की योजना बनाने लगा। दिल्ली से साथ लाया हुआ पिक्रिक एसिड और नाइट्रोग्लीसरीन आदि विस्फोटक पदार्थ मेरे पास काफी मात्रा में थे। हमने मालरोड के समीप पुलिस लाइन की बारकें उड़ा देने की तदबीर सोचनी आरम्भ की। इन्द्रपाल और भागराम को मैंने चिकें या सिरकी बनाकर बेचने वाले लोगों के वेश में वहाँ घूम-घूमकर कर भेद लेने की सलाह दी। साधनों के अभाव में हम लोगों ने यहाँ ऐसे बम लगा देने की बात सोची जो खास स्थानों पर रख दिये जाने के बाद निश्चित समय पर आकस्मिक रूप से फट जाते। हमारी इस उतावली योजना की मूल प्रेरणा यथा-सम्भव शीघ्र कुछ करके धन्वन्तरी, सुखदेवराज के समर्थक साथियों को अपनी अपेक्षा अयोग्य और अकर्मण्य प्रमाणित कर देने की इच्छा थी।

आतिशीचक्कर

बहावलपुर रोड पर दुर्घटना के बाद लाहौर छोड़ते समय मैं भैया से सलाह किये बिना इन्द्रपाल से कह गया था कि तुमने दल में काफी दिन जिम्मेवारी से काम किया है। इस समय मेरा यहाँ रहना सम्भव नहीं। मेरी अनुपस्थिति में तुम पंजाब के संगठनकर्ता की स्थिति से काम करते रहना।

इन्द्रपाल ने अपनी समझ के अनुसार उत्साह से अपने क्षेत्र में काम आरम्भ कर दिया था। उसने अपने छोटे संगठन का नाम 'आतिशीचक्कर' (अग्नि चक्र) रख दिया था। उसके प्रयत्न-स्वरूप १९ जुलाई, १९३० को पंजाब में छः स्थानों—लाहौर, अमृतसर, रावलपिण्डी, शेखपुरा, गुजरांवाला और लायलपुर में बम विस्फोट किये गये थे।

इन्द्रपाल ने यह सब काम स्वतंत्र स्थिति में किया था। उसके साथ देने वाले जहाँगीरीलाल, कुन्दनलाल, भागराम, जयप्रकाश, दयानतराय, हंसराज आदि थे। शिक्षित समझे जाने वाले लोगों का उससे कोई सम्पर्क न था। धन्वन्तरी और सुखदेवराज के अपने आपको दल का संगठनकर्ता बताने पर इन्द्रपाल को अच्छा न लग रहा था। वह मेरे अतिरिक्त किसी दूसरे का नेतृत्व और अधिकार मानने के लिये तैयार न था।

इन्द्रपाल के पास पिक्रिक एसिड या बमों के खोल नहीं थे। धन्वन्तरी से कोई सहायता न पाकर उसने गुलाबसिंह और हंसराज की सहायता से आतिशबाजी में काम आने वाले मसालों से सिगरेट के डिब्बों में यह बम बना लिये थे। बमों के निश्चित समय पर स्वयं चल जाने की योजना बना लेने में हंसराज ने उसे सहायता दी थी। योजना बहुत साधारण थी। मोमबत्ती की जड़ में आग पकड़ने वाले मामले में सनी रस्सी चिपकाकर बम से लगा दी गयी थी। मोमबत्ती को जलाकर छोड़ दिया गया। पाँच-छः घण्टे में मोमबत्ती समाप्त होने पर मसाला लगी रस्सी ने आग पकड़ ली और आग बम तक पहुँचकर बमों का विस्फोट हो गया। इन बमों के धड़ाके से जब पुलिस ने जाकर ऐसे घटनास्थल पर तलाशी ली तो वहाँ रक्खी चीजों में छिपे हुए बम हिलने पर फट गये। इस घटना से एक जगह सब-इंस्पेक्टर और दो जगह सिपाही मारे गये।

इन्द्रपाल ने यह विस्फोट केवल जनता में पैदा होने वाली घबराहट का तमाशा देखने के लिये ही नहीं किये थे। वह सरकार पर आक्रमण और सर्व-साधारण से सम्पर्क स्थापित करने के महत्व को भी समझता था। अपने बहुत परिमित क्षेत्र में केवल अपने साथियों के परिवारों का पेट काटकर जमा किये रुपये से इन लोगों ने उर्दू में छपाई करने के लिये एक हैंड प्रेस भी खरीद लिया था।

विस्फोट सुबह-सुबह हुए थे और उससे पहली रात इन लोगों ने अपना घोषणा-पत्र भी बाँट दिया था। दूसरे लाहौर षड्यंत्र के मुकदमे में यह घोषणा-पत्र पुलिस ने ब्रिटिश

सम्राट के विरुद्ध युद्ध-घोषणा के षड्यंत्र के प्रमाण स्वरूप पेश किया था। गवाही की इस वस्तु का नम्बर **EXIPAE** था। घोषणा-पत्र उर्दू में था। उसकी हिन्दी प्रतिलिपि इस प्रकार है :—

हिन्दुस्तान सोशलिस्ट रिपब्लिकन एसोसियेशन

"भारत माता की इज्जत के रखने वाले, आज़ादी के अलमबरदार[१] पंजाबियों! गैरमुल्की हुकूमत का बोझ और गुलामी के कलंक का टीका अब ज्यादा देर तक बरदाश्त करना नामुमकिन है। मादरेहिन्द के पुरतबस्समा[२] चेहरे पर लगे हुए कलंक को तुमने अपने बेशकीमती खून को पानी की तरह बहाकर धो डालने का पाक और मुसम्मिम[३] इरादा कर लिया है। तुम जिन्दगी की बाजी लगाकर मैदाने जंग में उतर आये हो। जो तुम्हारे इस पाक इरादे में दखलअन्दाज होता है, वह गद्दार और काफिर है। कुदरत की हुकूमत में हर एक जानदार खुदमुखत्यार है। दुनिया के मैदानेजंग में वही लोग जिन्दा रह सकते हैं जो अपनी जिन्दगी की बाजी लगाकर, जिन्दा रहने के हकूक हासिल कर लेते हैं।

जीना है तो मरना सीखो!

"दुश्मन का मुकाबिला करने के लिये हमको जंग ही करनी पड़ेगी। बेकसूर और मासूम नन्हीं दुनिया का खूँख्वार, बाहथियार दुश्मन के हाथों खून गिरवाना और सैकड़ों जिन्दगियों को तबाह कर देना जंग नहीं कहलाता। यह खुदकुशी है। पब्लिक शान्तमयी सत्याग्रह के गुमराहकुन[४] उसूलों का काफी तजरुबा कर चुकी है। हजारों हमवतनों के जेल में सड़ने, करोड़ों के फिजूल खर्च और सैकड़ों जिन्दगियों के भेंट चढ़ा चुकने के बाद शान्तमयी सत्याग्रह की लड़ाई में हमको सिर्फ नाकामयाबी ही हासिल हुई है। हमारी पिछली पन्द्रह बरस की तवारीख[५] इस बात की गवाह है। बेकसूर और मजलूम[६] लोगों का खून बहाने से बेइनसाफी और जुल्म का खात्मा नहीं हो सकता। खुद अपना ही खून बहाकर और अपनी ताकत घटाकर हमको आज़ादी हासिल न होगी। आज़ादी हासिल करने के लिये गुलामी की जंजीरों को तोड़ना निहायत जरूरी है। जुल्म और बेइनसाफी पर मबनी[७] गैरहुकूमत को उखाड़ फेंकना निहायत जरूरी है।

"जंग में फतह हासिल करने के लिये हमको एक ताकतवर फौज की सूरत में मुनज्जम[८] होकर दुश्मन का मुकाबिला करना होगा। बगैर निज़ाम के इस बिखरी हुई हालत में दुश्मन का मुकाबिला करने से कोई फायदा नहीं। इसमें हमारा अपना ही नुकसान है। पेशावर में करीब ढाई सौ हिन्दुस्तानियों का खून गिराकर हमें क्या मिला?

---

१. झंडा उठाने वाले
२. सुन्दर
३. पवित्र और दृढ़
४. भटकाने वाले
५. इतिहास
६. निर्दोष और पीड़ित
७. नींव पर बनी
८. संगठित

हिन्दुस्तान सोशलिस्ट रिपब्लिकन आर्मी ने चटगाँव की मिसाल से आपको रास्ता दिखा दिया है। मुनासिब तौर पर मुसल्ला[1] और मुनज्जम होकर दुश्मन का मुकाबिला कितनी अच्छी तरह किया जा सकता है, यह नुमायां[2] हो चुका है।

''गैरमुल्की हुकूमत का नुमाइन्दा वाइसराय हिन्दुस्तान की हमदर्दी का ढोंग रचकर अपनी असली सूरत दिखा रहा है। आपकी जवाँमर्दी का और हिम्मत के इम्तहान का वक्त अब आ गया है। दुश्मन को खबर देकर उस पर वार करना जंग के उसूलों के खिलाफ है। जगह-जगह पर फौजी शक्ल में मुनज्जम होकर तैयार होना होगा। ताकत और हथियारों को इकट्ठा करने के काम में हिन्दुस्तान सोशलिस्ट रिपब्लिकन एसोसियेशन (H.S.R.A.) आपको फतह के रास्ते पर ले जायेगा।

''यह जंग फैसलाकुन[3] होगी। आज़ादी या मौत!''

इन्द्रपाल और उसके साथियों द्वारा प्रकाशित घोषणा में विदेशी सरकार के विरुद्ध क्रांति के लिये दृढ़ निश्चय और बलिदान की भावना की कमी नहीं है, परन्तु 'फिलासफी आफ दी बम' की तुलना में यह निस्सन्देह भिन्न स्तर की शिक्षा और राजनैतिक परिस्थिति का ज्ञान रखने वाले लोगों की लिखी हुई चीज है। यह इस बात का स्पष्ट प्रमाण है कि धन्वन्तरी और सुखदेवराज इन लोगों का मार्ग निर्देशन नहीं कर रहे थे।

'हिन्दुस्तान सोशलिस्ट रिपब्लिकन एसोसियेशन' के नाम पर बलिदान हो जाने के लिये तैयार लोगों में परस्पर सहयोग की कमी के दोनों ही कारण थे। दल की ओर से नियत संगठनकर्ता का इन लोगों की उपेक्षा करना और इन लोगों का उस पर अविश्वास। संगठन के शैथिल्य के कारण अपने इन साथियों का बलिदान मुझे विशेष सार्थक न जँचा।

इन्द्रपाल को इस घटना से स्वयं भी संतोष न हुआ था। वह अब कोई अच्छा एक्शन करने की फिक्र कर रहा था। हंसराज ने इन बमों को स्वयं चलाने का तरीका तो बता दिया, परन्तु स्वयं अलग हो गया था। उसने फिर विश्वास दिलाया कि कुछ दिन में मूर्छा गैस बना देगा। इन्द्रपाल ने अपने गरीब साथियों से माँग-ताँगकर हंसराज को इस काम के खर्च के लिये लगभग दो सौ रुपया भी दिया था।

हंसराज गैस बना देने में हीले-बहाने करता रहा। इन्द्रपाल बहुत चिढ़ गया था। यह सोचकर कि हंसराज आशंका में फँसने के भय से जान-बूझकर काम नहीं कर रहा है, उसने हंसराज को मजबूर कर देना चाहा।

इन्द्रपाल ने यह उपाय किया कि एक सूटकेस में कुछ विस्फोटक पदार्थ तेजाब के साथ इस तरह रख दिये जायं कि सूटकेस को पट रख देने पर कुछ देर बाद विस्फोट हो जाय। इस सूटकेस में उसने कुछ कागज भी रख दिये जिनमें कुछ काल्पनिक पतों पर लिखी हुई चिट्ठियों के साथ हंसराज का वास्तविक पता भी था। वह सूटकेस को साथ लिये बाजार गया। दूध-दही की एक दुकान पर सूटकेस रखकर दही की लस्सी पीने बैठ गया और सूटकेस को छोड़कर आगे चल दिया। कुछ देर बाद सूटकेस

---

१. सशस्त्र
२. स्पष्ट
३. निर्णयात्मक

मामूली धड़ाके से बिना किसी को चोट पहुँचाये फट गया। पुलिस तहकीकात करने पहुँच गयी।

इन्द्रपाल ने हंसराज को सन्देश भेज दिया कि तुम पर पुलिस को संदेह हो गया है, तुरन्त घर छोड़कर हमारे पास आ जाओ। हम तुम्हारी रक्षा का प्रबन्ध कर देंगे। तीसरे-चौथे दिन वास्तव में लायलपुर में हंसराज के मकान की तलाशी हो गयी। हंसराज घर छोड़ चुका था इसलिये गिरफ्तार नहीं हुआ। अब इन्द्रपाल को आशा हो गयी कि हंसराज 'मरता क्या न करता' की अवस्था में दल की सहायता करेगा ही, परन्तु हंसराज अब भी हीले-बहाने कर अपनी रक्षा के प्रबन्ध की ही माँग कर रहा था। वह कभी सुखदेवराज के दल में हो जाने की बात करता, कभी इन्द्रपाल के दल में। इसके अतिरिक्त हंसराज को शायद यह भी ख्याल था कि वह इन्द्रपाल और इस उपदल के दूसरे साथियों की अपेक्षा अधिक शिक्षित है और दल के काम को चलाने के साधन मूर्छा गैस, वायरलेस आदि उसी के हाथ में हैं इसलिये इन लोगों को उसका नेतृत्व मानना चाहिए।

हंसराज बहुत गरीबी में निर्वाह करने की कठिनाई की शिकायत करता रहता। इन्द्रपाल और उसके साथी अपनी सब जमापूँजी आतिशीचक्कर या बम बनाने, प्रेस खरीदने और हंसराज के मूर्छा गैस बनवाने में खर्च कर चुके थे। अवसरवश 'शेरे खालसा' अखबार से इन लोगों की नौकरियाँ भी छूट गयी थीं। यह लोग आज़ाद, धन्वन्तरी, सुखदेवराज या मेरी तरह अपने परिचय, अपनी बातचीत से परिचितों को प्रभावित करके रुपया भी इकट्ठा न कर सकते थे इसलिये इस समय बहुत ही कठिन अवस्था में थे।

हंसराज वायरलेस आविष्कारक समझा जाने के कारण थोड़ा बहुत पैसा इकट्ठा कर लाता था जो वह दल के दूसरे साथियों को न देता था। हंसराज पैसा माँगते समय लोगों पर प्रभाव डालने के लिये प्रायः अपना परिचय वाइसराय की ट्रेन के नीचे वायरलेस से बम विस्फोट करने वाले क्रांतिकारी के रूप में देता था। इस समय तक किसी मुकदमे में उस विस्फोट का रहस्य प्रकट नहीं हुआ था इसलिये लोग उसकी बात पर विश्वास भी कर लेते थे। हंसराज की इस करतूत का एक प्रमाण अभी कुछ ही दिन पूर्व पंजाब के बँटवारे के बाद लखनऊ आये एक सज्जन से भी मिला। इन्द्रपाल के नये-नये उत्साही साथियों की असावधानी के कारण स्वयं उस पर भी पुलिस को संदेह हो गया था। इन्द्रपाल संकट में होने पर भी वह अपने विचार में अन्याय के विरुद्ध मेरी सहायता में लड़ जाने के लिये तैयार था।

उसी स्थिति में कुछ दिन बाद मुझे दुर्गादास खन्ना[१] का सन्देश उससे मिलने के लिये मिला। मेरे विचार में लाहौर के साथियों में वही सबसे चतुर और गम्भीर था। शायद मुझे किसी तरह घेर लेने में सफलता न पाने पर दुर्गादास को भी सहायता के लिये कहा गया था। सतर्कता के विचार से मैं खन्ना को सूचना दिए बिना उसके घर पर ही उससे मिलने चला गया था। इससे पूर्व खन्ना से मेरा बहुत संक्षिप्त-सा परिचय था। मेरे लाहौर से जाने के पहले वह एक बार रात के समय गोल बाग में मुझे मिला था। उस समय खन्ना ने

---

१. दुर्गादास खन्ना स्वतंत्रता प्राप्ति के पश्चात पंजाब की दूसरी विधान सभा के अध्यक्ष थे।

संक्षेप में प्रकाशवती के सम्बन्ध में पूछा था। खन्ना की इस जिज्ञासा का कारण मैंने उसका लाहौर की ऊँची खत्री बिरादरी और प्रकाशवती के परिवार से सम्बन्ध होना समझ लिया था।

उस समय भी खन्ना ने साफ बात की, "प्रकाश दल का कुछ काम कर सकेगी या तुम उसे वैसे चाहते हो?"

मैंने भी साफ ही उत्तर दिया था, "मैं प्रकाश को बिलकुल नहीं जानता था। उसके बारे में केवल सुना था लेकिन अब खूब जान गया हूँ। **Now I respect and love her.** (अब उसका आदर और उससे प्रेम भी करता हूँ।) वह सभी कुछ कर सकेगी। उसमें साहस और बुद्धि दोनों हैं।"

दुर्गादास ने नसीहत दी थी कि प्रकाशवती के परिवार के लोग इस घटना से बहुत अपमान अनुभव करके बदला लेने की फिक्र में हैं। वे जाने क्या कर डालें। सावधान रहना। उसे लाहौर से बाहर ही भेज दो।"

इस बार मिलने पर खन्ना ने प्रकाशवती के सम्बन्ध में याद दिलाकर पूछा, "तुमने कहा था तुम उसका आदर करते हो। मैंने उसके सम्बन्ध में कुछ बदनामी की बात सुनी है।"

मुझे बुरा लगा। मैंने कहा, "मैं उसके आदर के लिये जिम्मेदार हूँ। जिसे कुछ कहना हो, मेरे सामने कहे!"

बातचीत अंग्रेजी में हो रही थी। उसने पूछा, "क्या तुमने उससे विवाह कर लिया है?"

मैंने स्वीकार किया।

खन्ना ने सन्देश दिया, धन्वन्तरी मुझसे मिलना चाहता है।

"बहुत अच्छी बात है। मैं स्वयं उससे मिलना चाहता हूँ। तुम मुझे ले चलो।" मैंने उत्तर दिया।

"एक बात कहना चाहता हूँ यदि किसी से न कहो।" दुर्गादास सोचकर बोला, "वचन दो, किसी से न कहोगे।"

मेरे स्वीकार कर लेने पर उसने कहा—"घबराना नहीं।"

"मैं घबराता नहीं हूँ।"

"केन्द्रीय समिति ने तुम्हें गोली मार देने का निर्णय किया है। तुम्हें इसी बात के लिये बुलाया जा रहा है।"

"यह मैं जानता हूँ। मुझे यह खबर मिलने की जिम्मेवारी तुम पर नहीं है, निश्चिन्त रहो। मुझे लाहौर आने से पहले और लाहौर में भी यह खबर मिल चुकी है।" मैंने खबर का असली स्रोत छिपाने के लिये झूठ बोला, "मैं इसके लिये सतर्क हूँ। इसीलिये तुम्हें साथ चलने के लिये कहा है। तुम धन्वन्तरी से कह दो कि मुझे उन लोगों के षड्यंत्र की सूचना कई दिन पहले मिल चुकी है। उसे समझ लेना चाहिये कि वह कितने पानी में है और दल के लोग किसके साथ हैं। इस पर भी मैं आज़ाद और केन्द्रीय समिति के सामने बात करने और अपने सामने किये गये दल के निर्णय को मानने के लिये तैयार हूँ। वह

झूठ बकता है। कोई निर्णय नहीं हुआ; प्रमाण क्या है? यदि वह लड़ाई चाहता है, मैं उसके लिये तैयार हूँ।"

"यह बड़े अफसोस की बात है। अगर ऐसा फैसला हुआ भी है तो क्यों और कैसे किया गया?" दुर्गादास ने दुख प्रकट किया।

"मुझे मेरा कोई अपराध नहीं बताया गया। सफाई देने का कोई अवसर नहीं दिया गया। वह धन्वन्तरी और सुखदेवराज की नेतृत्व के लिये व्यक्तिगत महत्वाकांक्षा और ईर्ष्या है, केन्द्रीय समिति का निर्णय नहीं। मेरे विरुद्ध कोई आरोप है तो मेरे सामने केन्द्रीय समिति में मेरा मामला पेश हो, या यहाँ के कुछ साथी मिलकर इस पर विचार करें। आरोप लगाने वाले अपनी बात कहें, मैं अपनी बात कहूँ; जो निर्णय होगा, स्वीकार करूँगा। परन्तु यों खामुखा बकरे की मौत मर जाने के लिये तैयार नहीं हूँ। मेरे साथ भी छः सशस्त्र आदमी हैं। गोली लग जाने पर भी मैं पिस्तौल की पूरी गोलियाँ चलाकर ही छोड़ूँगा; चाहे धन्वन्तरी सामने आये, चाहे आज़ाद! यदि मैं अपनी सफाई का अवसर दिये बिना मारा जाता हूँ तो क्रांतिकारियों के इतिहास में मेरे नाम पर कलंक का धब्बा बना रहेगा। सामर्थ्य रहते मैं यह न होने दूँगा। यदि यह लोग मुझे चुपचाप, कहीं बेखबरी में गोली मार भी देंगे तो इनका यह काम दल को ले डूबेगा। मेरे साथी अन्याय का बदला लिये बिना न रहेंगे। मुझे बचाने के लिये खबर देने वाले भी ईमानदार साथी हैं। वे कैसे मान लें कि दल का निर्णय है! या तो आज़ाद के नाम पर धोखा दिया जा रहा है या उसे मूर्ख बनाया जा रहा है। ऐसे आदमी की बुद्धि पर क्या भरोसा किया जाये?"

क्रोध और खिन्नता तो थी ही, इसके अतिरिक्त खन्ना की मार्फत धन्वन्तरी को धमकाने और डराने के लिये कूटनीति से काम लेने का भी यत्न किया। इसके लिये मैंने कभी ग्लानि भी अनुभव नहीं की, क्योंकि यह सब मैं धोखे और निरंकुशता के विरुद्ध न्यायोचित अधिकार के लिये कर रहा था।

दुर्गादास ने मुझे आश्वासन दिया, "तुम्हें सफाई का अवसर न दिया जाना तो असह्य अन्याय है ही पर मैंने जो आरोप सुने हैं, मुझे बिलकुल निरर्थक और अस्पष्ट जान पड़े हैं।"

उस समय तक मुझे अपने विरुद्ध आरोपों के विषय में पता न था। मैंने खन्ना से पूछा, "आखिर आरोप हैं क्या? मुझे तो कुछ भी बताया नहीं गया।"

उसने बताया, "तुम्हारे विरुद्ध आरोप है कि तुमने प्रकाश को केवल अपनी विलासिता के लिये भगाकर दल पर कलंक लगाया है। तुमने दल में प्रकाशवती का आदर बढ़ाने के लिये प्रेम पर झूठा दोष लगाया है कि उसने प्रकाश के भेजे हजार रुपये गुम कर दिये! तुम भगवतीचरण से ईर्ष्या करते थे। तुमने जान-बूझकर ऐसा बम बनाया जो फेंकते समय ही फट जाय। इससे राज का पाँव जख्मी हुआ और भगवती की जान गयी। भगवती की जान बचाई जा सकती थी, परन्तु तुमने जान-बूझकर समय पर सहायता न पहुँचायी! तुम भगतसिंह को जेल से छुड़ाने के विरुद्ध थे, क्योंकि अब अपनी जान बचाकर प्रकाश के साथ भाग जाना चाहते हो। बहावलपुर रोड के बंगले में विस्फोट तुम्हारी ही शरारत से हुआ ताकि वह एक्शन हो ही न सके। तुम जब तक उस कमरे में रहे, बम नहीं फटे, परन्तु तुम्हारे बाहर निकलते ही फट गये। तुम्हारे व्यवहार के कारण

सभी को सन्देह है कि आराम से रह सकने के लोभ में किसी भी समय जाकर पुलिस में भेद देकर सबको पकड़वाकर खुद बच जाओगे।''

इन आरोपों को सुनकर मैं कुछ देर चुप ही रह गया और फिर बड़े दुख से उत्तर दिया, ''यह आरोप ईर्ष्या के आधार पर कल्पनामात्र हैं। इनका प्रयोजन साथियों को कुछ बताये बिना मुझे रास्ते से हटा देना है। जितनी घटनाओं का जिक्र इन आरोपों में है, उनमें से प्रत्येक घटना में कोई न कोई व्यक्ति सदा मेरे साथ रहा है। क्या उन व्यक्तियों से इस विषय में प्रश्न किये गये हैं? प्रकाशवती को घर से आने की अनुमति मैंने, आज़ाद और भगवतीचरण से परामर्श किये बिना नहीं दी थी।* उसके आने पर मेरा क्या व्यवहार था, यह इन्द्रपाल जानता है। यदि वह मेरे बुलाने या मेरे प्रोत्साहन पर आती तो पहले दुर्गा भाभी के यहाँ न जाती। प्रेम ने जिस समय आँसू बहाते हुए हजार रुपये खो जाने की बात बतायी थी, इन्द्रपाल मौजूद था।

''भगवतीचरण के प्रति मेरे व्यवहार के लिये इन्द्रपाल और आज़ाद भी साक्षी हैं। भगवतीचरण के हाथ में जो बम फटा था, वह मेरा तैयार किया हुआ नहीं बल्कि मेरी अनुपस्थिति में भगवतीचरण और सुखदेवराज ने ही तैयार किया था। मुझे यह भी मालूम न था कि वे लोग बम की आजमाइश करने कब गये? भगवती के जख्मी हो जाने पर सहायता पहुँचाने का प्रबन्ध करते समय पहले छैलबिहारी, फिर बच्चन और इन्द्रपाल मेरे साथ थे। वे क्या कहते हैं? बम जिस कमरे में फटे मैं स्वयं उसमें सो रहा था। यह अवसर की बात है कि मेरे और भाभी के उठ आने पर वे दो और पाँच मिनट के अन्तर से फटे। बम दो मिनट पहले भी फट सकते थे। मैं भाभी के कमरे से निकलने के कुछ सेकण्ड बाद ही बाहर आ गया था। अगर इसमें मेरी शरारत है, तो समझाया तो जाय कि वह शरारत कैसे, क्या सम्भव हो सकती थी?''

मैंने दुर्गादास से यह भी कहा, ''यह सब सुखदेवराज का कूट षड्यंत्र है। इस प्रकार की कुछ बात उसने भगवतीचरण से भी कही थी, परन्तु वह समय झगड़े का नहीं था।

''इन लोगों को सन्देह है कि विलासिता में फँस गया हूँ। किसी दिन पुलिस को भेद देकर सर्वनाश कर सकता हूँ। मैं पन्द्रह दिन से जानता हूँ कि यह लोग मुझे अन्याय से कत्ल कर देना चाहते हैं। मैं इसे दल के कुछ लोगों का विश्वासघात समझता हूँ। यदि मैं क्रोध या भय से पागल हो जाता तो कभी का पुलिस की शरण चला गया होता। मैं आज भी दल के सामने मामला रखने और दल के सामूहिक निर्णय को मान्यता देने के लिये तैयार हूँ। लोगों में से किसने मेरी तरह निष्ठा, साहस और सचाई दिखायी है!'' मैंने बहुत क्रोध और खिन्नता के स्वर में पूछा।

---

* पहले इस प्रसंग में इस बात की चर्चा करना भूल गया हूँ। प्रकाशवती के प्रेम के साथ पहली बार मिलने आने और घर छोड़कर आ जाने के बीच मैं दिल्ली में गया था और आज़ाद से भगवती भाई के सामने इस सम्बन्ध में बात हुई थी। आज़ाद ने स्वीकार किया कि मकान आदि किराये पर लिये दल में स्त्रियाँ सहायक तो अवश्य होंगी, परन्तु तुम लोग सोच लो, औरत होती है झगड़े की जड़। मैं उस लड़की को जानता भी नहीं। भगवती भाई और मैं भी प्रकाशवती को जानते न थे, परन्तु प्रकाशवती को दल में ले लिये जाने का समर्थन बहिन प्रेमवती ने किया था, इसलिये भगवती भाई इस कदम के पक्ष में थे।

खन्ना का स्वर द्रवित हो गया, "यह तुम्हारे विश्वासपात्र होने का सबसे बड़ा प्रमाण है। तुम मेरे साथ धन्वन्तरी के यहाँ चलो। हम लोग इस बात पर जोर देंगे कि आरोप की जाँच होनी चाहिये।"

संध्या आठ बजे का समय था।

"कहाँ चलना होगा?" मैंने खन्ना से पूछा।

"मिंटो पार्क में।" उसने उत्तर दिया।

मिंटो पार्क संध्या आठ बजे बिलकुल सूना हो जाता था।

"मैं चलने को तैयार हूँ।" मैंने कहा, "परन्तु जिम्मेवारी तुम्हारी है। मुझे कोई भी शंकाजनक व्यवहार दिखायी दिया तो मैं पहले गोली चला दूँगा और अंधेरे में मुझ पर कहीं से गोली चली तो मैं तुम्हें गोली मार दूँगा।"

"विश्वास रखो!" खन्ना ने आश्वासन दिया, "इस निर्णय को अन्याय समझने के अतिरिक्त, तुम्हें मालूम नहीं कि प्रकाशवती से मेरा पारिवारिक सम्बन्ध भी है। बुलाया तो तुम्हें वहाँ गोली मारने के लिये गया है, लेकिन मेरे साथ रहने तक कुछ न हो सकेगा। मैं तुम्हें छोड़कर अलग न होऊँगा। मैं चाहता हूँ कि बात साफ हो। इस आपसी फूट से दल बरबाद हो रहा है।"

हम दोनों साइकिलों पर मिंटो पार्क की ओर चले। पार्क की सीमा पर पहुँचकर मैंने हाथ से साइकिल को थामा और दूसरा हाथ जेब में पिस्तौल की मूठ पर जमा लिया। तब तक खन्ना पर भी मुझे पूरा विश्वास न था। सड़क पर तो रोशनी थी, परन्तु पार्क में कुछ ही कदम भीतर गहरा अँधेरा था। हम दोनों साइकिलें हाथों से थामे पैदल चलने लगे। खन्ना ने टार्च जला ली थी। कुछ ही कदम दूर एक बेंच और उस पर बैठा व्यक्ति दिखाई दिया। खन्ना ने अपने हाथ की टार्च से संकेत किया। मैंने आदमी को पहचाना, यह धन्वन्तरी था। मैं और भी सतर्क होकर खन्ना के बहुत समीप हो गया और पिस्तौल जेब से निकाल लिया। धन्वन्तरी निश्चल बैठा रहा।

खन्ना ने धन्वन्तरी को बात सुनने के लिये कहा। धन्वन्तरी ने अपने हाथ के टार्च को आकाश की ओर उठाकर कुछ संकेत किया। वे दोनों मेरे सामने पाँच-छः कदम पर खड़े आपस में बहुत धीमे स्वर में बात कर रहे थे। खन्ना मेरी ओर लौट आया। धन्वन्तरी ने फिर टार्च से संकेत किया। खन्ना ने लौटकर मुझे वापस चलने के लिये कहा। मैंने सतर्कता के विचार से कहा, "सड़क तक धन्वन्तरी भी साथ चले।" सड़क तक हम साथ-साथ आये। धन्वन्तरी मुझसे कुछ न बोला।

खन्ना ने बीच में पड़कर यह तय कराया कि मैं और धन्वन्तरी दिल्ली जायें और मामले पर मेरी उपस्थिति में विचार करने का प्रस्ताव आज़ाद के सामने रखा जाये। लाहौर में यह दिन मैंने नित्य नये स्थान पर इन्द्रपाल, जहाँगीरीलाल आदि के घरों में गुजारे। दिल्ली लौटने के समय इन्द्रपाल सावधानी के विचार से मुझे स्टेशन तक छोड़ने गया।

लाहौर में तो मैं बहुत साधारण मैले-कुचले गरीब पंजाबी वेश में रहता था, परन्तु स्टेशन पर सूट पहनकर गया। विचार था सेकण्ड क्लास में सफर करूँगा। उस समय का सेकण्ड आजकल के फर्स्ट के बराबर था और फर्स्ट एयर कण्डीशंड के बराबर। मन में अब भी धोखे का खटका था। सेकण्ड क्लास में एक बार खिड़कियाँ और दरवाजे भीतर से बन्द कर लेने पर मेरे सोये रहते समय कोई व्यक्ति गाड़ी में नहीं आ सकता था।

सावधानी के लिये घबराहट में एक असावधानी हो गयी। बहुत सतर्क रहने के लिये मैं भरा हुआ पिस्तौल कोट की जेब में डाले रहता था और काफी कारतूस भी। टिकट लेने की खिड़की पर पहुँचकर मैंने टिकट के दाम निकाले। भीतर की जेब से नोट और बाहर की जेब से फुटकर पैसे लेकर खिड़की की सिल पर रख दिये। फुटकर पैसों के साथ असावधानी में पिस्तौल के दो कारतूस भी सिल पर आ गये।

कनखियों से आस-पास देखा। खिड़की के समीप खड़ा तुर्रेदार पगड़ी बाँधे खुफिया पुलिस का आदमी मेरी ओर देख रहा था। अब कारतूसों को छिपाने या घबड़ाहट दिखाने का अर्थ होता, निश्चित रूप से फँस जाना। कारतूसों को जेब में डालने के बजाय मैं उन्हें हाथ में लेकर उछालने लगा और जरा ऊँचे बिगड़ैल स्वर में, अंग्रेजी में सेकण्ड के बजाय फर्स्ट का टिकट माँगा।

"सर, फर्स्ट क्लास में जगह नहीं है। सब रिजर्व है!" बाबू ने अंग्रेजी में उत्तर दिया।

मैं बिगड़ उठा, "क्या बकवास! तीन बजे फोन पर तुम बोला हमारा जगह रिवर्ज किया अब बोलता जगह नई।" मैंने उलटकर इन्द्रपाल पर क्रोध दिखाया, "मुंशी, तुम तीन बजे फोन किया?"

"हाँ हुजूर!" इन्द्रपाल ने भय और विनय से हामी भरी।

"क्या बोलता?" क्रोध में मैंने बाबू को सम्बोधन किया।

"मैं छः बजे से ड्यूटी पर आया हूँ, मुझे कुछ मालूम नहीं।" बाबू ने सफाई दी।

"हम रिपोर्ट करेगा। अबी सेकण्ड क्लास में दो।" मैं अब भी कारतूसों को हाथ में उछालता जा रहा था। बाबू टिकट बना रहा था। इन्द्रपाल की ओर देख फिर मैंने क्रोध प्रकट किया, "क्या देखता है; सेकण्ड कलास में जगा है। जल्दी सामान लगाओ।"

इन्द्रपाल मेरा संक्षिप्त-सा बिस्तर और सूटकेस लेकर प्लेटफार्म पर चला गया। उसके पीछे-पीछे मैं चला। खुफिया पुलिस का आदमी कुछ कदम पीछे-पीछे चल रहा था।

प्लेटफार्म पर पहुँचकर मैंने इन्द्रपाल को फिर डाँटा, "क्या देखता तुम, गार्ड को जगा पूछो!"

गार्ड सामने ही था। इन्द्रपाल द्वारा 'जंट साहब'[१] के लिये जगह पूछने पर गार्ड ने समीप की गाड़ी में जगह दिखा दी। वह बिस्तर लगाने लगा। मैं एक हाथ से पिस्तौल को कोट की जेब में थामे हाथ से कारतूसों को उछालता हुआ उड़ती-उड़ती नजर खुफिया पुलिस के आदमी के व्यवहार पर रखे था। उसे यह समझाना चाहता था कि मेरे हाथ में कारतूस देखे जाने से मुझे कोई आशंका नहीं हो सकती। वह अब कुछ दूर हो गया था और मेरी ओर अब उतनी तीव्रता से न देख रहा था, परन्तु था तो मैं उसके सामने ही। ट्रेन का समय हो चुका था, परन्तु ट्रेन चल न रही थी। मैंने पुलिस वाले को सुनाकर गार्ड को फिर पुकारा, "गार्ड?"

"यस सर!" गार्ड मेरी ओर आ गया। जेब से एक पाँच या दस का नोट निकालकर उसकी ओर बढ़ाकर मैंने अंग्रेजी में कहा, "एक टीन ब्लैक एण्ड ह्वाइट सिगरेट ला दो!"

---

१. अनपढ़ पंजाबी ज्वाइंट मैजिस्ट्रेट को जंट साहब ही कहते थे।

गार्ड लपककर कुछ दूर स्टाल से सिगरेट का डिब्बा ले आया। सिगरेट का डिब्बा लेकर मैंने शेष दाम लेने से पहले मुँह फेर लिया। गार्ड ने दाम गाड़ी की सीट पर रख दिये और तुरंत सीटी बजाता हुआ लौट गया।

यह सब नाटक करके भी मेरा दिल धड़क रहा था, खुफिया पुलिस का आदमी क्या करता है। ट्रेन चल दी तब साँस लिया, परन्तु निश्चिन्त न हुआ। अनुमान किया यहाँ से फोन कर दिया जायेगा और पाँच मील परे, छावनी के स्टेशन पर पुलिस काफी संख्या में तलाशी के लिये आ सकती है। छावनी का स्टेशन मियांमीर भी निरापद गुजर गया, तब भी मन न माना। यह गाड़ी फ्रंटियर मेल थी। प्रायः एक घण्टे की दौड़ के बाद कसूर स्टेशन पर ठहरती थी। मैं बहुत सतर्कता से प्रतीक्षा कर रहा था। कसूर भी निरापद निकल गया, परन्तु मैं फिरोजपुर का स्टेशन भी गुजर जाने तक आहट की प्रतीक्षा करता रहा।

दिल्ली स्टेशन पर भी निश्चिन्त न था। वहाँ तो अपने साथियों और खुफिया पुलिस दोनों का ही भय था। जब भी ऐसा विकट तनाव सहना पड़ता था, उसका प्रभाव शरीर और मेदे पर बहुत पड़ता था। ऐसी अवस्था में दूसरे लोग क्या अनुभव करते हैं, कहा नहीं जा सकता, लेकिन मुझे मुख में एक तरह की कड़ुवाहट, जिसे वैद्य लोग पित्त की अधिकता कहते हैं, अनुभव होने लगती थी।

प्रकाशवती को जामा मस्जिद के समीप देवराज भल्ला के यहाँ छोड़कर गया था। दिल्ली लौटकर मैं सीधा वहाँ ही पहुँचा। प्रकाशवती एक सप्ताह पूर्व अपने साथियों से मिलने गयी थीं तब से लौटीं नहीं। यह सुनकर घबराहट बढ़ी। लाहौर जाते समय मैं उन्हें कहीं न जाने या साथियों से न मिलने की बात इसलिये नहीं कह गया था कि वे घबरा न जायें। साथियों को मिलने जाकर उनके इतने दिन न लौटने से सन्देह हुआ कि अपनी इच्छा और सुविधा से वहाँ रहतीं तो सामान भी ले जातीं। अवश्य कहीं कैद कर ली गयी हैं। मैं स्वयं ही घबरा गया। उल्टे पाँव जीना उतरा और बम-फैक्टरी में पहुँचा।

अभी सूर्योदय हुए देर न हुई थी। धन्वन्तरी मुझसे एक गाड़ी पहले ही आज़ाद से मुलाकात निश्चित करने के लिये दिल्ली आ गया था। वह और सुखदेवराज फैक्टरी में हो सकते थे। जीने में घुसने पर ऊपर के किवाड़ खुले ही दिखाई दिये। मैंने जेब से पिस्तौल निकालकर हाथ में ले लिया। इससे पूर्व ऐसे अवसरों पर मैंने जल्दबाजी न की थी, परन्तु इस समय प्रकाशवती के खतरे में होने की आशंका से मेरा मस्तिष्क चकरा गया था।

फैक्टरी के दफ्तर और बीच के कमरे में कोई दिखाई न दिया। दाहिनी हाथ की खुली छत पर गया। देखा, धन्वन्तरी खाट पर बिना कुछ बिछाये एक चादर ओढ़े पड़ा था। मेरी आहट से उसकी नींद खुली। उससे कुछ बात न कर मैं लौट पड़ा। धन्वन्तरी ने आँख खुलते ही मुझे हाथ में पिस्तौल थामे अपनी चारपाई से लौटते देखा। वह वैसे ही बैठा रहा। उसने कोई घबड़ाहट या उजलत न दिखाई। चेहरे पर क्रोध जरूर स्पष्ट था। मेरे व्यवहार से अपमान अनुभव करना स्वाभाविक था, परन्तु मेरे सिर पर इस आशंका से खून सवार था कि न जाने प्रकाशवती के साथ क्या हुआ होगा? किसी भी कोने से मुझे गोली लग जा सकती थी। दुबारा कमरे में लौटने पर गिरवरसिंह नहाकर गीले शरीर पर धोती पहने दिखायी दिया।

मैंने गिरवर से प्रकाशवती के विषय में पूछा। मेरी आवाज सुनकर प्रकाशवती समीप के कमरे से निकल आयीं। पहली ही नजर में मैं उनके चेहरे पर सूंखे आँसू और परेशानी पहचान गया। कोई बात न करके मैंने उन्हें तुरन्त अपने साथ चलने के लिये कहा। उन्हें आगे करके मैं पीछे नजर किये जीने तक पहुँचा था कि सुशीला जी स्वाभाविक स्वर में पुकार कर आती दिखायी दीं, "कब आये, कहाँ जा रहे हो; क्या बात है?"

"अभी जल्दी है। फिर आऊँगा।" उत्तर देकर मैं जीने से उतर गया।

वेदराज भल्ला के यहाँ पहुँचने पर प्रकाशवती ने बताया, मेरे उन्हें भल्ला के यहाँ छोड़ जाने के चौथे या पाँचवें दिन वे साथियों से मिल आने के लिये फैक्टरी चली गयी थीं। वहाँ विमलप्रसाद ने उन्हें रोक लिया। बाद में भैया, धन्वन्तरी आदि भी आये। भैया बार-बार उनसे पूछते थे, मैं कहाँ गया था? मैं प्रकाशवती को अपने जाने का स्थान और प्रयोजन बताकर नहीं गया था इसलिये उन्हें यही कहना पड़ा कि वे नहीं जानती थीं।

आज़ाद ने समझा कि वे चालबाजी कर रही हैं और धमकाना शुरू किया, "तुम सब जानती हो। अगर बताओगी नहीं तो अच्छा नहीं होगा।"

दूसरा प्रश्न उनसे पूछा गया, "तुम्हारा यशपाल से क्या सम्बन्ध है?"

आज़ाद का ऐसा व्यवहार प्रकाश जी ने कभी न देखा था। धमकियों के कारण वह पहले ही खिन्न हो चुकी थीं। वास्तविक स्थिति या प्रश्न का प्रयोजन का भी कुछ अनुमान न था। बिगड़कर और अपने आत्मसम्मान की रक्षा के लिये उन्होंने उत्तर दिया, "जैसा होना चाहिए वैसा है। आपको मतलब?"

आज़ाद से हम सभी लोग आदर से बात करते थे। उनके व्यक्तिगत व्यवहार में ऐसी कोई बात थी भी नहीं कि जो खटकती। बिना आत्मीयता के वे कभी 'तू' का व्यवहार न करते थे। क्रोध में सदा 'तुम' और 'आप'। उन दिनों धन्वन्तरी, सुखदेवराज और कैलाशपति उनकी बहुत चापलूसी भी कर रहे थे। परस्पर स्पष्ट आलोचना का ढंग समाप्त हो चुका था। प्रकाशवती की बात से उन्हें कितना क्रोध आया होगा, यह अनुमान कर लेना कठिन ही है। ऐसी अवस्था में आज़ाद का प्रकाशवती को चाँटा न लगा देना उनके स्वयं चाँटा सह जाने के बराबर ही था।

मैंने प्रकाशवती को अपने विरुद्ध निर्णय और आज़ाद की परेशानी का कारण बता दिया। सुनकर उनका परेशान हो जाना स्वाभाविक था। यह जानकर कि मैं आज़ाद और दूसरे साथियों से मिलने जा रहा हूँ, उन्होंने भी पिस्तौल लेकर साथ चलने का आग्रह किया।

मैंने भरोसा दिलाया कि इस बात की कोई आवश्यकता नहीं। मैं पिस्तौल तक नौबत न आने दूँगा। मेरा प्रयोजन तो स्थिति को साफ करना है। इस समय भरोसा सच्चाई और बुद्धि का ही किया जा सकता है। यदि मैं इस समय स्थिति साफ न कर सका और मारा गया तो तुम्हारे बच रहने से कलंक को धो सकने का अवसर शेष रहेगा। उतावली और घबराहट उचित नहीं।

आज़ाद से मिलने से पहले मैं खयालीराम गुप्त से मिला और उन्हें सम्पूर्ण स्थिति बता दी। वे सुनकर हैरान रह गए। अपने विरुद्ध निर्णय सुनने के बाद पहले मेरा प्रयत्न इस लज्जाजनक बात को छिपाये रखकर स्थिति को सुलझा लेने का था। उसमें सफलता न हुई। अब मैंने समझा कि सचाई को प्रकट कर साथियों के जनमत के बल पर ही मैं न्याय

की माँग कर सकता हूँ। गुप्त जी को स्थिति बताकर मैंने अपने साथ आज़ाद के सामने चलने का अनुरोध किया। वे इसके लिये आग्रहपूर्वक तैयार हो गये। इसके बाद मैं सुशीला जी से मिला और अपने विरुद्ध निर्णय की बात बतायी। वे भी अवाक रह गयीं। उनका विस्मय देखकर मैं समझ गया कि यह रहस्य इन्हें भी नहीं बताया गया था। प्रयत्न ऐसा ही था कि कम से कम साथियों को पता लगे और मुझे समाप्त कर दिया जाये। उन्होंने विस्मय से मेरे विरुद्ध आरोप पूछे और सुनकर विस्मित रह गयीं, कुछ बोल ही न सकीं।

यशपाल को मुक्ति

आज़ाद उस समय कानपुर में थे। कैलाशपति ने उन्हें तार देकर दिल्ली बुलाया था। मैं खयालीराम गुप्त और सुशीला जी को साथ लेकर दोपहर के समय फैक्टरी में पहुँचा। आज़ाद धन्वन्तरी के साथ बैठे बात करते दिखायी दिए। हम लोगों को देखते ही आज़ाद के चेहरे और आँखों की लाली और धन्वन्तरी के गम्भीरता से लटक गये चेहरे से ही उन लोगों के क्रोध का अनुमान हो गया। उसकी उपेक्षा कर मैंने आज़ाद को सम्बोधन किया, "मैं अपने खिलाफ लगाये गये आरोपों को जानना चाहता हूँ। उनकी जाँच हो।"

भैया की आँखें बिलकुल अँगारा हो गयीं। होंठ क्रोध से फड़क उठे, "तुम अपने साथ आदमियों को लाकर मुझे डराना चाहते हो? किसके हुक्म से तुम इन्हें यहाँ लाये?" उन्होंने खयालीराम गुप्त की ओर संकेत किया। सुशीला जी तो वहाँ रहती ही आयी थीं। आज़ाद ने कहा, "तुम मुझे धमकी देते हो कि छः आदमी लेकर मुझे शूट कर दोगे। बुला लाओ अपने साथियों को! देख लूँगा किसने माँ का दूध पिया है।" उनका हाथ मूँछ पर चला गया।

अनुमान कठिन नहीं था कि आज़ाद के इस क्रोध का कारण धन्वन्तरी से प्राप्त समाचार थे। मैंने क्रोध दबाकर परन्तु कड़े स्वर में उत्तर दिया, "मुझे नहीं मालूम तुम्हारे सामने क्या-क्या झूठ बोले गये हैं। मैं तो न्याय और जाँच की माँग करने आया हूँ। दल के लोग जिस बात को अन्याय समझते हैं, उसका विरोध क्यों न करें? मुझे न्याय की माँग का भी अधिकार नहीं है? तुम यदि मुझसे अकेले में बात करना चाहते हो, मैं उसके लिये तैयार हूँ।"

आज़ाद ने धन्वन्तरी, सुशीला जी और खयालीराम गुप्त को हटा दिया। अकेले में मुझसे पहला प्रश्न यही पूछा, "यह भेद तुम्हें किसने बताया?"

"भेद मुझे दिल्ली में ही मिल गया था। मैं कानपुर केवल इसलिये गया था कि तुमसे बात कर सकूँ। मुझे स्टेशन पर कोई न मिला। मैं तुम्हारा पता पूछने वीरभद्र के मकान पर गया। उसने मुझसे चालबाजी की—साँझ तक मेरे यहाँ ठहरो। मैं ढूँढ़कर पता लूँगा या रात में आठ बजे सरसैया घाट पर मिलना। मैंने उससे कहा, साँझ से पहले पता क्यों नहीं लग सकता? मैंने चार बजे तक तुम्हें उसी के यहाँ बुला लाने के लिये कहा। मैं चार बजे और फिर पाँच बजे उसके यहाँ गया। वह मिला नहीं। मैं यहाँ लौटकर लाहौर चला गया। अभिप्राय था शेरदिलों का एक्शन कर तुम्हारा या दूसरे लोगों का सन्देह दूर कर सकूँ। वहाँ मुझे जाते ही दो जगह से भेद मिला और इसका विरोध भी सुना। वे लोग तो इसमें सुखदेवराज और धन्वन्तरी का कुचक्र समझकर उन्हें ही शूट कर देना चाहते थे।

मैंने उन्हें बड़ी कठिनाई से रोककर तुम्हारे सामने बात करने के लिये तैयार किया, क्योंकि तुम पर भरोसा था। लोग कैसे मान लें कि यह दल का निर्णय है?"

"मैं कहता हूँ कि दल का निर्णय है!" भैया को क्रोध आ गया।

"निर्णय करते समय मुझे आरोप बताया जाना चाहिए था।" मैंने जोर दिया।

"आरोप बताने की क्या बात है?" आज़ाद ने मुझे डाँटा, "तुम्हारा कमला से क्या सम्बन्ध है?"

"पति-पत्नी का सम्बन्ध है।" मैंने भी उतने जोर से कहा।

"वह इनकार करती है, उसने मेरी इन्सल्ट की। वह मुट्ठी भर की कमबख्त लड़की कहती है, आपको मतलब! तुम लोग पार्टी में गन्द फैलाते हो।"

"गन्द का क्या मतलब?" मुझे बहुत क्रोध आ गया। उत्तर दिया, "इस तरह का अपमान मैं नहीं सह सकता। ढंग से बात करो तो मैं जवाब दूँगा। तुमने कमला से भी इसी ढंग से बात की इसलिये उसने भी बेढंगा जवाब दिया।"

"तुमने किसकी इजाजत से शादी की? शादी करने से पहले मेम्बरों को पार्टी से इजाजत लेनी चाहिये।" भैया ने धमकाया, "तुम प्रान्त के आर्गनाइजर हो, तुम्हें पार्टी के रूल नहीं मालूम?"

"मैंने इस बारे में भगवती भाई से बात कर ली थी। उन्होंने तुमसे बात नहीं की तो यह उनकी भूल थी। मैंने कोई बात छिपाकर नहीं की। इस बारे में तुम भाभी से पूछो। यह उन्हीं का सुझाव था। भगवती भाई से इस संबंध में उनकी मृत्यु से दो दिन पहले बात हुई थी। उस समय भी सुखदेवराज ने मेरी ऐसी इंसल्ट की थी और मैं तुम्हारे सामने बात करना चाहता था, परन्तु भगवती ने रोक दिया कि जेल पर आक्रमण का काम हो लेने दो। उनकी मृत्यु हो गयी और हम लोग बहावलपुर रोड के बमकांड के बाद बिछुड़ गये। दिल्ली लौटने पर उन बातों को मैंने महत्व न दिया। मैं समझता था कि हमारा व्यवहार दल के सामने है। किसी को एतराज नहीं। यदि साथियों को मेरे चरित्र पर एतराज था, तो मुझसे बात की जाती या चेतावनी दी जाती। आप लोग बात मन में छिपाये रहे। मेरे साथ जिस ढंग से व्यवहार किया गया, उसे मैं न्याय नहीं समझता। मुझ पर आरोप लगाया जा रहा है कि मैंने प्रकाशवती को अपने शौक के लिये घर से भगाया। क्या भगवती भाई और तुम्हारे सामने बात नहीं हुई थी? इस विषय में इन्द्रपाल, प्रेम और भाभी से क्या नहीं पूछा गया? जो कुछ सुखदेवराज और धन्वन्तरी ने कह दिया, वही सच मान लिया गया। मेरा विचार दल को धोखा देने का या तुम्हारे प्रति विश्वासघात का होता तो बदला लेने और अपने प्राण बचाने के लिए पुलिस के पास चला जाता। तुम लोग मेरी या प्रकाशवती की बोटी-बोटी काट डालो तब भी मैं पुलिस के पास नहीं जाऊँगा, लेकिन एक दिन तुम्हारा अन्तरात्मा तुम्हें धिक्कारेगा। यह लो," मैंने अपना रिवाल्वर निकालकर भैया के सामने रख दिया, "....अपराध बताये और प्रमाणित किये बिना साथियों को कत्ल कर देने से ही यदि क्रांति हो सकती है तो कर लो!" मेरे आँसू न रुके।

दुर्गादास से कहकर धन्वन्तरी की मार्फत जो कुछ मैंने कहलाया था, वह भी किसी न किसी रूप में उन तक पहुँच चुका था। आज़ाद की आँखों से भी झरना सा झरने लगा।

आज़ाद आँखें पोंछे बिना बोले, "जो होना था हो गया। तुम्हें यह बताना पड़ेगा कि भेद किसने दिया; नहीं तो पार्टी चल ही नहीं सकती।"

"इसके लिये मैं मजबूर हूँ। हो सकता है भेद देने वाले कभी स्वयं ही यह बात बता दें। उन्हें यह विश्वास है कि उन्होंने पार्टी के हित में ऐसा किया है। मेरी उन लोगों से व्यक्तिगत मित्रंता तो है नहीं, परन्तु मैंने जो वचन दिया है, उसे न तोड़ूँगा। मैंने तुम्हारे साथ विश्वासघात नहीं किया, उनके साथ भी नहीं करूँगा। इस बात के लिये गोली मारना चाहो तो विवश हूँ। मुझे संतोष रहेगा, बात पर मर रहा हूँ।"

भैया दो-तीन मिनट चुपचाप दोनों पंजे जोर से बाँधे सोचते रहे और बोले, "यह पार्टी चल नहीं सकेगी।" आँखें पोंछकर उन्होंने सुशीला जी, धन्वन्तरी और कैलाशपति को बुला लिया और क्रोध में कहा, "मैं पार्टी-वार्टी कुछ नहीं रखूँगा। मुझे किसी पर विश्वास नहीं है। मुझे सबने धोखा दिया है। तुम सब लोग बड़े-बड़े विद्वान बीए एमे हो। मुझे उल्लू बनाते हो। साथ बैठकर कुछ फैसला किया जाता है और फैसला करने वाले ही धोखा देते हैं। अब जो हो गया, लेकिन यह बात पक्की है कि भेद कौन्सिल (केन्द्रीय समिति) से ही फूटा है। मेरा सिर चक्कर खा गया है कि ऐसे कौन बेईमान हैं। मैं ऐसी कौन्सिल के साथ काम नहीं करूँगा। मैं अकेला भला। मेरे लिये एक माउजर काफी है। जब कोई रास्ता न होगा, बाजार में पुलिस से लड़ता हुआ मारा जाऊँगा। बस क्रांति हो चुकी। तुम लोग आपस में हथियार बाँट लो और अपनी-अपनी पार्टियाँ बना लो।"

सुशीला जी ने पार्टी तोड़ दी जाने का विरोध करके भैया से अनुरोध किया, "कुछ लोगों ने आपको धोखा दिया है, परन्तु ऐसे लोग भी तो हैं (उन्होंने मेरी ओर इशारा किया) जिन्होंने अपने कत्ल का सही या गलत प्रयत्न किये जाने पर भी आपको और दल को धोखा नहीं दिया। यदि ऐसा एक भी आदमी आपके साथ है तो पार्टी जीवित रहेगी। यह तो पार्टी की अग्नि-परीक्षा हो गयी। जिन्होंने धोखा दिया है, उन्हें पहचानकर अलग कीजिए।"

धन्वन्तरी ने इस पर भी सिर झुकाये और आँखों में आँसू भर विरोध किया कि जिस आदमी ने भैया के अधिकार और नेतृत्व के विरुद्ध साथियों को भड़काया है, भैया को अयोग्य, अहम्मन्य और 'बैल बुद्धि' कहा है, उसके साथ वह काम नहीं कर सकता। उसका अभिप्राय मुझसे ही था। अब प्रसंग से यह कहना अनुचित न होगा कि धन्वन्तरी की वह श्रद्धा या भावुकता स्पष्ट ही व्यक्ति के प्रति थी, दल के लक्ष्य के प्रति नहीं। लाहौर में मेरे विरुद्ध जैसे आरोपों का प्रचार किया गया था उनके लिये वह लाहौर में क्या जवाब देता? मेरे विरुद्ध निर्णय बदल जाने से पंजाब में उसके प्रतिनिधित्व के रूप में पार्टी की प्रतिष्ठा, अधिकार और शक्ति समाप्त हो जाती।

धन्वन्तरी की बात से आज़ाद को फिर क्रोध आ गया, "ठीक है, जो लोग मुझे बेवकूफ समझते हैं मैं उनके साथ कैसे काम कर सकता हूँ।"

मैंने स्वीकार किया—अपने प्रति न्याय की माँग के लिये और अन्याय के विरुद्ध क्रोध के कारण मैंने बहुत-सी बातें भैया के व्यक्तित्व के विरुद्ध कह डाली हैं। मैंने सदा यही कहा है कि भैया को धोखा दिया जा रहा है और वह धोखे को समझ नहीं पा रहे हैं। 'बैल बुद्धि' भी मैंने कहा है। मैं इसके लिये क्षमा माँगने के लिये तैयार हूँ, लेकिन मेरे लिये कौन बुरा शब्द प्रयोग नहीं किया गया? मैंने भैया को सम्बोधन किया—"तुम

बीसियों बार मुझे 'कौवा' या 'बाँगडूस' कहते रहे हो। 'बैल बुद्धि' तुम्हें मैंने ही नहीं, सभी ने कहा है, परन्तु निरादर की भावना से नहीं।''

मैंने बहावलपुर रोड पर विस्फोट से पहले की एक बातचीत की याद दिलायी जिसमें भगवती, मैं, सुखदेवराज, धन्वन्तरी, सुशीला जी और दुर्गा भाभी सभी आज़ाद की कुछ बातों पर हँस-हँसकर उन्हें 'बैल बुद्धि' कह रहे थे। हम लोग आज़ाद को प्रायः ही 'बैल बुद्धि' कह लेते थे, परन्तु इस शब्द से समझ की कमी या तिरस्कार का भाव नहीं बल्कि लगन की अधिकता और विश्वासपरता के कारण सन्देह की दृष्टि से छानबीन करने की प्रवृत्ति की कमी का ही अभिप्राय रहता था। मेरी हर बात पर सन्देह की प्रवृत्ति और पुलिस को बार-बार धोखा दे देने के कारण मुझे प्रायः ही 'कौवा' और बिना सँवारें मुँहफट बात कह देने के कारण 'बाँगडूस' और खर्च के बारे में बेपरवाही और नफासत के शौक के कारण 'प्रिंस' कह दिया जाता था। दूसरे साथियों के भी ऐसे कई नाम थे। दुर्गा भाभी तो हर किसी को कोई उपनाम दिये बिना मानती ही न थीं। ऐसे नामों से कोई न चिढ़ता था, लेकिन भैया प्रायः चिढ़ जाते थे। इसका मानसिक कारण उनके मन में बैठी यही धारणा थी कि उनके स्कूल-कालेज में शिक्षित न होने के कारण हम लोग उन्हें अशिक्षित समझते हैं।

''नहीं नहीं, यह नहीं होगा।'' भैया ने धन्वन्तरी की बात का विरोध किया। मुझे सम्बोधन कर, आँख बचाते हुए उन्होंने गम्भीर और कुछ आर्द्र स्वर में कहा, ''खैर, जो हो गया, उसे भूल जाना ही ठीक है। मुझे अफसोस है कि हन पार्टी का बहुत ही मूल्यवान और भरोसे का साथी खो बैठते। अब हमें साथ मिलकर ही काम करना है। एक-दूसरे ने जो कहा, उसे जाने दो।

निश्चय हुआ कि प्रकाशवती को यशपाल की दल द्वारा स्वीकृत पत्नी और दल का पूरा सदस्य माना जाये। पंजाब का संगठनकर्ता धन्वन्तरी ही रहे और मैं आकर भैया के साथ काम करूँ। धन्वन्तरी पंजाब जाकर मेरे सम्बन्ध में निर्णय बदल दिये जाने और सुलह-सफाई हो जाने की बात कह दे। मैं लाहौर जाकर धन्वन्तरी के पंजाब का संगठनकर्ता होने की बात का समर्थन साथियों के सामने कर दूँ, अपने कब्जे में रखा हुआ विस्फोटक सामान धन्वन्तरी को सौंप दूँ और लाहौर षड्यंत्र में पुलिस के इंचार्ज खानबहादुर अब्दुल अजीज को शूट करने की योजना में धन्वन्तरी को सहायता दूँ।

भैया ने प्रकाशवती को भी फैक्टरी में बुलवाकर बात की—''तुम्हारे साथ जो व्यवहार हुआ उसके लिये हम सबको दुख है। मेरा तुमसे कोई व्यक्तिगत झगड़ा नहीं है। मैंने जो कुछ किया, दल के अनुशासन के विचार से किया था। उन सब बातों को भूल जाओ।''

●

दल भंग

आज़ाद और सुशीला जी के प्रयत्न से दिल्ली में सुलह-सफाई हो गई, परन्तु धन्वन्तरी को उससे सन्तोष न हुआ। इस सुलह-सफाई की क्रियात्मक कठिनाई को वह समझता था।

लाहौर पहुँचकर मैंने विस्फोटक पदार्थ धन्वन्तरी को सौंप दिये। धन्वन्तरी के पंजाब के संगठनकर्ता होने की बात का भी समर्थन कर दिया। बात यहाँ ही समाप्त न हो गयी। साथियों को मेरी स्थिति के बारे में जिज्ञासा थी। धन्वन्तरी ने कहा कि यशपाल ने अपना अपराध स्वीकार करके दल और आज़ाद से क्षमा माँग ली है इसलिये उसे क्षमा कर दिया गया है। पंजाब में दल और दल के नेता के सम्मान की रक्षा और किसी बात से हो ही न सकती थी, परन्तु मैं अपने लिये अपमानजनक और झूठी बात का समर्थन करने के लिये तैयार न था।

मैंने विरोध किया, "मामला केन्द्रीय समिति के सामने न पहले रखा गया था, न अब रखा गया। यदि पहला निर्णय केन्द्रीय समिति का था तो अकेला आज़ाद उसे कैसे बदल दे सकता है। हाँ, आज़ाद ने पहले निर्णय की भूल स्वीकार कर ली है कि आरोप झूठे थे। क्षमा मैंने नहीं, आज़ाद और झूठा आरोप लगाने वालों ने माँगी है।

"धन्वन्तरी को पंजाब का संगठनकर्ता केन्द्रीय समिति ने नहीं, केवल आज़ाद ने नियत किया है, क्योंकि वह आज़ाद की चापलूसी करता है। पंजाब का संगठनकर्ता यहाँ के साथियों को चुनना चाहिये।" ऐसी अवस्था में मेरे प्रति विश्वास करने वाले साथी धन्वन्तरी का विश्वास कर उसे सहायता देने के लिये कैसे तैयार हो जाते?

दिल्ली में मेरे और प्रकाशवती के सम्बन्ध के अतिरिक्त किसी दूसरे आरोप पर बात ही न हुई थी। भैया से मैंने दूसरे आरोपों की चर्चा भी की तो उन्होंने खिन्न होकर बात करने से इनकार कर दिया, "कौन कहता है? क्या फायदा; हटाओ उस बकवास को।" उन्होंने केवल बहावलपुर रोड पर बमों के आकस्मिक रूप से फटने पर ही चिन्ता प्रकट की कि क्या कारण हो सकता है?

इस विषय में मैं स्वयं बहुत माथा-पच्ची कर चुका था और लाहौर में देवदत्त शर्मा से मिलकर भी बात की थी। हम लोगों ने यह कारण भाँपा था कि बमों को ठीक सूख जाने का अवसर न देकर बहुत जल्दी भर दिया गया इसीलिये रोगन और पिक्रिक एसिड में रासायनिक क्रिया से गरमी पैदा होने लगी। रोगन में नमी होने के कारण रासायनिक क्रिया बहुत कम परिमाण में होती रही होगी और पर्याप्त गरमी पैदा हो जाने से काफी समय लगा होगा। जैसे किसी रोग की छूत कम परिमाण में लगने से शरीर में रोग का प्रकोप काफी समय बाद प्रकट होता है। दोनों बमों में मसाला भरने में जितना अन्तर रहा

होगा, ठीक उतने ही अन्तर से वे फटे भी। इस विश्लेषण से भैया का भी समाधान हो गया।

इन दिनों इन्द्रपाल और उसके साथियों की अवस्था, उनके पास पैसा बिलकुल न रह जाने और हंसराज की पैंतरेबाजी के कारण, बहुत ही शोचनीय हो गयी थी। धन्वन्तरी और सुखदेवराज से उन्हें कोई सहायता न मिल रही थी। धन्वन्तरी की पूरी शक्ति और समय मेरे कारण लाहौर में हो गयी गड़बड़ी को सुलझाने में ही लग रहा था। दिल्ली में हो गयी सुलह-सफाई के बाद भी जब मैंने लाहौर में अपने लिये दल के जाने-माने साथियों में उचित स्थान न देखा तो फ़िर इन्द्रपाल के सहयोग से पृथक काम चलाने की बात सोची।

मैं २६ या २७ अगस्त, दोपहर के समय इन्द्रपाल के मकान पर पहुँचा। मकान के भीतर जाने से पहले हाते में एक ओर निष्प्रयोजन बैठे संदिग्ध से व्यक्ति पर निगाह पड़ी। हाते की दीवार की आड़ के कारण इस आदमी को सड़क से न देख सका था। लौट जाने के बजाय जोर से दरवाजा खटखटाकर निश्शंक रूप से भीतर गया। मैंने इन्द्रपाल को चेतावनी दी, ''तुम्हारे यहाँ तो खुफिया पुलिस का पहरा लगा जान पड़ता है। यहाँ तक आ गया था, भीतर आये बिना मुड़ जाता तो उसे सन्देह हो जाता। मैं तुरन्त जा रहा हूँ। कहीं आकर बात करो।''

मुझे देखकर उसे भी विस्मय और घबड़ाहट हुई। दिल्ली लौटकर मैं उसे न मिल सका था। सहसा मुझे देखकर उसने आश्चर्य प्रकट किया, ''तुम यहाँ कैसे आ गये? यहाँ तो तीन दिन से सी० आई० डी० का पहरा है। यह स्थान, ग्वालमंडी की बैठक, और जहाँगीरीलाल का मकान सब घिर चुके हैं। बड़ी गलती की तुमने। अब लौटोगे तो पीछा किया जायेगा।''

खड़े-खड़े ही मैंने पूछा, ''मालूम हो गया था तो तुम लोग फरार क्यों नहीं हुए?''

उसने उत्तर दिया, ''तीन दिन से खाने के लिये भी पैसा नहीं है। तुम्हारे जाने के दो दिन बाद से पुलिस पीछा कर रही है। किसी से मिलता कैसे?''

उसके पास कुछ बम के खोल थे। मैंने पूछा वे कहाँ हैं? उसने बताया मास्टर नन्दलाल के यहाँ रख दिये हैं। जल्दी में मैंने कहा, ''तुम भी बाहर निकलो। दोनों अलग-अलग दिशा में जायेंगे। पुलिस वाला एक का ही पीछा कर सकेगा।''

इन्द्रपाल ने स्वीकार किया, ''ठीक है, मेरा ही पीछा करेगा। मैं जहाँ जाता हूँ, पीछा करता है।'' बाहर निकलते समय उसने पूछा, ''कुछ पैसे हैं? एक बण्डल बीड़ी ले आने के बहाने से चलूँ।''

मेरी जेब में भी उस समय डेढ़-दो रुपये से अधिक न था। उसे दे दिया और आश्वासन दिया कि रात साढ़े आठ बजे चौबुर्जी के एकान्त में या कल सुबह रावी की सड़क पर पुलिस को बिना पीछे लिये आये तो दस-पन्द्रह रुपये कहीं न कहीं से अवश्य ला दूँगा।

हम लोग गवर्नमेंट कालिज की ओर से अनारकली की ओर गये थे। इन्द्रपाल एक दुकान पर लस्सी पीने के लिये खड़ा हो गया। खुफिया पुलिस को देखने के लिये मैंने कुछ आगे बढ़कर और घूमकर ऊँची आवाज में पुकारा, ''अच्छा, शाम को आऊँगा। कहीं चले न जाना। अभी दुकान जा रहा हूँ।''

खुफिया पुलिस का सिपाही इन्द्रपाल को आँख से ओझल न होने देने के लिये वहाँ ही ठहर गया था। इस पर भी मैं मेडिकल कालेज के भीतर घुसकर कुछ देर कम्पाउण्डरों के क्वार्टरों में किसी काल्पनिक व्यक्ति को खोजता देखता रहा कि कोई पीछे तो नहीं है।

इन्द्रपाल अपने प्रति सन्देह का निश्चय हो जाने पर गिरफ्तारी की आशंका में हथियार और दूसरा सामान तो हटा चुका था, परन्तु स्वयं न हटा था। मुझे उसका यह व्यवहार बहुत ही अनुचित लगा। अपनी आर्थिक कठिनाई और साथियों के पारस्परिक व्यवहार से वह इतना निराश हो गया था कि फरार होकर कुछ कर सकना सम्भव न समझ रहा था। शायद उसे आशा थी कि गिरफ्तार हो जाने पर भी सबूत के अभाव में कुछ दिन बाद छूट जायेगा और फिर मेहनत करके शान्त पारिवारिक जीवन बितायेगा। वह रात में चौबुर्जी पर नहीं आया। सुबह रावी सड़क पर भी नहीं आया। बाद में मालूम हुआ कि उस संध्या से उसके मकान पर पहरा कड़ा हो गया था और दूसरे दिन सुबह पाँच बजे से पहले ही वह और उसके दूसरे साथी अपनी-अपनी जगहों पर गिरफ्तार हो गये थे। इन लोगों की गिरफ्तारी का प्रभाव मुझ पर भी गहरा पड़ा। उस समय मेरे भरोसे के साथी वे ही लोग थे।

मैंने एक बार फिर धन्वन्तरी से सब भेद भुलाकर कोई एक्शन कर डालने में सहयोग के लिये कहा। मेरा सम्मान और अस्तित्व अब इसी बात पर निर्भर करता था। धन्वन्तरी को मेरे ऐसे अनुरोध में मेरी अपनी स्थिति जमा लेने की ही भावना मुख्य जान पड़ती थी। यों वह लाहौर में अब्दुलअजीज पर चोट करने का पूरा यत्न कर रहा था, परन्तु योजना जम न रही थी। मुझसे वह खुलकर बात न करता था। उसे सबसे अधिक भरोसा सुखदेवराज पर था। मुझे उसने जो कुछ बताया, उस पर मेरी आपत्ति यह थी कि अपनी जान बचाने का ख्याल रखकर दूसरे को मार सकने की योजना पूरी नहीं होगी। मेरे बोलने का ढंग जरूर कड़वा था, लेकिन बात ठीक थी। उन लोगों ने नहर के किनारे खानबहादुर अब्दुलअजीज की मोटर पर एक बार गोली चला भी दी थी, लेकिन परिणाम सतर्कता बढ़ जाने के अतिरिक्त कुछ न हुआ। मैं बार-बार कहता था कि सुखदेवराज की योजना में कायरता से अपनी जान बचाने की बात पहले है, वह योजना कभी पूरी न होगी। धन्वन्तरी को राज की बुद्धि, साहस और निष्ठा पर वास्तव में गहरा विश्वास था और यह भ्रम दूर होने में अभी दो मास शेष थे।

दो-तीन दिन बाद धन्वन्तरी ने साफ-साफ बात की। हम लोग तुम्हारे साथ काम नहीं कर सकते। मेरे पंजाब में रहने पर दल में एकता भी सम्भव नहीं होती है। दोनों की ही परस्पर शिकायतें थीं। फिर एक बार केन्द्रीय समिति के सामने मसला पेश किया जाने का विचार हुआ। हम दोनों दिल्ली आये। फिर भैया आज़ाद को बुलाया गया। अदालत में कैलाशपति के बयान के अनुसार यह बैठक दिल्ली फैक्टरी में ४ सितम्बर को हुई थी। धन्वन्तरी ने फिर मुझ पर आरोप लगाया कि मैं अपनी प्रतिष्ठा जमाने के लिये दल में निरंकुशता और मनमानी किये जाने का दोष लगा रहा हूँ। सभी को कायर बताता हूँ और कहता हूँ कि दल ने मुझसे माफी माँगी है। ऐसी अवस्था में उसके लिये मेरे साथ काम कर सकना असम्भव हो गया है। उसने मुझे दल से पृथक कर देने पर जोर दिया। कैलाशपति ने उसका समर्थन किया।

मुझ पर आरोप लगाकर, दल के साथियों को मुझे शूट कर देने का निर्णय बताने वाले जिम्मेवार साथी अब विकट परिस्थिति में थे। वे यही कर सकते थे कि यशपाल ने अपराध स्वीकार करके क्षमा माँग ली है। स्थिति को सम्भाल लेने के लिये किस प्रकार की बातें कही जाती थीं, इसका उदाहरण मुखबिर मदनगोपाल के अदालत में दिये बयान से लग सकता है। मदनगोपाल ने अदालत में बयान देते समय कैलाशपति की बतायी हुई बात इस प्रकार कही थी, "...मगर चूँकि यशपाल भेस बदलने में, बम का मसाला तैयार करने में और पार्टी के मेम्बरान को आर्गनाइज करने में माहिर है और पंजाब का सबसे बड़ा कारकुन है इसलिये उसकी कमजोरी को नजरअन्दाज किया जा रहा है। अगर उसने चाल-चलन की इसलाह (सुधार) न की तो फिर सेन्ट्रल कमेटी से इजाजत लेकर उसे मार दिया जायेगा।"[१]

मेरा कहना था कि मुझ पर लगाये गये आरोप क्षमा कर देने योग्य नहीं हैं। अपराध प्रमाणित हों तो क्षमा नहीं दण्ड चाहता हूँ। मैं अपराध स्वीकार कर लेने और क्षमा माँग लेने की बात का विरोध कर रहा था।

अपने सम्मान के विचार से मैंने बहुत आग्रह किया कि मामला केन्द्रीय समिति के सामने रखा जाय, किसी एक व्यक्ति का निर्णय कुछ अर्थ नहीं रखता। आज़ाद को इस बात पर बहुत क्रोध आ गया। झुंझलाकर बोले, "कहाँ है केन्द्रीय समिति? जब तक यह न पता चले कि केन्द्रीय समिति में विश्वासघात करने वाले लोग कौन हैं, केन्द्रीय समिति को मैं मानने के लिये तैयार नहीं हूँ। जिसे मुझ पर विश्वास नहीं, वह जो चाहे सो करे।"

मुझे चुप रह जाना पड़ा।

धन्वन्तरी और कैलाशपति दोनों ही के मुझे दल से पृथक कर देने का आग्रह करने पर भैया ने दल को ही तोड़ दिया। इस बार धन्वन्तरी और कैलाशपति ने मुझे दल में रखकर काम करने के बजाय दल को तोड़ दिया जाना ही स्वीकार कर लिया। भैया ने बिहार, यू० पी०, पंजाब, दिल्ली और मध्यप्रान्त, महाराष्ट्र और मेरे लिये हथियार बराबर बाँट दिये। मैं इस समय किसी प्रान्त का प्रतिनिधि न था, परन्तु उन्होंने अपने निर्णय से मुझे बराबर का हिस्सा देने के बाद एक बहुत अच्छा रिवाल्वर और भी दिया और द्रवित स्वर में कहा, "सोहन को हथियार देना लोगों को अनुचित लगेगा, परन्तु मैं जो उचित समझता हूँ, कर रहा हूँ। दूसरे लोग जाने हथियारों का क्या करेंगे, लेकिन सोहन जरूर उनका उपयोग करेगा।"

धन्वन्तरी के मन में आज़ाद के लिये इतना आदर और विश्वास था कि मेरे प्रति घृणा और वैमनस्य होने पर भी उसने कोई आपत्ति न की। दल टूट गया। मुझे बहुत ग्लानि थी कि इस दुर्भाग्य का कारण मैं ही बन रहा हूँ, परन्तु मेरे सामने दूसरा उपाय न था।

दल में धन्वन्तरी और कैलाशपति के अतिरिक्त बच्चन, विमल आदि और लोग भी ऐसे थे जो मेरे आचरण से अप्रसन्न थे। मुझ पर लगाये गये अधिकांश आरोपों की चिन्ता न कर उनकी दृष्टि में मेरा एक ही अपराध, प्रकाशवती के साथ पत्नी का सम्बन्ध स्थापित

---

१. लाहौर षड्यंत्र के मुकदमे में मदनगोपाल का अक्षरशः बयान।

कर लेना काफी था। क्रांति का काम करने के लिये त्याग और संयम का जो आदर्श उनके मस्तिष्क में था, उसके अनुसार मेरा व्यवहार उन्हें लज्जाजनक जँच रहा था। तीन-चार वर्ष पूर्व दल का एक साथी आपटे ऐसे ही व्यवहार या शायद इससे भी भयंकर अपराध अर्थात् दल से सहानुभूति रखने वाले एक व्यक्ति की स्त्री से अनुचित सम्बन्ध रखने के कारण लखनऊ में शूट भी कर दिया जा चुका था।

नारी और प्रेम के सम्बन्ध में हि० स० प्र० स० के साथियों का दृष्टिकोण अपने से पहले के क्रांतिकारियों से बहुत कुछ बदल चुका था। यह लोग नारी को नरक का द्वार और उस विचार और चर्चा को घृणा की वस्तु या पाप न समझते थे। विपरीत इसके नारी की दलित अवस्था के प्रति सहानुभूति और समाज पर उसके ऋण के कारण नारी को समान अधिकार और आदर की अधिकारी मानने लगे थे। हमारी पहली धारणा बहुत कुछ रोमन कैथोलिक ईसाई ब्रह्मचारियों जैसी थी जो नारी की कल्पना मसीह की पवित्र कुमारी माता के रूप में करके उसमें पूजा की भावना स्थापित कर उसका आदर तो करते हैं, परन्तु नारी-संग को अमार्जनीय या मौलिक पाप (ओरिजिनल सिन) मानते हैं। हमारे बहुत से साथी प्रेम को स्वाभाविक और स्वार्थ से ऊँचा उठाने वाली प्रवृत्ति मानते थे, परन्तु संयम का बन्धन सफल बनाये रखने के लिये प्रेम को अतीन्द्रिय रूप में अनुभव कर लेना ही संस्कृति और संयम समझ रहे थे। नारी के प्रति प्रेम या आकर्षण को जीवन के व्यवहार में आने देना उनकी दृष्टि में अपराध था। मेरा या मेरे जैसे कुछ साथियों का दृष्टिकोण इस विषय में भिन्न था। हम लोगों ने क्रांति के प्रयत्न को जीवन भर का कार्यक्रम मान लिया था। उस काम को निबाहते हुए जीवन की स्वाभाविक अनुभूतियों या आवश्यकताओं को भी, यदि वे मार्ग में अड़चन न बनें, पूरा कर सकने से घबराते न थे। जिनकी भावना इस प्रकार की न थी, उन्हें मेरा व्यवहार दल के लिये कलंक जान पड़ा।

इस घटना के पश्चात मैं कई दिन बहुत चिंतित और उदास रहा। मैंने अपने आचरण पर आत्मालोचना के रूप में बार-बार विचार किया। मुझे यह स्वीकार करने का कोई कारण न मिला कि मैंने प्रेम के आकर्षण में अपने क्रांतिकारी कर्तव्य के प्रति कभी कोई अवहेलना दिखायी थी, परन्तु उस समय प्रश्न कर्तव्य के प्रति अवहेलना का नहीं बल्कि एक अनुचित काम कर देने का था।

उस समय के अधिकांश क्रांतिकारी साथी मेरे दृष्टिकोण से सहमत न थे, परन्तु आधुनिक क्रांतिकारी मेरे उस समय के दृष्टिकोण से सहमत जान पड़ते हैं। हमारे देश में बहुत से राजनैतिक कार्यकर्ता व्यक्तिगत स्वार्थों और पारिवारिक चिन्ताओं को छोड़कर पिछले दस-पन्द्रह वर्षों से कम्युनिस्ट पार्टी या अन्य दलों में काम कर रहे हैं, उनके विश्वासों और लक्ष्यों के अनुसार उन्हें क्रांतिकारी ही मानना होगा। ऐसे लोगों के घोर विरोधी भी उनकी लगन और कर्तव्यनिष्ठा को अस्वीकार नहीं कर सकते। क्रांति पथ के इन कार्यकर्ताओं ने अपने जीवन के अनुभवों से यह जान लिया है कि क्रांतिकारी उद्देश्य के प्रति सतत निष्ठा निबाहने के लिये जीवन को यथासम्भव स्वाभाविक रखना या प्रेम की परिणति को भी स्वाभाविक अवसर देना ही उचित है। इन राजनैतिक स्त्री-पुरुष कार्यकर्ताओं में संकट में गिरफ्तारी की निरन्तर सम्भावना होने पर भी अवसर आने पर परस्पर प्रेम और विवाह सम्बन्ध को स्वीकार कर लेना ही नैतिकता की रक्षा का मार्ग समझा जाता है।

धन्वन्तरी ने आज तक क्रांति के ध्येय के प्रति पूर्ण निष्ठा का प्रमाण दिया है। १ नवम्बर, १९३० के दिन दिल्ली में गिरफ्तार होने के बाद वह जेल में भी बराबर लड़ता रहा। उसने कालापानी काटा और वहाँ क्रांतिकारी दल के प्रगतिशील साथियों के साथ वैज्ञानिक और संगठित मार्क्सवादी मार्ग पर काम करने के लिये अध्ययन करता रहा। जेल से छूटने पर स्वास्थ्य खराब होते हुए भी वह लगन से महत्वपूर्ण काम कर रहा है। वह अब भी अपनी धारणा से क्रांतिकारी काम में संलग्न है। १९५० में जब वह लखनऊ आया था, उसने मुझे जालंधर में अपने विवाह में सम्मिलित होने का निमंत्रण दिया था; अर्थात् अब वह क्रांति के लिये यत्न और विवाह में विग्रह नहीं समझ रहा था। धन्वन्तरी का वह विवाह उसकी प्रेमिका का विचार बदल जाने के कारण नहीं हो पाया, परन्तु प्रेम को जीवन में व्यावहारिक रूप में चरितार्थ कर सकने के सम्बन्ध में धन्वन्तरी का दृष्टिकोण और आदर्श बदल चुका था, इसमें संदेह नहीं है।

कैलाशपति ने इस विषय में जो कुछ किया वह यथा प्रसंग कहूँगा।

यह स्वीकार करने में मुझे कोई झिझक नहीं कि भारत के आधुनिक राजनैतिक क्रांतिकारियों का नैतिक दृष्टिकोण हिसप्रसे के साथियों की अपेक्षा अधिक यथार्थवादी है। हमारे देश और समाज की प्रगति की ओर प्रवृत्ति के कारण यह स्वाभाविक भी है। इस प्रगति का आधार आँखें मूँदकर परम्परागत मान्यताओं की उपासना न करते रहकर नैतिकता को सामाजिक यथार्थ और भौतिक परिस्थितियों के अनुकूल निश्चित करने का साहस है।

हिसप्रसे से पहले के क्रांतिकारियों और हिसप्रसे के साथियों का दृष्टिकोण प्रेम और यौन आचार के सम्बन्ध में अति आदर्शवादी और भावुकतापूर्ण होने का कारण उनकी विशेष परिस्थितियाँ भी थीं। वह समय क्रांति के उद्देश्य से संगठनों का आरम्भ था। उस समय क्रांति के प्रयत्नों के रूप में किसी एक घटना (एक्शन) को पूर्ण कर देने के लिये ही दल का संगठन भी प्रायः समाप्त हो जाता या बिखर जाता था और फिर नये सिरे से संगठन का आयोजन आरम्भ किया जाता था। संगठन के रूप में आन्दोलनों की अवधि बहुत ही संक्षिप्त होती थी और किसी एक सदस्य के क्रांति के कार्यक्रम में भाग ले सकने का समय बहुत संक्षिप्त होता था। आज़ाद के शब्दों में एक बार जमाया दल अठारह महीने से अधिक नहीं चल सकता था।

किसी काम को कुछ समय के भीतर पूरा कर डालने के लिये प्राणायाम की सी एकाग्रता आवश्यक होती है। अस्वाभाविक तनावों को कुछ समय तक ही निबाहा जा सकता है। हिसप्रसे की क्रांतिकारी प्रयत्नों की अवधि पहले के क्रांतिकारी संगठनों की अपेक्षा बहुत ही लम्बी हो गयी थी। लम्बी अवधि या कार्यक्रम को देर तक निबाह सकने की आवश्यकता ने ही हम लोगों की नैतिक धारणा को व्यावहारिकता की ओर ढालना शुरू कर दिया था। हमारे आधुनिक राजनैतिक कार्यकर्ताओं के सामने ऐसी परिस्थितियाँ और कारण और भी स्थूल तथा स्पष्ट रूप में आये हैं। भारतीय कम्युनिस्ट पार्टी के अनेक कार्यकर्ता पन्द्रह और बीस वर्ष से अपने कार्यक्रम को उसी क्रांतिकारी लगन से निबाह रहे हैं, जिस लगन से हिसप्रसे से पहले के क्रांतिकारी छः महीने या बरस भर काम करते थे और हम लोगों ने दो-तीन वर्ष तक किया था। इसी परिस्थिति ने कम्युनिस्टों और आधुनिक राजनैतिक कार्यकर्ताओं के दृष्टिकोण को यथार्थवादी बना दिया और उन्होंने

अपने संगठन की नैतिकता को भी यथार्थवादी और व्यावहारिक बनाना आवश्यक समझा।

एक प्रश्न जो उस समय मुझे परेशान करता था—और जिस पर मैं अब भी अनेक बार विचार करता हूँ—यदि मेरे उस आचरण को अपराध भी मान लिया जाय तो क्या दल के एक ही व्यक्ति का आचरण और व्यवहार पूरे दल को तोड़ देने के लिये काफी हो सकता था? दल को हानि पहुँचाने का मेरा व्यवहार क्या दल के शेष साथियों की अपने दल को बचाये रखने की चेष्टा से अधिक सबल हो सकता था? इस प्रश्न का उत्तर यही था कि दल के सब साथियों की दल को बचाये रखने की चेष्टा उनके वैयक्तिक प्रयत्नों के रूप में सामने आ ही नहीं सकी। दल में उनकी वैयक्तिक चेष्टा के लिये अवसर ही न था। दल के सम्पूर्ण साथियों की चेष्टा और शक्ति दल के नेताओं द्वारा दी गयी आज्ञाओं को मान लेने या पूरा कर देने तक ही सीमित थी। जैसे फौजी अनुशासन में सेना के सब सिपाही आज्ञा देने वाले अफसर के हाथ-पाँव ही बन जाते हैं, अपनी स्वतन्त्र सूझ और निर्णय खो बैठते हैं, उससे मिलता-जुलता ही व्यवहार हमारे दल में था। ऐसा व्यवहार एक-सत्तात्मक व्यवस्था का प्रतीक है, जनवादी व्यक्तिगत क्रियाशीलता और स्वतन्त्रता का नहीं, जिसमें प्रत्येक व्यक्ति से समाज के लिये सूझ और प्रेरणा का स्रोत होने की आशा की जाती है।

मेरे विरुद्ध किया गया निर्णय यदि प्रजातांत्रिक ढंग से किया जाता अर्थात् दल के साथियों को इस विषय में विचार करके अपनी-अपनी बात कह सकने का अवसर मिलता तो या तो ऐसा निर्णय होता नहीं और यदि ऐसा निर्णय होता तो किसी भी साथी को उसके विरुद्ध जाने की इच्छा और साहस न होता। आदर्श के रूप में हम लोग प्रजातंत्र के सिद्धान्त का आदर करते थे। यह बात 'हिन्दुस्तान समाजवादी प्रजातन्त्र सेना' या 'संघ' के नाम से स्पष्ट है, परन्तु प्रजातन्त्र के ढंग पर काम नहीं कर पा रहे थे। हमारा काम संगठन और संगठन के प्रयत्नों को अत्यन्त गुप्त रखने की आवश्यकता के कारण एक गुट के रूप में होता था। इस स्थिति में समस्याओं और घटनाओं पर विचार के लिये सामूहिक समान अवसर देना अव्यावहारिक या बहुत जोखिम का होता।

कैलाशपति ने अपने बयान में मेरे विरुद्ध जिस केन्द्रीय समिति में निर्णय किये जाने की बात कही थी, उसमें उपस्थित साथियों के नाम—आज़ाद, वीरभद्र, विद्याभूषण, कैलाशपति, सतगुरुदयाल अवस्थी और धन्वन्तरी बताये गये थे। मैं, भैया आज़ाद और भगवती भाई द्वारा दल के पुनः संगठन के प्रसंग में केन्द्रीय समिति के सदस्यों के दूसरे नाम बता चुका हूँ। यह नाम थे—आज़ाद, भगवतीचरण, सेठ दामोदरस्वरूप, वीरभद्र, कैलाशपति और यशपाल। भगवती भाई, दामोदरस्वरूप और मेरी जगह विद्याभूषण, धन्वन्तरी और सतगुरुदयाल अवस्थी का आ जाना किसी निर्वाचन अथवा जनमत के आधार पर न हुआ था। जैसे पहली केन्द्रीय समिति हम लोगों ने आपस में गढ़ ली थी, उसी प्रकार परिस्थिति और आवश्यकतानुसार दूसरी बना ली गयी होगी। किसी भी केन्द्रीय समिति का कोई भी सदस्य अपने प्रान्त के साथियों द्वारा निर्वाचित प्रतिनिधि नहीं था, इसलिये वह सदस्य अपने प्रान्त के साथियों के प्रति कोई उत्तरदायित्व भी अनुभव न करता था। प्रान्तों के सदस्य भी ऐसे संगठनतकर्ताओं को अपने सिर पर थोपा हुआ ही मान सकते थे।

हमारा संगठन वैयक्तिक अनुमति और वैयक्तिक सूत्रों द्वारा संगठित होता था, इसलिये हम एक-दूसरे के प्रति जनवादी उत्तरदायित्व और अधिकार अनुभव नहीं करते थे। यह हमारी सबसे बड़ी कमजोरी थी। एक ही नेता के निर्देश पर चलने वाले संगठन या आन्दोलन का ढंग सदा ऐसा ही होगा। ऐसे उत्तरदायित्व की कमी ही हमारे साथियों की सबसे बड़ी निर्बलता थी और संकट पड़ने पर दल के प्रति उनके विश्वासघात का कारण भी बन जाती थी। प्रत्येक साथी अपने वैयक्तिक साहस और नैतिक बल पर ही निर्भर कर सकता था।

यह कह देना भी अप्रासंगिक न होगा कि जनवादी दृष्टिकोण से हिसप्रसे का संगठन आधुनिक क्रांतिकारी आन्दोलनों और संगठनों की अपेक्षा पिछड़ा हुआ था, परन्तु हिसप्रसे का वातावरण और भावना अपने से पहले क्रांतिकारियों की अपेक्षा अधिक जनवादी था। आज़ाद द्वारा कमाण्डर-इन-चीफ के अधिकार से केन्द्रीय समिति का निर्णय स्वयं बदल देने का कारण उस निर्णय के प्रति अनेक साथियों के असंतोष की भावना को जान लेना ही था। मैंने अवसर पाकर भी अपने विरोधियों पर गोली न चलाकर, बार-बार केन्द्रीय समिति के सामने या दूसरे साथियों के सामने अपना मामला रखने की ही माँग की, इसका कारण भी दल के भीतर जनमत पर विश्वास और भरोसा ही था।

काकोरी की घटना से पहले 'हिन्दुस्तान प्रजातन्त्र दल' के क्रांतिकारियों में रामप्रसाद बिस्मिल और उनके प्रतिद्वन्द्वियों में एक बार ऐसा ही झगड़ा किसी कारण पर उठ खड़ा हुआ था। उस समय निर्णय के लिये जनमत की बात न सोची गयी थी बल्कि सचमुच नदी किनारे जाकर परस्पर गोली चलाकर ही फैसला कर लेना सम्भव समझा गया था। हम लोग उस अवस्था में न थे। आज़ाद में तानाशाह की महत्वाकांक्षा बिल्कुल न थी। 'मैं कुछ नहीं कहता, जैसा सब लोग कहें' या 'आपस में तय कर लो'—यह आज़ाद के अभ्यासगत मुहावरे थे, व्यवहार भी ऐसा ही था, परन्तु गुप्त संगठन का विकास और रूप ही ऐसा न था कि सभी निर्णय सदा जनवादी ढंग से किये जा सकते।

वर्तमान क्रांतिकारी आन्दोलन भारतीय कम्युनिस्ट पार्टी की तुलना में हिसप्रसे के साथियों की एक सैद्धान्तिक स्पष्टता की कमी थी। समाजवाद को हम लोगों ने लक्ष्य मान लिया था, परन्तु सिद्धान्त रूप से उस लक्ष्य का परिचय हमारे अधिकांश सदस्यों के मस्तिष्क में बहुत धुँधला था। समाजवाद के प्रति हमारा आकर्षण विचारात्मक की अपेक्षा भावात्मक ही था। यह कहना अत्युक्ति न होगी कि इस लक्ष्य का जो कुछ परिचय हमारे दल में था, वह अधिकतर पंजाब के साथियों के प्रभाव से ही था। पंजाब के भी सभी साथियों के लिये यह बात समान रूप से नहीं कही जा सकती। आतिशीचक्कर के अवसर पर इन्द्रपाल की लिखी घोषणा केवल विदेशी सत्ता से विद्रोह और राष्ट्रीय भावना की ही पुकार थी, किसी नयी सामाजिक व्यवस्था की नहीं।

अधिकांश में हमारे दल की मुख्य प्रेरणा विदेशी सत्ता का विरोध ही था। विदेशी सत्ता के विरोध की भावना सर्वसाधारण में मौजूद थी और हमारे दल में अधिकतर ऐसे ही लोगों के आकर्षित होने की सम्भावना रहती थी जो अपनी मध्यवर्गीय या निम्न-मध्यवर्गीय स्थिति में जीवन की विषमताओं को उग्ररूप में अनुभव कर रहे थे और जिनमें साहस की मात्रा सर्वसाधारण से कुछ अधिक थी। विदेशी सत्ता के विरुद्ध आमरण संघर्ष की भावना का मुख्य पहलू विध्वंसात्मक था। हम लोगों की विचारधारा में यह पहलू उग्र

तो था, परन्तु निर्माणात्मक पहलू समाज के नव-निर्माण की भावना उतनी स्पष्ट और सबल न थी जितनी आज के साधारण समाजवादी कार्यकर्ता में पायी जाती है। इसी निर्माणात्मक भावना से बल ग्रहण करके साधारण समाजवादी कार्यकर्ता भी पूर्वापेक्षा अधिक धैर्य का परिचय दे सकते हैं।

आज़ाद और कुछ साथियों ने विदेशी सत्ता के विरोध को ही प्राणपण से ग्रहण करके अपने अस्तित्व को उसी में डुबो दिया था। यह बात उनके जीवन की दो घटनाओं से स्पष्ट है। आज़ाद ने सोलह-सत्रह वर्ष की आयु में सत्याग्रह आन्दोलन में सजा पायी थी। आयु कम होने के कारण उस समय उनके हाथों में लगायी गयी हथकड़ियाँ ढीली चूड़ी की तरह हाथों से बाहर निकल आती थीं। उन्हें जेल में रखने लायक न समझकर केवल बारह बेंत लगा देने की सजा दे दी गयी थी। बारह बेंत का अर्थ है—कपड़े उतारकर हाथ-पाँव टिकटिकी पर बाँधकर चूतड़ों पर इस प्रकार बेंत लगाना कि खाल फट जाय। आज़ाद ने आह-ऊँह किये बिना दाँतों से होंठ दबाकर बेंतों की मार सह ली थी, परन्तु बेंतों की इस मार ने उनके मन में विदेशी सत्ता के प्रति घृणा और विरोध कितना गहरा बैठा दिया होगा, यह कल्पना कठिन नहीं। आज़ाद के जीवन की दूसरी घटना थी काकोरी केस में फरार होने की अवस्था में उनके अपने साथियों को फाँसी पर लटका दिये जाने के समाचार सुनना। उस समय आज़ाद की आँखों में क्रोध के आँसू आ गये थे। एक तोड़ेदार बन्दूक बिस्तर में बाँधकर तैयार हो गये थे कि काकोरी के मुकदमे की तहकीकात करने वाले अफसरों को गोली मारकर स्वयं भी मर जायेंगे। उनके साथी कठिनता से ही उन्हें धैर्य से काम लेने के लिए समझा सके थे।

दिल्ली में दल भंग कर देने के बाद आज़ाद को कुछ दिन कानपुर में और फिर इलाहाबाद में ऐसे साथियों के साथ रहने का अवसर मिला जिनसे वे समाजवाद के सम्बन्ध में काफी विचार-विनिमय कर सकते थे। इस अवसर का प्रभाव भी उन पर बहुत गहरा पड़ा। मैंने और हमारे अधिकांश साथियों ने भी मार्क्सवाद का कायदे से तुलनात्मक अध्ययन अपनी गिरफ्तारी के बाद जेलों में ही किया।

हिसप्रसे के साथी समाजवाद को यदि पूर्णतः वैज्ञानिक रूप में नहीं तो भावना से काफी दृढ़ता से पकड़े हुए थे। साधारणतः काकोरी के साथियों की अपेक्षा हमारी समाजवादी प्रेरणा विशेष उग्र थी। इसका सबसे बड़ा प्रमाण है कि हमारे साथियों में से कोई भी जेल से लौटकर कांग्रेस के पूँजीवादी संगठन में न सट पाया, परन्तु काकोरी के अनेक साथी बड़े उत्साह से कांग्रेस को जनवादी संस्था मानकर या अन्य कारणों से उसमें सहयोग दे रहे हैं। हिसप्रसे के साथियों में से केवल दुर्गा भाभी और सुशीला जी ने ही कांग्रेस के कार्यक्रम को अपनाने की चेष्टा की थी। जब कांग्रेस विदेशी सत्ता-विरोधी संयुक्त मोर्चे का रूप छोड़कर समाजवादी प्रवृत्तियों के प्रति असहिष्णु हो गई, दुर्गा भाभी एक समय दिल्ली प्रान्तीय कांग्रेस की प्रधान रह चुकने पर भी कांग्रेस से अलग हो गयीं।

सुशीला जी ने अलबत्ता कांग्रेस से सम्बन्ध बनाये रखने का यत्न जारी रखा। इसका कारण भी स्पष्ट है। वे भावुकता के उबाल से हमारे दल में आ तो अवश्य गयी थीं, परन्तु उनकी सैद्धान्तिक स्पष्टता कितनी थी, इसका प्रमाण मुझे १९३८ में जेल से अपनी रिहाई के बाद मिला। संयोगवश मैं दिल्ली गया था और स्वर्गीय कम्युनिस्ट साथी बहालसिंह के

साथ सुशीला जी से मुलाकात करने भी गया था। उस अवसर पर सुशीला जी की कही एक बात याद है। शायद बहालसिंह को ताना देने के लिये ही हो, उन्होंने कहा था, "मुझे तो एक ट्यूटर रखकर समझना होगा कि सोशलिज़्म है क्या?" सुशीला जी की बात सुनकर खेद ही हुआ था कि बेचारी व्यर्थ ही इतने दिन 'हिन्दुस्तान सोशलिस्ट रिपब्लिकन एसोसियेशन' की सदस्य बन जाने के कारण परेशान रहीं। यह भी समझ में आया कि क्यों वे हमारे कार्यक्रम को आधे रास्ते में छोड़कर अलग हो गयी थीं। यदि हिसप्रसे के अधिकांश साथियों के विचारों और व्यवहार को ही हिसप्रसे की विकास दिशा का संकेत माना जाय तो उसे हम किसी न किसी रूप में समाजवाद की ओर ही झुका पाते हैं।

दल के टूट जाने से हम सभी दुखी थे, परन्तु दल टूट गया था। आज़ाद को स्थिति सुलझाने का और कोई उपाय दिखाई न दिया था। मुझे अपनी स्थिति ही सबसे असहाय जान पड़ रही थी, क्योंकि पूरे विश्वास से मेरा साथ देने वाले लाहौर के निम्न-मध्यम वर्ग के प्रायः सभी साथी एक ही हल्ले में गिरफ्तार हो गये थे।

विकट निराशा अनुभव हो रही थी। उस निराशा में केवल एक ही सूक्ष्म सा अवलम्ब था, भैया आज़ाद की अन्तिम बात, "सोहन, इस समय और कुछ नहीं हो सकता। यह तो निश्चय है कि हम जान बचाने के लिये पान-बीड़ी की दुकान खोलकर दिन नहीं काटेंगे। तुम जब भी कुछ करने की बात सोचो, मेरा भरोसा करना।"

आज़ाद ने मुझे दिल्ली और कानपुर में उनसे सम्बन्ध स्थापित कर सकने के लिये दो पते बता दिये थे।

(शेष तीसरे भाग में)

सिंहावलोकन

तृतीय भाग

- दल की रक्षा के लिए आज़ाद के प्रयत्न
- भगत सिंह, सुखदेव और राजगुरु की शहादत
- पुनः संगठन का प्रयत्न
- जेल में

भूमिका

'सिंहावलोकन' के पहले दो भागों के प्रकाशन के समय के रूप में कुछ लिख चुका हूँ। तीसरे भाग में यह संस्मरण समाप्त हो रहे हैं। समाप्ति के समय भी कुछ कहना संगत जान पड़ रहा है।

पहली बात है इन संस्मरणों के क्षेत्र और रूप के सम्बन्ध में। अधिकांश पाठकों की धारणा रही है कि मैं आपबीती या अपनी कहानी लिख रहा हूँ। हि० स० प्र० स० के सम्बन्ध में मेरे संस्मरण मेरी या मेरे साथियों की आपबीती जरूर है, परन्तु मेरी सम्पूर्ण आपबीती इन संस्मरणों में नहीं आ सकती; आनी भी नहीं चाहिये। महत्व हि० स० प्र० स० आन्दोलन के लिये किये प्रयत्नों का है। उन प्रयत्नों का महत्व इसलिये नहीं कि वह किसी व्यक्ति विशेष के अनुभव हैं। हि० स० प्र० स० से सम्बन्ध रखने वाली अनेक ऐसी घटनाओं का उल्लेख इन संस्मरणों में है जो मेरे व्यक्तिगत अनुभव तो नहीं है, परन्तु उनका सम्बन्ध मुझसे इसलिए है क्योंकि मैं हि० स० प्र० स० के संगठन के अन्तर्गत था। जब भी कभी स्वतन्त्रता प्राप्ति के प्रयत्नों का इतिहास लिखा जाने का समय आयेगा, यह उल्लेख उपयोगी हो सकेंगे। मेरे अनेक अनुभव ऐसे भी रहे हैं जिनका हि० स० प्र० स० के लक्ष्य और क्षेत्र से सम्पर्क नहीं था। उनका उल्लेख आन्दोलन के इतिहास के प्रसंग में अनुपयुक्त होता, इसलिये मैंने उन्हें इन संस्मरणों में नहीं लिखा है।

घटनाओं के विवरण में दृष्टिकोण का महत्व बहुत अधिक रहता है; बल्कि दृष्टिकोण ही वास्तविक चीज होती है। अंग्रेजी साम्राज्यशाही के समर्थक लेखकों द्वारा लिखे गये भारत के अतीत के इतिहास को, तटस्थ इतिहासकारों द्वारा लिखे उस काल के इतिहास को और अपने अतीत गौरव के लिये अन्ध-अभिमानी भारतीय इतिहास लेखकों द्वारा लिखे इतिहासों की तुलना से यह बात स्पष्ट हो जाती है। सम्भव है, अहिंसात्मक क्रांति की सफलता का गौरव करने वाले इतिहास लेखक हि० स० प्र० स० के आन्दोलन को विपथगामी हिंसा के प्रयत्न ही समझें। उदाहरणतः १९३१-३२ में यू० पी० के इंस्पेक्टर जनरल पुलिस हालिन्स ने भी अपनी पुस्तक No Ten Commandments में चन्द्रशेखर आज़ाद की शहादत का वर्णन एक दुस्साहसी अपराधी के पुलिस से लड़ाई में जूझ जाने वाले के रूप में ही किया है। फिर भी मैंने प्रयत्न यही किया है कि घटनाओं से अपने महत्व को दूर रखकर उन वृत्तान्तों और अनुभवों को तथ्यों के रूप में लिखा जाय ताकि पाठक हमारी न्यूनताओं और विवशताओं को भी समझ सके।

इन संस्मरणों के पिछले दो भागों से हि० स० प्र० स० से व्यक्तिगत रूप से सम्बन्धित और परिचित अधिकांश लोगों का संतोष हुआ है, इस बात से मैं भी संतुष्ट हूँ। सभी का संतोष हो सकेगा, ऐसी आशा मैंने की थी, न मुझे है। बुद्ध ने भी सर्वजनहिताय, सर्वजनसुखाय कहने का साहस नहीं किया था। उन्हें बहुजनहिताय, बहुजनसुखाय कहकर

ही संतुष्ट होना पड़ा था, क्योंकि कुछ लोगों का स्वार्थ और तृप्ति न्याय और सत्य के विरोधी भी हो सकते हैं। इस सत्य को मानना ही पड़ेगा और सत्य की रक्षा के लिये उसी के अनुसार आचरण भी करना पड़ेगा। आत्मतुष्टि के लिये घटनाओं और व्यक्तियों को काल्पनिक रूप और रंग देने से जिनका प्रयोजन पूरा होता है, उन्हें मैं संतुष्ट नहीं कर सकता।

जहाँ तक बन पड़ा, घटनाओं का उल्लेख प्रमाण सहित करने का प्रयत्न किया है, परन्तु अतीत की बातें लिखते समय—और हो सकता है आज की भी अनेक वास्तविकताओं का वर्णन करते समय—अदालती प्रमाण जुटा सकना सम्भव न हो। सच्चाई का अपना एक बल होता है। यदि मैंने वास्तविकता के साथ न्याय नहीं किया और कुछ लोगों का दावा है कि वे वास्तविकता को अधिक जानते हैं या अधिक सच्चाई से पेश कर सकते हैं तो उन्हें भी अवसर है कि विचार और परख के लिये ऐतिहासिक तथ्यों को पाठकों के सम्मुख रखें। तथ्यान्वेशी श्रोता या पाठक विवेक से सत्य और असत्य की परख स्वयं भी कर सकते हैं, इसी विश्वास के आधार पर मैं संस्मरणों के इन तीनों भागों को पाठकों को सौंप रहा हूँ।

इन संस्मरणों के विलम्ब से प्रकाशित होने के कारण कुछ बाद के प्रसंग भी इन पुस्तकों में आ गये हैं। फिर भी इन संस्मरणों के प्रकाशित हो जाने का यदि कोई उपयोग है तो उसका श्रेय उन लोगों का है जो मुझे इन्हें लिख डालने के लिये प्रेरित करते रहे हैं। सबसे अधिक श्रेय है प्रकाशवती को जिनकी दृष्टि में इन संस्मरणों के ठीक से लिखने जाने का बहुत महत्व रहा है। चौथे संस्करण में जहाँ-तहाँ शब्दों में कुछ परिवर्तन किये गये हैं या कुछ पंक्तियाँ बढ़ाना उचित जान पड़ा, उसका प्रयोजन स्पष्टता रहा या बाद में जागी स्मृति या प्राप्त सूचना रही। पुस्तक के मूल तत्व या भाव में परिवर्तन नहीं आया।

८ फरवरी, १९५३

यशपाल

दल की रक्षा के लिये आज़ाद के प्रयत्न

४ सितम्बर, १९३० के दिन, दोपहर समय भैया आज़ाद ने दिल्ली की बम फैक्टरी में हिन्दुस्तान समाजवादी प्रजातंत्र सेना की केन्द्रीय समिति को भंग कर दिया। केन्द्रीय समिति को तोड़ देने की मजबूरी का मूल कारण मुझे गोली मारने के निर्णय को बदल दिया जाना था। यह निर्णय बदल देने से दो समस्याएँ ऐसी उठ खड़ी हुई थीं जिनके कारण दल को एक बार तोड़ देना अनिवार्य हो गया। एक समस्या यह थी कि पंजाब में धन्वन्तरी और सुखदेवराज मुझे दण्ड न दिया जाने का क्या कारण बताते? यदि वे कहते कि यशपाल पर लगाये गये आरोप गलत थे तो यह बात उनके प्रति साथियों के भरोसे और विश्वास को समाप्त कर देती, क्योंकि आरोप उन्होंने ही लगाये थे। यदि यह कहा जाता कि यशपाल ने अपने अपराधों के लिये क्षमा माँगी है तो एतराज हो सकता था कि क्षमा माँगने का अवसर तो सजा निश्चित करने से पहले दिया जाना चाहिये था। तिस पर मैं यह अपमान कैसे सह लेता कि मैंने क्षमा माँग ली है। क्षमा माँगने का अर्थ होता अपराध को स्वीकार करना। इस स्थिति में मुझ पर आरोप लगाकर मुझे गोली मार देने की माँग करने वालों का और मेरा एक साथ काम कर सकना सम्भव नहीं रहा।

दूसरी जटिल समस्या थी कि केन्द्रीय समिति द्वारा मुझे गोली मार दी जाने के निर्णय का भेद खुला कैसे? केवल केन्द्रीय समिति का ही कोई सदस्य यह भेद खोल सकता था। जब तक यह पता न लग जाता कि किस सदस्य ने ऐसा किया है, सभी पर सन्देह किया जा सकता था। एक संदिग्ध आदमी को अपने बीच रखकर तो केन्द्रीय समिति चल नहीं सकती थी।

मैं उस समय किसी भी अवस्था में भेद देने वाले व्यक्ति या व्यक्तियों के नाम बताने के लिये तैयार नहीं था। मैं न केवल नाम बताने के लिये तैयार नहीं था बल्कि परिस्थिति को उलझाकर ठीक अनुमान कर सकने का भी अवसर न बनने देना चाहता था। उस समय मेरे विचार में मेरा और दल का भला चाहने वालों के प्रति मेरा यही कर्तव्य था। फिर भी कुछ बातें तो बहुत साफ थीं। उदाहरणतः मेरे कानपुर से दिल्ली लौटते ही प्रकाशवती को बम फैक्टरी से हटा ले जाना। यह प्रकट था कि सूचना मुझे कानपुर में ही मिल गयी होगी। आज़ाद को धोखे में रखने के लिये मैंने कह दिया था कि मुझे तो इस निर्णय का पता दिल्ली में ही लग चुका था। दिल्ली में यदि कोई भेद दे सकता था तो केवल कैलाशपति, पर आज़ाद को सन्देह वीरभद्र पर ही था। इसका कारण था, वीरभद्र ने केन्द्रीय समिति में इस निर्णय का कुछ विरोध किया था, परन्तु दूसरों के जोर देने पर वह चुप रह गया था। आज़ाद को वीरभद्र पर सन्देह तो था पर प्रमाण न होने से उसके विरुद्ध कार्रवाई नहीं की जा सकती थी। अब उन्हें इस बात से तो संतोष था कि दल एक

उपयोगी, विश्वस्त आदमी को मार डालने की भूल से बच गया पर इस बात का खेद भी कम नहीं था कि केन्द्रीय समिति पर भी पूरा विश्वास नहीं किया जा सकता।

वीरभद्र के काम के औचित्य या अनौचित्य पर शायद मैं तटस्थ रूप से विचार न कर सकूँ। यह तो मुझे मानना ही पड़ेगा कि दल का निर्णय चुपके से मुझे बताकर दल को केन्द्रीय हानि या भयंकर भूल से बचाने की अपेक्षा उसे केन्द्रीय समिति में ही इस निर्णय का विरोध करना चाहिये था। यह प्रश्न भी हो सकता है कि दल की भूल सामने आ जाने पर भी यदि वीरभद्र भेद खोल देने के अपराध के लिये दण्ड का अधिकारी था तो केन्द्रीय समिति में आरोप लगाकर समिति को भ्रम में डालने वाले क्या उससे कहीं अधिक अपराधी नहीं थे? ऐसी अवस्था में कौन किसे और किस-किस को दण्ड देता।

मुझे गोली मारने का निर्णय बदल देने से धन्वन्तरी और सुखदेवराज तो असंतुष्ट थे ही परन्तु निर्णय जिस तरह बदला गया, उससे स्वयं मुझे भी संतोष नहीं हुआ। मैं चाहता था कि मेरा जितना अपमान हुआ है, उसका पूरा प्रतिशोध हो। मुझसे बिना कुछ जवाब-तलब किये वैसा निर्णय कर देने या उसे स्वीकार कर लेने से मुझे आज़ाद के प्रति भी शिकायत थी। धन्वन्तरी ने पंजाब जाकर साथियों से कहना शुरू किया कि मेरे क्षमा माँग लेने के कारण आज़ाद ने निर्णय बदल दिया है तो मैंने अपने क्षमा माँग लेने की बात का विरोध तो किया ही, साथ ही यह भी कहा कि दल का निर्णय बदल देने वाला आज़ाद कौन होता है? एक व्यक्ति दल का निर्णय कैसे बदल सकता है? ऐसा निर्णय हुआ ही नहीं था, सब झूठ था।

उपरोक्त स्थिति में यह बात आज़ाद से कही गयी तो उनके गुस्से का क्या ठिकाना था। तर्क या नियम के रूप में तो मेरी बात ठीक हो सकती थी, परन्तु वास्तविकता यह थी कि उस समय आज़ाद के प्रति सब साथियों का विश्वास और आदर ही दल का एकमात्र आधार और अनुशासन रह गया था। हम सभी लोग सशस्त्र थे। एक-दूसरे के प्रति क्रोध की भी कोई सीमा नहीं थी। तिस पर भी हम लोगों ने जो एक-दूसरे पर चोट नहीं की, इसका एक कारण तो यह था कि हम लोग निजी मानापमान की अपेक्षा उद्देश्य को बड़ा समझते थे और दल की भावना के प्रति यथासम्भव अनुशासन निबाहना भी कर्तव्य समझते थे। दल का एकमात्र प्रतीक उस समय आज़ाद का निर्णय ही था पर अकेले कोई भी निर्णय कर सकने की क्षमता और आत्म-विश्वास आजाद में न था।

आज़ाद उस समय स्वयं बड़ी कठिन बल्कि दयनीय स्थिति में थे। वे किसी को भी छोड़ देने के लिये तैयार नहीं थे। दूसरे सभी लोगों की खातिर मुझे छोड़ने के लिये भी तैयार नहीं थे इसलिये उन्होंने सब झगड़ों को समाप्त करने के लिये दल को ही तोड़ दिया। प्रयोजन था कि दल नये सिरे से, नये आधार पर बन सके। दल तोड़कर भिन्न-भिन्न प्रान्तों को शस्त्र बाँटते समय उन्होंने एक बराबर का पूरा हिस्सा मुझे भी दिया हालाँकि उस समय मैं किसी प्रान्त का प्रतिनिधि नहीं था। इसे आज़ाद की मनमानी कहा जा सकता था, परन्तु उनके प्रति आदर के कारण किसी ने इस पर आपत्ति नहीं की। आज़ाद ने सभी को अपने-अपने भाग में स्वतंत्र रूप से काम करने के लिये कह दिया। साथ ही यह भी आश्वासन दिया कि किसी को उनकी सहायता की आवश्यकता होगी तो जो हो सकेगा, वे करेंगे।

मुझसे आज़ाद ने कहा कि सब लोगों को अपनी-अपनी जगह काम करने दो। हम दोनों अलग से रहकर कुछ करें। इन झगड़ों का निपटारा ऐसे ही हो सकता है। इससे मेरा मन तो संतुष्ट नहीं हो गया पर दूसरा उपाय भी नहीं था। कुछ दिन में लाहौर से समाचार मिला कि धन्वन्तरी और सुखदेवराज ने नहर के किनारे अब्दुलअजीज पर, जिस समय वह नहर की ओर से मोटर में आ रहा था, गोली चला दी है। इस घटना में अब्दुलअजीज को चोट भी नहीं आयी, परन्तु आक्रमण करने वाले भी नहीं पकड़े जा सके। इस आक्रमण की योजना के सम्बन्ध में धन्वन्तरी ने लाहौर में मुझसे भी बात की थी। मैंने उसी समय कह दिया था कि योजना में अपने प्राण बचाने की बात पर इतना महत्व दिया जा रहा है कि इसकी सफलता में सन्देह है। आज़ाद से भी मैंने यही कहा था। उन दिनों अपने अपमान की चिढ़ और फिर आगे बढ़कर अपनी खोयी हुई प्रतिष्ठा पा लेने की भावना मन में उग्र होने के कारण मेरे बोलने के ढंग में एक कटुता आ गयी थी। मेरी बात ठीक होने पर भी दूसरों को उसमें शेखी और दूसरों का तिरस्कार जान पड़ता था। स्वभावतः ही ऐसी बात पर ध्यान देने की इच्छा दूसरों को न होती थी। पंजाब में जाकर मेरे कुछ करने से दल में फूट ही बढ़ती इसलिये यह भी उचित न समझा गया।

दिल्ली बम फैक्टरी में बनाया गया बहुत-सा विस्फोटक मसाला तैयार पड़ा हुआ था। फैक्टरी में सुविधा और अवसर होने पर मैंने इस विषय की पुस्तकों को पढ़ा था। हम लोगों ने पिक्रिक एसिड को रेत में दबाकर भट्ठी पर पिघला लिया था। अपनी समझ से बहुत छोटे आकार, परन्तु बहुत अधिक शक्ति के बम बना लिये थे। आज़ाद कानपुर या जबलपुर छावनी से कुछ डाइनामाइट भी ले आये थे। यह सब साधन हो जाने से आज़ाद ने सुझाव दिया कि वाइसराय की स्पेशल पर चोट करने का हमारा एक प्रयत्न असफल हो गया तो क्या, वही काम दूसरी बार क्यों न किया जाये?

मैंने कहा, जिस तरीके से अर्थात् रेल लाइन के नीचे बम दबाकर और जमीन में बिजली के तार गाड़कर हम एक बार विस्फोट कर चुके हैं, वही ढंग इतनी जल्दी दुबारा काम में लाने से हमारी योजना घटना से पहले ही पकड़ ली जायेगी और हमारी खिल्ली मात्र उड़कर रह जायेगी। वाइसराय पर आक्रमण करना हो तो कोई और ढंग सोचना चाहिये।

आज़ाद को हंसराज वायरलेस की बात याद आ गयी। पिछले दिसम्बर में वाइसराय की स्पेशल के नीचे विस्फोट करने की तैयारी के समय सहायता के लिये हम लोगों ने हंसराज को दिल्ली बुलवाया था। जब वह श्रद्धानन्द बाजार के बगल की गली के मकान में हमें अपनी 'डेढ़ गजी' और 'पाँच गजी' तक किरणों (रेज़) के प्रभाव से चिनगारी उत्पन्न करने के चमत्कार दिखा रहा था, एक दिन आज़ाद भी मौजूद थे। चमत्कार यह था कि हंसराज जेबी बैटरी के सेल पाइंटस में बालों जैसे महीन दो और तार बाँध देता था। एक महीन तार में बैटरी का बल्ब बँधा रहता था। दूसरा तार बल्ब से एक या डेढ़ इंच दूर ही रहता। यह दूसरा तार बल्ब पर उससे लगे दूसरे तार से जोड़ने से बल्ब जल जाता था। एक बार समझ जाने पर इतना तो हम भी कर लेते थे। हंसराज का चमत्कार यह था कि वह दूसरे तार को बल्ब से स्वयं न छुआकर एक छोटी सी शीशी को बल्ब की ओर ले जाता था। यह शीशी बल्ब के समीप पहुँचने पर बल्ब जल उठता था अर्थात् बल्ब से तार का सम्बन्ध स्वयं किरण या लहर द्वारा हो जाता था। इस शीशी में हंसराज तोला भर पानी में कुछ दवाइयाँ पीसकर घोल लेता था।

हंसराज इस चमत्कार या बोतल का वैज्ञानिक कारण यह बतलाता था कि दवाइयों के मिश्रण से भरी उसकी शीशी के चारों ओर वातावरण में डेढ़ गज तक बिजली की ऐसी लहरें उत्पन्न हो जाती हैं जो बल्ब और तार का सम्बन्ध जोड़ देती हैं। कठिनाई यह थी कि शीशी का प्रभाव हंसराज के ही हाथ से होता था, किसी दूसरे के हाथ से नहीं। हम लोगों के हाथों यह काम न हो सकने का कारण हंसराज यह बताता था कि शीशी से उत्पन्न होने वाली लहरें खास-खास दिशाओं में चलती हैं। वह उस दिशा को खोज लेता है, हम नहीं खोज सकते। हंसराज किस शक्ति से बिजली की लहर की दिशा पहचान लेता था, यह वह बताता नहीं था। उसका उत्तर था, "बस, मुझे पता लग जाता है।" वातावरण में बिजली की लहरों की दिशा भाँपने के लिये विशेष यंत्र होते हैं। संसार भर के वैज्ञानिक इन्हीं यंत्रों से यह काम करते हैं। कोई भी व्यक्ति जो इन यंत्रों का प्रयोग जानता है, यह काम कर सकता है। अपने शरीर या कल्पना से कोई भी वैज्ञानिक ऐसा नहीं कर सकता। हंसराज का दावा था कि वह यह काम कर सकता था या वह स्वयं वैसा यंत्र था।

हंसराज स्वयं उत्पन्न की हुई बिजली की लहरों के चमत्कार के अतिरिक्त हमें सम्मोहन या मैसमरेज़िम के चमत्कार भी दिखाया करता था। उसके इन चमत्कारों में अधिकांश हाथ की सफाई ही थी, परन्तु हम चक्कर में जरूर आ जाते थे। हम दो बार अर्थात् नवम्बर १९२९ में वाइसराय की स्पेशल के नीचे विस्फोट की तैयारी के समय और लाहौर में साथियों को जेल से छुड़ाने की योजना के समय भी हंसराज से धोखा खा चुके तो लेकिन फिर भी आज़ाद को उसकी याद आई कि यदि किसी चामत्कारिक ढंग से हम वाइसराय पर आक्रमण कर सकें तो इसका प्रभाव बहुत ही व्यापक होगा। आज़ाद के लिये यह कहना कि स्वयं खतरा सिर पर लिये बिना वाइसराय की जान ले सकने की आशा में उन्होंने ऐसी बात सोची होगी, उन्हें गलत समझना है। अभिप्राय था कि यदि अंग्रेज सरकार हमारे आक्रमण के साधन का रहस्य जान नहीं पायेगी तो और भी अधिक आतंकित और चिंतित होगी। युद्ध में गुप्त साधन या शस्त्र का बहुत महत्व होता है।

आज़ाद ने यह तर्क भी दिया कि इससे पूर्व हंसराज अपने प्रति सन्देह होने के भय से और अपने आपको संकट में डालने के लिये हमें चराता रहा होगा। अब इन्द्रपाल की करतूत से वह फँस ही गया है। उसे सन्देह मात्र के भय का कारण या सन्देह से बचे रहने की आशा नहीं रह गयी। आज़ाद ने कहा—तुम एक बार हंसराज को खोजकर उससे फिर मिलो। यदि वह हमें अपने वायरलेस का साधन दे सके तो हम उसकी प्राण रक्षा के लिये उसे देश से बाहर भिजवाने का प्रबन्ध करने के लिये भी तैयार हैं। हंसराज का सूत्र लायलपुर में उसके घर से ही मिल सकता था। वहाँ मेरे लिये खतरा था। आज़ाद ने कहा—इस काम के लिये जैसे भी हो तुम एक बार और कोशिश करो।

धन्वन्तरी, सुखदेवराज और कैलाशपति ने मुझ पर फिजूलखर्ची करने का आरोप भी लगाया था। उस बात से खिन्न होकर मैंने निश्चय किया था कि मैं भविष्य में अपने या प्रकाशवती के निर्वाह के लिये न तो दल के पैसे पर और न दल के प्रबन्ध पर निर्भर करूँगा। बता चुका हूँ १९२९ में वाइसराय की स्पेशल के नीचे विस्फोट की आयोजना ओखला के समीप करते समय भी खयाल आया था कि घटना के बाद दिल्ली की ओर

रेल का फाटक बन्द मिलेगा, हम मथुरा ही क्यों न चले जायँ। इस विचार से मथुरा का कुछ परिचय पाने के लिये मैं कई बार श्रद्धालु बनिये के रूप में मथुरा-वृन्दावन हो आया था।

आचार्य जुगलकिशोर इस समय (१९५५) उत्तर प्रदेश के कांग्रेसी मंत्रिमंडल में हैं। उन दिनों वे प्रेम महाविद्यालय के प्रिंसिपल थे। प्रसंग आ चुका है, आचार्य जी लाहौर में हमारे नेशनल कालेज में भी प्रिंसिपल रह चुके थे। मैं दो-तीन बार प्रेम महाविद्यालय जाकर उनसे मिल आया था और उनसे कुछ सहायता भी मिली थी। जुगलकिशोर जी की आचार्य कृपलानी से विशेष आंतरिकता थी। कृपलानी जी उन दिनों और बाद में भी बहुत दिनों तक इंडियन कांग्रेस के प्रधान मंत्री थे। गांधी जी पर उनका विशेष विश्वास और प्रभाव भी था। आचार्य जी की मार्फत कांग्रेस के प्रधान मंत्री से परिचय हो सकता था। इस मार्ग से राष्ट्रीयता की भावना रखने वाले सम्पन्न क्षेत्र में हमारी पहुँच हो सकती थी। इससे आर्थिक सहायता मिलने की सम्भावना तो हो ही सकती थी, साथ ही यह भी खयाल था कि कभी गांधी जी से भी दो-दो बातें हो सकें और उन्हें अपनी विचारधारा और ईमानदारी से परिचित कराकर यह अनुरोध करें कि वे कम से कम क्रांतिकारियों के विरुद्ध वक्तव्य देना छोड़ दें।

आचार्य जुगलकिशोर जी की मार्फत कृपलानी जी से परिचय हो गया। अर्थात् कृपलानी जी को यह आशंका न हुई कि मैं खुफिया पुलिस का आदमी हो सकता हूँ। सुना था, बनारस विश्वविद्यालय या पटना में पढ़ाते समय कृपलानी जी की क्रांतिकारियों से कुछ सहानुभूति भी रही थी। पहले अवसर पर कृपलानी जी से केवल परिचय भर पा लिया था, अधिक बात नहीं कर पाया। उन दिनों १९२९ के अक्टूबर में आल इंडिया कांग्रेस की वर्किंग कमेटी की बैठक दिल्ली में, उस समय की केन्द्रीय असेम्बली के कांग्रेसी प्रेसीडेंट विट्ठल भाई पटेल के बँगले पर ही हो रही थी। मैं और भगवती भाई उन दिनों श्रद्धानन्द बाजार के बगल की गली में रहते थे। हमने सोचा कि यदि इस समय आल इंडिया कांग्रेस की वर्किंग कमेटी के अधिवेशन में जाकर कृपलानी जी की मार्फत दूसरे प्रभावशाली लोगों से भी परिचय पा सकूँ तो उपयोगी होगा। इस प्रयोजन से शुद्ध खद्दरधारी खयालीराम जी गुप्त से खूब सफेद खद्दर का कुर्ता-धोती और टोपी ले ली और अंडी की चादर ओढ़कर कुर्ते के नीचे धोती में पिस्तौल खोंसे, कांग्रेसी नेताओं की तरह चमड़े के एक बैग में हाथ में लटकाये ताँगे पर सवार होकर विट्ठल भाई की कोठी पर पहुँचा। भगवती भाई ने सलाह दी थी कि यह आडम्बर करने की जरूरत नहीं, तुम सीधे-सादे सूट पहन कर संवाददाता के रूप में जाओ पर मुझे वह सलाह ठीक न जँची थी।

कांग्रेस की तिरंगी पेटियाँ लगाये स्वयंसेवकों ने मुझे कोठी के फाटक पर रोक लिया। उन्हें बहुत समझाया कि कृपलानी जी ने आवश्यक कार्य के लिये मुझे बिहार से बुलाया है पर स्वयंसेवकों ने एक नहीं सुनी। लौट आना पड़ा। परास्त होकर भी मन में अच्छा ही लगा कि हमारी कांग्रेस के स्वयंसेवकों में काफी अनुशासन दृढ़ता आ गयी है। लौटने पर भगवती भाई ने कहा, "तुमसे पहले ही कहा था कि सूट पहनकर मोटर साइकिल पर जाओ।" दूसरी बार हैट और सूट में मोटर साइकिल पर गया। कांग्रेस स्वयंसेवकों ने न केवल पूछताछ ही नहीं की बल्कि रास्ते में बेपरवाही से खड़े अपने साथियों को परे हटने के लिये डाँटकर रास्ता साफ कर दिया।

मैं दोपहर के भोजन के लिये कार्यकारिणी की बैठक स्थगित होने के समय गया था। कृपलानी जी से अनुरोध किया कि कुछ लोगों से परिचय करा दें। कोठी के बरामदे में सामने ही खड़े दिखायी दिये पंजाब के प्रसिद्ध नेता गोपीचंद जी भार्गव। कृपलानी जी उनसे परिचय कराने लगे। मैंने उत्तर दिया, ''डाक्टर साहब मुझे पहचानते हैं।'' डाक्टर साहब जरा मुस्करा दिये और आगे बात से बचने के लिये भीतर चले गये। समीप ही सुभाष बाबू खड़े थे। कृपलानी जी ने उनसे परिचय कराया। सुभाष बाबू का चेहरा खिल उठा। मुझे दोनों बाँहों में लेकर आत्मीयता से मिले और बोले, ''''''किसी समय जरा अच्छी तरह से बात हो।'' मेरे दो बार आने के चक्कर में भोजन अवकाश का समय बीत चुका था। अधिवेशन दुबारा आरम्भ होने की घंटी बज रही थी। अधिवेशन में उस समय सुभाष बाबू को ही बोलना था। अवसर की बात, उसी संध्या उन्हें आवश्यक कार्य से कलकत्ते भी लौट जाना था। फरारी में उनसे फिर मुलाकात नहीं हो सकी। उसके बाद मुलाकात हुई १९४० में, जब उन्हें कांग्रेस के प्रधान पद से त्याग-पत्र दे देना पड़ा था और वे फारवर्ड ब्लाक का संगठन करने में लगे हुए थे। उस समय सुभाष बाबू युवक कांग्रेस का उद्‌घाटन करने लाहौर जा रहे थे और मैं लाहौर के प्रेस कर्मचारियों की कांफ्रेंस का उद्‌घाटन करने उसी गाड़ी से लाहौर जा रहा था। सुभाष बाबू को मुझे पहचानने में कठिनाई नहीं हुई पर फारवर्ड ब्लाक का कार्यक्रम मुझे ठीक नहीं जँच रहा था।

१९३० सितम्बर में जब अपने ठहरने और निर्वाह की व्यवस्था के उपाय के लिये आचार्य जी के यहाँ वृन्दावन गया तो कृपलानी जी से भी मुलाकात हो गयी। मैंने उन्हें वाइसराय की स्पेशल की घटना की बात याद दिलाकर कहा, ''''''देखिये, हम कुछ न कर सकते हों ऐसी बात नहीं। हमारा उद्देश्य तो भगतसिंह के अदालत में दिये बयान के रूप में सबके सामने है। हमारे किस उद्देश्य से आपको आपत्ति है? गांधी जी ने व्यर्थ में हमारी निन्दा का प्रस्ताव लाहौर कांग्रेस में रखा। इसकी क्या जरूरत थी? गांधी जी के प्रस्ताव को पास होने में कितनी कठिनाई हुई! आप स्वयं समझ सकते हैं जनता की भावना क्या है? आपको तो हमारी सहायता करनी चाहिये।''

कृपलानी जी की जैसी आदत है, उन्होंने कहा, ''अपना लेक्चर तुम रहने दो। यह बताओ कि चाहते क्या हो?''

उत्तर दिया, ''आपकी मार्फत हम केवल आर्थिक सहायता की ही आशा कर सकते हैं।''

कृपलानी जी ने हामी भरी कि यदि हम इस बात का आश्वासन दें कि भविष्य में हम कोई हिंसात्मक घटना नहीं करेंगे तो वे हमारे सब साथियों के साधारण गुजारे के लिये आर्थिक सहायता की जिम्मेवारी ले लेने की लिये तैयार हैं।

मुझे यह शर्त कुछ अजीब सी लगी। हम जो काम कर सकने के लिये सहायता चाहते थे, कृपलानी जी वही काम न करने की शर्त लगा रहे थे। मैंने उत्तर दिया, ''छिपे रहकर केवल पेट भर लेना तो बड़ी भारी समस्या नहीं है। हम लोग कहीं भी छोटी सी गनियारी या पान की दुकान करके या किसी कारखाने में मजदूरी या मुंशी की नौकरी करके पेट पाल ले सकते हैं। सहायता की जरूरत तो अपना आन्दोलन चलाने के लिये ही है।''

इस पर कृपलानी जी बिगड़ उठे, "तुम लोगों के सिर पर तो शहीद बनने का जुनून सवार है। हमारा तुम्हारा कोई सहयोग नहीं हो सकता।"

तर्क करने से कोई लाभ नहीं था पर इतना मैंने भी कह दिया, "आचार्य जी, यह कोई बहुत बुरा जुनून तो नहीं है।"

बाद में जुगलकिशोर जी ने बताया कि कृपलानी जी मेरे लिये संदेश दे गये हैं कि मैं कभी मेरठ जाऊँ तो वहाँ गांधी आश्रम में उनसे मिल सकता हूँ। उसके कई दिन बाद मेरठ जाने का अवसर हुआ तो गांधी आश्रम का भी चक्कर लगा लिया। कृपलानी जी उस समय वहाँ नहीं थे। आजकल (१९५५) उत्तर प्रदेश सरकार के यातायात विभाग के मंत्री विचित्र नारायण जी शर्मा मिले। उन्होंने परिचय पाकर बताया कि कृपलानी जी मेरे लिये एक लिफाफा छोड़ गये हैं। लिफाफा ले जाकर एकान्त में खोला। उसमें सौ-सौ रुपये के दो या तीन नोट थे और साथ ही एक पुर्जा था—For personal needs (निजी आवश्यकता के लिये) अर्थात् कृपलानी जी यह नहीं चाहते थे कि उनका दिया रुपया हमारे 'हिंसात्मक' आन्दोलन में लगे। यह कैसे हो सकता था! हम स्वयं ही उस आन्दोलन के लिये जिन्दा थे।

इस बार वृन्दावन जाने का प्रयोजन यह था कि स्वयं हंसराज की खोज में जाने से पहले प्रकाशवती को कुछ दिन के लिये किसी सुरक्षित स्थान में छोड़ जाऊँ। प्रकाशवती को घर से आये केवल पाँच ही मास हुए थे। अभी तक वे पार्टी के स्थानों ही में रही थीं या एकाध बार हमसे सहानुभूति रखने वालों के यहाँ। अभी उन्हें फरारी का अनुभव कम ही था। बाद में तो वे फरार रहते नाम बदलकर अध्यापिका का काम कर अपना निर्वाह भी करने लग गयीं। वृन्दावन में प्रेम महाविद्यालय कांग्रेसी असहयोगियों का अड्डा था। वैसे भी वह अंग्रेज शासन के पुराने विद्रोही राजा महेन्द्रप्रताप सिंह की जागीर थी और शायद शिक्षा के काम के लिये एक ट्रस्ट के हवाले कर दी जाने के कारण ही जब्त नहीं हुई थी, परन्तु खुफिया पुलिस की नजर इस संस्था पर अवश्य रहती थी। वहाँ प्रकाशवती का अधिक दिन ठहरना उचित न था।

मौके की बात, आचार्य जुगलकिशोर जी के यहाँ कालिज का पुराना साथी और दोस्त मनोहरलाल खन्ना मिल गया। मनोहर भी हमारे दल के लिये जयचन्द्र जी द्वारा आरम्भ में चुने हुये पुराने लोगों में से था। मनोहर को जयचन्द्र जी ने विदेश आने-जाने या विदेशों से शस्त्र मँगा सकने का मार्ग बनाने के लिये कुछ दिन बम्बई और लंका में रहने के लिये भेजा था पर उसे सन्तोषजनक काम करने को नहीं बताया। मनोहर समय व्यर्थ जाता देखकर अलग हो गया था। जयचन्द्र जी द्वारा दीक्षित परन्तु साथ न रह सकने वाले और भी अनेक साथी हमें बाद में कुछ न कुछ सहायता देते रहे।

मनोहर को फार्मिंग का शौक था। उन दिनों वह बुलन्दशहर जिले में प्रेम महाविद्यालय के गाँवों और फार्म का मैनेजर बन गया था। उसका दफ्तर या कचहरी बरारा गाँव में थी। उसने अपने यहाँ रानी के रहने की सुविधा कर देने का आश्वासन दिया। प्रकाशवती आचार्य जी के यहाँ आकर रहीं तो उन्होंने 'रानी' नाम दे दिया था। इसके बाद अपने परिचितों में उनका यही नाम चल पड़ा और अभी तक चला आता है। मनोहर आरम्भ से ही सुरुचि सलीके का आदमी था। अब गाँवों और फार्म का मैनेजर

होने और बड़ा आदमी समझा जाने के कारण रहता भी साहबी ढंग से था। हैट, बिर्चिस और घुटनों तक ऊँचे बूट।

बहुत दिनों की तनाव की जिन्दगी के बाद मनोहर के यहाँ कुछ समय आराम और बेफिक्री से रहने को मिला। मनोहर के पास पिस्तौल और शिकारी बन्दूक का लाइसेंस भी था। उसकी स्थिति भी ऐसी थी कि वहाँ पिस्तौल को हरदम छिपाये रखने की चौकसी की भी जरूरत न थी। निश्चिंत जितना सोया जा सकता सोने और खाने के लिये भी कमी नहीं थी। मैं भी वाइसराय की स्पेशल के नीचे विस्फोट के समय पहनी हुई बिर्चिस और बूट ले आया। बड़े ठाट से बिर्चिस, बूट पहनकर बन्दूक लेकर झाड़ियों में शिकार के लिये निकल जाते। शिकार से मतलब कोई चीते, सुअर का नहीं, यही चिड़ियों का निरापद शिकार। साथ में शिकारी भंगी भी रहता। निशाना मेरा खास अच्छा नहीं था। भैया आज़ाद के कहते रहने पर भी कभी अधिक अभ्यास नहीं किया पर इतना बुरा भी नहीं था कि दो सौ फुट से गिद्ध के आकार की बड़ी चिड़िया को भी न मार सकूँ। गाँव के समीप तालाबों पर गिद्ध जैसी बड़ी सफेद रंग की खूब बड़ी-बड़ी 'काग' चिड़ियाँ काफी संख्या में थीं। उनका रूप और आकार कुछ बगलों जैसा ही था पर बीच में कुछ पंख गुलाबी रंग के भी होने के कारण सुन्दर लगती थीं। स्वभाव से बहुत सुस्त। बन्दूक को देखकर भी उनका मन उड़ जाने को न चाहता। झुण्ड में से एक को गिरा भी लीजिये तो शेष उड़कर दूसरे पेड़ पर बैठ जातीं।

अपना निशाना देखने की इच्छा से मैंने एक चिड़िया को गिरा दिया। शिकारी ने जमीन्दारी ढंग से मेरे निशाने की प्रशंसा के पुल बाँध दिये। फिर एक और चिड़िया पर बन्दूक चलायी। वह भी गिर गयी। झुण्ड की शेष चिड़ियाँ तो दूसरे वृक्ष पर जा बैठीं, परन्तु इस चिड़िया के जोड़े ने बहुत विलाप शुरू कर दिया। वाल्मीकि मुनि का श्लोक याद आ गया—"मा निषाद प्रतिष्ठां त्वमगमः शाश्वती समा···" और सचमुच बहुत पश्चात्ताप भी हुआ। विलाप करती चिड़िया का दुख दूर करने के लिये उस पर निशाना किया तो वह उड़ जाने लगी। दो कारतूस व्यर्थ गये। आखिर अपने सम्मान की रक्षा के लिये और चिड़िया का भी दुख दूर करने के लिये उसे तो मार ही दिया, परन्तु साथ ही शिकार का शौक भी समाप्त हो गया।

मनोहर का आस-पास के गाँवों के कुछ जमीन्दारों से परिचय था। उनके यहाँ भी वह हमें ले जाता और हमारा परिचय अपने रिश्तेदारों के रूप में करा देता। मनोहर से पता चला कि बराल से कुछ ही दूर एक गाँव में मेरे कालिज के सहपाठी चौधरी रामधनसिंह का मकान था। रामधनसिंह का पता लग जाना तो बहुत ही उपयोगी जान पड़ा। रामधनसिंह भी जयचन्द्र जी द्वारा चुने गये लोगों में से था, परन्तु जयचन्द्र जी की ही शिथिलता के कारण निरुत्साहित होकर बैठ गया था। जयचन्द्र जी ने रामधनसिंह को पेशावर के समीप मर्दान में जाकर रहने और सीमान्त पार के लोगों से सम्पर्क जोड़ने का काम सौंपा था। इससे दो काम हो सकते थे। एक तो उधर से रिवाल्वर-पिस्तौल खरीदे जा सकते थे, दूसरे उस रास्ते विदेश, खासकर रूस जाने की भी सम्भावना हो सकती थी।

चौधरी रामधनसिंह बहुत खुलकर आत्मीयता से मिला। बी० ए० पास कर लेने के बाद जमीन जोतने का काम उसे रुचिकर नहीं लगा। मुंशीगीरी भी नहीं करना चाहता था इसलिये कानपुर में चमड़े का काम सिखाने वाले सरकारी स्कूल में जूता बनाने की शिक्षा

ले रहा था। रामधनसिंह की यह छोटी सी बात उसकी रूढ़ि-विरोधी क्रांतिकारी मनोवृत्ति की पर्याप्त परिचायक थी। हरियाना, गुड़गाँव और बुलन्दशहर के जाट अपने आप को क्षत्री मानते हैं। गुण-कर्म भी उनके राजपूतों से भिन्न नहीं हैं। ऐसी अवस्था में रामधनसिंह का जूता बनाने का काम सीखने लगना, उसकी यथार्थवादी और क्रांतिकारी प्रवृत्ति का प्रमाण नहीं तो क्या था?

एक दिन अच्छा परिहास हो गया। रामधनसिंह के पिता रिसाले में सूबेदार हो जाने के बाद पेंशन पाकर घर पर ही रह रहे थे। मैं रामधनसिंह के यहाँ गया तो साहबी ढंग छोड़कर सीधे-सादे कपड़े पहने था। रामधन के पिता सुबह अपनी पेंशन लेने तहसील अर्थात् बुलन्दशहर गये थे। लौटकर बता रहे थे कि तहसील में उन्होंने एक इश्तहार देखा कि जो आदमी लाट साहब की गाड़ी के नीचे बम चलाने वाले को पकड़ा देगा उसे सरकार बीस हजार रुपया इनाम देगी। वे बताने लगे, "इनाम के इश्तहार लगाने से कहीं ऐसे आदमी पकड़े जायेंगे? जब पहरे में बम चलाते समय सालों को दिखाई नहीं दिया तो अब क्या दिखाई देगा! ऐसे लोग बड़े करतबी होते हैं। अपने पास गिदड़सिंगी (गीदड़ का सींग) रखते हैं। आदमी के पास गिदड़सिंगी हो तो सामने बैठा भी देख नहीं सकता…।" मैं उनके सामने ही बैठा था।

रामधनसिंह ने बड़ी गम्भीरता से पूछा, "चच्चा, गिदड़सिंगी मिल कैसे सकती है?"

सूबेदार साहब ने बताया, "बड़ी मुश्किल से मिलती है। सुना है, कहीं लाखों गीदड़ों में किसी एक के सींग होता है। यह तो जादूगर लोगों के काम हैं। एक तरह की जोगमाया समझो।"

रामधनसिंह के पिता सूबेदार तो थे ही। पहले महायुद्ध में फ्रांस, मसोपोटामिया के मोर्चों पर अंग्रेज सरकार के लिये लड़ भी आये थे यानी विदेश भ्रमण भी कर आये थे। अंग्रेज सरकार को अपने सैनिकों का बौद्धिक स्तर इससे ऊँचा उठाना उचित नहीं जान पड़ता था।

वायरलेस की दुबारा खोज

प्रकाशवती मनोहर के यहाँ रहीं और मैं हंसराज की खोज में चला। हंसराज वायरलेस से सम्बन्ध रखने वाले हमारे सभी साथी, सुखदेवराज को छोड़कर, इन्द्रपाल के साथ दूसरे लाहौर षड्यंत्र केस में गिरफ्तार हो गये थे। इसमें भी सन्देह ही था कि कोई दूसरा व्यक्ति हंसराज के घर जाता तो उसके माता-पिता हंसराज का पता बता देते, क्योंकि हंसराज पर पुलिस के सन्देह की बात वे जान चुके थे। बेटे के बारे में पूछताछ से उन्हें आशंका ही होती। मैं स्वयं लायलपुर गया और हंसराज की माँ से मिला। उन्हें विश्वास दिलाया कि हंसराज की रक्षा के लिये उससे मिलना चाहता हूँ। उन्होंने बताया कि वह कराची में अपने भाई ब्रह्मदेव के यहाँ ठहरा हुआ है। मुझे उन्होंने ब्रह्मदेव का पता दे दिया। ब्रह्मदेव वाल्कट ब्रदर्स के कराची दफ्तर में क्लर्क था।

मैं अक्टूबर के पहले सप्ताह में कराची पहुँचा। ब्रह्मदेव शायद गाड़ीखाता मुहल्ला में तिमंजिले पर एक कोठरी में सपत्नीक रहता था। हंसराज वहाँ ही था। हंसराज से बात की। उसने कहा—अब क्या है, अब तो करना ही होगा। मैंने इन्द्रपाल की गलती के लिये अफसोस भी किया। अस्तु, हंसराज तैयार हो गया। उसने कठिनाई बतायी कि कराची में

उसके पास सामान नहीं है। सामान जुटाने में कम से कम एक मास लगेगा। उसने नवम्बर के महीने में कोई तारीख बता दी कि उस दिन या उसके बाद किसी भी दिन मैं आकर इससे पाँच सौ गज तक बिजली की लहरें पहुँचाने वाला एक बल्ब ले जा सकूँगा। उस बल्ब के साथ एक शीशी रहेगी। जब तक शीशी रहेगी, बल्ब से लहरें या किरणें न निकलेंगी। शीशी को बल्ब से दूर करते ही बल्ब सक्रिय हो जायेगा। उसने जिस ढंग से बातचीत की, उसके इरादे और नीयत में सन्देह की कोई गुंजाइश नहीं जान पड़ी।

कराची से गाड़ी पाँच-छः बजे शाम को चलती थी। उसी गाड़ी से लौटा। हैदराबाद के स्टेशन पर रात आठ-साढ़े आठ का समय होगा। देखा कि एक आदमी पगड़ी, धारीदार कोट और सिलवार पहने मेरी तरफ इशारा करके एक दूसरे आदमी से बात कर रहा है। पिछले स्टेशन पर एक टिकट बाबू ने मेरे डिब्बे में आकर सरसरी तौर पर टिकट चेक किये थे। मेरा भी टिकट देखा था और प्लेटफार्म पर इस आदमी से कुछ बात की थी। उस समय सन्देह नहीं हुआ था। अब मेरा माथा ठनका। अनुमान किया, पुलिस को मालूम होगा कि हंसराज अपने भाई ब्रह्मदेव के मकान पर है। फरार व्यक्ति को अपने भाई के यहाँ रहना जोखिम सिर लेना ही था। सोचा, वहाँ खुफिया पुलिस वाले पहरा रखे होंगे। मैं भाँप नहीं सका, परन्तु वहीं से मेरा पीछा किया गया। मेरे पास सामान अधिक न था, केवल छोटा सा बिस्तर और कैनवास का सूटकेस। सूटकेस में दो-तीन पुस्तकें और जरूरत के समय बदलने के लिये कपड़े थे। दूसरे आदमी को मुझे दिखाकर धारीदार कोट वाला व्यक्ति प्लेटफार्म के दायीं ओर चला गया। यह दूसरा व्यक्ति बालदार ऊँची टोपी पहने था। उसने एक सिगरेट जलाकर कनखियों से मुझे देखते हुये सामने एक चक्कर लगाया और गार्ड के डिब्बे की ओर एक गाड़ी के सामने खड़ा रहा। मेरा भी ध्यान उसकी ओर था। गाड़ी चलने से पहले मैं दरवाजे में खड़ा झाँक रहा था। सोचा, जो होगा देखा जायेगा, इस गाड़ी से उतर जाऊँ। गाड़ी के चाल पकड़ने से पहले ही मैं दूसरी ओर उतर गया और गाड़ी की गति से उल्टी दिशा में चलने लगा।

गाड़ी निकल गयी तो प्लेटफार्म के अन्त से कुछ इधर ही वही धारीदार कोट पहने आदमी दिखायी दिया। उसने भी तेज रोशनी में मुझे देख लिया। मुझे आशंका हुई कि यह चिल्लाना ही चाहता है—पकड़ो! पकड़ो! इसलिये अपने लम्बे से कोट की जेब में पड़ी पिस्तौल पर हाथ रख लिया। उस व्यक्ति ने यही दिखाया कि उसने मुझे देखा नहीं। प्लेटफार्म समाप्त हो जाने के बाद रोशनी कम थी। मैं जगह से बिलकुल अपरिचित था। यों ही प्राण बचाने की आशा में चल पड़ा। पीछे भी देखता जा रहा था। बीस-पच्चीस कदम जाकर देखा कि वह आदमी तेजी से मेरे पीछे चला आ रहा था। बीच में खाली लाइन थी पर दोनों तरफ गाड़ियाँ खड़ी थीं। मैं तेजी से चलने लगा और उस आदमी के भी तेजी से चलने की आहट आने लगी। सोचा, इस अनजानी जगह में पता नहीं मैं कहाँ जाऊँगा। मैं सहसा दो डिब्बों के बीच की जगह में खड़ा हुआ। मेरा पीछा करता आदमी और भी तेजी में उस जगह से एक कदम आगे निकल गया। दो डिब्बों के बीच में होते ही मैंने पिस्तौल कमर से निकाल लिया था, परन्तु घोड़ा नहीं खींचा था! पीछे से लपक कर मैंने पिस्तौल को जोर से उसके कान और गाल पर मारा। उसकी पगड़ी गिर पड़ी और वह दोनों हाथों से सिर को थामकर बैठ गया।

कभी तर्क के लिये अवसर तो नहीं होता, परन्तु आदमी क्षण भर में सूझ से ऐसा काम कर जाता है जिसमें तर्क की लम्बी शृंखला बीज रूप में समायी रहती है, जिसे इंस्टिक्ट कहते हैं। उस समय यदि मैं उसे आगे निकल जाने देकर स्टेशन पर लौट आता तो फिर स्टेशन पर उससे सामना होता। उस समय हैदराबाद (सिंध) शहर का मुझे कुछ भी परिचय नहीं था। इतना ही जानता था कि स्टेशन से सब मकानों के ऊपर तिकोने से लम्बे-लम्बे रोशनदान बने दिखायी देते हैं। स्टेशन पर सामना होने पर वह क्या न करता। पहली बार ही उसने मदद के लिये दूसरों को क्यों नहीं पुकारा, यही समझ नहीं सका। दूसरे आदमी को मेरा पीछा करने के लिये लगाकर वह चला गया था। अस्तु, उस आदमी के सिर थाम कर बैठते ही मैंने पिस्तौल की नली उसकी नाक पर दबाकर बहुत कड़े, परन्तु दबे हुये स्वर में गाली देकर धमकाया, "अभी गोली मार दूँगा! क्यों पीछे पड़ा है!" वह कुछ बोल न सका। केवल दोनों हाथ जोड़ दिये। गोली नहीं चलायी। चलाता तो उसकी गूँज से मैं स्वयं मुसीबत में पड़ जाता। उसे फिर धमकाया, "खबरदार पीछे आया तो!"

इसी समय गाड़ी के दूसरी ओर से किसी व्यक्ति के पत्थरों पर चलने की आहट सुनायी दी। झुककर गाड़ी के नीचे देखा कि एक आदमी स्टेशन की ओर से रेल के हाते की टीन की तख्तियों की बनी बाड़ के साथ-साथ चला जा रहा है। उस आदमी ने दो-तीन तख्तियों को टटोलकर देखा। एक तख्ती ढीली थी। उसे खिसकाकर वह बाहर निकल गया। मैं भी दोनों गाड़ियों के बीच की राह से दूसरी तरफ निकलकर उसी जगह से बाहर चला गया। यहाँ सड़क पर अँधेरा था।

परन्तु जाता कहाँ? हैदराबाद में कोई भी परिचय न था। रात का समय। अब पास मुसाफिरी का कोई सामान भी न रहा था। मेरे टिकट का स्थान और शायद नम्बर भी नोट हो चुका था। टिकट लाहौर तक का लिया था। टिकट फेंक दिया। अपना कोट उतारकर वहीं अँधेरे में ही छोड़ दिया और धोती को दोतहा करके तहमत की तरह बाँध लिया। यह भी खयाल आया कि ऐसी पोशाक में गुण्डा समझकर ही न पकड़ लिया जाऊँ। सबसे बड़ी बात यह थी कि मेरा पीछा करने वाला व्यक्ति यदि फिर मुझे ढूँढ़ने स्टेशन पर आया तो मैं किसी भी तरह नहीं बच सकता पर ऐसा विश्वास था कि वह आयेगा नहीं।

एक कुली से सम्मासट्टा जाने वाली गाड़ी का समय पूछा। अभी एक घंटे की देर थी। मैं तीसरे दरजे के मुसाफिरखाने की भीड़ में जा बैठा। गाड़ी के आने की घंटी बजी तो सम्मासट्टा का टिकट लेकर गाड़ी में जाकर ऊपर की सीट पर धोती ओढ़कर लेट गया। गाड़ी चल दी। नींद तो भला जल्दी क्या आ जाती पर बच जाने की सान्त्वना अनुभव हुई।

पहली गाड़ी से उतरकर प्रायः सवा घंटे बाद दुबारा गाड़ी में चढ़ जाने तक की बात सोचने लगा। वाइसराय की स्पेशल के नीचे विस्फोट करने के बाद मैं पुलिस की प्रतीक्षा में खड़ा रहा था। लौटते समय पुलिस की गारद से सामना हो जाने पर और दिल्ली स्टेशन पर भी झिझका नहीं था। हैदराबाद स्टेशन पर इस सवा घंटे में मुझे जितना पसीना आया और जैसे दिल धड़का, वैसा शायद बहुत सख्त मलेरिया का ज्वर होने पर भी न हुआ होगा। इस सवा घंटे की लड़ाई में मैं युद्ध करने या आक्रमण करने नहीं गया था

बल्कि प्राण बचाने के लिये भाग रहा था। इस तरह पकड़े जाते समय लड़ने में वीरता का अवसर भी न जान पड़ा था। किसी उद्देश्य या संगठन के अंग के रूप में आदमी की जो स्थिति बन जाती है वह व्यक्तिगत रूप में नहीं रहती। वही प्रेरणा और साहस का भी स्रोत होती है।

सम्मासट्टा में कोई आशंका दिखायी नहीं दी। यहाँ उतरकर लाहौर का नहीं भटिंडा का टिकट ले लिया। इस रास्ते पैसेन्जर गाड़ी रेगिस्तान के बीच से धीमे-धीमे रेंगती हुई जाती है और बहुत काफी समय ले लेती है।

हैदराबाद में अपना पीछा करने वाले व्यक्ति की शक्ल बार-बार याद आ जाती थी। यह भी खयाल आता कि उसने स्टेशन पर मुझे फिर क्यों नहीं ढूँढ़ा। पुलिस के आदमी से इस प्रकार का प्रसंग पड़ने का पहला ही अवसर था। बाद में भी ऐसा अवसर आया बल्कि इससे भी विकट। तब यह सब जान चुका था कि पिटकर जाने के बाद पुलिस के लोग मार खाकर आने की बात कहकर, अफसरों के सामने अपनी अयोग्यता और कायरता प्रकट नहीं किया करते। शांति से सोचने पर अनुमान हुआ कि सम्भव है उस आदमी ने मेरा पीछा ब्रह्मदेव के मकान से न किया हो। १९२८ में जब हम लोग नौजवान भारत सभा के काम में बहुत खुलकर भाग ले रहे थे या १९२९ के जनवरी में जब मैंने और भगवती भाई ने २६ जनवरी की झण्डे की सलामी फौजी ढंग से देने की आयोजना की थी, तभी से पुलिस के इस आदमी ने मुझे पहचान रखा हो। आशंका थी कि यदि हंसराज गिरफ्तार हो जाता है तो मेरा कराची जाना व्यर्थ हो जायेगा।

भटिंडा की राह देहली पहुँचा तो अवस्था बुरी थी। कपड़े बहुत मैले और कई दिन की बढ़ी हुई हजामत। जब रोहतक में मैं किसना बनकर रहा था तब भी स्वरूप कुछ ऐसा ही था, परन्तु तब वह जानबूझ कर बनाया रूप था और अब मजबूरी थी।

झंडेवाला मुहल्ले में बम फैक्टरी का बड़ा मकान छोड़ दिया जा चुका था। देहली के इंचार्ज कैलाशपति से या भैया से मिलने का कोई ठिकाना मालूम नहीं था। प्रोफेसर नन्दकिशोर निगम के यहाँ जाकर ही कुछ पता लग सकता था। देहली तक पहुँचते-पहुँचते दुबारा टिकट खरीदनें के कारण मेरी जेब में शायद छः पैसे ही बच रहे थे। स्टेशन से यमुना किनारे हिन्दू होस्टल में प्रोफेसर निगम के मकान तक जाने के लिये ताँगा भी न कर सकता था। क्वार की तीखी धूप थी। पैदल ही हिन्दू कालिज के होस्टल तक गया। अवसरवश कैलाशपति साइकिल पर बोर्डिंग से बाहर निकलता दिखायी दे गया। बम फैक्टरी के प्रसंग में कह चुका हूँ कि उन दिनों वह १९२८-२९ का कैलाशपति न रहा था कि देहली के जाड़े में बिना स्वेटर के घूमता रहे और स्वेटर दे दिया जाने पर स्वयं न पहनकर दूसरे साथी को दे दे। वह खूब बुर्राक कलफ किये साफ कपड़े पहने था। उससे पोमेड-क्रीम की सुगन्ध आ रही थी। आँखों पर धूप का चश्मा। वही रूप देखकर मैं आज़ाद से कहा करता था कि ठंडी को जवानी चढ़ रही है।

अपनी उस अवस्था में मुझसे उसका सिंगार बहुत खला। मैं उससे बहुत तिरस्कार से बोला। वह गम्भीर बना रहा। उसने संक्षिप्त सा उत्तर दिया, "इस समय यहाँ आज़ाद या निगम कोई नहीं हैं। आज़ाद कानपुर चले गये हैं।"

मैंने अपने साथ हुई घटना संक्षेप में बताकर बहुत अधिकार से उससे रुपये माँगे।

"इस समय तो नहीं हैं।" उसने शायद मेरे तिरस्कार के प्रतिकार में उत्तर दे दिया।

पैदल देहली शहर लौटना पड़ा। कहाँ जाता? खयालीराम गुप्त के यहाँ जाने पर उनकी माँ बहुत नाराज होती थीं। अजमेरी दरवाजे महाशय कृष्ण जी के यहाँ जाना उचित नहीं था। बहावलपुर रोड के प्रसंग में यह बता ही चुका हूँ कि महाशय कृष्ण जी के मकान की तलाशी हो चुकी थी।

भूखा इधर-उधर घूम रहा था। भूख से अधिक क्लेश मन को कैलाशपति के व्यवहार से हुआ। छः पैसे पास हों तो आदमी चना-चबेना चबाकर समय काट सकता है पर भूख से अधिक चिन्ता थी कि कानपुर कैसे पहुँचूँगा! भूख भूली हुई थी। उन दिनों सिगरेट-सिगार पीने की आदत बहुत कम थी, परन्तु जाने क्या सूझा कि मैंने जामा मस्जिद के पास की एक दुकान से छः पैसे में एक सिगार खरीद लिया और संध्या के अँधेरे में परेड के मैदान में बैठकर पीने लगा। कैलाशपति पर गुस्सा इस अधिकार से था कि आपस में चाहे जितना मतभेद या लड़ाई हो, हम लोग एक-दूसरे की कठिनाई और खतरे की उपेक्षा नहीं कर सकते थे। खैर सिगार पीने से चक्कर-सा आ गया। जोर की उबकाई आने लगी। मस्जिद के समीप एक नल से खाली पेट में बहुत-सा पानी पी लिया तो तबीयत और खराब हो गयी। फिर परेड में जा लेटा। तब खयाल आया मैं बहुत मूर्खता कर रहा हूँ। मेरी कमर में पिस्तौल है, यदि मुझे ऐसे लेटे देखकर ही पुलिस वाले आवारागर्दी में चालान कर दें तो?

पचास वर्ष के लम्बे जीवन में मैंने बहुत कुछ देखा और अनुभव किया है, परन्तु पैसा न होने के कारण भूखे रहने का उस दिन केवल ही अवसर आया। सोचा—महाशय कृष्ण जी के यहाँ जाना ही पड़ेगा। उठा और अजमेरी गेट की ओर चल दिया। रास्ता चावड़ी बाजार और फतेहपुरी के बीच से होकर जाता था। मैं रोशन सिनेमा के पास से गुजर रहा था, रात के नौ या साढ़े नौ बजे होंगे। उन दिनों इस भाग में सड़क के दोनों ओर बहुत ही सस्ते किस्म की वेश्याओं के कोठे रहते थे। बाजार प्रायः सूना हो रहा था। मुझे धीमे-धीमे जाते देखकर वेश्याएँ शायद गाहक समझ दोनों ओर से पुकारने लगीं—"अरे इधर आ, इधर आजा!" सोचा—इन्हें भी शायद मेरी ही तरह भूख लगी होगी। यदि चला जाऊँ तो इनसे क्या बातचीत होगी? यह अनुभव मेरे मन में इतना गहरा बैठ गया कि कभी भूल नहीं सकता। बाद में १९३८ में मैंने इस अनुभव की याद से एक छोटी सी कहानी 'दुखी-दुखी' लिखी थी जो प्रायः ही पाठकों को बहुत पसंद आयी है।

महाशय कृष्ण जी के यहाँ जाना ही पड़ा। वे घर पर ही थे। मुझे अचानक और ऐसी अवस्था में देखकर देखते ही रह गये। उनसे क्षमा माँगी, "...मुझे यहाँ नहीं आना चाहिये था, परन्तु बहुत ही मजबूरी से आया हूँ।" उनसे कुछ साफ कपड़ों और रुपयों के लिये कहा। कृष्ण जी की आदत बहुत कुछ पूछने और जिरह करने की थी पर उस दिन उन्होंने बिना कुछ पूछे-ताछे कपड़े और रुपये दे दिये। वहीं हजामत बनाकर, नहा धोकर कपड़े बदल लिये। उनके यहाँ जाने पर भाभी खाना तो जरूर ही वत्सलता से खिलाती थीं।

मैं आज़ाद को ढूँढ़ने कानपुर चल दिया। आज़ाद भैया ने कानपुर में एक खास पता बताया था कि आवश्यकता होने पर वहाँ ठहर भी सकता हूँ। लगभग संध्या समय कानपुर पहुँचा था। चुन्नीगंज गया। वहाँ गुलजारीलाल का मकान ढूँढ़ा। गुलजारीलाल इकहरे बदन के लम्बे से आदमी थे। रंग गेहुवाँ और लम्बी-लम्बी मूँछें। यह याद नहीं कि

मैंने किस नाम से आज़ाद का पता पूछा पर वे समझ गये। बहुत भावुकता और गहराई से मेरी ओर पल भर देखा और बोले, "हाँ ठीक है, बैठिये।"

एक कोठरी और आँगन का मकान था। वे अकेले ही रहते थे। गुलजारीलाल ने मुझसे बात नहीं की। खाट पर कपड़ा बिछाकर बैठा दिया और स्वयं तुरन्त आँगन में बने चौके में बैठकर एक कटहल काटने लगे। मैंने आज़ाद तक संदेश पहुँचाने की बात याद दिलाई। गुलजारीलाल बोले, "पहले आप खाना खा लीजिये।" उनसे जल्दी खाने की आवश्यकता न होने और तकल्लुफ न करने की बात कही पर वे नहीं माने। कटहल काटकर उन्होंने चूल्हे पर चढ़ा दिया। आटा गूँधने लगे। उन्हें आटा पूरियों के लिये कड़ा गूँधते देखा तो फिर कष्ट न करने का अनुरोध किया, परन्तु वे नहीं माने। खूब याद है, कढ़ाई नहीं थी; उन्होंने गहरे तवे पर खूब घी छोड़कर पूरियाँ तलीं और फिर मुझे बहुत श्रद्धा से आसन पर बैठाकर खाना खिलाया। उससे पहले यू० पी० में रहने का अवसर नहीं हुआ था। कटहल की तरकारी उस दिन पहली बार ही खायी थी या उससे पहले की बात याद नहीं। मैं जब भी कटहल की तरकारी देखता हूँ, मुझे गुलजारीलाल की रसोई याद आ जाती है। खाने के बाद मेरे जिद्द करने पर भी उन्होंने मुझे थाली नहीं धोने दी।

खाना खिलाकर वे आज़ाद भैया को खबर देने गये। भैया साढ़े नौ-दस तक आ गये। हम दोनों बात करने लगे तो गुलजारीलाल स्वयं ही परे जाकर बैठ गये। गुलजारीलाल कानपुर म्युनिसिपैलिटी की छिड़काव करने वाली मोटर के के ड्राइवर थे। इसके बाद एक ही बार और उनसे मुलाकात हुई। उनकी पहली मुलाकात की स्मृति मस्तिष्क पर इतनी गहरी है कि पच्चीस वर्ष बाद भी उनका चेहरा याद है। भैया के ऐसे कई निजी विश्वस्त लोग थे। कराची में हंसराज के वायदे और फिर रास्ते की दुर्घटना का पूरा हाल भैया को बताया। यदि हंसराज गिरफ्तार हो गया होता तो अब तक तो पत्रों में समाचार आ ही जाना चाहिये था। फिर भी हम लोग उसका समाचार जानने के लिये कई दिन तक नित्य सुबह अखबार की प्रतीक्षा करते रहते।

अक्टूबर के अन्त में २९-३० तारीख होगी, दिल्ली में पिछली रात संध्या समय कैलाशपति के गिरफ्तार हो जाने का समाचार पत्रों में प्रकाशित हुआ। उन दिनों कैलाशपति दिल्ली में कोई विशेष काम नहीं कर रहा था। हाँ, आज़ाद को उसने अजमेर में एक मनी एक्शन (रुपये के लिये डकैती) की सम्भावना बतायी थी, जिसके लिये वह एक-दो बार वहाँ गया भी था और मदनगोपाल को वहाँ देख-भाल के लिये छोड़ आया था। दिल्ली में उसके विशेष आर्थिक कठिनाई में होने का भी कारण नहीं था। कैलाशपति की गिरफ्तारी चूड़ी वालों के बाजार में उसके मकान की गली में ही हुई थी। गिरफ्तारी के समय उसके पास रिवाल्वर भी था, परन्तु उसने अपने बचाव का या पकड़ने वालों पर चोट करने का कोई प्रयत्न नहीं किया। यह समाचार सुनकर आज़ाद ने बड़ी निराशा से कहा—यह साले ठंडी भी गये। ठंडी प्रसाद कैलाशपति का उपनाम था।

कैलाशपति की गिरफ्तारी के समय उसके चुपचाप गिरफ्तार हो जाने से तो निराशा हुई थी, परन्तु मैंने भैया से यह भी कहा कि मुझे तो उसके मुखबिर बन जाने की भी आशंका है। भैया को ऐसा लगा कि यह मैं कैलाशपति के प्रति व्यक्तिगत विरक्ति के कारण कह रहा हूँ। मैंने अपनी बात स्पष्ट करके कहा कि यदि कैलाशपति बरस भर पहले

गिरफ्तार हो गया होता तो मुझे ऐसी आशंका न होती, परन्तु पिछले दिनों उसमें मुझे एक ग्लानि उत्पन्न करने वाली विलासिता सी दिखाई देती रही थी। आज़ाद इससे क्या समझते? कैलाशपति वगैरह ने भी तो आज़ाद से दिल्ली बम फैक्टरी के दिनों में मेरी विलासिता और फिजूलखर्ची की शिकायत की थी। यह चर्चा मैं पहले भी कर चुका हूँ। वह विलासिता थी लगातार आठ-दस घण्टे पिक्रिक एसिड बनाते समय, उसकी विषैली गैस से सिर दर्द हो जाने पर घण्टे भर खुले ताँगे में घूम लेना और फिर किसी रेस्तोराँ में जाकर आइसक्रीम खा लेना। वास्तव में विलासिता किसी वस्तु या व्यवहार में नहीं दृष्टिकोण में ही होती है।

बहुत ही जल्दी, पाँचवें ही दिन दिल्ली में धन्वन्तरी की भी गिरफ्तारी का समाचार मिला। धन्वन्तरी सुखदेवराज के साथ ताँगे पर बैठा चाँदनी चौक से जा रहा था। पुलिस उसे पहचानकर पीछा करती आ रही थी। अपने लिये उपयुक्त स्थान देखकर पुलिस ने उसे घेर लिया और पकड़ो-पकड़ो का शोर मचा दिया। धन्वन्तरी ने रिवाल्वर निकालकर पुलिस पर गोली चलायी। पुलिस के आदमी को चोट भी आयी। धन्वन्तरी दस-पन्द्रह कदम भागा भी, परन्तु पकड़ो-पकड़ो के शोर से चाँदनी चौक में लाठी लेकर गश्त करते रहने वाले एक सिपाही ने उसे भागते देखकर उस पर लाठी का भरपूर वार कर दिया। धन्वन्तरी गिरकर पुलिस के काबू आ गया। सुखदेवराज ने भी यदि पुलिस पर गोली चलायी होती, दोनों साथ मिलकर लड़े होते तो क्या होता, वह उस समय हमें खयाल नहीं आया। उस समय तक साथी को छोड़ अपने प्राण बचाने के लिये भाग जाने की यह सुखदेवराज की दूसरी हरकत थी।

कैलाशपति की गिरफ्तारी के सप्ताह भर में बाबूराम साबुनी, खयालीराम गुप्त, गिरवरसिंह, विमल प्रसाद जैन आदि की गिरफ्तारियाँ शुरू हो गयीं। दिल्ली में तो हम लोगों के लिये स्थिति खतरनाक हो गयी, दूसरी जगह भी इसका प्रभाव अच्छा नहीं पड़ रहा था। आज़ाद ने मुझे परामर्श दिया कि मैं कानपुर आकर ही रहूँ और अपनी स्वतंत्र जगह बना लूँ तो अच्छा हो। कानपुर में उस समय तक मेरे अपने कोई सूत्र नहीं थे। भैया ने कुछ दिन के लिये मुंशीराम जी शर्मा 'सोम' के यहाँ मेरे और प्रकाशवती के लिये प्रबन्ध कर दिया। मुंशीराम जी उन दिनों कानपुर में गंगा किनारे परमट घाट पर रहते थे और डी० ए० वी० कालेज में हिन्दी के अध्यापक थे। अब भी वे डी० ए० वी० कालेज में ही हैं। सब ओर धड़ाधड़ गिरफ्तारियाँ होते समय मुंशीराम जी ने खूब जान-बूझकर हमें शरण दी थी कि हम लोग कौन हैं और हमें शरण देने का क्या परिणाम हो सकता है।

मुंशीराम जी का मकान परमट घाट के सिरे पर ठीक सड़क पर ही था इसलिये मैं दूसरा प्रबन्ध करने की चिन्ता में था। कानपुर के गवर्नमेंट लेदर वर्किंग स्कूल का पता लेकर चौधरी रामधनसिंह से मिलने पहुँचा। रामधनसिंह बोर्डिंग में रहते थे, परन्तु हमारी सहायता करने के लिये उन्होंने दो ही दिन में चुन्नीगंज के हाते में दूसरी मंजिल पर एक मकान ढूँढ़ लिया और हम लोग वहाँ चले गये।

कैलाशपति के गिरफ्तार हो जाने से अजमेर में डकैती नहीं हो सकी। आज़ाद ने कई दिन बल्कि दो-तीन मास से वीरभद्र को आर्थिक समस्या का उपाय करने के लिये एक डकैती की व्यवस्था करने की जिम्मेवारी सौंपी हुई थी। आर्थिक कठिनाई हम लोगों को

बनी ही रहती थी। व्यापक सार्वजनिक आधार न होने के कारण कांग्रेस या कम्युनिस्ट पार्टी की तरह धन संग्रह किया नहीं जा सकता था। राष्ट्रीय भावना रखने वाले ऐसे लोग जो सौ-दो सौ रुपया दे सकने की स्थिति में थे, उन पर गांधी जी के हमें भटके हुये देशभक्त बता देने का भी काफी प्रभाव था। ऐसे लोग हमें जाँबाज देशभक्त समझकर हमारे दर्शन तो करना चाहते थे, परन्तु हमें आर्थिक सहायता देना उचित नहीं समझते थे। इसमें खतरा तो था ही, तिस पर गांधी जी क्रांतिकारियों को सहायता देने का निषेध करते थे। ऐसे लोग सहायता देते समय हमारी व्यक्तिगत आवश्यकताओं को ही ध्यान में रखते थे। वे देशभक्तों की सहायता तो करना चाहते थे, परन्तु सशस्त्र क्रांतिकारी आन्दोलन की नहीं। ऐसी मनोवृत्ति का बहुत अच्छा उदाहरण बाबू (राजऋषि) पुरुषोत्तमदास जी टंडन का व्यवहार था। बात साण्डर्स वध के बाद दिसम्बर, १९२८ की है।

साण्डर्स वध के बाद दल के लोगों को लाहौर से निकाल ले जाने आदि के लिये रुपये की जरूरत थी। पुरुषोत्तमदास जी टंडन उन दिनों पंजाब नेशनल बैंक, लाहौर के मैनेजर थे। वेतन शायद आठ सौ रुपये मासिक था जो रुपये के उस समय के मूल्य के विचार से आज (१९५३ में) तीन-साढ़े तीन हजार रुपया होना चाहिये। टंडन जी लाला लाजपतराय जी की कोठी के बगल की कोठी में एक ही हाते में रहते थे। उसी हाते में द्वारकादास पुस्तकालय था। कानपुर के प्रसिद्ध मजदूर नेता राजाराम जी शास्त्री द्वारकादास पुस्तकालय के लाइब्रेरियन थे। आज़ाद और शास्त्री जी का बनारस से पुराना परिचय था। शास्त्री जी भगतसिंह, सुखदेव, मुझे और बहुत से लोगों को भी जानते थे। आज़ाद ने शास्त्री जी से कहकर टंडन जी से मिलने का समय नियत कर लिया था। टंडन जी ने कोई भय या झिझक प्रकट नहीं की थी। आज़ाद आये तो उन्होंने आज़ाद की पीठ पर हाथ फेरकर कहा, "तुम्हारे ढंग और सिद्धान्त का समर्थन तो हम नहीं कर सकते, परन्तु तुम देशभक्त और शूरवीर जरूर हो।"

आज़ाद के लिये किसी से कुछ माँगना बहुत ही कठिन काम था। फिर भी विवश हो आर्थिक सहायता की बात कही। टंडन जी ने उसमें भी संकोच नहीं किया, तुरन्त बिटिया को बुलाया और दस रुपया ला देने के लिये कह दिया। यह तो हो ही नहीं सकता था कि ऐसी परिस्थिति में आज़ाद की आँखों में सुर्ख डोरे न फिर गये हों। इस घटना की चर्चा करते समय ही उन्हें क्रोध आ जाता था पर टंडन जी के प्रति आदर और शिष्टाचार के कारण गम खा जाने के अतिरिक्त और चारा क्या था? इस उल्लेख का अभिप्राय यह है कि टंडन जी का जैसा त्यागी जीवन रहा है, उनसे कृपणता की बात सोची नहीं जा सकती। उस समय वे काफी समर्थ भी थे। उनके विचार में आज़ाद की आवश्यकता इससे अधिक और क्या होती? ऐसे ही अनुभवों के कारण आज़ाद या हम लोग राजनैतिक डकैती के लिये विवश हो जाते थे।

खासकर १९३० के अन्त में लन्दन में गोलमेज कांफ्रेंस द्वारा सरकार से समझौते की बात चल रही थी। अंग्रेज सरकार ने गोलमेज कांफ्रेंस में कांग्रेस को भी निमंत्रण दिया था और खयाल था कि इस बातचीत से सन्तोषजनक स्वराज्य की रूपरेखा निकल आयेगी। ऐसी अवस्था में कांग्रेसी राष्ट्रीय भावना रखने वाले लोग क्रांतिकारियों को सहायता देकर व्यर्थ का व्याघात खड़ा करने में क्यों सहयोग देते।

कानपुर में धन कार्य

दल विकट आर्थिक कठिनाई में था। आज़ाद बार-बार वीरभद्र से ही 'मनी ऐक्शन' (धन कार्य) का प्रबन्ध करने के लिये कह रहे थे। हम लोग डकैती शब्द पसन्द नहीं करते थे। मजबूरी हो जाने पर धन के लिये वैसा करना पड़ता तो उसे मनी ऐक्शन या धन कार्य ही कहते थे। इस काम का बोझ वीरभद्र पर डालने का एक कारण यह भी था कि आज़ाद आजमाना चाहते थे कि वीरभद्र जान बचाने की ही फिक्र में तो नहीं। मेरे मामले में तो उन्हें वीरभद्र पर सन्देह था ही। वीरभद्र जिम्मेवारी डाली जाने पर हामी तो भर लेता, परन्तु ठीक समय आने पर कोई अलंघ्य बाधा बताकर टाल जाता था या कांग्रेसी मामले में गिरफ्तार होकर हवालात पहुँच जाता और कुछ दिन बाद अन्य कांग्रेसियों के साथ ही छूट आता। यह निश्चय हो जाने पर कि वीरभद्र सचमुच दल को धोखा दे रहा है, आज़ाद उसे दण्ड देना चाहते थे। ऐसा ही सन्देह दल के एक और पुराने साथी सतगुरुदयाल अवस्थी के प्रति भी उन्हें हो रहा था। शायद पिछले (मेरे) उदाहरण के कारण इस बार आज़ाद इन लोगों को अपनी सफाई का अवसर जरूर देना चाहते थे। इस समय लाहौर षड्यंत्र का फैसला सुना दिया गया था। भगतसिंह, सुखदेव और राजगुरु को फाँसी का दण्ड सुनाया गया था पर दो-एक आदमी बरी भी हो गये थे। इनमें कानपुर के सुरेन्द्र पांडे भी थे। सुरेन्द्र पांडे लौटकर आज़ाद से मिले और फिर दल का काम करने की इच्छा प्रकट की। सुरेन्द्र पांडे उत्तर प्रदेश, खासकर कानपुर में दल का काम आरम्भ होने के समय से साथ थे। इसके अलावा डेढ़ बरस सब साथियों के साथ जेल में सामूहिक अध्ययन और विचार करके लौटे थे। उनका सहयोग और परामर्श उस समय दल के लिये उपयोगी जान पड़ा।

आज़ाद ने वीरभद्र तिवारी और सतगुरुदयाल अवस्थी दोनों को ही संदेश भेजा कि वे अपने आकर अपने व्यवहार की सफाई दें। इस समय कोई केन्द्रीय समिति तो थी नहीं। सम्भवतः सुरेन्द्र और आज़ाद के ही सामने यह बात हुई होगी। आज़ाद के संदेश के उत्तर में अवस्थी ने पत्र लिखकर उत्तर दिया कि उस पर किये गये संदेह झूठे और निराधार हैं पर मिलने नहीं आया। वीरभद्र स्वयं आया। आज़ाद ने उससे मुझे भेद मिलने के मामले में भी प्रश्न किया। मैंने तो इस विषय में कभी उसका नाम नहीं लिया था, परन्तु वह नेकनीयती से भेद दे देने की बात कबूल गया। दूसरे अवसरों पर जान बचाने के लिये शिथिलता दिखाने के आरोप के उत्तर में उसने विश्वास दिलाया कि भविष्य में ऐसी शिकायत का मौका नहीं आयेगा।

वीरभद्र ने कानपुर, नयागंज में जहाँ दालमण्डी है, चमड़े के एक व्यापारी खोजे की गद्दी पर धन कार्य की योजना बनायी। बताया कि उस व्यापारी के यहाँ तिजोरी में ४०-५० हजार से लेकर लाख तक नकद रहता है। इस काम के लिये दिन और सूर्यास्त का समय भी निश्चित हो गया। भैया ने वीरभद्र को चेतावनी दी, "देखो, ठीक समय पर कोई अड़ँगा न बता देना या जेल में न फिसल जाना।" फिर वही बात हुई। न जाने कैसे वीरभद्र फिर सत्याग्रह में गिरफ्तार हो गया।

आज़ाद ने निश्चय कर लिया था कि इस बार काम टलेगा नहीं। जगह देख ली गयी थी। प्रबन्ध ऐसा किया गया था कि वीरभद्र न हो तो भी काम न रुके। आज़ाद निश्चित समय साथियों को साइकिलों पर लेकर खोजे के यहाँ पहुँच गये। तीनों साइकिलें नीचे

जीने के दरवाजे पर छोड़ दीं और दो साथी पिस्तौल लिये नीचे रहे कि इस बीच ऊपर कोई न जा पावे। ऊपर आज़ाद, सुरेन्द्र पांडे और शालिग्राम को लेकर गये।

गद्दी पर तोंदियल खोजे के अतिरिक्त दो मुनीम थे। आज़ाद ने पिस्तौल दिखाकर तिजोरी की चाबी माँगी। मालिक के चिल्लाने के लिये मुँह खोलकर लम्बी साँस भरी। आज़ाद का थप्पड़ उसके फूले हुये गाल पर कुछ ज्यादा जोर से ही पड़ गया और डाँटकर उन्होंने कहा, "चुप्प!" पुकार की चिल्लाहट खोजे के गले में ही रह गयी और मुँह भी खुला ही रह गया।

मुनीमों ने सामने तीन पिस्तौल देखकर तिजोरी की चाबी तुरन्त निकाल दी। तिजोरी खोलकर जो कुछ था एक थैले में समेट लिया गया। मुनीम शान्त रहे। चलते समय टेलीफोन तोड़ दिया गया। सब कांड समाप्त हो जाने पर भी खोजा मालिक की सलवटें पड़ी हुई तोंद पर रखे गोल-गोल चेहरे का मुँह खुला ही रहा और वैसे ही निश्चल बना रहा। आशंका हुई बेहोश हो गया होगा पर दूसरे दिन समाचार पत्रों से पता चला कि होश फिर उसके लौटे ही नहीं। इस कांड में निराशाजनक बात यह रही कि अपनी जगह लौट आने पर थैले में से कुल ग्यारह सौ रुपया ही निकला। आज़ाद को तो इस बात के लिये भी वीरभद्र पर भी क्रोध आया कि क्या व्यर्थ जगह उसने इस काम के लिये बता दी थी, परन्तु समाचारपत्रों का भी कहना था कि संयोगवश उसी दिन दोपहर बाद खोजे ने लगभग एक लाख रुपया बैंक भिजवा दिया था। अखबारों की टीका-टिप्पणी में इस काम को बहुत ही दुस्साहस और चातुर्यपूर्ण बताया गया था, क्योंकि खोजे की गद्दी के पिछवाड़े कुछ ही कदम पर उस समय नई सड़क पर बड़ी कोतवाली थी और नयागंज में तीन मकानों के बाद एक छोटी पुलिस चौकी थी। जो भी हो इस घटना से भैया को विश्वास हो गया कि वीरभद्र दल को धोखा देता है।

शहीद शालिग्राम

कैलाशपति की गिरफ्तारी के बाद भी आज़ाद दिल्ली को बिलकुल छोड़ देने के लिये तैयार नहीं थे। उन्होंने दिल्ली से प्रोफेसर नन्दकिशोर निगम को सलाह करने के लिये बुलाया था। ऐसी बातचीत के समय आज़ाद किसी समझदार आदमी को साथ रखते ही थे। इन दिनों सुरेन्द्र पांडे से ही अधिक परामर्श किया करते थे। सुरेन्द्र पांडे पुलिस की नजरों से बचे रहने के लिये अपना मकान छोड़कर कानपुर में गंगा के किनारे ऊपर की ओर, नवाबगंज में एक बगिया में किराये पर लिये हुए छोटे से मकान में शालिग्राम शुक्ल के साथ रहते था।

शालिग्राम शुक्ल उससे पहले कुछ दिन यूथगार्ड में खूब भाग लेता था। कानपुर में यूथगार्ड ऐसा ही संगठन था जैसा लाहौर में नौजवान भारत सभा थी। यूथगार्ड के लोग वर्दी पहनकर कवायद वगैरा भी करते थे और राष्ट्रीय आन्दोलन में भाग लेते थे। किसी एक अवसर पर पुलिस वालों के हस्तक्षेप करने पर शुक्ल और उसके एक साथी ने पुलिस वालों को पीट दिया था। पुलिस शुक्ल को गिरफ्तार करना चाहती थी। शुक्ल दल के छोटे-मोटे कामों में पहले भी सहयोग देता ही था। अब वह पुलिस की नजरों से बचकर बिलकुल दल का ही काम करने लग गया था और नवाबगंज में सुरेन्द्र पांडे के साथ ही रहता था।

आज़ाद ने निगम और पांडे से मिलने का समय तड़के छः बजे और स्थान डी० ए० वी० कालिज के सामने ग्रीन पार्क में नियत किया था। पांडे को निश्चित स्थान पर ले आने का समय शालिग्राम शुक्ल के ही जिम्मे था। घड़ी इन लोगों के पास नहीं थी। समय से पिछड़ न जाने के खयाल से यह लोग काफी तड़के, अँधेरा रहते चल दिये थे। ग्वालटोली की हालत उन दिनों उजाड़ सी थी। सड़क पर खूब गहरे खाँचे पड़े रहते थे। पांडे और शुक्ल साइकिलों पर आ रहे थे। एक गहरे खाँचे में पांडे को साइकिल का अगला पहिया पड़ने से जोर का झटका लगा। हैंडल पर रखा साइकिल का पम्प गिरकर पहिये की सीखों में अड़ गया। कई सीखें टूट गयीं और पहिया टेढ़ा हो गया। यह लोग ग्रीन पार्क तक पैदल ही पहुँचे।

यह लोग ग्रीन पार्क पहुँचे तो अभी छः बजने में काफी समय जान पड़ा। शालिग्राम ने पांडे से कहा, "हो सकता है कहीं आगे भी जाना पड़े। डी० ए० वी० कालिज के बोर्डिंग में जान-पहचान वाले लड़के हैं। तुम यहाँ ही ठहरो। मैं टूटी साइकिल बदलवा लाता हूँ।" पांडे को ग्रीन पार्क के परमट की ओर के कोने पर छोड़कर शुक्ल स्वयं टूटी साइकिल ले बोर्डिंग के दरवाजे की ओर चल दिया। शुक्ल कालिज की इमारत के अंत में बोर्डिंग के फाटक के पास पहुँचा ही था कि पांडे को उस ओर से बिजली की टार्च से फेंकी रोशनी दिखाई दी और फिर शुक्ल की पुकार सुनाई दी—"Beware! Beware!" (सावधान! सावधान!) इसी समय एक पिस्तौल की गोली चली और फिर तुरन्त ही राइफल से गोली मारने का धमाका।

हुआ यह कि बोर्डिंग के फाटक के सामने ग्रीन पार्क के कोने पर आग्जिलियरी फोर्स का दफ्तर था जहाँ सशस्त्र गोरा सिपाही पहरे पर तैनात रहता था। जिस समय शुक्ल यहाँ पहुँचा, जाने किस कारण वहाँ खुफिया पुलिस का इंस्पेक्टर शम्भूनाथ दो-तीन सिपाहियों के साथ मौजूद था। इन लोगों ने शुक्ल पर रोशनी फेंककर उसे पहचान लिया। इंस्पेक्टर उसे पकड़ना चाहता था। शुक्ल ने आगे भाग जाने की कोशिश की पर साइकिल टूटी होने के कारण विवश था। हाथा-पाई हुई। एक कांस्टेबल या इंस्पेक्टर ने छोटा डंडा शालिग्राम के सिर में मार दिया। इसी समय शालिग्राम ने पुकार कर चेतावनी दी थी—सावधान! क्योंकि एक ओर पांडे था और दूसरी ओर से आज़ाद के आने की भी आशा थी। घिर जाने पर शुक्ल ने जेब से पिस्तौल निकालकर सामना किया। उसकी गोली एक सिपाही की जाँघ में लगी। इंस्पेक्टर और तीनों सिपाही शरण के लिये आग्जिलियरी फोर्स के दफ्तर में घुस गये। शुक्ल साइकिल छोड़ भागने लगा। यह देखकर ड्यूटी पर खड़े गोरे सिपाही ने शुक्ल की पीठ में राइफल से गोली मार दी। शुक्ल सड़क पर गिर पड़ा।

आग्जिलियरी फोर्स के दफ्तर में जाकर इंस्पेक्टर ने फिर बाहर आने से पहले कोतवाली में फोन कर और सहायता के लिये दूसरे सशस्त्र सिपाहियों को बुला लिया। इस काम में दस-पन्द्रह मिनिट लगे ही होंगे। शुक्ल पीठ में राइफल की गोली से घायल होकर आग्जिलियरी फोर्स के दफ्तर के सामने पड़ा था। एक ओर उसकी साइकिल पड़ी थी। इसी बीच आज़ाद साइकिल पर उस स्थान से ग्रीन पार्क के परमट की ओर वाले कोने पर पहुँचने के लिये गुजरे। उन्होंने एक जख्मी नौजवान और साइकिल सड़क पर इधर-उधर पड़ी हुई तो देखी पर यह अनुमान न कर सके कि कोई अपना आदमी होगा। ग्रीन पार्क के कोने पर किसी को न पाकर वे परमट घाट पर पंडित मुंशीराम जी के

मकान पर पहुँचे। शुक्ल की सावधानी की ललकार और बाद में पिस्तौल और राइफल की आवाज सुनकर सुरेन्द्र पांडे अपनी जगह पर खड़े रहना व्यर्थ और आपद्‌जनक समझ वहाँ से मुंशीराम जी के यहाँ चला गया था। पांडे की बात सुनकर आज़ाद को अनुमान हुआ कि आग्जिलियरी फोर्स के दरवाजे पर गिरा पड़ा आदमी शालिग्राम शुक्ल ही था। आज़ाद और पांडे का अनुमान था कि शुक्ल राइफल की गोली से मारा गया है। खैर अब क्या हो सकता था।

इनके बात करते-करते फिर बोर्डिंग के फाटक की ओर से गोलियाँ चलने और चिल्लाने की आवाजें सुनाई दीं और फिर बिलकुल सन्नाटा छा गया। जिस समय आज़ाद बोर्डिंग के फाटक के सामने से गुजरे थे शालिग्राम घायल तो था, परन्तु अभी सचेत था। उसने आज़ाद को जाते भी देखा, परन्तु उसने सहायता के लिये चिल्लाया या पुकारा नहीं। दम साधे रहा कि आज़ाद के प्रति किसी को सन्देह न हो, लेकिन चार-पाँच मिनिट बाद जब सशस्त्र सिपाहियों के आ जाने पर पुलिस उसे मरा समझकर उठाने के लिये उसके समीप आयी तो उसने फिर तीन-चार गोलियाँ चलायीं और दो सिपाहियों को घायल कर दिया। सिपाही भय से चीख-चिल्लाकर पीछे हट गये और कुछ दूर से उस पर गोलियाँ चलाने लगे। उसके बिलकुल निश्चल हो जाने पर ही पुलिस उसका शरीर एक गाड़ी में उठाकर ले गयी। शालिग्राम शुक्ल का नाम किसी षड्यंत्र केस में नहीं आया, कभी उसके नाम की जय नहीं पुकारी गयी, परन्तु धैर्य और वीरता में वह हमारे किसी भी वीर साथी से कम नहीं था।

बराल में प्रकाशवती को आराम और सुविधा तो सब थी, परन्तु संतोष नहीं था। वे काम में सहयोग देने के लिये हम लोगों के साथ ही रहना चाहती थीं। मैं एक सुरक्षित स्थान जमाने की चिन्ता में था। कुछ साथी इलाहाबाद में रहते थे। उन लोगों से सलाह-मशविरा करने आज़ाद भैया के साथ इलाहाबाद गया था। इलाहाबाद में अचानक बलदेव जी चौबे से मुलाकात हो गयी।

बलदेव चौबे जी से परिचय लाहौर से ही था। वे लाला लाजपतराय जी के लोक-सेवक मंडल (सर्वेन्ट्स आफ पीपुल्स सोसायटी) के सदस्य थे। आजीवन देशसेवा का व्रत लिये हुये। परम गांधीवादी और बाबू पुरुषोत्तमदास जी टंडन के परम अनुयायी।

चौबे जी इलाहाबाद में गंगापार, टंडन जी के निर्देश में हिन्दी विद्यापीठ चला रहे थे। यहाँ ग्रामीण विद्यार्थियों को निःशुल्क शिक्षा और भोजन दिया जाता था। विद्यापीठ एक प्राचीन मन्दिर और उसके साथ बने पक्के मकान में था। आस-पास मील-डेढ़ मील तक कोई बस्ती नहीं, घोर सुनसान। चौबे जी आत्मीयता से मिले। वे मेरे फरार होने या मुकदमे की बाबत सब कुछ जानते थे। उनसे पूछा, "यदि कभी जरूरत पड़ जाय तो आपके यहाँ शरण मिल सकेगी?"

"अरे, वाह!" चौबे जी ने उत्तर दिया, "घर तुम्हारा है। हमसे जो बन पड़े। तुम जान दे रही हो अपनी...!"

यह बात इसलिये कह रहा हूँ कि यद्यपि गांधी जी क्रांतिकारियों की घोर निन्दा करते रहते थे, परन्तु गांधीवादियों के मन में, गांधी जी द्वारा हम लोगों के कामों की निन्दा के बावजूद, हम लोगों के प्रति सदा ही एक अनुराग और आदर पाया। इलाहाबाद, मेरठ, दिल्ली और लाहौर के गांधी आश्रम या खद्दरभंडार हम लोगों के संदेश भेजने और पाने

के नियमित अड्डे थे। विशेषकर उत्तर प्रान्त में शहीद फणीन्द्र के भाई प्रभास बैनर्जी आदि बंधुओं के सहयोग के कारण। लाहौर के खद्दर भंडार में जसवंतसिंह हमारा कालिज का सहपाठी ही था। जसवंतसिंह को हम लोगों की गतिविधि बहुत कुछ मालूम रहती थी। पूर्णरूप से तो वह हम लोगों में नहीं मिल सका। उसका कारण यही था कि उसकी दृष्टि में हम लोग काफी चतुर और बुद्धिमान नहीं थे, परन्तु सहायता उससे मिलती ही रहती थी।

अस्तु, मैं और प्रकाशवती कुछ दिन के लिये बलदेव चौबे जी की विद्यापीठ में जा टिके। जाड़े के दिन थे इसलिये पुराने ढंग की मोटी दीवार और बिना रोशनदान की कोठरी में सोने से भी परेशानी नहीं होती थी। विद्यापीठ क्योंकि दान के आधार पर चल रहा था इसलिये विद्यार्थियों को नाश्ते में प्रायः ही बाजरे का दलिया, दोपहर आहार में बाजरे की रोटी और एक दाल या साग मिलता था। चौबे जी स्वयं और उनकी दस-बारह वर्ष की पुत्री माधवी भी यही खाते थे, परन्तु हम दोनों के लिये चौबे जी कुछ मेवे और फल ले आते थे। इससे हमें बहुत संकोच अनुभव होता था।

मैं प्रायः ही इलाहाबाद नगर में साथियों से मिलने-जुलने के चक्कर में रात नौ-दस बजे लौटता था। उस समय यमुना के कमारा घाट पर नाव नहीं मिल सकती थी इसलिये यमुना के पुल से होकर लौटने में तीन-साढ़े तीन मील का चक्कर पड़ जाता था। साइकिल थी इसलिये कोई कष्ट नहीं जान पड़ता था। एक रात मैं लौटा तो समीप की बस्ती से भय और आशंका का हल्ला सुनाई दे रहा था, जैसे डाका पड़ रहा हो। घर पहुँचकर चौबे जी को बहुत परेशान पाया। कारण यह था कि पड़ोस के किसी गाँव में एक भैंसा पागल हो गया था और सड़क पर आते-जाते लोगों पर आक्रमण कर रहा था। चौबे जी को भय था कि मैं अँधेरे में भैंसे की झपट में न आ जाऊँ। यों भी इस उत्पात से सभी आशंकित थे। मैंने सुझाया कि ऐसी बात है तो उस भैंसे को गोली मार देनी चाहिये।

चौबे जी ने सोचकर कहा, "पागल भैंसे को गोली मारने के लिये जाने में भी तो खतरा है।"

मैंने स्वीकार किया, "खतरा तो जरूर है पर यों भी तो बीसियों जानों को खतरा है।" भैंसा दो चार झोपड़ियाँ गिरा भी चुका था। भैंसे को गोली मारने के लिये जाने पर लोगों का ध्यान आकर्षित होने की आशंका तो थी पर उस समय यह कर्तव्य जान पड़ा। चौबे जी से बात की, "मेरे पास पिस्तौल तो है, परन्तु पिस्तौल से गोली मारने के लिये भैंसे के बहुत समीप जाना पड़ेगा और पिस्तौल की गोली भैंसे का क्या बिगाड़ेगी? मामूली सा घाव हो जायेगा; भैंसा और बिगड़ेगा।"

"बन्दूक तो है पर बहुत दिन से ऐसे ही रखी है।" बहुत सोचकर चौबे जी ने कहा।

मैंने आग्रह किया, "कहाँ है बन्दूक, देखें तो! कारतूस भी हैं?"

चौबे जी ने उत्तर दिया, "भाई, यह सब क्या होता है सो मालूम नहीं। देख लो!"

चौबे जी दिया लेकर एक अँधेरी कोठरी से लाल कपड़े की लम्बी थैली में लिपटी बन्दूक उठा लाये। उसे खोलकर देखा तो जंगाल लगी हुई एक नाली की गज से बारूद भरने वाली बन्दूक थी। शायद मराठों के जमाने की। गोली-बारूद कुछ नहीं। साथ भरने

का गज जरूर था। मन में बहुत खेद हुआ। यह थी अंग्रेजी राज की नीति। अपने प्रति विद्रोह हो सकने की कोई भी सम्भावना न रहने देने के लिये उस सरकार ने इस देश के लोगों को कितना निस्सहाय बना दिया था और गांधी जी राष्ट्र की उसी निस्सहाय अवस्था को आत्मिक शक्ति का नाम दे रहे थे। यही बात चौबे जी से कहकर मैंने यह भी कहा, "तो फिर चौबे जी अहिंसा के आत्मिक बल से ही उस भैंसे का हृदय परिवर्तन किया जाये!"

चौबे जी ने विश्वास की शक्ति के प्रति मेरे अविश्वास से दुखी होकर एक गहरी साँस ले उत्तर दिया, "भाई, विश्वास की बात है।"

लैमिंगटन रोड गोलीकांड

प्रथम लाहौर षड्यंत्र का मामला पंजाब के गवर्नर की आज्ञा से एक विशेष अदालत को सौंप दिया गया था। अभिप्राय था कि छोटी अदालत और सेशन अदालत की कार्यवाही में अधिक समय न लगे। इस विशेष अदालत को सेशन अदालत के अधिकार अर्थात् फाँसी तक की सजा देने का अधिकार दे दिया गया था। इस अदालत ने १९३० अक्टूबर मास के अन्त में भगतसिंह, सुखदेव और राजगुरु को फाँसी की और शेष बहुत से साथियों---शिव वर्मा, जयदेव कपूर, महावीर सिंह आदि को आजन्म काले पानी की और बटुकेश्वर दत्त को चौदह वर्ष की सजा सुना दी थी। हम लोग इस अवसर पर कुछ विरोध प्रकट करना चाहते थे, परन्तु पंजाब में दूसरे षड्यंत्र के साथियों के भी गिरफ्तार हो जाने पर स्थिति बहुत कमजोर हो चुकी थी। वही बात उत्तर प्रदेश में भी थी। आज़ाद का विचार था पंजाब और उत्तर प्रदेश में पुलिस के बहुत चौकस हो जाने के कारण द्रक्षिण में ही कुछ क्यों न किया जाये। उससे आन्दोलन की व्यापकता भी बढ़ेगी।

गदर पार्टी के समय के एक बहुत पुराने क्रांतिकारी साथी पृथ्वीसिंह आजन्म कारावास की सजा पाकर मद्रास जेल में थे। उन्हें अमरावती जेल में बदला जा रहा था। लगभग अमानुषिक साहस से वे बेड़ियाँ पहने ही चलती गाड़ी से कूद गये थे। कूदकर बच गये थे और बरसों से भेस बदले गुजरात में स्वामीराव के नाम से अखाड़े वगैरा बनाकर युवकों में स्वास्थ्य-सुधार, व्यायाम और राष्ट्रीय भावना का प्रचार भी कर रहे थे, परन्तु ऐसे ढंग से कि पुलिस को खटके नहीं। पृथ्वीसिंह के गुजरात में होने की बाबत दल को मालूम था। धन्वन्तरी उनसे मिल चुका था। उनके अनुभव से लाभ उठाने के लिये और दल के काम में उनका सहयोग पाने के लिये उनसे अनुरोध किया गया। धन्वन्तरी स्वामीराव को इलाहाबाद ले आये। वहाँ आज़ाद से उनकी मुलाकात हुई। स्वामीराव ने गुजरात और महाराष्ट्र में काम चालू करने की जिम्मेवारी ले ली। कुछ मास बीत चुके थे पर अभी वहाँ कुछ हो नहीं पाया था।

दुर्गा भाभी कानपुर में थीं। दल की निष्क्रियता उन्हें अखर रही थी। वे काम में सक्रिय योग देना चाहती थीं। उस समय उत्तर भारत में पर्दे का रिवाज आज की अपेक्षा कहीं अधिक और कड़ा था। किसी स्त्री का घूम-फिरकर काम करना ध्यान आकर्षित किये बिना न रहता। लोग ऐसी महिला के मायके और ससुराल दोनों की ही खोज किये बिना न रह सकते थे। गुजरात और महाराष्ट्र के संयुक्त केन्द्र बम्बई में पर्दे का रिवाज तब भी अधिक न था। आज़ाद ने यही उचित समझा कि भाभी बम्बई जाकर स्वामीराव और उनके दूसरे साथियों को काम बढ़ाने की प्रेरणा और सहयोग दें।

दुर्गा भाभी के बम्बई पहुँचने के बाद तुरन्त ही एक बड़ा कांड करने की बात सोची गयी। यह कांड था लाहौर षड्‌यंत्र के लोगों को दी गयी सजाओं के विरोध में बम्बई के गवर्नर हेली को गोली मारने का निश्चय। हेली पंजाब में गवर्नरी के समय भी बहुत दमन कर चुका था। उसके लिये योजना बनाने का काम स्वयं स्वामीराव और स्थानीय साथियों के हाथ में था।

दुर्गा भाभी के खिन्न अवस्था में कानपुर लौटने पर इस योजना का ब्यौरा सुनकर हम लोगों को आश्चर्य ही हुआ था कि सफलता की आशा कैसे कर ली गयी थी? बम्बई गवर्नमेंट हाउस के भीतर जाकर गवर्नर को गोली मारने का विचार था। गवर्नर सुबह-आठ-नौ बजे नाश्ते के बाद बरामदे में बैठकर अखबार पढ़ा करता था। निश्चय था कि दुर्गा भाभी फारसी लेडी के वेश में एक उधार माँगी हुई मोटर गाड़ी में गवर्नमेंट हाउस में चली जायेंगी। अपना कार्ड गवर्नर के पास भेजेंगी। जब गवर्नर उन्हें मिलने के लिये बुलायेगा वे उसे गोली मार देंगी।

प्रश्न उठा कि दुर्गा भाभी के साथ दूसरा कौन व्यक्ति जायेगा? दुर्गा भाभी ने कहा कि दूसरा आदमी स्वामीराव रहे। स्वामीराव का विचार था कि वे भाभी के साथ न जाकर रक्षा के लिये पीछे रहें। जब भाभी और दूसरा साथी भागने लगे और पुलिस उनका पीछा करे तो वे उनकी रक्षा के लिये लड़ें। भाभी ने आग्रह किया; नहीं इसकी कोई जरूरत नहीं। स्वामीराव को साथ ही रहना चाहिये। अस्तु—

विस्मय कि योजना बनाने वालों को यह भी मालूम न था कि किसी गवर्नमेंट हाउस में हर एक गाड़ी को चले जाने की इजाजत नहीं होती थी। कई दिन पहले इजाजत माँगी जाती थी और आवश्यक पूछताछ के बाद प्रार्थी को भीतर जाने की आज्ञा मिलती थी। दुर्गा भाभी योजना बनाने वालों के भरोसे निश्चित दिन की प्रतीक्षा करती रहीं। जब तारीखें टलने लगीं तो उन्होंने आपत्ति की। आखिर एक दिन निश्चय हो ही गया। स्वामीराव के साथी वैशम्पायन (विश्वनाथ गंगाधर वैशम्पायन नहीं रघुनाथ वैशम्पायन) ने एक बड़े सेठ से मिले और देशसेवा के काम के लिये मोटरगाड़ी माँग लाये। सधा हुआ सैनिक ड्राइवर बापटे गाड़ी चलाने के लिये बैठा। स्वामीराव ड्राइवर के साथ आगे थे। पीछे दुर्गा भाभी और सुखदेवराज भरे हुये पिस्तौल लेकर बैठे। गाड़ी गवर्नमेंट हाउस की ओर चली। गाड़ी भीतर कैसे जाती इसलिये फाटक के सामने से निकल गयी। स्वामीराव के आदेश से दो-तीन बार ऐसे ही चक्कर काटे गये। उस दिन मालाबार हिल के एक चौराहे तीनबत्ती पर गाड़ियों का चेकिंग भी हो रहा था। शायद लाइसेंसों की पड़ताल के लिये नम्बर नोट किये जा रहे थे। गाड़ी दो-तीन बार उसी चौक से गुजर गयी और फिर स्वामीराव के आदेश से नीचे मैरीन ड्राइव, फोर्ट, कोलाबा, बाइकुला, दादर, महीम जाने कहाँ-कहाँ दिन भर घूमती रही। दुर्गा भाभी को जिद चढ़ी हुई थी कि काम आज ही पूरा हो। वे अगले दिन पर टाल देने के लिये तैयार नहीं थीं।

गाड़ी को बम्बई की सड़कों पर घूमते-घूमते शाम का अँधेरा हो गया। गाड़ी लैमिंगटन रोड से जा रही थी और ग्रांट रोड लाँघना चाहती थी। वहाँ आमदरफ्त की निगरानी करने वाले पुलिस के सिपाही ने पहले ग्रांट रोड पर से जाने वाली गाड़ियों को राह देने के लिये लैमिंगटन रोड से आने-जाने वाली गाड़ियों को रोक दिया। स्वामीराव ने क्रोध से चौराहे के बीच खड़े पुलिस के सिपाही की ओर देखकर हुक्म दे दिया—

"फायर (गोली दाग दो)!" दुर्गा भाभी और सुखदेवराज हैरान! वे स्वामीराव की ओर देखकर चुप रह गये।

अस्तु, गाड़ी को रास्ता मिला। गाड़ी लैमिंगटन रोड पुलिस स्टेशन से कुछ कदम आगे, जहाँ अब 'नाज' सिनेमा है, स्वामीराव की आज्ञा से खड़ी हो गयी। उन दिनों बम्बई की पुलिस में बहुत से गोरे सार्जेन्ट रहते थे। पुलिस स्टेशन से दो सार्जेण्ट अपनी स्त्रियों या प्रेमिकाओं की बाँहों में बाँहें डाले सड़क के साथ की पटरी पर चले जा रहे थे। इनमें से एक जोड़ा गाड़ी की बगल समीप आ गया। स्वामीराव ने फिर आज्ञा दी—"शूट (गोली दागो)!" इस बार दुर्गा भाभी और सुखदेवराज ने गोली चला दी। सोचा होगा, गवर्नर न सही कोई अंग्रेज तो है। पिस्तौल की गोलियाँ गोरे सार्जेन्ट की जाँघ में और उसकी स्त्री की बाँह में लगीं। स्वामीराव की आज्ञा से मोटर दौड़ पड़ी।

जख्मी हो जाने वाले जोड़े के पीछे आने वाले सार्जेन्ट ने समीप ही खड़ी एक मोटर लेकर गाड़ी का पीछा किया पर फौजी ड्राइवर गाड़ी को बचा ही ले गया। मोटर आधी रात तक इधर-उधर चक्कर काटकर दल के स्थान पर पहुँची। दुर्गा भाभी का चार वर्ष का पुत्र शची बम्बई में साथ ही था। दुर्गा भाभी ने शची को साथ लेकर बाबा सावरकर के मकान पर पहुँचकर अनुरोध किया, "...दो-चार दिन में लौटकर आऊँगी। तब तक इसे रख लीजिये।" और यह लोग मोटर में कल्याण तक जाकर झाँसी को जाती गाड़ी में चढ़ गये।

अगले दिन पत्रों में गत संध्या का समाचार छपा। समाचार में यह भी था कि पुलिस को गोली मारने वाली एक महिला थी। बाबा सावरकर ने स्थिति भाँपकर शची को अपने यहाँ रखना उचित न समझा और वैशम्पायन के यहाँ भिजवा दिया। दुर्गा भाभी कानपुर पहुँचीं तो इस व्यर्थ घटना के लिये बहुत खिन्न थीं लेकिन उनके बम्बई से लौट आने से स्वामीराव की जहमत तो टल गयी।

इसके कुछ वर्ष बाद पृथ्वीसिह गांधी जी से मिले और उन्हें अपना वास्तविक परिचय दिया। गांधी जी ने उन्हें पुलिस को आत्म-समर्पण करने की सलाह देकर यह आश्वासन भी दिया कि यदि वे सशस्त्र क्रांति का मार्ग छोड़कर गांधीवादी कार्यक्रम में सहयोग देने का निश्चय कर लें तो गांधी जी अपने प्रभाव से उन्हें सरकार से मुआफी दिलाने का भी यत्न करेंगे। पृथ्वीसिंह ने गांधी जी का परामर्श मान लिया। शायद इस निश्चय पर कि पृथ्वीसिंह गांधी जी के साथ गांधी आश्रम में ही रहेंगे, सरकार ने उन्हें मुआफी दे दी।

पृथ्वीसिंह कई वर्ष गांधी आश्रम में रहकर गांधी जी के निर्देश में काम करते रहे। स्वराज्य के पश्चात् वे गांधी आश्रम छोड़कर अपना पृथक काम करने लगे। बाद में बम्बई में पृथ्वीसिंह से परिचय होने पर उन्होंने मुझे एक रोचक घटना सुनाई—गांधी जी ने पृथ्वीसिंह को उत्साहित किया था कि आपबीती लिखें और गांधी जी उस पुस्तक की भूमिका या परिचय लिखकर किसी प्रकाशक को पुस्तक प्रकाशित कर देने की सिफारिश कर देंगे। ऐसा होने से पुस्तक की पचास हजार या लाख प्रतियाँ बिक जाना कोई बड़ी बात न थी। पृथ्वीसिंह ने आपबीती लिखी पर उसे देखकर गांधी जी ने भूमिका या परिचय लिखना स्वीकार न किया। गांधी जी का प्रयोजन था कि पृथ्वीसिंह पश्चात्ताप की भावना से पुस्तक लिखें, परन्तु पृथ्वीसिंह के मन में गांधी जी के वर्षों के सहवास से भी अपने पहले विश्वास के लिये पश्चात्ताप न हुआ था। बल्कि उतने वर्ष गांधी जी के

निर्देश में बिता देने से भी कोई संतोष नहीं हुआ। उन दिनों वे गांधीवादी कांग्रेसी कार्यक्रम की अपेक्षा कम्युनिस्ट पार्टी के ही कार्यक्रम से आकर्षित थे।

नवम्बर के महीने में चामत्कारिक शक्ति का वैज्ञानिक पदार्थ देने के लिये हंसराज वायरलेस द्वारा बतायी तारीख आ रही थी। भैया आज़ाद ने कहा, यह तारीख मत चूको; कराची ही हो आओ। मैं फिर कानपुर से कराची के लिये चला। इस बार शुरू से ही भटिंडा से सम्मासट्टा के रास्ते गया। हंसराज पुरानी जगह अपने भाई ब्रह्मदेव के यहाँ ही था। उसने कहा कि चीज तैयार है, कल तुम्हें दे दूँगा। दूसरे दिन उसने मुझे कत्थई रंग के तरल पदार्थ से भरी एक छोटी पर चौड़ी बोतल दे दी। बोतल के शीशे के डाट पर मोम और कपड़ा लगाकर उसे सुरक्षित कर दिया गया था। साथ एक छोटी-सी शीशी भी थी। उसने बताया कि छोटी शीशी बोतल के साथ रखने से बोतल की शक्ति (किरणें) शान्त रहेंगी। छोटी शीशी बोतल से दो गज से अधिक दूर ले जाने पर बोतल से पाँच सौ गज दूर तक पहुँचने वाली बिजली की लहरें उत्पन्न होने लगेंगी। मैंने चाहा कि उसका परीक्षण उसी के सामने अपने हाथ से कर लूँ पर हंसराज ने आश्वासन दिया—विश्वास रखो, जैसे देहली में परीक्षण करते थे वैसे ही जब चाहो करके देख लेना। यहाँ मेरी भाभी और भाई के सामने कुछ करना ठीक नहीं। मैं उसकी बात पर अविश्वास कर उसके विरुद्ध कर भी क्या सकता था?

हंसराज का दिया सामान लेकर मैं बहुत उत्साह से लौटा। किसी खतरे की आशंका न रहे, इस विचार से कराची से समुद्र के रास्ते बम्बई होकर लौटने का निश्चय किया। अपने खयाल में यह लम्बा रास्ता इसलिये चुना था कि निरापद होगा पर यह मेरा अज्ञान ही था। दो दिन तो समुद्र में लग गये। जहाज में तीसरे दर्जे में डेक पर ही सफर कर रहा था। सहयात्रियों की बातचीत से पता लगा कि बम्बई में चुंगी पर जेबों और सामान की भयंकर तलाशी होगी। जहाज बीच में एक-दो जगह रुकता हुआ जाता था। लोग प्रायः ही चुंगी की चीजें चोरी से ले जाने का यत्न किया करते थे। यह सुना तो प्राण सूख गये। चुंगी वालों को इस बोतल के विषय में क्या बताया जा सकता था? उसे खोला जाता तो हंसराज के कथनानुसार वह व्यर्थ हो जाती और फिर अपनी जेब में जो पिस्तौल था उसका क्या जवाब होता? पर चलते जहाज में से लौटा तो जा नहीं सकता था। सोचा, भयंकर भूल हो गयी। अब लौटने या बचाव का कोई रास्ता था नहीं। चुंगी वालों द्वारा चेकिंग के विकट क्षण की प्रतीक्षा करने लगा। निश्चय था, बिना किसी कारण के गोली चलाकर, स्मगलर समझा जाकर प्राण देना ही बदा है। जहाज पर दो दिन मन बहुत दुखी रहा। जान पड़ता था, चूहा बनकर चूहेदानी में आ फँसा हूँ; अपने अज्ञान के लिये पछताता रहा।

बम्बई बन्दरगाह पर बचकर निकल जाने की राह नहीं थी। कम से कम मैं तो स्थान से परिचित भी न था। यदि कोई आशा थी तो साहस से निर्दोष होने के अभिनय से ही। वही किया। दूसरे मुसाफिरों से कुछ धक्का-मुक्की कर अपना सूटकेस चुंगी वालों के सामने रखकर प्रार्थना की—'साहब, इसे जल्दी देख लीजिये, मुझे स्टेशन से यही गाड़ी पकड़नी है।' चुंगी का बाबू मेरे तहाकर रखे मैले कपड़ों को उलटने-पलटने लगा। मैं सोच रहा था कि अब उसने मेरी जेब टटोली या सूटकेस की तह में हाथ डाला और मैंने गोली

चलायी पर मेरी उतावली और स्वयं सूटकेस खोल देने के ढंग से बाबू का समाधान हो गया। उसने सूटकेस बन्द कराके उस पर खड़िया से पास का निशान बना दिया। जान बची।

कानपुर पहुँचा। भैया और मैं बड़ी उमंग से बैटरी लेकर परीक्षण करने बैठे। परिणाम कुछ न हुआ। दूसरा बल्ब और बैटरी लेकर आजमाया। फिर वही बात। भैया ने बोतल को उठाकर कोने में दीवार से दे मारा। इसके बाद हम लोगों ने फिर हंसराज वायरलेस को परेशान नहीं किया या उससे परेशान नहीं हुए। १९४९ के बाद हंसराज ने अपने वायरलेस के जादू को जीविका का साधन बना लिया था। लखनऊ की एक प्रदर्शनी में वह साइन्स के अपने करतब दिखा रहा था। यूनिवर्सिटी के साइन्स के छात्रों ने कुछ प्रश्न किये। इस पर झगड़ा हो गया। विद्यार्थियों ने प्रदर्शनी की जगह खोदकर और कनातें उधेड़कर तार खोल लिये और उसके वायरलेस का रहस्य प्रकट कर दिया। हंसराज को बिना लाइसेंस जादू का पेशा करने के कारण दो रात हवालात में रहना पड़ा।

इस समय तक कुछ गिरफ्तारियाँ ऐसी हो चुकी थीं जिनके कारण कैलाशपति के मुखबिर बन जाने का विश्वास हमें हो गया था। दिल्ली में यह भी पता लग चुका था कि पुलिस कैलाशपति को विशेष सुविधायें दे रही थी और रामजस स्कूल के ड्रिल मास्टर राजबलीसिंह की पत्नी कमला कैलाशपति से मिलने हवालात में जाती रहती थी। कैलाशपति गिरफ्तारी के समय कमला के साथ रह रहा था। वह अपने मकान की गली में, अपने मकान के दरवाजे के समीप ही गिरफ्तार हुआ था। हम लोगों से सहानुभूति रखने वाले कुछ लोगों ने पुलिस और जेल के राष्ट्रीय भावना रखने वाले आदमियों से मिलकर कमला के कैलाशपति को जेल में जाने वाले पत्रों की नकलें भी ले लीं। इन लोगों का विश्वास था कि कैलाशपति की इस कायरता का कारण कमला के लिये उसकी आसक्ति थी। कमला ने रो-रोकर कैलाशपति को मुखबिर बन जाने के लिये विवश कर दिया था। इस उदाहरण को इस बात का प्रमाण बना लिया जा सकता है कि क्रांतिकारियों का किसी स्त्री से प्रेम या सम्बन्ध उचित नहीं था।

कैलाशपति के बयान से यह स्पष्ट हो गया था कि वह गिरफ्तारी के तीसरे या चौथे दिन ही प्राणभिक्षा के वायदे पर मुखबिर बन गया था। कमला के प्रति उसके प्रेम के विषय में यह भी सोचा जा सकता है कि यदि कमला दूसरे ढंग की औरत होती, अर्थात् कैलाशपति से कहती कि तुम्हारी वीरता और शहादत के लिये मुझे अभिमान होगा तो कैलाशपति का व्यवहार कैसा होता? स्त्रियाँ और पुरुष दोनों ही तरह के होते हैं। यह अवश्य कहा जा सकता है कि कैलाशपति ने अपनी प्रकृति और प्रवृत्ति के कारण गलत ढंग से स्त्री से प्रेम किया या वह स्वयं ही कमजोर व्यक्ति था।

वीरभद्र की उलझन

कैलाशपति जैसे दल के महत्वपूर्ण व्यक्ति के मुखबिर बन जाने से हम सभी को बहुत धक्का लगा। आज़ाद के मन में विशेषकर यह प्रतिक्रिया हुई कि दल द्वारा मुखबिरों को कोई दण्ड न दिया जा सकने के कारण लोग मुखबिर बन जाने से नहीं हिचकते। इस घटना से मुखबिरों के प्रति आज़ाद का क्रोध और भी उबल पड़ा।

एक समस्या यह भी थी कि कैलाशपति से परिचित अनेक लोगों के गिरफ्तार हो जाने के बाद भी वीरभद्र तिवारी के खिलाफ कोई कार्रवाई क्यों नहीं की गयी? वीरभद्र

उस समय भी श्रद्धानन्द पार्क में अपने मकान में ही रहता था और बाजार में जहाँ-तहाँ घूमता भी दिखाई दे जाता था। वीरभद्र खुफिया पुलिस के इंस्पेक्टर पंडित शम्भूनाथ का केवल पड़ोसी ही नहीं था बल्कि ऐसी धारणा थी कि दोनों परिवारों में काफी सौहार्द और सम्बन्ध भी था। आज़ाद के मन में सन्देह बैठ गया कि वीरभद्र विश्वासघाती है, दोहरी चाल चल रहा है।

आज़ाद ने मुझसे इस विषय में चुन्नीगंज के मकान में कई बार परामर्श किया। मैंने अपनी समझ से विचार प्रकट किया कि खुफिया पुलिस के इंस्पेक्टर से सौहार्द होना भी सन्देह का कारण हो सकता है, परन्तु कैलाशपति की गिरफ्तारी के बाद भी वीरभद्र फरार होने की आवश्यकता नहीं समझता, यही बात खास सन्देह का कारण है।

मेरा भी अनुमान था कि वीरभद्र ऐसी कोई घटना होने नहीं देना चाहता था जिससे उस पर आँच आने का डर हो। मेरा विश्वास था कि वीरभद्र तिवारी बहुत गहरी समझ-बूझ और शरीर खूब लम्ब-तड़ंग होने के बावजूद स्वभाव से कुछ भीरु (जयचन्द्र जी की तरह) या अति सावधान था। मैंने भैया को जनवरी, १९३० की केन्द्रीय समिति में तिवारी और कैलाशपति का दिया सुझाव याद दिलाया कि प्रान्तीय संगठनकर्ताओं को सशस्त्र कार्यों में भाग लेने से रोक दिया जाये। मेरा विचार था कि भीरु आदमी प्राण बचाने की तिकड़म में कुछ भी कर सकता है। मेरी बात से वीरभद्र के प्रति आज़ाद का संदेह बढ़ा ही होगा। इन दिनों कोई केन्द्रीय समिति नहीं थी। हम लोगों में से जो आज़ाद के समीप रहता, वे उसी से सलाह-परामर्श कर लेते थे।

आज़ाद ने तय कर लिया कि वीरभद्र तिवारी को गोली मार देनी होगी। उन्होंने मुझसे कहा कि वीरभद्र बहुत ही धूर्त और तेज आदमी है। इस अवसर पर तुम मेरे साथ रहना। मैं तैयार हो गया। यह खयाल मुझे जरूर आया कि वीरभद्र ने बहुत आड़े समय मेरी सहायता की है और मुझ पर उसका एहसान है। लेकिन दल के साथ वीरभद्र के उचित व्यवहार न करने के सन्देह भी मौजूद थे। आज़ाद उस पर लगाये आरोप उसे बताकर अपना ढंग सुधारने का अवसर भी दे चुके थे। आज़ाद ने इस बात का प्रबंध कर लिया था कि वीरभद्र को किसी कार्यवश रात में 'मैमोरियल वेल' के समीप घाट पर जाना पड़ेगा और 'मैमोरियल वेल' के पिछवाड़े के एकान्त स्थान में उससे बात की जायेगी। सन्देह की अवस्था में आज़ाद और मैं उसे घेरकर गोली मार देंगे। कैसे और क्योंकर वीरभद्र रात में उस एकान्त घाट पर चला आयेगा, यह सब न मैंने पूछा, न मुझे आज़ाद ने बताया ही। दो बार तो आज़ाद मुझे लेकर अँधेरे में उस स्थान के चक्कर घंटे-घंटे भर काटते रहे। तीसरी बार मैं चुन्नीगंज में सो रहा था। रात ग्यारह बजे आज़ाद ने आकर उठाया, "सोहन, जल्दी चलो! चूक न जायें! वह आ रहा है।"

मैं तुरन्त उठा। तकिये के नीचे से पिस्तौल लेकर जेब में डाल लिया और बाइसिकल पर आज़ाद के साथ चल दिया। इस बार भी अँधेरे और सर्दी में लगभग पैंतालीस मिनिट तक चक्कर लगाते रहने पर भी वीरभद्र नहीं आया। हम लौटने ही को थे कि अँधेरे में सफेद धोती, ब्लाउज और काले रंग की गरम वास्कट पहने एक दुबली-सी, अनुमान से उन्नीस-बीस वर्ष की लड़की आती दिखायी दी। आज़ाद उसकी ओर बढ़ गये। मेरा उस लड़की से परिचय न था, न आज़ाद ने मुझे साथ आने के लिये कहा इसलिये मैं कुछ कदम दूर ही खड़ा रहा। लड़की की बात समझ न आने पर भी उसका बोल सुनाई दे रहा

था। वह घबरायी हुई जान पड़ रही थी। यह भी मैं भाँप रहा था कि वीरभद्र के वहाँ न आंने का कारण बता रही है।

आज़ाद निराशा की सी साँस लेते हुए मेरे पास आकर बोले, "हर बार ससुर कोई न कोई झगड़ा हो जाता है।"

आखिर मैंने पूछ ही लिया, "कुछ बताओ तो सही कि क्या योजना थी? कैसे विश्वास था कि वह आ जायेगा?" और कहा कि मैं इसलिये पूछ रहा हूँ कि मेरे अनुमान में यह लड़की तुमसे झूठ बोल रही थी।

"कैसे?" भैया ने पूछा।

मैंने उत्तर दिया, "उसके ढंग और घबराहट से मुझे सन्देह है कि बात बना रही थी, पर बना नहीं पा रही थी।"

तब भैया ने उस लड़की का परिचय दिया और बताया कि इस लड़की ने उन्हें विश्वास दिलाया था कि वह रात में सरसैया घाट पर विशेष पूजा करने का बहाना करेगी और वीरभद्र को संरक्षकता या साथ के लिये लेती आयेगी। अब बता रही है कि वीरभद्र ने संदेश भेज दिया है कि उसे एक जरूरी काम पड़ गया है।

मैंने भैया से कहा कि मुझे इस लड़की के ढंग पर सन्देह है। इसकी वीरभद्र से ऐसी क्या आत्मीयता है कि उसे रात में ऐसी जगह ला सके? वीरभद्र का इतना विश्वास इसने कैसे पाया है? क्या उसे धोखा देने के लिये उससे इतना गहरा सम्बन्ध इसने जोड़ा है? यदि वास्तव में इसकी वीरभद्र से इतनी आत्मीयता है तो उसे बचाने के लिये तुम्हें ही धोखा दे रही हो? किसी को साथ लाकर गोली मरवा देने में कुछ न कुछ खतरा ही है। इसका ढंग ऐसा नहीं जान पड़ता कि इस काम को अपना कर्तव्य समझ रही हो।

यह लड़की मुझे बंगाली जान पड़ी। उस लड़की के सम्बन्ध में काफी दिन बाद मुझे दूसरे साथियों से पता चला कि वह प्रायः दुतरफा चाल चला करती थी। उसकी प्रवृत्ति और परिस्थितियाँ भी ऐसी थीं कि एक जगह जमकर बैठना उसके लिये कभी सुविधाजनक न हो सका। उस समय मैं उसके सम्बन्ध में इतना ही जानता था। इस लड़की का उपनाम खोकी था। बाद में पता चला कि उस उम्र की छोटी-मोटी उच्छृंखलता के बावजूद खोकी को सशस्त्र क्रांति के काम के प्रति बहुत लगन थी। वह उत्तर प्रदेश छोड़कर बंगाल चली गयी थी और वहाँ किसी जेल में ही उसकी मृत्यु हो गयी।

उन्हीं दिनों एक दोपहर मैं कानपुर में मेस्टन रोड के फुटपाथ पर चला जा रहा था। भीड़ काफी थी। सहसा वीरभद्र से सामना हो गया। उसने मुझे खूब पहचाना, परन्तु पहचानने का कोई संकेत प्रकट नहीं किया। वैसा ही मैंने भी किया। मेरी कमर में उस समय भी पिस्तौल था। वीरभद्र के पास था या नहीं, कह नहीं सकता। सम्भवतः नहीं ही होगा। पिस्तौल का रखना ही खतरे का कारण था। तब वह फरार भी न था। बिना निश्चित आवश्यकता के या केवल शौकिया ही खतरा सिर लेना वीरभद्र की प्रकृति नहीं थी। उस समय यह सब मैंने नहीं सोचा, परन्तु उतनी भीड़ में और श्रद्धानन्द पार्क बगल में होने के कारण, जहाँ आस-पास उसके बहुत से परिचित थे, उस पर गोली चला देने की बात मेरे मन में आयी भी नहीं। बाद में सोचने पर समझा कि वह स्थान और परिस्थितियाँ वीरभद्र के तो अनुकूल थीं। उसे गोली मार देने का जिस भोंड़े ढंग से आयोजन भैया ने किया था और बार-बार बुलाने पर उसका कतरा जाना, इन सब बातों से मेरे विचार में वह भैया की भावना जान चुका था। जब कोई आदमी मुखबिर बन

जाता था तो उसका विरोध या शत्रुता, दल के खास व्यक्तियों से नहीं, पूरे दल से हो जाती थी। ऐसा कोई कारण नहीं था कि वीरभद्र मुझे तो तरह दे जाता और आज़ाद को पकड़वा देता। बल्कि मेरे प्रति उसे कृतघ्नता की शिकायत कहीं अधिक होनी चाहिये थी। उसका व्यवहार समस्या बन गया। इसके बाद हम लोगों ने कानपुर में वीरभद्र को गोली मार देने का कोई प्रयत्न नहीं किया। यह भी बात थी कि इसके बाद मैं और भैया इलाहाबाद चले गये। दिसम्बर, जनवरी में सुरेन्द्र पांडे और भवानी सिंह भी आ गये थे। आपस में प्रायः सैद्धान्तिक बातचीत होती रहती थी।

उस समय भैया के कहने से वीरभद्र को गोली मार देने के विचार में मुझे कोई नैतिक या भावात्मक आपत्ति नहीं जान पड़ी थी। काफी बाद में अर्थात् जेल में पुरानी बातों पर विचार करते समय या अब जब कभी वे बातें याद आ जाती हैं तो उस प्रयत्न को दूसरे ही रूप में देखता हूँ। घटना सन् १९४७ में भारत का शासन कांग्रेसी सरकार के हाथ आ जाने के बाद की बात है। एक सन्ध्या हम लोग भुवाली में डाक्टर प्रेमलाल साह के एक अंग्रेज मित्र के यहाँ चाय पी रहे थे। बेतकल्लुफी से बातें हो रही थीं। डाक्टर साह ने मेरा परिचय हिन्दी के प्रसिद्ध लेखक के रूप में कराया था। अंग्रेज पति, पत्नी और उनकी अंग्रेज मेहमान को मेरी बातें भी दिलचस्प लग रही थीं। बात गांधीवाद पर हो रही थी। अंग्रेज मेहमान महिला का विचार था कि गांधीवाद संसार को भारत की बड़ी भारी देन है। मैं उनकी बात पर मजाक कर रहा था और वे हैरान हो रही थीं। वास्तव में वे गांधीवाद को कुछ भी समझती नहीं थीं या ईसा के उपदेशों का आधुनिक रूप मानती थीं। डाक्टर साह ने अचानक कह दिया—गांधीवाद को समझना हो तो इस आदमी से ही बात करो। इसने 'गांधीवाद की शव परीक्षा' पुस्तक लिखी है।

अंग्रेज महिला आँखें फाड़-फाड़ कर मेरी ओर देखने लगी। उन्हें विस्मय हो रहा था कि भारत में ऐसे भी लोग हैं जो गांधीवाद की आलोचना कर सकते हैं। डाक्टर साह को मजाक सूझा। उन्होंने कहा, "यह वह आदमी है जिसने १९२९ में वाइसराय की ट्रेन के नीचे बम विस्फोट किया था।"

दोनों अंग्रेज महिलाओं और सज्जन ने भी मुझे सिर से पाँव तक विस्मय से देखा; मानो निश्चय कर लेना चाहते हों, भूत नहीं आदमी ही सामने बैठा है। बातचीत गम्भीर हो गयी। अंग्रेज महिला कुछ करुण स्वर में बोलीं, "खैर, बीत गयी सो बात गयी। अब तो कोई शत्रुता बाकी नहीं। मैं पूछना चाहती हूँ कि ऐसा काम करने के बाद तुम्हें कभी परिताप या आत्मग्लानि अनुभव नहीं हुई?"

प्रश्न करने वाली महिला के पति दूसरे महायुद्ध में ब्रिटिश सेना में मेजर थे। मैंने वही प्रश्न किया, "सम्भव है आपके पति के हाथों या उनके निर्देश में शत्रु पक्ष के कई लोगों की जानें गयी हों। कम से कम ऐसा प्रयत्न तो उन्होंने किया ही होगा। इस विचार से उन्हें कभी परिताप या आत्मग्लानि अनुभव हुई या नहीं, कभी आपने अपने पति से ऐसी जिज्ञासा की है?"

महिला को अपने पति से ऐसी जिज्ञासा का कोई तुक या कारण ही नहीं जान पड़ा, क्योंकि उसके पति अपनी जान जोखिम में डालकर अपने देश के प्रति अपना कर्तव्य पूरा कर रहे थे।

मैंने यही बात अपनी ओर से दोहरायी, "आपके पति तो तनख्वाह लेकर कर्तव्य पूरा कर रहे थे। मैं तनख्वाह की भी आशा न कर, कहीं अधिक जोखिम झेलकर अपना

कर्तव्य पूरा कर रहा था। वर्ना उस वाइसराय बेचारे से मुझे क्या देना-देना था! आज यदि मैं उसे जाड़े में ठिठुरता पाऊँ तो सम्भव है अपना कोट उतार कर दे दूँ...।" वाइसराय से सम्बद्ध घटना के लिये अथवा दूसरी घटनाओं में जब मैंने अंग्रेज सरकार के प्रतिनिधियों को अपनी गोली की चोट से गिरते देखा, मुझे कभी कोई परिताप या ग्लानि आज तक अनुभव नहीं हुई, परन्तु जेल में या अब भी कभी वीरभद्र पर गोली चला देने के प्रयत्न की बात याद आने पर मानना पड़ता है कि यह उचित न होता। मेरे विचार में वीरभद्र के धोखे का रूप केवल यह था कि वह मुसीबत से बचे रहने के लिये घटना न होने देने का बहाने बना देता होगा। अपने किसी आदमी को उसने गिरफ्तार करा दिया हो, ऐसा कोई प्रमाण कभी नहीं मिला। यदि वह हम लोगों से साफ कह देता कि वह जान जोखिम में न डालकर केवल संगठन और परामर्श द्वारा ही सहायता करेगा तो अधिक अच्छा रहता। अन्तिम दिनों में सुरेन्द्र पांडे ने स्पष्ट ही ऐसा कह दिया था तो उसके प्रति हमें कोई संदेह नहीं हुआ। उसे जबर्दस्ती जोखिम में खींचना आवश्यक न जान पड़ा। वीरभद्र के सम्बन्ध में यह मेरे अनुमान ही हैं।

आज़ाद चुन्नीगंज वाले मकान में प्रायः ही आते रहते थे। कभी रात भी वहाँ ठहर जाते। अगर किसी दिन अरहर की दाल विशेष तौर पर खाने की इच्छा होती तो प्रकाशवती को दाल चढ़ा देने के लिये कहकर दाल पक जाने की प्रतीक्षा में बैठे रहते। ऐसा प्रायः कभी ही होता था कि आज़ाद चुप बैठे रहें। पास बैठे होंगे तो कुछ न कुछ बात करते ही रहेंगे। आज़ाद का शरीर मोटा कह सकने लायक दोहरा और खूब गठा हुआ था। कसरत का शौक भी था, परन्तु फरारी के अनियमित जीवन में नियम से कसरत हो नहीं सकती थी। अगर सप्ताह भर से अधिक कहीं रहना हो जाता तो उन्हें सुबह कुछ दण्ड-सपाटे लगा देने की बात याद आ जाती, परन्तु आज़ाद को मोटा कहे जाने से बड़ी चिढ़ थी। यों हम लोग उन्हें पीठ पीछे मोटे भाई कहकर ही बात करते थे। प्रकाशवती प्रायः मोटे भैया ही कहती थीं।

चुन्नीगंज के उस मकान में आज़ाद प्रकाशवती को एक तकिये पर निशाना बनाकर एक एयर पिस्टल से निशाना मारने का अभ्यास कराया करते थे। तकिये पर इसलिये कि पिस्तौल का छर्रा खराब न हो और कई बार उपयोग में आ सके। वे प्रकाशवती के अंग्रेजी पढ़ने पर भी जोर देते रहते थे। फरारी के समय चुन्नीगंज के मकान में प्रकाशवती का शुरू हुआ अंग्रेजी पढ़ना जारी रहा और बहुत काम आया। १९३४ में गिरफ्तार होकर छूटने के बाद प्रकाशवती के लिये मैट्रिक की परीक्षा के लिये बनारस के एक हाईस्कूल में भरती हो जाना सम्भव हो सका, तदुपरान्त बनारस हिन्दू विश्वविद्यालय में। चुन्नीगंज के मकान में एक दिन आज़ाद के सामने ही प्रकाशवती के मुँह से निकल गया, "मोटे भैया कभी ये कहते हैं, कभी वह कहते हैं।"

आज़ाद ने बहुत गुस्से का अभिनय दिखाया, "अच्छा री टुइय्याँ, हमें मोटा कहती है! सब तेरी ही तरह हो जायं!" और उसकी पीठ पर दो-चार घूँसे जड़ दिये। प्रकाशवती उन दिनों बहुत दुबली-पतली थीं। वजन मन भर से अधिक न होगा। प्रकाशवती को कसरत करने का हुक्म हो गया। इसके बाद प्रकाशवती से आज़ाद का एक जरूरी प्रश्न यह भी हो गया, "टुइय्याँ, कसरत करती हो या नहीं?"

चौधरी रामधनसिंह से मैंने आज़ाद का परिचय करा दिया था। यह जानकर कि चौधरी रामधनसिंह दल की ओर से मर्दान में रह आये हैं, उस इलाके के एक-दो प्रभावशाली खानों (जागीरदारों) से भी उनका परिचय है और गुजारे लायक पश्तो बोल लेते हैं, आज़ाद को बहुत उत्साह हुआ। हम लोगों ने चौधरी को उनके चमड़े के काम के स्कूल से कुछ दिन की छुट्टी लेकर यह पता लेने के लिये मर्दान भेजा कि सीमान्त के पार से शस्त्र खरीदने की और किसी आदमी को अफगानिस्तान की राह विदेश, खासकर रूस भेजना हो तो क्या सम्भावना हो सकती है। पिछले सितम्बर के आपसी झगड़े के बाद से मेरे मन में निरन्तर यह इच्छा थी कि विदेश या रूस जा सकूँ। वहाँ अनुभव प्राप्त करके सम्भव हो तो ब्रिटिश साम्राज्यवादी के विरुद्ध विदेश से सहायता लेकर अधिक व्यापक रूप में काम किया जाये। यह बात आज़ाद को भी जँच रही थी।

चौधरी मर्दान में प्रायः सप्ताह भर रहकर लौटे। उन्होंने आकर बताया कि सीमान्त पार से शस्त्र खरीदने की योजना ठीक नहीं रहेगी। इसमें दो कठिनाइयाँ थीं। एक तो यह कि उस इलाके के पठान यह जानते थे कि भारत में शस्त्र रखना गैरकानूनी है। इसलिये चोरी से शस्त्र बेचते समय बेहिसाब मूल्य माँगते थे। दूसरे यह कि इलाके में जगह-जगह शस्त्रों के छोटे-छोटे कारखाने खुल गये थे। यहाँ बने शस्त्र देखने में बिलकुल जर्मन और अंग्रेजी रिवाल्वर, पिस्तौल जैसे ही जान पड़ते थे। इनका दाम अधिक वसूल कर सकने के लिये इन पर 'मेड इन जर्मनी' और 'मेड इन इंग्लैण्ड' के ठप्पे भी लगा दिये जाते थे। लेकिन निशाना इन हथियारों का उतना सच्चा न होता था और समय पर धोखा दे जाते थे। काबुल की राह विदेश जाने के सम्बन्ध में उन्होंने पूरी सुविधा का आश्वासन दिलाया। तय हो गया कि मैं दो-तीन मास में उस रास्ते रूस की ओर चला जाऊँगा।

चौधरी रामधनसिंह के अतिरिक्त १९३० अगस्त में धन्वन्तरी हमारे एक पुराने साथी रामकृष्ण को इस प्रयोजन से सरहद पार भेज चुका था। रामकृष्ण भी नेशनल कालिज में हमारा सहपाठी था। मैं 'सिंहावलोकन' के पहले भाग में जिक्र कर चुका हूँ कि कालिज के प्रथम वर्ष में हम दोनों मेहनती और मेधावी समझे जाते थे। कालिज की शिक्षा समाप्त कर रामकृष्ण ने लाहौर में मोहनलाल रोड पर शुद्ध घी की दुकान खोल ली थी। रामकृष्ण बेमतलब बात बहुत कम करता था। एक उपयोगी और महत्वपूर्ण काम बतलाया जाने पर दुकान को लपेट-समेट कर वह सरहद पार जा बसा और कुछ ही दिनों में उसने पश्तो भाषा सीखकर अंग्रेजशाही के विरोध के साँझे उद्देश्य में इप्पी के फकीर तक से सम्बन्ध जोड़ लिया था। वहाँ बीमार हो जाने पर और उचित चिकित्सा न हो सकने के कारण उसकी मृत्यु हो गयी। उसके प्रयत्न का कोई विशेष परिणाम सामने नहीं आ सका, इसलिये उसके प्रयत्न को चाहे महत्व न दिया जाये, परन्तु इससे हमारे दल के व्यापक दृष्टिकोण और रामकृष्ण के साहस और चातुर्य का संकेत तो मिलता ही है अर्थात् हमारे प्रयत्न केवल व्यक्तिगत आतंकवाद में सीमित नहीं थे। हमारा दृष्टिकोण व्यापक और साम्राज्यवाद विरोधी था।

पंजाब गवर्नर पर गोली

१९३० दिसम्बर के अन्तिम सप्ताह में लाहौर में पंजाब यूनिवर्सिटी के कन्वोकेशन के समय गवर्नर पर गोली चलाये जाने के समाचार से भी हमें बहुत उत्साह हुआ था। यह

काम भी हि० स० प्र० स० के प्रभाव के अन्तर्गत ही हुआ था। पंजाब में झगड़ा बढ़ जाने के बाद से इन्द्रपाल तो असंतुष्ट होकर आतिशीचक्कर का उपसंगठन बना बैठा था, परन्तु कुछ लोग धन्वन्तरी, सुखदेवराज के साथ रहे। इन लोगों में देवराज, दुर्गादास खन्ना, रणवीर और केवलकृष्ण आदि मुख्य थे। धन्वन्तरी के भी दिल्ली में गिरफ्तार हो जाने से और सुखदेवराज के यू० पी० में चले जाने से यही लोग सशस्त्र विद्रोह की भावना को पंजाब में सक्रिय रखने का यत्न कर रहे थे। दुर्गादास खन्ना और रणवीर ने लाहौर षड्यंत्र के मुकदमे में दी गयी सजाओं के विरोध में पंजाब के गवर्नर पर गोली चलाने की योजना बनायी थी।

गवर्नर पर गोली चलाने के लिये इन लोगों ने अपने बीच में से किसी को नहीं चुना। इसके लिये मर्दान से एक साहसी नवयुवक हरीकृष्ण को बुला लिया गया। क्रांतिकारी भावना और विचारों से हरीकृष्ण का पहले कोई परिचय न होने या उनसे कोई सैद्धान्तिक लगाव न होने पर भी वह विदेशी शासन विरोधी देशभक्ति के भाव से जान की बाजी लगाकर राष्ट्र के शत्रु पर वार करने के लिये तैयार हो गया। यूनिवर्सिटी कन्वोकेशन के अवसर पर यूनिवर्सिटी हाल में प्रवेश के लिये प्रवेश-पत्र लाकर उसे दे दिया गया। दुर्गादास और रणवीर स्वयं हाल में नहीं गये।

कन्वोकेशन की परिपाटी पूरी करके जिस समय गवर्नर जुलूस के रूप में हाल के भीतर से लौट रहे थे, हरीकृष्ण ने गवर्नर पर गोली चला दी। निशाना ठीक नहीं बैठा। गवर्नर और उनके अंगरक्षक फौजी अफसर भागकर तितर-बितर हो गये। हरीकृष्ण ने बरामदे में भाग आये गवर्नर का पीछा किया। दुबारा गोली चलाते समय एक राजभक्त सब-इंस्पेक्टर चरणसिंह हरीकृष्ण को पकड़ने के लिये बीच में आ गया और मारा गया। हरीकृष्ण भी घेर लिया गया।

इस सम्बन्ध में पहली गिरफ्तारी २४ दिसम्बर को मर्दान में चमनलाल की हुई। हरीकृष्ण का परिचय दुर्गादास आदि से चमनलाल ने ही कराया था। इसका अर्थ है कि लाहौर से २३ दिसम्बर को ही पुलिस मर्दान के लिये रवाना हो गयी अर्थात् हरीकृष्ण ने बहादुरी करने के बाद भेद खोलने में भी देर नहीं लगायी होगी। सप्ताह भर के भीतर दसौन्दासिंह, रणवीर और दुर्गादास भी गिरफ्तार हो गये। दसौन्दासिंह सरकारी गवाह बन गया। दुर्गादास खन्ना, एडवोकेट ने इस घटना के अपने संस्मरण में लिखा है कि घटना से पहले उन्होंने लाहौर जेल में भगतसिंह को एक गुप्त पत्र लिखकर राय ली थी। भगतसिंह ने उत्तर दिया था, "मैं इस काम के लिये तुम्हें अपनी नैतिक अनुमति तो नहीं दे सकता। 'हिम्मत' है तो करो।" भगतसिंह का जवाब बिलकुल ठीक ही था। वह यदि कहता कि 'उचित' समझो तो करो बात भिन्न होती, परन्तु उसने 'हिम्मत' शब्द प्रयोग किया। स्पष्ट अर्थ था कि काम करने के बाद निबाह भी पाओगे? कारण यही कि नौसिखिया आदमी दल के हित में क्रांतिकारी भावना और आचरण के अनुकूल व्यवहार कर पायेगा, इस बात में उसे सन्देह था।

अंग्रेज सरकार ने हरीकृष्ण को तुरन्त फाँसी पर लटकाकर सशस्त्र राजद्रोह के दण्ड का उदाहरण जनता को दिखा देने में बहुत व्यग्रता दिखायी। उस पर षड्यंत्र का लम्बा मुकदमा न चलाकर केवल हत्या का मुकदमा चलाया गया और उसे फाँसी पर लटका दिया गया। दुर्गादास, रणवीर पर षड्यंत्र का पृथक मुकदमा बाद में चला। सेशन जज ने

उन्हें भी फाँसी की सजा दी थी, परन्तु रणवीर और दुर्गादास दोनों के ही परिवार लाहौर में बहुत प्रभावशाली थे। उन्हें बहुत से वकीलों का सहयोग प्राप्त था। हाईकोर्ट में वे लोग बरी हो गये। ऐसी घटनाएँ इस बात का स्पष्ट प्रमाण है कि हि० स० प्र० स० के प्रयत्नों से सशस्त्र क्रांति और विदेशी शासन के प्रति विद्रोह का वातावरण और भावना तो फैल गयी थी, परन्तु गांधी जी और कांग्रेस के निरन्तर विरोध के कारण वह संगठित रूप और जनता का प्रकट समर्थन पाकर विस्तार न पा सकी।

इन्द्रपाल

इन दिनों हमारे दिमाग में सबसे अधिक परेशानी अपने दल के मुखबिर बन जाने वाले लोगों के कारण थी। कैलाशपति की बात तो कह ही चुका हूँ। मुझे व्यक्तिगत रूप में सबसे अधिक वेदना हुई थी दूसरे लाहौर षड्यंत्र के मुकदमे में इन्द्रपाल के भी मुखबिर बन जाने के समाचार से। इस समाचार से आज़ाद को भी कम धक्का नहीं लगा था। दिल्ली के समीप इन्द्रपाल के साधु बनकर वास्तविक तपस्या करने के तथा बहावलपुर रोड के मामले में उसके साहस की सभी बातें आज़ाद जानते थे। इन्द्रपाल के विषय में हम लोग उनके मुखबिर बन जाने की अफवाह पर एतबार न करते, परन्तु अदालत में उसके सरकारी गवाह के रूप में पेश हो जाने पर और उसके बयानों को पत्रों में छपा देखकर कैसे इनकार कर देते! कुछ बातें ऐसी थीं कि इन्द्रपाल के अतिरिक्त कोई दूसरा बता ही नहीं सकता था। आज़ाद प्रायः ही मानसिक संताप से कहते, "सोहन, अब किसी का एतबार नहीं किया जा सकता। एतबार उसी का जो गिरफ्तार होने के बजाय अपने सिर में गोली मार ले!"

१९३१ जनवरी के पहले या दूसरे सप्ताह में समाचार पत्रों में मोटे अक्षरों में छपा कि दूसरे लाहौर षड्यंत्र के मामले का सरकारी गवाह इन्द्रपाल पलट गया। उसने अदालत में कह दिया कि पुलिस उसे परेशान करके झूठे बयान दिला रही है। उसने अदालत में वे कागज भी पेश कर दिये जो पुलिस ने उसे अदालत में बयान देने के लिखकर दिये थे। हम लोग प्रसन्नता से उछल पड़े। भैया ने कहा, "ये साला सधवा (साधु) जरूर कोई ऐसी हरकत करेगा जो किसी ने न की हो।"

इन्द्रपाल सरकारी गवाह बना और फिर पलट गया, इतना कह देने से बात स्पष्ट नहीं हो जाती। दूसरे भाग में कह चुका हूँ कि मेरे, धन्वन्तरी और सुखदेवराज आदि के झगड़े से इन्द्रपाल और उसके द्वारा दल से सम्बन्ध रखने वाले लोग खिन्न हो गये थे। वे अपनी समझ से अलग ही काम करने लगे थे। इन्द्रपाल जानता था कि उसे दल की ओर से संगठन करने या कुछ करने का अधिकार नहीं है, इसलिये उसने अपने कामों का उत्तरदायित्व दल पर न आने देने के लिये अपने नये संगठन का नाम आतिशीचक्कर (अग्निचक्र) रख लिया था। इस संगठन द्वारा पंजाब में कई जगह बम विस्फोट के परिणामस्वरूप जब गिरफ्तारियाँ आरम्भ हुईं तो लायलपुर में इस दल के प्रभाव में काम करने वाले पुलिस के दो सिपाही मलिक कुन्दनलाल, बंसीलाल और दूसरे साथी भी सप्ताह-दो सप्ताह में ही गिरफ्तार हो गये। मेरा छोटा भाई धर्मपाल भी इन लोगों में था। वह बचने के लिये भागकर जालंधर जाकर दसवीं श्रेणी में भरती होकर बोर्डिंग में रहने लगा था। वह भी गिरफ्तार कर लिया गया।

हम लोग और हम से पहले के अनुभवी साथी दल में नये सम्मिलित साथियों को लम्बे समय पकाते-सधाते रहते थे, सब प्रकार के कष्ट सहने के लिये चेतावनी देते रहते थे। वैसी शिक्षा-दीक्षा इन लोगों को न दी गयी थी। परिणाम में सबसे पहले मलिक कुन्दनलाल और बंसीलाल ने भेद खोला और जब पुलिस ने उनसे पायी सूचना के आधार पर दूसरों को मार-पीटकर पूछ-ताछ करनी शुरू की तो अनेक साथी बकने लगे और अपनी कारगुजारियाँ कबूल कर बैठे। उनके नाम यहाँ देने की जरूरत नहीं, क्योंकि उनमें से कई कांग्रेसी राज में बहुत सम्मानित कार्यकर्ता बन गये हैं। वह उनकी क्षणिक कमजोरी थी या इसका कारण उनका क्रांतिकारी भावना में ठीक से पग न पाना था। इन्हें मारा-पीटा भी बहुत गया था।

सुना कि लायलपुर के साथी धर्मवीर के दोनों हाथ खाट के पाँवों के नीचे दबाकर कई-कई सिपाही खाट पर बैठ जाते। उसने रोने, चीखने-चिल्लाने के बावजूद भेद नहीं खोला। उसे कम्बल में लपेटकर उसकी अंधाधुंध पिटायी भी की गयी। पर वह बका नहीं। मेरे छोटे भाई धर्मपाल को दीवार में गड़े कड़े में हथकड़ी बाँधकर पाँच दिन और रात खड़ा रखा गया। दिन-रात में केवल खाने और दिशा-फरागत के लिये दस-पन्द्रह मिनट के लिये खोल दिया जाता था। वह यही कहता रहा कि मुझे कुछ मालूम नहीं। जब उसकी पिंडलियाँ जाँघों की तरह सूज गयीं, उसने भूख हड़ताल कर दी। वह बेहोश हो गया तब उसे लिटाकर सिपाहियों ने पाँव से दबाना और गरम तेल की मालिश आदि करना शुरू किया। शायद इसलिये की सुध आ जाये फिर वही यातना देकर बकने के लिये विवश किया जाये। यदि धर्मपाल ने हथकड़ी से टँगे जाने के पहले दिन ही भूख हड़ताल कर दी होती तो उसे छः दिन न टँगना पड़ता। ऐसी यातनायें प्रायः इस दल के सभी लोगों को दी गयीं। उनकी मूँछों के बाल नोचे जाते और गुड़ के डले पर बहुत सी चींटे इकट्ठे करके उनके पायजामे के पहुँचे के नीचे से बाँध कर गुड़ के डले को पायजामे में डाल दिया जाता। हाथ दीवार में गड़े खूँटे या कड़े से बँधे रहते थे। ऐसी यंत्रणायें पहले लाहौर षड्यंत्र के अभियुक्तों को या बाद में मुझे भी नहीं दी गयीं। पुलिस ने इन लोगों के साथ ऐसा दुर्व्यवहार करने का साहस इसीलिये किया कि वह इन्हें नौसिखिया समझ गयी थी। अभियुक्त कैसी मिट्टी का है यह पुलिस तुरन्त जान लेती है।

एक दिन धर्मपाल को दफ्तर में पूछ-ताछ के बाद दोपहर के भोजन के लिये उसकी कोठरी में लाया गया। इन अभियुक्तों को खाना देने की ड्यूटी जेल हवलदार पंडित फकीरचन्द की थी। फकीरचन्द धर्मपाल के लिये खाना लेकर आया तो धर्मपाल पर ड्यूटी देने वाले सिपाही अब्दुल सत्तार ने धर्मपाल की हथकड़ी की जंजीर फकीरचन्द को थमा दी और स्वयं संडास की ओर चला गया। फकीरचन्द काँगड़े का था। उसने पहाड़ी बोली में धर्मपाल से कहा, "पांदा (पंडित) तुमसे बात करने के लिये बुला रहा है।" इन अभियुक्तों को आपस में बात करने का अवसर नहीं दिया जाता था। धर्मपाल को सन्देह हुआ कि यह आदमी काँगड़े का है तो क्या हुआ, कहीं मुझे फाँसने की चाल तो नहीं कर रहा, परन्तु फकीरचन्द ने सचमुच धर्मपाल को कोठरी से ले जाकर पीछे इन्द्रपाल की कोठरी के सामने खड़ा कर दिया।

इन्द्रपाल ने बताया, "इस समय तक हमारे पाँच साथी जो कुछ जानते थे, पुलिस को बता चुके हैं और प्राणभिक्षा के वचन पर सरकारी गवाह बनने के लियं तैयार हैं। यह

लोग कम से कम सत्रह साथियों को फाँसी पर लटकवा देंगे। अब्दुलअजीज (इस मुकदमे का इंचार्ज पुलिस सुपरिन्टेन्डेन्ट) मुझे गवाह बनाने के लिये फुसला रहा है, क्योंकि और कोई गवाह अलग-अलग घटनाओं को जोड़ नहीं सकता और न इस मुकदमे का सम्बन्ध फरार आज़ाद और यशपाल की मार्फत पहले मुकदमे और दिल्ली षड्यंत्र से जोड़ सकता है। इस तरह षड्यंत्र नहीं बन पाता। मैं सोचता हूँ, सरकारी गवाह बनकर सब जिम्मेवारी अपने ऊपर ले लूँ और सबको बचाने की कोशिश करूँ। तुम्हारी क्या राय है?''

धर्मपाल ने उत्तर दिया, ''सरकारी गवाह बनने की बात तो मैं किसी भी मोल पर नहीं सह सकता। तुम्हें अपने ऊपर इतना भरोसा है तो सोच लो।''

''तुम्हें क्या मुझ पर भरोसा नहीं है?'' इन्द्रपाल ने पूछा।

धर्मपाल ने कहा, ''अब तक तो भरोसा ही रहा है। तुम्हारी नीयत पर अब भी भरोसा कर सकता हूँ पर बात टेढ़ी है।''

इन्द्रपाल ने उत्तर दिया, ''अच्छा, मैं सोचूँगा।''

तीन-चार दिन बाद फकीरचन्द ने धर्मपाल को रोटियाँ देते हुये पहाड़ी बोली में कहा, ''सम्भल कर; रोटियों में पंडित का संदेश है।'' तन्दूर की रोटियों में बीड़ी बंडल के कागज पर इन्द्रपाल का संदेश था कि वह सरकारी गवाह बन गया है।

डेढ़ मास तक इन्द्रपाल की और पुलिस की गहरी छनती रही। मुकदमा अदालत में पेश हुआ। साठ या सत्तर गवाह भुगत चुके थे। इन्द्रपाल की बारी आयी। इन्द्रपाल लगभग सात दिन तक बयान देता रहा। बयान अखबारों में छपते थे। राई-रत्ती ठीक। हम लोग पढ़ते थे और सिर पीट लेते थे—इसे हो क्या गया! इन बयानों में भगवती भाई, आज़ाद और यशपाल की वे सब करनियाँ खूब खोल-खोलकर बखानी गयी थीं जिनके कारण कोई भी सजा कम होती। भगवती भाई तो शहीद हो चुके थे। आज़ाद और यशपाल अभी फरार ही थे। इन्द्रपाल के बयानों में इतना ब्यौरा और गहराई होते हुये भी इनके कारण कोई नई गिरफ्तारी न हुई थी। अब बयान का वह भाग आया जिसमें जेलों में बन्द साथी फँसते थे।

नियम के अनुसार इन्द्रपाल को नित्य बयान देने से पहले भगवान और धर्म की कसम दिलाई जाती थी कि केवल सच ही बोलेगा, झूठ नहीं बोलेगा। आठवें दिन इन्द्रपाल ने अदालत में शपथ लेने से इनकार कर दिया। कारण पूछने पर उसने उत्तर दिया, ''साहब, भगवान और धर्म की कसम खाकर झूठ नहीं बोलूँगा। यह जन्म तो पुलिस ने बिगाड़ ही दिया, अब परलोक नहीं बिगाड़ सकता। वहाँ तो पुलिस साथ जायेगी नहीं। शपथ खाने के बाद तो एक ही बात कह सकता हूँ कि पुलिस मुझसे झूठा बयान दिला रही है। शपथ न दिलवाइये तो जो पुलिस ने रटाया-पढ़ाया है, सब सुना सकता हूँ।''

सरकारी वकील रायबहादुर ज्वालाप्रसाद ने आपत्ति की, ''गवाह बेईमान हो गया है और पुलिस पर झूठी तोहमत लगा रहा है।''

अदालत ने इन्द्रपाल से इस बात का प्रमाण माँगा कि पुलिस उसे बयान पढ़ा रही है। इन्द्रपाल ने अपने कपड़ों में छिपाये पुलिस के लोगों के हाथ के लिखे कागज निकालकर अदालत को दिखा दिये और कहा—अदालत और सफाई के वकील मेरे साथ किले में हवालात की कोठरी में चलें तो वहाँ रखे हुये कागज भी दिखा सकता हूँ। उसने वही

किया भी और बहुत से अकाट्य प्रमाण पुलिस द्वारा झूठा बयान बनाने के दिये। इन्द्रपाल ने अदालत से माँग की कि आइन्दा मैं सच्चा बयान केवल इसी शर्त पर दे सकता हूँ कि मुझे किले में पुलिस के कब्जे से हटाकर जेल की हवालात में भेज दिया जाये और मुझे विश्वास हो कि सच्चा बयान देने के कारण मुझ पर अत्याचार नहीं किया जायेगा।

सरकारी वकीलों ने इन्द्रपाल के नये और पुराने दोनों बयानों की लिखी हुई कापियाँ लेकर उससे जिरह की पर वे उसे कहीं एक भी बात या तारीख के बारे में भी उखाड़ नहीं पाये। केवल एक अवसर पर जिरह के उत्तर में उसने कहा, "मुझे याद नहीं।"

इन्द्रपाल के इस उत्तर से सरकारी वकील वृद्ध रायबहादुर ज्वालाप्रसाद ने बहुत संतोष से कहा, "शुक्र है पंडित जी, एक बार तो आपके मुँह से निकला कि मुझे याद नहीं।" यह वृतान्त उस मुकदमे के भुक्तभोगियों से प्राप्त सूचना के आधार पर है।

इन्द्रपाल के उदाहरण से इस मामले का दूसरा गवाह मदनगोपाल भी पलट गया।

संक्षेप में यह कि दूसरे लाहौर षड्यंत्र का मुकदमा गिर गया। पुलिस ने इन्द्रपाल से बदला लेने के लिये, उस पर सरकार को धोखा देने और अदालत में झूठ बोलने (पर्जरी) का और उसी के बयान के आधार पर आतिशीचक्कर कांड में हुई हत्याओं के लिये उस अकेले पर मुकदमा चलाया। सेशन से इन्द्रपाल को फाँसी की सजा दे दी गयी, परन्तु षड्यंत्र का मुकदमा गिर गया। केवल उन्हीं लोगों को छोटी-छोटी सजायें हो सकीं जिन्होंने मार से हार मानकर या सरकारी गवाह बन जाने की आशा में अपने अपराध मैजिस्ट्रेटों के सामने कबूल लिये थे। सशस्त्र राजद्रोह का मामला न बन सका।

इन्द्रपाल को बचाने के लिये हाईकोर्ट में मुकदमा लड़ा गया। इसमें सफाई की ओर से मुख्य वकील थे, रोहतक के स्वर्गीय लाला श्यामलाल जी। श्यामलाल जी असहयोग आन्दोलन में वकालत छोड़ चुके थे। इस मामले के अभियुक्तों की सहायता करने के लिये ही उन्होंने दुबारा वकालत शुरू की। उन्हें अदालत से फीस के रूप में चौंसठ रुपये रोज मिलते थे। उस जमाने के साठ आज के छः सौ। यह रुपया वे अभियुक्तों की आवश्यकताओं के लिये ही खर्च कर देते थे। श्यामलाल जी और सरकारी वकील ज्वालाप्रसाद इन्द्रपाल के साहस और बुद्धि की प्रशंसा करते नहीं थकते थे। बहुत जोर लगाने के बाद इन्द्रपाल की फाँसी की सजा, जन्म भर काला पानी की सजा में बदल गयी। जिस समय वाह-वाही और प्रशंसा हो रही हो, साहस से फाँसी की ओर बढ़ जाना एक बात होती है, परन्तु जब सब ओर से मुखबिर बन जाने के कलंक और थुक्का-फजीहत की वर्षा हो रही हो, अपने प्राण देने का निश्चय करके उद्देश्य पर डटे रहने के लिये और अधिक साहस की आवश्यकता चाहिये। ऐसा कोई दूसरा उदाहरण मुझे याद नहीं।

उपरोक्त मामलों से इन्द्रपाल के मस्तिष्क पर जो तनाव और दबाव पड़ा और फिर उसके साथ पुलिस ने जो दुर्व्यवहार किया, उसके परिणामस्वरूप उसे जेल में अधरंग (पैरेलसिस) की बीमारी हो गयी। कुछ दिन तो जेल वालों ने समझा कि इस आदमी के पाखंड और धूर्तता की कोई सीमा नहीं। यह बीमारी भी धोखा ही है। उसकी परवाह नहीं की गयी। फिर यह देखना आवश्यक समझा गया कि सचमुच बीमारी है तो आत्महत्या द्वारा कष्ट से न बच जाये। उसका इलाज क्या किया जाये।

लाला श्यामलाल

श्यामलाल जी परम गांधीवादी थे। वह उस चन्द लोगों में से थे जिन्होंने १९२१ के असहयोग आन्दोलन में अपनी खूब चलती वकालत छोड़ दी थी और फिर दूसरे वकीलों की तरह अर्थ संकट से या आमदनी के लोभ में कचहरी से कभी सहयोग नहीं किया। केवल क्रांतिकारियों की सहायता के लिये ही उन्होंने दुबारा वकालत की थी। क्रांतिकारियों के सम्पर्क में आने के बाद वे उनके प्रति गहरी सहानुभूति और अनुराग अनुभव करने लगे थे। इस मुकदमे में एक बार वे विकट परिस्थिति में फँस गये। मामला हाईकोर्ट में पेश था। अभियुक्तों ने कुछ बातों से अपना असन्तोष प्रकट करने के लिये दरखास्त दे दी कि उन्हें इस अदालत पर विश्वास नहीं है।

ऐसी दरखास्त अदालत की मानहानि समझी गयी। जजों ने इस दरखास्त पर खिन्नता प्रकट की। श्यामलाल जी को ऐसी दरखास्त पेश करने के लिये अदालत से क्षमा माँगने की आज्ञा दी गयी। लाला जी क्षमा माँगने के लिये तैयार न हुये। हाईकोर्ट के जजों ने लाला श्यामलाल पर अदालत की मानहानि का अभियोग चला दिया। इस मामले में सजा की मियाद तब तक हो सकती थी जब तक कि श्यामलाल जी अदालत की मानहानि करने के लिये क्षमा न माँग लेते।

इस मामले से पंजाब के कानूनी और अदालती क्षेत्रों में हलचल मच गयी। जिस दिन श्यामलाल जी का यह मामला हाईकोर्ट में पेश हुआ, लाहौर की सभी कचहरियों में काम स्थगित था। सभी वकील हाईकोर्ट पहुँचे। लॉ कालेज भी बन्द रहा। लाहौर के सभी बड़े वकीलों ने श्यामलाल जी से इस दरखास्त को नेकनीयती में हो गयी चूक बताकर हाईकोर्ट के सम्मुख खेद प्रकट कर देने का अनुरोध किया पर लाला जी तैयार न हुये। पेशी के लिये हाईकोर्ट जाते समय अपना बिस्तर बाँधकर साथ लेते गये कि वहीं से जेल चले जायेंगे। श्यामलाल जी ने हाईकोर्ट में अपने व्यवहार पर खेद प्रकट करने से इनकार करके इस बात का आग्रह किया कि उनके मुवक्किल नेकनीयत, सच्चे और आत्माभिमानी व्यक्ति हैं और उनकी भावना अदालत के सम्मुख ईमानदारी से रखना उनका कर्तव्य है। परिणाम की आशंका से सभी चिंतित थे। ऐसी अवस्था में हाईकोर्ट ने ही समझदारी से काम लिया। लाला श्यामलाल की नेकनीयत और ईमानदारी पर विश्वास कर, उन्हें भविष्य में सावधान रहने की चेतावनी देकर मामला बरखास्त कर दिया।

श्यामलाल जी इन्द्रपाल की निष्ठा और साहस से बहुत प्रभावित थे। वे इस सम्बन्ध में गांधी जी से मिलने गये और इन्द्रपाल जैसे जीवित शहीद की प्राण-रक्षा के लिये यत्न करने का अनुरोध किया। गांधी जी ने पंजाब के तत्कालीन मुख्य मन्त्री सर सिकन्दर हयात खाँ को इस विषय में पत्र लिखा। सरकार के बड़े से बड़े डाक्टरों ने इन्द्रपाल की परीक्षा की और परिणाम पर पहुँचे कि बीमारी विकट रूप ले चुकी है, इलाज की कोई सम्भावना नहीं। किसी भी समय प्राण निकल जा सकते हैं। बीमारी को असाध्य समझकर इन्द्रपाल को जेल से रिहा कर दिया गया।

जिस समय इन्द्रपाल जेल से छूटा, बैठ भी न सकता था। उसकी टाँगें और बाँहें टेढ़ी हो गयी थीं। बोल भी न सकता था। जेल जाने से चार-पाँच मास पहले उसका विवाह हुआ था। उसकी पत्नी जगदीश्वरी ने उसकी सेवा और इलाज शुरू किया।

हकीमों के बतलाये नुस्खे खिलाती और दिन-दिन भर मालिश करती रहती। मैं १९३८ में छूटकर १९३९ में प्रेस कर्मचारियों की कांफ्रेंस की अध्यक्षता के लिये लाहौर गया तो इन्द्रपाल खाट पर लेटे-लेटे बातचीत करने लायक हो गया था। वही पुरानी साहसपूर्ण बेपरवाही। देखते ही चिल्ला उठा, "अरे-अरे, नून-तम्बाकू बेचने वाले का बेटा आ गया! ...अरी जगदीश्वरी, आटा-वाटा कुछ है तो छिपा दे, नहीं तो रोटी खिलानी पड़ जायेगी।"

मेरे अनुरोध से वह और जगदीश्वरी लखनऊ आ गये थे। बहुत दिन तक बिजली-भाप से इलाज होता रहा। वह कुछ देर तक बैठने और लकड़ी पकड़कर लंगड़ाकर चलने भी लगा था। मैंने अपनी रिहाई के बाद १९३८ नवम्बर में एक मासिक पत्रिका 'विप्लव' का प्रकाशन आरम्भ किया था। १९३९ अक्टूबर में 'विप्लव' का प्रकाशन हिन्दी और उर्दू दोनों में हो रहा था। इन्द्रपाल उर्दू में अनुवाद कर किताबत भी करता जाता पर कुछ ही समय काम करने से उसका सिर चकराने लगता था। १९४१ में अंग्रेज सरकार ने विप्लव से बारह हजार की जमानत माँग कर पत्र का प्रकाशन स्थगित करा दिया। इन्द्रपाल लाहौर लौट गया। कुछ और कातिबों को मिलाकर सहयोग से किताबत का काम चलाने लगा। उसकी अवस्था काफी सुधर गयी थी। लकड़ी पकड़े धीमे-धीमे मील-डेढ़ मील चल आता था। एक लड़का और लड़की भी हुये। बातचीत से अपने विचारों का प्रचार भी करता ही रहता था। उसने दो छोटे-छोटे पैम्फलेट भी उर्दू में प्रकाशित किये। १९४७ में पंजाब-विभाजन से उसे फिर बहुत भयंकर मानसिक आघात लगा। लाहौर से दिल्ली तो पहुँच गया, परन्तु वहाँ हस्पताल में उसकी मृत्यु हो गयी। जगदीश्वरी दिल्ली के एक स्कूल में सिलाई सिखाकर बच्चों को अपनी हिम्मत से पढ़ा-लिखा रही थी। अब भी वह चंदौसी में है। अध्यापिका का काम कर रही है। इन्द्रपाल ने यातना से मौन शहादत निबाही तो जगदीश्वरी भी वैसे ही अजानी मौन वीरांगना है।

आज़ाद का व्यक्तित्व

मेरे रूस जाने के सम्बन्ध में दल के दूसरे साथियों से बात करना भी आवश्यक था, विशेषकर सुरेन्द्र पांडे से। रूस जाने की बात पांडे को इतनी पसन्द आयी कि वह भी जाने के लिये तैयार हो गया। उन दिनों इलाहाबाद में कटरे में लिये एक मकान में हम लोग प्रायः ही बहस में लगे रहते थे। बहस अपने उद्देश्यों के सैद्धान्तिक पक्ष पर तो होती ही थी, उसके साथ ही रूस जाने की उपयोगिता और राउण्ड-टेबल-कांफ्रेंस द्वारा समझौते के सम्बन्ध में भी होती। यह पहला ही अवसर था कि अंग्रेज सरकार ने कांग्रेस का सार्वजनिक प्रभाव स्वीकार करके परामर्श के लिये कांग्रेस को भी निमंत्रण दिया था। सरकार के व्यवहार से कांग्रेसियों में ऐसी भावना पैदा हो गयी थी कि अंग्रेज सरकार अब स्वराज्य दे ही रही है। हम लोगों को भी ऐसा हीं जान पड़ रहा था कि कांग्रेस और अंग्रेज सरकार में तो समझौता हो ही जायेगा। हमारी स्थिति क्या होगी? क्या हम फिर लड़ते ही रहेंगे।

आज़ाद को अंग्रेज सरकार से समझौते का विचार भी असह्य था। उनका कहना था कि अंग्रेज जब तक इस देश में शासक के रूप में रहें, हमारी उनसे गोली चलती ही रहनी चाहिये। समझौते का कोई अर्थ नहीं है। अंग्रेज से हमारा एक ही समझौता हो सकता है कि वह अपना बोरिया-बिस्तर सम्भाल कर यहाँ से चल दें। यही भावना १९४२ में 'क्विट

इंडिया' की माँग या 'भारत छोड़ो' नारे में प्रकट हुई थी। मैं और सुरेन्द्र भी सिद्धान्त रूप से आज़ाद की बात मानते थे, परन्तु यह नहीं चाहते थे कि कांग्रेसी नेताओं को अपना शत्रु बना लें। अभिप्राय था, देखो तो सही समझौता होता कैसा है? यदि कांग्रेस उससे संतुष्ट हो जाती है तो हमें व्यक्तिगत रूप से फरार बने रहकर भी समझौते की प्रतिक्रिया और परिस्थिति देखकर चलना होगा। यह सब सैद्धान्तिक बात करते समय, अपने व्यक्तित्व की चिन्ता न करके भी यह खयाल आता ही था कि आखिर व्यक्तिगत रूप से हम क्या करेंगे, हमारा क्या होगा?

मैं किसी समय आज़ाद से मजाक करने लगता, "भैया, घबराते क्यों हो! कांग्रेस और अंग्रेज सरकार का समझौता हो जायेगा तो फिर हमें फरार रहने की जरूरत नहीं होगी। तुम्हारा नाम खूब प्रसिद्ध हो चुका है। कांग्रेसी इतना तो सोचेंगे कि तुम थानेदार की पगड़ी और वर्दी में खूब जँचोगे। तुम्हें थानेदारी मिल ही जायेगी।"

आज़ाद को इस बात से चिढ़ आती कि मैं उन्हें केवल थानेदारी के ही लायक समझता हूँ। क्रोध दिखलाते, "चल साले, तू बड़ा अफलातून है! तू क्या बन जायेगा?"

मैं मजाक जारी रखता, "तुम थानेदार बनोगे तो हम लोगों की सिफारिश नहीं करोगे? मैं कम से कम हेड कांस्टेबल बनूँगा।" और पांडे की ओर संकेत कर कहता— क्योंकि पांडे के हाथ में कोई पुस्तक थमी ही रहती थी, "पांडे के लिये तुम सिफारिश कर देना, यह मिडिल स्कूल का हेडमास्टर बन जायेगा।" मैं और पांडे दोनों अभी तक जिन्दा हैं। कांग्रेसी सरकार की कृपा से तो हम हेड कांस्टेबल और मिडिल स्कूल के मास्टर भी न बन सके।

गोलमेज कांफ्रेंस द्वारा समझौता हो जाने की सम्भावना की मानसिक उथल-पुथल के कारण हम लोग इलाहाबाद में कटरे के मकान में एक तरह से शिथिलता के दिन बिता रहे थे या आराम से ही रह रहे थे। समय १९३१ जनवरी का ही था, परन्तु हवा में फ़ागुन का फर्राटा और सुहानापन आ गया था। सड़कों पर सूखे पत्ते झड़-झड़कर उड़ा करते थे। मुझे खूब याद है कि हम लोग कहा भी करते थे कि इस बार हवा में जाने क्या मस्ती भरी है! मकान की छत खपरैल की थी, जैसी कि इलाहाबाद में साधारण स्थिति के मकानों की होती थी। खपरैल की सांधों से हवा आती रहती और छत के ऊपर नीम की पत्तियाँ और धूल भी गिरती रहती। हम लोग दरी या कम्बल बिछाये कुछ पढ़ा करते या समझौते की सम्भावनाओं और हानि-लाभों पर बात करते रहते। एक पतीला था, उसमें खिचड़ी बना लेते। कभी-कभी खिचड़ी में मांस भी डाल लेते। आज़ाद ब्राह्मणत्व की रक्षा के लिये मांस के टुकड़ों को गाली देकर परे हटा देते और शेष का आहार कर लेते। आज़ाद मांस न खाना चाहते थे पर दूसरे साथी खाना चाहते थे। मध्यम मार्ग यही था कि वे मांस के टुकड़े हटाकर शेष खिचड़ी खा लेते। आज़ाद को मांस पसंद नहीं था पर उन्हें छूत का भी डर नहीं था। आज़ाद ने सुबह दण्ड-सपाटे लगाना और साथियों से पंजा लड़ाना भी शुरू कर दिया था।

[illegible]डे एक डिब्बा च्यवनप्राश ले आया था। रात सोते समय डिब्बा आज़ाद के हाथ पड़[illegible]। पूछा, "अबे इसमें यह काला-काला क्या है?"

पांडे ने बताया, "खाँसी की दवा है।"

मैंने चुटकी ली, "भैया, बहुत पौष्टिक और ताकत की दवा भी है।"

आज़ाद ने सन्देह प्रकट किया, "साला मल्हम-सा लगता है।"

मैंने बताया, "स्वाद भी बहुत अच्छा है।"

"सच?" आज़ाद ने पूछा।

थोड़ा-सा चाटकर देखा और बोले, "साला है तो मजेदार!" और पूरा डिब्बा खा गये।

पांडे कहता रहा, "भैया, दवाई है। नुकसान कर जायेगी।"

"चल! चल!" आज़ाद ने एक न सुनी।

अगले दिन सुबह जब बहुत अधिक दवाई खा जाने का बुरा परिणाम सामने आया तो हम दोनों पर बहुत बिगड़े, "धत्त, क्या वाहियात चीज खिला दी!···कहते थे ताकतवर है···!" जितना ही हम हँसते, उतना ही आज़ाद दवाई की निन्दा कर उसे गाली देते जाते।

गोलमेज कांफ्रेंस की आशाओं से देश के राजनैतिक वातावरण में जो प्रभाव पड़ा था उसके कारण हम लोगों को जान पड़ रहा था कि अंग्रेज सरकार से लड़ने का काम शायद स्थगित कर देना पड़ेगा। यह भी खयाल आने लगा कि उस अवस्था में हमारा भावी जीवन क्या और कैसा हो सकेगा? ऐसी मानसिक अवस्था में आज़ाद कानपुर, चुन्नीगंज के मकान में आकर रात में बहुत देर तक अपने गत जीवन की बातें सुनाते रहते थे। कुछ आज़ाद से सुनी चर्चा और कुछ आज़ाद के बहुत समीपी साथी भगवानदास माहौर और फरारी में उन्हें प्रायः स्थान देने वाले मास्टर रुद्रनारायण जी से सुनी बातों के आधार पर विश्वास है कि आज़ाद का जन्मस्थान मध्यभारत की झाबुआ तहसील का भावरा ग्राम था। उस समय यह गाँव अलीराजपुर रियासत के अन्तर्गत था। आज़ाद के पिता का नाम पंडित सीताराम तिवारी था और माता जगरानी देवी थीं। तिवारी जी की आर्थिक अवस्था अच्छी नहीं थी इसलिये उन्नाव जिले में अपने बहनोई शिवनन्दन और रामप्रसाद मिश्र के यहाँ रहते थे। बहुत निस्पृह और निष्ठावान ब्राह्मण थे। स्वभाव काफी तीखा और किसी की बात न सहने वाला था। किसी बात से चिढ़कर उन्नाव छोड़कर अलीराजपुर चले गये थे। वहाँ उन्होंने रियासत के एक बाग की रखवाली का काम आठ-दस रुपये मासिक पर कर लिया था। उस समय रियासतों में ऐसी ही तनखाहें हुआ करती थीं। अन्न-वस्त्र भी सस्ता था।

बचपन में आज़ाद भी बच्चे ही तो थे। खाने-खेलने का शौक भी था। खाने में उन्हें गुड़ बहुत पसन्द था और खेल था, देसी बारूद भरकर खिलौने की तोप चलाने का, पर इस खेल के लिये पैसे काफी न मिलते थे। एक दिन आज़ाद ने बाग को अपना ही समझ, कुछ फल तोड़कर गुड़ और बारूद के लिये बेच लिये। पिता की दृष्टि में यह अक्षम्य अपराध था। आज़ाद पर इतनी मार पड़ी कि माँ का कलेजा दहल गया और आज़ाद के स्वाभिमान ने उस घर में रहना ही स्वीकार नहीं किया। पढ़ने की भी इच्छा थी। माँ ने बहुत यत्न से बचाकर रखी हुई अपनी पूँजी, ग्यारह रुपये आज़ाद को दे दी। आज़ाद भागकर विद्या के केन्द्र काशी में पहुँच गये। वहाँ वे एक क्षेत्र में

रहकर 'लघुकौमुदी' और 'अमरकोश' रट रहे थे कि कांग्रेस के सविनय-कानून-भंग आन्दोलन ने उन्हें आकर्षित कर लिया। उस समय उनकी उमर तेरह-चौदह या पन्द्रह वर्ष रही होगी।

कांग्रेस के सविनय-कानून-भंग आन्दोलन में गिरफ्तार होकर जब वे अदालत में पेश किये गये तो उनके हाथ अभी इतने छोटे थे कि बन्द हथकड़ियों में से निकल आते थे। आज़ाद हथकड़ियों से हाथ निकाल-निकालकर पुलिस वालों को चिढ़ाने में मजा लेते थे। परिणाम में उनके दोनों हाथों को मिलाकर हथकड़ी जड़ दी गयी। अदालत में मैजिस्ट्रेट ने उन्हें तिरस्कार से डाँटा अभी हाथ भर का तो है नहीं, चला है आन्दोलन करने! भाग जा! आज़ाद ने मैजिस्ट्रेट को फटकार दिया। कानूनन आज़ाद को उस आयु में जेल की सजा नहीं दी जा सकती थी इसलिये ब्रिटिश न्याय की रक्षा के लिये तैनात मैजिस्ट्रेट ने उन्हें जेल में ले जाकर बेंत लगाकर छोड़ देने की सजा दे दी। भुक्तभोगी जानते हैं कि ऐसी सजा छः मास की जेल की अपेक्षा अधिक कठिन होती है। मैजिस्ट्रेट का विचार था इतने दण्ड से छोकरे को सुबुद्धि आ जायेगी।

अदालत से मिली बारह बेंतों की सजा का अभिप्राय कुछ लोग नहीं भी समझ सकते हैं। जैसे स्कूल में शरारत करने पर बेंत लगा दिये जाते हैं, वही अभिप्राय अदालत से दी जाने वाली बेंतों की सजा का नहीं होता। अभियुक्त को जेल में ले जाकर उसके पूरे कपड़े उतार दिये जाते हैं। उसे एक टिकटिकी अर्थात् काठ के आड़े खड़े चौखटे के साथ खड़ा कर उसके हाथ-पाँव टिकटिकी से बाँध दिये जाते हैं। चूतड़ों और पीठ पर दवाई से भीगा मलमल का एक टुकड़ा डाल दिया जाता है। बेंत सदा पानी में भीगे पड़े रहते हैं। बेंत लगाने का काम सधा हुआ अभ्यस्त भंगी करता है। जेलर के गिनती पुकारते जाने पर भंगी खूब हाथ फैला-फैलाकर, पूरा पैंतरा ले-लेकर बेंत को लहरा-लहराकर अभियुक्त के शरीर पर मारता है। पहली ही चोट में पीठ और चूतड़ों से खून उछल आता है। तेरह-चौदह वर्ष के आज़ाद को इस प्रकार बारह बेंत लगाये गये। आज़ाद हर बेंत की चोट पर 'वन्दे मातरम्!' और 'महात्मा गांधी की जय!' पुकारते रहे।

आज़ाद बेंतों की सजा पाकर जेल से छूटे तो आन्दोलन में और भी तत्परता से भाग लेने लगे। उसी समय उनका सम्पर्क काकोरी दल के लोगों, मन्मथनाथ गुप्त आदि से हो गया। काकोरी की प्रसिद्ध साहसपूर्ण रेल डकैती में सरकारी खजाना लूटने में आज़ाद ने भाग लिया था। गिरफ्तारियाँ आरम्भ होने पर आज़ाद फरार हो गये। लड़कपन में भी वे खूब चुलबुले और फुर्तीले थे इसलिये साथी उन्हें 'क्विक सिल्वर' (पारा) के उपमान से पुकारते थे। रामप्रसाद बिस्मिल के साथ कई राजनैतिक डकैतियों में भाग लिया था। क्रांतिकारी लोग डकैती में न तो स्त्रियों पर हाथ उठाते थे, न उनके शरीर के गहने छीनते थे। ऐसे ही अवसर पर एक ठकुराइन अपने एक सन्दूक पर जमकर बैठ गयी थी। आज़ाद ने उसे कहा—अम्मा, एक तरफ हट जाओ। ठकुराइन के बात न मानने पर भी आज़ाद ने न उस पर चोट की और न उसे धक्का देकर हटाया। चतुर ठकुराइन ने इन लोगों को जाते देखकर आज़ाद की कलाई पकड़ ली। आज़ाद भद्रता के विचार से उससे जोर-जबरदस्ती न कर मुँह ताकते खड़े रह गये। जब साथी बाहर आ गये बिस्मिल ने आज़ाद को न पाकर भीतर जाकर देखा। आज़ाद भद्रता के नाते बुढ़िया के कैदी बने खड़े थे। बिस्मिल ने ठकुराइन की कलाई पर जोर से हाथ मारकर उन्हे छुड़ाकर

डाँटा—अच्छे गधे बन रहे थे तुम! मरवाओगे सब को! तब कहीं आज़ाद को मुक्ति मिली।

आज़ाद ने बचपन में पढ़ पाने की इच्छा के अतिरिक्त अपने जीवन में कभी कोई व्यक्तिगत महत्वाकांक्षा नहीं बनायी। उस समय की अपनी समझ-बूझ और उस समय की परम्परा में आस्था के कारण उन्होंने शिक्षा का अर्थ समझा था—संस्कृत। आधुनिक आर्थिक, सामाजिक और राजनैतिक जीवन में इस विद्या का कोई विशेष उपयोग न हो सकता था। एक बार राजनैतिक चेतना उत्पन्न हो जाने के बाद उन्हें देश की मुक्ति के लिये विदेशी शासन से लड़ने के अतिरिक्त कोई और इच्छा भी नहीं थी। उनकी कल्पना में अपने जीवन की परिणति यही थी कि किसी न किसी दिन विदेशी सरकार की पुलिस से लड़ते हुये मारे जायेंगे। यह भी खयाल नहीं था कि गिरफ्तार हो जायेंगे तो अदालत में अपने बयानों से ही लड़ेंगे। बहुत स्पष्ट और दृढ़ इरादा था कि लड़ाई में मरना ही है। सदा ही कहा करते थे, "गिरफ्तार होकर अदालत में हाथ बाँधे बंदरिया का नाच मुझे नहीं नाचना है। आठ गोली पिस्तौल में हैं और आठ का दूसरा मैगजीन साथ है। पन्द्रह दुश्मन पर चलाऊँगा। और सोल्हवीं यहाँ...।" और वे अपनी पिस्तौल की नली अपनी कनपटी पर छुआ देते थे।

उन दिनों राजनैतिक वातावरण सरकार-कांग्रेस समझौते की आशा से भरा था। इस स्थिति का असर आज़ाद पर भी कैसे न होता? एक रात वे कहने लगे, "कांग्रेस ने अगर समझौता कर ही लिया तो मैं पेशावर से परे सरहद पार निकल जाऊँगा। वजीरी और अफरीदी अंग्रेजों से कभी समझौता नहीं कर सकते। उन्हीं लोगों के साथ अंग्रेजों से लड़कर रहूँगा।...सोहन, ऐसे समय आदमी को अकेलापन खलता है। तुमने और टुइय्यां (प्रकाशवत्ती) ने अच्छा किया कि साथी बन गये। जीवन की हर हालत का साथ तो स्त्री-पुरुष में ही जम सकता है। मैं अब अगर सोचूँ भी तो ऐसी स्त्री है कहाँ? दीद्दी (सुशीला) को ही देखो; क्या मरगिल्ला सा जिस्म है। दिमाग ही को लेकर कोई क्या करेगा। अलबत्ता भाभी है कुछ, पर वह भी नहीं...। मैं तो ऐसी स्त्री से शादी करना चाहता हूँ कि कांग्रेस वाले अंग्रेजों से समझौता कर भी लें तो हम सरहद पार चले जायं। दोनों के कंधों पर राइफलें हों और एक-एक बोरी कारतूस। जहाँ घिर जायें, वह राइफल भर-भरकर देती जाये और मैं दन-दनादन चलाता जाऊँ। बस इसी तरह समाप्त हो जायें।"

एक समय, बल्कि १९२८ तक आज़ाद की धारणा थी कि क्रांतिकारियों के लिये ब्रह्मचर्य ही एकमात्र मार्ग उचित मार्ग है। स्त्री का चुम्बक केवल उलझन और परेशानी का ही कारण होता है। मजाक में 'स्त्री' के लिये उन्होंने 'चुम्बक' ही पर्यायवाची शब्द चुना हुआ था। यों एक समय आज़ाद संस्कृत को ही सम्पूर्ण विद्या समझते थे, परन्तु अनुभव और मानसिक विकास से उनका वह दृष्टिकोण विस्तृत हो गया था। ऐसे ही स्त्री के सम्बन्ध में भी आज़ाद की धारणा बहुत बदल गयी थी। वीरभद्र से नाराजगी में प्रायः ही कहते थे, "साला, जोरू को पर्दे में ऐसे बन्द रखता है जैसे वह इंसान नहीं, चोरी की चीज हो।"

आज़ाद ने अपनी फरारी के बहुत दिन झाँसी के एक बहुत कलावन्त मूर्तिकार मास्टर रुद्रनारायण जी के घर बिताये थे। उस घर पर आज़ाद को इतना विश्वास था कि उन्होंने

अपना एकमात्र फोटो मास्टर साहब के आग्रह पर उनके यहाँ ही खिंचवाया था। कारण यह था कि मास्टर साहब आज़ाद की मूर्ति बनाना चाहते थे। मूर्ति वे बना चुके हैं। इस मूर्ति को वे अपनी विशेष निधि समझते हैं।

आज़ाद प्रायः ही मास्टर साहब से झगड़ते कि भाभी (रुद्रनारायण जी की पत्नी) को सार्वजनिक जीवन में काम करने का अवसर नहीं देते। झाँसी में पुलिस की सरगर्मी अधिक हो जाने पर संदेश भेजने और मँगवाने का काम भी वे प्रायः एक गुनिया महरी से ही लेते थे। गुनिया का यौवन और रूप-रंग अच्छा होने के कारण, जैसा कि प्रायः होता है, लोग उसके सम्बन्ध में बातें बनाने से भी न चूकते थे, परन्तु आज़ाद को गुनिया की ऐसी आलोचना से कोई मतलब न था। वे कहते थे, "....लोग चाहे जो कहें, हम जानते हैं, वह दगाबाज नहीं भरोसे की है इसलिये सच्चरित्र है।" १९३०-३१ में आज़ाद सच्चरित्र का अर्थ वे केवल यौन सम्बन्धों तक ही सीमित नहीं मानते थे। निष्ठा, साहस, निर्लोभ आदि का महत्व उनकी दृष्टि में कहीं अधिक था।

विश्वनाथ वैशम्पायन ने आज़ाद के नैतिक विचारों पर एक लेख में यह लिखा था कि आज़ाद दल के लोगों का स्त्रियों से सम्पर्क और दल में स्त्रियों का सम्मिलित होना दल के लिये हानिकारक समझते थे। वैशम्पायन के अनुसार आज़ाद कहते थे—'स्त्रियाचरित्रं पुरुषस्य भाग्यं देवो न जानाति कुतो मनुष्यः।' आज़ाद को अंत तक इतना मूढ़ और संकीर्ण विचार समझना उनके साथ घोर अन्याय है। आज़ाद का इतना बौद्धिक विकास हो चुका था कि वे पुरुषों और स्त्रियों को सामाजिक परिस्थितियों का ही परिणाम समझते थे। स्त्रियों और पुरुषों के चरित्र एक-दूसरे पर निर्भर करते हैं। समाज में पुरुष की प्रधानता होने पर स्त्री के चरित्र की शिथिलता पुरुष की उच्छृंखलता का ही परिणाम होगी। स्त्री को यदि पुरुष के साथ कभी धोखा करना पड़ता रहा है तो स्त्री के ऐसे व्यवहार के लिये पुरुष का दमन ही उत्तरदायी था। आज़ाद की यह धारणा कभी नहीं थी कि स्त्रियों को सदा दमन और संदेह की कैद में रखा जाये। पुरुष यदि स्त्रियों के प्रति आकर्षित होकर असंयम का व्यवहार करते हैं तो उसके लिये स्त्रियों को उनके स्वाभाविक, सामाजिक, राजनैतिक और आर्थिक अवसरों और अधिकारों से वंचित कर दिया जाये—यह आज़ाद नहीं सह सकते थे। आज़ाद इतना भी समझते थे कि यदि स्त्री का आकर्षण दल के किसी साथी को पथभ्रष्ट कर सकता है तो स्वभाव की कायरता, मृत्यु का भय, धन का लोभ और व्यक्तिगत महत्वाकांक्षा या ईर्ष्या व्यक्ति को उससे कहीं अधिक नीचे गिरा सकती है। स्त्री की दृष्टि में आदर पाने और महत्व की इच्छा पुरुष को साहस भी दे सकती है। यदि पुरुष स्त्रीलोलुपता से पथभ्रष्ट होता है तो इसका दण्ड स्त्री को नहीं देना चाहिये।

वैशम्पायन ने 'नया समाज' के अपने लेख में आज़ाद के जीवन की एक घटना को अतिशयोक्ति से चित्रित करके बताया है कि आज़ाद इस अनुभव के कारण स्त्रियों को अविश्वास के योग्य समझते थे। यह तो हुई एक घटना, परन्तु आज़ाद ने अपने जीवन में कायर, लम्पट और विश्वासघाती स्त्रियाँ तो एक-दो ही देखी होंगी; पुरुष कई देखे थे। ऐसी अवस्था में वे पुरुषों को ही दल के कार्य के योग्य कैसे मान सकते थे! बम्बई के लैमिंगटन रोड की घटना में दुर्गा भाभी ने संकेत पाते ही भरी भीड़ में सरे बाजार गोली चला दी, परन्तु उस घटना की योजना के लिये जिम्मेवार पुरुषों की निष्ठा या साहस की

कमी से बात कुछ भी नहीं बनी अथवा स्वयं वैशम्पायन के कानपुर में रिवाल्वर जेब में होते हुए भी गिरफ्तारी के समय कुछ न कर सकने से आज़ाद किस परिणाम पर पहुँचे होंगे ?

आज़ाद की विद्वता और विचारधारा के सम्बन्ध में भी बहुत विवाद चला है। असल बात तो यह है कि आज़ाद 'हिन्दुस्तान समाजवादी प्रजातंत्र संघ' के सैद्धान्तिक नेता नहीं, सैनिक नेता थे। स्कूल-कालेज की शिक्षा का अवसर उन्हें मिला ही नहीं था। पुस्तकें पढ़ने की अपेक्षा दूसरों से सुनकर ही बात समझ सकते थे, परन्तु ग्राह्यशक्ति और बुद्धि की पकड़ अच्छी थी। बुद्धि अच्छी होने के साथ ही स्वभाव की सरलता थी, इसलिये जब तक पहले से कारण न हो आदमी को पहचानने में गलती भी कर जाते थे। प्रवृत्ति सैनिक होने का मतलब यह नहीं कि यह भी न समझते हों कि अपना जीवन किस बात के लिये बलिदान कर रहे थे। कोई भी क्रांतिकारी प्रयत्न सैद्धान्तिक सूत्र के बिना चल ही नहीं सकता। हिन्दुस्तान समाजवादी प्रजातंत्र सेना या संघ का सैद्धान्तिक सूत्र 'समाजवादी' और 'प्रजातंत्र' शब्दों से स्पष्ट हो जाता है। आज़ाद दल के इस सैद्धान्तिक लक्ष्य से खूब परिचित थे; इतने कि इसके लिये बलिदान हो जाने में उन्हें संतोष था।

हिसप्रसे ने १९३० जनवरी में अपने राजनैतिक सिद्धान्त की घोषणा 'बम का दर्शन' (Philosophy of the Bomb) नामक पत्र में की थी। आज़ाद ने बहुत ध्यान से इस पत्र के एक-एक शब्द को अधमुँदी आँखों और दाँतों से मूँछें खोंटते हुये सुनकर बहुत संतोष से इस पर हस्ताक्षर किये थे। इस पत्र में हमने अपना लक्ष्य साम्प्रदायिक रूढ़िवाद की कड़ियों को तोड़कर श्रेणीहीन समाज में श्रम करने वालों के प्रजातंत्र शासन के रूप में प्रकट किया था। यही आज़ाद का राजनीतिक सिद्धान्त था। आज़ाद समाजवादी लक्ष्य को स्वीकार करते थे। इसका अर्थ यह नहीं कि वे मार्क्सवाद के मूल विचार द्वन्द्वात्मक भौतिकवाद की व्याख्या कर सकते थे अथवा विचारों के पार्थिव आधारों की समीक्षा कर सकते थे। इतना तो उस समय हममें से कोई भी नहीं कर सकता था, परन्तु यह हम सभी जानते थे कि हमारा लक्ष्य अपने देश के लिये ऐसी स्वतंत्रता है जिसमें देश के सभी व्यक्तियों को जीविका उपार्जन और जीवन के विकास का समान अवसर तथा अधिकार हों और सभी स्त्री-पुरुष न केवल अपने श्रम का पूरा फल पा सकें बल्कि देश के सब लोग अपनी क्षमता के अनुसार परिश्रम करने, अपनी आवश्यकताओं को पूरा कर सकने का अवसर और अपने श्रम का फल पा सकें।

आज़ाद सैद्धान्तिक रूप से हम अन्य सब लोगों की ही भाँति निरीश्वरवादी बन गये थे अर्थात् यह नहीं मानते थे कि व्यक्ति और समाज के जीवन का आधार ईश्वरीय निर्देश और न्याय है। हमारे दल की सैद्धान्तिक दिशा क्या थी, इसका प्रत्यक्ष प्रमाण १९३५-३७ में अन्दमान की जेल में मिल गया। उस समय वहाँ हमारे दल के बहुत से साथी विजयकुमार, शिववर्मा, जयदेव कपूर, महावीर, धन्वन्तरी इत्यादि जमा थे। उनके साथ ही बंगाल के अनुशीलन और युगान्तर दलों के भी लोग मौजूद थे। जेल में उन्हें अध्ययन और विचार का पर्याप्त अवसर था। उस समय उन लोगों ने सम्मिलित रूप से अपने आपको मार्क्सवादी घोषित कर भारतीय कम्युनिस्ट पार्टी के कार्यक्रम को अपना लिया। आज़ाद और भगतसिंह यदि आज जिन्दा होते तो उनकी तत्कालीन प्रकृति के तर्क अनुसार न तो उनके लिये विधानसभा में कांग्रेसी दल में स्थान होता और न ही वे किसी

पूँजीपति संस्था का प्रतिनिधित्व स्वीकार कर सकते थे। वे कम्युनिस्ट पार्टी से पूर्णतः सहमत हो जाते, यह भी पूर्ण विश्वास से नहीं कह सकता। मैं स्वयं समाजवादी लक्ष्य को स्वीकार करके भी कम्युनिस्ट दल में सम्मिलित नहीं हो सका।

१९३१ के शुरू की बात कह रहा था। एक दिन आज़ाद गोलमेज कांफ्रेंस द्वारा समझौते की आशाओं और आशंकाओं के सम्बन्ध में पंडित जवाहरलाल नेहरू से बात करने आनन्द भवन गये। कुछ ही दिन पूर्व पंडित मोतीलाल जी का देहान्त हो चुका था। आज़ाद एक बार मोतीलाल जी से मिल चुके थे। पंडित मोतीलाल जी से मिलने का प्रयोजन सैद्धान्तिक राजनैतिक बातचीत नहीं था। मोतीलाल जी बहुत जिन्दादिल आदमी थे। स्वयं कांग्रेस के कार्यक्रम को अपनाकर भी क्रांतिकारियों की सहायता करना वे नैतिकता के विरुद्ध नहीं समझते थे। काकोरी षड्यंत्र के मुकदमे में अभियुक्तों को कानूनी सहायता पहुँचाने के लिये उन्होंने बहुत कुछ किया था। हो सकता है आज़ाद का संदेश पाकर स्वयं मोतीलाल जी ने ही उन्हें मिलने के लिये बुला लिया हो।

क्रांतिकारियों को देख पाने की उत्सुकता राजनैतिक लोगों में रहा ही करती थी। मुझे याद है, आज़ाद की मृत्यु के कुछ ही दिन बाद इलाहाबाद में शिवमूर्ति सिंह जी ने मुझसे अनुरोध किया कि मैं जानस्टनगंज के अमुक मकान में इतने बजे कुछ मिनिट के लिये आ जाऊँ। बुलाने का कारण उन्होंने कुछ बताया नहीं। उन पर विश्वास था इसलिये मैं चला गया। शिवमूर्ति सिंह जी दो व्यक्तियों के साथ आये। दोनों ने दूर से ही प्रणाम किया और तुरन्त लौट गये। मुझे ऐसे व्यवहार से बहुत उलझन सी अनुभव हुई। बाद में शिवमूर्ति सिंह जी से पूछा तो उन्होंने बताया कि अमुक राजा साहब केवल दर्शन करना चाहते थे, परन्तु पंडित मोतीलाल जी ने ऐसा असंगत व्यवहार नहीं किया। आज़ाद को बुलाकर खाना खिलाया और बातचीत भी की थी। उस मुलाकात के समय पंडित जवाहरलाल जी की छोटी बहिन कृष्णा भी थीं। आज़ाद कृष्णा के उर्दू उच्चारण की नकल करके भी सुनाया करते थे।

पंडित नेहरू ने आज़ाद से मुलाकात के विषय में अपनी आत्मकथा में स्वयं भी ज़िक्र किया है कि '...आज़ाद मुझसे मिलने के लिये इसलिये तैयार हुआ था कि हमारे जेल से छूट जाने से आमतौर पर आशाएँ बँधने लगी थीं कि सरकार और कांग्रेस में कुछ न कुछ समझौता होने वाला है। वह जानना चाहता था कि अगर कोई समझौता हो तो उसके दल के लोगों को भी कोई शान्ति मिलेगी या नहीं? क्या उनके साथ तब भी विद्रोहियों का सा बर्ताव किया जायेगा? जगह-जगह उनका पीछा उसी तरह किया जायेगा? ...उनके सिरों के लिये ईनाम घोषित होते ही रहेंगे और फाँसी का तख्ता हमेशा लटकता ही रहेगा या उनके लिये शान्ति के साथ कामधन्धे में लग जाने की भी कोई सम्भावना होगी? उसने कहा कि खुद मेरा तथा मेरे दूसरे साथियों का यह विश्वास हो चुका है कि आतंकवादी तरीके बिलकुल बेकार हैं, उससे कोई लाभ नहीं है। हाँ, वह यह मानने के लिये तैयार नहीं था कि शान्तिमय साधनों से ही हिन्दुस्तान को आज़ादी मिल जायेगी। उसने कहा, आगे कभी सशस्त्र लड़ाई का मौका आ सकता है मगर यह आतंकवाद न होगा।'[१]

---

१. पं० जवाहरलाल नेहरू, 'मेरी कहानी' आठवाँ हिन्दी संस्करण, पृष्ठ २६९

इसी प्रसंग में पंडित जी आगे लिखते हैं, "....मुझे आज़ाद से यह सुनकर खुशी हुई थी और बाद में उसका सबूत भी मिल गया कि आतंकवाद पर से उन लोगों का विश्वास हट गया है।...अवश्य ही इसके यह माने नहीं हैं कि पुराने आतंकवादी और उनके नये साथी अहिंसा के हामी बन गये हैं या ब्रिटिश सरकार के भक्त बन गये हैं। हाँ, अब वे आतंकवादी भाषा में नहीं सोचते। मुझे तो ऐसा मालूम होता है उनमें से बहुतों की मनोवृत्ति निश्चित रूप से फासिस्ट बन गयी थी।'

नेहरू जी की 'मेरी कहानी' से इस उद्धरण की चर्चा करते समय यह याद रखना जरूरी है कि पुस्तक ब्रिटिश शासनकाल में लिखी गयी थी। सब बातें वे स्पष्ट लिख भी नहीं सकते थे। यह पुस्तक पंडित जी ने सम्भवतः १९३४ या ३५ में लिखी होगी। आज़ाद उस समय शहीद हो चुके थे। नेहरू जी ने आज़ाद से भेंट के कुछ दिन बाद हुई उनकी और मेरी मुलाकात की बात सावधानी में नहीं लिखी। याद न रहने की कोई सम्भावना नहीं थी, क्योंकि १९३८ में मेरी उनसे भुवाली में भेंट हुई तब उन्हें हमारी मुलाकात याद थी। मुझे याद है, यह पुस्तक पहली बार अंग्रेजी में १९३७ में मैंने नैनी जेल में पढ़ी थी। पुस्तक संभवतः १९३५-३६ में ब्रिटिश शासनकाल में प्रकाशित हुयी होगी। तब भी बात मुझे खटकी थी। खास कर नेहरू जी का हम लोगों की मनोवृत्ति को फासिस्ट बताना।

आज़ाद ने नेहरू जी से मुलाकात के बाद जब इस घटना की बात हम लोगों को कटरे के मकान में सुनाई तो उनके भी होंठ खिन्नता से फड़फड़ा रहे थे और उन्होंने कहा था, 'साला हमें फासिस्ट कहता है।' आज़ाद का अभिप्राय गाली देने का नहीं था। बचपन की संगति के प्रभाव से कुछ शब्द उनकी जबान पर तकिया कलाम के रूप में चढ़ गये थे। गम्भीरता में या क्रोध में गाली कभी नहीं देते थे। यों बातचीत में अभ्यास और असावधानी में गालियाँ मुँह से झड़ जाती थीं। मेरा अनुमान है आज़ाद ने यह नहीं कहा होगा कि उनका तथा उनके साथियों का विश्वास बदल चुका है कि उनके दल के आतंकवादी तरीके बिलकुल बेकार थे। उन्होंने अनुमानतः कहा होगा, "हम आतंकवादी नहीं हैं। हम सशस्त्र क्रांति की चेष्टा कर रहे हैं।" वह बात पंडित जी की अगली पंक्तियों से भी स्पष्ट हो जाती है, 'वह यह मानने के लिये तैयार नहीं था कि शांतिमय साधनों से हिन्दुस्तान को आज़ादी मिल जायेगी। उसने कहा, आगे कभी सशस्त्र लड़ाई का मौका आ सकता है।' आज़ाद के यह शब्द ही हमारे दल के विचार थे। नेहरू जी ने आज़ाद की बातों में फासिज्म की गंध कैसे पायी, यह समझा नहीं जा सकता। फासिज्म तो शासन के दमन पर आश्रित पद्धति है। हम लोग तो शासन करने का स्वप्न देख नहीं रहे थे, बल्कि ब्रिटिश शासन के दमन या फासिज्म का विरोध कर रहे थे।

हि० स० प्र० स० अपना राजनैतिक और शासन सम्बन्धी दृष्टिकोण अपने घोषणा-पत्र 'फिलासफी आफ दी बम' द्वारा जनवरी १९३० मे स्पष्ट कर चुका था—"क्रांतिकारियों का विश्वास है कि देश की जनता की मुक्ति केवल क्रांति द्वारा ही सम्भव है। क्रांति से हमारा अभिप्राय केवल जनता और विदेशी सरकार में सशस्त्र संघर्ष ही नहीं है। हमारी क्रांति का लक्ष्य एक नवीन न्यायपूर्ण सामाजिक व्यवस्था है। इस क्रांति का उद्देश्य विदेशी पूँजीवाद को समाप्त करके श्रेणीहीन समाज की स्थापना करना और विदेशी और देशी शोषण से जनता को मुक्त करके आत्मनिर्णय द्वारा जीवन का अवसर देना है। इसका उपाय शोषकों के हाथ से शासन शक्ति लेकर मजदूर श्रेणी के शासन की स्थापना

ही है।' यह थे आज़ाद के विचार जिन्हें पंडित नेहरू ने फासिस्ट प्रवृत्ति समझ लिया था। आज़ाद अंग्रेजी में बात नहीं कर सकते थे शायद इसलिये नेहरू जी उनकी बात समझ नहीं पाये। आज़ाद ने नेहरू जी से बातचीत में विशेष अनुरोध यह किया था कि गांधी जी सरकार से समझौता की शर्तों में लाहौर षड्यंत्र केस के लोगों, भगतसिंह आदि की रिहाई की बात को भी रखें। यह माँग केवल आज़ाद की नहीं थी बल्कि जनता की थी। नेहरू जी ने स्पष्ट इनकार कर दिया था कि गांधी जी ऐसी शर्त नहीं रखेंगे।

यहाँ यह चर्चा भी अप्रासंगिक नहीं होगी कि लाहौर कांग्रेस में जब गांधी जी ने वाइसराय की गाड़ी के नीचे विस्फोट करने वाले लोगों को कायर और उनके कार्य को जघन्य कहकर उनकी निन्दा का प्रस्ताव पेश किया था तो कांग्रेस अधिवेशन में उस प्रस्ताव का स्वीकार किया जाना ही बहुत कठिन जान पड़ रहा था! ऐसी अवस्था में गांधी जी ने धमकी दी थी कि यदि यह प्रस्ताव स्वीकार नहीं किया जायेगा तो वे कांग्रेस को छोड़ देंगे। ऐसे व्यवहार को जनवादी तरीका नहीं का जा सकेगा। नेहरू जी ने गांधी जी के उस संकट के समय उनका साथ दिया था। नेहरू जी अपनी भावना जनवादी होते हुये भी सदा ही गांधी जी के संगठित दल का ही साथ देते रहे थे। मुसोलिनी ने 'फासिस्ती' शब्द 'दल या संगठन के शासन' के अभिप्राय से ही चुना था। शब्द की मूल भावना और अभिप्राय से गांधी जी और नेहरू जी फासिज्म के सहधर्मी जान पड़ेंगे।

आज़ाद को इस बात का बहुत कलख था कि नेहरू जी ने उन्हें फासिस्ट कहा। उन्होंने कहा, "सोहन, एक दिन तुम जाकर पंडित नेहरू से मिलो।" मैंने प्रायः फरवरी के दूसरे-तीसरे सप्ताह में शिवमूर्ति सिंह जी से कहकर नेहरू जी से समय निश्चित किया और संध्या समय आनन्द भवन गया। पंडित जी समाचार पाकर बाहर आ गये। हम दोनों दीवार के साथ लगे नींबू के वृक्षों की बाड़ के साथ-साथ टहलते हुये बात करने लगे। पंडित नेहरू ने आतंकवाद को व्यर्थ बताया। मैंने यही कहा कि हम लोग आतंकवादी नहीं हैं। हम व्यापक सशस्त्र क्रांति का प्रयत्न कर रहे हैं। हमारा प्रयत्न भी देश की मुक्ति के लिये ही संघर्ष का भाग है। हम सरकार के दमन से लोहा लेकर उसे बताना चाहते हैं कि उसकी शस्त्र-शक्ति से भी हम भयभीत नहीं हैं। हमारा दृष्टिकोण समाजवादी है, आतंकवादी नहीं। अन्य बातों के साथ इसी प्रसंग में मैंने अनुभव प्राप्त करने के लिये रूस जाने की इच्छा का भी जिक्र किया और नेहरू जी से आर्थिक सहायता का अनुरोध भी किया।

नेहरू जी ने मुझे बताया कि उनके पिता की मृत्यु के बाद से वे अपनी आर्थिक स्थिति के बारे में स्वयं चिन्तित थे। सोच रहे थे कि अपने बहुत फैले हुए खर्च को कम कर दें या आमदनी के लिये वकालत शुरू कर दें। आर्थिक सहायता दे सकना उनके बस की बात नहीं। मैंने कहा, "ऐसे मामलों में किसी एक व्यक्ति की जेब पर तो भरोसा किया नहीं जा सकता। राष्ट्रीय काम तो सामूहिक सहायता से चलते हैं। आपका प्रभाव इसमें सहायक हो सकता है।"

कुछ सोचकर नेहरू जी ने कहा, "आतंकवादी काम के लिये तो मैं कुछ भी सहायता नहीं करूँगा। हाँ, रूस जाने वाली बात के लिये मैं सोचूँगा।" व्यक्तिगत रूप से उन्होंने मुझे (वाइसराय की ट्रेन के नीचे बम-विस्फोट का मुकदमा मेरे विरुद्ध होने के कारण) रूस या विदेश चले जाने की ही राय दी। उन्होंने पूछा कि इसके लिये कितना रुपया चाहिये।

मैंने अनुमान से पाँच-छः हजार की रकम बता दी। नेहरू जी ने कहा, "इतना तो बहुत है पर जो कुछ हो सकेगा करूँगा और शिवमूर्ति सिंह की मार्फत उत्तर दूँगा।

लौटकर मैंने बातचीत का ब्यौरा आज़ाद को बताया तो उन्हें काफी संतोष हुआ। उस रात यह तय हो गया कि पहले मैं और सुरेन्द्र पांडे, चौधरी रामधनसिंह द्वारा सीमान्त पर बनाये गये सूत्र से रूस चल दें। यदि कांग्रेस और सरकार के समझौते का रूप ऐसा हुआ कि उसमें हमारे साथियों का रहना असम्भव हो जाये और गांधी जी के प्रभाव के कारण हमारे सशस्त्र आन्दोलन को भी बहुत समय के लिये स्थगित करना आवश्यक हुआ तो आज़ाद भी प्रकाशवती या दूसरे रूस जाना चाहने वाले साथियों सहित उसी मार्ग से आ जायेंगे। प्रकाशवती से आज़ाद इस विषय में कानपुर में पहले ही बात कर चुके थे।

लगभग तीसरे दिन शिवमूर्ति सिंह जी ने मुझे पन्द्रह सौ रुपये देकर कहा कि शेष के लिये नेहरू जी प्रबन्ध कर रहे हैं। कटरे के मकान में लौटकर यह रुपया मैंने आज़ाद को सौंप देना चाहा। उन्होंने कहा, 'नहीं, तुम्हीं रखो।' इस विचार से कि किसी दुर्घटना से सभी रुपया एक साथ न चला जाये, पाँच सौ मैंने उनकी जेब में डाल ही दिया। उस रात प्रायः रूस जाने के सम्बन्ध में ही बातें होती रहीं।

हमने सोचा, बीहड़ इलाकों में से जाते समय सौ तरह की बीमारी-शीमारी की मुसीबत आ सकती है। कुछ आवश्यक दवाइयाँ लेते जायेंगे। पंजाब में और आगे सर्दी ज्यादा होगी। स्वेटर भी खरीद लें।

दूसरे दिन २७ फरवरी, १९३१ की सुबह सुरेन्द्र पांडे और मैं स्वेटरों के लिये कटरा से चौक जाने के लिये तैयार हुए। आज़ाद ने कहा, "मुझे एलफ्रेड पार्क में किसी से मिलना है। साथ ही चलते हैं। तुम लोग आगे निकल जाना।"

हम तीनों एलफ्रेड पार्क के सामने से साइकिलों पर जा रहे थे। एक साइकिल पर सुखदेवराज पार्क में जाता हुआ दिखायी दिया। मैं समझ गया कि भैया को राज से मिलना है। हम दोनों से वे प्रायः अलग-अलग ही मिलते थे। भैया पार्क में चले गये और पांडे और मैं सीधे चौक की ओर।

चौक में हम लोगों ने आवश्यक दवाइयाँ ले लीं। एक दुकान से हम लोगों ने दो स्वेटर खरीदे ही थे कि लोगों को चिल्लाते हुए सुना, "...कम्पनी बाग (एलफ्रेड पार्क) में पुलिस के साथ किसी की जबर्दस्त गोली चल रही है।"

पांडे ने उन लोगों को सम्बोधन कर घबराहट से पूछा, "क्या हुआ? ...किससे गोली चली?"

एलफ्रेड पार्क में गोली चल जाने की बात सुनकर मेरा भी मन काँप उठा, परन्तु पांडे का हाथ दबाकर मैंने कहा, "Don't be excited (उत्तेजित मत हो)!" हम लोग समझ गये कि एलफ्रेड पार्क में पुलिस की गोली किससे चली होगी। पांडे को तो मैंने उत्तेजित न होने के लिये कहा पर मैं स्वयं ही खलबला उठा था। अपनी साइकिल घुमाते हुए मैंने पांडे से कहा, "मैं वहीं जा रहा हूँ।"

"जरा सुनो!" पांडे मेरी साइकिल का हैंडल थामकर बोला, "खबर यहाँ तक पहुँचने तक तो सब कुछ हो चुका होगा। तुम भी समझ से काम लो। वहाँ जाकर क्या करोगे? अब वहाँ जाकर आपको पुलिस के हाथों सौंप देना ही होगा।"

बात पांडे की ठीक थी, परन्तु ऐसे जान पड़ा कि अँधेरा सा छा गया हो। फिर भी हम लोग रह नहीं सके और कुछ चक्कर देकर उस ओर गये ही। पुलिस लोगों को पार्क के भीतर जाने से रोक रही थी। पार्क के गिर्द सड़कों पर बहुत भीड़ जमा थी। भीड़ के लोगों की बातों से निश्चय हो गया कि गोली क्रांतिकारियों और पुलिस में चली थी। भीड़ के अनुसार क्रांतिकारी दो थे और पुलिस के साठ-सत्तर सिपाही। क्रांतिकारी एक पेड़ के नीचे बैठ बात कर रहे थे। पुलिस ने उन्हें सब ओर से घेरकर ललकारा। दोनों ओर से गोली चलने लगीं।

उस समय उत्तर प्रदेश में पुलिस का इंस्पेक्टर जनरल हालिंस था। हालिंस ने अंग्रेजी पत्रिका 'Men Only' के अक्टूबर १९५४ के अंक में भारत में अपनी नौकरी के संस्मरणों के प्रसंग में आज़ाद और पुलिस की इस लड़ाई का जिक्र किया है। इस लेख के अनुसार आज़ाद की पहली गोली अंग्रेज पुलिस सुपरिन्टेन्डेन्ट नाटबावर की बाँह में लगी। पुलिस के सिपाही बाड़ की झाड़ियों के पीछे छिपकर आज़ाद और उनके साथी पर गोलियाँ चलाने लगे। पुलिस इंस्पेक्टर विशेश्वरसिंह निशाना लेने के लिये झाड़ी के ऊपर से झाँक रहा था। उस समय तक आज़ाद के शरीर में दो-तीन गोलियाँ धँस जाने से खून बह रहा था। ऐसी हालत में भी आज़ाद ने इंस्पेक्टर के झाँकते हुये चेहरे का निशाना लेकर जो गोली चलायी उससे विशेश्वरसिंह का जबड़ा टूट गया। हालिंस ने अपने संस्मरण में आज़ाद के इस निशाने की प्रशंसा करते हुये लिखा है, '...यह आज़ाद का अन्तिम परन्तु बहुत प्रशंसा के योग्य निशाना था।'

हालिंस ने तो यही लिखा है कि आज़ाद पुलिस की गोलियों से मारे गये, परन्तु लड़ाई के समय मौजूद लोगों का कहना है कि दोनों क्रांतिकारियों में से एक जख्मी होकर लड़ता रहा। दूसरा भाग गया। लड़ने वाले ने आखिरी गोली अपनी कनपटी पर मार ली। उसके गिर पड़ने पर भी पुलिस ने तुरन्त उसके समीप आने का साहस न किया। कई गोलियाँ उसके शरीर में मारकर निश्चय कर लिया कि वह निष्प्राण हो चुका है। पुलिस शरीर को अपनी गाड़ी में उठाकर ले गयी। पुलिस की ओर से इस विषय में छपी सूचना में यह भी कहा गया था कि आज़ाद की जेब में पाँच सौ रुपये के नोट पाये गये थे। यह रुपया पंडित नेहरू से मिले डेढ़ हजार में से ही था।

इलाहाबाद के राष्ट्रीय भावना रखने वाले और कांग्रेसी लोग आज़ाद का अंतिम संस्कार उचित ढंग से करना चाहते थे। नेहरू जी की पत्नी स्वर्गीय कमला नेहरू और बाबू पुरुषोत्तमदास जी टंडन ने भी अन्तिम संस्कार के लिये आज़ाद का शरीर पुलिस से पाने का बहुत यत्न किया। पुलिस प्रदर्शन की आशंका में उनका शरीर देने में आनाकानी कर रही थी। अन्त में एक व्यक्ति को आज़ाद के भाई के रूप में उनके शव की माँग करने के लिये पेश किया गया। आज़ाद का शरीर मिलने पर पाया गया कि उनकी दायीं कनपटी पर गोली का घाव था और घाव के चारों ओर के बाल जले हुये थे। यह इस बात का प्रमाण था कि कनपटी का घाव, पिस्तौल कनपटी पर रखकर गोली मारने से हुआ था। गोली दूर से आकर लगने पर कनपटी पर बालों के जलने का कोई कारण न होता। संस्कार गंगा तट पर किया गया। शव का जुलूस न निकाले जाने की खास ताकीद थी फिर भी अर्थी के साथ बड़ी संख्या में लोग एकत्र हो गये थे और चिता की भस्म को चुटकी-चुटकी श्रद्धा से उठा ले गये।

एलफ्रेड पार्क में जिस वृक्ष के नीचे आज़ाद ने वीरगति प्राप्त की थी, घटना के दूसरे दिन से बहुत से लोग क्रांतिकारी राष्ट्रीय वीर की स्मृति में उस पेड़ की पूजा करने लगे। पेड़ के तने में बहुत सी गोलियाँ धँस गयी थीं। श्रद्धालु लोगों ने पेड़ के तने पर सिन्दूर पोत दिया और वृक्ष के नीचे धूप-दीप जलाकर फूल चढ़ाने लगे। शीघ्र ही वहाँ पूजा करने वालों की भीड़ अधिक हो गयी। ब्रिटिश सरकार को यह असह्य था। सरकार ने वह पेड़ कटवा दिया, परन्तु जनता तभी से एलफ्रेड पार्क को आज़ाद पार्क पुकारने लगी थी और पार्क का यही प्रचलित नाम हो गया था। कई दूसरे नगरों में भी लोगों ने अपने चौकों या पार्कों के नाम आज़ाद चौक, आज़ाद पार्क रख लिये हैं। लाहौर कांग्रेस में क्रांतिकारियों के कामों की निन्दा का प्रस्ताव पास करवाने वाले नेताओं के लिये, यदि यह प्रस्ताव उन लोगों ने ब्रिटिश सरकार को खुश करने के लिये नहीं बल्कि वास्तविक निष्ठा से पास किया था, जनता की यह भावना असह्य ही रही होगी। शायद इसलिये कांग्रेस शासन में इलाहाबाद के पुराने एलफ्रेड पार्क पर 'मोतालाल नेहरू स्मारक' का पत्थर या पट्ट लगा दिया गया है, परन्तु जनता में अब भी आज़ाद पार्क नाम चालू है। क्रांतिकारियों के प्रति आदर रखने वाले लोगों ने अपने व्यय से उस पार्क में आज़ाद की एक छोटी मूर्ति भी बनवा दी है।[१]

एलफ्रेड पार्क में आज़ाद को अकेले छोड़कर भाग जाने वाला साथी सुखदेवराज था। मुझे और दूसरे साथियों को भी सुखदेवराज का यह काम बहुत ही निन्दनीय लगा था। राज के लिये भाग आना सम्भव इसलिये हो सका कि आज़ाद लड़ते रहे और पुलिस का ध्यान उनकी ओर से ही केन्द्रित रहा। पुलिस का ध्यान आज़ाद की ओर चाहे जितना भी केन्द्रित रहा हो, यह बात जरूर विस्मय की है कि भागते हुए सुखदेवराज पर किसी भी पुलिस वाले ने, यदि पुलिस काफी संख्या में थी, गोली नहीं चलायी।

इस घटना के बारे में १९३८ में सुखदेवराज से बातचीत हुई थी। एलफ्रेड पार्क की चर्चा चलने पर उसने बताया था कि आज़ाद ने ही उससे कह दिया था, "मैं तो लडूँगा, तुम बचने की कोशिश करो।' इसलिये वह भाग आया। आज़ाद ने ऐसा जरूर कहा होगा पर 'साथी' का भी कुछ कर्तव्य होता है। उसी वर्ष (१९३१) मई में सुखदेवराज लाहौर में गिरफ्तार हो गया। उसकी गिरफ्तारी के समय भी ऐसी ही घटना हुई। वह साथी जगदीश के साथ शालीमार बाग में पहचान लिया गया। पुलिस से घिर जाने पर जगदीश लड़ता हुआ शहीद हो गया। सुखदेवराज ने भाग सकने की कोशिश की, परन्तु रास्ता न पाकर हथियार डाल दिये और गिरफ्तार हो गया। सुखदेवराज को भी दूसरे लहौर षड्यंत्र के साथियों के साथ रखा गया था। साथियों को उसके प्रति इतनी विरक्ति थी कि आपस में कभी निभ न सकी। सुखदेवराज दरखास्त देकर जेल में अलग रहने लगा था। यह वृतान्त दूसरे लाहौर षड्यंत्र के साथियों के वर्णन के अनुसार है।

सुखदेवराज की दूसरी बात का महत्व बन गया। एलफ्रेड पार्क में आज़ाद की उपस्थिति का समाचार पुलिस को देकर विश्वासघात किस व्यक्ति ने दिया, यह प्रश्न लोगों को अभी तक परेशान किये है। राज ने बताया था, जिस समय वह और आज़ाद पार्क में पेड़ के नीचे बैठे थे, आज़ाद ने पार्क के बाहर मेयो कालेज के साथ जाती सड़क की ओर

---

१. इस मूर्ति के निरावरण का गौरव मुझे दिया गया था।

संकेत किया, "जान पड़ता है, वीरभद्र जा रहा है। उसने हम लोगों को तो नहीं देखा!" सुखदेवराज वीरभद्र को पहचानता न था। राज ने यह बात अन्य लोगों को भी बतायी है। इस बात से वीरभद्र पर आज़ाद के प्रति विश्वासघात के संदेह का सूत्रपात हो गया। इस संदेह के लिये एक आधार यह भी मान लिया गया कि घटना के दिन छः बजे वीरभद्र कानपुर से इलाहाबाद पहुँचा था।

सुखदेवराज के अनुसार आज़ाद को दूर सड़क पर एक व्यक्ति वीरभद्र जैसा लगा था, परन्तु निश्चय नहीं था। यह भी निश्चय न था कि उस व्यक्ति ने उन्हें देख लिया था। आज़ाद को ऐसा निश्चय और वीरभद्र पर संदेह होता तो वे स्थान बदल लेते। वीरभद्र ने 'आज' और 'दिनमान' पत्रों में प्रकाशित अपने लेखों में स्वीकार किया है कि आज़ाद और उसके बीच कुछ कारणों से गलतफहमी पैदा हो गयी थी। वह आज़ाद से बात करने की इच्छा से २७ फरवरी प्रातः ६ बजे की गाड़ी से इलाहाबाद पहुँचा था। उसे आशा थी आज़ाद इलाहाबाद में हैं, परन्तु उनका स्थान या मिल सकने का सूत्र मालूम न था। वीरभद्र की यह बात सही है। वैशम्पायन ने भी स्वीकार किया कि उस समय वीरभद्र का सम्पर्क आज़ाद और हम लोगों से न रहा था। वीरभद्र स्टेशन से अपने परिचय के स्थान पर गया और नौ बजे आज़ाद तक संदेश भिजवाने के प्रयत्न के लिए एक पुराने विश्वस्त साथी के मकान की ओर निकला। तब तक एलफ्रेड पार्क में घटना हो चुकी थी। आज़ाद साढ़े आठ के लगभग एलफ्रेड पार्क में किस स्थान पर होंगे, यह सूचना वीरभद्र को किस प्रकार हो सकती थी? मैं और सुरेन्द्र पांडे आज़ाद के साथ ही रहते थे। रात से साथ थे। पार्क के फाटक तक साइकिलों पर उनके साथ आये थे। हमें सामने से आता राज दिखायी दिया। आज़ाद उसके साथ पार्क में चले गए। तब तक हमें भी मालूम न था कि वे राज से पार्क में भेंट के लिये आये हैं।

शिवचरण का हम लोगों से सम्बन्ध था और पुलिस को उस पर संदेह भी था। पुलिस रिकार्ड के अनुसार शिवचरण के मकान पर नजर रखने की ड्यूटी सी० आई० डी० कांस्टेबल भूरेसिंह की थी। भूरेसिंह ने वैशम्पायन को शिवचरण के जीने के समीप साइकिल रखकर जीना चढ़ते देखा। वैशम्पायन को पहचानता न था पर उसे नौजवान की कमर में पिस्तौल या रिवाल्वर होने का संदेह हुआ। वह नौजवान की साइकिल के समीप चौकस खड़ा रहा। नौजवान लौटकर साइकिल पर चढ़ने लगा तो भूरेसिंह ने पीछे से उसे कौली में जकड़कर पटक दिया। भूरेसिंह कद्दावर, तगड़ा अखाड़िया जवान था। वैशम्पायन औसत से छोटा कद और दुबला। भूरेसिंह ने रिवाल्वर नौजवान की कमर से खींच लिया और अकेला उसे बाँह से पकड़े थाने तक ले गया। इंस्पेक्टर शम्भूनाथ ने नौजवान (वैशम्पायन) से प्रश्न किया---साहबजादे, आपके पास पिस्तौल का लाइसेंस है? आप कौन हैं? वैशम्पायन ने स्वयं ही अपना परिचय दिया। भूरेसिंह ने निशस्त्र होकर भी साहस और चातुर्य से सशस्त्र क्रांतिकारी को गिरफ्तार कर लिया था। इसके लिये उसे पदवृद्धि, स्पेशल मैडल और डबल पेंशन का पुरस्कार दिया गया था। यह रिकार्ड मौजूद है। स्पष्ट है, पुलिस वैशम्पायन को पहचानती न थी। किसी के सूचना देकर विश्वासघात की बात निराधार है।

आज़ाद के साथ निश्चय विश्वासघात हुआ, इस धारणा से भिन्न-भिन्न लोगों ने अपने-अपने पूर्वाग्रह से अनेक कल्पनायें कर ली थीं। पुराने लोगों को याद है, उस समय

इलाहाबाद के कई कांग्रेसी लोगों ने स्वर्गीय रामरखसिंह सहगल, संपादक 'चाँद' पर संदेह कर लिया था। हमारे साथी काशीराम ने इस संदेह के अनुमोदन में एक लेख भी लिखा है। सहगल से हमें थोड़ी-बहुत सहायता जरूर मिलती थी, परन्तु उन्हें हमारी गतिविधि का ज्ञान नहीं हो सकता था। वैशम्पायन आज़ाद की शहादत से कुछ दिन पूर्व गिरफ्तार हुआ था। राज घटनास्थल से सुरक्षित भाग निकला था। एलफ्रेड पार्क की घटना से पूर्व वह दिल्ली में धन्वन्तरी की गिरफ्तारी के समय उसके साथ था। धन्वन्तरी चोट खाकर गिरफ्तार हो गया था और राज भागने में सफल हो गया था। लाहौर में राज नहर किनारे पुलिस से गोली चलने की घटना में विश्वम्भर के साथ था। विश्वम्भर शहीद हो गया और राज भागकर बच गया। बाद में लाहौर में वह जगदीश के साथ था। पुलिस से गोली चलने पर जगदीश शहीद हो गया। राज भागने के यत्न में पकड़ा गया। पहले तीन अनुभवों के कारण और उस अवसर पर भी राज के भाग सकने से कुछ लोगों ने राज पर संदेह कर लिया था, परन्तु यह सब संदेह अनुमानों पर थे। इनके लिये साक्षी का प्रमाण न था, अतः असंगत थे।

वैशम्पायन और निगम आज़ाद की शहादत से पूर्व गिरफ्तार हो चुके थे। आज़ाद शहादत की घटना के सम्बन्ध में उन्हें निजी जानकारी सम्भव नहीं है। सुरेन्द्र पांडे और मैं आज़ाद के साथ ही रहते थे। हम दोनों पार्क के उस फाटक तक उनके साथ गये थे। घटना के बाद भी दो दिन इलाहाबाद में ही रहे। सुरेन्द्र पांडे और मैं जेल से मुक्ति और ब्रिटिश शासन की समाप्ति के बाद भी सभी सम्भव सूत्रों से आज़ाद के सम्बन्ध में पुलिस को सूचना मिलने के रहस्य की खोज करते रहे हैं। हम दोनों को वीरभद्र पर संदेह का कोई कारण नहीं मिला।

ब्रिटिश शासन की समाप्ति से वातावरण बदल गया है। पुलिस के तत्कालीन बड़े और जिम्मेवार अफसर बहुत वर्ष पूर्व रिटायर हो चुके हैं। इनमें से कुछ ने वर्तमान सरकार से भी कर्तव्य परायणता की सराहना पायी है। वे अब निस्संकोच बात कर सकते हैं। इनमें ऐसे भी व्यक्ति हैं जिनका स्वयं मेरी गिरफ्तारी से और आज़ाद की घटना से निकट संबंध था। मेरी तत्कालीन स्मृति, प्राप्त रेकार्डों और इन अफसरों से प्राप्त सूचना में संगति बैठती है। संक्षेप में एलफ्रेड पार्क की घटना इस प्रकार थी। सी० आई० डी० के डी० एस० पी० विशेश्वरसिंह और कोर्ट इंस्पेक्टर डालचंद प्रातः सैर से पार्क में होकर उसी सड़क से लौट रहे थे, जहाँ समीप पेड़ के नीचे आज़ाद और राज बैठे बतिया रहे थे। उस ओर नजर जाने पर विशेश्वरसिंह ने डालचंद से कहा—वह आदमी आज़ाद जैसा लगता है।

सन् १९२० में जब किशोर आज़ाद बनारस में जोर-शोर से कांग्रेस आन्दोलन में भाग लेते थे, उन्हें बारह बेंत की सजा दी जाने के कारण बहुत लोग उन्हें जान गये थे। तब विशेश्वरसिंह बनारस में इंस्पेक्टर था। बीच के ग्यारह वर्ष में उसने आज़ाद को देखा न था, परन्तु आज़ाद की हुलिया, पुष्ट कद, गहरे साँवले चेचक से दागी चेहरे का जिक्र जगह-जगह गिरफ्तारी के लिये इनामी इश्तहारों में मौजूद रहता था। विशेश्वरसिंह ने डालचंद से कहा—कुछ दूरी से उन लोगों पर नजर रखो, हम अभी लौटते हैं।

विशेश्वरसिंह ने समीप ही सी० आई० डी० सुपरिन्टेन्डेन्ट नाटबावर के बंगले पर जाकर सूचना दी—पार्क में एक व्यक्ति बैठा है। वह आज़ाद के हुलिया से मिलता-जुलता है।

घटना के अगले दिन प्रातः इलाहाबाद से 'लीडर' में नाटबावर का बयान प्रकाशित हुआ था। उसकी कटिंग मौजूद है। नाटबावर ने पार्क में आज़ाद की उपस्थिति का नहीं, आज़ाद के हुलिये से मिलते-जुलते व्यक्ति की उपस्थिति का समाचार पाना स्वीकार किया था। आज़ाद के हुलिये के संदेह में उससे पूर्व दो आदमी बहुत तैयारी से गिरफ्तार किये जा चुके थे और तहकीकात के बाद छोड़ दिये गये थे। स्वयं मेरे नाम के इश्तहार के कारण भी दो बार ऐसी गिरफ्तारियाँ हो चुकी थीं।

सी० आई० डी० सुपरिन्टेन्डेन्ट नाटबावर घर से निकलने के लिये तैयार था। विशेश्वरसिंह ने केवल अनुमान प्रकट किया था। नाटबावर ने एक पिस्तौल जेब में लेकर गाड़ी में अपने दो निशस्त्र अर्दली साथ लिये और विशेश्वरसिंह को भी कार में ले लिया। वह कार स्वयं चला रहा था। डालचंद पेड़ की ओर नजर रखे था। नाटबावर ने पार्क में गाड़ी सड़क पर पेड़ के समीप ले जाकर रोकी। सड़क से पेड़ का अन्तर पच्चीस-तीस कदम रहा होगा। नाटबावर ने पेड़ की ओर बढ़ते समय पिस्तौल जेब से निकाल लिया। वह कुछ ही कदम बढ़ा था कि आज़ाद ने उसे देखा और अपना पिस्तौल निकाल लिया। दोनों ओर से लगभग साथ ही गोली चली। दूसरी-तीसरी गोली में आज़ाद की जाँघ और नाटबावर की बाँह जख्मी हो गयी। राज उसी समय भाग गया होगा। राज और नाटबावर दोनों ने आड़ें ले लीं। विशेश्वरसिंह निशस्त्र था। अवसर की बात उस समय कोई लाइसेंसी सरकारी खैरख्वाह दुनाली बन्दूक लिये पार्क में से गुजर रहा था। विशेश्वरसिंह ने उससे बन्दूक ले ली और एक झाड़ी के पीछे बैठकर आज़ाद पर गोली चलाने लगा। आज़ाद नाटबावर और विशेश्वरसिंह दोनों को जवाब दे रहे थे। शरीर में तीन-चार गोलियाँ धँस चुकी थीं। इस पर भी विशेश्वरसिंह ने फिर निशाना लेने के लिये झाड़ी के पीछे से सिर उठाया तो आज़ाद की गोली उसके जबड़े पर बैठी। उत्तर प्रदेश के तत्कालीन आई० जी० पुलिस हालिंस ने अपने संस्मरणों 'नो टेन कमांडमेंटस' में ऐसी जख्मी अवस्था में धैर्य से अचूक निशाना ले सकने के लिये आज़ाद की बहुत सराहना की है। आज़ाद ने अपनी अंतिम गोली, अपने पूर्व-निश्चय के अनुसार, पिस्तौल कनपटी पर सटाकर मार ली और समाप्त हो गये।

डालचंद ने धटना के आरम्भ में ही दौड़कर सबसे समीप के फोन से कोतवाली को मुठभेड़ की सूचना दे दी थी। घटना की समाप्ति तक पुलिस गाड़ियों पर बड़ी संख्या में पहुँच गयी। पार्क में भीड़ जमा होती देखकर पुलिस आज़ाद के शरीर को उठा ले गयी। मृत व्यक्ति कौन है, यह तब तक पूर्ण निश्चय न था। कई फरार साहसी लोग इस प्रकार जान पर खेल जाते हैं। तुरन्त फोन द्वारा बनारस और झाँसी से ऐसे लोगों को बुलाया गया जो आज़ाद को निश्चित रूप से पहचानते थे। इन लोगों द्वारा तसदीक हो जाने पर ही पुलिस ने पत्रों को बयान दिया। यह बयान दूसरे दिन प्रातः 'लीडर' में तथा अन्य पत्रों में प्रकाशित हुआ था। स्पष्ट है पुलिस को निश्चित सूचना न थी वरना नाटबावर पर्याप्त सशस्त्र सिपाहियों को साथ लेकर ही जाता। प्राप्त जानकारी के आधार पर विश्वासघात के संदेह के लिये गुंजाइश ही नहीं है।

इलाहाबाद में भैया आज़ाद की शहादत के समय कटरे के मकान में उनके साथ सुरेन्द्र पांडे, भवानीसिंह और मैं ही रहते थे, परन्तु इलाहाबाद के बाहर कानपुर, मेरठ, दिल्ली आदि में दूसरे लोग भी थे। उन सबकी उपेक्षा करके मैं और पांडे रूस नहीं भाग

जा सकते थे। एक तरह से रूस जाने का विचार उस समय के लिये स्थगित कर देना पड़ा। नेहरू जी रुपये का प्रबन्ध हमारे काम में सहायता के लिये नहीं, केवल रूस चले जाने के लिये ही करने को तैयार हुए थे इसलिये शेष रुपये के सम्बन्ध में मैं शिवमूर्तिसिंह से मिला ही नहीं। मेरे पास जो हजार रुपया था वह भी साथियों की तात्कालिक व्यवस्था करने में ही व्यय होने लगा। दुर्गा भाभी या सुशीला दीदी के लिये हमें कुछ नहीं करना पड़ा, क्योंकि उस समय उनसे हमारा कोई सम्पर्क नहीं था। आज़ाद की शहादत को हममें से प्रत्येक व्यक्ति ने अपने निजी आत्मीय की मृत्यु के रूप में अनुभव किया। कानपुर जाकर मैंने प्रकाशवती को यह समाचार दिया तो मैं बोल ही न पा रहा था और फिर सहसा कह दिया, "मोटे भैया शहीद हो गये!" सुनकर प्रकाशवती पहले तो आँखें खुली रहते भी जैसे आदमी चेतना खो बैठे, वैसे देखती ही रह गयीं। फिर बहुत रोयीं। दल के सभी लोगों को आज़ाद से ऐसा व्यक्तिगत लगाव था जैसे केले की गहर में प्रत्येक फली बीच के डंडे से जुड़ी रहती है। आज़ाद की योग्यता और उनके व्यक्तित्व का महत्व उनकी अनुपस्थिति में ही मालूम हुआ, क्योंकि तब दल के बचे हुये लोगों को एक साथ बनाये रखना असम्भव सा जान पड़ने लगा।

आज़ाद की शहादत के तुरन्त बाद या बहुत समय तक दल के लिये नये नेता का निश्चय नहीं हुआ। कुछ लोग सुरेन्द्र पांडे के प्रथम लाहौर षड्यंत्र से सम्बन्धित और पुराने होने के कारण और मेरे भी दूसरे साथियों से पुराने होने के कारण आदेश और सुझाव के लिये हम लोगों की ओर देखने लगे। एक और साथी काशीराम भी उतना ही पुराना था। कैलाशपति के बयानों के कारण उसकी गिरफ्तारी के भी वारंट जारी थे। प्रश्न था, अब किया क्या जाये? जब भी कुछ करने का प्रश्न आता, तभी खर्च के लिये रुपये का भी प्रश्न सामने आ जाता। मैं काम के लिये जान पर खतरा लेने से कतरा नहीं रहा था, परन्तु डकैती नहीं करना चाहता था। उन दिनों लेनिन का जीवन चरित्र तथा कुछ और भी ऐसी पुस्तकें पढ़ ली थीं जिनके कारण मैं और पांडे इस बात पर सहमत थे कि हमें अपने गुप्त संगठन को विचारों की दृष्टि से दृढ़ और व्यापक बनाने पर अधिक महत्व देना चाहिये। कानपुर और इलाहाबाद में आज़ाद से भी इस सम्बन्ध में बातें होती थीं। वे भी इस बात से सहमत थे कि हमें अपना व्यापक सार्वजनिक आधार बनाना चाहिये। हम चाहते थे, पर्चे और छोटी-छोटी पुस्तिकाएँ लगातार छापने के लिये अपना एक प्रेस बनाया जाय। उस प्रेस के सभी कर्मचारी अपने साथी हों। इससे साथियों के लिये निवास और निर्वाह की समस्या भी किसी हद तक हल हो सके, परन्तु मेरे इस सुझाव के प्रति दूसरों में कोई उत्साह नहीं दिखाई देता था। शायद वे इसे जिम्मेवारी टालना समझ रहे थे। कार्यक्रम के विषय में सहमत हो जाने पर भी यह प्रश्न तो सबके सामने था कि हम किसका निर्देश मानें या दूसरे हमारा निर्देश क्यों न मानें? पुनः संगठन तो सभी चाहते थे, परन्तु संगठन किसके निर्देश से होता। उस बीच मैं काशीराम और भवानीसहाय आदि से सम्पर्क स्थापित करने मेरठ चला गया। कानपुर के कुछ साथी और भवानीसिंह आदि सुरेन्द्र पांडे के सम्पर्क में थे।

भगतसिंह, सुखदेव और राजगुरु की शहादत

२३ मार्च, १९३१ को लाहौर जेल में भगतसिंह, सुखदेव और राजगुरु को फाँसी पर लटका दिया गया। इस अवसर पर देश भर में व्यापक शोक हड़तालें हुईं। उस समय तक मुस्लिम लीग और कांग्रेस में ब्रिटिश साम्राज्यशाही खूब गहरी फूट डलवा चुकी थी। अधिकांश मुसलमानों में यह धारणा खूब गहरी पैठ चुकी थी कि कांग्रेस हिन्दू राज चाहती है। मुस्लिम लीग और साम्प्रदायिक मुसलमान शिक्षा और प्रगति में स्वयं को पिछड़ा अनुभव करके कांग्रेस की प्रतिद्वंद्विता में अंग्रेजों की शह पाकर राष्ट्रीय भावना को ठुकराने में ही संतोष पाते थे। क्रांतिकारी शहीदों के शोक में हड़ताल कराने के लिये कानपुर में कांग्रेस ने प्रमुख भाग लिया था। पुलिस के भड़काने से कुछ मुसलमान कांग्रेस की अवज्ञा करने के लिये हड़ताल में सहयोग का विरोध कर रहे थे। ऐसा व्यवहार ब्रिटिश सरकार के कृपापात्र बनने का भी सरल उपाय था। सर्वसाधारण जनता की दृष्टि में इस हड़ताल में सहयोग न देना देश के शहीदों की उपेक्षा करना था। जनता अपने मान्य शहीदों का ऐसा अपमान न सह सकती थी। कानपुर में हिन्दू-मुस्लिम दंगा हो गया।

श्रद्धेय गणेशशंकर जी विद्यार्थी हिन्दू बस्ती में फँसे हुये कुछ मुसलमानों की रक्षा के लिये गये थे। वहाँ कुछ अनजान या साम्प्रदायिकता में अन्धे मुसलमानों ने ही उन्हें छुरी भोंककर शहीद कर दिया। फिर क्या था, दंगे ने वह रूप लिया कि उसे संभाल सकना पुलिस के बूते के बाहर हो गया। एक दिन के बजाय कानपुर में पूरे पन्द्रह दिन कोई दुकान न खुल सकी। कानपुर के हिन्दू-मुसलमानों को कई बरस के लिये नसीहत हो गयी।

इस दंगे का समाचार मुझे मेरठ में मिला था। दिल्ली आया तो और भी भयंकर समाचार मिले। प्रकाशवती तब कानपुर की प्रेमनगर की नयी बस्ती के एक मकान में थीं। मैं तुरन्त कानपुर के लिये चल पड़ा। सुबह सूर्योदय से कुछ पहले ही कानपुर पहुँचा। स्टेशन से बाहर निकलने पर देखा कि साधारणतः वहाँ बनी रहने वाली भीड़ और चहल-पहल की जगह मरघट सा सन्नाटा था। गाड़ी से बहुत कम मुसाफिर उतरे और जो उतरे अधिकांश स्टेशन पर ही ठिठके रहे। बाहर केवल पाँच-सात इक्के खड़े थे। मैं जब तक पहुँचा, पहले आने वालों ने इक्के ले लिये थे। अब एक ही इक्का शेष था। मैंने इक्के को प्रेमनगर चलने के लिये कहा। मुझे पोशाक से हिन्दू समझकर इक्के वाले ने कहा, 'साहब, मैं बांसमण्डी से घूमकर (अर्थात् मुस्लिम बस्ती में से होकर) चलूँगा।' वह मुसलमान था।

मैंने पूछा, "इतना चक्कर देने की क्या जरूरत है?" इक्के वाले ने साफ कह दिया कि हिन्दू बस्ती से होकर जाने की उसमें हिम्मत नहीं है। सोचा, जब इसे हिन्दू इलाके से भय है तो मेरा हिन्दू पोशाक में मुस्लिम इलाके में जाना कौन बुद्धिमत्ता होगी! यह भी समझ लिया कि स्थिति बहुत खराब है। पैदल ही चला। प्रेमनगर तक जाने में तो हिन्दू और मुस्लिम दोनों ही बस्तियों से गुजरना पड़ता था। जाये बिना भी नहीं रह सकता था। अभी सूर्य नहीं निकला था। छोटा सा बिस्तर बगल में दबाये चल पड़ा। बहुत चौकन्ना, पुलिस से लड़ने के लिये मैं तैयार था, परन्तु हिन्दू-मुस्लिम दंगे में शहीद हो जाने के लिये नहीं। यह दंगे का पाँचवाँ दिन था, परन्तु पुलिस का पहरा केवल मुख्य चौराहों पर ही था। पुलिस को स्वयं भय था या अंग्रेज सरकार ने हिन्दू-मुसलमानों को एक-दूसरे का गहरा बैरी बन जाने की छूट दे दी थी। हालसी रोड के आखिरी हिस्से और जनरलगंज से गुजरते हुये बार-बार पिस्तौल पर हाथ चला जाता था, परन्तु हुआ कुछ भी नहीं।

प्रेमनगर में पहुँचकर मकान में ताला पड़ा पाया। ताला अपना ही था। समझा कि इस मकान से तो प्रकाशवती अपनी इच्छा से ही गयी होंगी पर होंगी कहाँ? दस बजे लेदर वर्किंग स्कूल खुलने पर चौधरी रामधनसिंह से ही पूछा जा सकता था। मैं अनुमान से स्कूल के बोर्डिंग की ओर गया। रामधन मिल गये। पता लगा, प्रेमनगर में बहुत भय था। समीप जनरलगंज से दंगे की दूसरी रात मुहल्ले पर मुसलमानों की भीड़ चढ़ आयी थी। चौधरी और प्रकाशवती दोनों के ही कलेजे साम्प्रदायिक दंगे के शहीद बन जाने के भय से काँप रहे थे। घर में पिस्तौल और एक माउजर राइफल भी थी। उन्होंने हिम्मत की। छत पर चढ़कर दो फायर कर दिये और ललकारा, सबको भून डालेंगे! भीड़ छँट गयी। अब भीड़ के साथ पुलिस का भी डर हो गया। दूसरे दिन वे लोग सुबह ही वहाँ से निकल गये। प्रकाशवती को भी सब हिन्दू स्त्रियों के साथ एक कोठरी में बन्द हो जाना पड़ा। बाद में यह किस्सा सुना-सुनाकर वे खूब हँसा करती थीं। इस दंगे के बाद कानपुर की अवस्था सुधरने में कई दिन लगे।

१९२९-३० और ३१ में 'इन्कलाब जिन्दाबाद' और 'भगतसिंह की जय', 'गांधी जी की जय' से कम सुनायी नहीं देती थी। कांग्रेस के सर्वसाधारण लोगों की गांधी जी से यह माँग थी कि सरकार से समझौते की शर्तों में भगतसिंह और उनके साथियों की फाँसी की सजा रद्द की जाने की माँग भी रखी जाय। गांधी जी ने इस माँग को समझौते की शर्त बनाने से इनकार करके इस प्रसंग में वाइसराय से केवल प्रार्थना भर करना ही स्वीकार किया। जो भी हो, जनता को बहुत आशा थी कि उसकी भावना की उपेक्षा नहीं की जायेगी। भगतसिंह आदि की फाँसी की सजा मनसूख हो जायेगी। अंग्रेज सरकार ने भी इस प्रश्न को अपनी शक्ति और प्रतिष्ठा का प्रश्न बना लिया था। भगतसिंह, सुखदेव और राजगुरु को फाँसी दे दी जाने पर जनता को बहुत आघात पहुँचा। सर्वसाधारण जनता को इस बात से भी विकट क्षोभ हुआ कि गांधी जी ने इन शहीदों को फाँसी न दी जाने के प्रश्न को उचित महत्व नहीं दिया।

इस विषय में ध्यान देने योग्य बात यह है कि गांधी जी इस समझौते के लिये जो ग्यारह शर्ते वाइसराय के सामने पेश की थीं, उनमें एक शर्त देश भर में शराब निरोध की भी थी पर भगतसिंह आदि को फाँसी न दिये जाने की नहीं। गांधी जी शराब निषेध के लिये सरकारी शक्ति से जनता पर दबाव डालना नैतिक समझते थे, परन्तु भगतसिंह आदि

की फाँसी रद्द करने के लिए विदेशी सरकार पर जनमत का दबाव डालना अनैतिक समझते थे।

मार्च १९३१ के अन्त में कांग्रेस का अधिवेशन कराची में हुआ था। उस समय जनता गांधी जी द्वारा भगतसिंह और उसके साथियों की उपेक्षा के लिये अपना क्षोभ प्रकट किये बिना न रह सकी। इन शहीदों के शोक में कांग्रेस में गांधी जी को काले झंडे दिखाये गये और काले फूल भी पेश किये गये थे। गांधी जी ने विनय से काले फूलों को स्वीकार कर मान लिया था कि वे भगतसिंह को बचाने में असमर्थ रहे। सर्वसाधारण के के लिये यह समझ सकना कठिन था कि जन-भावना के प्रतीक बन चुके भगतसिंह आदि की प्राण-रक्षा को समझौते की शर्त बनाने में गांधी जी असमर्थ क्यों थे। इस कांग्रेस अधिवेशन में पंडित नेहरू ने नवयुवकों और उग्र लोगों के संतोष के लिये राष्ट्र के उद्योग-धन्धों और पैदावार के मुख्य साधनों के राष्ट्रीयकरण का प्रस्ताव भी रखा था। १९४७ से कांग्रेस के शासन की बागडोर सम्भाल लेने और नेहरू जी के स्वयं उसके प्रधानमंत्री बन जाने पर उन्हें १९३१ के प्रस्तावों की माँगें उस अनुपात में अव्यावहारिक और क्रियात्मक जल्दबाजी जान पड़ने लगीं। १९६९ में कांग्रेस के दो दल बन जाने पर, जनमत को आकर्षित करने की प्रतिद्वन्द्विता में फिर समाजवादी व्यवस्था के नारे दिये जाने लगे।

जनता का मन विदेशी सरकार के प्रति दारुण और असमर्थ घृणा से भर गया था। प्रतिक्रिया में भगतसिंह और उसके साथियों को प्रतिहिंसा में बर्बरता से फाँसी पर लटकाने के, इन शवों का अनादर करने के और इन शहीदों के साहस के बहुत से अतिरंजित वर्णन भी जनता में फैल गये। लोग सरकार के प्रति घृणा, क्रोध और शहीदों के प्रति आदर प्रकट करने के लिये इन बातों को खूब बढ़ा-चढ़ाकर कहते थे। सुनने वाले कुछ और बढ़ाकर दूसरों को सुना देते।

अवसरवश दूसरे लाहौर षड्यंत्र के अभियुक्त सरदारसिंह, जहाँगीरीलाल, कुन्दनलाल, जयप्रकाश, धर्मपाल आदि इन साथियों की फाँसी के समय लाहौर सेन्ट्रल जेल में ही थे। इन लोगों की कोठरियाँ भी फाँसी पाने वालों की कोठरियों और फाँसी घर के समीप ही थीं। कभी-कभी सामना और बातचीत का अवसर भी हो जाता था। अपनी-अपनी कोठरियों से भी पुकार कर बातचीत हो सकती थी। वार्डरों और पहरेदारों की मारफत संदेश और खाने की चीजें लेते-देते रहते थे। दूसरे लाहौर षड्यंत्र मुकदमे के मुक्त अभियुक्तों का कहना है कि भगतसिंह, सुखदेव और राजगुरु तीनों ही अन्तिम दिन तक पूर्ण रूप से स्वस्थ मानसिक अवस्था में थे। उन्हें संतोष था कि वे अपने उद्देश्य के लिये बलिदान हो रहे हैं। फाँसी की कोठरी में भगतसिंह को केवल एक बात से कलख हुआ था। वह थी, उसके पिता सरदार किशनसिंह का पुत्र की प्राणभिक्षा के लिये अंग्रेज गवर्नर की सेवा में प्रार्थना-पत्र भेजना। गवर्नर ने तो वह प्रार्थना नामंजूर कर ही दी थी, परन्तु भगतसिंह को यह बात बहुत अपमानजनक लगी थी। यह बात सुनकर उसने खिन्नता से कहा था—-My father has stabbed me in the back. (मेरे पिता ने मेरी पीठ में छुरी भोंक दी)।

इन लोगों की फाँसी के लिये २४ मार्च, १९३१ तारीख निश्चित हुई थी। अंग्रेज सरकार को आशंका थी कि इस अवसर पर जनता जेल के सामने बहुत बड़ा प्रदर्शन कर

सकती है और सम्भव है इन शहीदों के शव माँगकर उसका बहुत बड़ा जुलूस निकाला जाये। यह सब सरकार विरोधी भावना का ही प्रदर्शन होता। इन सम्भावनाओं का प्रतिकार करने के लिये गवर्नर की अनुमति से यह काम कुछ पहले ही निबटा देना उचित समझा गया।

२३ मार्च को दूसरे लाहौर षड्यंत्र के अभियुक्तों को दोपहर बाद ही अदालत से लौटा लिया गया। तीन-चार बजे सभी कैदियों को बारकों और कोठरियों में बन्द कर दिया गया। सफाई-झड़ाई होनी लगी। भगतसिंह की ओर सबसे समीप धर्मपाल की ही कोठरी थी। भगतसिंह ने अपनी कोठरी से पुकार कर पूछा, "धर्म, आज तुम लोग अदालत से इतनी जल्दी क्यों आ गये?"

धर्मपाल ने उत्तर दिया, "लोग कहते हैं, जेलों के बड़े इंस्पेक्टर और डिप्टी कमिश्नर वगैरा मुआइने के लिये आ रहे हैं!"

भगतसिंह ने कहा, "अरे भोले लोगो, हम ही यह मुआइना करने जा रहे हैं।"

उसी समय इन तीनों को नहाने के लिये पानी दे दिया गया। जेल का कायदा है कि मृत्युदण्ड पाने वाले को फाँसी के हाते की ओर ले जाने से पहले नहाने के लिये पानी दे दिया जाता है। भगतसिंह को जेल के अधिकारियों में से ही किसी ने पहले सूचना दे दी होगी। जेल के निरीक्षण की बात पर मजाक करते हुये भगतसिंह ने धर्मपाल से यह भी कहा था, "....तुम लोगों ने जो मीठे चावल भेजे थे, हम लोगों ने खा लिये। न खाते तो ठीक रहता।" फाँसी के लिये निश्चित सुबह से पहली रात दण्ड पाने वाले प्रायः निराहार रह जाते हैं ताकि फाँसी के झटके से मल-मूत्र निकल जाने की सम्भावना न रहे। जयप्रकाश वगैरह ने उससे स्मृति के लिये कुछ चीजें माँग रखी थीं। भगतसिंह ने कुछ समय पूर्व ही अपनी सभी चीजें, हजामत का सामान, पेंसिल, बटन से लेकर दियासलाई की खाली डिबिया तक बाँट दी थी, परन्तु बड़े अफसरों को सन्देह न होने देने के लिये चुप था।

सुखदेव की कोठरी से 'इन्कलाब जिन्दाबाद' की ऊँची पुकार सुनायी दी और झगड़ा होता जान पड़ा। मालूम हुआ कि उसे हथकड़ी लगायी जा रही थी और वह विरोध कर रहा था। फाँसी के लिये ले जाते समय कैदियों के हाथ पीठ पीछे बाँध देने का कायदा है। जेल के सबसे बड़े और बूढ़े वार्डर चतरसिंह ने भगतसिंह से प्रार्थना की कि हम पर ही रहम कीजिये। हथकड़ी लगाने का हुक्म मिला है और यह कायदा है, मान जाइये! भगतसिंह के कहने पर राजगुरु और सुखदेव ने हथकड़ियाँ लगवा लीं। भगतसिंह ने साथियों को पुकार कर कहा, "अच्छा भाई, चलते हैं।"

दूसरे साथियों ने अपनी कोठरियों से 'इन्कलाब जिन्दाबाद' के नारे लगाने शुरू किये। अनुकरण में जेल भर के कैदी नारे लगाने लगे। इन नारों की आवाजें जेल के बाहर समीप ही पंडित के० संत्तानम के बंगले तक पहुँच रही थीं। उन्होंने नारों के कारण का अनुमान कर सरदार किशनसिंह को टेलीफोन कर दिया। नारे बन्द हो गये। समीप कोठरियों में बन्द साथी फाँसी का तख्ता गिरने की आहट सुन पाने के लिये साँस रोके चुप थे। धर्मपाल का कहना है कि उसकी घड़ी के हिसाब से संध्या ७ बजकर २३ मिनट पर फाँसी का तख्ता गिरने की आहट आयी थी। पूरा जेल फिर 'इन्कलाब जिन्दाबाद', 'भगतसिंह जिन्दाबाद', 'सुखदेव जिन्दाबाद', 'राजगुरु जिन्दाबाद' के नारों से गूँज उठा।

इन नारों की गूँज के कारण आध घंटे तक हमारे साथी आपस में बात न कर सके। बाद में जेल अफसरों ने हमारे साथियों को बताया कि फाँसी के तख्ते पर पहुँचकर भगतसिंह ने सुपरिन्टेन्डेन्ट से अनुरोध किया—आप हमें दो मिनट का अवकाश दें ताकि हम संतोष से नारे लगा सकें। आशा है आप हमारी इतनी बात मान लेंगे।

सुपरिन्टेन्डेन्ट मौन स्वीकृति में खड़ा रहा। तीनों शहीदों ने एक साथ नारे लगाये—

Long live revolution (इन्कलाब जिन्दाबाद)!

Down with imperialism (साम्राज्यवाद का नाश हो)!

उस दिन पूरे जेल के कैदियों ने खाना नहीं खाया। सम्भव है जेल के हिन्दुस्तानी अफसर, सरकारी ड्यूटी पूरी करते हुये भी, मन में चोट या ग्लानि अनुभव कर उस दिन खाना न खा सके हों या उन्होंने दुख अनुभव किया हो। जेल का दारोगा खान साहिब अकबर फाँसी के दो-तीन दिन बाद सरदारसिंह आदि से मिला तो अपने आप ही जिक्र किया—नौकरी की गुलामी में सरकारी हुक्म तो पूरा करना ही पड़ा, लेकिन तबीयत परेशान है। खाना सामने आता है तो जहर मालूम होता है। लानत है इस खाने पर जिसके लिये यह गुलामी करनी पड़ रही है। यह पंक्तियाँ लिखते समय एक बात याद आ गयी—१९३० में पेशावर में सरकारी हुक्म से आन्दोलनकारी जनता पर गोली चलाने से इनकार करने वाले गढ़वाली सिपाहियों की गांधी जी ने निन्दा की थी, क्योंकि वे सिपाही गांधी जी के विचार में कर्तव्य से च्युत हो गये थे। लाहौर जेल में हिन्दुस्तानी सिपाहियों और अफसरों ने भगतसिंह आदि को फाँसी पर लटका देने की आज्ञा तो पूरी की, परन्तु उन्होंने इसके लिये जो दुख अनुभव किया, गांधी जी की दृष्टि में वह भी पाप ही रहा होगा। अर्थात् गांधी जी के अनुसार मानवता और राष्ट्रीय भावना की अपेक्षा मालिक की गुलामी निबाहना ही बड़ा धर्म था।

यह आशा नहीं थी कि सरकार शहीदों के शवों का प्रदर्शन और उचित सत्कार करने के लिये इनके शरीर उनके सम्बन्धियों को दे देगी। लोग इस बात के लिये भी बहुत आशंकित थे कि सरकार शहीदों के शवों को कहीं दूर ले जाकर इनके प्रति उपेक्षा या निरादर का व्यवहार न करे, इसलिये लोग लाहौर से बाहर जाने वाली सभी सड़कों पर चौकसी रखे हुये थे। फिरोजपुर जाने वाली सड़क पर भगतसिंह की बहिन अमरकौर कुछ साथियों के साथ थीं। आधी रात के लगभग पुलिस की गाड़ियों को फिरोजपुर की तरफ जाते देखकर इन लोगों ने अनुमान कर लिया कि शहीदों के शव सतलुज नदी की ओर, लाहौर से लगभग साठ-पैंसठ मील दूर ले जाये जा रहे हैं। दिन निकलने तक बहुत से लोग सतलुज के रेल-पुल पर पहुँच गये। वहाँ तीन चितायें जल रही थीं, परन्तु पुलिस लौट चुकी थी। संध्या तक वहाँ खूब भीड़ लग गयी। उस स्थान से चिताओं की राख या अस्थियाँ आदि जो कुछ भी मिला, लोग श्रद्धा से उठा ले गये। बाद में मार्च १९४७ तक वहाँ प्रतिवर्ष मेला लगता रहा। अब वह भाग पाकिस्तान में है।

कुछ ऐसी अफवाहें भी फैली थीं कि पुलिस ने इन शहीदों के मृत शरीरों के साथ भी प्रतिहिंसा का व्यवहार किया था अर्थात् शरीरों को चिता पर भस्म करने के पहले उनके टुकड़े कर दिये गये थे और हिन्दू रीति या प्रथा को पूरा नहीं निबाहा गया था। अफवाहों के निराकरण के लिये सरकार ने उसी रात विज्ञप्ति प्रकाशित की थी कि भगतसिंह का अन्त्येष्टि संस्कार सिख विधि से करने के लिये एक ग्रंथी (सिख पुरोहित) तथा सुखदेव

और राजगुरु के लिये एक ब्राह्मण पुरोहित को नियुक्त किया गया था। उनकी चिताएँ भी नदी के किनारे उचित स्थान पर बनायी गयी थीं। सरकार द्वारा अनुष्ठान में जनता को श्रद्धा भावना की आशा तो हो नहीं सकती थी, परन्तु जो लोग अंग्रेज सरकार के ढंग से परिचित हैं, उन्हें शहीदों का अंगच्छेद किया जाने की बात पर विश्वास न होगा। आखिर सरकार को इसकी जरूरत क्या थी? अंग्रेज शासक इस बात के लिये सदा सतर्क रहते थे कि वे बर्बर न समझे जायें या जनता की उत्तेजना के लिये अनावश्यक कारण न बन जायें। वे न्याय और कानूनी नैतिकता का आडम्बर कायम रखते थे। भारतीय पुलिस और सेना पर नैतिक प्रभाव बनाये रखने के लिये ऐसा व्यवहार आवश्यक और सहायक था।

कुछ और भी ऐसी असंगत अफवाहें फैलायी गयी थीं जिनसे इन शहीदों के मनुष्येतर होने की भावना झलकती है। उदाहरणतः फाँसी की कोठरी में प्रसन्नता से उनका वजन बहुत अधिक बढ़ जाना और उनका फाँसी के तख्ते पर कूद जाने के लिये व्याकुल और आतुर रहना। जेल का अनुभव पाये लोग प्रायः जानते हैं कि फाँसी की कोठरी में अस्सी-नब्बे प्रतिशत लोगों का वजन बढ़ जाता है। इसके कारण शारीरिक हैं। फाँसी की कोठरी में बन्द व्यक्तियों को कुछ दिन का मेहमान मानकर खाना अपेक्षाकृत अच्छा दिया जाता है। उन्हें नित्य आध सेर दूध भी दिया जाता है। उन्हें जेल के काम की मेहनत नहीं करनी पड़ती। फाँसी के भय का आतंक सजा पाने वाले पर सबसे अधिक तभी होता है जब पहले-पहल सेशन अदालत से फाँसी का हुक्म होता है। उसके बाद हाईकोर्ट से भी सजा बहाल रहने पर गवर्नर के यहाँ दया की प्रार्थना पर भरोसा रहता है। प्रार्थना अस्वीकृत हो जाने पर भी निर्णय या फाँसी की तारीख अपराधी को बतायी नहीं जाती। बस रात भर पहले, बल्कि घंटे-दो घंटे जब उसे तोलकर देखा जाता है या नहा-धोकर भगवान का नाम लेने के लिये कह दिया जाता है, तभी वह जान पाता है कि उसका अन्त समय आ गया है।

प्रायः ही लोग फाँसी की कोठरी में छः महीने या साल भर तक प्रतीक्षा में बन्द रह जाते हैं। मानसिक रूप से इस अवसर के लिये तैयार भी हो जाते हैं। सौ में से दस-पाँच ही ऐसे निकलते हैं जो फाँसी के तख्ते की ओर ले जाये जाते समय रोते या चिलाते हैं या जिन्हें खींचकर ले जाना पड़ता है। अकसर अभियुक्त राम-राम या अल्लाह-अल्लाह पुकारते स्वयं ही उस ओर चले जाते हैं। कत्ल के कुछ अपराधी ऐसे भी आ जाते हैं जो निर्भय प्रवृत्ति के कारण अन्त समय तक हँसते या गाते रहते हैं। ये ऐसे लोग होते हैं जो स्वभाव से अपराधी प्रवृत्ति के नहीं होते, परन्तु आत्म-सम्मान या अपने विश्वास से कर्तव्य की भावना से कत्ल कर बैठते हैं परन्तु ऐसे लोगों की कर्तव्य भावना पारिवारिक या वैयक्तिक होती है, सामाजिक या राष्ट्रीय नहीं।

भगतसिंह, सुखदेव और राजगुरु के फाँसी की कोठरियों में रहते समय भी उनके पड़ोस में एक ऐसा ही व्यक्ति केसरसिंह नाम का था। इन लोगों के फाँसी की कोठरियों में जाने के समय केसरसिंह वहाँ पहले से मौजूद था। उस पर अपने बहनोई और गाँव के नम्बरदार के कत्ल का मुकदमा था। पुलिस लाशें नहीं पा सकी थी इसलिये केसरसिंह को हाईकोर्ट से छूट जाने की आशा थी। वह सबसे कहा करता था, "अभी मुझे एक कत्ल और करना है। लौटकर फाँसी चढ़ूँगा। केसरसिंह छूट गया और सचमुच दो मास बाद

नायब थानेदार का कत्ल करके फिर लौट आया। सेशन ने उसे फिर फाँसी की सजा का हुक्म दे दिया। इस बार वह हाईकोर्ट में अपील नहीं करना चाहता था। उसकी इच्छा के विरुद्ध उसकी चाची की प्रार्थना पर अपील कर दी गयी। कत्ल किये गये व्यक्ति की लाश इस बार भी नहीं मिली थी। सम्भव था कि छूट जाता। केसरसिंह ने दर्खास्त दे दी कि मैं कुछ कत्लों और लाशों का भेद पुलिस को देना चाहता हूँ! पुलिस उसे बेड़ियाँ पहनाकर पहरे में ले गयी। केसरसिंह ने अपने तीनों कत्लों की लाशें बरामद करवा दीं और अदालत में कत्ल कबूल कर लिये। वह फिर फाँसी की कोठरी में आ गया। उसे आतशिक, सूजाक की विकट बीमारियाँ थीं। फाँसी की कोठरी में दिन भर निर्लज्ज और अश्लील गीत ऊँचे स्वर में गाया करता था। शायद फाँसी पर चढ़कर शांति पा जाने के लिये बेचैन था। एक दिन उसे हमारे साथियों ने समझाया, "तू इतना बहादुर आदमी है, ऐसे गंदे गीत तुझे शोभा नहीं देते!"

केसरसिंह ने पूछा, "तो फिर क्या करूँ? कुछ तो गाऊँ कि समय कटे!"

साथियों ने कहा, "भाई, तू और कुछ नहीं समझता तो भगवान या वाहगुरु का ही नाम लिया कर! गन्द तो न बका कर!"

केसरसिंह इन लोगों की बात मानता था। उसने स्वीकार कर लिया, "बहुत अच्छा, अब मैं गाया करूँगा—'मौला मैं कुक्कड़ खादे तेरे, तू बक्ष दे औगुन मेरे।' (हे मालिक, मैंने तेरे बहुत से मुर्गे खाये हैं, तू मेरे अपराध क्षमा कर)। केसरसिंह फाँसी हाते की ओर जा रहा था तब भी यही गीत गा रहा था।

केसरसिंह जैसे लोगों की मानसिक अवस्था स्वस्थ और सम नहीं समझी जा सकती। ऐसे लोग अपने जीवन से खिन्न होकर मृत्यु से शान्ति की आशा करते हैं। ऐसे लोगों की मानसिक प्रकृति को वीरता नहीं कहा जा सकता। जीवन से उपराम होकर शांति के लिये मृत्यु की शरण चाहना वीरता नहीं है। भगतसिंह और उसके साथी न जीवन से खिन्न थे, न उनकी मानसिक अवस्था विकृत थी, और न वे जीवन से घबराकर शांति के लिये मृत्यु चाहते थे। उनका लक्ष्य मानवता का कल्याण था। मानवीय अधिकारों को पाने का कर्तव्य पूरा करने के लिये उन्होंने मृत्यु को स्वीकार किया था। इस परिस्थिति का सामना उन्होंने स्वस्थ, सम मानसिक अवस्था से किया। यही उनकी वीरता थी।

इन तीनों शहीदों की एक-दूसरे से किसी प्रकार की तुलना करना उचित नहीं जँचता, परन्तु औचित्य के विचार से ही कहना पड़ता है कि सुखदेव के साथ अन्याय हुआ है। उसकी भावना को ठीक से समझा नहीं गया। उसके और दूसरे साथियों की प्रकृति में अन्तर होने से उसका व्यवहार भी कुछ विचित्र होता था। पहली बात थी, सुखदेव का गिरफ्तारी के बाद आवेश में कुछ बयान दे देना। इसी बात से उसके और दूसरे साथियों के व्यवहार में अन्तर आ गया। बाद में भी उसकी भावना की ओर ध्यान न देकर उसके व्यवहार की भिन्नता की ओर ही ध्यान जाता रहा। सुखदेव के अन्त तक के पूरे व्यवहार को देखकर ही उसे ठीक समझा जा सकता है। फाँसी के दिन सुखदेव के व्यवहार से स्पष्ट है कि वह साहस में किसी की अपेक्षा कम नहीं बल्कि कुछ अधिक उग्र ही था। शत्रु पक्ष से किसी प्रकार के सौजन्य की आशा करना या उनके प्रति सौजन्य दिखाना उसके स्वभाव में न था। मुकदमे के विषय में भी उसका व्यवहार और दृष्टिकोण ऐसा ही था। दूसरे

साथियों का विचार था, यदि मुकदमे और कानून के दाँव-पेचों से दण्ड से बचा जा सकता है तो क्यों न बचा जाये। सुखदेव को मुकदमा लड़ना भी शत्रु से एक प्रकार का सहयोग ही जान पड़ता था। उसका दृष्टिकोण था, विदेशी सरकार से हमारी लड़ाई है। हम लड़ रहे हैं। उन्हें जो करना है, कर लें! उसका आरम्भिक बयान अपने काम की स्वीकृति के रूप में इसी भावना का परिणाम था। उसके दृष्टिकोण में चाहे गलती हो, परन्तु कायरता या जान बचाने की भावना नहीं थी।

●

पुनः संगठन का प्रयत्न

कुछ सहायक

मैं दिल्ली आने-जाने लगा था। महाशय कृष्ण जी को रुपये-पैसे के लिये फिर परेशान कर रहा था। खासकर मैं दल के नाम पर लिया रुपया व्यक्तिगत आवश्यकताओं के लिये खर्च नहीं करना चाहता था पर 'यह लक्ष्मण रेखा' निभती नहीं थी, क्योंकि व्यक्तिगत उपयोग के नाम पर लिया रुपया ही अधिकांश में दल के काम में लग जाता था। एक दिन कृष्ण जी ने हाथ जोड़कर कहा, "महाराज, दो नये भक्तों से परिचय करा देता हूँ। अब मेरी जान छोड़ो।"

कृष्ण जी की पत्नी के भाई ध्रुवदेव हमारी वजह से एक बार हवालात काट आने पर भी सहायता करते ही रहते थे। अब कृष्ण जी ने अजमेरी दरवाजे के भीतर रौशन थियेटर के समीप ही गली में रहने वाले एक सज्जन प्रभुदत्त शर्मा से परिचय करा दिया। प्रभुदत्त का अपना खूब बड़ा मकान और सम्पन्न परिवार था। उन दिनों वे शौकिया हवाई जहाज उड़ाना सीख रहे थे। बाद में वे सबसे पहले और मुख्य भारतीय सिविल पाइलेट बन गये थे। प्रभुदत्त की सहायता की कोई सीमा नहीं थी। उनके पास अपनी छोटी मोटर थी। जहाँ कहीं मुझे जाना होता, वे प्रायः ही पहुँचा देने के लिये प्रस्तुत रहते। यदि कभी स्वयं साथ जाने में खतरा समझते तो कह देते, "तुम गाड़ी ले जाओ। पकड़े जाओगे तो कह दूँगा, मेरी गाड़ी चोरी हो गयी है। जहाँ तुम्हारे खिलाफ इतने मुकदमे हैं, मोटर चोरी का एक और मुकदमा सही!" उन्हें यह भी मालूम था कि लाहौर और देहली षड्यंत्र के मुकदमों में हमारे कुछ साथियों ने मुखबिर बनकर दल को सहायता देने वाले कई लोगों को संकट में डाल दिया था; इसलिये वे चाहते थे कि मैं उनका परिचय दल के किसी दूसरे आदमी को न दूँ। मैंने भी उनके इस अनुरोध का पूर्णतः पालन किया।

प्रभुदत्त ने चाँदनी चौक से जामा मस्जिद की ओर जाने वाली परेड के साथ की सड़क पर ऊँचे मकानों के पीछे, गली में मेरे लिये एक मकान की दूसरी मंजिल पर एक जगह ढूँढ़ दी थी। उस मकान का किराया भी दे दिया था। मैं प्रकाशवती को भी यहाँ ही ले आया। यहाँ हमारे रहने का ढंग ऐसा था कि मकान छोड़ जाने के बाद भी कभी किसी को कुछ सन्देह नहीं हुआ। प्रभुदत्त मेरे गिरफ्तार हो जाने के बाद भी फरार अवस्था में प्रकाशवती की सहायता करते रहे थे।

प्रभुदत्त पाइलेट बन गये थे। हिमालयन एयरवेज में उन्होंने पंडित नेहरू को भी कई बार सफर कराया था। मुझे भी एक बार हवाई जहाज का परिचय देने के लिये १९३१ में दिल्ली और मथुरा के ऊपर लगभग एक घंटे तक उड़ाकर दिखा दिया था। हवाई जहाज का यह मेरा पहला अनुभव था। प्रभुदत्त के भाई ब्रह्मदत्त भी पाइलेट बन गये थे। उस

समय ऊँची योग्यता का पहला भारतीय प्रभुदत्त ही था। सुना है, अंग्रेज पाइलेट उनसे ईर्ष्या भी कम नहीं करते थे। एक दिन दोनों भाई कराची से दो अलग-अलग हवाई जहाजों में देहली और लाहौर जा रहे थे। रास्ते में दोनों हवाई जहाजों में आग लग गयी और दोनों भाई जहाजों के साथ समाप्त हो गये। लोगों को यह सन्देह हुआ कि यह घटना किसी कुचक्र का परिणाम थी। पहले मालूम न था कि प्रभुदत्त किस जहाज में जायेगा इसलिये शायद कुचक्र रचने वालों ने दोनों ही जहाजों में निश्चित समय पर आग लग जाने की पूर्व व्यवस्था कर दी थी। प्रभुदत्त जैसे सहृदय और साहसी व्यक्ति कम ही देखने में आये हैं।

कृष्ण जी द्वारा पाया दूसरा सम्पर्क था सुमित्रा दीदी। सुमित्रा दिल्ली के प्रसिद्ध ठेकेदार नारायणदत्त जी की पुत्री हैं। नारायणदत्त जी पुराने कांग्रेसी थे। बड़े-बड़े कांग्रेसी नेता उन्हीं के यहाँ आतिथ्य ग्रहण करते थे। सुमित्रा भी खद्दर पहनती थीं। एम० ए० श्रेणी में पढ़ रही थीं। उनसे कुछ सैद्धान्तिक बातचीत भी होती रहती थी। उनका कहना था—देशभक्ति या देश में समाजवाद और स्वतंत्रता के लिये जान देना तो ठीक ही है, परन्तु बम और पिस्तौल लेकर हिंसा करना ठीक नहीं है। आर्थिक सहायता वे बड़ी उदारता से करती थीं, परन्तु यह भी कह देतीं, "भैया, यह पैसा किसी की जान लेने में खर्च न हो।" साधारणतः उनका ऐसा ही व्यवहार था। एक दिन स्वयं मोटर में कहीं जाते समय उन्होंने मुझे दिल्ली में कहीं पैदल जाते देख लिया था। मिलने पर टोका, 'उस दिन तुम फलानी जगह भीड़ में पैदल जा रहे थे न?···कोई पहचान कर पीछा कर लेता तो?"

उत्तर दिया, "साइकिल है नहीं। हर समय ताँगा किराये पर लेने के लिये पैसा पास नहीं रहता। ताँगे से तो पैदल अच्छा। जब चाहें किसी गली में खिसक जायें।" बोलीं, "अभी हमारे घर चलो। रुपया लेकर अभी साइकिल खरीद लो।"

सुमित्रा दीदी और हमारे परिचितों की आशंका ठीक ही थी। उन दिनों दिल्ली षड्यंत्र का मामला जोरों पर चल रहा था। अदालत में दिये कैलाशपति के बयान अखबारों में छपते रहते थे। आज़ाद, भगवतीचरण और यशपाल की बहुत चर्चा थी। आज़ाद और भगवतीचरण दोनों शहीद हो चुके थे, रह गया था यशपाल। यशपाल के सम्बन्ध में पुलिस की धारणा क्या थी, इसकी चर्चा हालिस के संस्मरण में इन शब्दों में है, 'आज़ाद की मृत्यु के बाद दल के दूसरे साथी ने तुरन्त उसकी जगह ले ली जो और भी अधिक दुस्साहसी और निर्मम निकला···।'

पंजाब और देहली पुलिस की ओर से इनाम के खूब बड़े-बड़े इश्तहार फरार क्रांतिकारियों की गिरफ्तारी कराने के लिये सभी डाकखानों, रेलवे स्टेशनों और शहर के मुख्य स्थानों आदि में लगे हुये थे। इन इश्तहारों के बीचोंबीच मेरी तसवीर रहती थी। बाजारों, चौकों में लगाये गये इश्तहारों को लोग फाड़ डालते थे या उतार कर ले जाते थे। ऐसी ही एक इश्तहार देहली में श्रीकृष्ण सूरी कहीं से उतार लाये थे। वह अभी तक मेरे पास स्मृति रूप पड़ा है। मेरी धारणा थी कि इन इश्तहारों को देखकर मुझे कोई नहीं पहचान सकेगा। आशंका थी केवल पहचानने वालों से। कभी स्टेशन पर गाड़ी बदलने के लिये प्लेटफार्म पर इन्तजार करना आवश्यक होता तो मैं निधड़क इश्तहार के नीचे पड़ी बेंच पर बैठता और सिगरेट सुलगा लेता। विश्वास था, ठीक इश्तहार के नीचे ही मेरे आ

बैठने की आशा कोई नहीं करेगा। नकली दाढ़ी-मूँछ कभी नहीं लगायी। बस पोशाक में थोड़ा-बहुत हेर-फेर करने से काम चल जाता था।

कानपुर गोलीकांड

इन दिनों इसी प्रतीक्षा में था कि साथी दल के संगठन का उत्तरदायित्व किसी एक व्यक्ति को सौंप दे तो काम का सूत्र जम सके। गुप्त-संगठन का काम सदा वोट लेकर तो हो नहीं सकता था। सुरेन्द्र पांडे कानपुर में संगठन के लिये प्रयत्न कर रहा था। उसका संदेश पाकर दूसरी बार कानपुर गया। फरारी के समय यात्रा करने में कुछ जोखिम तो रहती ही थी। इस बार कानपुर में पांडे से कहा कि सलाह करना चाहते थे तो तुम्हीं दिल्ली चले आते। आखिर मैं फरार हूँ। सफर के लिये पैसा चाहिये और कुछ आशंका पहचाने जाने की भी रहती है। उस समय तक पांडे फरार न था।

पांडे ने उत्तर दिया, "देखो, तुम्हारी ओर तो किसी का ध्यान आकर्षित होता नहीं है। हमारा तो चेहरा ही कुछ फिलासफरों जैसा है न; तुरन्त ध्यान आकर्षित हो जाता है। हमें कानपुर की पुलिस एक बार गिरफ्तार भी कर चुकी है, खूब पहचानती है।"

पांडे की दूसरी बात तो कम से कम ठीक ही थी। अभी दुबारा वारंट न होने पर भी वह फरार जैसा ही था। अस्तु, मैंने ही कानपुर आना-जाना स्वीकार कर लिया। मई मास में फिर कानपुर से बुलावा आया कि संगठन के सम्बन्ध में सब मिलकर फैसला करेंगे। मैं अमुक दिन कानपुर में ग्यारह बजे सरसैया घाट पर मिलूँ।

जहाँ तक याद है, कानपुर जाकर गुलजारीलालजी के यहाँ ही ठहरा था। दोपहर में उन्हीं की साइकिल लेकर सरसैया घाट पहुँचा। मई का महीना, चिलचिलाती धूप थी। ऐसे समय सरसैया घाट सूना होने की आशा थी। घाट पर पहुँचकर देखा, घाट से ऊपर किनारे के एक तरफ पीपल के पेड़ के नीचे शिव जी के छोटे से मन्दिर के चबूतरे पर अपने साथी काशीराम, भवानी सहाय और राजेन्द्र निगम बैठे ताश फेंट रहे हैं। सुरेन्द्र पांडे और किसी दूसरे साथी की प्रतीक्षा थी। इधर-उधर की बातों में पाँच-सात मिनट ही गुजरे होंगे। मेरा ध्यान कुछ कदम पर खड़े चार आदमियों और एक इक्के की ओर गया। इन लोगों के पास दो साइकिलें भी थीं। अपने साथियों से पूछा, "यह कौन लोग हैं? कैसे, कब से खड़े हैं?"

काशीराम ने उत्तर दिया, "न जाने कौन हैं। मेरे पीछे-पीछे चले आये हैं। तबसे खड़े हैं।"

काशीराम से उत्तर सुनकर मैंने उसकी बुद्धि पर विस्मय प्रकट किया, "अजीब आदमी हो! कोई पीछा कर रहा था तो उसे साथ ही ले आये? पीछा करने वाला सी० आई० डी० के अतिरिक्त और कौन होगा?"

काशीराम ने कहा, "मैंने तो घूमघाम कर पीछा छुड़ाने की कोशिश की, लेकिन यह लोग मानते ही नहीं।"

काशीराम की इस सादगी पर क्रोध आया। अभी और भी साथी आने वाले थे। मैंने कहा, "यह तो तुमने बुरा किया। सभी को संकट में डालोगे।" पर अब क्या हो सकता था। दूसरे लोगों के आ जाने से पहले ही इनसे निबट लेना या वह जगह छोड़ देना उचित था। एक हाथ ताश बाँटा कि देखें वे लोग क्या करते हैं। उन्हें उसी जगह जमे खड़े

देखकर मैंने उन्हें समीप पुकार लिया, "अरे भाई, खड़े क्या देखते हो? आओ न, दो हाथ ताश के ही हो जायें।"

"हम खड़े हैं। आपसे कुछ कहते थोड़े हैं। आप लोग खेलिये।" उत्तर मिला।

"पर खड़े क्यों हो? कुछ काम है हमसे?" मैंने फिर पूछा।

"कुछ काम नहीं है। आप लोग खेलिये।" उन्होंने उत्तर दिया।

"हम लोग यहाँ अकेले में अपने हँसी-मजाक और खेल के लिये आये हैं। किसी का खड़े होकर ताकना तो अच्छा नहीं लगता।" मैंने अनुरोध किया।

"हम आपसे कुछ नहीं कह रहे हैं। आप अपना खेल खेलिये।" फिर उत्तर मिला।

अब क्या सन्देह था! मैंने उन्हें सुनाकर अपने साथियों से कहा, "यह लोग यहाँ बैठना चाहते हैं तो चलो हम ही कहीं और चलें।"

हम चारों आदमी उठ खड़े हुये और साइकिलें लेकर सड़क पर आकर लाल इमली मिल की ओर चलने लगे। उनमें से दो साइकिलों पर और दो खूब तेज इक्के पर हमारे पीछे आ रहे थे। उस समय राजेन्द्र निगम के विरुद्ध वारण्ट नहीं था। मैंनें उससे कहा, "आगे फटने वाले रास्ते से तुम हालसी रोड की ओर चले जाना। अगर इनमें से कोई तुम्हारा पीछा करेगा तो यह बँट जायेंगे। तुम्हारा क्या बिगाड़ लेंगे! शेष को हम देख लेंगे।" उन दिनों वह कांग्रेस दफ्तर में रहता था।

लाल इमली के चौक पर आकर निगम हालसी रोड की ओर घूम गया। उन लोगों ने निगम का पीछा नहीं किया। हम बायें, कचहरी जाती सड़क पर मुड़ गये। मैंने काशीराम और भवानीसहाय से कहा, "साइकिलें खूब तेज चलाओ। जब मैं कहूँ तो एकदम रुक जाना।" हम लोग खूब तेज चले। हमारा पीछा करने वाले भी उतने ही तेज हो गये। इक्के का घोड़ा बढ़िया था। पटापट खूब तेज चला आ रहा था। सोचा, आगे तो कचहरी आ जायेगी। वहाँ भीड़ में हमारा बचाव और कठिन हो जायेगा। मैंने अपने साथियों से सहसा कहा, "स्टाप!"

हम तीनों ने अपने साइकिल ब्रेक लगाकर रोक दिये। हमारा पीछा करने वाले खबरदार न होने के कारण हमसे आगे निकल गये। हमारे रुक जाने पर वे भी रुक गये और लौटकर हमारी ओर आ गये। इस प्रयत्न में उनमें से एक की कमर में कुर्ते के नीचे लटकते रिवाल्वर की झलक मुझे मिल गयी। मैंने उन्हें फिर सम्बोधन किया, "आखिर आप लोग चाहते क्या हैं?"

इस बार उनमें से एक ने काशीराम की ओर संकेत करके उत्तर दिया, "हम इन्हें अपने साथ थाने ले जायेंगे।"

"क्यों?" मैंने पूछा।

"इनके नाम वारण्ट है।"

"इनके नाम वारण्ट कैसे हो सकता है?" मैंने पूछा, "अच्छा क्या नाम है इनका?"

"काशीराम।" उत्तर मिला।

"मेरा नाम तो जगदीश है।" काशीराम बोला। मैंने भी उसका समर्थन किया।

उन लोगों ने कहा, "अगर ऐसी बात है तो यह हमारे साथ कोतवाली चलें! वहाँ फैसला हो जायेगा।"

मैंने फिर कहा, "यह कोतवाली आकर खुद बात कर लेंगे। आप जाइये। हम इन्हें कोतवाली ले आयेंगे।"

ऐसा प्रस्ताव वे लोग क्या मानते! मैं अवसर की प्रतीक्षा में था। अस्तु, मैंने काशीराम से कहा, "अच्छा भाई, यह लोग कह रहे हैं तो इनकी बात मान लो। तुम इनके साथ जाओ। हम तुम्हारे भाई को लेकर कोतवाली आते हैं।"

काशीराम घबराया, "नहीं, मैं नहीं जाऊँगा। मैं क्यों जाऊँ! मेरा नाम जगदीश है।"

मैंने उसे डाँटा, "जाते क्यों नहीं? जब यह लोग कह रहे हैं। तुम्हें पुलिस का कहना मानना चाहिये। तुम्हारा क्या हर्ज है?"

स्वाभाविक ही था कि काशीराम घबरा जाता कि मैं उसे मुसीबत में अकेले धकेल रहा हूँ।

"मैं चला जाऊँ भैया?" उसने निराशा से पूछा।

मैंने और भी डाँटा, "कह तो रहा हूँ, जाओ। पुलिस से क्या झगड़ा! हम तुम्हारे भाई को लेकर अभी आते हैं। घबराने की क्या बात है?"

गहरी साँस लेकर काशीराम ने कहा, "अच्छा!" और भाग्य भरोसे अपनी साइकिल घुमाने लगा। शायद यह सोचकर कि अब अकेले जो बन पड़ेगा, करेगा।

पुलिस वालों ने उसकी साइकिल का हैंडल थामकर कहा, "आप इक्के पर बैठ जाइये। साइकिल आपकी हम इक्के के पीछे बाँध देंगे।"

काशीराम ने अपनी साइकिल न छोड़ने की जिद्द की। वह यही सोचता होगा कि साइकिल पास रहने से ही भाग जाने की आशा हो सकती थी। मैंने फिर डाँटा, "यह लोग जो कहते हैं वही क्यों नहीं करते हो जी?"

काशीराम ने बहुत ही निराशा में साइकिल छोड़ दी और पुलिस वालों के कहने से इक्के पर बैठ गया। पुलिस के दो आदमी इक्के वाले से रस्सी लेकर साइकिल को इक्के के पीछे बाँधने लगा। दूसरे दो भी उसी को देख रहे थे। मैंने अपनी साइकिल कुछ पीछे हटाकर और कमर से पिस्तौल निकालकर दो पुलिस वालों को एक-एक गोली मार दी। मिलिटरी का पिस्तौल था। उसकी गोली बहुत बड़ी थी। दोनों एक-एक गोली में ही गिरकर चिल्लाने लगे। शेष दो में से एक साइकिल पर भागा और एक सड़क किनारे बँगले की बाड़ के भीतर कूद गया।

काशीराम इक्के से कूद आया और उसने भी एक गोली एक गिरे हुये सिपाही को मार दी। मैंने उससे और भवानीसहाय से एकदम साइकिलों पर चल देने के लिये कहा और उनके पीछे-पीछे स्वयं हाथ में थमे पिस्तौल से भागे हुये सिपाही की ओर गोली चलाता हुआ साइकिल पर चला। एक सिपाही, जो साइकिल पर समीप के बंगले की ओर गया था, अब आड़ लेकर मुझ पर गोली चला रहा था पर इतनी दूर से और तेज चलती साइकिल पर उसका निशाना क्या लगता। उत्तर में मैंने उसकी ओर भी एक गोली चला दी।

लौटकर चुन्नीगंज में गुलजारीलाल जी की कोठरी में शरण ली। इस घटना के बाद कानपुर में विचार-परामर्श क्या करते। अगले दिन मैं दिल्ली लौट गया।

दूसरे दिन कानपुर के पत्रों में पढ़ा था कि दोनों ही सिपाहियों की अवस्था चिन्ताजनक थी। एक के तो गोली पीठ की ओर से फेफड़े के पास से बाल भर बचती निकल गयी थी, दूसरे के पेट में काफी जख्म कर गयी थी।

दिल्ली से कानपुर जाने के लिये रुपया सुमित्रा दीदी से लिया था। यह भी उन्हें मालूम था कि मैं किसी काम से कानपुर जा रहा हूँ। मेरे लौटने से पहले ही दिल्ली के समाचार पत्रों में भी कानपुर की घटना छप गयी थी। दिल्ली लौटकर सुमित्रा जी से मिलना हुआ तो उन्होंने पूछा, "भैया, कानपुर में यह क्या किया तुमने?"

उनका समाधान किया, "वे लोग खामुखा हमें मारना चाहते थे। अपना बचाव तो करना ही पड़ता है।" घायल हो जाने वाले सिपाहियों के प्रति उन्हें बहुत सहानुभूति थी। कानपुर के वे सिपाही तो काशीराम को ही ढूँढ़ रहे थे, परन्तु जाने क्यों सरकार को विश्वास हो गया था कि कानपुर कांड के लिये यशपाल जिम्मेवार था। मेरी गिरफ्तारी के बाद मुझ पर इस घटना के लिये भी मुकदमा दायर किया गया था। कुछ दिन बाद राजेन्द्र निगम कानपुर में गिरफ्तार कर लिया गया। वह घटना के स्थान, समय पर भी न था। इसी मामले में उसे सात वर्ष के लिये जेल में डाल दिया गया। यह अंग्रेजी न्याय का एक नमूना था। इस कांड के लिये किसी को तो दण्ड मिलना ही चाहिये था वर्ना पुलिस का निकम्मापन साबित हो जाता। जो हाथ आ गया वही सही।

सुमित्रा दीदी ने पहले से कह रखा था कि राखी के दिन मैं अवश्य ही दिल्ली में रहूँ। राखी के दिन वे लगभग नौ बजे हमारे यहाँ आयीं। उन्हें कुछ उदास देखकर पूछा, "क्यों, क्या बात है?"

"भैया, आज मेरी इन्सल्ट हो गयी।" दीदी ने उत्तर दिया।

"क्यों? कैसे? क्या हुआ?" मैंने पूछा।

उन दिनों गांधी जी सन् १९३१ की गोलमेज कांफ्रेंस के लिये लंदन जाने वाले थे। शायद उसी प्रसंग में नेहरू जी दिल्ली आये थे और नारायणदत्त जी के यहाँ ही ठहरे थे। राखी के दिन सुबह ही सुमित्रा राखी लेकर नेहरू जी के पास पहुँची, "मैं आपको भाई बनाने के लिये राखी बाँधना चाहती हूँ।"

"क्यों, क्या जरूरत है?" नेहरू जी बोले, "मेरी दो बहनें काफी हैं। दुनिया भर की लड़कियों को बहन बनाते फिरने का शौक मुझे नहीं है।"

सुमित्रा जी पर घड़ों पानी पड़ गया। चुप खड़ी रह गयीं। उनका मुँह लटक गया। नेहरू जी ने कहा, "अच्छा लाओ बाँध दो।"

सुमित्रा जी ने मुझसे कहा, "ऐसी अवस्था में मन तो नहीं कर रहा था, परन्तु स्वयं ही जाकर कहा था इसलिये राखी बाँध दी। बहुत अपमान अनुभव हुआ।"

मैंने हँसकर कहा, "क्यों बाँध दी! आपको कहना था, पंडित जी, आपकी बात मेरी समझ में आ गयी। दुनिया भर के लोगों को भाई बनाने की क्या जरूरत? रहने दीजिये।"

सुमित्रा दीदी को नेहरू जी की बात कड़वी लगना स्वाभाविक था, परन्तु नेहरू जी की बात में गलती क्या थी? किसी लड़की को बहिन या लड़के को भाई बनाये बिना क्या स्त्री-पुरुषों में परिचय और सौजन्य तथा मित्रता का भाव हो ही नहीं सकता? मुझे स्वयं दुनिया भर की स्त्रियों को माता और बहिन की दृष्टि से देखने के उपदेश का अर्थ

यही जान पड़ता है कि हम साधारणतः सभी स्त्री-पुरुषों में यौन सम्बन्ध की ही आशंका लिये रहते हैं। ऐसे पुरुष भी चमत्कार ही होंगे जो सभी स्त्रियों के प्रति यौन-भावना रख सकते हैं। एक सामान्य स्वस्थ मस्तिष्क से तो ऐसी विराट आसक्ति की आशा नहीं की जा सकती।

एक बार फिर कानपुर से संदेश मिला कि मिलकर संगठन के सम्बन्ध में बात कर ली जाये। इस बार मुझे कानपुर नहीं बुलाया गया। हापुड़ में मिलना निश्चय हुआ। भावी कार्यक्रम के सम्बन्ध में मैंने प्रस्ताव रखा कि हमारे दल का आधार हमारी विचारधारा है। इन विचारों के प्रति सहानुभूति फैलाकर हमें सर्वसाधारण में दल का विस्तार करना चाहिये। जहाँ भी हमारे विचार के लोग हों हमारा कार्यक्रम स्वयं चलता रहे···इत्यादि-इत्यादि। सुरेन्द्र पांडे के भी ऐसे ही विचार थे। क्रियात्मक रूप से मेरा प्रस्ताव था कि हम सभी को यथासम्भव व्यक्तिगत रूप से स्वावलम्बी बन जाना चाहिये। विचारों के प्रचार का हमारे लिये एकमात्र साधन गुप्त प्रेस हो सकता है, इसलिये हम लोगों को जहाँ सम्भव हो प्रेसों में कम्पोजीटरी या प्रेस के दूसरे कामों में समा जाना चाहिये ताकि फिलहाल निर्वाह के लिये डकैती अथवा माँग-ताँग से छुट्टी मिले।

मेरे इस प्रस्ताव से पांडे या और भी कोई दूसरा साथी सहमत दिखाई नहीं दिया। पांडे का विचार जान पड़ता था कि जहाँ भी आवश्यकता हो, शस्त्र लेकर डकैती करने या ऐसे कामों की जिम्मेवारी यशपाल पर रहे। वह इन कामों के लिये उपयुक्त है। दल का सैद्धान्तिक मार्ग निर्देशन और संगठन पांडे करता रहे। यह बात मुझे कुछ अच्छी नहीं लगी। रात में विलम्ब हो जाने से किसी परिणाम पर पहुँचे बिना बातचीत छोड़कर हम लोग फर्श पर बिछी चटाई पर इधर-उधर लुढ़क कर सो गये थे। सुबह नींद खुलते-खुलते कान में आवाज़ पड़ी। मेरी पीठ की ओर भवानीसिंह और पांडे खड़े थे। काफी ऊँचे और खिन्न स्वर में बात कर रहे थे। बात अपने ही सम्बन्ध में जान पड़ी, इसलिये चुपचाप सुनता रहा। भवानीसिंह ने कहा, "···वाह साहब, यह हमें कम्पोजीटर बन जाने की सलाह दे रहे हैं।···वाइसराय की ट्रेन के नीचे बम चलाने के लिये बिजली का बटन क्या दबा दिया, अपने आपको जाने क्या समझने लगे···।" कुछ देर बाद उठकर बैठा तो यह प्रकट नहीं किया कि मैं उनकी बात सुन रहा था। अपने मन में निश्चय कर लिया कि इन लोगों को मुझ पर विश्वास नहीं है। हापुड़ से चलने के लिये तैयार होकर मैंने इतना कह दिया, "आप स्वयं फैसला कर लीजिये। मुझे आप लोगों का निर्णय जँचेगा तो साथ दूँगा।"

लगभग उन्हीं दिनों की बात है। एक दिन सूर्यास्त से कुछ पूर्व मैं चावड़ी बाजार की घनी भीड़ में से फुटपाथ पर जामा मस्जिद की ओर चला जा रहा था। सहसा क्या देखता हूँ कि ठीक मेरे सामने ही कानपुर की घटना के चार सिपाहियों में से एक चला आ रहा है। बस, दो ही कदम का अन्तर रह गया था कि हम दोनों की आँखें अचानक चार हो गयीं। कानपुर की घटना के समय हमारा पीछा करने वालों में यह आदमी इक्के पर था। उसके पहलवानी ढंग, पहनाव और पक्के साँवले रंग के कारण उसे पहचानने में कोई दुविधा नहीं हुई। वह उस समय भी कुरता-धोती ही पहने था। मैं भी अवसरवश उस समय कानपुर की घटना के समय की तरह धोती ही पहने था। दो सिपाहियों के गोली खाकर गिर पड़ने पर यह सिपाही भागकर सामने के बंगले की आड़ से मुझ पर गोली चलाने लगा था।

सिपाही से आँखें चार होते ही मैंने साँस भरकर उसकी आँखों में घूरकर देखा। वह चोटी से एड़ी तक काँप उठा। मैं कमर पर हाथ रखकर उसके समीप हो गया और आँखों से उसकी पीठ पीछे इशारा किया—चुपचाप चले जाओ!

सिपाही बहुत तेज चाल से एकदम लौटकर चल पड़ा। मैं वैसे ही खड़ा उसकी ओर देखता रहा। प्रायः तीस कदम जाकर उसने घूमकर पीछे की ओर देखा। मुझे वैसे ही खड़े देख वह दौड़ पड़ा। मैं समीप की गली में घुसकर खूब तेज चलता हुआ देखता जा रहा था कि कोई पीछा तो नहीं कर रहा। अपनी सुरक्षित जगह पहुँचकर सोचा, इस समय सिपाही निश्चय ही निशस्त्र रहा होगा। प्राणों के भय ने उसे कैसे चुप करा दिया। हैदराबाद (सिंध) स्टेशन वाली घटना भी याद आयी। यह सिपाही कोतवाली में जाकर यदि मुझे देखकर भी चुपचाप भाग आने की बात कहता तो खामुखा कोतवाली से बरखास्त ही होता।

इस सिपाही से एक बार फिर सामना हुआ। वह विकट परिस्थिति थी। उसे मुझे पहचानने के लिये ही लाकर सामने खड़ा कर दिया गया था पर वह पहचान ही न सका। पहचान न सकने का रहस्य प्रसंग आने पर ही बताना ठीक रहेगा।

अब मेरे दिमाग में फिर रूस जाने का खयाल प्रबल हो उठा था। सोच लिया, जिन लोगों को मुझ पर विश्वास नहीं, उनकी मुझ पर क्या जिम्मेवारी। प्रकाशवती ने भी यही सलाह दी।

इन दिनों दिल्ली में लाहौर नेशनल हाईस्कूल के हेडमास्टर गुरुदत्त जी से मुलाकात हो गयी। उन्होंने भरोसा दिया, "तुम अगर विदेश जाना चाहते हो तो प्रकाशवती हमारे यहाँ रह जायेंगी।'

गुरुदत्त जी नेशनल स्कूल टूट जाने के बाद उत्तर प्रदेश के अमेठी ताल्लुके के राजा रणञ्जयसिंह के प्राइवेट सेक्रेटरी का काम कर रहे थे। एक तरह से बात तय ही हो गयी। प्रभुदत्त शर्मा से भी बात की। उसने सलाह दी कि रुपये का कुछ तो प्रबन्ध मैं कर दूँगा, कुछ सुमित्रा दीदी से कहो। सुमित्रा तो पहले ही इस बात पर जोर दे रही थी कि मैं आत्मरक्षा के लिये विदेश चला जाऊँ।

गुरुदत्त जी के साथ प्रकाशवती अमेठी चली गयीं। हमने दिल्ली वाला मकान छोड़ दिया। मेरा यह खयाल था कि सरहद के रास्ते रूस पहुँचने के प्रयत्न में बहुत संकट होगा। कहीं पठान लुटेरों ने ही समाप्त कर दिया तो क्या फायदा? या रूस की सीमा में पहुँचने पर जासूस समझ लिया गया और सोवियत की जेल में डाल दिया गया तो क्या फायदा? क्यों न ऐसे लोगों के माध्यम से जाऊँ जिनका रूस से सम्पर्क हो। तभी वहाँ मेरा विश्वास किया जा सकेगा। इस विचार का एक कारण यह था कि एम० एन० राय रूस से भारत लौट आये थे और अभी गिरफ्तार नहीं हुये थे। उस समय वे डाक्टर अहमद के नाम से बम्बई में थे। किसी एक सूत्र से सुना था कि उन्होंने मुझसे मिलने की इच्छा भी प्रकट की थी। उस समय तक मैं भारतीय कम्युनिस्ट पार्टी और एम० एन० राय के कार्यक्रम के भेद के विषय में कुछ नहीं जानता था। मेरठ षड्यंत्र का मामला चल रहा था। मैं मेरठ जाकर इस केस के जमानत पर रिहा अभियुक्त हचिन्सन से मिला और इच्छा प्रकट की कि भारतीय कम्युनिस्ट पार्टी की ओर से मुझे यह प्रमाण-पत्र दे दिया जाये कि मैं अंग्रेज सरकार से लड़ने वाला फरार क्रांतिकारी हूँ और विश्वास के योग्य हूँ।

हचिन्सन ने आश्वासन दिया—इसमें विशेष कठिनाई नहीं होगी, परन्तु इसके लिये मुझे बम्बई जाना होगा। उन दिनों कम्युनिस्ट पार्टी का संगठन दूसरे ढंग का था। उस समय सुहासिनी (सरोजिनी नायडू की छोटी बहिन) कम्युनिस्ट पार्टी की प्रेसीडेंट थीं। मैं जब बम्बई पहुँचा वे बीमार थीं। साथी रणदिवे से बात हुई। यह लोग प्रमाण-पत्र देने में हिचक रहे थे कि यदि मैं कहीं गिरफ्तार हो गया तो मेरे पास उनका प्रमाण-पत्र मिलने से उनकी पार्टी और आतंकवादियों में सम्पर्क का प्रमाण बन जायेगा। अलबत्ता वे ऐसे आदमियों से परिचय करा देने के लिये तैयार थे जिनकी सहायता से समुद्री रास्ते से विदेश जाना सम्भव हो सकता। बम्बई में उनके स्थानों पर रहते समय मेरा शस्त्र रखना भी वे उचित नहीं समझते थे।

मैंने रणदिवे से एम० एन० राय से मिल सकने के विषय में भी बात की। मेरा अनुरोध सुनकर रणदिवे ने कहा, "उसका उपाय तुम स्वयं करो, परन्तु यदि तुम एम० एन० राय से सम्पर्क रखना चाहते हो तो हमारी पार्टी से कोई आशा न करो।" यह मुझे इसके बाद ही पता चला कि एम० एन० राय भारत लौटने के पहले कम्युनिस्ट इन्टरनेशनल से झगड़कर आये थे और उनके विरुद्ध चीन में विश्वासघात करके आने का आरोप या अपवाद था।

मैं बम्बई से लौट आया कि सब बातों का निश्चय करके ही वहाँ लौटकर विदेश जाने की व्यवस्था करूँगा। प्रकाशवती से बात करने के लिये अमेठी गया। वह सभी प्रकार सहमत थीं। लौटते समय प्रतापगढ़ स्टेशन पर गाड़ी बदलने के लिये वेटिंग रूम में प्रतीक्षा कर रहा था। गुजराती सेठों की तरह लम्बा कोट, बढ़िया धोती और टोपी पहने था। सहसा देखा कि पूरा स्टेशन पुलिस से घिर गया। चोर की दाढ़ी में तिनका! यही खयाल आया किसी तरह पुलिस को मेरे वेटिंग रूम में होने का सन्देह हो गया है। इस जगह से बिलकुल अपरिचित था। सोचा—लड़कर मरने का समय आ गया।

पुलिस कायदे से कुछ-कुछ अन्तर से सभी जगह खड़ी थी। मैंने अटेची केस को कमरे के बीचोंबीच पड़ी मेज पर खोलकर रख लिया कि देर तक लड़ने के लिये इसकी थोड़ी-बहुत आड़ रहेगी। वेटिंग रूम का दरवाजा जालीदार था। बाहर मैं स्पष्ट देख सकता था पर बाहर से भीतर न दिखायी दे सकता था। बार-बार झाँककर देख रहा था कि पुलिस वेटिंग रूम की तरफ आती ही होगी। आखिर देखा कि दो इंस्पेक्टर अपनी पगड़ियों के झब्बे ठीक करते हुये वेटिंग रूम की ओर आ रहे हैं। दोनों के कंधे से वर्दी के रिवाल्वर भी लटके हुये थे। उनके पीछे कुछ सशस्त्र कांस्टेबल भी थे। झट सूटकेस के पीछे होकर पिस्तौल लेकर उसका सेफ्टीकैच हटा दिया कि उनके भीतर कदम रखते ही पहली चोट मैं ही करूँगा।

एक कांस्टेबल ने दरवाजा खोला। एक इंस्पेक्टर ने भीतर झाँका, परन्तु मुस्कराकर बहुत सलीके से सलाम कर बोला, "आदाब अर्ज है, आपको कुछ जहमत होगी।" उसके ढंग से रिवाल्वर को चुपके से सूटकेस में रखकर मैंने भी बहुत विनय से उत्तर दिया, "आइये, तशरीफ लाइये, क्या हुक्म है?"

इंस्पेक्टर ने बताया, "गवर्नर साहब की स्पेशल का इंजन यहाँ पानी लेगा। कायदा है कि ऐसे वक्त स्टेशन पर मुसाफिर नहीं रहते हैं। तकलीफ न हो तो सामान को ताला लगाकर ज़रा टहल आइये।"

आश्वस्त होकर मैंने बम्बइया हिन्दी में उत्तर दिया, "जैसा आपका कायदा और हुक्म! हम तो इसमें कुछ नहीं जानता पर हम गाड़ी बदलने को बैठा था। इधर कोई जगह जानता नहीं।"

"तो फिर जरा तकलीफ कीजियेगा कि जितनी देर स्पेशल यहाँ रहे, आप बाहर न आइयेगा, बस आठ-दस मिनट! परेशानी तो होगी लेकिन मजबूर हूँ, कायदे से!" बात आयी-गयी हुयी पर इस घटना से इतना तो स्पष्ट ही है कि सदा ही कितना तनाव दिमाग पर बना रहता था।

सुमित्रा दीदी मंसूरी में थीं। उनसे रुपये के सम्बन्ध में बात करनी थी। मंसूरी पहुँचा। मंसूरी जाने वाले साहब लोगों की ही पोशाक में था। सन्देह से परे बड़े होटलों में जाने के खर्चे की कठिनाई थी। यों भी पूछ-ताछ से बचने के लिये होटल ठीक नहीं थे। एक बड़े बंगले पर लिखा था—किराये के लिये कमरे खाली। जाकर बात की। उन्होंने पूछा, "परिवार साथ है या अकेले ही हैं?" अनुमान किया अकेले आदमी को जगह देने में घबरा रहे हैं। उन्हें सान्त्वना दी, "जगह मिल जाये तो पत्र लिख दूँगा। पत्नी आ जायेगी।" जगह मिल गयी।

सुमित्रा दीदी के यहाँ मिलने के लिये पहुँचा। उनकी बड़ी बहिन ही पहले मिलीं। देहली में कभी उनके यहाँ जाता था तो खद्दर के धोती, कुर्ता और टोपी पहने रहता था। उन्होंने सुमित्रा जी से मेरे विषय में पूछा था तो सुमित्रा जी ने कह दिया था, "एक डाक्टर हैं। कांग्रेस में काम करते हैं।"

"डाक्टर हैं...प्रैक्टिस तो क्या चलती होगी इनकी?" उनकी बहिन ने पूछा था और उन्होंने उत्तर दे दिया था, "हाँ, ऐसे ही होमियोपैथ हैं बेचारे।"

इस बार मैं उनके यहाँ गया तो बिर्चिस, कोट और टाई पहने था। बहिन जी को पहचानने में उलझन हुई और पहचाना तो ताने से बोलीं, "कहिये डाक्टर साहब, खद्दर कहाँ गया?"

"अब क्या जरूरत है खद्दर की?" मैंने उत्तर दिया, "वह तो स्वराज्य पाने के लिये ही था। गांधी जी स्वराज्य लेने लंदन (गोलमेज कांफ्रेंस में) गये तो हैं। अब क्या जरूरत है खद्दर के झगड़े की?" बहिन जी इस उत्तर से क्या संतुष्ट होतीं!

सुमित्रा जी से मालूम हुआ कि मंसूरी में वे कुछ भी नहीं कर सकतीं। दिल्ली जाकर ही कुछ सोचेंगी। दिल्ली वे तभी जातीं जब उनका परिवार जाता। लाइब्रेरी बाजार में से गुजरते समय अचानक लाहौर की एक परिचित कुमारी जी मिल गयीं। देखकर बहुत प्रसन्न हुईं। उनके साथ ही दिल्ली के प्रसिद्ध कांग्रेसी कार्यकर्ता सूरी परिवार की लड़की भी थी। वे दोनों मुझे अपने यहाँ ले गयीं। उन्होंने प्रकाशवती के सम्बन्ध में पूछा, "कहाँ हैं?" उत्तर दिया, "वह कहीं और हैं।"

वे दोनों कुमारियाँ किसी के यहाँ मेहमान थीं। उस मकान में जगह कम ही थी, परन्तु उन्होंने उदारता के साथ रहने का निमंत्रण दे दिया। उन्हें बताया कि जगह तो काफी बड़ी ले चुका हूँ, यों ही पड़ी है।

"तो हम लोग ही वहाँ चली चलें!" कुमारियों ने प्रस्ताव किया।

"मुझे तो कुछ एतराज नहीं।" मुस्कराकर उत्तर दिया, "मेरे साथ रहने में जो खतरा है, उसके अतिरिक्त यह भी झंझट है कि बंगले में रहने वाले पड़ोसी आप में से एक को

मेरी पत्नी समझ लेंगे, क्योंकि मैंने उन्हें कह दिया है कि मेरी पत्नी आने वाली है।" मिस सूरी तो जोर से हँस दी, "उसमें क्या है।" परन्तु दूसरी कुमारी जी को यह बात अपमानजनक लगी। सम्भव है मेरे मुस्कराकर कहने से कोई विशेष अभिप्राय जान पड़ा हो। उनका क्रोध और भी बढ़ गया, क्योंकि अगले ही दिन उन्होंने मुझे प्रकाशवती के साथ सड़क पर देख लिया। उन्हें विश्वास हो गया कि मैंने उनसे झूठ बोला था। बात काफी बढ़ गयी।

प्रकाशवती अचानक ही मंसूरी पहुँच गयी थीं। मुझे उनके जल्दी आने की आशा न थी। बात यह हुई कि अमेठी में उनके प्रति सन्देह का कोई अनुमान होने से उन्हें वहाँ से तुरन्त हट जाना पड़ा। यह उन्हें मालूम था कि मैं मंसूरी गया हूँ। वे मंसूरी आ गयीं और नारायणदत्त जी का बँगला पूछकर सुमित्रा जी के यहाँ पहुँच गयीं। स्वयं सड़क पर प्रकाशवती को सुमित्रा जी के साथ देखकर मैं विस्मित रह गया था।

सूरी परिवार की दोनों बहिनों ने हमें आश्रय और सहायता देने के लिये प्रस्ताव किया—वे लोग देहरादून में एक मकान किराये पर ले रही थीं। मैं और प्रकाशवती चुपचाप उनके साथ रह जायें। हम लोगों को ऐसा निमंत्रण देने का अर्थ निश्चय भय और आशंका को न्योता देना था। हमने उनका निमंत्रण स्वीकार कर लिया। वह मकान देहरादून में खुड़बड़े मुहल्ले के परे बंदाल नदी के किनारे था। बड़ी शान्ति के दिन थे। समय मिला तो मैंने पढ़ना शुरू कर दिया और आस्कर वाइल्ड के एक नाटक 'वीरा दि निहिलिस्ट' का अनुवाद भी कर डाला। किसी काम से दिल्ली गया था। सूरी परिवार की मार्फत दिल्ली में हिन्दुस्तान टाइम्स प्रेस के मैनेजर देवीप्रसाद जी शर्मा से परिचय हो गया था। उनसे अनुरोध किया कि मैं लिख सकता हूँ। यदि कोई प्रकाशक चाहे तो मेरी लिखी चीजों को चाहे जिस नाम से या एक निश्चित नाम से प्रकाशित करता रहे और मुझे पारिश्रमिक दे दिया करे। मैं स्वयं कमाकर अपना निर्वाह करना चाहता हूँ। शर्मा जी ने आश्वासन दिया कि यत्न करेंगे। उन्होंने उस समय के एक सफल प्रकाशक ऋषभचरण जी जैन से परिचय करा दिया। वे लुई फिशर की पुस्तक 'गांधी और लेनिन' का अनुवाद करवाना चाहते थे। छः-सात सौ पृष्ठ की अच्छी बड़ी पुस्तक थी। ऋषभचरण जी ने दो सौ रुपया तो मुझे पेशगी ही दे दिया। मैंने सोचा, कुछ विश्राम का समय आया।

ऋषभचरण जी ने एक और भी अनुरोध किया था कि मैं एक बार उनके मकान पर अवश्य चलूँ। देवीप्रसाद जी के साथ वहाँ गया। बैठक में बैठा था। ऋषभचरण जी कपड़ों में लिपटा एक बंडल-सा हाथों पर सम्भाले भीतर से ले आये। समीप आने पर देखा तो प्रायः उसी दिन का जन्मा एक बालक था। ऋषभचरण बोले, "मेरा पुत्र है। इसे अपनी गोद में लेकर आशीर्वाद दे दीजिये कि आपके ही समान शूरवीर और साहसी हो!"

मैंने उन्हें समझाया, "मैं शूरवीर नहीं हूँ। जैसी परिस्थितियाँ आ पड़ी हैं, अपना कर्तव्य समझकर निबाह रहा हूँ।" पर वे भला क्यों मानने लगे। अस्तु, आशीर्वाद दिया। जाने वे नौनिहाल कितने शूरवीर बने होंगे। १९६० के पश्चात् इस नौनिहाल से कई बार भेंट हुई है। अपनी अपेक्षा उसके स्वस्थ कद और सद्व्यवहार से संतोष होता है।

अपनी कमाई का भी कुछ पैसा हाथ आने लगा। हम लोग जरा ढंग से रहने लगे। देहरादून में डी० ए० वी० कालेज के पीछे एक छोटा-सा सुथरा मकान ले लिया था। बाँस की बनी सस्ती मेज-कुर्सी भी ले आये और खिड़कियों में पर्दे लगा लिये। मैं दिन भर

अनुवाद किया करता। संध्या समय घूमा करते। देहरादून में कई परिचित भी मिल गये। सौभाग्य से सभी विश्वासयोग्य थे। नयी जगह में नया परिचय, नये नाम-धाम से देते थे। सुमित्रा दीदी का दिया हुआ डाक्टर का खिताब भी साथ चिपका हुआ था। पहनने के लिये प्रभुदत्त, सुमित्रा दीदी और जसवंतसिंह की कृपा से अच्छा खासा सूट और रेशमी कमीजें थीं। चौधरी रामधनसिंह ने स्वयं बनाकर एक जोड़ा सुन्दर जूता भी दिया था इसलिये सम्भ्रान्त वेश।

मिस सूरी पहले भी देहरादून रह चुकी थीं। घूमते-फिरते उनकी परिचित और समवयस्का एक मराठी अध्यापिका से भी परिचय हो गया। उनसे यह मुलाकात मेरी और प्रकाशवती की अलग-अलग हुई थी। मिस सूरी ने प्रकाशवती का परिचय रिश्ते की बहन के रूप में दिया था। मुझसे मुलाकात होने पर मेरा परिचय रिश्ते के भाई डाक्टर के रूप में करा दिया। एक साथ मिलने पर हमारा सम्बन्ध पति-पत्नी का नहीं बताया जा सकता था इसलिये डाक्टर को कुँआरा ही बता दिया गया। डाक्टर साहब के कपड़े-लत्ते काफी अच्छे रहते थे। बताया, विलायत से पास करके आये हैं। बम्बई में प्रैक्टिस शुरू की है। मंसूरी आये थे। देहरादून में भी कुछ दिन रह गये हैं। कुँआरे, युवा और सम्पन्न डाक्टर के प्रति बीस-बाइस वर्ष की कुमारी बेटी की माँ का सहृदय हो जाना आश्चर्य की बात नहीं थी।

अध्यापिका और उनकी माँ के पड़ोस में एक और उसी आयु की बंग कुमारी अध्यापिका भी थीं। इनके पिता उस समय देहरादून आये हुये थे। इन सज्जन को भी डाक्टर साहब का परिचय पाकर बहुत सुख हुआ। सप्ताह में एक दिन इधर चाय हो जाती तो दूसरे दिन दूसरी ओर। यह सब सहृदयता यशपाल के रूप-गुण के प्रति नहीं, विलायत से पढ़कर आये, बम्बई में हार्नबाई रोड पर प्रैक्टिस शुरू करने वाले अविवाहित डाक्टर प्राणनाथ के प्रति थी। बंग कुमारी के पिता इलाहाबाद में, सम्भवतः 'पायनियर' के संवाददाता थे। इसलिये बातचीत में उन्होंने इंग्लैंड और लन्दन के विषय में कुछ जिज्ञासा की। बहुत से इंगलिश उपन्यास पढ़ चुका था। लन्दन, ग्लासगो के कई स्थानों के नाम बताकर उनका समाधान कर सकता था।

एक दिन महाराष्ट्र की अध्यापिका की माता का संदेश मिला कि उनकी तबीयत खराब है। डाक्टर साहब देख जायें तो बहुत कृपा हो। यह झूठ के पाल में पहला तीर लगा। अस्तु, जाना तो पड़ा और जाकर कहा कि मैं तो डेन्टिस्ट डाक्टर हूँ। आपको ज्वर है। किसी दूसरे डाक्टर को बुला लें। आखिर वृद्धा के दाँत में कष्ट कब तक न होता! वह दिन भी आ ही गया। दाँत का कष्ट स्वयं भी काफी भुगत चुका था। कई बार डेन्टिस्टों के यहाँ जाना पड़ा था। मैंने वृद्धा का मुँह खुलवाकर और बिजली की टार्च से बहुत ध्यान से देखकर कहा, "आपके दाँत में काफी खराबी है। मेरे औजार यहाँ नहीं हैं। आप किसी डेन्टिस्ट के यहाँ दिखाइये। दरद रोकने के लिये एस्परीन की पुड़िया खाकर क्लोब आयल की फुरेरी लगा लीजिये।" कहने को तो बात बन गयी पर बनी रह न सकी। कैसे? यह गिरफ्तारी के बाद के प्रसंग में बताऊँगा; एक बार बोला झूठ कितनी दूर तक पीछा करता है।

रूस जाने की बात टलती ही जा रही थी। कुछ समय बीतने पर अपने प्रति साथियों के पूर्ण विश्वास न होने के तिरस्कार की चोट भी उतनी तीखी न रही थी। सोच लिया

था कि जो साथी पूर्ण विश्वास से मेरे साथ काम कर सकते हैं, उनके साथ मिलकर क्यों न फिर से संगठन बाँधा जाये। सूरी परिवार कांग्रेस के लोगों में तो खूब परिचित था ही, क्रांतिकारियों में भी उनका परिचय कम न था। यत्न करते ही देहली में रामसिंह, हरिबन्धु समझदार और मेरठ में राजेन्द्रसिंह (वारियर), रणधीरसिंह आदि ऐसे लोग मिल गये जो स्वयं मुझे खोज रहे थे। मेरठ के राजेन्द्रसिंह और रणधीर तो दो-तीन पिस्तौलें भी अपने ही प्रयत्न से ले आये थे। माशी माँ भी कानपुर से दिल्ली आकर मुझे खोज रही थीं। इतने दिन तक दल का संगठन बिखरा रहने और कुछ न होने से वे बहुत विरक्त थीं। उनका विश्वास था कि मैं जरूर कुछ दर सकूँगा। पूर्वी उत्तर प्रदेश से कृष्णशंकर श्रीवास्तव ने अपने साथियों के पूरे सहयोग का आश्वासन दिया। उसने दिल्ली में एक आयरिश महिला सावित्री देवी (उर्फ मिसेज जाफरअली) से भी परिचय कराया। सावित्री बैरिस्टर जाफरअली से पृथक होकर मांटेसरी पद्धति से बच्चों की शिक्षा का काम कर अपना निर्वाह कर रही थीं। आयरिश होने के नाते उन्हें अंग्रेजों से चिढ़ थी और अब भारत को अपना देश मानकर विदेशी अंग्रेजी सरकार को इस देश से हटाने के प्रयत्न में साथ देना चाहती थीं। इन सभी लोगों की राष्ट्रीय भावना की दिशा हि० स० प्र० स० की समाजवादी भावना के अनुकूल थी।

सूरी परिवार का सुशीला दीदी और दुर्गा भाभी से भी परिचय और सम्पर्क था। इतने सहयोग की आशा से उत्साहित होकर मैंने इन दोनों से भी मिल लेना उचित समझा। पहले सुशीला दीदी से सूरी के मकान पर मुलाकात हुई। दीदी को ऐसा स्वस्थ और इतने अच्छे ढंग से पहरे-ओढ़े देखने का अवसर न पहले कभी हुआ था और न बाद में हुआ। बहुत अच्छा लगा, परन्तु बात करने पर उतना नहीं। उन्होंने साफ कह दिया कि उन्होंने बहुत कुछ देख और कर लिया है और अधिक झंझट में फँसना नहीं चाहतीं। उनके एक-दो दिन बाद दुर्गा भाभी से मुलाकात हुई। भाभी ने उससे कुछ नरम उत्तर दिया, "आप लोग कर रहे हैं तो बहुत अच्छा है। कुछ होता देखूँगी तो मैं भी साथ हो जाऊँगी।" इसका कारण मुझे उस समय यही जान पड़ा कि मेरे सम्बन्ध में उन्हें जाने क्या-क्या बातें सुनने को मिली होंगी। वे अधिकतर सुखदेवराज के ही सम्पर्क में रही थीं।

गुप्त और रहस्य की अवस्था में रहने वालों के बारे में रहस्यमय बातें बन ही जाती हैं। गैरजिम्मेवार लोगों का तो कहना ही क्या! उस समय तक समाचार पत्रों में भी दो बार यशपाल की गिरफ्तारी के समाचार पढ़ चुका था। यह भी सुना कि कुछ हमारे मेहरबानों ने सहृदय लोगों से यह कह कर कि यशपाल और प्रकाशवती बड़े संकट की अवस्था में हैं, प्रकाशवती को एक बच्चा हो गया है, रातें पेड़ों के नीचे काटनी पड़ती हैं आदि, काफी रुपया हमारी सहायता करने के नाम पर ले लिया था। यह धन कभी हम लोगों तक नहीं पहुँचा। दूसरी ओर यह भी सुना कि यशपाल शराब की बोतलें पी जाता है। दल के नाम पर हजारों रुपया लेकर उड़ा रहा है।

शराब के अपवाद के किस्से का आधार यह था कि उन दिनों दिल्ली में पंचकुइय्याँ सड़क पर अपने पुराने साथी आनन्दस्वामी जी (फिरोजपुर और लाहौर में साथी कृष्णदास भल्ला) से भेंट हो गयी थी। आनन्दस्वामी वैद्यक सीखकर कुछ आयुर्वेदीय अमोघ औषधियाँ बनाने लगे थे। मिलने पर उन्होंने मेरे गिरे हुये स्वास्थ्य के लिये बहुत चिन्ता

प्रकट की। उन्होंने कुछ पुड़ियाँ और चार बोतलें एक प्रकार के बसंती रंग के अर्क की दे दीं। इन बोतलों में यकृत और आमाशय को आराम पहुँचाने वाला कुमार आसव था। यही बोतलें शराब समझ ली गयीं। सफाई देने की जरूरत तो नहीं, परन्तु १९४१ (सेवाग्राम में गांधी जी से भेंट के दिन) तक मेरे मन में शराब के प्रति एक भयंकर विरक्ति थी। बियर की भी एक बूँद तक मैं अपने लिये अक्षम्य समझता था। उस दिन संध्या नागपुर में ही समझा था कि कठमुल्लापन भी एक प्रकार का अंधविश्वास है पर अफवाहों का क्या किया जा सकता था। कपड़े तो लोगों ने ऐसे ही बनवा दिये थे जिनसे समृद्धि या फिजूलखर्ची का आभास हो सकता था।

कृष्णशंकर और राजेन्द्रसिंह ने सूचना दी—कानपुर के लोग भी चाहते हैं कि एक बार फिर संगठन सम्बन्धी बातें तय कर ली जायें और फिर संयुक्त रूप से और उचित ढंग से काम हो। मिलने के लिये लोगों ने गढ़मुक्तेश्वर तीर्थ और समय गंगा-स्नान का मेला निश्चित किया। वहीं मेले में विचार के लिये मिलना तय हुआ। जनवरी के आरम्भ की कड़ी सर्दी थी। मैं और प्रकाशवती दोनों इस बैठक में गये थे। बैठक में इतने अधिक लोगों को देखकर कुछ विस्मय हुआ। इससे पूर्व ऐसी बैठकों में प्रतिनिधि रूप में सात-आठ से अधिक आदमी नहीं होते थे। सुरेन्द्र पांडे, माशी माँ आदि भी आये थे। पंजाब से पांडे की बहिन सुशीला और कुछ लोग, जिन्हें मैं जानता नहीं था। मेरे मन में आशंका उठी कि पांडे दल-बल लेकर आया है कि बहुमत से अपनी बात मना सके। मन में खामखाह क्रोध भर आया कि मुझे यहाँ बुलाकर बेवकूफ बनाना चाहते हैं।

पांडे ने लम्बे वक्तव्य से परिस्थिति स्पष्ट करना आरम्भ किया। सैद्धान्तिक मतभेद मुझे पांडे से कुछ नहीं था, परन्तु मुझे यह स्वीकार नहीं था कि पांडे सिद्धान्तों और संगठन का काम सम्भालकर केवल खतरे का सामना करने की जिम्मेवारी मुझ पर डाल दे। पांडे ने सैद्धान्तिक और सशस्त्र दोनों ही तरह के कामों की आवश्यकता स्वीकार कर साफ-साफ कह दिया कि सशस्त्र काम के लिये वह स्वयं को अयोग्य समझता है। अपने अनुभव के आधार पर दल का केवल सैद्धान्तिक और संगठनात्मक नेतृत्व वह कर सकता है। सशस्त्र संगठन और कार्य के लिये यशपाल सबसे उपयुक्त है। उसने कहा, हमें कार्यक्रम का सामूहिक रूप से निश्चय कर लेना चाहिये। पांडे की बात मुझे असंगत लगने का कारण यह था कि इससे पूर्व सैद्धान्तिक और सशस्त्र कार्य के संगठनों को अलग-अलग रखने की आवश्यकता नहीं समझी गयी थी। इस समय मुझे यह ध्यान न आया कि सैद्धान्तिक रूप से हम उतने सचेत पहले हुए भी तो नहीं थे।

पांडे ने बात ऐसे ढंग से कही थी कि सौजन्य और तर्क के नाते उसका विरोध करते नहीं बनता था, परन्तु मैंने आपत्ति की, "दोहरे नेतृत्व की कोई जरूरत नहीं है। अपने लक्ष्य और सिद्धान्त हम जानते हैं। जहाँ तक इस विषय में बहुमत से निर्णय कर लेने का प्रश्न है, यहाँ बहुत से लोग ऐसे भी हैं जिन्हें हम जानते ही नहीं। निर्णय के लिये वोट केवल मेम्बरों को देना चाहिये।" मेरा संकेत विशेष रूप से पांडे की बहिन और पंजाब से आये, मुझसे अपरिचित साथियों की ओर था।

राजेन्द्रसिंह ने मेरा विरोध किया, "मेम्बर का क्या मतलब है? जो जान लड़ाकर काम करने के लिये तैयार हैं, सभी मेम्बर हैं और उन्हें राय देने का अधिकार है।" सभी ने उसका समर्थन किया। मुझे चुप हो जाना पड़ा।

उसी समय सुशीला बोल पड़ी, "मेरा प्रस्ताव है कि नेता एक ही होना चाहिये। कमाण्डर-इन-चीफ ही सब बातों का और कार्यक्रम का निश्चय करे…।" और कमाण्डर-इन-चीफ के पद के लिये उसने मेरा नाम सुझा दिया। सभी ने, स्वयं पांडे ने भी उसका समर्थन कर दिया। मुझे अपने व्यवहार पर बहुत संकोच अनुभव हुआ।

पांडे ने फिर भी सैद्धान्तिक पहलू की अपेक्षा न करने पर जोर दिया। यह भी तय हो गया कि पांडे हमारे सिद्धान्तों के अध्ययन और उनके लिये सार्वजनिक आधार बनाने के लिये विशेष रूप से काम करे। इस बैठक में हम लोगों ने यह भी तय किया कि हमारे भावी कार्यक्रम का रूप आतंकवादी न होकर गोरिल्ला युद्ध के रूप में क्रांति का प्रयत्न हो। हम अंग्रेजी सरकार के विरोध को सार्वजनिक सशस्त्र संघर्ष का रूप दें।

इस बैठक के बाद कृष्णशंकर ने मुझे बताया कि बंगाल के साथियों का भी एक प्रतिनिधि हमसे सम्बन्ध स्थापित करने के लिये आना चाहता था पर इस समय उसका पहुँचना सम्भव न हो सका। वे लोग भी मुझसे मिलना चाहते हैं। पूर्वी उत्तर प्रदेश में कुछ करने की एक योजना सामने है। इस सम्बन्ध में जरा विस्तार से बात करना आवश्यक है। मैंने २२ जनवरी की संध्या इलाहाबाद पहुँचने का वचन दे दिया।

भविष्य के कार्यक्रम के सम्बन्ध में गढ़मुक्तेश्वर के निश्चय के अनुसार, हमारी कल्पना केवल गिने-चुने पिस्तौल-रिवाल्वरों और बमों पर भरोसा न करके विद्रोह को सार्वजनिक रूप देने की थी। अंग्रेजी शासन व्यवस्था की नींव पुलिस के थाने और सैनिक छावनियाँ थीं। देहरादून आकर मैंने एक नया घोषणा-पत्र लिखा। इसका सार और भाव इस प्रकार था:—

"हि० स० प्र० स० की शक्ति जगह-जगह बिखरे हुए कुछ सशस्त्र नौजवान ही नहीं हैं, बल्कि देश के करोड़ों आदमी, जिनके हृदय अंग्रेजी शासन के अत्याचार और कलंक से जल रहे हैं, देश की आजादी के लिये लड़ने वाली शक्ति हैं। देश के सभी श्रम करने वाले किसान और मजदूर जो आर्थिक और राजनैतिक पराधीनता में अपनी मेहनत का फल नहीं पा सकते और मनुष्यों जैसे जीवन से वंचित हैं, परन्तु मनुष्य बनकर जीवित रहना चाहते हैं, इस देश के स्वतंत्रता के युद्ध की सेना हैं। हि० स० प्र० स० ऐसे सभी व्यक्तियों और समूहों से स्वतंत्रता के लिये लड़ाई के प्रयत्न में सहयोग की आशा रखता है।

"आपके इलाके में अंग्रेज शासन का केन्द्र थाना या सैनिक छावनी आपके दमन, आपकी परतन्त्रता की बेड़ी और कलंक है। इन स्थानों को नष्ट करके अंग्रेजी शासन को असम्भव बना देने की जिम्मेवारी आप पर है। विदेशी शासन पर चोट करने के लिये राइफलों और बमों की प्रतीक्षा करने की आवश्यकता नहीं है। विदेशी सरकार के कब्जे में जितने हथियार हैं, वे आप के ही हैं। जो भी साधन आपके हाथ में हों, वही आपके शस्त्र हैं। इस क्रांति का मार्ग शोलापुर और चौरीचौरा ने आपको दिखा दिया है। आपको किसी के आदेश की प्रतीक्षा करने की आवश्यकता नहीं है। अंग्रेज सरकार पर प्रत्येक चोट देश की आजादी का काम है। देश के पैंतीस करोड़ लोगों की ऐसी इच्छा को कोई शक्ति दबा नहीं सकती।

"अंग्रेजी सरकार की नौकरी करके देश को गुलामी में बाँधने वाले लोगों को यह चेतावनी है कि उनका काम देशद्रोह है। ऐसे लोगों के सामने वीर गढ़वालियों ने पेशावर

में कर्तव्य का उदाहरण पेश कर दिया है। देश की शत्रु सरकार की सेवा और सहायता कर्तव्य समझना देशद्रोह है। अपने पेट के लिये ऐसा देशद्रोह करने वाले को दण्ड देने का अधिकार प्रत्येक देशभक्त को है। हमारा लक्ष्य देश से देशी-विदेशी शोषण को समाप्त करना है जिसमें सभी स्त्री-पुरुषों को समान रूप से रोजी कमाने, विकास करने और अपने परिश्रम का पूरा फल पाने का अवसर होगा।''

(ह०) यशपाल, कमाण्डर-इन-चीफ, हि० स० प्र० स०

इससे पूर्व हि० स० प्र० स० के घोषणापत्रों पर आज़ाद 'बलराज' के कल्पित नाम से हस्ताक्षर करते थे। आज़ाद के शहीद हो जाने की बात सभी को मालूम थी और जगह-जगह मुखबिरों के बयानों से यह भी मालूम हो चुका था हि० स० प्र० स० के कमाण्डर-इन-चीफ चन्द्रशेखर आज़ाद थे। इस घोषणापत्र पर हस्ताक्षर करने वाला व्यक्ति काल्पनिक न जान पड़े, इसलिये मैंने इस घोषणा पर अपने असली नाम से हस्ताक्षर किये। पत्रों से यह सभी को मालूम हो चुका था कि फरार यशपाल एक वास्तविक व्यक्ति है, कल्पित नहीं। यह भी कहा जा सकता है कि इसमें मेरा अहंकार और प्रसिद्धि प्राप्त करने की महत्वाकांक्षा छिपी थी। लेकिन इस कार्य में अंग्रेजी सरकार के क्रोध को निमन्त्रण भी कम नहीं था। इसमें पहले हम अपने घोषणापत्र केवल अंग्रेजी में प्रकाशित करते थे। इस बार मैंने इसे मुख्य रूप से हिन्दी और उर्दू में छपाये जाने का आग्रह किया।

मैंने सोचा कि अब काम करना है तो देश के एक कोने, देहरादून में रहने से नहीं हो सकेगा। उस समय देहरादून आज की तरह भीड़ और कोलाहल से भरा बड़ा नगर नहीं, एक शान्त उपवन-सा था। देहरादून प्रायः वयप्राप्त, कामकाज से छुट्टी पाये हुये लोगों की जगह थी जहाँ कल्पना और कला की साधना सुविधा से की जा सकती थी। देहरादून छोड़कर दिल्ली में रहने का निश्चय किया। जनवरी में प्रकाशवती और मैं दोनों ही दिल्ली आ गये। दिल्ली में अभी कोई जगह नहीं ली थी। हम सूरी परिवार के मकान में ही टिके हुये थे। इलाहाबाद से लौटकर जगह ठीक करने का विचार था।

जनवरी २२, १९३२ सुबह की गाड़ी से इलाहाबाद जाना था। उस रात सूरी परिवार के मकान में बैठक की तरह उपयोग होने वाले बड़े कमरे के फर्श पर ही बिस्तर लगाकर सो गया था। सुबह जल्दी उठा तो समीप ही भगत जी (श्रीकृष्ण सूरी के पिता) कम्बल ओढ़े बैठे थे। उन्हें दमे का कष्ट था। नींद कम आती थी। मैं बात करने लगा, "भगत जी, रात बहुत विचित्र स्वप्न देखा है।" भगत जी को रात देखा स्वप्न सुनाया, "...मैं गिरफ्तार हो गया हूँ। मुझे फाँसी पर लटकाया जा रहा है।" उस समय तक फाँसी लगाने की व्यवस्था देखने का अवसर न हुआ था। उसके विषय में सुना ही था। स्वप्न में दिखाई दिया था कि चारों ओर हथियारबन्द पुलिस खड़ी है। दो खड़ी शहतीरों के ऊपर रखी एक शहतीर से लटकी खूब सफेद सूत की रस्सी का फंदा मेरे गले में डाल दिया गया है। मुझसे अंग्रेजी में पूछा गया—तुम्हें क्या कहना है? मैंने उत्तर दिया—मुझे कुछ नहीं कहना। इसके बाद मेरे पाँवों के नीचे तख्ते को कई बार खींचा गया पर वह हटा नहीं और मेरी आँख खुल गयी।

भगत जी ने स्वप्न सुनकर इसका अर्थ बताया कि कोई आपत्ति मुझ पर आने वाली थी, लेकिन टल गयी है। आपत्ति आने की आशंका तो बनी ही रहती थी और लोगों से सुन-सुनकर यह भी विश्वास था कि या तो गिरफ्तार होते समय लड़ते हुये मारा जाऊँगा

वर्ना फाँसी तो मुझे हो ही जायेगी। आज़ाद की तरह अपनी आखिरी गोली स्वयं कनपटी पर मार लेने का विचार मुझे कभी नहीं आया। शायद उतना साहस न था।

इलाहाबाद गाड़ी रात नौ-साढ़े नौ बजे पहुँचती थी। कृष्णशंकर श्रीवास्तव ने इलाहाबाद में अपने मिलने का पता हिवेट रोड, कृष्णा होटल के ऊपर, आयरिश महिला सावित्री देवी का मकान बताया था। मेरा इरादा था कि अपनी पुरानी परिचित जगहों पर ही कहीं ठहर जाऊँगा। कृष्णशंकर से सुबह मिल लूँगा, परन्तु वह स्टेशन पर ही लेने आ पहुँचा था। मुझे यह आदर कुछ अधिक ही जान पड़ा। वह लेने आया था तो उसी के साथ जाना पड़ा। उसने मुझे आयरिश महिला के ही मकान पर पहुँचा दिया। यह स्थिति मुझे उसी समय खटकी। खटकी इसलिये कि देशी पोशाक और देशी बस्ती में रहने वाली योरुपियन महिला की ओर सभी का ध्यान जाना स्वाभाविक था। मेरे वहाँ जाने से मेरी ओर भी ध्यान आकर्षित होता। मैं ऐसी स्थिति से सदा बचने की कोशिश करता था। सावित्री जी ने इतनी आत्मीयता से आतिथ्य किया कि कुछ कह ही नहीं सकता था।

मैं सो जाने की तैयारी करने लगा। अपना गरम कोट अपने सिरहाने के ऊपर खूँटी पर टाँग दिया था। आज़ाद का मुझे विशेष रूप से दिया आठ गोली का बड़ा पिस्तौल और फालतू मैगजीन इसी कोट की जेब में थे। सोते समय मैं अपना पिस्तौल और मैगजीन तकिये के नीचे रख लेता था।

रात बिस्तर में सोते समय अपना पिस्तौल तकिये के नीचे रख लेना मेरी आदत बन गयी थी। पिस्तौल तकिये के नीचे मौजूद होने की चेतना नींद में भी बनी रहती थी। इसके परिणामस्वरूप एक बार विकट घटना होते-होते रह गयी थी। कह चुका हूँ, उस साल बरसात में हम लोग देहरादून के खुड़बड़े मुहल्ले में थे। एक रात बरामदे में सो रहे थे। मेरी चारपाई से प्रायः पाँच-छह फुट परे सूरी की बड़ी बहिन अपने कुछ मास के बच्चे के साथ सो रही थीं। बीच में स्टूल पर हरीकेन लालटेन जल रही थी। नींद में खटमल काट जाने से बच्चा रो पड़ा। माँ ने उठकर बिस्तरे से खटमल बीनने शुरू किये। उनकी नजर मेरे तकिये की ओर गयी तो उन्हें वहाँ भी एक मोटा खटमल चलता दिखाई दिया। खटमल काटने से मैं भी परेशान होऊँगा, इस विचार से वह मेरे तकिये से खटमल उठाने लगीं। खटमल तकिये के नीचे घुस गया। खटमल को पकड़ने के लिये उन्होंने तकिये का सिरा उठाया ही था कि मैंने नींद की अर्द्ध-चेतना में अपना हाथ मारकर उनका हाथ परे हटा दिया। दूसरे हाथ से पिस्तौल लेकर उनकी ओर लक्ष्य किया ही था कि वे पुकार उठीं "भैया...!" तब तक मैं सुध में आ गया।

कृष्णशंकर श्रीवास्तव ने कहा, "मैं मिलने वाले लोगों से सुबह का समय और स्थान निश्चय करने जा रहा हूँ। अब सुबह ही पाँच-साढ़े पाँच लौटूँगा।" वह जाने के लिये उठा तो उसने अपना अलवान (सस्ता शाल) एक ओर डाल दिया और कहा, "भैया, बड़ा जाड़ा है। तुम्हारा कोट पहन जाऊँ?"

मैंने उसे पिस्तौल निकालकर मुझे दे देने और कोट ले जाने के लिये कह दिया। श्रीवास्तव ने दीवार के समीप पड़े रिवाल्वर की ओर संकेत कर कहा, "यह है रिवाल्वर। मदर के पास और भी है।" श्रीवास्तव सावित्री जी को मदर या माँ कहकर सम्बोधन करता था। वे भी उसे पुत्र ही मानती थीं। वह सुबह तड़के जल्दी लौटने के लिये कहकर चला गया।

उसके जाते ही समीप पड़े रिवाल्वर को तकिये के नीचे रखने से पहले मैंने गोलियाँ निकालकर खाली चलाकर देखा तो पाया कि उसकी चर्खी अटकती थी पर दूसरे हाथ से घुमा देने से चल पड़ती थी। दो-तीन बार रवाँ करके देखा और रिवाल्वर तकिये के नीचे रखकर सो गया। दूसरे रिवाल्वर के विषय में मैंने कुछ न पूछा।

सुबह जल्दी नींद खुल जाने की मेरी आदत बचपन से चली आ रही है। नींद खुलने पर घड़ी देखी, सवा पाँच बजे थे। देखा कि सावित्री जी भी उठ बैठी हैं। उन्होंने पूछा, "चाय बनाऊँ?" उठते ही बिस्तर में एक प्याला चाय मिल जाना भी अच्छा लगता है। वे स्पिरिट-स्टोव जलाकर चाय बनाने लगीं। खयाल आया, श्रीवास्तव आता ही होगा।

सावित्री जी की जगह दूसरी मंजिल पर थी। जीने पर आहट मालूम हुई। अनुमान किया, श्रीवास्तव होगा पर आहट कुछ अधिक कदमों की जान पड़ी।

"कोई आ रहा है।" सावित्री जी ने कहा।

"यह तो कई लोगों के आने की आहट है।" मैंने उत्तर दिया।

तुरन्त दरवाजा खटका और खटकाने के ढंग में धमकी-सी जान पड़ी।

"कौन है?" सावित्री जी ने अंग्रेजी में पूछा।

"दरवाजा खोलो!" दूसरी ओर से अंग्रेजी में हुक्म आया।

"मैं पूछती हूँ, कौन है?"

"पुलिस! जल्दी दरवाजा खोलो!"

रोयें खड़े हो गये। मेरे मस्तिष्क में बिजली-सी दौड़ गयी—अंतिम समय आ गया!

सावित्री जी ने मेरी ओर शंका से देखकर दरवाजे की ओर उत्तर दिया, "पुलिस को यहाँ क्या काम है?"

"हम मकान की तलाशी लेना चाहते हैं! जल्दी खोलो नहीं तो दरवाजा तोड़ दिया जायेगा!" बातचीत अंग्रेजी में हुई।

सावित्री जी ने मेरी ओर देखा।

"आप दरवाजा खोल दीजिये और एक तरफ हट जाइये। मैं लडूँगा। आप बीच में न आइयेगा। आप दरवाजा खोलिये।" मैंने तकिये के नीचे से रिवाल्वर लेते हुये कहा।

सावित्री जी दरवाजे की ओर गयीं। मैंने रिवाल्वर दरवाजे की ओर साधा। मतलब था, दरवाजा खुलते ही भीतर आने वाले पर गोली चला सकूँ। तुरन्त ख्याल आया, पहले गोली सावित्री जी को ही लगेगी, दूसरी जगह देखूँ। मैं भीतर के कमरे की ओर गया। ऐसे समय तर्क के लिये अवसर नहीं रहता। पहले से बने विचार ही काम करते हैं। मन में दोनों ही बातें थीं, भाग जाने की कोई राह मिले तो भाग जाऊँ, नहीं तो आड़ लेकर अच्छी तरह लडूँ।

मकान से अपरिचित था। पिछले कमरे के साथ बगल में छोटा आँगन था। आँगन में पहली बार इसी समय गया था। सामने अपने सिर से ऊँची नालीदार टीन की दीवार थी। दीवार पर हाथों का जोर देकर दूसरी ओर कूद रहा था कि पीठ पीछे से गोली चलने की आवाज आयी और मेरे सिर के ऊपर से सनसनाती हुई एक गोली निकल गयी। दूसरी ओर चकले पत्थर के फर्श पर पाँव लगते ही समीप फर्श पर एक गोली आकर लगी।

मैंने मुड़कर उकड़ूँ बैठकर देखा कि एक योरुपियन टीन की दीवार के कोने से मुझ पर पिस्तौल से गोली चला रहा है। मैंने उसकी ओर गोली चलायी। योरुपियन का सिर नीचे छिप गया। नीचे गली से धड़ाधड़ कई राइफलें चलने की आवाजें आने लगीं।

ज्यों ही योरुपियन दीवार के ऊपर सिर निकालकर मुझ पर गोली चलाता, मैं भी उस पर गोली चला देता। मेरे हाथ की रिवाल्वर अड़ रहा था। उसे हर बार दूसरे हाथ से चालू करना पड़ता था। मेरा प्रतिद्वन्द्वी दो गोलियाँ मार लेता, इतने में मैं एक ही चला पाता। इस रिवाल्वर में छः ही गोलियाँ थीं। जल्दी में और गोलियाँ नहीं ले सका था। गोलियाँ समाप्त हो गयीं। मुझ पर चलायी गयी कोई भी गोली मुझे नहीं लगीं। कुछ तो योरुपियन को अपने बचाव की घबराहट थी, कुछ अँधेरे के कारण। यही स्थिति मेरी भी थी।[१] मेरी गोलियाँ समाप्त हो जाने पर जब योरुपियन ने सिर निकालकर मुझ पर गोली चलायी तो मैंने खाली रिवाल्वर उस पर दे मारा।

इस बार योरुपियन ने सिर उठाया तो पिस्तौल मेरी ओर साधकर भी उसने गोली नहीं चलायी और बोला, "Now you are unarmed." (अब तुम्हारे पास हथियार नहीं है।)

वह एक क्षण के लिये ठिठका। उसका स्वर बदल गया, "अच्छा, इस ओर आ जाइये।...मैं मदद करूँ?" योरुपियन अफसर ने किसी ऊँची चीज पर पाँव रखकर अपना हाथ सहायता के लिये टीन की दीवार के इस ओर लटका दिया।

"धन्यवाद!"

मैं सहायता के बिना ही उस ओर जाने के लिये दीवार पर उचका और उस ओर कूद गया। अब देखा कि टीन की दीवार को थामने के लिये दीवार के साथ डेढ़-दो फुट ऊँची थूनी बनी हुई थी। योरुपियन इसी थूनी पर पाँव रखकर टीन की दीवार के ऊपर से गोली चला रहा था और मुझे सहायता देने के लिये भी उसने उस थूनी पर पाँव रखकर मेरी ओर हाथ लटकाया था।

"कोई चोट तो नहीं लगी?" योरुपियन ने मुझसे पूछा।

"नहीं, धन्यवाद। आशा है, आपको भी चोट नहीं लगी होगी।" मैंने कहा।

योरुपियन के घुटने के पास मेरे पायजामे पर बने खून के धब्बे की ओर संकेत किया, "यह दाग कैसा है?"

मैंने टटोलकर देखा और उत्तर दिया, "कुछ नहीं, टीन से खोंच लग गयी है।"

योरुपियन ने अपना परिचय दिया, "मेरा नाम डी० पिल्डिच है। मैं स्पेशल पुलिस का सुपरिन्टेन्डेन्ट हूँ। मैं जानता हूँ, आप मिस्टर यशपाल हैं।"

"धन्यवाद।"

इसी समय एक थानेदार या हेड कांस्टेबल एक अँगोछा बँटते हुए मेरे हाथ बाँधने के लिये आगे बढ़ा। पिल्डिच ने उसे पीछे हटने को कहकर मुझे सम्बोधन किया, "मैं समझता हूँ, इसकी कोई जरूरत नहीं। क्या खयाल है?"

---

१. सन् १९७१ में अवसरप्राप्त इंस्पेक्टर जनरल पुलिस नरेशचन्द्र मिश्र ने याद दिलाया, मेरी गिरफ्तारी के समय वे स्पेशल सुपरिन्टेन्डेन्ट पिल्डिच के साथ थे। एक कोने से पिल्डिच मुझ पर गोली चला रहा था, दूसरे कोने से मिश्र जी। मिश्र जी १९३२ में इलाहाबाद में स्पेशल डिप्टी सुपरिन्टेन्डेन्ट पुलिस थे।

"जैसा आप उचित समझें। मेरे खयाल में तो नहीं है।"

पिल्डिच ने कहा, "आप बिस्तर से ही उठे हैं। कपड़े पहन लीजिये। हम प्रतीक्षा करेंगे।"

मैं सोते समय केवल कमीज-पाजामा पहने था। "जरूरत नहीं ऐसे ही ठीक है," मैंने उत्तर दिया, "ऐसे ही रहता हूँ।"

"नहीं-नहीं, हम जानते हैं आप ढंग से कपड़े पहनते हैं। कोई जल्दी नहीं है। कपड़े पहन लीजिये। बहुत सर्दी भी है।"

"मैं एक कम्बल ले लूँगा, बस!"

"जैसी आपकी इच्छा।"

चलते समय मैंने सावित्री जी को नमस्कार कर क्षमा माँगी, "खेद है, मेरी वजह से आपको भी कष्ट हुआ।"

सावित्री जी ने सिर ऊँचा कर उत्तर दिया, "खेद नहीं इस बात के लिये मुझे गर्व है।" और पिल्डिच की ओर संकेत कर कहती गयीं, "मैं इन अंग्रेज-अत्याचारियों से बहुत घृणा करती हूँ।"

स्पष्ट ही था कि सावित्री जी को मुकदमे में अज्ञान की आड़ लेकर सजा से बच जाने की चिन्ता नहीं थी।

पिल्डिच ने थानेदार को हुक्म दिया, "इस घर की तलाशी लेकर मुनासिब कार्रवाई की जाय।" और मुझे लेकर एक दूसरे अफसर और तीन-चार कांस्टेबलों के साथ मकान के जीने से नीचे उतर गया। नीचे सड़क पर एक कार और दो-तीन पुलिस लारियाँ खड़ी हुई थीं। कांग्रेस का झण्डा लिये कुछ लोग विस्मय में एक ओर खड़े थे। यह राष्ट्रीय सप्ताह (२६ जनवरी) की प्रभातफेरी करने वाला दल था। वे लोग देश की स्वतन्त्रता की पुकार कर रहे थे। अपने ढंग से मैं भी यह ही कर रहा था, परन्तु हम एक-दूसरे के लिये बेगाने थे। गोलियों की आहट से कुछ और लोग भी इकट्ठे हो गये थे।

एक कार में पहले पिल्डिच बैठा। बीच में मुझे बैठाया गया। मेरी दूसरी ओर एक और अफसर बैठा। ड्राइवर के साथ सशस्त्र सिपाही था। गाड़ी चल पड़ी। आगे और पीछे एक-एक पुलिस लारी चल रही थी। कुछ ही दूर जाकर पिल्डिच ने मेरे दूसरी ओर बैठे अफसर का परिचय कराया। यह एक डिप्टी सुपरिन्टेन्डेन्ट मि० मिश्र थे।

मिश्र जी बात करने लगे, "आप पंजाबी हैं न? मैं पंजाब में बहुत दिन रहा हूँ। पंजाबी स्वभाव से बहुदार होते हैं।" वे पंजाबी में बोलने लगे, "बहुत सर्दी है। चलकर चाय पियेंगे या लस्सी? पंजाबियों को सर्दी में भी लस्सी ही भाती है!"

मैंने जरा सख्ती से मिश्र जी की ओर देखकर अंग्रेजी में उत्तर दिया, "मुझे इस तरह के मज़ाक पसन्द नहीं है।"

मिश्र जी चुप हो गये और एक क्षण बाद उन्होंने उत्तर दिया, "I am sorry." (मुझे खेद है)।

मिश्र जी की बात से चिढ़ जाने में कोई तुक नहीं थी। उन्होंने मजाक भी नहीं किया था। मेरा यह व्यवहार हारकर या मार खाकर भी सम्मान बनाये रखने का व्यर्थ प्रयत्न था।

गाड़ी कैनिंग रोड पुलिस स्टेशन के भीतर पहुँच गयी। ड्यूटी के लोग दौड़े आये। पिल्डिच ने हवालात की एक कोठरी में एक कुर्सी और छोटी मेज रख दी जाने का हुक्म दिया। मुझसे पूछा, "चाय लाने के लिये कह दूँ?"

"जी हाँ, धन्यवाद।"

"कोई जरूरत हो तो आप मुझे सन्देश भेज सकते हैं। शायद मैं स्वयं ही मिलूँ।" पिल्डिच ने कहा।

पिल्डिच और मिश्र जी चले गये। हवालात की कोठरी का लोहे की छड़ों का दरवाजा बन्द हो गया। दरवाजे पर बड़ा ताला। एक सिपाही संगीन चढ़ी राइफल लेकर सामने पहरे पर खड़ा हो गया।

हमारे साथियों का विश्वास था कि मैं विश्वासघात के कारण पकड़ गया हूँ। मेरे जेल में रहते समय मुकदमे की पैरवी करने वाले वकीलों की मार्फत इस सम्बन्ध में मुझसे पूछा भी गया। जैसे मैंने घटना का वर्णन किया है, मुझे उस समय कृष्णशंकर श्रीवास्तव पर सन्देह था: उसका मुझे सावित्री जी के यहाँ ले जाकर टिका देना, मेरा पिस्तौल लेकर चले जाना और सुबह पुलिस का आ पहुँचना, पिल्डिच का स्वयं ही कहना कि आप यशपाल हैं···आदि बातें बहुत स्पष्ट थीं। मेरे इलाहाबाद आने की बात केवल कृष्णशंकर को ही मालूम थी। अन्य किसी को यह समाचार उसी से मिल सकता था।

सावित्री जी पर तो मैंने स्वप्न में भी सन्देह नहीं किया। मेरी गिरफ्तारी के समय उनका व्यवहार बहुत स्पष्ट था। मुझे आश्रय देने के कारण उन्हें चार वर्ष जेल की सजा मिली थी। जेल में रहते समय मैंने अफवाह सुनी थी कि किसी ने कृष्णशंकर पर गोली चलायी थी पर सफल न हुआ। बाद में वह अपनी रक्षा के लिये सत्याग्रह में जेल चला गया था।

जेल से छूटने पर भी जब लोगों ने यही प्रश्न मुझसे पूछा। मेरा उत्तर था, "अब सब समाप्त हो चुका है। इस झगड़े को उठाने की जरूरत नहीं।" बहुत दिन तक सोचते-सोचते यह भी खयाल आने लगा था कि सम्भव है उस रात कृष्णशंकर ने जाकर जिन आदमियों से बात की हो, उनमें से किसी ने पुलिस को खबर पहुँचा दी हो। कृष्णशंकर इतना तो समझ ही सकता था कि मेरे सावित्री जी के यहाँ गिरफ्तार होने पर वे भी जरूर मुसीबत में फँसेंगी। सावित्री जी के लिये कृष्णशंकर के मन में कुछ आदर होना ही चाहिये था। सावित्री जी उस पर अन्धविश्वास करती थीं। उन्होंने केवल कृष्णशंकर पर कभी सन्देह नहीं किया, बल्कि १९३८ में मेरी रिहाई के बाद जब मैं भुवाली में था, वे कृष्णशंकर को लेकर मेरे पास आयीं। उन्होंने अनुरोध किया कि मैं लिखकर दे दूँ, 'मुझे कृष्णशंकर श्रीवास्तव पर सन्देह नहीं है।'

मैंने उस समय भी उनके प्रति कृतज्ञता प्रकट की। मेरे कारण उन्हें पहुँचे कष्ट के लिखे खेद प्रकट किया और कहा, "मैं अब यह नहीं कह सकता कि सोलह आने निश्चय ही कृष्णशंकर श्रीवास्तव ने मेरे साथ विश्वासघात किया है। मुझे मालूम नहीं पुलिस को सूचना किसने दी है इसलिये मैं यह लिखकर भी नहीं दे सकता कि कृष्णशंकर श्रीवास्तव ने यह काम नहीं किया।"

सावित्री जी के मकान पर गिरफ्तार होते समय जब मैंने अपने कारण उन्हें होने वाली परेशानी के लिये खेद प्रकट किया था तो उन्होंने उत्तर दिया था—कोई खेद नहीं।

मुझे इसके लिये गर्व है। जेल में रहते समय भी मेरी वकील श्यामकुमारी नेहरू मजाक किया करती थीं—तुमने बुढ़िया पर क्या जादू कर दिया है! सुना है वह हवालात की कोठरी में तुम पर कविता लिखा करती है। लेकिन १९३८ में कृष्णशंकर के पक्ष में उनका अनुरोध पूरा न कर सकने के बाद मैंने सुना कि अब वे लोगों से कहती थीं—यशपाल बड़ा नीच और कृतघ्न है। अफसोस, मैंने उसके लिये कष्ट सहा। मनुष्य का मन और विचार कब और कैसे बदल जाते हैं।

भारत में सशस्त्र क्रांति के लिये हिन्दुस्तानी समाजवादी प्रजातंत्र सेना द्वारा किये गये प्रयत्नों से सम्बद्ध मेरे संस्मरण तो मेरी गिरफ्तारी की घटना से ही समाप्त हो जाते हैं, परन्तु पाठकों की जिज्ञासा के विचार से कुछ और प्रसंगों की चर्चा भी संगत हो सकती है। उदाहरणतः जेलों में क्रांतिकारियों के अनुभव और फिर कांग्रेसी शासन में उनकी जेलों से रिहाई की समस्यायें तथा बदली हुई परिस्थितियों में हमारे साथियों के विचार-व्यवहार।

●

जेल में

हवालात और पुलिस

इलाहाबाद में हिवेट रोड पर सावित्री जी के मकान से गिरफ्तार कर मुझे कैनिंग रोड पुलिस थाने में पहुँचाकर हवालात में बन्द कर दिया गया। भय और उत्तेजना की परिस्थितियों का प्रभाव निश्चय ही मेरे व्यवहार पर पड़ा। परिस्थितियों का मतलब उस समय मेरे चारों ओर की स्थिति से है, साथ ही मेरे मन में बैठी धारणाओं और आशंकाओं से भी हैं। मुख्य धारणा या आशंका थी यदि लाहौर षड्यंत्र के मामले में सुखदेव को फाँसी की सजा दी गयी है तो लाहौर, दिल्ली और कानपुर के मुकदमों को मिलाकर मुझे वह सजा न दी जाने का कोई कारण नहीं। इस धारणा में दूसरे लोगों का विश्वास भी समर्थक था। मुझे जानने वाले प्रायः सभी लोगों का ऐसा ही अनुमान या चिन्ता थी। यह भी आशंका थी कि पुलिस मुझे अधिक से अधिक कष्ट देकर मुझसे अनेक घटनाओं और दूसरे लोगों की बाबत जानना चाहेगी। इन आशंकाओं के परिणामस्वरूप धारणा थी, मुझे मृत्यु के लिये और सभी सम्भव यातनायें सहने के लिये तैयार रहना चाहिये। मैंने अपना बस चलते कोई कसर नहीं छोड़ी है। अपने शत्रु से भी मुझे ऐसे ही व्यवहार की आशा करनी चाहिये। अपने वैयक्तिक सम्मान और अपने दल के सम्मान के प्रति मेरा कर्तव्य है कि मैं कष्ट को दृढ़ता और साहस से सहकर आत्मसम्मान को सुरक्षित रखूँ। यदि मैं तिल भर भी दबा तो फिर सम्भलने का अवसर न रहेगा। अपने कर्तव्य और सम्मान की अति सतर्कता की चिन्ता से मेरे व्यवहार में अनावश्यक उग्रता आ जाना भी विस्मय की बात न थी। इसी मानसिक स्थिति के कारण श्री मिश्र के सौजन्य का उत्तर रुखाई दे दिया था। जेल से मुक्ति के बहुत बाद भेंट में उन्होंने मुझे पहचानकर और मुस्कराकर कहा था, अब हम भिन्न परिस्थितियों में मिल रहे हैं। अपनी उस समय की अभद्रता याद आ गयी थी। अपनी पुरानी अभद्रता के लिये खेद प्रकट कर संतोष पाया था।

हवालात का दरवाजा बन्द होने के प्रायः दस मिनट बाद एक सिपाही ने आकर पुकारा, "यह चाय ले लो।"

मैं दरवाजे की ओर पीठ किये बैठा था। पलट कर देखा, अलुमीनियम का मैला गिलास दरवाजे के सींखचों से भीतर रख दिया गया था। इस प्रकार चाय दिया जाना तिरस्कार लगा। सिपाही दो-चार कदम ही लौटा होगा। मैंने वह गिलास उठाकर जंगले से बाहर फेंक दिया।

पाँचेक मिनट बाद दारोगा साहब आये। वे सहानुभूति से बोले, "चाय आपने फेंक दी?"

"मैं ऐसी चाय नहीं पीता हूँ।" उत्तर दिया।

"अच्छा, ट्रे में भिजवा दी जाय?"

"जी हाँ!"

कुछ देर बाद, शायद नजदीक के किसी होटल से, ट्रे में चाय की केतली, दूध और शकर अलग-अलग और प्याली वगैरा आ गये। दारोग़ा साहब ने मुआफी भी माँग ली, "यह लोग जंगली जानवर हैं; चाय पीना क्या जानें!" दारोगा जी की इस सौजन्यता का कारण मेरे संकट झेलने के उद्देश्य से सहानुभूति थी या मुझे सुसंस्कृत समझना था! खैर मैं जंगली जानवर की तरह सींखचों में बन्द हो ही चुका था।

आधे-पौन घंटे के करीब और गुजरा होगा। कोटरी के बाहर बहुत दौड़-धूप और मुस्तैदी जान पड़ी। दो सिपाही राइफलों पर संगीनें चढ़ाकर दरवाजे के जंगले के साथ खड़े हो गये। हवालात का दरवाजा खुला। दो अंग्रेजों ने कोठरी में प्रवेश किया। एक जरा भारी से कद का नाटा-सा और दूसरा अच्छा कद्दावर था। दोनों ही प्रौढ़ थे।

"गुडमार्निंग। **At last we have got you!**" (आखिर तुम पकड़े ही गये।) इनमें से एक ने भीतर आते हुये ताना कस दिया।

"गुडमार्निंग।" उत्तर देकर कुर्सी से उठकर मैंने कहा, "कुर्सी कोठरी में एक ही है। आप लोगों को कहाँ बैठने के लिये कहूँ? मैं यह भी नहीं जानता कि किन सज्जनों से बात करने का सौभाग्य मुझे मिला है।"

उनमें से नाटे कद का व्यक्ति ही बात कर रहा था, "आप मिस्टर यशपाल हैं। हमें नहीं पहचानते?" उसने विस्मय प्रकट किया, "हमारी खोपड़ी उड़ा देने के लिये पिस्तौल लिये आपने हमारे बंगलों के बीसियों चक्कर लगाये होंगे।"

साहब की इस अहम्मन्यता पर उस समय भी मुस्कराहट आ गयी। उसे सान्त्वना दी, "हो सकता है ऐसी आशंका के कारण आप लोगों को कई रातें नींद न आ सकी हो या इस विचार से आपने गर्व भी अनुभव किया हो पर मेरा यह दुर्भाग्य है कि मैं आप लोगों को पहचानता भी नहीं।"

साहब का मिजाज ज़मीन पर आया। बोले, "मेरा नाम हालिन्स है। मैं यू० पी० पुलिस का इंस्पेक्टर जनरल हूँ। यह मिस्टर शा हैं, यू० पी० की खुफिया पुलिस के डिप्टी इंस्पेक्टर जनरल।" साहब ने अपने साथी की ओर संकेत किया।

हालिन्स से मुलाकात का जिक्र मैंने 'सिंहावलोकन' के पहले भाग में भी किया है। उस समय मैंने उसका नाम हालैंड्स लिखा था। अभी अक्टूबर १९५४ में इंग्लैंड से प्रकाशित पत्रिका 'मेन ओनली' में **S. T. Hollins, CIE** के संस्मरण भारत में फैली अराजकता और अपराधों के विषय में पढ़े हैं। अपनी गिरफ्तारी के दिन उसके उच्चारण से हालैंड्स समझा था। हालिन्स के इन संस्मरणों में आज़ाद की शहादत और मेरी गिरफ्तारी का भी वर्णन है। बाईस वर्ष में हालिन्स मेरा नाम भूल गया है। स्मृति विभ्रम से उसने और भी कुछ अनर्गल बातें लिखी हैं। उदाहरणतः उसने लिखा है कि वाइसराय की ट्रेन के नीचे बम विस्फोट ३१ दिसम्बर को हुआ था, सावित्री की मृत्यु एक बरस बाद जेल में हो गयी थी। यह बातें गलत हैं। कह ही चुका हूँ कि सावित्री जी मुझसे १९३८ जुलाई में, भुवाली में मिलो थीं।

हालिन्स से मैंने कहा, "आपके दर्शनों के लिये आभारी हूँ। आपकी क्या सेवा कर सकता हूँ?"

हालिन्स ने तुरन्त प्रश्न किया, "आप बहुत सुसंस्कृत व्यक्ति हैं। आपने यह मार्ग क्यों अपनाया है?"

"दूसरा तो कोई मार्ग ही नहीं है। किसी दूसरे तरीके से आप सुनते ही नहीं," उत्तर दिया। यह स्पष्ट ही था कि वह हमारे सशस्त्र क्रांति के प्रयत्नों की ओर संकेत कर रहा था। अन्य बात हो भी क्या सकती थी?

हालिन्स ने आँखें झपकाकर पूछा, "क्या मतलब है आपका?"

"मतलब साफ ही है," मैंने कहा, "सभी जानते हैं कि इस देश के ९९ प्रतिशत लोग भूखे-नंगे, बिना किसी आशा के पशुओं जैसा जीवन बिता रहे हैं। विदेशी गुलामी ने उन्हें परवश और असहाय बना रखा है। इस विदेशी गुलामी से मुक्ति के लिये यत्न करना हमारे लिये स्वाभाविक है।"

हालिन्स ने स्वीकार किया था कि इस देश के सर्वसाधारण की अवस्था शोचनीय थी और हमें स्वाधीनता प्राप्ति के लिये यत्न करने का भी प्राकृतिक अधिकार था, परन्तु साथ ही इसने यह सीख भी दी कि स्वतंत्रता प्राप्ति के लिये गांधी जी के मार्ग पर चलना ही अधिक उचित था।

हालिन्स को तो उस समय यही उत्तर दिया था कि ब्रिटिश सरकार यदि गांधी जी के मार्ग को उचित और न्यायपूर्ण समझती है तो कांग्रेसी आन्दोलनों पर लाठीचार्ज और गोली की बौछार क्यों की जाती है? कांग्रेस को गैरकानूनी क्यों करार दे दिया गया है?[1] एक अंग्रेज शासक को तो मैं यही उत्तर दे सकता था, परन्तु एक क्रांतिकारी के दृष्टिकोण से, अपने शत्रु द्वारा गांधीवादी आन्दोलन को उचित मार्ग बताना उस समय मेरे लिये इस बात का काफी प्रमाण था कि देश की स्वतन्त्रता प्राप्ति के लिये यह आन्दोलन व्यर्थ है; हमारे स्वतन्त्रता के आदर्शों और उनकी प्राप्ति के लिये संघर्ष में गांधीवादी सिद्धान्त हमारे विरुद्ध और अंग्रेज साम्राज्यवादी के सहायक हैं। गांधी जी द्वारा गढ़वाली सिपाहियों के अहिंसात्मक विद्रोह की भी निन्दा मेरे विचार में अपनी धारणा के लिये प्रबल प्रमाण था।

संस्मरण की घटनाओं के प्रसंग में यह स्पष्ट कर देना भी आवश्यक है कि गांधी जी को अंग्रेज साम्राज्यशाही का समर्थक कहने से मेरा अभिप्राय क्या है? डी० जी० तेन्दुलकर ने 'टाइम्स आफ इण्डिया' अक्टूबर १९५४ के प्रथम सप्ताह के अंक में एक पत्र द्वारा इस बात पर बहुत आपत्ति की थी कि सोवियत विश्वकोश में दिये गये गांधी जी के परिचय में उन्हें ब्रिटिश साम्राज्यशाही का सहायक और भारतीय जनसाधारण के स्वतंत्रता प्राप्ति के आन्दोलन का विरोधी कहा गया है। कम से कम हालिन्स जैसे जिम्मेवार अफसर, जिनका कर्तव्य भारतीय जनता के स्वतन्त्रता के आन्दोलन को कुचलना था, उस समय गांधीवादी स्वातन्त्र्य आन्दोलन से लड़ते हुए भी अन्य ब्रिटिश सरकार विरोधी संघर्षों की तुलना में गांधी जी और उनके आन्दोलनों को अपना सहायक ही समझते थे।

---

१. १९३१ में अंग्रेज सरकार ने कांग्रेस द्वारा आन्दोलन आरम्भ करने पर कांग्रेस को गैरकानूनी संस्था करार दे दिया था।

आज भारत के ब्रिटिश शासन से मुक्त हो जाने पर गांधी जी को अंग्रेज साम्राज्यशाही का सहायक कहने का अभिप्राय स्पष्ट करने के लिये ब्रिटिश साम्राज्यशाही द्वारा कायम व्यवस्था और ब्रिटिश के शासन को पृथक-पृथक करके देखना होगा। गांधी जी अंग्रेजों को भारत से चले जाने के लिये कहकर भी उनकी साम्राज्यशाही व्यवस्था, जिसका आधार सामन्तवादी और पूँजीवादी व्यवस्था थी, को आँच नहीं आने देना चाहते थे। उस व्यवस्था को बगावत से नष्ट कर देश के शासन की बागडोर सर्वसाधारण जनता के हाथ में चले जाने या समाजवादी भावना से पूँजीवादी व्यवस्था की रक्षा के लिये जहाँ तक आवश्यक था, वे अंग्रेजी शासन की सहायता करते रहे। ब्रिटिश शासन समाप्त करने के यत्न में ब्रिटिश शासन द्वारा रक्षित सामन्तवादी और पूँजीवादी व्यवस्था को समाप्त कर देने की अपेक्षा वे ब्रिटिश साम्राज्यशाही को ही कायम रखने के लिये तैयार थे। गांधी जी ने 'हरिजन' अप्रैल १९४१ के अंक में यह बात स्वयं स्वीकार की थी—"**I hope I am not expected knowingly to undertake a fight that must end in anarchy and red ruin.**" स्पष्ट है, गांधी जी अराजकता और लाल विध्वंस आने देने की अपेक्षा अंग्रेजी शासन को ही कल्याणकारी समझते थे।

गांधी जी किसी भी प्रकार भारत में ब्रिटिश सत्ता के सहायक थे, यह बात कांग्रेसजनों को कड़वी जरूर लगती है, क्योंकि कांग्रेस ने ऐतिहासिक तथ्यों को तोड़-मरोड़कर अहिंसात्मक क्रांति द्वारा स्वराज्य पा लेने का मिथ्या गर्व खड़ा कर लिया है। बर्मा, लंका और भारत में अंग्रेजी शासन का अन्त और पाकिस्तान का जन्म एक ही घटनाक्रम और परिस्थितियों के परिणाम हैं। यदि दूसरे विश्वयुद्ध के परिणाम में उत्पन्न हो गयी अन्तर्राष्ट्रीय परिस्थिति के कारण १९४७ में भारत का शासन अंग्रेज पूँजीपति वर्ग के हाथ से भारतीय पूँजीपति वर्ग के हाथ में आ जाने को अहिंसात्मक क्रांति की विजय कहा जाये तो पाकिस्तान का जन्म भी एक अहिंसात्मक क्रांति की सफलता ही मानना पड़ेगा, परन्तु पाकिस्तान बनाया जाने के लिये तो कभी कोई अहिंसात्मक आन्दोलन या सत्याग्रह नहीं किया गया? जिन्ना साहब ने उसके लिये कभी उपवास नहीं किया, न कष्ट सहकर हृदय परिवर्तन का ही आन्दोलन चलाया था। जिन्ना को अहिंसा और प्रेम से हृदय परिवर्तन के सामर्थ्य पर गर्व भी न था। ब्रिटिश द्वारा कांग्रेस को भारत का शासन सौंप दिया जाना गांधीवादी अहिंसात्मक क्रांति की विजय का परिणाम नहीं है। यह दूसरे विश्वयुद्ध द्वारा उत्पन्न अन्तर्राष्ट्रीय परिस्थितियों में ब्रिटेन के लिये आत्मरक्षा का एकमात्र उपाय और उन्हें कम्युनिज्म के प्रसार का भय था। तत्कालीन ब्रिटिश प्रधानमंत्री एटली ने अपने ५ सितम्बर, १९५० के भाषण में स्पष्ट स्वीकार किया था—"...कम्युनिज्म अपना प्रभाव अनेक गुप्त तरीकों से संसार भर में फैला रहा है। एशिया और अफ्रीका में इस प्रभाव को रोकने के लिये हमने भारत, पाकिस्तान और लंका को स्वतन्त्रता देकर उन्हें कम्युनिज्म के विरुद्ध कामनवेल्थ के मोर्चे में अपना साझीदार और सहायक बना लिया है।"[१] इसके अतिरिक्त अंग्रेज यदि भारत को अपने वश में रख सकना असम्भव समझने लगे थे तो वह कांग्रेस द्वारा गैरकानूनी नमक बना लेने के कारण नहीं था, बल्कि दूसरे महायुद्ध के समय जापान की सहायता से इण्डियन नेशनल आर्मी के और १९४२ के

---

१. **National Hearld, Sept. 6, 1950.**

भारतीय नौ-सेना के विद्रोहों के उदाहरणों से भारतीय जनता में गहरे विद्रोह की भावना को समझ लेना था। अस्तु:

बातचीत के बाद हालिन्स ने पूछा, "आपको यहाँ कोई कष्ट तो नहीं?"

"कष्ट देने के लिये ही मुझे यहाँ लाया गया है और मैं उसके लिये तैयार हूँ," उत्तर दिया।

"क्या मतलब?"

"मैं आपसे लड़ता रहा हूँ। अब आपके बस में हूँ। मुझे जैसे चाहे रखिये वर्ना यह क्या आदमी के रहने की जगह है?" हवालात की कोठरी की ओर संकेत किया।

"यह सब ठीक हो जायेगा। आपको ऐसे नहीं रखा जा सकता। हम ब्रिटिश लोग प्रतिहिंसा की भावना नहीं रखते। यदि आपको जर्मनों या रूसियों से वास्ता पड़ता तो देखते। हम लोग मानवता का खयाल रखते हैं। स्वयं ही देख सकोगे, जितनी भी सुविधाएँ उचित होंगी, कानूनी या दूसरी, देने से हमें संतोष होगा।"

हालिन्स के जाने के कुछ देर बाद फिर हवालात का दरवाजा खुला। बाहर लगभग एक दर्जन सशस्त्र सिपाही खड़े थे। थानेदार ने कहा, "आपको दूसरी जगह जाना होगा।"

मुझे पुलिस गाड़ी में बैठाया गया। इलाहाबाद की सड़कें और स्थान परिचित थे। वहाँ बीसियों बार स्वतन्त्र घूमा-फिरा था। अब बन्दी बना उन्हीं सड़कों पर से चला जा रहा था। मुझे कटरे के पास कचहरी के पीछे गोरा हवालात में पहुँचाया गया। कैनिंग रोड थाने की हवालात की अपेक्षा खूब बड़ा, रौशन, गुसलखाने के साथ कमरा था। दरवाजे-खिड़कियाँ यहाँ भी लोहे की मोटी-मोटी सीखों से जड़ी हुई। चारों तरफ ऊँची पक्की ईंट की चारदीवारी से घिरा हुआ छोटा-सा आँगन। आगे-पीछे जंगलों से कुछ दूरी पर खड़े सशस्त्र सिपाही दीखते थे। यहाँ इंचार्ज एक अंग्रेज या एंग्लो-इण्डियन था। उसने मुझे बन्द करने से पहले मेरी तलाशी ली। सावित्री जी के मकान से आते समय केवल दो चीजें साथ लेता आया था—एक कम्बल और एक अपना कलम। यह कलम सुमित्रा दीदी की भेंट था और उस समय बाजार में मिल सकने वाला सबसे अच्छा कलम था। कुछ कलम का मोह, कुछ भेंट का खयाल; कलम ले लिया था। अफसर ने वह कलम ले लिया और आश्वासन दिया, "जब यहाँ से जाओगे, लौटा दिया जायेगा। हवालात में कागज-कलम रखने का नियम नहीं है।"

यूरोपियन हवालात में बन्द किये जाते समय एक बट्टी नहाने का साबुन, एक तौलिया, दाँत माँजने का ब्रुश और मंजन भी दिया गया था। कमरे में लोहे का पलंग, गद्दा और चादर-कम्बल भी थे। साढ़े-नौ बजे नाश्ता आ गया—मक्खन-रोटी, अंडे और चाय। यह जगह भी अपराधियों को बन्द करने के लिये ही थी, परन्तु शासक जाति के अपराधियों के लिये। मुझे यहाँ पहुँचाया जाने का कारण अधिक सुरक्षित जगह में रखने का विचार था या पुलिस को मुखबिरों से मिली मेरे जीवन के आधुनिक अभ्यासों की खबर रही हो। हवालात के अफसर ने दो-तीन सस्ते ढंग के चलतू उपन्यास भी दे दिये कि पढ़कर समय काट सकूँ, परन्तु इतनी जल्दी पढ़ने क्या बैठ जाता।

अनुमान था कि यहाँ काफी समय रहना पड़ेगा, यानी कुछ दिन के लिये ठिकाने पर पहुँच गया हूँ। गिरफ्तारी के समय गोली चलाये तीन-चार घण्टे बीत चुके थे। कुछ खा-पी

लिया था। जगह भी बुरी नहीं थी। उस स्थिति में इससे और अच्छी जगह की आशा भी न कर सकता। अब सोचने के समय था कि आगे क्या करना होगा? सोचने लायक कोई बात नहीं सूझी। जब तक सामने समस्या का आभास न हो, उसके बारे में सोचा ही क्या जा सकता है। यह खयाल था कि लाहौर और दिल्ली के मुकदमों में जरूर पेश किया जाऊँगा और किसी न किसी मामले में फाँसी पर लटका दिया जाऊँगा; कुछ दिनों या महीने-दो महीने की बात है। कमरे में टहलने लगा।

उस कमरे में मुझसे पहले दिन बिता गये लोग जगह-जगह दीवार का चूना खुरच कर अपने नाम लिख गये थे। अपना नाम कायम कर जाने का भी क्या मोह होता है! बच्चे जिस नयी जगह आते हैं, अपना नाम लिख देते हैं। कुछ लोगों में यह बचपन बड़ी उम्र तक बना रहता है। साधन होने पर लोग यह बचकाना शौक पूरा करने के लिये किले और बड़े-बड़े स्मारक बना जाते हैं। कुछ बहुत उदासी भरी कविताओं की अंग्रेजी में पंक्तियाँ भी जगह-जगह लिखी हुई थीं। उनका प्रभाव हो या स्वयं मेरी मानसिक स्थिति के कारण मैं भी गुनगुनाने लगा, "···कोई दम का मेहमां हूँ ऐ अहले महफिल, चिरागे सहर हूँ बुझा चाहता हूँ।" और इसके साथ ही, "···गालिब खस्ता के बगैर कौन काम बन्द हैं, रोइये जार-जार क्या कीजिये हाय-हाय क्यों।" जब भी मन में उद्वेग या भावना उमड़ आती है, गाना या गुनगुनाना उमड़ने लगता है।

खुद ही खयाल आया, कौन रो रहा है और कौन हाय-हाय कर रहा है मेरे लिये! अपने प्रति स्वयं ही करुणा अनुभव करने से क्या फायदा? अपनी माँ, भाई और प्रकाशवती का खयाल आया। वह खयाल भुला देने की चेष्टा की। क्या लाभ था सोचने से···जानता था, उन लोगों को बहुत दुख होगा, परन्तु उन्हें दुख से बचाने का उपाय तो मैं कुछ कर नहीं सकता था। अपने विचार में उन्हें दुख न देने का उपाय मैं यही कर सकता था कि अपने व्यवहार में किसी प्रकार की निर्बलता न आने दूँ। वे मेरे लिये गर्व कर सकें।

दोपहर के समय दरवाजा खुला और एक स्थूल शरीर, गरम कोट-पतलून पहने व्यक्ति भीतर आये। उनके पीछे एक सिपाही खूब बड़ा थाल, दूसरे थाल और तौलिये से ढका हुआ उठाये था। कुर्सी पर बैठकर उन्होंने अपना परिचय दिया, "मैं जे० बैनर्जी, डिप्टी सुपरिन्टेन्डेन्ट पुलिस हूँ।"

याद आ गया, खुफिया पुलिस के डिप्टी सुपरिन्टेन्डेन्ट बैनर्जी को बनारस में एक क्रांतिकारी ने उनकी ब्रिटिश सेवा का फल देने के लिये गोली मारी थी। यह वही सज्जन थे। बैनर्जी ने बताया कि मेरी गिरफ्तारी की बात सुनकर उन्हें बहुत दुख हुआ और उन्होंने सोचा कि जाकर देख तो आयें कि मेरी कैसी हालत है। उन्हें यह भी खयाल आया कि मैं भले घर का लड़का हूँ। मेरे खाने-पीने का जाने क्या प्रबन्ध किया गया होगा इसलिये वे मेरे लिये कुछ खाना भी साथ लेते आये थे। उन्होंने आग्रह किया कि पहले मैं खा लूँ तब बात करेंगे।

मैंने विश्वास प्रकट किया, "यहाँ सब प्रबन्ध सन्तोषजनक जान पड़ रहा है। खाने का प्रबन्ध भी ठीक ही होगा।" परन्तु वे नहीं माने। थाल खोलकर मेरे सामने रख दिया और बहुत ही आत्मीयता से, जैसे बहुत दिन बाद परदेस से लौटे परिवार के लड़के को भोजन कराया जाता है, एक-एक चीज की ओर संकेत कर खाने का आग्रह करने लगे।

खाना बहुत अच्छा बंगाली ढंग का था। अच्छे बंगाली खाने की तरह उसमें मिठाई भी थी। याद है, खजूर का गुड़ पहली बार उसी दिन खाया था।

मैं खा चुका तो बातचीत शुरू हुई। बैनर्जी के आने का उद्देश्य था कि संकट के समय जितनी सम्भव हो मेरी सहायता की जाये। उन्होंने याद दिलाया कि मेरी गिरफ्तारी की खबर पाकर मेरे सम्बन्धी दुख से कलपेंगे। खासकर 'यंग लेडी' (प्रकाशवती) पर क्या बीतेगी। कुछ ऐसा उपाय किया जाना चाहिये कि कानूनी झंझट से छुट्टी पाकर मैं अपना शेष जीवन पारिवारिक सुख-शांति से बिता सकूँ। मेरे जैसे योग्य नौजवान का जीवन व्यर्थ नष्ट नहीं होना चाहिये। वे यह भी जानते ही थे कि मैं चोर-डाकू नहीं हूँ। अपने विचार में मैंने सब कुछ निस्वार्थ भाव से ऊँचे लक्ष्य के लिये किया है। सबसे बड़ी बात यह है कि कुछ और नौजवान भी देशभक्ति की भावना से मेरी तरह अपने जीवनों को जोखिम में डाल रहे हैं, उन्हें भी बचाया जा सके। उन्होंने पंजाबी होने के नाते मेरे बहादुर और स्पष्टवादी होने की भी आशा प्रकट की---जब तक लड़े, खूब लड़े। जब लड़ाई खत्म तो साफ-साफ बात से झगड़ा खत्म! यह भी बताया कि पिल्डिच साहब भी मेरी निर्भीकता और शिष्टाचार की प्रशंसा कर रहे थे। उन्हें मुझसे व्यक्तिगत बैर नहीं है।

बैनर्जी ने बताया, वे नित्य गीता का पाठ करते थे। गीता के उपदेशानुसार आचरण का प्रयत्न करते थे यानी अपने कर्म को धर्म समझकर उसे पूरा करते थे और फल की चिन्ता भगवान पर छोड़ देते थे। उन्होंने मुझे भी ऐसा ही करने के लिये कहा। गीता के श्लोकों के उद्धरण भी दिये। बताया कि देश के नौजवानों को अपनी जिन्दगियाँ बरबाद करने से बचाना वे अपना वैयक्तिक और राष्ट्रीय कर्तव्य समझते थे। उन्होंने बताया बनारस में स्वयं उनके ही भांजे मणीन्द्र ने उस पर गोली चला दी थी। लोग मणीन्द्र को पकड़कर पीटने लगे तो उन्होंने उसे छुड़ा दिया था---'अबोध लड़के को न मारो। वह कुछ नहीं समझता।' मणीन्द्र की गोली पेडू को छीलती हुई निकल गयी थी। वे बाद में भी गीता के उपदेशानुसार अपना कर्तव्य निबाहते रहे। हाँ, अंग्रेजी सरकार ने उनके शुभ कर्मों का फल देने के लिये रायबहादुर की पदवी से भूषित कर दिया था।

मैंने बैनर्जी की कृपा के लिये उन्हें धन्यवाद देकर विश्वास दिलाया---मैं भी अपनी समझ से गीता के अनुसार ही आचरण करना चाहता हूँ। जो कर्तव्य समझा, करने की कोशिश की, अब उसका फल चाहे जो हो। भगवान ने सगे-सम्बन्धियों का मोह छोड़कर कर्तव्य पालन का उपदेश दिया है। यह सम्बन्ध तो नश्वर शरीर के हैं, उसके साथ समाप्त भी हो जायेंगे। किसी को दुख देने का क्या प्रश्न है; सबका अपना-अपना कर्मफल है।

बैनर्जी तीन दिन तक दोपहर में लगातार आते रहे। साथ बढ़िया भोजन भी लाते थे। संध्या भोजन भिजवा देते थे। दोपहर में गीता को लेकर चर्चा होती रहती और वे बराबर खेद प्रकट करते कि इतनी समझ-बूझ और प्रतिभा का नौजवान ऐसे बरबाद हो जाये। वे ऐसा न होने देने की प्रतिज्ञा किये बैठे थे, चाहे मैं नाराज ही क्यों न हो जाऊँ। बातचीत में कुछ समय बीत जाता था।

चौथे या पाँचवें दिन दोपहर के समय दरवाजा खुला और खबर मिली कि दूसरी जगह चलना होगा। खयाल आया, इन लोगों ने इतने दिन भलमनसाहत से समझाकर देख लिया। अब यह दूसरा उपाय करेंगे। बहुत उपाय सुन रखे थे---उल्टा टाँग देना,

बेहिसाब पिटाई, नाखूनों में पिन गाड़ देना और जाने क्या-क्या! मन ही मन सोचा—तैयार हो जाओ!

प्रायः दर्जन भर सशस्त्र सिपाहियों से सुरक्षित पुलिस की बस में मुझे मलाका जेल (इलाहाबाद जिला जेल) में पहुँचा दिया गया। अब तक किसी भी समय मुझे हथकड़ी नहीं लगायी गयी थी। जेल के भीतर पहुँचते ही एक लुहार मेरे पाँवों में बेड़ियाँ पहनाने के लिये आ गया। मैंने जेलर के सामने आपत्ति की, "मैं राजनैतिक कैदी हूँ, बेड़ियाँ नहीं पहनूँगा।"

"यह सब हमें कुछ मालूम नहीं है। जिस दफा में चालान आया है, उसमें बेड़ियाँ पहनाई जायेंगी।" उत्तर मिला।

"आप बेड़ियाँ पहनायेंगे तो मैं विरोध में न भोजन करूँगा और न कोई दूसरा आवश्यक काम।"

"ये तुम जानो!"

बेड़ियाँ पहना दी गयीं और जेल के भीतर के पाँच दरवाजे लाँघकर, दूर तक हाते के भीतर एक बारक की कोठरी में पहुँचाकर, कोठरी के किवाड़ों पर ताला लगा दिया गया। बारक के लोहे के बड़े फाटक पर भी ताला था। कोठरी का दरवाजा जंगलेदार नहीं, लोहे की चादर का था। दरवाजे में एक सुराख था जिस पर बाहर की ओर ढक्कन था। पहरेदार वार्डर जब चाहता भीतर झाँक सकता था। इस बारक में बीच में गलियारे की तरह जगह खाली थी और दोनों ओर कोठरियाँ बनी हुई थीं। एक कोठरी में एक पागल बन्द था। वह कभी रोता, कभी गाता रहता। दूसरी कोठरियों में तनहाई की सजा पाये कैदी बन्द थे। कोठरी में खाट या पलंग नहीं था। मूँज का बना दो फुट चौड़ा और छः फुट लम्बा एक मोटा टाट, दो काले कम्बल बहुत ही कड़े और लोहे का एक तसला पानी पीने के लिये। एक कोने में तारकोल से पुती जगह में मिट्टी का एक बड़ा प्याला शौच-मूत्र के लिये। दिन में भी अँधेरा सा ही रहता था। रात में भी कोई प्रकाश नहीं। दिल में सोचा, "...इब्तदाए इश्क है रोता है क्या, आगे-आगे देखिये होता है क्या!"

सुबह आधा पाव अधभुना-अधबुना चना, दोपहर और संध्या पाँच-छः बड़ी-बड़ी रोटियाँ और लोहे के तसले में पानी जैसी दाल डाल दी जाती थी। मैं कुछ न खा-पीकर भविष्य की प्रतीक्षा में पड़ा-पड़ा ऊँघा-सोया करता था। जाने इतनी नींद कहाँ से आ गयी थी।

चार-पाँच ही दिन ऐसे बीते होंगे। एक सुबह जेल के अंग्रेज सुपरिन्टेन्डेन्ट (जो इलाहाबाद का सिविल सर्जन भी था) के दर्शन हुये। उसके कोठरी में आने पर भी मैं लेटा ही रहा।

सिविल सर्जन ने पूछा, "तुम अशिष्टता का व्यवहार क्यों कर रहे हो?"

मैंने उत्तर दिया, "मेरे साथ भी तो अशिष्टता का व्यवहार किया जा रहा है।"

"क्या? कैसे?"

"यह शिष्ट लोगों के रहने का ढंग और जगह है?" मैंने कोठरी की ओर संकेत करके पूछा।

सिविल सर्जन ने मेरी बात के उत्तर में धमकी दी—"तुम भूख हड़ताल कर रहे हो। यह जेल कानून में अपराध है।"

"मैं भूख हड़ताल नहीं कर रहा हूँ। मेरे साथ ठीक ढंग से व्यवहार नहीं किया जा रहा है और न खाने लायक खाना दिया जा रहा है इसलिये मैं नहीं खा सकता।"

"दूध-चावल खाओगे?" उसने पूछा।

"दूध-चावल का सवाल नहीं है। ठीक व्यवहार का प्रश्न है।"

"वह कैसा होता है?"

"जैसा राजनैतिक कैदियों के साथ होना चाहिये या जैसे कोई सभ्य देश युद्धबन्दियों के साथ करता है।"

"तुम तो वायोलेंस के अपराध के अभियुक्त हो," साहब ने गांधीवादी भाषा का प्रयोग किया।

मैंने उत्तर दिया, "जो भी हो उद्देश्य राजनैतिक ही है।"

"यह हम नहीं जानते। तुम ऊँची श्रेणी का बर्ताव चाहते हो तो दरखास्त दो। तुम्हारी आर्थिक स्थिति की तहकीकात की जायेगी। फिर मजिस्ट्रेट का जैसा फैसला होगा। अभी चाहो तो मैं लिहाज में दूध-चावल दे सकता हूँ।"

"धन्यवाद। लिहाज नहीं चाहिये। ठीक व्यवहार चाहिये।"

कोठरी का फाटक बन्द हो गया।

अगले या दूसरे दिन दोपहर बाद जेल के दफ्तर में ले जाकर मुझे मजिस्ट्रेट के सामने पेश किया गया। मैं समझ गया कि मुझे मैजिस्ट्रेट के सामने पेश करने की आवश्यकता इसलिये हुई होगी कि पुलिस मुझे तहकीकात के लिये अभी और हवालात में रखे रहने की इजाजत चाहती है। सम्भव है, बाहर इस बात पर शोर मच रहा हो कि मुझे अदालत में पेश क्यों नहीं किया जा रहा। मजिस्ट्रेट ने मुझसे पूछा, "कुछ कहना चाहते हो?"

उत्तर दिया, "मेरे साथ मनुष्यों जैसा व्यवहार नहीं किया जा रहा है। जब तक मेरे पाँव से बेड़ियाँ नहीं निकाली जायेंगी, मैं न भोजन करूँगा, न कोई बात करूँगा। मेरे साथ व्यवहार राजनैतिक कैदियों जैसा होना चाहिये।"

मजिस्ट्रेट ने कहा, "ऊँची श्रेणी का व्यवहार चाहते हो तो दरखास्त दे दो।"

मैंने आग्रह किया, "आपसे कह रहा हूँ, इसे दरखास्त समझ लीजिये।"

इन आठ-नौ दिनों में बाहर या जेल के किसी आदमी से बात करने का अवसर नहीं मिला। यह भी मालूम नहीं था कि मेरी गिरफ्तारी की बाबत लोगों को पता लगा या नहीं और किसी को मेरी चिन्ता है या नहीं। मेरा निश्चय था कि मैं स्वयं जो कुछ कर सकता हूँ, मुझे उसकी चिन्ता करनी चाहिये। मुकदमे में मुझे क्या सफाई देनी है, क्या नहीं। यही बताना है कि मैंने जो कुछ किया, वह क्यों किया। जैसे भगतसिंह ने अदालत में किया था।

यदि यों अज्ञान में रखे जाने को और सात-आठ दिन बेड़ियाँ पहने भूखा रहने को ही यातना देना कहा जाय तो यह यातना ही थी, परन्तु उस समय मुझे यह कुछ बहुत बड़ा कष्ट नहीं जान पड़ा, क्योंकि मैं इससे बहुत बड़ी यातनाओं की प्रतीक्षा में था। कुछ आदमियों या साथियों से बाद में बात करने पर पता लगा है कि मन में यह खयाल कि हमारी बाबत किसी को कुछ पता ही नहीं, हम इस काल कोठरी में मर भी जायें तो किसी को खबर नहीं होगी, सबसे बड़ी यातना बन जाता है। जब अभियुक्त अपनी बात

बाहर पहुँचाने की माँग करता है तो पुलिस को उसका एक मर्मस्थल मालूम हो जाता है। यह दिखाकर कि तुम्हारी बात बाहर नहीं जा सकती, तुम बड़े देशभक्त शहीद बन रहे थे, लेकिन किसी को तुम्हारी चिन्ता नहीं, उसे परेशान किया जा सकता है। परेशान होते व्यक्ति की परेशानी को बढ़ाने के लिये उसकी पिटाई-विटाई भी की जा सकती है। मैं ऐसा अनुभूति शून्य बनकर बैठ गया था कि मुझे कोई परेशानी या शिकायत है ही नहीं।

उस रोज मजिस्ट्रेट से बात होने के अगले दिन बेड़ियाँ कट गयीं। उस काल कोठरी में लोहे का एक पलंग और बिस्तर भी आ गया और 'बी' क्लास के कांग्रेसी कैदियों के यहाँ से भोजन आने लगा। अगले ही दिन बैनर्जी फिर आ पहुँचे। उन्होंने बहुत विस्मय और खेद प्रकट किया, "तुम्हें यहाँ भेजकर इन लोगों ने बड़ी मूर्खता की है। मुझे मालूम ही नहीं हुआ। यह तुम्हारे लायक जगह नहीं है।" साथ कुछ फल लेते आये थे और भोजन का थाल भी। फिर गीता के उपदेश के अनुसार फल की चिन्ता न कर अपना कर्तव्य निश्चय करने का उपदेश शुरू हुआ। परिवार और प्रकाशवती का जिक्र हुआ और यह सम्भव बताया गया कि मुकदमे का यों ही सा उपचार हो जाये और मैं संकट के इस झगड़े से छूट जाऊँ और विलायत चला जाऊँ। यह सब हो सकता था यदि मैं दूसरे नौजवानों का जीवन नष्ट करने वाले आन्दोलन की रोकथाम में सहयोग दे सकता अर्थात् मुखबिर बन जाता।

अब बैनर्जी से साफ-साफ बात करनी पड़ी। उनका ढंग इतना शिष्ट और मधुर था कि मैं अकारण ही उद्दंडता से बात नहीं कर सकता था। मैंने कहा, "बैनर्जी महाशय, गीता की बात छोड़िये। गीता का अर्थ किसी की समझ में नहीं आ सकता। गीता के उपदेश से युद्ध से कतराने वाला अर्जुन राज्य के लोभ में अपने सगे-सम्बन्धियों को मारने के लिये तैयार हो गया था। बहुत से लोग गीता पढ़कर वैरागी बन जाते हैं। गांधी जी को उसमें अहिंसा का उपदेश मिलता है। आप मुझे गीता के आधार पर अपनी जान बचाने के लिये अपने साथियों के साथ विश्वासघात करने का सुझाव दे रहे हैं। अपनी साधारण बुद्धि के अनुसार मेरा निश्चय है कि मैंने जो कुछ किया उचित किया। मुझे मालूम था कि इसका फल भोगना पड़ेगा। मैं उसके लिये तैयार हूँ। आपकी सहृदयता के लिये आभारी हूँ। भोजन मुझे जेल से मिलता है, आप भोजन न भिजवाया कीजिये।"

बैनर्जी ने उपेक्षा के भाव में हाथ हिलाकर कहा—"इन छोटी-छोटी बातों को छोड़ो। यह तो मेरे संतोष की बात है।"

भोजन के सम्बन्ध में बैनर्जी की कृपा से बचने की इच्छा का एक कारण था। मुझे इस जेल में आये आठ-दस दिन हो गये थे। अब तक मेरे साथ विशेष व्यवहार हो रहा था इसलिये कैदियों में उत्सुकता हो रही थी कि मैं हूँ कौन? एक दिन तो एक कैदी जमादार एक छोटा-सा पर्चा ही ले आया। इस पर्चे में लगानबन्दी के सत्याग्रही कैदियों ने मेरे सम्बन्ध में जिज्ञासा की थी और सहायता करने की इच्छा भी प्रकट की थी। उस संदेश का मैंने कोई उत्तर नहीं दिया। मुझे शंका थी, यह कैदी जमादार जेलर की ओर से यह भेद तो नहीं ले रहा कि मैं गैरकानूनी काम करता हूँ या नहीं। दूसरे कैदियों को यह कैसे न पता चलता कि बैनर्जी पुलिस के ऊँचे अफसर हैं। उनके यहाँ से मेरे लिये खाना आने के कई अर्थ लगाये जा सकते थे।

बैनर्जी से कुछ कड़ी बात कह देनी पड़ी। कहा, "देखिये मैं जेल में हूँ। खाना आपके यहाँ से आता है। यदि मुझे कुछ हो गया तो मुझे विष देने का कलंक आप पर आयेगा। ऐसा मैं नहीं चाहता।"

बैनर्जी ने कान को हाथ लगाया, "ना भाई, ऐसा सोचते हो तो मैं खाना नहीं भिजवाऊँगा।"

तीसरे-चौथे दिन बैनर्जी ने तंग आकर कहा, "आखिर हम अदालती कार्रवाई कब तक रुकवा सकते हैं। मामला एक बार अदालत में चला गया तो फिर उसे रफा-दफा करने या उसका रूप बदल देने की गुंजाइश नहीं रहेगी। तुम्हें अब सोच लेना चाहिये।"

मैंने उत्तर दिया, "मैं तो स्वयं ही चाहता हूँ कि मामला जल्दी अदालत में जाये। यहाँ आपने मुझे अँधे कुएँ में डाल रखा है। आपकी सद्भावना के लिये मैं कृतज्ञ हूँ, परन्तु मेरी स्थिति ऐसी है कि आप मुझसे मिलने न आयें तभी मेरे लिये अच्छा है।" बैनर्जी लम्बी साँस लेकर चले गये पर उन्होंने हार मान ली हो सो बात नहीं। उन्होंने मेरे हृदय परिवर्तन का एक और प्रयत्न किया पर कुछ दिन बाद।

एक-दो दिन बाद मुझे जेल के दफ्तर में बुलाया गया। श्यामकुमारी नेहरू एडवोकेट भेंट के लिये आयी थीं। उन्हें पहचान लिया। फरारी की अवस्था में भी उनकी माता उमा नेहरू, पिता मोहनलाल नेहरू और उनसे भी दो बार मिल चुका था। उन्होंने अपने साथ आये दो व्यक्तियों का परिचय कराया। एक स्वयं श्यामकुमारी के चाचा बिहारीलाल नेहरू थे और दूसरे उनके मित्र बैरिस्टर थे। इन लोगों ने मेरी वकालत करना स्वीकार किया था और इसी सम्बन्ध में मुझसे परामर्श करने आये थे। बात जेल के अफसरों की नजर में हुई, परन्तु अफसर बात सुन नहीं सकते थे। वे चौकसी रखते थे कि हम लोग कुछ ले-दे न लें। ब्रिटिश सरकार की जेल में मैंने स्वयं अपने मामले की सफाई के लिये वकीलों से गुप्त परामर्श करने के अधिकार का उपयोग किया है। हरेक अभियुक्त, चाहे वह किसी भी अपराध का अभियुक्त रहा हो, चाहे जितना खतरनाक और अविश्वसनीय माना गया हो, इस अधिकार का प्रयोग कर सकता था। १९४९ में जब मुझे रेलवे हड़ताल की आशंका में व्यर्थ ही जेल में डाल दिया गया था, यह देखकर विस्मय और दुःख हुआ कि कांग्रेसी राज में कम्युनिस्ट अभियुक्तों को यह अधिकार देने से इनकार किया जा रहा था। समाचार पत्रों और जनता द्वारा मेरी गिरफ्तारी का बहुत विरोध होने के कारण मुझे जेल से जल्दी ही छोड़ दिया गया था। उस समय लालबहादुर शास्त्री उत्तर प्रदेश के पुलिस-मंत्री थे। मैंने उनका ध्यान इस अन्याय की ओर दिलाया। इस विषय में उनसे मिलने गया तो शास्त्री जी बैठे चरखा कात रहे थे। उन्होंने मेरी शिकायत का उत्तर दिया कि कम्युनिस्ट लोग ऐसे अधिकारों का नाजायज लाभ उठाते हैं।

शास्त्री जी की यह बात सही मानी जा सकती है, परन्तु मैं व्यक्तिगत जानकारी के आधार पर कह सकता हूँ कि कांग्रेस के सभी नेताओं ने, पंडित जवाहरलाल नेहरू से लेकर स्वयं शास्त्री जी तक, सभी ने ब्रिटिश राज में ऐसे अधिकारों का मनचाहा या नाजायज लाभ उठाया था, परन्तु इस अधिकार का छीना जाना वे सहन नहीं कर सकते थे। ब्रिटिश सरकार भी जानती थी कि राजनैतिक कैदी इस अधिकार का दुरुपयोग करते थे, परन्तु वे एक बात को नियम मान लेने पर उसका पालन उचित समझते थे। दुर्भाग्य से हमारी कांग्रेस सरकार में ऐसा साहस नहीं है। वे चरखा कात लेने को ही आचार, नैतिकता और सत्य-अहिंसा की पराकाष्ठा मानकर संतोष कर सकते हैं।

श्यामकुमारी जी से मालूम हुआ कि बाहर कुछ लोग मुझे अदालती सहायता देने के लिये कमेटी बनाकर चन्दा इकट्ठा कर रहे हैं। मैंने उनसे कहा, "लाहौर और देहली षड्यंत्र के मुकदमों की बात दूसरी थी। वहाँ बहुत से अभियुक्त थे! यहाँ मैं अकेला हूँ। आप लोग सहृदयता में पैरवी कर रहे हैं तो और रुपये की जरूरत क्या है? मैं यह नहीं चाहता कि मेरी माता को आर्थिक सहायता देने के लिये चन्दा जमा किया जाये।" मुझे यह मालूम हो चुका था कि मेरे छोटे भाई धर्मपाल के गिरफ्तार हो जाने से पहले ही मेरी माता ने लाहौर में महिला महाविद्यालय के बोर्डिंग हाउस में सुपरिन्टेन्डेन्ट की नौकरी कर ली थी।

श्यामकुमारी जी ने बताया कि सावित्री जी पर मुझे शरण देने के लिये मुकदमा चल रहा है। यह जानने के लिये कि मेरे साथ विश्वासघात किसने किया होगा, श्यामकुमारी और उसके साथ आये वकीलों ने मेरी गिरफ्तारी का ब्यौरेवार वर्णन पूछा। मुझे यह भी समाचार मिल गया कि प्रकाशवती तथा दूसरे साथी सुरक्षित थे। यह भी पता लगा कि इन्द्रपाल के अपने बयान पलट देने के कारण दूसरे लाहौर षड्यंत्र का मुकदमा गिर गया था और मेरा छोटा भाई धर्मपाल छूट गया था। उन्होंने बताया कि अभी मुझ पर एक मुकदमा शस्त्र रखने के लिये और दो मुकदमे हत्या के प्रयत्न के लिये चलाये जायेंगे।

मैं अकेला अभियुक्त था इसलिये मुझ पर षड्यंत्र का मुकदमा चल नहीं सकता था। उपरोक्त तीनों अपराधों में से किसी के लिये कानूनन सात वर्ष जेल से अधिक की सजा नहीं हो सकती थी। सोचा, लाहौर और देहली के मामलों में मुझ पर षड्यंत्र और वाइसराय की ट्रेन के नीचे विस्फोट आदि के लिये मुकदमे चलाने होंगे तो मुझे लाहौर या दिल्ली ले जाया जायेगा।

बिहारीलाल नेहरू ने बताया, "दफा ३०७ का एक मुकदमा कानपुर की घटना के सम्बन्ध में है। उस मुकदमे के लिये पहले शिनाख्त परेड होगी, अर्थात् एक मैजिस्ट्रेट के सामने कानपुर की घटना से सम्बन्ध रखने वाले सिपाही तुम्हें पहचानने के लिये आयेंगे। यदि वे लोग तुम्हें पहचान न सके तो वह मुकदमा चल ही नहीं सकेगा।"

मैं हँस दिया और बोला, "जिन लोगों से काफी बहस और झगड़ा करके जिन्हें सामने से गोली मारी है, वे मुझे पहचानेंगे कैसे नहीं! खासकर जब वे पहचानने के लिये ही आयेंगे।" उनमें से एक सिपाही से देहली के चावड़ी बाजार में सामना हो गया था। उस समय भी वह मुझे तुरन्त पहचान गया था। यह बात दूसरी है कि भय से उसके हाथ-पाँव फूल गये थे या उस समय वह निशस्त्र रहने के कारण डरकर भाग गया। मैंने कहा, "पहचान न सकने की बात तो असम्भव (impossible) है।"

नेहरू जी ने समझाया, "यह मत कहो कि असम्भव (impossible) है, यह कह सकते हो कि **It is highly improbable** (न पहचान सकना बहुत अप्रत्याशित है)। एक बात और है, तुम पर यह मुकदमा राजनैतिक षड्यंत्र अपराध द्वारा हत्या के रूप में नहीं चलाया जा रहा है। तुम पर कोई राजनैतिक अपराध नहीं लगाया गया है इसलिये तुम्हारा स्वयं यह स्वीकारना कि 'हाँ मैंने यह किया है, मैंने वह किया है,' अप्रासंगिक होगा। तुम यदि अपने आपको निर्दोष नहीं बताना चाहते तो बयान देने से इनकार कर सकते हो। शेष हम देख लेंगे कि क्या हो सकता है। तुम हमारे रास्ते में रुकावटें न डालना।" वे मेरे

लिये इतना कर रहे थे तो उनकी यह सीख माननी ही पड़ी। इसमें मुझे कोई असम्मानजनक बात नहीं लगी।

उन दिनों मुझे कपड़े तो श्यामकुमारी ने ला दिये थे, परन्तु मैं हजामत नहीं बनवा रहा था। जेल के कैदी नाई से हजामत बनवाना मुझे पसन्द नहीं था। सेफ्टीरेजर रखने की आज्ञा अभी नहीं मिली थी। अगले दिन मुझे जेल के दफ्तर में बुलाया गया। एक जवान से मैजिस्ट्रेट साहब मौजूद थे। यह थे श्री भगवान सहाय। श्री सहाय १९४७ के बाद उत्तर प्रदेश में चीफ सेक्रेटरी रहे, भोपाल राज्य में चीफ कमिश्नर रहे और बाद में जम्मू-कश्मीर और हिमाचल के गवर्नर रहे। श्री सहाय ने बताया कि मेरी पहचान करने के लिये मुझे कुछ लोगों के बीच में खड़ा किया जायेगा और कानपुर गोलीकांड से सम्बन्धित सिपाहियों को मुझे पहचानने का अवसर दिया जायेगा।

मैंने शिनाख्त परेड में खड़े होने से इनकार कर दिया।

श्री सहाय बहुत तटस्थता से बोले, "सुनिये, अगर आप शिनाख्त परेड में खड़े होने से इनकार करेंगे तो मैं लिख दूँगा कि अभियुक्त ने पहचान परेड में खड़े होने से इनकार कर दिया। मुझे कुछ लेना-देना नहीं है। लेकिन न्याय के विचार से बता देना उचित है कि आपका इनकार करना आपके विरुद्ध प्रमाण माना जा सकता है। यदि आपको एतराज है कि पहचान परेड ठीक ढंग से नहीं हो रही है तो अपना एतराज बताइये। यदि एतराज मुनासिब होगा तो उसे दूर करने की कोशिश की जायेगी।"

इस युक्ति-युक्त बात का मैंने भी उचित उत्तर दिया। मेरा एतराज था कि जिन आदमियों के बीच में मुझे खड़ा किया जा रहा है, मेरे सिवा वे सब जेल के कैदियों की वर्दी पहने हैं। मेरे चेहरे पर पन्द्रह दिन की हजामत होने से मैं यों ही अलग-सा दिखाई देता हूँ। उचित ढंग से पहचान परेड तब होगी जब मुझे मेरे जैसे आदमियों में खड़ा किया जाये। मुझे हजामत बनाने का भी मौका मिलना चाहिये। मेरी यह हजामत ही बता रही है कि मैं सदा से ऐसे नहीं रहता आया हूँ।

"हाँ, यह एतराज ठीक है," श्री सहाय ने स्वीकार कर लिया।

उपाय यह सोचा गया कि मुझे 'सी' क्लास के मामूली कैदियों के बजाय 'बी' क्लास के राजनैतिक कैदियों के साथ खड़ा किया जाये। मुझे कपड़े बदल लेने और हजामत की भी सुविधा दी जाय।

उस समय इलाहाबाद जेल में मोहनलाल गौतम (कांग्रेसी शासन में उत्तर प्रदेश के स्वायत्त-शासन मंत्री), कानपुर से लोकसभा के सदस्य गोपीनाथसिंह आदि राजनैतिक बन्दी थे। इन लोगों से पुराना परिचय था। यह लोग मेरी सहायता के लिये सभी कुछ करने के लिये तैयार थे। वे खद्दर के उजले कुर्ते-पायजामे और गांधी टोपी पहने थे। वैसे ही एक जोड़ा मेरे लिये भी मँगवा दिया। एक नाई बुलाया गया। मुझे याद था कि मैं कानपुर की घटना के दिनों में छोटी-छोटी मूँछें रखता था। गौतम जी जेल में पूरी मूँछें रखे थे। उससे अनुरोध किया कि अपनी मूँछें छोटी तरशवा लें। मैंने अपनी मूँछें सफाचट कर दीं। शिनाख्त परेड में खड़ा होने के लिये 'बी' क्लास के एक और पंजाबी अभियुक्त को बुला लिया गया था। यह भला आदमी मुसलमान था और जाली सिक्का बनाने के मामले में गिरफ्तार था। मेरे पंजाबी और भगतसिंह का साथी क्रांतिकारी होने के कारण वह मुझे गले लगाकर मिला और बोला, "तुम्हें बचाने के लिये जान तक देने के लिये तैयार हूँ।"

उसने बड़े यत्न से मूँछें पाल रखी थीं और उन्हें मरोड़कर बिच्छू के डँकों की तरह चढ़ाये था। मैंने अनुरोध किया, "यह मूँछें छँटवा कर तितली की तरह छोटी-छोटी करवा लो।" उसने तुरन्त यह कुर्बानी कर डाली।

मेरे अनुरोध पर मैजिस्ट्रेट ने इशारा कर सकने वाले जेल के लोगों को दूर-दूर हट जाने के लिये कह दिया और मुझसे पूछा अब तो कोई एतराज नहीं है। एतराज के लिये गुंजाइश न रही। इससे मन की आशंका तो मिट नहीं गयी थी। हम लोग शिनाख्त परेड के लिये खड़े हो गये। पहचानने के लिये आये एक सिपाही को पुकारा गया। उसके सामने आते ही मैंने उसे पहचान लिया, परन्तु पहचान लिये जाने की कोई घबराहट प्रकट न कर शान्त खड़ा रहा। पहले से हुई मंत्रणा के अनुसार गौतम जी और पंजाबी भाई ने कुछ घबराहट प्रकट की। सिपाही ने हम सब लोगों को कई बार देखा। वह स्वयं बौखलाया हुआ जान पड़ रहा था। आखिर उसने गौतम जी का हाथ पकड़ लिया।

दूसरे सिपाही को बुलाया गया। वह भी पथराई सी आँखों से हम सबको कुछ देर देखता रहा और अन्त में उसने पंजाबी सज्जन का हाथ थामकर कहा, "यह आदमी था।"

तीसरे सिपाही ने, जो मुझे दिल्ली चावड़ी बाजार में दूसरी बार भी मिला था, हम सबको ध्यान से देखा। उसके शरीर में पुराने भय के कारण कँपकँपी अब भी दिखाई पड़ रही थी। सबको खूब अच्छी तरह देखकर उसने कहा, "हुजूर, वह आदमी यहाँ नहीं है।"

इसके बाद बिहारीलाल नेहरू मुलाकात करने आये और शिनाख्त परेड का परिणाम सुनकर उन्होंने याद दिलायी, "तुम तो कहते थे, पहचाना न जाना असम्भव है!" अस्तु, कानपुर घटना के मुकदमे से तो छुट्टी हो गयी।

दूसरे-तीसरे दिन दफ्तर में बुलाया गया और पुलिस की एक गारद के हवाले कर दिया गया। जेल के नियम के अनुसार कैदी को एक जेल से दूसरी जेल में बदली होने की खबर पहले नहीं होने दी जाती। आशंका रहती है कि कैदी भाग जाने का इन्तजाम न कर ले पर पुराने कैदियों को ऐसी खबरें कई दिन पहले मिल ही जाती हैं। मैं उस समय तक नया था। मेरा अनुमान था कि मुझे देहली या लाहौर ले जाया जा रहा है। श्यामकुमारी प्रायः तीसरे-चौथे मिलने आती रहती थीं। उनसे मालूम हो चुका था कि दिल्ली और लाहौर के मुकदमों में सफाई के वकील मुझे मुकदमे में पेश करने की माँगें कर रहे थे। वहाँ मुझे पेश करने का मतलब उन मुकदमों का नये सिरे से जारी किया जाना होता। सरकार उन मुकदमों पर उस समय चौदह-चौदह, पन्द्रह-पन्द्रह लाख रुपये खर्च कर चुकी थी। दिल्ली या लाहौर भेजे जाने पर मैं पुराने साथियों से मिलने का अवसर तो पाता, परन्तु मुझ पर कालेपानी या फाँसी की सजा दिये जा सकने योग्य अभियोग भी चल सकता।

पुलिस ने मुझे रेल स्टेशन न पहुँचाकर इलाहाबाद के नैनी सेन्ट्रल जेल में पहुँचा दिया। यहाँ मुझे गोरा बारक (यूरोपियन बारक) की एक कोठरी में बन्द किया गया। बारक से बाहर निकलने की आज्ञा नहीं थी। मेरी कोठरी के पीछे हर समय एक जमादार खड़ा यह देखता रहता था कि मैं कोठरी में मौजूद हूँ या नहीं, मुझसे कोई मिलने तो नहीं आता। वास्तव में तो यूरोपियन बारक के सभी कैदी मेरे लिये पहरेदार थे, क्योंकि वहाँ

अधिकांश गोरे फौजी सिपाही थे, दो-तीन योरूपियन होने का दावा करने वाले एंग्लो-इण्डियन, एक एंग्लो-इण्डियन होने का दम भरने वाला देसी ईसाई। ये सब लोग मुझे अपना व्यक्तिगत शत्रु समझते थे। यहाँ भोजन-कपड़े का दर्जा 'बी' क्लास के राजनैतिक कैदियों से भी कुछ ऊँचा था। मक्खन, डबल रोटी, दूध, चाय, अच्छा चावल, दाल, मांस, एक आध फल सभी कुछ मिलता था। सुपरिन्टेन्डेन्ट मेजर गंगाराम ओबेराय ने मुझे भद्रजन समझकर या स्वास्थ्य के विचार से मेरे लिये कुछ अधिक दूध और अंडे की व्यवस्था भी कर दी थी।

श्यामकुमारी और दूसरे वकील नैनी में भी मिलने आते थे। श्यामकुमारी मेरी बहुत सहायता करती थीं। उनसे मैं अपनी निजी जरूरत की या राजनैतिक संदेश भेजने की बात भी बेतकल्लुफी से कर सकता था। जितनी या जिन पुस्तकों या दूसरी चीजों के लिये उनसे कहा, उन्होंने लाकर दीं। यह भी कहा कि जब जैसी जरूरत हो संदेश भेज दूँ। संदेश भेजने के सुझाव पर मैंने कठिनाई प्रकट की, "मलाका में तो कुछ परिचय हो चला था। यहाँ तो अभी किसी को जानता नहीं। इस 'बड़ी' जेल में तो कड़ाई भी 'बड़ी' है।"

जवाहरलाल जी और नेहरू परिवार के लोग नैनी जेल में काफी रह चुके थे। श्यामकुमारी का वहाँ काफी आना-जाना रहा था। उन्होंने सान्त्वना दी, "घबराओ नहीं, जितनी बड़ी जेल उतनी अधिक सहूलियत। कुछ दिन में चाहोगे तो गुप्त चिट्ठी-पत्री भी भेज सकोगे।" उन्होंने एक विश्वासपात्र वार्डर का नाम बताकर कहा, "जवाहर भाई और रणजीत भाई (विजयलक्ष्मी पंडित के पति) जब जरूरत होती थी, उसी के हाथ हमारे यहाँ चिट्ठी भेज देते थे। तुम परवाह न करना। उसे हम इनाम दे देंगे। जरूरत हो तो दस-पाँच रुपये अपने पास रख लो।" जेल कानून से पैसा पास रखना बड़ा भारी जुर्म था। लेकिन सभी कैदी छिपाकर पैसा रखते ही थे। जेल अफसर भी यह जानते थे। कैदी पैसा पास न रखते तो अफसरों को रिश्वत कैसे देते?

मेरे मुकदमे की तारीख मार्च के अन्त में पड़ी थी। उन्हीं दिनों मेरी माता लाहौर से मुझे मिलने आयीं। मेरी गिरफ्तारी या छोटे भाई की गिरफ्तारी पर एकान्त में उन्होंने चाहे जितने आँसू बहाये हों, परन्तु जेल में मिलने आने पर वे मुस्कराती ही रहीं और यही कहा, "...तुमने जो कुछ किया है, जान-बूझकर किया है। बस मेरे दूध को लाज न लगाना।"

इस बीच श्यामकुमारी की मार्फत प्रकाशवती के गुप्त पत्र भी मिलने लगे थे। मैं इन पत्रों का जवाब भी उन्हीं की मार्फत भेज देता था। यह सब कुछ जेल अफसरों की मौजूदगी में ही होता था, परन्तु उनकी जानकारी में नहीं। पहला पत्र मैंने एक साबुन को लपेटे रहने वाले कागज पर पेंसिल से लिखा था। उसे प्रकाशवती ने धरोहर की तरह सम्भालकर रखा हुआ है। तेईस वर्ष बाद उस पत्र में स्वयं लिखी बातें कुछ विचित्र सी लगती हैं।

मुझे मुकदमे के लिये जेल से अदालत तक ले जाने में भी शायद खतरा समझा गया। जेल के दफ्तर के एक कमरे को सेशन अदालत बनाकर वहीं मुझ पर मुकदमा चलाया गया। जज थे तेजनारायण मुल्ला। मुल्ला परिवार बहुत ब्रिटिश भक्त था। तेजनारायण मुल्ला के पिता जगतनारायण मुल्ला काकोरी के मुकदमे में सरकारी वकील थे। ऊपर के प्रसंग में मैंने न्याय के नियमों के सम्बन्ध में ब्रिटिश शासन की सराहना की है। मेरा

मुकदमा ब्रिटिश न्याय का दूसरा रूप था। मुझ पर दो धाराओं के अभियोग थे। एक धारा में बिना लाइसेंस पिस्तौल रखने का अभियोग और दूसरा मुकदमा धारा ३०७ में कत्ल का प्रयत्न करने के अभियोग का। वास्तव में तो अभियोग एक ही था, परन्तु दो मुकदमे सजा अधिक देने के लिये बनाये गये थे।

मुकदमे की तैयारी के लिये मैं जेल लाइब्रेरी से इंडियन पेनल कोड (भारतीय दण्ड विधान) लेकर पढ़ा करता था। मुझ पर मुकदमा दो ही धाराओं के अन्तर्गत था, परन्तु फुर्सत होने के कारण पूरा पेनल कोड पढ़ डाला। कुछ तो कौतूहल से और कुछ यह देखने के लिये कि यह मुकदमा हो जाने के बाद मुझ पर अन्य किन-किन धाराओं में मुकदमे चलाये जा सकते हैं। इण्डियन पेनल कोड में एक धारा ऐसी भी है जिसके अनुसार भारत सम्राट के प्रतिनिधि की हत्या का प्रयत्न करने के अपराध में मृत्युदण्ड दिया जा सकता है। मन ही मन सोचता था कि ब्रिटिश शासन का न्याय चिन्तनरहित चालू यन्त्र की तरह चल रहा है। सब झंझट छोड़कर मुझ पर इसी धारा के अन्तर्गत सजा देने से इनका प्रयोजन पूरा हो सकता था। अस्तु, बिना लाइसेंस शस्त्र रखने के अभियोग के मुकदमे में जज के साथ ज्यूरी नियत की गयी थी और धारा ३०७ हत्या के प्रयत्न में असेसर नियत किये गये थे।

पहले बिना लाइसेंस पिस्तौल रखने के लिये मुकदमा शुरू हुआ। इस मुकदमे में ज्यूरी ने सर्वसम्मत फैसला दिया कि मुझ पर बिना लाइसेंस के पिस्तौल रखने का अपराध प्रमाणित नहीं हुआ। जज मुल्ला ने फैसला दिया कि वे ज्यूरी के निर्णय से सहमत नहीं हैं। वे ज्यूरी के विरोध में सजा नहीं दे सकते इसलिये मुकदमे को हाईकोर्ट में भेज रहे हैं। गोली चलाकर हत्या के प्रयत्न का मुकदमा हुआ असेसरों के द्वारा। मेरे विरुद्ध अभियोग केवल पुलिस अधिकारियों, विशेषकर मिस्टर पिल्डिच के बयान के आधार पर था। श्री नरेशचन्द्र मिश्र (डि० सु० पु०) गवाही में पेश नहीं हुए। अन्य गवाह कोई भी नहीं था। गवाही की वस्तु भी कोई नहीं थी। मैंने कोई भी बयान देने से इनकार कर दिया था। यहाँ यह कहे बिना नहीं रह सकता कि मिस्टर पिल्डिच ने अपने बयान में अक्षरशः सचाई का पालन किया था। बिहारीलाल नेहरू जी बोलते तो बहुत धीमे-धीमे थे, परन्तु उन्होंने जिरह इस पैंतरे से की पिल्डिच को कहना पड़ा—"····जहाँ तक मेरा विश्वास है, मुझ पर गोली अदालत में उपस्थित मिस्टर यशपाल ने ही चलायी थी। हाँ, सफाई के वकील की जिरह से यह सन्देह हो सकता है कि टीन की दीवार के पीछे गोली चलाने वाला व्यक्ति दूसरा रहा हो और वह व्यक्ति किसी तरह से भाग गया हो।" चतुर वकील ने सन्देह का अवसर पैदा कर ही दिया।

असेसरों ने भी एक मत होकर कहा कि सन्देह के लिये गुंजाइश है, अपराध निस्सन्देह प्रमाणित नहीं हुआ। जज मुल्ला ने असेसरों से सहमत न होकर सात वर्ष कठोर कारावास का दण्ड दे दिया। साधारण तर्क से जब तक यह प्रमाणित न हो जाता कि मेरे पास पिस्तौल था, पिस्तौल से गोली चलाकर हत्या के प्रयत्न का मौका कैसे सम्भव था? पर अदालती कायदा और कानून साधारण बुद्धि से नहीं चलते।

जेल के दफ्तर में बनी इस अदालत में एक रोचक घटना भी हो गयी। देहरादून के प्रकरण में अपने जाली डाक्टर बनने की बाबत कह चुका हूँ। यह भी कहा है कि उन दिनों एक बंगकुमारी अध्यापिका के पिता से भी परिचय हुआ था। इस अदालत में

सर्वसाधारण को आने की आज्ञा नहीं थी, परन्तु मुख्य समाचार-पत्रों के प्रतिनिधियों को मुकदमे में उपस्थिति के लिये अनुमति दे दी गयी थी। पत्र प्रतिनिधियों में मुझे देखने की उत्सुकता स्वाभाविक ही थी। आँखें चार होते ही मैंने बंगकुमारी अध्यापिका के पिता को पहचान लिया, परन्तु कोई संकेत पहचान लेने का नहीं किया। वे मुझे बहुत विस्मय से देख रहे थे। उन्हें अपनी आँखों पर विश्वास नहीं हो रहा था। कभी चश्मा लगाकर देखते और कभी चश्मा उतार कर। उनके चेहरे पर एक रंग आता था और एक जाता था। आखिर तीसरे दिन अवसर पाकर उन्होंने प्रणाम कर ही दिया और बहुत द्रवित स्वर में योग्य सेवा कर सकने की इच्छा प्रकट की। ''सब ठीक है।'' मैंने संक्षिप्त उत्तर दिया। नहीं चाहता था कि पुलिस वाले उन्हें मुझसे आन्तरिकता से बात करता देखें और उनके पीछे पड़ जायें।

हाईकोर्ट के फैसले की तारीख लगभग महीने भर बाद पड़ी थी इसलिये वकीलों का आना-जाना जारी रहा। फैसले के दिन श्यामकुमारी हाईकोर्ट से सीधे जेल आयीं और मुझे बधाई दी कि हाईकोर्ट ने बिना लाइसेंस शस्त्र रखने की धारा में मुझे अपराधी तो माना है, परन्तु हानि कोई नहीं हुई। इस धारा में सात वर्ष जेल की सजा दी गयी है और जैसी आशा थी—क्योंकि दोनों कानून एक ही धारा से सम्बन्ध रखते थे—दोनों सजाएँ एक साथ चलेंगी। सजा वास्तव में सात वर्ष की हुई है। सब कुछ कर गुजरने के केवल सात वर्ष की सजा! जान पड़ा यों ही छूट गया हूँ। अध्ययन करने के लिये सात वर्ष का समय सरकार ने दे दिया है।

श्यामकुमारी दूसरे दिन संध्या फिर आयीं। उस दिन उनका मुँह लटका हुआ था। बताया कि कल अंग्रेज जज ने दोनों सजाएँ साथ-साथ चलने का फैसला तो सुना दिया था, परन्तु फैसला टाइप न हो सकने के कारण उस पर हस्ताक्षर नहीं हुये थे। जान पड़ता है, रात क्लब में दूसरे अंग्रेज अफसरों से बातचीत में उसका विचार बदल गया और सुबह फैसले पर दस्तखत करते समय उसने 'एक साथ' (concurrent) शब्द काटकर 'क्रमशः' (consecutive) शब्द कर दिया। सजा चौदह वर्ष हो गयी, एक शब्द के हेर-फेर से। सजा चौदह वर्ष हो जाने पर वह चौदह ही वर्ष नहीं रह जाती बल्कि निश्चित नियमों के अनुसार वह उम्र कैद मान ली जाती है अर्थात् चौदह वर्ष पूरे हो जाने पर भी अपराधी के छोड़े जाने के लिये सरकारी स्वीकृति की आवश्यकता होती है। अवसरवश जिस समय श्यामकुमारी नेहरू यह समाचार लेकर आईं, मेरठ केस के अभियुक्त इलाहाबाद हाईकोर्ट में पेशी के लिये नैनी सेन्ट्रल जेल में आये हुये थे। दफ्तर में इन लोगों से भी मुलाकात हो गयी। इनमें लाहौर के लाला केदारनाथ सहगल भी थे। उन्होंने चौदह वर्ष की सजा सुनकर भी मुझे बधाई दी, ''फाँसी नहीं हुई यह ही क्या कम है!'' मैंने भी सात और चौदह को कोई महत्व न देने की कोशिश की। अभी लाहौर और देहली में असली मुकदमे तो शेष थे। आशा थी इलाहाबाद में फैसला हो जाने पर उन मुकदमों का नम्बर आयेगा।

दिल्ली या लाहौर भेजे जाने की प्रतीक्षा में जो पुस्तक हाथ लग जाती, पढ़कर समय बिताया करता था। एक दिन दफ्तर से बुलावा आया। कैदी के लिये दफ्तर से बुलावा सदा ही खास बात होती है। साधारणतः जब जेल में किये अपराध की सजा के लिये सुपरिन्टेन्डेन्ट के सामने पेश होना हो, जेल से तबादला हो या कोई मुलाकात के लिये आये, तभी दफ्तर से बुलावा आता हो। जाकर पता चला, मिलने वाला कोई नहीं आया

था। जेलर ने मुझे एक जमादार के साथ दफ्तर के ऊपर की मंजिल में भेज दिया। देखा, तो फिर वही पुराने डिप्टी सुपरिन्टेन्डेन्ट पुलिस बैनर्जी महाशय।

बैनर्जी इस बार भी मेरे लिये कुछ बढ़िया आम लेकर आये थे। सोचा, अब तो मुकदमे में सजा भी हो गयी। अब ये मुझसे क्या आशा करते हैं पर अभी लाहौर और दिल्ली के मुकदमे तो ब.की थे। बैनर्जी ने बताया कि उन्हें मेरी चिन्ता के कारण चैन नहीं आ सकी। इलाहाबाद का मुकदमा तो हो गया पर दिल्ली और लाहौर के तो शेष हैं। अब भी यत्न करने पर बहुत कुछ किया जा सकता है। चौदह वर्ष जेल में काटना मामूली बात नहीं है। यंग-लेडी के भविष्य की बात सोचनी चाहिये। उन्होंने मुझे लाल रंग के कागज पर हिन्दी में छपा एक पर्चा दिखाया। बहुत छोटा सा पर्चा था जिसमें विदेशी सरकार के विरुद्ध बगावत आरम्भ कर देने की पुकार थी और नीचे छपा हुआ था, हस्ताक्षर—प्रकाशवती, कमाण्डर-इन-चीफ।

प्रकाशवती के नाम से बगावत की पुकार के लिये छपा पर्चा लाकर मुझे दिखाने में बैनर्जी का अभिप्राय मुझे यह बताना था कि प्रकाशवती अपने आपको कितने भयंकर संकट में डाल रही हैं। शायद मैं यह देखकर उन्हें बचाने के लिये व्याकुल हो उठूँगा। मैंने किसी भी प्रकार की उत्तेजना या चिन्ता न दिखाकर उत्तर दिया, "मैं अढ़ाई-तीन महीने से जेल में हूँ। इस परचे के बारे में आप मेरी क्या जिम्मेवारी या श्रेय समझ सकते हैं। मैं इस बारे में कोई सूचना या राय नहीं दे सकता हूँ, न इसके बारे में सोचना चाहता हूँ।" मन ही मन मुझे यह संतोष हुआ कि हमारे उद्देश्यों के लिये प्रयत्न अब तक जारी है। यह भी शंका हुई कि बैनर्जी मुझे आतंकित करने के लिये जाली पर्चा ही छपवाकर न ले आये हों।

बाद में प्रकाशवती से मैंने पुरानी बातों के सिलसिले में इस पर्चे की बाबत पूछा तो उन्होंने बताया कि मेरी गिरफ्तारी के बाद राजेन्द्रसिंह आदि साथियों ने कमाण्डर-इन-चीफ के स्थान पर उनका नाम उपयोग करने की अनुमति माँगी थी और उन्होंने स्वीकार कर लिया था।

बैनर्जी से निवेदन किया, "आप जानते हैं मैं जेल में हूँ। बाहर क्या हो रहा है मुझे नहीं मालूम। चौदह वर्ष की जेल हुई है, उसे भुगतने के लिये तैयार हूँ। लाहौर और दिल्ली के मुकदमों में जो हो, उसके लिये भी तैयार हूँ। मैं आपकी कोई बात नहीं मान सकता और न सहायता चाहता हूँ। आपकी भावना के लिये धन्यवाद है।"

बैनर्जी ने और भी लम्बी बात की, "नौकरी का समय पूरा कर मेरे रिटायर हो जाने का समय आ गया है। चाहता हूँ, इससे पहले तुम्हारा कुछ भला कर जाऊँ। तुमहें क्या मुझ पर भरोसा नहीं है? तुम्हें यदि मुझ पर भरोसा नहीं है कि मैं अपनी बात पूरी करूँगा या सन्देह है कि बात से फिर जाऊँगा या तुम किसी बड़े अफसर से बात करके आश्वासन चाहते हो तो मैं इसका भी प्रबन्ध कर सकता हूँ। मिस्टर पिल्डिच पर तो तुम्हें विश्वास है। देखा ही है, कितने सच्चे आदमी हैं। उनसे बात करोगे?"

कुछ मज़ाक सा सूझा। उत्तर दिया, "यदि वे चाहें तो मैं बात कर लूँगा।"

बैनर्जी अपने सिर पर हाथ फेर के बोले, "मेरे सफेद बालों का खयाल रखना। यह न हो कि उनके आने पर तुम उल्टी-पुल्टी बात करने लगो। वे इस समय नैनीताल में हैं। उन्हें वहाँ से बुलाना होगा।"

"आप स्वयं सोच लीजिये।" मैंने जिम्मेवारी टाली, "मैं कोई वायदा नहीं कर रहा हूँ। वे आयेंगे तो मैं बात करने से इनकार नहीं करूँगा, लेकिन आप भविष्य में कष्ट न करें। अब मुझे सजा हो चुकी है। बाहर से आयी खाने की वस्तु लेना जेल कानून के विरुद्ध है इसलिये मैं आपके लाये आम स्वीकारने में भी असमर्थ हूँ।"

तीसरे ही दिन फिर दफ्तर से सुबह-सुबह बुलावा आया। मुझे सीधे सुपरिन्टेन्डेन्ट के कमरे में पहुँचा दिया गया। देखा, मिस्टर पिल्डिच और मिस्टर मार्श, दो पुलिस सुपरिन्टेन्डेन्ट बैठे थे। पिल्डिच ने मुस्कराकर हाथ मिलाकर स्वागत किया और बोले, "मुझे परसों मिस्टर बैनर्जी का फोन मिला कि आप मुझसे बात करना चाहते हैं। मैं सीधा चला आ रहा हूँ।"

"मुझे अफसोस है, मेरे कारण आपको कष्ट हुआ।" मैंने उत्तर दिया।

"कोई कष्ट नहीं है। मैं तो बहुत प्रसन्न हूँ कि आप मुझसे बात करना चाहते हैं। हमारी पहली मुलाकात अजीब परिस्थितियों में हुई थी, परन्तु तब भी मिलकर प्रसन्नता हुई थी। हाँ, तो क्या बात है? अगर अकेले में बात करना चाहो तो मार्श हट जायें।"

मैंने कहा, "नहीं, कैदी का अकेले किसी से बात करना जेल कानून के विरुद्ध है बल्कि हमारी बातचीत के समय नियमानुसार किसी जेल अफसर का रहना भी आवश्यक है।"

पुलिस सुपरिन्टेन्डेन्ट के आने का समाचार सुनकर मेजर ओबेराय अपने बंगले से दौड़ते हुये आये होंगे। हम लोगों को एक साथ देखकर ठिठके, "आप लोग बात कीजिये।" वे लौट रहे थे कि मैं बोला, "जेल के नियमों के अनुसार कैदी को किसी से भी जेल अफसरों की मौजूदगी में ही मिलना चाहिये।"

"कोई बात नहीं, सब ठीक है।" कहकर ओबेराय चले जा रहे थे।

मैंने आग्रह किया, "पर मैं जेल का नियम तोड़ना नहीं चाहता।"

पिल्डिच और ओबेराय ने एक-दूसरे की ओर देखा। पिल्डिच ने अनुमान प्रकट किया, "शायद मिस्टर यशपाल चाहते हैं कि हम लोगों में जो बातचीत या समझौता हो, उसका कोई भरोसे लायक गवाह रहे। मुझे इस बात में कोई एतराज नहीं है। मेजर ओबेराय, आप भी बैठिये। यह निश्चित है कि हम तीनों में जो बात होगी, गुप्त रहेगी।"

ओबेराय कुछ अनिच्छा से बैठ गये। पिल्डिच ने मुझे सम्बोधन किया, "आपको क्या कहना है?"

मैंने कहा, "आपको इतनी दूर से आने का कष्ट हुआ। उसके लिये मुझे खेद है। मुझे यही कहना है कि मिस्टर बैनर्जी मुझसे मिलने न आया करें। सी० आई० डी० के अफसर मुझसे मिलने आते रहेंगे तो लोगों को मेरे सम्बन्ध में अच्छी धारणा नहीं होगी।"

"बस?" पिल्डिच ने विस्मय से पूछा।

"जी हाँ, अपनी ओर से तो मुझे यही निवेदन करना है। शेष आप जो पूछें उसका उत्तर दूँगा। आप बताइये, मैं आपके लिये क्या कर सकता हूँ?"

पिल्डिच सोचकर बोले, "मैं तो यह अनुरोध करूँगा कि आप अपने बीते जीवन की घटनाओं की एक सच्ची और स्पष्ट कहानी लिख डालें। इसके लिये आप जो कहेंगे हम आपका अनुरोध पूरा करेंगे।"

"अपने जीवन की कहानी महापुरुष लिखा करते हैं।" मैंने उत्तर दिया, "मैं इस योग्य नहीं हूँ। इससे किसी को लाभ भी नहीं होगा।"

"नहीं, ऐसी बात तो नहीं है।" पिल्डिच ने आग्रह किया, "आपने एक आन्दोलन में महत्वपूर्ण भाग लिया है। आपके जीवन का और आपके संगठन का इतिहास भविष्य में बहुत से लोगों की जानें बरबाद होने से बचाने में सहायक हो सकता है।"

प्रसंग का तार तोड़कर एक बात कह दूँ। संस्मरण लिखने के लिये पिल्डिच के अनुरोध का मुझ पर यह प्रभाव पड़ा कि १९३८ में जेल से मुक्त हो जाने पर भी मैंने संस्मरण लिखने की जल्दी नहीं की। बहुत से साथियों ने 'आपबीतियाँ' और 'क्रांतिकारी प्रयत्नों के इतिहास' लिखे पर मैं जानता था कि पूर्ण स्वराज्य से पूर्व अपने तत्कालीन सहायकों को संकट में डाले बिना सब सच्ची बातें लिखी नहीं जा सकती थीं। सच्ची बातें लिख देने से अपने पक्ष की अपेक्षा अंग्रेज सरकार का ही लाभ होने की सम्भावना समझता रहा। १९४७ के बाद मैंने संस्मरण लिखना निरापद समझा।

मैंने पिल्डिच को उत्तर दिया, "आपकी बात का अर्थ यह है कि मैंने जिन लोगों के साथ मिलकर काम किया था, उनकी जानें आपके हाथ में दे दूँ।"

पिल्डिच ने आश्वासन दिया, "मैं इस बात का विश्वास दिलाता हूँ कि जिन लोगों ने हत्या या डकैती में भाग नहीं लिया है उनके विरुद्ध कोई कार्रवाई नहीं की जायेगी। उन्हें केवल ऐसा करने से रोका जायेगा। जो लोग ऐसी घटनाओं में भाग ले चुके हैं, उनके साथ कानूनन जितनी रियायत उचित होगी, करने की कोशिश की जायेगी। उद्देश्य प्रतिहिंसा नहीं है, बल्कि इस प्रवृत्ति को समाप्त करना है।"

पिल्डिच बहुत स्पष्ट बात कह रहे थे इसलिये मैंने भी स्पष्ट बात करना ही उचित समझा, "आप मुझे अपनी आपबीती और अपने साथियों का पूरा सच्चा हाल आपके लिये लिख डालने की सलाह दे रहे हैं, लेकिन यदि कोई ब्रिटिश भद्र पुरुष, उदाहरणतः आप ही मेरी स्थिति में होते तो आप यह सब लिखकर दे देते?"

पिल्डिच के चेहरे पर सुर्खी आ गयी, "हरगिज नहीं। किसी भी हालत में नहीं।"

"तो मुझे भी ऐसा ही करने दीजिये।"

पिल्डिच चुप रह गया और क्षण भर बाद बोला, "अब मैं आपका और भी आदर करता हूँ। अस्तु, इस बात को जाने दीजिये। मोल-तोल की बात नहीं है। मैं कुछ पूछना नहीं चाहता। एक मित्र के तौर पर मैं आपकी क्या सहायता कर सकता हूँ?"

"धन्यवाद। क्या सहायता हो सकती है। सब ठीक है।" उत्तर दिया।

"नहीं, जेल में चौदह वर्ष काटना मामूली बात नहीं है। जेल में ऊँची श्रेणी का प्रबन्ध हो सकता है। क्यों मेजर ओबेराय?"

मैंने धन्यवाद देकर कहा, "मैं 'बी' श्रेणी में हूँ। हिंसा के लिये अभियुक्त लोगों को 'ए' श्रेणी तो कानूनन मिल नहीं सकती।"

"नहीं, ऐसी क्या बात है। सरकारी हुक्म से सब कुछ हो सकता है।"

"धन्यवाद, उसे जाने दीजिये। मैं संतुष्ट हूँ। लिहाज के लिये कहते अच्छा नही लगता।"

"बहुत अच्छी बात। लेकिन मित्र के तौर पर सलाह दे रहा हूँ कि जेल में अकेले समय काटना बहुत दूभर हो जाता है। मैं पिछले युद्ध में युद्ध-बन्दी रह चुका हूँ। मुझे अनुभव है। ऐसी अवस्था में विदेशी भाषा सीखने के प्रयत्न में समय बहुत सुविधा से बीत जाता है। 'ह्यूगो' के प्रकाशन में सभी भाषाओं की स्वयं, शिक्षक पुस्तकें मिलती हैं। आप भी यह काम कर सकते हैं।"

"एक सुविधा अवश्य चाहता हूँ।" मैंने कहा।

"क्या?"

"मुझे कलम-कागज रखने दिया जाये। कागज गिनकर दे दिये जायें। मैं कुछ कहानियाँ या निबन्ध लिखना चाहता हूँ। यह चीजें बाहर भेजूँ तो पुलिस उन्हें पढ़कर देख ले। यदि उन्हें निरापद समझे तो वह चीजें मेरे मित्रों या सम्बन्धियों को दे दी जायें।"

"मिस्टर ओबेराय, यह तो नाजायज माँग नहीं है।" पिल्डिच ने कहा और ओबेराय ने हामी भर ली। बहुत सौजन्यता से हाथ मिलाकर उन लोगों ने विदा ली।

जेल की लम्बी मियाद में मैंने फ्रेंच और इटालियन भाषा का अच्छा अभ्यास कर लिया था। उस सुझाव के लिये मैं मिस्टर पिल्डिच का आभारी रहा हूँ।

मई का आरम्भ होगा। दफ्तर से बुलावा आया। सन्देश लाने वाले ने सामान साथ ले चलने के लिये कहा। इसका अर्थ था जेल से तबादला। मैं दिल्ली या लाहौर भेजे जाने की प्रतीक्षा में था ही। जेल रो तबादला बहुत असुविधाजनक होता है। सजा तीन वर्ष से अधिक की होने पर तबादले के नियमानुसार बेड़ियाँ भी जरूर पहनायी जाती हैं। एक जेल में आदमी रस-बस जाता है, कुछ परिचय हो जाता है। नयी जगह जाने पर अफसर अपना रोब कायम करने के लिये शुरू में सख्ती भी जरूर दिखाते हैं। कहावत, बिल्ली को पहली बार देखते ही मारना चाहिये ताकि वह फिर आने से डरे। जेल अधिकारी इस कहावत पर बहुत विश्वास करते हैं, परन्तु दूसरी ओर लगातार एक कोठरी या बारक में रहने के बाद बाहर निकलकर कैदी वर्दी से भिन्न पोशाक में स्त्री-पुरुषों, बच्चों और पशुओं को देखने का अवसर मिलता है; बाजार, रेल स्टेशन, मैदानों और जंगलों की झलक भी आकर्षित करती है। जेल की भाषा में इसे 'दुनिया देखना' कहा जाता है। कैदी इसके लिये भी लालायित रहते हैं। शायद काकतालीय न्याय से कोई परिचित स्थान या चेहरा भी दिखाई दे जाये। हथकड़ी-बेड़ी में जकड़े और सशस्त्र पुलिस की गारद से घिरे कैदी को सर्वसाधारण लोग चोर, डाकू, हत्यारा या महाभयंकर आदमी समझकर जिस दृष्टि से देखते हैं, वह भी अद्‌भुत अनुभव होता है। कोई घृणा से मुँह फेर लेते हैं और कोई बेमतलब घूँसा-थप्पड़ दिखाकर क्रोध और घृणा प्रकट कर देते हैं। इलाहाबाद स्टेशन पर एक काली मेम साहिब ने ऐसा ही व्यवहार मुझे देखकर किया था। मैं मुस्कराकर रह गया। जेल दफ्तर में ही मालूम हो गया था कि मैं दिल्ली जा रहा हूँ।

दिल्ली जेल में पहुँचते ही जिस अफसर (डिप्टी जेलर) से सबसे पहले भेंट हुई, वे मुझे देखकर सकपका गये। यह थे मिस्टर चावला। बात यह थी, दिल्ली में रहते समय प्रभुदत्त शर्मा के साथ एक जवान मिस्टर चावला भी हवाई जहाज चलाने की शिक्षा लेता था। इस जवान चावला के एक सम्बन्धी या बड़े भाई जेल में अफसर थे। चावला इनके साथ ही रहता था। प्रभुदत्त के साथ इस अफसर के यहाँ मैं दो-तीन बार आया-गया था। परिचय की इच्छा का प्रयोजन था कि कभी बातचीत में इस अफसर से दिल्ली जेल में

बन्द अपने साथियों को कुछ समाचार मिल सकेगा। वह उस समय मुझे क्या पहचानते? मैंने उन्हें पहचानकर भी दूसरों के सामने पुराना परिचय प्रकट नहीं किया। इसे उन्होंने मेरी भलमनसाहत ही समझा होगा। दिल्ली जेल में मुझे एक काल कोठरी में बन्द कर दिया गया। लेटने के लिये चटाई-कम्बल। भोजन, जेल की दाल-रोटी।

मैंने इस व्यवहार का विरोध किया, "मैं 'बी' क्लास का राजनैतिक कैदी हूँ।" पहला उत्तर यही मिला, "हमें कोई इत्तला नहीं है।" चार दिन उपवास कर लेने के बाद जेल अफसरों को इत्तला हो गयी और व्यवहार ठीक हो गया। उसके दो-तीन दिन बाद चौथे पहर मुझे अदालत में पहुँचाया गया।

दिल्ली केस के लिये खास अदालत पुराने केन्द्रीय सेक्रेटेरियट में कायम की गयी थी। मुझे वहाँ अलग एक कमरे में बैठा दिया गया। दूसरे कमरे से अदालती कार्रवाई की आवाजें आ रही थीं। उत्सुक प्रतीक्षा थी कि अब अपने साथियों को देख पाऊँगा। खिड़की से दिखाई दे रहा था कि दिन ढलकर छायाएँ लम्बी हो रही थीं। सोचा, क्या अदालत रात सात-आठ बजे तक बैठेगी?

मुझे अदालत के सामने हाजिर किया गया तो अपना कोई साथी मौजूद नहीं था। जज थे, सरकारी वकील थे और मेरी सफाई के लिये दिल्ली के एडवोकेट मिस्टर बैनर्जी थे। सरकारी वकील ने कहा, "अभियुक्त यशपाल अदालत में हाजिर है, लेकिन अदालत में पेश मामला बहुत दूर तक आगे बढ़ चुका है। मुकदमा नये सिरे से शुरू करने में व्यर्थ की असुविधा और व्यय होगा। क्योंकि यशपाल को एक दूसरे अभियोग में चौदह वर्ष कठोर कारावास की सजा दी जा चुकी है इसलिये सरकार दिल्ली केस के अन्तर्गत अभियोग उस पर से खारिज कर देना चाहती है।"

मेरे वकील मिस्टर बैनर्जी ने इस पर कोई आपत्ति नहीं की। मुकदमा समाप्त हो गया। अगले दिन मुझे इलाहाबाद लौटा दिया गया। दिल्ली में गाड़ी की प्रतीक्षा के लिये मुझे रेल स्टेशन की हवालात में बैठा दिया गया था। हवालात में देखा, दिल्ली के सूरी परिवार के 'काका' श्रीकृष्ण को। हवालात में बन्द वह एक अनार के टुकड़े से दाने निकाल-निकालकर खा रहा था। देखकर भी मैंने परिचय और विस्मय प्रकट नहीं किया। लेकिन वह मुझे पहचानकर कुछ द्रवित-सा हो गया था। उसने हवालात के मुंशी से एक मिनट के लिये बाहर आने की इजाजत माँगी। मुंशी मान भी गया। कुछ क्षण मुझे देखा और फिर भीतर बन्द हो गया। फरारी के दिनों में उनके यहाँ मैं कई बार ठहरा था। काका का गला बहुत अच्छा था। उसे याद आ गया कि मैं बहादुरशाह की एक गजल बहुत पसन्द करता था। कोठरी में बन्द वह उसी गजल को बहुत दरद भरे स्वर में गाने लगा—'लगता नहीं है दिल मेरा उजड़े दयार में...।'

लाहौर षड्यंत्र का मुकदमा तो मुझे लाहौर अदालत में पेश किये बिना ही मुझ पर से खारिज कर दिया गया। कारण वही रहे होंगे जो दिल्ली अदालत में सरकारी वकील ने पेश किये थे।

नैनी जेल लौटकर फिर गोरा बारक की वही कोठरी। जेल का यह अजीब कानून है कि अभियुक्त के साथ सख्ती बर्ती जाती है और उसके अपराधी प्रमाणित हो जाने और सजा पा जाने पर उसे जेल की नियमित सीमाओं में अपेक्षाकृत स्वतन्त्रता और सुविधा मिल जाती है। यही मेरे साथ भी हुआ। मेरे जेल टिकट पर लिखा हुआ था: **Specially dangerous but not amounting to personal assault.** इसका अभिप्राय हुआ कि

'मारपीट की आशंका तो नहीं है, परन्तु इसकी गतिविधि पर विशेष सावधानी चाहिये।' इसलिये मेरे प्रति कुछ विशेष चौकसी बरती जाती थी। सभी क्रांतिकारियों के टिकटों पर 'खतरनाक' लिखा रहता था। जेल में चौदह वर्ष नहीं रहा। १९३७ में प्रान्तीय स्वायत्त शासन आरम्भ हो जाने के कारण २ मार्च, १९३८ तक ही जेल में रहा। जेल जीवन की कहानी में कोई विशेष वैचित्र्य न जान पड़ेगा, क्योंकि कांग्रेस के आन्दोलन में लाख से अधिक व्यक्ति जेल काट आये हैं। पर कुछ अनुभव दूसरों से भिन्न भी हुये हैं। मानव स्वभाव का अध्ययन करने वालों की जेल जीवन के प्रति रुचि हो सकती है।

गोरा बारक में मुझे काफी दिन रहना पड़ा। यूरोपियन कैदियों को प्रायः 'बी' क्लास की सुविधाएँ दे दी जाती थीं। कुछ सुविधाएँ 'बी' क्लास से भी अधिक थीं और कुछ कमियाँ भी थीं। गोरे सिपाही कैदी या इस बारक में रखे जाने वाले अपराधी कुछ विचित्र जीव थे। कानूनन जेल में पैसा रखने की सख्त मनाही होने पर भी किसी भी सेन्ट्रल जेल में हजार-दो-हजार रुपये से अधिक मौजूद रहते ही थे। सेन्ट्रल जेल की आबादी भी दो अढ़ाई-हजार होती थी। अब शायद अधिक। जेल में अपने ढंग से व्यापार भी खूब चलता था। अब भी वैसा ही होगा।

उन दिनों जेल में बीड़ी-तम्बाकू की सख्त मुमानियत थी, परन्तु अफसरों की दृष्टि बचाकर कैदी इन चीजों का मनचाहा व्यवहार करते ही थे। छोटे-मोटे अफसरों की परवाह भी नहीं की जाती थी। 'सी' क्लास के या सामान्य हिन्दुस्तानी कैदी तो जमादारों की मार्फत अपने घर के लोगों से पैसा मँगवा लेते थे। इस तरह पैसा मँगवाने का कमीशन निश्चित और बँधा हुआ था—रुपये में चार आना। इस मामले में प्रायः बेईमानी नहीं होती थी। कानून से लड़ने वाले लोग प्रायः आपसी व्यवहार में अपनी नैतिकता का पालन दृढ़ता से करते हैं। गोरे कैदी तो कहीं से पैसा मँगा नहीं सकते थे। वे अपनी डबल रोटी, मक्खन की टिकिया, शकर या मांस का राशन बेचकर बीड़ी खरीदते थे। दर बँधा हुआ था—एक पूरी डबल रोटी, छटाँक के लगभग मक्खन, शकर या साढ़े तीन छटाँक मांस, इनमें किसी भी चीज का मोल जेल में एक बंडल बीड़ी था। जेल का अनुभव न रखने वाले लोगों को इस भाव या दर से आश्चर्य होगा, परन्तु आश्चर्य की बात कुछ न थी। डबल रोटी, मक्खन, मांस आदि सरकारी तौर पर दिये जाते थे और बीड़ी का बंडल जेल में जोखिम और खतरा झेलकर लाया जाता था। उसकी आयात कम और माँग अधिक थी। सोना या जवाहरात जीवन के लिये आवश्यक नहीं है, परन्तु हमारे समाज में जीवन के लिये अनिवार्य तथा आवश्यक वस्तुओं से इनका मोल कहीं अधिक है, क्योंकि यह कम मात्रा में और कठिनाई से पाये जाते हैं। जेल के बाजार में क्रय-विक्रय का माध्यम या सिक्का बीड़ी का बंडल ही चालू था। उसी से दूसरी चीजों की कीमत निश्चित होती थी। उन दिनों बाजार में बीड़ी के बंडल की कीमत तत्कालीन दो पैसे थी। गोरे अपने राशन में से कोई न कोई चीज बेचकर बीड़ी का बंडल ले लेते थे। गोरे कैदी साधारणतः एक बंडल बीड़ी तो पीते ही थे, कोई अधिक भी।

जिन लोगों की आदतें बीड़ी-तम्बाकू से ऊँचे नशे अफीम, गांजे, चरस की थीं उन्हें कुछ तकलीफ होती थी। इन चीजों के दाम अधिक थे। गोरों को ऐसा शौक पूरा करने के लिये अपने अपने राशन की तीन-चार चीजें बेच देनी पड़ती थीं यानी डबल रोटी, मक्खन, शकर सब कुछ। कुछ ऐसे भी थे जो अपना सभी कुछ बेच देते थे और बिना

दूध, शकर की काली चाय पीकर और जेल की साधारण दाल-रोटी माँगकर निर्वाह कर लेते थे। उन दिनों मैं आत्मसम्मान के विचार से जेल में बीड़ी या तम्बाकू का व्यवहार नहीं करता था। यही खयाल था कि इतनी सी बात के लिये जेल के अफसरों के सामने क्यों आँखें नीची करनी पड़ें। खास आदत भी न थी। कांग्रेस मंत्रिमंडल बन जाने पर जब हम लोगों को अपने खर्च पर तम्बाकू पी सकने की इजाजत मिल गयी तो बात दूसरी थी।

गोरे सिपाही प्रायः छोटी-मोटी चोरियों के अपराध में आते थे। सजा समाप्त होने पर उन्हें ब्रिटेन लौटा दिया जाता था। कुछ ऐसे ऐंग्लो-इण्डियन थे जो कई बार जेल काट चुके थे। ग्रांट भी ऐसा ही आदमी था। उसे चरस पीने की आदत थी। साधारणतः गोरों का खयाल था कि मैं बहुत धनी आदमी हूँ इसीलिये मुझे 'बी' क्लास की सुविधा दी गयी और सुपरिन्टेन्डेन्ट मेरा लिहाज करता है। यह भी उन्हें मालूम था कि मैं अंग्रेज सरकार का दुश्मन हूँ। एक दिन ग्रांट ने आकर मुझसे बात की। जेल में पैसे के अभाव में चरस न मिलने के कष्ट का जिक्र करते हुये उसने कहा, "यदि तुम मेरे लिये जेल में अढ़ाई वर्ष तक चरस-गांजा मिल सकने लायक रुपये का प्रबन्ध कर दो तो मैं ब्रिटिश साम्राज्य की जड़ें काट सकता हूँ। केवल पाँच सौ रुपये का खर्च है।"

ग्रांट की बात से विस्मित होकर पूछा, "ऐसा कौन-सा उपाय है कि अकेला आदमी किसी साम्राज्य की जड़ें काट डाले?"

ग्रांट ने उत्तर दिया, "बहुत सरल उपाय है। बस पैसा चाहिये। वह भी केवल पाँच सौ रुपया। मैंने यहाँ जेल में आकर कई गोरे सैनिकों को चरस पीना सिखा दिया है। चरस पीने वाला आदमी किसी काम का नहीं रह जाता। तुम मेरी ही अवस्था देख लो!" ग्रांट वास्तव में ही हड्डियों का ढाँचा मात्र रह गया था। बोला, "मेरे पास पैसा हो तो पूरी ब्रिटिश फौज के सैनिकों को गांजे की एकाध चिलम मुफ्त में फूँक पिला कर रोग फैला दूँ। किसी ने जहाँ दो बार चरस का दम चढ़ाया, आदत पड़ जायेगी। सिपाहियों को चरस की आदत पड़ी तो वे लोग किसी काम के न रहेंगे। जब सेना ही नहीं रहेगी तो साम्राज्य खाक रहेगा!"

इस बारक में हमारे देश पर शासन करने वाली जाति के लोगों की सिधाई या मूर्खता के भी विचित्र उदाहरण मिलते थे। बारक में हर मंगलवार की सुबह एक मेजर के पद का पादरी छावनी से गोरों को धर्मोपदेश देने आता था। ब्रिटिश साम्राज्य को अपनी सेना का धर्म विश्वास बनाये रखने की बहुत चिन्ता थी। पादरी महोदय गोरों के मनोरंजन के लिये लन्दन से आने वाले सप्ताह भर पुराने पत्र या कुछ सचित्र पत्रिकायें भी ले आते थे। सब लोग अपना-अपना स्टूल लेकर कोठरियों के बीच के चौड़े गलियारे में बैठ जाते थे। पादरी साहब बाइबिल में से कुछ भजन गवाते और निष्कलंक कुमारी के गर्भ से उत्पन्न भगवान के बेटे में अटूट विश्वास रखने का उपदेश दे जाते। ऐसे उपदेश का प्रभाव दो-तीन घंटे रहता था। पादरी साहब को मेरी आत्मा के प्रति भी करुणा अनुभव हुई। उन्होंने मुझे भी बाइबिल पढ़ने और धर्मोपदेश में साथ बैठने का सुझाव दिया। मैं भी संगत में बैठने लगा।

एक मंगलवार दूसरे लोग तो नयी आयी पत्रिकाओं के चित्र देखने में व्यस्त थे। सिपाही डन मेरे पास बैठा ईश्वर की असीम शक्ति और दया के सम्बन्ध में धार्मिक

बातचीत कर रहा था। यों ही कहीं पढ़ा हुआ एक मजाक उससे कर बैठा। पूछा, "क्या ईश्वर सर्वशक्तिमान है?"

डन ने हामी भरी, "अवश्य।"

"अच्छा बताओ, क्या ईश्वर इतना बड़ा पत्थर बना सकता है जिसे वह स्वयं न उठा सके?" मैंने प्रश्न किया।

डन ने आँखें फाड़कर मेरी ओर देखा, "क्यों नहीं बना सकता?"

प्रश्न को दोहराकर मैंने व्याख्या की, "यदि ईश्वर ऐसा पत्थर बना सकता है तो उसमें उस पत्थर को उठाने की शक्ति नहीं होगी और यदि इतना बड़ा पत्थर बना नहीं सकता तो इतना बड़ा पत्थर बनाने की शक्ति न होगी। तुम कहते हो, ईश्वर सर्वशक्तिमान है!"

डन को इस तर्क से परेशान होते देखकर मैंने आगे बात की, "प्रकृति के नियम किसने बनाये हैं?"

डन ने बताया, "ईश्वर ने।"

मैंने पूछा, "तो ईश्वर प्रकृति के नियम को क्यों तोड़ेगा? यदि नहीं तोड़ेगा तो कुमारी के गर्भ से ईसा का जन्म कैसे हो गया?"

डन ने बहुत सोचकर बताया कि स्त्री-पुरुषों के सामान्य यौन सम्बन्ध से भगवान के पुत्र का जन्म इसलिये नहीं हुआ कि वह अपवित्र व्यवहार है।

मैंने जिज्ञासा की, "प्रकृति में स्त्री-पुरुष का सम्बन्ध किसने बनाया है?"

उसका उत्तर था, "ईश्वर ने।"

फिर मैंने पूछा, "ईश्वर क्या पापी है जो अपवित्र वस्तु बनायेगा?"

डन सप्ताह भर उस समस्या में उलझा रहा। मंगलवार के दिन पादरी के आने पर उसने यह प्रश्न पादरी से पूछ डाले। पादरी ने उसे शान्ति से सुनने का उपदेश देकर पूछा, "तुम्हारा विश्वास है कि ईश्वर है और उसने संसार को बनाया है और वह सर्वशक्तिमान है?"

डन के हामी भरने पर पादरी ने कहा, "सर्वशक्तिमान ईश्वर चमत्कार कर सकता है। उसी चमत्कार से उसने निष्कलंक कुमारी के गर्भ से अपने पुत्र को जन्म दिया। व्यर्थ का तर्क नहीं करना चाहिये। उससे पाप होता है।"

डन का समाधान हो गया। पादरी ने डन से पूछा, "आखिर यह तर्क तुम्हारे दिमाग में आया कहाँ से?" डन ने मेरा नाम बता दिया।

पादरी ने मुझसे एकान्त में बात की, "ये सिपाही अनपढ़ हैं। इनसे ऐसी बातें नहीं करनी चाहिये। विश्वास ही तो एक चीज है जो इनकी आत्मा को शान्ति दे सकती है। उसे तोड़ना नहीं चाहिये।"

गोरा बारक के समीप ही छोटी सी जगह दीवार से घेरकर पाकिस्तान के वर्तमान (१९५३) यातायात मंत्री डाक्टर खाँ साहब को रखा गया था। उन दिनों खाँ साहब नजरबन्द थे। उन्हें उस समय के हिसाब से १०-१२ रुपये रोज सरकार से व्यय के लिये मिलते थे। आजकल (१९५३) के हिसाब से ५०-६० रुपये समझिये। उनसे कभी-कभी चोरी-छिपे बात हो जाती थी। उनके यहाँ प्रचुर मात्रा में फल इत्यादि आते रहते थे और

वे गोरों को भी बाँटते रहते थे इसलिये गोरे मिलने-जुलने की शिकायत नहीं करते थे। वैसे कोई जाकर चुगली खा लेता हो तो जेलवालों ने परवाह न की। खाँ साहब मेरे लिये भी सब कुछ भेजने के लिये तैयार थे पर मैं विनयपूर्वक इनकार ही कर देता। हाँ, पुस्तकों की बात दूसरी थी। एक बहुत अच्छी पुस्तक **Historical Materialism by Bukharin** उन्हें पंडित जवाहरलाल नेहरू दे गये थे। खाँ साहब ने मुझे दे दी थी।

हेड जेलर मिस्टर टैनी समझदार, अनुभवी आदमी थे। छोटी-मोटी शिकायतें टाल जाते—बात कर लेंगे तो क्या है, जेल की दीवारें तो नहीं गिरा देंगे। टैनी साहब प्रौढ़ गृहस्थ थे। परिवार बड़ा था। जवानी के उबाल के दिनों में दो परिवार बना बैठे थे। अब निबाह रहे थे। सुना था, कुछ भैंसें भी रखी हुई थीं जिनका दूध बेचते थे। भैंसे कैदियों के राशन के गल्ले और जेल के पशुओं के भूसे पर चलती थीं इसलिये वे कैदियों को व्यर्थ चिढ़ाना नहीं चाहते थे। कभी कोई जमादार या छोटा अफसर कैदियों की तलाशी लेकर कैदियों का रुपया-पैसा निकाल कर सजा के लिये पेश कर देता तो छोटे अफसर को समझा देते, "क्या फायदा झगड़े से? रहने दो साले को। जब्त पैसा सरकार के पास चला जायेगा। कैदी के पास रहेगा तो तुम्हें भी देगा।' उनसे कैदी बहुत प्रसन्न थे। वे छोटी-मोटी रिश्वत लेकर भी काम कर देते थे। कैदी इन्हें आत्मीयता और आदर से 'टैनी बाबा' सम्बोधन करते थे। टैनी रिश्वत के लिये तंग भी नहीं करते थे। जिसकी जैसी सामर्थ्य हो वैसी भेंट स्वीकार कर लेते थे। कुछ लोग तो उनके जूते में चवन्नी डालकर ही हाथ जोड़ देते थे।

गोरा बारक में छः महीने गुजार चुका था। मन में दबी आपसी घृणा को कब तक दबाकर रखा जा सकता था। चाहता था अफसरों से कोई शिकायत या माँग न करूँ। आखिर करनी ही पड़ी कि मैं असभ्य गोरे सिपाहियों के साथ नहीं रहना चाहता। मुझे गोरा बारक से हटाकर के दूसरे 'बी' क्लास कैदियों के साथ तो नहीं रखा गया, बल्कि अलग एकान्त में रखा दिया गया।

नैनी जेल में एक ओर दो कमरे, बराण्डे, गुसलखानों सहित बने हुये हैं। जगह खूब ऊँची गोल दीवार से घिरी हुई थी। नाम तो इस जगह का जाने क्यों 'कुत्ताघर' था पर जगह अच्छी थी। पंडित जवाहरलाल नेहरू, मौलाना आज़ाद आदि को यहीं रखा गया था। वे उन दिनों इस जेल में नहीं थे। शायद देहरादून भेज दिये गये थे। उसी जगह मुझे बन्द कर दिया गया। अन्तर यह था कि पंडित नेहरू 'ए' क्लास के कैदी थे। वे वहाँ रहते समय सुबह-शाम व्यायाम के लिये जेल की चारदीवारी के साथ घूमने जा सकते थे या दौड़ लगा सकते थे। मुझे ऐसी इजाजत नहीं थी। बिलकुल अकेला पड़ जाने से मैं दिन भर पढ़ा करता था। यहाँ ही मैंने 'स्वयं शिक्षक' की सहायता से फ्रेंच का अभ्यास शुरू किया था। खाली समय कहानियाँ भी लिखने लगा। प्रायः साल भर ऐसे ही गुजरा।

मेरे टिकट पर मुझे मोजे बुनने का श्रम या काम दिया गया था, परन्तु टैनी साहब ने न तो कभी मोजे बुनने की सिलाइयाँ और न सूत या ऊन ही मेरे यहाँ भिजवाया इसलिये मेरे जेल का श्रम पूरा करने का प्रश्न उठा ही नहीं। दिन भर पढ़ना-लिखना ही समय बिताने का उपाय था। पहले अंग्रेजी में लिखने का अभ्यास शुरू किया। कई कापियाँ भर डालीं। फिर सोचा, मेरी अपनी भाषा है, मैं उसमें ही क्यों न लिखूँ। यदि मैं कोई काम

की बात—साहित्यिक दृष्टि से ही सही—लिख सकूँ तो मेरा कर्तव्य उससे अंग्रेजी साहित्य को समृद्ध करना है या अपनी भाषा हिन्दी को। यह युक्ति ऐसी चुनी थी कि केवल हिन्दी में ही लिखने का प्रण कर लिया। अपनी लिखी चीजों को कठिन परीक्षक या आलोचक की दृष्टि से देखता और फिर लिखता। समय प्रचुर था।

नैनी जेल के सुपरिन्टेन्डेन्ट का तबादला हो गया। मेजर ओबेराय के स्थान पर मेजर हाजी सलामतउल्ला आये। ओबेराय तो कुछ बेपरवाह से थे। न अफसरों के कर्तव्य निबाहने पर कड़ी निगरानी रखते थे और न कैदियों के प्रति कड़ाई करते थे। हाजी साहब की कड़ाई की बहुत प्रसिद्ध थी, लेकिन मुझे उनकी कड़ाई प्रायः अफसरों के प्रति ही अधिक अनुभव हुई। वे कुछ न कुछ करते रहना चाहते थे। उन्होंने स्वयं ही पूछा, "तुम्हें यहाँ अकेला रहना अच्छा लगता है?" मैंने उत्तर दिया, "मजबूरी है। रखा गया हूँ तो रह रहा हूँ। नहीं मालूम किस आज्ञा से या किस प्रयोजन से मुझे इतने दिन से अकेले रखा जा रहा है।" हाजी ने मुझे गोरा बारक की बगल में 'बी' क्लास की बारक में रहने के लिये भेज दिया।

'बी' क्लास की बारक के चार कैदियों में दो राजनैतिक थे। एक काकोरी डकैती षड्यंत्र के गोविन्दचरण कार और दूसरे बरेली गोलीकांड के ठाकुर टीकमसिंह। हम लोगों की अच्छी निभने लगी। कार दादा ने बंगला पढ़ने के प्रति मेरा उत्साह देखा तो शौक से पढ़ाने लगे। महीने-दो महीने में बँगला सुविधा से पढ़ने लगा। उन्हें मुझे बँगला सिखा देने का इतना उत्साह था कि जब मुझे फतेहगढ़ सेन्ट्रल भेजा गया तो उन्होंने रवि बाबू की अनेक पुस्तकें और 'वसुमती' पत्रिका की फाइलों की बहुत-सी जिल्दें भेंट में दे दीं कि मेरा बँगला का अभ्यास छूट न जाये।

ठाकुर टीकमसिंह जैसे शरीर से विशाल थे वैसे ही स्वभाव और व्यवहार में भी। १९३२ में वे लगभग ग्यारह वर्ष जेल काट चुके थे। उनका मामला भी ब्रिटिश नौकरशाही के न्याय का एक अच्छा उदाहरण था। उन्हें बरेली में राजनैतिक कारण से जिला मैजिस्ट्रेट पर गोली चलाने के अपराध में बारह वर्ष कठोर कारावास की सजा मिली थी। राजनैतिक बन्दियों और दूसरे बन्दियों में प्रायः एक अन्तर रहता है। कैदी के अपराध की बात पूछने पर दूसरे कैदी अकसर स्वयं को निर्दोष बताते हैं। यही सुनने को मिलता है कि उनके दुश्मनों और पुलिस ने उनके विरुद्ध अदालत में झूठी गवाही खड़ी करके उन्हें सजा दिला दी। साधारण कैदियों को मिथ्या आशा बनी रहती है कि ऐसा कहते रहने से शायद किसी माध्यम से उनके मामले पर असर पड़ जाये और उनकी सजा में कमी हो जाये या वे जेल से छूट जायें। काफी आन्तरिकता हो जाने पर सच्ची बात भी निकल आती थी। फिर भी अपना अपराध स्पष्टता से स्वीकार कर लेने वाले कैदी प्रतिशत कम ही मिलेंगे। राजनैतिक कैदी इससे ठीक उल्टा अपनी करनी को गर्व से बखानते थे। इसमें अतिशयोक्ति की भी सम्भावना रहती थी। प्रयोजन दूसरों का साहस बढ़ाना या अपना महत्व बढ़ाकर संतोष पाना दोनों ही हो सकते थे।

टीकमसिंह का कहना था कि उन्होंने मैजिस्ट्रेट पर गोली नहीं चलायी थी, न उनका उस मामले से सम्बन्ध था। उनके विचार जरूर राजनैतिक थे। पुलिस यह पता नहीं लगा सकी कि अपराधी कौन था। अपनी ऐसी अयोग्यता पुलिस कैसे स्वीकार कर लेती! टीकमसिंह बरेली के हाईस्कूल में पढ़ते थे। शरीर अच्छा था और निर्भीक, इसलिये उन्हें

ही फँसा दिया गया। मैजिस्ट्रेट को गोली मारने का साहस करने वाले युवक का सशक्त शरीर और साहसी समझा जाना तो आवश्यक था। टीकमसिंह झूठ नहीं बोलते थे। साफ कहते थे, सजा तो काट ही चुका हूँ, अब छिपाने से क्या फायदा, परन्तु यह काम मैंने दरअसल नहीं किया। अंग्रेज सरकार ने जब 'बी' क्लास का नियम बनाया तो टीकमसिंह को यह सुविधा देने के लिये भी तैयार न थी। इसके लिये उन्हें साठ दिन का अनशन व्रत करना पड़ा। उनके मेदे में नाक की राह रबड़ की नली से दूध पहुँचाकर उन्हें ज़िन्दा रखा गया था। वे 'बी' क्लास लेकर ही रहे। शरीर उनका अब भी लहीम-शहीम था, परन्तु साठ दिन के उपवास से सेहत बरबाद हो चुकी थी। कोई आध्यात्मिक शक्ति पा लेने का भी संतोष उन्हें न था।

आदर पाने की इच्छा मनुष्य स्वभाव का अंग है। मनुष्य के जैसे विचार और आदर्श होते हैं, उसी के अनुसार आदर की भी कल्पना होती है। जेलों में आदर की भी विचित्र धारणाएँ अनुभव में आती हैं। जेल में अपने आपको गरीब घर-बार का बताने वाला तो शायद ही कोई मिलेगा। अपने घर की समृद्धि की डींग हाँककर आदर पाने का प्रयत्न का ऐसा चलन रहता है कि जेल में कहावत बन गयी थी कि 'गाँव घर में तो सभी की छत पर बावन बीघे पोदीना रहता है।' डाके के अपराध में सजा पाये लोगों से पूछिये कि जब इतनी समृद्धि थी तो डाका डालने क्यों गये थे? उत्तर मिलेगा—'कोई पैसे के लिये थोड़े ही गये थे; सोहबत से शौक लग गया।'

जेल में कुछ करके आदर और सम्मान पाना तो सहल नहीं होता। अमीर घर का समझे जाकर आदर पाने की लालसा बहुत स्वाभाविक हो सकती है। अमीर बन जाने की भी जरूरत नहीं, केवल दम्भ-मात्र होना चाहिये। कभी राजनैतिक कैदी भी ऐसी धारणा का शिकार बन जाते थे। अपने एक बंगाली क्रांतिकारी साथी थे। मीठे का लोभ संवरण न कर सकने के कारण उन्होंने तिकड़म से कुछ गुड़ मँगवाने का यत्न किया। जेल से बाहर काम पर जाने वाला कैदी छिपाकर गुड़ ला रहा था तो पकड़ा गया। उसने बक भी दिया कि गुड़ अमुक व्यक्ति के लिये ले जा रहा था। हमारे साथी को इस घटना से अपने अपमान की आशंका हुई। अपमान अधिक इसलिये कि उन्होंने 'गुड़' मँगवाया था 'चीनी' नहीं। उन्होंने तिकड़म की। अधिक पैसा खर्च करके गुड़ की जगह चीनी रखवा दी। उन्हें यह खयाल न आया कि चीज ही गायब कर दें। शायद यह दिखाना भी सम्मानजनक था कि चीनी खाये बिना नहीं रह सकते।

जब आदर ही लक्ष्य रह जाये, सत्कर्म की चिन्ता न हो तो आदमी उल्टा भी बह सकता है। कुछ कैदी बहादुर या 'बदमाश' समझे जाकर ही ख्याति पा लेना चाहते थे। इसका उपाय था सुपरिन्टेन्डेन्ट या जेलर पर हाथ चला देना। सजा तो इसके लिये बहुत कड़ी, तीस बेंत (कोड़े) की मिलती थी पर जेल में नाम जरूर हो जाता था। पाँच-दस रुपये खर्च कर सकने वाले कैदी सरकश या बदमाश समझे जाने वाले कैदियों को अपना गुड़ैत बनाकर ही रोब और प्रतिष्ठा जमाने की चेष्टा करते थे। ऐसे ही एक किराये के गुड़ैत से ठाकुर टीकमसिंह को वास्ता पड़ गया। उन्होंने एक अभिमानी कैदी को किसी बात पर फटकार दिया था। बाद में एक दिन उन्होंने देखा कि एक नवयुवक कैदी उनके सामने कुछ दूर पर चुनौती में खम ठोक रहा था। कभी उनके सामने आकर शेखी से दो-चार दण्ड सपाटे लगा जाता। टीकमसिंह गम्भीर प्रकृति के आदमी थे। छोकरे के

छिछोरेपन से उत्तेजित न होकर उन्होंने उसे समीप बुलाकर पूछा, "क्यों, क्या बात है भैये? बेचैन क्यों हो रहे हो?"

टीकमसिंह की लहीम-शहीम शरीर सामने देख छोकरे ने हाथ जोड़ दिये, "गरीब परवर, मेरी कोई खता नहीं।...ठाकुर साहब कह रहे थे, हुजूर की बेइज्जती कर दे। दो रुपये देंगे। महीना भर रोज आध सेर दूध देने को भी कहा है कि कसरत कर तैयार हो जाऊँ। सरकार, आपका बच्चा हूँ। ऐसी बेअदबी भला कैसे कर सकता हूँ! उन्हें दिखाने के लिये आपके सामने दूर से खम ठोक जाता हूँ। खता माफ हो।"

टीकमसिंह हँस दिये, "पट्ठे, तू महीना भर दूध पिये जा। खूब खम ठोका कर। हमारा कुछ नहीं बिगड़ता।"

ऐसे झगड़ों में राजनैतिक कैदियों के फँस जाने की भी सम्भावना रहती थी। कभी शेखीखोर कैदियों की नजरों में राजनैतिक कैदियों का सम्मान असह्य हो जाता था। कभी जेल के अधिकारी ही राजनैतिक कैदियों का गर्व तोड़ना आवश्यक समझ लेते थे।

अवध के एक ऐसे ठाकुर साहिब से जेल में वास्ता पड़ा था। किसी ताल्लुकेदार के सम्बन्धी होने के कारण उन्हें 'बी' क्लास का सम्मान और सुविधाएँ दे दी गयी थीं। शिक्षा के नाम पर कोई भी भाषा सुविधा से लिख-पढ़ नहीं सकते थे। राजा साहब का सम्बोधन उन्हें अधिक पसन्द था। सो हम लोग भी उन्हें राजा साहब ही पुकारते थे। नाम था जीतसिंह। हम लोगों ने उसे जीतबहादुरसिंह बना दिया। कुछ दिन बाद विजय जीतबहादुरसिंह हो गया और फिर विजयप्रताप जीतबहादुरसिंह। राजा की उपाधि भी जुड़ी रहती थी। ज्यों-ज्यों नाम बढ़ता जाता, राजा साहब की मस्ती और मूँछों की ऐंठ भी बढ़ती जाती थी। दस्तखत उर्दू में कर लेते थे।

क्रांतिकारी कैदियों के जब-तब अंग्रेजी या हिन्दी की मोटी-मोटी पुस्तकें खरीदते रहने या पत्रिकाएँ मँगाते रहने से उनके बहुत विद्वान और बड़े आदमी होने का रोब अधिकारियों और कैदियों पर छाया रहता था। ठाकुर साहब ने एक दिन मुझसे अनुरोध किया कि मैं उनके नाम से एक परचा सुपरिन्टेन्डेन्ट के पास कुछ किताबें मँगाने के लिये लिख दूँ। किताबों के नाम पूछने पर उत्तर मिला, "आप ही ज्यादा अच्छा समझते हैं। किताब अंग्रेजी में हो। बढ़िया जिल्द वाली सुनहरी छाप की। आलमारी में रखने लायक।"

राजा साहब के किताबें माँगने से लाभ तो हमी लोगों को होता इसलिये तुरन्त उनके नाम से एक परचा बना दिया गया। कैदियों में अफवाह भी फैल गयी कि राजा साहब के लिये भी बड़ी-बड़ी किताबें आ रही हैं। किताबें कभी न आ सकने पर जेल के बाबू से कारण पता लगा कि राजा साहब के हिसाब में पैसा नहीं था।

राजा साहब अपनी बहिन या मामा की शादी की कहानी बार-बार सुनाया करते थे। उस शादी में काबुल से हरे नारियल और लौंग के गुच्छे और लंका से बादामों की टहनियाँ शोभा के लिये मँगवाई जाने की चर्चा होती थी। राजा साहब को अपनी कामवासना के प्रदर्शन का भी बहुत शौक था। वे 'बी' क्लास के हाते के फाटक के जँगले के पास खड़े होकर लौंडा बारक के लड़कों को झाँका करते थे। यदि हम वहाँ न होते तो सम्भवतः भीतर भी बुला लेते, परन्तु 'बी' क्लास की 'प्रतिष्ठा' के विचार से हमें यह सह्य न था।

राजा साहब लौंडे को फाटक की दूसरी ओर बुलाकर एक हाथ से मूँछ ऐंठते हुये दूसरे हाथ से उसका हाथ दबाकर ही वासना का उद्वेग कर लेते थे।

राजा साहब स्वयं को राजनैतिक कैदी ही बताते थे। कहते थे अवध के एक कमिश्नर से अदावत के कारण ही पुलिस ने उन्हें जेल में पहुँचा दिया। अपनी फौजदारी की कहानी सुनाने लगते तो तीस-चालीस बन्दूकें साथ ले जाने का जिक्र होता। एक दिन बघारी शेखी दूसरे दिन याद न रहती थी। अवसर से उनके अपराध की कहानी मालूम की गयी तो सुना कि गाँव की किसी धोबिन को नूरजहाँ बना लेने के प्रयत्न में उसके धोबी को शेर अफगान बना बैठे थे, परन्तु खुद जहाँगीर न बन सके।

जेल के संकुचित संसार में भी ईर्ष्या-स्पर्धा के दाँव-पेंचों से लोगों का समय कटता था। कुछ लोग व्यसनी होने का गर्व प्रकट करने के लिये 'लौंडे' पालने का प्रदर्शन भी करते थे। लौंडे आकर्षक उत्तेजित दिखने के लिये तंग जाँघिया-कुर्ती पहनकर बल खाते चलते थे। हमारे समाज की सभी हीन प्रवृत्तियाँ जेलों में अधिक उग्र विकृत रूप धारण कर लेती हैं। आत्मसुधार की भावना का कभी कोई उदाहरण नहीं देखा। समाज के न्याय के रक्षक अपनी शक्ति से अपराधियों से बदला लेते हैं और अपराधी उस विकट परिस्थिति में भी अपनी लत्त-धत्त पूरी करते रहने या उन पर जकड़े गये नियमों का उल्लंघन कर सकने के गर्व में रहते हैं।

न्याय की रक्षक शासक शक्ति का विश्वास है कि जेल के दण्ड का भय लोगों को अपराध से रोकता है। अनेक प्रकार के अपराधियों से बात करके भी ऐसा कोई प्रमाण नहीं पाया कि दण्ड का भय अपराध को रोकता हो। राजनैतिक कैदी या ऐसे अपराधी जो अपनी जान की रक्षा के लिये आवेश में कुछ कर गुजरते हैं, वे परिणाम या दण्ड की बात सोचते ही नहीं। सोचते हैं तो दण्ड भुगतने के लिये भी तैयार रहते हैं। ऐसे लोगों को अपराधी वृत्ति का या असामाजिक समझा भी न जाना चाहिये। अपराधी वृत्ति के लोगों को भी दण्ड का भय अपराध से नहीं रोकता। अपराध करते समय उन्हें पूरा विश्वास रहता है कि वे पकड़े नहीं जायेंगे। वास्तव में चार या पाँच प्रतिशत से अधिक अपराधी पकड़े भी नहीं जाते। अपराध पकड़ लिया जाने पर वे इसे अपनी बदकिस्मती समझ लेते हैं। जेल काटते समय वे अपराध न करने का निश्चय नहीं करते, बल्कि भविष्य में अपराध को अधिक चातुर्य से करने का ही निश्चय करते हैं। सहधर्मियों से अनुभवों का आदान-प्रदान करके वे अपना आत्म-विश्वास, अनुभव और चातुर्य भी बढ़ाते रहते हैं।

भिन्न-भिन्न जेलों में अनेक सम्प्रदायों के अनेक कैदियों से बात करने पर क्रांतिकारियों के अतिरिक्त किसी को भी नास्तिक नहीं पाया। सभी लोगों को अपने-अपने ढंग से आस्तिक और ईश्वर की दया और न्याय में विश्वास रखने वाला ही पाया, परन्तु यह विश्वास उन्हें असामाजिक कामों से न रोक सका था, क्योंकि वे अपराध को व्यक्ति और शासन के बीच की बात और ईश्वर भक्ति को अपनी निजी और भगवान की बात समझते थे। उन्हें पूरा विश्वास था कि शासन और समाज उनके प्रति निर्दयी है, परन्तु भगवान सदय होगा। कांग्रेसी रामराज्य में जेलों की गांधीवादी आध्यात्मिकता का प्रभाव इस दिशा में क्या पड़ा है, कह नहीं सकता। १९४९ में जब एक मास के लिये लखनऊ जेल में रहने का अवसर हुआ था तो उस समय जेल अधिकारियों के ब्रिटिश राज की

भक्ति के स्थान पर कांग्रेसी राज के प्रति भक्ति प्रकट करने के सिवा जेल में और कोई परिवर्तन दिखाई नहीं दिया था।

क्रांतिकारी कैदियों को प्रायः ही एक जेल में दो-अढ़ाई वर्ष से अधिक नहीं रहने दिया जाता था। सरकार को आशंका रहती थी हम लोग अपने प्रभाव से चेले बनाकर भाग जाने का तिकड़म कर सकते हैं। ऐसी आशंका के लिये कुछ आधार भी जरूर था। जिन लोगों को उम्र कैद की सजा दी जाये और जो लोग सरकार से हार मान जाने के लिये तैयार न हों, उनका ऐसा प्रयत्न करना अस्वाभाविक भी नहीं। हमारे साथी स्वर्गीय शचीन्द्रनाथ सान्याल ऐसी कोई न कोई योजना चलाते ही रहते थे। एक बार तो उन्होंने लोहे के जँगले काटने के लिये आरी वगैरा भी मँगवा ली थीं पर यह चीजें पकड़ ली गयीं। तब से उन पर और ज्यादा कड़ाई रखी जाने लगी थी। सान्याल दादा का मस्तिष्क निश्चल नहीं रह सकता था। एक ओर वे अध्यात्म दर्शन का अध्ययन करते, दूसरी ओर जेल से भाग जाने की योजनाएँ बनाते रहते तीसरी ओर सरकार से मुक्ति के लिये दया की प्रार्थना (मर्सी पमेटीशन) भी करते रहते थे। साफ बात यह है कि जेल से भागने की चेष्टा करने में मुझे नैतिक आपत्ति तो कोई नहीं थी पर मैं ऐसा कोई काम न करना चाहता था जिसकी सफलता का मुझे पूरा विश्वास न हो और असफल हो जाने पर मेरी खिल्ली उड़े। कुछ समय बाद क्रांतिकारियों का तबादला दूसरी जेल में कर देने के नियम के कारण मुझे नैनी जेल से फतेहगढ़ जेल में भेज दिया गया।

फतेहगढ़ जेल में उस समय सुपरिन्टेन्डेन्ट मेजर ओबेराय ही फिर मिले, परन्तु हेड जेलर थे, सरकार भक्ति के लिये बहुत बदनाम सरदार गंडासिंह। अंग्रेज सरकार ने उन्हें राजभक्ति या राजनैतिक कैदियों के साथ सख्ती का व्यवहार करने के उपलक्ष में 'सरदार बहादुर' और 'आफिसर आफ ब्रिटिश एम्पायर' का खिताब दे दिया था। कुछ दिन बाद ओबेराय की जगह मेजर रामनारायण भंडारी सुपरिन्टेन्डेन्ट बनकर आ गये। भंडारी की सरकार-भक्ति के कीर्ति गंडासिंह से भी कुछ ज्यादा ही थी। जेल में बात-बात पर कड़ी सजा देने में उनका बहुत नाम था। उनके जेल में कदम रखते ही जेल भर में ऐसे सन्नाटा छा जाता था मानों सबको साँप सूँघ गया हो। मेजर भंडारी और दूसरे भी कई सुपरिन्टेन्डेन्टों के रोब और तानाशाही की कई दंत-कथायें जेलों में प्रसिद्ध थीं। उदाहरणतः जेल के किसी पशु के सुपरिन्टेन्डेन्ट के सामने सिर हिला देने या रंभा देने पर पशु को बेंतों की या तनहाई कैद की सजा दे देना। भंडारी के लिये मशहूर था कि एक बार उनके सड़क पर जाते समय हवा से पीपल के पेड़ के पत्ते खड़ाखड़ा गये। साहब ने पीपल को बारह बेंत लगा दिये जाने का आर्डर लिख दिया था।

ब्रिटिश अमलदारी में जितना रोब वाइसराय का होता था, जेलों में सुपरिन्टेन्डेन्ट का रोब उससे कुछ अधिक ही था। अंग्रेज सरकार ने जेलों में सुपरिन्टेन्डेन्ट की सुरक्षा और सम्मान के कुछ ऐसे कायदे बना दिये थे कि सुपरिन्टेन्डेन्ट में रोब अनुभव दिखाने का लोभ बढ़ता जाता था। इन कायदों में कांग्रेसी राज में कुछ कमी आ गयी है या नहीं, कह नहीं सकता। सुपरिन्टेन्डेन्ट साहब जब भी जेल के मुआइने के लिये जेल में आते थे, उन से पाँच-छः कदम आगे-आगे जेल के दो सिपाही शरीर-रक्षक के तौर पर चलते थे। सुपरिन्टेन्डेन्ट के किसी हाते में प्रवेश करने से पहले पुकार से 'रपट बढ़' जाती थी, 'साहब आ रहे हैं।' रपट होते ही सब कैदी सिमिटकर एक लाइन में बैठा दिये जाते थे। कैदियों

को लाइन में, विशेष मुद्रा में, घुटने जोड़कर एड़ियों पर बैठना होता था और उनके दोनों हाथ सामने फैले खुले रहते थे ताकि विश्वास रहे कि कैदी के हाथ में हमले योग्य कोई आशंकाजनक वस्तु नहीं है। किसी कैदी को साहब के सामने पेश किया जाता था तो उसे दो सिपाहियों के बीच खड़ा होना पड़ता था। यूरोपियन कैदियों को या 'बी' क्लास के कैदियों को साहब के सामने उस तरह नहीं बैठना पड़ता था, परन्तु बिलकुल सीधे, निश्चल, दोनों हाथों में अपना रजिस्टर (टिकट) थामकर खड़ा होना पड़ता था। क्रांतिकारी यों बुत बनकर खड़े होने में अपना अपमान समझकर यह कायदा न मानते थे। इस प्रश्न पर कई बार झगड़े हुये। आखिर जेल अधिकारी गम खा जाते। सुपरिन्टेन्डेन्ट साहब की बगल में हैड जेलर रहता था। अगल-बगल और तीन-चार सिपाही। पीछे असिस्टेंट जेलर, जेल का डाक्टर, दारोगा, गोदाम बाबू वगैरह। धूप या वर्षा होने पर एक कैदी जमादार सुपरिन्टेन्डेन्ट साहब के सिर पर राजछत्र के आकार से बड़ा छत्र उठाये रहता था। जेल अधिकारियों की अपना रोब कायम रखने की इच्छा के कारण, अधिकारियों और क्रांतिकारियों में सदा ही तनातनी चलती रहती थी।

फतेहगढ़ सेन्ट्रल जेल में मुझसे पहले दो क्रांतिकारी कैदी मौजूद थे। मन्मथनाथ गुप्त और दूसरे मणीन्द्रनाथ बैनर्जी। मन्मथनाथ काकोरी षड्यंत्र के अभियुक्त थे और मणीन्द्रनाथ सी० आई० डी० के डिपुटी सुपरिन्टेन्डेन्ट बैनर्जी (इनकी पर्याप्त कीर्ति ऊपर कह आया हूँ) को गोली मारने के अभियुक्त थे। मणी डिपुटी सुपरिन्टेन्डेन्ट बैनर्जी के दूर के सम्बन्धी थे। यहाँ 'बी' क्लास क्रांतिकारी कैदियों की बारक और हाता काफी बड़ा था और उसमें यह दो कैदी बंद थे। सरदार गंडासिंह के प्रबन्ध से हाते के दरवाजे पर लोहे की चादर मढ़ी हुयी थी। भीतर से बाहर और बाहर से भीतर कुछ देकर कोई समाचार आने-जाने की सम्भावना न रहने दी गयी थी। मन्मथ और मणी मेरे आने से पहले ही आत्म-सम्मान के प्रश्न पर जेल अधिकारियों से काफी लड़ाइयाँ लड़ चुके थे और लम्बी भूख हड़ताल के बाद समझौता हुआ था। प्रश्न था, जेल के नियम के अनुसार उनका रस्सी बँटने से इनकार करना और जेल नियम के अनुसार 'बी' क्लास के कैदियों को मिलने वाली सुविधाएँ उन्हें न दी जाना। मैं नैनी सेन्ट्रल जेल से फतेहगढ़ सेन्ट्रल जेल में मई या जून के आरम्भ में पहुँचा था। देखा फतेहगढ़ में नैनी जेल की तरह बारक में रात के समय पंखों का प्रबन्ध नहीं था, न पलंग दिये गये थे। इस सम्बन्ध में शिकायत करने पर और नैनी का यूरोपियन बारक और 'बी' क्लास का उदाहरण देने पर उत्तर मिला कि जेल मैनुअल (जेल विधान पुस्तक) में ऐसा कोई कायदा नहीं है। जेल में जेल मैनुअल ही 'वेद' समझा जाता था। मजे की बात यह थी कि जेल मैनुअल कैदियों को नहीं दिखाया जाता था, जैसे 'वेद' तक दास और शूद्र की पहुँच नहीं होती। वह शासक वर्ग के अधिकारों की रक्षा की सावधानी थी। हम लोगों के जिद्द करने पर ही जेल मैनुअल हमें दिखाया गया।

जेल अधिकारियों का आग्रह था—जो जेल मैनुअल में नहीं लिखा वह हो नहीं सकता और जो लिखा है वह टल नहीं सकता। जेल मैनुअल तो इस ढंग से बना था कि उसका अक्षरशः पालन हो ही नहीं सकता था। यदि कोई अफसर उसका पूरा पालन करने का यत्न करता तो अपनी जान ही जोखिम में डालता। यही बात आज भी होगी। उदाहरणतः उन दिनों जेल मैनुअल के अनुसार कैदियों को गाने-बजाने का, एक साथ

मिलकर हँसी-ठट्ठा करने का अथवा जेल की रसोई से मिली दाल-रोटी के अतिरिक्त कोई चीज रांध लेने का या रुपया-पैसा पास रखने का कड़ा निषेध था, परन्तु त्योहारों के अवसर पर कड़ाई से यह नियम लागू करने का साहस और क्षमता किसी अफसर में न थी। दिवाली की रात हर सेन्ट्रल जेल में हजारों रुपये का जुआ हो जाता था। नाच-गाना भी होता था। होली के अवसर पर तो नाच-गाने का ऐसा भयंकर समारोह होता कि हम दो-दो सौ गज परे की बारकों से पाँव के धमाके और घुँघरुओं की झंकार सुन पाते। टैनी बाबा ऐसे जेलर होते तो उचित दक्षिणा देने पर एक-दो रात के लिये हारमोनियम-तबला भी जेल में आ सकता था वर्ना तसले और घड़े की गमक से तो वातावरण गूँजता ही रहता। फाग, लावनी, बिरहे और गजलों की उन्मुक्त तानें भी उठती रहतीं। जेल भर में कड़वे तेल के पूड़ी-पकवान बनते और बँटते। छोटे-मोटे अफसर इस समारोह का आनन्द उठाते थे। जेलर और सुपरिन्टेन्डेन्ट अनजान बनकर अनुपस्थिति से अपना रोब बनाये रहते।

नैनी जेल की कुत्ताघर बारक में यद्यपि मैं बिलकुल अकेला था और सुविधाएँ अधिक थीं, परन्तु समय का सदुपयोग फतेहगढ़ जेल में ही अधिक हुआ। कारण यह कि मन्मथ और मणीन्द्र खूब आत्मानुशासन से चल रहे थे। जेल में आते समय दोनों की ही आयु बहुत कम थी। अभी विद्यार्थी ही थे। मणी की सजा तो केवल सात ही वर्ष की थी, परन्तु मन्मथ को आजन्म कारावास का दण्ड था। दोनों ही दिन का अधिकांश भाग स्वाध्याय में लगाते थे। मन्मथ ने उस समय भी फ्रेंच का खूब अभ्यास कर लिया था। रशियन पढ़ रहे थे। हिन्दी-उर्दू की भी जो पुस्तक मिल जाती, चाट जाते। समय पर सोना, जागना और व्यायाम भी। उस समय मन्मथ को जेल से छूट जाने की कोई आशा नहीं थी; थी भी तो बीस वर्ष पूरे करके। इसलिये ऐसे आत्मानुशासन के लिये बहुत दृढ़ निष्ठा की आवश्यकता थी।

जिस समय मैंने फतेहगढ़ जेल की बारक में कदम रखा, मन्मथ और मणी ने एक क्रांतिकारी बंदी के नाते हाथ मिलाकर और अंग्रेजी में बोलकर मेरा स्वागत किया, परन्तु मेरे सिर पर यूरोपियन बारक की वर्दी का हैट, सामान और कमोड वगैरा देखकर आपस में बंगला में छींटा कसा—'ये बेटा तो साहब हैं।' उन्हें मेरे बंगला समझ लेने की कोई आशंका न थी। मैं भी बात पी गया, परन्तु ऐसे स्वागत का प्रभाव मन पर अच्छा न हुआ। बहुत अधिक आत्मीयता या बेतकल्लुफी हम लोगों में कभी नहीं हो सकी, जैसी नैनी में गोविन्दचरण कार और टीकमसिंह से हो गयी थी। कुछ खिंचाव-सा बना रहता, ऐसा कि आपसी व्यवहार में शिकायत का मौका न आने देने की सतर्कता बनी रहती। वे लोग आपस में गपबाजी करते तो बंगला में और मुझसे बोलते तो अंग्रेजी में। मन्मथ हिन्दी क्या ठेठ बनारसी हिन्दी भी खूब अच्छी बोल लेते थे, परन्तु मेरे पंजाबी होने या साहब होने के कारण अधिकांश में अंग्रेजी का ही व्यवहार करते। परिणाम यह हुआ कि अधिक समय पढ़ाई-लिखाई में जाता। मन्मथ से फ्रेंच की कई पुस्तकें मिल गयीं। फ्रेंच का अच्छा अभ्यास हो गया। हम दोनों ने इटालियन पढ़ना शुरू कर दिया।

'पिंजरे की उड़ान' की अधिकांश कहानियाँ मैंने फतेहगढ़ सेन्ट्रल जेल में ही लिखी थीं। एक उपन्यास भी आरम्भ किया था जो न पूरा हुआ, न प्रकाशित हुआ। आपस में कुछ खिंचाव रहने पर भी जेल अधिकारियों के साथ व्यवहार में कभी भेद न आया।

राजनैतिक कैदियों के जेल जीवन में सबसे बड़ा संकट तभी आता था जब उनकी जीवन शक्ति कोई निकास न पाकर आपसी मतभेदों से टकराने लगती थी। जेल के अधिकारी सदा ही ऐसे अवसर की प्रतीक्षा में रहते थे। राजनैतिक कैदियों के एक साथ रहने पर जेल अधिकारियों से उनका कोई न कोई संघर्ष चलते रहना ही अच्छा रहता था। फतेहगढ़ जेल में ऐसा समय भी आया। मन्मथनाथ गुप्त, मणीन्द्र बैनर्जी और मुझे तो कुछ उचित सुविधाएँ न मिलने की शिकायत थी ही, तिस पर हमें समाचार मिला कि जेल के दूसरे हाते में बन्द क्रांतिकारी कैदी रमेशचन्द्र गुप्त ने अनशन कर दिया है।

रमेशचन्द्र गुप्त कानपुर का विद्यार्थी था। कानपुर में यह बात फैल जाने के कारण कि वीरभद्र ने आज़ाद के साथ विश्वासघात किया है, वीरभद्र का शहर में रह सकना ही कठिन हो गया था। वह कानपुर छोड़कर उरई चला गया था। रमेश को विश्वास था कि बीरभद्र ने आज़ाद के साथ विश्वासघात किया है। उसने रामलीला के अवसर पर उरई जाकर वीरभद्र पर गोली चला दी। वीरभद्र तो बच गया, परन्तु रमेश गिरफ्तार हो गया। रमेश को सात वर्ष कठोर कारावास की सजा मिली थी। बहुत बार तकाजा करने पर भी उसे 'बी' क्लास में न रखा गया था। तंग आकर उसने माँग पूरी कराने के लिये अनशन कर दिया था। यह मालूम होने पर कि एक क्रांतिकारी कैदी उचित माँग के लिये अनशन कर रहा है, हम लोगों का भी कर्तव्य हो गया कि उसकी सहानुभूति में अनशन करके उसे नैतिक सहायता दें। रमेश को सन्देश भेज दिया कि तुम डटे रहना, हम लोग भी अनशन कर रहे हैं। हम लोगों ने जेल अधिकारियों को सूचना दे दी कि हम अपने साथ उचित व्यवहार न होने और रमेशचन्द्र गुप्त के साथ अन्याय के विरोध में अनशन कर रहे हैं। अनशन आरम्भ कर दिया।

क्रांतिकारी लोग अनशन को आध्यात्मिक प्रभाव डालने का या भगवान की सहायता पाने का साधन नहीं समझते थे। अनशन का अर्थ था अपनी माँगों के प्रति सार्वजनिक भावना की सहायता उत्पन्न करना और अपनी प्रतिद्वन्द्वी सरकार के प्रति जनता में घृणा और विरोध पैदा करना। हमारे अनशन का प्रभाव जनता तक समाचार पहुँचने से ही हो सकता था। फतेहगढ़ जेल में ऐसा अवसर प्रायः कम ही था। ऐसी अवस्था में हमारा अभिप्राय सरकार पर यह व्यक्त करना था कि तुम जो चाहो कर लो, हम दबेंगे नहीं। जैसे-तैसे सूचना बाहर चली ही गयी। जेल अधिकारियों के लिये यह ही बड़ी बात थी कि रमेश के अनशन की सूचना हमें मिल कैसे गयी। पहरे बदल दिये गये। पहले से भी अधिक कड़ाई हो गयी। जेलों के अनेक अफसर नौकरी के लिये अनुशासन का बाना बनाये रखकर भी राष्ट्रीय भावना से संकट बचाकर क्रांतिकारियों की सहायता करते रहते थे।

हमारा यह अनशन, जहाँ तक याद है, अठारह या उन्नीस दिन ही चला। क्रांतिकारी लोग अनशन के समय गांधीवादियों की तरह पानी में नींबू का रस या सोडाबाइकार्ब आदि डालकर नहीं पीते थे। गांधी जी की तरह बादाम रोगन की मालिश नहीं कराते थे। क्रांतिकारियों के जेल जीवन में अठारह-उन्नीस दिन के अनशन का कोई विशेष महत्व नहीं था। मन्मथ और मणी पहले भी लगभग एक-एक मास का अनशन और मन्मथ उससे पहले किसी दूसरी जेल में साठ दिन का अनशन कर चुके थे। जोगेश चैटर्जी ने तो आगरा जेल में डेढ़ सौ दिन का अनशन किया था। अनशन के

इक्कीस या चौबीस दिन गुजर जाने के बाद बलात् दूध देना (फोर्स फीडिंग) आरम्भ कर दिया जाता था ताकि कैदी के मर जाने से जनता में अशान्ति न फैले। बलात् दूध देने का ढंग बहुत पीड़ाजनक था। अनशनकारी की नाक से रबड़ की नली द्वारा पेट में दूध पहुँचा दिया जाता था। नाक की राह रबड़ की नली पेट में पहुँचाने की प्रक्रिया में बहुत कष्ट होता था।

इस लम्बे अनशन या निराहार रहने से आत्मा के निर्मल या सबल हो जाने का कोई आभास न मुझे और न कभी हमारे किसी दूसरे साथी को हुआ। अनशन में पहले तीन दिन बहुत कष्ट होता है फिर उस अवस्था का अभ्यास होने लगता है। निराहार अधिक दिन गुजर जाने पर उठने-बैठने या हाथ-पाँव हिलाने में भी कष्ट अनुभव होने लगता है। ध्यान केवल आता है, आहार का। कल्पना में तरह-तरह के भोजनों की गंध और स्वाद अनुभव होने लगते हैं। अनशन के अनुभवों के बारे में बहुत से साथियों से बात की है। हम लोग तो तीनों ही निरीश्वरवादी थे, परन्तु टीकमसिंह पूर्णतः आस्तिक थे। उन्हें भी साठ दिन के अनशन में कभी कोई आध्यात्मिक प्रेरणा या सांत्वना अनुभव न हुई थी। वे बचपन से और जेल में भी निरामिष भोजी थे, परन्तु बताते थे कि जाने क्यों अनशन के समय और वस्तुओं की अपेक्षा उनका मन उबले हुये अंडे के लिये बहुत करता था। इस इच्छा को वे रोके ही रहे।

मन्मथ अपने पूर्व अनुभव के आधार पर हमें बताते रहते कि मेजर भंडारी अनशन करने वाले क्रांतिकारियों को पीड़ा पहुँचाने के लिये अपने चिकित्सा ज्ञान का भी पूरा उपयोग करता था। यह ठीक है कि अनशन के समय बलात् दूध पिलाने (फोर्स फीडिंग) से बहुत पीड़ा होती थी। क्रांतिकारी बलात् दूध पिलाने का विरोध भी करते थे, परन्तु विरोध करने पर भी जब फेटे हुये अंडे और संतरे का रस मिला हुआ दूध पेट में चला जाता था तो शरीर और मस्तिष्क को शांति अनुभव होती थी। यह प्राकृतिक या स्वाभाविक था कि अनशन करने वाले का शरीर बलात् भोजन दिया जाने की प्रतीक्षा करने लगे। भंडारी अनशनकारी के सामने आज्ञा देता कि बलात् दूध पिलाने की तैयारी की जाये। अनशन करने वाले के समीप एक मेज पर दूध और रबड़ की नालियाँ रख दी जाती थीं। अनशनकारी का अन्तरात्मा पीड़ा और विरोध के बावजूद दूध पेट में पहुँच जाने की सांत्वना की कल्पना करने लगता था। भंडारी अपने अमले के साथ पुनः आता। अनशनकारी की नब्ज देखकर उपेक्षा से कह देता, "अभी क्या जरूरत है फोर्स फीडिंग की! अभी तो इसके शरीर में बहुत शक्ति है।" बलात् दूध देने का सामान हटा दिया जाता। उस समय अनशनकारी तात्कालिक पीड़ा से बचकर भी कितना निराश होता होगा? जीवित रहने की इच्छा और आशा का, जो कि जीव का स्वभाव है, कुण्ठित हो जाना कितना पीड़ाजनक होता होगा?

अठारहवें या उन्नीसवें दिन समाचार मिला जो कानपुर से रमेश के सम्बन्धी श्रीबालकृष्ण शर्मा 'नवीन' लेकर आये थे। रमेश को 'बी' क्लास दिये जाने का आश्वासन दे दिया गया है और उसने अनशन तोड़ दिया है। हमारे अनशन का मुख्य आधार समाप्त हो गया था इसलिये हमने भी अनशन समाप्त कर दिया, परन्तु यह भी कह दिया कि हमारी असुविधाएँ दूर न की गयीं तो हम फिर अनशन कर देंगे। अनशन के बाद हमारी सब माँगें पूरी हो गयीं, परन्तु यह अनशन बहुत महँगा पड़ा।

जेल में पहले किये हुये अनशनों के कारण मणी बैनर्जी का स्वास्थ्य यों भी बहुत निर्बल था। उसे हृदय रोग हो गया था। इस अनशन से उसकी अवस्था और बिगड़ गयी। भंडारी ने मणी को इलाज के लिये हमारी बारक से हटाकर हस्पताल के समीप बने कमरों में भिजवा दिया। तीन-चार दिन बाद ही हमें सूचना दी गयी कि बैनर्जी की अवस्था चिन्ताजनक है। हम चाहें तो उससे मिलने जा सकते हैं। भंडारी के उस समय के व्यवहार की तुलना में यह असाधारण सौजन्य था।

हम लोग हस्पताल गये। मणी की अवस्था बहुत खराब थी। वह श्वास न आ सकने के कष्ट के कारण छटपटा रहा था। उसकी पीड़ा देखकर हम दोनों दहल गये। मणी के हाथ-पाँव बहुत सूज गये थे। आँखों पर सफेद झिल्ली-सी छा गयी थी। वह न लेट पाता था, न बैठ सकता था। उसकी जीवन शक्ति बनाये रखने के लिये उसे आक्सीजन गैस दी जा रही थी। आक्सीजन देने वाला हस्पताल का डाक्टर इतना ज्ञानी था कि उसे यह भी मालूम न था कि सिलेंडर की चाबी किस ओर घुमाने से गैस बाहर आयेगी या सिलण्डर से गैस आ रही है या नहीं, इतना भी जान सके। मैंने उसे अपने परिमित ज्ञान से बताया कि नली के सामने दियासलाई जलाकर देखो। गैस आने पर लौ बहुत बढ़ जानी चाहिये। मणी को गैस दिया जाने का प्रभाव अच्छा ही दिखाई दिया।

मणी को कुछ क्षण के लिये श्वास सुविधा से आने लगता तो मणी ठीक ढंग और बहुत समझदारी से बात करने लगता था। इस सम्बन्ध में इस पुस्तक के दूसरे भाग में क्रांतिकारियों की विचारधारा के प्रसंग में भी लिख चुका हूँ। पुनरावृत्ति न करने के लिये यहाँ संक्षेप में ही लिखूँगा। यह स्पष्ट ही जान पड़ रहा था कि मणी कुछ ही मिनट का मेहमान है। उसका कष्ट मृत्यु की सम्भावना से भी अधिक भयानक जान पड़ रहा था। मणी की अवस्था से मन्मथ बहुत ही व्याकुल हो गया। मणी को सान्त्वना दे सकने के लिये या उसकी पीड़ा कम कर सकने के लिये, सम्भव-असम्भव सभी कुछ करने की इच्छा से, मन्मथ ने मणी के समीप बैठकर हाथ जोड़कर प्रार्थना के ढंग से कहा, "मैं तार्किक प्रवृत्ति के कारण नास्तिक हूँ। मुझे ईश्वर के अस्तित्व में विश्वास नहीं है, परन्तु आस्तिकों का विश्वास है कि अंतिम समय भगवान से साक्षात्कार होता है। आस्तिक भगवान को अत्यन्त दयालु और चमत्कारिक शक्ति-सम्पन्न मानते हैं। सम्भव है मेरा तर्क गलत रहा हो इसलिये मैं प्रार्थना करता हूँ कि यदि सचमुच भगवान का कोई अस्तित्व है तो वे इस समय तुम्हारा दुख दूर कर दें। यदि तुम्हारा दुख दूर हो जाय तो मैं भगवान पर विश्वास कर लेने के लिये तैयार हूँ।"

मन्मथ के यह प्रार्थना करते समय मणी श्वास के लिये अत्यन्त कष्टपूर्ण संघर्ष कर रहा था। उसके बाद उसकी श्वास की नली कुछ क्षण के लिये ठीक हो गयी। मणी खिन्नता से बोला, "डैम यौर गौड ऐंड डैम हिज मर्सी (भाड़ में जाये तुम्हारा भगवान और भाड़ में जाये उसकी दया)। लोग बकते हैं अन्तिम समय भगवान दिखाई देता है। मुझे तो कुछ भी नहीं दिखायी दे रहा। मेरे अन्तिम श्वासों के समय मेरा मस्तिष्क धुँधला न करो। मुझे कायर और कातर बनाने की चेष्टा न करो।" इतनी बात कहकर मणी का श्वास कष्ट चरम सीमा पर पहुँच गया। उसे एक जबरदस्त हिचकी आयी। उसकी श्वास की नाली सदा के लिये झटक गयी या हृदय उस दबाव को सहार न सका। पीड़ा से ऐंठा हुआ उसका शरीर शिथिल और सीधा हो गया। मणी के इन शब्दों को परलोक के द्वार पर या

भगवान के सम्मुख खड़े व्यक्ति के अन्तिम शब्द कहा जा सकता है। वह मृत्यु के सामने भी अपने विचार और विश्वास पर अडिग था।

मणी की मृत्यु यद्यपि हस्पताल के पलंग पर हुई, परन्तु उसका भाव या व्यवहार अपने विचारों और आदर्शों के लिये रणक्षेत्र में जूझ जाने से अधिक साहस और दृढ़ता का था। सैद्धान्तिक दृष्टि से मणी का व्यवहार हि० स० प्र० स० या तत्कालीन क्रांतिकारियों के अध्यात्म सम्बन्धी विचारों का प्रतीक माना जा सकता है।

मणी की मृत्यु से हम लोग कुछ समय के लिये अवसन्न से रह गये थे, परन्तु सप्ताह भर के भीतर ही हमारी अनशन की लड़ाई के विजय के स्वरूप रमेशचन्द्र गुप्त को 'बी' क्लास देकर हम लोगों के साथ रहने के लिये भेज दिया गया। रमेश की आयु कम थी। वह मैट्रिक पास कर सकने से पहले ही जेल में पहुँच गया था। उस अल्हड़ नौजवान का पिस्तौल लेकर वीरभद्र पर आक्रमण करना देशभक्ति की भावना से, देशद्रोह के काम का विरोध करने का प्रतीक था। मन्मथ और मेरे कहने से रमेश ने पढ़ने-लिखने में मन लगाना शुरू कर दिया। कुछ ही दिन बाद 'बी' क्लास के एक कांग्रेसी सत्याग्रही कैदी, कानपुर के शिवराम पांडे को भी हमारे साथ ही रहने के लिये भेज दिया गया। पांडे जी बहुत ही विनोदी और सरल स्वभाव हैं; इलाहाबाद या आगरा यूनिवर्सिटी के ग्रेजुएट। वे आजकल (१९५२ के चुनाव में) उत्तर प्रदेश विधानसभा के सदस्य हैं। पांडे जी अपना अधिकांश समय सत्याग्रही बन्दियों की भाँति सरसों के तेल से मालिश, कसरत और गीता पाठ में लगाते थे। उनकी संगति से हमारा कुछ समय हा-हा, हो-हो में भी बीतने लगा।

शिवराम पांडे को क्रांतिकारियों के प्रति सहानुभूति और आदर था। यह सुनकर कि मैं भगतसिंह का सहपाठी और सहयोगी रहा हूँ, उनका कौतूहल और बढ़ा। वे अपनी कई जिज्ञासाओं और शंकाओं का समाधान करने लगे। इसी प्रसंग में उन्होंने पूछा, "सुना है कि जब भगतसिंह जी और चन्द्रशेखर आज़ाद जी (वे आदर के लिये सदा जी शब्द का प्रयोग करते थे) विलायत से जहाज पर आ रहे थे, एक गोरे ने भारत माता की शान में कुछ अपशब्द कह दिये। भगतसिंह जी ने गोरे को पिल्ले की तरह कान से पकड़कर उठा लिया और समुद्र में फेंक दिया। क्या यह बात सच है?" मुझे हँसी आ गयी। पांडे जी को बताया कि आज़ाद और भगतसिंह कभी विलायत नहीं गये थे। यह बात सच नहीं हो सकती। पांडे जी की इच्छा थी कि मुझसे समर्थन पाकर इस कहानी को अपने व्याख्यानों में सुनाकर देशभक्ति की भावना को प्रोत्साहन देते। इनकार सुनकर उन्होंने कुछ निराशा और सन्देह से मेरी ओर देखा—मानों, यह बात तो सच ही होनी चाहिये, मैं भगतसिंह के महत्व से ईर्ष्या करके इस घटना से इनकार कर रहा हूँ। बाद में भी अपने दल के नेताओं के बारे में तथ्य बातें कहने या अत्युक्ति से इनकार करने, उन्हें अपौरुषेय स्वीकार न करके मैंने बहुत लोगों को निराश किया है, परन्तु संस्मरणों में तो जो देखा है वही लिखना होगा; यह उपन्यास या कल्पना की सामर्थ्य आजमाने का अवसर नहीं है।

अपनी गिरफ्तारी के बाद मुझे पहले लाहौर में दुर्गा भाभी और फिर दिल्ली में सुशीला दीदी की गिरफ्तारी का समाचार पत्रों से मिल चुका था। हम लोगों के अनशन से कुछ ही पहले १९३४ जून में प्रकाशवती की गिरफ्तारी दिल्ली में हो जाने का भी समाचार मिल गया था। यह चिन्ता जरूर थी कि अब उनका क्या होगा! इससे पहले वे अपनी फ़रारी के समय मेरे भाई के पत्रों या मुझे पत्र लिखने वाले दूसरे लोगों के पत्रों में

घुमा-फिराकर अपनी बात लिख भेजती थीं। मैं भी, जो कुछ कहना होता, घुमा-फिराकर उपमा और व्यंजना से लिख भेजता था। महीने में एक ही बार पत्र लिख सकने का नियम था इसलिये पत्र कभी-कभी दो-तीन ताव के आकार का भी हो जाता; कभी इससे भी बड़ा। हमारे लिखे पत्र और हमारे नाम आये पत्र सब गुप्तचर विभाग के हाथों से गुजरते थे। गुप्तचर विभाग को भी सन्देह था कि हम लक्षणा और व्यंजना से कुछ गुप्त बातें करते हैं जिन्हें वे समझ नहीं पाते। उन्हें यह भी आशंका थी कि हम जेल से ऐसा सन्देश न भेज दें जिससे कोई उथल-पुथल मच जाये या ऐसा सन्देश पत्र द्वारा न पा लें जिससे हम जेल तोड़कर भाग जायें। गुप्तचर विभाग हमारे पत्र में जिन पंक्तियों को समझ नहीं पाता था उन्हें तेल की स्याही फेरकर काला कर देता था। कभी ऐसा भी होता कि पूरे पृष्ठ में कुछ ही शब्द शेष रह जाते थे।

इस समय तक जेल में प्रायः दो-अढ़ाई वर्ष बीत चुके थे। स्थिरता आ गयी थी। हमें 'स्टेट्समैन' या हिन्दी का 'भारत' आदि सरकार का समर्थन करने वाले पत्र दे दिये जाते थे। इन पत्रों में से भी, जहाँ तक जेल अधिकारियों की चौकसी काम देती, क्रांतिकारी आन्दोलन से सम्बन्ध रखने वाले समाचारों को काट लिया जाता या उन पर स्याही पोतकर अपाठ्य कर दिया जाता था। फिर भी यह मालूम हो गया था कि मेरठ, कानपुर, देहरादून आदि में कुछ हो ही रहा था। पुलिस एक देहरादून-कानपुर षड्यंत्र केस चलाने की व्यवस्था कर रही थी। विश्वास था कि जितना हम जान पाते हैं उससे अधिक ही हो रहा होगा।

जेल में प्रायः पढ़ते-लिखते रहने और चुप सोचते रहने के समय यह भी ख्याल आता कि जेल में रहकर और जेल में अभी बारह वर्ष और बिताने के बाद जेल से रिहा होकर मैं क्या कर सकूँगा, किस योग्य रहूँगा। उस समय आयु चालीस से ऊपर होगी। चालीस से अधिक आयु में जीवन आरम्भ करना होगा। शारीरिक रूप से निष्क्रिय रहने के कारण स्वास्थ्य कुछ ठीक नहीं चल रहा था। जेल से रिहाई के चित्र की कल्पना जीवन के संध्या काल के पट पर ही हो सकती थी। केवल एक ही सम्भावना थी कि मैंने जीवन के लिये जो लक्ष्य स्वीकार किया है, उसके प्रति दूसरों को आकर्षित और उत्साहित करता रहूँ, राष्ट्रीय मुक्ति के संघर्ष की परम्परा कायम रहे। मेरा साधन केवल कलम ही हो सकेगा। यह समय उस साधन के लिये साधना करने का है। अपने भविष्य जीवन की कल्पना मैं, उस अवस्था में एक अकेले परिवारहीन व्यक्ति के रूप में ही करता था।

दूर तक कल्पना कर लेने का स्वभाव होने के कारण अपनी प्रौढ़ावस्था के जीवन की कल्पना बहुत ब्यौरे से कर ली थी। कोई पारिवारिक सम्पत्ति या जीविका का साधन न होने के कारण कल्पना थी कि किसी राष्ट्रीय पत्र में वेतन पर काम करूँगा। चालीस पार करके जब काम आरम्भ करूँगा तो उन्नति करके प्रधान सम्पादक बनने का दिन क्या आयेगा। साठ-सत्तर रुपये का उप-सम्पादक ही हो सकूँगा। पुस्तकें लिखकर निर्वाह करने की बात नहीं सोची थी। अपने जीवन का मार्ग बदलकर विश्राम करने की बात मन में न आयी थी। उस कल्पना का कुछ अंश ठीक ही हुआ। १९३८ में रिहाई के बाद जीविका के लिये पहले 'कर्मयोगी' साप्ताहिक में पचहत्तर रुपये मासिक पर नौकरी की थी। यदि संचालक महोदय निबाहने देते तो शायद निबाहता ही रहता, परन्तु प्रकाशवती ने भी वैराग्य की उस कल्पना को निबाहने नहीं दिया।

फतेहगढ़ जेल में अनशन के कुछ ही दिन बाद, जब अभी शरीर बहुत निर्बल था, एक दिन मेरे लिये दफ्तर से बुलावा आया। मेजर भंडारी ने मुझे अपने कमरे में बुलाकर कहा कि मुझसे मिलने के लिये लाहौर से कुछ व्यक्ति आये हैं। उनसे मिलने की आज्ञा इसी शर्त पर दी जा सकती है कि मैं अनशन के बारे में कोई बात न करूँ। शर्त बहुत अपमानजनक लगी, परन्तु सोचा शायद माँ किसी तरह अनशन का समाचार पाकर आयी है। छः-सात सौ मील का यह सफर उन्होंने किस गरीबी और कठिनाई में किया होगा, मुझसे भेंट न हो सकने से उन्हें कितनी निराशा होगी! अनशन तो समाप्त होकर उसका परिणाम भी सामने आ चुका था। उस विषय में बात करने या न करने से क्या होता। अनशन के सम्बन्ध में बात न करना स्वीकार कर लिया।

मिलने आने वालों के भीतर आने पर देखा कि माँ नहीं, प्रकाशवती थीं। बात हम लोग विशेष कुछ कर नहीं सके, क्योंकि मेजर भंडारी की सावधानी के कारण पुलिस के एक आदमी को बुलाकर हम लोगों के बीच में ऐसे बैठा दिया गया था कि हमारी कही बातें उसके कानों पर से गुजर कर ही एक-दूसरे तक जा सकती थीं। अनशन के बाद अभी मैं बहुत निर्बल था। यह न बता सकने के कारण कि मेरी शारीरिक दुर्दशा का कारण अनशन था, प्रकाशवती ने समझा कि जेल में मेरे साथ बहुत बुरा व्यवहार किया जा रहा था और जेल में मेरा स्वास्थ्य वैसा ही रहता था। मुझसे मिलने के बाद उन्होंने यू० पी० सरकार के तत्कालीन होम मेम्बर सर महाराजसिंह से जाकर शिकायत की और केन्द्रीय असेम्बली के सदस्यों तक खबर दी। समाचार-पत्रों में भी मेरे स्वास्थ्य के बारे में खूब चर्चा चल पड़ी। अनशन के बाद मुझे ज्वर भी रहने लग गया था।

जेल में प्रकाशवती से मुलाकात होने के बाद उनकी समस्या के बारे में और भी अधिक ध्यान आने लगा। उनकी कई समस्याएँ थीं। उनका परिवार रूढ़िवादी था। वे क्रांतिकारी काम में सहयोग देने के लिये घर छोड़कर आ गयी थीं। परिवार के लोग उन्हें पुनः अपना लेने के लिये कैसे तैयार होते? प्राचीन धारणाओं के अनुसार प्रकाशवती के व्यवहार से परिवार पर कलंक लग गया था। हमारा क्रांतिकारी दल प्रायः बिखर चुका था। राजनैतिक परिस्थितियाँ उस समय भी काफी तेजी से बदल चुकी थीं। वे क्या करेंगी? एक बड़ी समस्या मेरा जेल में होना भी था। मैं उम्र भर के लिये जेल में था; कम से कम अभी और बारह वर्ष के लिये तो था ही। प्रकाशवती की समस्या का एक समाधान यह हो सकता था कि वे सामाजिक ढंग से किसी भले आदमी से विवाह करके समाज में अपना स्थान बनाकर साधारण जीवन आरम्भ कर दें और अपना जो कर्तव्य समझें उसके लिये भी सामर्थ्य भर यत्न करें।

प्रकाशवती के लिये मेरे इस विचार के मार्ग में उनका मुझे अपना पति समझना रुकावट थी। उस समय मैं उनके लिये केवल एक भावना और स्मृतिमात्र ही तो था। मुझे जान पड़ता था कि मेरी याद या मेरे प्रति अनुराग की भावना उनके जीवन के स्वाभाविक और साधारणतः उचित मार्ग में रुकावट बन रही है। मुझे यह बहुत बड़ा अन्याय जान पड़ता था कि मेरे प्रति एक भावुकतामात्र के लिये उनके या किसी के भी जीवन का स्वाभाविक क्रम निछावर हो जाये। मुझे यह न्याय और नैतिक कर्तव्य जान पड़ा कि मैं अपनी ओर से उन्हें ऐसे बंधन से मुक्त कर दूँ। फरारी के जीवन में हम दोनों ने एक दूसरे को पति-पत्नी के रूप में स्वीकार किया था, परन्तु उस सम्बन्ध पर सामाजिक घोषणा और

स्वीकृति की मोहर तो नहीं थी। हम दोनों का उसे माने रहने या उसे भुला देना ही तो एकमात्र बंधन था। मेरी स्मृतिमात्र ही उनके जीवन की बाधा क्यों बने?

उपरोक्त विचार मन में आते थे, परन्तु पुलिस के अफसरों की मौजूदगी में मुलाकात के समय या पुलिस के हाथों से गुजर कर जाने वाले पत्रों में इस सम्बन्ध में कैसे लिखा जा सकता था! इस विषय मे कुछ न कहना अपने अधिकार को व्यर्थ में जमाये रखने का अन्याय जान पड़ता था। आखिर पत्र द्वारा संकेत दिया—जीवन को व्यावहारिक और वास्तविक दृष्टिकोण से ही देखना चाहिये। व्यक्ति का मूल्य उससे समाज या दूसरे व्यक्तियों को प्राप्त होने वाले संतोष और उपयोग से ही होता है। जिस व्यक्ति की उपस्थिति या स्मृति केवल अभाव या निरन्तर दुख का कारण बने, उससे मुक्ति पा लेना ही अपने प्रति न्याय है। जो दाँत सदा पीड़ा ही दे, उसे निकलवा कर उसकी जगह दूसरा दाँत लगवा लेना ही न्याय और कर्तव्य है, आदि-आदि…। अभी कम से कम बारह वर्ष की जेल सामने थी। बारह वर्ष बाद जेल से छूटकर जैसा जीवन सम्भव जान पड़ता था, उसका संकेत पूर्व प्रसंग में दे चुका हूँ।

शिवराम पांडे सत्याग्रह आन्दोलन में शेष कांग्रेसियों की तरह छः या नौ मास के लिये जेल आये थे। कुछ सजा दूसरी जगह काटकर आये थे। जल्दी ही छूटकर चले गये। मन्मथ गुप्त और रमेश की बदली आगरा सेन्ट्रल जेल में हो गयी थी। 'बी' क्लास के एक नैतिक कैदी, यू० पी० के किसी छोटे-मोटे जमींदार अकबर मुहम्मद खाँ को मेरे साथ रहने के लिये भेज दिया गया। मुहम्मद ख़ाँ डकैती या कत्ल के अपराध में उम्र भर की सजा पाये था। उस पर उतनी कड़ी निगरानी भी नहीं थी। वह हाते में कुछ ऐसी हरकतें करता था कि हम क्रांतिकारियों ने 'बी' क्लास का जो दबदबा कायम किया हुआ था, उस पर आँच आती थी। समझाने पर वह मूँछों पर ताव देने लगता—'हम क्या तुम्हारे बम-पिस्तौल से डरते हैं!' क्रांतिकारियों के लिये नैतिक कैदियों के साथ (खासतौर पर 'बी' क्लास के नैतिक कैदियों के साथ) रहना सदा ही संकट का कारण होता था। वे लोग क्रांतिकारी बन्दियों की झूठी-सच्ची चुगली खाकर या उनसे झगड़ा करके अपनी राजभक्ति प्रमाणित करके कुछ दया और लिहाज पा सकने की आशा में रहते थे। 'सी' क्लास के गरीब कैदियों में से कुछ लोग ऐसे जरूर थे, परन्तु ऐसे भी थे जो राजनैतिक कैदियों को आदरणीय मानकर उनके लिये जोखिम उठाने को भी तैयार हो जाते थे।

परिस्थितियाँ कुछ ऐसी हो गयीं कि मन खिन्न रहने लगा। स्वास्थ्य कुछ खराब था, और भी खराब हो गया। प्रकाशवती ने बाहर इस विषय में हलचल मचा ही रखी थी। मुझे फतेहगढ़ जेल से सुलतानपुर के सैनीटोरियम जेल भेज देने का हुक्म हो गया। सुलतानपुर सैनीटोरियम जेल में केवल तपेदिक के मरीज ही भेजे जाते थे। अनुमान किया कि डाक्टर और सुपरिन्टेन्डेन्ट मुझे बताना उचित नहीं समझते, परन्तु उन्होंने सरकार को सूचना दी होगी कि मुझे तपेदिक हो गया है, तभी तो मुझे सुलतानपुर भेजा जा रहा है। किसी दिन जेल से छूट जाने की कल्पना भी व्यर्थ ही है इसलिये प्रकाशवती को एक और पत्र लिखा। उसमें व्यंजना से समझाने का यत्न किया कि तुम्हें मुझसे आशा नहीं करनी चाहिये। यह भी कि मैं पिछले सम्बन्धों और जिम्मेवारियों को भूल गया हूँ। यदि जेल से कभी छूट भी गया तो अपने लिये जीवन का कोई नया ही रास्ता और नये ही सम्बन्ध

चुन लूँगा। अभिप्राय यही था, वे स्वयं को स्वतंत्र अनुभव कर सकें। माँ को यही लिखता रहा कि मैं जेल में खूब मजे में समय काट रहा हूँ और जो नैतिक उपदेश उन्होंने बचपन में दिये थे, उनके अनुसार चलने का प्रयत्न करता हूँ।

जेल की कानूनी सख्तियों के बावजूद कुछ दिन बाद जेल के कर्मचारियों का व्यवहार सहानुभूति का हो जाता था। सुलतानपुर के लिये मेरा चालान किया जाने से आठ-दस दिन पहले ही मुझे उसकी सूचना मिल गयी थी। जेल के एक कर्मचारी से अनुरोध किया कि वह कानपुर में 'प्रताप' साप्ताहिक के पते से बालकृष्णजी 'शर्मा' नवीन को सूचना दे दे कि मैं अमुक तारीख को कानपुर स्टेशन से होकर सुलतानपुर जाऊँगा। सम्भव हो तो मुझसे स्टेशन पर मिल लें। फतेहगढ़ से मेरा चालान भी कुछ अजीब-सी परिस्थिति में हुआ। मुझे इतना बीमार समझा गया कि जेल में बिस्तर से फाटक तक भी चलना मना था। मुझे एक स्ट्रेचर पर उठाकर जेल फाटक तक पहुँचाया गया। सफर में भी स्ट्रेचर साथ रहा कि गाड़ी बदलते समय मुझे पैदल न चलना पड़े और ऐसे ही सुलतानपुर स्टेशन पर रेल से सवारी तक भी पैदल न चलूँ, परन्तु मेरे भागने का यत्न करने की आशंका में मेरे पाँवों में भारी-भारी बेड़ियाँ भी जरूर डाल दी गयीं।

बालकृष्ण जी शर्मा 'नवीन' से मेरा उस समय तक व्यक्तिगत परिचय नहीं था, परन्तु मेरा सन्देश पाकर वे स्टेशन पर आये। पुलिस की गारद से घिरे बीमार कैदी को पहचान लेना कोई बड़ी बात नहीं थी। वे इतनी आत्मीयता और सहृदयता से मिले, मानों सगे से अधिक अपने हों। उनके शब्द भी अभी तक याद हैं, "My whole heart goes to you." इस आत्मीयता का आधार उनका क्रांतिकारियों में विश्वास था जिसका श्रेय उनके भगतसिंह और आज़ाद से परिचय को ही दिया जा सकता था। उन्होंने पूछा भी, "मैं तुम्हारे लिये क्या कर सकता हूँ?...किसी चीज की आवश्यकता हो तो कहो।" उन्हें प्रकाशवती का पता देकर अपनी बदली हो जाने की सूचना दे देने के लिये अनुरोध किया।

उन दिनों सुलतानपुर सैनीटोरियम जेल के सुपरिन्टेन्डेन्ट (तपेदिक के विशेषज्ञ) डाक्टर शंकरलाल गुप्त थे। डाक्टर गुप्त अफसर कम और डाक्टर अधिक थे। जेलों के अधिकांश डाक्टरों का व्यवहार इससे ठीक उलटा होता है। डाक्टर गुप्त ने खूब अच्छी तरह ठोक-बजाकर और जाँच-पड़ताल करके मेरे शरीर की परीक्षा की और विश्वास दिलाया, "आपको तपेदिक हरगिज नहीं है। पुराना ज्वर है। मन की चिन्ताएँ छोड़िये। यहाँ जेल में ऐसा कोई काम न कीजिये कि मुझ पर कोई बात आये, और जो चाहे कीजिये।" डाक्टर गुप्त को साहित्य का भी खूब शौक था। उन्होंने अनेक पुस्तकें पढ़ने के लिये दीं। उन्हें फूलों और बागवानी में भी बहुत रुचि थी। उनके शौक के कारण सुलतानपुर जेल में अनेक तरह के गुलाबों और दूसरे फूलों का सुव्यवस्थित उपवन सा बना हुआ था; जिधर देखिये फूल। उनका प्रयत्न यही रहता था कि कैदी सुलतानपुर जेल को हस्पताल ही समझें। जल्दी ही मेरा स्वास्थ्य सुधरने लगा।

मेरे सुलतानपुर तपेदिक जेल में भेज दिये जाने के समाचार से प्रकाशवती बहुत घबरायीं। जल्दी-जल्दी मिलने आने लगीं। उस समय मिलने आना उनके लिये आसान इसलिये भी हो गया था कि उनकी गिरफ्तारी के बाद उन पर सरकार ने देहली और लाहौर में एक वर्ष तक न रहने की पाबन्दी लगा दी गयी थी। वे समय का सदुपयोग कर

सकने के लिये बनारस हिन्दू विश्वविद्यालय में जाकर पढ़ने लगी थीं। बनारस से सुलतानपुर कुछ घंटे की ही रेल-यात्रा थी। प्रायः पाँच-छः मास बाद, मेरे स्वस्थ हो जाने पर मुझे सुलतानपुर से बरेली केन्द्रीय जेल में भेज दिया गया।

सन् १९३५ का कुछ और १९३६ बरेली केन्द्रीय जेल में बीते। जेल जीवन की सबसे बड़ी परेशानी एकरसता होती है, परन्तु यहाँ कुछ घटनाएँ हुईं। बरेली जेल में आते ही मेजर रोजेयर से वास्ता पड़ा। मेजर रोजेयर एंग्लो-इण्डियन था। उसे यूरोपियन समझे जाने और अपने रोब का बहुत खयाल रहता था। दूसरे समझदार सुपरिन्टेन्डेन्ट का कायदा दूसरा था। वे प्रायः क्रांतिकारी बन्दियों के हाते में न जाते थे। न अधिक सामना होता, न उनके रोब और हम लोगों के आत्मसम्मान की भावना में रगड़ होती। रोजेयर दिखाना चाहता था कि उसके बारक में आने पर हमें भी खड़े हो जाना पड़ता है। इसके अलावा जेल के श्रम के सम्बन्ध में बेमतलब नोंक-झोंक, "काम क्यों नहीं किया? ये क्या है? वह क्या है?" जेल का कानून तो सदा ही अधिकारियों के पक्ष में रहता था। यों रोजेयर मन का बुरा नहीं था। प्रतीक्षा में रहता था कि हम लोग विनय दिखायें तो वह लिहाज करे; उसकी प्रभुता और अधिकार का प्रदर्शन हो सके। रोजेयर के व्यवहार से मन में सदा ही एक कचोट सी अनुभव होती रहती थी, विशेषकर जेल के श्रम के बारे में। श्रम कठिन न होने पर भी श्रम न करना हमारी हैकड़ी तो थी ही।

एक दिन रोजेयर से भिड़ जाने का निश्चय कर लिया। पाक्षिक परेड का दिन था। रोजेयर अपने अमले के साथ बारक में पधारा। सब लोगों को सुनाकर उसने उपदेश देना आरम्भ किया, "श्रम करने में मानहानि समझना गलती है। हम भी तो दिन भर श्रम करते हैं। जेल के नियमों का पूरा पालन होना चाहिये। एम० एन० राय भी इस जेल में रह गये हैं। वे हमेशा अपना श्रम पूरा करते थे...।"

बात करते-करते रोजेयर ने अपना जूता पहना पाँव मेरे पलंग के पैताने तहा कर रखे हुये कम्बल पर रख दिया। इतना तो मैं भी समझता था कि यूरोपियन आचार-व्यवहार के अनुसार ऐसा करना अनिष्टता नहीं समझी जाती, परन्तु मुझे अवसर मिल गया। अपनी जगह से आगे बढ़कर मैंने कम्बल को पलंग से उठाकर फेंक दिया और बहुत क्रोध दिखाया, "मैं इस कम्बल को लेकर सोता हूँ, आप उस पर जूता रखकर मेरा अपमान कर रहे हैं?"

जेल के पूरे अमले की आँखें विस्मय में फैल गयीं। रोजेयर का चेहरा भी कागज की तरह पीला। इस भयंकर अपमान से तड़पकर वह बोला, "अच्छा, अच्छा! तुम्हें इसकी उचित सजा मिलेगी!" पाँव पटकता बारक से लौट गया। उस दिन रोजेयर के लिये जेल के निरीक्षण की परेड पूरी करना कठिन हो गया। यही सोचता रहा होगा कि सबके सामने हुये अपमान का क्या उपाय करे। मैं स्वयं भी सोच रहा था, यह आदमी चिढ़कर जाने क्या बदला ले? पर अब तो कदम उठ ही चुका था।

घण्टे भर बाद रपट बढ़ी कि साहब फिर हमारी बारक में आ रहे हैं। सोचा, इस बार बदला लेने ही आ रहा है, परन्तु रोजेयर भीतर आया तो मुस्करा रहा था। बोला, "तुम्हारे स्वास्थ्य की परीक्षा करना चाहता हूँ।"

डाक्टर के साथ एक जमादार रक्तचाप का यंत्र लिये था। मुझे लिटा दिया गया। खूब परीक्षा की गयी और रोजेयर साहब ने घोषणा कर दी कि मेरा रक्तचाप बहुत कम है

इसलिये मेरा बौखला उठना कोई विस्मय की बात नहीं। मैं क्या खाता-पीता हूँ? मुझे भोजन ठीक से मिलता है या नहीं? बहुत लम्बी तहकीकात हुई। रोजेयर ने विज्ञ डाक्टर की हैसियत से समझाया, "रक्तचाप नीचा होना कोई बहुत आशंका की बात नहीं है; वैसे जार्ज पंचम की मृत्यु इसी रोग से हुई थी।" इस घटना के बाद आये दिन की नोक-झोंक से छुट्टी मिल गयी।

बरेली सेन्ट्रल जेल में भाई चन्द्रसिंह गढ़वाली से परिचय हुआ। १९३० में पेशावर में जिस गढ़वाली पल्टन ने सरकारी हुक्म से जनता पर गोली चलाने से इनकार कर दिया था, चन्द्रसिंह उस पल्टन में हवलदार थे। गोली चलाने का हुक्म मिलने पर उन्होंने ही आगे बढ़कर आज्ञा का विरोध किया था। उनके साथ ही इनके एक और साथी भी थे। दोनों सज्जन पाँच-पाँच, छः-छः साल जेल में काट चुके थे और अब साधारण नियम से कैदी जमादार बन गये थे और जेल के भीतर घूम-फिर सकते थे। प्रायः ही मिलने आते रहते। उन दिनों चन्द्रसिंह के कैदियों में आर्यसमाज का प्रचार या कहिये मिथ्यां-संस्कारों से मुक्त होने का प्रचार किया करते थे। कांग्रेसी स्वराज्य की माँग का समर्थन तो वे करते ही थे। मैंने उन्हें अपने ही दल का या समाजवादी दृष्टिकोण समझाना शुरू किया। बात उन्हें जँचने भी लगी। वे मुझे 'गुरु' सम्बोधन करने लगे और मैं उन्हें 'बड़े भाई'। बरेली जेल में उस समय चौरीचौरा केस के भी बन्दी थे। चौरीचौरा की घटना निर्विवाद रूप से राजनैतिक थी, परन्तु उन लोगों को भी 'बी' क्लास दिलाने का प्रयत्न कांग्रेस वालों ने कभी नहीं किया। वे लोग भी मुझसे मिलने या सम्पर्क स्थापित करने का प्रयत्न करते रहते थे।

मेजर रोजेयर की बदली हो गयी और उनकी जगह आ गये मेजर मल्होत्रा। मेजर मल्होत्रा भले आदमी थे। स्वभाव से तो दयालु और भावुक थे, परन्तु रोब और राजभक्ति दिखाने के लिये खामुखा सख्ती का दम्भ करते रहते थे पर वह बहुत निभता नहीं था। साधारणतः लोगों को दयालुता या सौजन्य का दम्भ करते देखा जाता है। यह एक अच्छा विद्रूप था कि जेल के भारतीय अफसर अपनी सज्जनता छिपाकर निर्दयता दिखाते थे। उन दिनों बरेली जेल में हेड जेलर एक ऐंग्लो-इण्डियन, विलियम्स था। बहुत कमीना और स्वभाव का चुगलखोर। वह अंग्रेज गर्वनरों या वाइसरायों को अपने सगे मामा से कम नहीं समझता था। प्रायः ही हम लोगों से पूछता, तुम्हारी आयु क्या है? जन्म की तिथि कौन है? और फिर बताता, "सम्राट एडवर्ड अष्टम की और मेरी जन्मतिथि एक ही है।" मानों वह भी राजवंश का या नाते का हो। मेजर मल्होत्रा को यह आशंका भी रहती होगी कि विलियम्स उसके विरुद्ध गुप्त रिपोर्ट न कर दे कि वह क्रांतिकारी राजनैतिक बन्दियों से सहानुभूति रखता है। इसलिये वह बेमतलब कुछ नोक-झोंक करते रहना आवश्यक समझते थे। अकेले आने का अवसर होता तो दूसरी तरह बात कर जाते।

जेल में विवाह

एक दिन बारक बन्द हो जाने के बाद मेजर मल्होत्रा अकस्मात निरीक्षण के तौर पर हमारी बारक की ओर चले आये। जेलर विलियम्स साथ नहीं था। जेल के दो शरीर-रक्षक जमादार ही साथ थे। अंग्रेजी में हाल-चाल पूछकर पंजाबी में बोले, "यह तो बताओ मिस प्रकाशवती कपूर कौन है? तुम जानते हो?"

"कहिये, क्या बात है?" मैंने प्रश्न किया।

मेजर बोले, "अभी किसी से जिक्र करने की जरूरत नहीं है। मिस प्रकाशवती कपूर ने डिप्टी कमिश्नर की मार्फत दरखास्त दी है कि वह तुमसे जेल में ही विवाह करना चाहती है।" कहते-कहते वे भावुकता में आ गये, "मैं यह सोचता रहा कि तुम्हें तो अभी दस-ग्यारह साल जेल में रहना है—भगवान करे तुम छूट जाओ तो अच्छा ही है पर इस लड़की का त्याग देखो। त्याग और धर्म की ऐसी भावना हिन्दू नारी के अतिरिक्त संसार में कहीं सम्भव नहीं है। मैं मानता हूँ तुम भी असाधारण देशभक्त और वीर आदमी हो। तुमने अपना जीवन देश के लिये बलिदान किया है। तुम्हारी गिरफ्तारी के समय मैं बड़े ध्यान से पत्रों में सब समाचार पढ़ता रहता था। मैं नेहरू परिवार के लोगों, विजयलक्ष्मी और श्यामकुमारी को भी जानता हूँ, परन्तु मैं सोचता हूँ, इस लड़की को तुमसे शादी करने से मिलेगा क्या? उसका तो यह असाधारण त्याग आदर्श है। हिन्दू धर्म और हिन्दुस्तान आज भी जो मर नहीं गया तो ऐसी ही देवियों के धर्म और आचारबल से। मुझे तो यही संतोष है कि मुझे ऐसी देवी के दर्शन करने का अवसर मिलेगा।" इस बात का मैं क्या उत्तर देता।

अगले दिन जिला मजिस्ट्रेट के यहाँ से आया सरकारी पत्र मुझे दिखाया गया, "लाहौर निवासी मिस प्रकाशवती कपूर, बरेली केन्द्रीय जेल में बन्द आतंकवादी कैदी यशपाल से विवाह करना चाहती है। कैदी यशपाल विवाह करना चाहता हैं या नहीं?" मैंने स्वीकृति लिख दी। विवाह के लिये सात अगस्त, १९३६ निश्चित तारीख हो जाने की सूचना मुझे दे दी गयी।

कुछ दिन पहले रमेश गुप्त बदली होकर बरेली जेल में आ गया था। उसे बड़ा उत्साह अनुभव हो रहा था कि भैया की शादी हो रही है। जेल में जो भी सुनता हैरान होता कि कैदी की शादी हो रही है। ऐसा अभी तक देश की किसी भी जेल में सुना भी नहीं गया था। कुछ लोगों का अनुमान था, शादी हो रही है तो कुछ दिन घर हो आने की छुट्टी भी मिल सकेगी।

विवाह के लिये निश्चित तारीख के दिन सुबह लगभग आठ बजे मेरे लिये दफ्तर से बुलावा आया। कारण तो पहले से ही मालूम था। जेल से मिले सफेद दुसूती के कोट पैंट पहले से धुलाकर और स्त्री कराकर रखे हुये थे। उन्हें पहनकर चल दिया। शादी के लिये डिप्टी कमिश्नर की अदालत में जाना था। दफ्तर में पहुँचने पर आदेश मिला कि बेड़ियाँ पहन लूँ।

"क्यों!" मैंने विस्मय प्रकट किया।

"जेल के बाहर जा रहे हो। ऐसी अवस्था में बेड़ियाँ पहनायी जाती हैं।" उत्तर मिला।

"पर मैं तो शादी के लिये जा रहा हूँ। शादी बेड़ियाँ पहनकर करायी जाती है? बेड़ियाँ पहनकर शादी के लिये मैं नहीं जाऊँगा। शादी हो या न हो।"

मुझे अदालत में ले जाने के लिये सिपाही लेकर आया हुआ सब-इंस्पेक्टर मुझे बेड़ियाँ पहनाये बिना बाहर ले जाने की जोखिम उठाने के लिये तैयार नहीं था।

जेल सुपरिन्टेन्डेन्ट मेजर मल्होत्रा परेशानी में पड़ गये। उसने पुलिस सुपरिन्टेन्डेन्ट को फोन किया कि पुलिस गार्ड कैदी को बेड़ियाँ पहनाये बिना अदालत ले जाने के लिये

तैयार नहीं है और कैदी बेड़ियाँ पहनकर शादी करने जाने के लिये तैयार नहीं है। पुलिस सुपरिन्टेन्डेन्ट ने भी मुझे बिना बेड़ियाँ पहनाये जेल से बाहर ले जाने की जिम्मेवारी लेना स्वीकार नहीं किया।

मैंने शादी के लिये बेड़ियाँ पहनने से कतई इनकार कर दिया। जेल सुपरिन्टेन्डेन्ट जिला मजिस्ट्रेट को टेलीफोन कर कठिन परिस्थिति की सूचना दी।

डिप्टी कमिश्नर मिस्टर पैडले संकट में पड़ गये। उनके पत्र के आधार पर प्रकाशवती और मेरी माता शादी के लिये दो और गवाहों को लेकर जिला मजिस्ट्रेट की अदालत में पहुँची हुई थीं। डिप्टी कमिश्नर ने मेजर मल्होत्रा को उत्तर दिया, "पुलिस सुपरिन्टेन्डेन्ट और कैदी दोनों की ही बात ठीक है। मैं दुल्हन को लेकर जेल में आ रहा हूँ। वहाँ ही विवाह होगा।"

अवसरवश उस दिन बरेली में एक और संकट था। किसी कारण ताँगों, इक्कों की हड़ताल थी। उन दिनों शहर कांग्रेस के प्रधान संतसिंह नें मेरी माता, प्रकाशवती और उनके साथ आये हिन्दुस्तान टाइम्स प्रेस के मैनेजर देवीप्रसाद जी शर्मा और श्रीकृष्ण सूरी को डिप्टी कमिश्नर की अदालत में तो पहुँचा दिया था। अब उन्हें जेल तक पहुँचाने के लिये सवारी का प्रबन्ध उनके बस की बात न थी। मिस्टर पैडले ने इसका भी उपाय किया। माँ और प्रकाशवती को तो वे अपनी कार में ले आये। शर्मा जी और सूरी को भी किसी भद्र पुरुष की गाड़ी मिल गयी। प्रकाशवती और माता जी के जिला मजिस्ट्रेट की गाड़ी में, उसके साथ ही आने से एक गलतफहमी पैदा हो गयी। वह बात जरा ठहर कर।

मिस्टर पैडले ने आज्ञा दी कि विवाह के अवसर के लिये जेल के दफ्तर को अदालत मान लिया जाये। सिविल मैरेज या अदालती विवाह की कार्यवाही शुरू हुई। वर और वधू को जो-जो प्रतिज्ञायें करनी पड़ती हैं, हम लोगों ने कीं। पुरोहित के रूप में डिप्टी कमिश्नर के प्रश्न के उत्तर में प्रकाशवती ने अपने आपको सनातनधर्मी हिन्दू बता दिया, परन्तु मैंने अपना धर्म बताया—रेशनलिज्म। हिन्दी में इस शब्द का अनुवाद बुद्धिवाद ही हो सकता है।

मि० पैडले बोले, "यह नया इज्म (वाद) तो कभी सुना नहीं। नास्तिक लिख दूँ या बौद्ध लिख दूँ?"

"नहीं, जो मैं कहता हूँ वही लिखिये।" मैंने आग्रह किया।

साहब ने चिढ़कर वही लिख दिया और उन्होंने कानूनी अदालती फीस सवा रुपया माँग ली। देवीप्रसाद शर्मा और सूरी ने प्रकाशवती की ओर से गवाही में हस्ताक्षर किये। मेरी ओर से गवाही में रमेशचन्द्र गुप्त और मेजर मल्होत्रा ने हस्ताक्षर किये। सूरी पाँच-छः सेर मिठाई भी ले आये थे। मिठाई भी बाँटी गयी। जो काम जेल में कभी नहीं हुआ था, वह हो गया। विवाह की खुशी में मेजर मल्होत्रा ने मुझे माता जी, प्रकाशवती, शर्मा और सूरी के साथ एक घण्टे तक बातचीत करने का अवसर दे दिया। उसके बाद वे लोग जेल फाटक के बाहर और मैं भीतर की ओर चला गया।

विवाह के दूसरे-तीसरे दिन ही हाते में रहने वाले 'सी' क्लास के राजनैतिक और चौरीचौरा के मामले के बन्दियों का एक पेंसिल से लिखा पूरे ताव का गुप्त पत्र मिला। इस पत्र में उन्होंने अपने एक क्रांतिकारी नेता के नैतिक पतन पर शोक प्रकट करके मुझसे क्रांतिकारियों का नाम कलंकित न करने की अपील की थी। पत्र का अभिप्राय था,

आपने जेल से मुक्ति पाने के लिये अंग्रेज जिला मजिस्ट्रेट की बेटी से विवाह कर लिया है। बहुत से राजनैतिक कैदी तो 'सी' क्लास में उम्र कैद काट रहे हैं। आप तो 'बी' क्लास की सुविधाएँ पा रहे हैं। क्या आप इतना भी नहीं सह सकते? इत्यादि इत्यादि।

जेल के भिन्न-भिन्न भागों और हातों में घूमने वाले कैदी जमादारों से सुना कि जेल में अफवाह थी—डिप्टी कमिश्नर साहब अपनी बेटी को साड़ी पहनाकर मोटर में लाये और 'बी' क्लास वाले साहब से (अर्थात् मुझसे) ब्याह कर गये। अब साहब (यशपाल) जेल से छूट जायेंगे। साहब और सरकार में सुलह हो गयी है। इस भ्रान्ति या कल्पना का कारण ताँगा हड़ताल के कारण प्रकाशवती का जिला मजिस्ट्रेट की मोटर में आना ही था। पंजाबी लड़कियों का रंग यों भी काफी गोरा होता है, तिस पर ब्याह की तैयारी में कुछ पाउडर भी पोता ही होगा। प्रकाशवती अंग्रेज की बेटी समझ ली गयीं।

जेल में रोमांचकारी अफवाहें उड़ाने से कैदियों को संतोष मिलता है। जीवन में स्फूर्ति और वैचित्र्य अनुभव करने का यही तो एकमात्र साधन उनके हाथ में रहता है। पत्र लिखने वाले लोगों को जितनी भी सही बात बतायी जा सकती थी, बताकर उनका भ्रम और आशंका दूर करने की चेष्टा की। जेल में पहली बार विवाह होना असाधारण नयी बात थी इसलिये सभी अखबारों ने 'स्टेट्समैन' आदि ने भी इस समाचार को महत्व देकर मोटे अक्षरों में प्रकाशित किया।

जेल में विवाह हो जाने के समाचार से, चाहे वह खुश्क दफ्तरी ढंग से ही सम्पन्न हुआ हो, सरकार की दृष्टि में जेल के वातावरण की रुद्र गम्भीरता का आतंक कमजोर हो गया। जाँच-पड़ताल के लिये सरकार से कागज दौड़ने लगे कि जेल में यह नयी बात क्यों और कैसे हो गयी? मेजर मल्होत्रा ने एक रोज बताया कि उनसे पूछताछ होने पर उसने निधड़क उत्तर दिया, "विवाह डी० एम० की स्वीकृति और आज्ञा से हुआ है। जेल के जिस कमरे में विवाह सम्पन्न हुआ, वह कमरा उस समय डी० एम० की आज्ञा से अदालत में परिणत कर दिया गया था और वह स्थान जेल सुपरिन्टेन्डेन्ट के नियन्त्रण में नहीं, डी० एम० के नियन्त्रण में था। जेल सुपरिन्टेन्डेन्ट वहाँ दर्शक और गवाह की स्थिति में मौजूद था। जेल मैनुअल में कैदियों के विवाह के सम्बन्ध में स्वीकृत अथवा निषेध का कोई उल्लेख नहीं है। जेल सुपरिन्टेन्डेन्ट ने निर्णय डी० एम० के हाथ में छोड़ दिया था। इसलिये इस विषय में जेल सुपरिन्टेन्डेन्ट का कोई उत्तरदायित्व नहीं है।"

जेल में विवाह हो जाने की बात यहीं नहीं रह गयी। डिप्टी कमिश्नर पैडले से जवाब माँगा गया कि जेल में कैदी के विवाह की स्वीकृति उन्होंने कैसे दे दी? ब्रिटिश अफसर भारतीय अफरारों की तरह दब्बू नहीं होते थे। पैडले का उत्तर था, जेल विधान अथवा परम्परा में कैदियों के विवाह या जेल में विवाह के सम्बन्ध में कहीं कोई निर्देश नहीं है। मिस प्रकाशवती ने विवाह के लिये दरखास्त दी। उसमें कोई गैरकानूनी बात नहीं थी। उसकी इच्छा पूर्ति में बाधा डालने का मेरे पास कोई कारण नहीं था इसलिये मैंने स्वीकृति देना ही उचित समझा। इतने पर भी विवाह की प्रतिक्रिया में आरम्भ हुई हलचल समाप्त नहीं हो गयी।

कुछ मास बाद, उत्तर प्रदेश की सरकार के तत्कालीन गृह-सदस्य (होम मेम्बर) सर महाराजसिंह (स्वराज्य में महाराष्ट्र के गवर्नर) बरेली सेन्ट्रल जेल का निरीक्षण करने आये।

हमारी बारक में भी पधारे। मेरा परिचय पाकर बोले, "तुम्हें जेल में रखकर कोई न कोई मुसीबत होती ही रहनी चाहिये। जेल में शादी करके तुम्हें क्या फायदा हो गया? हमारे लिये एक समस्या जरूर खड़ी कर दी।"

मैंने उत्तर दिया, "आप स्वयं देख रहे हैं कि मुझे कोई फायदा नहीं हुआ। मैं तो आपकी सरकार के पिंजरे में बन्द हूँ। जो कुछ हुआ आपकी सरकार और आपके अफसरों की अनुमति से हुआ।"

महाराजसिंह बोले, "हुआ यह कि हमें जेल मैनुअल में एक और धारा बढ़ानी पड़ गयी कि जेल में कैदियों का विवाह नहीं हो सकता।"

मैं मुस्करा दिया, "चलिये, एक ऐसी बात हो गयी जो कभी नहीं हुई थी और हो भी नहीं सकेगी।"

जेल में मेरे विवाह से उस समय चाहे कोई लाभ न हुआ हो, यह घटना अंग्रेजी शासन की जाप्तेदारी का अच्छा उदाहरण बन गयी।

नैनी जेल में समारोह

१९३३ और १९३४ में गांधी जी ने कांग्रेस के एकमात्र प्रतिनिधि के रूप में अपने कुछ चुने हुये सत्याग्रही साथियों को लेकर सत्याग्रह के शस्त्र को खूब आजमाया। बम्बई में १९३४ अक्टूबर के कांग्रेस अधिवेशन में गांधी जी ने अपनी नीति और अपने कार्यक्रम की असफलता का एक नया आध्यात्मिक कारण बता दिया। उन्होंने कहा कि सत्याग्रह का आध्यात्मिक संदेश जनता तक प्रचार के आधुनिक, अपवित्र मशीनी साधनों द्वारा पहुँचने से निर्बल हो जाता है। कांग्रेस के नेता चुनावों की वैधानिक लड़ाई में ही विश्वास रखते थे। चुनाव न लड़कर ब्रिटिश सरकार से मोर्चा लेने पर आंदोलन का रूप अवैधानिक और गांधी जी की दृष्टि में हिंसात्मक हुये बिना नहीं रह सकता था। आंदोलन को वैधानिक और अहिंसा की सीमाओं में सीमित रखने का उपाय, आंदोलन को चुनाव के क्षेत्र में ले आना ही था। गांधी जी और पटेल आदि कांग्रेस के नेताओं में एक समझौता हुआ। गांधी जी ने कांग्रेस की सदस्यता छोड़ दी। नेताओं ने भविष्य में अनुकूल अवसर आने पर गांधी जी को अपना डिक्टेटर बनाकर आंदोलन चलाने का निश्चय कर लिया। तब तक चुनावों की वैधानिक लड़ाई का ही कार्यक्रम रहा। १९३५ के नये कानून के अनुसार विधान सभाओं के और निर्वाचित मंत्रियों के अधिकार पूर्वापेक्षा बहुत बढ़ा दिये गये थे, परन्तु गवर्नरों और वाइसराय को उनके काम में दखल देने का तब भी अधिकार था। इस पर भी कांग्रेस ने चुनाव लड़े। जनमत कांग्रेस के साथ था। विधान सभाओं में कांग्रेसी सदस्यों की बहुत बड़ी संख्या पहुँच गयी।

नये चुनावों और कानूनों के अनुसार नये मंत्रिमंडल बनाने का अवसर आया। कांग्रेस की माँग थी, गवर्नर और वाइसराय आश्वासन दें कि वे मंत्रिमण्डलों के कामों में कम से कम दखल देंगे। जब तक यह आश्वासन न मिलेगा कांग्रेसी सदस्य मंत्रिमण्डल न बनाएँगे, परन्तु विधान सभाओं में कांग्रेस की माँगों की अवहेलना नहीं की जा सकती थी। वे जिस समय जिस प्रश्न पर चाहते, सरकार के विरुद्ध अविश्वास या निन्दा का प्रस्ताव पास कर सकते थे। ब्रिटिश सरकार ने आश्वासन दे दिया। प्रदेश की विधान सभाओं में कांग्रेसी मंत्रिमण्डल बन गये। इस स्थिति का प्रभाव शासन और जेलों में

व्यवस्था और व्यवहार पर भी पड़ा। क्रांतिकारी कैदियों की पुरानी माँग थी कि ऐसे सब बन्दियों को किसी एक जेल में, एक साथ रखा जाये। १९३७ फरवरी या मार्च आरम्भ के दिन थे। एक दिन समाचार मिला कि मेरी और रमेशचन्द्र गुप्त की बदली नैनी केन्द्रीय जेल में हो रही है। वहाँ सभी क्रांतिकारी बन्दियों को एक साथ रखा जायेगा।

रमेश और मैं नैनी के स्टेशन से पुलकते हुये हृदय से नैनी सेन्ट्रल जेल पहुँचे। क्रांतिकारी दल के कई बड़े-बड़े नेताओं, शचीन्द्रनाथ सान्याल और जोगेशचन्द्र चैटर्जी आदि के नाम हम लोगों ने सुने थे। मुलाकात का अवसर कभी नहीं आया था। उन्हें कभी देख न पाने पर भी उनके प्रति हम लोगों में बहुत श्रद्धा थी। सशस्त्र क्रांति की प्रेरणा और उत्साह पाने में इन लोगों की कहानियों ने हम पर बहुत प्रभाव डाला था। सान्याल दादा की पुस्तक 'बन्दी जीवन' तो हम लोगों के लिये आरम्भिक पाठ्य-पुस्तक सी रही थी।

एक खूब बड़े हाते में दो बड़ी बारकें थीं। जिस समय रमेश और मैं इस हाते में पहुँचे, सब सुनसान था। हमीं सबसे पहले आ पहुँचे। बाद में एक-एक दो-दो व्यक्ति, दूसरे-तीसरे दिन से आने लगे और बारक भर गयी। शचीन्द्र सान्याल, जोगेश चैटर्जी, शचीन्द्र बख्शी, मन्मथनाथ गुप्त, मुकुन्दीलाल तो काकोरी के मामले के थे। इसके अतिरिक्त सुविमलकुमार राय, शम्भुनाथ, रमेश गुप्त, बलराज शिवराजसिंह और राजेन्द्र निगम आदि और बाद में दूसरे मामलों के अभियुक्त भी आये। काशीराम और मैं हि० स० प्र० स० के मुकदमों के बन्दी थे। इसके अतिरिक्त कम्युनिस्ट शिवसिंह और कानपुर की मजदूर सभा का एक कार्यकर्ता बैनर्जी भी आये। बारक में अच्छी-खासी रौनक हो गयी।

इस जमघट में अनेक अनुभवी लोग थे। वे जानते थे कि बहुत से राजनैतिक या क्रांतिकारी बन्दियों के एक साथ रहने से जहाँ अपनी सामूहिक संगठित शक्ति द्वारा जेल अधिकारियों का मुकाबला करने का अवसर रहता है, वहाँ जरा-जरा सी बात पर आपसी स्पर्धा के फूट पड़ने की भी बहुत आशंका रहती है। अपने समय को जहाँ तक सम्भव हो, ठाली नहीं रहने देना चाहिये। संयुक्त अध्ययन की व्यवस्था की गयी और वह अनुशासन भी बना लिया गया कि हममें से कोई भी बन्दी जेल अधिकारियों से किसी भी किस्म का व्यक्तिगत सम्पर्क न बनाये या व्यक्तिगत रूप से कोई माँग आदि न करे। सब बातें पूरी बारक की ओर से संयुक्त रूप से हों। बारक से एक स्पोक्समैन या प्रवक्ता चुन लिया जाये। बारक के प्रवक्ता का काम सौंपा गया मुझे। किसी भी समाज के प्रवक्ता को थोड़ी-बहुत पंचायत भी करनी ही पड़ेगी। ऐसे सब महारथियों के समुदाय की पंचायत और प्रवक्तापन निबाहना विनोदमात्र तो हो नहीं सकता था। उसे उन्हीं के सहयोग से ही निबाहा जा सकता था।

मुझसे कहीं अधिक अनुभवी साथियों के बारक में रहते समय यह अहंकार कर लेने का कोई आधार नहीं था कि मैं सबसे विज्ञ अथवा बुद्धिमान हूँ, इसलिये मुझे प्रवक्ता मान लिया गया है। यह सब विशेष परिस्थितियों के ही कारण था। सान्याल दादा बंगाल के अनुशीलन क्रांतिकारी दल के प्रतिनिधि थे और जोगेश दादा युगान्तर क्रांतिकारी दल के। इन दोनों दलों की प्रतिद्वन्द्विता प्रख्यात रही है। उसका प्रभाव इन दोनों के आपसी व्यक्तिगत भावों और व्यवहार में भी वर्तमान था। इसके अतिरिक्त इन लोगों में दार्शनिक और राजनैतिक आदर्शों का भेद भी था।

सान्याल दादा अध्यात्मवादी आदर्शों में विश्वास रखते थे। उनके अध्यात्मवाद का गांधीवाद के स्थूल और भक्तिवादी अध्यात्म से कोई सम्बन्ध नहीं था। वे अरविन्द की ज्ञानयोगी विचारधारा के अनुयायी थे। उसी विचारधारा के आधार पर वे भारत के लिये अध्यात्म निर्देशित स्वतंत्र शासन की कल्पना करते थे। जोगेश दादा का आदर्श शायद कुछ पहले ही से, कुछ जेल के स्वाध्याय और मनन से मार्क्सवाद की ओर हो चुका था। शेष लोगों में और कोई भी अध्यात्मवाद या आदर्शवाद में आस्था रखने वाला नहीं रहा था। हम लोगों के एक साथ रहने पर विचारों और सिद्धान्तों के विलोडन और छानबीन का खूब अवसर आता और नयी-नयी पुस्तकें पढ़ने की प्रवृत्ति भी होती। हम लोग साहित्यिक दृष्टिकोण से भी गोष्ठियाँ और विचार परिवर्तन करते रहते थे। साथियों के अनुरोध पर यहाँ मैंने फतेहगढ़ जेल में लिखी अपनी कुछ कहानियाँ सुनायीं। सान्याल दादा, जोगेश दादा, बख्शी और मन्मथ आदि ने उनकी जो प्रशंसा की उससे मेरा उत्साह और आत्म-विश्वास खूब बढ़ा। फतेहगढ़ जेल में भी मैं और मन्मथ साहित्यिक चर्चा किया करते थे। मन्मथ तब भी बंगला में कविता, कहानी आदि लिखते रहते थे और मैं हिन्दी में। एक बार मन्मथ का ध्यान मैंने अनातोल फ्रांस की एक पुस्तक से एक बहुत ही सुन्दर पैरे की ओर आकर्षित किया था। पुस्तक फ्रेंच में थी। मन्मथ ने शैली और विषय वस्तु की बहुत सराहना करके कहा, "इससे अच्छा लिखा ही नहीं जा सकता।"

मैंने सुझाव दिया, "पर इसी भाव को हिन्दी या बंगला में ऐसे ही लिखा जा सकना चाहिये।"

मन्मथ ने चुनौती दे दी, "असम्भव। अनुवाद इतना अच्छा कभी हो ही नहीं सकेगा। अनुवाद तो अनुवाद।"

मैं चुपचाप उस अंश का अनुवाद करने लगा। कुछ समय बाद मन्मथ से अनुरोध किया, "मौलिक फ्रेंच से वह पैरा एक बार फिर पढ़ो। मेरा किया अनुवाद भी देखो। त्रुटि क्या है? यदि है तो फिर यत्न किया जाये।"

मन्मथ ने परीक्षक की सतर्कता से मौलिक को और अनुवाद को कई बार पढ़ा और फिर स्पष्टता से कहा, "मैं मानता हूँ, अनुवाद मौलिक से भी अधिक सरस हो गया है।" इस तरह की बातों से अभ्यास और आत्म-विश्वास बढ़ता रहता था।

चुनावों में कांग्रेस की भारी सफलता के बाद कांग्रेस के मंत्री पद स्वीकार कर लेने पर निकट भविष्य में हम लोगों के जेल से छूट जाने की कल्पना अब दुराशामात्र नहीं कही जा सकती थी। उस समय हम सभी लोगों का विचार था कि जेल से छूटकर हम लोग फिर अपने लक्ष्य की प्राप्ति के लिये काम करेंगे, इसलिये हम लोगों के इकट्ठे हो जाने पर हम लोगों का लक्ष्य और भावी कार्यक्रम के स्पष्टीकरण का प्रश्न उठना आवश्यक था।

काकोरी के साथियों की गिरफ्तारी के बाद १९२८ में दल का नया संगठन बनते समय भगतसिंह और दल के तत्कालीन नेताओं ने दल के नाम में समाजवादी शब्द जोड़ दिया था। वह परिवर्तन निष्प्रयोजन तो था नहीं। नैनी सेन्ट्रल जेल में इकट्ठे हुये सब साथियों में से केवल सान्याल दादा को ही यह नया शब्द जोड़ा जाना बहुत उपयोगी नहीं जान पड़ता था। सान्याल दादा को समाजवाद की भावना से या समाजवाद के सामाजिक और आर्थिक पक्ष से विरोध नहीं था। उन्हें विरोध था केवल समाजवादी दर्शन के नितान्त भौतिक आधार से। वे भारत के अध्यात्मनिष्ठ समाजवाद का प्रतिपादन चाहते थे। शेष साथियों की समझ में ऐसा समाजवाद इतिहास द्वारा अप्रमाणित केवल कल्पना-मात्र था।

अन्य साथी देश के लिये समाजवादी व्यवस्था की कल्पना मार्क्सवाद और द्वन्द्वात्मक भौतिकवाद के आधार पर ही कर सकते थे। आरम्भ में हमने समाजवाद के उद्देश्य को अपना लक्ष्य स्वीकार किया था। बाद में हम शनैः-शनैः उसके आर्थिक और दार्शनिक पक्ष के समीप आने लगे। देश के क्रांतिकारी लोगों की, विशेषकर हिन्दुस्तान समाजवादी प्रजातंत्र संघ की यही सामूहिक प्रवृत्ति थी। इसका बहुत ठोस प्रमाण था अंदमान द्वीप की जेल में अधिकांश क्रांतिकारियों का सामूहिक रूप से कम्युनिस्ट पार्टी में भरती हो जाना।

नैनी में हम लोगों ने ऐसा कार्यक्रम बना लिया था कि सुबह नाश्ता करने के बाद सामूहिक (क्लास लगाकर) अध्ययन के लिये बैठ जाते। जोगेश दादा इस अध्ययन में बहुत उत्साह से सहयोग देते थे। दोपहर में खाना खाने की छुट्टी होती और तीन बजे फिर मई की तपती दोपहरी में चाय पीकर अध्ययन के लिये बैठ जाते। संध्या समय वालीबाल या बैडमिंटन खेलकर व्यायाम करते थे। रात में अपनी-अपनी स्वतंत्र पढ़ाई करते रहते थे। अर्थात् दिन में अर्थशास्त्र, दर्शन, राजनीति और रात में साहित्य।

साथी शिवसिंह की मौजूदगी से इस अध्ययन का क्रम निश्चित करने में विशेष सहायता मिलती थी। यद्यपि शिवसिंह का क्रांतिकारी दल से सम्बन्ध नहीं था, परन्तु उसका जीवन अद्भुत अनुभवों की शृंखला थी। वह जवानी की पहली उमंग में सिख धर्म का प्रचार करने के लिये बर्मा पहुँचा था। बर्मा से सिंगापुर, मलाया होता हुआ आस्ट्रेलिया चला गया। आस्ट्रेलिया से अमेरिका। अमेरिका से उसकी प्रवृत्ति मार्क्सवाद या कम्युनिज्म की ओर हो गयी। अमेरिका से स्पेन, फ्रांस और जर्मनी होता हुआ रूस पहुँच गया। रूस में उसने दो वर्ष तक नियमित रूप से अध्ययन किया। कुछ दिन मजदूर की तरह निर्वाह भी किया और फिर टर्की, ईरान आदि का चक्कर लगाता हुआ, मार्क्सवाद और कम्युनिज्म के प्रचार के लिये भारत लौट आया। हम लोग बिना गुरु या निर्देशक के एकलव्य की भाँति या मार्क्स के चित्र को ही गुरु मानकर अध्ययन करते रहते तो हमारे लिये अध्ययन उतना सुलभ न होता।

हमारी इन स्वाध्याय की बैठकों में सभी लोग अनिवार्य रूप से भाग लेते हों ऐसा नियम नहीं था। सान्याल दादा तो इस अध्ययन को ही गलत राह पर समझते थे या यह उनके लिये अनावश्यक था। कुछ साथी अंग्रेजी का या स्कूल-कालेज की शिक्षा का आधार न होने से उसमें भाग नहीं ले पाते थे। एक-आध को इसमें रुचि ही नहीं थी। उदाहरणतः बनारस के सुविमलकुमार राय। राय ने बारक के भोजन का प्रबन्ध अपने जिम्मे ले लिया था। थोड़ा-सा कच्चा मांस महीन-महीन काटकर, हाथ में लेकर अपनी खाट पर लेट जाते। मांस के टुकड़े इधर-उधर फेंक-फेंककर तीन-चार बिल्लियों को लड़ा-लड़ाकर विनोद करते रहते। राय पढ़ते थे केवल 'स्टेट्समैन'। बारक में समाचार पत्र आते ही यदि सबसे पहले उन्हें न मिलता तो वे कातर हो जाते। 'स्टेट्समैन' में भी एक ही बात देखना आवश्यक समझते थे, रेलवे टाइमटेबल में कोई परिवर्तन हुआ है या नहीं। उनका यह अभ्यास कई वर्ष से चल रहा था। उनका कहना था, क्या मालूम किसी संयोग से कब छूट जायं। ऐसी हालत में रेल का टाइम मालूम न होने से बनारस की पहली गाड़ी छूट जा सकती है।

राय स्पष्ट कहते थे, राजनीति या क्रांति के प्रयत्न से उनका कोई सम्बन्ध नहीं था। उनके अनजाने में उनकी बहिन क्रांतिकारियों को सहयोग और सहायता दे रही थीं।

बहिन ने एक दिन बम लाकर घर में रख लिया था। बम का विस्फोट हो गया। बहिन गिरफ्तार होकर थाने में जायेगी—पारिवारिक अपमान की यह आशंका राय बाबू के सामने आ गयी। उपाय सोचा, वे स्वयं फरार हो जायें तो पुलिस उन्हें ही ढूँढ़ती फिरेगी। बहिन पर सन्देह नहीं होगा। ऐसा ही किया, परन्तु अगले ही दिन परास्त हो गये और जाकर पुलिस के हाथ आत्मसमर्पण कर दिया।

राय को फरारी में सबसे बड़ी कठिनाई पेश आयी थी—पाखाने कहाँ जायें? बेचारे बंगाली भद्रलोक थे। अपने घर या शहर में रहने वाले सम्बन्धियों के घरों के अतिरिक्त देहात या जंगल में कभी रहे नहीं थे। खेतों में या उजाड़ में शौच के लिये जहाँ जाकर बैठते नीचे घास चुभने लगती। पहली बार तो एक पेड़ की डाल पर बैठकर संकट से निवृत्ति पायी पर डर लगता था पेड़ से गिर जाने का। हार मानकर हवालात की सुरक्षा में जा बैठे, परन्तु अपने परिवार की महिला की इज्जत पर आँच न आने दी। स्वयं सात वर्ष की जेल का दण्ड सह लिया। इसे भीरुता कहा जाय या साहस! हम लोग जितना मूल्य देश और मानवता के प्रति कर्तव्य की भावना से चुका रहे थे, सुदिमल बाबू उतना ही मूल्य भद्र परिवार की लड़की के बेपर्दा न होने देने के लिये चुका रहे थे। दूसरी ओर उन्हीं दिनों देश के बहुत बड़े नेता (पं० जवाहरलाल नेहरू) की बहिन और पत्नी डंके की चोट पर जेल जा रही थीं। भिन्न-भिन्न लोगों के सम्मान की धारणाएँ भी कितनी परस्पर विरोधी होती हैं।

रिहाई के मार्ग में अड़चनें

कांग्रेस को १९३७ के आरम्भ में प्रान्तीय गवर्नरों और वाइसराय से शासन कार्य में कम से कम हस्तक्षेप का आश्वासन मिल गया था। देश के तत्कालीन ग्यारह प्रान्तों में कांग्रेसी मंत्रिमंडलों ने सरकार की बागडोर सम्भाल ली थी। कांग्रेस ने चुनाव में जनता से समर्थन पाने के लिये जो घोषणा-पत्र निकाला था उसमें बिना किसी भेद के सभी राजनैतिक बन्दियों की रिहाई की प्रतिज्ञा भी थी। कांग्रेसी सत्याग्रह आन्दोलन के सब कैदी तो रिहा हो चुके थे इसलिये हमें भी जेल से मुक्ति की आशा के प्रभात की आभा क्षितिज पर दिखायी देने लगी। ठीक इसी समय दो साथियों के सिर पर शहीद बनने की इच्छा सवार हो गयी। उन्होंने ऐलान किया कि वे सब साथियों की मुक्ति के लिये आमरण अनशन करना चाहते हैं। प्रायः अन्य साथियों को यह काम उचित नहीं जँच रहा था।

अनशन के प्रस्ताव पर बारक के प्रवक्ता की स्थिति कठिन हो गयी। यह कह देना कि अनशन करने वाले दो साथियों से हमें कोई मतलब नहीं, उचित नहीं था और उनके साथ सहानुभूति में अनशन आरम्भ कर देना और भी अनुचित जान पड़ता था। एक और संकट उस समय नैनी जेल में सुपरिन्टेन्डेन्ट मेजर भंडारी था। भंडारी पूर्ववत् हमारी किसी भी भूल से लाभ उठाकर नयी सरकार से शाबासी पा लेने के लिये अवसर की खोज में था, परन्तु सरकार या विधानसभा के अनेक सदस्यों से क्रांतिकारियों के व्यक्तिगत परिचय होने के कारण स्थिति अधिक खराब नहीं हो सकी।

काकोरी के मामले के रामकृष्ण खत्री अपनी सजा पूरी करके कुछ दिन पूर्व रिहा हो चुके थे। वे इस अवसर पर शेष क्रांतिकारी कैदियों की रिहाई के लिये मंत्रियों के चारों ओर घूमते रहते थे। खत्री जेल में आकर हमें भी आश्वासन दे जाते थे। वे नये कांग्रेसी राज के परिवर्तनों की बातें सुना जाते। सचिवालय और विधानसभा पर गांधी टोपी और

खद्दर के कपड़ों का नया-नया प्रभुत्व कायम हुआ था। पहरे पर नियुक्त पुराने गोरे और ऐंग्लो-इण्डियन सार्जेन्ट मंत्रियों तथा नेताओं के चेहरे पहचान नहीं पाते थे। खत्री ने बताया कि उनके मंत्रियों से मिलने के प्रयत्न के लिये विधानसभा या सचिवालय में जाने पर गोरा सार्जेन्ट एड़ी से एड़ी ठोंककर उन्हें फट्ट से सलूट मारता था। यह सुनकर हमारे कई नवयुवक साथियों को रोमांच हो आता था। अब और क्या चाहिये था!

लगभग अगस्त का महीना था। सुपरिन्टेन्डेन्ट से लेकर अदना वार्डर तक अपनी वर्दी के बटन मांज कर चुस्त-दुरुस्त हो गया। जेल में कँपकँपी सी छा गयी थी—मुख्यमंत्री आ रहे हैं। हम लोग ऐसे निश्चिन्त और प्रसन्न थे मानो अपने बाप ही मिलने आ रहे हों। जेल के वार्डरों और सचिवालय के अर्दलियों की रक्षा में मुख्यमंत्री पंडित गोविन्दवल्लभ पन्त, श्री वेंकटेशनारायण तिवारी के साथ आये। पहले वाली बात नहीं थी कि सुरक्षा या अदब के विचार से कैदी और आला अफसर के बीच दस कदम का फासला रहना ही चाहिये और बीच में वार्डर, अर्दली और जेल के अफसर मौजूद रहें और हम कैदियों से बुत की तरह निश्चल और सीधे खड़े रहने की आशा की जाती। पन्त जी शरीर-रक्षकों की आड़ से आगे बढ़कर हम लोगों की पीठों पर हाथ रख-रखकर मिले, हाल-चाल पूछा। बड़े साहब, छोटे साहब (सुपरिन्टेन्डेन्ट तथा जेलर) और जेल के पूरे अमले को हाते से बाहर हटा दिया गया। पन्त जी और तिवारी जी हम लोगों के बीच रह गये। जेल के इतिहास में यह नयी अप्रत्याशित बात थी।

पन्त जी हम लोगों को आसपास बुलाकर बीच में बैठ गये और बात शुरू की। उन्होंने कुछ इस प्रकार बात कही—कांग्रेस अपने चुनाव के प्रतिज्ञापत्र में ही सब राजनैतिक बन्दियों को रिहा कर देने की अपनी नीति की घोषणा कर चुकी है। आप लोग भी जेल में नहीं रहेंगे, यह तो निश्चय ही है, लेकिन सत्याग्रही अहिंसात्मक बन्दियों और शस्त्र और हिंसा के प्रयोग के लिये अभियुक्त बन्दियों में अन्तर रखा जाता रहा है। हमें तो पूरा विश्वास है कि बदली हुई परिस्थितियों में आप लोग हिंसा में विश्वास नहीं रखते। आप लोगों की रिहाई के लिये कोई शर्त नहीं रखी जा रही है। आपसे कुछ लिखकर देने के लिये भी नहीं कहा जा रहा है। आप हमारे अपने ही हैं। हमसे कोई बात कहने में भी आपके स्वाभिमान का प्रश्न नहीं है। यदि आप हमसे कह दें कि अब आपका विश्वास हिंसा में नहीं है तो गवर्नर से आपकी रिहाई की बात करते समय हम साधिकार और बल से कह सकते हैं कि आपका विश्वास हिंसा में नहीं है। आप लोगों को जेल में रखने का कोई कारण नहीं है...। आदि-आदि।

हम लोग पन्त जी की बात सुनकर अभी चुप ही थे कि सान्याल दादा ने स्वाभाविक ढंग से बैठे-बैठे ही उत्तर दे दिया, "हिंसा तो हमारा ध्येय कभी भी नहीं था। आपके सामने हमारे यह कह देने से कि मौजूदा परिस्थितियों में हिंसा में हमारा विश्वास नहीं है, यदि आपके हाथ मजबूत होते हैं तो हमें क्या आपत्ति हो सकती है?"

पन्त जी ने सान्याल दादा की बात पर संतोष प्रकट किया। हमारे साथियों के चेहरों पर भी संतोष ही दिखायी दे रहा था, परन्तु मुझे यह सब अच्छा नहीं लग रहा था।

मैंने खड़े होकर दो शब्द कहने की आज्ञा माँगी और निवेदन किया, "आपने राजनैतिक बन्दियों की रिहाई के सम्बन्ध में कांग्रेसी सरकार की नीति के विषय में जो बात कही है उस पर हमें पूरा विश्वास है। आपके सामने कोई भी बात स्पष्ट रूप से कह

देने में भी हमें कोई संकोच नहीं है, परन्तु किसी भी बात का अभिप्राय स्थिति और समय के अनुसार हो जाता है। आप हम पर कोई शर्त नहीं लगा रहे हैं, परन्तु जब हम अपनी रिहाई के सवाल पर कोई बात कहते हैं तो उस बात और रिहाई में कार्य-कारण सम्बन्ध बन जायेगा। यदि हम आज कहें कि बदली हुई परिस्थितियों में हमारा विश्वास हिंसा में नहीं रहा तो इसका अर्थ हो जाता है कि पहले हमारा विश्वास हिंसा में था। वास्तव में हिंसा तो हमारा ध्येय कभी भी नहीं था। हम यह भी कहना नहीं चाहते कि हमें रिहा कर दिया जाये। हम आपसे कोई माँग करके आपको परेशानी में नहीं डालना चाहते। यदि आपकी नीति ऐसी है और यह जनता की माँग है तो हमें रिहा कर दीजिये वर्ना आपसे देश का जो भला होगा हमें उसी से संतोष हो जायेगा। आज अपनी रिहाई के प्रश्न पर हम जो कुछ कहेंगे, उसका अभिप्राय रिहाई के लिये प्रार्थना या शर्त हो जायेगा। हम लोगों ने अब तक जैसे आत्मसम्मान निबाहा है, हम आशा करते हैं आप भी चाहेंगे कि वह निभता रहे। इस अवसर पर हमसे यह कहने की आशा करना कि 'हमें अब हिंसा में विश्वास नहीं रहा' असंगत है। हमें जो कुछ कहना था, पहले कई बार कह चुके हैं। हमें सब प्रश्नों पर देश की जनता का निर्णय मंजूर है।'' अन्त में मैंने यह भी कह दिया, ''मैं यह बात बारक में रहने वाले साथियों द्वारा नियुक्त बारक के प्रवक्ता के रूप में सबकी ओर से कह रहा हूँ, परन्तु इस प्रश्न पर संयुक्त रूप से विचार करने का हमें कोई अवसर नहीं मिला इसलिये यदि साथी मुझसे सहमत न हों तो अपना विचार प्रकट कर सकते हैं।''

मेरे बैठ जाने पर सन्नाटा हो गया। केवल जोगेश दादा ने खड़े होकर ये शब्द कहे, ''साथी यशपाल ने जो कुछ कहा है मैं उसका समर्थन करता हूँ।'' दूसरे साथियों का भी भाव उनके चेहरों से स्पष्ट था। सान्याल दादा ने भी समर्थन किया, हाँ ठीक है।

पन्त जी ने सिर हिलाकर आश्वासन दिया, ''बात तो ठीक है। यह कोई शर्त नहीं है। हमें जो करना है, हम करेंगे ही।''

इसके बाद वेंकटेशनारायण तिवारी जी हममें से एक-एक को लेकर कुछ देर टहलते रहे। मुझसे भी बात की कि यह तो केवल टेक्निकल यानी औपचारिक बात है। मेरा आग्रह था कि लक्ष्य के बारे में मतभेद तो कुछ है नहीं। प्रश्न तो यही है कि रूप क्या हो, सामने क्या आये। सामने तो ढंग या वस्तु का औपचारिक रूप ही आता है।

उपरोक्त घटना के बाद तीन सप्ताह या एक मास बीता होगा। रामकृष्ण खत्री हम लोगों से मिलने आये। उन्होंने बताया कि हम लोगों की जेल से मुक्ति की आज्ञा हो गयी है। नैनी सेन्ट्रल जेल में आज्ञा के पहुँचने में दो-तीन दिन लग सकते हैं, ठीक तारीख बताना कठिन है। उनका अनुरोध था कि जेल से छोड़ दिये जाने पर हम लोग मन चाहे जहाँ-तहाँ या अपने-अपने घर न भाग जायें। सब लोग इलाहाबाद में कांग्रेस के दफ्तर स्वराज्य भवन में इकट्ठे हों ताकि क्रांतिकारी बन्दियों की मुक्ति पर उनका उचित आदर किया जा सके, उनका जुलूस निकाला जा सके। यह प्रस्ताव प्रायः सभी को अच्छा लगा, परन्तु मैंने इस बन्धन से छूट चाही। निवेदन किया, भाई ये जुलूस-वलूस अपनी प्रकृति और स्वभाव के अनुकूल नहीं है।

रामकृष्ण खत्री ने डाँट दिया—नहीं-नहीं, यह व्यक्तिगत मामला नहीं है। क्रांतिकारियों का सामूहिक प्रश्न है। हम लोगों के विरुद्ध समय-समय पर गलत प्रचार

किया गया है। जब सान्याल दादा, जोगेश दादा और दूसरे साथी जनता के सामने अपने विचार प्रकट करेंगे तो लोगों को पता लगेगा कि हम लोग क्या हैं!

मैं खत्री से सहमत नहीं हो सका। मैंने आग्रह किया—देखो भाई, हम छूट रहे हैं परिस्थितियों के कारण। मुझे तो ऐसा नहीं जान पड़ता कि हमने संग्राम में विजय प्राप्त कर ली हो इसलिये विजेता की भाँति अपना जुलूस निकलवाने में संकोच होता है। यह कांग्रेस की विजय है। हम कांग्रेसी नीति के कारण छोड़े जा रहे हैं। हमारे लक्ष्य तो पूरे हुए नहीं हैं। खयाल है, हमें तो अपने लक्ष्यों के लिये प्रयत्न जारी रखना ही पड़ेगा।

जोगेश दादा ने भी मेरी बात का समर्थन किया और जुलूस-वलूस में शामिल होने के लिये अनिच्छा प्रकट कर दी। खत्री ने यह निश्चय किया, छूटने पर सब लोग स्वराज्य भवन में एकत्र तो जरूर हों। समय पर उचित-अनुचित देख लिया जायेगा।

एक बार फिर हमारे हिन्दुस्तान समाजवादी प्रजातंत्र संघ के लक्ष्यों के पूरा हो जाने या न हो जाने का प्रसंग आ गया है। यह प्रश्न भी असंगत नहीं है कि हमारे लक्ष्य पूरे नहीं हो गये तो हि० स० प्र० स० समाप्त क्यों हो गया और समाप्त नहीं हो गया तो उसका हुआ क्या? संस्था और संगठन के रूप में हि० स० प्र० स० कायम क्यों नहीं रहा?

हिन्दुस्तान समाजवादी प्रजातंत्र संघ के लक्ष्य सूत्र रूप में तो समाजवादी शब्द से प्रकट हो जाते हैं। इस संस्था ने अपने घोषणा-पत्र 'बम का दर्शन' में अपना लक्ष्य यों स्पष्ट किया था: '···क्रांति से हमारा अभिप्राय केवल जनता और विदेशी सरकार में संघर्ष ही नहीं है। हमारी क्रांति का लक्ष्य एक नवीन न्यायपूर्ण व्यवस्था है। इस क्रांति का उद्देश्य पूँजीवाद को समाप्त करके श्रेणीहीन समाज की स्थापना करना और विदेशी और देशी शोषण से जनता को मुक्त करके आत्मनिर्णय द्वारा जीवन का अवसर देना है। इसका उपाय शोषकों के हाथ से शासन-शक्ति लेकर किसान-मजदूर श्रेणी के शासन की स्थापना ही है।' जहाँ तक विदेशी शासन से मुक्ति का प्रश्न था, लक्ष्य पूरा हो गया, परन्तु हमारा श्रेणीहीन समाज का लक्ष्य तो पूरा नहीं हुआ था। हमारे लक्ष्य युक्तिसंगत थे या नहीं, इस विषय में अब यह कहना अप्रासंगिक न होगा कि १९५५ की मद्रास कांग्रेस में पंडित जवाहरलाल नेहरू ने कांग्रेस के वही लक्ष्य बताये हैं जिनकी हि० स० प्र० स० ने १९३० या उससे पूर्व घोषणा की थी। यह लक्ष्य अभी तक पूरे न होने पर हि० स० प्र० स० संस्था के रूप में विलीन क्यों हो गया?

मेरे विचार में इस प्रश्न का उत्तर हि० स० प्र० स० के संक्षिप्त से इतिहास में ही समाहित है। क्रांति विचारों और भावनाओं के विकास की प्रक्रिया का परिणाम होती है। हिन्दुस्तान प्रजातंत्र संघ ने अपने विकास के परिणाम में हिन्दुस्तान समाजवादी प्रजातंत्र संघ का रूप ले लिया था, परन्तु विकास का क्रम बन्द तो हो नहीं जाना चाहिये था। जेल में बन्द साथियों को जब अध्ययन और विचार का अवसर मिला, उन्होंने अनुभव किया कि उनके लक्ष्यों की प्राप्ति के लिये अधिक व्यापक और उनकी अपेक्षा अधिक विकसित और वैज्ञानिक ढंग से चलने वाले संगठन का विकास कम्युनिस्ट पार्टी के रूप में हो चुका है; अंदमान में उन्होंने अपने आपको सामूहिक रूप से कम्युनिस्ट पार्टी में खपा दिया था।

मेरे विचार में इन साथियों द्वारा अपनी संस्था और संगठन के अस्तित्व का मोह न करके लक्ष्यों की प्राप्ति के लिये अधिक व्यापक संगठन में अपने आपको खपा देना उनकी निर्बलता और पराजय नहीं थी, बल्कि अपने वैयक्तिक और सामूहिक अहंकार को लक्ष्य के लिये निछावर कर देना था।

इस प्रसंग में मेरी रिहाई के बाद की एक घटना का जिक्र अप्रासंगिक नहीं होगा। मुझे बहुत बीमार रहने के बाद १९३८ मार्च में जेल से छोड़ा गया था। छूटते ही अड़तालीस घंटे के भीतर भुवाली सैनीटोरियम के लिये चले जाने की भी आज्ञा थी। भुवाली से अगस्त में लौटकर आया। रिहाई के बाद हम लोगों के अधिकांश साथी निर्वाह की चिन्ता में और राजनैतिक परिस्थितियों के प्रभाव से अपने आपको जहाँ-तहाँ खपा बैठे थे, परन्तु जोगेश दादा तब भी अपना जीवन जनता की मुक्ति के संघर्ष में अपने ढंग से लगाने की बात पर अड़े हुये थे। जेल के परिचय से उन्हें मुझ पर काफी विश्वास था कि मैं इसी मार्ग पर डट सकूँगा। जेल में वे मुझे अपना 'फ्रेंड, फिलासफर एण्ड गाइड' कहते थे। सितम्बर में वे गणेशगंज, लखनऊ में मुझसे मिलने आये और उन्होंने कहा, "कुछ आरम्भ करने से पूर्व तुमसे बात कर लेना चाहता था।" प्रश्न सामने रखा, "अब हम लोगों का अर्थात् हि० स० प्र० स० का क्या कदम होना चाहिये?"

मैंने हि० स० प्र० स० के लक्ष्यों की संक्षिप्त चर्चा करके पूछा, "कम्युनिस्ट पार्टी के लक्ष्यों और हमारे लक्ष्यों में क्या अन्तर है?"

जोगेश दादा ने भेद कोई नहीं बताया। उन्होंने प्रश्न किया, "तो क्या हम अपने अस्तित्व को बिलकुल खो दें; उसे मटियामेट कर दें?"

मेरा उत्तर था कि संस्था या संगठन के रूप में केवल अपना अस्तित्व बनाये रखने के लिये ही प्रतिद्वन्द्वी संस्थाओं का संगठन उचित नहीं समझता। उस क्षण के बाद से जोगेश दादा का मुझ पर भरोसा समाप्त हो गया। जोगेश दादा ने रेवोल्यूशनरी सोशलिस्ट पार्टी का संगठन आरम्भ कर दिया। रेवोल्यूशनरी सोशलिस्ट पार्टी और कम्युनिस्ट पार्टी के लक्ष्यों में अन्तर कोई नहीं था। झंडा भी वे हँसिये-हथौड़े का ही रखते थे पर उनका संगठनात्मक अस्तित्व पृथक रहा। वे कहते रहे कि कम्युनिस्ट पार्टी की नीति विदेशी प्रभाव से निश्चित होती है और उनकी पार्टी स्वतंत्र भारतीय कम्युनिज्म की समर्थक है। विचारों की समता के नाते भारतीय कम्युनिस्टों का कम्युनिस्ट देशों से सहानुभूति रखना और उनके अनुभव से लाभ उठाने की इच्छा रखना उचित हो सकता है। मैंने कभी किसी कम्युनिस्ट को स्पष्ट कहते नहीं सुना कि वे भारत का भाग्य किसी कम्युनिस्ट देश को सौंप देने के लिये तैयार हैं।

मेरे अधिकांश पाठकों और वैसे भी बहुत से लोगों का अनुमान रहा है कि मैं भारतीय कम्युनिस्ट पार्टी का मेम्बर हूँ। यह जानकर कि मैं उस पार्टी का मेम्बर नहीं हूँ, कुछ लोगों को विस्मय भी होता है। १९४९ फरवरी में कम्युनिस्टों की व्यापक गिरफ्तारियों के समय पुलिस ने मुझे भी गिरफ्तार करके जेल में डाल दिया था। प्रकाशवती ने उत्तर प्रदेश के तत्कालीन मुख्यमंत्री पंत जी से गिला किया था, "यशपाल तो कम्युनिस्ट पार्टी का या किसी ट्रेड यूनियन का मेम्बर नहीं है। उसे क्यों गिरफ्तार किया गया है?" पंत जी का पहला उत्तर तो था कि उन्हें मेरी गिरफ्तारी के बारे में मालूम ही नहीं था, परन्तु अपनी पुलिस की पीठ पर हाथ रखे रहने के लिये पंत जी ने क्रोध भी

प्रकट किया, "यशपाल मेम्बर नहीं है तो क्या हुआ? वह लिख-लिखकर दूसरों को तो कंम्युनिस्ट बनाता है।"

पंत जी द्वारा लगाये इस इलजाम के विरुद्ध कोई सफाई देना मैं आवश्यक नहीं समझता। पंत जी सदा कहते रहे हैं कि कांग्रेसी राज में विचारों की और विचारों के प्रचार की स्वतंत्रता है।

प्रायः लोग पूछते हैं, मैं किसी भी राजनैतिक पार्टी का मेम्बर नहीं हूँ तो क्या मैंने राजनीति से सम्पर्क छोड़ दिया है?

राजनीति से सम्पर्क छोड़ देने का मतलब अपने देश और समाज की वर्तमान अवस्था और भविष्य से कोई सम्पर्क न रखना है। ऐसा वैरागी मैं नहीं हूँ। जेल से छूटने के बाद से मेरे विद्यार्थी जीवन की और जेल में दुबारा पोसी हुयी भावना फिर जाग उठी थी। निश्चय कर लिया था, मुझे जो कुछ भी करना है, साहित्य के साधन से ही करूँगा। विद्यार्थी जीवन के समय विदेशी शासन की उत्तेजक परिस्थितियों का प्रभाव कहिये या अपने तत्कालीन साथियों भगवतीचरण, भगतसिंह, सुखदेव आदि के बलिदान हो जाने के लिये आगे बढ़ जाने के निश्चय का मुझ पर प्रभाव मानिये कि वे खींच ही ले गये। मुझे संतोष है, उस समय उनकी संगति में किये गये निश्चय को निबाहने का पूरा यत्न किया। जेल से मुक्ति के पश्चात् जीवन का दूसरा अध्याय आरम्भ हुआ। जान पड़ता है, वैयक्तिक प्रकृति से मेरा झुकाव, कई अन्य क्रांतिकारी साथियों की तरह, पिस्तौल के बजाये कलम की ओर था। अब अपना काम साहित्य के माध्यम से कर रहा हूँ।

जेल से रिहाई की बात कह रहा था। रामकृष्ण खत्री के हमें समझाकर जाने के तीन-चार दिन बाद मुझे मामूली-सा ज्वर और इनफ्लुअंजा हो गया। ज्वर के तीसरे ही दिन से खाँसी में खून आने लगा। मेरी उस अवस्था में साथियों की रिहाई का हुक्म आ गया। काकोरी के तो सभी बन्दियों की रिहाई हो गयी। मैं और चार-पाँच साथी रह गये। इनमें से शिवसिंह, बैनर्जी, बलराज, शिवराज आदि की सजाएँ भी अधिक नहीं थीं। आशा थी जल्दी ही हम लोगों की भी रिहाई हो जायेगी। मेरी अवस्था गिरती ही जा रही थी! मेजर भंडारी अपनी ताकत लगाये दे रहे थे पर खून का गिरना बढ़ता ही जा रहा था। यह भी निश्चय नहीं हो पा रहा था कि खून फेफड़ों से आ रहा है या गले की नली से। एक दिन इतना खून गिरा कि डाक्टर आपरेशन का विचार करने लगा। जेल और सरकार में मेरी अवस्था के सम्बन्ध में बहुत जोर से लिखा-पढ़ी चल रही थी। बाद में मालूम हुआ कि उस समय का अंग्रेज गवर्नर हालेट और सबको रिहा कर देने के लिये तैयार था, परन्तु मुझे नहीं।

हालेट को इस बात पर भी गुस्सा था कि हमारे जो साथी नैनी से छूटे थे, उनका बहुत बड़ा जुलूस निकाला गया था और उन लोगों ने अपने व्याख्यानों में घोषणा की थी कि ब्रिटिश छत्रछाया में और असली शक्ति ब्रिटिश हाथ में रहते तो कांग्रेसी सरकारें कायम की गयी हैं, इनसे उन्हें संतोष नहीं था। क्रांतिकारी देश की पूर्ण आजादी के लिये लड़ते रहेंगे।[१]

उत्तर प्रदेश के तत्कालीन मुख्यमंत्री पंत जी और जेल मंत्री रफी अहमद किदवई साहब जब मेरे स्वास्थ्य की चिन्ताजनक स्थिति के आधार पर मेरी रिहाई की माँग करते

---

१. जिम्मेवार कांग्रेसी नेता पंडित नेहरू आदि भी १९३७ के कांग्रेसी शासन को स्वराज्य नहीं कहते थे।

तो गवर्नर को सन्देह होता, मेरी बीमारी से मुक्ति के लिये बहानेबाजी है। गवर्नर ने इलाहाबाद के सिविल सर्जन मिस्टर लाई, सरकारी तपेदिक विशेषज्ञ डाक्टर टण्डन और एक फौजी डाक्टर कर्नल बासू को मुझे देखने के लिये जेल में भेजा। यह डाक्टर मेरे रोग के निदान में सहमत न हो सके।

कुछ दिन बाद मेरे मुँह से खून गिरना बन्द हो गया। मेरी अवस्था सुधरने लगी। मैं हस्पताल में अभी बिस्तर पर ही था कि शेष साथी भी छूट गये। काकोरी के बन्दियों को मुक्त हुये पाँच मास बीत चुके थे। मैं अकेला रह गया। एक दिन हुक्म आया कि मुझे नैनी सेन्ट्रल जेल से लखनऊ जिला जेल में पहुँचा दिया जाये। जेल जीवन में पहली बार पाँव में बेड़ी पहिने बिना तबादले की यात्रा की। अनुमान था, शायद लखनऊ मुक्त कर देने के लिये ही ले जाया जा रहा हूँ।

लखनऊ जिला जेल में पहुँचने पर रफी अहमद किदवई साहब मुझसे मिलने आये। उन्होंने साफ-साफ बात की। मेरी रिहाई के प्रश्न पर गवर्नर और कांग्रेसी मंत्रिमंडल में जबर्दस्त तनातनी चल रही थी। गवर्नर ने आखिरी अड़चन यह डाल दी कि यशपाल पंजाबी है। जेल से छूटने पर वह पंजाब जायेगा। पंजाब की सरकार शायद यह पसन्द न करे। उसे मुक्त करने से पूर्व पंजाब की सरकार की राय ले लेनी चाहिये। उस समय पंजाब में कांग्रेसी सरकार नहीं, ब्रिटिशभक्त सर सिकन्दर की यूनियनिस्ट सरकार थी। वे भला मेरे जैसे आदमी की रिहाई के लिये क्या स्वीकृति देते, इसीलिये गवर्नर ने यह तर्क दिया था। गवर्नर का यह सुझाव मान लेने से मेरी रिहाई न हो सकती थी। लाहौर षड्यंत्र के अभियुक्त शिव वर्मा, जयदेव कपूर और गया प्रसाद आदि को सर सिकन्दर हयात की सरकार ने मेरी रिहाई के भी कई वर्ष बाद ही मुक्त किया था।

किदवई साहब चाहते थे कि मैं यह शर्त स्वीकार कर लूँ कि मैं रिहाई के बाद पंजाब नहीं जाऊँगा और वे गवर्नर का मुँह बन्द कर सकें।

किदवई साहब को उत्तर दिया, "रिहाई के लिये शर्त के नाम पर इतनी सी बात कह देना भी मुझे अच्छा नहीं लगता।"

स्वर्गीय रफी साहब, बहुत गम्भीर सहृदय व्यक्ति थे, परन्तु मेरे इस इनकार पर वे कुछ झुंझला गये, "तुम्हें लिखकर कुछ नहीं देना। इस समय इतना कह देने में भी तुम्हें आपत्ति है तो हमारे सामने दो ही रास्ते रह जाते हैं। कांग्रेस मंत्रिमण्डल सब राजनैतिक बन्दियों को रिहा करने की प्रतिज्ञा पूरी न कर सकने के कारण सरकार से त्याग-पत्र दे दे या पंजाब के राजनैतिक कैदी को पंजाब भेज दे।"

मेरे सामने विकट समस्या थी। कुछ सोचकर रफी साहब से निवेदन किया, "शर्त से बचने का एक उपाय बता सकता हूँ। मैं आपके नाम एक पत्र लिख दूँगा जिससे मेरे कोई शर्त न मानने पर भी गवर्नर के एतराज की काट हो जाये।"

रफी साहब ने जेल सुपरिन्टेन्डेन्ट कर्नल जाफरी को आदेश दिया कि मैं जो भी पत्र लिखकर दूँ, वह तुरन्त सिपाही के हाथ उन्हें भिजवा दिया जाये।

अगले दिन मैंने जेल-मंत्री के नाम इस आशय का पत्र लिखा—"मेरे साथ के सभी राजनैतिक बन्दियों की रिहाई हो गयी है। आशा है कि कुछ दिन में मेरी भी रिहाई हो जायेगी। इस समय मेरा स्वास्थ्य चिन्ताजनक है। मेरी पत्नी का विचार रिहाई के बाद मुझे इलाज के लिये तुरन्त स्विट्जरलैंड ले जाने का है। उस यात्रा की तैयारी में कुछ समय

लगेगा। मेरा घर बहुत दूर, पंजाब में कांगड़ा के पहाड़ों में है। ऐसे स्वास्थ्य में इतनी दूर सफर करना उचित नहीं है। काँगड़ा प्रदेश के देहात में रहते समय इलाज की ठीक व्यवस्था भी नहीं हो सकेगी, इसलिये मेरा अनुरोध है कि आप मेरी रिहाई के बाद मेरे स्विट्जरलैंड जा सकने से पहले मेरे ठहरने और इलाज का प्रबन्ध भुवाली के सैनीटोरियम में करवा दें···।" पत्र लिखकर मैं उत्तर की प्रतीक्षा में था।

२ मार्च, १९३८ का दिन। सूर्य अस्त हो गया था। संध्या जेल बन्द हो चुकी थी। तभी देखा कि हाते में दो जमादार दौड़े चले आ रहे हैं। बारक और हाते में मैं अकेला ही था। जमादारों के पीछे किदवई साहब और सुपरिन्टेन्डेन्ट आ रहे थे। बारक का ताला खोला गया। किदर्वइ साहब अपना गरारानुमा पायजामा पहने धीमे-धीमे आकर मेरे समीप खड़े हो गये। उनकी मौन मुद्रा से समझा शायद मामला बिगड़ गया।

मैंने उन्हें सलाम कर बैठने के लिये कहा।

रफी साहब बोले, "चलिये।"

"कहाँ?" मैंने पूछा।

"घर। कुछ साथ लेना है तो ले लीजिये, अपनी किताबें वगैरा।"

जेल जमादारों ने मेरी किताबें उठा लीं। जेल का बिस्तर वहाँ ही छोड़ दिया।

जेल के फाटक से बाहर आये तो झुटपुटा सा अँधेरा हो चुका था। किदवई साहब ने अपनी गाड़ी में बैठा लिया। गाड़ी चलते ही वे बोले, "अब तो छूट गये जेल से···। बताइये, कैसा लग रहा है छूटकर?"

मैंने उत्तर दिया, "अनुमान तो था कि बहुत विचित्र लगेगा, परन्तु अकस्मात नहीं छूटा हूँ। पूरी आशा और प्रतीक्षा थी इसलिये जान पड़ रहा है कि स्वाभाविक बात ही हुई है।"

"मैं तो शायद कल या परसों तुम्हें लेने आता" रफी साहब मुस्कराये, "पर प्रकाशवती ने नाक में दम कर रखा है। सोचा, उसके फिर आकर पूछने-कहने से पहले ही तुम्हें जाकर ले आऊँ।"

●

सिंहावलोकन

चतुर्थ भाग

भाग-4 के प्रसंग

1-1945 में मेरी गिरफ्तारी का प्रसंग

बेचन शर्मा उग्र का लेख ।

जेल से रिहाई के लिये आन्दोलन.

पंतजी पानी की बात !

"यशपाल सिंहावलोकन का चौथा भाग पूरा नहीं कर सके। जब यह लिखा जा रहा था उनका देहावसान हो गया। चौथे खंड का एक ही अध्याय लिख पाये थे। उसे हम इस खंड के प्रथम अध्याय के रूप में यहाँ प्रकाशित कर रहे हैं।"

प्रकाशक

शिववर्मा से भगतसिंह
के सम्बन्ध में:—

(1) शिव जयदेव की रिहाई के
सम्बन्ध में। विविध बातें →

(2) शिव वर्मा जयदेव का पुनः
राजनैतिक कार्यक्षेत्र

(3) भगतसिंह का नाम [illegible]
विवाह. [illegible]

(4) पार्टी से [illegible] की ओर

सरकार से [illegible] की ओर।

1 [illegible] की [illegible]

2 – श्यामलाल जी और [illegible]
श्यामलाल जी का परिचय

3 [illegible] [illegible] और [illegible]

4 [illegible] का काम
[illegible] और कोई बात

5 – भगतसिंह के बारे में
[illegible] की [illegible] की [illegible]

तेईस वर्ष पूर्व छोड़े सूत्र से आगे का सूत्र मिलाने के लिए गाँठ दे रहा हूँ इसलिए जहाँ-तहाँ कुछ पुनरावृत्ति संभव है।

२ मार्च, १९३८ संध्या जेल बन्द हो चुकी थी। सोच लिया था, अब कल ही समाचार मिलेगा। बाहर और हाते में अकेला ही था। सूर्यास्त हो चुका था, परन्तु लैम्प न जलाया था। कुछ सोच में बाहर चहलकदमी कर रहा था। आहट पाकर घूमकर देखा— दो वार्डर तेज चाल से चले आ रहे थे, उनके कुछ पीछे रफी अहमद किदवई साहब (जेल मंत्री) और सुपरिन्टेन्डेन्ट। वार्डरों ने बैरक के दरवाजे का ताला खोला। रफी साहब और सुपरिन्टेन्डेन्ट भीतर आये। रफी साहब मेरा सलाम संकेत से स्वीकार कर मौन थे। उन्हें तशरीफ रखने के लिए निवेदन किया।

"चलिए! अपना सामान ले लीजिये," रफी साहब ने कहा। पुस्तकों के अतिरिक्त और सामान शरीर पर वर्दी कोट, पतलून, जूते तक जेल के ही थे। रफी साहब मुझे जेल के फाटक से बाहर ले आये। मैं मुक्त हो गया था। क्षितिज पर भी अँधेरा झुक आया था पर ऐसा नहीं कि तीन-चार सौ कदम तक दिखाई न दे सके। रफी साहब गाड़ी में साथ बैठे आत्मीयता से सबसे पहले स्वास्थ्य की चिन्ता की सीख दे रहे थे।

'सिंहावलोकन' के दूसरे भाग में प्रसंग आ चुका है कि वाइसराय इरविन की स्पेशल ट्रेन के नीचे बम विस्फोट करने के बाद फरारी के समय भगवतीचरण वोहरा और मैं जनवरी १९३० में लखनऊ में ही रहे थे। तब अमीनाबाद पार्क में, जहाँ अब भी सोलोमन कम्पनी की दवाओं की दूकान है, उसके ऊपर एक कोठरी किराये पर ले ली थी। कोठरी पर पार्क की ओर बोर्ड लगा दिया था: सेनिटरी सप्लायर्स।

वाइसराय की स्पेशल ट्रेन के नीचे बम विस्फोट की प्रतिक्रियायें गांधी जी ने अपने पत्र 'यंग इंडिया' में एक लेख 'कल्ट आफ द बम' (बम का मार्ग) प्रकाशित किया था। इस लेख में क्रांतिकारियों के प्रयत्न (बम विस्फोट) और दृष्टिकोण को हिंसा का मार्ग कहकर उसके लिए खेद प्रकट कर उस कार्य की आलोचना और निन्दा की थी। भगवतीचरण वोहरा और मैंने सोलोमन कम्पनी के ऊपर की कोठरी में बैठकर, गांधी जी के लेख 'कल्ट आफ द बम' के उत्तर में 'फिलासफी आफ द बम' (बम का दर्शन)[1] शीर्षक से एक पर्चा लिखा था, जो लगभग उत्तर भारत के सब नगरों में २६ जनवरी १९३० को बाँटा गया था। १९३१ में भी दो-तीन बार कुछ दिन के लिए लखनऊ में रहा था। तब के लखनऊ नगर का कुछ परिचय था।

---

१. यह लेख अंग्रेजी में लिखा गया था। क्रांतिकारियों के तत्कालीन दृष्टिकोण के साक्षी रूप इस लेख का हिन्दी अनुवाद 'सिंहावलोकन' भाग-२ पृ० ११०-११४ या 'सिंहावलोकन' सम्पूर्ण पृ० २५३-५५ में है।

कार सूनी सड़कों पर तेज चाल से चली जा रही थी। सड़कों के दायें-बायें कुछ पहचान न पा रहा था। कार जेल रोड से नगर के भीतर न जाकर नगर की परिक्रमा करती जान पड़ रही थी। रफी साहब ने बता दिया था, मुझे आचार्य जुगुलकिशोर जी के यहाँ ले जा रहे थे। जब कार रेलवे के और सदर के लिए फटती सड़कों के चौराहे से रेलवे लाइन के नीचे से निकल कर कान्यकुब्ज (अब जयनारायण कालेज) के सामने पहुँची तो जान पड़ा नगर में प्रवेश कर रहे हैं।

साँझ के झुटपुटे में सूनी सड़कों से नगर की परिक्रमा कर मुझे लाने का प्रयोजन भाँप लेना कठिन न था। लगभग सात मास पूर्व जब नैनी सेन्ट्रल जेल से काकोरी काण्ड के और अन्य क्रांतिकारी बन्दी मुक्त हुए थे तो इलाहाबाद, कानपुर, लखनऊ और दिल्ली तक जनता ने विराट जुलूसों और सभाओं से उनका सोत्साह स्वागत किया था। जेलों में लम्बी सजायें काटे बन्दियों ने भी सभामंचों से घोषणायें की थीं कि १९३५ के सुधारों के अन्तर्गत ब्रिटिश सरकार के द्वारा नियुक्त गवर्नरों के नियंत्रण में जैसा अधूरा स्वायत्त शासन भारत को दिया था, उससे वे असन्तुष्ट थे। वे देश की अपूर्ण स्वतंत्रता के लिए आमरण संघर्ष करते रहेंगे।[१]

जनता द्वारा क्रांतिकारियों का सोत्साह स्वागत और उनकी घोषणायें यू० पी० के अंग्रेज गवर्नर हालेट के सीने पर मूँग दलना ही था। मेरी मुक्ति के लिए गवर्नर की अनुमति में विलम्ब का एक कारण यह भी था। पूर्ण स्वराज्य के बाद जन भावना से स्थिति उत्तरोत्तर बदलती गयी है। आज हमारी सरकारें शहीद क्रांतिकारियों की स्मृति में आदर प्रकट करने में सहयोग-सहायता देती हैं। तब (१९३७-१९३९) स्थिति भिन्न थी। गांधी जी के नेतृत्व में कांग्रेस सैद्धान्तिक रूप से क्रांतिकारियों के सशस्त्र प्रयत्नों को हिंसा कहकर उन प्रयत्नों की निन्दा करती आयी थी। क्रांतिकारियों का ऐसा विराट अभिनन्दन कांग्रेस की गांधीवादी अहिंसात्मक नीति के अनुसार तत्कालीन कांग्रेस नेताओं और मंत्रिमण्डलों के लिए सन्तोष का कारण न होता।

मुझ अकेले की जेल से मुक्ति पर कोई प्रदर्शन होता या न होता, रफी साहब ने पहले सूचना फैलने का अवसर ही न होने दिया था। मार्ग में नसीहत के तौर पर आदेश देते आये थे, भुवाली जाने की व्यवस्था करने के लिए लखनऊ में अड़तालीस घण्टे से अधिक विलम्ब न करूँ। सेहत के विचार से नगर में बहुत घूमना-फिरना या लोगों से मिलने आने-जाने की थकावट से बचूँ।

पाठकों को 'सिंहावलोकन' के पूर्व भागों के प्रसंग याद होंगे। चर्चा कर चुका हूँ—जब हम लोग नैनी सेन्ट्रल जेल से सब साथियों के एक साथ मुक्त होने की प्रतीक्षा में थे, काकोरी काण्ड के पूर्व मुक्त साथी रामकृष्ण खत्री भेंट के लिए आये थे। उन्होंने बताया था, हमारी मुक्ति के लिए जाब्ते से आदेश पहुँचने में दो-तीन दिन लग सकते हैं। मुक्त होने पर हम लोग अपने-अपने घर भागने की उतावली में बिखर न जायें। सब लोग स्वराज्य भवन (पुराने आनन्द भवन) में पहुँचे। क्रांतिकारी बन्दियों का सामूहिक जुलूस निकाल कर उनका उचित सम्मान किया जा सकेगा। मैंने इस व्यवस्था से छूट चाही थी—भाई, जुलूस-वलूस अपनी प्रकृति के अनुकूल नहीं। हमारी मुक्ति हमारी विजय से

१. पंडित जवाहरलाल नेहरू ने भी उस अधूरे स्वायत्त शासन से असंतोष प्रकट किया था। 'सिंहावलोकन' भाग-३, पृ० १४९-१५० या 'सिंहावलोकन' सम्पूर्ण, पृ० ४८८-८९

नहीं, कांग्रेस की विजय और उनके घोषणा पत्र के अनुसार है। हमारे लक्ष्य पूरे नहीं हुए।[1] हमें तो अपना संघर्ष किसी न किसी रूप में जारी रखना है...। साथियों में से मेरा समर्थन केवल जोगोशचन्द्र चैटर्जी ने किया था।

खत्री का आग्रह था—नहीं, यह व्यक्तिगत मामला नहीं है। क्रांतिकारियों के सम्मान का सामूहिक प्रश्न है। सब लोग मिलकर जो निर्णय करेंगे, वही होगा। अस्तु, मुक्ति की संध्या प्रदर्शन न होने से मुझे निराशा नहीं, आराम ही अनुभव हुआ था। मुझे आराम अनुभव हुआ, परन्तु उस स्थिति का दूसरा पहलू भी हो सकता था।

सन् १९३२ के आरम्भ तक की घटनाओं को तीस वर्ष बाद लिपिबद्ध करना आरम्भ किया था। १९५३ में छोड़े प्रसंग को अब तेईस-चौबीस वर्ष बाद पूरा करने का यत्न कर रहा हूँ। इतने अन्तराल में अनेक महत्वपूर्ण स्मृतियाँ दब गईं, परन्तु कुछ छोटी-छोटी बातें अचानक उभर भी आई हैं। उनका भी महत्व हो सकता है।

१९२९ में प्रथम लाहौर षड्यंत्र केस के हमारे साथी राजनैतिक अभियुक्तों के लिए उचित व्यवहार के लिए अनशन द्वारा संघर्ष कर रहे थे। उस संघर्ष में यतीन्द्रनाथ दास शहीद हो गए थे। यतीन्द्रनाथ दास की शहादत का समाचार मैंने रोहतक में पढ़ा था। उस समय मैं वहाँ वैद्य लेखराम के नौकर के रूप में, दवायें फूँकने के पर्दे, में वाइसराय की स्पेशल ट्रेन के नीचे विस्फोट के लिए बम का मसाला बना रहा था।[2] लाहौर में यतीन्द्रनाथ दास के शव का सम्मान विराट जुलूस द्वारा किया गया था। दुगा भाभी और यतीन्द्रनाथ दास के भाई किरणदास शव को उचित सम्मान से अन्त्येष्टि के लिए कलकत्ता ले गए थे। लाहौर से कलकत्ता तक सभी बड़े स्टेशनों पर जनता ने शव के प्रति सोत्साह अपूर्व सत्कार प्रकट किया था। पत्र में वह समाचार पढ़कर रोमांच अनुभव हुआ था, परन्तु यह विचार भी आया था, क्रांतिकारी तो अपने कर्तव्य के लिए गुमनाम रहकर बलिदान होने के निश्चय से चले हैं। जनता क्रांतिकारियों के बलिदान का मूल्य देकर उनके गुमनाम रहकर खाक में मिल जाने के निश्चय को तोड़ रही है। इस विचार से मन में कचोट सी लगी थी।

रोहतक में अपना काम समाप्त करके दिल्ली चला आया था। एक दिन भगवती भाई से यतीन्द्रनाथ दास की शहादत और जनता द्वारा उनके शव के अनुपम सम्मान का प्रसंग चल पड़ा। मैंने इस प्रसंग पर रोहतक में मन में आयी बात कही। भगवती भाई ने कहा—यह क्रांतिकारियों का तकाजा नहीं था, जनता की स्वतः स्वाभाविक प्रतिक्रिया थी। उन्हें याद दिलाया—सुखदेव एक शेर गुनगुनाया करता था। सुखदेव को भावुकता देखने-दिखाने से चिढ़ थी, परन्तु कभी अजाने में स्वयं भावुकता में बहुत गहरा डूब जाता। मैंने आर्द्र स्वर में वह शेर दोहराया—

नहीं होता है मोहताज़े नमायश फैज शबनम का,
अँधेरी रात में मोती लुटा जाती है गुलशन में।[3]

---

१. हमारे लक्ष्य 'सिंहावलोकन' भाग-२, पृ० ११०-११४ या सिंहावलोकन सम्पूर्ण, पृ० २५३-२५५ पर 'बम के दर्शन' घोषणा से स्पष्ट है।

२. 'सिंहावलोकन' भाग-२, पृ० ४६-४७ या सिंहावलोकन सम्पूर्ण, पृ० १९२-९७

३. ओस अपनी उदात्त भेंट के प्रदर्शन की चिन्ता नहीं करती, इसीलिए रात के अँधेरे में बगीचों में मोती बरसा जाती है।

भगवती भाई ने कहा—हम अपने कर्तव्य या बलिदान का प्रदर्शन या मूल्य नहीं चाहते, परन्तु हमारे बलिदान का एक लक्ष्य है। यतीन्द्रनाथ दास की शहादत से जनता राष्ट्रीय मुक्ति और गौरव की सोई हुई भावना को स्फूर्ति और चेतना देने का लक्ष्य सार्थक हुआ तो भावुकता में उसे नकारना क्या समझदारी है?

मैं गहरे निश्वास से मौन रह गया। भगवती भाई मेरी भावुकता से कुछ खीझ गए। बोले—(हम बात अंग्रेजी में कर रहे थे, भावार्थ था) यह त्याग में आत्मरति या त्याग का स्वान्तः अहंकार (इन्ट्रोवर्ट वैनिटी) भी नशे की जड़ता के सुख या मानसिक रोग है। सम्भव है, जेल से मुक्त क्रांतिकारियों के प्रदर्शनों की व्यवस्था करने में रामकृष्ण खत्री भी भगवती भाई की तरह सोच रहे हों। अस्तु,

रफी साहब की गाड़ी हीवेट रोड (वर्तमान शिवाजी मार्ग) आचार्य जुगुलकिशोर जी के मकान के सामने रुकी। वे तब पहली कांग्रेस मंत्रिमण्डल में पार्लमेन्टरी सेक्रेटरी[१] थे। हम लोग गाड़ी से निकल रहे थे, प्रकाशवती मकान से बाहर आ गयीं। मेरी मुक्ति की प्रतीक्षा में आचार्य जी के यहाँ ठहरी हुई थीं। उस दिन दोपहर से पूर्व भी रफी साहब के यहाँ जा पहुँची थी—उन्हें कब छुड़वा रहे हैं?

रफी साहब का उत्तर था—रिहाई का फैसला तो हो गया। कार्रवाही जाब्ते से ही होगी। भरोसा करो, यशपाल को खुद लाकर तुम्हें सौंप देंगे। इन्तजार करो।

प्रकाशवती को देखकर रफी साहब मुस्कराये "हमने वायदा पूरा कर दिया।" मेरा हाथ थामे मकान के चौतरे की सीढ़ियाँ चढ़कर मुझे बैठक में ले गये, "अब आपके हवाले।" कुछ पल बात कर चले गये।

आचार्य जी के समीप उनके पड़ोसी विक्रम सोंधी (एक बड़ी बीमा कम्पनी के मैनेजर) और दौलतराम गुप्ता भी थे। दौलतराम गुप्ता लाहौर नेशनल कालिज में अर्थशास्त्र के अध्यापक थे। मुझे देखकर पुलक उठे, सीने से लगा लिया। गुप्ता आचार्य जी की ओर देखकर हँसे, 'याद है, लाहौर कालिज में इसे एक-दो बार क्लास से निकाल दिया था। यह तो समझता था तेज है, परन्तु अनुमान न था इन लोगों की तेजी यह रूप लेगी।

आचार्य जी ने छोटे भाई या घर के लड़के की तरह आत्मीयता से लिया। श्रीमती आचार्य ने ड्योढ़ी के कमरे के दूसरी ओर कमरे में जेल से आई मेरी पुस्तकें रखवा दीं। प्रकाशवती उसी कमरे में ठहरी हुई थीं। रफी साहब मुझे जेल से 'बी' क्लास की वर्दी (ऊनी कोट-पतलून) में ले आये थे। उस वर्ष गरमी कुछ जल्दी हो गई थी, परन्तु जेल कायदे के अनुसार तो आधा मार्च बीतने या अप्रैल आरम्भ में ही सूती वर्दी दी जाती थी। जेल में मेरे पास अपने कोई कपड़े भी न थे। श्रीमती आचार्य ने आचार्य जी के कपड़ों में से खद्दर कुर्ता-पाजामा निकाल दिए। मैं खद्दरधारी कांग्रेसी बन गया।

बुलेट से बुलेटिन

रफी साहब ने जेल से मेरी मुक्ति का समाचार गुप्त रखा था। दूसरे दिन प्रायः लगभग नौ बजे लखनऊ के अंग्रेजी दैनिक 'नेशनल हैरल्ड' का संवाददाता भेंट के लिए आ गया। नौजवान संवाददाता को मेरे राजनैतिक अतीत के बारे में ब्योरे से कौतूहल था। उसे यथा-

---

१. आजकल कैबिनेट मंत्रियों के अतिरिक्त मंत्री के समान।

सम्भव संक्षेप से ब्रिटिश शासन सत्ता (सम्राट) के विरुद्ध बगावत के लिए पहले लाहौर षड्यंत्र, दिल्ली षड्यंत्र (वाइसराय की स्पेशल ट्रेन के नीचे विस्फोट), दूसरे लाहौर षड्यंत्र (आतिशीचक्कर), कानपुर गोली काण्ड और गिरफ्तारी के समय पुलिस से सशस्त्र संघर्ष का उल्लेख कर बताया—पहले चार मुकदमों के समय तक गिरफ्तार न किया जा सका था। मेरी गिरफ्तारी के समय तक वे मुकदमे समाप्ति पर आ चुके थे। मुझे केवल अन्तिम अभियोग (गिरफ्तारी के समय पुलिस से सशस्त्र संघर्ष) में चौदह वर्ष जेल का दण्ड दिया गया था। उस दण्ड की केवल आधी ही अवधि जेल में रहकर व्यवस्था में राजनैतिक परिवर्तन के कारण मुक्त हो गया हूँ।

संवाददाता ने जिज्ञासा की—व्यवस्था में राजनैतिक परिवर्तन अर्थात् कांग्रेस के अहिंसात्मक और वैधानिक संघर्ष में जितनी भी सफलता हुई, आप उसी के परिणाम में मुक्त हुए हैं। ऐसी स्थिति में राष्ट्र की पूर्ण मुक्ति के लिए संघर्ष के कार्यक्रम के लिए आपके विचार और उद्गार क्या हैं? जनता, विशेषतः युवकों के लिए आपका सन्देश क्या है?

मेरे उत्तर का भाव था, कांग्रेस के संघर्ष को कितनी सफलता मिली है और हमारा संघर्ष समाप्त नहीं हुआ इस विषय में मैं नेहरू जी के विचार के तत्व से सहमत हूँ। हम क्रांतिकारियों ने उस संघर्ष में अनेक अवसरों पर शस्त्र प्रयोग को अनिवार्य समझा था। हम उस संघर्ष को जारी रखने का यत्न करेंगे। वैयक्तिक रूप से मैंने इस प्रयोजन के लिए जहाँ बुलेट (गोली, शस्त्र प्रयोग) को अनिवार्य समझा था, परिवर्तित परिस्थितियों में उस संघर्ष का बुलेटिन (लेखन) द्वारा जारी रखने का यत्न करूँगा।

संवाददाता—हम समझे थे कि अहिंसात्मक संघर्ष द्वारा प्रान्तीय स्वायत्त शासन पाने में सफलता से राष्ट्रीय लक्ष्यों की प्राप्ति के लिए क्रांतिकारियों का विश्वास हिंसात्मक (वायोलेंस) संघर्ष पर नहीं रहा। अब आप कांग्रेस की गांधीवादी अहिंसात्मक नीति और कार्यक्रम को श्रेय समझते हैं।

उत्तर दिया—क्रांतिकारियों ने हिंसा को कभी अपना लक्ष्य नहीं माना। क्रांतिकारियों का लक्ष्य और ध्येय विदेशी दासता और शोषण की हिंसा से मुक्ति, राष्ट्रीय आत्म-सम्मान की भावना को जागृत रखना और राष्ट्रीय राजनैतिक-आर्थिक आत्म निर्णय के अधिकार के अवसर की अहिंसा प्राप्त करना था। क्रांतिकारियों को शस्त्र-प्रयोग सदा अपने प्राणों के मोल करना पड़ा है। हिंसा का लक्ष्य सदा वैयक्तिक सामूहिक स्वार्थ होता है। निस्वार्थ और हिंसा में अन्तरविरोध है। यदि नयी परिस्थितियों में राष्ट्रीय लक्ष्यों की प्राप्ति कांग्रेस की नीति से हो सके तो क्रांतिकारी उसमें निश्चय सहयोग देंगे।

प्रकाशवती और मैं दुकानें खुलते ही बाजार जाने के उत्सुक थे। छत्तीस घण्टे में भुवाली जा सकने का पूरा प्रबन्ध कर लेना था। रफी साहब ने पाँच-छः दिन पूर्व प्रकाशवती को अनुमति दे दी थी कि नगर से एक दर्जी जेल में ले जाकर पहाड़ पर पहनने लायक कपड़ों का प्रबन्ध कर लें। दर्जी मेरे लिए ऊनी सूट और कमीजें तैयार करने के लिए नाप ले आया था। दर्जी के यहाँ से कपड़े लेने थे, जूते और आवश्यक सामान भी लेना था।

खद्दर के कुर्ते-पाजामे और चप्पल में बाजार जाने के लिए निकल रहे थे कि शिवसिंह आ गये। शिवसिंह मेरी शीघ्र मुक्ति की आशा में आचार्य जी के यहाँ से पूछ-ताछ करते रहते थे। शिवसिंह के सहयोग से दो दिन में सब प्रबन्ध हो गया। भुवाली में पाँच-छः

मास टिकने का विचार था। शिवसिंह ने मार्क्सवाद और श्रेणी संघर्ष के विषयों पर पाँच-छः पुस्तकें दे दीं। नैनी सेन्ट्रल जेल में शिवसिंह हमें मार्क्सवाद पढ़ाने और प्रेरणा देने में मुख्य सहायक थे। कुछ पुस्तकें आचार्य जी के यहाँ से चुन लीं। चलते समय आचार्य जी ने आर्थिक सहायता भी दी। उस समय निकट अन्य सम्पर्क या सहारा था भी नहीं।

रात की गाड़ी से ५ मार्च सूर्योदय के कुछ बाद काठगोदाम स्टेशन पहुँचे। स्टेशन के बाहर बसें नैनीताल भुवाली की सवारियों की प्रतीक्षा में थीं। स्टेशन से कुछ ही दूरी पर चढ़ाई आरम्भ हो गई। सड़क बल खा-खाकर पहाड़ियों की पसलियों पर चढ़ने लगी। जंगल घने होने लगे। फिर ऊपर-नीचे ढलवानों पर हरे चंवर डुलाते चीड़ों के जंगल। हवा में बिरोजे की हल्की गंध। सड़क की खूब आड़ी चढ़ाई पर बस के इंजन की गुर्राहट से धरातल से आकाश की ओर उठने का अनुमान। बरसों बाद पहाड़ी जंगलों की अन्तर्तम तक सहलाती वायु में श्वास। लगभग डेढ़ घण्टे की चढ़ाई के बाद ड्राइवर ने बस रोककर कहा, "सैनिटोरियम की सवारी उतर जायें।" हम उतर गये।

सड़क से दस-बारह कदम पर और ऊँची पहाड़ी पर जाती चढ़ती तंग सड़क पर मेहराबदार फाटक। उस पर सैनिटोरियम का बोर्ड था। फाटक के सामने एक डांडी (कुर्सीनुमा डोली), चार डांडी बरदार और क्लर्क या कारिन्दा प्रतीक्षा में थे। क्लर्क आगे बढ़ आया। "आप सैनिटोरियम में आये हैं?" उसने एक पुर्जा दिखाया। पुर्जे पर मेरा नाम था। स्वीकार करने पर उसने बताया—डांडी आपके लिए है। ऊपर दफ्तर में चलिए। रफी साहब का प्रबन्ध ब्योरे से होता था।

जेल में बहुत दिन मुँह से बहुत खून जाने से बहुत दुर्बल हो गया था। एक मास में अवस्था सुधर रही थी। अभी दुर्बल था, परन्तु ऐसा नहीं कि शनैः-शनैः आध-पौन किलोमीटर न चल सकूँ। बीमारी से असामर्थ्य में स्ट्रेचर पर ले जाये जाने की बात दूसरी थी। अब चार आदमियों के कंधे पर ले जाये जाना मंजूर न था। क्लर्क के साथ प्रकाशवती और मैं पैदल चले। सामान सैनिटोरियम के कुलियों ने उठा लिया।

दफ्तर में उपस्थित अधिकारी ने बताया मेरे लिए 'ए' और 'बी' क्लास की छोटी-बड़ी एक-एक कुटिया सुरक्षित थी। साथ चलकर कुटिया दिखा दी। कुटिया का किराया बहुत अधिक लगा। उतने व्यय के लिए हमारे पास रकम दो मास के लिए ही पर्याप्त होती। निशुल्क वार्ड में बीमारों के साथ रहना अरुचिकर था और प्रकाशवती के साथ रह सकने का प्रश्न था। चिन्ता प्रकट की—कुटियाओं का किराया बहुत अधिक है।

"देख लीजिये," अधिकारी ने कहा और 'संकेत' किया, "पर आपको क्या चिन्ता है? ऊपर से आर्डर है।" अधिकारी का संकेत भाँपा, परन्तु ख्याल आया सरकारी खर्च पर रहने का मतलब क्या? क्या अब भी सरकार का बन्दी हूँ?

अधिकारी से पता चला कि मुख्य सड़क पर ढाई-तीन फ़र्लांग उतरकर भुवाली कस्बे में अपने व्यय पर सस्ती जगह और इलाज की भी सम्भावना हो सकती है। कुली से सामान उठवाकर भुवाली की ओर उतर गए।

काठगोदाम से रानीखेत-अल्मोड़ा जाती सड़क पर भुवाली बहुत छोटा-सा बाजार और बस्ती है। १९३८ में और भी संक्षिप्त था। बाजार मुख्य सड़क के मोड़ पर कोहनी से मुड़ी बाँह की तरह दायीं ओर निकल गया है। बाजार के आरम्भ में तीसरी-चौथी दूकान परचून और अन्य घरेलू सामान की थी। सामने एक प्रौढ़ खड़े थे। कुमाऊँनी ढंग का खद्दर का

चूड़ीदार पाजामा, ऊनी खद्दर का कोट, गांधी टोपी। शायद कुछ पहले गुजरी बस से आया अखबार देख रहे थे।

प्रौढ़ को अभिवादन कर पूछा, "यह भुवाली है?"

"हाँ, भुवाली। आप मुसाफिर हैं, क्या चाहिए? कहाँ जाना है? प्रौढ़ ने मुझे और प्रकाशवती को ऊपर से नीचे तक जाँचा। मैं आचार्य जी के यहाँ पाये खद्दर के कुर्ते-पाजामे में था। कंधे पर चादर। प्रकाशवती भी सफर से मसली साड़ी-अलवान में।

"हम लोग यहाँ कुछ दिन रहने के लिए छोटा मकान चाहते हैं।"

"कहाँ से आ रहे हैं? इलाज के लिए आये हैं?'

"हम लखनऊ से आ रहे हैं। इलाज के बारे में भी सोच लेंगे। यह मेरी पत्नी है। मेरा नाम यशपाल है।"

'यशपाल जी, क्रांतिकारी! कल के अखबार में जेल से छूटने और सैनिटोरियम जाने की खबर पढ़ी थी।' प्रौढ़ ने अखबार समेट लिया, "चेहरे और आँखों में प्रसन्नता, बड़े भाग्य आप यहाँ आये। हम तो दर्शन के लिए सैनिटोरियम जाने की सोच रहे थे। मैं हीरालाल साह हूँ, भुवाली कांग्रेस कमेटी का प्रधान। आप जैसे नेता को मकान की क्या चिन्ता। सारा भुवाली आपका घर ठहरा। आइये आपको डाक्टर साहब से मिला दें।

हीरालाल साह की दूकान से तीन-चार छोटी दूकानों के आगे एक खूब बड़ी दूकान, रंग रोगन चुस्त, काँच की बड़ी-बड़ी पटियों से भीतर आकर्षक दृश्य। ऊपर बड़ा बोर्ड, 'प्रेम मेडिकल हाल।' अन्दर काँच मढ़े आधुनिक काउन्टर पर पारदर्शी अमृतबान और मशीनी तराजू। काँच मढ़ी आलमारियाँ, शीशियों-पैकटों में दवाइयाँ, चाय के डिब्बों, सिगरेट के कार्टूनों, स्टेशनरी, टायलेट पेपर तक से अटीं। दूकान के भीतर डिस्पेन्सरी। हीरालाल दुकान सम्भालते जवान से 'राम राम' कर हमें भीतर ले गये। यह डाक्टर का निदान का कमरा (क्लीनिक) था।

डाक्टर के गोरे चिट्टे गालों पर सुर्खी, हल्के भूरे केश। चुस्त, दुरुस्त टाई-सूट। यूरोपियन या ऐंग्लो-इंडियन का अनुमान सम्भव था। हीरालाल ने पुकारा, "डाक्टर साहब, देखो हमारे भाग से कौन आ गए!" हमारा परिचय दिया, "भुवाली में रहेंगे। मकान खोज रहे हैं।"

डाक्टर प्रेमलाल साहब ने खड़े हो उद्गार से हाथ मिलाकर अंग्रेजी में बोल स्वागत कर आश्वासन दिया—आप चिन्ता न करें। सब प्रबन्ध हो जायेगा। अभी यहाँ ही ठहरें। दूकान सम्भालते अपने भाई को पुकारकर हमारा सामान ऊपर पहुँचा देने, हमारे लिए चाय और गरम पानी की व्यवस्था का आदेश दे दिया। "लंच के वक्त बातचीत होगी, डाक्टर दूसरे मरीजों की ओर घूम गए।

दूकान के ऊपर बड़ी बैठक का पूरा फर्श कालीनों से मढ़ा। सड़क की ओर खुलती खिड़कियों पर पर्दे। बैठक में एक ओर सोफा-कुर्सियाँ, दूसरी ओर मसनद। बैठक के भीतर दो कमरे थे। एक में दो पलंग। बिस्तर लगे। वह हमारे लिए निर्दिष्ट। दोपहर डाक्टर साहब के साथ स्वादिष्ट भोजन। फिर रात यात्रा की थकावट से झपकी आ गयी। आँख खुलने पर बैठक में आये तो लखनऊ और यात्रा में शरीर में समेटी गरमी समाप्त होकर सर्दी से झुरझुरी छूटने लगी। इतनी ही सर्दी जैसी लखनऊ में दिसम्बर-जनवरी में। घूमने के लिए बैठक से उतरे तो गरम सूट-टाई, जूते पहन लिए थे। प्रकाशवती ने भी

स्वेटर और शाल ले लिए थे। डाक्टर मुझे अपने ढंग की पोशाक में देखकर सन्तुष्ट जान पड़े। संध्या भोजनोपरान्त डाक्टर की जिज्ञासा और कौतूहल से देर तक बातचीत होती रही।

डाक्टर साह क्षय के रोगों के सुविख्यात विशेषज्ञ थे। दूसरे दिन उन्होंने मेरे रोग के इतिहास पर विचार और एक्सरे देखकर बहुत सावधानी से मेरे शरीर की परीक्षा की। मत प्रकट किया—रोग इस समय दब चुका है। अब पौष्टिक भोजन और सहायक औषध, कुछ सप्ताह पूर्ण विश्राम और इस पहाड़ी वायु की आवश्यकता है। भुवाली सैनिटोरियम के पुराने सुपरिन्टेन्डेन्ट और क्षय रोगों के देश-प्रसिद्ध डाक्टर कक्कड़ को भी दिखा देने का आश्वासन दिया।

हम प्रतिदिन टहलते-टहलते दो-तीन मकान या बंगले देख लेते। अपने सामर्थ्य और रुचि अनुकूल जगह न मिल रही थी। कई जगहें बाजार से दूर तो कहीं पानी बहुत दूर, कहीं कुछ और असुविधा। डाक्टर के यहाँ पाँच दिन हो गये थे। वे इतनी आत्मीयता मान गये थे कि हम अपने लिए मकान की बात करते तो उत्तर मिलता—मकानों की क्या कमी है। मैदानों से बीमार और सैलानी लोग तो मई आरम्भ से आते हैं ऐसी क्या जल्दी है। अपने लायक जगह पसन्द कर लीजिये। यहाँ कुछ कष्ट हो तो बताइये। कष्ट नहीं, सब तरह की सुविधा थी अपने निजी स्थान के अतिरिक्त, और मेजबान के सौजन्य पर अनुचित बोझ का संकोच। अब तक अन्य पाँच-सात सज्जनों से भी परिचय हो गया था। अन्ततः हमारे अनुरोध पर हीरालाल साह ने निर्णय कर दिया—'चन्द्र भवन' बंगला आपका ही है। सब नेता वहाँ ही ठहरते हैं। उससे अधिक आराम और अच्छे नजारे का बंगला दूसरा नहीं है। कमला जी (नेहरू जी की पत्नी) भी इलाज के लिए वहाँ ही रही थीं। डाक्टर साहब और डाक्टर कक्कड़ के इलाज में थीं।

चिन्ता प्रकट की—नेहरू जी के लायक बंगले का किराया हम दे पायेंगे? किराये की बात फिर देखी जायेगी, साह का उत्तर था।

चन्द्र भवन बाजार से कुछ किलोमीटर दूर, कस्बे की सीमा की अन्तिम टेकरी पर है। बंगले के नीचे से भीमताल की ओर सड़क उतरने लगती है। भीमताल छः किलोमीटर के अन्तर पर है, परन्तु बंगले, आँगन और उस ओर खिड़की से लगता है, हरियावल ढकी ढलवानों के नीचे शीशे का छोटा-सा मैदान फैला हो। बरामदे सहित तीन कमरे सीध में और भीमताल झील की ओर कोहनी की तरह बढ़ा हुआ बैठक कमरा। सामने महीन बजरी बिछा आँगन। बरामदे के साथ-साथ जिरेनियम के (पहाड़ों पर) सदाबहार फूल के पौधे। बंगले को घेरे रेलिंग पर गुच्छेदार गुलाबों की बेलें। आस-पास ढलवानों पर बुर्श (पलाश के फूलों से गहरे लाल बड़े फूलों के वृक्ष) खिलने लगे थे। आँगन पार रसोई और नौकरों के लिए कोठरियाँ। आधी फर्लांग की आड़ी उतराई पर निर्मल जल का सोता।

डाक्टर साह से चन्द्र भवन की सुन्दरता और सुविधा की प्रशंसा कर पूछा—इसका किराया तो जरूर ज्यादा होगा। डाक्टर साह ने स्वीकारा, मकान जरूर सुन्दर और स्वास्थ्यकर है, परन्तु आपको इतनी बड़ी जगह की क्या जरूरत? आप अपनी पसन्द के आधे में जम जाइये। किराया आज ही तो देना नहीं। छः महीने तो रहिये। यहाँ किराया सीजन का होता है। तब तक आप प्रबन्ध कर ही लेंगे।

आठवें दिन हम लोग चन्द्रभवन में चले गये। चन्द्रभवन क़ल्पना की तरह सुन्दर, परन्तु आधे फर्लांग नीचे सोते से आड़ी चढ़ाई पर से जल लाने का प्रश्न। और सब तो प्रकाशवती और मुझे कर सकने का भरोसा था परन्तु उस आड़ी चढ़ाई से जल लाने का प्रश्न? डॉक्टर साह उस कठिनाई को भूले न थे। आश्वासन दिया—जब तक आपके लिए नौकर न मिले हमारे यहाँ से एक आदमी जितना जल आवश्यक हो, पहुँचा देगा और बासन बर्तन भी साफ़ कर जायेगा। सोते से जल मज़बूत बाँस की बहँगी के दोनों सिरों से कनस्तर लटकाकर लाना होता था। घाटी में छिपी मुवाली की अपेक्षा उस टेकरी पर बर्फ़ानी हवा के झक्कड़ और सर्दी कहीं अधिक थे। डॉक्टर साह ने सहमे-ठिठुरते देखकर अपना एक ओवरकोट और दो लिहाफ़ भी भिजवा दिये।

मुक्ति की सन्ध्या के अगले प्रातः ही लाहौर माता जी को सूचना भेज दी थी—जेल से मुक्त हो गया हूँ। पंजाब नहीं जा सकता। प्रकाशवती आ गयी है। मेरे स्वास्थ्य के विचार से मुवाली पहाड़ पर जा रहे हैं। वहाँ प्रबन्ध कर आपको सूचना देंगे। आप तुरन्त आ जाइयेगा। धर्मपाल को भी समाचार दे दें।

मेरी फ़रारी के समय १९३० में लाहौर में दूसरे षड्यन्त्र (आतिशीचक्कर) के मामले में धर्मपाल भी गिरफ़्तार हो गया था। 'सिंहावलोकन' प्रथम भाग में चर्चा है कि मेरे विद्यार्थी काल में माता जी अध्यापिका का काम करती थीं। शिक्षा समाप्त कर पहली नौकरी पाने पर माता जी की नौकरी छुड़वा दी थी। अब वे बहुत विपन्न स्थिति में थीं।

लाहौर में क्रान्तिकारी प्रयत्नों से आन्तरिक सहानुभूति रखनेवालों ने माता जी की सहायता के लिए महिला कॉलेज के छात्रावास की सुपरिंटेण्डेण्ट की नौकरी दिलवा दी थी, भोजन और निवास की व्यवस्था सहित।

आतिशीचक्कर के मुक़द्दमे में अदालत में इन्द्रपाल के चमत्कार से मुक़दमा गिर गया था, अलबत्ता उसे फाँसी की सज़ा हो गयी थी।[१] उस मुकद्दमे के अन्य कई अभियुक्तों के साथ धर्मपाल भी मुक्त हो गया था। पुलिस के निरन्तर परेशान करते रहने के कारण वह लाहौर में कॉलिज में पढ़ाई जारी न रख सका और जीविका के लिए बीस-बाईस रुपये मात्र की नौकरी पर यू. पी. में बरेली के समीप एक शुगर मिल में गोदाम बाबू बन गया था। प्रकाशवती और मुझे धर्मपाल का पता मालूम न था। चन्द्रभवन में रहने का निश्चय होते ही माता जी को मुवाली पहुँच जाने के लिए लिख दिया था। वे सप्ताह भर में ही पहुँच गयीं। धर्मपाल माता जी से सूचना पाकर बरेली स्टेशन पर उनके साथ हो लिया था।

प्रकाशवती की बीती

१९३४ में फतेहगढ़ सेण्ट्रल जेल में उन्नीस-बीस दिन के अनशन के समय हमें समाचार-पत्र न मिलते थे। जून अन्त में उन्नीस-बीस दिन का अनशन के बाद उतने दिन के समाचार-पत्र एक साथ मिले थे। मालूम हो गया था, दिल्ली षड्यन्त्र और लाहौर षड्यन्त्र

---

१. आतिशीचक्कर के मुकद्दमे में इन्द्रपाल के चमत्कार का प्रसंग सिंहावलोकन-भाग-३ पृष्ठ ४९-५३ में आया है। सुखदेवराज ने अपनी पुस्तक 'जब जोत जगी' में वैमनस्य से इन्द्रपाल पर विश्वासघात का मिथ्या लांछन लगाया है। 'जब जोत जगी' की असंगतियों के विवेचन के लिए इस प्रसंग की चर्चा पुनः आवश्यक होगी।

के मुक़द्दमों में फ़रार प्रकाशवती उर्फ़ प्रकाशो दिल्ली में गिरफ़्तार हो गयी थी। सरकार षड्यन्त्र के दोनों मुक़द्दमे पहले ही वापस ले चुकी थी। प्रकाशवती तीन-चार दिन बाद जेल हवालात से मुक्त भी हो गयी थी। दो-तीन सप्ताह बीते होंगे। उस अनशन के परिणाम में हमारा साथी मणीन्द्र बैनर्जी शहीद हो गया था। मणीन्द्र ने जिस वीरता और स्थितप्रज्ञता से मृत्यु का सामना किया था, उसकी उपमा केवल लाहौर में भगवती भाई कानपुर में साथी शालिग्राम और विभाजन के पश्चात् दिल्ली में इन्द्रपाल की शहादत से ही कर सकता हूँ। भगवती भाई और शालिग्राम की चर्चा सिंहावलोकन भाग-२ और ५ में कर चुका हूँ। अनशन के बाद अभी बहुत दुर्बल था, कभी-कभी ज्वर भी आ जाता था। उसी अवस्था में जेल फाटक पर दफ़्तर से बुलावा आया। हमें दफ़्तर में केवल किसी से भेंट के लिए आने पर बुलाया जाता था।

जेल सुपरिण्टेण्डेण्ट मेजर भण्डारी ने मुझे अपने कमरे में बुलाकर चेतावनी दी—आज भेंट का दिन नहीं है। कुछ व्यक्ति बहुत दूर, पंजाब से आये हैं इस विचार से भेंट की अनुमति दे रहा हूँ। यदि भेंट के समय किसी शिकायत या अनशन के सम्बन्ध में कुछ भी संकेत किया जायगा तो भेंट तत्क्षण रोक दी जायगी।

हम लोगों ने अनशन आरम्भ करने से पूर्व ही अनशन के कारणों और अनशन आरम्भ करने की तारीख की सूचना गुप्त साधनों से बाहर भिजवा दी थी। अनुमान किया, माता जी और धर्मपाल समाचार पाकर लाहौर से आये हैं।

भेंट के लिए दफ़्तर में माता जी नहीं प्रकाशवती आयीं। मैं चकित था परन्तु विस्मय प्रकट न किया। प्रकाशवती मेरी अवस्था देखकर बोल न पा रही थीं। भरे गले से इतना कहा—बहुत कमज़ोर हो गये हो। शायद तबीयत ख़राब थी। उनके उदास, क्रोध से पथराये चेहरे से अनुमान हो गया, इन्हें भी भेंट में बातचीत पर प्रतिबन्ध की चेतावनी दे दी गयी है। हमारी बातचीत सुनने के लिए एक पुलिस अफ़सर भी दोनों के बीच मौजूद था। मेरे मन में प्रकाशवती की गिरफ़्तारी और मुक्ति के बारे में उत्कट कौतूहल था। १९३४ के अन्त में प्रकाशवती भेंट के लिए सुलतानपुर सैनेटोरियम जेल में आयीं तो बताया था, मैट्रिक परीक्षा दूसरी बार दे रही हैं। १९३५ में बरेली सेण्ट्रल जेल में भेंट के लिए दो बार आयीं तो बनारस हिन्दू यूनिवर्सिटी में प्रवेश या प्रथम वर्ष में होने का समाचार दिया था। १९३६ मार्च अन्त में आयीं तो डेण्टिस्ट्री सीखने का विचार प्रकट किया था। ७ अगस्त, १९३६ जेल में विवाह के समय[1] और १९३७ में पहली बार नैनी सेण्ट्रल जेल में आने पर भी कराची में डेण्टिस्ट्री की विद्यार्थी होने की सूचना दी थी। उत्कट कौतूहल था—गिरफ़्तारी, मुक्ति के लिए वकीलों की सहायता और शिक्षा का प्रबन्ध कैसे हो रहा है? क्या प्रकाशवती के घोर रूढ़िवादी परिवार का रवैया बदल गया? जेल में भेंट के समय उपस्थित पुलिस और जेल अधिकारियों के सामने वह पूछ न सकता था। उत्सुकता में वह प्रसंग मुक्ति के बाद पहली रात ही आरम्भ हो गया था। धर्मपाल के आ जाने पर ब्यौरे से बात हुई।

मेरी गिरफ़्तारी से पूर्व प्रकाशवती से परिचित दल के मुख्य कुछ साथी वीरगति प्राप्त कर चुके थे, कुछ गिरफ़्तार हो चुके थे। अब दिल्ली में रामसिंह, हरिबिन्धु समझदार, मेरठ

---

१. जेल में विवाह की अभूतपूर्व घटना की चर्चा सिंहावलोकन भाग-३, तीसरा संस्करण पृ. ११६४-११६८

के राजेन्द्र सिंह वारियार, रणधीर सिंह, कानपुर के सुरेन्द्र पाण्डे आदि से ही परिचय था। संगठन के व्यवहार के अनुकूल मैं उन्हें साथियों का परिचय आवश्यकता होने पर ही देता था। मेरी गिरफ़्तारी के समय वे दिल्ली के फतेहपुरी भाग में सूरी परिवार में थीं। माता सूरी (आत्मा देवी) उग्र कांग्रेस कार्यकर्त्ता थीं। उनके मकान पर पुलिस नज़र रखती थी, कभी-कभार तलाशी भी हो जाती थी। प्रकाशवती का उस मकान पर रहना उचित न था। उस ज़माने में अकेली जवान लड़की को किसी मकान में कमरा-कोठरी या मकान का भाग मिल सकना दुश्वार था। दिल्ली, दरियागंज, जहाँ अब अन्सारी रोड है, रामसिंह के परिचित एक सक्सेना का मकान था। सक्सेना ऊपर की मंज़िल किराये पर दिये थे। ऊपर की मंज़िल में कुछ मास पहले से एक कमरा रामसिंह ने लिया हुआ था। रामसिंह ने सक्सेना और पड़ोसियों से कह दिया, मेरी ड्यूटी दौरे की हो गयी है। यहाँ मेरी भाभी रहेंगी। मैं आता-जाता रहूँगा। प्रकाशवती वहाँ जा टिकीं।

सप्ताह-दो-सप्ताह में ही अन्य साथी रामसिंह, हरिबन्धु समझदार की मार्फ़त प्रकाशवती से मिलने लगे। शीघ्र ही अन्य साथियों विशेषतः पूर्वी जिले के साथियों से सम्पर्क की आशा थी। प्रकाशवती के पास तीन-चार पिस्तौल, रिवॉल्वर और माउज़र थे। जिस व्यक्ति के क़ब्ज़े में हथियार रहते, उसका महत्त्व हो जाता था। अभिप्राय था यशपाल की गिरफ़्तारी से काम रुक नहीं जाना चाहिए।

नैनी सेण्ट्रल जेल में डिप्टी सुपरिण्टेण्डेण्ट बैनर्जी मुझे अन्तिम बार समझाने-फुसलाने के लिए आया तो उसने लाल काग़ज़ पर छपा, ब्रिटिश सरकार से सशस्त्र बग़ावत की ललकार का एक पर्चा दिखाया था। पर्चे पर हस्ताक्षर थे—कमाण्डर-इन-चीफ़ प्रकाशवती।[१] बैनर्जी ने व्यथा-भरी चिन्ता प्रकट की थी—'देखिये यंग लेडी उत्तेजना में कैसे संकट सहेज रही है। मेरा उत्तर था—आप जानते हैं, ढाई-तीन मास से यहाँ बन्द हूँ। इस विषय में क्या सूचना या राय दे सकता हूँ। बैनर्जी की कल्पना होगी प्रकाशवती पर संकट के फन्दे का संकेत कर मुझसे यंग लेडी को समझा सकने का कोई सूत्र पा सकेंगे। मैंने उस विषय में पूर्ण अज्ञान के कारण चिन्ता व्यर्थ बताकर बात समझा दी। परन्तु मन में कौतूहल था, प्रकाशवती को क्यों कैसे चीफ़ कमाण्डर चुना गया।

मेरी गिरफ़्तारी के चार-पाँच सप्ताह बाद रामसिंह उन्हें कुछ साथियों से बात करने के लिए ले गया था। कुछ मास पूर्व क्रान्ति के आह्वान के लिए एक पर्चा छपवाकर बाँटा गया था। इस पर्चे पर कमाण्डर-इन-चीफ़ के स्थान पर मेरा नाम था।[२] कुछ वाक्यों के परिवर्तन से लगभग यही बातें कुछ संक्षेप से एक काग़ज़ पर हिन्दी में लिखी हुई थीं। उन लोगों का प्रस्ताव था, क्रियात्मक तैयारी में समय लगेगा परन्तु बिलकुल चुप्पी से लोगों में निराशा फैल जायेगी। कम-से-कम क्रान्ति के लिए आह्वान तो सुनायी दे। वे प्रकाशवती जी से कमाण्डर-इन-चीफ़ के स्थान पर नाम की अनुमति चाहते थे। प्रकाशवती को संकोच था, संगठन में उनसे बहुत पहले से सुरेन्द्र पाण्डे आदि अधिक आयु के अनुभवी लोग थे। उन्हें नेता चुना जाय। हरिबन्धु या वारियार ने आग्रह किया—उसमें बहुत समय लग जायेगा। आपका नाम इश्तहारी क्रान्तिकारी फ़रार के रूप में जाना-माना है। दो षड्यन्त्रों देहली और आतिशीचक्कर के मक़द्दमों में आपका नाम यशपाल की पत्नी के रूप में आ चुका है। आपके नाम से

---

१. 'सिंहावलोकन' भाग-३, पृ. १३३-१३४

२. 'सिंहावलोकन' भाग-३, तीसरा संस्करण ३, पृष्ठ १०३

संगठन क़ायम रहने का विश्वास और अधिक प्रभाव होगा। प्रकाशवती ने अनुमति दे दी पर्चे के छपवाने, बँटवाने का सब प्रबन्ध उन्हीं लोगों ने किया था।

उन लोगों का दूसरा प्रस्ताव था तुरन्त एक बम फैक्टरी आरम्भ की जाये। प्रकाशवती को दिल्ली की बड़ी (झण्डेवाली) बम फैक्टरी का अनुभव था। काम उनके निर्देशन में हो। स्थान और सामान के प्रबन्ध का उत्तरदायित्व साथियों ने लिया। प्रकाशवती को समाचार रामसिंह, हरिबन्धु या सूरी द्वारा मिलते थे। लड़की कम आयु की, अनुभव और परिचय की कमी, प्रकाशवती गतिविधि दूसरों से समाचार पाने और दूसरों से काम के अनुरोध से बहुत सीमित थी। प्रतीक्षा की ऊब। जल्दी कुछ करने की योजना परन्तु केवल प्रतीक्षा। किसी काम के लिए बार-बार शस्त्र माँगे जाते। वे शस्त्र किसी एक को न देकर चार व्यक्तियों के निश्चय से काम के बाद लौटाये जाने की शर्त पर देना चाहती तो बात टल जाती।

अप्रैल मध्य से प्रकाशवती के पेट में जब-तब शूल उठने और ज्वर आने लगा। पहले होमियोपैथिक उपचार, फिर भरोसे के डॉक्टरों से राय ली। असह्य शूल लगातार और ज्वर १०४ तक होने लगा। तीस हज़ारी (दिल्ली) की मेम डॉक्टरनी की बहुत ख्याति थी। मध्य मई में शकुन्तला सूरी उन्हें तीस हज़ारी ले गयी। डॉक्टरनी ने बहुत बढ़ चुका अप्पेण्डेसाइटस बताया। तुरन्त आपरेशन की राय। चवालीस बरस पूर्व शल्यचिकित्सा का इतना विकास न हुआ था। अप्पेण्डेसाइटस या कोई भी आपरेशन जिसमें पेट खोलना पड़े, जोखिम का आपरेशन माना जाता था। तब अस्पतालों में आपरेशन के लिए वातानुकूलन भी न होता था। डॉक्टरनी ने राय दी मरीज़ को आपरेशन के लिए पहाड़ पर या कराची ले जाओ।

'सिंहावलोकन' तीसरे भाग में प्रभुदत्त की चर्चा कर चुका हूँ। प्रभुदत्त उस समय हवाई जहाज का पायलट बन गया था, पहला भारतीय पायलट। बहुत गहरी सूझ का साहसी व्यक्ति। जोखिम उठाकर भी हमें सब तरह की सहायता देता था। मेरी फ़रारी के समय भी मुझे दूर तक उड़ाकर मुझे हवाई जहाज की कलाबाज़ियों...।

मन्मथनाथ गुप्त और रमेश गुप्त को फतेहगढ़ से बदल दिया गया। बारक में मैं अकेला रह गया और बीमार। फतेहगढ़ जेल का सुपरिण्टेण्डेण्ट मेजर रामनारायण भण्डारी था। अनशन और बीमारी से शायद मेरे फेफड़ों पर कुछ असर आ गया था। भण्डारी की ओर मेरी सदा ठनी रहती थी। भण्डारी ने मुझे तपेदिक का मरीज़ बनाकर सुल्तानपुर सेनिटोरियम जेल भेज दिया।

उस समय सुल्तानपुर सैनिटोरियम जेल के सुपरिण्टेण्डेण्ट थे डॉ. गुप्ता। उनका वैयक्तिक नाम याद नहीं रहा। उनका व्यवहार जेल अफ़सर का नहीं, रोगी के प्रति डॉक्टर की सहानुभूति का था। शायद मन में गुप्त राजनैतिक सहानुभूति भी रही हो। ऐसे भी अनेक सरकारी अफ़सर होते थे, मजबूरी में नौकरी का कर्त्तव्य निबाहनेवाले।

डॉ. गुप्ता ने मेरी परीक्षा कर दो-तीन मास में पूर्ण स्वास्थ्य का भरोसा दिया। मेरे लिये अतिरिक्त पौष्टिक भोजन का आदेश दिया। उससे बढ़कर जेल के बड़े बग़ीचे में घूमने-फिरने का अवसर। डॉ. गुप्ता को फूलों, ख़ासकर गुलाबों का बहुत शौक था। बग़ीचे की ओर बहुत ध्यान भी देते थे। पढ़ने-लिखने की भी सुविधा थी। यहाँ एक-एक पठान क़ैदी से प्रायः बात होती थी। वहाँ 'वहाँ पीर का मजार' और 'प्रेम का सार' कहानियाँ लिखीं। और पहाड़ों की स्मृति से 'भावुक' कहानी भी।

सुल्तानपुर सैनेटोरियम जेल में स्वास्थ्य सुधार हो जाने पर मुझे बरेली सेण्ट्रल जेल भेज दिया गया। किसी भी नयी जेल में जाने पर कुछ-न-कुछ झंझट होता ही था। यहाँ उस

समय सुपरिण्टेण्डेण्ट था मेजर रोज़ेयर। रोज़ेयर ऐंग्लो-इण्डियन था। एकमात्र सुपरिण्टेण्डेण्ट जो राजनैतिक या क्रान्तिकारी बन्दियों से भी मशक्कत से अनुशासन पूरा करने की आशा करता था। अभिप्राय था, वह मुआयने पर आये तो बदी मशक्कत का नियम निबाहता जान पड़े। यहाँ मुझे मूँज की रस्सी बटने का काम दिया गया। मुझसे पूर्व इस जेल में कामरेड मानवेन्द्रनाथ राय रह गये थे। रोज़ेयर राय के व्यक्तित्व और विद्वत्ता से प्रभावित था। मुझे भी शिक्षित और अध्ययनशील मानकर इस विषय में और स्वास्थ्य सम्बन्धी अतिरिक्त सुविधाएँ दे देता।

बरेली जेल में आया तो बैरक में दूसरा क़ैदी राजनैतिक या क्रान्तिकारी साथी न था। यह सज्जन थे फर्रुखाबाद के सेठ लछमनदास, आयु लगभग साठ बरस। बी क्लास में अपनी ख़ानदानी रईसियत के कारण थे। उन्हें नगर के साम्प्रदायिक दंगे में नौ क़त्ल के अपराध में मिली फाँसी की सज़ा प्रिवी काउन्सिल में अपील पर उम्र क़ैद में बदल दी गयी थी। पुरानी परिपाटी से शिक्षित, विचारों से आर्यसमाजी। उन्हें मुझसे सहानुभूति थी। यहाँ कई कहानियाँ लिखीं, 'दूसरी नाक' और 'जहाँ हसद नहीं।' याद है, 'दूसरी नाक' का सुझाव ओडवायर के पश्चिमोत्तर सीमा प्रान्त के संस्मरणों में पठानों की जीवन चित्रण से मिला था। 'जहाँ हसद नहीं' कहानी का आधार था,अख़बार में एक समाचार। एक पति ने पत्नी की अन्यत्र आसक्ति के कारण पत्नी का गला छुरी से काट दिया था। स्त्री की मृत्यु अस्पताल में हुई थी और स्त्री का अन्तिम बयान था, पति ने उसका क़त्ल उसके आग्रह पर किया है।

अख़बार में पढ़े समाचार से 'जहाँ हसद नहीं' कहानी लिखकर कल्पना सन्तुष्ट न हो गयी। अख़बार के समाचार से स्पष्ट था कि स्त्री के क़त्ल का कारण पति की पत्नी के प्रेमी से हसद थी और यह भी स्पष्ट था कि स्त्री के अन्तिम बयान अपनी हत्या करनेवाले पति से प्रेम के कारण उसे बचाने के लिए दिया गया था। शायद स्त्री पति और प्रेमी दोनों को ही प्यार करती थी। बेबसी की सीमा तक। प्रेम प्रणय में त्रिकोण के ऐसे मामले अनेक होते रहते हैं परन्तु पत्नी पर स्वामित्व के अधिकार की रूढ़ि एक बात। ऐसी स्थिति में तर्कसंगत दृष्टिकोण क्या हो सकता है? नारी दो पुरुषों से समान प्रेम और पुरुष दो स्त्रियों से समान प्रेम क्यों नहीं कर सकता?

तभी अनातोल फ्रान्स की किसी रचना में पढ़े वाक्य याद आ गये—व्यक्तियों में विचारों के साम्य और सामीप्य से संगति की रुचि स्वाभाविक है और निकट संगति की इच्छा का परिणाम परस्पर शारीरिक आकर्षण। बौद्धिक और विचारशील समाज में ऐसी की और अधिक सम्भावना। इस विचार से एक और कहानी की कल्पना जगी—प्रेम विवाह करनेवाले एक जोड़े में पती अपनी पत्नी के अन्यत्र लगाव का सन्देह करने लगता है। पत्नी की अनुपस्थिति में उनके फ़्लैट में आग लग जाती है। पत्नी लौटने पर अपने पति को संकट में देखकर उसकी रक्षा के लिए स्वयं जलते मकान में घुसकर पति को बचाने में सहायता करती है परन्तु स्वयं पीछे रह जाने से इतनी झुलस जाती है कि अस्पताल पहुँचने तक समाप्त हो जाती है। पत्नी पर सन्देह के लिए पश्चात्ताप और शोक से आतुर पति को पत्नी दाह संस्कार करके लौटते ही अपनी पत्नी के अन्यत्र लगाव का असन्दिग्ध प्रमाण मिल जाता है। पति अपनी मृति पत्नी के अपने प्रति प्रेम में विश्वास और अपने लिये बलिदान की 'कृतज्ञता' में, पत्नी के अन्यत्र लगाव के अपराध या अपमान के प्रमाण को स्वयं जलाकर

समाप्त कर देता है। इस कहानी का नाम है 'तीसरी चिता'।

प्रकाशवती जी ने बरेली के डिस्ट्रिक्ट मजिस्ट्रेट को एक दरख़ास्त दी थी। उसके परिणाम में १९३६ अगस्त में, बरेली जेल के दफ़्तर में हम दोनों का अदालती विवाह (सिविल मैरेज) हो गया। रमेश गुप्त १९३६ के आरम्भ में बरेली सेण्ट्रल जेल आ गया था। मेरे अदालती विवाह में वह वर पक्ष की ओर से गवाह था। इस विवाह में कई अनूठी बातें हुईं, उनका ब्यौरा अपने संस्मरण 'सिंहावलोकन' में दे चुका हूँ। प्रत्यक्ष में शायद मेरी कथायात्रा से इस विवाह का कोई सम्पर्क जान पड़े। वास्तव में इस विवाह की भूमिका रूप घटनाओं और विवाह के डेढ़ बरस बाद के जीवन का 'मेरी कथा यात्रा' की परिस्थितियों और प्रयत्नों पर प्रभावती जी की संगति का निरन्तर गहरा प्रभाव रहा है। बरेली में कहानियाँ भी लिखीं।

१९३७ मार्च आरम्भ में मुझे और रमेश गुप्त को बरेली जेल से नैनी सेण्ट्रल जेल भेज दिया गया था। बन्दी एक जेल में लड़-झगड़कर स्थिति अनुकूल बना लेने या उस स्थिति के आदी हो जाने पर तबादले से खिन्नता अनुभव करते थे। इस अवसर पर हम पुलकित और उत्साहित थे।

समाचार-पत्र हमें मिलते रहते थे। परिस्थितियों में परिवर्तन से कुछ परिचित थे। देश में अठारह-उन्नीस बरस के संघर्ष के परिणाम से १९३५ में ब्रिटिश पार्लयामेण्ट ने प्रान्तीय स्वायत्त शासन के रूप में कुछ राजनैतिक और शासन सम्बन्धी सुधार स्वीकार कर लिये थे। परिणाम में १९३६ के विधानसभा के चुनावों में कांग्रेस ने भारी बहुमत पाया और अधिकांश प्रान्तों में (यू. पी. से भी) कांग्रेस मन्त्रिमण्डल बन गये। क्रान्तिकारी बन्दियों की पुरानी माँग थी, उन्हें एक साथ रखा जाये।

हमें आशा थी नैनी सेण्ट्रल जेल में हमें काकोरी काण्ड में दण्ड पाये 'बन्दी जीवन' के लेखक अनुशीलन समिति के सदस्य शचीन्द्रनाथ सान्याल और युगान्तर समिति के सदस्य जोगेशचन्द्र चटर्जी आदि सशस्त्र क्रान्ति आन्दोलन के पुराने नेताओं से भेंट होगी। हम लोगों ने इनके वृत्तों से प्रेरणा पायी थी। काकोरी के दूसरे तथा अन्य क्रान्तिकारी मामलों के बन्दियों से भी साक्षात्कार और संगति होगी। नैनी सेण्ट्रल जेल में १९३२ और १९३३ में कुछ समय रह गया था। इस बार हमारे लिये जेल के दूसरे भाग में प्रबन्ध था। एक विस्तृत हाता। दो बड़ी सुथरी बारकें, स्नान-सण्डास के लिए उचित स्थानों की व्यवस्था सहित।

नैनी सेण्ट्रल जेल बारक में सबसे पहले रमेश गुप्त आदि में पहुँचे। फिर एक-दो-तीन करके शचीन्द्रनाथ सान्याल, जागेशचन्द्र चैटर्जी, मन्मथनाथ गुप्त, शचीन्द्रनाथ बक्षी, काकोरी के अब तक जेलों में शेष बन्दी, अन्य राजनैतिक मामलों के बन्दी भी आ गये। हिन्दुस्तान समाजवादी प्रजातन्त्र सेना के मेरे अतिरिक्त दूसरे बन्दी कांशीराम और राजेन्द्र निगम आये। इनके अतिरिक्त शिवसिंह और कानपुर के एक बैनर्जी, दो कम्युनिस्ट बन्दी।

जब क्रान्तिकारी क़ैदियों को अकेले या दो-दो रखा जाता था, वे सबके साथ रखे जाने की माँग करते थे। जब अनेक को साथ रख दिया जाता, कलह आरम्भ हो जाती, कभी भयानक रूप तक। जेल अफ़सर ऐसे अवसरों पर फूट बढ़ाने और उससे लाभ उठाने के लिए उत्सुक रहते थे। इस बारक में सशस्त्र क्रान्तिकारी आन्दोलन के अनेक धुरन्धर और अनुभवी लोग थे। सैद्धान्तिक, संगठनात्मक, वैयक्तिक मतभेदों से अप्रिय स्थिति की सम्भावनाओं का उपाय आवश्यक समझा गया। सर्वसम्मति से निश्चय कर लिया गया, बारक का कोई भी बन्दी, किसी भी प्रसंग पर किसी भी जेल अधिकारी से अकेले बात न करे। सब निर्णय

पारस्परिक निर्णय सर्वसम्मति या बहुमत से हों। बारक का प्रवक्ता चुना गया मुझे। इतने अनुभवी और धुरन्धर साथियों के रहते मुझे प्रवक्ता क्यों चुना गया, उस ब्यौरे का मेरी कथा यात्रा से सीधा सम्पर्क नहीं है। परन्तु मुझ पर पंच का बोझ आ पड़ने से मेरी साहित्यिक प्रवृत्ति के लिए कम समय रह गया। समय कम रह जाने के अन्य महत्त्वपूर्ण कारण भी थे।

नैनी सेण्ट्रल जेल बारक में ही नहीं, मेरी भावी साहित्यिक साधना या कथायात्रा पर भी नैनी में शिवसिंह की संगति का विशेष प्रभाव पड़ा। आज हिन्दी कहानी-उपन्यास साहित्य पर मार्क्सवाद या समाजवाद के प्रभाव की चर्चा में यशपाल के कहानी-उपन्यासों की बात प्रायः ही आ जाती है। समाजवाद की ओर हमारी प्रवृत्ति थी, यह तो हमारे संगठन के नाम हिन्दुस्तान समाजवादी प्रजातन्त्र सेना (या संघ) से ही स्पष्ट है। नैनी सेण्ट्रल जेल में पहली बार ही पं. जवाहरलाल नेहरू द्वारा नेहरू परिवार में पहुँची हुई समाजवाद की परिचायक कुछ पुस्तकें, उदाहरणतः बुखारिन का 'हिस्टोरिकल मैटिरियलिज़्म' 'ओरिजि ऑफ प्राइवेट प्रॉपर्टी', 'फैमिली एण्ड स्टेट' आदि श्यामकुमारी से पाकर पढ़ चुका था। परन्तु नैनी में पुनः आने पर समाजवाद या मार्क्सवाद को भावुकता की अपेक्षा तार्किक दृष्टि से समझ सकने में शिवसिंह का हम सब पर बहुत प्रभाव पड़ा।

शिवसिंह के पूरे परिचय से बात बढ़ जायेगी। पंजाब में एक गाँव के सिक्ख परिवार का यह जवान, जोखिम भरे मार्गों से सन् १९३०-३१ में ही सोवियत पहुँच गया था। वहाँ तीन वर्ष तक मार्क्सवादी दृष्टि से समाजवादी शिक्षा और संगठन कार्य की शिक्षा तीस वर्ष तक पाकर कम्युनिस्ट पार्टी का संगठन कार्य करने के लिए फिर छद्म स्थिति में भारत लौट आया था। कानपुर में गिरफ़्तार हो जाने पर राजनैतिक क्रान्तिकारी बन्दियों के साथ उसे नैनी भेज दिया गया था। मार्क्सवाद की शिक्षा देने की शिवसिंह की लगन असीम थी। मार्क्स का 'कैपिटल' उसे लगभग याद जैसा था। जैसे कुछ लोगों को रामयण कण्ठस्थ होता है। बारक में प्रतिदिन नाश्ते के बाद मार्क्सवाद की पाठशाला आरम्भ हो जाती।

शिवसिंह ने यह क्रम मार्क्स के प्रसिद्ध घोषणा-पत्र 'कम्युनिस्ट मेनीफेस्टो' से आरम्भ किया और उसके बाद मार्क्सवाद का मूल स्रोत 'कैपिटल'। यह बैठक तीन घण्टे की होती। दोपहर बाद फिर दो घण्टे। शिवसिंह से विचार साम्य के अतिरिक्त आपस में पंजाबी बोलने से भी घनिष्ठता हो गयी थी। शिवसिंह स्वयं अथक था, दूसरों की थकावट भी उसे असह्य थी। उसके सुझाव से अगले दिन का पाठ मुझे रात लैम्प जलाकर पहले पढ़ लेना पड़ता ताकि दूसरे प्रातः व्याख्या में उसका सहायक हो सकूँ। ऐसी अवस्था में कहानी-उपन्यास के लिए समय कहाँ रहा। अलबत्ता शिवसिंह की संगति में अध्ययन से समाजवाद या मार्क्सवाद के सम्बन्ध में मेरे विचारों के सुलझाव और उसके प्रति झुकाव में बहुत सहायता मिली। आलोचक यह प्रभाव मेरी सम्पूर्ण कथायात्रा पर पाते हैं। शायद कुछ पाठक मेरे उपन्यास 'देशद्रोही' के सोवियत से लौटे नायक डॉक्टर खन्ना में शिवसिंह की छाया और उपन्यास के चित्रणों में शिवसिंह से सुने वृत्तों की 'कल्पना' करें; यह तथ्य न होगा। अलबत्ता 'देशद्रोही' लिखने के लक्ष्य पर शिवसिंह की संगति का प्रभाव है।

नैनी में समाजवादी विचारधारा की शिक्षा के प्रति विशेष ध्यान और प्रयत्न से मेरी साहित्यिक प्रगति के लिए अवसर की कमी तो अवश्य हुई परन्तु उसकी सर्वथा उपेक्षा नहीं। हमारे इस संगति में मन्मथनाथ गुप्त में साहित्यिक रचना की प्रवृत्ति थी, सान्याल दादा में भी साहित्यिक रचना की प्रवृत्ति और साहित्य रस का आकर्षण प्रबल था। वे अच्छे लेखक थे। सान्याल दादा ने कहानी-उपन्यास के नहीं अन्य बहुत-कुछ लिखा है। वे बँगला लिख

सकते थे या इंगलिश। काकोरी काण्ड से पूर्व पहली बार जेल काटने के बाद उन्होंने 'बन्दी जीवन' पुस्तक लिखी थी। भारतीय सशस्त्र क्रान्ति सम्बन्धी साहित्य में इस पुस्तक का विशिष्ट स्थान है। हम तीनों की रुचि से रविवार साहित्यिक बैठक के लिए निश्चय हो गया। इन बैठकों में मैंने 'मक्रील', 'पहाड़ की स्मृति' कहानियाँ सुनायीं। उन्मुक्त प्रशंसा पाकर उत्साह बढ़ा। नैनी में समय मिलने पर 'कर्मफल', 'हिंसा', 'पिंजरे की उड़ान' में संकलित छोटी-छोटी कहानियाँ लिखीं, जिनमें सन्देश या कला के प्रयोजन गहरे आवरणों में नहीं, स्पष्ट हैं।

१९३७ में परिस्थिति बदल चुकी थी। हम लोगों को मिलने के लिए स्वर्गीय लालबहादुर शास्त्री, पूर्णिमा बैनर्जी, स्वर्गीय आचार्य जुगुल किशोर (तब वे पार्लमेण्ट्री सेक्रेटरी) आते रहते थे। अब हमसे मिलने-जुलने आनेवालों के आने पर बहुत कड़ी चौकसी न होती थी। प्रकाशवती जी नैनी जेल में मिलने आयीं तो श्री लालबहादुर शास्त्री भी साथ थे। शास्त्री जी तब भी विधानसभा के सदस्य थे। उस समय मैंने अपनी लिखी कहानियों की लिपि नम्बर लगे पन्ने की सजिल्द कापी उन्हें देने की अनुमति चाही। समय बदल चुका था। जेल अफसरों ने पन्ने फरफराकर देख लिया। और अनुमति दे दी। यह लिपि अग्रिम भेज सकने का लाभ भविष्य में हुआ।

कांग्रेस के १९३६ के 'चुनाव घोषणा पत्र' में सभी राजनैतिक बन्दियों की बिना शर्त रिहाई की प्रतिज्ञा थी। कांग्रेस या सत्याग्रही बन्दी तो जनवरी-फरवरी में जेल मुक्त हो चुके थे। अब अगस्त आ गया था। क्रान्तिकारियों की रिहाई में उपेक्षा से बारक में असन्तोष और विरोध प्रदर्शन फूटनवाला ही था कि एक दिन उस समय यू.पी. के मुख्यमन्त्री गोविन्दवल्लभ पन्त जी स्वयं बारक में आये। अपने बुजुर्गाना वत्सल स्वर और आत्मीय मुद्रा से बात की, अभिप्राय था—कांग्रेस के चुनाव घोषणा-पत्र अनुसार हमें सभी राजनैतिक बन्दियों को रिहाई करना है। हम जानते हैं आज की परिस्थिति में आप लोग हिंसा में विश्वास नहीं करते। यदि आप केवल मौखिक रूप में हमें कह दें कि अब आपका विश्वास हिंसा में नहीं है तो गवर्नर से बात करने में हमारे हाथ मज़बूत हो जायेंगे। यह हमारी आपस की बात है। अनुमान से स्पष्ट था, गवर्नर क्रान्तिकारी बन्दियों को हिंसा का अपराधी बताकर हमारी रिहाई पर आपत्ति कर रहा है।

सान्याल दादा ने कहा--हिंसा हमारा लक्ष्य कभी न था। आपकी सहायता हो सके तो हमें स्वीकार है। मैं बोल पड़ा--मैं इस बारक का चुना हुआ प्रवक्ता हूँ। यह सही है कि हिंसा हमारा लक्ष्य कभी न था, न उसमें हमें विश्वास। इस समय पृष्ठभूमि में प्रश्न हमारी रिहाई का है। रिहाई के लिए हम कोई भी आश्वासन देने के विरुद्ध हैं। जोगेशचन्द्र चैटर्जी ने भी मेरा समर्थन किया।

पन्त जी की वत्सल मुस्कान में अन्तर न आया। उठते हुए बोले—आश्वासन की बात नहीं है। हमें जो करना है करेंगे ही।

उन्हीं दिनों मुझे ज्वर आ गया। एकदम हालत बिगड़ गयी। मैं खाँसी में ख़ून थूकने लगा। उसी स्थिति में एक दिन मुझे छोड़कर बारक के शेष साथियों को मुक्त कर दिया गया। मुझे जेल अस्पताल में एक पृथक् कमरे में रख दिया गया था। मास पर मास बीत रहा था। मेरा स्वास्थ्य न सुधर रहा था। प्रकाशवती लखनऊ में ही टिकी हुई थीं। आठ-दस दिन में मिलने आ जातीं। समाचार मिलते रहते थे। कांग्रेस मन्त्रिमण्डल को अपने घोषणा पत्र

अनुसार मुझे रिहा करने का आग्रह था। गवर्नर गवर्नर मुझे विशेष ख़तरनाक व्यक्ति बताकर मेरी रिहाई की अनुमति न दे रहा था।

फरवरी १९३८ में मेरी अवस्था कुछ सुधर गयी। मुझे लखनऊ ज़िला जेल भेज दिया गया। दूसरे दिन स्वर्गीय रफ़ी अहमद किदवई साहब (उस समय यू. पी. में जेल और पुलिस के मन्त्री), ने दर्शन दिये। रफ़ी साहब ने अपने अभ्यास अनुसार दो टूक बात की।

गवर्नर हालेट का आग्रह था, कांग्रेस की प्रतिज्ञा अपने मन्त्रिमण्डलों के प्रान्तों में सब राजनैतिक क़ैदियों को छोड़ देने की है। यशपाल पंजाबी है। उसे लाहौर जेल भेज दिया जाय। इस बारे में पंजाब सरकार की राय ले ली जाय। रफ़ी साहब ने कहा, पंजाब जाकर तुम्हारी रिहाई की कोई आशा नहीं। तुम हमसे कह दो कि जेल से रिहाई के बाद पंजाब न जाओगे, इतना पर्याप्त है। गवर्नर से हम समझ लेंगे।

पन्त जी से हुई बात मन में थी। इसलिए कहा रिहाई के लिए मैं किसी भी प्रकार का आश्वासन नहीं देना चाहता।

रफ़ी साहब का चेहरा गम्भीर हो गया। बोले—इसका मतलब है, या हम तुम्हें जेल में रहने दें या यू. पी. में कांग्रेस मन्त्रिमण्डल एक व्यक्ति के प्रश्न पर इस्तीफ़ा देकर बरसों के संघर्ष से पाया अवसर खो दें?

सन्नाटे में रह गया। उत्तर दिया, कुछ समय दीजिये। आपको पत्र द्वारा उचित उत्तर लिखने का यत्न करूँगा।

दूसरे दिन प्रातः एक पत्र सुपरिण्टेण्डेण्ट ज़ाफ़री की मार्फ़त रफ़ी साहब को भेज दिया। उसके परिणाम में सन्ध्या सूर्यास्त के समय रफ़ी साहब स्वयं फिर आये और मैं उनके साथ जेल से बाहर आ गया। इस कूट पत्र का ब्योरा, 'सिंहावलोकन' से पुनः दोहराने की क्या ज़रूरत। इस वृत्त का मेरी कथायात्रा से सीधा सम्बन्ध है। यदि मेरी रिहाई यू. पी. में और उसी समय न हुई होती तो मेरी कथायात्रा का रूप निश्चय कुछ दूसरा होता।

यह मेरी कथायात्रा का प्राक्कथन या पूर्वभूमिका हुई। कथायात्रा में वास्तविक सैद्धान्तिक और व्यावहारिक संघर्ष जेल से रिहाई के बाद लेखन को जीविका और जीवन लक्ष्य के साधन रूप अपना लेने के बाद आरम्भ हुआ।

जेल से मुक्ति के बाद स्वास्थ्य के लिए मोवाली चले जाना पड़ा। जेल से प्रकाश जी के हाथ अपनी लिखी कहानियों की लिपि भेज दी थी। उन दिनों कलकत्ता से प्रकाशित 'विशाल भारत' मासिक-पत्रिका हिन्दी क्षेत्र में चोटी पर थी। प्रकाश जी ने 'मक्रील' कहानी की प्रति इस पत्रिका को भेज दी थी। 'मक्रील' प्रकाशित होने पर चन्द्रगुप्त विद्यालंकार की टिप्पणी प्रकाशित हुई—'मक्रील' एक नये लेखक की रचना है। इस लेखक का साहित्यिक भविष्य उज्ज्वल होने की आशा है। इसके पश्चात 'विशाल भारत' में ही 'पहाड़ की स्मृति' भी प्रकाशति हुई। उसके लिए भी वैसी ही प्रतिक्रिया। मोवाली में निवास के समय कानपुर के साप्ताहिक प्रताप को 'दुःखी-दुःखी' कहानी भेजी थी। कहानी प्रकाशित हो गयी। प्रतिक्रिया में सराहना के साथ पत्र में नियमित रूप से लिखने का अनुरोध मिला और पारिश्रमिक का आश्वासन भी। 'प्रताप' में प्रति सप्ताह विद्रूप का कालम 'गर तू बुरा न माने' दुर्मुख उपनाम से लिखने लगा। मास भर लिखने के बाद, पारिश्रमिक के लिए चार रुपये आये तो दिल टूट गया। तब शायद हिन्दी जगत् में साधारणतः लेखन के पारिश्रामिक का ऐसा ही भाव रहा होगा। 'विशाल भारत' से कुछ भी न मिला था। उनसे क्या शिकायत करता? उन्हें रचना उनके आग्रह पर न भेजी थी।

१९३८ अगस्त में जीविका की चिन्ता से लखनऊ लौट आये। स्वास्थ्य भी ठीक हो गया था। लेखन से जीविका की साध थी परन्तु मुक्त लेखन से निर्वाह का भरोसा न था। लखनऊ में सुखदेवराज से भेंट हो गयी। वह चार वर्ष पूर्व मुक्त हो चुका था। उसे आगरा के 'सैनिक' तथा दिल्ली के कुछ अन्य पत्रों के प्रबन्ध विभागों में काम का अनुभव था। हम लोगों से सदा खटकती रही थी। परन्तु एक-दूसरे की सूझ-सामर्थ्य से भी परिचित थे। उन दिनों लखनऊ से रामरखसिंह सहगल 'कर्मवीर' साप्ताहिक निकाल रहे थे। सुखदेव उस पत्र में मैनेजर था। उसने मेरे सहयोग की आशा से मुझे 'कर्मवीर' में पचहत्तर रुपये मासिक पर सम्पादक का स्थान दिला दिया।

संचालक और सम्पादक के निर्देशन पर उनकी पसन्द से लिखने से एक ही मास में ऊब गया। अगले मास सुखदेवराज ने संचालक से असन्तुष्ट होकर वहाँ काम छोड़ दिया तो मैंने भी 'कर्मवीर' छोड़ दिया।

सुखदेवराज ने साहस बढ़ाया, "अपना मासिक पत्र 'विप्लव' नाम से आरम्भ कर दो। एक विप्लवी द्वारा सम्पादित वामपक्ष का पत्र तुम्हारी सूझ और सामर्थ्य और श्रम से पत्र के जम जाने की पूरी आशा है।" हमारे पास मासिक की एक हज़ार प्रति छपवा सकने के लिए दो अंक के लिए पूँजी थी, कुल तीन सौ रुपया। सस्ता ज़माना था। सुखदेवराज ने पत्र प्रकाशन के कुछ गुरु भी समझा दिये।

साहस किया और पत्र निकाल दिया। प्रकाशन के विज्ञापन परिपत्र छपवाया। प्रकाश जी वार्षिक ग्राहक और एजेण्ट निश्चित करने पंजाब चली गयीं। मैं कुछ सामग्री एकत्र कर शेष स्वयं लिखने और अंक तैयार करने में लग गया। प्रकाश जी तीन सप्ताह में दो और अंक प्रकाशित कर सकने योग्य पूँजी वार्षिक शुल्क के रूप में ले आयीं।

मुझे स्थानीय वामपक्षी विचार के लोगों और साथियों का अच्छा सहयोग मिला पहले अंक का बहुत स्वागत हुआ। प्रकाश जी के दूसरे दौर में और अधिक सफलता हुई। तीसरा अंक ही डेढ़ हज़ार छपा। पंजाब से माँग के कारण उर्दू संस्करण भी आरम्भ कर दिया। इसके लिए हिन्दी और उर्दू लिपि में अगस्त एक सहायक ज़रूरी हो गया। उर्दू संस्करण का नाम रखा 'बागी'। दोनों संस्करणों की लिपि में अन्तर होता परन्तु भाषाओं में साम्य का प्रयत्न। स्वयं भी और कुछ प्रयत्नों से विज्ञापन भी आने लगे।

कहानी कथायात्रा की है परन्तु मेरी क्रियात्मक कथायात्रा का आरम्भ 'विप्लव' ही था। पत्र मुख्यतः वामपक्षी राजनैतिक था परन्तु पत्र का तिहाई राजनीति गर्भित साहित्य रहता। 'विप्लव' के पहले अंक में अपनी जेल में लिखी 'नीरस रसिक' कहानी दी थी उससे अगले अंक में 'तूफ़ान का दैत्य' फिर 'प्रेम का सार' पत्रिका में प्रकाशित कहानियों और विद्रूपों की सराहना से उत्साहित होकर पहली कहानी-संग्रह जेल में तथा मुवाली में लिखी कहानियों का संग्रह 'पिंजरे की उड़ान' और विद्रूप लेखों को संकलन 'न्याय का संघर्ष' प्रकाशित करवा दिये। दोनों की खपत उत्साहवर्द्धक हुई।

आपने प्रेरणा, प्रोत्साहन और विरोध के विषय में भी पूछा है। मैंने सबसे अधिक उत्साह पाया है बेनाम जनता से, उन लोगों से जो मेरी अभिव्यक्ति से सन्तोष के लिए अपनी कमाई ख़र्च करते थे, अर्थात् अपनी रचनाओं की शीघ्र बिक्री से। 'दादा कामरेड' की रोचकता और सार्थकता की सराहना के साथ ही अश्लील और आतंकवाद के प्रचार बताकर उसकी कड़ी आलोचना भी हुई थी। उपन्यास के विरोध के प्रसंग में एक घटना यों घटी—१९४१ की गरमी के दिन थे। एक सज्जन हमारे दफ़्तर या मकान (हीवेट रोड, लखनऊ)

पर पधारे और 'दादा कामरेड' की एक प्रति ख़रीद ले गये। वे सज्जन तीसरे दिन फिर आये और 'दादा कामरेड' की पाँच प्रतियाँ माँगी। कौतूहल से उनका परिचय चाहा।

यह सज्जन थे दिल्ली के जाने-माने पत्रकार-संवाददाता फणीन्द्रनाथ वाजपेयी। बात यों थी कि दिल्ली से लखनऊ आते समय उन्होंने एक सहयात्री को 'दादा कामरेड' का अन्तिम भाग बहुत मनोयोग से पढ़ते देखा। सहयात्री ने पुस्तक एक ओर रख दी तो वाजपेयी जी ने पुस्तक को देखना चाहा।

सहयात्री परामर्श दिया—इस पुस्तक का न पढ़ना बेहतर। समाज में शील और धर्मभावना समाप्त कर हिंसा का प्रचार करनेवाली पुस्तकें ज़ब्त हो जानी चाहिए और ऐसे लेखकों को गोली मार देनी चाहिए।

यात्रा मे वाजपेयी जी पुस्तक के दस-पन्द्रह पृष्ठ ही देख पाये थे। लेखक, प्रकाशक के नाम, पता देख लिये थे। लखनऊ आने पर कौतूहलवश पुस्तक ले गये। पढ़ने पर पाँच प्रतियाँ और खरीदीं कि पुस्तक को अधिक-से-अधिक लोगों को पढ़ा सकें। मुझे रूढ़ि के बन्धन तोड़ने के लिए बधाई दी।

दूसरे महायुद्ध के समय 'विप्लव' और 'बाग़ी' की नीति और प्रभाव के कारण ब्रिटिश सरकार के लिए उनका प्रकाशन असह्य था। १९४० में 'विप्लव' और 'बाग़ी' से बारह हज़ार की जमानत माँगी गयी। हमने पत्रिकाओं को जारी रखने के लिए उनके नाम बदलकर 'विप्लवी ट्रैक्ट' और 'बाग़ी ट्रैक्ट' कर दिये थे। जुलाई, १९४१ में मुझे विद्रोहात्मक लेख लिखने के अभियोग में गिरफ़्तार कर लिया गया। ग़नीमत कि मुझे डेटेन्यू न बनाकर उचित दण्ड के लिए मुझ पर मुक़द्दमा चलाया गया। उस मुकद्दमे का ब्यौरा महत्त्वपूर्ण है परन्तु यहाँ प्रसंग 'विप्लव' की कहानी का नहीं मेरी कथायात्रा का है। १९४१ में सोवियत यूनियन पर नाज़ी आक्रमण के बाद मेरा दृष्टिकोण बदल गया था। मेरा लेख वास्तव में युद्ध विरोधी नहीं फासिस्ट विरोधी था। मैं मुक़द्दमे में रिहा हो गया परन्तु 'विप्लव' और 'बाग़ी' के प्रकाशन में व्यवधान पड़ जाने से दोनों स्थगित या बन्द हो गये। परिणाम में हम बेरोज़गार हो गये। परन्तु इस कठिनाई का दूसरा पक्ष भी था।

रोज़गार के लिए हमने पार्चमेण्ट के लैम्प शेड और भेड़ का चमड़ा स्वयं रँगकर उससे नये ढंग के बटुए और गद्दियाँ बनाना आरम्भ किया। यह चीज़ें तब बाज़ार में नयी थीं। हम सामान तैयार कर थोक बेच देते। लोगों पर 'विप्लव' का सम्मोहन था। लोग पूरे अंकों के फ़ाइलें भी ख़रीद ले जाते। अब व्यवसाय के प्रयोजन से लखनऊ के विभिन्न भागों में घूमने का अवसर रहता। मेरा व्यावसायिक श्रम हाथ का था।

मस्तिष्क को विचार और कल्पना के लिए अपनी दस्तकारी की कमाई और 'विप्लव' की फ़ाइलों से बचे पैसे से गाँधीवाद की शव परीक्षा छपवायी। कुछ नयी लिखी कहानियाँ जेल और मुवाली में लिखी कहानियों में मिलाकर 'वो दुनिया' और 'तर्क का तूफ़ान' कहानी-संकलन इन्हीं दिनों प्रकाशित किये।

अब तक मेरे तेरह उपन्यास और लगभग दो सौ कहानियाँ प्रकाशित हुई हैं। मेरी कहानियाँ तथ्य घटनाओं पर नहीं मुख्यतः कल्पनाश्रित हैं। परन्तु लगभग सभी कहानियों के कल्पना और स्फूर्ति के स्रोतों की धुँधली या स्पष्ट स्मृति शेष है। सीमित समय की दृष्टि से अब विवादास्पद उपन्यासों या कहानियों की ही फ़िक्र करूँ।

दूसरे महायुद्ध के समय १९४१ में सोवियत पर नाजी आक्रमण के बाद भारतीय कम्युनिस्टों की युद्ध की तैयारी के विरोध और उसमें अड़चन डालने की नीति में परिवर्तन

आ गया था। कम्युनिस्टों की नीति के विरुद्ध ग़लतफ़हमी दूर करने और कम्युनिस्ट नीति के प्रति सहानुभूति उत्पन्न करने के विचार से मैंने 'देशद्रोही' उपन्यास लिखा था। अन्य आलोचकों ने उपन्यास की राजनीति पर टिप्पणी करते हुए उसकी भूरि-भूरि प्रशंसा की थी। उपन्यास पढ़कर राहुल जी ने उसे स्थायी मूल्य की कृति बताया था। इसी प्रकार अन्य पक्षों से भी सराहना हुई थी। पाठकों के कुछ पत्र आये जिनमें कम्युनिस्ट पार्टी में सम्मिलित हो सकने के नियम और तरीक़े बताने के अनुरोध थे।

उस समय डॉक्टर रामविलास शर्मा कम्युनिस्ट पार्टी की ओर से नियुक्त या पार्टी के स्वयंभू साहित्यिक प्रवक्ता बन गये थे। उन्होंने अपनी आलोचना में देशद्रोही के कथा पक्ष तथा सामाजिक चित्रण की शरत् बाबू की रचनाओं से तुलना कर उसकी सराहना की परन्तु उपन्यास को राजनैतिक दृष्टि से कम्युनिस्टों पर कलंक लगाने और उन्हें जनता की दृष्टि में गिराने का प्रयत्न किया। रामविलास की आलोचना के उत्तर में राहुल जी के पत्र का प्रमाण दिया। राहुल जी कम्युनिज़्म को कुछ समझते थे। उपन्यास में वर्णित प्रदेशों का चित्रण यद्यपि मैंने केवल अध्ययन के आधार पर कल्पना से किया था। परन्तु वे प्रदेश राहुल जी के आँखों देखे थे। उन्होंने उनके यथातथ्य चित्रण की भी सराहना की थी।

रामविलास ने कहा--यदि यशपाल ने 'देशद्रोही' में अध्ययन और कल्पना से वर्णित प्रदेशों के बजाय, अपनी कहानी 'या साईं सच्चे' में आँखों देखे स्थलों का ही वर्णन किया होता तो उपन्यास अधिक सशक्त होता। तथ्य यह है कि 'या साईं सच्चे' के स्थान या उसके पात्रों जैसे व्यक्तियों से मुझे कभी वैयक्तिक सम्पर्क की अवसर नहीं आया। मेरे इस उत्तर का रामविलास के लिए कोई महत्त्व न था क्योंकि वे उस समय साहित्य में कम्युनिस्ट दृष्टिकोण के शास्त्र (डिक्टेटर) बने हुए थे। 'देशद्रोही' के बारे में रामविलास की राय के बावज़ूद गुजराती, मराठी और मलयालम में कम्युनिस्टों ने पुस्तक का अनुवाद अपनी भाषा में कर लिया। सोवियत के लोगों से मिलने पर भी जाना कि वहाँ के लोगों ने भी 'देशद्रोही' को अपने प्रति मैत्री भाव माना। प्रतिक्रिया में ताशकन्द के साहित्यिक पत्र में विकोवा दिलोरा का लेख 'सोवियत का सच्चा मित्र यशपाल' भी प्रकाशित हुआ था। इस तथ्य की तसदीक़ इस समय लखनऊ विश्वविद्यालय में उपस्थित सोवियत के विद्यार्थियों से की जा सकती है।

यदि मैं रामविलास की नसीहत पर ही रचना करता तो मेरी अधिकांश रचनाओं की तरह 'दिव्या' और 'अमिता' प्रथम ईस्वी सदी और उससे पूर्व के उपन्यास कैसे लिखे गये होते? रामविलास का एक दृष्टि है। १४५० के लगभग पटना से प्रकाशित एक पत्रिका ने साहित्यिक क्षेत्र में गत दस वर्षों की सर्वोत्तम रचना के लिए गैलप पोल किया था। इस मत संग्रह में 'दिव्या' और 'देशद्रोही' को सर्वाधिक मत मिले थे। प्रश्न यह है कि लेखक केवल आलोचक के लिए लिखता है या जन समुदाय के लिए? उन्हीं दिनों स्टैलिन का एक बयान छपा था। लेखक मानव आत्मा का इंजीनियर होता है। समझना होगा लेखक मानव आत्मा इंजीनियर है परन्तु रामविलास जैसे आलोचक मानव आत्मा के स्वयंभू चीफ़ इंजीनियर हैं। वास्तविकता के निरूपण के लिए मेरी रचनाओं की वैसी आलोचनाओं और विरोध की चर्चा आवश्यक है।

'देशद्रोही' के पश्चात् मेरे दो और कहानी-संग्रह 'ज्ञानदान' और 'अभिशप्त' प्रकाशित हुए। दोनों ने साहित्य में मेरी स्थिति मज़बूत की। इसके बाद १९४५ में 'दिव्या' प्रकाशित हुई। 'दिव्या' ऐसी रचना थी कि रामविलास से पूछने पर कैसी लगी, उन्हें धीमे से कहना पड़ा--हाँ, 'दिव्या' अच्छी है। प्रसंगवश यह बात भी कह दूँ, यह बातचीत कम्युनिस्ट लेखकों

अन्तरंग सभा में हुई थी। यह कह देना भी आवश्यक है कि इस बैठक के आयोजक रमेश सिन्हा ने आरम्भ में ही कह दिया था—यह सभा केवल पार्टी मेम्बर लेखकों की है। यशपाल पार्टी मेम्बर नहीं हैं। परन्तु हमारी विचारधारा की दृष्टि से इस सभा के सभापतित्व और निर्देशन के लिए यशपाल ही सर्वाधिक उपयुक्त व्यक्ति हैं। शायद इसीलिए रामविलास यशपाल साहित्य को सही रास्ते पर रखना चाहते थे।

'विप्लव' बन्द हो जाने के बाद दस्तकारी पर निर्भर करते समय ही अपने श्रम का पूरा फल पाने के लिए आवश्यक था कि अपनी प्रत्येक कहानी को पहले किसी पत्रिका में तत्पश्चात् उसे संकलन में प्रकाशित करूँ। उन दिनों कहानियों की पत्रिकाएँ अधिक न थीं। कहानियों की पत्रिकाओं में चोटी पर थी 'माया'। यह याद नहीं कि 'माया' को मैंने स्वयं अपनी रचना भेजी थी या 'माया' का अनुरोध था। परन्तु याद है, तब अपनी कहानी के लिए 'माया' से बीस या पच्चीस रुपये पारिश्रमिक पाकर विशेष उत्साह अनुभव किया।

सन् १९४६ या १९४७ की दो घटनाएँ चर्चा योग्य हैं। मैंने एक कहानी 'धर्मरक्षा' लिखी थी। कहानी बहुत समय से उबलती अपने समाज की विश्वासगत मान्यताओं के विश्लेषण का प्रयत्न था। कहानी 'माया' को भेज दी। इस बार 'माया' के संस्थापक-संचालक श्री क्षितीन्द्र मोहन मित्र मुस्तफी िक व्यक्तिगत पत्र मिला। उस पत्र की प्रति रख सकता, तो अच्छा होता। शायद 'माया' कार्यालय में उसकी प्रति हो। कहानी की सराहना से अधिक महत्त्वपूर्ण बात का आशय था, "अब तक एक कहानी के कारण अदालत में पेश होने का संकट भोग चुका हूँ। सम्भव है, इस कहानी से फिर वैसी स्थिति आय। परन्तु कहानी इतनी सार्थक और कलापूर्ण है और अस्वाभाविक व्यर्थ विश्वासों का ऐसा पर्दाफास है कि अदालत में पेश होने के जोखिम के बावजूद यह कहानी प्रकाशित करूँगा ही।"

'धर्मरक्षा' कहानी 'माया' में प्रकाशित होने पर भर्त्सना और सराहना, दोनों ही सुनी। इस कहानी के लिए मुझे पारिश्रमिक स्वरूप (जहाँ तक याद है) 'माया' ने पचास रुपये भेजे थे। जीवन में पहली बार एक कहानी के लिए इतना पारिश्रमिक! पारिश्रमिक से अधिक महत्त्व था, हमारे समाज में विश्वासों में व्याप्त अन्ध मान्यताओं के अन्तविरोधों को प्रकट करने में एक प्रभावशाली साधन के सहयोग का आश्वासन! परिणाम में इसी प्रकार की और कहानियाँ 'अतिथ्य', 'प्रतिष्ठा का बोझ', 'शिव-पार्वती' आदि लिखने की स्फूर्ति मिली। ये सब कहानियाँ मेरे 'फूलो का कुर्ता' संकलन में सम्मिलित हैं। 'फूलो का कुर्ता' के प्रकाशन पर भी मुझ पर साम्यवाद को कलंकित करने के लिए गालियों की बौछार हुई थी।

कम्युनिस्ट विचारधारा और संगठन के प्रति अपनी सहानुभूति स्वीकार कर चुका हूँ। दूसरे महायुद्ध के समय कम्युनिस्ट पार्टी के विरुद्ध ग़लतफ़हमी फैलाकर जनता में कम्युनिस्ट पार्टी विरोधी भावनाएँ भड़का दी गयी थीं। बम्बई में कम्युनिस्ट पार्टी के केन्द्र पर आक्रमण करके वहाँ आग लगा दी गयी थी और भी बहुत-कुछ किया गया था। अगले वर्ष मुझे बम्बई जाने का अवसर हुआ। वहाँ से लौटकर कम्युनिस्टों के प्रति ग़लत आक्रोश के निराकरण के लिए (गीता पार्टी कामरेड) छोटा उपन्यास लिखा। 'देशद्रोही' का अनुभव था। अशंका थी, यह न हो कि मेरे इस उपन्यास को भी कम्युनिस्टों पर लांछन बता दिया जाय।

तब यू. पी. कम्युनिस्ट पार्टी के उपमन्त्री थे शफ़ीक़ अहमद नक़वी और यू. पी. में कम्युनिस्ट संगठन और गतिविधि के निर्देशक थे श्रीनिवास गंगाधर सरदेसाई। इन लोगों से परिचय था। एक सन्ध्या दोनों को अपने यहाँ बुलाकर 'गीता' की पूरी लिपि तीन घण्टे में उन्हें सुनाकर उनका मत जानना चाहा।

नक़वी ने कहा, वैरी गुड। सरदेसाई सोचकर बोले, वर्णन में एक भूल है। दफ़्तर को आग लगायी जाने की घटना के समय इमारत पर पुताई गेरुए लाल रंग की नहीं पीले रंग की थी।

"कहानी के प्रभाव के विषय में क्या राय है?" मैंने पूछा।

सरदेसाई ने दीर्घ क्षण सोचकर उत्तर दिया—"मुझे यह छोटा उपन्यास 'फ़ॉर हूम द बेल टोल्स' से बेहतर लगा।" उन दिनों 'फ़ॉर हूम द बेल टोल्स' की कम्युनिस्ट समर्थक उपन्यास रूप में बहुत चर्चा थी।

उपन्यास प्रकाशित हो जाने पर उसके कथा और कलापक्ष की अन्यत्र सराहना से अधिक सन्तोष हुआ नागपुर से आये एक पत्र से। तब नागपुर मध्य प्रदेश की राजधानी था। वहाँ पार्टी सेक्रेटरी थे बैनर्जी और प्रान्त के निर्देशक गणेश माधव मोटे। पत्र था, नागपुर प्रेस वर्कर्स यूनियन से पत्र का आशय था—'पार्टी कामरेड' का मूल्य एक रुपया ग़रीब जनता के लिए अधिक है। स्थानीय मज़दूर यूनियन इस पुस्तक को चार आना प्रति कापी बेचना चाहती है। यूनियन काग़ज़ का प्रबन्ध चन्दे से करेगी छपायी प्रेस वर्कर मुफ़्त करेंगे। परन्तु हम पुस्तक पर रायल्टी देने में असमर्थ हैं। पत्र के साथ यूनियन का अनुरोध स्वीकार करने के लिए गणेश माधव मोटे का भी पत्र था। तुरन्त अनुमति दे दी।

दो-तीन मास बाद पत्र द्वारा पूछा, उपन्यास प्रकाशित हुआ या नहीं? उत्तर मिला, इस काम के लिए केन्द्रीय कार्यालय से अनुमति की प्रतीक्षा है। स्पष्ट था प्रस्ताव कम्युनिस्ट पार्टी के हिन्दी साहित्यिक परामर्शदाताओं के विचाराधीन था। नागपुर मज़दूर यूनियन को उनके अनुरोध का उत्तर कभी न मिला। उपन्यास के सस्ते संस्करण की बात रह गयी। इससे मेरी आर्थिक हानि नहीं हुई। परन्तु घटना से स्पष्ट है कि कम्युनिस्ट पार्टी के साहित्यिक परामर्शदाता कितने जनवादी थे। कम्युनिस्ट पार्टी के साहित्यिक मोर्चे, प्रगतिशील साहित्यिक आन्दोलन में ऐसे साहित्यिक पुरोहितों या पुरोधाओं को ही प्रगतिशील आन्दोलन का अन्तिम श्राद्ध शीघ्र कर देने का श्रेय है।

अनुमानतः सन् १९४४ से १९५२-५३ तक प्रगतिशील साहित्यिक आन्दोलन सक्रिय रहा। इस बीच प्रायः ही प्रगतिशील सम्मेलनों का सभापतित्व राहुल जी या यशपाल करते थे। प्रायः कहा जाता, साहित्य के माध्यम से समाजवादी या साम्यवादी विचारों के प्रचार में राहुल सांकृत्यायन, यशपाल और रांगेय राघव प्रमुख हैं। ऐसी भावना से कम्युनिस्ट पार्टी की ओर से बने साहित्यिक निर्देशकों रामविलास और कुछ समय तक अमृतराय का महत्त्व घटता था। रामविलास की राय में राहुल, यशपाल और रांगेय राघव मार्क्सवाद से सर्वथा अनभिज्ञ थे। मार्क्सवाद के बारे में रामविलास का सही ज्ञान ही, हिन्दी क्षेत्र में मार्क्सवादी विचारधारा के प्रसार में सबसे बड़ी अड़चन बन गयी।

१९४५-४६ में बम्बई गया था। उस समय आज उ. प्र. कम्युनिस्ट पार्टी के मन्त्री रमेश सिन्हा पार्टी के साप्ताहिक 'जनयुग' के सम्पादन में थे। एक साहित्यिक गोष्ठी का आयोजन कर लिया गया। मुझसे आग्रह कि मैं साहित्य में प्रगतिशील दृष्टिकोण पर निबन्ध या भाषण द्वारा अपने विचार प्रकट करूँ।

यह गोष्ठी कम्युनिस्ट कार्यकर्त्ताओं के निवास 'रेड फ्लेग हॉल' में हुई थी। मैं गोष्ठी में निबन्ध या भाषण के बजाय, अपने वक्तव्य रूप एक छोटी कहानी लिखकर ले गया था। यह कहानी थी 'फूलो का कुर्ता'। अन्य वक्ताओं का मत था, मेरी छोटी कहानी प्रगतिवाद के प्रश्नों पर 'गागर में सागर' जैसा उत्तर है। कहानी इतनी पसन्द की गयी कि पार्टी के

साप्ताहिक 'जनयुग' में भी इसे प्रकाशित किया था। तीन वर्ष बाद अन्धरूढ़ियों और प्रतिगामी संस्कारों का विरोध या पर्दाफाश करनेवाली अपनी कहानियों 'धर्मरक्षा', 'प्रतिष्ठा का बोझ', 'आतिथ्य' आदि के संकलन में भूमिका रूप 'फूलो का कुर्ता' कहानी दे दी थी। इस संकलन का शीर्षक भी 'फूलो का कुर्ता' है।

'फूलो का कुर्ता' संकलन के प्रकाशन पर अमृतराय ने पुस्तक की आलोचना लिखी। उनके शब्द या आशय था—फूलो का कुर्ता कहानी को छह बार पढ़ी। परन्तु इस कहानी या इसका अर्थ कुछ नहीं समझ सका। इस संग्रह की अन्य कहानियाँ 'धर्मरक्षा' आदि भी निरी साम्राज्यवादी कामलिप्सा से भरी रचनाएँ हैं जिन्हें किसी भी अर्थ में प्रगतिवादी नहीं कहा जा सकता। नज़रिये के भेद का यह अच्छा नमूना है। कुछ वर्ष बाद विदेशों में हिन्दी जाननेवाले पाठकों से भी इस कहानी में कौशल और संक्षेप से रूढ़िनिष्ठ व्यवहारों और वैचारिक प्रगति के अन्तर के स्पष्टीकरण की सराहना सुनी परन्तु तत्कालीन भारतीय कम्युनिस्ट साहित्यालोचक उसे छह बार पढ़कर भी न समझ सके। 'धर्मरक्षा' कहानी के लिए प्रगतिवाद का दम्भ न करनेवाले स्वर्गीय मुस्तफ़ी महाशय कहानी में अन्ध धर्मविश्वास से असंगत और अस्वाभाविक आचरण के भण्डाफोड़ के लिए अदालत का सामना करने तक तैयार और प्रगतिवाद के मार्गद्रष्टा आलोचक को उसमें मिली केवल साम्राज्यवादी कामलिप्सा। यह जटिल प्रश्न है कि नैसर्गिक या साम्यवादी कामप्रवृत्ति और साम्राज्यवादी कामलिप्सा में क्या अन्तर है?

रामविलास या अमृतराय को मैं अपना विरोधी नहीं मानता। रामविलास से अधिकांश बातों में—तुलसीदास के प्रगतिवादी होने की बात छोड़कर—उनसे सहमति रहती है। अमृतराय से और भी अधिक विचार समता। परन्तु वे आलोचनाएँ उन्होंने प्रगतिवाद के माँझी की ज़िम्मेवारी में लिखी थी। किसी मनोवैज्ञानिक विश्लेषक को उनकी आलोचनाओं का कारण, उस समय प्रगतिवाद के अखाड़े का ख़लीफ़ा माने जाने की स्पर्द्धा लग सकती है। इस प्रसंग के अन्त में 'फूलो का कुर्ता' कहानी संलग्न है। पाठन स्वयं निर्णय कर सकेंगे। के विरोध के लम्बे प्रसंग के बाद प्रोत्साहन की एक और घटना। 'धर्मरक्षा' के बाद 'माया' में 'मनु की लगाम', 'धर्मयुद्ध', 'मंगला' आदि उस दृष्टि की कई कहानियाँ लिखीं। उसी सिलसिले में, शायद १९५० में, 'माया' को एक कहानी 'जन गण मन अधिनायक जय हे...भेजी। कहानी बदले समय पर एक विद्रूप था। बहुत संक्षिप्त। 'माया' के केवल दो पृष्ठ। यह और उपरोक्त कहानियाँ 'धर्मयुद्ध संकलन में हैं। इस कहानी या विद्रूप की सराहना में 'माया' से पचास के बजाय पचहत्तर रुपया आया। इस घटना से मुस्तफ़ी महाशय की सूक्ष्मता और गुणग्राहकता को मान गया। शायद सन् १९५१ या १९५२ थां इलाहाबाद जाने का अवसर बना, तो मुस्तफ़ी महाशय से साक्षात्कार करने के लिए 'माया' कार्यालय गया।

मुस्तफ़ी जी कुछ अस्वस्थ लगे और मितभाषी भी। डाक देखने में व्यस्त थे। बोले, "सन्ध्या हमारे यहाँ भोजन पर आइये, तभी कुछ बात का अवसर होगा।" पता बताकर ताक़ीद कर दी, "ठीक सात बजे।"

इलाहाबाद से तब और भी कम परिचय था। ख़ुरशैद बाग़ रोड से समय पर पहुँचने के लिए साढ़े छह बजे चला। रिक्शा की सवारी थी, जिसकी चेन रास्ते में चार बार उतरी। रिक्शावाला देहाती था। जार्जटाउन के बजाय किसी दूसरी ओर चला गया था। रो-झींककर मुस्तफ़ी साहब ने नये बनते मकान पर पहुँचा। मकान अभी अधबना था। वे वहाँ ही रहने लगे थे। मुझे यह भी मालूम न था कि आस-पास के लोग उन्हें मुस्तफ़ी साहब के नाम से नहीं, 'माया साहब' नाम से जानते थे। मैं पहुँचा आठ बजे के कुछ बाद।

नौकर से समाचार पाकर मुस्तफ़ी जी आये। चेहरा क्रोध से भारी, आँखें गुलाबी, "यह सात बजा है? आप लेखकों, ख़ासकर हिन्दी के लेखकों में तमीज़ या अनुशासन असम्भव है। आपको बता दिया था समय का बहुत पाबन्द हूँ। मैं तो प्रतीक्षा करके खाना खा चुका। मेरी सेहत अनियम नहीं सह सकती।"

मैं स्तब्ध मौन! अपराधी था। कारण जो भी रहा हो। तब तक मुस्तफ़ी जी नरम पड गये, "अकेले भोजन करना होगा। बुरा न मानियेगा। पहले कुछ लेंगे?"

"विलम्ब के लिए खेद है। परन्तु कारण मेरा नगर से अपरिचय है।"

मुस्तफ़ी जी के चेहरे पर आक्रोश के स्थान पर मुस्कान आ गयी। समीप के कमरे से स्कॉच ले आये। गिलास केवल एक।

"मैं अकेला ही लूँ?" मैंने पूछा।

"खाने से पूर्व अपना भाग ले चुका। मेरी सेहत अनियम नहीं सह सकती।"

नौकर को थाली वहीं ले आने का आदेश देकर 'माया' में प्रकाशित कहानियों के बारे में बताने लगे। 'माया' के आरम्भ में किया कठिन परिश्रम अधिकांश बँगला या अंग्रेजत्री कहानियों की भद्दी नक़लें या फूहड़ अनुवाद...मौलिक लेखन का दावा करनेवालों को पात्रों के नाम तक हिन्दी-क्षेत्रके अनुकूल बना देने का ध्यान नहीं रहता था... इस प्रसंग में कुछ 'मौलिक कहानियों' के नाम अनुवादित शीर्षकों-सहित और लेखकों के नाम भी उन्होंने बताये। ऐसी रचनाओं के सम्पादन के साथ पत्रिका का वितरण-प्रबन्ध पहली कठिनाई थी, हिन्दी-क्षेत्र में पठन-रुचि का अभाव। उन्होंने गर्व से बताया 'माया' ने कितने पाठक बना दिये हैं। ठीक याद नहीं, उस समय संख्या सुनकर मुझे विस्मय और सन्तोष हुआ था। मुस्तफ़ी जी की समीक्षा शैली और विषय-वस्तु के विचार से व्यवसायी दृष्टि की नहीं, साहित्यिक थी और साहित्य को बाज़ार में लाने का ढंग कुशल व्यवसायी का। यह मेरी कथा-यात्रा है, इसलिए अन्य लेखकों के नाम लेकर जो उन्होंने कहा, वह अप्रासंगिक है। मेरे लिये जो कहा, शायद आरम्भिक स्वागत से चुटियाये मेरे मन को सहलाने के लिए, उसे दोहराना अपने मुँह मियाँ मिट्ठू बनना होगा।

उनकी अन्तिम बात थी, आइन्दा जो कहानियाँ लिखूँ, 'माया' के लिए ही होंगी और भविष्य में प्रति कहानी सौ रुपया। यह अन्तिम व्राक्य स्कॉच के पेग से भी अधिक मादक था। तब मैं स्वयं इतने पारिश्रमिक की माँग दुस्साहस समझता। अलबत्ता तीन-चार बरस बाद अपनी कुछ कहानियों के लिए इससे तिगुने, विदेश से आठ गुने से भी अधिक पाया। परन्तु पहली बार कहानी के लिए सौ रुपये के पारिश्रमिक सुनने की स्मृति अमिट है।

अब अस्वीकृत होकर आयी कहानी की चर्चा। सन्‌ १९५४ की बात है। वाल्मीकि रामायण, बालकाण्ड के पृष्ठ पलटते समय एक जगह दृष्टि अटककर एक विचार सूझा। उसे संगत कल्पना के ढाँचे में सँजो देने पर कहानी बनी 'भगवान्‌ के पिता के दर्शन' चन्द्रगुप्त विद्यालंकर मेरी कहानियों के बहुत प्रशंसक रहे हैं। तब वे 'आजकल' के सम्पादक थे। कहानी के लिए उनके दो-तीन अनुरोध आ चुके थे। कहानी भेज दी उन्हें। कहानी लौट आयी। संलग्न पत्र में आक्रोशपूर्ण शिष्ट भाषा में अस्वीकृति थी, 'अपने मर्यादा पुरुषों की ऐसी अश्लील विडम्बना को कला और साहित्य नहीं माना सका।'

मेरे विचार में बात आयी-गयी हो गयी थी। १९६१-६२ में लखनऊ में जनसंघ का प्रान्तीय या राष्ट्रीय सम्मेलन हुआ था। तीन-चार दिन पूरे नगर में सब ओर गेरुआ टोपी। उस समय मुझे नजर का कष्ट बढ़ गया था। अपनी सवारी न थी। सन्ध्या काफी हाउस गया

था। बाहर निकला तो दो बसें निकल गयीं, परन्तु बसों में भीड़ के कारण बढ़ न सका। पूरी बसें गेरुआ टोपी से भरी सिकन्दर बाग़ में जनसंघ की विराट् प्रदर्शन (रैली) हो रही थी।

तीसरी बस आने पर मेरे साथ के व्यक्ति ने कहा—"ऐसी प्रतीक्षा में कब तक खड़े रहेंगे।" किसी तरह बस पर चढ़कर मुझे बस में खींच लिया।

बस में खड़ी भीड़ में क़दम जमा सकने के लिए ऊपर का डण्डा पकड़ लिया। एक ओर से सम्बोधन सुना, "आप यहाँ आ जायँ।" एक व्यक्ति अपना स्थान देने के लिए खड़ा हो गया था। उसने बीच में खड़े लोगों को मुझे मार्ग देने के लिए अनुरोध के लिए मेरा परिचय दिया।

मेरी बग़ल से एक जवान उठ खड़ा हुआ, "आप यहाँ ही बैठ जायँ।" मेरे संकोच पर बोला—"आपकी आयु के विचार से भी आपका खड़ा होना हमारे लिये लज्जाजनक है।" वह व्यक्ति भी गेरुआ टोपी में था। उसके अनुरोध से बैठा तो मेरे दाहिने पाँच-सात लोग गेरुआ टोपी में थे।

बस चलते ही मेरे दाहिने बैठा व्यक्ति बोला उठा—"आपके लिए हमें बहुत आदर है परन्तु आपकी लिखी कहानी 'भगवान् के पिता के दर्शन' हिन्दू आस्था और संस्कृति के हृदय पर छुरे की घातक चोट है।"

दो-तीन बार जान पर जोख़िम का भी सामना किया है परन्तु उसके लिए पहले से तैयार होने के कारण धैर्य रख सका। यहाँ जोख़िम दूसरे ढंग की थी। पूरी बस गेरुआ टोपी से भरी थी। भीड़ सोच से नहीं, आवेग से चलती है। यदि वे सभी लोग हिन्दू संस्कृति पर आक्रमण के विरोध में एक-एक चपत भी मेरे सिर पर लगाने लगते?

समीप बैठे सज्जन को उत्तर दिया—"उस कहानी के नीचे टिप्पणी मौजूद है कि कहानी का आधार वाल्मीकि रामायण बालकाण्ड, आदि पर्व के आठ से तेरह तक के श्लोक हैं।"

अन्य व्यक्ति क्षोभ भरे स्वर में बोल उठा, "आप संस्कृत जानते न होंगे। संस्कृत में एक-एक शब्द के चार-चार अर्थ होते हैं।"

विनम्र उत्तर दिया, "संस्कृत कम ही जानता हूँ। परन्तु मैंने वाल्मीकि रामायण के विक्रम परिषद्, वाराणसी द्वारा प्रकाशित अनुवाद को प्रमाण माना है।"

तभी एक गेरुआ टोपीधारी नेतानुमा व्यक्ति साहित्यकार बोले—"अनुवाद के विषय में विवाद नहीं है। वह कहानी हिन्दू हृदय को चोट ज़रूर पहुँचाती है परन्तु कहानी निस्सन्देह कला और कल्पना का अति उत्कृष्ट नमूना है।" मेरी जान बची।

मेरी लम्बी कहानी या छोटा उपन्यास 'क्यों फँसे'? 'धर्मयुग' साप्ताहिक ने ख़ेद पत्र के साथ लौटा दिया था—लिपि में कुछ अंश ऐसे हैं जिन्हें हम प्रकाशित न कर सकेंगे और उन्हें छोड़ देने से बात अधूरी रह जायेगी। पत्र की भाषा विरोध की नहीं, विचार भेद की थी। 'धर्मयुग' सम्पादक से भी ग़लतफ़हमी न हुई। बाद में मेरी रचनाएँ वहाँ प्रकाशित होती रहीं। अस्तु पुस्तक रूप में इस रचना को भी मेरे अन्य उपन्यासों की तरह ही सफलता मिली। अभिप्राय कि किसी कहानी की अस्वीकृति का कारण सम्पादन का पक्षपात नहीं अपितु सम्पादक की संस्कारजन्य औचित्य धारणा भी हो सकती हैं।

मेरी सर्वश्रेष्ठ कहानी कौन है यह कभी निर्णय न कर सका। जो रचना प्रयोजन और कला की कसौटी पर सन्तोषजनक नहीं लगी, उसे नष्ट कर दिया। ऐसा अधिक बार नहीं हुआ। मेरी कहानियाँ उत्तरोत्तर वैयक्तिक भावुकता से सामाजिक मान्यताओं के अन्तर्द्वन्द्वों के विश्लेषण की ओर बढ़ती गयी हैं।

मेरे सामाजिक या सैद्धान्तिक दृष्टिकोण और विचारधारा में परिवर्तन तो नहीं आया, अलबत्ता दृष्टि की व्यापकता और गहराई में पैठ सकने के लिए प्रयत्न करता रहा हूँ। मूल प्रवृत्ति रही है विश्वास की अपेक्षा सामाजिक अनुभव और रूढ़ियों से उत्पन्न अन्तर्विरोधों की ओर संकेत की। मैं किसी भी विश्वास को पूर्ण चरक सत्य न मानकर मानव के सामूहिक ज्ञान के निरन्तर विकास में विश्वास रखता हूँ।

. आकार की दृष्टि से अब तक मेरी सबसे बड़ी रचना 'झूठा-सच' उपन्यास है। इस सम्पूर्ण उपन्यास का तत्त्व वही है जिसे मैं छुट-पुट रूप में अपनी छोटी कहानियों और उपन्यासों में बुनता रहा हूँ। इस उपन्यास में अवसर व्यापक होने के कारण और कथानक का धरातल ऐतिहासिक दृष्टि से मार्मिक होने के कारण यह अधिक सबल जान पड़ता है। यह केवल उत्तर भारत के भुक्तभोगियों के लिए नहीं है। पुस्तक के मलयालम भाषा और रूसी भाषा के अनुवादों का भी बहुत स्वागत हुआ है।

'झूठा-सच' के बाद भी मेरे तीन कहानी-संकलन और 'बारह घण्टे', 'अप्सरा का शाप', 'क्यों फँसे!' छोटे उपन्यास प्रकाशित हुए। गत वर्ष फिर बड़ा उपन्यास 'मेरी तेरी उसकी बात' प्रकाशित हुआ है। इस बड़े उपन्यास में भी मैंने अपने समाज में अन्धविश्वासजनित साम्प्रदायिकता के विष और असंगत बन चुकी सामाजिक मान्यताओं के बन्धनों में व्यक्ति और समाज के संस्कारों के बन्धनों में बलि होते रहने की विसंगतियों पर प्रकाश डालने का यत्न किया है। कुछ लोगों को मेरी यह रचना व्यापकता में अति के प्रयत्न से भारी लगी है और कुछ पाठकों को 'झूठा-सच' से अगला क़दम।

'मेरी तेरी उसकी बात' के बाद केवल एक छोटी कहानी 'नैतिक बल' लिख पाया हूँ। वह प्रकाशित हो चुकी है। इकहत्तर की आयु में स्वास्थ्य बहुत शिथिल हो गया है परन्तु शारीरिक थकावट के बावज़ूद मेरी चेतना और संकल्प सामूहिक सामाजिक अनुभूति और दायित्व से उपराम नहीं हो जाना चाहते। इसलिए मेरी कथायात्रा अभी समाप्त नहीं हुई।

मैं मानता हूँ कि सभी भाषाओं के साथ हिन्दी में भी कहानी विषय-विचारों के क्षेत्र की व्यापकता, शैली के विविधता के परिमार्जन, अभिव्यक्ति की सूक्ष्मता और कथानक के कौशल की दृष्टि से उन्नति कर रही है। कहानी का पूर्वापेक्षा संश्लिष्ट होना भी उसमें गूढ़ता और सूक्ष्मता का परिचायक है। यह श्रेय नये कहानी लेखकों और उनकी रचनाओं को है। नये लेखकों की अनेक ऐसी कहानियाँ पढ़ी हैं जो कथानक, शैली, अभिव्यक्ति के विचार से मुझसे पहले के और मेरी पीढ़ी के कथा लेखकों से आगे बढ़ी हुई है। नये लेखकों की दो-तीन ऐसी कहानियाँ याद आ रही हैं कि उन विषयों पर मैं स्वयं भी कहानी लिख चुका हूँ। नये लेखक की कहानी को अपनी रचना से अधिक प्रभावी पाकर अपने कथा-साहित्य के विकास को विश्वास पाया है। नाम मेरे मस्तिष्क में कई हैं परन्तु कोई नाम न लिखूँगा, कारण यह कि सब नाम न तो एक साथ याद आ सकते हैं न उनके लिए स्थान है।

अपने अनुभव के आधार पर नये कहानी लेखकों से कहना चाहूँगा कि वे धैर्य और विवेक से अपने विकास और परिमार्जन के लिए सचेत रहकर साहित्य सृजन की ओर ध्यान दें। मान्यता-प्राप्ति की इच्छा स्वाभाविक है परन्तु उसके लिए व्यग्रता में कहानी सृजन में नये-नये आन्दोलन चलाकर ध्यान आकर्षित करने का प्रयास अपनी क्षमता का अपव्यय है। सप्राण और सबल रचनाओं का जादू निश्चय सिर पर चढ़ेगा और उसकी अवहेलना देर तक न हो सकेगी।

'सिंहावलोकन' भाग-४ के लिए बनाये गये नोट्स

श्री शालिग्राम जी जायसवाल से—शिवमूर्ति सिंह के विषय में। या उस समय से शेष किसी व्यक्ति के सम्बन्ध में। मोतीलाल नेहरू की मृत्यु कालाकांकर हाउस लखनऊ में। मेरी गिरफ़्तारी के समय के बारे में जायसवाल जी की स्मृति कितनी थी? गोलियाँ चलने के धमाके या अल्फ्रेड पार्क की घटना के कोई जीवित गवाह।

मैंने आज़ाद के मोतीलाल से मिलने का ज़िक्र किया स्वयं मिलने का नहीं। आज़ाद मोतीलाल जी और जवाहरलाल जी से किसके मार्फ़त मिले नहीं मालूम।

शिवमूर्ति सिंह की स्थिति क्या थी?

श्री कालीप्रसाद साक्ष्य—अल्फ्रेड पार्क की घटना का वर्णन क्यों नहीं लिखते?

वीरभद्र तिवारी

अध्यापक कान्यकुब्ज हाईस्कूल—१९२० तक

असहयोग के बाद राष्ट्रीय कान्यकुब्ज—१९२७ तक

१९२७—१९३१ ह्वील टेक्स्ट इन्स्पेक्टर कानपुर म्युनिसिपलिटी में दफ़्तर कोपरगंज में तनख़्वाह १२०

जून १९३१ में—नारियल बाज़ार में सुरेन्द्र पाण्डे द्वारा भवानी सिंह, वीरेन्द्र, रमेश गुप्त, वीरभद्र के सामना करने पर यह लोग

गवाह—अश्विनी कुमार का भाई नेशनल प्रेस लखनऊ में एड्रेस पता लेना

उपर्युक्त घटना के बाद कानपुर से उरई चले गये। उरई रमेश गुप्त ने अक्टूबर, १९३१ में गोली चलायी

वीरभद्र काकोरी केस में आरम्भ में ४२ गिरफ़्तार हुए २२ पर केस रह गया—छूटनेवालों में वीरभद्र, चन्द्रमाल जौहरी, ज्योतिशंकर दीक्षित, इटावा म्युनिसिपलिटी के चेयरमैन रहे।

१९३० में राजवैद्य मुक्तिनारायण (शायद जयपुर में जीवित) से वीरभद्र तिवारी ने प्राप्त किये।

राजवैद्य मुक्तिनारायण ने प्राप्त किये जयपुर नरेश के चाचा को मादक पिलानेवाले मुसलमान थे। दो कोल्ट पिस्तौल और १५० कारतूस

वेबले स्काट रिवाल्वर कानपुर में गोरा मिलिटरी के पिम्पों से १०० से कम में।

श्री वीरभद्र से

१. विधानसभा में प्रश्नोत्तर के सम्बन्ध में बात किसी स्थिति में?

२. १९७३ फरवरी में क्रान्तिकारियों की कान्फ्रेन्स Freedom Fighters या Old Revolutionaries किस नाम से हुई थी उस कान्फ्रेन्स की तारीख़ें, कान्फ्रेन्स में treason investigation wording के लिए पास किये गये प्रस्ताव के Inquiry लिए नियुक्त कमेटी के सदस्यों के नाम?

३. यशपाल को दण्ड देने का निश्चय करनेवाली कमेटी उपस्थित लोगों के नाम?

४. दिल्ली केस की फ़ाइल में निगम के सम्बन्ध में कैलाशपति का बयान।

५. कांशीराम सम्बन्धी कोई सूचना।

६. शम्भूनाथ को वीरभद्र पर सन्देह था तो किस सीमा तक?

७. मुसद्दीलाल का लेख उपलब्ध होने की सम्भावना?

८. सतगुरु दयाल पर सन्देह के कारण क्या क़दम उठाया गया?

९. वैशम्पायन की गिरफ़्तारी की तारीख़।

१०. नारियल बाज़ार शूटिंग केस के प्रसंग में आश्विनी कुमार नेशनल प्रेस का पता और उससे भेंट।

११. रामदुलारे किस-किस केस में अभियुक्त या दण्डित हुआ।

१२. 'सन्देहों का गोलमाल' लेखों का आरम्भ पन्नालाल व्यास के लेख से हुआ। व्यास के लेख की बाबत कुछ पता है? उसका क्या दृष्टिकोण था?

१. मुक्ति, प्रेमलाल प्रकाश जी से दीदी की और स्वयं की गिरफ़्तारी और आपबीती।

२. उमेद सिंह, मशीनी सभ्यता, प्रताप, निगम।